महाप्रयाण

(जगद्गुरु शंकराचार्य)

(द्वितीय संस्करण)

(पं. जनार्दन राय नागर)

notionpress.com

INDIA • SINGAPORE • MALAYSIA

ISBN

Hardcase 979-8-89363-996-4
Paperback 979-8-89363-698-7

विजिया मां की पावन स्मृति को

सप्रणाम अर्पित

तुम, विजिया मां! विशिष्ठा नहीं थीं और मैं इस भव का तुम्हारा पुत्र बाल शङ्कर नहीं हूं।

किन्तु तुम विशिष्ठा, सती, के समान ही प्रकाश की महान प्रेरणा थीं और मैं श्रीमद् शङ्कराचार्य के दिव्य श्रीचरणों का विनीत दूरारूढ़ गृहस्थ सेवक हूं। तुम तो श्रीमद् शंकर की शिष्या सन्यासिनी ही थीं।

85-86 वर्षों का इस भव का पार्थिव देह त्यागते समय तुमने ही समाधि-भाषा में मुझे, जब मैंने तुम्हारे महा-प्रयाण की काल-घड़ी में तुम्हें प्रणाम किया था, तब कहा था- "देख, मैं सच्चिदानंद स्वरूपा हूं और यह देह जड़ है। समझ ले-देख ले।" तुम तो अपना पार्थिव देह त्याग कर सदैव के लिये अपने दिव्य धाम की दिव्य यात्रा को चल दीं, किन्तु मेरे भव की बुद्धि का कलिमल ही जैसे दूर कर गईं। अब मेरी बुद्धि को विश्वास हो चला है कि जगद्गुरू शंकराचार्य ने सत्य का ही शान्त और ज्योतिर्मय निदर्शन किया है- वेदान्त द्वारा।

सच, विजिया मां! तब जन्मजन्मान्तरों की बुद्धि की यह संक्रामक शंका दूर हो गई और मुझे जैसे अन्तरात्मा कह उठाः "ब्रह्म सत्यम् जगन्मिथ्या।"

और तुम्हारी पावन दिव्य स्मृति को क्या अर्पित करूँ; यह "बाल शंकर-सन्यास उपन्यास" समर्पित कर मैं इस भव से ही नहीं, भव-भव के अपने अपराधों के लिये तुमसे क्षमा मांगता हूं और यदि मैंने पुण्य किये हैं तो उनको प्राणी मात्र के कल्याण के लिये तुम्हारी दिव्य स्मृति की साक्षी से परमेश्वरी सच्चिदानन्द-विग्रहा शिवा के जगद्वंद्य चरणारविन्दों में समर्पित करता हूं।

इस भव का तुम्हारा पुत्र

जनार्दनराय नागर

भूमिका

एक विलक्षण रचना का अंतिम सोपान, शंकर युग की संध्या, विविध रंगों से भरी, जिसमें यात्रा, इतिहास, चिंतन, लालित्य, व्यंग्य, विद्वत्ता और मानवीय निर्बलताओं का साहित्यिक कथारस एक सार होकर रसायन बन गये हैं। यह एक ऐसी रचना निर्मित हुई है जिसमें संवेदनशीलता, आत्मसम्मान और व्यक्ति गरिमा के मूल्य उजागर हुए हैं। रचनाकार ने निरंतर जैसे स्वयम् का विवेचन करते हुए अनेक संगति-विसंगतियों की, रूप-विद्रूपों की, भाव एवम् अभावों की अनुभवजन्य अभिव्यक्ति द्वारा स्वाभिमान एवम् स्व साक्षात्कार के रूप में विकसित कर मानव जाति के कल्याण का मार्ग प्रशस्त किया है। परमात्मा रूपी सत्य को उद्घाटित करते हुए साहित्य एवम् कला के सौंदर्य को आलेखित किया है। चिंतन एवम् मनन् से पूर्ण यह एक ऐसे मार्ग की खोज है जो मनुष्य को दिग्भ्रम से उबार कर सत्य के मार्ग पर प्रतिष्ठित कर सके। लेखक की सार्वभौम सत्य की मानसिक, आत्मिक अनुभूति का सूक्ष्म आलेखन पाठक के मन को भी वैसी ही अनुभूतियों से भर देता है। इस उपन्यास में जन भावनाओं का सम्मान है और जन कल्याण की भावना है। एक ओर विमर्श की सर्जनात्मक कल्पना है तो दूसरी तरफ प्रेम की मधुरिमा है। भारत भूमि के धरती पुत्र ने द्वैत एवम् अद्वैत के महासागर का मंथन किया है, अंतरिक्ष के वातायन को भेदा है, नये संसार की नींव रखी है, विश्व चेतना को जगाया है, विश्व सौंदर्य को परखा है और विश्व ज्ञान की गंगा प्रवाहित की है। लेखक जीवन की अजर-अमर वैजयन्ती को फहराता है।

जीवन का उद्देश्य समाप्त होते ही जीवन सार्थकता समाप्त होती है। देही देह से उपरत होना चाहता है। निरर्थक जीवित रहने की जिजीविषा तो केवल क्षुद्र सांसारिक जीवों की होती है। कृतकृत्यता की अनुभूति के द्वार पर खड़े, केवल मां शारदा की कृपा का आकांक्षी शंकराचार्य अपने अंतिम चरण में अपने युग के संध्याकाल को विविध इन्द्रधनुषी रंगों से भर रहा है। शंकराचार्य के व्यवहार में परिवर्तन के स्पष्ट संकेत हैं। अब जगद्गुरू शंकराचार्य शरीर के बंधन से ऊब चुके हैं। शूलपाणी के शब्दों में-

"खोये-खोये किन्तु स्वयम् में लीन उदासीन प्रसन्नता से भरे विहंसित दिखते हैं जैसे अपनी ही ज्ञानाग्नि में प्रतिपल भस्म होने वाली दीपशिखा हो गये हैं।"

जाग्रति में जब देहभान होता है, यह देहभान शंकर के लिए असह्य हो उठता है। लेकिन यह वेदना भव-संसार से पराजित तथा निराश जीव की नहीं है। शंकर स्वयम् को जानकर अवाक् हैं, चकित हैं, स्तम्भित हैं।

शंकर के जीवन की यह अंतिम यात्रा है, अंतिम सोपान है। शास्त्रार्थ थम गये हैं, वाक्युद्ध मौन हो चुके हैं। इस भाग में प्रतिपादित वेदान्त दर्शन का पुनर्बलन है। शंकर के चरित्र के माध्यम से लेखक ने भारतीयता को उभारा है, मानव की दिव्यता की झांकी प्रस्तुत की है, वर्णाश्रम को सही अर्थ में, सही परिप्रेक्ष्य में परिभाषित किया है। लेखक में राष्ट्र प्रेम इतना कूट-कूट कर भरा है कि वह उपन्यास में आरंभ से अंत तक फूट पड़ता है।

ज्ञान और भगवत् प्रेम अंत में तो एक ही हैं। ब्रह्मा जी की असावधानी से पहले पहल तमोगुण सृष्टि का आविर्भाव हुआ। परिणामतः तम और तमिस्र के तत्वावधान में पातज्जलि योग दर्शन में पांच संस्कार उत्पन्न हुए। (1) अविद्या, (2) अस्मिता, (3) रागद्वेष, (4) अभिनिवेश और (5) क्लेश। इन्हीं तमिस्र अंधकारों से मुक्ति का पथ शंकर ने पीड़ित मानवता को प्रदर्शित किया है। संक्षेप में संसार की समस्त जंजाल जाल को स्वप्नवत् अनुभव कराया है, "ब्रह्म सत्यं जगन्मिथ्या।" मानव जीवन का एक ही उद्देश्य शंकर वेदान्त बताता है-

"अंतरात्मा के दर्शन" अर्थात् "मन चल अब स्वनिकेतन रे"।

कठोपनिषद् में कहा है कि हमारी इन्द्रियों की रचना ही ऐसी है कि बाह्य आकर्षणों के प्रति प्रेरित करती है अतः अंतरात्मा को हम देख नहीं पाते-

"यथा प्रकृष्टं शैवालं क्षणमात्रं न तिष्ठति
आवृणोति तथा माया प्राज्ञंवापि पराङ्मुखम्"

शंकर मनुष्य जीवन के तीन उद्देश्य बताते हैं (1) मनुष्यत्वं (2) मुमुक्षत्वं (3) महापुरूष संश्रयः

इन तीनों उद्देश्यों की पूर्ति इस महाउपन्यास में हो रही है। जीवन का जैसी संकल्पना होगी वैसी ही सृष्टि बनेगी। शंकर के लिये तो प्रभु की मंगलमयी सृष्टि में अमंगल है ही नहीं। "परम मंगलम् मंगलम् असि"

शंकर का आध्यात्म अभिनव गुप्त के यथार्थ से टकराता है। शंकर के वेदान्त की प्रतिष्ठा शंकर ने जितनी की उससे कहीं ज्यादा प्रतिष्ठा तो उसके वैमनस्य पूर्ण विरोधियों के विरोध से हुई है।

संघर्षकर्ता अभिनव को यह भ्रम होता है कि वह स्वयम् जो रास्ता अपनाता है वही सही रास्ता है। अभिनव के शिष्य शंकर के प्रति थोड़ा सम्मान भाव रखते हैं। उसे जब वे दिखाते हैं तब-तब अभिनव की क्रोधाग्नि भभक उठती है। अपनी स्वयम् की ही पूजा की अपेक्षा रखने वाले विद्वान की विद्वत्ता को ईर्ष्या, द्वेष, दर्प और क्रोध रूपी ग्रहण लग जाते हैं। क्षेमराज के मुख से सहज ही निकल जाता है-

"शंकराचार्य को मैं न जाने क्यों देखता ही रहता हूं?"

यह एक प्रकार से शंकर की शक्ति का संकेत है। इसी पर क्षुब्ध होकर अभिनव, शंकर से शास्त्रार्थ से बचने के लिये क्षेमराज को ही शास्त्रार्थ करने का निर्देश देता है। यह एक मानव के जन्मजात स्वभाव का निरूपण है कि व्यक्ति जो एक बार स्वीकार कर लेता है, उसे छोड़ना या बदलना उसको कितना व्यथित करता है। क्षेमराज एवम् शिवराम के पात्रों में यह मानव प्रकृति स्पष्ट परिलक्षित होती है।

प्रत्येक पूर्वाग्रही संघर्षरत विद्वान इसी भ्रम में रहता है कि केवल उसका रास्ता ही सही है। अपने जीवन की क्षुद्रता में वह सिर्फ रूप देखता है। उसके जीवन में सुषमा और सुसंगति का अनुभव नहीं करता।

शिवनंदन प्रसाद का कहना है कि "उपन्यास के अंत में सम्पूर्ण वर्ण्य वस्तु की सजगता और परिणाम की अनिवार्यता का भाव व्यक्त होना चाहिये।"

शंकर का शारदा मंदिर ज्ञानपीठ अभियान, उसी सजगता और परिणाम की अनिवार्यता को प्रकट करता है। लेखक यथार्थ और आध्यात्मिकता के समन्वय का दूरदर्शी व्याख्याता है। अंतिम दृश्य, दृश्य चित्रण उपन्यास का उच्चतम चरमोत्कर्ष है। दृश्य अपनी सम्पूर्ण समग्रता लिये अपने अंतः चक्षु के समक्ष सजीव हो उठता है और अविस्मरणीय हो जाता है। दीपक से सूर्य तक की उड़ान है, तन्मयता है, उत्तेजना है। ऊर्ध्व सांस भरे नेत्र आश्चर्य एवम् आशंका में डूबे चित्र लिखित से देख रहे हैं। शंकर आ रहा है, किसी को मनाने के लिये नहीं, सत्य का अमोघ साक्षात्कार करने के लिये।

इस सारे महाउपन्यास में दर्शन अभिव्यक्ति निरस विचार वैभव नहीं है। उसमें वेदान्त की मधु सौरभ एवम् जीवन की ऋतु सौरभ का आनंद है। इस महाउपन्यास में सच्चिदानंद का दर्शन है, छलाछल भरी भक्ति का स्पंदन है,

भावविभोर संवेदनाओं का चंदन है, रंजन है, एकाग्रता की ध्यान मग्नता है, प्रिय को सर्वस्व समर्पण है, विश्व बंधुत्व का गुंजन है।

अंत में इस महाउपन्यासकार की अभिलाषा को हम गुप्त जी की इन पंक्तियों में अभिव्यक्त कर सकते हैं कि इस राम की धरती को-

"मैं स्वर्ग से संदेश नहीं हूँ लाया

इस भूतल को ही स्वर्ग बनाने आया।"

यह बात सत्य है कि यह महाउपन्यास वर्तमान युग के लिये नहीं है। स्थितिहीन गति में दौड़ते हुए समाज के पास चिंतन के लिये समय नहीं है। अर्थ और काम की द्विचक्री पर भयंकर रफ्तार से दौड़ते मनुष्य के जीवन में अध्यात्म गन्तव्य ही नहीं रहा। इसलिये इस युग में तो इस उपन्यास का मूल्य मानव शायद ही करे। लेकिन युग बैठा नहीं रहता। कालगति में युगानुसार योग और भोग के परिवर्तन होते ही रहते हैं। समय आयेगा जब अध्यात्म पुनः प्रतिष्ठित होगा। अतिभोग से अतृप्त मानव शांति की खोज में पुनः अध्यात्म की शरण में आयेगा तब इस महाउपन्यास की उपादेयता को समझेगा। यह स्वाभाविक है कि महान् कलाकारों की कृतियों का मूल्यांकन वर्तमान ने नहीं, भविष्य ने किया है। भवभूति के उत्तर रामचरित को जब तत्कालीन समाज ने नहीं स्वीकारा तब उसने कहा था-

"कालो हि अयं अनवधिर्विपुला च पृथ्वी।"

काल अनन्त है और पृथिवी विशाल है। किसी काल में पृथिवी पर कहीं तो मेरी कृति का मूल्य होगा। यही बात जनुभाई के लिये भी सत्य है। उनके जीवन काल में भले ही साहित्य जगत् ने उनके महाउपन्यास को स्वीकार न किया हो किन्तु भविष्य कहेगा उसकी उपादेयता की कहानी।

- प्रो. दिव्य प्रभा नागर

ज्योतिर्मय यह देश हमारा।
धवल हिमालय के ललाट पर अरूण-तिलक अति न्यारा-ज्योतिर्मय...
कोटि-कोटि संवत्सर से यह
चलता पथिक सनातन।
अन्धकारमय पतन-निशा में,
दीप्तिमान सपनों से पावन॥
पुण्य श्लोक यह श्रेय पंथ का कोटि-कोटि जनगण का प्यारा-ज्योतिर्मय...
महिमामय स्मृतियों से जगमग,
अजर-अमर यह चिर-चिर सुन्दर।
जगत वंद्य विश्रुत गरिमामय,
अगणित गुण गाथा से मनहर॥
यह पुराण नित-नूतन गतिमय, जीवन मरण सहारा-ज्योतिर्मय...
घोर मूर्च्छना में स्पन्दनमय,
जागृति में कम्पित पीड़ामय।
प्रतिभामय संघर्ष काल में,
आलोकित निर्माण काल में॥
सिंधु तरंगों सा गुंजनमय भारतवर्ष हमारा-ज्योतिर्मय...
उद्यत एक अखण्ड तेजमय,
अमित ओज में सदा शीलमय।
नित ही मति, धृति, कृति में प्रभुमय
गहन निराशा में आशामय॥
स्वर्ग-भूमि से भी बढ़कर यह नन्दन-विपिन हमारा-ज्योतिर्मय...

रचयिता - पं. जनार्दनराय नागर

आभार

मनीषी पण्डित श्री जनार्दन राय नागर द्वारा
रचित साहित्य के पुनर्प्रकाशन के लिए
श्री प्रशान्त देवव्रत नागर परिवार द्वारा
प्रोत्साहन एवं सहयोग हेतु
जनार्दन राय नागर
एज्युकेशनल डवलमेन्ट चेरिटेबल ट्रस्ट,
उदयपुर (राजस्थान)
की ओर
से हार्दिक आभार!

सम्पादक मण्डलः-
दिव्य प्रभा नागर, पुरूषोत्तम शर्मा, प्रफुल्ल नागर,
आवरण:-
विशाल साहू
दिनांक: 5 अप्रेल 2024

महाप्रयाण

01

अभिनव गुप्त ने अपने सामने बैठे हुए त्रिक् दर्शन के अपने शिष्यों को रुष्ट दृष्टि से देखा; बोले- "चुप बैठे रहे? अभिनन्दन नहीं किया! सो तो उचित ही किया; किन्तु चुप क्यों रहे?"

एक शिष्य ने कहा- "विशाल जन समुदाय था, गुरु जी! क्या करते?"

दूसरे शिष्य ने कहा- "राजा, महाराजा, सिद्ध, साधक, महन्त और सम्पन्न गृहस्थ थे- उज्जयिनीपति महाराज सुधन्वा समारोह के जैसे अधीक्षक हों।"

"अच्छा?" अभिनव गुप्त चिहुंके- "उज्जयिनी का यह नरेश क्या उत्तराखण्ड का सम्राट् होना चाहता है? दक्षिण में वह राजशेखर और उत्तर में यह राजेश्वर। क्षेमराज! तुम नहीं गये?"

क्षेमराज ने शान्त स्वर में कहा- "जी नहीं। मैं जा आया था। यह जगद्‌गुरु किसी की नहीं सुनता, गुरु जी! मुस्कराता रहता है और अपने मन की करता है। सुना है एक रात में तोटक ने शारीरिक भाष्य की टीका उन्मीलित नयनों से लिख डाली। आश्चर्य, एन्द्रजाल!"

अभिनव गुप्त हँसे, बोले- "शंकराचार्य आध्यात्मिक एन्द्रजाल नहीं तो क्या है? गुरु कृपा से सिद्धियाँ हाथ लगीं और जहाँ यह जगद्‌गुरु तर्क से चुप हो जाता है, प्रमाणों से कट जाता है; अर्थ से मौन हो जाता है वहाँ वह किसी न किसी सिद्धि से सम्मोहन उत्पन्न कर देता है- लोगों के मन फेर देता है। यही हुआ है मण्डन मिश्र के साथ। नीलकण्ठ अन्त में चुप हो गये- वही सम्मोहन। अपने मत का सम्मोह उत्पन्न कर देता है यह वयस्क जगद्‌गुरु! किन्तु समय आ रहा है, शारदापीठ में इस जगद्‌गुरु को अन्त में हारना ही होगा। मैं भगवती शारदा को मनाऊंगा कि इस भ्रष्ट शंकर को आड़े हाथों ले।"

"शारदा देवी को मनायेंगे, आप श्री?" क्षेमराज ने पूछा।

"अवश्य! अवश्यमेव मनाऊंगा उस परात्परा को। क्यों नहीं?" श्री अभिनव गुप्त सोत्साह बोले- "जीवन भर मैंने देवी के दर्शन के लिये तप किया है- साधना की है। अवश्य इस भू-मण्डल पर भारतवर्ष में मैंने देवी के अंगों के दर्शन किये हैं- कामरूप देश में मैंने कामाख्या की एकान्त सतत् उपासना की है- कामेश्वरी, हुं? भुवनेश्वरी, दुर्गा, शिवा, त्रिपुरसुन्दरी सभी यौगिक विग्रहों में उसको भजा है, वत्स! तब मेरी बात वह क्यों नहीं सुनेगी? अवश्य, अवश्यमेव सुनेगी।"

क्षेमराज ने सिर धुनाया, कहा- "योगियों से संघर्ष क्यों होना चाहिये? शंकराचार्य्य काश्मीर मण्डल में अपनी वेदान्त डिमडिम बजा लेंगे। किन्तु उस डिमडिम के घोष-"

सहसा अभिनव गुप्त ने तीव्र स्वर में कहा- "शिव के डमरू की प्रचण्ड ध्वनि में लुप्त हो जायेंगे। त्र्यम्बक! त्रिक्-महेश्वर! काश्मीर तो सदैव शिव-शिव का धाम रहा है। काश्मीर में शिव के गणों का राज्य है। शिवा के भक्तों का मनोराज्य है और ध्यान लीढ़ योगियों द्वारा यह काश्मीर-मण्डल लालित-पालित है। यह हिमालय का हिम प्रदेश है- हिमाचल, नागाधिराज, शिव! एक ही पर्यायवाच्य हैं। शिव अर्थात् हिमालय, धाम? कैलाश!"

एक शिष्य ने पूछा- "कैलाश? है कहाँ? जाना चाहता हूं।"

क्षेमराज ने हँसते हुए कहा- "देह त्यागिये, महोदय! तब गुरुजी आपको कैलाश भेज सकते हैं।"

"अवश्य, अवश्यमेव।" अभिनव गुप्त बोले- "हम कैलाश दर्शन करवा सकते हैं। सर्व लोक में भेज कर पुनः पृथिवी पर वापस बुला सकते हैं? मणिद्वीप? जाना चाहते हो?"

"देह त्यागना होगा?" शिष्य ने पूछा।

अभिनव गुप्त ने पूछा- "डरता है? मरने से डरता है? क्यों? कापुरुष कहीं का! शिव के पाश मरते हैं; शिव नहीं। समझा?"

"जी समझ गया। मणिद्वीप जाऊंगा।" शिष्य बोला।

"हमारी कृपा होगी तभी जायगा।" अभिनव गुप्त चिहुंके- "हमारी सेवा करो, हमें प्रसन्न करो। नृत्य जानते हो?"

"जी नहीं।" शिष्यों ने कहा।

"हास्य जानते हो?" अभिनव गुप्त।

"नहीं।" शिष्य।

"तब क्या लास्य जानते हो?" अभिनव गुप्त ने रुष्ट अमर्ष पूर्वक पूछा- "कुछ नहीं जानता? ललित कलाओं की सिद्धियों से ही शिवा प्रसन्न होती है और वह भुवनेश्वरी मणिद्वीप में स्वागत करती है। मणिद्वीप! सर्वलोक-सभी लोकों का शीर्षस्थ लोक, सुना? नवार्ण मंत्र का साकार स्वरूप, मणिद्वीप! इस जगद्गुरु शंकर तक ने अपनी सौन्दर्य लहरी में मणिद्वीप का तनिक वर्णन किया है-तनिक ही तो करेगा वर्णन। उसको तो भुवनेश्वरी के अत्यन्त दिव्य सुन्दर अंगों का रसिक वर्णन करना था।"

क्षेमराज- "शंकराचार्य परम रसिक हैं- इसमें संदेह नहीं।"

अभिनव गुप्त ने हंसते हुए कहा- "रसिक ही हैं- रसेश्वर नहीं हैं श्री कृष्ण की भाँति। सौन्दर्य लहरी किसी श्रृंगारी महाकवि का काव्य हो। कहता है यह संन्यासी कि वह जन्मजात आदित्य ब्रह्मचारी है, सर्वज्ञ है। किन्तु सौन्दर्य्य लहरी पढ़कर कौन शंका नहीं करेगा कि राजा अमरुक के देह के द्वारा उसकी रानी को भोगने वाला यह युवा संन्यासी चित्त से स्त्रैण नहीं है? है।"

क्षेमराज ने तनिक आघात अनुभव करते हुए कहा- "योगी तो हैं शंकराचार्य्य। योग बल से क्या संभव नहीं हो सकता, श्रीमद्।"

"योग बल से सभी कुछ सिद्ध होता है, किन्तु योग बल से व्यभिचार को सिद्ध कर उसको नैतिक बताना कहाँ का धर्म है? यह परदारा-गमन है, क्षेमराज लोक व्यवहार के विरुद्ध आचरण है।" श्री अभिनव गुप्त ने सरोष कहा- "जिस वैदिक वर्णाश्रम धर्म का डंका यह जगद्गुरु पीट रहा है, उसी के विपरीत, विरुद्ध, विषम यह आचरण है- सिद्ध! सिद्ध हुआ तो क्या धर्म विरुद्ध आचरण करेगा? किसी भी योगी, संन्यासी, यती ने ऐसा पूर्व में किया है क्या? मत्स्येन्द्रनाथ का उदाहरण अवश्य है, परन्तु वह एक पुराण किम्वदन्ती भी हो सकती है। निस्संदेह यह परदारा गमन का घोर पाप है- इस शंकराचार्य्य को नर्क भोगना ही होगा।"

क्षेमराज ने साहस पूर्वक कहा- "परशुराम को भी महर्षि भगवद्पाद दत्तात्रेय को देख कर यही लगा था; किन्तु तब भगवान् दत्तात्रेय ने कहा था, योगियों

की चेष्टाओं को देखकर व्यावहारिक दृष्टि से मत सोचो। कर्म की गति जितनी अगम्य है, योगियों का चरित्र भी उतना ही अगम्य माना गया है।"

अभिनव गुप्त ने क्षेमराज को घूरा; कहा- "आ गये तुम भी इस वयस्क संन्यासी के प्रभाव में? यह शंकराचार्य्य पञ्चमकार पूजा का विरोध करता है; ललितोपासना के लिये श्रृंगारिक स्त्रोत लिखता है। सौन्दर्य लहरी साधकों को कुण्डलिनी जागरण के लिये सुनाता है और स्वयं को निरञ्जन निराकार निर्गुण ब्रह्म स्वरुप मानता है। क्या शंकराचार्य ने राजा अमरुक के शव द्वारा पञ्चमकार पूजा-साधना नहीं की। की हो तो कहे, अन्यथा उसके इस कर्म को पापाचार ही कहा जायगा।"

एक शिष्य ने मानो जागते हुए कहा- "भगवान् श्री हरि विष्णु ने भी दैत्य के हनन् के लिये तथा सतीत्व का प्रभाव समाप्त करने के लिये ऐसा ही किया था-"

"चुप रहो अयोग्य कहीं के!" क्षेमराज ने कहा- "भगवान् सर्व समर्थ हैं; वह जगदीश्वर हैं।"

शिष्य चुप हो गया; किन्तु क्षेमराज को सरोष देखता रहा।

क्षेमराज उठे और गुरु जी को प्रणाम करते हुए बोले- "आप श्री ने इनको पर्याप्त से अधिक छूट दे रखी है।"

"कौल सभी को समान मानता है।" अभिनव गुप्त बोले- "कौल वर्णों के परे 'सर्ववर्ण' हैं; कौल की मानव जाति है और कुल के नर-नारी सदस्य हैं, जन्मजात सदस्य हैं। वीर कौल बनता है और कौल अवधूत। अवधूत में नर-नारी का भेद अन्तर्ध्यान हो जाता है तथा पाशमुक्त शिव-शिवा के साथ प्रगट होते हैं। कौल संन्यासी नहीं है; गृहस्थ भी नहीं है- और नहीं उसका कोई अपना वंश है। उसका वीर तथा शक्ति का कुल ही है। कुल में स्वाधीन चेतना है। शक्ति की इच्छा ही सर्वोपरि है।"

क्षेमराज- "व्यर्थ वार्ता स्वाधीन चिन्तन है क्या पूज्य?"

अभिनव गुप्त हँसे, बोले- "शंकराचार्य को लेकर सभी कुछ कहा जा सकता है। इसने शास्त्र मर्यादा ही नहीं, शास्त्रों को भी डुबो दिया है। इसने सोलह संस्कारों को अपनी दृष्टि से ही स्वीकार किया है- अपनी माता के देह को जलाया है इस तथाकथित संन्यासी ने।"

क्षेमराज ने प्रस्थान करते हुए कहा- "यह गुरुओं का संघर्ष है; हम शिष्य गण देख सकते हैं, सुन सकते हैं और हम कर ही क्या सकते हैं?"

अभिनव गुप्त ने सहसा दहाड़ कर कहा- "काश्मीर मण्डल के गांव-गांव जाकर शैव-कौलों को सन्नद्ध कर दो, समझे! इस जगद्गुरु का पद-पद पर काश्मीर मण्डल में विरोध होना ही होगा। तुम! तुम यह कहोगे- करवाओगे।"

"गुरुदेव!" क्षेमराज चिहुंके।

"काश्मीर मण्डल में हिमालय के अञ्चल में शंकराचार्य्य और उसके वेदान्त की समाधि होगी, क्षेमराज!" अभिनव गुप्त ने कहा- "हम अब लिखेंगे -"

क्षेमराज चुपचाप कक्ष से बाहर निकल आये और तनिक खड़े रह कर उन्होंने अनन्त नीलाभ में देखा। स्वच्छ पारदर्शी गहन नील विराट् दर्पण सा आकाश था। क्षेमराज मन ही मन बोल उठे- "मानव जन्मते ही बोलना आरम्भ करता है और मृत्यु तक बोलता ही रहता है। वाणी! क्या मनुष्य वाणी का सतत् व्यभिचार ही किया करता है? नहीं, तो! मनुष्य अपने अन्तरात्मा को, अपने शिव को कहता है- अपना सुख दुःख, स्वप्न तथा स्मृति-अपने समस्त चैतन्य को ही स्वर-व्यंजनों के अक्षरों में घोषित करता है। फिर भी वह बोलते-बोलते, कहते-कहते, थकता ही नहीं है। परम् शिव की आराधना के लिये वाणी के द्वन्द्वों की क्या कोई आवश्यकता है?" क्षेमराज ने अपने ही गहन अन्तरात्मा से पूछा। 'नहीं।' क्षेमराज बोले-स्वयं से- "गुरु जी को क्या हो गया है? शंकराचार्य प्रेत की भाँति जैसे उनके कन्धों पर चढ़े हुए हैं। काश्मीर मण्डल में उनका तोटकाचार्य्य कुछ प्रवचन और कुछ सम्भाषण कर देगा-करता रहेगा। किन्तु क्या हिमालय को हिलाया जा सकता है? शैव दर्शन की आत्म-ज्योति को यह वेदान्ती क्या बुझा सकते हैं? नहीं। शैव आत्मा शिव है- सदैव और स्वभाव से ही सृष्टि, स्थिति, संहार, अनुग्रह तथा विलय को करने वाली चिद्विलासी शैव आत्मा है। अद्वैत! हमारा अद्वैत दो नित्यों का सामरस्य है- शिव-शिवा की संयुक्ति। ज्ञान तथा आनन्द का सामरस्य-दिव्यतम विहार, चिद्विलास, आचार्य शंकर! "क्षेमराज ने स्वयं ही सन्तुष्ट होकर आकाश के सुदूर से क्षितिज को निहारा- "परन्तु अनन्त अजन्मे ज्ञानानन्द का रहस्य कौन जान सकता है- यह विमर्श! माया ही क्या? नहीं, नहीं क्षेमराज! डूब जा अपने अन्तरात्मा में और 'विमर्शिनी' लिख-लिखता रह। गुरुदेव तो महाकौल हैं- शिव-शिवा के अनन्य उपासक हैं; किन्तु हम? हम महेश्वर दर्शन के चक्षु हैं; श्रोत्र हैं-वाणी हैं। अवश्य।" क्षेमराज अपने निवास की

ओर चले। प्रांगण में शिवराम जैसे उनकी प्रतीक्षा में ही खड़ा था। क्षेमराज को देखते ही बोला- "अद्भुत! जी, विलक्षण!"

"क्या रे?"-- क्षेमराज ने पूछा।

"तोटकाचार्य स्वयं अपने गुरुदेव का पूजन कर रहे हैं।" शिवराम शीघ्रतापूर्वक बोला- "पूर्णिमा, गुरु पूर्णिमा के दिन जगद्गुरु शंकराचार्य्य का तोटकाचार्य द्वारा महाभिषेक पूजन होगा।"

"अच्छा। होने दो।" क्षेमराज।

"क्या होने दो।" शिवराम सिर धुन कर बोला- "एकम् से वह तोटक काश्मीर मण्डल के प्रवास के लिये निकलेगा। साथ में आचार्य पद्मपाद होंगे-वेदान्त डिमडिम- संघ आयेगा, जी।"

क्षेमराज ने सस्मित कहा- "गुरु जी से कहा यह! मैं तो अब मौन लूंगा- विमर्शिनी समाप्त करूंगा।"

"विमर्शिनी?" शिवराम ने मुँह बड़ा करते हुए पूछा।

"शंकराचार्य माया को ब्रह्म की विमर्शिनी शक्ति मानते हैं।" क्षेमराज ने कहा।

"तब? अपन क्या मानते हैं?" शिवराम ने पूछा।

"अपन कौन?" क्षेमराज बमके- "शैव, माहेश्वरी, त्रिकी शैव कहो, शिवराम! कभी मत भूलो, हम वसुगुप्त, कल्लट, सोमानन्द, उत्पलाचार्य और अभिनवगुप्त की बौद्धिक सन्तान हैं। उनके छात्र थे और अब उनके शिष्य हैं।"

"जी! किन्तु वेदान्त डिमडिम?" शिवराम ने पूछा।

"सभी वाद्य और यन्त्र बजकर चुप रह जाते हैं। शब्द नित्य हैं, ध्वनि तथा प्रतिध्वनि नहीं।" क्षेमराज ने कहा।

शिवराम ने सिर हिलाया और गहरा निसास रख कर कहा- "यह तो है-शब्द नित्य, ध्वनि अनित्य। किन्तु शताब्दियों से चले आते हुए अपने त्रिक् दर्शन को वेदान्त की यह डिमडिम..."

क्षेमराज ने बीच ही में कहा- "समाप्त कर देगी? अविश्वासी तुम शिवराम! श्रीमद् अभिनव गुप्त के शिष्य कहलाने के योग्य नहीं हो। वेदान्त? क्या? शिव के समक्ष वेदान्त का ब्रह्म है क्या? वेदान्त अज्ञान, अविद्या तथा अध्यास की

मिथ्या को लेकर चलता है। हम परम शिव के परम परात्पर सर्वव्यापी प्रभु-चैतन्य को लेकर चलते हैं। शिव तत्व ही आत्म तत्व है-परम् चैतन्य है; परम् सत्य है- हम यह मानते हैं। यही परा संवित् है; परमेश्वर है- परमेश्वरी है। परम् शिव ही जड़ और चैतन्य का आदि अनादि आधारभूत चैतन्य है- सच्चिदानन्द! परम् शिव, शिव! वेदान्त का ब्रहम तो माया प्रगट करता है और जड़ चैतन्य से असंपृक्त रहता है- अलग-थलग, समझे। किन्तु शिव तो व्यष्टि तथा समष्टि में वर्तमान हैं, हैं; पूर्ण रूपेण हैं।"

शिवराम- "अनन्त, अनेक?"

"फिर वही?" क्षेमराज ने कहा- "कई बार मैं समझा चुका हूँ शिव तत्त्व अनन्त और अनेक होते हुए भी 'एक' है। सभी वस्तुओं में एक रूप है। देश काल से अतीत किन्तु सभी देशों और कालों में एक रूप से वर्तमान नित्य तथा अनन्त परम चैतन्य है। शंकराचार्य्य स्वयं रटते रहते हैं- चिदानन्दरूपम् शिवोहम्! शिवोहम! क्यों रटते हैं वह यह? भले ही शंकराचार्य्य वेदान्त की डिमडिम बजाते रहें; किन्तु वह अपने अन्तःकरण के गुह्यातिगुह्य में परम शिव को ही मानते हैं। शक्ति को ही जानते हैं-सौन्दर्य लहरी के छन्द इसके प्रमाण हैं।"

"तो फिर शंकराचार्य्य यह स्पष्ट और अचूक मान क्यों नहीं लेते?" शिवराम ने कहा- "क्या यह प्रज्ञापराध नहीं है?"

क्षेमराज हँसे; बोले- "क्या गुरुजी स्पष्ट और अचूक मान लेंगे? मानव बुद्धि सत्य के मत-मतान्तर की जननी है, शिवराम! फिर वेदान्त दर्शन की अटूट परम्परा है- यतियों और संन्यासियों की अटूट भव्य पंक्ति का कभी आज दिन तक अन्त नहीं हुआ और नहीं होगा। इसी भाँति शिव तत्व का भी अटूट पुराण दर्शन है। शैवों की इस जगत् में कभी कमी नहीं होगी। यह शैव दर्शन डमरू का स्वर है; शिवा की कटि किंकणी है- शंकराचार्य का भुजंगभवानीस्तोत्र सुना?"

"नहीं तो" शिवराम ने कहा- "भुजंग भवानी?"

"महादेवी, योग माया-शिवा, कुण्डलिनी, शिवों की परात्पर सच्चिदानंद विग्रहा शक्ति।"

"विमर्शिनी?" शिवराम ने पूछा।

"नहीं, मूढ़मति। शिव की आनन्दिनी शक्ति-गुरु की अनुग्रहिका शक्ति-परडि शिव की प्रणयिनी कामेश्वरी जगन्माता सच्चिदानंद विग्रहा परात्परा चैतन्यनि।"

क्षेमराज बोले- "किन्तु तुम नहीं समझोगे? आज कल श्मशान साधना चलती है या नहीं?"

शिवराम ने निसास रख कर कहा- "जाता तो हूं; किन्तु बुझी अथवा बुझती हुई चिता को ही देखता बैठा रहता हूं। श्वान भौंकते रहते हैं और भय से रोम-रोम थर्राता रहता है।"

"तो जाते क्यों हो?" क्षेमराज- "ललितोपासना करो; छोड़ो यह घोर उपासना।"

शिवराम- "पूर्वाश्रम में जैन था; माँस-मदिरा सुनते ही घिन हो उठती है। परन्तु न जाने क्यों श्मशान मुझको कभी-कभी याद आ जाता है। किसी जन्म में श्मशान का रखवाला रहा हूंगा।"

क्षेमराज हँसा- "प्रेत रहे होंगे और क्या?"

शिवराम ने आघात खाते हुए पूछा- "और आप श्री?"

"मैं?" क्षेमराज ने हँसते हुए कहा- "मैं देव ही रहा हूं-न जाने क्यों मृत्युलोक में मानव योनि में जन्मा हूं? गुरु जी कहते हैं- शिव दर्शन के लिये ही मैं मानव जन्मा हूं। शिव तत्व को जानने और उसकी साधना के लिये मानव हुआ हूं। शिव! विमर्श शक्ति तत्व यही जगत् और भव-संसार तथा अनन्त कोटि ब्रह्माण्डों की सृष्टि, स्थिति तथा लय का रहस्य है। 'क्षणिक है भी या नहीं भी' यह कह कर माया को समझा ही नहीं जा सकता, शिवराम! माया परडि शिव की सच्चिदानन्द शक्ति है। प्रकाशात्मा है।"

'वाह।" शिवराम चिहुंका।

"सृष्टि अवस्था में यह विश्व रूपिणी सृष्टि रूपिणी है; स्थितिवत् विश्व प्रकाशिका है और संहार में शिव से आत्मसात् करने वाली शिवा है।" क्षेमराज बोले- "विमर्शिनी में विस्तार से मैं इस शक्ति तत्व का उद्घाटन कर रहा हूं।"

"तब तो शिवा के दर्शन ही करने चाहिये।" शिवराम ने कहा।

"शिवा साक्षात्कार करना होगा।" क्षेमराज बोले- "विमर्श शक्ति शिव की पूर्ण शक्ति है यह शक्ति चित् है; चैतन्य है; परा वाक्य है, परमेश्वरी कर्तृत्वमयता है- यह स्फुरण है, दिव्य देवता है महादेवी है- महामाया और योगमाया है- जगन्मोहिनी।"

शिवराम- "वाह! अद्भुत-विलक्षण!"

"अनन्य!" क्षेमराज चिहुंके- "यह विमर्श शक्ति तत्व ही चित् शक्ति है; इसी चित् शक्ति द्वारा शिव स्वयं को प्रकाशित करते हैं। शिव अपनी चित् शक्ति से ही स्वयं को प्रकाशित कर पाते हैं; समझते हैं, मानते हैं।"

"बस?" शिवराम ने कहा।

"बस क्या?" क्षेमराज हँसे; बोले- "विमर्श शक्ति आनन्द शक्ति भी है। इसी शक्ति से शिव आनन्दमय हैं और अपने ही आनन्द का साक्षात्कार करते हैं। इसी भाँति यह परात्परा शक्ति इच्छा शक्ति हैं, जिसके द्वारा जगत् की सृष्टि, स्थिति, संहार तथा अन्य कार्य शिव करते हैं- स्वयं करते हैं। यही विमर्शिनी शिव की ज्ञान शक्ति भी है। शिव इसी शक्ति से स्वयं को ज्ञानमय, ज्ञानस्वरूप पाते हैं और यही शिव की क्रिया शक्ति है। इसी क्रिया शक्ति से शिव सभी स्वरूप धारण करते हैं। यह है संक्षेप में विमर्शिनी महादेवी, महाकुण्डलिनी, महामाया योगमाया।"

शिवराम ने सहसा कहा- "तब चिदानन्दरूपम् शिवोहम्! शिवोहम्! बन्धु-वर्य।"

क्षेमराज हँसे और चलते हुए बोले- "शिव के गण हो, भूत भभूत हो तुम, शिवराम।"

शिवराम ने जाते हुए क्षेमराज को पुकार कर कहा- "मैं? शिव हूं-राम हूं - शिवराम!"

क्षेमराज तनिक उत्ताल हास्य हँसे और बोले- "चिर जीओ, शिवराम! गुरुजी से कहना, हम गुह्यवास कर रहे हैं - लिखेंगे और मौन रहेंगे।"

शिवराम ने क्षेमराज को जाते हुए देखा और मन ही मन कहा- "यह भी अद्भुत हैं- विलक्षण। शैव दर्शन के तत्व-दर्शी हैं; किन्तु वेदान्त की ओर भी झुकाव है। मौन पा लेंगे और दिनरात लिखेंगे। केवल गुरुजी के चरण स्पर्श के लिये अपने कक्ष के बाहर निकलेंगे तो क्या मैं भी अपना संकल्प नहीं पाल सकता? मैं सभी यक्षिणियों का आह्वान करूंगा- श्मशान जगाऊँगा। किन्तु श्मशान में तो महाप्रेतनियां ही बसती हैं। भैरवी, यक्षिणी, प्रेतिनी-ओह! क्या करूं? किसको साधूं?"

अभिनवगुप्त लहराते आये; बोले- "क्या सोच रहा है? खड़ा-खड़ा विचार मग्न हो जाता है क्या?"

शिवराम ने चरण स्पर्श करते हुए कहा- "जी! क्षेमराज जी मौन रखेंगे और लिखेंगे।"

अभिनवगुप्त ने अपनी विस्तृत दाढ़ी को रिमझिमाया, कहा- "क्षेमराज मनस्वी मनीषी है। विमर्शिनी लिखना होगा। मौन रक्खेगा! तो रखने दो-वाणी न सही; वाचा ही सही। कण्ठ जब नहीं बोलता; तो गिरा बोलती है। कण्ठ की वाणी; अन्तःकरण की गिरा! चल, नदी तट पर घूमेंगे। ऊब सा जाता हूं- जगत् को देखते-देखते। मन होता है, शिवा के दर्शन करूं- किया करूं। किन्तु यह तत्त्व दर्शन शिवा दर्शन में जैसे बाधक हो गया है। अब यह जगद्गुरु उठ खड़ा हुआ है। काश्मीर मण्डल की चिन्तन और अनुभूति पर संकट आ रहा है जैसे- अज्ञान? हम कहते हैं, अज्ञान हो ही कैसे सकता है? ज्ञान और आनन्दरूप शिव-शिवा हैं- समरस हैं; परम चैतन्य का अगाध, अमोघ आनन्द हैं। ज्ञान ही ज्ञान है, समझा! अज्ञान केवल इन वेदान्तियों की आँखों में है- क्षेमराज विमर्शिनी में अज्ञान की इस वार्ता को ही समाप्त कर देगा। क्षेमराज हमारा उत्तराधिकारी!"

शिवराम ने सिर हिलाया- "उत्तराधिकारी?"

"अवश्य, अवश्यमेव!" अभिनवगुप्त बोले- "वंश का प्रतिनिधि, कुटुम्ब का मुख्य, राज का नरेश और सम्प्रदायों के उत्तराधिकारी! क्यों?"

शिवराम ने सहज ही पूछा- "क्षेमराज जी आप श्रीमद् के उत्तराधिकारी? अच्छा! तो मैं-"

"तुम?" अभिनवगुप्त हँसते हुए बोले- "तुम वैताल के उत्तराधिकारी। श्मशान जाते हो न? बोलो-"

"जी, कभी-कभी।" शिवराम ने कहा- "किन्तु किसका जाप करूं- साधना करूं, समझ में नहीं आता। प्रेतिनी के आह्वान से भय लगता है; भैरवी के साथ जाप करने पर कामाग्नि में दहक उठता हूं-यक्षिण? ध्यान नहीं कर पाता। शिवा-परात्पर महासुन्दरी शिवा? आशुतोष औढर औघड़ शिव की प्राणवल्लभा हैं-हम जीवों की तो वह जगदम्बा हैं।"

अभिनव गुप्त- "तो माँ के श्री चरणों में मन नहीं लगता, यही न?"

"जी!" शिवराम ने कहा- "कैसे कहूं? परन्तु गुरुजी, माँ तो है ही। उसके उदर से तो जन्मे ही हैं। प्रणयिनी! हाँ, श्रीमद्! नर-नारी को ही ढूंढता रहता है;

भोगता रहता है! और यह जन्म क्या है? भोग-नर-नारी का सतत् देह द्वारा भोग। विषयानन्द ही जीव का भाग्य है। जी?"

अभिनव गुप्त ने रमुज पूर्वक कहा- "तो प्रणयिनी प्राप्त कर! सोचता ही रहेगा? केवल विचारते रहने से कुछ भी प्राप्त नहीं होगा, मूर्ख! संकल्प कर और उसको पूरा कर। प्रेतिनी? तो प्रेतिनी को प्राप्त कर, स्वयं ओघड़ बन जा- भूतनाथ, समझा? यक्षिणि? तो गन्धर्व बन; यक्ष बन। तू चाहे जो बन सकता है। तू शिव है; इच्छा हो उस स्वरूप को धारण कर। शिव की विमर्शिनी क्रिया शक्ति को भज और जो चाहे वह रूप धारण कर-मान ले, तू शिव है, पाशबद्ध शिव है- जो चाहे, जैसा चाहे, पाश बाँध ले। क्यों नहीं बाँधता?"

शिवराम- "मरना जो पड़ता है, श्रीमद्!"

"जगत् के विषयानंद के लिये जन्मना और मरना पड़ता ही है। भव योनियों के भोग का दूसरा नाम विषयानंद है। यह महामाया के स्पर्शों का सुख है। नर? शिव! नारी? शिवा! उधर समरस है, इधर, इधर मैथुन है, समझा?"

"जी! समझा!" शिवराम बोला और अभिनव गुप्त के साथ हो लिया। नदी तट की ओर मुड़ते हुए अभिनव गुप्त ने कहा- "क्या करें, शिवराम?"

"किसका?" शिवराम ने पूछा।

अभिनव गुप्त- "इस शंकराचार्य्य का। और किसका? शास्त्र चर्चा में इसको पराभूत करना असम्भव सा हो गया है। यह यती सम्मोहन द्वारा चित्त बदल देता है; बुद्धि फैर देता है। धुरन्धरों के तर्क जाल इस वयस्क संन्यासी ने काट कर फेंक दिये। मतिमान् मनीषियों की घिघ्घी बन्ध गई। नीलकण्ठ ने तो शास्त्र ही नदी में फेंक दिये। मण्डन मिश्र ने संन्यास ले लिया। प्रभाकर अपने आश्रम के एक अंधेरे कक्ष में छिप गये। जैनियों ने सिर धुना दिये और बौद्ध? त्रिपटक सिर पर उठाये हिमालय के प्रान्तरों के परे चले जा रहे हैं- यह शंकराचार्य्य- उसकी वेदान्त डिमडिम चारों दिशाओं में गूंज उठी है। क्या करें?"

शिवराम- "डमरू या त्रिशूल, श्रीमद्!"

"डमरू?" अभिनव गुप्त ने नदी तट पर खड़े होकर जल की वीचियों को देखते हुए कहा- "नदी! डमरू नहीं। हाँ, त्रिशूल अवश्य।"

"तब त्रिशूल उठाइये, श्रीमद्!" शिवराम ने कहा- "आप श्री तो शक्ति और शिव दोनों के सिद्ध हैं। शैव दर्शन के विरोधियों को त्रिताप के त्रिशूल से भेद दीजिये और क्या?"

अभिनव गुप्त ने नदी तट को आँखों में भरते हुए कहा- "कहते हैं, यती शंकर शिव स्वरूप हैं- शिव ने अवतार धारण किया है, आचार्य, वेदान्त के आचार्य के रूप में स्वयं शिव ही आये हैं। क्या दशा हुई कौलाधिपति क्रचक्र देव की? स्वयं भैरव देव ने कह दिया, यह यती शंकर मेरा स्वरूप है। मैं इसको नष्ट कैसे करूं? क्या स्वयं को ही नष्ट कर दूँ? भैरव स्वरूप शिव ने ही यह कहा था। मैं जानता हूं- कहा था। शिवा शिव के रहस्य को मुझ पर प्रगट कर देती हैं और इसीलिये शंकर वेदान्त की डिमडिम से आशंका हो आती है। तब क्या स्वयं शिव अपने दर्शन को लुप्त करना चाहते हैं? क्या वेदान्त दर्शन के ब्रह्म स्वरूप शिव होना चाहते हैं?"

"पूछ लीजिये न शिवा से-जगदम्बा से।" शिवराम ने कहा- "आप श्री तो परात्परा जगदम्बा भुवनेश्वरी अखिलेश्वरी अनन्त कोटि ब्रह्माण्ड नायिका के सांनिध्य में हैं। हैं न, जी?"

"हुं।" अभिनव गुप्त ने कहा- "मैं शिवा को नर-नारी में देखने लगा हूँ। मैं कौल अब शिव- अवधूत होने जा रहा हूं। मैं अभिनव गुप्त निस्संदेह शिवा के सम्मुख हूं; सानिध्य में हूं। किन्तु? किन्तु यह सम्प्रदाय आग्रह जाता ही नहीं। मैं उस शून्य धारक शिव और अज्ञान को ओढ़ कर जगत् स्वप्न में सोई हुई शिवा को भज कर क्या करूं?"

शिवराम ने सिर हिलाया- "जी! क्या करें?"

अभिनव गुप्त सरिता तट पर एक भेखड़ पर तनिक से टिके और जल-प्रवाह को अपलक से देखते रहे। स्वयं में सिमटे और जैसे जल-प्रवाह के साथ-साथ मन से बहते हुए अभिनव गुप्त गहरा उर्ध्व स्वांस भर कर बोले- "कुछ तो करना ही होगा, शिवराम!"

शिवराम तनिक निकट खिसक आया। भवें तनिक उझकाते हुए बोला- "जो आज्ञा! आह! क्या ठाठ हैं शंकराचार्य्य के। इस यती के चरण स्पर्श सहस्त्र-सहस्त्र कर प्रतिदिन करते हैं। वन्दना के स्वर अहर्निशि गूंजते ही रहते हैं। इसके शिष्य शंकराचार्य्य होकर सिंहासन-नहीं-हंसासन पर छत्र-चम्मर सहित विराजते हैं। वैदिक वर्णाश्रम धर्म का महाराज्य ही स्थापित किया है-इस वयस्क संन्यासी ने, श्रीमद्!"

"यह संन्यासी कामिनी की ओर देखता नहीं; किन्तु राजा के शव में प्रविष्ट होकर सुन्दरियों को भोग सकता है।" अभिनव गुप्त ने अपने वज्रमणि से

दमकते हुए दाँत तनिक पीसे और हुंकार सी करते हुए बोले- "यह यती स्वर्ण को छूता नहीं; किन्तु अपने मठों के द्वार रजत स्वर्ण के बनवाता है। इस शंकराचार्य ने वर्णाश्रम धर्म की अटूट श्रृंखला ही तोड़ दी है।"

शिवराम- "जी!"

"जी, क्या?" अभिनव गुप्त देह में जागते हुए बोले- "इस यती को अब निपटना ही होगा।"

"निगड शास्त्रार्थ द्वारा पराजित कर दें आप, श्रीमद् और क्या?" शिवराम बोला।

"शास्त्रार्थ? और इस शंकराचार्य से? तब हम ही शेष हैं इस ढीठ यती से भिड़ने के लिये, क्यों? और फिर शैव दर्शन और वेदान्त दर्शन को लेकर शास्त्रार्थ होगा ही क्या? वेदान्त से शैव दर्शन भिड़ नहीं सकता- मीमांसा, जैन, बौद्ध, न्याय, वैशेषिक और सांख्य यह दर्शन तथा शास्त्र वेदान्त के सम्मुख खड़े होकर तर्क-वार्तायें कर सकते हैं-करते आ रहे हैं। किन्तु परिणाम? मौन-निरुत्तर, मौन!!"

"परन्तु क्यों, श्रीमद्?" शिवराम ने झुंझलाते हुए पूछा।

"इसलिये कि वेदान्त के महावाक्यों का शास्त्रीय उत्तर है ही नहीं, शिवराम!"

"क्यों नहीं है, श्रीमद्?" शिवराम!

"परम शिव की विमर्शिनी शक्ति ही ऐसी है, जो जगत् को लेकर अन्तिम सत्य-संघ उत्तर प्राप्त नहीं करवाती। ब्रह्म सत्यम्-जगन्मिथ्या-इस वेदान्त वाक्य का उत्तर विज्ञान दे नहीं सकता। क्षण का समाधान अनन्त है, अविराम का अन्त स्थिर मौन है। विभिन्न विलक्षण नाम-रूपों की सृष्टि का समाधान वेदान्त का यह वाक्य मानो कह देता है- प्रज्ञानम् ब्रह्म। सभी कुछ ब्रह्ममय है; ब्रह्म का ही प्रतिभास है।"

शिवराम ने अचकते हुए कहा- "आप श्रीमद् भी तो यही कहते हैं- परम् चैतन्य सच्चिदानंद शिव ही जड़ चेतन का आधारभूत चैतन्य है।" अभिनव गुप्त ने ऊर्ध्व श्वाँस भरते हुए कहा- "हम परम् चैतन्य सच्चिदानंद को ही अपनी शक्ति द्वारा जगत् तथा सृष्टि में अवतरित मानते हैं। शैव जगत् और जीव को शिव का ही विस्तार मानता है। हम सब प्राणी मात्र शिव-शिवा की सन्तान हैं- हम यह मानते हैं। इस जगत् की आदि माता परात्पर शक्ति जगदम्बा है

और जीव की भी वह पूर्ण वत्सला माँ है। पिता महेश्वर शिव हैं। यह जगत् कैलाश है और सृष्टि कैलाश की गृहस्थी है - कुल है। वर्ण और आश्रम शैव ने वस्त्रों की भाँति धारण कर रक्खे हैं, किन्तु हमारा कुल है- कुल धर्म है। हम जाति, वंश तथा राष्ट्रीय समष्टिगत व्यवहार को मूलतः स्वीकार नहीं करते। हम मानव जीवन ही नहीं, भव योनियों के जीवन यापन को शिव शम्भु की आराधना ही मानते हैं। नर-शिव, नारी-शिवा और उनका विहार ही मानते हैं। प्रतिभास, प्रतिबिम्ब-अज्ञान और अध्यास भ्रम भ्रान्ति हम नहीं मानते और नहीं मानेंगे।"

"किन्तु आचार्य शंकर शिव-शिवा को मानते तो हैं।" शिवराम ने तथ्य पूर्ण कहा- "मतभेद है अथवा तत्वभेद?"

"वेदान्त अज्ञान विज्ञान और ज्ञान-इस कथन को मानता है।" अभिनव गुप्त ने कहा- "ज्ञान ही है- ब्रह्म! किन्तु एक से अनेक होने तथा होते रहने की ब्रह्मेच्छा ने अनादि अज्ञान का आवरण-आच्छादन उत्पन्न किया है। अज्ञान के इस आच्छादन से ही अविद्या और उसकी अपरा विद्यायें उद्भूत होती हैं तथा जीवात्म भाव अविद्या ग्रस्त हो जाता है- अविद्या से अध्यास ही होता रहता है, भ्रान्ति। समूचा इन्द्रियज ज्ञान विज्ञान है और अज्ञान के गुण-धर्म आदि को ही प्रतिपादित करता है- ज्ञान का उदय अज्ञान के उपचार से होता है- शास्त्र के विश्वास से नहीं। वेदान्त सत्य का विश्वास मानता है; शास्त्र का नहीं।"

"बुद्धि का झमेला है, और क्या?" शिवराम ने कहा।

"इसीलिये तो इस यती शंकर को निपटना होगा।" अभिनव गुप्त ने तनिक मोटा सा पाषाण उठाया और नदी में फेंकते हुए कहा- "शंकराचार्य की आयु कितनी हो गई है?"

शिवराम- "यही छब्बीस- सत्ताइस वर्षों की देह की आयु।"

"हाँ, मैं देह की आयु ही जानना चाहता हूं।" अभिनव गुप्त बोले- "कहते हैं, भगवान् वेदव्यास ने इस यती को सोलह वर्षों की आयु प्रदान की है।"

"यह तो जगद् ख्यात किम्वदन्ती है, श्रीमद्!" शिवराम ने कहा- "लोगों पर प्रभाव उत्पन्न करने के लिये ऐसी रहस्यमय आश्चर्य्य सम्भूत वार्तायें शिष्यों तथा सेवकों द्वारा घड़ी जाती तथा प्रसारित की जाती हैं। मैं आचार्य अथवा गुरु जब हूंगा, तब कहूंगा-सभी यक्षणियाँ मेरी चरण सेवा करती हैं। मैं सूर्य्य- विज्ञान जानता हूं; चन्द्र विज्ञान मुझे कण्ठस्थ है तथा नक्षत्रों के समूचे विज्ञान को मैंने

पलकों पर टिका रखा है- योग बल से विश्वामित्र की भाँति मैं भी नई सृष्टि उत्पन्न करूंगा। हां, क्यों नहीं?"

"हाँ क्यों नहीं?" अभिनव गुप्त ने धीरे से कहा- "तंत्र साधना द्वारा ही भोग से मोक्ष प्राप्त होता है। तांत्रिक सिद्ध पृथिवी को भोगता है- जल को सहलाता है; अग्नि का मन्थन करता है तथा वायु को याम में प्राणायाम में बाँध लेता है और शब्द को अनन्त के परे और पार से खींच लाकर शिवा की कटि किंकणी की रणकार सुनता रहता है- डमरू सुनता और ताण्डव एवं लास करता रहता है।"

शिवराम ने धीरे से कहा- "तब तंत्र बल से .....।"

अभिनव गुप्त ने मानो निर्णय दिया- "शंकराचार्य को वशवर्ती करना चाहिये, यही न? वाह, मेरे भटु! निस्संदेह तुम बुद्धिमान् हो। सफल सम्पन्न गृहस्थ बन सकते हो तब यह शिष्यत्व क्यों लिये फिरते हो?"

"दत्तात्रेय तंत्र!" शिवराम ने निसास भरते हुए कहा- "सभी यक्षणियों की साधना कर उनके साथ कल्प-कल्पों तक रहना चाहता हूं-ऐश्वर्य शिव हैं न। शिवा के प्राणपति, वल्लभ! शिव जब शिवा के बिना रह नहीं सकते, मैं भला यक्षिणी के बिना कैसे जीऊँ? मैं मृत्युञ्जयी होकर जगत् के वैभवों को प्रीति पूर्वक यक्ष की भाँति भोगना चाहता हूं।"

अभिनव गुप्त ने शिवराम को घूरा- "यक्ष होना चाहता है तू? अच्छा! किन्तु मानव जब तक मानव-योनि में है, यक्ष नहीं हो सकता।"

"जी!" शिवराम ने कहा- "तब मानवेतर भव योनियाँ हैं क्या?"

"नहीं दिखती क्या?" अभिनव गुप्त बोले- "पशु, पक्षी, कीट-पतंग उद्भिज। यह सब पाताल लोक की योनियां हैं। किन्तु स्वर्ग योनियां भी हैं-प्रेत, यातुधान, गन्धर्व, किन्नर, देव, सुर-असुर, दानव- राक्षस - यक्ष, यह सब।"

शिवराम के नयन तनिक विस्फारित हुए- "यह सब हैं- योनियां। अद्भुत, श्रीमद्! यह सब योनियां क्या स्वतः स्वयं उद्भवित हुई हैं?"

अभिनव गुप्त ने पुनः एक पाषाण का बड़ा सा टुकड़ा लिया; तनिक तौला और नदी में वेग पूर्वक फेंकते हुए कहा- "परम शिव अपनी शक्ति द्वारा इन योनियों में आधानित होते हैं-जैसे सन्तान। चौरासी लक्ष पाताल योनियां मानव योनि तथा चौदह भुवनों तथा सप्त लोकों के भव तथा उनके रूपों के स्वरूप में शिव-शक्ति का परम चैतन्य ही प्रगट हुआ है- विलक्षित हो रहा है किन्तु शंकराचार्य यह नहीं मानता। शिव शिव नहीं, शिव संकल्प द्वारा ही जगत् रचा

गया है-रचा जाता है। जीव? परम् ब्रह्म परम शिव की धारणा भर है- पात्रता केवल और जीव अविद्या ग्रस्त भ्रम-संभ्रम का ऊहापोह मात्र है। माथा उसका।"

अभिनव गुप्त ने सिर धुनाया; गहन निसास रक्खा और झुंझला कर कहा- "क्या पृथिवी पर कोई भी मनीषी, तत्त्वदर्शी, साधक तथा महामहोपाध्याय नहीं बचा, जो इस जगद्गुरु को निरूत्तर कर दे। परम्परागत मत-दृष्टियों को यह शंकराचार्य नहीं मानता। माया? है भी, नहीं भी; अनिवर्चनीय है-कह दिया। जब माया विमर्शिनी की कञ्चुक काया है-कला, विद्या, राग, काल और नियति के पाँच कञ्चुकों के आवरणों को ही हम शैव माया कहते हैं। जीव को हम पाशबद्ध शिव मानते हैं- तब यह यती उसको आत्मा-सच्चिदानन्द की एक धारणा मात्र मानता है। प्रत्यभिज्ञा-दर्शन अज्ञान मानता है; माया मानता है; किन्तु यह परम् तत्त्व-परम् शिव के अधीन है- शंकर इनको स्वतन्त्र मानता है। शंकर माया अथवा अज्ञान को कर्तृत्व, विज्ञानावलम्बन मात्र मानता है। शंकराचार्य्य ब्रह्म को शुद्ध, साक्षी, अधिष्ठाता चैतन्य स्वरूप अकर्ता कहता है। हम परम् शिव को स्वतन्त्र, चिन्मय, ज्ञान-स्वरूप और कर्तृत्वरूप मानते हैं- मानते आये हैं तथा मानते रहेंगे। शैव दर्शन विमर्श माया को परम् शिव का स्वभाव मानते हैं- धारणा नहीं; संकल्प नहीं। हम ज्ञान तथा क्रिया में भेद मानते ही नहीं। शिव की क्रिया ही ज्ञान है- इच्छा! ज्ञान क्रिया की उन्मुखता ही इच्छा है, शिवराम!"

"जी, है।" शिवराम ने कहा- "तब यह जगत् भव संसार जीव तथा जीवन सब शिवमय हैं। परम शिव का ज्ञानमय-त्रियामय स्वभाव है, यही हुआ।"

"अवश्य, अवश्यमेव यही।" अभिनव गुप्त ने ऊर्ध्व श्वाँस भर कर कहा- "शंकराचार्य की इस व्यर्थ सारहीन वेदान्त डिमडिम को सदैव के लिये चुप करना ही होगा-"

"कैसे, श्रीमद्?" शिवराम।

"कल से, बल से नहीं।" अभिनव गुप्त ने धीरे से कहा।

"कल से?" शिवराम ने पूछा।

"अवश्य कल से।" अभिनव गुप्त बोले- "शास्त्र बल शंकर से पराभूत है; शस्त्र बल कीलित हो गया है। शंकराचार्य की वाणी स्वयं ही शास्त्र तथा शस्त्र ही शस्त्र हो गई है। यह शंकर कौलों से वशीभूत नहीं हुआ; बौद्धों से पराजित नहीं हुआ-जैनी इसका मुख देख कर अपने तप का बखान करते रहते हैं- योग

को छोड़ कर सभी दर्शन जैसे वेदान्त दर्शन के अपार अनन्त चैतन्य सागर में नदियों की भाँति समा गये-आकाश जैसे मौन हो गया; पृथिवी की बोलती बन्द हो गई। आश्चर्य्य।"

'अद्भुत!' शिवराम।

'चुप रहो'- अभिनव गुप्त गर्जे- "हम इस अद्भुत का उपाय करेंगे। तंत्र, मंत्र, समझा? शंकराचार्य को बल से नहीं, कल से सदैव के लिये चुप करना ही होना।"

"जी, करना ही होगा।" शिवराम।

"क्षेमराज यह नहीं कर सकेगा।" अभिनव गुप्त ने मानो स्वयं से कहा- "क्षेमराज शैव दर्शन का निगड़ व्याख्याकार है तो सही; किन्तु जैसे उसके गहन चित्त में वेदान्त का ब्रह्म ही बैठा है- परम् शिव को क्षेमराज परम ब्रह्म कदाचित मानता है। क्षेमराज की पारदर्शी बुद्धि भी वेदान्त के ब्रह्म-सम्मोह से कुण्ठित हो जाती है-"

"ऐसा? विमर्शिनी तो लिख रहे हैं।" शिवराम ने कहा।

"पोथियाँ लिखने और शास्त्रार्थ करने से तत्त्व-सम्बोध तो होता है- सत्य-प्रत्यक्ष नहीं। सत्य का प्रत्यक्ष तो तंत्र-मंत्र से ही होता है।" अभिनव गुप्त ने कहा- "यक्षिणी! साध, शिवराम! मैं तुम्हारी सहायता करूंगा। सभी यक्षिणियों की शक्ति लेकर तुम शंकराचार्य्य के पास जाओगे और कल से उसको सदैव के लिये चुप करोगे। समझे!"

"समझ गया।" शिवराम ने सोत्साह कहा- "यक्षिणी!"

"महाप्रेतों, यक्षों और यातुधानों-ब्रह्म राक्षसों से घेर लें, इस शंकराचार्य्य को।" अभिनवगुप्त ने तनिक दाँत पीसते हुए कहा- "परम शिव के स्वभाव को, इस सच्चिदानंद शिव लीला को नहीं मान कर यह आचार्य्य तम को, भ्रम को, मिथ्या को बुद्धि से स्वीकार कर सब कुछ ब्रह्ममय मानते हुए शिव को जगत् से दूर-असम्पृक्त, असंग मानता है। क्या करे जीव इस वीतराग, असंग, क्रिया हीन, इच्छा हीन ज्ञान ब्रह्म को लेकर। जगत् का अणु-अणु, जीव की वृति, वृत्ति-ज्ञान स्वयं, क्रिया मात्र क्या व्यर्थ है? निस्सार है? मिथ्या है? नहीं, ज्ञान स्वरूप शिव की स्वाभाविक क्रिया है। शंकर-वेदान्त का प्रसार मानव को अनैतिक, निस्सार, व्यर्थ एवं नाट्य का पात्र मात्र बनाता है। ब्रह्म का यह सुखमय, आनन्दमय चिद्विलास मानो किसी व्यसनी की कल्पना मात्र हो। आचार्य्य शंकर तुमको अपनी ही वेदान्त वेदी में आहूत होना है- अवश्य,

अवश्यमेव होना है। वेदान्त दर्शन के इस मिथ्या को तुम्हारी बलि चढा कर ही सत्य तथा सारमय सिद्ध किया जायगा।"

"अवश्य किया जायगा।" शिवराम ने कहा- "क्षेमराज को विमर्शिनी लिखने दीजिये- मैं हूं न? आपका द्वितीय पट्टशिष्य।"

अभिनव गुप्त- "तुम मेरे भैरव हो।"

शिवराम अभिनव गुप्त के चरणों में लेट गया; मस्तक रगड़ते हुए फुसफुसाया- "मैं आपका भैरव- आपका?"

अभिनव गुप्त ने अपने प्रलम्ब बाहुओं से शिवराम को उठाया और कहा- "मारण, मोहन, वश्य, उच्चाटन, स्तम्भन, विद्वेषण वशीकरण-सब मैं तुमको सिखाऊँगा। वशीकरण सिखाऊँगा। स्त्री चाहता होगा, तो सृष्टि सुन्दरी मिलेगी- यक्षणियाँ समझा। राज चाहता है तो भू-मण्डल का राज मिलेगा। इन्द्रजाल? तो माया के समूचे ऐन्द्रजाल तेरी दृष्टि में भर जायेंगे। वाक् सिद्धि? बाजीकरण, बल-वीर्य्य, रसायन, अभिमंत्रण-अभिचार-सब तुझे प्राप्त होगा- तुम यक्षणियों के वल्लभ बलों के अधिष्ठाता, शक्तियों के स्वामी हो जाओगे। जया यक्षिणी, समझा? उसको तुम्हारे सामने साक्षात् कर दूंगा।"

शिवराम विभोर होते हुए बोला- "इतनी कृपा? मैं, मैं धन्य हो गया। भव-संसार से मुक्त हो गया, श्रीमद्!"

अभिनव गुप्त विहँसे- "किन्तु हमारा एक गुह्य कार्य्य करना होगा। यह कार्य त्रिक् दर्शन को बचा लेने, माहेश्वर दर्शन के कीलन को मिटाने तथा वेदान्त दर्शन को कपूर की गन्ध के समान उड़ाने के लिये ही किया जायगा।"

"जी, करूंगा।" शिवराम ने सोत्साह कहा- "जी!"

अभिनव गुप्त गंभीर होते हुए बोले- "अभिनव गुप्त का यह अत्यन्त विश्वस्त गोपनीय कार्य होगा, जो तुम करोगे। क्षेमराज को लेशमात्र भी इसका पता नहीं लगना चाहिये-अति गुह्यतरम् देव। देवानामपि दुस्तर यह कार्य्य होगा।"

"जी!" शिवराम ने सिर हिला-हिला कर स्वीकृति दी।

अभिनव गुप्त ने आकाश के छिपे तारों को घूरते हुए कहा- "इस यती शंकर को, वेदान्त-संन्यासी को पराभूत करना होगा।"

"पराभूत?" शिवराम चमका।

"हाँ, निर्बल, अशक्त, पराभूत।" अभिनव गुप्त ने निसास रखते हुए कहा- "एक वयस्क संन्यासी के साथ यह करना हमें अच्छा नहीं लगता। किन्तु यह शैव दर्शन की रक्षा का कटु अवसर है- यह शैव धर्म का घोर संकट है। तुमने देखा नहीं, कौन सा तत्व ज्ञान है, जो शंकर के वाक्य प्रहार से बचा हो? सांख्य तक नहीं बचा। मीमांसा? शंकराचार्य ने उधेड़ कर रख दिया है कर्म-विवेक को। वैदिक वर्णाश्रम धर्म को ब्रह्म ज्ञान तथा मोक्ष परक कह कर इस विलक्षण संन्यासी ने यज्ञ तथा यज्ञ वर्ग द्वारा पुण्य तथा ऐश्वर्य्य भोग को गौण कर दिया है। अब ब्राह्मण पुण्य के लिये यज्ञ नहीं करेंगे-परमार्थ के लिये यज्ञ की आवश्यकता ही नहीं है। नैष्कर्म्य! स्मार्त-कर्म की मानो इतिश्री ही बाँची है इस शंकर ने। शास्त्र? नहीं; केवल श्रुति-उपनिषद्, गीता तथा ब्रह्मसूत्र। शिव सूत्र को नहीं, यह यती ब्रह्म सूत्र को ही मानता है।"

"जी!" शिवराम चिहुंका।

अभिनव गुप्त ने तनिक सिर धुनाया; स्वयं से झुंझला कर मानो स्वयं से ही बोले- "आपका अवतार हुआ है- क्या कहना? ब्रह्म सूत्र का अर्थ विकृत होता चला गया। तो देवता- ऋषि-मुनि सब ने शिव के पास जाकर निवेदन किया, उन्होंने कहा- ब्रह्म सूत्र का उद्धार होना चाहिये- अन्यथा सनातन अनादि से प्रगट वेदान्त दर्शन लुप्त हो जायगा। कलिकाल है- ब्रह्मसूत्र अर्थात् वेदान्त दर्शन के बिना सब शास्त्र ज्ञानहीन होकर केवल विज्ञानवादी हो जायेंगे- जड़वादी और लोक व्यवहार लोकायत हो जायेगा। तब शिव बोले; अच्छा मैं ही संन्यासी आचार्य स्वरूप जन्म लेकर यह कार्य्य करूंगा- शंकराचार्य्य को यह सब वेदान्ती शिव स्वरूप मानते हैं। यह क्या किम्वदन्ती घड़ी है, चाटुकारों ने? गुरु का सेवक तथा मनीषियों का चाटुकार शिवराम-यह ज्ञान-विज्ञान के संसार की अटूट परिस्थिति है। कौन समझाये इन मति मूढ़ों को कि परम शिव तो जगत और भव संसार के स्वरूपों में नित्य अविराम अवतरित होते रहते हैं। कौन कहे इनको??"

"आप श्रीमद्! और कौन?" शिवराम ने कहा।

"अवश्य, अवश्यमेव, हम अभिनव गुप्त।" अभिनव गुप्त बोले- "तो अब?"

"मैं तत्पर हूं, श्री चरणों में अर्पित हूं। जो आज्ञा!" शिवराम ने कहा।

"यह यती सिद्ध है; सिद्धियां इसकी मुट्ठी में हैं।" अभिनव गुप्त ने निसांस रखते हुए कहा- "किन्तु क्या यह मारण, मोहन, वशीकरण, उच्चाटन आदि से

रक्षित है? इसकी सिद्धियों का पता चलाना आवश्यक है। महातांत्रिक क्रचक्र अन्त में स्वयं ही समाप्त हो गया- नहीं?"

"तो शंकराचार्य्य को समाप्त ....." शिवराम ने हठात् पूछा।

"चुप रहो, शिवराम। आत्मा मरता नहीं- देह ही मरता है। ऐसा स्वयं यतीवर्य शंकर कहते हैं- हम शैव भी यही कहते हैं। शिव अजर-अमर हैं- चैतन्य, परम् चैतन्य हैं। तत्त्व परिवर्तित मिश्रित सम्मिश्रित होते हैं, शिव नहीं। छत्तीस तत्त्वों में भाषिक सदाशिव तो नित्य अजरामर हैं। प्रत्येक तत्त्व में विश्वोत्तीर्ण, विश्वात्मक, परमानन्दमय तथा प्रकाशैकघन शिव तत्व की ही अभिव्यक्ति है, अभिव्यञ्जना है-प्रतिबिम्ब है; प्रतिभास है-जो कहो, वह है। मैं क्यों नहीं मानूंगा कि शंकराचार्य्य सच्चिदानन्द शिव स्वरूप हैं? क्यों नही मानूंगा भला? देह की पञ्चभूत बातियां बुझती हैं- देह स्वरूप समाप्त होता है और यों देखें, तो देह स्वरूप ही अदृश्य होता है- इस जगत् में मरण है क्या? नहीं; उद्भव है; स्थिति है; लय है। शंकराचार्य्य, सच्चिदानंद घन आत्मा अजर हैं-"

"तब फिर उनको पराभूत कैसे किया जायगा?" शिव राम ने पूछा।

"देवी से पूछूंगा- वही महामाया उपाय बतायगी।" -अभिनव गुप्त ने कहा- घोर-अघोर महाप्रेतनियों से घिरा शुद्ध सात्विक जीव क्या हतप्रभ नहीं होगा? होगा-अवश्य होगा। यक्षणियों से सम्मोहित जीव यक्षिणी के प्रगाढ़ आलिंगन में ही सदैव के लिये सो जायगा। योगिओं को काम खोखला कर देता है, अहम् ऋषियों की अवगति का कारण है। मुनियों को वाणी ही समाप्त कर देती है- आत्मानन्द को विषयानन्द विषम् तथा भ्रष्ट कर देता है। किस यक्षिणी का आह्वान करोगे, शिवराम?"

"जी, किस यक्षिणी का आह्वान?" शिवराम ने स्वयं से मानो कहा- "महायक्षिण्यै नमः!"

"हुं!" अभिनव गुप्त बोले- "मध्यरात्रि में निद्रा रहित उठ बैठो। सुनसान में मूक खड़े बिल्व वृक्ष की एक सघन डाल पर चढ़ जाओ-स्थित हो जाओ। और जपो "ओम् ह्रीं क्लीं ऐं श्रीं महायक्षिण्यै सर्वैश्वर्य प्रदात्र्यै-नमः।" एक मास तक निरन्तर प्रति रात्रि त्रिसहस्त्र जाप करो।"

"बस?" शिवराम ने सोत्साह पूछा-

"बस नहीं है; अभी इतिश्री शेष है। मद्य और माँस की संस्कार युक्त बलि तैय्यार रक्खो। एक मास की अवधि के अन्त में महायक्षिणी पधारेंगी-विभिन्न

भिन्न रूपों में दिखेंगी, कभी घोरा, कभी ललिता-कभी प्रौढ़ा, कभी अप्रौढ़ा, कभी किशोरी, युवती, यति, कभी वृद्धा, महोदरी, मुक्त केशी-अग्नि ज्वाला स्वरूप रौद्र मुखी, कभी जलौदरी, कभी कराली, भद्रकालिका स्वरूप, वह कालरात्रि तपस्विनी परात्परा का सिद्ध और वरदा स्वरूप है। भक्त तथा साधक की कल्प के आदि से गुह्यतम इच्छा की पूर्ति करती है यक्षिणी।"

"महायक्षिणी! श्रीमद्! भय लगता है इनसे!" शिवराम ने निसांस भरते हुए कहा- "भिन्न-भिन्न रूपों में आगत महायक्षिणी को कैसे जाना जाय-पहिचाना जाय?"

"महायक्षिणी के पधारने पर भयभीत नहीं होना होगा- चुपचाप मूक मौन जाप करते रहना होगा। महायक्षिणी साधक को अपलक देखती खड़ी रहती है और साधक जब निःशंक हो जाता है, मदिरा का घट उठा कर पीने लगती हैं तथा माँस का सद्य भक्षण करने लगती हैं एवं अन्त में प्रसन्न होकर वर देती हैं। प्रसन्न सर्वेश्वर्य्य प्रदायिनी महायक्षिणी से फिर मनचाहा वर माँग लो, शिव राम!"

"महायक्षिणी से मैं शेष सभी यक्षिणियों का वल्लभ होने का वर माँगूंगा। सभी यक्षिणियों से सेवित मैं चौदहों भुवनों में विहार करता रहूंगा।"

अभिनव गुप्त हँसे; बोले- "सुर-सुन्दरी, मनोहारी, कनकवती पद्मिनी, नटी, अनुरागिनी, विशाला, चन्द्रिका, लक्ष्मी, शोभना, मदना-क्या इन सभी के तुम 'वल्लभ' बनना चाहते हो?"

"जी, जी!" शिवराम ने प्रसन्न-मगन स्वर में उत्तर दिया।

"शंकराचार्य्य को पराभूत करो-तब मैं तुमको प्रत्येक यक्षिणी से मिलाऊँगा। सुर-सुन्दरी तुम्हारी बलैयाँ लेंगी, मनोहारी तुम्हारा विकल मन हर लेंगी। कनकवती तुमको अलंकारों के पर्वतों के मध्य बिठा देंगी। सभी प्रकार के भोग यह यक्षिणियां देंगी। कामेश्वरी सभी कामनायें पूरा करती हैं। रतिप्रिया चिर यौवन प्रदान करती हैं। पद्मिनी नटी अनुरागिनी अक्षय रसायन प्रदान करती है। चन्द्रिका अमृत देती है। लक्ष्मी ऐश्वर्य प्रदाता वरदायिनी है। विशाला दिव्य रसायन तथा अक्षय भोग देती है- ऐश्वर्य्य, यौवन, रति, विलास, मुग्धता, अमृत संजीवनी- अक्षय विषयानंद प्रदाता यह यक्षिणियाँ हैं- कलमञ्जीर रञ्जिनी पाटला, पाटलावती महात्रिपुर सुन्दरी की यह अक्षय यौवन, विषयानन्द और रतिरसदायिनी शक्तियाँ-देवता हैं-"

"किन्तु इनसे शंकर पराभूत कैसे होंगे?" शिवराम ने कहा।

"शंकराचार्य के चित्त को यक्षिणियों के सम्मोह से भर देना होगा, फिर प्रेत-विकलता उत्पन्न कर उसके देह के तत्त्वों तथा भूतों को वशवर्ती करना होगा- उसको चिदानन्द चैतन्य की अनन्त परात्पर धारा से अलग करना होगा उसको काल के तममूढ़ गर्भ में धकेलना होगा। संजीवनी की उसकी शक्ति को रतिप्रिया की सम्मोहमयी चेतना में डुबो कर शंकर को कायस्थ करना होगा-"

"फिर?" शिवराम।

"फिर?" अभिनव गुप्त ने कहा- "मूढ़! क्या मैं विधाता हूं?"

"जी?" शिवराम।

02

गुरु पूर्णिमा? पूर्ण चन्द्र गगन मण्डल में अपनी पूर्णिमा के दुग्ध आलोक में नहा रहा था। अभी-अभी चन्द्र मण्डल का पूर्ण दिव्य वर्तुल आकाश में व्याप्त हुआ था- निस्सीम सीम आकृति का यह दिव्याभास स्वयं ही शीतल शान्ति कर और विरहाग्नि से भरपूर ज्योति से दमक रहा था। चन्द्रमा ने सूर्य की सभी किरणों से अमृत सींच कर भुवनों के गगनों में अमृताभिषेक ही मानो आरम्भ किया था- उल्लास से परिपूर्ण तंद्रिल गगन मण्डल अपने पूर्णेन्दु को मानो दिशाओं की कटियों पर थमाना चाहता था और यह लहरीला पूर्ण मग्न चन्द्रमा दिशाओं की नाभियों को गुदगुदाने के लिये मन्द धीर चाल से आंख मिचौनी ही खेल रहा था। कुमुदिनियाँ खिल गईं थीं और कमल पूर्णिमा के ध्यान में लीन मौन कोई प्रेम गीत गा रहे थे-मूक। अमृत की वर्षा करता हुआ पूर्णेन्दु मानो धरती के सोम-पुत्र की भाँति सूर्य्य के सभी पथों पर आनंद का छिटकाव कर रहा था। पृथिवी गगन के इस अमृताभिषेक में सद्य स्नान ही कर रही थी। शंकराचार्य्य प्रसन्न विहँसोही मुद्रा में व्यासपीठ पर विराजमान थे और उपस्थित मेदिनी को सस्मित निहार रहे थे। आकाश में मानो देवता अपने विमानों में स्थित झूम से रहे थे और देवियाँ अन्तरिक्ष में रास लेने लगीं थीं। गुरु-पूजन की भव्य सामग्री सामने बिछी थी और तोटकाचार्य्य प्रणामबद्ध सामने खड़े थे। शान्त आतुरता से यज्ञ मण्डप भरा हुआ था- और ज्योति मठ क्षेत्र के मूर्धन्य लोग अपलक जगद्गुरु शंकराचार्य्य के मनोहर कमनीय रमणीय दिव्य इन्दीवर के समान मुख-मण्डल को देख रहे थे।

सहसा शंख ध्वनि हुई और यज्ञ की वेदी में पवित्र अग्नि ज्वालायें एक साथ उठीं; भभकीं; जलीं- चमकीं; दमकीं। मण्डप की पूर्णिमा पुनीत अग्नि जिह्वाओं

की तेजस्वी राशियों से भर उठी। चन्द्रमा ने, पूर्णेन्दु ने अपने सोम की प्रथम आहूति यज्ञ में अर्पित की और सूर्य ने अपनी किरणों की अग्नि से अमृत को सींच कर यज्ञ में आहूत किया- गुरु पूजन आरम्भ हुआ।

तोटकाचार्य ने गुरुदेव शंकर के स्वर्ण ताम्र कान्ति से मढ़े भव्य ललाट पर कुंकुम का तिलक करते हुए जय ध्वनि की- "हे प्रभो! जय हो!"

शंकराचार्य्य ने जलद गम्भीर स्वर में कहा- "जय! जय सच्चिदानंद, तोटकाचार्य्य! ज्योतिर्मठ के उद्देश्यों की सदा जय हो।"

पद्मपाद ने कमल की विशाल माला को अपने करों में झुलाया और शंकराचार्य के श्री चरणों में नमन कर तिलक किया और माल्यापर्ण करते हुए पुकार की- "चिरञ्जीवी हो, गुरुदेव!"

शंकराचार्य्य हँसे- "वाह! शिष्य गुरु को आशीर्वाद दे रहा है।"

"नहीं, पूज्यपाद! यह शिष्य का आशीर्वाद नहीं है।" पद्मपाद ने आर्तस्वर से कहा- "परमात्मा आपकी श्रीमती विभूतिमय छबि को सदैव काल नयनों में भरा रक्खे-इसके लिये आपके विनीत शिष्य की प्रभु से पुकार है।"

शंकराचार्य ने सस्मित कहा- "देह तो अदृश्य होगा ही। पंचभूत का मिश्रण यह देह! वत्स! एक दिन अनन्त काल में बिखर जायगा। भूत जगत् के महाभूत में विलीन होगा ही।"

"मेरे गुरु-जगद्गुरु शंकराचार्य्य नहीं।" पद्मपाद ने श्रीमद् शंकराचार्य के श्री चरणों में नमते हुए कहा- "हम सब आपके शिष्य सेवक सभी अपने अमोघ तप से आपकी छबि को चिरञ्जीवी बनी रहने के लिये प्रभु से वर मांगते हैं।"

"अजर-अमर निरुपम निर्गुण निरञ्जन सच्चिदानन्द ब्रह्म ही है।" शंकराचार्य्य ने कहा।

सुरेश्वराचार्य्य उठे और शंकराचार्य्य के चरणों में प्रणिपात कर तिलक करते हुये बोले- "शिष्य गुरु में लीन हो जाता है और गुरु शिष्य के स्वरूप में परमात्मा होकर आविर्भूत हो जाता है।"

शंकराचार्य ने अनन्त करूणापूर्ण दृष्टि से सुरेश्वराचार्य्य को निहारा, कहा- "तथास्तु वत्स!"

सुरेश्वराचार्य ने मधुर विनीत स्वर में स्तुति की- "प्रभो! अब मैंने आप श्री को जान लिया है। आप निस्संदेह शिव स्वरूप हैं। आप शरीरधारी ज्ञान स्वरूप

भी हैं। अज्ञानियों तथा अविद्याग्रस्त मानवों के उद्धार के लिये ही आप श्री ने शरीर धारण किया है। वस्तुतः आप शरीर विहीन निराकार निरञ्जन अज अनुपम शुद्ध-बुद्ध निर्विकार सच्चिदानन्द ब्रहम चैतन्य ही अपार हैं। उपनिषद् के तत्त्वमसि महावाक्य के आप परिपालक हैं। आपश्री ने प्रलापों से सच्चिदानन्द ब्रहम का मानो परित्राण ही किया है-रक्षा की है। स्वप्न में स्वप्न देखने वाले तथा लोकों को परम् धाम मान कर मुक्तावस्था में बने रहने के महाजीवों को 'मुक्ति' का सच्चा मार्ग बताया है। लोक लोकान्तर प्राप्ति महा जीवन चेतना के भव ही हैं- उनकी मुक्ति मानना हास्यास्पद है।"

आचार्य श्री शंकर मुस्कराये; बोले- "प्रश्न मानव के लिये-जीव के लिये संसार की शान्ति का है, वत्स! नहीं?"

"अवश्य, प्रभो!" सुरेश्वराचार्य्य ने प्रणामपूर्वक कहा- "भेद जनित मुक्ति की धारणा में मगन जीव कर्तृत्व और भोक्तृत्व से युक्त इस असार संसार को शान्त नहीं कर सकते। आप श्रीमद् द्वारा प्रतिपादित "स्थिर मुक्ति" को ही मैं अब अच्छा समझता हूं, जो संसार का अतिक्रमण का सच्चिदानंद की लहर स्वरूप है!"

"जय सच्चिदानंद!" शंकराचार्य ने वरद हस्त उठाते हुए कहा।

सुरेश्वराचार्य ने गंभीर किन्तु कुछ तीव्र स्वर में कहा- "हे परम् गुरो! जगत् का अधिपति ईश्वर जैसे अविद्या रूपी राक्षसी ने निगल लिया था- उसके उदर को चीर कर आपश्री ने ईश्वर को निकाल बाहर किया है! आपश्री महाशय हनुमान से भी बढ़ कर हैं- महोदय भक्ति कीर्ति हनुमान ने तो राक्षसियों से भगवान राम की प्रियतमा सीता का उद्धार मात्र किया था- किन्तु आपश्री ने तो अज्ञान को दूर कर परम तत्व ईश्वर की प्राप्ति का उपाय बताया है- मोक्ष को सहज-सुलभ किया है!"

शंकराचार्य ने कहा- "बस, वत्स!"

सुरेश्वराचार्य ने सिर धुनाते हुए कहा- " नहीं प्रभो! परम गुरो नहीं! सन्यास वेश धारण कर श्रीमद् के पद् चिन्हों पर चलते हुए यह अन्तःकरण सुधा भरे आपके वचनों से भरता रहा है! आपके वचनों की अमृत-किरणों से यह उदासीन नयन भरपूर हो गये हैं! तत्व बोध के तम मूढ़ वचनों के अंधकारों को छिन्न-भिन्न कर आपके उपदेशों ने समूचे सच्चिदानंद का ज्ञान-सूर्य-सत्यनारायण ही उदित किया है! आपने ही जगत के अन्धकार को चीर कर मानव के नयन

ज्ञानाजंन की शलाका से आजे हैं-मनुष्य के अधीर और विकल नयनों को उन्मीलित किया है!"

"सच्चिदानंद शिव, वत्स!" शंकर धीरे से बोले।

"गुरुदेव! आप शिव-स्वरूप आप!" सुरेश्वराचार्य ने गद्‌गद कण्ठ से पुनः कहा-भेदवादियों ने ब्रह्म और जीव में भेद बताकर गौ-रूप श्रुति के अर्थ को ही तोड़ डाला था! किन्तु इस जगत में ब्रह्म से हीन और रहित कुछ भी तो नहीं है! भक्त और भगवान्-जीव और ब्रह्म भिन्न-भिन्न कहां हैं? सन्यास के दण्ड द्वारा मैंने आकाश का जैसे मन्थन कर जीव और ब्रह्म को अलग देखने का प्रयास किया है; किन्तु लहर तथा समुद्र का विभाजन कैसे करता? कैसे करूं? जीव और ब्रह्म अभिन्न हैं- चैतन्य स्वरूप वह तादाम्त्य है! सर्वत्र ब्रह्म को देखने, स्पर्श करने, सुनने तथा मनन करने वाले हे परम गुरो! आप श्री ने हम साधकों को आत्म विश्वास प्रदान किया है- निश्चिन्त और निर्भय किया है! मैं आत्मा-परमात्मा हूं। यह जगत ब्रह्म में ब्रह्ममय है। परम चैतन्य ब्रह्म ही जड़-चेतन में व्याप्त है और अविद्‌या ग्रस्त जीवात्म भाव, चेतना, भ्रमों और सम्भ्रमों का मेघजाल ही है- यह अमोघ विश्वास आप श्रीमद् ने साधकों को प्रदान किया है! ऋषियों की धीमही को अपने सत्यनारायण की ओर पुनः जैसे प्रवृत किया है- अब हम शून्य नहीं देखते; शून्याधार परम सत्य सत्यनारायण को ही देखने लगे हैं।"

"असदो मा सद्रमय!" शंकर बोले!

"आपश्री ने श्रुतियों को ही संजीवित कर पुनः चिरंजीवी मानो किया! दुस्सह संसार के त्रितापों के सन्तापों से जीव को छूटने के लिये आपश्री ने श्रुति का अचल पंथ ही बताया है! मैंने, इस शरीरी ने निस्संदेह पूर्व-जन्म में दुष्कर तप किया था, जो इस अपने अन्तिम से भव में आप श्री करूणानिधि जगदीश्वर के समान आपके श्री चरणार्विन्दों को प्राप्त कर सका हूं! पूर्व पुण्यों के उदय से ही, उसकी शान्तिमय परिणति से ही मैंने श्रीमद् की कृपा प्राप्त की है! इस शरीरी का अन्तःकरण पुण्यों का अंकुर हो गया है; हम उसके पल्लव हैं तथा वैराग्य इस पुण्य-वृक्ष की कली है! तितिक्षा रूपी लता पुष्प-समुदाय है! ध्यान रूपी मकरन्द के विस्तार में यह हृदय उत्फुल्ल हो चुका है तथा श्रद्धा का फल प्राप्त कर मैंने काल का वरदान ही प्राप्त किया है।"

"सुरेश्वर! वत्स!" शंकर ने तनिक सिर धुनाया।

"रसिक श्रृंगार-लीला में रमा करता है! प्रभु नहीं, कामिनी ही उसको सदैव-सर्वत्र सोलह श्रृंगार में दिखती है- वह कामिनी के उन्मादपूर्ण ध्यान में संसार के ऊबड़-खाबड़ मार्गों पर पैर पटकता रहता है! किन्तु आप के उपदेशामृत का पानकर ऐसे रसिक भी जितेन्द्रिय होकर सदैव अमृत-समुद्र की चिदानंद लहरियों में विहार करते रहते हैं- रसिक ज्योतिर्मय सुन्दर दिव्य कमल स्वरूप संसार के माया-मोह के कीच से ऊग आते है! हां, गुरुदेव! मैं- ऐसा ही एक वैराग्य-कमल हो गया हूं!"

"तुम सुरेश्वर! प्रज्ञान भू ब्रह्म को देखो-देखा करो!" शंकराचार्य।

"मैं ब्रह्म को ही देखने लगा हूं, प्रभो! प्रभु गुरौ!" सुरेश्वर ने पुकार सी की।- "पुत्र, स्त्री? घर, धन, गृहस्थाश्रम, कर्त्तव्य, कर्म आदि को त्यागना असंभव सा था, गुरुदेव! किन्तु आपश्री की अनन्त करुणा में डूब कर मैंने संसार त्याग दिया है! संसार की स्मृति शेष से मैं मुक्त हो गया हूं- मैंने ज्ञान का भास पा लिया है और अज्ञान के अनादि आच्छादन को चीर कर अविद्या के ग्रासों से मुक्ति पाने की प्रज्ञान प्रतियां प्राप्त कर ली हैं- इस शरीरी की धीर परम् ब्रह्म की ऋतुंभरा में डूब गई है- लीन हो गई है! अब मैं सन्यासी स्वरूप उदय हो गया हूं-संन्यासी शिष्य सुरेश्वर का प्रणिप्रात स्वीकार करें, प्रभो!"

शंकर उठ खड़े हुए। अपने चरणों में गिरते हुए सुरेश्वराचार्य्य को अपने आजानुभुजों में थामते हुए बोले- "एवमस्तु! अयमात्मा ब्रह्म, वत्स!" आचार्य श्री शंकर ने फूल मालायें उठा कर सुरेश्वराचार्य को पहिनाते हुए कहा- "मेरे सच्चे संन्यासी! वीतरागी आचार्य!"

"आचार्य्य सुरेश्वर!" उपस्थित साधकों के कण्ठों से ध्वनि उठी- "तथास्तु!"

पद्मपाद लपक कर उठे; धँसे और सुरेश्वराचार्य्य को बाहुओं में भर लेते हुए बोले- "धन्य, संन्यासी! वरेण्य वन्दनीय आचार्य्य श्री सुरेश्वर!" और फिर शंकराचार्य्य की ओर उन्मुख होते हुए पद्मपादाचार्य्य ने सिर नमन कर कहा- "सुरेश्वराचार्य आज से हमारे भी आचार्य्य हैं, सद्गुरो!"

आचार्य श्री शंकर ने मुस्कराते हुए कहा- "सुरेश्वर जैसे मेरे भी आचार्य्य हैं, वत्स! मैं तो ब्रह्मचर्य्याश्रम से सीधा ही संन्यासाश्रम में गुरु-कृपा से खिंचा आया। गृहस्थ तथा वानप्रस्थ का इस शरीर को अनुभव ही नहीं है; किन्तु सुरेश्वर ने चारों आश्रम कठिन अध्यवसाय तथा तपश्चर्या द्वारा सांगोपांग प्राप्त

किये हैं। इन्होंने राग में पड़ कर राग को जाना है और बुद्धि से संसार त्याग कर वैराग्य के शान्त मनोराज्य को भी देखा है- जाना है। सुरेश्वर राग में वैरागी तथा विरागियों में रसरागी हैं। सुरेश्वर तुम सदैव भारत के संन्यासी आचार्यों की अग्रिम पंक्ति में सुशोभित रहोगे।"

"सुमेरु शंकराचार्य्य की जय!" हस्तामलक ने सहसा आगे आकर कहा, "जय! सुरेश्वराचार्य की जय!" जनता गर्जी।

सुरेश्वराचार्य्य ने गर्जन गम्भीर स्वर में पुकार कर कहा- "जगद्‌गुरु शंकराचार्य्य की जय!" सभा मण्डप जय ध्वनि से गूँज कर शान्त हो गया। सुरेश्वराचार्य्य ने सभा मण्डप को अपने विशाल नयनों में भर लेते हुए कहा- "यह आर्य्य भूमि, ऋषि, मुनियों तथा योगियों, सन्यासियों की मातृभूमि यह साधुसन्तों की जननी भारत भूमि सत्य के नाम पर असत्य मार्गों पर चलती गई है। वेद और वेदान्त के विरुद्ध तथा विपरीत मत मतान्तरों से यह भारत भूमि कोलाहल पूर्ण रही है। विविध द्‌वैत-सम्प्रदायों के तर्कों से भारत भूमि का गगन गूँजता आया है- सत्य को प्रमाणित करने और जगत् एवं जीव का कारण खोजने के लिये अनेक मनीषियों ने अज्ञानावस्था में सोते हुए भी स्वप्न देखे हैं। क्षण स्थायी इस इदम् परम् ब्रह्म की आश्वर्य संभूत माया को वास्तविक तथा यथार्थ सत्य मान कर जीवात्म भाव को अनादि मानने वाले मत-मतान्तर के कान्तरों से भारत वर्ष के दार्शनिक अरण्य भर गये हैं। द्‌वैत, त्रेत ब्रह्म, जीव, जगत् सब अनादि सनातन बता कर वेदों के गूढ़ार्थों को विषम करने का प्रयास जाने हुए इतिहास में रावण से प्रारम्भ होकर आज दिन तक होता आया है। वेद के अपौरुषेय मन्त्रों को अपनी दृष्टि से देख कर अपनी बुद्धि प्रियता का अर्थ कोटिशः ताड़-पत्रों पर लिखा गया है। कुछ मन माने, बुद्धि चाहे सिद्धान्त बना कर अपने मत तथा कुछ आम्नायें रच कर तथा उपनिषद् की भगवती श्रुतियों का बौद्धिक श्रृंगार कर अपना सम्प्रदाय स्थापित करना धार्मिक अनुशासन का कुछ संस्कार होता गया है। प्रत्येक शास्त्री, शास्त्रज्ञ अपना मत बना कर जनता में प्रसारित करना चाहता है। प्रत्येक मनीषी विज्ञान की सिद्धियों का इंगित कर अपना सिद्धान्त अन्तिम अक्षुण्ण करने के लिये गर्जना करता आया है। परम् सत्य को भेदमय कह कर एक विचित्र विलक्षण अद्‌वैत की कल्पनायें की गई हैं और समूचे वेदान्त दर्शन को जड़हीन वट वृक्ष मान कर हमारे विद्‌वान् टीकायें लिखते आये हैं- ब्रह्म सूत्रों को जगत् तथा जीव परक और पूर्वक बना कर अपने

पूजन तथा अपने मन्दिर स्थापित कर धर्माचरण द्वारा समष्टि पर सत्ता स्थापित करने का प्रयास सामने है। किन्तु अज्ञान के द्वारा ज्ञान बताया और समझाया नहीं जा सकता। अविद्या द्वारा क्या सद्विद्या समझाई जा सकती है? क्षण अनन्त को समझा नहीं सकती। भ्रम सत्य के सत्य सद्य ज्ञान की अनुभूति करवा नहीं सकता। यह जगत् ब्रह्म बता नहीं सकता-ब्रह्म दर्शन करवा नहीं सकता। यह जीव-जीव बना रह कर मोक्ष प्राप्त कर नहीं सकता। शास्त्र नहीं, योग साधना ही परम् सत्य सच्चिदानन्द का प्रत्यक्ष करवा सकता है- करवाता है।"

हस्तामलक ने मुस्कराते हुए आचार्य शंकर की ओर देखा। शंकर सस्मित मुस्कराये। सुरेश्वराचार्य पुनः गर्जे- "वेदान्त विपरीत और विरुद्ध मत मतान्तरों के दिन भर गये हैं-लद गये हैं। वेद निन्दक वचनों का यौवन ही रीत गया है। उन सम्प्रदायों की आयु समाप्ति पर है, जो भेद, भीति-द्वैत को मान कर भगवान् तथा भक्त को अनादि बताते हैं; जो जीवात्मा के आत्यंतिक मोक्ष को नहीं मानते-जो ऐसी मुक्ति में मानते हैं, जिसमें ब्रह्म तथा जीव का अभिन्न तादात्म्य नहीं है। शंकर वेदान्त ही इस अंधेरे के उजाले को चीर कर सत्य की ज्योति प्रकटा सकता है- वेदान्त-डिमडिम ब्रह्म और जीव की एकात्मकता अभिन्न तादात्म्य के अभयपूर्ण अद्वैत की घोषणा है। वेदान्त सत्य ज्ञान पर आधारित, अवलम्बित सृष्टि-प्रपंच सम्मत लोक जीवन के लिये वैदिक वर्णाश्रम धर्म-पंथ है। वेदान्त मनुष्य को अज्ञान से छुड़ा कर जगत् की माया के मोह से तितिक्ष कर उसको अपने परमात्मा सच्चिदानन्द का प्रत्यक्ष करवाने का अमोघ, अन्तिम, आत्यन्तिक दर्शन है। यह वेदों का सत्य सार है, उपनिषदों का अमृत दुग्ध है।"

उपस्थित मानव-समुदाय ने देखा, सुरेश्वराचार्य्य के विशाल नयन तनिक उन्मीलित होकर मानो स्थिर, शान्त-प्रशान्त और स्थितिप्रज्ञ आचार्य्य शंकर की कमनीय छवि से भर गये। लोगों ने देखा, सुरेश्वराचार्य आचार्य चरणों में जा बैठे और प्रणाम पूर्वक बोले- "ज्ञान, गुरुदेव!"

"तथास्तु!" शंकराचार्य्य ने अभय वर दिया।

हस्तामलक उठे; कमल की सघन प्रलम्ब माला को अपने श्यामल पद्म पाणियों की सहज थाम में झुलाते हुए आचार्य श्री शंकर के पास पहुंचे और तिलक करते हुए चुपचाप माल्यार्पण कर बोले- "मूढ़ नहीं पूज्यपाद! मौन हो गया हूं।"

आचार्य श्री शंकर ने विहँसते हुए कहा- "सुना, लोगों! आचार्य हस्तामलक क्या कह रहे हैं? कह रहे हैं; मूढ़ नहीं, मौन हो गया हूं। मैं चाहता हूं सम्पूर्ण और त्रिकाल मौन लेने के पूर्व पूर्ण मुनि होने पर भी आचार्य्य हस्तामलक आज कुछ कहें। मैं तो ईश्वर की इच्छा से जगद् कल्याण की महत्वाकांक्षा लिये घूम रहा हूं। पृथिवी पर मानव हृदय को खोजता हुआ भ्रमण कर रहा हूं। इस पृथिवी पर परमात्मा से अभिन्न जीव के दर्शन करने के लिये मैं जैसे पृथिवी प्रदक्षिणा ही कर रहा हूं। मैंने वेद और वेदान्त विरुद्ध विपरीत मतों का खण्डन किया है तथा ब्रह्म सूत्रों का यथार्थ मण्डन भी किया है- सच्चिदानन्द ज्योति के लिये मैंने उपनिषदों की श्रुति-कामधेनु को दुहा है। पारिजात तथा कल्प वृक्ष के पुष्पों से मैंने अर्ध चन्द्र चूड़ामणि भगवती भवानी की वन्दना की है। मैंने जगत् की माया को नयनों में भर कर परब्रह्म के दर्शन भी किये हैं। योगियों का अभय मैंने प्राप्त किया है तथा सन्तों और साधकों का आशीर्वाद भी मुझे मिला है- यही मेरे इस भव का परम् सौभाग्य है। मुझको ज्ञात है, ब्रह्म की इच्छा से ही उसके अतुलित सामर्थ्य से यह मायावी जगत् है। उसके सच्चिदानन्द चिद् विलास से ही यह जीव हैं; भव है- भव-संसार है। किन्तु यह सब ब्रह्म स्वयं नहीं है; उसकी माया-लीला है। आचार्य्य हस्तामलक परम मुनि हैं- अपना मौन भंग कर हमें परम् तत्त्व-परम् सत्य के विषय में, विषयानंद नहीं- आत्मानन्द के बारे में बतायेंगे। मानव मात्र को जगत् का विज्ञानघन वैभव तनिक ही चाहिये-उतना चाहिये, जितना अन्त में परमार्थ के लिए प्रतिभा और क्षमता दे सके। भोग-सतत् भोग जीवात्मा का अन्तिम लक्ष्य न था और न ही हो सकता है। आत्मा के चिदाकाश का यह रंगीन मेघ अपने गर्भ में जीवन के अमृत से भरा हुआ है। जीव कब तक? जब तक वह सोचता है कि वह जीव है। जीव तब तक ही है, जब तक वह जगत् की अनिवर्चनीय माया से मोहित होकर शरीर के राग द्वेष को भोगते रहना चाहता है- जब तक वह अविद्या ग्रसित है- अज्ञान की काल रात्रि में सोया हुआ है; तब तक सच्चिदानन्द आत्म-चैतन्य होते हुए भी वह स्वयं को जीव समझ कर चलता है। लहर जब तक वारिधि से स्वयं को अलग, भिन्न मानेगी-मानती रहेगी, तब तक वह लहर मात्र है, लघु, क्षल्लुक, अधोगामी तथा अल्प मात्र ही बनी रहेगी। किन्तु जब जीव स्वयं के अनन्त की ओर उन्मुख होगा, अपने परमात्म- चैतन्य को जानने लगेगा, अन्धकार के यह सब भ्रम मिटते चले जायेंगे-स्मृतियों के दृश्य अन्तर्ध्यान होने लगेंगे तथा भव बन्धन टूटते चलेंगे। जीवात्म भाव-चेतना-परम् ब्रह्म के चिद् विलास की आनन्दोन्मुखी लहर मात्र है। ब्रह्म चैतन्य से पूर्ण परिपूर्ण हृदयाकाश के अनन्त

परम् चैतन्य के अवकाश में परम् शून्य में जीवन चेतना का मेघ मात्र है। हाँ, लोगों विद्या बल से जगत् प्राप्त करो, किन्तु भव बन्धन से छूट कर अन्त में मोक्ष मार्गी होने के लिये विद्या, बल, कीर्ति, यश, अर्थ, धर्म, काम सभी कुछ आश्रमों का जीवन यापन करते हुए करो। काल से मुक्त होने के लिये जीओ, भव-बन्धन से मोक्ष पाने के लिये जीओ। अपने सच्चिदानन्द के साक्षात्कार के लिये जीओ, पुनर्जन्म इसलिये है कि अन्त में संसार से वीतरागी हो सके, माया को जान सके और परम् सत्य के लिये जीवन की काल धारा बहने लगे। मृत्युञ्जय होते हुए हम मानव अमृत उपासना करें; सभी भ्रम जाल के अंधेरों से छूट कर परम् प्रकाश की आराधना कर सकें तथा क्षणिक असद् को त्याग कर नित्य सद् सत्य को पा सकें- उसकी पूजा कर सकें, इसके लिये वेदान्त के वैदिक वर्णाश्रम धर्म का धारण, भरण और पोषण कर सकें- इसके लिये मोक्ष होने तक जी सकें- इसलिये और अतएव मनुष्यों! यह ब्रह्म सूत्रों का शारीरिक भाष्य मैं आप सब की साक्षी से भगवान् बादरायण, महर्षि जैमिनी तथा योगेश्वर भगवान् दत्तात्रेय के परात्पर ज्योतिर्मय चरणों में अर्पित करता हूं। आचार्य्य हस्तामलक इस समर्पण को कैलाश में शिवशम्भु तक पहुंचायेंगे।"

"यह शरीरी?" हस्तामलक चिहुंके।

"शरीरी नहीं सिद्ध योगी वत्स!" शंकराचार्य्य ने आसन पर ही मुस्कराते हुए कहा- "उठो, हस्तामलक! शारीरिक भाष्य सहित मुझको इस देही तथा देह को सच्चिदानन्द शिव को समर्पित कर दो। उठो आत्मन!"

हस्तामलक उठे; कुछ आगे आये और अनन्त आकाश में अपलक होते हुए बोले- "आत्मा परमात्मा को समर्पित! सत् चित् आनन्द को अर्पित और आनन्द परमब्रह्म को अर्पित! सच्चिदानंद परम ब्रह्म के सिवाय है ही कुछ नहीं। सर्वत्र सदैव चैतन्य ही चैतन्य है- जड़ नहीं, विकार नहीं- बन्धन नहीं-त्रिकाल के परे कालातीत वह सच्चिदानंद परम् शिव ही हैं-मैं, मैं उनको अणु-अणु में गमकते हुए देखता हूं, घट-घट में रमते हुए देख रहा हूं। स्वयं गुरुदेव ने कहा है; तुम आत्मा हो; गिरिजा हो; सहचरामति हो। यह विषयोपभोग सब तेरी जीव की पूजा है। यह निद्रा तेरी अज्ञान-समाधि है। ब्रह्म का अनुभव ज्ञान तथा अज्ञानावस्थाओं में भी है। सत्य यह है अज्ञान है ही नहीं; ज्ञानी ब्रह्म का स्वयं पर आरोपण है- अध्यास भर है। सत्य विद्या ही है- अविद्या है ही नहीं, यह आत्मा का स्वयं आरोपित भ्रम है। जो नित्य नहीं है और अनित्य है, वह माया है; मिथ्या है- ब्रह्म नहीं। जो टुकड़ा है, वह जड़ है। जो जाना तथा भोगा जाता

है, वह विकार है-विकृति है; विवर्त मात्र है- भ्रम ज्ञान पूर्ण अध्यवसित स्वप्नों का दर्शन और स्मृतियों की जलन मात्र है! "मैं? पृथ्वी धर" जब तक पुकारा जाता था, मूढ़ था; किन्तु जब आचार्य श्री शंकर ने मुझे पुकार कर पूछा- "तुम जड़ हो क्या?" तब मैंने कहा- "नहीं मैं, जड़ नहीं हूं; मैं चैतन्य- सच्चिदानन्द चैतन्य ब्रह्म हूं। यह जड़ मेरे आस-पास नाच रहा है- मैं विकारों से उपरत विज्ञान रहित ज्ञानानंद भर हूं।"

शिवराम सहसा उठा; चिल्ला कर बोला- "असत्य! पाशबद्ध शिव हो। इस भव का प्रारब्ध क्या नहीं काट रहे? 'ज्ञानानंद' हूं। यह आपका भ्रम तो नहीं है?"

सभा मण्डप में सन्नाटा छा गया। हस्तामलक ने शिवराम को देखते हुए भी अनदेखा करते हुए कहा- "कल्पारंभों से मैं अनादि जीव चेतना स्वयं को अनुभव करता आ रहा था। जन्मता और मरता आ रहा था, सभी भव योनियों में मैं 'मैं हूं' मान कर ही उत्पन्न होता, स्थित होता और लय होता आ रहा था किन्तु सभी भव योनियों का भोग भरकम यापन कर मैं सहसा आश्चर्य चकित हो गया-चकित हो गया। यह भव, भव योनियां, यह मैं, भिन्न-भिन्न नाम रूपों का काल प्रवाह! अनित्य असार किन्तु अविराम भव चेतना का मैं अहम्-बद्ध मेघ मात्र। मैंने कालाधीन देशज संसार को संसार से निकल कर देखा- जड़ रंगीन आकृतियों का यह गुण धर्म प्रपंच मात्र है। घनीभूत अन्धकार में उसी परम् ब्रह्म की आनन्दोन्मादिनी करुणा दृष्टि का स्वप्न जंजाल है। यह राग तथा द्वेष से दग्ध-स्मृतियों की माया मात्र है - मैं? मैंने देखा, मुझ मैं को लेकर अनन्त कोटि देह अज्ञानाच्छादन में कुनमुना रहे हैं; धड़क रहे हैं तथा मृत्यु के मुख में पड़े हुए सीद रहे हैं। तब मुझे ज्ञान हुआ मैं 'ज' नहीं हूं; अज हूं! तब मुझे प्रत्यक्ष हुआ मैं प्रकाश हूं- अन्धकार नहीं हूं। तब मैंने जाना मैं क्षण नहीं हूं, अनन्त हूं। मैंने संसार के विषयानंद को देह की विष्टा से भी हीन पाया है। देह? शरीर आत्मा का स्वयं स्वरूप्-धारण मात्र है- स्वयं आरोपित नाम मात्र है- ध्वनि प्रतिध्वनि! इस अन्तिम भव में जब मैं श्री गुरु-चरणों में आया, मुझे प्रत्यक्ष हुआ-चिदानंद ज्योति से मैं भरपूर परिपूर्ण सर्वत्र सदैव हूं- मैं जगत् नहीं, जीव नहीं-मैं? चिदानंदरूपम् शिवोहम् शिवोहम्!"

"शिवोहम्!" की ध्वनिमय गूंज उठी; गमकी गहगही।

शिवराम ने उत्ताल हास्य हँसते हुए पुनः कहा- "मुनि महाराज! आज तो बहुत ही बोले- कदाचित् किसी भी मानव जन्म में इतना और ऐसा आपने कहा नहीं है।"

हस्तामलक मौन ही मुस्करा दिये- "जन्म जन्मान्तरण के बीत जाने पर कभी कहना भी पड़ता है अन्यथा अज्ञानियों को ज्ञान लाभ कैसे होगा?"

तोटक सहसा उठे और हस्तामलक को प्रणाम कर बोले- "आप श्री उत्तर ही क्यों दे रहे हैं? यह महाशय अभिनव गुप्त के सेवक साधक शिष्य हैं। गुरु पूर्णिमा के गुरु पूजन को म्लान करने के लिये भेजे गये हैं।"

शिवराम ने चिल्ला कर कहा- "क्यों नहीं? यतीवर्य्य श्री शंकर शारदा मन्दिर, सर्वज्ञ पीठ में क्या गये हैं? क्या सर्वज्ञ पीठ का विख्यात दक्षिण द्वार आचार्य्य शंकर के लिये खुला है? स्वयं को तब यह वयस्क संन्यासी सर्वज्ञ जगद्गुरु कैसे कहते हैं और आप सब इनकी जगद्गुरु रूप जय क्यों बोलते हैं?"

तोटकाचार्य ने शान्त गम्भीर स्वर में कहा- "क्योंकि श्रीमद् शंकराचार्य्य शिव स्वरूप हैं, अन्तर्यामी सद्गुरु हैं। हम उनके शिष्य उनको जगद्कल्याण करने वाले गुरुदेव मानते हैं।"

"हम त्रिकदर्शी शैव नहीं मानते।" शिवराम ने कहा।

तोटकाचार्य ने तनिक तीव्र स्वर में कहा- "आप न माने, यह आपकी स्वाधीन इच्छा है।"

सहसा क्षेमराज मानो प्रगट होते हुए बोले- "अपने गुरु का पूजन करें आप! हमें क्या आपत्ति हो सकती है? हम भी अपने गुरु श्रीमद् अभिनव गुप्त का पूजन करते हैं। प्रत्येक शिष्य गुरु पूर्णिमा को श्रीमद् गुरुदेव का श्रद्धा विनीत पूजन करता है; किन्तु अपने गुरु को 'सर्वज्ञ' जगद्गुरु आदि सम्बोधनों से सम्बोधित नहीं करता और न ही कर सकता है।"

"क्यों जी?" आचार्य्य सुरेश्वर ने पूछा।

"इसलिये कि आचार्य्य श्रीमद् शंकर शारदा मन्दिर की सर्वज्ञ पीठ पर आरूढ़ नहीं हुए हैं।" क्षेमराज ने सव्यंग्य हँसते हुए कहा- "इस भूतल पर जम्बुद्वीप सर्वश्रेष्ठ है और इस जम्बुद्वीप में भारत वर्ष सर्वोत्तम है। भारत वर्ष में काश्मीर मण्डल अति श्रेष्ठ है। त्रिक, महेश्वर दर्शन-भगवान् पशुपतिनाथ शिव-शिवा की इस विहार भूमि काश्मीर-मण्डल में वाणी की देवता-वाग् देवता शारदा स्वयं साक्षात् निवास करती हैं- क्या यह सनातन सत्य यती, योगी, संन्यासी, मनीषी और साधक नहीं जानते? जानते हैं- स्वयं आपके गुरुदेव श्रीमद् शंकराचार्य्य इस रहस्यमय सत्य से अवगत हैं। कहिये, शंकराचार्य्य महाशय! शारदा मन्दिर

काश्मीर-मण्डल में वीणा पाणि सरस्वती शारदा निवास करती है अथवा नहीं करती? कहिये।"

आचार्य्य श्री शंकर ने शान्त गम्भीर स्वर में कहा- "करती हैं- किसने कहा भगवती शारदा काश्मीर मण्डल में सनातन से निवास नहीं करतीं? मुझको ज्ञात है, सर्वज्ञपीठ शारदा मन्दिर का दक्षिण द्वार बन्द है; खुला नहीं।"

"क्यों? श्रीमद्?" क्षेमराज ने तीव्र उत्ताल स्वर में पूछा।

शंकराचार्य्य विहँसे; बोले- "सर्वज्ञपीठ शारदा मन्दिर में पूर्व के सरस्वती पुत्र, मनीषी, प्रतिभा पयोनिधि पूर्व द्वार से प्रवेश करते आये हैं; पश्चिम के क्रान्तिदर्शी धीमान पश्चिम द्वार से प्रवेश करते हैं-करते आये हैं। उत्तर के सर्वज्ञ शास्त्रज्ञ आचार्य, वेद-वागीश तथा ज्ञान-विज्ञान तीर्थ उत्तर-द्वार से भगवती शारदा के श्री चरणों में जाते हैं। शारदा मन्दिर काश्मीर मण्डल की सर्वज्ञ पीठ पर आरूढ़ होने पर ही तपस्वी सरस्वती पुत्र धन्य होता आया है; साधक सफल होता आया है, शास्त्रज्ञ तथा कलाविद् एवं मनीषी शास्त्र तीर्थ, तत्त्ववेत्ता सब स्वयं को विश्वस्त कर पाये हैं। सर्वज्ञ पीठ पर स्वयं शारदा देवी सर्वज्ञ को आरूढ़ करती हैं- मुझको यह भी ज्ञात है कि दक्षिण से आज दिन तक कोई भी सर्वज्ञ शारदा मन्दिर के दक्षिण द्वार को खटखटाने-थपथपाने के लिये नहीं पहुंच सका है।"

क्षेमराज मुलके; सव्यंग बोले- "वेदान्त के आचार्यों और मनीषियों से दक्षिण की रमणीय भूमि पुनीत तथा सफल होती आई है- दक्षिणावृत्त जैसे भारतवर्ष का दर्शनावृत्त हो। दक्षिण ने ज्ञान, परम् तत्त्व परम् ब्रह्म का सदैव सन्देश समस्त भारतवर्ष को दिया है-आज दिन तक दक्षिण के वेदान्ती उत्तर, पश्चिम तथा पूर्व के भारतीय मनीषियों को गौण मानते आये हैं। तब, श्रीमद् शंकराचार्य जी! शारदा मन्दिर के पूर्व, पश्चिम तथा उत्तर द्वार तो खुल गये- आपके यश-वर्धन क्षणिता का दक्षिण द्वार अब तक, आज तक क्यों नहीं खुला?"

"खुलेगा।" आचार्य्य श्री शंकर ने सस्मित कहा।

"कौन खोलेगा, यतीर्य्य?" क्षेमराज ने डपट कर पूछा।

"यह शरीरी, शंकराचार्य्य!" आचार्य श्री शंकर ने कहा।

"आप?" क्षेमराज ने चकित होते हुए कहा।

"क्यों नहीं, जो ब्रह्म को सत्य तथा जगत् को मिथ्या जान गया है, जो यह जानता है कि प्रज्ञान ही ब्रह्म है तथा यह इदम् ब्रह्म में ही प्रतिभासित है-ब्रह्म

में ब्रह्ममय है, जो यह अनुभव करता है कि जीव-ब्रह्म अभिन्न है- एक रस है तथा जो संन्यासी यह देख गया है कि यह सच्चिदानंद आत्मा ब्रह्म ही है- वही सर्वज्ञ है और सर्वज्ञ होने के नाते मैं शारदा-मन्दिर के शताब्दियों से बन्द रक्खे जाने वाले द्वार को थपथपाऊँगा-खड़खड़ाऊँगा।"

"द्वार खुल जायगा क्या?" शिवराम गर्जा।

"भगवती शारदा मेरे प्रवेश के लिये स्वयं दक्षिण द्वार खोलेंगी, बटुक!"

"यह गर्व है, यतीवर्य्य!" क्षेमराज बमके- "आपने पग-पग पर शास्त्र की सिद्ध परम्परायें तोड़ी हैं। वर्णाश्रम धर्म की सनातन मर्य्यादाओं को आपने रौंद कर रख दिया है। वेदान्त दर्शन के विरुद्ध मत-मतान्तर आपको रुचिकर नहीं। आप किसके विपरीत, विरुद्ध नहीं हैं, आचार्य्य शंकर? जैन, बौद्ध, शैव, शाक्त, कौल, गाणपत्य, वैष्णवात। केवल वेदान्ती संन्यासी के सिवाय आपको सभी दुष्ट लगते हैं। विषम मार्गी प्रतीत होते हैं। आप शास्त्र वाक्य को ब्रह्म वाक्य नहीं मानते। मुझको आश्चर्य तो यह देख कर होता है कि ब्रह्म ही को सत्य मानते हुए भी मिथ्या जगत् के लोक व्यवहार के लिये आप वैदिक वर्णाश्रम धर्म की डुगडुगी बजा रहे हैं-"

आचार्य श्री शंकर ने जलद गम्भीर स्वर में कहा- "शान्त क्षेमराज! मैं वैदिक वर्णाश्रम धर्म की डुगडुगी नहीं, दुन्दुभि बजा रहा हूं। सुन लीजिये, वेदान्त दर्शन ही दर्शन है, शेष सब पारदर्शी तत्त्वान्वेषियों के वार्तालाप भर हैं। गुन लीजिये, लाख विज्ञान दृष्टि तथा मति से जगत् को सत्य प्रमाणित करने के लिये शास्त्र रचे जायें, ब्रह्म ही सत्य है तथा जगत् मिथ्या है। द्वैत, अद्वैत, त्रैत चाहे संख्या मात्र को समेट कर परम् सत्य की परिभाषा करने का प्रबल वाङ्गमय उत्पन्न किया जाये और चाहे कितना ही कहा जाय कि आत्मा नहीं है, देह है- देह चेतना है और यह जड़ स्वयं प्रेरित प्रचोदित है, जड़-जड़ ही है, नश्वर नाशवान् अनित्य ही है- रहेगा और परम् चैतन्य, परम् सत्य सच्चिदानन्द ब्रह्म को अनेक रूपों स्वरूपों में कहा जाय, भजा जाय-ब्रह्म चैतन्य अभय पूर्ण अद्वैत ही है।"

क्षेमराज तनिक हतप्रभ से होते हुए बोले- "ब्रह्माद्वैतवाद! हम ईश्वराद्वयवादी हैं-शैव! आचार्य शंकर! शिव-स्वरूप आत्म चैतन्य स्वभाव से ही सदैव सृष्टि रचता है; स्थित करता है, संहार करता है। यह सच्चिदानन्द शिव ही मुक्ति के लिये अनुग्रह करते हैं- शिव ही जगद्गुरु हैं। विलय भी सदाशिव ही करते हैं। तब आपका ब्रह्म?"

"परम् सत् है; मायावी नहीं है!" शंकराचार्य ने कहा- "अब कृपया आप बैठ जायँ। पूजन को शान्ति और उत्साह पूर्वक होने दें।"

"स्वपूजन इतना प्रिय है, यतीवर्य आपको?" क्षेमराज ने बैठते हुए कहा।

"क्यों नहीं? प्रत्येक सदगुरु को सद् शिष्यों से पूजित होने पर प्रसन्नता होती है- होनी भी चाहिये।" आचार्य श्री शंकर ने कहा- "श्रीमद् अभिनव गुप्त को भी यह प्रसन्नता होती ही होगी। जो सद्गुरु शिष्य के पूजन से तुष्ट नहीं होता, वह भला शिष्य को ज्ञान कैसे देगा? कैसे काल रात्रि के सघन तम से भरे उसके उन्मन नयनों में ज्ञानाञ्जन आंजेगा? जगत् तथा भव के भवावह द्वैत से अभयपूर्ण अद्वैत की ओर वह शिष्य को उन्मुख करेगा? प्रसन्न गुरु ही शिष्य के अज्ञान भरे नयनों को ब्रह्म ज्योति की ओर उन्मिलित कर सकता है।"

"आचार्य शंकर। आप विलक्षण हैं!" क्षेमराज।

"ब्रह्म बौराया - परमात्मा का विरही हूं, क्षेमराज!" शंकर ने कहा।

क्षेमराज हँसे; बैठे-बैठे ही बोले- "शिव भक्त कहिये, आचार्य्य!"

शंकराचार्य ने उपस्थित जन समुदाय को अपने विशाल गहन पद्मलोचनों से निहारा; कहा- "संसार संयोग-वियोग है-प्रारब्धानुसार। जगत् क्षण की वास्तविक सी माया है। किन्तु परम् ब्रह्म ही प्रत्येक जीव-भाव का अनन्य केवल एक प्रियतम है-जीव ब्रह्म का ज्ञानी ही नहीं प्रेमी भी है, महाशय!"

क्षेमराज ने सव्यंग हँस कर पुनः कहा- "यह वेदान्त दक्षिण का बौद्धिक ऐन्द्रजाल मात्र है। इस पृथिवी पर मनुष्य को सर्व शक्तिवान, सर्व समर्थ, उदार, दीनबन्धु अजर-अमर सत्य चाहिये, जो जगत्, जीव तथा भव संसार का धाता विधाता कर्त्ता और नियामक हो। पाशबद्ध जीव पुनः अपना ऐसा शिवत्व प्राप्त करे, यही धर्म का उद्देश्य होना चाहिये।"

आचार्य्य सुरेश्वर ने कहा- "क्या आप श्री शास्त्रार्थ ही कर रहे हैं? शैव त्रिक दर्शन के आप श्री चिन्तक तथा मनीषी हैं; इसीलिये गुरु पूजन के मध्य यह विक्षेप सहनीय हो सका है।"

क्षेमराज ने कहा- "मैं जन समुदाय के समक्ष सत्य की परोस ही कर रहा था, सुरेश्वराचार्य! मैंने शास्त्र त्यागे नहीं हैं; शास्त्र रचने की एकान्त साधना ही कर रहा हूं।"

“आपके गुरुदेव का शक्ति सूत्र?” सुरेश्वराचार्य ने सस्मित पूछा- “बादरायण के ब्रह्म सूत्र की भांति शक्ति तत्व को सूत्राकार करना आपके श्री गुरु का महिम प्रयास है; किन्तु शक्ति तत्व परम् शिव तत्व की ज्ञानानन्दमयी इच्छा के अधीन है-चाहे फिर वह महामाया हो अथवा योगमाया, सभी ब्रह्म के संकल्प, ब्रह्म धारणा और कल्पना से ही प्रतिभासित है-”

“शिव शक्ति युक्त ही परम शिव हैं।” शिवराम चिहुंका।

आचार्य्य पद्मपाद ने कहा- “शक्ति से ही शव रूप शिव शक्तिवान होते हैं तथा सच्चिदानन्द विग्रह धारण करते हैं, यह जगद्गुरु शंकराचार्य्य कभी का कह चुके हैं। अतः कृपया गुरु पूजन को निर्विघ्न सम्पूर्ण होने दीजिये।”

क्षेमराज ने उठ कर कहा- “यदि नहीं चाहते हुए भी हमने आपके गुरु पूजन में विक्षेप किया हो तो हम क्षमा प्रार्थी हैं। सच क्या यह नहीं है कि शिव और शक्ति के लिये प्रश्नोत्तर गुरु पूजन ही है? गुरु का वास्तविक पूजन सरस्वती की वीणा झंकार द्वारा ही होता है- फिर शैवों की गुरुपूजा सरल सहज है। बिल्व पत्र, फल, आक फूल-माला और चन्दन, यही हमारी शिव और गुरु पूजा की सामग्री है। अथवा ब्रह्म ध्यान के लिये हमें छत्र, चम्मर तथा सिंहासन की आवश्यकता नहीं है। हमें रत्न राशि की पूजन के लिये आवश्यकता कब हुई?”

सुरेश्वराचार्य्य तनिक तीव्र स्वर में बोले- “तब शक्ति के आपने दर्शन किये ही नहीं हैं।”

“क्या कहा? मैंने शक्ति के दर्शन नहीं किये हैं?” क्षेमराज बमके- “तो क्या आप श्री ने ब्रह्म का साक्षात्कार किया है? मैंने तो आशुतोष त्र्यम्बक शिव को शिवा की कटि थामे डमरू के ताल पर नाचते हुए देखा है- मैंने शिव-शिवा के दर्शन कर शैव-दर्शन के मर्म को जाना है।”

“शुभ! तथास्तु!” सहसा आचार्य श्री शंकर ने कहा- “अवश्य, हमने ब्रह्म को जान लिया है और जगत् की रहस्यमय मिथ्या हमारे उन्मीलित नयनों में भरी हुई है, क्षेमराज महोदय! शरीर से छूट कर ही हम ब्रह्म साक्षात्कार भी कर सकेंगे। जब तक प्रारब्ध योनि में देहधारी हमारी जीव चेतना है, तब तक ब्रह्म साक्षात्कार नहीं, ब्रह्म ध्यान ही हो सकता है-समाधिगत निरञ्जन निरूपम अजर अमर सच्चिदानन्द का परिपूर्ण स्पर्श मैंने किया है....”

"शुभ, यतीवर्य्य शंकर!" क्षेमराज ने कहा- "तब आइये, आप हमें ब्रह्म साक्षात् करवायें और हमारे गुरु अभिनव गुप्त श्री आपको परम शिव का दर्शन करवायें।"

"परम् शिव? परम् ब्रह्म, नहीं?" शंकराचार्य्य ने सस्मित पूछा।

"जी नहीं।" क्षेमराज ने कहा- "परम् शिव शून्य नहीं हैं; वह सृजन, उत्पादन, गति तथा विधि से पूर्ण, सक्षम, शक्तिवान सत्य हैं, जो सृष्टि, स्थिति, लय, भव, भव-संसार, कला-विद्या, राग, काल और नियति स्वरूप व्यक्त होता है- हो रहा है। हमारा शिव पुंसक है; नपुंसक नहीं है, श्रीमद! वही जगत् को अपने अनन्त सामर्थ्य से रच कर, भव योनियों का संयोजन कर स्वयं भव देह में आता है; पाशों से बंधता है तथा भगवती शिवा के प्रणय द्वारा समरसी होकर स्वयं के पाशों से मुक्त होता है। हम शैव शक्ति और शिव में अभिन्न अभेद मानते हैं-निर्गुण-सगुण का भेद हम शैव नहीं करते-सर्वत्र शिव शक्ति के समरस से उत्पन्न नर-नारी रूप जीव अपना भव विहार कर रहे हैं। हमारा ब्रह्म, शिव क्षमता, प्रतिभा, इच्छा तथा स्वयं स्वाधीन क्रियाशील है- वह सत् है; चित है आनन्द है, अतः जगत् है, जीव है, सब है।"

आचार्य श्री शंकर- "शिव ज्ञानानन्द हैं; शिवा जगदीश्वरी जगदम्बा भुवनेश्वरी महात्रिपुरसुन्दरी हैं।"

"और राम, कृष्ण?" शिवराम ने पूछा।

"राम?" शंकराचार्य विहँसते हुए बोले- "ऐश्वर्य और ज्ञान! कृष्ण? ज्ञान, प्रेम और आनन्द!"

"आप श्रीराम कृष्ण में मानते भी हैं?" क्षेमराज ने पूछा।

"मानता ही नहीं, मैं श्रीराम-सीता तथा हनुमान का नित्य दर्शन भी करता हूं; मैं राधा-माधव का महारास भी देखता हूं- मैं डमरू भी सुनता हूं और मुरली ध्वनि में लीन भी होता हूं। क्षेमराज जी! जो शिव को कहता है, वह शिव को नहीं जानता। जो ब्रह्म की व्याख्या करता है, वह ब्रह्म को नहीं देखता। परम् शिव-परम् ब्रह्म आपके पञ्च कञ्चुक समूची समग्र माया के परे और पार नित्य, अखण्ड समरस सच्चिदानन्द का लीन-तल्लीन अनुभव है, वह परमात्मा का प्रत्यक्ष है, श्रीमन्।"

पद्मपाद ने कहा- "अब श्रीमद तोटकाचार्य्य पूजन करेंगे"

तोटकाचार्य्य तनिक आगे आकर खड़े रहे; बोले- "गुरुदेव का पूजन तो इस शरीरी ने प्रत्येक स्वांस द्वारा, प्रत्येक दृष्टि द्वारा नित्य ही किया है। आज भी इस भव की प्रत्येक रात और प्रत्येक दिवस के द्वारा श्रीमद् गुरुदेव का पूजन करता हूं। मैं तो वही तोटक हूं, मूढ़ मति, मन्द तोटक। जब तक ब्रह्मलीन नहीं हो जाऊँ तब तक तो मूर्ख मानव ही मैं कहा जाऊँगा। आचार्य तो मैं श्री गुरु-व्यास पीठ का बनाया गया हूं; किन्तु अनादि सनातन जीव की भाँति तो मैं श्रीमद् गुरु-चरणों में पड़ा एक दासानुदास ही हूं।"

"धन्य।" हस्तामलक बोले- "धन्य, तोटकाचार्य्य, धन्य!"

तोटकाचार्य ने अपने पुष्ट श्यामल हस्त लाघव गगन में उठा कर फैलाते हुए कहा- "जिस पृथ्वी तल पर श्रीमद् गुरुदेव शंकराचार्य्य के श्री चरण-कमलों की सुगन्ध छाई रहती है, वह धन्य है। जिन गहरे निर्विकार नयनों में आकाश ज्योति की आभा होकर समाया रहता है, वह धन्य है। भूतमात्र धन्य है, क्योंकि गुरुदेव इनकी प्रकृति को जानते हैं और इनके प्रति सहज ही उत्पन्न मोह को दूर कर मानव मात्र को देहाभिमान से उपरत करते हैं। धन्य यह तत्त्व है, जो श्री गुरुदेव शंकर की समाधि में ब्रह्म ज्योति को व्यक्त करते हैं- धन्य हम सब हैं, जो आज पूर्णिमा की अमृताञ्जलि श्रीमद् शंकराचार्य के श्री चरणों में अर्पित कर रहे हैं....."

"तोटक!" श्री शंकराचार्य्य चिहुंके।

तोटकाचार्य ने अपने लम्ब बाहुओं को और फैला कर नचाते हुए कहा- "कल्प-कल्पों का मूढ़ मौन आज भंग हो गया है, पूज्यपाद् आज प्रलय के प्रलय कहीं अन्तर्ध्यान हो गये हैं। श्रीमद् की कृपा से आज यह जगत् अनिर्वचनीय माया की भाँति स्पष्ट हो गया है- रमणीय मुह्य अन्धकार को मैं देख गया हूं- आज मुझे ज्ञात हो गया है यह क्षणिक प्रतिभासित जगत् रहस्यमय सनातन है, अनादि है; किन्तु फिर भी वह सच्चिदानन्द के अमोघ सामर्थ्य की कल्पना मात्र है। मैं जान गया हूं-अनादि से मैं, जीव मात्र, परम ब्रह्म की चिदानंद लीला के सुखाकांक्षी एवं विषयानन्दी पात्र भर हैं- श्रीगुरु चरणों का स्पर्श करते ही जैसे भव-संसार बिला गया है- जगत् अदृश्य हो गया है। यह 'मैं हूं'- लुप्त हो गया है और यह अनादि 'मैं' श्रीमद् शंकराचार्य के श्री चरणों में साष्टांग प्रणाम कर स्वयं ही अपार ब्रह्म- चैतन्य के अपरम्पार में डूब गया है- अँधेरे नष्ट हो गये हैं और ज्योति प्रकाश ही प्रकाश स्वयं स्वयमेव व्यक्त होकर सीमाओं के परे

निस्मीम छा रहा है- परम् सत्य का परम् सच्चिदानन्द उदधि लहरा रहा है। श्रीमद् सद्गुरो! शान्ति, शांति!"

तोटकाचार्य्य चुप हो गये। नाचे; लड़थड़े और गिर से पड़े। हस्तामलक ने शांति पूर्वक थामते हुए कहा- "तोटक!"

तोटक ने मानो सत्यलोक से कहा- "हुं?"

"जागो!" पद्मपाद ने पुकारा।

शंकराचार्य उठे और तोटक का मस्तक अपने वक्षस्थल में भरते हुए कहा- "अभी नहीं, वत्स! इस शरीर के अन्तर्ध्यान होने के पश्चात्। हाँ, यही! यही, तो।"

तोटक हिले; हिलहिलाये- काँपे और रोम-रोम में सिहर कर जाग उठे। पुकार कर श्री शंकराचार्य्य के चरणों में गिर पड़े "प्रभो! मेरे शिव शम्भो!"

03

“हुं? ऐसा?” अभिनव गुप्त ने हुंकार कर पूछा।

क्षेमराज ने प्रणाम पूर्वक कहा- “जी श्रीमद्! ऐसा, ऐसा ही हुआ। तोटक ढल ही गया था- उसका जैसे प्राणांत होने ही वाला था। हस्तामलक के बाहुओं से थमा, वह तोटकाचार्य्य मृत्यु मूर्च्छा में ‘बेसुधि’ हो गया था कि शंकराचार्य्य उठे; उसका मस्तक अपने वक्षस्थल में भर कर बोले- “जागो, अभी नहीं, मेरे पश्चात!”

“और वह पुनः शरीर में जाग्रत हो उठा, क्यों?” श्रीमद् अभिनव गुप्त ने साश्चर्य्य मानो बमक कर पूछा।

“ऐसा ही प्रतीत हुआ, मानो पुनः जी उठा।” क्षेमराज ने शान्त स्वर में कहा- “मुझे तो सारा दृश्य एक अभिनय सा नाट्य साक्षात् हुआ।”

“तोटक कह क्या रहा था, बेसुध होने के पूर्व?” अभिनवगुप्त ने अधीर होकर पूछा।

“कह रहा था, यह पंचभूत धन्य हैं; क्योंकि शंकराचार्य्य इनका तथ्य जान गये हैं। यह तत्त्व धन्य हैं क्योंकि शंकर इनका रहस्य जान गये हैं। और वह तथा अन्य सभी धन्य हैं क्योंकि शंकर की कृपा से वह स्वयं को जान गये हैं।” क्षेमराज ने स्पष्ट किया।

“हुं।” अभिनव गुप्त ने सघन पञ्चकेशी को अपने पाणि की प्रलम्ब पद्मराग मणि की बनी हुई अंगुलियों से मथा; बोले- “ऐन्द्रजालिक शंकर! तुमको ठीक करना ही होगा।”

क्षेमराज ने भी अपना सिर तनिक हिलाया; बोले- "शंकराचार्य्य को मैं न जाने क्यों देखता ही रहता हूं। उनकी छाया को देखते हुए जैसे मैं दिग्मूढ़ हो जाता हूं। शंकराचार्य्य निस्संदेह कमनीय रमणीयता हैं, श्रद्धेय!"

अभिनव गुप्त हँसे- "मुग्ध हो रहे हो क्या, क्षेमराज? इस ऐन्द्रजालिक यती पर? तुम्हारी जब यह मनः स्थिति है, तब स्वर्ग की अप्सराओं का क्या होगा?"

क्षेमराज तनिक हँसे- "स्वर्ग की अप्सरायें अपनी जानें, किन्तु मैं अपनी जान गया हूं....."

"क्या? क्या क्षेमराज!" अभिनवगुप्त तीव्र स्वर में बोले।

"शारदा मन्दिर के भूगर्भ की शान्त एकान्त कन्दरा में जाकर बैठ जाऊँ।" क्षेमराज बोले- "शंकराचार्य के स्वर्ण ताम्र कान्ति से दमकते हुए मुख-मण्डल को देखकर मैं शिव की समूची विमर्शिनी शक्ति को विसरने लगता हूं। यती शंकर सम्मोहन तो करते ही हैं, किन्तु साधक अपनी समूची साधना विसर जाता है। योगी के विकल्प स्वयं ही लीन हो जाते हैं जैसे शंकराचार्य के समक्ष बैठते ही।"

"और सांनिध्य में खड़े रहते समय क्या होता है?" अभिनव गुप्त ने सरोष पूछा।

"शास्त्र प्रमाणों के विश्वास पक्षियों की भाँति उड़ने लग जाते हैं।" क्षेमराज ने तनिक पलकें उठाते हुए कहा- "मैं स्वयं विस्मृत सा हो जाता हूं।"

"क्षेमराज!" अभिनव गुप्त सहसा गर्जे- "यह तुम्हारा इस वयस्क संन्यासी के प्रति पूर्व संस्कारजन्य राग भर है। तुम अपने गहन में इस शंकराचार्य्य को वयस्क शिव स्वरूप ही मान कर इसके प्रति रागांकित होने लगे हो।"

"जी! संभव है!" क्षेमराज ने निसास रखते हुऐ कहा।

"सावधान!" अभिनव गुप्त गर्जे- "सुना, मैं कहता हूं- आदेश, आज्ञा करता हूं, सावधान!"

"सावधान हूं, श्रीमद् गुरुदेव!" अभिनव गुप्त को प्रणाम करते हुए क्षेमराज बोले- "ऐसा संन्यासी, मैंने नहीं देखा। यह हिमालय योगियों और संन्यासियों से भरा रहता है। अलकनन्दा और मन्दाकिनी के शीतल जल संन्यासियों के काषाय वस्त्रों की धुलन से मानो गेरुएं हो जाते हैं। कैलाश के सुमेरू शिखर पर त्रिभंगी खड़ी शिवा इन संन्यासियों को देखती रहती हैं और योगियों को, हिमानी कंदराओं को आलोकित करते हुए शिव दर्शन देते ही रहते हैं; किन्तु संन्यासी

शंकर के अगाध पद्म लोचनों में शिव समाते ही जैसे निराकार स्वयं ज्योतिष्मित चैतन्य की हिलोर हो जाते हैं-"

"और शिवा?" अभिनव गुप्त ने दाँत पीसते हुए पूछा।

"शिवा?" क्षेमराज ने अपलक शून्याकाश को देखते हुए कहा- "शिवा जैसे विमर्शिनी माया को अपने प्रवाल अधरों में भर कर मुस्करा उठती हैं।"

"हुं!" अभिनव गुप्त ने हुंकार की- "जाओ, शारदा मन्दिर के भू-गर्भ में जाओ। पद्मासन बद्ध बैठो और हमारा ध्यान करो! हम तुम्हारे गुरु हैं- शंकराचार्य्य नहीं, समझे!"

"जी, समझ गया।" क्षेमराज ने प्रणाम पूर्वक कहा- "जैसी सद्‌गुरु की इच्छा-आज्ञा।"

अभिनव गुप्त सहसा झपटे; क्षेमराज के दोनों कन्धे थाम कर और झकझोरते हुए गर्जे- "जाओ, शारदा देवी के श्री चरणों का ध्यान पुनः आरम्भ करो। तुम तपभ्रष्ट होते जा रहे हो, सुना! हमारी दीक्षा प्राप्त कर तुम अब उस वेदान्ती शंकराचार्य के प्रति मोहित होने लगे हो। क्या हुआ तुम्हारा जीवन व्यापी शैव दर्शन का गहन अध्ययन? विमर्शिनी लिख रहे हो? भाड़ में झोंकी क्या यह विमर्शिनी? शक्ति सूत्र- हमारा कौन करेगा उसका भाष्य? क्या मैं वसुगुप्त को पुकारूंगा? कल्लट को, सामानन्द को बुलाऊँगा? क्या मैं उत्पलाचार्य का आह्वान करूँगा-अपने शक्ति सूत्र के भाष्य के लिये? तुम लिखोगे हमारे शक्ति सूत्रों का भाष्य, समझे!"

"जी, जी!" क्षेमराज फुसफुसाये।

"जी।" अभिनव गुप्त ने क्षेमराज को पुनः झकझोरते हुए गर्जना की- "हमारी अलौकिक साधना को तुम विफल करना चाहते हो, क्षेमराज?"

"जी, नहीं।" क्षेमराज ने पलकें बन्द कर गहरा निसास रक्खा।

"तब?" अभिनव गुप्त ने क्षेमराज के कन्धे धक्का मार कर त्याग दिये; गर्जे- "तब?"

"क्या करूं? आप श्रीमद् ने मुझे उस ऐन्द्रजालिक के पास भेजा ही क्यों है?" क्षेमराज ने बन्द नयनों से ही पूछा- "क्या मैं आप श्रीमद् के चरण कमलों का प्रताप नहीं जानता? जानता हूं, गुरुदेव! क्या मैं महेश्वर दर्शन का समरस नहीं जानता? जानता हूं- खेचरी से जानता हूं। व्रजौलि और खेचरी आपने सधवा दी

है- अपने एकान्त गूढ़ गुह्य ध्यान में मैं डमरू सुनता हूं; शिवा की कटि किंकणी सुनता हूं- शिव-शिवा के अनन्त अखण्ड विहार से द्रवित सुधा को जैसे बूँद-बूँद पीना चाहता हूँ। ऊर्ध्वरेत, मैं द्विदल में स्थित हूं; किन्तु......"

"किन्तु क्या मूढ़मति!" अभिनव गुप्त गर्जे।

"यही, यही-क्या कहूं?" क्षेमराज ने कहा- "यह हृदय ग्रन्थि भिदती नहीं। जगत् की माया बेसुध सुधि से भरे ही रखती है। अपनी चित् शक्ति से स्वयं प्रकाशित शिव जैसे क्षितिज से पार ही स्थित रहते हैं। शिव के अपने आनन्द-साक्षात्कार की लहर पास, आकर भी बिला जाती है। शिव की इच्छा शक्ति की यह जगत्-लीला देख कर मूढ़ हो जाता हूं। ज्ञान स्वरूप शिव जैसे समूचे काल को ओढ़ कर सोये हुए प्रतीत होते हैं- सभी स्वरूपों में व्यक्त होने वाले शिव शून्य घन तिमिर की मूढ़ व्याप्ति ही लगते हैं-"

"नास्तिक कहीं के!" अभिनव गुप्त ने दाँत पीस कर कहा- "जाओ, प्रायश्चित्त करो।"

क्षेमराज हिले; प्रस्थानोद्यत होते हुए बोले- "यह देह ही त्याग दूँगा, गुरुदेव!"

"नर्क में जाने के लिये देह त्यागोगे?" अभिनव गुप्त गर्जे- "तपभ्रष्ट होकर क्या पुनः पुनः मानव योनि में भटकने के लिये मरोगे? देह त्यागूंगा-वेदान्त का मोह क्यों नहीं त्यागते? शैव दर्शन में अमोध विश्वास क्यों नहीं है?"

"है, श्रीमद्! किन्तु......." क्षेमराज चुप हो गये।

"किन्तु वेदान्त कर्षित करता है, यही न?" अभिनव गुप्त ने सिर धुनाते हुए कहा- "शून्य शून्याधार निराकार तुमको बलात् कर्षित करता है। किन्तु यह निरञ्जन निराकार का ध्यान पुरुषार्थ हीन साधक ही करता है। मानव ने सदैव सगुण ब्रह्म-शिव- शिवा को ही अनादिकाल से भजा है। ध्यान में प्रत्यक्ष सगुण ईश्वर ही होता है। यह रूप आकृति, विग्रह ही जीव का पाश-मुक्त होकर कैलाश पहुंचने का एक मात्र भजनीय है। वेदान्त का ब्रह्म एक नित्य रहस्य है; ऊहापोह है-मायावी व्याप्ति है। परम् शिव, शिव-शिवा ही सत्य हैं, क्षेमराज! अपने को थामो, वत्स!"

"प्रतिनिमिष अपलक होकर मैं स्वयं को थामता रहता हूं।" क्षेमराज ने आह भर कर कहा- "किन्तु शिवा की परात्पर सौन्दर्य्य मूर्ति शिव के नयनों में समा जाती है, जैसे और शिव शववत् होकर इस अंधेरे बीहड़ जगत्-श्मशान में जैसे जलते रहते हैं। त्रिताप की चिता, श्रीमद्! शिव स्वयं जैसे शव होकर जगत् के

त्रितापों की चिता में अहर्निशि जलते रहते हैं- भयावह निविड़ तम पूर्ण शून्य... ओह्! कभी-कभी मैं काँप उठता हूं, पूज्य गुरुजी!"

अभिनव गुप्त ने क्षेमराज को घूरा; पूछा- "तब कौल दीक्षा क्यों ली? मूंड़ मुण्डवा कर अपना ही श्राद्ध करते और हो जाते संन्यासी।"

"संन्यासी? मैं?" क्षेमराज ने गुरु को अन्यमनस्क दृष्टि से देखा; कहा- "वेदान्ती के लिये ही संन्यास है- शाक्त के लिये नहीं; शैव के लिये तो अवधूतपन है। फिर क्या मैं वेदान्त के ब्रह्म में मानता हूं- जो संन्यासी होकर शून्य में उसका ध्यान करता रहूं। मैं शिव-शिवा में मानता हूं-जो यह जगत् रचते हैं; बनते हैं। सृष्टि, स्थिति और लय की योगमाया को मानता हूं-मैं शिव की विमर्शिनी महामाया को जैसे प्रत्यक्ष देखता हूं। वेदान्त का ब्रह्म? शून्यों का शून्य, तत्त्वरहित, भूत हीन और तथ्यविहीन। प्रति लव, काष्टा, पल-पलक यह जगत् हो रहा है; प्रति अहर्निशि भव-योनियों में जन्म-मरण का नाट्य रच रहा है- अनन्त कोटि जीव तब क्या एक भ्रमजाल भर है? चैतन्य रहित, हीन एक मायावी अभिव्यक्ति भर है? नहीं, नहीं, सद्गुरो! जीव है, जगद् है-भव संसार है तथा शिव शक्ति की उपज है, सृजन है-संहार है, रचना, श्रीमद्!"

"तब शंकराचार्य को देखते ही अपने गहन अन्तःकरण में सिहर क्यों उठते हो?" अभिनव गुप्त ने पूछा- "शाक्त केवल सुर-सुन्दरी के सम्मोहन में डूबता है; किन्तु डूब कर पुनः अपने स्वाभाविक संयम में स्थित हो जाता है-शाक्त कामेश्वरी का वीर, जगदम्बा का कौल सेवक तथा सच्चिदानन्द विग्रहा परात्परी महात्रिपुर सुन्दरी का अवधूत है। यह जगत् शिव ने अपने प्रिय भुवनों और लोकों को रच कर सती, उमा-पार्वती के साथ उनमें नित्य निवास करते हैं- यह जगत् वेदान्त की है भी और नहीं' ऊहापोहमयी माया नहीं है-साक्षात् शिव शम्भु की महिमा है- शिवा की गरिमा, समझे! जाओ, शान्त चित्त और एकाग्र मन होकर शिवा के जगद्वंद्य चरणारविन्दों का ध्यान करो-लिखो-शैव दर्शन के अकाट्य ग्रन्थ लिखो। मेरे पश्चात् शैव दर्शन के तुम ही आचार्य्य होंगे। शैव-दर्शन के प्रतिभा पयोनिधि पूर्ववर्ती आचार्यों की पंक्ति में लोग मेरा नाम लेने लगे हैं और मैं चाहता हूं मेरे पश्चात् तुम्हारा नाम इस जाज्वल्यमान पंक्ति में लिया जाता रहे।"

"आप अजर हैं, अमर है।" क्षेमराज ने धीरे से कहा- "महाकौल क्या मरता है? नहीं, कौल चिरञ्जीवी होकर अवधूत बन जाता है।"

"यदि शिव की कृपा हुई तो-शिवा का वरदान मिला तो।" अभिनव गुप्त ने कहा- "शिवराम कहाँ है? आया है अथवा ज्योति मठ ही रुक गया है?"

अभिनव गुप्त ने उसाँस लेते हुए कहा- "गुरु पूजन समाप्त होते ही मैं तो चल निकला। तोटकाचार्य्य की स्तुति तथा शिष्यों तथा सेवकों द्वारा जलहल विराट् आरती-सहस्त्रशीर्षा वह आरती! पूर्णिमा में उस स्वर्ण के विशाल पात्र में सँजोई हुई स्वर्ण-किरणों के पुञ्जों सी शिखाओं की आरती! मैंने जैसे विश्व रूप शिव का ही दर्शन उस आरती में किया-आरती की सहस्र शिखायें शिव के विराट् विशाल त्रिनेत्रों में समा गईं, गुरुदेव?"

"हुं! ठीक है; अब जाओ!" शिवराम को छोड़कर क्यों आना चाहिये था?" अभिनव गुप्त ने पूछ ही लिया।

"उसने कहा, वह महातांत्रिकों की खोज में जाना चाहता है।" क्षेमराज बोले- "इस शिवराम को क्या लत लगी है? वह जैसे यक्षणियों के लिये तड़प रहा है।"

"उसी प्रकार जिस प्रकार तुम हम यक्षणियों की सम्राज्ञी शिवा के दर्शन के लिये अधीर हैं- कातर होकर ध्यानस्थ बैठे रहते हैं-नहीं?" अभिनव गुप्त हँसते हुए बोले- "नहीं?"

"जी, यही।" क्षेमराज ने अभिनव गुप्त को तनिक घूरा और चल दिये।

अभिनव गुप्त क्षेमराज की छबि को गगन मण्डल में हिल-हिल कर मानो चूर-चूर होती हुई देखते रहे। उनका मन जैसे बोलने लगा और वह सुनने लगे- "शिवराम ही मेरी अन्तिम आशा है। इस क्षेमराज पर विश्वास कैसे करूं? समर्थ है, किन्तु अपनी सामर्थ्य का वह उपयोग-प्रयोग करना नहीं चाहता। वीर भाव को जीत कर कौल की प्रज्ञान स्थिति में स्थित होकर भी यह क्षेमराज जैसे शिव को खोजता रहता है- यह जैसे बिन्दु देखता रहता है-नाद सुनता रहता है। शिवा का भास पाता रहता है-दर्शन भी कर लेता है; परन्तु अपने अनादि गहनातिगहन में यह शिव-शिवा के संयुक्त विग्रह को जैसे स्वीकर नहीं करता-क्षेमराज बुद्धिशाली उद्भ्रान्त होता जा रहा है। लिखना, मौन रहना तथा शैव दर्शन और मत की रक्षा के लिये टलते रहना-टालते रहना, यह क्षेमराज का स्वभाव हो गया है। किन्तु जान लो, क्षेमराज! तुमको ही इस शंकराचार्य से शास्त्रार्थ में भिड़ना है- वाङ्मय वागीश तुम हो-मैं तो सिद्ध हूं। सिद्ध-दत्तात्रेय तन्त्र का आचार्य हूं। मैं शिवा को देखता हूं; कहता नहीं। सिद्ध स्वयंसिद्ध भी है। सभी शंका आशंका के परे, भूत और

तत्त्वों का अधिष्ठाता भी है। तुम क्षेमराज! अब स्पष्ट हो गये हो। दर्पण में प्रतिबिम्ब की भाँति स्पष्ट हो गये हो। लगता है तुम शैव दर्शन के साथ-साथ वेदान्त दर्शन का भी अनुशीलन करते रहे हो। तुम छद्म संन्यासी हो, यदि यह शंकराचार्य छद्म बौद्ध है!"

अभिनव गुप्त ने दौर खींची। प्रकोष्ठ में लटका हुआ घण्ट घनघनाया। सेवक लपक कर विशाल कक्ष में मानो लुढ़का- "जी श्रीमद्!"

अभिनव गुप्त ने पूछा- "शिवराम आया?"

सेवक ने हकलाते हुए कहा- "जी! अभी-अभी शटक आता दिखा है-उधर से इधर आ रहा था।"

अभिनव गुप्त अधीर से गर्जे- "शिवराम आया अथवा नहीं-उत्तर दो, हाँ या ना।"

"जी, ना।" सेवक हकलाया।

"तो तुम सब क्या कर रहे हो?" अभिनव गुप्त गर्जे- "मठ के पाट घिस रहे हो- रोटियाँ तोड़ रहे हो और सोते रहते हो?"

"जी नहीं, जी! रात दिन सजग, सावधान रहते हैं।" सेवक बोला- "जयराम महाशय ने टहलुआ भेज दिया है, शिवराम जी को बुलाने के लिये।"

"तब यह क्यों नहीं कहा?" अभिनव गुप्त।

"प्रश्न का उत्तर केवल! यही श्रीमद् की आज्ञा है।" सेवक बोला- 'जी, यही-नहीं, प्रभो!'

"यही, शूद्र कहीं का। यही, अब जा!" अभिनव गुप्त बोले- "त्रिभंगी को भेज!"

सेवक- "जी, त्रिभंगी!"

अभिनव गुप्त- "उसको कह मैं बुला रहा हूँ। है कहाँ वह?"

"माता जी के पास पाकशाला में प्रभो!" सेवक ने कहा- "पक्वान्न कोई माता जी से सीखे।"

"हमने सिखाया है तुम्हारी माताजी को पाक शास्त्र, समझा!" अभिनव गुप्त ने कहा।

"सर्वज्ञ हैं आप श्रीमद्!" सेवक बोला- "वह यतीवर्य शंकराचार्य्य, सुना है स्वयं को सर्वज्ञ कहते हैं?"

"ठीक सुना है तूने, जगत्!" अभिनव गुप्त बोले- "वह यती शंकर स्वयं को क्या नहीं कहता? सर्वज्ञ, शिव स्वरूप-योगीश्वर, रामकृष्ण-सभी कुछ स्वयं को मानता है। वैदिक वर्णाश्रम धर्म साम्राज्य का स्वयं को सम्राट् भी कहता है- चक्रवर्ती सम्राट्, सुना!"

"चक्रवर्ती?" सेवक हकलाया।

"धर्म-चक्रवर्ती।" अभिनव गुप्त रमुज में बोले- "त्रिभंगी को भेज"- अभिनव गुप्त ने अपनी मन्दाकिनी के सरोज जैसी आँखें रिमझिमा कर बन्द कीं। 'त्रिभंगी!' उनके चित्ताकाश में त्रिभंगी ध्वनि उभरकर लहरी-गमकी-यह मेरी शक्ति कौलिनी-कुल वधूटी! सभी तन्त्र के मंत्र जैसे इसके मौन अरविंद लोचनों में भरे हैं। इसके अधरों में सप्त सिन्धुओं के प्रवाल की समस्त कान्तिमान आभा भरी है। इसके दन्त-विद्युत् के विशाल कण हों और उसकी कवरी-घन तिमिर के उभार सी उसकी कवरी! मानो दिन रात सँवारता रहूं।" अभिनव गुप्त ने तनिक गद्दे पर सहज होते हुए अपने अधीर किन्तु अपलक से नेत्र बन्द किये। सहसा एक झलक झलकी; त्रिभंगी की कोमलांगिनी छबि झबक उठी। हुं!" अभिनवगुप्त हुमसे- "हुं! शिवा हो जाओ, तुम! मैं महाकौल हूं; हूं- शिव स्वरूप होकर ही शिवा को प्राप्त कर सकता हूं। हाँ; त्रिभंगी| शिवा रूप हो जाओ! हाँ-"

नूपुरों की झनकार के साथ त्रिभंगी ने कक्ष में आते हुए कहा- "जी! मुझको याद किया-स्मरण?"

अभिनव गुप्त ने बन्द से नयन खोल कर त्रिभंगी को निहारा और सस्मित बोले- "तुम मेरी शक्ति हो। तुम्हारे स्मरण का अर्थ ही शिवा की सतत् पूजा है।"

त्रिभंगी एक पाँव पर अड़ती हुई बोली- "किन्तु मैं आपकी शक्ति थी- अब भी हूं क्या?"

"क्यों नहीं?" अभिनव गुप्त ने हास्य पूर्वक कहा- "वीर भले ही कौल हो जाये- कौल अवधूत हो जाये, शक्ति तो सदैव बनी रहती है। शाक्त की शक्ति शिव की चित् शक्ति है; आनन्द शक्ति है; इच्छा, ज्ञान और क्रिया की शक्ति है। महाकौल होकर भी सच्चिदानन्दमयी शक्ति के सानिध्य सम्पर्क और प्रेषण के लिये मैं ललकता हूं।"

"अब भी कामेश्वरी? श्रीमद्?" त्रिभंगी ने नयन नचाते हुए कहा- "अब आपको शक्ति का जगदम्बा स्वरूप ही योग्य है। वीर के लिये कामेश्वरी, कौल

के लिये जगदम्बा तथा अवधूत के लिये सच्चिदानन्द विग्रहा शिवा। यही तो आप श्री ने बताया है- इसी को आपने महाकुण्डलिनी लय-योग बताया है।"

"हमने क्या बताया, यही लय योग है- शिव-शिवा का ध्यान योग भी यही है। अभिनव गुप्त ने त्रिभंगी को द्वार के पास त्रिभंगी मूर्ति की भाँति स्थित देखा; निहारा और घूरते हुए बोले- "कमलिनी! शक्ति मूल-रूप में कमलिनी है और नर साधक भृंग है। समरस, त्रिभंगी।"

त्रिभंगी ने तनिक लजाते हुए कहा- "किन्तु क्या यह पंच मकार पूजन........"

"शास्त्र विहित है; व्यभिचार नहीं है, शुभे!" अभिनव गुप्त ने बीच ही में कहा- "और अब तो श्रीमद् शंकराचार्य ने महात्रिपुर सुन्दरी की ललित ज्ञानोपासना आरम्भ की है। उस विचक्षण यती शंकर ने कहा है, आपने त्रिपुर सुन्दरी मानस पूजा स्त्रोत में कहा है- मुझमें भजन शक्ति नहीं है। तुम्हारे पाद-पद्मों में भी भक्ति नहीं है और विषयों की विरक्ति से भरे ध्यान योग की शक्ति ही है। इसलिये, हे आद्यशक्ते! मैं मन से सदैव आपका श्री श्रृंगार, लावण्य का ही चिन्तन किया करता हूं। शिवराम ने ही यह स्तोत्र स्वयं आचार्य्य शंकर से लाकर मुझे भेंट दिया है- अर्पित किया है, सुन्दरी!"

त्रिभंगी हँसी; विहँसी।

"क्यों?" अभिनव गुप्त त्रिभंगी के पास सरक आये-खिंचे से आये- "क्यों? क्या कहता है शंकराचार्य्य सुनो! बड़ा वेदान्ती बनता है। निरञ्जन निराकार ब्रह्म के ध्यान में लीन रहता है यह शंकराचार्य्य? नहीं। सुनो, वह कहता; गायन्ति कलवीणायाति कलवीरायाति मधुरम् हुंकारमातन्वती! द्वाराभ्यासकृत स्थितिरिह, सरस्वत्यादिकापूजनम्! द्वारे नौमि मदोन्मदम् सुरगणाधीशम् मदेनोन्मदाम्। मातंगीम् सिताम्बराम् परिलन्मुक्ता विभूषाम् भजे। यह है शिव स्वरूप शंकराचार्य्य। उसका श्री भुजंग भवानी स्तोत्र-समरस के लिये शिव-शिवा की दिव्य विपरीत रति का स्रोत है- संन्यासी हुआ है और भजता है शिवा के लावण्यमय श्री श्रृंगार को।"

"श्री श्रृंगार? शिवा का?" त्रिभंगी कक्ष में ढुलक आई- "क्या?"

अभिनव गुप्त ने अपलक दृष्टि से उसको घूरा, बोले- "शिवा का श्रृंगार? वह संन्यासी शिवा को श्री लावण्य-श्रृंगार शोभाभिरामा कहता है- सच्चिदानन्दरूपा भी बताता है। वह कहता है, 'तुम मूलाधार में, सुष्णुमा में तेजोल्लसित हो। सुधा मण्डल को द्रवित करती हुई सुधा पीती रहती हो; तुम सुधामूर्ति हो और

यों चिदानन्द मूर्ति हो। तुम शिवा कोपाविष्ट हो-तुम्हारी दक्षिणावर्त नाभि स्फुरित होती रहती है। तुम्हारी नीवी दिव्याम्बर की बनी है- तुम्हारे लसदवृत्त स्तन माणिक्य के कुम्भ हैं, जिनमें अमृत दुग्ध भरा हुआ है- तुम्हारे दानदायी कटाक्ष हैं।"

"ऐसा?" त्रिभंगी ने सामने खचे हुए दर्पण में अपना प्रतिबिम्ब देखते हुए पूछा- "क्या, क्या मैं ऐसी हूं?"

अभिनव गुप्त ने ऊर्ध्व स्वाँस भरते हुए कहा- "क्यों ऐसी नहीं हो तुम? महाकौल अभिनव गुप्त की शक्ति हो। तुम्हें देख कर ही मैंने शिवा के परात्पर सौन्दर्य की धारणा की है। तुम ठीक शिवा जैसी हो।"

"मानवी स्त्री हूं, श्रीमद्।" त्रिभंगी ने अपने प्रतिबिम्ब को घूरते हुए कहा- "कहाँ शिववल्लभा शिवा, आद्या-सौन्दर्य की सार स्वरूप, कल्याणी, ज्ञान गंगा- वह जगदम्बा, सच्चिदानन्द विग्रहा और कहाँ पञ्चभूत का यह देह प्रपंच मैं आपकी त्रिभंगी।"

"मेरी त्रिभंगी?" अभिनव गुप्त ने तनिक रमुज पूर्वक कहा।

"और किसकी?" त्रिभंगी ने कहा- "आप अपने साधना बल से मुझको कितनी शक्ति स्वरूपा माने, पूजें और ध्यायें इस पृथिवी तल पर मैं युवा मानवी नारी हूं-स्त्री हूं।"

"नहीं, तुम मेरी स्त्री नहीं हो; शक्ति हो।" अभिनव गुप्त गर्जे।

"श्री चक्र में आपने मुझसे गन्धर्व विवाह ही किया है।" त्रिभंगी मुस्कराते हुए बोली- "अवश्य, श्रीचक्रपूजन परिधि में ही आपने मुझे अपनी शक्ति वधूटी स्वीकार किया है...."

"वर्षों पूर्व की बात हो गई यह त्रिभंगी।" अभिनव गुप्त बोले- "और अब तुम धीर वयस्का हो। तुम क्या प्रोषितपति की नायिका हो? अन्य संभोग दुःखिता हो?"

"मैं वस्तुतः नायिका ही तो रही हूं।" त्रिभंगी ने अभिनव गुप्त को घूरते हुए कहा- "आप नायक, मैं नायिका।"

"नहीं, त्रिभंगी! तुम मेरी शक्ति-शिवा-स्वरूप ही रही हो।" श्री अभिनव गुप्त ने निसास रख कर कहा- "तुम मेरी स्त्री, वधु कैसे हो सकती थी- मैं विवाहित जो था-हूं।"

"रसिक पुरुषों के लिये विवाह क्या कभी बाधक रहा है?" त्रिभंगी ने सस्मित पूछा- रसिक तो भँवरा है; नव-नव पुष्पों पर वह सदैव मंडराता रहता है।

"तो मैं ऐसा व्यभिचारी भृंग हूं-यही न?" अभिनवगुप्त ने घूरते हुए पूछा- "यह शक्ति साधना आरम्भ से अन्त तक क्या कामानुशीलन नहीं है?"

"नहीं।" अभिनव गुप्त बोले- "यह चक्रभेदन के लिये ऊर्ध्वरेतन है। यह भव संसार अधोरेतन- अवगति है। ऊर्ध्वरेतन ऊर्ध्वगति है- कैलाशधाम का एक मात्र मार्ग है। चक्रभेदन कर द्विदल में शिव-शिवा का समरस रूप अमृत प्राप्त करने के लिये योग है। अधोरेतन का मार्ग जन्म-मरण संसार की भव यात्रा का मार्ग है, तुमको मैंने यह बताया है।"

"किन्तु मैं समझ नहीं पाई, श्रीमद्!" त्रिभंगी ने कहा- "पृथिवी आकाश को क्या समझ पाती है?"

अभिनव गुप्त मुलके; बोले- "आकाश पृथिवी की रग-रग में घुसा हुआ है। यदि पृथवी आकाश को नहीं जानती- तो फिर आकाश को जानता कौन है? पृथिवी शिवा है; आकाश शिव है।"

त्रिभंगी भी मुलकी; बोली- "यह द्रविड़ प्राणायम क्यों है, श्रीमद्?"

अभिनव गुप्त ने त्रिभंगी की जलहलती हुई छबि को नयनों में भरा, बोले- "प्रौढ़ा होने आई फिर भी श्रृंगार से मन नहीं भरा तेरा, क्यों?"

त्रिभंगी ने भवें उझकाईं; नयन के कोणों को मचकाया; बोली- "शक्ति सुन्दर है; सुन्दरतर है- सुन्दरतम है। जो आनन्दमय है, सुखद है, वह सुन्दर है ही; होगा ही और सौन्दर्य का रूप श्रृंगार ही है। स्त्री अर्थात् सुन्दरी, श्रृंगार मूर्ति!"

अभिनव गुप्त ने त्रिभंगी के कञ्चुकी वेष्ठित हचमचे से उरोजों को निहारते हुए कहा- "संसार में सभी कुछ सुन्दर है- प्रत्येक स्त्री सुन्दर है, क्या यह कहा जा सकता है? कुरूप स्त्रियाँ भी हैं।"

त्रिभंगी पास की पीठिका पर जा बैठी; बोली- "स्त्री सुन्दर है; या कुरूप है-यह तो नर की आँखों का भ्रम है-अध्यास! नहीं?"

"तुम भी शंकराचार्य की भाषा में बात करने लगी क्या?" अभिनव गुप्त बोले- "राग, त्रिभंगी!"

"राग ही तो!" त्रिभंगी ने अपने दोनों पद्मपाणि गगन में उठाये तथा अलसाते हुए बोली- "राग न हो, तो स्त्री पुरुष का प्रणयन नहीं; वैराग्य न हो तो मोक्ष नहीं हो।"

"मोक्ष? तुम भी मोक्ष के सिद्धान्त को मानने लगी क्या?" अभिनव गुप्त तनिक तीव्र स्वर में बोले- "मोक्ष कहाँ है? यह स्वयं प्रकाश स्वरूप शिव की आनन्दमयता का उद्रेक ही जगत् तथा भव संसार के मूल में है। स्वयं प्रकाश्य शिव ही आनन्दोन्माद में अपनी अमोघ इच्छा से सृष्टि, स्थिति तथा संहार करते हैं और अपने स्वाभाविक ज्ञान से इसका अनुभव भी करते हैं। अपनी सर्व समर्थ क्रिया शक्ति द्वारा शिव सभी स्वरूप, जो धारण करते हैं- शिव की यह पञ्चमुखी शक्ति ही भुवनेश्वरी है, महात्रिपुर सुन्दरी है, शिवा है तुम!"

"मैं?" त्रिभंगी ने अलस अँगड़ाई भरते हुए कहा- "मैं?" मैं तो महाकौल की साधना शक्ति रही हूं और अब मैं जैसे त्यक्ता हूं। सच तो यह है प्रत्येक पुरुष शक्ति के द्वारा शिव को ही प्राप्त करना चाहता है।"

"परम शिव का प्रत्यक्ष करना चाहता है।" अभिनव गुप्त ने कहा- "तुम शैव-दर्शन में मानती हो?"

"तुझे कोई भी दर्शन समझ में आते हुए भी पूर्णतः समझ में नहीं आया। शैव दर्शन को सुनती आई हूं और आपके समर्थ सांनिध्य से शिवा के विग्रह में मेरा संस्कार युक्त विश्वास हो चला है। आपको शिव तथा आपकी धर्मपत्नी, माता जी को शिवा, जगदम्बा मानती हूं।"

"और स्वयं को?" अभिनव गुप्त ने अचकचाते हुए पूछा।

त्रिभंगी के पद्म लोचन सहसा आंसुओं से भर उठे- "एक तन्मय नारी! और क्या मानूं?"

"नहीं-तुम, तक्त्य?" अभिनव गुप्त त्रिभंगी के पास धँस से आये। उसके दोनों हाथ थामते हुए बोले- "मेरे नयनों में देख, त्रिभंगी!"

"क्या देखू?" त्रिभंगी ने अभिनव गुप्त के चौड़े वक्षस्थल पर अपना मस्तक टिकाते हुए कहा- "आप महाकौल हैं; परम् रसिक हैं; सिद्ध हैं- मैं? मैं तो रोम-रोम में जाग्रत नारी हूं; आपकी नारी।"

"नहीं; मेरी शक्ति-शिवा स्वरूप त्रिपुर सुन्दरी।" अभिनव गुप्त ने कहा- "पूजन, श्री चक्रपूजन पुनः आरम्भ करना ही होगा।"

"क्यों? जी?" त्रिभंगी ने पूछा।

"मैं समझ रहा था, काश्मीर मण्डल शिव-शिवा का आध्यात्मिक मण्डल है- श्री चक्र स्वयं है। किन्तु काश्मीर को इस यती वयस्क संन्यासी शंकर से भय उत्पन्न हो गया है।" अभिनव गुप्त ने कहा- "शंकराचार्य्य दो नित्यों का समरस नहीं मानता-समरस के बिना अखण्ड पूर्णता कैसी? किन्तु शंकर शिव को सत्य मानता है; शिवा-योगमाया-महामाया को नित्य नहीं मानता। शंकराचार्य्य के लिये माया असत् है; जड़ है। शंकराचार्य कहते हैं-विमर्श शक्ति ब्रह्म की शक्ति नहीं हो सकती। वह पूछता है- पूछेगा, जड़-चेतन सत्-असत् में समरस हो ही नहीं सकता। हम विमर्श शक्ति को शिव की नित्य शक्ति-अभिन्न शक्ति मानते हैं- हम जगत् को शिव स्वरूप सत्य मानते हैं- शिव-चैतन्य से भरपूर यथार्थ तन्त्र मानते हैं तथा शिवा को यावत् योनियों का जीवन मन्त्र शक्ति ही मानते हैं। यह सृष्टि शक्ति स्वरूपा है, त्रिभंगी!"

"शिव-नारी, शिवा शिव से जगत् तथा जीव का आधान करती रहती है, यही न?" त्रिभंगी ने पूछा।

"योगी मणिद्वीप का यात्रिक है। चिन्तामणि मण्डप में शिवा शिवों कोपरिस्थ है।" अभिनव गुप्त बोले- "स्वयं शंकर कहता है- शिवा के युक्त हुए बिना शिव शक्तिवान होते ही नहीं-इसीलिये ऋषियों ने शिव को 'अर्धनारीश्वर' भी कहा है। हम अद्वैत को दो नित्य अजर-अमर चेतन्य का 'समरस' मानते हैं।"

त्रिभंगी ने अभिनवगुप्त की श्वेत श्यामल दाढ़ी में अपनी लाल नखों से दमकती हुई पुखराज की बनी अँगुलियाँ उरझाते हुए कहा- "शंकर को अपनी मान्यता भली; हमें अपना सिद्धान्त भला। संघर्ष कहाँ है?"

"वह स्वयं को जगद्गुरु जो कहता है।" अभिनव गुप्त ने कहा- "हिमालय के उत्तुंग श्रृंग काश्मीर की हिम-सरिताओं में अपना प्रतिबिम्ब देखते हुए अनादिकाल से शिव शिवा की चिरप्रतीक्षा में है। हिमालय की उपत्यकायें शिव-शिवा के नृत्य चापों से चंपना चाहती हैं। हिमालय के प्रपात चाहते हैं-कामना करते हैं- शिव-शिवा नित्य उनमें स्नान करें। अलकनन्दा शिव डमरू को सुनकर सहमत रहना चाहती है- मन्दाकिनी शिवा की कटि किंकणी की आहट पर ही मानो बहती रहना चाहती है। नहीं, मेरी सखी, प्रिये! शंकराचार्य्य नहीं, मैं महाकौल ही जगद्गुरु बनने का पात्र हूं- अधिकारी हूं। शैव दर्शन का सम्यक् तन्त्र मन्त्र प्रणीत उद्भव मैंने किया है।"

त्रिभंगी ने अभिनव गुप्त की दाढ़ी में उलझी मूंछों को सुलझाते हुए कहा- “शैव-दर्शन तो अनादि दर्शन है। आपके पूर्ववर्ती आचार्यों ने सदैव सम्यक् भाष्य किये हैं।”

अभिनव गुप्त ने त्रिभंगी को बाहुओं में भर कर भींसते हुए कहा- “तू भी! तुझे नहीं ज्ञात है क्या कि हमने शैव दर्शन को लेकर कितने ग्रन्थ लिख डाले हैं? ईश्वर प्रत्यभिज्ञा दर्शन, तन्त्रलोक, तन्त्रसार, त्रिक् दर्शन-दसों ग्रन्थ हमने साधना करते हुए लिख डाले हैं। हृदय कमल पर परात्पर सुन्दरी शिवा, जंघा पर तुम, द्विदल में शिव शिवा तथा सहस्रसार में गुरु-परम् गुरु शिवा, हाँ हमने शिव शिवा परमतत्व को बुद्धि से, मेधा से, प्रतिभा तथा प्रज्ञा से देखा है- जाना है तथा लिखा है।”

“धन्य!” त्रिभंगी फुसफुसफुसाई- “शंकराचार्य्य ने तो एक ही भाष्य लिखा है; शारीरिक भाष्य। शेष तो टीकायें की हैं। मैंने पढ़ी हैं- माता जी को सुनाई हैं। शंकर की गीता पर टीका माताजी ने ध्यान पूर्वक मुझसे सुनी है।”

अभिनव गुप्त सहसा तीव्र स्वर में बोले- “द्रोहिनी! और क्या सुनाया है माताजी को?”

“उपनिषद् पर शंकर भाष्य!” त्रिभंगी सस्मित बोली- “उत्तेजित क्यों हो गये?”

“इसलिये कि मेरे ग्रन्थों की ओर वह आँख उठाकर भी नहीं देखती। शिव-शिवा के विग्रहों की पूजा तो करती है; किन्तु अपने हृदय के गहन में वेदान्ती है - कहती है यह देह पंचभूतों का रहस्यमय प्रपंच है- व्यर्थ! साढ़े तीन हाथ का यह रक्त ज्वालाओं का सम्मिश्रण जड़ है- आकार मात्र एक कल्पना है। कहती है, शिव-शिवा मानव गृहस्थ का दिव्यतम सुन्दर मंगलमय उदात्त स्वरूप भर है।”

त्रिभंगी ने सहसा पूछा- “आपने अपनी धर्म पत्नी को अपनी शक्ति स्वरूप क्यों वरण नही किया?”

“शाक्त-शास्त्र स्वदारा को निकृष्ट, परदारा को मध्यम तथा गणिका को उत्तम शक्ति मानता है- शक्ति सूत्र में हमने इसको तन्त्र विज्ञान की दृष्टि से उचित विवेक बताया है।”

“तभी माता जी वेदान्ती हो गई हैं।” त्रिभंगी बोली।

“वह और वेदान्ती?” अभिनव गुप्त तनिक बमके- “मूढ़मति है- अरसिक महिला है वह। और क्या? भूला, मूढ़मति तो वह नहीं है; शिक्षित है- दीक्षित

भी है; किन्तु हिमालय की एक चोटी को तराश कर मानो नारी मूर्ति बनाया है विधाता ने। तुम्हारी वेदान्ती माता जी हिम से भी कहीं अधिक शीतल हैं; स्पर्श जैसे उसको है ही नहीं; सुगन्ध वह सूंघती ही नहीं; स्वाद उसको ज्ञात है ही नहीं। शब्द के संगीतों का उसको तनिक ज्ञान नहीं है। कला संज्ञान से हीन वह मानो किसी यज्ञ की बुझती हुई ज्वालाओं की राशि है।"

"ओह!" त्रिभंगी ने सहसा हटते हुए कहा- "माता जी।"

अभिनव गुप्त ने देखा; माता जी कक्ष के द्वार में खड़ी हैं। त्रिभंगी मानो क्रमशः धीरे-धीरे माता जी के पास आई; प्रणाम कर बोली- "जी?"

माता जी ने केवल एक भारी भुरभुरी भँव उठा कर इंगित किया; "चलो!" अभिनव गुप्त अपनी पुष्ट जंघाओं के बल टटार खड़े हो गये; बोले- "त्रिभंगी का मुझे काम है।"

"क्या?" माता के शुष्क अधर मौन ही मानो बोले।

अभिनव गुप्त ने अपनी धर्म पत्नी को सिर से पैर तक और पैर से सिर तक देखा; बोले- "श्री चक्र पूजन होगा आज रात्रि भर। उसकी तैय्यारी कौन करेगा? तुम करोगी?"

माताजी अब शान्त स्वर में बोली- "मैं स्त्री पूजन में विश्वास नहीं करती। पूजन मात्र मुझको मन का आडम्बर प्रतीत होता है। फिर तुम्हारी यह शाक्त श्री चक्र पूजा-कामुकता की ही उपासना है।"

"यह तुम दशकों से कहती आई हो-" अभिनव गुप्त।

"और तुमने मेरे कथन को सुना-अनसुना कर दिया है। किन्तु तुमको अब तो ज्ञात हो जाना चाहिये, मैंने अपने घर में ही यह कामुक पूजन आवश्यकता से अधिक सहन किया है। किन्तु अब? अब नहीं। सुना; त्रिभंगी!"

"जी! गुरु जी से भी कहिये, पूज्या!" त्रिभंगी बोली।

"सुन रहे हैं तुम्हारे तथाकथित गुरु जी!" माता जी ने अभिनव गुप्त को तुच्छ दृष्टि से देखते हुए कहा- "तुम्हारे गुरु जी को चक्र पूजन करना ही हो- पञ्चमकार पालना ही हो तो वह इस घर में अब यह नहीं कर सकते! कहीं अन्यत्र करें-मुझको क्या आपत्ति हो सकती है? हम केवल विवाह बन्धन में बंधे भर हैं-मुझको क्या पता था मेरा वर एक छद्म कामुक है- शाक्त अर्थात् कामुक!"

"चुप करो!" अभिनव गुप्त सहसा गर्जे; झपटे और क्रोध से काँपते हुए बोले- "तुमको भी मैंने शक्ति स्वरूपा जगदम्बा ही माना है। निस्संदेह तुमको मैं अपनी मनस्वी शक्ति नहीं बना सकता था- शक्ति शिवा ही भेजती है। तुम मुझको कामी कामुक कहती तथा मानती आई हो। किन्तु सुन लो तुम, मैं साधक हूँ-शक्ति का अनवरत अहर्निशि उपासक हूँ। तुम क्या समझोगी, इस चक्र पूजन को? तुम्हारे आदर्श शंकराचार्य्य ने क्या परोक्षतः अमरुक के मृत देह में प्रवेश कर एक प्रकार का चक्र पूजन नहीं किया था? बोलो, तुम।"

"माता जी मुलकीं"- योगियों की निन्दा मत करो श्रीमद्! भगवान् दत्तात्रेय भी षोडशियों का नृत्य देखते हैं- उनको मद्य पिलाते थे- स्वयं पीते थे। किन्तु क्या आप दत्तात्रेय हैं? योगीराज शिव स्वरूप शंकराचार्य्य हैं-नहीं।"

"स्त्री! अपने पति की ही भर्त्सना कर रही है?" अभिनव गुप्त गर्जे- "शास्त्र कहते हैं पति परमेश्वर है।"

"परमेश्वर केवल परम ब्रह्म है, महाशय।" माता जी बोलीं और त्रिभंगी का हाथ पकड़ कर कर खींचते हुए पुनः बोलीं- "चलूंगी। शंकराचार्य्य भाषित श्वेताश्वरोपनिषद् सुनूंगी। तुम तुम्हारे चक्र पूजन करो, समझे! त्रिभंगी अब नहीं प्राप्त होगी-जाओ, गणिका के यहाँ। त्रिभंगी गणिका नहीं थी; नहीं है; नहीं होगी।"

"ठहरो!" अभिनव गुप्त गर्जे- "ठहरो! त्रिभंगी शाश्वत कन्या है; शक्ति का कन्या स्वरूप है। मैंने इस अनादि कौमारी को कभी स्वकीया, परकीया अथवा नायिका नहीं माना। तुमने मुझ पर अभी जो दोषारोपण किया है, वह जघन्य पाप है, श्रीमती।"

माता जी हठात् रुकी; थमी; बोली- "तुम क्या हो, यह मैं अब भली-भाँति जान गई हूँ। अवश्य शक्ति के उपासक हो, किन्तु तुम एक रसिक कामुक नर भी हो। विद्वान् हो; मनीषी हो-महेश्वर दर्शन के आचार्य भी हो, सब हो किन्तु तुम स्त्रैण भी रहे हो-हो।"

अभिनव गुप्त क्रोध से काँप उठे; बमके- "समस्त भारतवर्ष जिसको महान, महिमामय शैव मानता है, उसको तुम 'स्त्रैण' कहती हो? तो फिर तुम्हारा वरेण्य आदर्श शंकराचार्य्य क्या है? सुनूं तो!"

"क्या हैं? साक्षात् शिव स्वरूप हैं; और क्या हैं?" माता जी ने तीव्र तनिक उत्ताल स्वर में कहा- "शंकर स्त्रियों का सोलह श्रृंगार कर पूजन नहीं करते।"

"शव में प्रवेश कर जो कामानुशीलन कर सकता है, वह तो 'स्त्रेण' नहीं; योगेश्वर है और मैं जो षड़ चक्र भेदन के लिये ऊर्ध्व रेतन का यौगिक जाप करता था, श्री चक्र पूजन है- व्यभिचारी है। श्रीमति! सत्य यह लगता है तुम नारी-सहज डाह से पीड़ित हो।"

माता जी हँसी; बोली- "तुमने मुझे नारीस्वरूप कभी माना भी है? स्वीकार किया भी है?"

"कैसे करता?" अभिनव गुप्त ने निःसास रखते हुए कहा- "हिम शिला से आलिंगन कैसे करता? तुम जन्मजात शीतल तटस्थ सी नारी रही हो। तुम्हारा बस चलता तो तुम विवाह भी नहीं करतीं। किसी श्वेताम्बर जैन संघ में सती साध्वी होकर घूमा करतीं। तुम गृहस्थ-वधू, माता, दादी, नानी, कब थीं?"

माता जी ने अभिनव गुप्त को दीनता पूर्वक घूरा; कहा- "मैं जो थी, हूँ- रहूंगी। मैं नारी हूँ इसका ज्ञान तुम्हारी लुलुभ आँखों ने ही करवाया था और मैं सिहर उठी थी। तुम देह सुख के गुह्य कामी थे; रहे हो तथा आज भी हो। त्रिभंगी को निराले में बुलाने का तुम्हारा प्रयोजन क्या था?"

"अनादि कला स्वरूप परात्पर शक्ति की झलक मात्र देखना।"

अभिनव गुप्त ने कहा- "वह परात्पर अखिलेश्वरी सच्चिदानन्द विग्रहा सर्वस्वरूपा है, सर्ववेशी वह है- वही भव सागर से संतरण करवाती है- वेदान्त का पंगु नपुंसक ब्रह्म नहीं।"

माता जी हँसी- "अभी तुमको नर-नारी का भान है, होता है? तब तुम कैसे कहते हो कि शक्ति का तुमको सर्वत्र दर्शन होने लगा है? शक्ति नर और नारी में निहित है- अन्तर्निहित है। शक्ति क्या कामिनी रूपा हैं? नहीं, महाशय! वह अखिलेश्वरी जगदम्बा-अम्बा भवानी है। परमब्रह्म की आल्हादिनी, चिति। परम ब्रह्म का शक्ति स्वरूप जो जगत् तथा सृष्टि की रचना, स्थिति और संहार के लिये निमित्त मात्र आविर्भूत है; होता रहता है।"

अभिनव गुप्त ने तनिक झुंझला कर अपनी विस्तृत दाढ़ी को झकझोरा; कहा- "यह शंकर वेदान्त नहीं है, महिषी! यह तो अभिनव गुप्त का महेश्वर दर्शन है।"

"होगा।" माता जी ने कहा- "मुझको वेदान्त से तात्पर्य है, त्रिक् दर्शन से नहीं। मैं, मैं कितने वर्षों से मौन गृहस्थ संन्यास ले चुकी हूँ? तुम्हारे अहर्निशि

राग-रंगों ने मुझे क्षुब्ध कर दिया। कामरूप देश में तुम्हारी पूजा के नाम पर छैलें देख कर मैं ठिठक गई थी। निस्संदेह निगड़ कामियों ने ही 'कामाख्या देवी' की धारणा कर उसका कामुक पूजन चलाया है।"

"देवि!" अभिनवगुप्त गर्जे- "भगवती कामाख्या की निन्दा मत करो- अमंगल ही होगा; सुना?"

माता जी- "वह जगदम्बा मंगलमयी है, सर्वमंगल मांगल्या है- वह ब्रह्म-चिति, शक्ति वह नहीं है, जो तुम लोग कहते फिरते हो!"

"तब वह क्या है, सुनूं तो?" अभिनव गुप्त।

"वह अजा, अलक्ष्या सच्चिदानन्दमयी निर्गुण निरुपम आनन्द धामा, शक्ति, चिति ही है- किसी भी स्वरूप अथवा वेश से वह इंगित होती है, जानी नहीं जा सकती। वह ब्रह्माणि है।"

"कैसे कहती हो, कल्याणी?" अभिनव गुप्त ने पूछा।

"आज आधी शताब्दी से अहर्निशि मैं ब्रह्म को ही खोज रही हूं, श्रीमद्।" माता जी बोली।

"मिला?" अभिनव गुप्त ने सव्यंग पूछा।

"देह त्यागने के पश्चात् तुरन्त मिलेगा, विश्वास है।" माताजी ने कहा और त्रिभंगी को मानो तनिक घसीटते हुए अपने आवास की ओर ले चली। अभिनव गुप्त खड़े देखते रहे। वह जैसे किंकर्त्तव्यविमूढ़ से हो गये। इन्द्रधनुष से सुशोभित बदली की भाँति त्रिभंगी खिंची, लहरी, चली जा रही थी। अभिनव गुप्त मानो जड़ीभूत होकर इस इन्द्रधनुषी चिर-कन्या की वेपथु छबि को गगन में थरथराते हुए देखते रहे- 'दुष्टा कहीं की!' अभिनव गुप्त मन ही मन मानो चिल्लाये- "भगवती! न जाने क्यों पुनः तुम्हारा श्रीचक्रपूजन करना चाहता हूँ-न जाने क्यों? शारदे! क्या करूं? शक्ति कहाँ से प्राप्त करूं? क्या यक्षिणी को बुलाऊँ? क्या?" अभिनव गुप्त प्रकोष्ठ में चक्कर काट कर पुनः खड़े हो गये- "यह बड़ी वेदान्ती, गुह्य संन्यासिनी बनी है। दिन रात मूर्ति पूजा की निन्दा करती रहती है। मन्दिरों की पूजा को आडम्बर कहती है और मठों को एक प्रकार की गृहस्थी ही बताती है। पूजा, पाठ, यज्ञ, दान, पुण्य किसी में भी यह नहीं मानती। भगवती, यह क्या कौतुक है? प्रारब्ध, और क्या? किन्हीं पूर्व जन्मों का यह निर्मम ऋणानुबन्ध है; और क्या? सहे अभिनव गुप्त! किन्तु घर में इस शंकराचार्य्य ने घुसपैठ कर ली है। पति शैव और पत्नी वेदान्ती! पति

गृहस्थ और पत्नी! संन्यासिनी! वाह! विधाता! तेरा क्या कहना? किस जन्म का यह फल है भगवती शारदे!" अभिनव गुप्त को लगा, कक्ष की दीवारों से एक शून्य प्रतिघोष उठा और गगन मण्डल को पैरता हुआ सर्वज्ञ पीठ शारदा-मन्दिर के स्वर्ण गुम्बज से जा टकराया। "शारदे! यह तेरा क्या न्याय है? तू जानती है, भगवती! मैंने आजीवन ब्रह्मचर्य का पालन किया है। अवश्य श्रीचक्रपूजन में पंचम के साथ, पूर्वक यज्ञ किया है, जाप किया है- किन्तु कब तक? जब तक मैं वीर भाव में था। कौल भाव का उदय होते ही यह यज्ञ पञ्चम भी मैंने त्याग दिया है- स्वयं ही छूटता गया है। अब केवल तेरा चिर कन्या का स्वरूप-दर्शन उसका अतीन्द्रिय सा स्पर्श ही मेरा पूजन हो गया है- पूजन कैसे त्याग दूँ? कैसे भगवती? शिव तुझे लेकर सहस्रवर्षीय समाधि भंग कर यही श्री चक्र पूजन करते हैं। तू अखिलेश्वरी, चक्रेश्वरी, राजराजेश्वरी है- तू, तू शारदा है; महासरस्वती है; महाकाली, महालक्ष्मी भी तू है। तू ही है जो शववत् शिव में शक्ति का संचार करती है। तू ब्रह्मा, विष्णु, महेश को शक्तिवान करती है-तू, शक्ति, शक्ति मति, धीमति- तू ही जड़-चेतन में अमृत-संजीवनी की भाँति रमी हुई है। तू भगवती! न्याय कर! वह शव में निवास कर पर्य्यङ्क विशारदा रमणी से भोग करने वाला, वह ऐन्द्रजालिक तथाकथित संन्यासी वह शंकराचार्य्य आदित्य ब्रह्मचारी और मैं? चक्रपूजन करने मात्र से नैष्ठिक ब्रह्मचारी भी नहीं। मेरी धर्मपत्नी ही मुझे स्त्रेण कहती रहती है। असह्य! अवश्य, इस शंकराचार्य ने इस पर कोई ऐन्द्रजाल ही किया है। अन्यथा यह निरक्षर, न्यूनतम शिक्षित भी नहीं, स्त्री आज वेदान्त की बातें बघारती है। आश्चर्य है! यह मेरी धर्मपत्नी कहती है वह गुह्य संन्यासिनी है। देहोपरांत, तटस्थ संन्यासिनी!" अभिनव गुप्त सहसा अट्टहास्य हँसे और ऊर्ध्व श्वास भरते हुए बोले- "नहीं, यह प्रपंच है; प्रतारणा है। शंकराचार्य्य!" अभिनव गुप्त ने खिड़की के बाहर नील गगन में देखा और अनदेखा करते हुए कहा- "तुझे समझूंगा, पवित्र पापी!" अभिनव गुप्त ने दाँत भींसे; सिर धुनाया-कहा, स्वयं से कहा- "और क्या? तुम पवित्र बनते हो; किन्तु हो पापी। शंकराचार्य की योग शक्ति का बहाना बनाकर कब तक अपनी गहन स्त्रेण रसिकता छिपाते रहोगे? कब तक?" अभिनव गुप्त ने गगन में देखा और सहसा मुस्कराते हुए बोले- "इस रसिकता में तो हम तुम समान हैं; एक हैं- अभिन्न! यही हमारा सरस अद्वैत है, हाँ! और क्या?"

"जी गुरु जी!" शिवराम ने दूर से प्रणाम करते हुए पुकारा।

अभिनव गुप्त शिवराम को देखते ही मानो जाग्रत हो गये। बोले- "तू आ गया? क्यों रे, शंकर-भाष्य के उपनिषदों की मेरी ताड़पत्र पोथियां तू ही ले जा कर तेरी माताजी को देता है, क्यों?"

शिवराम ने हकलाते हुए कहा- "वह बाला पढ़ती है, जो!"

"वह बाला पढ़ती है जो।" अभिनव गुप्त ताड़ुके- "वह बाला है? तेरी आँखें भी हैं या कौड़ियाँ हैं?"

शिवराम ने सिर धुनाया; बोला- "आंखें हैं; किन्तु नारी को देखते ही उनको बन्द कर लेता हूं।"

"क्यों?" अभिनव गुप्त ने सहसा रमुज में पूछा।

"रोम-रोम सिहर उठता है इसलिये, श्रीमद्!" शिवराम ने कहा- "नारी नर्क की खानि, गुरु जी! आप श्री ने ही तो बार-बार हम ब्रह्मचारियों को शपथ पूर्वक कहा है। नहीं?"

"कहा है हमने अवश्य कहा है।" अभिनव गुप्त ने कहा- "नारी से मन, वचन, कर्म से दूर रहो, समझे! नारी के आँचल में नर्कों की दुर्गंध भरी हुई है।"

"नयनों में नर्क की ज्वाला!" शिवराम ने पूर्ति की।

अभिनव गुप्त हँसे; विहँसे- "मूर्ख नारी नहीं होती, तो क्या यह सृष्टि होती? नहीं होती। इसलिये सामान्य मानव के लिये मानवी नारी जननी है। केवल वीतरागियों के लिये ही नारी नर्क की खानि कही गई है। राग से छूटना हो, द्वेष से मुक्त होना हो- इन्द्रियों को जीतना हो, तो नारी की जय करना ही होगा। नारी को जीत लो, संसार जीत लोगे।"

शिवराम ने सिर धुनाया- "परन्तु कैसे? मन से जितना नारी से दूर-दूर रहता हूं, उतना ही वह नारी पास-पास आती जाती है। जैसे, जैसे प्रेतिनी हो-हाँ श्रीमद्!"

अभिनव गुप्त ने सस्मित कहा- "तब यक्षिणी साध, समझा!"

शिवराम की बांछें खिल गईं; बोला- "आप श्रीमद् ने कहा था- आप सधवायेंगे। जी हाँ-कहा था।"

"कहा था; मैं कब मना कर रहा हूं? परन्तु कौन सी यक्षिणी ने तुझे मोह लिया है, बता भी!"

शिवराम ने तनिक उत्तेजित स्वर में कहा- "जो-जो आप श्रीमद् सुझायें- मैं तो आप श्रीमद् का दास हूं; चरण चंचरीक।"

अभिनव गुप्त हँसे- "कुबेर! श्रीमन्त, श्री मन्त कुबेर का पूजन आरम्भ कर, समझा! कुबेर के पूजन से यक्षिणियाँ शीघ्र ही सिद्ध होती हैं। मैंने यही किया- कुबेर यक्षपति! कुबेर का पूजन कर उनको ही रिझाया। यक्षपति कुबेर रीझ जायें, तो रावण को उसकी अभीष्ट स्वर्ण लंका प्रदान कर दें। कुबेर इन्द्र के देवताओं के धनाध्यक्ष हैं; कुबेर न हों तो क्या स्वर्ग का पुण्यभृत वैभव हो भी सकता है? क्यों?"

"जी नहीं।" शिवराम ने तुरंत स्वीकार किया।

"तब तू स्वर्ग का परम सुख भोगने स्वर्ग क्यों नहीं जाता?" अभिनव गुप्त ने हंसते हुए पूछा- "इस पृथिवी पर तो यक्षिणी वैभव को तनिक बटोर लाती है। अवश्य यक्षिणी चन्द्रिका अमृत प्रदान करती है और जीव को अजर-अमर बना देती है- विशाला दिव्य रसायन देकर साधक को ओजस देती है-दिव्य ओजस्। समरस अमृत आनन्दमय! यह संजीव स्वरूप अमृत ही जो स्वर्ग के देवताओं ने मोहिनी के हाथों पिया था। अमृत सदैव महा दिव्यतम सुन्दरतम यक्षिणी स्वरूपा मोहिनी ही पिलाती है।"

शिवराम- "देवताओं को, मानवों को नहीं?"

अभिनव गुप्त ने घूर कर कहा- "मानवों को अमृत योगीश्वर सिद्ध करवा कर पिलाते हैं। कौन सी यक्षिणी साधना चाहता है, तू अमृत लोभी? लक्ष्मी? अनुरागिणी, नटि, पद्मिनी? रति प्रिया, कामेश्वरी, कनकवती, सुर-सुन्दरी कौन सी?"

शिवराम का मुँह आधा खुला; बोला- "मैं, मैं तो सभी यक्षिणी, यक्षिणियों को साधना चाहता हूं। जी, जी हाँ, श्रीमद्!"

अभिनव गुप्त ने उसको घूरा; कहा- "मनोहरि, रति प्रिया, कामेश्वरी- कामेश्वरी को साध!"

"जी।" शिवराम फुसफुसाया।

"कामेश्वरी का वल्लभ होकर फिर तू शंकराचार्य्य के पास जा-समझा। यदि तू शंकराचार्य पर कामण कर सके तो समझना कामेश्वरी मनोहरि, रतिप्रिया, लक्ष्मी, सुरसुन्दरी-सभी यक्षिणियाँ तुझे सिद्ध हो गई हैं- अन्यथा नहीं।"

"परन्तु यह-यह क्यों, गुरु जी?" शिवराम ने पूछा।

"इसलिये कि मैं यही चाहता हूं और तू मेरा प्रिय विश्वस्त शिष्य है। क्षेमराज तो मनीषी विद्वान् साधक शिष्य हैं- जैसे सुरेश्वराचार्य्य शंकर के हैं-तू? तू जैसे

तोटकाचार्य्य है-मेरा, विश्वस्त सेवक तू। मैं तुझे सभी यक्षिणियाँ तेरी दृष्टि में बाँध कर दूंगा। तू चाहेगा उस भुवन में आते-जाते भी इस पृथिवी पर स्वर्ग सुख भोगेगा-"

"इच्छावीर्य्य, इच्छा मृत्यु हो जाऊँ?" शिवराम ने दीनता पूर्वक अधीर होते हुए पूछा।

अभिनव गुप्त ने कहा- "यक्षिणियों का वल्लभ-भोग की सभी शक्तियाँ प्राप्त कर लेता है-यक्षिणी परात्पर परमेश्वरी शिवा की सखियाँ हैं, भैरवी सेविकायें हैं। शिवा ही भोग द्वारा मोक्ष करवाती हैं-और इष्ट देवता तो कोई राज राजेश्वर हैं; कोई योगीश्वर हैं; कोई गुरु हैं- शुद्ध बुद्धि तथा निर्मल चित्त होकर ही उनको भजना होता है। किन्तु आशुतोष औढर दानी शिव तथा काव्य लक्ष्मी, कल्याणी पूर्ण वात्सल्य-शीला शिवा तो सब जीव के माता-पिता हैं। अपनी संतति को जगत् के भव संसार के सभी भोग वरदान स्वरूप देती हैं-जीव उनको भोगता है और मोक्ष की ओर गतिवान होता रहता है-योग और भोग; भोग और योग-यक्षिणी तत्व, समझा?"

"जी-समझ गया। तत्पर हूं; अभी इसी पल।" शिवराम ने कहा- "जी हूं! शंकर शंकराचार्य्य पर कामण करूँगा।"

"क्यों नहीं?" अभिनव गुप्त ने हँसते हुए कहा- "शव में प्रविष्ट होकर जब वह शव द्वारा रस रिझिवार कर सकता है, तब तू तो सजीव, जीवन्त देह है-समर्थ शरीरी; मेरा शिष्य है। शंकराचार्य्य पर कामण करना ही होगा-देखता हूं शारदा मन्दिर की सर्वज्ञ पीठ पर वह कैसे आरूढ़ होता है?"

शिवराम ने सहसा प्रसन्न होते हुए कहा- "ऐसा कामण मैं करूंगा कि शंकर कामेश्वरी के पीछे- पीछे भागते फिरेंगे जैसे, जैसे शिव मोहिनी के पीछे-पीछे भागे थे।"

अभिनव गुप्त ने तीव्र स्वर में कहा- "शंकराचार्य शिव हैं? बोल? क्या हो गया है मेरे शिष्यों, सेवकों को? परोक्षतः तुम सब शंकराचार्य्य को शिव स्वरूप मानते हो? तब मैं क्या हुआ मूढमतियों?"

शिवराम भयभीत होकर हकलाते हुए बोला- "आप? आप-महाकौल हैं, तन्त्र सम्राट हैं-काम्य कीर्ति हैं। जी, जी हैं।"

04

"आषाढ़ की पूर्णमासी के दिवस, जब वृहस्पति और शुक्र अस्त नहीं हों, तब यक्षिणी साधना आरम्भ करनी चाहिये। शिवराम ने मुण्डन करवाते हुए नाई महाशय से कहा- "वृहस्पति और शुक्र अस्त न हों, चन्द्रमा बलवान हो, तब श्रावण कृष्ण प्रतिपदा से आरम्भ कर पूरे एक मास तक महायोगिनी यक्षिणी का जाप करना चाहिये।"

नाई महाशय ने उस्तरा सहसा ही टेढ़ा सा किया और एक हल्का घसर सा देते हुए पूछा- "ऐसा!"

"किन्तु" शिवराम ने सिर नवाते हुए कहा- "पहिले कुबेर पूजन करना होता है, जी! हाँ, करना होता है। बिल्ववृक्ष की जड़ों में बैठकर, मेरूदण्ड सीधा रख कर शिव पूजन रूद्री पाठ तथा महा मृत्युन्जय मन्त्र का जाप करना ही होता है- त्र्यम्बकम्-"

नाई महाशय ने सिर में उस्तरा मन्द-मन्द सारे मस्तक पर आल्होढ़ते हुए कहा- "यजामहे सुगन्धिम् पुष्टि वर्धनम!"

शिवराम ने झेला- "उर्वारुकमिव बन्धनान्मृत्योर्मुक्षीयमामृतात्! तुम शूद्र हो जी। वेद मन्त्र क्यों बोलते हो-हैं, जी?"

नाई ललित किशोर ने मुँह बिचकाया- "शूद्र मैं? यह सब आप लोगों की कथनी-करनी है। क्षुरक नहीं होता, तो जटाओं में जूंए पड़ जातीं-रेंगती रहतीं। वेद मन्त्र पर मानव मात्र का सत्व है- अधिकार! ब्राह्मणों ने वेदों को अपनी बपौती बना लिया है। किन्तु मेरे गुरु जी कहते हैं- वेद परमात्मा ने मानव को

जगत् में अच्छी प्रकार श्री- सम्पन्नता से जीने के लिये प्रदान किये हैं- यह मृत्युञ्जय मंत्र सदेह स्वर्ग भेजता है...."

शिवराम ने नाई के हाथ से पाणि-प्रसार से मस्तक को छुड़ाया और घूर कर कहा- "वेद का सत्व ब्राह्मण, क्षत्रिय और वैश्य को ही है-यह प्रजापति ब्रह्मा की ऋषि प्रणीत व्यवस्था है- अवश्य, शूद्र तन्त्र का अधिकारी है। तुमको महामृत्युञ्जय ही जपना है तो तन्त्रोक्त जपो- हौं, जूं सः सः जूं हौं ओम- ओम हौं जूं सःसः जूं हौं ओम!"

नाई ललित किशोर ने उस्तरा शिवराम के नेत्रों के आगे तनिक हिलाया; कहा- "मेरे गुरु जी से मिलाऊँगा आपको! भगवान दत्तात्रय तन्त्र में पारंगत हैं-यों साधना करवाते हैं, चटपट-पटापट मन्त्र चिन्मय कर देते हैं।"

"अच्छा जी!" शिवराम ने पूछा- "सब जानते हैं? मारण?"

ललित किशोर ने उस्तरा पुनः मस्तक पर फेरते हुए कहा- "मारण घड़ी पल में।"

"मोहन?" शिवराम ने जिव्हा से होंठ गीले करते हुए पूछा।

ललित किशोर ने कहा- "एक पलक में चाहो तो स्वर्ग की अप्सरियों को आपकी गोद में ला बिठा दें।"

"आह्! तब मुझे कब मिलाओगे?" शिवराम ललका।

"जब चाहो?" ललित बोला- "किन्तु गुरु जी को गाँजा और मदिरा की भेंट करनी होगी। बिना सेवा के यह औघड़ प्रसन्न कब होते हैं? किन्तु आपके तो समर्थ गुरुदेव हैं न?"

"अभिनव गुप्त श्रीमद् को मैं यक्षिणी साधना के लिये क्यों कष्ट दूं? उनसे तो मैं दक्षिण कालिका की साधना सीखूंगा। यक्षिणी साधना तो मैं इसलिये करना चाहता हूं कि मैं इस पृथिवी पर सम्राट् सेनापति आचार्य, राज राजेश्वर कहलाऊँ। मैं श्री हीन सम्पत्ति तथा सम्पदा से रहित एक दरिद्र जीव बना रहना नहीं चाहता।"

"श्री कृष्ण गोविन्द हरे मुरारे!" ललित किशोर ने कहा- "धन्य भाग्य मानव का, जो आपश्री जैसे महत्वाकांक्षी ब्राह्मण जन्मते हैं। सच, भारत भूमि के ब्राह्मणों का उत्तर नहीं है- अनुत्तर है भारत का ब्राह्मण। जो वेदों को अपौरुषेय, श्रुतियों को ध्यान मन्त्र तथा मीमांसा दर्शन को स्वर्ग का सोपान

बना कर शताब्दियों तक चला सकते हैं, उस भू सुर को मेरे शत्-शत् वन्दन, प्रणाम!"

शिवराम ने क्षौर को हथेली से घिसते देखते हुए कहा- "क्यों न हो? हम ब्राह्मण ब्रह्म का मुख हैं- परमात्मा की वाणी हैं। परम्परा से वेदों को हम ब्राह्मणों ने ही संततियों तक प्रेषित कर रखा है। मानव स्मृति का यह अनुपम उदाहरण है। ब्राह्मण अर्थात् स्मृति, मेधा, प्रतिभा ब्राह्मण ही है, जो पंचभूतों, तत्वों, जगत् सृष्टि भव-संसार ज्ञान अज्ञान बताता है, समझाता है। ब्राह्मण नहीं हो तो सभी नर्क भरे रहते।"

ललित किशोर ने उस्त्रे को पोंछा; फिर हथेली पर तनिक लटपटाते हुए कहा- "परन्तु सुना है, यतीवर्य्य जगद्गुरु श्री शंकर शास्त्र को नहीं मानते?"

शिवराम- "शंकराचार्य के पिता, पितामह, प्रपितामह सभी शास्त्र तथा स्मृति को मानते आये हैं; मानते रहेंगे। शास्त्र के बिना क्या विद्या प्राप्त की जा सकती है? सफल की जा सकती है? नहीं! और भई, स्मृति के बिना क्या लोक व्यवहार चल सकता है? नहीं चल चकता। शंकराचार्य्य तो शास्त्र द्वारा ब्रह्म प्रतिपादन नहीं मानते। कहते हैं ब्रह्म अप्रमाण्य है।"

"झूठ है, यही न?" ललित किशोर ने कहा- "जिसका प्रमाण न हो, जो प्रमाणित नहीं किया जा सके, वह फिर सत्य कैसे हुआ? मटकी भी हम ठोंक बजा कर लेते हैं। बिना प्रमाण के ईश्वर को कौन पूछेगा?"

"संन्यासी पूछेगा; और कौन?" शिवराम ने कहा- "तो"

"तो? आदेश दीजिये।" ललित किशोर ने कहा- "मेरे लिये तो आप ही भू सुर हैं, ब्राह्मण हैं। मेरा कुटुम्ब आपके कुटुम्ब का सनातन क्षौर कर्मी है। आज्ञा कीजिये।"

"अपने गुरु जी के पास ले चलो।" शिवराम ने आँख टिमकारते हुए कहा- "चुपचाप ले चलो!"

"गुरुवर्य अभिनव गुप्त को पता चलेगा तो?" ललित किशोर ने कहा।

"कौन कहेगा?" शिवराम ने धीरे से कहा- "गुरुदेव और माताजी में इन दिनो ठनी हुई है।"

"अच्छा?" ललित किशोर ने पूछा- "अब दोनों वृद्ध हुए-होने आये। तब झगड़ा किस बात का है? स्त्री आभूषण, वस्त्र और संतान के अभाव में पति से झगड़ा

करती रहती है और पति पत्नी से इसलिये झगड़ता है कि वह उसकी मनोवृत्ति के अनुसार नहीं बरतती। पति पत्नी में ठनती तब है जब दोनों राम नाम जपते हों और संसार का व्यवहार भी नहीं पालते हों।"

शिवराम ने पुनः अपनी टाट पर हाथ फेरा- "मैं तो पति हूं नहीं, मेरे कोई पत्नी भी नहीं है। लोक व्यवहार? हम गृहस्थ अभी हुए ही नहीं-"

"होंगे भी?" ललित किशोर ने पूछा।

"हम यक्ष होना चाहते हैं। मानव-गृहस्थ तो न जाने कितनी बार रचाया होगा?" शिवराम ने कहा- "मैं पूछता हूं यह गृहस्थ जीवन है क्या?"

ललित किशोर बोला- "आहार, निद्रा, भय, रक्षा, मैथुन, कामना पूर्ति की जीवन पद्धति और क्या?"

शिवराम ने नाई को घूरा- "नहीं! गृहस्थ जीवन सृष्टि, स्थिति और लय की दिव्य भव्य पद्धति है - गुरुदेव का यही कथन है।"

"मेरे गुरु तो नर-नारी का सहवास ही गृहस्थी मानते हैं।" श्री ललित किशोर ने कहा- "यह आश्रम है भी, कि ब्राह्मण देव का महाकाव्य भर है।"

शिवराम सहसा उठा- "तुम तब ब्राह्मण-द्रोही हो क्या?"

ललित किशोर- "मैं न तो किसी का द्रोही हूं और न विरोधी ही हूं। आपके कथनानुसार मैं शूद्र हूं। यह ब्राह्मण द्रोह क्या है? वर्णाश्रम का नायक ब्राह्मण है, यह मैं मानता हूं; किन्तु ब्राह्मण ने अनेक बौद्धिक आडम्बर भी रचे हैं- अपना पेट पालने के लिये।"

"तुम बौद्ध हो, मानो।" शिवराम ने तीव्र स्वर में कहा।

"मैं तो ब्राह्मण देवता का दास हूं।" ललित किशोर ने कहा- "किन्तु पूजा तथा साधना के यह आडम्बर क्या आपने उत्पन्न नहीं किये? यज्ञ, याज्ञ, जप-जाप, पूजन, श्राद्ध-यह सोलह संस्कार। तर्पण आदि क्या आवश्यक हैं? यह ब्राह्मणों का एन्द्रजाल है।"

"तुम तब वेद और लोक दोनों के निन्दक प्रतीत होते हो।" श्री शिवराम ने कहा- "हम तुमसे अब क्षौर कर्म नहीं करवायेंगे।"

"और कोई करेगा भी नहीं।" ललित किशोर ने कहा- "हमारे आप वंशानुगत यजमान हैं।"

"मैं तुम्हारा यजमान? यजमान तो हम ब्राह्मण होते हैं।" शिवराम ने तपाक से कहा- "संस्कार तो हम करवाते हैं और इसीलिये हम अपने गृहस्थ कुटुम्बों के परम्परागत यजमान होते हैं।"

ललित किशोर ने सस्मित कहा- "और इसीलिये हम शूद्रों ने ऊपर के तीनों वर्णों को बन्धक बना रखा है। यजमान हमारे लिये तो बन्धक ही हैं- एक के यजमान के यहाँ हम वंश परम्परागत कार्य्य करते आये हैं और करते रहेंगे।"

"यह, यह अनुचित है।" शिवराम ने तन्नाते हुए कहा। "कोई वर्ण किसी वर्ण को बन्धक नहीं रख सकता, जी।"

ललित किशोर ने कहा- "क्यों रक्खेगा? किन्तु ब्राह्मणों ने ही यह सब सिखाया है। जन्म से लेकर मरण तक ब्राह्मणों ने ही सभी वर्णों पर अपना वर्चस्व स्थापित कर रखा है। वर्णों में परस्पर द्वेष तथा शूद्रों से घृणा किसने सिखाई है? ब्राह्मणों ने। किन्तु श्रीमान, जगद्गुरु शंकराचार्य्य तक को वेदान्त का अभेद ज्ञान चाण्डाल ने दिया है।"

"नहीं; वह स्वयं शिव थे-" शिवराम ने बड़बड़ाते हुए कहा।

"तो शिव ने चाण्डाल का रूप धारण क्यों किया? कभी सोचा आपने?" ललित किशोर विजय गर्व से बोला- "इसलिये कि चाण्डाल ब्राह्मणों से भी श्रेष्ठ मानव-कुल है-और किसलिये श्रीमन्?"

"चाण्डाल ब्राह्मण से भी श्रेष्ठ?" शिवराम हिबता कर बोला- "तुम दुष्ट हो-पापी हो।"

"मैं जो भी हूं तीनों वर्णों से अपमानित होकर निस्वार्थ सेवा करने वाला शूद्र हूं- मुझे शूद्र होने का गर्व है।" ललित किशोर ने हजामत का सामान बटोरते हुए कहा- "हमें पूरा रोटी कपड़ा भी समाज नहीं देता- हम अस्पर्श्य हैं, अछूता! हमें शिक्षा-दीक्षा का अधिकार नहीं। हम तीनों वर्णों की दया पर ही जीते हैं-नहीं? जी अवश्य। किन्तु शताब्दियों की यह चातुरी हमें समझ में आने लगी है- बौद्धों ने हमारी आँखें खोल दी हैं।"

"बौद्धों ने?" शिवराम ने गर्ज कर पूछा- "बौद्ध तुमको नर्क में ले जायेंगे। मुक्ति का मार्ग तो ब्राह्मण ही दिखा सकता है।"

ललित किशोर ने प्रस्थानोद्यत होते हुए नमस्कार पूर्वक कहा- "अद्वैत का मर्म शंकराचार्य्य को चाण्डाल ने ही समझाया था। औघड़ अवधूत ने ही परशुराम को ज्ञान मार्ग पर आरूढ़ होने के लिये इंगित किया था-"

"शिक्षित लगते हो।" शिवराम ने चकित होते हुए पूछा- "तभी ऐसी बातें बघार सकते हो।"

"पढ़ता हूं।" ललित किशोर ने कहा- "साधु सन्तों के साथ रहता हूं। मेरे गुरु पहुंचे हुए विद्वान् भी हैं। हमें सब बताते हैं। पता है सौ बरस के ऊपर उनकी आयु है। किन्तु युवा प्रतीत होते हैं। उनकी चिलम व्यर्थ ही नहीं भरते हम लोग। आप के गुरुवर्य श्रीमद् अभिनव-गुप्त तो शैव दर्शन के सम्राट हैं- हम छोटे अबूझ जीवों की उन तक पहुंच नहीं है। अवश्य शिव-मन्दिरों में उनके दर्शन हो जाते हैं, वह महाकौल हैं; कुल को ही मानते हैं। यों जग-दिखावे के लिये भले ही वर्ण-व्यवहार करते हों।"

शिवराम ने सहसा कहा- "अरे भई! यह संसार ही ऐसा है।"

"संसार नहीं, संसार बसाने वाले मनुष्य अब लोभी, लालची तथा लम्पट बनने में लगे हैं।" ललित किशोर बोला- "कलियुग! भगवान् कृष्ण भी कलियुग के आगमन को रोक नहीं सके। रोक सके क्या? परीक्षित के बाण कलि की छाती भेद नहीं सके। उल्टा हुआ क्या? अर्जुन का गाण्डीव ही टूट गया।"

शिवराम- "युग परिवर्तन विधाता के हाथ है।"

ललित किशोर- "विधाता के हाथ मानव के कर्मों का लेखा-जोखा है, किन्तु गुरुजी कहते हैं कर्म तो जीव ही करता है। इच्छा स्वातंत्र्य! जो इच्छा हो कर्म करो-अच्छा कर्म, तो फल अच्छा, बुरा कर्म तो फल बुरा।"

शिवराम ने सिर धुनाया- "वाह! बड़े पण्डित हो।"

"पण्डित तो हूं; किन्तु आप लोग तो मुझे शूद्र ही मानते हैं।" ललित किशोर ने कहा- "मैं लाख विद्वताई छाँटू, शूद्र का शूद्र ही रहूंगा।"

"तो मैं क्या करू, जो तुम शूद्र के यहाँ जन्मे हो।" शिवराम गर्जा।

"तो सुन लीजिये, ब्राह्मण महाशय!" ललित बोला- "जन्म से नहीं कर्म से ही वर्ण होता है।"

"नहीं; जन्म से।" शिवराम अड़ा।

"तो चलिये गुरु जी के पास।" ललित ने कहा- "गुरु जी ही आपको समझायेंगे- वर्ण कर्म से, जन्म से नहीं।"

शिवराम ने कहा- "चलिये! शंकराचार्य्य तक वर्णों को जन्म से ही मानते हैं; कर्म से नहीं। गुरुदेव अभिनव गुप्त भी कहते हैं-वर्ण जन्म से; किन्तु श्री चक्र

की परिधि में न कोई वर्ण है तथा नहीं आश्रम है। केवल शिव शिवा के भक्तों, उपासकों तथा तन्त्र साधकों का कुल ही है।"

ललित किशोर ने हँस कर कहा- "मेरे गुरु आपकी मति ठीक कर देंगे। ब्राह्मण की मति सदैव उद्भ्रान्त रहती है; क्षत्रिय की उत्तेजित, वैश्य की भयभीत और शूद्र की मति शुद्ध-बुद्ध निर्मल होती है।"

"अच्छा जी! तब शूद्र ऋषि है क्या?" शिवराम ने बमक कर कहा- "अपनी मर्यादा में रहना चाहिये। ब्रह्मण की बुद्धि सदैव तत्व और भूत को देखती है; सृष्टि-प्रपंच को पेखती है तथा जगत् को घूरती रहती है। ब्राह्मण की प्रतिभा ने ही शास्त्रों का उद्भव किया है- मेरे गुरुदेव ब्रह्मसूत्र की तुलना में शक्ति सूत्र लिख रहे हैं। क्षत्रिय ने सदैव राज धर्म का धारण कर सत्ता तथा ऐश्वर्य्य को ही देखा है और वैश्य? वह तो सदैव अपना योगक्षेम ही चाहता है।"

"और शूद्र?" ललित किशोर ने परिहास पूर्वक पूछा।

"और शूद्र मति मूढ़ ही होता है।" शिवराम ने कहा- "इसमें बुरा मानने की बात ही क्या है? प्रारब्ध का संयोजन कौन करता है? ईश्वर करता है।"

शिवराम ने तपाक से कहा- "किन्तु प्रारब्ध जीव ही करता है। मानव जीव कर्म न करे तो विधाता क्या प्रारब्ध बतायेगी। अन्त में कर्म है महाशय।"

शिवराम ने अचकचा कर कहा- "होगा! मैं तो कुल का कौलिक हूं। मेरे न जाति है और नहीं पाँति है। न वर्ण है और नहीं आश्रम। मैं नर हूं- शिव होना चाहता हूं और शिवा को प्रसन्न करना चाहता हूं।"

"आपको शंकराचार्य का मोक्ष नहीं चाहिये, जी?" ललित ने पूछा।

"मुझे पृथिवी के ऐश्वर्य्यों का अबाध भोग चाहिये; पुण्य करने की निर्विघ्न अटूट क्षमता चाहिये। भोग द्वारा मोक्ष यदि अनादि जीव का मोक्ष है तो।"

"तो चलिये मेरे गुरु जी के पास!" ललित किशोर ने कहा- "रात्रि का प्रथम प्रहर समाप्त होते ही मैं ले चलूंगा।"

"मदिरा गाँजा?" शिवराम ने पूछा।

"जी? मैं लेता आऊँगा। कभी शूद्र भी तो ब्राह्मण की सेवा करे।"

शिवराम ने ललित नाई को विजय गर्व के साथ जाते हुए देखा और सहज ही बड़बड़ाया- "इन शूद्रों को क्या हो गया है? जब देखो तब उच्च वर्ण की अपमान जनक टीका करते ही रहते हैं। उद्दाम हो गये हैं, और क्या? तो

तुम शूद्र हो; जन्म जात शूद्र हो ब्राह्मण क्या करे इसके लिये? कह दे, कर्म से ही वर्ण होता है। कर्म से नहीं, जन्म से-सभी स्मृतियों को यह असंदिग्ध अभिनिश्चित सिद्ध व्यवस्था है। रहना, बसना वर्णाश्रम वैदिक धर्म में और शास्त्र विहित वर्णाश्रम धर्म की शास्त्रोक्त मर्य्यादाओं को नहीं मानना विद्रोह सा करना! निस्संदेह कलिकाल आ गया है। कलि में सभी शास्त्र क्रमशः लुप्त हो जाते हैं; स्मृतियाँ जर्जर हो जाती हैं। विषम और अवैदिक उपदेशों की भरमार हो जाती है-थोड़ा प्राणायाम सिद्ध हुआ नहीं कि जोगी हो गया। यहाँ पद्मासन अब तक पूरा सिद्ध नहीं हुआ-प्राणायाम सिद्ध होने की बात ही दूर है।" शिवराम ने स्नान किया, वस्त्र बदले और शीघ्रता पूर्वक पूजन निपटाया। शिव पूजन! सभी आडम्बरों से विहीन शिव-पूजन! शिवराम को इसलिये फबता था कि अधिक उलझी हुई प्रक्रियायें करनी ही नहीं होती थीं। जलाधरी में स्वच्छ शुद्ध पानी भर दो, निहला दो लिंग को। चन्दन का त्रिपुण्ड छाप दो और आक पुष्पों की श्याम गौर माला पहिना दो। पुष्पों का ढेर कर अगर धूप से वायु मण्डल भर दो। दीपक! अवश्य शुद्ध घी का दीपक जला कर और 'बम भोलानाथ!' पुकार कर आरती कर दो। यह वैष्णव पूजन को लेकर कितनी बड़ी, भारी भरकम सजावट करते हैं। विष्णु के अनेक दर्शन संयोजते हैं। रंग बिरंगी घटाये रचते हैं तथा विष्णु लीला के लिये नाट्य भी करते हैं- अब यह विष्णु कृष्ण केशव हो गये हैं, तो रास रचाते हैं। भगवान् जैसे जी रहे हैं; रह रहे हैं- बस रहे हैं। जागरण से लगा कर शयन तक यह वैष्णवात जैसे भगवान का सांनिध्य रचते हैं। श्री कृष्ण का प्रत्येक दर्शन उनकी लीलाओं को लेकर संजोया जाता है। राज भोग! छप्पन पक्वानों के ढेरों से भगवान् को जिमाते हैं- जिमाते क्या हैं? कहते हैं, भगवान् तो भावना का भूखा है। क्षीर सागर के विष्णु मथुरा वृन्दावन तक आकर भक्तों को सर्वेश्वर्य्य प्रदान करने वाले प्रेम आनन्द के चक्रवर्ती देवाधिदेव बना दिये गये हैं तब शिव? प्रत्येक कल्प में समाधिस्थ बने रह कर ब्रह्मा, विष्णु और महेश की सृष्टि, स्थिति और लय में सहायता करने वाले, देवताओं के अमृत के लिये स्वयं कालकूट पीने वाले आशुतोष औढर दानी सरल स्वभाव के पशुपति शिव शंकर! वाह त्याग और सरलता की मूर्ति ही हैं। शिव को छप्पन पक्कवान नहीं चाहिये; रास नहीं चाहिये। श्री खण्ड नहीं चाहिये- शिव को तो विष चाहिये। "बाप रे! विष कालकूट?" शिवराम हहर उठा- "तो क्या मुझको भी विष पीना होगा? नहीं! नहीं! मैं अमृत, हाँ, अमृत ही चन्द्र शेखर शिव से मागूंगा। मैं सदेह अजर अमर होना चाहता हूं। अवश्य, यक्षिणी विशाला मुझे

दिव्य रसायन देगी और इस शरीर को रसायन रूढ़ कर अक्षय यौवन तथा अजय शक्ति से भरपूर कर देगी। और चन्द्रिका? अमृत देगी। जीव को अजर अमर कर देती है चन्द्रिका, हाँ।"

त्रिभंगी ने पुकार कर कहा- "कौन चन्द्रिका, शिवराम?"

शिवराम ने हड़बड़ाते हुए कहा- "तुम? क्यों?"

"क्यों? माता जी ने भेजा है कहने कि तुमको आज माताजी के साथ शारदा मन्दिर जाना है।"

"मुझको? क्यों?" शिवराम ने हिबताते हुए पूछा।

"सो तो मुझे ज्ञात नहीं है-माता जी अपना रहस्य किसी को कहती भी हैं? माता जी प्रगटती ही नहीं हैं- मौन, जाग्रत, सावधान और चौकस अपनी यह माता जी मानो वेदमाता हैं।"

"मुझको तो माता जी दक्षिण कालिका ही लगती हैं।" शिवराम ने पूजा के आसन से उठते हुए कहा- "किन्तु मुझको तो आज रात्रि को कहीं जाना है।"

"कहाँ जाना है? श्मशान जगाने?" त्रिभंगी ने नयन नचाते हुए पूछा- "श्मशान जगा कर किसे पाना चाहते हो?"

शिवराम ने तनिक झुंझलाते हुए कहा- "तुझे तात्पर्य्य?"

"क्यों नहीं?" त्रिभंगी ने कहा- "क्या मैं महाकौल अभिनव गुप्त शैव दर्शन धुरन्धर की शिष्या नहीं हूं? तुम्हीं हो उनके शिष्य-नर पुरुष हम नारियाँ भो तो उनकी शिष्याएं हैं। एक शिष्य का क्या अन्य शिष्य से साधना का तात्पर्य नहीं रहता? रहता है।"

"मुझको लेकर तेरा क्या तात्पर्य्य हो सकता है?" शिवराम ने कहा- "तुम गुरु जी की शक्ति रही हो और आजकल माता जी की सखी हो गई हो। शक्ति पद से क्या गुरु जी ने च्युत कर दिया तुझको?"

त्रिभंगी मुलकी- "शक्ति पद से शिव भी च्युत नहीं कर सकते। मैंने ही स्वयं को समेट लिया है।"

"क्यों री?" शिवराम ने तनिक पास आते हुए पूछा।

"इसलिये कि महाकौल को शक्ति की अब आवश्यकता नहीं रही। कौल नर-नारी में समदर्शी जो हो जाता है।"

"और अवधूत?" शिवराम ने त्रिभंगी की पीन भँवों को दृष्टि से नापते हुए पूछा।

"अवधूत?" त्रिभंगी ने कहा- "मैंने देखा नहीं है; सुना भर है। अवधूत भेद मात्र को त्याग कर सर्वत्र एक ही शिव का दर्शन करता रहता है। भव-योनियों के संस्कारों से छूट कर वह बन्धन मुक्त आनन्द से बौराया सर्वत्र परम् चैतन्य शिव को ही देखता है- प्रत्यक्ष करता है। अवधूत! वाह! क्या छवि है? कभी-कभी मेरा मन करता है, अवधूत बन जाऊँ। परन्तु क्या करू?"

"क्यों? माताजी की भाँति मौन हो जा। नयन बन्द कर दे और मन को कहती रह सभी में सर्वत्र सदैव शिव चैतन्य ही अनुभव कर!"

त्रिभंगी हंसी- "मन ही मेरा महापापी है, शिवराम!"

शिवराम ने होंठ बिचकाये; कहा- "मन को पापी कहने वाले अरसिक हैं; मूढमति हैं। गुरु जी कहते हैं, मन को मारना नहीं, मन को महाकाम की ज्वालाओं में तपा कर आनन्द के चैतन्य में डुबो देना समरस।"

"समरस ही तो।" त्रिभंगी ने कहा।

"कितना चाहता हूँ समरस का पान करता रहूं।" शिवराम ने आह भरते हुए कहा- "किन्तु शिवा मिले तब न?"

"शिव बन जाओ-शिवा तो सहज ही मिलेगी।" त्रिभंगी ने खनखनाते हुए कहा- "माता जी राह देख ही हैं, चलिये, महोदय।"

शिवराम ने दीनता पूर्वक कहा- "आज मुझको एक योगीराज ने बुलाया है। दत्तात्रेय तंत्र के सिद्ध हैं। मारण, मोहन, उच्चाटन, वशीकरण, बाजीकरण तथा यक्षिणी-साधना के गहन निष्णात सिद्ध हैं।"

"गुरुदेव अभिनव गुप्त भी हैं।" त्रिभंगी ने कहा।

"किन्तु अब वह पंचमकार पूजा को त्याग चुके हैं।" शिवराम ने कहा- "अब वह शक्ति की श्रृंगारोपासना करते हैं। वह कहते हैं, महाकौल महा श्मशान नहीं, स्वर्ण-मणिद्वीप की भुवनेश्वरी की ही उपासना करते हैं। अवश्य, गुरु जी ने कहा है, वह मुझको यक्षिणी साधना सिखायेंगे; किन्तु....."

"किन्तु क्या?" त्रिभंगी बोली।

"मैं सम्पूर्ण दत्तात्रेय तन्त्र की साधना करना चाहता हूं।" शिवराम ने कहा- "इस यती शंकराचार्य्य का कर्षण करना चाहता हूँ- उसका उच्चाटन करना

चाहता हूं- तू इसे अपने तक ही रखना। यह मेरा और गुरुदेव का गुह्यातिगुह्य तात्पर्य है।"

"परन्तु क्यों?" त्रिभंगी ने भयभीत सी होते हुए पूछा।

"इसलिये कि शंकर वेदान्त की डिमडिम डमरू के स्वरों में लुप्त हो जाय। शैव दर्शन को लेकर इतनी बड़ी विपदा पूर्व में कब आई थी भला? अनादि काल से परम शिव के परम् चैतन्य की उपासना, आराधना नर-नारी करते आये हैं। किन्तु यह यती शंकर कहता है- परम् शिव ही वेदान्त के परम ब्रह्म हैं जो अखण्ड हैं; अभेद हैं; अद्वैत निरुपम निराकार निर्गुण ज्ञान स्वरूप हैं। शिव-शव को यह यती ब्रह्म बताता है। तब शैव दर्शन के शिव ही सृष्टि स्थिति लय कहते हैं। अपने ही ज्ञान में स्वयं प्रकाशित हो, अपने ही आनन्द में डूबे रह कर शिव ही शिवा द्वारा-अपनी चिर यौवना वधूटी द्वारा-यह जगत् भव संसार तथा जीवों की सतत् सन्तति उत्पन्न करते हैं। अर्ध नारीश्वर, कामेश्वर शिव ही नारीश्वरी कामेश्वरी जगन्माता शिवा के साथ यह कल्प-कल्पों का सृष्टि गृहस्थ रचाये हुए हैं-"

"ऐसा-गुरुदेव ने यह कई बार मुझको समझाने की चेष्टा की; परन्तु मैं उनका कमनीय मुख मण्डल देखती ही रही थी-मैंने जैसे सुना ही नहीं।"

शिवराम ने धीरे से कहा- "तुम! तू त्रिपुर सुन्दरी सी है, रे!"

"जा रे, चाटुकार!" त्रिभंगी ने सापिनी सी जिह्वा ललकते हुए कहा- "चलें, माताजी क्या कहेंगी?"

"क्या कहेंगी? कह देना, गुरुदेव ने मुझे ज्योति मठ किसी कार्य्य से भेजा है।" शिवराम ने त्रिभंगी को लुलुब्ध दृष्टि से देखते हुए कहा- "तू तो जैसे पद्मिनी, नटी और अनुरागिणी यक्षिणी स्वयं है।"

"एक साथ इतनी यक्षिणी मैं?" त्रिभंगी हंसी।

"दो एक और भी है तू! गिनाई नहीं मैंने।" शिवराम बोला।

"कौन, सुनूं तो?" त्रिभंगी ने हँसते हुए पूछा।

"रति प्रिया, कनकवती, कामेश्वरी!" शिवराम ने कहा- "चल मेरे साथ। श्मशान जगायेंगे। उद्यान सजायेंगे, चलती है?"

"नहीं।" त्रिभंगी ने कहा- "तू बौरा गया है।"

"मैं क्या हो गया हूँ-बौरा गया हूँ मैं?" शिवराम त्रिभंगी के पीछे होते हुए बोला- "मैं महर्षि श्रीमद् अभिनव गुप्त का स्थित प्रज्ञ विश्वस्त शिष्य हूँ; दूत हूं, समझी?"

त्रिभंगी ने मन्द हसित स्वर में कहा- "झूठा कहीं का! तू और स्थित प्रज्ञ?"

"तब फिर मैं हूँ, क्या?" शिवराम ने हँसते हुए पूछा।

"अपने गुरुदेव से ही पूछ ले न!" त्रिभंगी ने कहा- "अभिनव गुप्त का दूत तू! तब क्षेमराज जी, जयराज-यह सब क्या हुए? यह तो बता तू ने गुरु जी पर क्या मन्त्र किया है?"

"चुप। माता जी सुन लेंगी! मोहन, सुना!" शिवराम बड़का।

मोहन? कौन मोहन?" श्रीमती माता जी ने पुकार कर पूछा- "कौन? नन्द-नन्दन मोहन?"

त्रिभंगी ने कटु कटाक्ष पूर्वक शिवराम को देखा और फिर सहज ही जैसे बोली- "नहीं, माँ! मारण, मोहन, वशीकरण-"

माता जी ने शिवराम को सिर से पाँव और पाँव से सिर तक घूरा, बोली- "निवास से बाहर कर दूँगी, समझा तू? यह मलिन विद्यायें मुझको नहीं भातीं। तेरे गुरु से मेरा जीवन भर का झगड़ा है- यही है स्त्रियों का पूजन। उपासना के नाम में कामाचार। सावधान, जो मलिन विद्याओं और शक्तियों की टोह में रहा है तो-बाहर! मेरे इस निवास में तो साधु, सन्त, सज्जन तथा दर्शन का विद्यार्थी ही रह सकता है।"

"जी! कान पकड़ता हूँ।" शिवराम ने दीन स्वर में कहा- "जी!"

माता जी ने सहज होते हुए कहा- "यह दत्तात्रेय तन्त्र के मन्त्रों की साधना, गुपचुप वार्ता-यह इंगित, यह सब क्या है? क्यों हो रहे है? बोल! क्षेमराज से मैंने पूछा, तो कहने लगा, शिवराम से पूछो। तुझको क्या कहना है?"

शिवराम ने दोनों कान पकड़ कर एक उठक-बैठक की, कहा- "गुरुदेव से पूछिये, माता जी! हम तो उनके, श्री चरणों के चंचरीक सेवक हैं। गुरुदेव कौल धुरन्धर तन्त्र शास्त्र धुरीण अभिनव गुप्त का आदेश हमारे लिये वेद वाक्य है।"

"और मेरी सूचना, कथन?" माता जी ने गम्भीर स्वर में पूछा।

शिवराम ने तत्काल ही जैसे कहा-"माँ की तो ममता-माँ कभी क्या आदेश देती है? जी? नहीं देती। हम तो आपके बालक हैं-बाल गोपाल। रुष्ट भी होंगी,

तो हठ कर, रो कर मना लेंगे हम। गुरुदेव कुछ भी हो, परन्तु सदार्द्र चिंत आप करुणामयी, ममतामयी की क्या होड़ हो सकती है? माँ अतुलनीय है, पिता तुलनीय है-"

"शंकराचार्य से दूर रहना, समझा!" माता जी ने कहा- "मुझको सब पता है। तेरे गुरु को मैं आधी शताब्दी से जानती हूँ। तेरा जन्म भी नहीं हुआ था, तब से जानती हूँ। शंकराचार्य्य ने तुम्हारा क्या बिगाड़ा है, जो उसके पीछे कृत्या करना चाहते हो? तुम्हारे गुरु जी होंगे बड़े विद्वान्, महान कौल, तान्त्रिक होंगे किन्तु शंकराचार्य्य से व्यर्थ ही द्वेष करने वाला मेरी दृष्टि में तुच्छ ही है।"

"जी! शंकराचार्य्य से व्यर्थ द्वेष करना उचित नहीं है" शिवराम ने हकलाते हुए कहा- "परन्तु गुरुदेव की इच्छा पूर्ति करना भी शिष्य का परम धर्म है-नहीं? है, श्रीमती माता जी!"

माता जी ने साश्चर्य्य पूछा- "तेरे गुरुजी यह चाहते हैं?"

"जी! नहीं!" शिवराम ने सँभलते हुए कहा- "गुरुजी तो यही चाहते हैं। काश्मीर मण्डल को वेदान्त प्रचार का क्षेत्र नहीं, हाँ! नहीं बनाया जाय। काश्मीर महेश्वर दर्शन की जन्म भूमि है।"

माता जी मुस्कराई; बोली- "क्यों? पृथिवी पर सभी अन्न तथा भेषज उगते हैं; तो आकाश में सभी मत-मतान्तर गूंजते हैं। गूँजते आये हैं। तेरा और तेरे गुरु जी का महेश्वर दर्शन सत्य है तो वेदान्त से भय किसलिये? तेरे गुरु जी शंकराचार्य जी से सीधी वार्ता क्यों नहीं करते? शास्त्रार्थ? करो शास्त्रार्थ और जीतो! तो यों ही वेदान्त दर्शन काश्मीर में प्रवेश करने का पात्र नहीं होगा।"

शिवराम ने कुछ कहना चाहा। किन्तु पीछे से अभिनव गुप्त का तनिक उत्तेजित स्वर बोला- "शंकराचार्य्य से शास्त्रार्थ सब कर चुके हैं- मण्डन मिश्र, नीलकण्ठ, भट्ट भास्कर तथा अन्य मतों के पण्डित-प्रवर शंकराचार्य्य से भिड़ चुके हैं। किन्तु क्या परिणाम हुआ? शंकर वेदान्त की डिमडिम दिगन्त व्यापी होती चली गई। बौद्ध साधक तथा पण्डित त्रिविष्टिप की ओर खिसके-सरकते जा रहे हैं। जैन सदाचार का उपदेश ही करने लगे हैं। इस शंकराचार्य ने जैसे सबकी बोलती बन्द कर दी है-बड़े ठाठ से कहता है- यह यती "मैं सर्वज्ञ हूं" शिव-शिव स्वरूप सच्चिदानन्द ब्रह्म हूँ।"

"तो क्या हुआ?" माता जी ने अपने पतिदेव के लघु शैलाभ स्वरूप को निहारा; पुनः कहा- "शास्त्रार्थ ही के द्वारा अनादि काल से भारत वर्ष में सत्य

और असत्य, उचित और अनुचित आवश्यक तथा अनावश्यक के निर्णय होते आये हैं, निष्कर्ष निकलते आये हैं तथा राज्य के सावधान संरक्षण में उन पर समाज चलता आया है। न्याय करना राजा का काम सत्यासत्य विवेक करना तथा समाज को धर्म धारण, पालन एवं पोषण की देश कालानुसार योग्य व्यवस्था प्रदान करना आप लोगों का काम। शंकराचार्य्य की बोलती बन्द क्यों नहीं कर देते आप? अपने आप वेदान्त का ढोल फूट जायेगा।"

अभिनव गुप्त ने सिर धुनाया; कहा- "शंकराचार्य्य से वार्ता व्यर्थ है। वह सम्मोहन द्‌वारा विचार चकित कर देता है। वह श्रोताओं के व्याकुल चित्तों में एक शून्यत्व उत्पन्न कर देता है। मण्डन मिश्र को इस यती शंकर ने मूक कर दिया; नीलकण्ठ ने निःसास भर लिया; भट्ट भास्कर निरुत्तर हो गये। तो क्या तुम यह चाहती हो, मैं मूढ़ पशु सा होकर शंकराचार्य के चरण पकड़ लूं?"

माता जी ने शान्त स्वर में कहा- "क्यों वेदान्त दर्शन को परास्त करना चाहते हो तुम?"

"इसलिये कि वेदान्त का यह शंकर-दर्शन स्वयं मिथ्या है- वाणी का ऐन्द्रजाल है। वाँङ्मय का माया जाल है। तुलना में शैव दर्शन जीव के लिये नितान्त उपयोगी, शान्तिदायक तथा सृष्टि-प्रपंच के अनुसार-अनुकूल दर्शन है। परम् शिव स्वयं जगत् रचते हैं, जीव स्वरूप भव यात्रायें करते हैं-शक्ति स्वरूपी होकर शिव स्वयं जीवन-लीला करते हैं। हमारा शिव शक्तिशाली है; समर्थ है; ज्ञान, इच्छा तथा क्रिया से पूर्ण सक्षम है। अपने ही स्वप्रकाश्य ज्ञान द्‌वारा पुष्ट और सृष्टि स्थिति और लय की लीला द्‌वारा तुष्ट हमारा शिव शिवा वल्लभ एवं जगत् पिता है-शक्ति जगदम्बा है, तो शिव जगत् पिता है। तब तुम्हारे शंकर का शिव शव है-शव!"

"मेरे शंकर क्यों?" माता जी ने साश्चर्य्य पूछा।

"और तब क्या, शुभे?" अभिनव गुप्त ने ऊर्ध्व स्वाँस भरते हुए कहा- "प्रारम्भ से ही तुम श्रृंगार पूजा के विरुद्ध रही हो। नारियों का तुम आदर तो चाहती हो, किन्तु पूजन नहीं। तुम, चक्र पूजा को एक प्रकार का कामाचार ही मानती आई हो, तुम जैसे जन्म जात कामारी हो- सृष्टि तुमको भाती नहीं; स्थिति से ऊबी रहती हो और लय? मैं नहीं जानता अन्ततोगत्वा तुम चाहती क्या हो?"

"मोक्ष चाहती हूँ, श्रीमद्!" माता जी ने कहा- "कर्म करते-करते घिस गई हूं; विद्‌याओं के जड़ बोझ से थक गई हूं- भव? अनन्त कोटि अनिवार्य्य जन्म लेते

तथा उतने ही मरण सहते हुए मैं खिन्न हो गई हूं- कर्म नहीं चाहती; बन्धन नहीं चाहती, भव मात्र नहीं चाहती- मैं सच्चिदानन्द ब्रह्म का प्रत्यक्ष-मोक्ष चाहती हूँ।"

अभिनव गुप्त- "शिव ही जीवों को, विशेषकर, मानव जीवों को तारक मन्त्र देते आये हैं। जीव जब पञ्च भौतिक देह त्यागता है, तब उसके कारण में विजड़ित सूक्ष्म देह को शिव ही थामते हैं- और उसको प्रारब्धानुसार तारक मन्त्र भी सुनाते हैं। प्रत्येक मरण में जीव को मोक्ष मार्गी करने के लिये शिव ही आते हैं- वेदान्त का ब्रह्म नहीं।"

माता जी ने पति को शून्य भाव से देखा; कहा- "मैं स्वयं को पशु नहीं मानती। मैं शिव को पशुपति नहीं स्वीकार कर सकती। शिव को क्या पड़ी है, जो पाश बद्ध जीव बनेंगे? शिव को जन्म-मरण की क्या लगी है, सुंनू तो?"

"भोग और मोक्ष, सुमुखि! शिव को नहीं, शिवा को पड़ी है।" अभिनव गुप्त ने तीव्र स्वर में कहा - "मैं शैव, तुम वेदान्ती। पति शैव और पत्नी सन्यासिनी! वेदान्ती! इस यती शंकर ने मेरा घर ही उजाड़ दिया है जैसे। किन्तु, किन्तु मैं, अभिनव गुप्त कहता हूँ- इस यती ने मण्डन मिश्र का घर उजाड़ दिया; भव बिगाड़ दिया। नीलकण्ठ का आश्रम ही टूट-फूट गया। भट्ट भास्कर महाकाल के ज्योतिर्लिंग के सामने मूक बैठे रहते हैं। प्रभाकर ने तो दार्शनिक वार्ता ही समाप्त कर दी। अवन्ती के विद्वानों ने कर्म विवेक को ही शास्त्रीय बनाने के लिये मानो व्रत ले लिया। इस यती शंकर ने भूकम्प ला दिया है, श्रीमती!"

माता जी ने स्वयं ही सन्तुष्ट होते हुए कहा- "भूकम्प? नहीं तो। शास्त्रार्थ में निरुत्तर हो जाने अथवा हार जाने से क्या भूकम्प आता है? आया है?"

अभिनव गुप्त ने दांत पीसते हुए कहा- "मेरा तात्पर्य्य भूचाल से नहीं है श्रीमती! तुमने नहीं देखा, कौलों, क्षपणकों, जैनों, बौद्धों ने शंकराचार्य्य की वेदान्त गर्जनायें सुन कर अपने कानों में अँगुलियाँ डाल दी हैं। शास्त्र-वाक्य इस यती शंकर के लिये मिथ्या वाक्य हो गया है। जगत् की चौदह विद्यायें और चौसठ कलायें शंकराचार्य्य के लिये विषयानन्द प्राप्त करने की अपराविद्यायें मात्र हैं। अज्ञान से रंज्जन करने तथा अज्ञानोत्पन्न विषय का विषाक्त आनन्द सुख प्राप्त करने के लिये मूढ़मति का बौद्धिक विलास मात्र है। शंकराचार्य्य, तुम्हारे आदर्श वाक्य विलास में नहीं, चिद्विलास में मानते हैं- ब्रह्म केवल ब्रह्म और यह नपुंसक निवीर्य्य, रूपहीन, रसहीन, गुणधर्म रहित शून्य बीहड़वत्

ब्रह्म ही सत्य है- जगत् को यह यती मिथ्या कहता है। क्या जगत् मिथ्या है, मैं पूछता हूँ?"

माता जी ने शान्त स्वर में कहा- "जगत् मिथ्या है।"

अभिनव गुप्त तनिक झपटे; किन्तु ठहर जाते हुए बोले- "क्यों मिथ्या है? सुनूं तो?"

माता जी ने शान्त गम्भीर स्वर में कहा- "क्योंकि शंकराचार्य्य श्री कहते हैं इसलिये।"

अभिनव गुप्त गर्जे- "अच्छा? मैं कहता हूं जगत् सत्य है और शंकराचार्य का ब्रह्म मिथ्या कपोल कल्पना है- कौन सत्य है, शंकराचार्य अथवा मैं? कौन?"

माता जी ने कहा- "शंकराचार्य्य ही सत्य वक्ता हैं।"

"और हम सब झूठ बोलते हैं-बोलते आ रहे हैं? यही न?" अभिनव गुप्त ने क्रोध से काँपते हुए कहा- "तब शताब्दियों से, चिर काल से हम शास्त्र वागीश, कर्मान्त्री, तांत्रिक तथा महामहोपाध्यायगण आचार्य्य सब असत्य ही कहते आ रहे हैं। सब विद्वान झूठे, मनीषीगण अन्धे और एक मात्र यह यती शंकर सत्य? सुमुखि! यह पति के प्रति घोर अवज्ञा है- द्रोह।"

"मुझको यही लगता है।" माता जी ने कहा- "मैंने आप लोगों को झूठा नहीं कहा। आपकी मान्यता को 'मिथ्या' कहा है। जगत् काल का प्रवाह तथा देश का क्षणिक पसारा है। सनातन से यह क्षणिक मायामय जगत् चपल भव-संसार की सुख दुःखमयी चीत्कारों से भरा हुआ है। यदि यह जगत् सत्य है तो यह जगत्-जीवन द्वन्द्वात्मक क्यों है? क्यों सुख ठहरता नहीं? दुःख ठहरता नहीं? यदि यह जगत् ही सत्य है, तो मनुष्य की तृप्ति होती ही नहीं, क्यों? क्यों मनुष्य भयभीत है? सुखों को भोगते समय मनुष्य जैसे प्रसन्न विस्मृति में बना रहता है- सुख का संयोग उसको मूढ़ तथा मोहित कर देता है। सुख काटता है; दुःख घाव करता है-तो मैं जगत् को देख कर अन्त में रोती क्यों हूँ?"

अभिनव गुप्त उत्ताल हास्य हँसे; बोले- "तुम जानो, तुम जगत् को देख कर रोती क्यों हो? मैं तो जगत को देख कर हंसता हूं-"

"और ब्रह्म को देख कर रोते हो?" माता जी ने तपाक से पूछा- "किन्तु भूल मेरी ही हो रही है। मेरे भरतार, क्या आप श्री परम् ब्रह्म को जानते भी हैं? आपके शिव ईश्वर हो सकते हैं- परमेश्वर ब्रह्म नहीं।"

अभिनव गुप्त उखड़े- "चुप रहो!"

माता जी ने तीव्र स्वर में पूछा- "क्यों?"

"इसलिये कि मैं, अभिनव गुप्त आज्ञा करता हूँ।" अभिनव गुप्त बोले- "भूल मत जाओ, मैं तुम्हारा गुरु नहीं हूं, पति हूँ- परमेश्वर स्वरूप हूं, सुना?"

श्रीमती अभिनव गुप्त सहसा खड़ी हो गईं; बोलीं- "आप मेरे पति थे; मैं आपकी पत्नी थी- पूर्वाश्रम में। आज मैं किसी की भी पत्नी नहीं हूं; और न कोई मेरा पति है। मैंने पूर्वाश्रम का मन, वचन, कर्म से त्याग कर दिया है- मैं संन्यासिनी हूं-"

"अच्छा?" अभिनव गुप्त बोले- "पति के जीवित रहते, पत्नी कदापि संन्यास नहीं ले सकती। गृहस्थ संन्यास स्त्री नहीं, अवश्य कभी-कभी वानप्रस्थी पति ले सकता है। यह संन्यास का नाटक नहीं चलेगा सुमुखि!"

"यह नाटक नहीं है, मेरा शेष भव-यापन है।" माता जी ने कहा- "तुमको यह बुरा क्यों लग रहा है? मेरी ओर से मैंने तुमको सभी अवकाश दे दिये हैं। सप्तपदी की अक्षुण्ण मर्यादायें शिरोधार्य्य कर मैंने तुमको सप्तपदी के वचनों से कभी का मुक्त कर दिया है। मैं गृहस्थ की धर्म पत्नी हो सकती थी, किसी कौल की कान्ता नहीं।"

"तुम्हारे मान लेने से क्या होता है?" अभिनव गुप्त गर्जे- "आर्य्य विवाह संस्कार अमोघ है; अटूट है। विवाह क्या लौटाया जा सकता है?"

"बन्धन मात्र तोड़ा जा सकता है।" माता जी ने कहा- "तुम मुझसे क्या चाहते हो अब? तुम मन चाहे राग-रंग मना चुके; मन चाही साधनाओं के नाम में तुमने सब भोग भोग लिये- अब भी क्या इस प्रौढ़ वृद्ध से शरीर में आसक्त बने हुए हो? तुमको लज्जा नहीं आती? इधर तो महान महिमामय बने हुए हो- अपनी दुन्दुभि शिष्यों से पिटवाते हो और इधर घर के गुह्य में तुम एक कामी, क्रोधी नर मात्र बने हुए हो। अज्ञान और मोह के पर्वत उठा कर कोई हनुमान नहीं बन जाता। तुम जगत् को धोखा दे सकते हो-मुझको नहीं। भूलो मत, मैं तुम्हारी स्त्री रही हूँ। स्त्री अपने नर के पिछले तीन जन्म जानती है और अगले सात भव जान लेती है, समझे!"

"तो-तो क्या तू-" अभिनव गुप्त ने दाँत पीसते हुए कहा।

"संसार से कह दूँगी, तुम क्या हो।" माता जी ने कहा- "मेरे मार्ग से हट जाओ। यह गुह्य अत्याचार बन्द करो, समझे! मैं तुम्हारी ही भाँति आत्मा,

जीव हूँ और अब भव-संसार से ऊब उठी हूं। मैं शिव शिवा की अनन्त कोटि भव-गृहस्थ स्थितियाँ नहीं चाहती। मैं निःसंशय शान्ति चाहती हूं- मैं तुम्हारी छाया से भी दूर किसी शून्य विजन में खो जाना चाहती हूं और यह भी सुन लो, तुम शंकराचार्य्य से कभी जीत नहीं सकते।"

"क्यों रण्डे?" अभिनव गुप्त गर्जे।

"क्योंकि यह मेरा तुमको शाप है।" माता जी ने सजल आँखों से पति को देखा और अपने आँचल से दोनों रोती हुई आँखें पोंछते हुए कहा- "तुम तुम..... अब मैं क्या कहूं? यज्ञ वेदी की अग्नि को मैंने साक्षी कर तुमको पति स्वीकार नहीं किया होता, तो-मैं तुमको त्याग कर कभी की चल देती।"

"कहाँ जाती- तू?" अभिनव गुप्त

"प्रथम तुम्हारे शिव तथा शिवा के पास जाती, पुकारती उन्हें और वह नहीं सुनते तो फिर शंकराचार्य्य के पास जाकर संन्यास ले लेती।"

"कोई भी स्त्री को संन्यास नहीं देता, न देगा।" अभिनव गुप्त ने कहा- "संन्यासी स्त्री की छाया से स्वप्न में भी दूर रहता है।"

"संन्यासी शिवा के चरणारविन्दों में रहता है, महाकौल!" माता जी ने कहा- "मैं तुमको सावधान कर देती हूँ- अधिक तुमने अत्याचार किया तो मैं तुमको इस आश्रम के बाहर कर दूंगी, समझे! तुम्हारे शिष्यों तथा सेवकों से उठवा कर आश्रम के बाहर उस पीपल के पेड़ के नीचे बिठा दूँगी।"

अभिनव गुप्त झपटे- "तू-तू यह करेगी?"

माता जी ने अभिनव गुप्त का उठा हाथ थाम लिया- "भूल क्यों जाते हो अपना सिद्धान्त- स्त्री शक्ति है और शक्ति की इच्छा ही सर्वोपरि है-"

"तू-शक्ति?" अभिनव गुप्त थिज कर खड़े रह गये।

माता जी ने कहा- "मैं स्त्री हूं; थी; मैं जननी हूँ; थी। मैं ब्रह्म चिति की भाँति सर्वत्र थी, हूं। शक्ति में तुमको शंका क्यों होती है? मुझको तो नहीं होती। किन्तु शक्ति माया है- महामाया, योगमाया-ब्रह्म-रंजनी, ब्रह्म की ही आह्लादमयी विमर्शिनी है-सत् चित् आनन्द!"

"अहो! जैसे ब्रह्म-साक्षात् कर लिया हो तू ने!" अभिनव गुप्त बोले- "किन्तु स्त्री का पर्य्यायवाची 'अनृत' है- मिथ्या है! माया है!"

माता जी ने जलद गम्भीर स्वर में कहा- “माया ही ब्रह्म को जानती है- इसीलिये जीव और ब्रह्म के अभिन्न अभय पूर्ण अद्वैत में भीति, भय सहज ही उद्भवित होता है- माया, श्रीमन्! शिवा-शिव को जानती है- शिव शिवा को नहीं जानते पूर्ण रूपेण। ब्रह्म का साक्षत्कार हो सकता है; जगत् का नहीं। क्योंकि ब्रह्म ही सत्य है और जगत् मिथ्या।

05

शिवराम सहसा कटि पर हाथ रख कर खड़ा हो गया-आसन्न दृष्टि से ललित नाई को आगे जाते हुए देखता खड़ा रहा, “ओह! तब यह गुरु जी तो कन्दरा में रहते हैं। तब क्या यह नाई इतनी ऊंचाई पर चढ़ कर गुरु जी की सेवा करने जाता है?” शिवराम ने पुकारा- “अरे, ठहरो भी! गुरु जी को कोई नहीं ले जायेगा।” ललित किशोर नाई तनिक रूका- “गुरूजी को तो नहीं तुमको कोई वन-राज ले जा सकता है। रुक क्यों गये?”

“थक गया। लंक लचक गई।” शिवराम ने विपन्न स्वर में कहा- “हम तो यहीं बैठेंगे- आगे एक चरण भी धरने का साहस नहीं रहा- ऐसा करना दुस्साहस ही होगा।”

“लंक लचक गई?” ललित नाई ने उत्ताल हास्य हँसते हुए कहा- “ब्राह्मणों की लंक लचकती है, यह मैंने आज जाना। बस अभी तो एक प्रहर ऊपर चढ़ना होगा।”

“नहीं दुष्ट कहीं के!” शिवराम ने गर्जना की- “अन्ततोगत्वा तुम हो तो वही। गुरु! कहाँ है गुरु तुम्हारा-इतनी ऊँचाई पर तो वेद-व्यास भी नहीं रहे। गुरु सिद्ध गुरु! तुम्हारा सिर है! कहाँ वह गुरु जी तुम्हारे?”

ललित किशोर ने सुदूर वृक्ष राजियों के झुरमुट को चीन्हते हुए कहा- “उस झुरमुट में उस घटाटोप में छिपी कन्दरा में। अच्छा, मत आओ, तुम ब्राह्मण देवता! मैं शूद्र यह चला। प्रतिदिन मोदक खाते हो, घी पीते हो। यज्ञ का हव्य-कव्य डकार जाते हो और तुम्हारी एक रमणी की भाँति लंक लचक जाती है। नर की कटि, नारी की लंक और जिसकी लंक लचके, वह नपुंसक!”

शिवराम ने सिर धुना कर कहा- "दुस्साहस नहीं करना, क्या नपुंसकता है? तुम शूद्र जो हो, शास्त्र को क्या समझो?"

ललित किशोर ने तनिक तीव्र स्वर में कहा-"हम शास्त्र को न समझें-न सही। हम भगवान् को जानते हैं- शूद्र भी तो भगवान् का भक्त हो सकता है अथवा गुरु का चेला। अब चलिये-गुरुजी कहीं सो न जायं!"

"सो जायें? दिवस में?" शिवराम तनिक चलते हुए बोला- "हे परम पिता परमेश्वर! इस आपदा से रक्षा कर।"

ललित किशोर ने कहा- "यों मिल जायेगी, भैरवी? यक्षिणी, यों मारण मोहन, वशीकरण उच्चाटन स्तम्भन तथा सिद्धियाँ प्राप्त हो जायेंगी? हमारे गुरुजी त्रेता के प्रारम्भ से यहीं अलख जगाये बैठे हैं, उनकी मूछें भवें हो गई हैं, दाढ़ी सावरणी हो गई है, भला! आँखें? क्या पूछना? गहन ज्योति से भरपूर आरक्त घूर्ण आँखें। देखोगे, तो स्तम्भित रह जाओगे!"

"अच्छा?" शिवराम बोला- गुरु जी को सभी सिद्धियाँ प्राप्त हैं?

"सभी!" ललित बोला- "वह चाहे वह स्वरूप धर सकते हैं। छोटे से छोटा, बड़े से बड़ा शरीर बना सकते हैं। सूक्ष्म देह से त्रिभुवन में घूम सकते हैं-स्थूल देह को संजीवित कर सकते हैं या परकाया प्रवेश कर मन चाहे संवत्सर जी सकते हैं। महाप्रेतनियाँ गुरु जी की कन्दरा के बाहर वट, बबूल तथा पीपल के पेड़ों पर बैठीं रक्षा करती रहती हैं- यक्षिणियाँ नतमस्तक गुरु जी की सेवा में उपस्थित रहती हैं-"

"यह सब दिखती हैं?" शिवराम एक बड़े पत्थर पर लुढ़क कर बैठते हुए बोला- "यह देह एक चरण भी अब आगे नहीं जा सकता।"

"तो मैं ही जाता हूँ।" ललित किशोर चल दिया। शिवराम चट्टान पर बैठा हुआ उसको एक वानर की भाँति उछलते-कूदते हुए जाते देखता रहा। सहता जैसे कोई उसको घूर रहा है-गुरुदेव तो नहीं? महातान्त्रिक कोल अभिनव गुप्त चाहें तो शिष्य के त्रिकाल को देख सकते हैं। यह मैं क्या कर रहा हूँ? शिवराम जैसे स्वयं से ही बोला- "शूद्र का गुरु अवश्य ही शूद्र होगा- जोगटा, और क्या? यदि यह सिद्ध है, तो इस ललित का घर क्यों नहीं भर देता? स्वयं स्वर्ण मन्दिर में क्यों नहीं रहता? यक्षिणियाँ सेवा में रहती हैं तो यह नन्दन वन क्यों नहीं रच देता। यों इस बीहड़ निर्जन स्थान में पर्वत की कन्दरा में क्यों रहता है? अवश्य ही यह जोगी रहस्यमय है- निस्संदेह। यह प्रसन्न हो जाय तो चट पट सिद्ध कर

दे। यह ललित किशोर थकता ही नहीं। अवश्य! कुछ जड़ी बूटी इसको खिला दी है। दिव्य औषधियों के यह जोगी जानकार तो होते ही हैं- यह हठी साधक अन्न नहीं खाते; फल तथा दिव्य औषधियों का ही सेवन करते हैं अन्यथा तीव्र गाँजा पी सकते हैं? नहीं।" शिवराम को याद आया अभिनव गुप्त की सुगन्धित तमाल पत्र गुटिका को स्पर्श कर उसने जिह्वा पर अँगुलियाँ रक्खी ही थीं कि चक्करों ने घेर लिया। तमाल पत्र के रस में तमाल पत्र की घुटन-गुटिका। गुरु जी तो चावल भर अपने ताम्बूल में उसको रखेगें। गुरु जी अभिनवगुप्त का ताम्बूल? क्या कोई राजा महाराजा राजराजेश्वर खायेगा? अभिनव गुप्त का त्राटक और ताम्बूल प्रसिद्ध है। अभिनव गुप्त के त्राटक से ज्योतिर्लिंग शिव तड़क जायें और ताम्बूल का कण मात्र खा लो, तो मूर्छा आ जाय। आँतें खौल उठें-उन्माद सा मस्तिष्क में छा जाय। अपना ताम्बूल मुख में दबाये सद्गुरु अभिनव गुप्त प्रहरों ध्यानस्थ बैठे रहते हैं-दिवस रात श्रीचक्रपूजन में शक्ति को रिझाते रहते तथा अजापा मन्त्र जपते ही रहते हैं। अभिनव गुप्त! यह महातांत्रिक महाकौल क्रचक्र देव नहीं है-क्रचक्र घोरा अघोरा महाकालिका का यान्त्रिक था-शंकराचार्य्य ने अन्त में उसका प्राण त्राटक से हर लिया। उग्र भैरव को पद्मपाद से मरवा दिया और क्रचक्र को स्थिर भयंकर दृष्टि से देख कर ही अंग-अंग में घुटन के साथ मार दिया-बाप रे! यह यती शंकर तो वयस्क है- देह अभी युवा हुई है; किन्तु योग की अपार शक्ति से यह यती भरपूर है- अभिनव गुप्त तो....."

किसी गूंजती हुई वाणी ने पुकारा- "इधर आ पिल्ले!"

शिवराम ने देखा; एक भव्य भयंकर शैलाभ मानव मूर्ति सामने खड़ी है। प्रलम्ब दाढ़ी मानो धरती छू रही है और मूंछें मानो दिशाओं को टेक रही है। भारी भरी मूछों से अटा लम्बा और बीहड़ नाक मानो कपाल से सरक कर भरे भारी होठों तक टिक आया है और दिकों को अपने मन्द श्वास-प्रश्वास से हिला रहा है। भवों के भरे, भुरभुरे, उलझे थक्कड़ वालों के दो कोदण्ड कपाल के ताम्रवर्णी तमाल कान्ति को मानो सोख रहे हैं। होठों के भींसे सम्पुट से बरवड़ दाँत मानो रह-रह कर बाहर प्रगट होना चाहते हैं। शिवराम रोम-रोम में सिहर उठा। देखा, भीषण किन्तु कर्षित करने वाली मानव मूर्ति व्याघ्राम्बर में लसी चट्टान को ही मानो अपने स्पर्श से धराशायी कर देगी। घूर्ण, आरक्त, पीन गज आंखें शिवराम की रग-रग को पैरने लगीं। ललित किशोर चिल्लाया- "गुरु जी! साष्टांग!" शिवराम ने हड़बड़ा कर जाग कर कटि से झुकते हुए अर्ध साष्टांग किया; फुसफुसाया- "दया करो, गुरुदेव!"

मूर्ति ने अट्हास्य किया- "तेरा गुरु तो अभिनव गुप्त है। फिर मेरे पास क्यों आना चाहता था? बोल! पिल्ले! इधर आ, इस हाथ की मुट्ठी से तेरा मस्तिष्क भींच दूं। क्या चाहता है?"

"यक्षिणी!" शिवराम चिल्लाया- "गाय हूँ; दया!"

औघड़नाथ ने उत्ताल हास्य हँसते हुए कहा- "यक्षिणी! रास्ते में पड़ी है? प्रेतिनी डाकिनी, शाकिनी, हाकिनी। इनको साध! वह तेरा गुरु तो महाकौल है- यांत्रिक मांत्रिक है। क्या वह अहंकारी अपने शिष्य को सिद्धि प्राप्त नहीं करवा सकता?"

"अनाथों के नाथ!" शिवराम फुसफुसाया- "वह लम्बा चौड़ा साधन बताते हैं। पीपल, वट, बिल्व आदि वृक्षों पर आधी रात को चढ़ कर जाप, बलि, मांस-मद्य.........."

औघड़नाथ ने अपने बरवड़ दाँत चमकाते हुए कहा- "तो? क्या प्रेतिनियाँ, भूतनियाँ, यातुधानियाँ, ब्रह्म राक्षसियाँ, जलजायें, कुलजायें, यक्षिणियाँ तेरे लड्डू-मोदक से प्रसन्न होंगी? यह इन्द्रियातीत शक्तियां हैं- घोर, आतप और सामर्थ्य से भरी यह आकाश की सूक्ष्म देवियाँ हैं- यह भक्षण करती हैं। इनको तेरा मांस चाहिये; मज्जा चाहिये; मद्य चाहिये-तेरा रुधिर, समझ!"

"मेरा?" शिवराम रग-रग में थिजता हुआ चिल्लाया- "मेरा?"

औघड़नाथ हँसे- "तेरा नहीं तब क्या मेरा? इस मेरे शिष्य सेवक का? पिल्ले! आज तेरी बलि होगी।" फिर ललित किशोर की ओर घूर कर बोले- "अन्त में नर लाया न?"

ललित किशोर ने साष्टांग प्रणाम करते हुए कहा- "कैसे नहीं लाता? किन्तु हे त्रिपुरारि महादेव औढरदानी! हम मानव जीवों पर दया करो! हम आपकी शरण में हैं।"

औघड़नाथ ने अपनी लम्बी प्रलम्ब दाढ़ी को फटकारा; कहा- "अभिनव गुप्त के शिष्य की बलि! आह! इससे उत्कृष्ट और कौन सी बलि होगी? वह, वह महाकौल अभिमान की मूर्ति है, हमें औघड़ हठी कहता है। कई बार कृत्या चला चुका है मेरी ओर! किन्तु मैंने हुंकार मात्र से उन कृत्याओं को कुचल दिया है- कुचल दूंगा। क्यों रे, पिल्ले! यक्षिणी क्यों चाहता है? बोल, क्यों चाहता है?"

"शंकर- शंकराचार्य्य का वशीकरण, मोहन करने।" शिवराम बोला- "गुरुदेव की इच्छा है-"

औघड़नाथ ने अपनी पीन पिंग आंखें चौड़ी की। उनसे आरक्त घूर्ण धूम्र सी दृष्टि-ज्वाला निकली; वह बोले- "अब समझा! उस यती को समाप्त करना चाहता है! यक्षिणियों से वशवर्ती कर वह शंकर को हीन मानस ही बना देना चाहता है-इन्द्रियों के अपार सुख के कीच में डूबोकर वह शंकर को जीर्ण कर देना चाहता है। परन्तु, पिल्ले! शंकराचार्य्य अभिनव गुप्त जैसे कईयों को छका चुका है।"

शिवराम ने आर्द्र तीव्र स्वर में कहा- "किन्तु औघड़नाथ, वह यती शैव दर्शन को अशुद्ध, सत्य, विपरीत तथा वैदिक वेदान्त के विरुद्ध प्रमाणित कर उसका नाश ही करना चाहता है। प्रत्यभिज्ञा दर्शन की जड़ें कैसे कटने देंगे गुरुदेव अभिनव गुप्त? श्रीमद्? स्वयं शंकर तो यही कहता है- शिव शक्ति से युक्त होने पर ही शक्तिवान् होते हैं-अन्यथा वह देवों के देव स्पन्दित तक नहीं होते।"

"शंकराचार्य्य जो कहता है, उसको मान क्यों लेते हो?" औघड़नाथ ने कहा- "मत मानो! शंकराचार्य्य को वृषभ बना दो! रंभाता रहेगा। ब्रह्म! यह उपनिषदों पर आधारित ब्रह्म सूत्र वाग्जाल भर है। वह गौड़पाद- हाँ, वह शुकदेव का शिष्य गौड़पादाचार्य्य-यहीं कहीं हिमालय की किसी विजन घाटी की उत्तुंग कन्दरा में रहता है-वह गौड़पाद कभी-कभी मुझको वेदान्त बताता है। किन्तु हम परम शिव को चाहते हैं। पिल्ले! उस परम शिव के बिना जगत्, जीव, सृष्टि आदि का मान, धारणा का अनुभव हो भी सकता है? हम आशुतोष त्रिपुरारि-त्र्यम्बक शिव को, सर्व कर्ता, सर्वज्ञ, पूर्ण, नित्य, व्यापक, असंकुचित शक्ति-सम्पन्न शिव को भजते हैं-शवस्थ चिता की कृकल ज्वालाओं के पास उस औघड़नाथ को खड़ा देखते हैं-यह देह मांस, मज्जा, रक्त, पीयूष आदि नहीं है तो क्या है, पिल्ले?"

"देह मांस ही है।" शिवराम ने कांपते हुए कहा।

"तो पूर्व में इसको पुष्ट करना होगा-मांस से, मदिरा से, मीन; मत्स्य आदि से पुष्ट कर! फिर उसकी बलि घोरा को चढ़ानी होगी- बस, चटपट सभी शक्तियाँ साधक के वश में हो जाती हैं-नपुंसक कहीं के! शक्ति शिव को पीती रहती है!"

"जी। मैं अबोध हूं, बालक। क्या जानूं?" शिवराम ने कहा।

"तो जान ले! या तो अपनी बलि दे, अथवा बलि ला! समझा! यह तेरे बाप का घर नहीं है- औघड़नाथ की धूणी है।"

शिवराम ने औघड़नाथ के चरण थामते हुए कहा- "जी, समझ गया।"

औघड़नाथ ने पाँव से ठोकर मारते हुए कहा- "पिल्ले! क्या समझ गया? तेरा गुरु अभिनव गुप्त महातांत्रिक बनता है, तो जा, उसी के चरण पकड़! चटपट सिद्धि चाहता है? यही न? किन्तु सिद्धि चटपट नहीं होती। हाँ, बलि दे-बलि हो तो सिद्धि चटपट होती है। औघड़नाथ की धूणी को सब जानते हैं-योगी, यती, हठी-सब जानते हैं। योगिनियाँ इस धुणी की प्रदक्षिणा फिरती रहती हैं; प्रेतनियाँ शीत त्यागने के लिये इस धूणी को तापती रहती हैं-समझा! अपनी बलि देगा?"

शिवराम में हिचकियां भरते हुए कहा- "मैं ही नहीं रहूंगा, तब वरदान कौन भोगेगा? औघड़नाथ, मुझ पर दया कीजिये! मैं आप श्री कहेंगे, वह बलि ला दूंगा!"

औघड़नाथ ने सिर धुनाया; जटाजूट आंधी में टूटती हुई वट जटाओं की भांति खुला-तीव्र उच्च गुम्फित स्वर बोला- "तो जा उस यती शंकर को ही घसीट ला-उग्र भैरव हमारे गुरुभाई थे। यती शंकर ने भी उग्र भैरव को वचन दिया था अपनी देह की बलि देने के लिये; किन्तु अपने उस ढ़ीढ, क्रोधी तथा घाघ शिष्य पद्मपाद से उसको मरवा दिया- यह शंकराचार्य महातांत्रिक क्रचक्र, भैरव पूत उग्र भैरव का हत्यारा है, सुना?"

"जी है।" शिवराम फुफुसाया।

औघड़नाथ ने अपने बरवड़ दांत पीसे- "हम प्रतिशोध लेंगे, समझा? क्या हठी योगी निरीह हो गया है-क्यों शंकराचार्य्य ने उग्र भैरव को अपना देह बलि रूप देने को कहा? क्यों कहा, मैं पूछता हूं? वह साधक अघोरा-घोरा कालिका का अन्ध भक्त, उग्र भैरव अपना यज्ञ ही तो सफल करना चाहता था- मेरा भी यज्ञ अब जैसे समाप्त हो रहा है। हिमालय के इस ऊबड़-खाबड़ अञ्चल में कन्दरा में ध्यानस्थ बैठे मुझे जैसे कल्प के कल्प हो गये। सुना? इस चट्टान के पास खड़ा रह कर मैंने पृथिवी के खण्ड प्रलय को देखा है- मनु की नौका उस ओर से बह कर सुमेरू की ओर उभरी थी, सुना! मैंने पाण्डवों को अपने समक्ष हिमालय में गलने जाते हुए देखा है-द्रौपदी का शीतल शव तो वहाँ उस पहाड़ी की खीण में पड़ा था। मैंने मौन ही समूचे इतिहास को देखा है-तभी तो सब दृश्यादृश्य योगी कभी-कभी मेरे पास आते हैं, केवल यह शंकराचार्य्य नहीं आया-हाँ, यह स्वयं को शिव-स्वरूप समझता है। आडम्बरी,

ढोंगी कहीं का! सिद्धियाँ क्या मिल गईं, योगेश्वर कृष्ण बना फिरता है। ज्ञान बघारता फिरता है-वेदान्त! क्या भंगेड़ियों तथा मद्यप बाबों की बहक है-और क्या है, बता?"

शिवराम "जी, बहक है।"

औघड़नाथ हँसे; बोले मदिरा के कितने घट लाया है? माँस कितना? गांजा कितना? बता पिल्ले!"

ललित किशोर ने कहा- "यथेष्ट, स्वामिन्!"

"तो यहीं होने दे, पूजा।" औघड़नाथ ने कहा- "इस पिल्ले को यहाँ से नीचे बहते हुए प्रपात में झोंक दे, मैं योग बल से उसको ऊपर ला दूँगा। स्नान करा इस पिल्ले को, समझा?

"पर-मर जाऊँगा, स्वामिन्।" शिवराम चिल्लाकर रो पड़ा।

'अच्छा?' मर जायेगा?" औघड़नाथ ने कहा- "तो तेरा पिता जीवित है, मरा नहीं? सभी मरेंगे- देह मरता है रे! तू भूत है; प्रेत है; यक्ष है-गन्धर्व, किन्नर असुर या सुर है। तू तो जगत् को मारकर भी मरेगा नहीं।"

"दया स्वामिन!" शिवराम ने पुनः चरण पकड़े।

"औघड़नाथ सहसा पिघले," बोले- "अच्छा, दया? तो ले यह दया। इस पिल्ले को उस छोटी कन्दरा में रख आ, बेटे! आज रात्रि को मैं इसको प्रेतनियों का चीत्कारों से भरा नृत्य दिखाऊंगा" और औघड़नाथ तीन चार फलांगों मे ही वृक्ष-राजियों के झुरमुट में अदृश्य हो गये।

ललित किशोर ने मन्द मुस्कराते हुए कहा- "चल, पिल्ले! उस कन्दरा में धकेल कर मैं तो चला।"

"नहीं।" शिवराम ने ललित किशोर की कटि थाम ली- "नहीं।"

"नहीं, क्यों? शूद्र हूं न मैं- चाण्डाल अस्पर्श्य? ब्राह्मण देवता, तुम लातों के देव हो-तुमको हठियों की लातें चाहिये- सिद्धियाँ चाहिये-छप्पन पक्वान्न चाहिये। सुवर्ण मुद्रा की दक्षिणा चाहिये। गौ चाहिये, कृषि, उद्यान आदि चाहियें। मठ, मन्दिर और आश्रम की विशाल सम्पत्तियाँ बना कर भी कहते हो ब्राह्मण को कुछ नहीं चाहिये। ज्ञान वेद चाहिये! झूठ। मैं कहता हूं यह वेद अरण्यों में बसने वाले बाबों के द्वारा रचित छन्द मात्र हैं। वेद परमात्मा के दिये हैं, क्या

अपौरुषेय हैं? कुछ अपौरुषेय नहीं है सब पौरुषेय ही है। चल भू-सुर! भूमि का गर्भ ही तेरा यथा स्थान है।"

ललित किशोर ने शिवराम का हाथ थाम कर खींचा। चल, शठ कहीं के यक्षिणी चाहिये जामातृ को! पुनाम् नर्क में नहीं भिजवा दूं तो मेरा नाम ललित नहीं।"

"यथा नामा तथा गुणा, भगवन्!" शिवराम चिल्लाया- "तुम कहो वह करने को तैय्यार हूं।"

ललित किशोर रुका, बोला- "अच्छा? तत्पर हो? प्रतिश्रुत?"

"हाँ, हाँ सहस्र बार प्रतिश्रुत!" शिवराम ने कहा- "कुछ स्वर्ण है, तुमको भेंट दूँगा-काञ्चन भ्राता जी।"

"और कामिनी?" ललित ने घृणा से मुँह बिचकाते हुए कहा।

"कामिनी? वह तो नहीं है-" शिवराम।

"नहीं है? वह तुम्हारा गुरु प्रतिदिन नव कन्याओं का पूजन जो करता है-वह उसकी प्रणयिनी? क्या नाम है उसका? क्या"

"त्रिभंगी?" शिवराम ने निःश्वास भरते हुए कहा

"त्रिभंगी? त्रिवली नहीं?" ललित किशोर बोला- "तेरे गुरु ने ही लिखा है। नायिकाओं की त्रिवली बड़ी आकर्षक होती है। नायिका भेद जानता है?"

"नही, जी!" शिवराम ने नयनों के कोण से खिसक भागने के लिये स्थान के आकाश को देखते हुए कहा।

"तब तू मेरे तथा मेरे गुरु के योग्य कामिनी कैसे लायेगा?" ललित बोला- "बता, शठ!"

"लाऊँगा- अवश्य लाऊँगा।" शिवराम ने कहा और सहसा एक पाँव को ललित किशोर के पाँव में अंटा उसको लड़खड़ाता हुआ वह भागा-खिसका, सरका, सरपट उछला, उड़ा लूढ़का। भागा! ललित किशोर हड़बड़ाकर उठ बैठा- "साला, नी:च! पिल्ला!"

"कौन?" पास की चट्टान के पिछले पार्श्व से अभिनव गुप्त ने देखते हुए पूछा- "कौन साला? कौन नीच, पिल्ला, क्या मैं?"

ललित किशोर ने क्रोध से काँपते हुए कहा- "हाँ, तुम! तुम ब्राह्मण! भिक्षान्न पर पलने वाले, चोरी छिपे संग्रह करने वाले, यज्ञ-कर्म द्वारा श्रद्धालु नागरिकों

को छलने वाले, रहस्यों के वार्ताकार तुम! तुम्हारे मनु ने चार वर्ण बनाये और तुमने हम शूद्रों को सदैव रौंदा। मुख पर स्मृतियाँ बाँध कर तुम ब्राह्मणों ने अपने मस्तक पर फूलों का मुकुट रखा और हम शूद्रों को फटा जूता ही समझा। हमें देखते ही तुम्हारे वेद लुप्त हो जाते हैं, तुम्हारे मन्दिर भ्रष्ट हो जाते हैं- तुम्हारे भगवान् को काठ मार जाता है। नहीं?"

"हम कौल केवल मानव-जाति तथा नर-नारी वर्ग ही मानते हैं। प्रलापी!" अभिनव गुप्त ने कहा- "शिवराम को औघड़नाथ के पास क्यों लाया था तू? बोल, बता? तूने समझा मैं अपने सेवकों तथा शिष्यों की रक्षा नहीं करता-नहीं कर सकता? अपदार्थ, तुच्छ कहीं के! तू शूद्र है, इसका प्रमाण तूने ही दे दिया है। शिवराम की ओर आंख उठा कर भी देखा है तो अन्धा कर दुंगा, समझा, पिल्ले!"

ललित किशोर ने क्रोध को पी जाते हुए कहा- "समझा, परन्तु-"

"परन्तु क्या, पिल्ले।" अभिनव गुप्त की वज्र सी मुट्ठी ललित किशोर के ललाट से टकराई- "प्राण हर लूँगा, अछूत कहीं के!"

तम्मर खाते हुए ललित किशोर चिल्लाया- "औघड़नाथ।"

"सो गये हैं औघड़नाथ। मदिरा के सभी चषक रीते कर तथा मांस का स्वादु भोजन पाकर औघड़नाथ सुस्ता रहे हैं। चिल्ला मत!"

और अभिनव गुप्त चट्टान के पीछे हो लिये। ललित किशोर वहीं चट्टान के पास ही जैसे जम गया- स्तम्भित हो गया। चट्टान के पार्श्व से दो तनिक विशाल और विस्फारित नयन ललित किशोर की देह को मानो धरती से उठा कर आकाश में दूर-दूर फेंक देना चाहते थे। "औघड़नाथ! तब तुम सीधे नहीं आये।" अभिनव गुप्त ने मन की एकाग्रता से उद्भवित समर्थ वाणी में कहा- "तुम अब भी मन्त्र-तन्त्र द्वारा लोगों पर अपना वश बनाये रखते हो। तुमको अब भी मदिरा चाहिये! मांस चाहिये! सिद्ध हो गये हो, तब यह धूर्ण भोग क्यों? क्यों नहीं महा माया कामेश्वरी जगदम्बा के चरणों में ध्यानस्थ पड़े रहते हो? किन्तु नहीं, तुम हिमालय की उपत्यकाओं के योगियों, यतियों तथा साधकों पर अपना वश चाहते हो। नहीं होगा अब यह। मैंने मानो शताब्दियों से तुमको सहन किया है। नहीं होगा यह सब औघड़नाथ!"

एक ध्वनि ऊपर से कन्दरा के बाहर सटक कर गूंजी- ""नहीं होगा। परन्तु तुम शंकराचार्य के देह की बलि ले आओ तब-तब नहीं होगा यह सब अभिनव गुप्त! तू मेरा गुरु भाई है-सो? क्या हुआ?"

"शंकराचार्य्य के देह की बलि?" अभिनव गुप्त बोले।

"उग्र भैरव की हत्या का परिशोध, गुप्त अभिनव!" ध्वनि ही जैसे कन्दरा के बाहर पुनः मानवाकृति में व्यक्त हुई- "तुम सब पोथी पण्डित हो। तुमको अपने-अपने तत्व बोधों की पड़ी है। तुम अपने सिद्धान्त के अभिमानी हो-तुम भूल जाते हो, योग शक्ति सिद्धान्त, तत्व ज्ञान किसी की भी चिन्ता नहीं करती। यह सृष्टि, तुम देखते नहीं, भव योनियों के यज्ञों का प्राचीर हीन मण्डप है, जिसका वितान आकाश है और भूमि जिसका पसारा है। केवल हठी नाथों का ही इस जगत् के भूतों तथा तत्वों पर वश हो सकता है। योगी सत्य और असत्य पर अपना वश करता है। उग्र भैरव क्या पृथिवी का राज्य चाहता था? चाहता तो वह एक निष्पाप पवित्र नैष्ठिक ब्रह्मचारी संन्यासी का देह ही तो- शंकराचार्य्य चाहता तो पुनः अपना नया देह क्या नहीं बना सकता था? बना सकता था, किन्तु नहीं, वह औघड़ों, अघोरों, कौलों, काल भोजों सब का नाश कर देना चाहता है। बलि नहीं; श्मशान पूजा नहीं, शवोत्सव नहीं। कुछ नहीं- यह यती समस्त परम्परागत लोक व्यवहार को ही बदल दे रहा है- परिष्कृत कर रहा है। क्या? योनि परिष्कृत कर रहा है अथवा लिंग?"

अभिनव गुप्त चट्टान के पार्श्व से निकलते हुए बोले- "तुम अब भी वही हो ज्यों के त्यों?"

औघड़नाथ ने अपनी प्रलम्ब दाढ़ी फटकारी; कहा- "और तुम? वहीं के वहीं। वही षोडशियों के चरणों का पूजन, वही मीन, मत्स्य, मांस का सेवन। रुधिर नहीं चलता, क्यों? मद्य तो निर्विवाद चाहिये इस शाक्त पूजन और भजन में।"

अभिनव गुप्त ने पूछा- "मेरे शिष्य को क्यों..."

"पीड़ित किया?" औघड़नाथ बोले- "इसलिये कि वह हमारी सेवा नहीं कर रहा था-तुम्हारी कर रहा था। तो क्या मुझको सेवक-शिष्य-चेले नहीं चाहियें? चेलियाँ, शिष्यायें नहीं चाहियें? चाहियें-योगी की गृहस्थी तो भूतों, यक्षों-प्रेत-प्रेतनियों आदि की गृहस्थी है,"

"देवताओं की नहीं?" अभिनव गुप्त ने पूछा।

"शंकराचार्य इस धरती पर पुनः देवताओं की संस्कृति की स्थापना करना चाहता है।" औघड़नाथ ने कहा- "वह गौड़पादाचार्य्य है न, मुझे कभी-कभी शंकर के बारे में सुनाता रहता है।"

"गौड़पादाचार्य्य?" अभिनव गुप्त ने पूछा।

"चिरञ्जीवी शुकदेव मुनि के चिरञ्जीवी शिष्य गौड़पादाचार्य्य!" औघड़नाथ ने कहा- "चिरञ्जीवी! जिसको देखो, वह चिरञ्जीवी हो गया है-शेष तुम और मैं हैं, जो आज की घड़ी तक मरजीवी हैं- चिरञ्जीवी नहीं!"

अभिनव गुप्त हँसे- "काया जीर्ण होगी, उसका संजीवन करते रहना ही चिरञ्जीविता है-काया को बदले जाओ-कल्प किये जाओ। इस देह को यक्षिणियों को सौंप कर नित्य नूतन बनाते जाओ। यह सब सिद्धियों का चमत्कार भर है, औघड़नाथ! गौड़पादाचार्य्य! क्या कहता है यह चिरञ्जीवी शंकराचार्य्य को लेकर?"

औघड़नाथ ने कहा- "गुणगान करता है। कहता है, ब्रह्म-सूत्र का शंकराचार्य का भाष्य, शारीरिक भाष्य अद्वितीय है। परम्परा से चली आती जगत् जीव ब्रह्म आदि की धारणाओं की मलीनता दूर कर शंकराचार्य्य ने सत्यम् ज्ञान अनन्तम् ब्रह्म का प्रकाश ही कर दिया है। कहता है, वह कभी शंकर से मिलेगा-"

"कब? जब शंकर का देह गिरेगा तब?" अभिनव गुप्त ने ऊर्ध्व स्वाँस लेते हुए कहा- इस शंकराचार्य का क्या करें, औघड़नाथ?"

"बलि और क्या?" औघड़नाथ ने कहा- "वैदिक आर्य्य सभ्यता के नाम में यह शंकर अपना मनमाना वेदान्त दर्शन कहता फिरता है। हम तो ऋद्ध-सिद्ध ब्रह्म को ही चाहते हैं। जगत् से विरुद्ध सत्य हो ही नहीं सकता। जीव के विपरीत जीवन हो ही नहीं सकता।"

"तब?" अभिनव गुप्त ने पूछा।

"तुम क्या चाहते हो?" औघड़नाथ ने पूछा।

"शंकर को एक यक्षिणी बना देना चाहता हूं।" अभिनव गुप्त ने हँसते हुए कहा- "सुना है कामरूप जाने वाला है यह शंकर। तो मैं इस वयस्क यती को कामरूप की कामिनी बना देना चाहता हूं। कामरूप को किसी भैरवी के वश में सौंप देना चाहता हूं। शैव दर्शन तथा श्रीचक्र पूजन के लिये यह शंकराचार्य्य जन्मा तब से भयंकर वैरी बना हुआ है। इसने कौलों को टूक-टूक कर दिया; कालभोजों को मूक कर दिया। शाक्तों को द्रव्य से विहीन कर दरिद्र बना दिया। वैष्णवों को इस यती ने उद्भ्रान्त कर दिया है। गाणपत्य जैसे स्वयं को ही भूल गये हैं। बौद्ध अब भारत भूमि से भागने लगे हैं...."

"और जैन जिन?" औघड़नाथ ने पूछा।

"अपने उपासरों में कठिन तपस्या में रत होकर भिक्षाटन किया करते हैं।" अभिनव गुप्त ने कहा- "धर्म को समष्टि, व्यष्टि, राज्य तथा राष्ट्र का धारण, भरण एवं पोषण करना ही होता है। जगत् को माया मिथ्या कह देने से क्या जगत् लुप्त हो जाता है? क्षण और अनन्त के तर्कों से यह अगम आगम जगत और जीव नष्ट नहीं किये जा सकते। इस जगत् में जीव की मुक्ति के लिये केवल शैव दर्शन ही प्रकाश स्तम्भ हैं-शैव धर्म ही इस पृथिवी पर मानव जीवन का एक मात्र धर्म है- मानव वर्ण नहीं हैं; जाति वंश आदि नहीं हैं- वह कुल है और कुलाचार ही उसका लोकधर्म है। शताब्दियों से शिव प्राणियों के पिता तथा शिवा माता रही हैं-हैं! शिव जगद् पिता हैं; शिवा जगदम्बा है। प्रत्येक भव योनि का जीवन यापन शिव-शिवा की गृहस्थी है और अमृत? समरस। शक्ति? योग शक्ति! शंकराचार्य्य जीर्ण तथा शीर्ण वर्णाश्रम धर्म की पुनः स्थापना कर ब्राह्मणों का धर्म साम्राज्य ही स्थापित कर रहा है-इसे रोकना होगा।"

"पुनः वही, ब्राह्मण, क्षत्रिय, वैश्य, शूद्र?" औघड़नाथ चिहुंका।

"और क्या?" अभिनव गुप्त ने निसास भरते हुए कहा- "वर्णों में अन्तरंग संगति, उदारता तथा परस्पर आत्म विश्वास कौल धर्म ही ला सकता है। इस पृथिवी पर बुद्धि द्वारा प्रणीत सिद्धान्तों ने मानव जाति के टुकड़े ही किये हैं- संभृतों, सम्पन्नों तथा शक्तिशालियों ने अपने ऐश्वर्य्य भोग के लिये मनुष्य को दीन, दास, तृष्णातुर और अनाथ कर रखा है-तब पशुपति शिव ही मानवों के नाथ हैं पिता हैं; राजा हैं- सब कुछ हैं।"

औघड़नाथ- "समझा! शंकराचार्य्य स्वयं को शिव स्थापित करना चाहता है- यह होगा क्या?"

"नहीं, औघड़नाथ!" अभिनव गुप्त ने दाँत पीस कर कहा- "तुम साथ दो! तुम्हारी वशवर्ती शक्तियों से हम शंकर को घेर लेंगे, बाँध देंगे; स्तम्भित करते चलेंगे। हम तुम शैव-दर्शन का महान् ज्योतिर्लिंग हिमालय के इन अञ्चलों, कान्तारों, प्रान्तरों के लिये स्थापित करेंगे। सर्वज्ञ पीठ पर शंकर को कदापि आने नही देंगे। बोलो?"

"स्वीकार है; परन्तु अनुष्ठान करना ही होगा।" औघड़नाथ ने कहा- "अनुष्ठान द्वारा ही मैं अपनी कीलित शक्तियों को जगाता हूं।"

"समझ गया।" अभिनव गुप्त ने कहा- "यह ललित और शिवराम मेरे मार्ग दर्शन में तुम्हारे अनुष्ठान की पूर्ति करते रहेंगे।"

"तुम स्वयं क्यों नहीं दीक्षित होते?" औघड़नाथ ने पूछा।

"भगवती की आज्ञा नहीं है।" अभिनव गुप्त ने कहा- "न जाने श्री शक्ति क्या चाहती है?"

औघड़नाथ हंसे- "उसकी इच्छा को शिव भी नहीं जान पाते। नहीं, तभी तो शक्ति की छाया पड़ते ही शिव डमरू के ताल पर ताण्डव नाचने लगते हैं। शिवा के सौन्दर्य से अभिभूत हो शिव स्वयं जगत के अनन्त कोटि स्वरूप धरते हैं- शिवा! यही, यही सृष्टि, स्थिति और लय की रहस्यमयी परात्परी परम् सुन्दर परम् वत्सला अधिष्ठात्री हैं- कालिका, अभिनव गुप्त! शिव शिवा के सौन्दर्य से मन्त्र मुग्ध होते हैं किन्तु शिवा? शिव के धूसरित तन को देख कर जीवन के रुधिर, माँस, मज्जा को ही जैसे बनाती रहती है- रज और वीर्य्य।"

अभिनव गुप्त- "क्या देखते हो आजकल?"

औघड़नाथ- "इस देह के रक्त को, मांस को, मज्जा को, विष्ठा को। इस समय योनि को ब्रह्म योनि तथा लिंग को शिव लिंग होते देख रहा हूं- भोग और मोक्ष, अभिनव!"

"यही! जीव ही शिव है! शिव ही शक्ति है; इच्छा है; ज्ञान है- क्रिया है। यह सब शिव शक्ति ही है।" अभिनव गुप्त ने कहा- "शैव धर्म अनादि से प्रकट है- काश्मीर की कुंकुम क्यारियाँ इस दर्शन के पराग से भरी हैं-काश्मीर ललनाओं के नयनों में शिवा के नूपुरों की ज्योति भरी है। इस समर्थ शक्तिशाली शैव दर्शन को यह शंकराचार्य्य असत्य सिद्ध करना चाहता है- निस्संदेह यह शंकराचार्य्य मानवों को शून्य का भूत ही कर देना चाहता है- ब्राह्मणों का क्रीतदास करना चाहता है यह शंकर! वर्णाश्रम क्या? हम लोगों की घुटी-घुटाई घाघ मान्यतायें भर हैं- शिव ने तो नर और नारी ही को जन्म दिया है-उसकी भव योनियों में वह स्वयं का ही कुल है; वंश है।"

औघड़नाथ ने सव्यंग हँसते हुए कहा- "यह सब वह यती जानता है। नहीं जानता क्या? स्वयं को चौड़े धाड़े सर्वज्ञ कहता है। दक्षिण में सिद्ध साधक, आचार्य्य यती तो बहुत हुए हैं अनेक दार्शनिक सिद्धान्तों के दृष्टा, आलोचक, विवेचक हुए हैं; किन्तु शारदा मन्दिर का दक्षिण द्वार तो आज दिन तक बन्द है-सो है ही! कौन खुलवायेगा, क्या यह यती शंकर खुलवायेगा?"

"शारदा-शिवा हम शैवों की तुम घोरा शाक्तों की भगवती हो।" अभिनव गुप्त ने निसास रखते हुए कहा- "वह हमें लज्जित करेगी, भला? कदापि नहीं।

सर्वज्ञ? यह 26 वर्षों का देही शंकर क्या सर्वज्ञ पीठ पर हमारे जीवित रहते आरूढ़ होगा? हो सकेगा? नहीं। शैव ही सर्वज्ञ है- शारदा मन्दिर की सर्वज्ञ पीठ सार्वभौम विद्वता की पीठ है। इस पीठ पर सुशोभित होकर परा और अपरा विद्यायें सफल धन्य होती आईं हैं- यह प्रकाशात्मा सर्वेश्वरी शारदा की पीठ है- इस पर आदित्य ब्रह्मचारी परम शैव महेश्वर स्वरूप ही आरूढ़ हो सकता है- शंकर? स्त्रेण रहा है; नहीं? जो संन्यासी शात्रार्थ जीतने के लिये शवारूढ़ होकर भी कामानुशीलन करता है, वह शारदा-मन्दिर के द्वार तक पहुंच ही नहीं सकता।"

औघड़नाथ- "पहुंचने की प्रगल्भ चेष्टा करेगा, तो?"

"हम पूर्व, पश्चिम तथा उत्तर के मनीषी, तत्वबोधी और तान्त्रिक मान्त्रिक उस चेष्टा को निस्संदेह विफल करेंगे-हम, मैं अभिनव गुप्त शंकर को रोकूंगा-शारदा मन्दिर की ओर बढ़ते हुए उसके पाँवों को पृथिवी में कीलित कर दूंगा, औघड़नाथ!"

औघड़नाथ ने सिर धुनाया; प्रलम्ब दाढ़ी को झुमाया; बोला- "बलि अभिनव गुप्त! उग्र भैरव मेरा सेवक रहा है। मुझ को औढर आशुतोष शिव स्वरूप मानता था। यह सब भैरव मुझी को अपना शीर्ष मानते आये हैं-तुझे ज्ञात है क्या, यह औघड़नाथ की धुणी कितनी प्राचीन है? पुराण है?"

अभिनव गुप्त हँसा; बोला- "अभी कह दोगे, औघड़, तुम कि यह धुणी कल्प-कल्पों तक की पुराण धुणी है-"

औघड़नाथ ने अपनी धूर्ण आँखों में अभिनव गुप्त की वक्र छबि को भरते हुए कहा- "अवश्य कहूँगा! क्यों न कहूं? इस पृथिवी पर जब प्रथम चिता प्रज्ज्वलित हुई, मृत्यु प्रथम बार प्रकट हुआ तब से यह धुणी भी प्रकट हुई है- इसकी ज्वाला को उनचास पवन हौले-होले धुनते हैं। इसकी भस्म? समुद्र के सभी रत्नों की भस्म से भी कहीं अमोल है-लेगा? अमर हो जायगा, समझा!"

अभिनव गुप्त ने कहा- "मैं ललित नाई नहीं हूँ, औघड़नाथ! मैं तुम्हारी रग-रग जानता हूं।"

"एक दम्भी दूसरे दम्भी को सहज ही जान लेता है।" औघड़नाथ ने सस्मित कहा- "परन्तु तेरे पास है क्या? शास्त्र ज्ञान है तथा भगवती की मनस्वी कृपा है-तू पाशबद्ध जीव क्या स्वयं सिद्ध है? नहीं और मैं? जैसे अनादि काल से यह एकान्त धुणी तापता हुआ शिव को जगत् के महाश्मशान में जीवों को तारते

हुए देख रहा हूं- राम-कृष्ण, यह नहीं केवल शिव ही देह त्याग कर बीहड़ अंधेरों में डुलते हुए जीव को तारने के लिये थामता है। यम दूत के त्रास से छुड़ा कर वही शिव जीव को सान्त्वना देते हैं- तू देह त्यागेगा, तब यही महायती शिव ही तुझे नर्क के रास्ते पर जाने से रोकेंगे, हाँ!"

अभिनव गुप्त- "मैं? नर्क जाऊँगा? क्यों?"

"अपने अन्तःकरण से पूछ, क्यों?" औघड़नाथ ने कहा- "तब तेरा शिवराम मेरे शिष्य के साथ शंकराचार्य की बलि के लिये तेरे इंगित में कार्य्य करेगा? प्रति श्रुत होता है?"

अभिनव गुप्त- "मैं शंकर को सभी प्रारब्धों से रहित कर देना चाहता हूं। मैं महर्षि वृहस्पति के लोकायत दर्शन को चाहूंगा; वेदान्त- दर्शन को नहीं। वैदिक सनातन वर्णाश्रम धर्म को नहीं।"

"परन्तु तू व्यवहार में जो मानता है।" औघड़नाथ ने कहा।

"मैं दिवस में वैष्णव हूं और रात्रि को कौल हूं, शाक्त हूं।" अभिनव गुप्त ने कहा- "जैसे तुम दिवस का जोगी हो और रात्रि के अन्यतम भोगी हो।"

"समझा!" औघड़नाथ ने कहा- "इसीलिए हम दोनों शंकराचार्य्य की समूल समाप्ति चाहते हैं। यह यती विज्ञान विरुद्ध है; जड़ और जड़ता के विपरीत ज्ञान और ज्ञानमयता की ही बात करता है- यह मनुष्य से कहता है, भोग निस्सार तथा अन्त में दुःखद हैं। मोक्ष-सर्वदा सर्व काल के लिये मर जाओ; देह मात्र धारण न करो इस अनुपम अनन्य जगत के रूपों का चुम्बन त्याग दो-पलों के वियोग के विजड़ित शून्य में पुकारो- मैं ब्रह्म हूं। नहीं अभिनव मित्र मेरे! मैं जन्महीन तथा कामना रहित मोक्ष नहीं चाहता।"

"महातान्त्रिक महायांत्रिक क्रचक्र देव भी तो यही कहते थे।" अभिनव गुप्त ने कहा- "यही शाश्वत संघर्ष है, औघड़! जीवात्मा और जगत्, जीव और ब्रह्म जगत् और यह इदम्! केवल एक अनन्त संघर्ष है- अन्धकार में जैसे प्राणों की बाती जला कर नित्य परम् शिव को खोजना है।"

"युग के युग बीत गये, हम तुमको जन्म लेते, मरते और पुनःपुनः जन्म लेते हुए।" औघड़नाथ ने अनन्त आकाश में हिमालय की सुदूर दूर चोटियों पर पड़ती हुई प्रज्वलित सी सूर्य्य धूप को देखते हुए कहा- "किन्तु न सम्पूर्णतः कामिनी की सम्पूर्ण प्रीति ही मिली और नहीं अक्षय काञ्चन ही मिला। जैसे यह जगत् अपने ऐश्वर्यो के साथ जीव से आँख मिचौली खेलता है, अभिनव!

तब मैं समस्त जगत् और उसके ऐश्वर्य पर सदैव के लिये वश-वर्चस्व चाहता हूं-क्रचक्र देव भी यही चाहता था और यह भैरव, शाक्त-कौल, काल भोज-काल-मुख भगवती घोरा शिव के शव को चाहती है। नहीं?"

"शिवा चाहती हैं, तो शिव में शक्ति का संचार भी कर देती हैं।" अभिनव गुप्त ने कहा- "किन्तु मैं- तुम, अनादि जीव क्या करे? जीव भी आदि में शिव ही था क्या? परमेश्वरी आद्या घोरा ने जगत् के महाश्मसान में जीव में प्राण, बुद्धि, चेतना और कामना का संचार किया। शिवा ने शिव का अगाध शवत्व दूर किया-चित् आनन्द इच्छा ज्ञान और क्रिया के अमोघ चैतन्य से महा शव स्वरूप सदाशिव का पौर-पौर भर दिया और तब यह शिव-शिवा का समरस यज्ञ आरम्भ हुआ-स्वयं यती शंकर यह मानता है-उसी ने लिखा है शिवा को परिस्थाम् शिवाम् भावयामिम्।"

"तब फिर यह मनस्वी यती शैव-दर्शन का विरोधी क्यों है?" औघड़नाथ ने पूछा- "शिव को मानता है; शिवा को मानता है-समरस, मणिद्वीप सब तो स्वीकार करता है। शक्ति की श्रृंगार उपासना में भी मानता है, फिर यह विरोध क्यों?"

अभिनव गुप्त ने कहा- "यह तो वही जाने- शंकराचार्य ने लोकायत न्याय, वैशेषिक, जैन, बौद्ध, मीमांस, सांख्य सभी दर्शनों को पूर्णतः कब स्वीकार किया है, इनको विज्ञानवादी तत्वबोध कहा है। सांख्य का सृष्टि प्रपंच तो यह मानता है; किन्तु सांख्य के 'ज्ञ' को चैतन्य आत्म पुरुष नहीं मानता-जीव चेतना कहता है- जड़ नाशवान, अनित्य। शंकराचार्य जगत् को जड़-जीव को जड़-जीवन को भ्रम ज्ञान मानता है। यह इदम् मिथ्या है उनके लिये! मुझको तो आश्चर्य्य हो रहा है किस विश्वास को लेकर वह अपने शरीर में जी रहा है?"

"औघड़नाथ-"दुर्भागी है यह यती और क्या? गुरु ने बिना माँगे सिद्धियां प्रदान कीं। संसार को चिरञ्जीवी होकर भोगता तो नहीं, मिथ्या-मिथ्या चिल्लाकर उस ब्रह्म का ध्यान लगाये रहता है, जिसकी आकृति नहीं, रूप नहीं, गुण-धर्म और शक्ति नहीं। निष्प्राण प्रेत की शून्य स्मृति सा यह शंकर ब्रह्म है- निस्संदेह यह साधकों को भूत-प्रेत बना देगा। जीव है; मैं हूं-सनातन से हूं; अनादि से हूं तथा होता रहूंगा। मुझको शक्ति चाहिये, सिद्धि चाहिये मृत्यु के क्लेश तथा शोक से बचने के लिये मुझको शक्ति मति योगिनियों और यक्षिणियों का अनुग्रह चाहिये।"

अभिनव गुप्त ने कहा- "अब आये रास्ते पर, औघड़!" "मैं चलता हूं। तुमने शिवराम का जैसे प्राण ही सोख लिया था।"

"तुम पेख रहे थे क्या?" औघड़नाथ ने हँस कर पूछा।

"तुमको मैं देखता रहता हूं।" अभिनव गुप्त ने कहा- "भूतनियों, प्रेतनियों तथा यातुधानियों, जलजाओं, कुलजाओं तथा भैरवियों से बचाये रखने का कार्य मेरा है-गुरुभाई जो हूं।"

"गुरुभाई!" औघड़नाथ ने हुंकार पूर्वक कहा- "तुम निस्संदेह स्वार्थी साधक हो, अभिनव गुप्त! पता है श्री गुरुदेव कहाँ हैं? गुरुदेव की तुमको कभी चिन्ता हुई भी है?"

अभिनव गुप्त- "समर्थ गुरु की चिन्ता शिष्य क्या करेगा? कहां हैं गुरुदेव?"

औघड़नाथ- "उनका जीर्ण देह पञ्चभूतों में मिल गया है। तेजस्वी सूक्ष्म कारण की श्यामल घनतमिमा में मिलकर जैसे स्वयं ही अन्तर्ध्यान हो गया है। गुरुजी का कारण देह आकाश का तारा बन गया है, अभिनव गुप्त! बड़े-बड़े योगी उनकी तपस्या का लोहा मानते थे। खैचरी तथा व्रजौलि के सम्राट तथा सभी चक्रों के सहज उद्घाटक महात्रिपुर सुन्दरी के अनन्य ध्यानी तथा शिव गणों के मान्य गुरुदेव स्मृति शेष नाम रह गये हैं।"

"तुमको कुछ दे गये हैं?" अभिनव गुप्त ने पूछा।

"अपनी चिलम दे गये हैं।" औघड़नाथ ने कहा- "अपना सिद्ध गाँजा भी कुछ दे गये हैं- यह गाँजा जलता है; किन्तु समाप्त नहीं होता जैसे। उसका सुगन्धित मन्त्र कीलित धुआं जैसे प्रत्येक तारा सूंघना चाहता है। देवांगनायें उसकी दिव्य सी गन्ध के हल्के घ्राण से ही मूर्च्छित हो जाती हैं- उनकी नाभियाँ डिग जाती हैं।"

"कवि बने ही हुए हो?"अभिनव गुप्त ने कहा।

"सब कुछ यथा पूर्व बना हुआ हूं और नहीं भी बना हुआ हूं।" औघड़नाथ ने कहा- "मदिरा पीकर मद से भरे शून्य में तल्लीन हो जाता हूं। सच, अप्सरियाँ नाचती हुईं मुझ पर निछावर जैसे होती हैं। योगिनियाँ मुझे विजन डुलाती हैं। और यक्षिणियाँ मुझे देखकर तरसती रहती हैं-"

"घोरा?" अभिनव गुप्त।

"नहीं दिखती।" औघड़ ने कहा- "घोरा मेरे वक्षस्थल पर सदैव खड़ी हैं। उनकी लल जिव्हा से निथरते हुए रक्त की बूंदें मैं जैसे पीता रहता हूं। घनश्याम द्युतिमय पीन उत्तुंग उरोज पर लसी तुई मुण्डमाला के मुण्डों से मैं कभी नूपुर ध्वनि, कभी किंकणी ध्वनि और कभी चूड़ियों की खनक सुनता रहता हूं-"

"बन्धोगे; बँधे ही रहोगे, औघड़!" अभिनव गुप्त।

"मैं शिव स्वरूप हूं; शिवा से बँधा ही रहूंगा- बँधा रहना ही चाहता हूं। मैं मोक्ष नहीं, जीवन में मृत्यु नहीं चाहता। मैं मृत्युञ्जय आशुतोष शिव बना रह कर आद्या शिवा के चरणारविन्दों का चंचरिक होना चाहता हूं-घोरा के आरक्त चरण-तलों का स्मृति-विस्मृति से रहित स्पर्श, उन्माद से भरा स्पर्श अनुभव करते रहना चाहता हूं। मोक्ष संन्यासियों के लिये होगा। शाश्वत जीव के लिये नहीं।"

06

"शूलपाणि!" आचार्य्य श्री पद्मपाद आधी रात के सन्नाटे को मानो ठेलते हुए पुकार उठे- "शूलपाणि?" आचार्य्य श्री पद्मपाद की शक्ति; स्फूर्त स्वर मानो तीर की भांति पास के कुटी कक्ष में ध्यानस्थ शूलपाणि को झकझोर गया। तपाक से जागते हुए शूलपाणि ने चारों ओर अनायास ही देखा और स्वयं से ही मानो हुंकरित स्वर में कहा- "है? हां! आया, गुरुजी!" शूलपाणि की कोदण्ड नुमा भवें स्वयं ही उझकीं। "फिर क्या घटित हुआ? इस मठ में अघटन घटना पटीयसी माया बनी ही रहती है। मठ की कुण्डली में यह रहस्यमय होनहार जैसे इंगित है।"

आचार्य्य पद्मपाद ने सिर धुनाया और फिर पुकारा- "शूल-पाणि! सुना?"

शूलपाणि ने अपने प्रलम्ब हाथ दिगन्त में फैलाते हुए कहा- "आया, आ रहा हूं। विघ्न हर्ता मंगल स्वरूप श्री गणेश रक्षा करें। जी? आया-"

"क्या आया?" पद्मपाद स्वयं अपने कक्ष के बाहर शून्य शान्त प्रकोष्ठ में निकल आये; कुछ खीजते हुए बोले- "तुम शूलपाणि! यथा नामा तथा गुणा हो- शूल चुभोये बिना तुम न तो सुनते हो और नहीं कुछ करते हो। मेरे बाद गोवर्धन मठ का आचार्य्य होना है या नहीं?"

शूलपाणि ने सिंह-शावक सी अपनी कटि को मचकाया और उदरनाभि में अज्ञात ही तर्जनी डालते हुए कहा- "मणिपुर! आचार्य्य जी! मणिपुर चक्र भेदन? कौन कहता है, दुस्साध्य-दुस्तर है? सहज है-तल्लीन ओम शिवाय नमः जपते रहो। बस, प्राणायाम सिद्ध! वह चिति महादेवी स्वंय ही शिव मिलन के लिये जाग्रत हो जाती है? नहीं, गुरुवर्य्य?"

पद्मपाद ने आकाश में सुदूर ध्रुव तारे को खोजते हुए कहा- "गुरुवर्य्य तो श्रीमद् शंकर हैं। 26-27 वर्षों के दिव्य शरीर के धनी शंकराचार्य्य ही गुरुवर्य्य हैं किन्तु........"

"किन्तु क्या, श्रीमद्?" शूलपाणि ने भीत होते हुए पूछा।

"गुरुदेव शंकर पर पुनः जैसे भय के गर्भ घिरने में हैं।" पद्मपाद ने गम्भीर चिन्ता पूर्ण स्वर में कहा- "यह अभिनव गुप्त और उसके साथ शास्त्रार्थ- यह पंचायत मुझको समझ में नहीं आती। हारना था, वह सब हार चुके हैं- केवल यह अभिनव गुप्त शेष है। कुछ अन्य भी छोटे-मोटे तत्व चिन्तक हैं। तो हैं! सदैव रहेंगे! अभिनव गुप्त को हरा कर भी क्या होने जा रहा है? वेदान्त दर्शन तो स्वयं सिद्ध दर्शन है-वह जय-पराजय के परे, मिथ्या और असद् के पार, परम् सत्य, ब्रह्म का कथन है। अभिनव गुप्त अपना शैव दर्शन लेकर चल रहा है। मठ, मन्दिर स्थापित कर लिये हैं-शिष्य सेवकों के साथ काश्मीर मण्डल का शैवागम का आचार्य्य बना बैठा है-तो बैठा रहने दो। हमारे तोटकाचार्य्य भी कम सिद्ध नहीं होंगे।"

"गुरुवर्य पर भय?" शूलपाणि- "किसका? किस ओर से?"

पद्मपाद ने निःसास रखते हुए कहा- "यहीं काश्मीर की ओर से। मुझे लगा, गुरुदेव शंकर पाखण्डी तान्त्रिकों से घिरने में हैं। गुरुदेव को घेर कर जैसे अनेक हठी तांत्रिक गुरुदेव को सदैव के लिये नष्ट कर देना चाहते हैं।"

"नहीं। यह कैसे संभव है?" शूलपाणि ने कहा।

"इस रागद्वेष से भरे भव-संसार में क्या असंभव है, शूलपाणि?" आचार्य्य पद्मपाद ने कहा- "भैरवों और कौलों ने, तांत्रिकों और मांत्रिकों ने आज दिन तक गुरुदेव को समाप्त करने के लिये क्या नहीं किया-केवल अभिचार नहीं किया, शेष सब प्रयत्न कर लिये। वह क्रचक्र तो सशस्त्र लड़ा है।"

"आश्चर्य ही है।" शूलपाणि ने आंखें विस्फारित करते हुए कहा।

आचार्य पद्मपाद ने कहा- "क्या आश्चर्य है? भगवान राम को सरयू में देह त्यागना पड़ा, भगवान कृष्ण को बधिक के तीर से बिंधना पड़ा। सीता को पृथिवी में समाना पड़ा। कुमारिल्ल भट्ट को आत्म दाह से जल जाना पड़ा। मैं तो देखता हूं महापुरुषों का भाग्य ही यही है- महापुरुष मरते नहीं; उनको लोग अन्त मे हार कर, निराश होकर मार ही देते हैं।"

शूलपाणि ने तनिक विस्फारित दृष्टि से गगन में मानो घूरते हुए कहा- "बर्बर हैं यह लोग और क्या?"

पद्मपाद ने ऊर्ध्व स्वाँस भरते हुए कहा- "बर्बर तो हैं किन्तु मानव जीव हैं। मानव से बढ़ कर इस मृत्यु लोक में और कोई आश्चर्य नहीं है-रहस्य में रहस्य, मूक मौन परस्पर सावधान और घाघ मनुष्य काल का सर्वोत्तम अभिव्यंजन है। उदात्त भी मानव है; दुष्ट दस्यु भी मानव है। सभ्य और बर्बर भी मनुष्य ही है। नीच भी वही है-मानव! मुझको मानवेतर भव योनियाँ समझ में आ जाती हैं। मैं उनके गुण-धर्म, व्यवहार जीवन क्रम आदि जैसे सहज ही जानता हूँ। मानव को छोड़कर मुझको प्रत्येक भव योनि के जीव में विश्वास है- उनके विलक्षण तथा विचित्र भव-लक्ष्य मैं जानता हूं। है। किन्तु मैं मनुष्य? मनुष्य में विश्वास कर चलना, जीना चाहता हूं; परन्तु विश्वास डिगता रहता है। यह अभिनव गुप्त! विश्वास कर लूं उसमें? महान् शैव है; सिद्ध तांत्रिक तथा निपुण मान्त्रिक है-सब है; किन्तु उसका अहम्? सागरों से कहीं अगाध तथा नागाधिराज हिमालय से भी कहीं ऊंचा उसका अहम् है। मैं यह जानता हूं। अभिनव गुप्त उदार चेता वसुधैव कुटुम्बी व्यक्तित्व नहीं लगते, शूलपाणि!"

शूलपाणि- "क्या भय है इस अभिनव गुप्त से? क्या वह गुरुवर्य्य को-"

"मिटा देना चाहता है।" पद्मपाद ने कहा- "किन्तु मै हूं; देख लूंगा। वह उग्र भैरव भी गुरुदेव को समाप्त करना चाहता था- बलि देना चाहता था। गुरुदेव के अपवित्र को पवित्र तथा पतित्र को पुनीत करने वाले देह की बलि चढ़ाना चाहता था। किन्तु भगवान नृसिंह की जय हो। उन्होंने ही मुझको जैसे चेता दिया। गुरुदेव के देह की रक्षा के लिये भगवान नृसिंह मुझको चेताते रहते हैं। उन्हींने हां, उन्हीने मुझे जैसे चौंका कर जगा दिया है।"

"गुरुवर्य्य शंकर उसकी दिशा की ओर देखें ही नहीं तो?" शूलपाणि बोला- "न रहे बांस और न बजे बाँसुरी।"

"शंकराचार्य्य जगद्गुरु हैं- अभिनव गुप्त क्रचक्र से भी कहीं बढ़कर वेदान्त दर्शन का निगड़ विरोधी है। अभिनव गुप्त के वाचाल बने रहते वेदान्त दर्शन में संशय बना ही रहेगा। गुरुदेव शंकर यह जानते हैं कि परम् शिव और परम् ब्रह्म की धारणा अभिन्न है, परम् सत्य? परम शिव ब्रह्म किन्तु शैव दर्शन वेदान्त दर्शन भी नहीं है। वेदान्त का रहस्यमय भास शैव दर्शन से बुद्धि को प्राप्त होता है-प्रज्ञान! किन्तु शंकराचार्य्य का ब्रह्म और

जीव अभिन्न है। ब्रह्म सच्चिदानन्दमयता का निस्सीम अनन्त है, जीव उसकी सच्चिदानन्द लहर है। वेदान्त का ब्रह्म जीव-मय है; जगत् मय है; किन्तु वह स्वयं जगत् नहीं है; जीव नहीं है- वह कुछ है ही नहीं-वह परम् सत्य है; परम् तत्व है- आनन्दमय सत्चित् है। अभिनव गुप्त का शैव दर्शन जगत्, जीव, भव-संसार सब को-त्रिकाल, काल और अकाल को शिव तत्व ही मानता है तथा शक्ति को उसकी विमर्शिनी मान कर चलता है। परम् शिव ही शक्ति से युक्त होकर सदा-शिव होते हैं- शिव शक्ति रूप हो कर अनन्त कोटि ब्रह्माण्डों और जीवों की रचना करते हैं। यह सृष्टि शिव शिवा की सन्ततियों का कुल है- कुटुम्ब।"

शूलपाणि ने सिर धुनाया- "वाग्जाल मात्र प्रतीत होता है। आप गुरुवर्य को रोक दें। अभिनवगुप्त के काश्मीर मण्डल में जाना ही नहीं!"

"गुरुदेव शारदा मन्दिर अवश्य ही जायेंगे।" पद्मपाद ने निसास रखते हुए कहा- "सर्वज्ञ पीठ पर आरोहण करेंगे ही। मेरे और तुम्हारे-उनको जगद्गुरु कहने से शंकराचार्य्य अन्त में जगद्गुरु सर्वदा की भाँति अप्रतिष्ठित नहीं होंगे। शारदा मन्दिर का दक्षिण द्वार खुलेगा। शंकर सर्वज्ञ पीठ की ओर बढ़ेंगे और स्वयं महासरस्वती उनको अपनी पीठ पर आसीन करेंगी, देख लेना तुम!"

शूलपाणि- "हम जानते हैं, शंकराचार्य्य सर्वज्ञ हैं, जगद्गुरु हैं- इस प्रकार प्रमाणित होने की आवश्यकता?"

"यह भारत के आचार्य्यों की अन्तिम कसौटी है।" पद्मपाद ने कहा- "शास्त्रार्थों में जीत कर ही आचार्य्य सिद्ध नहीं होता- वह विजयी तो होता है; किन्तु शारदा मन्दिर की सर्वज्ञ पीठ पर आरूढ़ होकर ही वह त्रिकाल के लिये सिद्ध प्रसिद्ध प्रतिष्ठित होता है, होता आया है। सब को हरा कर आचार्य श्रीमद् शंकर को महासरस्वती के समक्ष वेदान्त विनय करना ही होगा। सरस्वती पुत्र बने बिना कोई भी मनुष्य ब्रह्म को अपनी ऋतुम्भरा में भर नहीं सकता-धारण नहीं कर सकता। ऋतुम्भरा के आनन्दमय ज्ञानोन्मेष के बिना काल शान्त नहीं होता-जगत् अन्तर्ध्यान नहीं होता-जीव भाव का पूर्ण मोक्ष नहीं होता। प्रारब्ध कटते नहीं; संचित रीतते नहीं-क्रियमाण थमते नहीं।"

"तब?" शूलपाणि ने पूछा।

"तुम जाओ; गुरुदेव को अहर्निशि दृष्टि में रखो।" पद्मपाद ने कहा- "अभी चल दो। गुरुदेव के आस-पास किसी में भी विश्वास मत करो। तोटक तो अब

आचार्य्य है-मठ का काम काज है; व्यस्त है। किन्तु तुम सावधान जागरुक तोटक बन जाओ।"

शूलपाणि- "समझ गया। जाता हूं-एक दिन आचार्य्य श्रीमद् शंकर मुझको भी ज्ञान देंगे। मैं जैसे अभी इस घड़ी परम् सत्य को अपनी मति में पिरो देना चाहता हूं।"

"नादान।" पद्मपाद ने कहा- "ब्रह्म भरा जाता है; पिरोया नहीं जाता। गुरुदेव अपनी एक करुणामयी दृष्टि से तुम्हारे अनादि अज्ञान-तिमिर को मिटा देंगे- अवश्य ही यह वह करेंगे। इस गोवर्धन मठ को मेरे बाद तुमको ही सँभालना होगा। उसके लिये शंकराचार्य्य श्रीमद् गुरुदेव की सेवा करो, उनकी रक्षा के लिये आवश्कता हो तो अपने प्राणों की आहुति दे दो।"

"आप?" शूलपाणि ने पूछा।

"तुम्हारा संदेश मिलते ही मैं आ जाऊँगा।" पद्मपाद ने कहा- ."किन्तु मैं भगवान नृसिंह का आह्वान करता ही रहूंगा। उस प्रभु ने आचार्य्य श्रीमद् शंकर के शरीर की रक्षा की है, परशु की धार से बचाया है; अग्नि ज्वालों से बचाया है। कौलों के भयंकर शस्त्रों को कीलित कर गुरुदेव का बाल भी बांका नहीं होने दिया है।"

"भगवान नृसिंह! जय हो" शूलपाणि ने कहा- "तब मैं यात्रा की तैय्यारी करता हूं; किन्तु......"

"किन्तु क्या?" पद्मपाद ने शूलपाणि को घूरते हुए पूछा।

"मन्त्र चाहिये।" शूलपाणि ने कहा- "गुरुवर्य की अहर्निशि रक्षा करते रहने के लिये बुद्धि बल, मन्त्र बल तथा इष्ट बल चाहिये-नहीं चाहिये क्या पूज्यपाद?"

आचार्य्य पद्मपाद जैसे प्रथम बार हँसे- "चाहिये, तुमको तो सभी इष्ट और सभी मन्त्र चाहिये, लोभी कहीं के।"

शूलपाणि ने दीनता भरे स्वर में कहा- "गंगा हथेली में है, गंगा- जल पीने से क्यों हिचकूं? जगद्गुरु क्या सभी देवताओं का पूजन स्तवन नहीं करते? अरे! शंकराचार्य ने तो भारत के सभी पर्वतों को शिव स्वरूप मानकर पूजा वन्दना की है। सभी महानदियों को पृथिवी माता मान कर आराधना की है। तब मैं सभी देवों और देवियों का इष्ट क्यों न पालूं?"

"साकार-सगुण ब्रह्म के दिव्य स्वरूपों और विग्रहों में लीन होंगे, तो पता है क्या होगा? मुक्ति मिलेगी-मोक्ष नहीं। भक्ति प्राप्त होगी; ज्ञान नहीं।" पद्मपाद ने कहा- "अवश्य ब्रह्म ज्ञान के बिना सगुण का रहस्य उद्घाटित नहीं होता- साधक, भक्त होकर भगवान के सानिध्य में जाता है और भगवान में सारूप्य मुक्ति प्राप्त कर निर्गुण ब्रह्म में लीन हो जाता है- ब्रह्म जीव का अभिन्नत्व प्रत्यक्ष हो जाता है।"

शूलपाणि- "किन्तु शंकराचार्य्य श्रीमद् तो ब्रह्म को निर्गुण निराकार सत्य-ज्ञान, अनन्त ही कहते हैं।"

"वेदान्तियों के ध्यान के लिये।" पद्मपाद ने कहा- "मेरे और तुम्हारे लिये तो वह परम् ब्रह्म को शिव, शिवा, दुर्गा, काली, कृष्ण, राम सभी बताते हैं। भगवान के भक्त होना चाहते हो तो भगवान के विग्रह की धारणा करनी होगी- प्रभु से प्रीति करनी ही होगी-"

"अन्यथा?" शूलपाणि।

"भस्म हो जाओ; निर्बीज हो जाओ- सदैव के लिये शान्त हो जाओ।" पद्मपाद ने कहा- "मैं ज्ञान चाहता था- नहीं मिला। शूलपाणि! भक्ति मिली......."

"अच्छा ही हुआ।" शूलपाणि बोला।

"भगवान् की भक्ति शूरवीरों का मार्ग है, शूलपाणि।" श्री पद्मपाद ने कहा- "जगत् में भव-संसार में भी, सभी रूपों में, वेशों में भगवान् को देखना, पाना, और भजना क्या कायरों, कातरों तथा दीनों का पुरुषार्थ है? नहीं, वीरों की ही यह मधुर मीठी प्रीति है- जीवन के अनन्त विरह की तपस्या है। परमात्मा का ज्ञान हो सकता है; किन्तु प्रभु की प्रीति? प्रभु के प्यारे की ही होती है।"

शूलपाणि ने अथाह से उबक कर मानो देखते हुए कहा- "प्रभु! देह धारण किया तब से प्रभु को खोज रहा हूं। ईश्वर है क्या, यही प्रश्न बना रहता है। तब आप श्री कहते हैं, प्रभु के प्रति प्रीति......"

आचार्य पद्मपाद ने शूलपाणि के कन्धे को स्पर्श करते हुए कहा- "तुम, शूलपाणि! ईश्वर को लेकर आशंकित क्यों बने रहते हो? ईश्वर-परम् सत्य के प्रति जिज्ञासा तो है, शंका या आशंका नहीं है- नहीं हो सकती। असद् की शंका है, आशंका है। संयोग को प्रेम तथा वियोग को विरह क्यों मानते हो? मैं भी यही मानता था-पौगण्ड से ही मैं एक कन्या के नाम रूप में किञ्चित टिक गया था- टिकने लगा था; किन्तु मैंने उस आसक्ति की क्षणों का दाह अनुभव किया।

नाम रूप का क्षणिक संयोग प्रसन्न कर सुख देता है; किन्तु प्रिय के वियोग की मूढ़ मूक आशंका, जैसे वियोग की निश्चित संभावना मानो हृदय को जलाने लगती है-मैं जगत के नाम रूपों का चिरन्तन संयोग ही चाहता था; वियोग मात्र नहीं। किन्तु पता चला, क्षणें बिलायेंगी; रूप-रूप बिछुड़ेगा-स्वरूप बदलेंगे और नाम ध्वनि प्रतिध्वनि मात्र रह जायेंगे। गुण धर्मों के शरीर मर कर एक स्मृति शेष बन जायेंगे तथा क्रमशः काल की विस्मृति बेसुधि कवलित करती जायगी। इस विज्ञानावलम्बित जगत् की गति क्षणिक है; अविराम क्षणिक तथा विधि? वही संयोग-वियोग की विधि मात्र है। क्या यह प्रेम है? प्रीति है? नहीं, मोह है-राग है-द्वेष है-सुख, दुःख।"

शूलपाणि ने तनिक हठात् आश्चर्य्य पूर्वक पद्मपाद के दिव्य विषाद से दीप्त मुख मण्डल को देखा- "आचार्य्य मेरे।"

पद्मपाद ने सहसा शूलपाणि को अपने पार्श्व में खींचा और बोले- "अभी घाव नहीं भरा, शूलपाणि?"

शूलपाणि ने चुपचाप सिर धुना कर कहा- "दुष्टा थी वह, स्वामिन्!"

पद्मपाद ने शूलपाणि की पीठ सुल्हाते हुए कहा- "स्त्री के पावों की ठोकर, गुरु की अप्रसन्नता, मित्र का विश्वासघात तथा कुटुम्बियों की स्वार्थपरता-इन्हीं से तो जाग्रत जीव में वैराग्य उभरने लगता है; किन्तु यह वैराग्य वस्तुतः द्वेष का सूक्ष्म सात्विक स्वरूप भर है- यही वियोग की शून्यता है। किन्तु संयोग-वियोग के परे विरह है- शूलपाणि।"

शूलपाणि ने पद्मपाद की अगाध शान्त विशाल सी आंखों में देखा, कहा- "जी! विरह?"

"क्षणों के पार अनन्त में मिल जाने की अधीर चेतना, शूलपाणि।" आचार्य्य पद्मपाद बोले- "संयोग बाँधता है और वियोग जकड़े रखता है। किन्तु विरह मुक्त करता चलता है- हाँ, यह मेरा अनुभव है। शूलपाणि! गुन लो; इस भव-संसार में जगत् बाँधता नहीं; जगत् खोलता भी नहीं- स्त्री, कामिनी बांधती है- जकड़ती है-ज्ञानी में भी जीवन के सरस सौन्दर्य की अभीप्सा उत्पन्न करती है। यह शिवा जग जगन्मोहिनी ही है-मोहती है, जगन्नाथ को मोहती है और स्वयं जीवों का गर्भ धारण करती है जैसे। यह महामाया प्रभु से प्रेम करने नहीं देती। संयोगों के मादक प्रसन्न क्षणों और उनकी उद्विग्न स्मृति में लोह लट्ट रखती है-जीव क्या स्वयं उद्भवित हुआ है? स्वयं स्वयंमेव है भी जीव? नहीं है, शूलपाणि!

आत्मा ही है, परमात्मा, ब्रह्म, ईश्वर! किन्तु ईश्वर केवल प्रेम से ही अनुभूत होता है- विरह!"

"भक्ति?" शूलपाणि ने कहा।

"यह सच्चिदानन्द घन स्वयं के दिव्यतम विरह से सिहर रहा है।" पद्मपाद ने कहा- "भगवान् नृसिंह की प्रखर प्रचण्ड तेजोमय उद्दाम छबि के रोम-रोम में मुझे विरह ही प्रज्वलित दिखता है-ज्ञान का यह निस्सीम अनन्त सत्य अपरम्पार शीतल अमृतमयी अग्नि से भरा है- आनन्द, शूलपाणि!"

"आनन्दम् ब्रह्म!" शूलपाणि।

पद्मपाद सहसा ठहाका मार कर हँसे; बोले- "देखा, स्मृति की यही माया है- दोनों ही काल की विस्मृति में डूब गये। चित्त जैसे थर-थराते हुए सिहरते हुए रूपों के वियोग रुदन से भर गया। संयोग? संयोग की समूची आशा से हीन यह वियोग का विषाद ही अज्ञान का आच्छादन है- मैं अनुभव कर रहा हूं। तुम भी करो। स्त्री की ठोकर भुला दो और ईश्वर के वरद् हस्त को थाम का स्पर्श अनुभव करो।"

शूलपाणि को लगा पद्मपाद की विशाल सी आंखों से आत्म विश्वास की ज्योति झबक कर उसके रोम-रोम में भरने लगी। उर्ध्व स्वांस भर कर वह बोला- "जय गुरुदेव!"

"जय शंकर!" पद्मपाद ने कहा- "अब प्रस्थान की तैय्यारी करो। ब्राह्म मुहूर्त की प्रथम कुक्कट- ध्वनि के साथ ज्योति मठ के लिये चल दो। इस अभिनव गुप्त को रोकना ही होगा; थामना होगा-और यदि गुरुदेव को संतप्त करना ही चाहता है यह महातांत्रिक साधक तो फिर जय भगवान् नृसिंह!"

"मन्त्र?" शूलपाणि।

पद्मपाद ने शूलपाणि के कान में कहा- "ओम क्रीं क्रीं क्रीं ओम दक्षिणा कालिके। ओम क्रीं क्रीं क्रीं हुं हुं ह्रीं ह्रीं दक्षिणे कालिके क्रीं क्रीं क्रीं हुं हुं ह्रीं ह्रीं स्वाहा!"

शूलपाणि के अथाह दिव्य आभा से भरे चित्त में ध्वनि उठी- "ओम क्रीं क्रीं क्रीं हुं हुं ह्रीं ह्रीं दक्षिणे कालिके....." शूलपाणि को लगा समूचा समस्त मन्त्र उसकी अथाह चेतना के समुद्र में स्वयं ही गूँजने लगा है। शिथिल किन्तु स्फूर्त वह चला। पद्मपाद ने हठात ही शूलपाणि की पुष्ट मज्जित देहाकृति को प्रकोष्ट

के अँधेरे में अन्तर्ध्यान होते देखा और स्वतः ही बोले- "जगत चाहे छूट जाय स्त्री नहीं छूटती। स्त्री! माया! जन्म-मरण की रति, जीवन चेतना का राग भरा उद्भव, कामिनी! तब क्या तुम ही शाश्वत अनादि मोहान्ध जीवात्म भावना हो?" पद्मपाद ने निसास रखा और आकाश में किसी तारे को खोजते हुए स्वयं से कहा- "प्रभु से प्रीति, पद्मपाद!"

"प्रीति-प्रभु से!" पद्मपाद अपने कक्ष में अपने आसन पर जा बैठे- "तब ज्ञान प्रत्यक्ष? ब्रह्म प्रत्यक्ष-मोक्ष! सभी प्रश्नों के उत्तर मिल जाने के पश्चात भी, समाधान हो जाने पर भी यह एक शाश्वत सनातन प्रश्न कभी-कभी महा कुण्डल सर्प की भाँति जाग कर अपना फन उठाता रहता है- एक सिहरती हुई विकलता तब उनके गहन चित्त में उबल सी उठती है। ब्रह्म जीव अभिन्न अभय-अद्वैत-द्वैत से परे सत्य सद् पद्मपाद! ज्ञान-सत्! हाँ, सत्-ब्रह्म! ब्रह्ममयता- लीनता, ब्रह्म भूत स्मृति विस्मृति से रहित शान्ति! तब यह प्रभु की प्रीति, यह अपार अपरम्पार विरह वेदना-यह उदासीन किन्तु भव-भवों और कल्पों में आसीन यह चिर मिलन की तल्लीन तीव्र जिज्ञासा-प्रिय से मिलने और प्रिय को आत्मसात् कर लेने की यह उद्दाम अधीर पिपासा-यह सात्विक तृष्णा-यह दिव्य दीनता और यह अभयपूर्ण भव बाधा रहित प्रभु की गोद में विश्राम-प्रभु के चरणारविन्दों में निश्चिन्त निर्भय निःसंशय पड़े रहना- यह उत्फुल्ल पूर्ण परिपूर्ण प्रफुल्ल आत्म सन्तोष, आनन्द! भक्ति! पद्मपाद स्वयं ही हंसे- किन्तु गुरुदेव ज्ञान को ही सर्वोपरि आत्यन्तिक आत्म प्रत्यक्ष मानते हैं। आत्मा जीव भाव छोड़ कर स्वयं के नित्य ज्ञानमय सत् का साक्षात्कार कर ले। भव के संयोग वियोग के परे, काल के पार और नियति के परे वह सभी भवों से मुक्त होकर आत्म ज्योति हो जाय-चिर प्रसन्न, चिर शान्त होकर स्वयं के अगाध सच्चिदानन्द में लीन हो जाय। यह स्वयं को शुद्ध करना है; बुद्ध करना है-स्वयं को षड् विकारों से उपरत करते हुए देहाभिमान मात्र को त्यागना है। समस्त जगत् और उसके अनन्त कोटि ब्रह्माण्डों को स्वयं की ब्रह्म दृष्टि में समा देना है। लोक-लोकान्तरों की भव-भव यात्राओं से ऊब कर थककर चिरकाल के परे और पार का चितिमय शयन करना है- शयन? नहीं। न सोना, न स्वप्न देखना और नहीं जागना। अपनी ही ज्योति में जगमगाते हुए रहना है- चित् में जलहलते रहना है और रूपों के दंशों की तीव्र वेदना से छूटकर नामों की प्रतिध्वनियों के पार स्वयं के अपार अपरम्पार में जग जाना है-मोक्ष ही तो। पद्मपाद जैसे विचार शून्य होते गये और एक शान्त किन्तु जागता सा शून्य क्षितिज उनके चित्ताकाश

में आविर्भूत होने लगा। "तब जगन्नाथ! तू और मैं-भक्त और भगवान्- द्वय नित्य। भक्ति नित्य जीव की नित्य प्रभु के प्रति प्रीति है- भक्ति भगवान् का सदैव सिहरते रहने वाला, जल-जल कर सदैव जलते रहने वाला आतप है-यह जगत् तथा भव-संसारों का श्री हरि के श्रीचरणों में सम्पूर्ण समर्पण है। पद्मपाद! ज्ञान में भस्म हो जायेगा-हो जाता किन्तु यह हृदय की हुलसित कादम्बिनी, यह उष्ण किन्तु शीतल आनन्द- मन्दाकिनी, यह गुणों के सभी प्रपंचों की विस्मृति, यह सभी धर्मों का एकान्त मौन विसर्जन-आत्मा का यह प्रभु को-अपने परमात्मा को सम्पूर्ण सर्वांगीण समर्पण-यह प्रभु के साथ नित्य विहार। यह चिद् विलास भरी अनन्त सौन्दर्य की व्रीड़ा, यह चिर तृप्ति की प्रसन्न मगन लीला-यह प्रभु का सानिध्य यह मुक्त, प्रभु भजन और ध्यान का अस्तित्व। ध्यान! प्रभु का ध्यान!" तब पद्मपाद मानो अपने चिद् घन अथाह में मानो खड़े रह गये; थमे-टिक गये। ध्यान ही तो, यह इदम् जगत् तब परम ब्रह्म का स्वयं जाग्रत ध्यान ही है-अनादि सनातन शाश्वत ध्यान। गहन मौन से भरा हुआ, शून्य धारक, शून्य साक्षी ध्यान ही तो है। पद्मपाद को रोमाञ्च हो आया- सभी रूपों से भरा-पूर्ण, सभी नामों की गूंजों से कम्पित-प्रकम्पित, सभी धारणाओं के दिव्यतम बिम्बों से थिरकता हुआ यह अनन्त निस्सीम ध्यान ही मानव की इस भू-तल पर एकमात्र साधना है-प्रेम से पूर्ण प्रीति की चिद् विलासी अग्नि से जलता हुआ तीव्रतम और तत्पर प्रभु का ध्यान ही जीव के लिये अन्तिम पुरुषार्थ है। अद्वैत, द्वैत, त्रैत-संख्या की संक्रामक ऊहापोह से रहित तथा सभी संशयों से परे सच्चिदानन्द के अमोघ विश्वास से प्रचोदित ईश्वर का ध्यान-पद्मपाद यही तेरा लक्ष्य है; कल्प-कल्प से, प्रलय-प्रलय से, भव-भव में यही ध्यान तेरा अभीष्ट रहा है-है। यह परमात्मा की सच्चिदानन्द भाव धारणा ही संसारी जीव की यदा-कदा जाग्रत स्मृति भी है। पद्मपाद स्थिर शान्त अचल और अवाक् से हो गये। अपने ही चिदाकाश में मानो वह अनादि अनाथ से हो गये और सद् अनन्त के क्षितिजों के परे किसी नाथ को पुकारने लगे। 'हे नाथ!' पद्मपाद का परा वाक् मानो चिहुंक उठा, अल्पज्ञ जीव हूं; अतः असमर्थ हूं- अविराम जन्म मरण का भोक्ता हूं; अतः दीन हूँ-अनाथ हूं। काल मेरे शरीर को खाता रहता है। नियति मुझको शून्य के बीहड़ों में धकेलती रहती है और यह मृत्यु? मुझको सदैव भयभीत किये रहती है- "पद्मपाद को लगा एक उज्जवल तीर चिदाकाश के क्षितिजों के पार से स्वयं प्रज्वलित देदीप्यमान प्रगट हुआ और उनकी आँखों को भेदने लगा। पद्मपाद को लगा, सभी वसन्त जल कर भस्म हो रहे हैं और

पतझरों के बीज ही नष्ट हो रहे हैं-पतझर के वासन्ती बीज, जन्म जन्मान्तरों के वृक्षों, वेलियों आदि से भरे बीज अपना सभी भार त्याग कर एक उभार मात्र हो गये हैं। पद्मपाद को लगा, जीव चेतना ही यह सनातन शाश्वत बीज है- अज्ञान? पद्मपाद स्वयं ही मुह्य तथा स्तम्भित से हो गये-सभी स्फुरणायें थम गईं और सृष्टि की सभी सृजन गति-विधियां रीत गईं- शून्य, महाशून्य स्वरूप कोई व्याप्ति, अर्णव ही अर्णव फैला हुआ हो गया- प्रलय? नहीं; प्रलय के परे कोई शाश्वती सभा, अनादि भूमा ही जैसे प्रशान्त-शान्ति छाई थी और वह-पद्मपाद नाम-रूप? जैसे था भी और नहीं भी। पद्मपाद को लगा, वह सभी स्मृतियों, विस्मृतियों-स्वप्नों तथा ध्वनि-प्रतिध्वनियों को त्याग कर स्वयं की ही अनादि ज्योति में जलने लगे हैं-भस्म होने लगे हैं। वह जैसे महाकाल की चिता में अनादि जीव वत् शाश्वत शव होकर जल रहे हैं-भस्मी भूत हो रहे हैं। पद्मपाद थर्रा उठे; मन ही मन चीत्कार कर पुकार उठे- "गुरुदेव! रक्षा करो! प्रभो!" पद्मपाद की समस्त जीव चेतना ही बुझने लगी और उस आकाशी भस्म से स्वयं ही कोई प्रकाश भभक उठा-भस्म से प्रकाश? पद्मपाद ने किसी से पूछा- "प्रकाश? भस्म में?" सृष्टि के दिगन्तों को भेद कर आचार्य शंकर का शान्त स्वर पद्मपाद को सुनाई दिया- "आत्मा, सच्चिदानन्द स्वरूप आत्मा-शिव!"

पद्मपाद को पता ही नहीं चला, कब प्रभात होने लगा। स्वयं ही मुह्य, गुह्य अवाक से वह बैठे ही रहे। रात्रि का मदोन्मत्त अंधेरा अपनी ही मूर्च्छा में लड़खड़ाता हुआ पाताल में चला गया और नीहारिकाओं की मन्द तन्द्रिल ज्योतियाँ मानो सूर्य बिम्ब में प्रज्वलित हो उठीं- अरुणोदय; दिवस-प्रभात। आचार्य श्री पद्मपाद पुनः शरीर में जाग उठे- वह जैसे अपने अनादि कारण में जाग्रत होते हुए भी अचेत थे- सुषुप्त हो गये थे और सभी स्वप्नों को आश्वासन देते हुए पञ्च भौतिक देह की रग-रग में रक्त बन कर बहने लगे थे। रोम-रोम के पौरों में चैतन्य पूर्ण महाप्राण से भर गये थे। तभी शूलपाणि ने द्वार पर देख कर कहा- "आशीर्वाद प्रदान कीजिये, मैं चला!"

"कल्याण हो, वत्स!" पद्मपाद् ने शान्त स्वर में कहा।

"मेरा नहीं, 'जगद्गुरु शंकराचार्य्य का कल्याण हो' कहिये, श्रीमद्!" शूलपाणि ने कहा।

शंकराचार्य्य शिव स्वरूप हैं; सर्व समर्थ और सर्वज्ञ हैं, शूलपाणि गुरुदेव का कल्याण स्वयं परम् शिव ही कर रहे हैं। छबीस-सत्ताइस वर्ष की आयु में आचार्य्य श्रीमद् शंकराचार्य ने क्या नहीं कर दिया? सनातन वैदिक वर्णाश्रम

धर्म को डूबने से बचा लिया। वेदों की पुनः प्रतिष्ठा की; उपनिषदों को पुनः चिन्मय सा किया। ब्रह्म दर्शन को स्पष्ट अचूक तथा जगत् में जीव के व्यवहार में पुनर्स्थापित किया- मानव का अज्ञान के भव रोग से मुक्त होने के लिये ज्ञानोपचार आरम्भ किया। वेद, उपनिषद् तथा गीता के विरूद्ध- विपरीत दैहिक मत-मतान्तरों को धराशायी कर दिया- शास्त्र को उसकी सीमा में ही स्थित कर दिया- ज्ञान क्रान्ति, शूलपाणि, सारा भारत अब वेद के सन्देश को सुन चुका है- पुनः अपने सच्चिदानन्द में जाग जाने के लिये भारतीय मानव प्रभु से मानो प्रार्थना करने लगा है-प्रकाश की सभ्यता का पुनः अभ्युदय होने लगा है......."

"किन्तु मनुष्य?" शूलपाणि ने कहा।

"जगद्गुरु के उपदेश से मनुष्य जाग रहा है और मेरा दृढ़तम विश्वास हो चला है- वह पुनः असद् से सद्, अँधेरे से प्रकाश और मृत्यु से अमृत की ओर जाने के लिये आतुर होने लगा है- गुरुदेव ने मानव ही नहीं, जीव मात्र को काल के बीहड़ महाशून्य से उबार लिया है। तुम स्वस्थ चित्त से जाओ-गुरुदेव को मेरा शाष्टांग कहना......."

"आपकी आशंका?" शूलपाणि ने पूछा।

"कुशलतापूर्वक कह देना, मैं सत्वर ज्योति मठ आऊँगा।" पद्मपाद ने उठते हुए कहा- "इस मठ को तुम सब कुछ समय चला ही लोगे- मैं गुरुदेव की छाया को भी अब त्याग नहीं सकता।"

"जी!" शूलपाणि अपने पाँवों पर ही घूमा तथा चल दिया, पद्मपाद उस रगमग सशक्त और साहसिक मूर्ति को प्रभात की स्वर्ण किरणों में उलझते-पुरझते हुए देखते खड़े रहे। कलियों को खिला कर और उनको गुदगुदा कर सूर्य किरणें अब फूल-फूल पर थिरक रही थी। लहर-लहर को उकसा कर वह मानो उन्हीं में स्नान करने लगी थी। प्राणियों के रोम-रोम में संजीवनी का स्पर्श कर सूर्य किरणें मानो स्वयं ही मगन होने लगी थीं- शूलपाणि के रोम-रोम के पौरों में भर-भर कर सूर्य्य-किरणें यौवन की नवेलियों की भाँति तनिक लजाने लगी थीं और शूलपाणि स्वयं से उपरत सा और सूर्य्य किरणों से बेसुध सा चलने लगा था। धरती की जाग्रत सी धूसरित धूलि उसके पाँवों के तले चंप कर रोमाञ्चित होने लगी थी मानो। शूलपाणि ने दिवस के प्रभा भरे दिगन्त को देखा और ऊर्ध्व स्वाँस भर कर और तीव्र गति से चलने लगा। "गुरुदेव शंकर के निकटस्थ रहने का यह जीवन का प्रथम अवसर है। अब तक कहाँ जगद्गुरु शंकराचार्य्य और कहाँ मैं- पद्मपाद आचार्य्य श्री का एक सेवक, गोवर्धन मठ

का एक कार्य्यकर्त्ता! तोटकाचार्य जी से भी बढ़कर एक धार-एक ताल सानिध्य साधूंगा-अवश्य!" शूलपाणि ने पगदण्डी में अपने चलते हुए पाँवों को मानो धंसाने की अज्ञात ही चेष्टा की - "मैं क्या तोटकाचार्य नहीं बन सकता?" वह स्वयं से ही बोला- "तोटक तो निरक्षर थे। मैं-मैं तो साक्षर हूं-साक्षर। धातु रूपावलि कण्ठस्थ की है; व्याकरण जिव्हा पर है। पलक में समूचा वेद मन्त्र स्मृति में अंकित कर लेता हूं। तब तोटक? मूक, मूढ़ शूद्र से थे- मैं? क्षात्र वर्ण की देह धारी में ब्राह्मण बन रहा हूं। आचार्य्य श्री से शास्त्राध्ययन भी करने लगा हूं; किन्तु!" "किन्तु क्या?" शूलपाणि ने निःसास भरते हुए कहा- "तोटकाचार्य से भी बढ कर शारीरिक भाष्य पर टीका लिखना चाहता हूं। अवश्य चाहता हूं- किन्तु गुरुजी पद्मपाद तो कहते हैं उसके लिये वैराग्य चाहिये- ज्ञान चाहिये। ब्रह्म साक्षात्कार ही तो चाहिये।" शूलपाणि अपने शीघ्रगामी पाँवों से टकराती, टलती, मुकराती, चंपती तथा दबती-रौंदी सी जाती धूलि की शुष्क वीचियों को देखने लगा। धूलि! शूलपाणि जैसे स्वयं से ही मन ही मन चिहुंका- "धूलि-मिट्टी! मिट्टी से हुए; उत्पन्न हुए- जन्मे तथा मिट्टी के अन्नों, फलों, दुग्धों तथा भेषजों द्वारा जीए और यह तन, देह पुनः मिट्टी में। नहीं, पञ्च भूत में प्रत्येक भूत विसर्जित हो जाता है। क्या रचना है? धूलि। जैसे सदैव से जानी हुई है; चिर-परिचित है। है तो, प्रत्येक भूत चिर-परिचित है मानो किसी ने रक्त द्वारा यह परिचय करवाया है; बुद्धि द्वारा समूची जीव-चेतना सृष्टि को तथा इस असार संसार को-मिथ्या जगत् को जानती है; मानती है और सहज ही विश्वास पूर्वक निर्भर रहती है। है, जी! यह जगत् है; भव-संसार है-देश है, काल है। यम है; विधि है ब्रह्मा, विष्णु, महेश हैं और ईश्वर भी है- है जी!" शूलपाणि स्वयं से ही आश्चर्य संभूत स्वर में बोला- "ईश्वर है? है तो। किन्तु ईश्वर नहीं है, कहने वालों का साहस दुस्साहस मात्र है। तब यह पञ्चभूत किसने बनाये? सूर्य्य, चन्द्र ग्रह नक्षत्र किसने रचे? मैंने? तुमने- आचार्य्य श्री पद्मपाद ने? विश्वामित्र ने, किसने यह मायावी जगत् उद्भवित किया है भला? क्रींदर्शियों ने, मनीषियों ने, विद्वानों और शास्त्रियों ने किसने यह मायावी जगत् असार संसार तथा मूढ़ मोहान्ध भव योनियाँ घड़ी हैं- बनाई हैं? यह विज्ञान वेत्ता व्यर्थ ही दम भरते हैं कि वह भूतों के बौद्धिक संगत मिश्रण तथा प्रपंच से अनेक आविष्कार करते हैं- करते आये हैं। शटक बनाया है; हल बनाया है; परसु बनाया है, रथ विमान बनाया है। पुर, नगर तथा महानगर बनाये हैं। मिट्टी तथा मिट्टी की धातुओं, खनिजों तथा तत्वों आदि से, चिरकाल से ऋषि-मनीषी प्राणी मात्र के

कल्याण के लिये, जीवन यापन के लिये चमत्कारी करण, उपकरण, साधन सुविधादिक बनाते आये हैं। कौन मना करता है विज्ञान के इस संभव चमत्कार को? किन्तु आधारभूत मूल-मौलिक पदार्थ क्या स्वयं बन गये हैं अथवा बनाये गये हैं? लगता तो ऐसा है कि यह पदार्थ स्वयं ही बन गये हैं-आविर्भूत तथा उद्भवित हुए हैं। इनका ज्ञान-ध्यान जीव के शरीर की चेतना के कण-कण में है- अनुभूति की प्रत्येक रश्मि इनके सहज और यथार्थ ज्ञान से ओतःप्रोत है-एक धार है किन्तु नाम-रूप को जान कर भी ऐसा लगता है, पूर्ण रूपेण रूप पल्ले नहीं पड़ा। बार-बार बारम्बार नाम पुकारने और पुकारते रहने पर भी नाम ध्वनि से जाग्रत-चैतन्य जैसे सम्पूर्णतः जाना नहीं जा सका। यह रूप बुद्धि द्वारा तनिक ही तो समझा जाता है- जा सकता है? वाचा द्वारा नाम तनिक दूरी तक ही तो पुकारा जा सकता है। जगत् को विद्या तथा शास्त्र द्वारा अधिकाधिक मात्रा में जानने की विद्या व्यसनियों को लगी ही रहती है। शास्त्रों द्वारा जगद् निश्चय, निर्णय आदि के लिये विद्वान् चोटी फटकारते हुए पारायण करते ही रहते हैं- अभ्यास और अध्ययन कभी नहीं समाप्त हुआ, चाहे देह समाप्त हो जाय और बुद्धि का दीपक बुझ जाये- बुद्धि दीप जैसे बुझ कर जगत् को वायु के मन्द स्पर्श से जगत् की अग्नि को पकड़ कर स्वयं ही भभक उठता है पुनः। यह जीव जैसे एक शाश्वती सभा का दीपक है- तू शूलपाणि! ऐसा ही स्वयं प्रज्वलित धरती पर रखा आकाश दीप है! हां शूलपाणि है! सहसा विश्वस्त हो गया- मैं हूं; आकाश दीप सा मैं हूं। बुझता हूं; जल उठता हूं- मैं अनादि जीवात्मा हूं और अपनी इच्छा पूर्ति के लिये भव-संसार का भ्रमण करता रहता हूं। यह मेरी इच्छा है, मेरी वाञ्छा, कामना कि मैं भव योनियों में जन्म लेकर भोग करता हूं-सुख बटोरता रहूं और अधिकाधिक सुख-संग्रह के लिये प्रयत्न प्रयास आदि करता रहूं-अर्थ, धर्म, काम-मोक्ष? शूलपाणि के तीव्र गति से चलते हुए पाँव तनिक शिथिल पड़े; वह जैसे मन ही मन थमा, रुका, बोला- "मोक्ष?" तब क्या मानव जीवन का लक्ष्य जगत् भोग नहीं है? भव-बन्धनों से मुक्त होना ही मानव जीव का अन्तिम लक्ष्य है? किन्तु सहज ही यह प्रतीत होता है कि भोग ही मानव जीव का लक्ष्य है। काम! काम ही तो-काम की पूर्ति के लिये मुद्रा-अर्थ चाहिये; सार्थकता चाहिये ; उपयोगिता चाहिये। काम की सतत् पूर्ति करते रहना ही भव-बन्धन का अहर्निशि उद्देश्य है। शूलपाणि ने सुदूर-कुछ दूर देखा और निसास रखते हुए स्वयं से कहा- "गाँव सा दिखता है। अवश्य, गाँव है।" शूल-पाणि को लगा, सूर्य्य का ताप अब प्रखर-प्रचण्ड होकर भू गगन में

अद्‌वितीय प्रताप की भाँति छा गया है। उसकी श्यामल ताम्रवर्णी और तनिक स्वर्ण वर्णीय काया चलने के श्रम से मानो थकी सी, जकी सी होने लगी। चुपचाप वह जैसे कमान से छूटे हुए तीर की भांति गाँव की सीमा के मन्दिर के पीपल के नीचे जा खड़ा हुआ। वृक्षों की छाया में रांगती हुई गायों की झपकियाँ मानो चमकती और ग्वाल बाल एवं वयस्क युवा को रोटी खाती हुई इतःस्ततः बैठी हुई मण्डली की आँखें शूलपाणि को मानो घूरने लगीं। शूलपाणि ने थेला पीपल की थड़ में रखते हुए कहा- "जय जगन्नाथ!"

ग्वाला ने रोटी का टुकड़ा मुंह के पास ही थामा; उत्तर दिया- "जय जगन्नाथ! अरे, आप!"

"अरे, तुम, गोविन्द!" शूलपाणि ने सहर्ष कहा- "कैसे हैं सब?"

गोविन्द ग्वाले ने कटि से उलझ-पुलझ बँधीं धोती से अपने हाथ रगड़े; उठा और शूलपाणि के पास आकर बोला- "वही है! पिताजी वृद्ध क्या हो गये हैं- होते जा रहे हैं, सठिया गये हैं।"

"पिता के लिये ऐसा नहीं कहते, गोविन्द!" शूलपाणि ने कहा- "मेरे पिता तो वयस्कावस्था में ही सठिया गये थे। किन्तु मैंने उनको ऐसा नहीं कहा।"

"घर छोड़ दिया न इस दुःख के मारे।" गोविन्द ग्वाला बोला- "नहीं? आप श्री ने ही तो अपनी राम कहानी सुनाई थी, पिताजी को। गाँव से भाग कर आप यहीं-हमारे यहाँ ही रुके थे।"

शूलपाणि ने सहसा कहा- "चलो।"

"कहाँ?" गोविन्द ने पूछा- "घर चलेंगे?"

"क्यों नहीं-सब के दर्शन करूंगा। सगुण ब्रह्म गोविन्द!" श्री शूलपाणि ने कहा- "मैं अपना घर, गाँव तथा प्रदेश विसर गया, परन्तु तुम्हारा घर और गाँव विसरता नहीं। मेरे और तुम लोगों के कदाचित् पूर्व जन्मों के ऋणानुबन्ध हैं-संस्कार!"

गोविन्द ग्वाला मुस्कराया; बोला- "यह सब कामधेनु की कृपा है, नन्द बाबा का अजर आशीर्वाद है। श्री कृष्ण; नन्द-नन्दन का आग्रह! मेरी माँ तो आपको अपना पुत्र ही मानती है-पूछा करती है, आप कहाँ हो? क्या करते हो-आदि।"

शूलपाणि ने कुछ दूर झुरमुट से मानो छिपकर देखते हुए गांव को निहारा; पूछा- "क्या उत्तर देते हो तब तुम, गोविन्द?"

"कहता हूं गोवर्धन मठ में अड़े रह कर जय जगन्नाथ रटते रहते हो। आचार्य्य पद्मपाद जी को मठ के प्रबन्ध में सहायता करते हो। माँ पूछती है, वर्षासन कितना मिलता है?" गोविन्द ने मुस्कराते हुए कहा- "मैं कहता हूं मुझको ज्ञात नहीं! मिलता है क्या?"

"क्या जी, गोविन्द?" शूलपाणि ने मानो निकट आकर झाँकते हुए गाँव के खपरैलों को निहारते हुए कहा- "वर्षासन? मुझे? अरे, सरल सहज तुम, गोविन्द! वर्षासन ही चाहिये था, तो खेतों से घिरे पाँच गाँवों का वंशानुगत उत्तराधिकार क्यों तजता? माँ जैसी माँ, भाई जैसा भाई क्यों त्यागता, भला?"

"राधा, कोई...." गोविन्द अनायास ही चिहुंका।

शूलपाणि खड़ा रह गया; कटि से टेढ़ा होते हुए उत्ताल हास्य हंसा- "राधा! कोई? मैं पूछता हूं- कोई कौन राधा?"

"क्यों? प्रिया-कान्ता!" गोविन्द फुसफुसाया""जय जगन्नाथ स्वामी। प्रत्येक राधा का कृष्ण है; ओर प्रत्येक कृष्ण की राधा है- एक कृष्ण, एक राधा; एक राधा; एक कृष्ण!"

"किन्तु मैं कृष्ण जो नहीं हूं; नहीं था।" शूलपाणि ने पुनः लसड़ चाल से चलते हुए कहा- "अब और भव संसार में लुढ़कना नहीं चाहता था। यह राधा ही बलात कृष्ण को पृथिवी तल पर खींच लाती है- मां जन्म देती है किन्तु कान्ता भव-बन्धन में बांधती चलती है- स्त्री कामिनी छोड़े बिना प्रभु की ओर मन नहीं जाता, गोविन्द! क्या चाहते हो, मानव जन्म में? स्त्री? घर-बाहर, सम्पत्ति-सम्पदा कीर्ति पुण्य क्या? यदि यह सब चाहते हो तो राधा खोजो, मन के निकुञ्ज में अन्यथा हारे को हरि नाम, गोविन्द!"

"तब संसार से हार गये आप?" गोविन्द अपने घर की गली में मुड़ता हुआ बोला- "सच है कभी-कभी मैं भी हार जाता हूं।"

"किससे?" शूलपाणि ने पूछा।

"आपकी भाभी और माँ दोनों से।" गोविन्द ने निसास रखते हुए कहा- "दोनों झपती ही नहीं। दोनों में खटपट चलती ही रहती है। मुझे कहती है, अलग हो जाओ-पांच गांवों का क्षेत्र है तो एक गांव अपना-अपना घर बसायेंगे। तब माता जी कहती हैं यह गौरी तो माता कालिका है, मेरे पूत को खा रही है-भूख रही है।"

"अच्छा? तो तुम्हारे भी पाँच गांवों का वंशानुगत क्षेत्र है?" शूलपाणि ने पूछा-"चलो, यहाँ तो मेरा घर और तुम्हारा घर एक समान है। तो क्या सोचते हो?"

गोविन्द ने घर की बन्द देहली की कुण्डी फिराते हुए कहा- "मैं-माँ को छोड़ नहीं सकता। यह घर वाली तो है, तो है। परन्तु माँ तो माँ है। भगवान् जगन्नाथ स्वयं माँ के रूप में प्रगट होते हैं-स्त्री को जो चाहिये, लाकर देता हूँ-किन्तु माँ को क्या दूँ? वह कुछ चाहती भी नहीं-सेवा चाहती है, जो आपकी यह तन्वंगी भाभी करने नहीं देती। अरे सुन तो, ललने!"

आँगन के एक सिरे से ध्वनि आई- "क्या है? आज शीघ्र ही आ गये? काम में जी नहीं लगता-घर पर पड़े रहना है; वंशी बजाते रहना है।" एक तन्वंगी तनिक लम्बी, मध्यम और गौर वर्ण की युवती प्रकोष्ट में झबकी, झलकी।

"देख भी, कल्याणी कौन आया है?" गोविन्द ने कहा- "शूलपाणि!"

"वह चेला?" तन्वंगी हंसी; बोली- "गोरधन मठ का बाबा? धन भाग्य पधारिये श्रीमद्!"

शूलपाणि ने आशीर्वाद देने के लिये हाथ उठाते हुए कहा- "अखण्ड सौभाग्यवती भव। दूधो नहाओ, पूतों फलो।"

तन्वंगी ने सहज ही नमन किया; बोली- "महाराज! अब तो पिण्ड छूटे, ऐसा आशीर्वाद दो। दूधो नहाना ही था और पूतों फलना ही था-तब आप क्यों भागे?"

शूलपाणि- "गृहस्थी से अघा जो गया था। आकण्ठ आ गया था, कल्याणी! किन्तु तुम तो गृहलक्ष्मी तथा गृह देवी दोनों ही हो।"

"एक छेले के हाथ जो जा पड़ी हूं- कल्याणी ने कहा- "गायें ढेर सारी हैं-चराने कौन जाय? सुसर जी तो बस श्रीमद् भागवत का पारायण करते रहते हैं और हमारी सासु जी? वारी जाऊँ मैं-अपने बेटे को गोदी से नहीं उतारती जैसे और यह? क्या करने, वंशी बजाया करते हैं-कृष्ण होना है इनको, परन्तु मैं कहती हूं-कृष्ण तो बनोगे, राधा कहाँ से लाओगे?"

"तुम जो हो!" गोविन्द ने हठात् ही कहा।

"मैं? मैं तो इस घर की वधू-दासी हूं"-माता जी को फूटी आँखों से भी नहीं भाती।" कल्याणी तन्वंगी गोप वधू ने कहा- "अपना अपना भाग्य स्वामिन्! पधारिये! बैठिये-तक्र लीजिये। आज विश्राम क्या यहीं होगा? परन्तु हाँ, किधर?"

"ज्योति मठ, बदरीकाश्रम!" शूलपाणि ने कहा।

"क्यों? कोई झगड़ा खड़ा हुआ है क्या? अथवा वह शंकराचार्य! वह है न, शंकराचार्य्य क्या किसी से लड़ पड़े? क्यों जी शंकराचार्य्य परकाया प्रवेश कर सकते हैं? अपने शरीर से बाहर निकल सकते हैं? हनुमान की भांति छोटे बड़े पर्वताकार भी हो सकते हैं क्या?" तन्वंगी वधूटी गोपी ने तनिक आश्चर्य और लज्जित सी होते हुए पूछा- "योगी हैं-नहीं!"

"योगेश्वर यतीश्वर!" शूलपाणि ने कहा- "साक्षात् शिव स्वरूप हैं- जगद्गुरु शंकराचार्य्य!"

"अच्छा? कभी-कभी दर्शन का मन होता है।" गोविन्द वधु ने कहा- "परन्तु ऐसे भाग्य कहाँ? स्त्री जो हूं-पुरुष जन्मना था मुझको! तो बता देती इन पुरुषों को कि पृथिवी पर राम राज्य कैसे उतरता है? कैसे वृन्दावन ऊग पाता है-प्रेम, शान्ति और आनन्द का विशाल कुटुम्ब ही बना देती।"

गोविन्द ने कहा- "परन्तु यह तो जननी का काम है।"

"चुप रहो, जी! यह राधा माधव का काम है।" गोविन्द वधू लजाती हुई बोली- "स्वामिन्! इनसे कहो तो, कभी बंशी मुझे भी सुनायें- कभी तो सुनायें।"

शूलपाणि ठठाकर हँसा- "अवश्य! सुन रहे हो गोविन्द?"

गोविन्द- "वर्षों से सुन रहा हूं यह सब! कभी कहती है गोपी हूं बंशी सुनूंगी। कभी कहती है, यशोदा हूं- कभी क्या?"

गोविन्द वधु गर्जी- "मैं श्री कृष्ण की बंशी सुनना चाहती हूं, तुम्हारी नहीं, सुन लो!"

"श्री कृष्ण की बंशी सुनेगी?" गोविन्द ग्वाला बमका; तनिक हंसा और कुछ गर्जा- "भगवान् जगन्नाथ की दी हुई गृहस्थी चला! मेरे माता-पिता की सेवा कर, समझी भाग्यवान्! श्री कृष्ण की बंशी तो मनसा वाचा कर्मणा गोपी ही सुन सकती है-ग्वालिन नहीं। सभी ग्वालिन गोपियाँ नहीं होतीं-"

"अच्छा, जी!" वधूटी बोली- "तब में गोपी बन कर रहूंगी।"

गोविन्द ग्वाले ने तीव्र स्वर में कहा- "गोपी बनेगी। करोड़ों जन्मों के पुण्य, त्याग तथा तपस्या चाहिये, गोकुल की गोपी बनने के लिये श्रीमद् भागवद् पढ़! अब स्वामी जी को खड़ा ही रखेगी अथवा इनका स्वागत भी करेगी-आइये, श्रीमद्! माता जी के पास चलें।"

"माता जी के पास-हाँ।" शूलपाणि ने कहा।

वधू बोली- "दिन रात खटिये पर जमी रहती हैं, मुझको आदेश देतीं और सुसर जी को झिड़कती रहती हैं!"

"चुप रह, भागवान्! सासू माँ होती है और माँ की निन्दा करने वाले सभी नर्कों में जाते हैं।" गोविन्द ग्वाले ने माता जी के कक्ष की ओर जाते हुए कहा- "भोजन-संजो, भाग्यवती! हम अभी आये। अच्छा सुस्वादु सुमधुर भोजन करवायगी, तो बंशी सुनाऊँगा।"

"सरिता तट पर? पूर्णिमा की रात को?" वधू ने भवें तरेरते हुए पूछा।

"वृन्दावन में सुनाऊँगा, बस!" गोविन्द ग्वाले ने हँसते हुए कहा।

"वाह रे, मेरे कृष्ण! निछावर जाऊँ!" वधूटी बोली और रसोई घर की ओर लपकी-झपकी-धँसी। गोविन्द ग्वाला ठहका मार कर हंसा- "देखा! पत्नी को यों प्रसन्न किया जाता है। इस संसार में परमेश्वर शीघ्र प्रसन्न होता है- पत्नी नहीं। किन्तु आप तो जन्म जात जोगी हो, इसमें क्या समझोगे? माता प्रसन्न अप्रसन्न भले ही रहे किन्तु पत्नी को प्रसन्न करना, प्रसन्न रखना अनिवार्य्य है अन्यथा-"

शूलपाणि- "अन्यथा छप्पन पक्वान नहीं मिलेंगे।"

"छप्पन्न पक्वान क्या, एक भी पक्वान नहीं मिलेगा।" गोविन्द ने कहा- "मानव भव में सुख स्त्री और सन्तति, संस्कारी माता-पिता, शालीन भगिनी, समादृत जामातृ और उदार विरोधी-यही सुख देते हैं।"

"भूलते हो, गोविन्द!" शूलपाणि ने कहा- "पुण्य! पुण्य ही सुख का मूल है। सुरेश्वराचार्य्य जी ने नैष्कर्म्य सिद्धि पुस्तक लिखी है। यही मानव कर्म का समूचा विवेक है। कर्म! पाप, पुण्य, श्रेय, कल्याण और मंगल कर्म-और अन्ततोगत्वा पारमार्थिक कर्म!"

"पारमार्थिक कर्म?" गोविन्द की मातुश्री कक्ष के द्वार से पूछ बोली- "शूलपाणि जी हैं? यह पारमार्थिक कर्म क्या है?"

शूलपाणि ने प्रणाम पूर्वक कहा- "जो ब्रह्म साक्षात्कार करवा दे, मोक्ष प्राप्त करवाये।"

मातु श्री ललिता ने अपनी श्याम-श्वेत पतली किन्तु भुर-भरी भवें तरेरीं- "कर्म से ब्रह्म साक्षात्? क्यों? वह शंकराचार्य्य भी तो ज्ञान से ही ब्रह्म-साक्षात् बताते हैं।"

शूलपाणि ने सस्मित कहा- "पुण्य, श्रेय कल्याण तथा मंगल कर्मों से जहाँ काल धर्म शान्त होता है, वहाँ भवेच्छा भी कटती जाती है। कर्म-संस्कार क्रमशः दिव्य होकर पारदर्शी सात्विक से जीव-चेतना भर जाती है। तब जाकर जीव भाव भवेच्छा, शमने लगती है और सच्चिदानन्द ज्योति का भास उदय होने लगता है-मोक्ष? अर्थात जगत् अन्तर्ध्यान, भव-संसार लुप्त, कर्मेच्छा समाप्त और भव-जीजिविषा अनन्त सत्य की परम् शान्ति में लीन। मैं इसी को मोक्षावस्था मानता हूं, माँ!"

ललिता माँ हँसी बोली- "बड़े पण्डित हो गये हो, शूलपाणि आज हम लोगों का स्मरण कैसे हो आया?"

"आचार्य्य जी का सहसा आदेश हुआ- "ज्योति मठ जाओ और गुरुदेव शंकर की रक्षा के लिये सावधान होकर रहो-तोटक तो अब तोटकाचार्य्य हो गये हैं और अपने मठ के क्षेत्र में उन्होंने परिव्राजन आरम्भ कर दिया है।"

ललिता माँ बोली- "शंकराचार्य की रक्षा? यह क्या सुन रही हूं-उस दिव्य अजात शत्रु का फिर कौन शत्रु है?"

शूलपाणि- "विद्वान्, साधक, शास्त्री और कौन? इन कर्मवादियों को वेदान्त का ज्ञान कथन न तो समझ में आता है और नहीं भाता है। सब को, भूमण्डल के विज्ञानवादी चार्वाकों को वेदान्त के सत्य ज्ञान से ही विरोध रहा है-मानव को जैसे मोक्ष नहीं चाहिये-जगत् का निस्सार क्षण भंगुर भोग चाहिये। मेरी माँ यही चाहती थी कि मैं ढेर सारे सन्तान उत्पन्न करूं और दादी माँ की गोद भरी पूरी रक्खूं। गृहस्थी का पर्वत उठाये फिरुं रुग्ण तथा शोकातुर रहूं तथा वयोवृद्ध होकर एक दिन तन त्याग कर काल के अँधेरे बीहड़ में प्रेत की भांति भटका करूं। छी!"

ललिता माँ ने कहा- "मेरे गोविन्द को बिगाड़ोगे, शूलपाणि! वह तुम्हारे जैसा जन्मजात निश्चिंत जोगटा नहीं है-और मैं नहीं होने दूंगी।"

शूलपाणि हंसा; बोला- "निश्चिन्त हो जा, माँ। तेरा गोविन्द तो मुरली बजाता है। गायें चराता है- उसको तो राधा और गोपी चाहिये। श्रीकृष्ण का भक्त कभी जोगटा नहीं होता।"

ललिता माँ ने प्रसन्न होते हुए कहा- "राधा चाहिये इसे? कह उतनी राधा ला दूँ?"

गोविन्द ने सहसा कहा- "यों ही वह भाग्यवान रूठी रहती है, माँ! तुमको सुन लेगी तो मेरा तो घर में बसना ही कठिन हो जायेगा।"

ललिता माँ ने कहा- "तू मूर्ख है-नादान! जड़मति भी है। बंशी बजाता रहता है रात दिन। उसकी गोद भर, समझा?"

गोविन्द ने झेंपते हुए कहा- "यह तो प्रारब्ध की बात है। माता-पिता, पत्नी, सन्तान, पुत्र-पुत्री, जामातृ तथा शत्रु-यह सब प्रारब्ध से ही मिलते हैं।"

"संगी-साथी भी।" शूलपाणि ने कहा- "पिता श्री कहाँ हैं?"

ललिता मां बोली- "गाँवों की परिक्रमा कर रहे हैं- और उनका कार्य क्या है? यज्ञ करवाना, संस्कार करना, श्राद्ध करवाना तथा हव्य-कव्य और दक्षिणा प्राप्त करना।"

गोविन्द ने कहा- "यह न करते तो रोटी कैसे मिलती, माँ? तुम पिता जी को व्यर्थ ही उपालम्भ देती रहती हो। शंकराचार्य्य के पिता जी शिवगुरु भी तो यही करते थे-"

ललिता ने तीव्र स्वर में कहा- "करते होंगे। यह चतुर्वेदियों का प्रसिद्ध कुल है-ख्यात वंश है। पिछली तीन पीढियों से गुरुकुल अस्त होने लगा और आज तो यह कुल कर्मान्त्री का कुटुम्ब हो गया है। तू? एक ग्वाला मात्र है-"

"गौधन, माँ!" गोविन्द बोला- "समष्टि तथा राष्ट्र की सम्पूर्ति और संभृति के लिये गौधन, वाजि-धन, गज-धन, सभी धन चाहिये। किन्तु आधारभूत सम्पन्नता के लिये गोधन ही है। गौ संवर्धन से ही समाज और राष्ट्र पुष्ट होते हैं।"

"रहने दे, तेरा सिद्धान्त!" माँ बोली- "महाभारत, गीता और श्रीमद् भागवत पढ़-पढ़ कर तेरी बुद्धि फिर गई है। मैं अपने पुत्र को गुरुकुल का आचार्य्य ही देखना चाहती थी। परन्तु यहाँ तो एक छैले ग्वाले को देख रही हूँ।"

"ग्वाला ही इस भूतल का उत्तम सज्जन नागरिक है।" शूलपाणि ने कहा- "श्री कृष्ण का बल गो और मुरली है, माँ! गोविन्द आचार्य्य हो नहीं सकता- आचार्य्य होना दुस्तर तपस्या है। सभी विधायें जाननी होती हैं; सभी शास्त्र कण्ठस्थ करने पड़ते हैं- त्रिकाल संध्या वन्दन करना होता है तथा मध्य रात्रि तक दीपक की लौ में अध्ययन करना होता है- आचार्य श्री पद्मपाद ने मुझको मानो पोथियों के भण्डार में बिठा रखा है- पुस्तक का सिराना कर सोता हूं और सोते-सोते भी स्वप्न में मुझको शास्त्र के पन्ने दिखते हैं।"

"अच्छा, अच्छा! तू शूलपाणि! इच्छा हो, वह बन!" ललिता माँ ने निसास रखते हुए कहा- "तुम सब जोगटे एक भाँति के हो। तुम्हारे जगद्गुरु शंकराचार्य भी वैसा, तुम्हारा गुरु पद्मपाद भी वैसा और तुम भी वैसे-सिर फिरे और क्या? मनुष्य होकर गृहस्थ होना नहीं। माता-पिता को ठुकरा कर चल देना, समाज से कतराना तथा सभी सम्बन्धों को तिलाञ्जलि देकर लठंग की भाँति मठ-मन्दिर में रहना। अध्ययन? स्वयं के ज्ञान और अनुभव का अध्ययन क्या? नहीं-अन्यों के कथनों को रटना, वेदों को स्मृति में घोटना शास्त्रों के अनुसार क्रियायें करवाना, रात-दिन समाजों में वाचाल बने रहना- शास्त्रार्थ कर अपनी पण्डिताई का वर्चस्व स्थापित करना, अपना सम्प्रदाय चलाना-यह है रहस्य, मर्म। वह काश्मीरी शैव अभिनव गुप्त और उसकी शिष्य मण्डली यही करती आ रही है।"

शूलपाणि ने कहा- "किन्तु शंकराचार्य्य ऐसा नहीं कर रहे। जगद्गुरु ने मानो मानव जाति से स्पष्ट और अचूक कह दिया है-कह रहे हैं कि विज्ञान की संस्कृति मूलतः चार्वाक संस्कृति ही है- विज्ञान मृत्यु की गतिविधि तथा जीवन चेतना के रहस्यमय उद्भव तथा विकास की कूंत मात्र है- ज्ञान नहीं। ज्ञान का सहज अगाध अपार संजीवन नहीं, माँ! मानव को आज ज्ञान चाहिये जिससे वह विज्ञान के प्रचण्ड सम्मोह में भी शांत, सम और अनासक्त रह सके। मनुष्य ज्ञान से ही मृत्यु को जीत सकता है, संसार तर सकता है।"

"तू तर गया क्या?"- ललिता माँ ने रोष पूर्वक पूछा।

"मैं संसार सागर का तट देख गया हूं माँ-" शूलपाणि ने कहा। तभी पीछे से रुष्ट कोयल बोली- "भोजन, विद्वानों! भोजनम्!"

गोविन्द ने कहा- "सम्राज्ञी का आदेश है- भोजन प्राप्त करना! चलो भाई!"

"सम्राज्ञी? कौन सम्राज्ञी?" गोविन्द वधू तमकी।

"तुम, और कौन?" गोविन्द ने कहा।

"और तुम सम्राट्? कहाँ के, सुनूं तो?" गोविन्द वघू ने पूछा।

"तुम्हारे और किसके?" गोविन्द ने हँसते हुए कहा।

"निछावर जाऊँ।" गोविन्द वधू ने सस्मित भवें नचाते हुए कहा।

ललिता माँ मुस्कराई, शूलपाणि और गोविन्द मुस्कराये भी, हँसे भी। शूलपाणि ने कहा- "भोजन और फिर भजन, भजन और फिर भोजन! अवश्य, शयन है; किन्तु शयन स्वप्न देखने अथवा अजापा जाप करने के लिये है। साधक सोते-सोते जागता रहता है और--"

गोविन्द ग्वाला ने कहा- "और सांसारिक तो जागते-जागते ही सोता रहता है। होगा-अपनी तो गौएँ भली; मुरली भली और यह दूध, दही और मक्खन की गृहस्थी भली।"

शूलपाणि- "भोजन पाते ही हम चल देंगे, बन्धु! हमें शीघ्र ही ज्योतिमठ पहुंचना है। तोटकाचार्य्य अपने क्षेत्र की परिक्रमा करने के लिये प्रस्थान करने ही वाले हैं- आचार्य्य श्री शंकर अकेले ही मठ में बिराजे रहेंगे-कोई तो चाहिये उनके पास। शैव सम्प्रदाय वाले कदाचित् जगद्गुरु को शान्ति का सेवन नहीं करने दें। इस अभिनव गुप्त का क्या बिगड़ जाता है यदि वेदान्त दर्शन की बात लोगों को सुनाई जाय। लोगों को अपनी इच्छानुसार धर्म पालन की निहित स्वाधीनता है- होनी चाहिये। बलात् लोगों को अपने धर्म में मूंडना कभी सहन नहीं किया जाना चाहिये। क्या धर्म कारागार का घेरा है? नहीं, धर्म पालन तो उन्मुक्त पञ्छी की गगन उड़ान की भांति है- चिदाकाश में भगवान् को खोजने के लिये उडो-उड़ा करो। बिहरो, लहरो!"

भोजन की थाल पर बैठते हुए गोविन्द ने कहा- "मैं पूछता हूँ भगवान् श्री कृष्ण का कौन सा धर्म था? वैष्णवात कहेंगे? श्री कृष्ण वैष्णव था; किन्तु हम ग्वालों से पूछो उनका धर्म क्या था? श्री कृष्ण का धर्म गीता में कहा ज्ञान था, कर्म योग, भला!"

शूलपाणि ने तनिक ध्यान किया और जल की धारा फेरते हुए कहा- "मनुष्य का धर्म केवल मानव धर्म है; ज्ञान-आत्म ज्ञान ही मानव जीवन का आत्यंतिक लक्ष्य है तथा अनासक्त जीवन यात्रा है- गोविन्द तुम भाग्यशाली हो-"

"कैसे?" गोविन्द ने पूछा।

"क्यों नहीं? सरल शान्त मगन गृहस्थी है; पत्नी है-गोएं हैं; श्री सम्पदा है, सब है।" शूलपाणि ने कहा- "यही सुख है।"

"तब गृहस्य क्यों नहीं हो जाते?" गोविन्द-वधू ने पूछा- "हाँ कहो, जी! और अभी एक गोपी ला देती हूं- कृष्ण बनना होगा, जोगी!"

शूलपाणि ने कहा- "जन्मते-जन्मते थक गया हूं; मरते-मरते अघा गया हूं। यह देह भयभीत करने वाला बन्धन ही लगता है। मैं भव नहीं, मुक्ति चाहता हूं, मोक्ष!"

"मैं तो श्री नन्द नन्दन की भक्ति ही चाहता हूं- गोकुल में श्री राधा माधव के मुखारविन्द का रस पीते रहो। मुरली का निनाद सुनते रहो। शान्ति, चिर

प्रसन्नता, भय मात्र से दूर, नित्य हरि दर्शन करते रहो।" गोविन्द ग्वाला बोले- "क्यों भाग्यवती? नहीं?"

श्रीमती गोविन्द मुलकी- "गोकुल में तो गोपी चाहिये- जो भी गोप-गोपी के बिना गोकुल प्रवेश चाहता है; उसको प्रवेश नहीं मिलता। गोपी-कृष्ण, समझे! गोप-कृष्ण नहीं; अवश्य ही गोपाल कृष्ण तो हैं।"

गोविन्द ग्वाला ने रोटी के बड़े टुकड़े पर मक्खन का डला चढ़ाते हुए कहा- "जय श्री कृष्ण! रहने भी दे, गोपी कृष्ण अभी। अभी तो यह गेहूं की भरी घी-बुझी रोटी मक्खन का डला, मधु तथा दुग्ध का कटोरा है-मित्र है-और आप श्रीमती हैं। स्वर्ग सुख में क्या कोई कमी है?"

श्रीमती गोविन्द ने परोसते हुए कहा- "इनसे आशीर्वाद क्यों नहीं माँग लेते- इनके साथ ज्योति मठ जाओ और शंकराचार्य्य से आशीर्वाद मांगो...."

"क्या?" गोविन्द ने घूंघट की फिरकन-थिरकन में हँसते हुए, पूर्णेन्दु को निहारते हुए कहा- "क्या आशीर्वाद?"

शूलपाणि ने कहा- "सौभाग्यवती! तुम्हारी गोद भरेगी- अवश्य भरेगी-यह मैं कह जाता हूं। अवश्य मैं महात्मा शंकर नहीं हूं। आचार्य्य पद्मपाद श्रीमद् भी नहीं हूं; किन्तु मैं एक साधक हूं। तुम्हारी गृह्म कामना पूर्ण होगी....."

"कितने?" गोविन्द ने मुस्कराते हुए पूछा।

"तुम दोनों चाहो, इतने!" शूलपाणि ने कहा।

तनिक विश्राम कर शूलपाणि ललित माँ की प्रस्थान के लिए आज्ञा लेने गये; बोले- "आशीर्वाद दो माँ! मैं सफल हूं। कठिन कार्य दिया है मेरे आचार्य्य श्री ने मुझको। जगद्गुरु समर्थ सर्वज्ञ शंकराचार्य्य के देह की रक्षा करने का कार्य्य।"

"क्या पुनः कोलों, कालभोजों-इनसे भय हो गया?" ललिता माँ ने पूछा- "यह पोथी पण्डित और प्राणायाम साधक सब एक भाँति के द्विष से भरे होते हैं- गुणी गुणवान् का उत्कर्ष नहीं देख सकता। सौतिया डाह से भी बढ़ कर यह विद्वानों का परस्पर दाह है। परन्तु तुम निश्चिन्त हो जाओ सत्यनारायण सब पार उतार देगा।"

"सत्य नारायण?" शूलपाणि ने प्रणाम करते हुए कहा।

"परम् ब्रह्म-सच्चिदानन्द।" ललिता माँ ने कहा- "हाँ! सत्य ही तो सत्य नारायण!"

07

"सत्य नारायण!" शब्द ध्वनि शूलपाणि के अन्तःकरण गहन में स्वतः ही गूंजती रही। सत्य? क्या? नारायण? क्या? शूलपाणि गोवर्धन मठ में दीक्षित हुआ तब से सहज ही सत्य को लेकर एक घहरी हुई ऊहापोह में रत था। सत्य? है; सत्य ही है। परन्तु वह सत्य का रूप देखना चाहता था- रंग देखना चाहता था-वह सत्य का आस्वाद भी करना चाहता था-क्षण भंगुर अस्तित्व-अस्ति की संक्रामक सनातन अनुभूति को वह चाहते हुए भी सत्य, चिरन्तन अस्तित्व स्वीकार नहीं कर पा रहा था। इसलिये वह जगत् में रूप-रूप-वस्तु-वस्तु को कुतूहल पूर्वक देखा करता था। नदी-किनारे चुपचाप बैठ कर वह मूक मूढ़ सा वीचियों, लहरियों को पेखा करता था। चलते-चलते कभी वह थड़क कर खड़ा हो जाता और अनन्त आकाश के तारों को निहारने लग जाता था-तारे? आकाश? वह कभी-कभी अपने प्रतिबिम्ब को दर्पण में देखता रहता-यह प्रतिबिम्ब? मैं? हाँ, मैं देही; शरीरी मैं शूलपाणि! आचार्य्य श्रीमद् शंकर की संघ यात्राओं में वह एक दृष्टा, श्रोता की भाँति निरन्तर साथ रहा-शंकराचार्य्य के सेवक शिष्यों को रिझाता हुआ वह आचार्य्य पद्मपाद की आँखों में आ बसा। स्वयं दो एक बार शंकराचार्य्य ने भी उसको टटोल कर पूछा था। "तुम? कौन?" कुछ दूर से विनीत प्रणाम करते हुए शूलपाणि ने कहा था- "मैं नहीं जानता, मैं कौन?" तब श्रीमद् आचार्य्य शंकर ने हँसते हुए कहा था- "देह हो, नहीं?" शूलपाणि जैसे अपने समस्त आकाश में एक आँधी बन गया था- कांपते हुए स्वर में बोला था- "देह? मैं-नहीं; प्रभो!" तब श्रीमद् शंकराचार्य ने आचार्य्य पद्मपाद से कहा था- "शूलपाणि नाम रूप को अपने मठ में ही ले लो, वत्स! प्रत्येक मठ को उत्तराधिकारी की आवश्यकता होगी। आचार्य का देह तो जायगा ही; किन्तु आचार्य्यत्व अजर-

अमर है-रहेगा। तभी शंकराचार्य्य श्री चित्सुख को सुरेश्वराचार्य्य के दायित्व में सौंपा था। श्रृंगेरी मठ के लिये हस्तामलक ने स्वयं शंकर को अपना आदि आचार्य्य तथा विश्व रूप सुरेश्वराचार्य्य को सम सामयिक बान्धव माना था। तब नित्यबोध को शंकराचार्य्य ने हस्तामलक को सौंपा था। हस्तामलक मानो योग्य पात्र साधना श्रेष्ठ शिष्यों को खोजते रहते थे और श्री पद्मपाद को विश्वास था शंकराचार्य्य की अमोघ प्रेरणा से योग्य शिष्य प्राप्त होता ही रहेगा। सुरेश्वर ने उत्तराधिकार के विषय पर सोचा ही नहीं था। शंकराचार्य्य श्रीमद् द्वारा स्थापित मठों के प्रारब्ध जैसे शंकराचार्य ने ही गर्भित कर दिये थे- वेदान्त के आचार्यों का श्री गणेश भगवान शिव से ही होता है। वेदान्त के ब्रह्म सन्देश को देने वाले आचार्यों में विष्णु और ब्रह्मा भी हैं, शिव, विष्णु, ब्रह्मा, वशिष्ठ, शक्ति, पाराशर, व्यास, शुक, गोड़पाद, गोविन्द यति और शंकराचार्य्य। शंकरचार्य्य मानो पञ्चमुखी आचार्य्य शिव स्वरूप् जगमगा रहे थे- शंकर हस्तामलक पद्मपाद सुरेश्वर तोटकाचार्य। शूलपाणि ने सिर धुनाया आचार्य श्रीमद् शंकरचार्य्य पञ्चमुखी शिवाचार्य्य! मन्द आंधी की चाल चलते हुए शूलपाणि ने नयन बन्द किये- अंधेरा छाया हुआ है। जगत् के मूक-मूढ रूप उभर-उभर कर पुनः मौन कालिमा में बिला जाते हैं। तमके उछलते हुए, लहरते हुए समुद्र में जगत् के रूप-भव-योनियों के देह-स्वरूप बहते ही रहते हैं और शून्य नाम ध्वनियाँ चीत्कारों की भाँति कभी-कभी गूंज जाया करती हैं। "गुरुदेव! जगद्गुरु! उद्धार करो, प्रभो"- चलता रहा, शूलपाणि चलता ही रहा। अर्धोन्मीलित नयन से कभी धरती और कभी आकाश की क्षितिज को देखता हुआ वह चलता ही रहा। वह जैसे एक गति ही हो गया हो- सुदूर वृक्ष घटाओं के परे उसको जैसे क्षितिज पर आचार्य शंकर भासित होते और पुनः अनन्त में अन्तर्ध्यान हो जाते। दिव्य देही ही तो-शूलपाणि मन ही मन बोला- "आचार्य्य श्री शंकर भी जन्मे हैं- देह स्वरूप जन्मे हैं- मैं भी देह स्वरूप जन्मा हूं। यह जन्म-मरण है भी अथवा यह मेरी भ्रान्त धारणा मात्र है?" इस ऊहापोह का सचोट उत्तर कौन दे? गुरुजी पद्मपाद तो जब मैं यह पूछता हूं- हंस देते हैं। शंकराचार्य्य मेरी ओर देखते तो हैं, परन्तु कहते कुछ नहीं। चित्सुख भी यही कहते थे; नित्यबोध का भी यह कथन था। किन्तु शंकराचार्य्य को घेर कर रहने वाले सभी सेवक शिष्यों को अमोघ सन्तोष था। कोई प्रश्न ही नहीं थे उनके-तब उत्तर हो ही कैसे सकते हैं। आनन्द-गिरि अनन्तानन्दगिरि, दर्शन बुद्धि, शुद्ध कीर्ति, विष्णु शर्मा, भानु मरीचि सब-सब को एक निर्द्वन्द्व सन्तोष है। उनको जैसे जगत् को लेकर कोई शंका-आशंका है

ही नहीं-रही ही नहीं! शंकराचार्य्य श्रीमद् का उपदेश सुनना तथा अक्षरशः मान लेना, भिक्षाटन करना तथा श्री गुरुदेव के संघों का प्रबन्ध करना-कार्य देखना- यही उनकी शान्त दिनचर्या हो गई थी। उनको जैसे अपने भावि प्रारब्धों का सोच विचार ही नहीं रह गया था। मृत्यु-भय जैसे मूढ़ हो गया था और वह जैसे प्रसन्न मगनता से प्रतिपल भरे उभरे रहते थे। अवश्य, वेदान्त विरोधियों को वक्र दृष्टि से देखना उनका स्वभाव ही हो गया था। शंकराचार्य्य के सभी शिष्य सेवक मानो आध्यत्म्य के कमलवन के स्वच्छ सुन्दर कुन्जर ही थे- मंत्रों का जाप और वेदों का उद्गीथ- शंकराचार्य्य के उपदेशों पर परस्पर गम्भीर शान्त चिन्तन तथा अपनी-अपनी साधना की गोपनीयता सुरक्षित रखने के लिये बाह्य विपरीत सी चेष्टायें-यह सब एक पारदर्शी तत्वबोधक को समय-समय पर स्पष्ट सी हुआ करती थीं। सर्वोपरि यह सब जगत् को शंकराचार्य्य की दृष्टि से देखने और पेखने की मूक चेष्टा भी करते थे- भिक्षाटन में कभी-कभी शंकराचार्य्य स्वयं उनके साथ चलते थे और तब शिष्य सेवक गण आश्चर्य चकित रह जाते थे। शंकर कभी-कभी शिष्य सेवकों को मार्ग से विचलित होने से रोकने के लिये सिद्धियों के आश्चर्य भी व्यक्त करते थे। संसार से उदासीन सी ही सही किन्तु आधारभूत रूप से जगत् से मुग्ध और भव संसार से बन्धी हुई बुद्धि तब जैसे ठोकर खाकर जाग जाया करती थी। शूलपाणि के मन पटल पर यह विचित्र संस्मरण खिंचते रहे; मिटते रहे और वह बारम्बार निविड़ अनन्त शून्य में अच्युत, निरीह तथा निर्विशेष आधार को खोजने के लिये उन्मीलित सा होता रहा। शूलपाणि चलता रहा और सूर्य मध्याह्न के पश्चात क्रमशः शिथिल मन्द किरणों का हुमसाया हुआ, मुख मण्डल बनता गया- सूर्य को जैसे संध्या का सहसा स्मरण हो आया हो, यों वह अनन्त गगन के क्षितिज के परे और पार पहुंच जाना चाहता था। मानो दिग् दिशाओं में लुके हुए अंधेरे के प्रति सूर्य्य को दया हो आई हो। "अच्छा विहर ले, अँधेरे!" जैसे सूर्य्य कह रहे हों- मौन ही कह रहे हों और लुके छिपे त्रस्त अंधकार की धीरे-धीरे बांछें खिलने जा रही हों। सूर्य्य के अग्निमय प्रकाश को अन्धकार मानो मदिरा की भाँति पीने लगा हो और अपनी बेसुधि में ही वह पृथिवी पर छाना चाहता हो। सूर्य किरणों की पीत स्वर्ण-राशियों को मूढ़ तमिस्त्र अन्धकार मानो किसी अभिमंत्रण द्वारा सोख कर तारों के नयनों में भर दे रहा हो। सन्ध्या- गोधूलि! शूलपाणि सहसा एक पुर की सीमा पर आ खड़ा हुआ। "दिनमणि डूब रहे हैं।" शूलपाणि मन ही मन बोला- "कहां डूब रहे हैं? यह मति- भ्रम है, मूर्ख! सूर्य्य तो कल्पारम्भ से जैसा

प्रकट हुआ है, वैसा ही है। वही गति, वही विधि, वही नाप-तौल। सूर्य और चन्द्र विधाता ने कल्प-कल्पों में पूर्व भाँति ही बनाये हैं। यह अन्तरिक्ष और अन्तरिक्ष की ज्योतिर्मय आलोक सृष्टि है, अनन्त कोटि ब्रह्माण्डों से भरी हुई-गूंजती गाजती दिव्य मनोरम और आश्चर्य चकित करने वाली ईश्वर की मायामयी कृति, कृतियाँ, धृतियाँ हैं। शिव-मन्दिर के बाहरी चबूतरे पर अपना थैला रखते हुए शूलपाणि ने चारों ओर निहारा- "निस्संदेह यह जगत् बनाया गया है; रचा गया है। चैतन्य सा प्रतीत होता है; किन्तु जड़ है- चैतन्य का स्व प्रकाश, स्व प्रेरणा, चिन्मय अधिष्ठान तथा अनुभूति पूर्ण चित्तमयता कहाँ है इस सुन्दर, विराट् भूतियों से पूर्ण जगत् में? सूर्य में आत्म चैतन्य होता तो क्या अन्धकार उसके प्रकाश को लील सकता था? तब शंकराचार्य्य ठीक ही कहते हैं; अन्धकार है ही नहीं; प्रकाश ही है; जीव है ही नहीं; परमात्मा ही है- यह जगत् मिथ्या है-असत् है; केवल ब्रह्म ही सत्य नारायण है!"

शूलपाणि चबूतरे पर बैठ गया; थका हुआ तो था, किन्तु स्फूर्त भी था। एक आतुर विकल जागृति जैसे उसके रोम-रोम में छा गई। सहज ही मंत्र जपते हुए उसने इधर-उधर देखा। संध्या का तमिस्त्र मन्द आलोक अब शयनातुर वृक्ष घटायें मानो पी रहीं थी- रात्रि का उन्मुक्त निश्चिन्त अन्धकार उभरने लगा था; पृथिवी की प्रत्येक दिशा से तमिस्त्र सा यह रहस्यमय तम अन्धकार की भाँवरियां भर रहा था। तम-यह तमोमय मूढ़ता-जड़ता। क्या? यही अज्ञान है? भेद है? भीति है? क्या यही मिथ्या माया है? शूलपाणि चुपचाप स्वयं में डूबा। स्वयं ही मूक हो गया। शरीर की जाग्रति से शून्य स्वप्न को पार कर वह निश्चिन्त निर्द्वन्द्व कारण के घनश्यामतम में जा पहुंचा। सभी विचार जैसे स्वप्न में ही झड़ गये; सभी बिम्ब स्मृतियाँ होकर बुझ गये-भस्म हो गये और सभी अनुभूतियाँ जैसे कारण के चिद्घन एक्य के शान्त अर्णव में लीन हो गईं। 'मैं ब्रह्म-एक, अभय अद्वैत।' शूलपाणि निद्राधीन होते हुए जैसे मन ही मन बोला- "ब्रह्म! सत्यम्; जगत्? मिथ्या"- आकाश से मानो विस्मृति का मेघ खण्ड ही उतर कर उसके रोम- रोम में समा गया हो। जाग्रति स्वप्न में लीन होकर स्वयं ही विस्मृत हो गई। शूलपाणि सो गया-भूखा-प्यासा, थका किन्तु स्फूर्त वह जैसे इसी क्षण उड़ कर ज्योति मठ पहुंच जाना चाहता था- जगद्गुरु श्रीमद् शंकराचार्य के पास। अवश्य ही गुरुवर्य्य प्रतीक्षा कर रहे होंगे-परसों तोटकाचार्य्य अपनी प्रथम परिक्रमा पर चलेंगे और शंकर गुरुदेव ज्योति मठ में अकेले एकाकी ही रहेंगे। गुरुदेव आजकल अपने ही लिखे का पुनरावलोकन

सा-पारायण सा कर रहे हैं और मुक्तकण्ठ से शिष्य सेवकों की ब्रह्म जिज्ञासा तृप्त करते जा रहे हैं- ब्रह्म जिज्ञासा! शूलपाणि अपने सघन घनश्याम कारण विस्मृति में किसी अनादि अनजान किन्तु चिर-परिचित स्मृति के प्रति जागृत होने लगा। कौन? मैं? नहीं-नहीं, तुम-तू तू तत्! हाँ, तत्! शूलपाणि मानो कारण के अनन्त के मध्य स्वप्न का स्मृति संसार ही देखने लगा। रंगों का गुणजन्य गुणीय उभार चित्ताकाश और स्वप्न के मुखौटे ओढ़े हुए स्मृतियाँ ही स्मृतियाँ-स्मृति। यह स्मृतियाँ जैसे किसी अनजान की कल्पना की ओर भभकी जा रही हैं- खिंची लसी जा रही हैं। यह स्वप्न तो स्वयं ही बुझ कर काल दीप का धुआं बन जाते हैं- स्मृति। आधे अधूरे भोगे हुए सुखों के स्त्रेण स्वप्न ढोंगी योगी की भाँति चित्ताकाश के अनन्त में झबकते रहते हैं-नाचते रहते हैं और अन्त में भभक-भभक कर स्वयं ही काल के अपार सनातन प्रवाह में बह जाते हैं। किन्तु स्मृतियों की लौ के मध्य यह स्वयं ज्योतिष्मित स्मृति किसकी है? शूलपाणि रोम-रोम में हहरा-उसने देखा अपने पद्मपाणि में ज्योतिर्मय दीप लिये शुक्लाम्बर परिवेष्ठित नारी चली आ रही है। शूलपाणि ने देखा; स्वयं-गौर कान्ति से भरी हुई, सोनजुही सी देह लता अनन्य सौन्दर्य्यवती नारी मूर्ति की भाँति हंस गति से उसी की ओर चली आ रही है। शूलपाणि मानो मन ही मन उठ बैठा- "आप कौन?" नारी मूर्ति थमी, मानो बोली- "उठ भव-भव से सो रहा है अब उठ जाग बटोही!"

शूलपाणि उठ बैठा- "बटोही मैं?"

"हाँ तुम, जीवन के बटोही।" मूर्ति बोली- "यह दीपक ले- अपने मन-मन्दिर में रख ले।"

"बुझ जायेगा।" शूलपाणि ने कहा जैसे।

नारी मूर्ति हंसी; बोली- "यह अनादि शाश्वत आत्म दीप है- चैतन्य-प्रदीप! यह बुझता ही नहीं। तन का भंग है; अन्तरात्मा का नहीं। दीप टूट जाय, स्नेह बह जाय, बाती बुझ जाय-फिर भी यह दीपक बुझता ही नहीं।"

"आप?" शूलपाणि।

"आत्मा-परमात्मा का स्वयं प्रकाश्य ज्ञान!"- मूर्ति मानो बोली- "आचार्य्य शंकर! सावधान!"

"हुं-सावधान? हूं तो!" शूलपाणि जाग गया। पास ही में कोई बैठा हुआ उसको तक रहा था। बोला- "दण्डी या त्रिदण्डी?"

शूलपाणि ने सम्पूर्ण जाग जाते हुए कहा- "न दण्डी-न त्रिदण्डी!"

"तब?" मूर्ति बोली।

"रमते राम श्रीमन्! आप कौन?" शूलपाणि ने पूछा।

"हम? घूमते हुए लक्ष्मण!" वह बोला- "किसके चेले हो?"

"अपने ही चेले हैं श्रीमन्!" शूलपाणि बोला।

मन्दिर के लघु गुम्बद के समान जटाधारी हँसा-"वाह् भई! क्या कहना? अपन ही गुरु और अपन ही चेले? हम तो आदिनाथ मछीन्द्रनाथ के शिष्य गुरु गोरखनाथ के शिष्यों और चेलों के चेले हैं। तब तुम अपने ही गुरु हो?"

शूलपाणि ने साधु को घूरा- "आत्माराम सभी प्राणियों के अन्तःकरण में रमा हुआ है-सहस्रसार में वह गुरु है"

"सच कहा।" साधु बोला- "परन्तु जीव तो अनादिकाल से अल्पज्ञ होने से दास-चेला ही रहा है।"

"कौन कहता है, जी?"-शूलपाणि ने कहा- "जीव-ब्रह्म एक अभिन्न-अद्वैत, महाराज!"

"यह तो वह शंकराचार्य्य कहता है।" साधु बोला- "हम तो जीव को अनादि सनातन ही मानते हैं। वह शंकराचार्य्य जीव को ब्रह्म की धारणा मात्र मानता है- जीव है नहीं, ऐसा वह कहता है। नहीं है, तो फिर यह देव जन्मता क्यों है? जगत् के पदार्थों का उद्भव क्यों होता है? जब जीव है ही नहीं, तब फिर जगत् की आवश्यकता? भव संसार की यह यात्राएं क्यों?"

"यह सब ब्रह्म का चिद् विलास है, लीला!" शूलपाणि ने कहा।

"ब्रह्म को क्या पड़ी, जो व्यर्थ ही यह माया रचे बैठा है? साधू बोला- "यह ब्रह्म जगत्, जीव, भव बन्धन और मोक्ष ब्राह्मणों के अत्यन्त कुशल कथन हैं। इन बुद्धिमानों ने अपने बौद्धिक अहम् को लेकर ही यह सब शास्त्र रचे हैं। तत्वदर्शी? केवल उद्भ्रांत वाचाल मात्र।"

तब सत्य की जिज्ञासा, ब्रह्म-प्रतिपादन, यह सब केवल ब्राह्मणों की विलक्षण कुशलता भर है?"- शूलपाणि आघात खाते हुए बोला- "मेरे आचार्य गुरु जी ऐसा नहीं कहते-कभी नहीं कहा, जी!"

"कौन है आपका आचार्य?" साधु।

"गोवर्धन मठ के पद्मपाद आचार्य्य श्रीमद्!"- शूलपाणि।

साधु ठठा कर हंसा बोला- "अरे वह? सनन्दन?" साधु बोला- "पूर्वाश्रम के मेरे देश में उसको कौन नहीं जानता? वही न? जिसको उसी के मातुल ने विष दिया था भोजन में-हाँ, ऐसी अमिट किंम्वदती है। कायर कातर पौगण्ड था और मनस्वी युवा। घर से, गांव से, मण्डल से भागा और किसकी शरण में गया- एक उद्दाम शास्त्र मर्यादाओं का सहज ही भंग करने वाले यती की शरण में गया। मैं पूछता हूं यह शंकराचार्य है क्या? एक आडम्बरी ऐन्द्रजालिक तान्त्रिक भर है।"

"चुप रहो!" शूलपाणि सहसा गर्जा।

"सत्य एक दिन अन्त में बोलता ही है।"- साधु बोला- "आत्मवञ्चना से भरा हुआ है यह वयस्क यती शंकराचार्य्य। स्वयं मृगासन पर बैठता है; परन्तु अपने मठाधीश आचार्य्यों को वह रत्न जटित स्वर्ण सिंहासनों पर बिठाता है। यह दीन-हीन, रंक सनन्दन आचार्य्य पद्मपाद सिंहासन पर बैठता है। छत्र के छाँव में मुस्कराता है और चम्मर की ढुलन के साथ मन्द-मन्द सबको निहारता है। वाह जी! क्या वेदान्त का ब्रह्म-प्रतिपादन है? मैं पूछता हूं ब्रह्म ही सत्य है और जगत् मिथ्या। तब फिर यह जगत् के ठाठ की क्या आवश्यकता थी?"

"पूर्वाश्रम में क्या थे?"- शूलपाणि ने सहसा पूछा।

"नालन्दा विश्व विद्यालय में था।" साधू बोला- "तत्व बोध को लेकर इतने द्वन्द्व हो सकते हैं, वहीं जाना। यह राग द्वेष कहीं गया है- नहीं गया है। बौद्ध आचार्य्यों और विद्वानों के अदृश्य से राग और द्वेष देख-देख कर मैं वीतराग हो गया और तब उपाध्याय वृत्ति त्याग दी।"

"घर-संसार?" - शूलपाणि ने पूछा।

"घर तो था; किन्तु संसार नहीं सा था। स्त्री देव दासी बन गई।" साधु बोला- "एक पुत्र सैनिक बन गया; दूसरा ज्योतिषी बन कर हाथ और कुण्डली देखता फिरता है। तीसरा पुत्र दस्यु बन गया।"

"पुत्री?"- शूलपाणि।

"पुत्री? एक हुई; किन्तु अपने प्रियतम के साथ भाग गई।" साधु बोला- "घर की दहलीज उसको रोक नहीं सकी। कुल की प्रतिष्ठा उसको थाम न सकी, निर्लज्ज हो गई थी। स्त्री थी न? स्त्री को लज्जा विधाता का वरदान ही होता है।"

"असन्तुष्ट, निराश होकर ही साधु हुए हो?" -शूलपाणि बोला।

"जी नहीं-भव संसार में ढोंग है; किन्तु लज्जा और मर्यादा भी है। साधुओं और मठाधीशों के जगत् में क्या है यह देखना चाहता हूँ।"

"देख लिया?"- शूलपाणि ने पूछा।

"देख रहा हूँ- ज्योतिर्मठ जाकर और भी देखूंगा।" साधु बोला- "शंकराचार्य का नाम सुनते ही मुझको न जाने क्या का क्या हो जाताहै?"

"क्या?"- शूलपाणि।"

"चित्त उद्विग्न हो जाता है; मन शंकित हो जाता है-बुद्धि को काठ मार जाता है।"- साधु ने निःसास रखते हुए कहा- "जीवन भर उपाध्याय रहा हूं-पोथियाँ उंचाई हैं। टटोली हैं। अध्ययन- अनुशीलन किया है-परन्तु यह शंकराचार्य्य ईश्वर को प्रामाण्य नहीं मानता।"

शूलपाणि हँसा बोला- "जगद्गुरु शंकर का नाम सुनते ही जब आपकी बुद्धि को काठ मार जाता है, तब ज्योतिर्मठ जाकर जगद्गुरु को देखने से लाभ? जगत् भर के विद्वान् मनीषी उनसे शास्त्रार्थ कर हार गये हैं और मानो जीतते, तब भी शंकराचार्य्य अपना सिद्धान्त नहीं त्यागते। शंकराचार्य्य का दूर से भी दर्शन करना आत्म भीरुओं के लिये लाभदायक सिद्ध नहीं होता-"

"हम आत्म भीरु हैं तब?"- साधु बोला, तनिक उग्र स्वर में कहा- "हम शिक्षक से उपाध्याय और उपाध्याय से महामहोपाध्याय हुए हैं। देश मान्य कुलपतियों ने हमें प्रतिष्ठित किया है। हम क्या शंकराचार्य्य से भयभीत हैं? होंगे? नहीं, जी! हम ज्योतिर्मठ जाकर शंकराचार्य के सामने घुटनों के बल बैठेंगे और शास्त्र की अन्तिम प्रतिज्ञा उनसे कहेंगे। हम उनसे शास्त्रार्थ नहीं, गम्भीर और शान्त वार्ता ही करेंगे। बुद्धि के मल को धोने के लिये चित्त की शान्ति अनिवार्य है। श्री, जी! यह आपका जगद्गुरु अभी शारदा मन्दिर की सर्वज्ञ पीठ पर आरूढ़ ही नहीं हुआ, तब जगद्गुरु कैसे बन गया? स्वयं ही अपना जय घोष? अहो रूपम् महो ध्वनिः?"

"सूर्य्य को मेघाम्बर प्रतिष्ठित नहीं करता।" शूलपाणि ने कहा- "सभी आभारतीय मनीषी, शास्त्रवेत्ता, विचार तीर्थ और विद्या वारिधिगण-शंकराचार्य के सम्मुख नत मस्तक हो गये हैं। केवल कामरूप और काश्मीर के अभिनव गुप्त और उनके शिष्य शेष हैं......"

"अभिनव गुप्त!" साधु बोला- "इधर शंकराचार्य्य तो उधर अभिनव गुप्त-अभिनव भारती! अभिनव भारती तथा लोचन ने अभिनव गुप्त को सदैव के लिये प्रकाशित कर दिया है। साहित्य, शास्त्र, तन्त्र और मंत्र के निगड़ समर्थ, प्रखर और प्रचण्ड पुरुषार्थी अभिनव गुप्त हमारे अब अगुआ हैं- शंकराचार्य्य से इनका शास्त्रार्थ नहीं, युद्ध ही होगा-"

"युद्ध?"- शूलपाणि बोला- "अस्त्र-शस्त्र से? वह क्रचक्र जो था- महाकौल, महान तांत्रिक-उसने भी शस्त्र और अस्त्र शंकराचार्य्य के विरुद्ध उठाये थे-किन्तु अस्त्र निरस्त्र एवं शस्त्र असफल और शास्त्र? निरर्थक ही सिद्ध हुए। शंकर ने शाक्त, पाशुपात, क्षपणक, जैन, कापालिक, वैष्णव, गाणपात्य आदि वैदिक मार्ग के उच्छेदकों को मानों सदैव के लिये चुप-निरुत्तर कर दिया है।"

साधु सहसा गर्जा- "अभी अभिनव गुप्त, क्षेमराज, जयराज आदि शेष हैं, जीवित हैं। हम मर नहीं गये हैं, विश्व विद्यालयों, विद्यापीठों और अन्य मठों के चिन्तक जीवित हैं। हम करेंगे युद्ध शंकर से! अस्त्र-शस्त्र से नहीं, बुद्धि बल से लड़ेंगे और प्रतिभा के पयोनिधि की तरंगित बाढ़ में हम इस जगद्गुरु को डुबो देंगे। जगदगुरु? शंकर? उंह? तब तो प्रत्येक बोलने वाला, प्रश्नोत्तर करने वाला, वितण्डा और जल्पक-प्रत्येक जगद्गुरु कहा जा सकता है। ज्ञानी आत्मा अज्ञान से आच्छादित क्यों, कैसे होता है, जी? ज्ञानी ही है- ज्ञानमय ही है तब अज्ञान? नहीं, नास्ति, भवान्! अध्यास? भ्रम-संभ्रम-विभ्रम यही है शंकर के वेदान्त का अन्तिम उत्तर। माया का लक्षण तक जो नहीं कर सका, वह जगद्गुरु? अभिनव गुप्त के शैव दर्शन ने परम शिव से लगा कर पाशबद्ध शिव तक सभी तत्त्व और तथ्य सिद्ध कर दिये हैं-माया भगवान् शंकर की वल्लभा, वधू प्रिया है- प्रियतमा। यह जगत् शिव-शिवा का विशाल मन्दिर है और भव संसार शिव-शिवा की गृहस्थी है-सभी कुछ ज्ञान का उद्रेक है; आनन्द का उन्मेष तथा चिति की क्रीड़ा है। अभिनव गुप्त को हम सब अपना नेता नियुक्त करने का विचार करने जा रहे हैं- शंकराचार्य्य को हम सदैव के लिये कह देना चाहते हैं कि ज्योतिर्मठ के क्षेत्र में अपने वैदिक वर्णाश्रम धर्म राज्य की आपकी धारणा एक बन्ध्या के पुत्र के समान ही सिद्ध होगी। तोटकाचार्य्य? शूद्र और क्या? सिद्ध कर दिया अपने योग बल से-कहने की बात भर है। मुझे सिद्ध कर दे शंकर; तब जानू!"

"जगत् और जीव अन्ततोगत्वा क्या सिद्ध हो सकते हैं?"- शूलपाणि ने कहा- "केवल इतना ही कहा जा सकता है, शून्याधार के शून्य में आकृतियाँ

उठती उभरती ही रहेंगी। गुणों के संक्रान्त भास होते ही रहेंगे, रूप प्रकट होते ही रहेंगे-नाम गूंजते ही रहेंगे और यदि यह सब सिद्ध किया जा सकता हो, तब फिर परम् सत्य और पराविद्या आत्मविद्या की आवश्यकता ही नहीं होगी।"

"सत्युत् मित्र मेरे!" साधु बोला- "अपर-पर कुछ है ही नहीं। रूप ही हैं; नाम और नाम की गूंज ही है-प्रतिध्वनि? लगती है- सुनाई देती है; किन्तु प्रतिध्वनि है नहीं। आत्मा, परमात्मा, जन्म पुनर्जन्म, भव-भव यात्रा-मुक्ति मोक्ष-यह सब ब्राह्मणों की कपोल कल्पना मात्र है- प्रतिभा की माया मात्र है, जी! है सो है और जो भी है यह मैं स्वरूपवत् हूँ।"

"मरने पर?"- शूलपाणि।

"शून्यम्- कुछ नहीं; भस्मि मात्र!"- साधु बोला- "हमारे यह सब दर्शन तो हैं। किन्तु महर्षि वृहस्पति का लोकायत दर्शन ही मुझको सभी दर्शनों का प्रारंभ और अन्त प्रतीत होता है।"

"तब आत्मा नहीं है- चैतन्य नहीं है? केवल देह शरीर ही है, जड़ विज्ञान ही है। उद्भवित और तिरोभवित होती हुई यह क्षणिक माया ही है- यह भास ही है, प्रतिभास। यही न?"

"हूँ, जी! यही!" - साधु ने झोली से चिलम निकाली; बोला- "यही। जो मुझको अनुभव होता है, वही है-उतना ही है, जितनी मेरी अनुभूति है।"

और मेरी अनुभूति?" शूलपाणि पूछ बैठा।

"मैं आपकी अनुभूति नहीं जानता; अतः आपकी अनुभूति मेरी अनुभूति के लिये नहीं है।"

"तब मैं? यह शरीर स्वरूप?"- शूलपाणि।

"मेरी दृष्टि के समक्ष एक रूप।" साधु बोला- "अवश्य मैं आपको तनिक सा अनुभव करता हूं- देखता हूं-उतना आपका स्वरूप है; छूता हूँ उतना आपका नाप तौल है। चूमता हूँ उतने ही आप सुखद हैं, महाशय!"

"चार्वाक-तब?"- शूलपाणि ने तनिक हड़बड़ा कर कहा।

"एक नाम है, व्यर्थ, निरर्थक-विशेषण मात्र है।" साधु ने कहा- "महर्षि वृहस्पति बुद्धि के देवता माने जाते हैं। वह कभी अशुद्ध कहेंगे? व्यर्थ निरर्थक कहेंगे? नहीं, जी। इन ब्राह्मणों ने ही सार्थक को व्यर्थ, सत्य को असत्य,

वास्तविक को भ्रम तथा ठोस अनुभव को कल्पना कहा है। चार्वाक्! तो हूं न, मैं चार्वाक्!"

"मैं जैन, बौद्ध, नैयायिक; वैशेषिक आदि से वार्तालाप कर सकता हूँ किन्तु तुम-चार्वाक से नहीं।" शूलपाणि कूद कर खड़ा हो गया।

"क्यों, सुनूं भी तो।"- साधु बोला।

"चार्वाक् ने केवल क्षण-भंगुर नाशवान देह ही को माना है।" शूलपाणि ने सिर धुनाते हुए कहा- "किन्तु मैं जन्मा तब से आत्मा के अजर-अमर अनादि शाश्वत अरूप निरूपम चैतन्य की बरबस ही धारणा करता आ रहा हूं। सब छूट गया, चार्वाक! किन्तु यह धारणा छूटती नहीं। कभी-कभी स्वप्न के जगत् के दृश्यों को देखता हुआ मैं त्रस्त हो उठता हूं-प्रतिलव रंग भरे रूपों और आकृतियों के जड़ उभार के सिवाय स्वप्नावस्था में है क्या? किन्तु इसी स्वप्नावस्था में मैं जैसे स्वप्नों को देख रहा हूं- त्रस्त होता हूं। यह 'मैं' कौन है, कहिये-चार्वाक् महाशय?"

"तू कह देगा यह 'मैं' आत्मा है- ज्ञाता।"- साधु ने चिलम का कस खींचते हुए कहा- "और मैं इस 'मैं' को शरीर कहता हूं। देह जैसा है, वैसा है-"

"किसने बनाया?"- शूलपाणि तमका।

"नर के वीर्य्य-शुक्र तथा नारी की रज तथा डिम्ब ने।"- साधु ने कहा- "मैथुन का प्राकृतिक परिणाम-और क्या?" साधु ने मुंह बिचकाते हुए कहा- "अणुओं-परमाणुओं का घात-संघात और क्या जैसे गोबर में कीट, वैसे ही अणु-परमाणुओं के कीच में यह हम सब कीड़े। आत्मा! शरीर से भिन्न होता, तो शरीर धारण ही क्यों करता? नादान, सोचता क्यों नहीं? पूर्ण अपूर्ण होगा? जन्मा अजन्मा नहीं और अजन्मा जन्मा नहीं-यही तो वह शंकराचार्य्य कहता फिरता है। ज्ञान है भी और अज्ञान का उद्भव भी है। यह स्व विरोधी कथन नहीं है। चिन्तन स्वच्छ शुद्ध जल धारा सा होना चाहिये। सोच भी-तेरे सिवाय और कौन है? तू ही है, तू जितना जगत् अनुभव करता है उतना ही जगत् है, तू जो चाहता है, करता है और तू क्या चाहता है? भोग, इन्द्रियों द्‌वारा भोग और तू क्या चाहता है? आनन्द? यह वञ्चना मात्र है।"

"निगड़ कामुक हो।" शूलपाणि ने डूब कर कहा।

"भोग मात्र-इच्छा मात्र काम है, शिष्य जी।" साधु ने हँसते हुए कहा-"जो काम-इच्छा के दमन की बात करता हो, जो देह को दबाये, पिसे-घोटे रखना

चाहता हो, वह भी क्या जीव है? जीव इस सृष्टि का सनातन शाश्वत भोक्ता है और इसीलिये वह उद्भवित होता है।"

शूलपाणि ने झुंझलाते हुए पूछा- "एक ही देह मानते हो? तो एक देह द्वारा यह रहस्यमय विचित्र सुन्दरतम जगत् पूर्णरूपेण कैसे भोगा जा सकता है?"

"कौन जानता है देहोत्तर कुछ है भी?"-साधु बोला।

"आत्मा, सच्चिदानन्द परमात्मा ब्रह्म!"- शूलपाणि ने कहा।

साधु ने कहा- "यह शंकराचार्य्य को प्रमाणित सिद्ध करना होगा। मैं अपने पूर्व जन्म यदि हुए हैं, तो स्मृति में लौटना चाहता हूं। यह गहन विस्मृति ही इस बात का प्रमाण है कि जन्म है; पुनर्जन्म नहीं है। जगत्? देह द्वारा ही ज्ञात होता है, देह द्वारा ही भोगा जा सकता है-जितना भोगा जाय जगत् को भोगना है- पूर्ण, सम्पूर्ण-यह सब कहने की बात भर है।"

"यह भव-योनियाँ, उद्भिज, कीट-पतंग, पशु-पक्षी?" शूलपाणि ने पूछा- "इनका भी एक ही देह है? यदि एक ही देह है तब यह देहों की नाना गतिविधियाँ क्यों हैं? कैसे हैं? आयु के यह विविध स्तर क्यों हैं? भोग की विभिन्न रुचियां क्यों हैं। पिता, पुत्र दोहित्र-वंश परम्परागत जन्म-मरण क्यों है? क्या यह सब केवल अकस्मात् संयोग-वियोग है? भव संसार की रचना तथा उसकी गति-विधि ही यह इंगित कर देती है कि कुछ रहस्यमय अदृश्य किन्तु चिर परिचित है-कोई है, जो जगत् की दिव्य सुन्दर रचना करता है और उसको निभाता है। कोई है, जो जय-पराजय, सुख दुःख में अजय, अभय तथा अच्युत है।"

साधु हँसा- "नादान, वह तू स्वयं क्यों नहीं है?"

शूलपाणि ने सहसा प्रस्थानोद्यत होते हुए कहा- "क्योंकि मैं देह नहीं हूं-देही हूं-शरीरी हूं। आपने आचार्य्य श्री शंकर का शारीरिक भाष्य पढ़ा है? सुना भी है?"

साधु ने कहा- "शारीरिक के भाष्य? बादरायण के ब्रह्म सूत्र क्या मौलिक हैं? उपनिषदों की कुछ विश्रुत श्रुतियों का सार कथन मात्र हैं। उस पर भाष्य क्या हो सकता है? किन्तु फिर भी मैंने आपके जगद्गुरु को शास्त्रार्थों में सुना है। शारीरिक भाष्य मानो कोई यौगिक रहस्य हो। प्रत्येक सूत्र-ब्रह्म-सूत्र उतना ही विलक्षण है, जितना ब्रह्म भाव। यह सच्चिदानन्द-ब्रह्म की संक्रामक और आत्यंतिक धारणा ही रहस्य है-यह कभी स्पष्ट, अचूक तथा असंदिग्ध नहीं हो सकता। ब्रह्म रहस्य का उदघाटन? असंभव।"

शूलपाणि ने कहा- "किसके छद्मदूत हो?"

साधु बोला- "मैं किसी का भी दूत नहीं हूं। ब्रह्म सूत्र भी मैंने देखे हैं तथा अभिनव गुप्त का 'शक्तिसूत्र' भी देख रहा हूं। मैं रमता राम तत्व जिज्ञासु हूं। परम् सत्य में, जगत् में भव संसार में सृष्टि में ही देखना और प्राप्त करना चाहता हूं। बूंद-बूंद ही सही, मैं अपना और जगत् का सत्य जानना ही चाहता हूं- यह विश्वविद्यालय, विद्यापीठ, मठ-मन्दिर सब घेर लेते हैं। आम्नायें बाँध देती हैं और बौद्धिक मर्यादा संकुचित कर देती है। मैं उन्मुक्त चिन्तक हूँ। निस्संदेह अभिनव गुप्त मुझे अधिक स्पष्ट प्रतीत होते हैं। वेदान्त सदैव ही मानव-बुद्धि के बस की बात नहीं रहा है-नहीं है। क्षणिक ही सही, प्रतिपल ही भले यह जगत् एक सनातन तथ्य है। यह सुख-दुःख भरा नव-संसार एक दुःखान्त काव्य ही है। ज्योति मठ जाकर शंकराचार्य्य के नयनों में देखूंगा कि ब्रह्म कहाँ हैं?"

शूलपाणि ने आशंकित होते हुए कहा- "चार्वाक का स्वांग तब क्यों कर रखा है?"

साधु ने हँस कर कहा- "क्योंकि मनुष्य हूं- आप सा देव नहीं हूं।"

शूलपाणि ने तीव्र स्वर में कहा- "सावधान, साधु!"

"सावधान और जाग्रत हूं।" साधु ने कहा- "मैं जगत् के कथित असार से भयभीत नहीं हूं। मैं क्षणों के सनातन प्रवाह को देखता रहता हूं। किन्तु अनन्त की कल्पना नहीं करता। क्षण का तथ्य जान कर मैं दूसरे क्षण पर अवलम्बित हो जाता हूं- यह स्वाँस-प्रस्वांस क्षणों का अवलम्बन लेकर ही देह की भव-यात्रा करते रहते हैं। यह जीवन क्या है भला? मृत्यु की माया-क्षण की रहस्यमय जाग्रति, स्वप्न का सम्मोहन और मृत्यु की विस्मृति।"

शूलपाणि- "डूबना, डूबे रहना ही चाहते हो?"

"तरना है भी?" साधु ने पूछा- "निश्चिन्त हो जाओ, मित्र मेरे! मैं तुम्हारे पीछे-पीछे हूं। शंकराचार्य्य का समय समाप्त होने में है, मित्र जू!"

शूलपाणि- "देह का समय-आयु समाप्त होती है-आत्मा नहीं।"

"आत्मा-परमात्मा!" साधु चिल्लाया- "यह षंड मूर्खों का विप्रलम्भ भर है। 'मैं' हूं और कुछ भी नहीं है। अद्वैत? कहाँ है? अभय? कहाँ है? भय है; भेद है; द्वैत है-त्रैत है- असंख्य है! यदि यह नाना नहीं है तो इन्द्रियों को इनका यथार्थ ज्ञान कैसे होता है।"

"चैतन्य आत्मा, मैं!" शूलपाणि बोला और पाँवों पर ही घूम कर चल दिया। साधु का उत्ताल उन्मुक्त हास्य मानो उसके पाँवों की एड़ियों से रगड़ कर धरती में धंसता रहा। वह जैसे स्वयं स्मृति, स्वयं विस्मृत सा चल रहा था-दौड़ सा रहा था। वह क्षण में ज्योतिर्मठ पहुंच जाना चाहता था। ऐसा लगता है इस अभिनव गुप्त ने शंकराचार्य्य को चार्वाकों, अहमन्य बौद्धिकों और विषम मतवादियों से घेरना आरम्भ किया है। तब क्या जैन, बौद्ध, शाक्त, कौल आदि सब पुनः आचार्य्य यतीश्वर शंकर को घेर कर सदैव के लिये निरुत्तर कर देना चाहते हैं? 'नहीं।' वह जैसे प्रत्येक तारे को झकझोरता हुआ बोला- "शंकराचार्य्य को निरुत्तर नहीं किया जा सकता। नहीं। यह पृथिवी नहीं रहेगी; परन्तु वेदान्त तो रहेगा। वेदान्त ही है-प्रतिभासित है-अनुभूयमान यथार्थ ज्ञान प्रवाह है। शूलपाणि! अनात्मा का यह सघनतम कब दूर होगा? होगा भी! जड़-अनात्म भाव-यह चैतन्य हीन स्पर्श क्या जीवन का अमृत दे सकता है? देता है! मुझे प्रकाश चाहिये-अमृत चाहिये-नहीं, मैं मृत्यु नहीं मोक्ष ही चाहता हूं।" रात्रि के सतार अँधेरे में शूलपाणि की अनादि आत्मा मानो चिल्ला उठी-चिहुंक उठी- "जगद्‌गुरु रक्षा करो, प्रभो! चुप सहसा शान्त वह अर्द्ध रात्रि के अँधेरे को पैरता हुआ ज्योतिर्मठ की ओर तीर की तरह चला। पाँव नहीं, रग-रग चल रहे हों- रोम-रोम उड़ा जा रहा है।" "देह ही है-आत्मा नहीं है। भस्म ही है, शिव नहीं है।" शूलपाणि मन ही मन चीखा- "कौन कहता है आत्मा नहीं है?"

एक प्रतिध्वनि उठी- "मैं कहता हूं।"

"कौन?" शूलपाणि और त्वरा से चला। "क्या यह मैं ही हूं, जो कह रहा हूं-मैं कहता हूं? तू क्या कहता है? देह ही है, सच्चिदानन्द आत्मा नहीं है? देख, देह के गहन अतल से तल में देख अन्तःकरण में पेख, आत्मा का प्रकाश है तो अवश्य ही दिखेगा। देखता तो जगत् है; पेखता तो देह है- अनुभव तो सुख-दुख का करता है और आत्मा की बातें बघारता है। शरीर है तो यह जगत् दिखता है- भव-संसार का अनुभव होता है, किन्तु देह द्‌वारा आत्मा नहीं दिखता-बुद्धि द्‌वारा भी नहीं।"

"तब?"- शूलपाणि के पाँव लड़खड़ाये। सामने एक खपरैल दिखा। चबूतरा, पीपल का वृक्ष-अंधेरी आकृतियों का घुम्मट सा दिखा। 'है राम' कहता हुआ वह चबूतरे पर ही ढेर हो गया-निद्रा। निश्चिन्त और निर्भय निद्रा। "यह जाग्रतावस्था ही सभी दुखों का मूल है, शूलपाणि।" किसी ने कहा और झपती हुई आँखों को द्‌विदल की ओर उन्मुख करते हुए उसने कहा- "हूं है। सोऊंगा-"

शूलपाणि जाग्रत और स्वप्न को मानो क्षण में पार कर सुषुप्ति के आत्म विस्मृत गहन- गहनातिगहन में डूब गया-लीन हो गया। वह जैसे अनादि शून्याधार सा हो। निविड़, विजन, स्मृति और विस्मृति हीन शून्य किन्तु पूर्ण स्थिति वह हो- वह जैसे है भी, नहीं भी है। सभी आदि जैसे एक शून्य अनादि में लवलीन हो और वह इस शून्यावस्था से उपरत स्वयं ही गूढ़ और गुह्य हो। वह जैसे है, है- है। वह है-निश्चिन्त निर्भर, निर्विघ्न और नितान्त वह है, वही है। हूं! शूलपाणि मानो अपने स्वाँस प्रस्वाँस द्वारा बेसुध और विस्मृत सा मानो घहर-घहर कर पुनः एक सघन बिन्दु में लीन होता रहा। जगत् के रूपों के भार उभार जैसे उसके प्रत्येक स्वाँस प्रस्वाँस के साथ उड़ते रहे, आते और जाते रहे। ज्ञानेन्द्रियाँ मानो किसी निराकार निरुपम अथाह में झांकने लगीं और कर्मेन्द्रियाँ थक कर स्वयं ही सुषुप्त हो गईं। शूलपाणि देह के रोम-रोम से विस्मृत अपने ही अगाध मौन में अन्तर्ध्यान हो गया। शयन-सुषुप्ति जगत् की रात्रि और जाग्रत जीव की निद्रावस्था। रात्रि का अर्ध काल जैसे उन्मुक्त उद्भ्रान्त मध्यम की लड़खड़ाहटों सा चलता रहा और भव-योनियों के सभी संसार गहन गूढ़ गुह्य सुषुप्ति में लीन मानो काल को शाष्टांग प्रणाम करते रहे।

ब्राह्म मुहूर्त-कुक्कुट की पुकार। खपरैल का अटकाया हुआ द्वार ठेल कर एक मानवाकृति कुछ चली, रुकी, चमकी, बोली- 'कौन है रे? कौन है?'

शूलपाणि को लगा क्षितिजों के पार से कोई बुला रहा है।

"यात्रिक हो-परिव्राजक क्या?" अधेड़ सी स्त्री बोली- "उठो भई, सवेरा हो रहा है।"

हड़बड़ा कर शूलपाणि उठ बैठा- "हूं?- हें ऐ!"

स्त्री-मूर्ति बोली- "मार्ग-मार्ग पकड़ो, भई। यह अच्छा रहा। बिना निमन्त्रण के ही अतिथि- यह घर...."

शूलपाणि ने कहा- "मेरा घर नहीं है। जान गया। परन्तु चलते-चलते थक कर चूर हो गया था पता ही नहीं चला।"

"लठंग दिखते हो।" स्त्री बोली- "क्या हो गया है-क्या हो रहा है, जिसे देखो वह साधु बन कर भिक्षा मांगता रहता है। विचित्र वेश बनाये यह कर्महीन धरती का भार हो गये हैं-"

शूलपाणि ने उस वयस्क मुख-मण्डल को नमित नयनों से देखा; कहा- "सभी साधु लठंग नहीं हैं, माँ! यह समष्ठि साधुओं के तप बल से ही स्वस्थ

रहती है-अवश्य, वेषधारी कथित साधुओं के कारण समाज की श्रद्धा को ठेस पहुंचती है।"

"तुम-तू किसका चेला है रे?" वह वयस्क मुख बोला।

"गोवर्धन मठ-शंकर मठ के आचार्य्य श्रीमद् पद्मपाद का शिष्य हूं।"

"अच्छा? तब यों टल्ले क्यों खाता फिरता है?" वयस्क महिला ने कहा।

"ज्योतिर्मठ जा रहा हूं-दिवस हो गये चलते हुए। कई रातें बीत गईं।" शूलपाणि ने कहा।

"ज्योतिर्मठ जा रहा है? अच्छा। शंकराचार्य को मेरा प्रणाम कहना।" वयस्क महिला ने आकाश में देखते हुए प्रणाम पूर्वक कहा- स्वप्न में उनके दर्शन करती हूं कभी-कभी। वर्षों से गंगा स्वरूप हूं। एक का एक पुत्र है-विवाह नहीं करता और रात दिवस खेत जोतने में लगा रहता है। कहता है, साधु हो जाऊँगा। जैसे ठीक तेरे जैसा है।"

उनमन्द आभा से भरे मध्यम लोचनों में आंसुओं की झाँई भर गई। शूलपाणि ने सहसा कहा- "जगद्‌गुरु का सद् उपदेश उसको ठीक कर देगा। युवावस्था का वैराग्य सच्चा वैराग्य नहीं होता। वैराग्य प्रौढ़ावस्था का, वीतराग वृद्धावस्था का।"

"अवश्य! जगद्‌गुरु का दर्शन ही उसकी क्लान्ति हर लेगा।" वयस्क महिला ने कहा- "दिन-रात भगवती दुर्गा को मनाती हूं कि राजेन्द्र का योग क्षेम साधती रहे। चल, मैं तुमको खेत ले चलती हूं; परन्तु हाँ; पहिले जी भर कर दूध पी ले।"

खेत की ओर चलते हुए शूलपाणि ने कहा- "राजेन्द्र! क्या नाम रक्खा है, माँ? कहाँ का राजेन्द्र है तेरा पुत्र, माँ?"

वयस्क गंगा स्वरूप माँ मुस्कराई; बोली- "धरती का! और किसका? मनुष्य ही धरती का राजा है।"

"राजा होकर मनुष्य अन्त में करेगा क्या?" शूलपाणि ने पूछा- "मनुष्य को केवल शान्ति प्रेमी सुहृदय उदारचेता मानव ही होना है तथा परम सत्य ब्रह्म का साक्षात्कार करना है।"

गंगा स्वरूप महिला माँ बोली- "राजेन्द्र तो शिव का वृषभ ही है।"

फिर तनिक रुक कर बोली- "परम् सत्य, ब्रह्म, है भी?"

शूलपाणि खड़ा रह गया; मन्द उत्ताल हास्य हंसते हुए बोला- "यदि ब्रह्म-सच्चिदानन्द परम् सत्य नहीं है, तब और क्या है, माँ! तुम भगवती स्वरूप हो- तुम ही जानती हो, जान सकती हो कि ब्रह्म ही है- सत्य! सत्य ही है, और सब मिथ्या है-माया है, मोह!"

08

ज्योतिर्मठ की उस विदाय सभा को सम्बोधित करते हुए तोटकाचार्य ने कहा- "ज्योतिर्मठ क्षेत्र की यह वेदान्त परिक्रमा गुरुदेव श्रीमद् शंकराचार्य्य का काम है, जिसको करना मेरा धर्म हो गया है। मैं आज जो कुछ भी हूं-आप लोग मुझको जो कुछ भी मानते हैं, वह सब श्रीमद् जगद्गुरु गुरुदेव की परम् कृपा का ही वरदान है। मैं? मैं तो हाड़ माँस का पुतला भी नहीं हूं, लगता है, मैं पंचभूत का प्रपंच हूं किन्तु मैं हूं नहीं, अहर्निशि मुझको लगता है- मैं शान्त सम आभा हूं- भास हूं। मैं जैसे चिद्घन बिन्दु हूं, लहर हूं-मैं-मैं? ब्रह्म साक्षात्कार का आकांक्षी एक मानव जीव हूं। इस पृथिवी लोक में मानव का बोहित वर्णाश्रम धर्म है और पतवार? वेद हैं-वेद विरुद्ध जो भी कहा जाता है, सुना जाता है, वह सब निःसंदेह अज्ञान है। विज्ञान का चमत्कार, माया का आविष्कार भर है। जड़ और मैं मानव अन्तरात्मा में लुके ब्रह्म-चैतन्य का स्पर्श करने के लिये ही इस मायामय जगत् में जन्म लेता हूं- मानव को जगत् और जगत् के वैभव नहीं, परमात्मा ही चाहिये। जीव- चैतन्य परम् ब्रह्म के अपार चिद् चैतन्य अपरम्पार की लहर है-केवल देह यात्रा के लिये इस जगत् में जगत् की ही नौका चाहिये।"

एक पण्डित उठ खड़ा हुआ- "किन्तु वेद जगत् जीव और परमेश्वर के अनादि में ही मानते हैं। वेद क्या कहते हैं कि जीव और ब्रह्म अभिन्न हैं?"

"तब क्या कहते हैं वेद?" तोटक ने पूछा।

"वेद, शास्त्र, पुराण सभी यही कहते हैं कि जगत् है; जीव है- ईश्वर है।" जिज्ञासु प्रश्नकर्त्ता ने कहा- "वेदान्त मुझको उद्भ्रान्त कर देता है।"

"तब मानना होगा, ज्ञाता है; ज्ञेय है-ज्ञान है, नहीं?" श्रीमद् तोटकाचार्य्य बोले- "द्वैत या त्रैत-अन्त में केवल अद्वैत ही है, ज्ञान ही-केवल ज्ञान।"

"तब यह अज्ञान, उसका रहस्यमय आच्छादन भ्रम-विभ्रम-अध्यास, यह है भी और नहीं भी माया?" प्रश्नकर्ता गर्जा सभी भव योनियां यथार्थ हैं; वास्तविक जीवन जीती हैं और मनुष्य योनि तो कल्पारंभ और कल्प के अन्त तक ईश्वर के विश्वास को लेकर ही स्थित है। ईश्वर; जीव और जगत् अनादि सनातन नहीं है, तो फिर यह ब्रह्म-लीला तथा परमेश्वरी की क्रीड़ा कैसे संभव है? ईश्वर के लिये वेदान्त का यह उहापोह बन्द कीजिये। मनुष्य को जन्म और मरण में शास्त्र स्मृति और राज्य दण्ड पूर्वक जीने दीजिये। मनुष्य को इस लोक में जीना है- मरना है- ब्रह्म लोक में नहीं।"

तोटकाचार्य्य ने कहा- "जो संभव है वही सत्य है और जो सत्य है, वही ब्रह्म है-वेदान्त का सार सत्य है। जन्म-मरण अनित्य है; नित्य नहीं। जन्म का अर्थ ही अनित्य स्थिति है जीने की और मरण? पुनर्जन्म के लिये एक काल ही शयन है।"

आदिशंकराचार्य ने तेजस्वी दृष्टि से तोटक को निहारा और मुस्करा दिये। तोटकाचार्य ने कहा- "मैं पण्डित नहीं हूं; शास्त्री नहीं हूं-मैं विद्वान् मनीषी भी नहीं हूं। मैं मानव जीव हूं और अपने ही अन्तः करण के अन्धकार को चीर कर प्रकाश पाना चाहता हूं- ब्रह्म चैतन्य की निरुपम निर्विकार सच्चिदानन्द ज्योति में शलभ की भाँति भस्म हो जाना चाहता हूं।"

"तो हो जाइये भस्म, शलभ महोदय।" उग्र स्वर ने कहा- "किन्तु जीवन के इस अनादि सनातन यथार्थ दीपक को जलता रहने दीजिये, मैं विश्वास पूर्वक कहता हूं ईश्वर जीव और प्रकृति सनातन है; अनादि है। जीव केवल ईश्वर की भक्ति कर उसके सानिध्य में ही रह सकता है। जगत् का सर्वान्त नहीं है; जीव का सदैव मोक्ष नहीं है-प्रकृति का अन्ततोगत्वा नाश नहीं है। यह वेदान्त का ब्रह्म ज्ञान प्रमाण रहित चित् का उद्वेग तथा भव भयभीत नयनों का उन्मेष मात्र है।"

तोटकाचार्य्य ने पूछा- "तब जगत्, प्रकृति स्वयं ही बनती है, बिगड़ती है क्या?"

"और क्या?" उग्र स्वर जैसे बमका।

"सृष्टि के आदि में क्या था, कौन था?" तोटकाचार्य्य ने शान्त स्वर में पूछा- "उत्तर दीजिये, कृपया! हम तो केवल एक मात्र सत्य को जानते हैं-तब आप

तीन सत्यों को जानते हैं-नहीं? तो कहिये, जगत् के आदि में कौन था? जीव का आदि था या नहीं और प्रकृति के आदि के परे और पार क्या था, कौन?"

"शून्य था।" एक प्रहारात्मक उत्तर आ टकराया।

"उस शून्य का आधार है अथवा नहीं?" तोटक ने पूछा।

"शून्याधार।" उग्र स्वर मानो थमा; हिचका।

"हां उस आपके शून्य का आधार।" तोटक ने शान्त किन्तु तीव्र स्वर में कहा- "अनादि ही सही, सनातन ही सही, किन्तु इस द्वैत-त्रैत का आधार है, होना ही चाहिये। जो मिथ्या है, उसकी स्थिति का संभ्रम-भ्रमपूर्ण ज्ञान ही आधार है। आधार, आधारों का आधार, किन्तु शून्य कुछ है ही नहीं-सब सत्य है, आधार हीन, स्वयं पूर्ण निरीह और निर्विशेष सत्य ही है। शून्य उनको ही दिखता है, जो मिथ्या को ही सत्य मान कर चलते हैं।"

शिवराम जैसे प्रगट हुआ- "तब हम मिथ्यावादी और वेदान्ती सत्यवादी। अच्छा, आपकी बात मान भी लें तो जगद्‌गुरु को हमें सत्य का साक्षात्कार करवाना होगा। चलिये, हम वेदान्त को शिरोधार्य्य करते हैं, किन्तु हमें विश्वस्त भी तो कीजिये।"

तोटक- "इसके लिये तो गुरुदेव के श्री चरण गहिये, महाशय!"

"आप ही हमारा समर्थन कर दें।" शिवराम ने कहा।

सहसा शूलपाणि उठा; शिवराम के पास आकर बोला- "चलिये, मैं आपका समर्थन करूंगा।"

"आप?" शिवराम

"आप श्री?" शूलपाणि ने पूछा- "अभिनव गुप्त के शिष्य सेवक हो- नहीं? तब शंकराचार्य को गुरु कैसे स्वीकार करोगे?"

"जैसे चन्द्रमा सूर्य का प्रकाश स्वीकार करता है।" शिवराम बोला।

"अच्छा है। जगद्‌गुरु रूप ज्ञान-सूर्य का प्रकाश तब ग्रहण कीजिये।" शूलपाणि ने सव्यंग मुस्कराते हुए कहा- "गुरुदेव के श्री चरणों में जाने के पूर्व आपको हमारे पार्श्व में आना होगा- गुरु भाई बनना होगा।"

शिवराम ने शूलपाणि को घूरा; कहा- "हम सीधे श्री शंकर के सानिध्य में जायेंगे और रहेंगे। आप, आप तो पद्मपाद आचार्य्य के सेवक-शिष्य हैं न? हम

सेवक शिष्यों से बात तक नहीं करेंगे- हम महान तान्त्रिक-मान्त्रिक, अभिनव भारती और लोचन के रचयिता मनीषी समर्थ अभिनव गुप्त के शिष्य हैं-"

"तब शंकराचार्य के शिष्य कैसे होंगे?" किसी ने पूछा।

"हम जगद्गुरु का सांनिध्य चाहते हैं-" शिवराम बोला- "मैं ही नहीं मनीषी अभिनव गुप्त के अनेक शिष्य श्रीमद् शंकराचार्य को निकट से सुनना चाहते हैं। हम जानना चाहते हैं अन्ततोगत्वा शैव-दर्शन और वेदान्त-दर्शन में आधारभूत तात्विक भेद कहाँ है?"

सहसा तोटकाचार्य्य ने कहा- "शैव दर्शन भेद ही भेद है; वेदान्त अभेद ही अभेद है-अथवा यों कहें, शैव दर्शन द्वैत और त्रैत है; वेदान्त एक के परे और पार अद्वैत ही अद्वैत है। फिर यह निर्णय आप-हम कहते रहें, होगा नहीं, इसके लिये श्रीमान् अभिनव गुप्त को श्रीमद् गुरुदेव के समक्ष उपस्थित होना ही होगा।"

शिवराम ने सिर धुनाया; कहा-"कामाख्या का निगड़ उपासक, शारदा-मन्दिर का अनन्य पुजारी, त्रिक् दर्शन के धाता और कामरूप तथा काश्मीर मण्डल के धर्माध्यक्ष कभी भी शंकराचार्य्य जैसे यती के समक्ष नहीं उपस्थित होंगे। अभिनव गुप्त यती नहीं हैं-संन्यासी भी नहीं हैं। वह योगमाया के मान्त्रिक तथा महामाया के तान्त्रिक हैं।"

शूलपाणि- "विश्वामित्र हैं क्या?"

शिवराम गर्जा- "विश्मामित्र से भी बढ़कर वह समर्थ हैं। अभी अभिनव गुप्त का नाम भर सुना है, रूप रंग देखा नहीं है।"

तोटकाचार्य- "हमने जगत् का रूप-रंग देख लिया है। सभी नाम रूपों को जानने की आवश्यकता ही कहाँ है? हमने ब्रह्म-नाम सुन लिया है और उसके स्वरूप के अनेक दिव्य घोष-विग्रहों के हम नित्य दर्शन करते हैं। सर्वोपरि गुरुदेव के श्री चरणों को हम सदैव साष्टांग प्रणाम जो करते हैं। श्री गुरु-चरणार्विन्द ही सब का मंगल करते हैं। ज्योति मठ के जो प्रभाव क्षेत्र मनोनीत किये गये हैं, वहाँ श्रीमद् गुरुदेव की कृपा से वेदान्त डिमडिम बजकर रहेगी श्रीमद् शंकराचार्य्य का जन्म नहीं है-अवतार हुआ है, जगद्कल्याण के लिये। जगद्कल्याण का अर्थ है प्राणी मात्र का योगक्षेम, मानव की भव-बन्धन से मुक्ति और जगत् का मंगल। पृथिवी पर मानव द्वारा सभी भव-योनियों का सुख साधा जा सके और जगत का यह सृष्टि प्रपंच शान्त, संयत और उचित रह सके तथा मानव

अन्ततोगत्वा अपने मानव जीवन का परम्-चरम लक्ष्य सिद्ध कर सके, यही वेदान्त का लोक सन्देश है। अभिनव गुप्त श्रीमान् से हमारा मत नहीं मिलता; किन्तु उनसे हमारा मन भेद नहीं है-शैव दर्शन ही नहीं, सभी दर्शन बुद्धिशाली ही ग्रहण करते हैं-सामान्य लोग तो धर्म धारण, पालन तथा पोषण द्वारा जीवन का परम् लक्ष्य ही प्राप्त करते हैं। वैदिक वर्णाश्रम धर्म ही लोक धर्म है; मानव का एकमात्र जीवन पन्थ है। यह प्राणी मात्र की स्वतः सहज प्रेरणा में प्रदत्त आत्म चैतन्य का व्यवहार है।"

शूलपाणि ने तनिक आगे आते हुए कहा- "वेदान्त-दर्शन ही एक मात्र दर्शन है; अन्य सब बौद्धिक ऊहापोह मात्र हैं। कुतूहल अथवा वाणी विलास से उत्पन्न बुद्धि के आडम्बर भर हैं। वेदान्त दर्शन जीवन के संन्यासियों की दृष्टि, मति और धीर धृति है। सन्यासी ही अन्य वर्णों की आत्म चैतन्य की वार्ता कह सकता है; परम् तत्व का स्मरण दिला सकता है-सन्यासी का कथन ही वेदान्त का कथन है।"

"शास्त्रार्थ" भास्कर महोदय ने बैठे बैठे ही कहा- "शास्त्रार्थ"

तोटकाचार्य्य ने भास्कर महोदय को घूरा- "गुरुदेव शंकराचार्य्य ने सम्यक् शास्त्रार्थों द्वारा ही वेदान्त के विरुद्ध अन्धकार के मतों तथा जड़तावादी सम्प्रदायों को निरुत्तर किया है। तारे दिखा कर हम सूर्य्य नारायण का दर्शन नहीं करवा सकते। आत्म सूर्य के दर्शन किये बिना यह जगत् सत्यता पूर्वक दिखाई नहीं देता। यह भव-योनियाँ आत्मा के दिव्य चक्षुओं से ही देखी जा सकती हैं। शव से जीवन समझाया नहीं जा सकता। विज्ञान से नहीं, आत्म ज्ञान से ही मानव सत्य देखा जा सकता है; सच्चा धर्म-पन्थ पा सकता है और अपने जीवन को सफल धन्य कर सकता है।"

सहसा शंकराचार्य्य ने हस्त लाघव उठा कर कहा- "मौन तोटक! शान्त!" आचार्य्य उठे। उपस्थित मानव-मेदिनी को नमस्कार करते हुए बोले- "मैं सब को नमस्कार कहता हूं-मौन हो जाओ। अपने अन्तःकरण में देखो।

भास्कर- "क्या मिलेगा?"

आचार्य्य श्री शंकर ने भास्कर को निहारा; कहा-"आप स्व-ब्रह्म मिलेगा। आपका यह रूप तो आपके नयनों में ही है। आपका यह प्रदत्त आपके कानों में ही है। जो दिखता है, जो सुन पड़ता है- वह आप हैं क्या? आप जो जानते हैं, जान सकते हैं, वह विज्ञान है। जड़ ही जाना और माना तथा अनुभव किया

जा सकता है। मैं कहता हूँ चैतन्य आत्मा ही देखता है; सुनता है-अनुभव करता है-आत्मा ही धारणा, कल्पना और भ्रान्ति द्वारा जगत् को जानता है, मानता है। सुख. दुःख मय अनुभव करता है- किन्तु चैतन्य नष्ट नहीं होता; परिवर्तित नहीं होता; घटता-बढ़ता नहीं। चैतन्य जन्मता और मरता नहीं। आकाश के मेघ उठते हैं; उभरते हैं- उमड़ते तथा बरसते हैं; किन्तु क्या आकाश उठता है? उमड़ता है-बरसता है? नहीं। शैव -दर्शन परम् शिव को जगत्, जीव तथा भव-भव में अवतरित होने वाला शिव तत्त्व मानता है तथा अपनी चित् आनन्द, इच्छा, ज्ञान और क्रिया शक्ति द्वारा अर्थात् विमर्श शक्ति तत्त्व द्वारा व्यक्त मानता है-तब मैं कहता हूं विश्वास कीजिये, ब्रह्म अवतरित नहीं होता; जन्मता नहीं; बंधता नहीं-न वह पशु है और नहीं वह पक्षी है। वह कीट, पतंग, उद्भिज नहीं है- वही है तब भी वह कुछ भी नहीं है।"

भास्कर ने पुकार कर कहा- "भंग पी रक्खी है आचार्य्य श्री, आपने? ब्रह्म न दीखे और नहीं अनुभव में आवे, तब वह जीवन और जगत् के लिये किस काम का? हम तो पशुपति शिव को ही चाहते हैं-शून्य उत्पन्न कर कोरी कल्पना करते रहने वाले परम् तत्त्व को क्या करें? मैं जीव हूं-मेरा समाधान आपके ब्रह्म द्वारा नहीं होता।"

"ब्रह्म-जीव अभिन्न है- अभेद, अद्वैत।"-शूलपाणि ने कहा।

"कहते आये हो-कहते रहो।"- शिवराम ने कहा- "किन्तु जीव ने स्वयं को शिव स्वरूप ही माना है। स्वयं शंकराचार्य क्या नहीं कहते- "चिदानन्द रूपम् शिवोहम्?"

"कहता हूं-मन ही मन रटता हूं; अहर्निशि स्मरण भी करता तथा इस शरीर को समझाता हूं कि मैं जगत् नहीं हूं; जीव नहीं हूं-भव-संसार के सुख दुःख भी नहीं हूं, मैं कुछ भी तो नहीं हूं। मैं? सत् चित आनन्द धाम ब्रह्म ही हूं। शिव!"

कुछ लोग उठ खड़े हुए; मानो एक साथ बोले- "सुनते-सुनते थक गये हैं, आचार्य्य! कि आप ब्रह्म हैं और जीव नहीं। परन्तु क्या आप अपनी माँ के उदर से नहीं जन्मे हैं? क्या आप मरेंगे नहीं?"

"नहीं। यह मैं मरेगा, यह देह जायगा।" आचार्य्य श्री शंकर ने कहा- "अच्छा, मेरी मत मानो; श्री कृष्ण की गीता को तो मानो। श्री कृष्ण ने गीता द्वारा जो मार्ग बताया है, वही वैदिक वर्णाश्रम धर्म का मार्ग है। श्री कृष्ण ने सच्चिदानन्द आत्मा को ही बताया है-देह को नहीं।"

"श्री कृष्ण ने क्या जन्म-मृत्यु, पुनर्जन्म आदि नहीं माना? माना है।" शिवराम ने कहा।

"वही माया।"-आचार्य्य श्री शंकर ने कहा- "अच्छा, तोटक! प्रस्थान का मुहूर्त बीता जा रहा है, वत्स!"

तोटकाचार्य ने प्रणाम करते हुए कहा- "यह चला, प्रभो! आशीर्वाद दीजिये-अभय वर दीजिये, वेद, वेदान्त और वैदिक वर्णाश्रम धर्म का सन्देश मैं आपके लिये, प्रजा को सुना सकूं। मैं कुछ भी तो नहीं जानता। केवल इतना ही अब जान गया हूं कि मैं शरीर नहीं हूं; शरीरी हूं-सच्चिदानन्द चिति चैतन्य हूं। इतना ही ज्ञात है कि भव-भवों के संसार का बोझ आप श्री के चरण-कमलों के स्पर्श मात्र से ढह गया है। भ्रांतियों के संभार आपके दिव्य नयनों की दृष्टि मात्र से अरभरा गये हैं। आशीर्वाद दीजिये, सद्गुरो! कि अब भव-बाधा नहीं सताये और यह शरीरी अनन्त शान्त दिव्यातिदिव्य आत्म ज्योति को देख ले। प्रणाम, प्रभो!"

आचार्य्य श्री शंकर ने आशीर्वाद दिया- "तथास्तु! जाओ, वत्स! ज्योतिर्मठ-मण्डल में लोगों को अपने अनुभव बताओ। अज्ञान को समझाओ और विज्ञानावलम्बित ब्रह्म की सत्ता की व्याख्या कर देहधारियों से कहो-तुम, देह, शरीर नहीं हो; तुम चैतन्य सच्चिदानन्द आत्म ज्योति हो। विज्ञानवाद के घने तम में नहीं देखती हुई प्रजा को सत्य दिखाओ। अनित्य के क्षणिक संयोग तथा वियोग की व्याकुलता से लोगों को उबारो मृत्यु का भव मिट सके और अमरत्व का भान हो- ऐसा उपदेश करो। चौरासी लक्ष योनियों के पश्चात् पुण्यबल से प्राप्त होने वाले मानव-योनि के जन्म का अमोघ महत्व समझाओ। मानव भव परम् सत्य को जानने, ब्रह्म साक्षात्कार करने तथा देश एवं काल के रंगीन विचित्र विलक्षण बन्धनों से छूटने के लिये ही है, सच्चिदानन्द धाम परम् शिव आत्म साक्षात्कार के लिये ही जीव भाव की धारणा करते हैं। शिव स्वयं ही प्रकाश स्वरूप हैं और अपने ही अमोघ अपार आनन्द के लिये, अपने ही आनन्द घन, आनन्द-मय स्वभाव के नित्य स्पर्श के लिये ही जगत् का शिव-संकल्प कर स्वयं के प्रतिबिम्बवत जीवात्माओं की छवियों में प्रतिभासित होते हैं। परम् शिव ज्ञान और स्वयं स्वमेव आनन्द हैं। वह सर्वशक्तिमान्, सर्वसमर्थ, ज्ञानी परम् सत्य शिव जैसे नित्य ही निर्विकल्प सविकल्प समाधि में हैं। यह जगत् शिव का संकल्प है; यह भव-संसार शिव का ध्यान है तथा जीवन उन्हीं की दिव्यातिदिव्य अनित्य

धारणा है। वह ज्ञान स्वरूप ही अद्वैत है; अभयपूर्ण नित्य सत्य है-मैं काश्मीर और कामरूप से कहता हूं-अजन्मा जन्मता नहीं; अद्वैत द्वैत होता नहीं। आनन्दमय, आनन्द स्वरूप परम ब्रह्म सुख दुःख का अनुभव करता नहीं-यह सब उसका आरोपण है; संभ्रम है। क्यों? चिद्विलास के लिये; आनन्द के स्वयं स्पर्श और स्पन्दन के लिये। प्रस्थान करो, तोटकाचार्य! तुम्हारा पथ प्रशस्त हो-मंगलमय हो!"

सहसा क्षेमराज मानो प्रगट हुए; प्रणाम पूर्वक बोले- "मैं, मनीषी अभिनव गुप्त का पट्ट शिष्य नम्रता किन्तु दृढ़ता पूर्वक निवेदन करता हूं कि श्री तोटकाचार्य कामरूप और काश्मीर मण्डल में अपने चरण नहीं धरें। कामरूप तन्त्र ही चाहता है; काश्मीर मन्त्र चाहता है, आचार्य श्री शंकर!"

आचार्य्य श्री शंकर ने तनिक तीव्र किन्तु शान्त स्वर में कहा- "पृथिवी वेदान्त चाहती है क्षेमराजजी! तन्त्र और मन्त्र से सिद्धि मिलती है; जगत् के ऐश्वर्य प्राप्त हो सकते हैं; किन्तु मुक्ति नहीं- मोक्ष नहीं।"

"मनुष्य को भोग और मोक्ष चाहिये।" क्षेमराज ने कहा- "फिर मोक्ष? क्या? यह जगत सनातन है; अनादि है-अनित्य होते हुए भी, यथार्थ है तथा काल-प्रवाह में अविराम है। यह भव-संसार विज्ञान द्वारा जीवों के भोग के लिये ही है। यों भव-योनियों और उनके अचूक दिव्य सुख दुःख मय संसार को ठुकरा न दें, आचार्य! मनुष्य को संन्यासी नहीं, सद् और समर्थ गृहस्थ ही बनाइये। दया कीजिये मानव पर। शताब्दियों से मानव को ब्रह्म खड्ड में धकेला गया है और वह जीव उस विजन शून्य में डूब कर अपना आपा ही जैसे भूल गया है। मैं कहता हूं वेदान्त का आपका उपदेश मनुष्य तो नहीं, देव तो नहीं, मनुष्य को पशु ही बना देगा और उसको पशुपतिनाथ शिव की शरण में ही आना होगा। संन्यासी समष्टि का आदर्श नहीं है। समष्टि का आदर्श राष्ट्र है; सुराज्य है और व्यष्टि का उद्देश्य सन्तुष्ट मंगलमय पुण्यशाली जीवन जीना है-मनुष्य ने मोक्ष नहीं, सदैव स्वर्ग चाहा है।"

तोटकाचार्य्य- "अविनय की सीमा आ पहुंची है, क्षेमराज जी!"

क्षेमराज ने पास धसँते हुए कहा- "अविनय? अविनय आपकी है। मनीषी अभिनव गुप्त को निरुत्तर किये बिना ही आप वेदान्त के सिद्धि का पात्र धारण कर सन्देशवाहक की भाँति जा रहे हैं-ज्योतिर्मठ है तो है। किन्तु कामरूप काश्मीर, कुरु पाञ्चाल आदि क्षेत्र तो शिव-डमरू की ध्वनियों से पूर्ण है-यह क्षेत्र

शिव का ताण्डव क्षेत्र है; शिवा का लास नृत्य ही इस क्षेत्र की प्रजा का दर्शन है-शिव-शिवा, परम् शिव। शक्ति, तोटकाचार्य्य।"

तोटकाचार्य्य ने दृढ़ता पूर्वक कहा- "हम स्वाधीन हैं; आप लोग हमें रोक नहीं सकते।"

क्षेमराज ने कहा- "अवश्य स्वाधीन हैं आप। किन्तु आपका पाला शिवगणों से पड़ेगा। सावधान, महाशय!"

सहसा आचार्य्य शंकर ने कहा- "क्षेमराज! मुझ समान पातकी अन्य नहीं है और उस महात्रिपुर सुन्दरी श्री शिवा के समान अन्य पापघ्नी भी नहीं है-ऐसा मान कर मैं कहता हूं, जो उसकी इच्छा होगी, वही-वैसा ही होगा-हो।"

"शक्ति को मानते हैं आप, आचार्य्य!" क्षेमराज ने पूछा।

"न मानूं तो अन्य किसे मानूं?" शंकराचार्य ने कहा- "यह इदम् शक्ति-चिति का ही स्वयं विलास है-चिद् विलास! आप यह भली-भाँति जानते हैं। अभिनव गुप्त महाशय से मेरा यह निवेदन कहें-मैं उनसे वेदान्त चर्चा के लिये तत्पर हूं। चाहे मेरे इस शरीर का मरण हो जाय, मैं जगद् कल्याण के लिये वेद, वेदान्त और वैदिक वर्णाश्रम धर्म का प्रसार कर के ही रहूंगा। मैं इसीलिये जन्मा हूं, क्षेमराज!"

क्षेमराज ने शान्त किन्तु तनिक तीव्र उत्ताल स्वर में कहा- "महर्षि अभिनव गुप्त के कार्य्य क्षेत्र से दूर रहें, यही मेरी आपसे सादर प्रार्थना है। आप जिस जगद्कल्याण के लिये जन्मे हैं, उसी के लिये श्रीमद् अभिनव गुप्त तथा हम उनके शिष्य तथा सेवक भी जन्मे हैं। अन्ततोगत्वा सभी मत और सम्प्रदाय क्या एक ही ईश्वर शिव की उपासना नहीं करते?"

"करते हैं।" आचार्य्य शंकर सस्मित बोले- "इसीलिये तो मैं कहता हूं आपके और हमारे अभिनव गुप्त निश्चिन्त हो जायें। सत्यमेव जयते, क्षेमराज!"

"जी। क्षेमराज ने सहज भाव से कहा- "किन्तु सत्य क्या वही है, जो आप श्री कहते हैं-बताते हैं?"

आचार्य्य श्रीमद् शंकर ने जलद गम्भीर स्वर में कहा- "उपनिषद्! श्रुति श्रुतियाँ! सत्य वह जिसको ऋषियों ने अपनी समाधि में देखा है। मुनियों ने मूक होकर और सिर धुना कर जिसको आवाङ् मनसागोचर बताया है; सत्य कहा नहीं जा सकता; बताया नहीं जा सकता-सत्य का प्रत्यक्ष, साक्षात्कार ही किया

जा सकता है। वेदान्त का ब्रह्म आत्म साक्षात्कार का दर्शन है-विषय नहीं; वस्तु नहीं-कुछ भी नहीं। जो कुछ भी नहीं है; किन्तु सब कुछ है, सत्य, वही ब्रह्म है मेरा, समझे श्रीमन्!"

क्षेमराज ने सव्यंग कहा- "आप श्रीमद् ने ऐसे अपने ब्रह्म का साक्षात्कार किया है?"

आचार्य्य हँसे; विहंसे- "इसका उत्तर श्रीमद् हस्तामलक ने जब वह प्रथम बार अपने इस अन्तिम भव में बोले थे- दिया है; अहम् ब्रह्मास्मि!"

क्षेमराज मुलके; बोले- "अपने सभी शिष्याचार्यगण एक क्षण में कह देते हैं अहम् ब्रह्मस्मि! वेदान्त के महावाक्यों को आपने सामान्य कथन मात्र कर दिया है। आपके इन वेदान्त महावाक्यों को बोलने वाला क्या अनादि सनातन जीव नहीं है; जो ब्रह्म से एक्य का अनुभव करना चाहता है?"

आचार्य्य शंकर- "वेदान्त महावाक्य संभ्रमित वाणी के कथन मात्र नहीं हैं, क्षेमराज जी! ब्रह्म साक्षात्कार की समाधि के स्तर चैतन्य हैं, सोपान हैं। साधक संन्यासी ही इनका क्रमशः अनुभव करता है तथा सगुण को तर कर निर्गुण निरञ्जन निराकार चैतन्य में लीन हो जाता है।"

"लीन! क्यों?" क्षेमराज ने कहा- "परम शिव-शिवत्व-आत्म तत्त्व निरञ्जन निराकार ही है क्या? वह सगुण सञ्जन साकार भी है। यह इदम्, जगत और जीव तथा भवःसंसार उस ईश्वर शिव का चित् है; चैतन्य है; परावाक् है और उस परमात्मा का मुख्य ऐश्वर्य्य है-भूति है, विभूति है। इस विमर्श में स्वयं शिव और उनकी पञ्चमुखी शक्ति ही अभिव्यक्ति है। शिव की शक्ति का विस्तृत स्वरूप, आचार्य्य शंकर! स्वभित्तो! शिव ने अपनी स्वेच्छा से ही शक्ति का यह चिद् विलास सर्जा है; उत्पन्न किया है और स्वयं का अहम् प्राप्त कर परम् शिव ही जगत्, जीव एवं भव संसार की यात्राओं में व्यक्त होते हैं। यही हमारा व्यावहारिक सार्थक मत है। स्वयं आपने कहा है- शिवःशक्तया युक्तो यदि भवति शक्तः प्रभवितुभ-न चेदेवम् देवो न खलु कुशल स्पन्दितुमपि।"

आचार्य्य श्री शंकर- "यह हमने कहा ही नहीं, लिखा है। शक्ति के अमोघ सामर्थ्य और परात्पर सौन्दर्य का ही यह काव्य है; किन्तु सौन्दर्य्य लहरि का मर्म यदि कोई समझ सकता है, तो वह निर्विकल्प समाधि का ध्यानी योगी ही अनुभव कर सकता है। सगुण साकार ब्रह्म को ध्यान करने वाला सच्चिदानन्द

विग्रहा शक्ति का दर्शन कर लेगा; किन्तु परम् ब्रह्म शिव का साक्षात्कार नहीं। परमात्मा जगत् नहीं है- जीव नहीं है- भव संसार भी नहीं है-वह परमात्मा है, परम् ब्रह्म, निर्गुण निरञ्जन निराकार।"

और फिर तोटक को सम्बोधित करते हुए आचार्य्य पुनः बोले- "चलो, वत्स! वेदान्त-परिक्रमा के लिये चलें। क्षेमराज जी! अपने गुरुदेव से कहना, हम से मिलें-मैं उनका भ्रम शेष दूर करने की चेष्टा करूंगा।"

"ब्रह्म ज्ञान प्रदान करेंगे क्या?" क्षेमराज ने पूछा।

"यदि अभिनव गुप्त महोदय यह चाहेंगे, तो यह संभव हो सकेगा।" आचार्य्य श्री शंकर ने धरती पर चरण धरते हुए कहा- "जय सच्चिदानन्द!"

"जय शिव"- गूंज उठी।

आचार्य्य श्री शंकर ने चलते हुए अपने हस्त लाघव को आकाश में उठाते हुए कहा - "चिदानन्दरूपम् शिवोहम् शिवोहम्!"

"शिवोहम्-चिदानन्द!" ध्वनि प्रतिध्वनियों से गगन हिल उठा; व्योम काँप उठा और आकाश जैसे शान्ति प्राप्त करने लगा।

क्षेमराज भी साथ चलने लगे। आचार्य्य तोटक ने तनिक ठहरते हुए पूछा- "साथ चल रहे हैं क्या?"

क्षेमराज- "अवश्य, काश्मीर और कामरूप की सीमाओं में हम अलग होंगे। कामरूप की योगिनियाँ और भैरवियाँ आपका सुस्वागतम् करेंगी और काश्मीर की सीमा पर शिव के त्रिशूल गड़े मिलेंगे-सावधान, तोटक!"

तोटकाचार्य्य ने शान्त स्वर में कहा- "जैसी हंसवाहिनी शारदा की इच्छा, श्रीमन्!"

"शारदा?" क्षेमराज ने हँसते हुए कहा- "आप वेदान्ती बड़े चतुर हैं। निर्गुणियों में निर्गुण और सगुणियों में सगुण। सच तो यह लगता है, वेदान्त शास्त्रोक्त सिद्धान्त है ही नहीं। उद्भ्रान्त साधकों का विप्रलम्भ मात्र है।"

"नहीं, क्षेमराज जी!" तोटकाचार्य्य ने हँसते हुए कहा- "ब्रह्म सत्यम् जगन्मिथ्या। लिख लें, गुन लें, घोट लें-अन्ततोगत्वा यही परम सत्य दिखेगा।"

क्षेमराज- "हम तो पृथिवी तल के देहधारी जीव हैं; हम जीवन में शील, शक्ति तथा सौन्दर्य्य देने वाले ईश्वर को ही चाहते हैं-अनादि से चाहते आये हैं, तोटक महोदय!"

तोटकाचार्य्य ने धरती की धूलि में चरण चाँपते हुए कहा- "जीव अनादि से मुक्ति-मोक्ष ही चाहता है-चाहता आ रहा है। आत्मा जीवात्म भाव धारण केवल भव लीला के लिये करता है- किन्तु क्या उसकी सच्चिदानन्द मोक्षावस्था नष्ट हो जाती है? नहीं। असंख्य कोटि मेघाम्बर होने तथा होते रहने पर भी आकाश जैसा है, वैसा ही है। बुद्धि से ब्रह्म का चिन्तन करना चाहते हो तो श्रीमन्! आकाश पर सोचो, आकाश का ध्यान करो जी, समझे?"

क्षेमराज ने कहा- "आकाश? शून्य? नहीं?"

"नहीं जी! सत्यवत् सत्य!" तोटक बोले।

"सत्यवत् सत्य?" क्षेमराज ने पूछा।

तोटकाचार्य ने कहा- "सत्य सत्यवत् है; सत्यम्भृत है। पूर-भर-पूर है-पूर्ण-परिपूर्ण है। सभी संभवों और असंभवों से भरा पूरा सत्य, श्रीमन्!"

"तब भाव ही भाव है?" क्षेमराज ने कहा।

"सत्य ही सत्य-सदैव सर्वत्र सत्य! शून्य नहीं!" श्रीमद् तोटकाचार्य्य ने कहा और क्षेमराज को पीछे छोड़ कर आगे शंकराचार्य्य के कंधे के पास हो लिये। ज्योतिर्मठ के प्रवेश पर शंकर रुके; बोले- "शुभम् भवतु! तोटक अपना दैन्य बनाये रक्खो। प्रत्येक मत में सत्याभास होता ही है; पूर्ण सत्य नहीं होता। प्रत्येक सम्प्रदाय के मूल सिद्धान्त सदैव आदरणीय होते हैं-अवश्य, सिद्धान्त सत्य को ही इंगित करता है; व्याख्या करता है-प्रतिपादन करता है। कामरूप के शाक्त मत तथा काश्मीर के शैव सम्प्रदाय का अवगाहन करते हुए अपना वेदान्त प्रसार करो। समझो और समझाओ। वितण्डा से दूर रहो और जल्प मात्र त्याग रक्खो। विश्वास कर चलो, सत्य के लिये प्रमाण नहीं है- यह असत्य है, यही सिद्ध करने के लिये प्रमाण होता है। जो है, जो केवल वही था, है तथा बना रहेगा-उसको कौन प्रमाणित अथवा अप्रमाणित कर सकता है? रोम-रोम में यह विश्वास कूट-कूट कर भर दो, पूर दो कि सच्चिदानन्द ब्रह्म ही सत्य है-केवल वही, वही सत्य है- अन्य सब मिथ्या है। वेदान्त का यह महावाक्य बुद्धि की उद्भ्रान्त विकलता की परम् शान्ति के लिये है- यह महावाक्य चिदानन्द आत्मा के स्वयं के अमोघ विश्वास की अजय दृढ़ता के लिये है-ब्रह्म केवल कोरा शब्द तथा उसकी निरर्थक ध्वनि ही नहीं है। ब्रह्म स्वयं शब्द ब्रह्म है, अनहद ओम्कार है। अपने आस-पास, समक्ष, चारों ओर सच्चिदानन्द ब्रह्म को ही खोजो। देखो, सभी स्वप्नों से कहीं अधिक नित्य और निरंतर ब्रह्म का

सत्य स्वप्न है। अवश्य, ब्रह्म-चैतन्य स्वप्न की अनुभूति तथा स्मृति का दाह नहीं है-वह आत्मा का चिद्घन चिदानन्द प्रत्यक्ष है- आत्मा जब जगत् देखना बन्द करता है और सृष्टि के मोह बन्धनों से मुक्त होकर यावत् जीवन की चिर निन्द्रा में मग्न होना चाहता है। ब्रह्म दर्शन के लिये वह जैसे भव संसार की अँधेरी रात में जाग उठता है। जाग्रति, स्वप्न तथा कारण के परे और पार वह सत्य स्वरूप ब्रह्म को ही देखना चाहता है-पाना चाहता है। भवेच्छा लीला विलास की धारणा भर है-किन्तु ब्रह्म साक्षात्कार की चिरन्तन जिज्ञासा ही सत्य है। आत्मा का एक और अपराजित संकल्प है-आत्मलाभ। परमात्मा की प्राप्ति, मोक्ष, वत्स!" तोटकाचार्य ने प्रणाम किया और नतमस्तक होते हुए कहा- "अभिनव गुप्त, पूज्यपाद?"

शंकराचार्य्य ने कहा- "सत्य निराकार है। सत्य का कोई द्वन्द्व नहीं है- संघर्ष भी नहीं है। सत्य का आग्रह नहीं दुराग्रह भी नहीं। सत्य का स्पर्श सहानुभूति है। करुणा है, प्रेम है, वत्स! निर्भय, निशंक प्रस्थान करो। मैं मठ के अपने कक्ष में तुमको पृथिवी, गगन, अन्तरिक्ष तथा द्युलोक में भी देखता रहूंगा। अपने सभी भवों के त्रिशूल परम् शिव को समर्पित कर दो, वत्स! हम प्रभु के जन हैं और भव योनियों के सेवक हैं। मानवों के साथी मित्र हैं, हम संन्यासी हैं, सर्वत्र शान्ति, मंगल और कल्याण का उद्भव चाहते हैं। हम मनुष्य को मोक्ष मार्ग पर स्नेह पूर्वक ले जाने के लिये विनीत साधक हैं- हम ब्रह्म के उपासक-स्नेह स्वरूप सब के हृदय को छूते हैं तथा अज्ञान की ग्रन्थि को भेदने के लिये अपने नयनों की अग्नि देते हैं-जगत् को जान कर हम मोहान्ध मनुष्य को भव सागर तरने की अचूक अमोघ विद्या भी सिखाते हैं। यावत् जीवन चेतना के दृष्टा बन कर अज्ञान तिमिर के नाश के लिये सूर्य्यवत् प्रकाशवान होओ, वत्स!"

तोटक के नयन अश्रु जल से भर उठे- "कृपा-प्रभो!"

"कृपा?" शंकर ने कहा- "वह तो तुमको सुलभ है ही; किन्तु मैं तुम्हें शक्ति भी देता हूं- शक्ति! श्रीमान् अभिनव गुप्त शक्ति के उपासक हैं। मैं तुमको शिव तथा शक्ति-परम् शिव का तेज देता हूं। सभी ब्रह्म स्वरूप हैं, यही धारणा करते हुए संसार के जीवात्म भावों के शमन तथा वह आत्म दर्शन की चिरन्तन शान्ति पा सके, इसके लिये मानव को वेद और वेदान्त के अभय अद्वैत के पारदर्शी आलोक में लाना अब अनिवार्य्य हो गया है। कब तक मनुष्य को अज्ञान के घन तिमिर में डूबे रहने दिया जाय? कब तक वह मृत्यु को ही वरता रहेगा?

मनुष्य को ज्ञान चाहिये; अपना आत्मा, अपना परमात्मा, सच्चिदानन्द चाहिये। कल्याण हो!"

शंकराचार्य देर तक तोटकाचार्य के संघ को दीप्तिवान क्षितिज की ओर मन्दाकिनी के प्रवाह के समान बहते हुए देखते रहे। तोटक! तोटकाचार्य! शब्द ध्वनि उनके चिदाकाश में गूंज उठी। शंकराचार्य को लगा, वह स्वयं ही तोटक हैं-तोटक! मानो जगा हुआ चिदानन्द अरुणोदय है। सृष्टि के दिव्य ब्राह्म मुहूर्त का मानो तोटक प्रभाकर है, दिवाकर है। तोटक जाग गया है और उसकी हृदय ग्रन्थि जीर्ण हो चुकी है-जीर्ण अज्ञान तंतुओं की महा गाँठ सी यह हृदय ग्रन्थि पाषाण के भार सी स्वयं ही लूम-झूम रही है-ज्ञान की प्रथम किरण के स्पर्श मात्र से यह हृदय ग्रन्थि जल उठती तथा जीर्ण होकर काल के अज्ञान तिमिर में अदृश्य हो जाती है-जीव भाव ही विरम जाता है, कर्मेच्छा नष्ट हो जाती तथा आत्मा के सच्चिदानन्द प्रेम की पिपासा भभक उठती है। असंख्य कल्पों और प्रलयों की आकुलता उड़ जाती है और भव-संसार जैसे विलमाया स्वप्न हो जाता है- स्मृति मात्र स्वयं ही भस्म हो जाती है। यह रूप और यह रंग, यह नाम-ध्वनियाँ, यह संयोग-वियोग-यह सम्बोधन, आह्वान, विसर्जन, सब गतिविधि, स्वयं ही किसी ज्योतिर्मय शून्य में समा जाती है। शंकराचार्य्य ने ऊर्ध्व स्वाँस भरा तथा अपने आवास की ओर चल दिये। क्षेमराज पीछे-पीछे चले। शिवराम भी साथ हो लिया; भास्कर आ लगा।

आचार्य्य श्री शंकर ने तनिक रुक कर पूछा- "क्यों? मेरे पीछे- पीछे क्यों?"

क्षेमराज ने कहा- "ज्योतिर्मठ में आप आगे हैं। हम पीछे, हम गुरुवर्य्य अभिनव गुप्त का सन्देश लाये हैं-"

"क्या सन्देश है उन मनस्वी मतिमान् महोदय का?" शंकराचार्य ने पूछा- "वेदान्त मत के प्रसार का हम संन्यासियों का जन्म जात सत्व है। यह संन्यासियों की स्वाधीनता है। यह वेदान्त प्रसार आत्म कल्याण के लिये है और यह हम यतियों का आत्म गौरव भी है।"

क्षेमराज ने कहा- "अभिनव गुप्त श्रीमद् ने हमें आपके सानिध्य में भेजा है।"

"परन्तु क्यों?" शंकराचार्य्य ने पूछा।

"श्रीमद् के चरणारविन्द कैसे हैं, यह देखने के लिये।" क्षेमराज ने कहा- "हम आपको सुनना चाहते हैं। आप श्री क्या हैं, जानना चाहते हैं।"

शंकराचार्य्य कटि से टेढ़ा होकर उत्ताल हास्य हंसे; बोले- "मैं हाड़ माँस का पुतला हूं-मानव हूं। अज्ञान को समझ कर अज्ञान का ज्ञान से उपचार कर रहा हूं। मैं और क्या हूं भला?"

"देवता हैं आप!" शिवराम ने कहा।

शंकराचार्य्य- "देवता ब्रह्मा हैं; विष्णु हैं- महेश हैं। महाकाली, महालक्ष्मी, महासरस्वती है। मानव-मानव है, देव नहीं है और नहीं वह देव हो सकता है- फिर मानव को सुर या असुर करने की आवश्यकता ही क्या है? अन्ततोगत्वा मानव इस लोकालय में वेदान्त का संन्यासी ही है।"

क्षेमराज ने सस्मित कहा- "आप देवता नहीं, सामान्य मानव जीव नहीं, सुर, किन्नर, गन्धर्व भी नहीं, तब आप हैं क्या? वेदान्त का एक संन्यासी कह देने से हम क्या आपश्री को पूर्णतः जान पायेंगे?"

"मैं इस पृथिवी तल पर एक मानव हूं- संन्यासी।" आचार्य्य श्री शंकर ने कहा- "भव योनियों के स्वरूप और जीवन में तुलना क्या हो सकती है? समानता भी क्या देखी जा सकती है? प्रत्येक भव-योनि स्वयंभृत, स्वर्ग पूर्ण और विचित्र तथा विलक्षण है। इसीलिये भव योनियों का धाता ईश्वर है-इसी रूप स्वरूप और वेश में वह अपने अधिकत्व-नाना को देखता है। मानव योनि तो चौदह भुवन तथा स्वप्न लोक को जानने तथा प्राप्त करने की साधन क्षमताओं से पूर्ण बुद्धिमती सृष्टि स्वरूप योनि है। मानव वैश्वानर है; तेजस् है; गहन परम कारण है। मानव ही तो यावत् जीवन की जाग्रति है, स्वप्न है-सुषुप्ति भी है। मानव ही अपने प्रारब्ध द्वारा चौदह भुवनों में अवतरित होने का सामर्थ्य प्राप्त करता है-काल के क्रियमाण को मानव इच्छा ही प्रचोदित करती है। मानव को जान लो-मुझे जान लो। मानव को समझ लो, मुझको समझ लो। श्रीमान् अभिनव गुप्त की अन्ततोगत्वा अभिसन्धि क्या है?"

क्षेमराज ने विहंसते हुए कहा- "आपके शारीरिक भाष्य को आपके मुखारविन्द से सुनना। हम शैव आपकी परम् शिव-परम ब्रह्म की धारणा का मर्म जानना चाहते हैं।"

शंकराचार्य्य ने सस्मित कहा- "सत्य का कोई मर्म अथवा रहस्य है नहीं, होता नहीं-हो सकता नहीं। असत्य ही रहस्य है; समस्या है, प्रश्नोत्तर है। अज्ञान को जानना तथा समझना होता है; ज्ञान को नहीं-ज्ञानी स्वयं को क्या समझेगा?

माया को ही समझना होगा; ज्ञेय को ही जानना होगा। तभी ज्ञानी अपना आत्म साक्षात्कार कर सकता है।"

क्षेमराज ने निःसास रखते हुए कहा- "न जाने क्यों आप श्री को उत्तर देते नहीं बनता। आपको सुनता रहूं, यही इच्छा बनी रहती है।"

"इसलिये कि मुझे वेदान्त के ब्रह्म में पूर्ण परिपूर्ण अटल अगाध विश्वास है। क्योंकि मेरी बुद्धि ने अज्ञान को जान लिया है और मेरा अहम् अज्ञान के परे ज्ञान की ज्योति से भस्म हो चुका है। मैं ही ज्ञानी जानने वाला हूं, यह मैंने आत्मसात कर लिया है। मैं सत्य के विषय में शंकित और अनिश्चित नहीं हूं। मैं मायालीन नहीं हूं-ब्रह्मलीन हूं।"

"माया-लीन?"-शिवराम बोल उठा- "मायालीन, ब्रह्मलीन... वाह्! आप श्री तो माया-जगत् को मिथ्या ही मानते हैं-"

"जगत् है ही नहीं; जीव है ही नहीं, भव-संसार है ही नहीं।" शंकराचार्य्य ने शान्त गम्भीर स्वर में कहा- "जो है वह सत्य है; नित्य है। अच्युत है; निराकार और निरञ्जन है, ब्रह्म, केवल ब्रह्म सत चित् आनन्द!"

क्षेमराज- "सुनने में आप श्री का यह कथन दिव्य और योग्य लगता है-सत्य ही है, असत्य नहीं है, यह युक्ति-युक्त कैसे है- यही हम जानना चाहते हैं। हम तो शिव को ही परम चैतन्य मानते हुए भी ईश्वर, जीव और जगत् में मानते हैं-शिव ही अपनी शिवा शक्तियों से ईश्वर, जीव तथा जगत् बनता है। शिव जब कर्म बन्धन में बन्धता है, तब जीव हो जाता है। अपने स्वेच्छिक कर्म बन्धन को काट कर जब वह अपने ही आप में स्थित होता है; तब वह शिव हो जाता है। जगत् को भी हम शिव के सामर्थ्य का भव-भोग के लिये रंग-मंच मानते हैं।"

शंकराचार्य्य- "माया द्वारा ही भव-भोग है; कर्म-बन्धन है। परम् शिव न माया होता है; नहीं जीव होता है। यह सब अज्ञान जनित आरोपण मात्र है-सच्चिदानन्द आत्मा की भ्रान्ति-अध्यास!"

"परन्तु क्यों?" क्षेमराज जी ने कहा।

"जिस पल यह जान जाओगे, स्वतः मोक्ष हो जायेगा।" शंकराचार्य्य ने कहा-"इसी को जान कर-अज्ञान और अध्यास को जानना ही ज्ञान लाभ करना है। ज्ञानी आत्मा अज्ञान को जान सकता है; माया मिथ्या को समझ सकता है। ज्ञानी स्वयं को जानता नहीं, स्वयं का प्रत्यक्ष करता है।"

"यथार्थ ज्ञान ही ज्ञान है, हम यह मानते हैं।" शिवराम ने कहा।

"तब स्वप्न का ज्ञान और सुषुप्ति की गहन विस्मृति क्या है?" शंकराचार्य्य ने पूछा- "किन्तु यह वार्ता शान्ति पूर्वक बैठकर शुद्ध-बुद्धि द्वारा सोच और निर्मल चित्त में अनुभव कर ही की जा सकती है। ब्रह्म जिज्ञासा विचार नहीं है, धारणा अथवा कल्पना भी नहीं है। न यह रूप है-अरूप है।"

"तब ब्रह्म है क्या?" क्षेमराज सहसा बमके।

"तुम स्वयं, सच्चिदानन्द!"- आचार्य्य शंकर ने कहा- "सभी शास्त्रों का समाहार शून्य में होता है। मात्र बुद्धि की विफलता है। अनुभूति मात्र चित्त की व्याकुलता है। विचार और अनुभूति का समापन भी शून्य में ही होता है। केवल ब्रह्म की जिज्ञासा अणु से विराट् तथा पार से अपार होते ही स्वयं के सच्चिदानन्द आलोक में बदल जाती है। स्वर्ण-दीप की ज्योति क्या स्वर्ण पात्र तथा शिखा से उत्पन्न होती है? नहीं, महाशय क्षेमराज! ज्योति तो स्वयं प्रकाशित प्रकाश है।"

"तब यह चिन्तन?"- क्षेमराज ने पूछा।

"काल के तट तक पहुंचने के लिये, देश को नाप लेने के लिये-मिथ्या को जान कर अज्ञान के तिमिर को छिन्न-भिन्न करने लिये। विचार, धारणा, चिन्तन, प्रश्नोत्तर-शास्त्रार्थ सब जगत् के लिये है, माया को जानने के लिये है। माया को जान लो, जगत् को जान लोगे, जीव को समझ जाओगे और..."

"और?" शिवराम चिहुंका।

"और अन्त में काल के तट तथा देश के छोर तक पहुंच जाओगे। शून्य में डूब जाओगे, किन्तु तभी देश काल से मुक्त आत्मा स्वयं ही अपने चिदाऽनन्द ज्ञान के ब्राह्म मुहूर्त में जाग जायेगा। मोक्ष, बटुक!"

"मुझको तो जगत् और उसका जीवन भोग ही चाहिये।" शिवराम बोल पड़ा।

"तभी तो जीवात्म भावी होकर जन्म-मरण की भव यात्रायें कर रहे हो, सच्चिदानन्द मेरे!" शंकराचार्य श्री ने हँसते हुए कहा।

शिवराम चिहूंका- "मैं, आपका सच्चिदानन्द! वाह स्वामिन्!"

शंकराचार्य तनिक उत्ताल हास्य हँसे, बोले- "सभी सच्चिानन्द उस पार ब्रह्म परमेश्वर के सिवाय अन्यथा कौन है? कौन-होगा, कौन?"

क्षेमराज ने हंस कर कहा- "परम शक्ति तत्व और शिवत्व-यह सब थे, होंगे और हैं। स्वामिन्! क्या जगत् को सत्येश्वर ईश्वर की आवश्यकता नहीं है? थी और है? जीव मात्र, प्राणी मात्र को दीनबन्धु भगवान्-आशुतोष औढर दानी और अहैतुक कृपा करने वाले त्र्यम्बक शिव की आवश्यकता है। ईश्वर स्वयं जगत् स्वरूप उद्भवित न हो तो क्या यह ऐश्वर्यशाली जगत् उद्भवित हो भी सकता था? हो भी सकता है? उद्भव और तिरोभव ईश्वरीय गहन दिव्यतम अभिव्यक्तियाँ हैं। प्रारब्ध के भोगी जीव को विघ्नों से रक्षा चाहिये; संकट से परित्राण ही चाहिये। जीव को मंगलमय भव-संसार और योग्य सुख ही चाहिये। इसीलिये जीव की इच्छा सुखमयी है; स्वातन्त्र्यमयी है। किन्तु अच्छी और बुरी, योग्य तथा अयोग्य इच्छा करते रहने वाले जीव को क्षमाशील ईश्वर भी चाहिये जो जीव को दिखें; अनुभूत हों।"

शंकराचार्य्य- "जीव ब्रह्म अभिन्न तादात्म्य हैं। अथाह अपार अनादि संचित में डूब कर आत्मा जीव भाव धारण करता है और इच्छा स्वातन्त्र्य से प्रारब्ध का स्वाभाविक निर्माण कर भव यात्राएं करता रहता है। जीव की सभी सकाम इच्छायें कर्म बन्धनमयी हैं-भवोत्पादक हैं। किन्तु निष्काम इच्छा कर्म बन्धन को काटती-मुक्त करती हैं। जिस जीव को अपना आत्म लाभ करना हो, वह निष्काम इच्छा द्वारा प्रारब्ध काट ले-मुक्ति उसके अन्तः करण के द्वार पर खड़ी मिलेगी।"

"तब जीवात्म केवल भाव ही है? धारणा ही है-आरोपण?" श्री क्षेमराज ने पूछा- "नहीं, श्रीमद्! जीव स्वयं में शिव चैतन्य है- शिव है। मानव बुद्धि वास्तविक सगुण ब्रह्म में ही मानती है-भगवान्! भगवान् के अमोघ विश्वास से ही भव-योनियों का जीवन संभव है। शिव स्वयं न बन्धे तो क्षल्लुक जीव को मुक्ति कैसे मिले? नहीं, स्वामिन्! पुनः विचार कीजिये-"

"शंकराचार्य्य ब्रह्म विचार का विषय नहीं है। विचार का विषय जगत् है, ज्ञेय है।"

शिवराम- "अपने ऐसे ब्रह्म का साक्षात् क्या हमें करवायेंगे?"

शंकराचार्य्य- "जीव यदि अपने अभय का अनुभव करना चाहे, अपने अद्वैत की प्रतीति करना चाहे, अपने परमात्मा में लीन होना चाहे, तो अवश्य।"

क्षेमराज ने नमन पूर्वक कहा- "तब शारीरिक भाष्य का अध्यापन कब से?"

"प्रारम्भ हो चुका है।" शंकराचार्य्य ने कहा- "ब्रह्मचर्य ही शारीरिक भाष्य का अध्यापन है; अध्ययन है। शक्ति सूत्र के शिष्य से मैं ब्रह्म वार्ता ही करूंगा। आचार्य्य श्री अभिनव गुप्त का शक्ति सूत्र मैं देखना चाहता हूं।"

क्षेमराज ने अपने झोले में से एक वृहद् पोथी का बस्ता निकालते हुए कहा- "यह अर्पित है। शक्ति सूत्र का अध्ययन कर आप श्री निस्संदेह त्रिक् दार्शनिक हो जायेंगे। निर्गुण निरञ्जन, असमर्थ और असंग ब्रह्म की आपकी धारणा कपूर की गन्ध की भाँति उड़ जायेगी और परम् शिव शिवा के साथ प्रगट हो जायेंगे।"

"शंकराचार्य्य ने शक्ति सूत्र की पोथी गृहण की और शिरोधार्य करते हुए कहा- "सत्य! क्षेमराज जी सत्यमेव जयते।"

"सत्य!" क्षेमराज चिहुंके- "जब से जगत् का उद्भव हुआ है, मानव का जन्म होने लगा है, तब से एक मात्र समस्या सत्य ही है। एक मात्र अगाध रहस्य भी सत्य ही है। जगत्, जीव, भव सभी कुछ अचूक स्पष्ट हैं, किन्तु सत्य ही अस्पष्ट तथा च्युत विचारशील है। 'नेति नेति' का अन्ततोगत्वा उद्गीथ क्या है? जो जाना जा ही नहीं सकता, जो मन और इन्द्रियों को अगोचर है, जो नेति नेति है, वही सत्य है-यह मानव बुद्धि की अन्तिम पराजय का कथन मात्र है। सर्वस्वरूपा, सर्ववशा शक्ति के नयनाभिराम नानाभिराम में परम् अभिराम शिव को प्राप्त करना ही सत्य को प्राप्त करना है-"

"सत्य को प्राप्त करना नहीं है-सत्य तो जीव स्वयं है। परमात्मा में अभिन्न जीवात्म भाव के अन्तराल में वह सत्य ही तो है। क्षेमराज जी! सत्य को पाना नहीं है, असत्य को जानना है। ब्रह्म को पाना नहीं है- ब्रह्म की विर्मशनी माया को देख कर जानना है। समझना है-उसके तिमिरान्धकार को चीर कर फेंकना है। उसी सत्यनारायण परम् ब्रह्म का यह चिद्विलास आत्मसात् करना है।"

"चिद्विलास?"- शिवराम।

"तुम तेजस जैसे स्वप्नावस्था में!"- शंकराचार्य्य ने कहा और अपने निवास की ओर चल दिये। क्षेमराज ने देखा शंकराचार्य्य की कञ्चन काया क्षितिज की ओर दिव्य-धुम्मस की भाँति लहरी जा रही है और जैसे क्षितिज के पार किसी अरूप निराकार के आलोक में मिलती जा रही है।

09

आधी रात के माझम अँधेरे में शिवराम उठ बैठा। उसको लगा, कोई उसको झकझोर कर जगा रहा है। 'उठ, प्रमादी! साधना आरम्भ कर!' जैसे गगन से अभिनव गुप्त ही पुकार कर कह रहे हों। 'हूं? ऐं?' शिवराम स्वयं से ही चिहुंका- "साधना? हाँ, गुरुजी! हाँ! यह, यह तत्पर हूं!" शिवराम ने तपाक से उठ कर कोठड़ी के द्वार बन्द कर लिये तथा पूजा पीठिका के समक्ष टटार अर्ध पद्मासन पर जा बैठा। लल- जिव्हा दक्षिण कालिका की चित्रित मूर्ति मानो रात्रि के अन्धकार में भी जाग रही थी। धूमावती की विवर्ण, चञ्चल, मलिनाम्बरा दुष्टाकृति विमुक्त कुन्तल विधवा की भाँति अन्धकार में झबक जाया करती थी। बग्ला, बगला मुखी की लम्बी चौड़ी आकृति मध्य में मानो खुभी हुई थी और चारों दिशाओं में कृत्या का आह्वान करने जा रही थी। शत्रु के हृदय पर आरूढ़ बायें हाथ में शत्रु की जिव्हा को खींच कर दायें हाथ से गदा का आक्रमण करने के लिये सन्नद्ध, पीताम्बर धारी द्विभुजा बगला। शिवराम मन ही मन पुकार उठा- "सिद्ध कर दे, मारण, मोहन, उच्चाटन, वशीकरण, स्तम्भन, सिद्ध कर दे। त्रिक् दर्शन का शत्रु यह यत्ती शंकराचार्य्य! भगवति! अपने भक्त का प्रयोजन सिद्ध कर दे!"

अधन्कार के मूक उभारों में दीपक की मन्द लौ राक्षसी की आँख सी मानो चमकी। शिवराम को लगा, अन्तरिक्ष से व्योम में धंस कर कोई गगन को हिल्लोलित कर रहा है-उसका रोम-रोम थर्रा उठा। "धूमावती! बगलामुखी-दक्षिण कालिके!" शिवराम मन ही मन चिल्ला उठा। "धूमावती! धूं धूं स्वाहास्वरूपे! रक्षा करो, भगवती! नाभि प्रदेश की हिस्री 'रक्षा करो'! शिवराम ने टेढ़े होकर साष्टांग प्रणाम करते हुए पुनः कहा- बग्ला देवी! शक्ति दो,

जिससे गुरुदेव अभिनव गुप्त के शत्रुओं का नाश कर सकूं। हाँ, भगवती! यही, यही श्रीमद् गुरुजी अभिनव गुप्त चाहते हैं। यही उनकी इच्छा है, आज्ञा है। शिवराम तनिक सुन्न होकर बैठ गया। उसको लगा, धूमावती की धूमिल छवि म्लान अट्टहास्य हंस रही है। "मूर्ख!" मानो किसी ने मन के गहन में पुकारा- "शंकराचार्य्य? शिव स्वरूप हैं; षड ऐश्वर्य्य से समर्थ तथा सिद्धियों के प्रचोदक योगीश हैं।"

शिवराम ने मन ही मन उत्तर जैसे दिया- "शंकर नहीं, गुरुदेव अभिनव गुप्त ही महातांत्रिक, सिद्धियों के धाता, विधाता, त्राता हैं। उनकी इच्छा में मंगल और अमंगल दोनों के ही अमोघ संकल्प हैं। नहीं-गुरुदेव की इच्छा पूर्ति मुझको करनी ही है। यक्षिणियां? कौन मुझको यक्षिणियाँ बतायगा? गुरुदेव अभिनव गुप्त के सिवाय और कौन?" कौन? जैसे झूमती हुई प्रतिध्वनियाँ उठीं, मानो प्रेतनियाँ अट्टहास्य कर रही हों। दारिद्र! "हाँ, शंकराचार्य का षड़ ऐश्वर्य लील ले। धूमावति! उसके मठों का ऐश्वर्य समाप्त कर दे। सौभाग्य के सभी तेज हर ले, भगवती! शंकर के शिष्यों में क्लेश भर दे; सेवकों में कलह जगा दे। रोग-शंकराचार्य्य के संघ में रोग फैला दे। गुरुदेव अभिनव गुप्त की समस्त साधना को यह यती शंकर विफल करना चाहते हैं-इनके देव-प्राण, आरोग्य तथा ऐन्द्र निर्बलतम कर दे और प्रबल कर दे, आसुरी प्राण, आप्य। धूं धूमावति स्वाहा!" शिवराम ने मन में कल्पित यज्ञ-वह्नि में मानो आहूति दी और उन्मीलित नयनों से मूक प्रार्थना आरम्भ की- "भद्रकाली महाकाली डमरू वाद्यकारिणी! स्फारित नयना चैत टकटंकित हासिनी! धूमावती! जगत् कर्त्री शूलहस्ता तथैव च! अष्टनामात्मकम्-स्त्रोतम्!..."

सहसा शिवराम को लगा, बन्द द्वार पर थाप पड़ी- "खोलो!"

शिवराम हड़बड़ा कर उठा- कौन?"

"मैं शूलपाणि!" गम्भीर किन्तु तीव्र ध्वनि सुनाई पड़ी।

हड़बड़ा कर शिवराम ने द्वार खोले; हिचकते हुए बोला- "जी, आप?"

"हाँ, मैं", शूलपाणि कोठरी में धँस गया- "यह तन्त्र-मन्त्र? क्या हो रहा है, बन्धु?"

"कुछ नहीं। जी", शिवराम ने हड़बड़ाते हुए कहा- "साधना! शक्ति की साधना-शैव दर्शन की साधना, शक्ति तन्त्र की साधना है।"

"जानता हूं।"-शूलपाणि ने कहा- "धूमावती, बगलामुखी-दक्षिण कालिका। दश महाविद्या की सम्पूर्ण साधना कर रहे हैं आप? अथवा किसी गुह्य अभीष्ट की सिद्धि के लिये यह त्रि-देवी साधना है?

"जी।" शिवराम ने अचकचाते हुए शूलपाणि को देखा; कहा- "मेरी इष्ट हैं। यह त्रि देवियाँ ही नहीं, सभी दश महाविद्या-देवियाँ मेरी इष्ट हैं-इनकी साधनाओं के लिये ही जैसे मैं जन्मता रहा हूं। हाँ, यही, बन्धुवर्य्य!"

शूलपाणि ने तनिक कठोर दृष्टि से देखते हुए कहा- "बग्ला कला की अधिष्ठात्री तथा शत्रुमर्दिनी देवता है। ज्योतिर्मठ में आपका शत्रु कौन है? फिर धूमावती का आह्वान क्या संसार को दरिद्र, क्लेशमय और कलहपूर्ण बनाये रखने के लिये कर रहे हो? अथवा स्वयं ही दरिद्र, निस्तेज तथा नष्ट प्राय: होने के लिये धूमावती को बुला रहे हो। कृत्या और विनाश की देवताओं के मध्य दक्षिणकालिका की इष्टम् भर मूर्ति क्यों सजा रखी है?"

"दक्षिणकालिका? स्वयं की रक्षा के लिये, योगक्षेम के लिये।" शिवराम हिबकते हुए बोला- "कृत्या तथा दारिद्र, विनाश और क्लेश कलह से मैं उबरा रहूं- इसके लिये।"

"अच्छा!" शूलपाणि ने कहा- "किन्तु यह ज्योति मठ है-वेदान्द का स्थल है। यहाँ शिवोपासनायें ही स्वीकृत हैं-दत्तात्रेय तन्त्र की साधनायें यहाँ वर्जित हैं, श्रीमन्!"

"दश महाविद्या की उपासनायें मन्त्रोपासनायें हैं।" शिवराम ने साहसपूर्वक कहा- "जी, हां!"

"तब फिर कृत्या की अधिष्ठात्री, शत्रुविमर्दिनी बग्ला और जीवन के समस्त दुर्भाग्य की प्रवर्त्तक देवता की यों गुह्य उपासना क्यों की जा रही है, बन्धु? कौन है शत्रु आपका यहाँ ज्योति मठ में? कौन है?"

"जी, जी-कोई तो नहीं।" शिवराम ने तनिक हकलाते हुए कहा- "जगद्गुरु के सांनिध्य में हम इष्ट बल पूर्वक बैठना चाहते हैं, जिससे हम जगद्गुरु को पूर्णतः समझ सकें-पा सकें। जी, हाँ यही।"

"यही?" शूलपाणि ने तीव्र उतप्त स्वर में कहा- "हमें सब ज्ञात है, मित्र जू! सावधान! ज्योति मठ सात्विक उपासनाओं का सिद्धम् गत स्थल है। स्वयं जगद्गुरु शंकर इस मठ की प्रेरणा के अगाध स्त्रोत है। तोटकाचार्य्य श्रीमद् प्रकाश हैं, अरुणोदय हैं। इस मठ के सेवक, शिष्य दो आँखों से नहीं, सहस्र

नयनों से देखते हैं, समझो! यदि दुस्साहस कर रहे हो तो मेरा परामर्श है, त्याग दो। जगद्गुरु की रक्षा डमरूधर शिव स्वयं करते हैं और शूलपाणि छबियों की ओर लपका "दुर्गा, शिवा, दक्षिण कालिका, सरस्वती, भुवनेश्वरी, तारा, षोडशी, कमला, मातंगी-इन देवियों का आह्वान कीजिये. श्रीमन्!"

"मेरी इष्ट छिन्नमस्ता, बग्ला, धूमावती-यह, यह हैं देवियां!" शिवराम ने हड़बड़ा कर कहा- "इष्टदेवियों को छोड़ दूं?"

शूलपाणि ने शिवराम को घूरा; कहा- "तब फिर मठ से बाहर होना होगा। ज्योति मठ ही नहीं, जगद्गुरु शंकराचार्य के मठों की जय-ध्वनि 'हर-हर शंकर' है। प्रकाश की प्रेक्षा महात्रिपुर सुन्दरी, दुर्गा शिवा हैं। प्रेरणा स्वयं सिद्ध आचार्यगण हैं। जगद्गुरु के श्रीचरणों में आने के पूर्व प्रारब्ध तक त्यागना होता है-जगत् छोड़ना होता है-माया को चीरना होता है। शक्ति तथा शक्ति के मद रीते करने होते हैं। भुवनेश्वरी की उपासना की स्वीकृति दी जा सकती है, शिवराम जी"

"तब फिर यक्षिणियाँ, भैरवियों, प्रेतनियाँ-इनको कैसे पाऊँगा?"

शिवराम चिल्लाया- "मैं शक्तिमात्र को वरना चाहता हूं-मैं मोक्ष नहीं चाहता; शाश्वत अनादि ऐश्वर्य्यशाली शक्तिवान जीवन चाहता हूं-मृत्यु नहीं चाहता; जीवन, चिरन्तन जीवन की भूति-विभूति चाहता हूं।"

"ऐसा?" शूलपाणि ने निसास रखते हुए कहा- "तब इसी समय ज्योतिर्मठ त्याग दो-बाहर निकल जाओ तुम। जगद्गुरु शंकर तो मोक्ष मार्ग के पथ-प्रदर्शक हैं। जगद् कल्याण की उनकी अभिलाषा अज्ञान के तिमिर के अन्ध को दूर कर आत्मा के चिदानन्द का ज्ञानोदय करना है। प्राणी मात्र अपने सच्चिदानन्द परमात्मा को आत्मसात् कर सकें, ऐसा धर्म सिखाना है, ऐसी विद्या देना है जो अमृत का भान करा दे और मृत्यु को तर सके। अज्ञान नहीं, ज्ञान, शंकराचार्य्य अपरा विद्याओं को ज्ञान के निश्चय के लिये कहते हैं और परा विद्या द्वारा अज्ञान के आच्छादन में डूबे सम्भ्रान्त मानव जीव को उसकी भूमा-आत्मा के चिदानन्द की ज्योति का दर्शन करने की क्षमता प्रदान करते हैं। शंकराचार्य्य का वेदान्त दर्शन मानव जीवन की सफल और धन्य परिणति के लिये सृष्टि का पथ है, समझो! यह शक्तियों का तांत्रिक कौतुक नहीं है।"

"समझ गया, किन्तु-" शिवराम हकलाया।

"किन्तु, परन्तु कुछ नहीं।" शूलपाणि तनिक गर्जा- "या तो भुवनेश्वरी उपासना, नर्वाण मन्त्र जाप अथवा ज्योतिर्मठ के बाहर नदी के पार मैं आपको छोड़ आऊंगा।"

शिवराम हक्का-बक्का सा शूलपाणि का गम्भीर तथा विजड़ित सा मुख मण्डल देखता अवाक् खड़ा रहा। शूलपाणि ने होंठ बिचकाये और तनिक दांत पीसते हुए कहा- "अभी तुम, लण्ठ! जगद्‌गुरु और उनके शिष्यों को जानते नहीं हो। ज्ञान योग उनका सिरत्राण है और कर्म योग उनका कवच है- और यह काला तन्त्र? उनका चरणावरण है। भगवान दत्तात्रेय को शत सहस्र वन्दन, किन्तु जिस दर्शन की दृष्टि, मति और धृति ज्ञान ही है, उसको यह दुर्भाग्य की कराल देवता स्वीकार नहीं हो सकती। कृत्या बरसाने वाली घोर क्रूरा बग्ला प्रणाम्य तो हैं, वेदान्ती को स्वीकार्य नहीं। तथा छिन्न मस्ता? वह तो वेदान्त के संन्यास की ही मानो धारणा है-अपने देहाभिमान का उत्तुंग मस्तक छिन्न कीजिये, समझे!"

"मेरा अभिमान? जी, नहीं जी।" शिवराम अब जैसे बोला।

"तब किसका?" शूलपाणि ने पूछा- "श्रीमद् अभिनव गुप्त का?"

"जी हाँ।" शिवराम बोला- "महेश्वर दर्शन के शताब्दियों के परम्परागत क्षेत्र तो काम रूप की कामाख्या तथा काश्मीर की शारदा देवियों के क्षेत्र रहे हैं-हैं-रहेंगे, आप लोग इन क्षेत्रों में वेदान्त डिमडिम बजा कर हमारे गुरु जी को क्लेश ही दे रहे हैं-"

"चन्द्रमा क्या सूर्य को गगन में आरपार घूमने से मना कर सकता है? ज्ञान का प्रकाश ही सर्वत्र छा रहा है; व्याप्त है। यह सब देवी देवतायें ज्ञानमय परम् ब्रह्म की ही मतिमान धृति हैं। प्रकाश-प्रकाश की धारणा, गतिविधि मति, धृति ही परम् ब्रह्म का चिद् विलास है, महाशय! वेदान्त अन्धकार का विरोधी तथा गहन जाड्यान्धकार का शत्रु है, वैरी। मनुष्य को मदिरा नहीं, अमृत चाहिये- सोम रस चाहिये।"

"नहीं, समरस।" शिवराम सहसा चिल्लाया।

"हाँ, हाँ, नादान! सोमरस ही समरस है।" शूलपाणि ने कहा और सहसा झपट कर छवियों को हाथ में उठा कर कहा- "इनको शिरोधार्य्य करते हुए मैं इनका विसर्जन मठ के कुण्ड में करता हूं। इष्ट साधन करना ही चाहते हो तो श्रीमद् शंकराचार्य की इष्ट त्रिपुर महासुन्दरी भुवनेश्वरी की आराधना करो! जगद्‌गुरु से क्या चाहते हो? बोलो?"

शिवराम- "ज्ञान!"

"तब अज्ञान और अन्धकार की शक्तियों का आह्वान क्यों कर रहे थे, श्रीमन्," शूलपाणि ने वक्र दृष्टि से देखते हुए पूछा- "क्यों? उत्तर दीजिये, भवान्!"

शिवराम को लगा, कोठड़ी के अन्धेरे गव्हर में जैसे कोई पींगाक्षों से उसको घूर रहा है। स्तब्ध और भयभीत वह बोला- "नहीं, जी! नहीं।"

"क्या नहीं?" शूलपाणि ने शिवराम को कन्धे से पकड़ा और बाहु में जकड़ते हुए कहा- "मूर्ख, नादान! जगद्गुरु श्री दुर्गा कवच से मण्ड़ित हैं; हम सब श्रीमद् शंकराचार्य के अभय से ढके हुए हैं- ज्ञान चाहता है और क्रिया कृत्या के आह्वान की कर रहा है? सत्यम् वद,"

शिवराम को लगा, पींगाक्ष विशाल होकर भभक रहे हैं। रोम-रोम में सिहर कर बोला- "मैं, मैं जगद्गुरु की रक्षा के लिये ही उनके शत्रुओं के प्रति कृत्या-हाँ, बग्ला देवी यह करेगी। जगद्गुरु के शत्रु, हाँ।"

शूलपाणि हँसा; ठहका मार कर हंसा; बोला- "अभी इसी समय मठ के बाहर हो जाओ और जाओ अपने गुरु जी के पास। जब से आप लोगों ने शंकराचार्य्य महाराज को घेरा है, तब से वह उन्मन हैं, उदासीन से हैं। सदैव चिर प्रसन्न पूर्णेन्दु पर मानो बादल छाने लगे हैं। निस्संन्देह गुरुदेव शंकर के प्रति कोई प्रतारणा हो रही है क्या?"

शिवराम ने दीन आर्त दृष्टि से देखते हुए कहा- "नहीं, जी! नहीं! जगद्गुरु की रक्षा के लिये मैं-मैं अपना प्राण उत्सर्ग कर सकता हूं। हाँ जी! कर सकता हूं....."

शूलपाणि ने शिवराम को कोठड़ी के बाहर धकेलते हुए कहा- "बाहर, ज्योतिर्मठ के बाहर हो जाओ, अभी! अन्यथा....."

सहसा पीछे से क्षेमराज ने कहा- "शूलपाणि, शिवराम को छोड़ दो। सूर्योदय होते ही हम सब मठ छोड़ देंगे। इतने और ऐसे दोषारोपण के पश्चात् हम स्वयं मठ में ठहरना नहीं चाहेंगे। क्या मैं पूछ सकता हूं, आप हमें मठ के बाहर निकालने वाले कौन हैं? जगद्गुरु ही अन्तिम निर्णय करेंगे, अवश्य! शंकराचार्य महाराज से हम शैवों का मतभेद है। शैव दर्शन के विरुद्ध वेदान्त-दर्शन हमें रूचिकर नहीं है; किन्तु क्या हम क्षल्लुक हैं, नीच हैं-नराधम हैं? मैं स्वयं जगद्गुरु शंकर के योग क्षेम के लिये अपने कल्प कल्पों के पुण्य पुञ्ज अर्पित

कर सकता हूं। शंकर की वाणी का मूल्य मुझे ज्ञात है। उनके विशाल अथाह नयनों में मैं जब से उनके सांनिध्य में आया हूं, शंकर ब्रह्म को ही मानो खोज रहा हूं- किन्तु मुझे निराकार ब्रह्म नहीं, साकार शिव ही मानो दिखते हैं।"

शूलपाणि ने शिवराम को मुक्त करते हुए कहा- "यह आत्मा और अनात्मा की दृष्टियों का द्वन्द्व है। यह संघर्ष मानो सदैव है- सनातन है। किन्तु क्या इसका निर्णय कृत्याओं से होगा? अभिमन्त्रण, अभिचार तथा हत्या से होगा? गुरुवर्य्य श्रीमद् शंकराचार्य पर जब से उन्होंने शरीर धारण किया है तब से कितने ऐसे घिनौने हेय आक्रमण नहीं हुए हैं? सभी ने शंकराचार्य के देह पर वार किया है-नहीं?"

क्षेमराज ने शान्त स्वर में कहा- "प्रारब्ध।"

"नहीं, क्षेमराज जी। इस शरीरी का कोई प्रारब्ध नहीं है।" शंकराचार्य्य मानो चारों दिशाओं से एक साथ प्रगट होते हुए बोले- "अभिनव गुप्त से कहो कि वह मुझसे मिलें। मैं महेश्वर दर्शन का खण्डनकर्त्ता नहीं हूं- शैव दर्शन का अन्तिम मण्डन वेदान्त से ही हो सकता है, होगा! अज्ञान ज्ञानाग्नि का मानो धुआँ है। ज्ञानाकाश का मेघ उभार है। ज्ञान स्वरूप शिव शक्तिवान तो हैं; किन्तु वह ज्ञान स्वरूप अज हैं; अखण्ड हैं; नित्य हैं तथा प्राणियों के अमोघ कल्याण के आदी परम ब्रह्म स्वरूप हैं। शिव जन्मते नहीं; बन्धते नहीं कह देना अभिनव गुप्त को। मैं देख रहा हूं; अभिनव गुप्त मानो शैव दर्शन के नृपति हैं, आज्ञा देते हैं; वेदान्त कामरूप और काश्मीर की भूमि पर पाँव न रखें। क्यों? अभिनव गुप्त को शैव दर्शन का उद्घोष करने का सत्व है, तो हम सन्यासियों का जन्म जात सत्व है कि हम वेदान्त की डिमडिम बजायें तथा वैदिक वर्णाश्रम धर्म की व्याख्या करें- व्यवस्था करें। वेदान्त मत नहीं है; दृष्टि भी नहीं है; सम्प्रदाय या पन्थ भी नहीं है-वेदान्त ज्ञान की व्याख्या है- चर्चा है-वार्ता है। वेदान्त के सत्य नारायण के अद्वितीय प्रकाश में असत्य के सभी अन्धकार जल कर रहेंगे, यह मेरा वचन है।"

"वचन? नहीं, शंकराचार्य्य!" क्षेमराज ने कहा- "जीवन चेतना के मूलों से हीन, लोक व्यवहार की चेतनाओं से रहित आपका ब्रह्म बौद्धों के शून्य विज्ञानालोक के समान ही है। अज्ञान, जो भी कुछ हो-है। जीव उसमें अनादि से डूबा हुआ है। जीवन की जीव अभिलाषा स्वयं ही अमोघ है। अत्यन्त प्रबल है, जीव की जीने-होने-जन्मने की यह सुखा काँक्षी अभिलाषा, शंकराचार्य्य महोदय, कल्प कल्पों से जीव का अनेक विचित्र-विलक्षण भव योनियों में प्रादुर्भाव होता

ही आ रहा है- असंख्य कोटि मृत्यु जीव को पुनर्जन्म से रोक नहीं सके; थाम नहीं सके। घन तिमिर जीव के इस दीपक को बुझा नहीं सके, महाराज। ऐसे जीव को जो सत्य की रूढ़ि ही है, उसको आप ब्रह्म का स्वारोपण और जगत् को आत्मा का भ्रम कहते हैं, नहीं, यतीवर्य आप नहीं, अभिनव गुप्त ही सत्य हैं।"

"सत्य केवल ब्रह्म ही है।" शंकराचार्य्य ने कहा- "आप लोग मुझसे शारीरिक भाष्य पर जिज्ञासा पूर्वक सुनना चाहते हो, तो मठ में रहें। शंकराचार्य्य मठ तो परम् ब्रह्म चैतन्य को अहर्निशि मीड़ने का स्थल है। सच्चिदानन्द ब्रह्म-चैतन्य अपार अपरम्पार चैतन्य नीर निधि है। इस निधि में नदियां, सरोवर, सागर, समुद्र और क्षीरसागर तक समाये हुए हैं। वेदान्त की यह चैतन्य व्याप्ति जगत् में, जीव में सर्वत्र है और उसके परे और पार सभी सीमाओं के उपारन्त भी है। शिव को आकार मत दो, परम् शिव को जन्म मरण के संक्रामक सम्मोह से दूर रक्खो। जो जन्मता है, वह जीव है; प्राणी है, ब्रह्म नहीं।"

क्षेमराज ने देखा, शंकराचार्य की आलोकमयी आभा छबि माझम रात के हुमसते हुए अन्धकार में बिला जा रही है। क्षेमराज स्वतः ही चिहुँके- "तब सगुण......."

शंकराचार्य्य की दिव्य छवि सुदूर किन्तु अत्यन्त पास से बोली- "भ्रम! आत्मा की अज्ञान जनित धारणा मात्र!"

क्षेमराज ने शंकराचार्य के पीछे हो लेते हुए कहा- "संन्यासी! मोक्ष कहाँ है? अविराम सनातन काल का अन्त नहीं है, आदि नहीं है, तब प्राणियों के जन्म-मरण का अन्त कैसे है? मोक्ष नहीं है, श्रीमद्!"

शंकराचार्य्य तनिक ठहरे; जलद गम्भीर स्वर में बोले- "मोक्ष ही है, क्षेमराज! सभी बन्धन धारित हैं, सभी रूप कल्पित हैं-सभी वेश? काव्य हैं, महोदय! शिवा के परात्पर सौन्दर्य के आर-पार पेखो, मोक्षमय परम शिव का ही दर्शन होगा। तब बन्धन ही बन्धन है? आदि ही आदि है-अन्त ही अन्त है? नहीं, वत्स! नहीं अनादि, अनन्त!" क्षेमराज ने देखा, मध्य रात्रि के अन्तिम प्रहर के हुलसे हुए अन्धकार में सन्यासी की वयस्क छबि अन्तर्ध्यान होती जा रही है। शंकराचार्य की वाणी की प्रतिध्वनियाँ जैसे उस आलोकमयी कमनीय कनौड़ी छबि को क्षितिजों के परे-पार बहा ले जा रही है। तब? अनादि ही है; अनन्त ही है-शून्य अथाह अतल गह्वर? अवकाश? परम् सत्य, क्या? अभाव और क्या? नहीं जो सत्य है, वही सभी संभवों से भरपूर होगा। अभाव सत्य कैसे होगा? क्षेमराज!

शिव ही तो अनन्य और आधारभूत चैतन्य हैं-सर्व व्याप्त सर्वाभिव्यक्त चैतन्य जड़-अजड़ में एक रस तथा जीवों के हृदय में समरस। क्या यह, शून्यों के शून्य का आधार, यह चैतन्य ही अनादि और अनन्त है? है, तो-तब यह सादि और शान्त व्यापार के स्वरूप वह उद्भवित, आविर्भूत, अभिव्यक्त नहीं है? ज्ञान? यथार्थ ज्ञान के सिवाय यह तुरीय ज्ञानावस्था क्या योगियों की उद्भ्रान्त धारणा तो नहीं है? अरूप, निरूपम, निर्गुण- निरञ्जन यह प्रेक्षा का साकार होते हुए भी निराकार है? तब क्या जीव की निराकार की धारणा साकार की प्रतीति से ही सभव है? निर्गुण न हो तो सगुण का उद्भव तब नहीं हो सकता। तब सगुण सादि और सान्त है? है- क्या हो गया है मुझको? क्षेमराज ने मन ही मन कहा- "मैं स्वयं उद्भ्रान्त हो रहा हूं। इस यतीवर्य्य शंकर के सानिध्य में जैसे मेरे विचार विहंगों की भांति, अनजान किन्तु चिर जाने अनन्त में उड़ जाते हैं। मेरे विश्वास स्वयं ही शंकित होकर स्वयं को घूरते रहते हैं। मैं जैसे विचार बन्द कर देता हूं- चिन्तन तरंग संकुल की भाँति उभर-उभर कर छहर जाता है- क्षेमराज! भाग जा! ज्योतिर्मठ से दूर-दूर हो जा। शारदा मन्दिर की सर्वज्ञ पीठ की छाया में छिप जा, क्षेमराज! शंकराचार्य्य, निस्संदेह एन्द्रजालिक हैं। यह यतीवर्य विरोधियों को मूढ़ बना देते हैं जैसे। मैं जैसे उनको देखता रहता हूं-दृष्टि से सुनता तथा कान से देखता रहता हूं"- क्षेमराज ने देखा, शंकर छबि ही छबि हैं-दिव्य आभा की तंद्रिल आकृति भर हैं। निसास रखते हुए क्षेमराज खड़े रह गये- "इस रहस्यमयी मौन उपरत सी छबि के पीछे कहाँ तक जाऊँगा? नहीं, क्षेमराज! यह तेरा मार्ग नहीं है। तू वसुगुप्त, कल्लट, सोमनाथ, उत्पलाचार्य और अभिनव गुप्त की धीमहि परम्परा का शैव शिष्य है-तू भास्कर का सहपाठी तथा शैव दर्शन का स्वयं प्रणीत आचार्य्य है। इस उन्मुक्त संन्यासी के पीछे क्यों? सन्यासी वेदान्ती का कोई भी मार्ग नहीं है। इन ब्रह्मवादियों का कोई भी पन्थ या सम्प्रदाय होता ही नहीं। दर्शन ही एक मात्र उनकी प्रेरणा और परम् ब्रह्म, निरञ्जन निराकार ही उनका प्रकाश है-अन्तःकरण की समस्त चेतना ही निराली है। तू कपिल, महर्षि कपिल के पन्थ पर भी नहीं जा सकता। सांख्यपुरुष तथा प्रकृति को नित्य एवं स्वतन्त्र मानता है। इस कनोड़ महर्षि कपिल ने पुरुष को लुञ्ज-पुञ्ज मानते हुए भी स्वतन्त्र-स्वाधीन तत्व, नित्य सत्य माना है और अन्धी, जड़ होते हुए भी प्रकृति स्वतन्त्र एवं स्वयंमेव है-एक रहस्यमय स्पर्श, अनूठे, विशिष्ठ, विशेष्य चैतन्य के स्पर्श से यह प्रकृति पूर्ण चैतन्यवती हो उठती है और यह अगाध अव्यक्त अनन्त कोटि ब्रह्माण्डों में व्यक्त होने लगता है- वह विशिष्य निराला

चैतन्य प्राणियों के रूप में व्यक्त होने लगता है- किन्तु स्वतन्त्र और स्वाधीन प्रकृति तब चैतन्य का आधान करती है-कैसे? अवश्य ही प्रकृति को इसके लिये पुरुष परतन्त्र होना ही होगा। शिव की शिवा शिवानुसारिणी तभी हो सकती है जब वह शिव के प्रति पूर्ण-परिपूर्ण समर्पित हो। अवश्य-"

शंकर की दूर-दूर सरकती हुई छवि ने पुकारा- "क्षेमराज जी!"

क्षेमराज जगे; खिंचे-लपक कर आचार्य श्री शंकर के पास आते हुए बोले- "जी? कहिये!"

शंकराचार्य्य ने कहा- "महर्षि कपिल ने 'ज्ञ' के रूप में अनादि जीव भाव के चैतन्य उभार को ही पुरुष माना है। किन्तु जीव ज्ञान स्वरूप न होकर अज्ञान के विज्ञान का ही एक अवलम्बन है। आत्मा ही पुरुष है, वत्स! सच्चिदानन्द आत्म तत्व को ही ध्याओ, समझो! उलझन विचार में है; शंका प्रश्न में है-उत्तर सदैव अनिश्चित है। यह वाणी महामाया की वाणी है; किन्तु अनहद् विचार शून्य अनन्त मौन है-"

"मौन?" क्षेमराज ने पूछा।

"सच्चिदानन्द की प्रेक्षा-ध्यान!" शंकराचार्य ने कहा- "शारीरिक भाष्य के श्रवण से शास्त्र और स्मृति नहीं, श्रुति की प्रेक्षा ही प्राप्त होगी- विद्वानों को पढ़ो; किन्तु ऋषियों को सुनो और श्रुति को ध्याओ। सत्य को समझना अथवा प्राप्त करना नहीं है-सत्य तो हम हैं ही; सच्चिदानन्द तो प्राणी मात्र है ही। केवल असत्य को जानकर उसका मोह ही त्याग देना है-आचार्य्य क्षेमराज! अज्ञान के आच्छादन को उतार फेंको और जाग जाओ, अपने सच्चिदानन्द मोक्ष धाम में। जब तक जगत को सत्य मानोगे, शिव-शक्ति की महामाया में डूबे रहोगे किन्तु जब ब्रह्म को सत्य मानोगे, वही महामाया स्वयं अन्तर्ध्यान होकर तुमको ज्ञान के सत्यनारायण का दर्शन करा देगी। शिव-शिवा नहीं, परम शिव, सच्चिदानन्दमय ब्रह्म, समझो!"

"जी!" क्षेमराज ने कहा।

"तन्त्र योगमाया के तन्त्र हैं।" शंकर बोले- "मन्त्र आत्मा के बीज मन्त्र हैं- जाप हैं। मन्त्र से देवता तो मिलेगा, किन्तु स्वयं का सच्चिदानन्द प्रत्यक्ष नहीं होगा। उसके लिये तन्त्र को मन्त्र में लीन होकर स्वयं ही मूक होना होगा तथा मन्त्र को चैतन्य होकर आनन्द में डूब जाना होगा। परम् शिव ही परम ब्रह्म हैं और वही परम सत्य हैं- शिवा स्वरूप अभिनय कर वह जगत् को स्वयं के

संकल्प से आविर्भूत करते तथा शिवा स्वरूप सृष्टि का आधान भी करते हैं- किन्तु शिव-शिवा जन्मते नहीं, पाशबद्ध होते नहीं, बन्धता केवल जीवात्म भाव है। इच्छा, क्षेमराज! यह इच्छा, होने तथा होते रहने की अज्ञान डूबी जीवन चेतना ही कालाधीन होती है, देश में पसरती है। देश काल इच्छा के अधीन कर्म का रंग मंच है। असद् ही होता है, हो सकता है-होता रहता है। असद् सद् की धारणा भर है।"

"जी!" क्षेमराज।

"तो अपने साथियों से कह दो, मैं सच्चिदानन्द आत्मा हूं- शरीर नहीं। अभिमन्त्रण तथा अभिचार से शरीर वशीभूत हो सकता है- मैं नहीं, आत्मा नहीं। आकाश को क्या बिजलियाँ जला सकी हैं?"

"नहीं, श्रीमद्!" क्षेमराज ने अनायास ही कहा।

"तब फिर यह प्रतारणा का वातावरण क्यों है?" शंकराचार्य्य ने पूछा- "श्रीमान् अभिनव गुप्त से कहो, शैव दर्शन और वेदान्त दर्शन की धीमान वार्ता करें- या तो वह आ जायें ज्योतिर्मठ अथवा मैं आ जाऊँ शारदा मन्दिर। हमारी यह वार्ता अनिवार्य है, वत्स! वेदान्त और वर्णाश्रम धर्म प्रचार को लेकर मैं चक्रवर्ती सम्राट का प्रतिबन्ध नहीं मान सकता। दर्शन के लिये मैं ऋषि मुनियों के कथन को मानता हूं- वैदिक वर्णाश्रम धर्म द्वारा जगद् कल्याण के मेरे मनोरथ को किसी की वाहिनियाँ भी रोक नहीं सकतीं। मैं राजाज्ञा को लोक व्यवहार के लिये स्वीकार करता हूं; किन्तु धर्म के लिये मैं केवल अपौरुषेय परमात्मा का आदेश ही मानता हूं। श्रीमद् अभिनव गुप्त स्वयं समर्थ साधक हैं- शिवभक्त हैं तथा शिवा, उस कामेश्वरी, जगदम्बा, सच्चिदानन्द विग्रहा के उपासक हैं- उनको उदारतापूर्वक अपनी बात कहनी चाहिये। कोई भी दर्शन बुद्धि-विपरीत और विचार-विरुद्ध नहीं होता। प्रत्येक तत्व-बोध धीमान बोध है- होता है। शैव दर्शन भी भारत का धीमान साधेय दर्शन है; किन्तु वेदान्त दर्शन से एक सोपान नीचा है-"

क्षेमराज ने प्रणामपूर्वक कहा- "जी।"

"जी ही नहीं। अभी सूर्योदय के साथ काश्मीर प्रस्थान करें आप सब। ज्यतिर्मठ में अन्धकार की शक्तियों की उपासना नहीं हो सकती। वेदान्त प्रकाश का मत है, पन्थ है। सत्य की स्वयं को ज्योति प्रकाश्यता ही सभी तंत्रों तथा मन्त्रों का मंतव्य है-शरीर नहीं, क्षेमराज! आत्मा, चैतन्य ही वाणी की आराधना तथा मन्त्रों

का अभीष्ट एवं स्तवनों का अभीष्ट है। श्रीमन् अभिनव गुप्त से कहना, यह शरीरी सभी कृत्याओं का सामना करने के लिये नत मस्तक तत्पर था; है और रहेगा। यह शरीर तब तक नहीं पड़ेगा, जब तक ईश्वर का आदेश नहीं होगा।"

"आचार्य्य! कौन चाहता है आपकी मृत्यु?" क्षेमराज ने पूछा।

"सभी चाहते हैं इस शरीरी की मृत्यु। वेदान्त और वैदिक सनातन आर्य्य वर्णाश्रम धर्म का प्रत्येक विरोधी चाहता है-मैं इस धरातल पर आता ही नहीं। और आया ही हूं तो शीघ्र चला जाऊँ। मैं अपने आप नहीं आया, मुझे परमेश्वर ने आज्ञा की है- वेदान्त की गंगा को मलीन कर दिया गया था, क्षेमराज! और वैदिक आर्य्य वर्णाश्रम धर्म रूढ़ जड़ हिंसक तथा ज्ञानहीन होकर एक स्वार्थपरक परम्परा मात्र रह गया था तब उस परमेश्वर ने इस शरीरी को आविर्भूत किया-वेदान्त का प्रकाश फैलाने के लिये-अतः जगद्कल्याण के लिये। वेदान्त से ही मानव जाति का परमार्थ सधता है, सुना!"

"जी, सुन लिया।" क्षेमराज ने विनीत स्वर में कहा- "आप श्रीमद् का सन्देश में ज्यों का त्यों गुरुजी अभिनव गुप्त को सुना दूंगा। किन्तु क्या हम स्मृति को नहीं मानते? शास्त्र को नहीं स्वीकार करते? करते हैं, जी।"

"शाक्तों और शैवों का केवल कुल है, वर्णाश्रम कहाँ है?" शंकराचार्य ने कहा- "लोक व्यवहार के लिये भले ही वर्ण कहे जाते हों और आश्रमों की परिपाटी तनिक निभाई जाती हो, किन्तु आप सब का कुल श्री चक्र है। लोक व्यवहार और उसका लोक धर्म कुल और श्रीचक्र पूजन की आम्नाय नहीं है, वत्स! लोक धर्म व्यष्टि तथा समष्टि की अभिव्यक्ति और अभिव्यञ्जना को सहज, प्राकृत एवं गतिविधि मण्डित करता है। समस्या जीव के अज्ञानाच्छादन को चीरने की है-भ्रान्ति ज्ञान को हटा कर आत्म ज्ञान, आत्म लाभ करवाने की है, श्री क्षेमराज!"

"जीव का परित्राण, तब!" क्षेमराज ने पूछा।

"माया का परित्राण नहीं होता, चैतन्य का ही अन्धकार से परित्राण होता है। अज्ञानाच्छादन सम्मोह का उभार भर है- वह हटेगा; दूर होगा ही। आत्मा का ज्ञान आत्मा का स्वभाव है, ज्ञान ही आत्मा है, सत्य है, कल्प-कल्पों के रूप और नाम भले ही अज्ञान का अनादि सा सम्मोह उत्पन्न करे, किन्तु अन्त में अन्ततोगत्वा जीवात्म भाव आत्मा के प्रकाश में स्वयं ही अन्तर्ध्यान होगा-होता है, वत्स!"

क्षेमराज ने कहा- "हम भी परम् शिव में जीव का मोक्ष मानते हैं, नहीं?"

"मानते हो?" श्रीमद् शंकराचार्य्य ने पूछा- "किन्तु शैवधर्मी तो शिव-शिवा की गृहस्थी और सन्तति मानते हैं। हम वेदान्ती जगत् को ब्रह्म की माया एवं भव-संसार तथा जीव को ब्रह्म का चिद् विलास कहते हैं-आप लोग तो शिव को ही बांधते हो और शिव पाशमुक्त होकर अपना मोक्ष प्राप्त करते हैं। सोचिये, पण्डित मेरे! जो स्वयं सच्चिदानन्दमय मोक्षावस्था है, वह बंधेगा क्यों? जन्मेगा क्यों? अखण्ड खण्ड भूत होगा क्यों? यह इदम्? सर्वम् खलु इदम् ब्रह्म, क्षेमराज!"

क्षेमराज ने सिर धुनाया; कहा- "कुछ भी समझ में नही आता, स्वामिन्! जगत् को उड़ जाने और उभर आने वाली माया मानने को जीव नहीं- हां जीव नहीं चाहता। भव-संसार और जीव को परम् सत्य का अंश ही माना जा सकता है। जीव में अल्प ही सही, संकुचित ही सही, ब्रह्म का समस्त ऐश्वर्य्य सन्निहित है। सुख दुःख से प्रताड़ित यह जीवन चेतना जैसे जगत् के प्रत्येक रूप को स्पर्श कर गहरी होती है- प्रत्येक नाम को सुन कर जैसे जीवन की यह अभिलाषामयी चेतना अनन्त होना चाहती है-सदैव अतृप्त विकल और व्याकुल 'मैं' अनादि जीव केवल एक धारणा भर कैसे हो सकता है? जीव शिव स्वयं है, स्वामिन्!"

श्री शंकराचार्य ने सस्मित कहा- "पारमार्थिक सत्ता की दृष्टि से अवश्य ही सब कुछ ब्रह्ममय है; ब्रह्म द्वारा है। किन्तु जगत्, जीव और भव-संसार स्वयं ब्रह्म नहीं हैं-नहीं होता और यह सब अनुभव जन्य, अनुभव मन्य, अनुभव गम्य केवल ब्रह्म का प्रतिभास मात्र है-ब्रह्म में प्रतिबिम्ब भर। अच्छा! तो सकुशल काश्मीर पहुंच जाओ तोटकाचार्य्य! ज्योतिर्मठ के मेरे द्वारा निर्धारित क्षेत्रों में अवश्य ही वेदान्त परिक्रमा करेंगे। दर्शन को दृष्टि के हठ से अन्धा मत होने दो। धर्म को आग्रह से संकुचित मत होने दो। इस पृथिवी पर केवल मानव योनि ही तत्त्व चिंतन के लिये सक्षम योनि है तथा मानव का ही शाश्वत धर्म इस पृथिवि का अक्षय सौभाग्य है। श्रीमान् अभिनव गुप्त यह समझ लें, तत्व बोध बुद्धि से है, दर्शन साधना से ही सुलभ है तथा धर्म अनन्त और उदार मानव जीवन की ईश्वर प्रेरित गतिविधि है। मानव धर्म न हो तो यह पृथिवी होती ही नहीं, होती तो टिकती नहीं। टिकती तो क्षण भर टिक कर टूट जाती। यावत् जीवन की चिरन्तन विराम चैतन्य गति ही मानव धर्म की गति है। सुरों का अमृत, मानवों का धर्म तथा राक्षसों का भोग। शिव-शिवा पृथिवी

पर मानव गृहस्थ के अधिष्ठाता हैं तथा सभी तन्त्र-मन्त्र के बलों के जनक हैं। किन्तु शिव-शिवा भी वेदान्त की ब्रह्म ज्योति के लिये अहर्निशि अजापा जाप करते रहते हैं-

"मानव हैं तब?" क्षेमराज।

"देवता बनने के लिये मानव बनकर धर्म पालन करना ही होगा और देवता बन कर पूर्णोल्लसित मानव जीवन जीना होगा। गृहस्थ जगत् भोगता है और जगत् को त्यागता भी जाता है; वानप्रस्थ मृत्यु की प्रतीक्षा करता हुआ परार्थ के लिये कार्य करता है। केवल सन्यासी ही परम् शिव में लीन होने के लिये संन्यास धारण करता है- केवल वेदान्त सन्यासी ही देह तथा जगत् को जीतेजी त्यागता तथा शिव रूप बन कर जगत् का पारमार्थिक कल्याण करता है। परमार्थ वैदिक वर्णाश्रम धर्म से ही सधता है। मत विचारों के एकीकृत पुञ्ज हैं; सम्प्रदाय मतों के घेरे हैं; तत्व बोध विज्ञान की निश्चयात्मक दृष्टि है- केवल दर्शन ही परम् तत्व को देखना है-मोक्ष के लिये मौन साधना है। अच्छा, तो कल्याण हो, आपका, महोदय क्षेमराज जी।"

"प्रणाम, स्वामिन्!" क्षेमराज ने नमन करते हुए कहा। शूलपाणि क्षेमराज के पीछे से चमका और आचार्य्य शंकर के पीछे छाया की भाँति हो लिया। क्षेमराज ने देखा- शूलपाणि की युवाकृति शंकराचार्य्य की छाया में स्वतः ही घुलमिल जा रही है। क्षेमराज को प्रतीत हुआ, मध्य रात्रि के अन्तिम चरण के धुंधले आलोक में वह जैसे धरती पर मानव की अतीन्द्रिय छाया छबियों को ही देख रहे हैं। क्षेमराज ने गहरा निःसास रखा और सुदूर ध्रुव तारे को खोजते हुए स्वयं से ही बोले- "तब सब छाया! और यह छाया क्या है? ठोस आकृति का धुंधला श्याम प्रसार ही है-हाँ; किन्तु छाया की देह भस्मीभूत होकर पंचभूतों में लीन हो जाती है- तब क्या जीव की यह अतीन्द्रीय छबि ही शेष रह जाती है? चैतन्य के कारण ही यह स्वप्न स्मृति हो जाते हैं और स्मृतियाँ निरंकार छबियाँ हो जाती हैं क्या? निस्संदेह, शंकराचार्य्य स्वयं में एक अतीन्द्रिय ज्योतिस्मित छबि है- प्रकाश की अवनवीन नित्य नूतन सौन्दर्य राशि ही है। तब गुरुदेव अभिनव गुप्त? उनके मध्यम नयनों की पुतलियाँ ही तीव्र आरक्त श्वेत श्यामल ज्योति से भरी रहती हैं। उनका पुष्ट देह घनी छाया विकीर्ण करता है-अतीन्द्रिय इन्द्रियातीत ज्योति का मन्द मन्द्र आलोक जैसे गुरुदेव के मुख-मण्डल पर नहीं झबकता मानो सत्य, रजस और तम के विकल गुणों का दिव्य गुण-भार ही भरा रहता है। शक्ति को सर्वत्र देखते रहने वाले वह नयन ऐरावत की आँखों

के समान हैं। अभिनव गुप्त स्वयं ही तत्व और भूत की उल्लसित मूर्ति हों। तब यह शंकराचार्य्य माया के सम्मोहन के पार, जगत् के समस्त रूपों के परे कोई निरुपम निरञ्जन दिव्य आभा हो। ब्रह्म ज्योति के अरुणोदय की नारंगी आभा की घनीभूत मानव-आकृति हों। क्षेमराज ने सिर धुना कर देह-जाग्रति में सजग होने की विकल चेष्टा की; क्या सूझा है श्रीमद् गुरुदेव को? शास्त्रार्थ क्यों नहीं कर लेते? शैव दर्शन कोई कोरी कल्पना नहीं है-आकाश कुसुमवत धारणा नहीं है। यह महेश्वर त्रिक् दर्शन धरती और आकाश का सार-तत्व है; यह तत्वों का संवित् है। यह पंचभूतों का अचूक कथन है। परम् शिव निर्गुण और सगुण परमेश्वर हैं; सर्वशक्तिवान्, सर्व समर्थ सर्वज्ञ त्रिकाल का मन्थन करने वाले, जगत् के विषयों के कालकूट की अञ्जलि पीने वाले देवाधिदेव शंकर शिव निस्संदेह जगत् स्वरूप अभिव्यक्त हैं; तथा काल की गतिविधि में स्वयं आविर्भूत होकर अपनी महामाया का रंजन किया करते हैं। अपनी योगमाया के संयोग द्वारा वह देवाधिदेव काल के अंधेरे में सच्चिदानन्द ज्योति सींचते तथा सृष्टि के संचित को रीता कर जीव स्वरूप अपने सभी प्रारब्ध काट देते हैं। यह शिव तारक हैं; संकटों से उबार कर, जीवों को ओढ़र वरदान देने वाले योग-योगेश्वर सिद्धि स्वरूप शिवा के स्वामी हैं। सभी वर्णों के समन्वित अवधूत यह आशुतोष हैं। क्षेमराज ने आशा से भरते हुए सोत्साह स्वयं से ही मानो पुकार की चित्त शक्ति के स्वामी; आनन्द विलासी, इच्छा शक्ति के प्राणधन, ज्ञान शक्ति के वल्लभ और क्रिया शक्ति के चक्रवर्ती सम्राट् शिव को शून्य तथा निराकार निरुपम निरञ्जन कैसे माना जा सकता है? निस्संदेह शिव ही जड़ तथा चेतन में व्यष्टि रूप हैं; समष्ठि स्वरूप भी हैं। शिव ही विश्व में व्यापक चैतन्य चेतन हैं तथा विश्वातीत परम् सच्चिदानन्द शान्ति भी हैं- मोक्ष? शिवत्व के छत्तीस तत्वों में प्रतिभासित स्वरूप-रूप-रूप से ही अतीत होकर विष्वोत्तीर्ण, विश्वात्मक परमानन्दमय और प्रकाशघन परम् शिव में विरम जाना ही है। शिव से ही प्रत्येक तत्व अभिन्न रूप होते हुए भी स्फुरित होता है-हाँ! क्षेमराज ने नयन उन्मीलित करते हुए मानो आकाश के तारों से कहा- "मैं देख रहा हूं- यह छत्तीस तत्वों का शरीर उसी इन्द्रियातीत आलोक से स्फुरित हो रहा है- अविराम दिव्यातिदिव्य यह स्फुरण ही यह यावत् अनादि जीवन चिति का उद्भट विलास है। यह इदम्-यह-यह जाग्रत, स्वप्न, सुषुप्ति और केवल्य तथा केवल्यातीत स्थिति शिव की ही इच्छा है, ज्ञान है, क्रिया है, आनन्दोन्माद है। यह शिव पूर्ण परिपूर्ण प्रकाशात्मा है और चित्त, आनन्द, इच्छा, ज्ञान तथा

क्रिया का अविराम अनादि सनातन विमर्श ही इनका सहज स्वभाव है। अपने इस दिव्य, दिव्यघन चिद्विलास द्वारा ही शिव समस्त विश्व की अभिव्यक्ति करते हैं- यह जगत्? शिव की इस विमर्श शक्ति का ही विस्तार है-स्वरूप है। यह इदम् और सर्वम्-यह खलु जो है, था तथा होगा-कल्प और प्रलय परम् शिव की स्वेच्छा से-ही अभिव्यक्त है और यह स्वेच्छा, यह परात्पर चिति ही शिव की प्रगट शक्ति है, जो शिव का विमर्श स्वभाव है। यह परात्पर परमेश्वरी अज्ञान से क्या आच्छादित होती है? यह शक्तिवन्त दिव्यातिदिव्य चिति परम् शिव की भूमा है-आनन्दोन्मेष का गहन गहनातीत उभार है-लहर तथा विहर है। निस्संदेह शंकराचार्य्य का यह ब्रह्म-स्वयं ही अज्ञान का आच्छादन ओढ़ने वाला, अध्यासों के जीव भाव सम्पन्न किन्तु असम्पृक्त, असंग, अखण्ड तथा द्वैत-त्रैत हीन अद्वैत निरञ्जन कैसे हो सकता है? सत्य क्या जीवन की अस्ति से हीन है? क्या चित् जीवन के संज्ञान तथा संवेद से रहित हो सकता है? क्या आनन्द सुख-दुःख के चिरन्तन द्वन्द्व की रसानुभूति से विहीन हो सकता है? शरीर द्वारा इन्द्रियों के सन्निकर्ष द्वारा जो यथार्थ ज्ञान होता है, अनुभव होता है यही वास्तविक सत्य प्रणीत जीवनानुभूति है। बन्धन होने से ही क्या जीवन चेतना असत्य हो जाती है? नहीं, क्षेमराज! जो बंधता है और पुनः पुनः जन्म कर, मर कर जो स्वयं को मुक्त भी कर सकता है, वह जीव क्या आत्मा का मूढ़ सम्मोहजन्य आरोपण भर है? आचार्य्य शंकर जीवन दर्शन का शाश्वत उत्तर परम् शिव तथा शिव-शिवा और उनका समरस है। यह शिव-शक्ति का अभेद, यह तादात्म्य, यह अगाध अनन्त आनन्दमय समरस ही सत है, चित है-आनन्द है। पूर्ण शिव है। शिवा के विलोल सरस पद्म नयनों के उन्मेष से ही सृष्टि स्फुरित-व्यक्त होती है और शिवा जब समरस के घन-गेन में अपने कञ्ज नयन मूंद लेती है तब लय हो जाता है। यह अनादि उन्मेष और निमेष, उनका सादाख्य है- शक्ति का प्रथम और स्थूल उन्मेष ही सादाख्य है। यह उन्मेष सत् संभव तथा परात्पर अभिव्यक्ति सम्पन्न है। यह इच्छामय सादाख्य अन्तवर्ती निमेष होकर इच्छा-प्रणीत अहम् में व्यक्त होता है- 'यही जीव है।' 'मैं हूं।' यह नित्य निरन्तर घन रस अभेदपूर्ण अभिन्न रूप अनुभूति 'मैं हूं।' क्षेमराज अपने कक्ष में विचार मग्न पहुंच कर खड़े रह गये; चिहुंके "मैं" यती शंकर। मैं शिव स्वरूप- 'मैं' हूं। मैं अपने सहज स्वभाव से- विमर्श से ही जगत् और जीवन में अभिव्यक्त होता हूं और मैं ही स्वयं को कालकूट पीकर अव्यक्त भी कर लेता हूं। मैं अपने आप ही भोगेच्छा द्वारा काल-बन्धन में बन्धता हूं और

भोग से अघा कर पुनः अपने हो भूमा में लीन हो जाता हूं-मैं शिव शिवा द्‌वारा व्यक्त होता हूं और शिवा में रम कर पुनः अपने परम् शिवत्व में लीन होता हूं। शिवा सच्चिदानन्दमयी मेरी परम् प्रेयसी है-वल्लभा है; पत्नी है। प्रियतमा है। समरस की दिव्यातिदिव्य रसानुभूति का मेरा एकाग्र घनीभूत ध्यान है- शिवा मेरी समाधि है-सविकल्प और निर्विकल्प दोनों अनन्त अवस्थाओं की लवलीन स्थिति है। अवश्य, क्षेमराज।"

शिवराम अपना झोला लेकर द्‌वार पर दिखा- "चलें?"

क्षेमराज ने तनिक चमक कर कहा- "कौन? शिवराम, तुम? चलें? चलना ही होगा तब? यह तुम क्या कर रहे थे?"

"शिवराम ने कहा- "बगुला, धूमावती और छिन्नमस्ता का आह्वान कर रहा था।"

"क्यों?" क्षेमराज ने पूछा "तुमको तो गुरु जी ने शिव से दीक्षित किया है।"

शिवराम ने सिर धुनाया; कहा- "गुरु जी का गुह्य तात्पर्य है।"

"गुह्य तात्पर्य्य? क्या?" क्षेमराज ने अपना झोला उठाते हुए कहा।

"गुरुजी से ही पूछें।"- शिवराम ने कहा- "मैं क्या करता? क्या गुरुजी की इच्छा पूर्ति नहीं करता?"

"क्या इच्छा है ऐसी?"- क्षेमराज ने पुनः पूछा।

"बताने की आज्ञा नहीं है।" शिवराम ने उत्तर दिया।

क्षेमराज ने एक टक देखते हुए कहा- "अच्छा! तब गुरुजी यतीवर्य शंकराचार्य्य से शास्त्रार्थ अथवा वार्ता नहीं करना चाहते? और क्या कोई अभिमन्त्रण करना चाहते हैं?"

शिवराम के नयन चमके- "उन्हीं से पूछें- मैं क्यों बताऊं? मैं तो गुरुजी का दासानुदास हूं; शिष्य नहीं हूं, पट्टशिष्य तो आप श्रीमान् हैं।"

"मैं शैव दर्शन का शिष्य हूं, शिवराम!" क्षेमराज बमके- "मैं अभिमन्त्रण द्‌वारा दार्शनिक वार्ता नहीं करता और नहीं करना चाहता हूं। दार्शनिक शास्त्रार्थ मानव बुद्धि का अन्यतम चरम पूर्णोल्लसित विलास है- रमणीय और मनोहर यह बुद्धिविलास चित्त की वृत्तियों को मंगलमय करता है; मन को एकाग्र तथा शान्त कर देता है-अहम् को विद्‌या के उल्लास से भर देता है। मानव अपने विकास के अन्तिम चरण में शास्त्रार्थ अथवा साधना के लिये ही उद्भवित हुआ है- होता है।"

शिवराम ने चारों ओर देखा तथा सकपकाते हुए बोला- "यह गोपनीय बात है, श्रीमन्! गुरुजी शंकराचार्य्य को वशीभूत करना चाहते हैं-शास्त्रार्थ में हराना नहीं चाहते। इसीलिये हम सबको शंकर सांनिध्य में किया है।"

क्षेमराज ने नयन तनिक विस्फारित करते हुए कहा- "वही दत्तात्रेय-तन्त्र? वही मोहन-सम्मोहन, वशीकरण?"

"वही।" शिवराम फुसफुसाया- "वही, श्रीमन्! यह गहन और दिव्य गूढ़ शंकराचार्य्य धूमावती के अथाह दारिद्र से भर उठेगा। आत्म कलह से जर्जर हो जायेगा तथा कालजीर्ण होकर शून्य में अन्तर्ध्यान हो जायगा। बगला इस शिव शत्रु को कृत्याओं की मार से मरणासन्न कर देगी-हाँ, अवश्य करेगी। गुरुदेव अभिनव गुप्त ने मुझ दास पर अपना अन्तिम अनुग्रह करने का अटल संकल्प किया है।

क्षेमराज ने शिवराम को सिर से पैर तक तथा पैर से सिर तक देखा, निहारा, पेखा और घूरा। फिर तनिक दाँत पीस कर क्षेमराज बोले- "क्या गुरुदेव पिप्पलाद ऋषि बनना चाहते हैं? नहीं, शिवराम, यह नहीं होगा-शंकराचार्य्य को शास्त्र प्रमाण से ही वशीभूत करना होगा अथवा मूक होकर अपनी पराजय स्वीकार करनी होगी। चलो-मैं शंकराचार्य के प्रति प्रज्ञापराध नहीं कर सकता। मैं अभिमन्त्रण अथवा अभिचार में विश्वास नहीं करता। मैं जीवन के अखण्ड अमेद्य मंगल में विश्वास करता हूं-शिव दैत्य नहीं हैं; असुर नहीं हैं-वह सुरों के सुर तथा देवाधिदेव परम प्रकाश हैं; पूर्ण परिपूर्ण कल्याण हैं तथा यावत् जीवन की तूर्ण अमोघ वत्सला शिवा परात्पर परमेश्वरी के प्रिय परमेश्वर हैं।"

10

आचार्य्य अभिनव गुप्त ने तीव्र स्वर में कहा- "लौट आये क्यों? उस यती शंकर का इतना भय लगा तुम सब को? क्यों लौट आये हमें पूछे बिना? क्यों? शिवराम मुख में जिह्वा नहीं है क्या? बोलता क्यों नहीं?"

शिवराम ने विपन्न दृष्टि से क्षेमराज की ओर देखा। क्षेमराज ने शान्ति पूर्वक कहा- "शंकराचार्य्य ने हमें मठ त्यागने का आदेश दिया और मैंने स्वीकार किया-इसलिये।"

"इसलिये। मैने स्वीकार किया और शंकराचार्य्य ने आदेश दिया इसलिये लौट आये। किन्तु क्या हमने शंकराचार्य्य के आदेश को स्वीकार किया था-प्रश्न हमारी आज्ञा को मानने का है। गुरु कौन है- तुम अथवा हम-मैं?"

"आप श्रीमद् गुरु हैं- गुरुदेव है।" क्षेमराज ने मन्द तीव्र स्वर में प्रणाम पूर्वक कहा- "किन्तु अपने मठ से चले जाने का आदेश शंकराचार्य्य दे ही सकते थे। विकल्प ही कहाँ था? और फिर-"

"और फिर? क्या?" अभिनव गुप्त बमके।

"आपके चहेते सेवक शिवराम ने अभिमन्त्रण की क्रिया आरम्भ कर दी। अभिमन्त्रण-प्रतारणा, किसलिये? शंकराचार्य के शरीर की रक्षा ज्योतिर्मठ में सहस्त्र नयन और सहस्त्रबाहु करते हैं। ज्योतिर्मठ में, वेदान्त के स्थल में बग्ला, छिन्नमस्ता तथा धूमावती की साधना क्यों करनी चाहिये थी? क्या शिवराम यत्तीवर्य्य शंकराचार्य को कृत्या से पराभूत करना चाहता था? दारिद्र, क्लेश तथा कलह से ज्योतिर्मठ को भर देना चाहता था? मुझको भी यह शंका हो चली थी, श्रीमद्!"

शंकराचार्य मनुष्य है, एक आडम्बरी एन्द्रजालिक हठी है।" अभिनव गुप्त ने एक-एक शब्द पर भार रखते हुए कहा- "शंकराचार्य्य शैव मत-दर्शन का ही शत्रु नहीं है। यह वयस्क संन्यासी भारत भूमि के वेदान्त को छोड़ कर सभी दर्शनों, मत-मतान्तरों और सम्प्रदायों-सभी तन्त्रों और उनकी साधनाओं का शत्रु है। वह व्यष्टि तथा समष्टि के लोक धर्म का भी विरोधी है-वैदिक वर्णाश्रम धर्म के प्रसार का उसका कार्य अपने धर्म साम्राज्य के फैलाव के लिये एक प्रवृति मात्र है, वत्स।"

"होगी, पूज्य!" क्षेमराज ने आसन्न दृष्टि से अभिनव गुप्त को निहारते हुए कहा- "किन्तु हमें यतीवर्य्य शंकर के विरुद्ध कोई अभिमन्त्रण आदि क्यों करना चाहिये? क्या शैव दर्शन केवल कुछ आचार्यों की कल्पना मात्र है? कपोल कल्पना है, महेश्वर दर्शन? नहीं, श्रीमद्! हम शिव-शिवा को देखते हैं। उनकी साधना में निरत रहते हैं। अपना यह शैव दर्शन सिद्ध दर्शन है, गुरु जी! फिर सभी आचार्यों को स्वतन्त्र अस्मिता प्राप्त है-नहीं?"

अभिनव गुप्त ने क्षेमराज को घूरा- "स्वतन्त्र अस्मिता? उह्! तुम नहीं समझते-नहीं समझोगे। शंकर-वेदान्त जगत् को ब्रह्म की कल्पना और जीव की धारणा मात्र कहता है- तो क्या मनुष्य को शून्य में बिला देने दिया जाय? क्या मनुष्य को मूलहीन स्वप्न तथा स्मृतियों का मेघाडम्बर रक्खा जाय? हम प्रतिज्ञा पूर्वक कहते हैं, शंकर वेदान्त नीलकण्ठ का कालकूट है, सुना! जीव की अमोघ बद्धमूल जीवन चेतना की जड़ें कटने नहीं दी जा सकतीं, वत्स!"

"अवश्य, यह होने नहीं दिया जा सकता।" क्षेमराज ने ऊर्ध्व श्वाँस भरते हुए कहा- "किन्तु यह सब ज्ञान-चर्चा का विषय है। परम् शिव, जगत् और जीव की यह सनातन वार्ता अभिमन्त्रणों और प्रतारणाओं द्वारा क्या निपटाई जा सकती है-निपटाई जावेगी? शंकराचार्य को शत-सहस्र वाणी से थाम क्यों नहीं लेते, श्रीमद्? अपने सिद्ध अनुभवों और अपराजय प्रमाणों से निरुत्तर क्यों नहीं कर देते?"

"जो मूक है, स्वयं मौन है, जो जाग्रत ही सोया हुआ है, उसको क्या वाणी के अन्यतम विलास से रिझाया जा सकता है, क्षेमराज?" अभिनव गुप्त ने निःसांस रखते हुए कहा- "शंकराचार्य्य को जीतने का किसने श्रम नहीं किया? मण्डन मिश्र ने घुटने टेक दिये, प्रभाकर तटस्थ हो गये, नीलकण्ठ शास्त्री ने शास्त्र नदी में फेंक दिये-पूर्व पश्चिम तथा उत्तर दक्षिण के शास्त्रज्ञ चुप हो गये। विज्ञानवादी बौद्ध चिल्ला कर रह गये और तपस्वी जैन, क्षपणक उदासीन हो

गये। यह भारत भूमि जैसे निर्वीर्य्य हो गई। कोई भी पण्डित, मनीषी, विद्वान् नहीं रहा, जो इस ऐन्द्रजालिक यती को पराजित कर दे-हम शेष हैं, वत्स!"

"अवश्य शेष हैं, श्रीमद् आप।" क्षेमराज ने कहा- "तो अन्तिम शास्त्रार्थ हो जाय। मेरा साग्रह नम्र निवेदन है कि तन्त्र शक्ति से काम न लीजिये। मन्त्र बल का उपयोग भी नहीं, केवल बुद्धि बल से ही काम लीजिये। जगत् शिव-संकल्प से धारित है- भव-जीवन शिवा की कृपा-दृष्टि-दान, दक्ष कटाक्षों से ही निर्विघ्न एवं सम्पन्न है-किन्तु बुद्धि के पारदर्शी दर्पण में ही सत्य के प्रतिबिम्ब को देखा जा सकता है। फिर आप आप हैं। क्या क्षुद्र शक्तियों से यतीवर्य्य शंकर को पीड़ित कर विजित होंगे? मनीषी शक्ति सूत्र का रचयिता एक हठी क्षुद्र तांत्रिक नहीं है और नहीं हो सकता।"

अभिनव गुप्त ने ठहाका मार कर कहा- "तो? तो क्या शंकराचार्य ने क्षुद्र तांत्रिक बल से काम नहीं किया? उग्र भैरव का अन्त तुमको नहीं दिखता? क्रचक्र तिल-तिल कर मरे यह तुमको ज्ञात है या नहीं? बौद्धों ने शंकराचार्य की गहन दृष्टि के आतप से झुलस कर किनारा कर लिया-क्षपणक क्षीण होते गये। शंकराचार्य्य क्या सिद्धियों से अपने विरोधियों और वैरियों का निकन्दन नहीं निकालते? शंकराचार्य वाणी से नहीं, त्राटक से हत्या करते आ रहे हैं। हम जानते हैं, दुराग्रही यह यती शस्त्र और शास्त्र से पराजित नहीं होगा, नहीं हो सकता।"

"तब कृत्या ही?" क्षेमराज ने पूछा।

"मैं सभी उपायों से काम लूंगा।" अभिनव गुप्त ने गम्भीर तीव्र स्वर में कहा- "काश्मीर मण्डल में यदि वह घुसा तो सभी बलों से सन्नद्ध हम उसका सामना करेंगे। कामरूप की सभी सीमाओं को मैं अभिमन्त्रणा से बन्द कर दूंगा, जिससे यह शंकर अपना एक चरण भी उस कामस्वरूपिणी भूमि में न रख सके। शैव दर्शन का अमोघ विश्वास, मैं रत्ती भर भी घटने नहीं दूंगा-पलक मात्र के लिये भी उड़ने नहीं दूंगा-मैं शंकराचार्य्य से लड़ूंगा, क्षेमराज!"

"जी।" क्षेमराज ने कहा- "यदि आप श्री ने अभिमन्त्रण अभिचार आदि से काम लिया, तो मैं आपसे धर्म युद्ध करूंगा।"

"अच्छा, जी। क्यों?" अभिनव गुप्त ने आघात खाते हुए पूछा- "शिष्य गुरु से लड़ेगा?"

क्षेमराज- "अपने महान गुरु की प्रतिष्ठा अक्षुण्ण बनाये रखना सच्चे शिष्य का धर्म है, गुरुदेव!"

"हम तुमको त्याग देंगे।" अभिनव गुप्त ने सरोष कहा।

"मैंने आप श्री से तादात्म्य साध लिया है-गुरु से मैंने आत्मसात् कर लिया है-आप मैं हूं-मैं आप। ऐसी स्थिति में संयोग और वियोग का प्रश्न ही नहीं उठता। आश्चर्य्य है-"

"क्या आश्चर्य्य है तुमको, क्षेमराज जी।" अभिनव गुप्त ने सव्यंग कहा- "सुनूं तो!"

"यही कि आपका स्वयं में विश्वास ही ढहने लगा है।" क्षेमराज ने कहा- "आप तो कहते हैं आप शिव के दर्शन करते हैं और शिवा को सर्वत्र निहारते हैं, तब वेदान्त के इन्द्र धनुष की कल्पना मात्र से आप हतप्रभ से क्यों होते जा रहे हैं? शिव-शिवा का विश्वास तो अपरिहार्य्य, अप्रमाण्य तथा अमोघ है, श्रीमद्!"

"चुप रहो, क्षेमराज! मैंने बहुत सुन लिया।" अभिनव गुप्त ने सिर धुनाते हुए कहा- "अपने शिष्य से उपदेश सुनना नहीं चाहता-यह मेरे बस की बात नहीं है। तुम जा सकते हो। सुन लेना, शारदा मन्दिर का दक्षिण द्‌वार मैं शंकराचार्य्य के लिये कभी खुलने नहीं दूंगा।"

"जी! सुन लिया।" क्षेमराज ने धीरे से कहा।

"शारदा मन्दिर के द्‌वार हम खोलते हैं-शारदा के समर्थ हस्त लाघवों का शैव ही हिलाते हैं- शाक्त ही शारदा को शिवा के श्री चरणों में बिठाते हैं-शैव दर्शन का वरदान शिव है; शिवा है। जगत् की शक्ति शिवा है। जीव की महिमा शिवा है; किन्तु प्राणियों के त्राता परम शिव ही हैं- ब्रह्म नहीं।"

"समर्थ को तब दोष नहीं होता, नहीं लगता?" क्षेमराज ने पूछ ही लिया- "मेरे गुरुदेव! मैं तो आप के ही कल्याण के लिये व्यथित हूं।"

अभिनव गुप्त सहसा उत्ताल अट्टहास्य करते हुए बोले- "समर्थ के गुण ही गुण हैं। दोष? यह कायरों, कापुरुषों तथा निर्बलों को ही लगते हैं। राजा अमरुक के शव में घुस कर इस यती ने कामोपभोग किया है-रास रचाये हैं-राग-रंग किये हैं? सिद्धियों से समर्थ शंकर कहता है- वह देह-सुख की वासना से हीन तथा इन्द्रियज प्रसन्नता से रहित है- राजा अमरुक की पर्यंक विशारदा स्त्री के वशीभूत यह नहीं हुआ- नहीं हुआ क्या? हुआ। किन्तु यह जगद्‌गुरु कहता है-मैंने अन्य देह से ही कामानुशीलन किया है। जब अपना अर्थ सरे, तब देह नहीं तो आत्मा। यों तो यह शंकर कहता है चित्त भोक्ता है-तब क्या अमरुक के शव में वह अन्तःकरण रहित घुसा था, बोलो?"

क्षेमराज ने कहा- "योगियों की चेष्टायें लौकिक दृष्टि से आँकी नहीं जा सकतीं, श्रीमद्!"

"और तब हम आंके जा सकते हैं, यही न?" अभिनव गुप्त गर्जे- "शंकराचार्य्य योगी हैं, सिद्ध हैं, समर्थ हैं? हम? आप महान है, महिमामय गुरु हैं।" क्षेमराज ने शान्त स्वर में कहा- "शक्ति का साधक तांत्रिक तो है; किन्तु योगी भी है क्या? आप श्रीमद् संन्यासी नहीं। सन्यासी ही असंग और असम्पृक्त हो सकता है, ऐसा प्रामाणिक कथन परम्परा से सुना जा रहा है।"

"तांत्रिक योगी से भी बड़ा है, क्षेमराज!" अभिनव गुप्त बमके- "हम तुमको सुनकर थक गये हैं और रुष्ट हैं। चुप रहो!"

"जी!" क्षेमराज।

"अपनी विमर्शिनी लिखो और अपने आवास में ही रहो।" अभिनव गुप्त ने आदेश दिया- "यह गुरु की शिष्य को आज्ञा है। हमारी इच्छा पूर्ति न कर सको, तो हमारी आज्ञा शिरोधार्य करो। हम शिष्य का अनुशासन करना जानते हैं और निस्संदेह करेंगे। तुम मनीषी हो, किन्तु हमारे प्रतिश्रुत प्रतिबद्ध शिष्य हो।"

"जी हूं-किन्तु याज्ञवल्क्य की भाँति।" क्षेमराम ने शान्त स्वर में कहा।

"याज्ञवल्क्य की भाँति? तात्पर्य्य?" अभिनवगुप्त ने क्रोध से काँपते हुए पूछा- "हमारी प्रदत्त विद्या उगल दोगे?"

"विद्या उगली नहीं जाती, भुला दी जाती है।" क्षेमराज ने कहा- "शिव ने अपना तीसरा नेत्र केवल काम को भस्म करने के लिये ही खोला था-अमृत को त्याग कर विष-पान ही किया था। बुद्धि के राग और द्वेष जो गुरु त्यागे हुए हो, वही सत्य का मार्ग दर्शन कर सकता है। यदि आप श्री ने निम्न तन्त्र-मन्त्रों द्वारा यती शंकर को पीड़ित करने का निश्चय किया तो मैं निस्संदेह आप द्वारा अनुग्रहपूर्वक प्रदत्त विद्या भुला दूंगा।"

"मूर्ख हो जाओगे।" अभिनव गुप्त ने दाँत पीस कर कहा।

"द्वैष से पूर्ण और राग में मूढ़ बुद्धिमान होने के बजाय मैं राग-द्वेष रहित एक मूर्ख होना पसन्द करूंगा।" क्षेमराज ने कहा- "शास्त्रार्थ न कर अधम शक्तियों से संन्यासी यती को पीड़ित कर वशवर्ती करने का संकल्प ही वास्तविक दानवीय संकल्प है, श्रीमद्!"

"तब हम दानव ही सही।" अभिनव गुप्त गर्जे- "चले जाओ, तुम, क्षेमराज! हमारे आश्रम से तुम निष्कासित किये जाते हो। दूर-दूर चले जाओ, तुम शंकराचार्य्य के चरणों में। तुम छद्म वेदान्ती हो और यह मती संन्यासी शंकर प्रच्छन्न बौद्ध ही है। नीलकण्ठ ठीक ही कहता था- जाओ।"

क्षेमराज ने सिर धुनाया; आर्तस्वर में कहा- "दया, प्रभो! मुझको क्षमा कर दीजिये, गुरुदेव! आश्रम और आपके श्रीचरणों को छोड़ कर मैं जाऊंगा कहाँ? मेरे सब कुछ आप श्रीमद् हैं-माता-पिता-भाई-बन्धु सब आप ही तो हैं।"

"मैं मानव हूं, क्षेमराजजी! सुना?" अभिनव गुप्त ने क्रोध कम्पित स्वर में कहा- "मैं हाथ उठा कर कहता हूं- वेदान्त दर्शन विजन मृत्यु का दर्शन है और महेश्वर त्रिक् शैव दर्शन जगत् तथा यावत् जीवन की चेतना तथा उसके परम कल्याण का दर्शन है; तत्त्व ज्ञान है-आचरण शास्त्र भी है। इस प्रच्छन्न बौद्ध और ऐन्द्रजालिक शंकराचार्य्य को सदैव के लिये मौन करना अनिवार्य हो गया है। शंकराचार्य जीवित रहा, तो जगत् को खोखला सिद्ध कर देगा, भव-संसार को बीहड़ तथा नीरस कह देगा और जीवों को अग्नि का धुंआ बताकर समूची सृष्टि के कल्याण को ही व्यर्थ प्रमाणित कर देगा। मैं कहता हूं यह शंकर जगद्गुरु नहीं, जगद् शत्रु है। या तो शंकर अथवा मैं, बोलो-कौन? किसकी शरणागति, बोलो, तुम!"

"परम् शिव की शरणागति, श्रीमद्!" क्षेमराज ने कहा और साष्टांग प्रणाम करते हुए चिहुंके- "शरण सत्य की, कृपा शिव की, सौन्दर्य्य शिवा का तथा क्षमा गुरु की।"

अभिनव गुप्त ठठा कर हँसे; बोले- "और उद्दण्डता शिष्य की! कहिये न, महाशय क्षेमराज! मुझको ही उपदेश देने लगे? परन्तु हम उपदेश देते हैं- सुनते नहीं।"

क्षेमराज ने प्रणाम पूर्वक सविनय कहा- "मैं तो नम्र किन्तु दृढ़ निवेदन कर रहा हूं। यदि मैं अपने अन्तःकरण की बात आप श्रीमद् को न कहूं तो मैं गुरु के प्रति प्रज्ञापराध ही करूंगा। सभी अपराधों में महापाप प्रज्ञापराध है-श्रीमद् ने ही हमें यह बताया है।"

अभिनव गुप्त ने अपने गज-नयन विस्फारित किये; सिकुड़े तथा घूरते हुए कहा- "बात समय, स्थिति और उस समय के गर्भित उद्देश्य को लेकर कही जाती है। हमने लौकिक व्यवहार के उत्कर्ष को लेकर शत सहस्त्र वार्तायें की-

कही होंगी। परन्तु मुख्य और मूल प्रसंग आज यह है, तुम हमारी शरण में मन-वचन-कर्म से हो या नहीं। सत्य और असत्य, उचित तथा अनुचित, नैतिक अथवा अनैतिक, हीन या उदात्त-यह सब कुछ नहीं, केवल मात्र श्री गुरु की इच्छा की पूर्ति? बोलो सदैव की भाँति तत्पर हो तुम?"

"जी हूं; किन्तु"-क्षेमराज ने कहा और चुप हो गये।

"वही। आया न यह 'किन्तु' और अब आयेगा, 'परन्तु'। फिर 'ननु न च'।" अभिनव गुप्त ने झल्लाते हुए कहा-"असंदिग्ध निष्ठा, क्षेमराज! मैं देख रहा हूं तुम गुरु के प्रति अपनी निष्ठा में ईधर-उधर प्रतीत होते हो। गुरु के प्रति तुम्हारी श्रद्धा सौभाग्यवती नहीं रही- विधवा हो गई हो, ऐसा दिखता है।"

"जी नहीं। मैं तो श्रीमद् के श्री चरणों में यथावत् पूर्ववत् हूं।"- क्षेमराज ने धरती की ओर नयन नमाते हुए कहा- "मैं, मैं तो श्रीमद् से अपनी शंका का समाधान भर चाहता रहा हूं। आंशका का शमन और जिज्ञासा की पूर्ति मात्र करने के लिये निस्संकोच अपनी बात कह देता हूं। मैं बुद्धि का छल और मन का द्रोह श्री गुरु के प्रति कभी भी नहीं करूंगा और नहीं होने दूंगा, श्रीमद्!"

"तब हम बुद्धि का छल और मन का द्रोह कर रहे हैं क्या?" अभिनव गुप्त ने धूर्ण दृष्टि से देखते हुए कहा- "सौ बात की एक बात, क्षेमराज! तुमको हमारे समक्ष अप्रश्न, अनुत्तरित तथा अटल निष्ठा पूर्वक ही रहना होगा। हम शिष्य का तन, मन और वचन-अन्तःकरण-अन्तरात्मा सभी चाहते हैं- हम पाँव दबवाने वाले गुरु नहीं हैं। हम शिष्य से तादात्म्य किये रहते हैं और शिष्य को आत्मसात् कर लेते हैं। जो भी दर्शन देखते हो, उस ओर तुम्हारी सहानुभूति हो जाती है-जिस योगी, यती, संन्यासी अथवा आचार्य के पास जाते हो, विनीत हो जाते हो। अब इस शंकराचार्य के प्रति श्रीमान आकृष्ट हैं-नहीं?"

क्षेमराज ने विवर्ण मुख तनिक उठाया और दीन दृष्टि से देखते हुए कहा- "मैं निष्पक्ष और किसी भी पूर्वाग्रह के बिना दर्शन को देखता हूं। दुराग्रह के बिना विचार करता तथा गहरे डूब कर चिन्तन करता हूं। चेतना के अगाध समुद्र में मैं एक विनीत किन्तु आतुरता तथा जिज्ञासा से भरपूर मत्स्य हूं, श्रीमद्! मैं जैसे सनातन अविराम शिष्य हूं- गुरु नहीं आचार्य्य अथवा उपाध्याय नहीं हूं।"

अभिनव गुप्त ने दाँतों के बीच हँसी मानो थामी; बोले- "वाह! बड़े तितिक्षित हो-उपरत हो। असम्पृक्त हो किन्तु यह सब तुम्हारा अंहकार मात्र है। क्या विचार निष्पक्ष है? हो सकता है? क्या चिन्तन आग्रह से हीन हो भी सकता है?

उद्देश्यहीन इस जगत् में कुछ भी नहीं है। यह जगत् सलक्षण क्रमिक चिरन्तन अविराम अभिव्यक्ति है। यह भव संसार लक्ष्य रहित नहीं है-इसीलिये पदार्थों के द्रव्य गुण धर्म हैं। पूर्वाग्रह? क्या पूर्वाग्रह? पूर्ववर्ती विचार की डोर को थाम कर चिन्तन करना पूर्वाग्रह है। दुराग्रह क्या है, सुनूं भी? अपने पक्ष के अटल विश्वास को व्यक्त करना क्या दुराग्रह है? मत का अर्थ ही बुद्धि का आग्रह है-अपने मत से हीन-रहित विचार हो ही नहीं सकता। फिर यह विषय हमारा हस्तामलक विषय है-हम कहें, वह तुमको मान्य था और मान्य होगा। हम बतायें- यही तुमको देखना होगा। हमारी इच्छा ही आज्ञा थी; है और होगी। अब क्या कहना है तुमको?"

"कुछ भी नहीं। श्रीमद् के चरणों में पड़ा हूं-पड़ा रहूंगा।" अभिनव गुप्त को प्रणाम करते हुए क्षेमराज ने कहा- "मेरा इस जगत में श्रीमद् चरणारविन्द के सिवाय और स्थान कहाँ है? मैं निरीह विद्यार्थी हूं-मेरा स्थान श्रीमद् के चरण कमल हैं।"

अभिनव गुप्त ने सहज होते हुए कहा- "क्षेमराज! वाणी की कुशलता तनिक ही फलवती होती है। तुम अभी तक गुरु पर निर्भर नहीं हो-तुम गुरु को लेकर अहेतुक नहीं हुए हो। गुरु के प्रति तुम स्वार्थी विद्यार्थी हो और इसीलिये यह आतुर बुद्धि स्वैर्य्य है।"

"बुद्धि-स्वैर्य? जी।" क्षेमराज मानो थप्पड़ खाते हुए बोले- "जी!"

अभिनव गुप्त ने विजय गर्व से उद्वेलित होते हुए कहा- "मुझको जीतने की चेष्टा त्याग दो। तुम क्या शंकराचार्य्य भी हमें जीत नहीं सकता। शिष्य हारता ही है, समझे! वह कुमारिल्ल भट्ट अपने बौद्ध गुरु से हारे या नहीं? और यह शंकर क्या भगवद् गोविन्दपाद से जीत गया है? गुरु अपराजेय है, गुन लो! तुमको प्रायश्चित्त करना होगा!"

"जी, श्रीमद्!"- क्षेमराज ने कहा- "प्रायश्चित्त?"

"अवश्य, अवश्यमेव।" अभिनव गुप्त ने सस्मित कहा- "इस शंकराचार्य्य के प्रति तुम मन से आकृष्ट हुए हो, नहीं?"

"जी हुआ हूं।" क्षेमराज ने कहा- "उनकी छबि दिव्य है; उनकी प्रभा पूर्णेन्दु की पूर्णमासी है। उनकी वाणी गहन और गम्भीर है। उनकी सौम्यता मनोहर है-शंकराचार्य्य मानो विद्या का समूचा विनय है।"

"और हम?" अभिनव गुप्त सहसा बमके।

"आप सरस्वती पुत्र हैं, विद्या और मन्त्र के प्रताप हैं।" क्षेमराज बोले- "आप मध्याह्न के दिनकर की भाँति प्रखर हैं। शंकराचार्य्य और आपकी समानता हो ही नहीं सकती।"

"क्यों? क्या हम जगद्गुरु नहीं हो सकते?" अभिनव गुप्त ने पूछा।

"जी, यह जगद्गुरु पद मेरे पल्ले नहीं पड़ा।" अभिनव गुप्त की मुलक देखते हुए क्षेमराज बोले- "सभी गुरु मेरे लिये तो जगद्गुरु ही हैं। जगत् का मंगल तथा प्राणियों का कल्याण करने वाला मेरे लिये तो जगत् के गुरु ही है।"

"यही बात वह शंकराचार्य भी कहता है।" अभिनव गुप्त ने संव्यग कहा- "शंकराचार्य्य को जगद्गुरु प्रतिष्ठित होने के लिये शारदा मन्दिर की सर्वज्ञ पीठ पर आसीन होना होगा, दक्षिण द्वार से जाकर सर्वज्ञ पीठ पर आरूढ़ होना होगा।"

"जी।" क्षेमराज ने कहा।

"जी क्या?" अभिनव गुप्त बमके- "दक्षिण द्वार हमारी समर्थ भुजाओं ने थाम रखा है-बन्द। मैं यदि हारा, तभी यह दक्षिण द्वार खुल सकता है और हम अपराजेय हैं। हम शास्त्र को विफल कर सकते हैं-इष्ट बल से हम त्रिभुवन को चाहे तो जीत सकते हैं। इस जगत् में हम भगवती महामाया-योगमाया की कटि पर बैठे घूम रहे हैं। सुना? हमारा उत्पलाचार्य था-कर्ण-गुरु! हमने उनकी रचनाओं में डूब कर शैव दर्शन के मुक्ता प्राप्त किये हैं और राजहंस की भाँति उनको चुग रहे हैं।"

"जी, यथार्थ है उपयुक्त।" क्षेमराज ने सिर झुकाते हुए कहा।

"हम शैव दर्शन के हँस हैं-हम शिवा की कटि-किंकिणी के मोती ही चुगते हैं। हम तन्त्र-मार्ग से जगत् में घूमते हैं और मन्त्र के विमान में बैठ कर चौदह भुवन की परिक्रमा भी करते हैं-हम क्षल्लुक तथा क्षुद्र नहीं हैं। जगदम्बा की सभी शक्तियों का आश्रय हमें प्राप्त है। हम त्रिकाल में भी शंकर वेदान्त को काश्मीर मण्डल में व्याप्त होने नहीं देंगे। शंकराचार्य को रोकने, थामने तथा पराभूत करने के लिये हम राजनीति से काम लेंगे-साम, दाम, दण्ड और भेद, सुना!"

"जी, जैसा श्रीमद् उपयुक्त मानें।" क्षेमराज।

अभिनव गुप्त सहसा उत्ताल हास्य हँसे- "अभी तुम्हारा बल नहीं गया है, ऐंठ बाकी है?"

क्षेमराज ने प्रणाम पूर्वक कहा- "श्रीमद् गुरु चरणारविन्द की यह अँगुली है, प्रभो!"

अभिनव गुप्त प्रसन्न होते हुए बोले- "वाणी के चतुर और वाक्य के विप्रलम्भी, तुम!"

क्षेमराज ने झुक कर प्रणाम करते हुए कहा- "मैं शिव-समर्थ श्रीमद् अभिनव गुप्त का शिष्य हूं- वाणी का चतुर तथा वाक्य की गिरा होकर रहूंगा। सत्य चिन्तन क्या विप्रलम्भ है, प्रभो!"

"वेदान्त! यह समूचा वेदान्त-ब्रह्म सूत्र और उसकी व्याख्यायें, भाष्य-यह सब वाणी का अन्यतम विप्रलम्भ है। शक्ति! क्षेमराज, वत्स! यह जगत, विश्व शक्ति के परात्पर सौन्दर्य्य, सामर्थ्य, क्षमता तथा जीजिविषा का उद्भव है। यह राजराजेश्वरी दुर्गा का साम्राज्य महाराज्य है। यह भव योनियाँ, विशेषकर, मानव-योनि शिव-शिवा के नित्य अविराम विहार के समरस का पात्र है। ब्रह्मरंध्र द्विदल से लगा कर मूलाधार तक वही शिव की विमर्शिनी शक्ति, उत्फुल्ल होती है- उद्भवित होती है और मूलाधार से द्विदल तक ऊर्ध्वगामी वही महामाया महादेवी-सच्चिदानन्द विग्रहा होकर योगियों का शिव संभोग का रस-समरस-प्रदान करती है। खेचरी जब सधती है, तो शिव-शिवा के विहार का अमृत झरता है और योगी उसका पान कर अजर-अमर हो जाता है-उस व्यर्थ शून्य ब्रह्म खड्ड में गिर कर अदृश्य नहीं हो जाता। जीव शिव हो जाता है। मूलाधार की सोती हुई शिवा जब शिव-विरह में जागती है तब अनन्त कोटि ब्रह्माण्डों में कम्प थरथरा उठता है। काल की दिशायें स्तम्भित सी हो जाती हैं-दिक डुल जाते हैं और त्रिपुर की सभी दिव्य शक्तियाँ मूर्तिवती होकर भुवनेश्वरी का गुण गान करने लगती हैं-जीव शिवत्व प्राप्त करने लगता है! सुना! यह शिवत्व प्राप्त करो, समझो! वेदान्त की ब्रह्म खाड़ में काल का शून्य ही भरा है, वत्स!"

"जी।" अभिनव गुप्त के श्री चरण छूते हुए क्षेमराज बोले- "आचार्य्य शंकर का विचार मात्र त्याग दूंगा। उनकी रमणीय कमनीय छबि को मन के नयनों से निकाल दूंगा। मैं शिवा की सन्तान हूं। शिव ही मेरे पिता हैं और आप? आप श्रीमद् मेरी आत्मा के रथ के सारथी हैं।"

"निस्संदेह हम अपने समर्पित शिष्यों और सेवकों के जीवन सारथी हैं। यह जगत् तन्त्र-मन्त्र है और शिष्यों तथा सेवकों का जीवन इष्ट है। गुरु ही इष्ट बल जाग्रत करता है तथा शिष्य के देह-रथ को मन्त्र मार्गों पर हाँकता

रहता है-तुम शान्त हो जाओ, धीर, समझो! शंकराचार्य दर्शन की वाणियों की माया मात्र है। तन्त्र बोलता नहीं और मन्त्र भी बोलता नहीं- अनहद मौन अनन्त नाद है, क्षेमराज! राजराजेश्वरी कामाख्या के सौन्दर्य्य निधि श्री चरणों में जाओ-कामेश्वरी जगन्माता-वह सच्चिदानन्द रूपा शिव तुमको शिव दर्शन करायेगी-शिव के दर्शन करो, ब्रह्म के नहीं। शंकराचार्य स्वर्ग नहीं देगा, भोग और मोक्ष, यदि मोक्ष है तो शिव-शिवा ही देंगे। अब जाओ! हम क्लान्त हैं- चक्र पूजन, पुनः अजापा अहर्निशि जाप। अब समझ में आता है, दत्तात्रेय क्या थे, परशुराम क्या थे।"

क्षेमराज ने प्रणिपात किया और अपने आवास की ओर चल दिये। मन्द चाल से चलते हुऐ वह माताजी के कक्ष की ओर स्वतः ही चल दिये। 'कहाँ जाऊं? क्या करूं?' मन ही मन क्षेमराज पुनः उद्वेलित हो उठे; गुरुदेव निस्संदेह शंकराचार्य्य की हानि करने पर जैसे तुल गये हैं। आश्चर्य्य है! गुरु जी जैसा शास्त्रज्ञ, साधक तथा मनीषी इस प्रकार हीन मानस क्यों रहें हैं? क्या गुरुदेव का शिव शिवा का अमोघ और अटल विश्वास डुलने लगा है? प्रति क्षण शिवा की नूपुर धुनि सुन ने का दावा करने वाले साधकों के शिरोमणि और शैव दर्शन के चिन्ता मणि अभिनव गुप्त शंकराचार्य्य की पूर्णिमा को जैसे सह नहीं सकते। दार्शनिक दृष्टिभेद क्या तत्त्वबोधी को अन्धा बना देता है? भेद वाहक तत्त्वबोध क्या चिन्तक को अन्त में अकथनीय द्विष से भर देता है? निस्संदेह यह शंकराचार्य्य और गुरुजी की वाणी की टक्कर नहीं, अहम् की ही टक्कर है किन्तु शंकर विनीत हैं, वह गुरुदेव से वार्ता करना चाहते हैं। गुरुदेव अभिनव गुप्त से उनकी सहानुभूति है, द्विष नहीं। तब गुरुजी शंकराचार्य की हानि करना चाहते हैं- जानते हुए भी मैं यह कैसे होने दूं? इस अहमक शिवराम को साधन बना कर गुरुदेव शंकराचार्य्य के ज्योतिर्मठ की ओर कृत्या ही भेजना चाहते हैं। कृत्या? हाँ, यही तो-नहीं तो शिवराम मठ में बग्ला की घोर उपासना करने की चेष्टा करता ही क्यों? धूमावती! दुर्भाग्य दरिद्र क्लेश और कलह को वह सदैव की विधवा धूमावती! उसका आह्वान क्यों? नहीं, क्षेमराज! गुरु की सद् सात्विक इच्छा की पूर्ति करना शिष्य का धर्म तथा सेवक का कर्तव्य है किन्तु क्या शिष्य गुरू की अधार्मिक इच्छा की पूर्ति करने के लिये बाध्य है? गुरु अन्याय करे, हित हानि करे और अपने राग-द्वेष की पूर्ति के लिये प्रयत्न करे, तब-तो क्या गुरु का समर्थन करना चाहिये? गुरु के पापों का प्रायश्चित निस्संदेह गुरु के

पुत्र और शिष्य-सेवकों को करना ही होता है। नहीं क्षेमराज! नहीं गुरुजी को रोकना ही होगा, बरजना ही होगा। परन्तु यह करे कौन?

"कौन? क्षेमराज क्या?" माता जी ने कक्ष में से पुकारा।

"जी, मैं, क्षेमराज!" क्षेमराज ने कक्ष में प्रवेश करते हुए कहा- "जी, आज्ञा!"

माता जी ने क्षेमराज को घूरा; निहारते हुए कहा- "विवर्ण मुख क्यों हो? क्या पुनः गुरु जी से लड़ पड़े?"

"नहीं, श्रीमती माँ! मैं गुरु जी से कभी नहीं लड़ता-उच्च स्वर में बात तक नहीं करता। उन्हीं को अन्त में प्रणाम कर चुप हो जाता हूं।" क्षेमराज ने माताजी के श्री चरण छूते हुए कहा।

"तब यह मुख लटका हुआ क्यों है?" माताजी ने पूछा- "मैंने तो तुमको कुछ भी नहीं कहा। कहती कैसे? कितने दिवसों के बाद तुमको देखा है-तुम सब को भूल जाओ, परन्तु मुझको क्यों विसार देते हो?"

"नहीं माँ।" क्षेमराज माताजी के घुटनों से मानो लिपटते हुए बोले- "तुझे भूलना? बिसरना? क्या मैं जगदम्बा को ही भूलना चाहूंगा? नहीं, श्रीमती माँ, तू मेरे हृदय-कमल पर विराजमान है- सदैव थी; रहेगी। मैं जगत् के बिना जी सकता हूं-माँ के बिना नहीं। और फिर माँ का सुख मुझको मिला ही कितना है। जन्म देने वाली माँ तो कभी की स्वर्ग सिधार गई; किन्तु अन्तःकरण में प्रेम भरने वाली जगज्जननी स्वरूपा तू तो है-साधक के लिये गुरुपत्नी ही सच्ची माँ है।"

माताजी ने क्षेमराज का सिर सूंघते हुए कहा- "उनका तो जैसे सिर फिर गया है-रात दिवस शंकराचार्य को लेकर जन्मते रहते हैं। तू उनसे कुछ कहता नहीं?"

क्षेमराज ने दीनतापूर्वक कहा- "कैसे कहूं? क्या कहूं-वह मेरे तन-मन के गुरु हैं, गुरु शिष्य के प्राणों का भी स्वामी है।"

"झूठ!" माताजी बमकी- "प्राणों का स्वामी ब्रह्म है। मानव अन्तरात्मा सत्य से भरपूर, ज्ञान के आलोक से पूर्ण है। गुरू मार्ग से हटे, पथभ्रष्ट होने लगे, तब क्या समर्थ शिष्य देखता खड़ा रहेगा? भरत ने तो माता, गुरु, प्रजा सबको खरी-खरी सुनाई थी-भरत ने माँ और गुरु की बात मानी क्या?"

"नहीं, नहीं मानी-किन्तु क्या मैं भरत हूं?" क्षेमराज ने कहा- "मैं गुरुदेव अभिनव गुप्त का दीन असमर्थ शिष्य भर हूं"

माताजी ने मुँह बिचकाते हुए कहा- "गुरु नहीं, सद्गुरु, समझे तुम! राग द्वेष से भरा साधक क्या गुरु है? हो सकता है? विद्वान् होने से ही क्या होता है? आत्मकल्याण के विपरीत माता-पिता, राजा और गुरु की बात मानना अनिवार्य्य नहीं है। भरत ने यही सिद्ध किया है। तुम क्यों ऐसी कुतर्की, अविवेक पूर्ण तथा द्रोही बात अपने गुरु की भी मानते हो?"

"परम्परा जो है, श्रीमती माँ!" क्षेमराज ने आर्त स्वर में कहा- "आचार्य्य गुरु की इच्छा मात्र की पूर्ति करना शिष्य का धर्म है-शिष्य गुरु का आलोचक नहीं है और नहीं गुरु की आज्ञाओं का समीक्षक ही हैं- शिष्य गुरु का विनीत आज्ञांकित सेवक मात्र है।"

"राम ने पिता का वचन शिरोधार्य किया।" श्रीमती माँ ने कहा- "किन्तु क्या माँ कौशल्या और गुरु वशिष्ठ मन से चाहते थे कि राम वन जाये? कोई नहीं चाहता राम वन जायें और सभी चाहते थे कि राम राजसिंहासन पर बैठें। राम राज्य का प्रादुर्भाव हो। किन्तु राम ने पिता की आज्ञा मानना ही सर्वोच्च धर्म माना और उसका पालन किया। मैं कहती हूं मत मानो अपने गुरुकी क्रूर और तामसी बात, मत मानो हम कहती हैं।"

क्षेमराज ने श्री माँ के चरण पकड़े- "यह मेरा धर्म संकट है। गुरुदेव आचार्य्य यती शंकर से शास्त्रार्थ करना नहीं चाहते किन्तु उनकी हानि करना चाहते हैं कदाचित्! गुरु जी शंकर का पराभव चाहते हैं- तब मैं शैव दर्शन की जय चाहता हूं- मैं मन्त्र युद्ध द्वारा नहीं, वाक्य युद्ध द्वारा वेदान्त दर्शन को छिन्न-भिन्न करना चाहता हूं। अपराजित तर्कों से मैं शैव दर्शन के इष्ट देवताओं की अक्षुण्ण प्रतिष्ठा करना तथा बनाये रखना चाहता हूं-"

श्री माताजी मुलकी; बोली- "वेदान्त-दर्शन से तुम लोग इतना भयभीत क्यों होते हो? यदि श्रीमद् शंकराचार्य्य का वेदान्त दर्शन असत्य है, तो वह स्वयं ही छिन्न-भिन्न हो जायगा। क्या असत्य को अन्तःकरण से स्वीकार करते हैं? जीवों का अन्तःकरण सत्य के प्रतिबिम्ब से ही पूर्ण है-वह सत्य का ही संग्रह करता है। जीव का अन्तरात्मा स्वयं सच्चिदानन्द स्वयं है। फिर शैव दर्शन और वेदान्त दर्शन में ब्रह्म की व्यावहारिक तथा प्रतिभासिक सत्ताओं का ही तो मतभेद है-शिव कहो या ब्रह्म, है तो वह नित्य निरञ्जन सच्चिदानन्द, परम-ब्रह्म-परम्-शिव कह दो।"

क्षेमराज ने ऊर्ध्व श्वाँस भरते हुए कहा- "शैव दर्शन जगत् और जीव को शिव-शिवा द्वारा, सहित तथा शिव शिवा के लिये ही मानता है। शिव शिवा

ही जन्मते हैं-नर-नारी रूप उद्भवित्त होकर अपने समरस पूर्ण आनन्द के लिये जगत् रचते हैं तथा भव संसार में निमग्न होकर भोग द्‌वारा मोक्ष प्राप्त करते हैं। क्या तुम, माँ मेरी! एक भ्रमित संज्ञान भर हो-धारणा मात्र? क्या यह जगत् क्षण भंगुर भभका मात्र है-शिव की शिवा महादेवता विमर्शिनी का यह प्रसार, यह सृष्टि प्रपञ्च केवल आत्म वञ्चना है? नहीं, श्रीमती माँ!"

श्री माता जी ने कहा- "मुझे तो जगत् जैसे दीखता ही नहीं। मैं जीव जैसे हूं भी और नहीं भी। यह सारा झगड़ा जगत् और जीव को सत्य मान लेने से ही खड़ा होता है, क्षेमराज वत्स!"

"जगत् अनादि सनातन सत्य है।" क्षेमराज ने मानो आघात सहते हुए कहा- "यह जीव शिव स्वयं है-शिवा स्वयं है। प्राणियों के आदि माता-पिता शिव-शिवा हैं। यह जगद् माया ब्रह्म की एक कपोल धारणा ही नहीं है-शिव के आनन्दोल्लास का अक्षुण्ण अनुभव है। शिव स्वयं जगत् का ऐश्वर्य्य-मंच बनाकर उस पर जीवन की इहलीलायें करते हैं- शिवा के परिणय द्‌वारा इन अनन्त कोटि जीवों को जन्म देते हैं और शिवा? शिव की अभिन्न स्वरूपा शक्ति होकर भी शिवमय जीवन की परा तथा अपरा चेतना है-चिति, श्री माँ!"

श्री माताजी ने सस्मित कहा- "अभी अनुभव वृद्ध नहीं हुए तुम, वत्स! सत्य युवा-नयनों से क्या देखा जाता है? युवा नयनों से रूप सौन्दर्य्य ही देखा जाता है-आत्म दर्शन नहीं। शिव शिवा वस्तुतः परमेश्वर परम् ब्रह्म ही हैं। द्‌वैत दृष्टि से ही शिव के यह भेद प्रतीत होते हैं-वस्तुतः कौन जन्मता है, मरता है, वत्स? कोई जन्मता नहीं, मरता नहीं, अन्धकार और प्रकाश के यह फेरे हैं भी-नहीं भी-मैं अपने मन के एकान्त में जैसे स्वयं हीन हो जाती हूं। चित्त के सरस व्यामोह में विष की बूंद सी हो जाती हूं-देह के स्वरूप में सब कुछ लगती हूं, किन्तु आत्मा की दृष्टि से क्या मैं भूत हूं पंचभूत? तत्व-विद्‌या, बल क्या हूं? मैं-मैं हूं वत्स और यह 'मैं' अपने ही नयनों का बादल है।"

"योग वाशिष्ठ चल रहा है क्या?" क्षेमराज ने पूछ लिया।

श्री माँ ने कहा- "त्रिभंगी से सब कुछ सुनती रहती हूं, योग वाशिष्ठ, श्री रामायण, श्रीमद् भागवत, श्री गीता, उपनिषद् और ब्रह्म-सूत्र पर शंकर भाष्य-सब सुनती हूं। पढ़ नहीं सकती, तो सुनती हूं। देखती नहीं तो ध्यान करती हूं।"

"क्यों, माँ?" क्षेमराज ने सहज ही पूछा।

"नर से मुक्ति चाहती हूं। तू नहीं समझेगा, क्षेमराज! युवा होते ही साधु बन गया। शैव दर्शन का प्रगाढ़ विद्वान् हो गया।" श्री माताजी ने शान्त मन्द स्वर में कहा- "यह भव-संसार नर-नारी का ही झगड़ा है। भव योनि के इस द्वन्द्व से मैं घबराती हूं। जन्मी तब से घर की दीवारें मुझे कारागार सी लगती रही हैं-मैं नर की सखी, कान्ता, दासी, पत्नी कुछ भी तो हो नहीं सकती। मैं विषाद से भरी एक अनादि अनन्त नारी चेतना हूं-स्वयं का स्वयं पर अध्यास हूं, वत्स!"

"तुम माँ हो।" क्षेमराज ने कहा।

"किसकी भला? तुम्हारे गुरु जी की सन्तान की जननी मैं हो नहीं सकी।" श्री माँ ने निसास रखते हुए कहा- "स्त्री का भोग अथवा पूजन मुझे पसन्द नहीं है। जो साधक स्त्री को पूज कर आत्म-साक्षात् करना चाहता है, वह स्वयं आत्मवंचक है। तुम्हारे गुरुजी ऐसे कामुक उद्घभ्रान्तों के शिरोमणि हैं। यह चक्रपूजन और पंचमकार वास्तव में शिव-शिवा की आराधना है? अथवा नर-नारी का परस्पर उन्मद कामोपभोग है? क्या है यह?"

"प्रेम, माँ! प्रेम है।" त्रिभंगी ने सहसा कहा।

"प्रेम? प्रेम केवल ईश्वर से ही किया जा सकता है।" श्री माँ ने तीव्र स्वर में कहा- "देहधारी का तो संयोग-वियोग का सुख है। दुःख है। कामासक्ति को प्रेम-कहती है तू, छोकरी!"

"नहीं तो, माँ! प्रेम-प्रेम है।" त्रिभंगी ने क्षेमराज की ओर लजाते हुए देखा- "प्रेम ही से तो सन्ताते जन्मती है।"

"काम का प्रेम से वास्ता ही क्या है, बावरी?" श्री माँ ने त्रिभंगी से कहा "यह अज्ञान का घना मद ही काम लगता है। अज्ञान का अन्धापा, यह विद्या दृष्टि ही लगती है-जब तक काम, तब तक अज्ञान और जब ज्ञान, तब ब्रह्म! देह सुख को आत्मानन्द कहती है तू? सच तो यह है, तुझको उन्होंने बिगाड़ रक्खा है। क्यों?"

त्रिभंगी- "गुरुजी तो साक्षात् महेश्वर हैं, माँ!"

श्री माँ- "और तू माहेश्वरी है-वह देव और तू देवी।" श्री माँ ने खीझते हुए कहा- "सावधान, मैं कह देती हूं।"

"जी, माँ! सावधान ही हूं।" त्रिभंगी ने कहा- "शक्ति स्वरूप होकर वीर को साधना करवाने में मुझे बड़ा आनन्द मिलता है-मैं परम् तुष्ट होकर स्वयं को शिवा रूप मानने लगती हूं।"

"तेरा सिर!" श्री माँ ने कहा- "तुम शाक्त न सच्चे शैव हो और नहीं शिवा के भक्त हो। तुम भ्रष्ट हो-पतनोन्मुख साधक हो। तुम लोगों को सिद्धियाँ मिल सकती हैं-सच्चिदानन्द परमात्मा का अभय प्राप्त नहीं होगा। शिव-शिवा के मिस से व्यभिचार करते हो और उसको शक्ति पूजन कहते हो, निर्लज्ज कहीं के।"

अभिनव गुप्त ने द्वार में ठहर जाते हुए कहा- "त्रिभंगी को मैंने शक्ति स्वरूप ही प्रतिष्ठित किया है; ग्रहण किया है। तुमको मैंने कितनी बार कहा है कि श्रीचक्रपूजन को व्यभिचार मत कहो।"

"कहूंगी-सदैव कहूंगी।" श्री माँ ने कहा- "तुम लोग निन्दनीय कलुष भर हो।"

"हम जो भी हैं, जैसे भी हैं-परम् शाक्त हैं।" अभिनव गुप्त ने सरोष कहा- "श्री चक्र पूजन को व्यभिचार मानने वाली बुद्धि मूर्खता से भी हेय मूर्खता है। श्रीचक्रपूजन महाकुण्डलिनी शिवा के ऊर्ध्व जागरण का आह्‌वान है-पूजन है, माताजी। सुना!"

"मैं तुम्हारी 'माताजी' नहीं हूं, समझे!" श्री माँ ने कहा- "मैं तुम्हारी पत्नी हूं। व्यंग में भी स्त्री को 'माँ' कहोगे, तो वह सचमुच माता ही हो जायेगी।"

अभिनव गुप्त उत्ताल हँसे- "तुम तो जन्मजात जगदम्बा हो और जब से वेदान्त दर्शन सुनना आरम्भ किया है, तब से तुम विश्वम्बिका भी हो गई हो। किन्तु यह वेदान्त हमारे आश्रम में न कहा जायगा और नहीं सुना जायगा, सुना!"

"क्यों?" श्री माँ ने तमक कर पूछा।

"इसलिये कि वेदान्त दर्शन शंकर वेदान्त बुद्धि की पराजय का निराश परिणाम भर है। शून्य की फलश्रुति मात्र है और सर्वोपरि हम शैव इस वेदान्त को नहीं चाहते-हम शैव वेदान्त के परम् शिव में नहीं, हम सदाशिव, शिव-शिवा-इस द्‌वैत-त्रेत जगत् में मानते हैं। हम शिव के भक्त हैं तथा स्वामिनी शिवा-कामेश्वरी जगदम्बा चिदानन्द विग्रहा के दासानुदास हैं।" अभिनव गुप्त गर्जे- "किन्तु तुम नहीं समझोगी। तुम स्त्री हो न-अपनी हठ को अपना ज्ञान समझती हो।"

"मैं आपकी विवाहिता जीवन-संगिनी हूं। आश्रम मेरा घर है और स्त्री होने से क्या मैंने अपनी अस्मिता पतिदेव के चरणों में ढोल दी है? नहीं तत्त्व चिन्तन विचारों का हठ नहीं है-उन्मुक्त आत्म चेतना ही है। फिर वेदान्त-शंकर वेदान्त के अनुशीलन को आप क्या पाप मानते हैं?"

"स्त्री का कुल, धर्म, सम्प्रदाय सब पति का कुल, धर्म और सम्प्रदाय है।" अभिनव गुप्त ने क्रोध से तनिक काँपते हुए कहा- "हम शैव हैं- शाक्त हैं। कुल ही हमारी समष्टि है। तुम हमारी जीवन संगिनी स्वयं को मानती हो तो हमारे जीवन के प्रवाह में साथ तैरो। शाक्त, शैव के इस जाग्रत घर में वेदान्ती-संन्यासिनी का काम ही क्या है? तुमको निश्चय करना ही होगा मैं शैव या वेदान्ती शंकर, समझी?"

मातु श्री ने अपने ऊर्जस्वित पति को घूरा, कहा- "अच्छी बात है-निश्चय कर लूंगी। परन्तु तुम्हारे अत्याचार को सहन नहीं करूंगी। तुम भी समझ लो मैं तुम्हारे इस पापाचार से ऊब गई हूं- जगदम्बा-शक्ति-माँ ही है, तुम्हारी भोग्या नहीं है।"

अभिनव गुप्त सहसा हँसे; बोले- "हम शिवा को शिव-वल्लभा मानते हैं। शक्ति पूजक उस परात्पर परमेश्वरी को माता अथवा स्वामिनी राज राजेश्वरी मान कर, जान कर ही उपासना करता है। परमेश्वरी पाशबद्ध जीव की माँ ही है, स्वामिनी ही है। भोग्या तो वह परमेश्वर शिव की ही है-"

"तब यह स्त्री के साथ-" माताजी ने कहा।

"मानवी स्त्री शक्ति का स्वरूप है।" अभिनव गुप्त ने बीच ही में कहा- "उस काम मोहिनी का भी ऊर्ध्वीकरण होगा। शक्ति पूजन में मानवी स्त्री एक प्रतीक भर है। श्रीचक्रपूजन व्यभिचार नहीं है- कामेश्वरी के प्रति निष्ठा का यज्ञ है। क्या यह सृष्टि शिव-शिवा का काम मोहित व्यापार नहीं है? हम सब जीव क्या पंचम की उत्पत्ति नहीं हैं? हैं-यह विवाह आदि केवल लौकिक मर्यादायें हैं, व्यावहारिक धर्म का अनिवार्य्य निर्वाह है; किन्तु कुल नर-नारी का यह काम यज्ञ पराशक्ति के जागरण का अटल साधन है। काम वासना पाप है क्या? नहीं है- शिव-शिवा का यदि कोई दिव्य, आनन्ददायक तथा चैतन्यकर मूल भूत धर्म है तो वह सृष्टि की सन्ततियों को जन्म देना है। भव योनियों के अनादि काम धर्म का पालन तथा पोषण करना है। इसलिये ऋतु दान को उत्तम दान शास्त्रकारों ने माना है-इसीलिये कन्यादान सर्वश्रेष्ठ दान है......"

"यह भाषण मैंने कई बार सुना है।" माताजी ने कहा- "काम कुछ भी हो, रतिहीन नहीं हो सकता। काम ही क्रोध, मोह, मात्सर्य्य, लोभ का जनक है। काम को त्यागना ही होगा। उसको ज्ञानाग्नि से भस्म करना ही होगा। तुम्हारे शिव ने कामदेव को भस्म किया या नहीं?"

अभिनव गुप्त पुनः हँसे! बोले- "भाग्यवती! शिव ने काम के रमणीय-कमनीय देह को ही जलाया है, उसके अनादि शरीर को नहीं। शिव ने काम को दिव्य कमनीय शरीर ही प्रदान किया है- उसको प्राणियों के मन में रमा दिया है। यह रूप सुन्दर काम की ज्वाला से ही है। यह रसानुभूति काम के दिव्य मन्थन से ही होती है- यह सृष्टि महाकाम का दिव्य आनन्ददायक विलास है और आनन्द के इस समरस उन्मेष से ही प्राणियों का जन्म होता है। इसीलिये शाक्त सम्प्रदाय कामेश्वरी का प्रथम पूजन करता है; द्‌वितीय आराधना स्तन मण्डल पर जगदम्बा का आह्‌वान है तथा तृतीय उपासना द्‌विदल में सच्चिदानन्दमयी परमेश्वरी की उपासना है-शिवा ही शिव को जानती है और वह अपनी अगाध प्रियता के दिव्य सम्मोहन से ही शिव को आत्मसात् करती है- काम का दिव्यतम रूप ही आनन्द है, समझी!"

"कुछ भी हो, मेरे घर में यह काम वासना की तृप्ति का उत्सव मैं अब नहीं होने दूंगी।" -माताजी ने कहा।

"तो क्या यह मेरा घर नहीं?" अभिनव गुप्त ने पूछा।

"घर तो नारी का, पत्नी का, माता का ही होता है, श्रीमद्!" माताजी ने कहा- "अब अधेड़ हो गये हो; अब तो यौवन के यह रस रंग समाप्त करो। निर्लज्ज कहीं के! भगवान् और भगवती के मिस से व्यभिचार सजाते हो और स्वयं को धोखा देते हो कि यह सब यज्ञ है। संसार सब जानता है; चाहे काममोही जीव न जाने। नहीं, मैंने कह दिया।"

"अच्छा! हमें यह कभी स्वीकार्य नहीं था और नहीं होगा।" अभिनव गुप्त ने बमकते हुए कहा- "शंकराचार्य को समाप्त कर रहूंगा, "स्त्री! सुन लेना।"

माताजी सव्यंग हँसी; बोली- "कर लेना, मैं भी देखूंगी। कामी और क्रोधी चले हैं वीतराग संन्यासी का नाश करने। क्रचक्र ने शंकराचार्य का नाश कर दिया? स्वयं अपने आग्नेय द्‌विष से जल मरा। राजा अमरुक की रानी ने शंकराचार्य को अपने वश में कर लिया? कामिनी लिंग को वश में कर सकती है, ज्योतिर्लिंग को नहीं पतिदेव! परम् शिव परम राग से नहीं, परम वैराग्य से ही दिखेगा-प्राप्त होगा। माया के मोह में डूबकर चले हो संसार संतरण करने। मूर्ख कौन है, मैं या आप? मूढ़ कौन है आप या मैं?"

अभिनव गुप्त खड़े-खड़े ही काँपने लगे; दाँत कचकचाते हुए बोले- "चुप कर नारी! अब अधिक सुन नहीं सकता। चुप कर! तुमको भी शक्ति स्वरूप मानता हूं इसलिये..."

"प्रहार नहीं करते, यही न?" माताजी बोली- "कापुरुष ही स्त्री पर हाथ उठाते हैं. भवान्!"

"मैं कापुरुष ही सही, कायर ही सही। परन्तु ईश्वर के लिये चुप रहो।" अभिनव गुप्त ने पैर पटकते हुए कहा- "मेरे धैर्य्य का अन्त हो चुका है, सुना।"

माता जी भी उठ खड़ी हुई। ठठा कर हंसी; बोली- "काम जीत लिया न? क्यों जी?"

अभिनव गुप्त पैरों पर ही घूमे- "स्त्री! तू नर्क की खानि है।"

माताजी ने उत्ताल हास्य हँसते हुए कहा- "भूलते हो, पतिदेव!" स्त्री शक्ति है- कामेश्वरी, जगदम्बा, सच्चिदानन्द विग्रहा है। तुम नर? पुरुष? स्त्री के सृष्टि विलास का एक अनिवार्य साधन हो-रूप भर हो। स्त्री का अपमान मत करो-सभी देवता रूठ जायेंगे, कह देती हूं।"

अभिनव गुप्त कक्ष के बाहर धँसते हुए तनिक रुके- "उस यती शंकर को भस्म कर दूंगा जिसकी चेली तुम हो गई हो।" जलती हुई अग्नि ज्वालाओं की पुञ्जीभूत आकृति की भाँति अभिनव गुप्त कक्ष के बाहर गगन में मानो उड़ चले।

11

शूलपाणि ने सविनय प्रणाम करते हुए आचार्य्य शंकर को कहा- "अभिनव गुप्त के यह शिष्य और सेवक निर्मल चित्त से यहाँ आप श्रीमद् के सांनिध्य में नहीं आये थे-वह कोई अभिजात्य प्रतारणा की रचना करना चाहते थे। अवश्य, प्रभो! इसीलिये मैंने उनको रंगे हाथों पकड़ लिया था- "आप श्रीमद् की सुरक्षा और मंगल, सावधान होकर साधना, हम लोगों का परम कर्त्तव्य है-तोटक श्री तो अब हैं नहीं, अतएव आचार्य श्री पद्मपाद महोदय ने मुझको सेवा में भेजा है। अवश्य, तोटक श्री जैसी सेवा तो मुझसे नहीं बन पड़ती; किन्तु शत्रुओं की सूक्ष्म वक्र दृष्टि मैं पहिचान लेता हूं-वैरियों के वैर की मुझको दुर्गन्ध आ जाती है-वह शिवराम प्रपञ्ची है-दुष्ट है, प्रभो!"

शंकराचार्य्य ने ज्योतिर्मठ की मेखला स्वरूप नदी के उल्लसित जल में प्रवेश करते हुए कहा- "साधक मात्र न दुष्ट है और नहीं सज्जन है। वह साधक है; गुरु की आज्ञा का मन वचन कर्म से पालन करता है। गुरु की सेवा करता है।"

"तब क्या गुरु के कुकर्म का भागीदार बनेगा?" शूलपाणि ने सिर धुनाया और कहा- "नहीं, प्रभो! आप श्री ने सदैव हमें पुण्य की कथायें कही हैं; मंगल वार्ताओं से हमारे विषाद भरे चित्त को हर्षोल्लास से भरा है। कल्याण के दिव्य उपदेशों से हमारे मूढ़ मोह को छिन्न-भिन्न किया है। आप श्री ने हम को जीना और मरना दोनों सिखाया है-"

शंकराचार्य्य कटि तक गहरे जल में खड़े हो गये- "मरना भी सिखाया है इस शरीरी ने तुम लोगों को, क्या? नहीं तो।"

शूलपाणि- "संन्यास क्या शौर्यपूर्ण मरणधर्म का पालन करना नहीं है? आप श्रीमद् ने सुरेश्वराचार्य्य जी को संन्यास प्रदान कर जीवित ही मरण धर्म का पालन सिखाया है। जी, हाँ प्रभु का मार्ग तो हुतात्माओं का मार्ग है-संन्यासी परमात्मा का हुतात्मा ही तो है।"

शंकराचार्य ने अपलक से नयनों से शूलपाणि को निहारा- "हूं! जीवन जीते हुए शान्त मरण का शौर्य्य ही है। यही, यही तो तुमने कहा है। जीओ, वत्स! किन्तु क्या यह मैं, शरीरी, मरण के शौर्य को धारण कर सका हूं। सोचता हूं, वत्स! मरा जाता ही नहीं, जीया ही जाता है-चिरन्तन अविराम आदि अन्त हीन जीवन यही-यही शरीरी की गूढ़ गुह्य कामना है- यह जीवन मानो शान्त अनासक्त मरण की शाश्वत महत्वाकांक्षा ही हो। शिवोहम्!"

शूलपाणि ने देखा, कटि तक सरिता जल में खड़े शंकराचार्य की देह छबि जैसे तरंगों की जमी हुई ज्योति से मंड गई। नदी के गहन नीर का अगाध जैसे शंकराचार्य्य के कमनीय सुन्दर देह को आत्मसात् कर लेना चाहता था; किन्तु जैसे शंकराचार्य की कमनीय कनौड़ी काया ज्योति के कमल दल सी स्वयं ही प्रवाह की घनीभूत स्थिति से निश्चल खड़ी थी। शूलपाणि ने देखा मानो शंकराचार्य के प्रदीप्त से ललाट पर एक ज्योति बिन्दु झबका तथा अनिवर्चनीय प्रभा-मण्डल होकर मुखमण्डल के आस-पास उभर आया। शूलपाणि जैसे चकित स्तम्भित होकर उस प्रभा मण्डल को अपलक निहारने लगा। सरिता का विस्तृत सा पाट उस प्रभा में मानो समाने लगा। गगन स्वयं उस अद्वितीय दिव्य प्रभा से भर कर व्योम की नीलिमा हो गया-आलोकमय आकाश ही जैसे शंकराचार्य के बन्द कमल लोचनों में भर गया-झूम उठे पञ्चभूत और झीम उठे तत्त्व। शूलपाणि को लगा, एक दिव्यतम सुन्दर देव ही मानो शंकराचार्य की काया के रोम-रोम से प्रकट हुआ और द्युलोक की ज्योतियों को देखकर स्वयं ही मानो समाधिस्थ हो गया। शंकराचार्य्य अपने प्रभा मण्डल में मानो लीन होने लगे। सहसा शूलपाणि चिल्ला उठा- "प्रभो! आचार्य्य श्रीमद् गुरुदेव!"

शंकराचार्य्य तनिक चमक कर चिहुंके- "हाँ क्यों वत्स! हम परम् ब्रह्म का ध्यान कर रहे थे। सच्चिदानन्दमयता की धारणा ही ब्रह्म ध्यान है। ध्यान वत्स! ध्यान के शान्त धीर गह्वर गंभीर चिदाकाश में ही वह निर्विशेष निरीह दिखता है-सभी वेशों में, सभी रूपों में दिखता है वत्स!"

"जी। किन्तु....", शूलपाणि की आँखें भर सी आईं।

"किन्तु क्या?" शंकराचार्य्य नदी तट की ओर खिसकते हुए बोले- "क्या मैं देह त्याग रहा था? नहीं; मैं जाग्रतावस्था को स्वप्न में डुबो कर सुषुप्ति के अर्णव में लीन कर रहा था- यह देह तो जायेगा ही। यह मेरा विचित्र विलक्षण एकाकी प्रारब्ध मानो त्रिकाल का अनादि संचित भर कर ही उभरा है- हाँ, यही, यही तो!"

शूलपाणि चिहुंका- "आप- मैं?"

तट पर आते हुए श्रीमद शंकराचार्य्य ने सस्मित कहा- "आत्मा, ज्ञानी, ज्ञानवान्! हाँ, मैं ही तो सच्चिदानन्द का स्वारोपण! मैं हूं कहाँ? मैं हूं नहीं! है तो वही परमेश्वर, ब्रह्म! यह अणु-अणु सच्चिदानन्द परम् ब्रह्म में प्रतिबिम्बित है। यह घट-घट उसी की दिव्य आत्म ज्योति से भरा है। ब्रह्म के अमृत से ही प्राणियों के हृदय ओत-प्रोत हैं- भूत मात्र में वही-वही तो है।"

"जी!" शूलपाणि ने शंकराचार्य्य के चरण थामते हुए कहा।

"उसे जान, वत्स!" शंकराचार्य ने काया पोंछते हुए कहा- "अपने आप को जान, पुत्र! आत्मा को जानना ही ज्ञान-लाभ करना है; परमात्मा को प्राप्त करना ही मोक्ष है।"

शूलपाणि ने सहज ही पुनः पूछा- "परमात्मा ब्रह्म के विषय में इतना ऊहापोह क्यों है, जब ब्रह्म ही सत्य है और यह जगत् मिथ्या है?"

"यही अज्ञान का आच्छादन है, माया का गूढ़तम मोह है।" आचार्य श्री शंकर ने गीले वस्त्र बदलते हुए कहा- "यह जगत् सत्य होता तो क्या प्रतिलव, काष्टा, पल बदलता? यह अविराम रूप परिवर्तन और नाम मौन क्या संभव होता? सत्य नित्य है; शान्त है; ज्ञानमय आनन्दमयता है। जो होता है, वह माया है, और जो होना चाहता है, वह जीव है। अज्ञान लीढ़ संभ्रमित आत्मा संस्कार वश जगत् में ही विश्वास करने लगता है-इन्द्रिय ज्ञान पर निर्भर वह जगत् के प्रत्येक रूप में अरूप को ही- परमात्मा, ब्रह्म को ही खोजता रहता है-जगत् के रूपों के रहस्यमय अन्तराल में वह ज्योतिर्मय प्रभु को ही देखना चाहता है। राग से लथपथ और भय से भीत तथा भीतियों से त्रस्त जीव घने अँधेरे मेघ के समान हैं। जीव को यथार्थ ज्ञान ही होता है, परमात्मा का साक्षात् आत्मा को ही होता है, जीव को नहीं। परमात्मा ही तो स्वयं के प्रतिबिम्ब अपने आप स्वयं कृत माया-दर्पण में देखता रहता है- इसलिये जीवात्म दृष्टि में परमात्मा को लेकर अन्धपन भरा रहता है-परमात्मा जगत्

देख सकता है, जीव जगत् भोग सकता है; किन्तु परमात्मा का अमोघ विश्वास होते हुए भी निश्चय नहीं कर सकता। फिर क्या सच्चिदानन्द ब्रह्म का निश्चय किया जाता है- करना भी चाहिये क्या? यह सब ब्रह्ममय है; प्रज्ञान ब्रह्म है, परम् तत्व-तत्--तू ही है।तू सत्य है। सत्य ही ब्रह्म है-यह आत्मा का निश्चय अथवा निर्णय नहीं है- यह आत्मा का अमोघ परमात्म अनुभव है, साक्षात्कार!"

शूलपाणि ने देखा, शंकर तन्मय हो गये हैं। उनके स्वर में आर्द्र-करुणा जैसे भर गई है। गीले वस्त्र उठा कर वह धोने बैठ गया,- बोला- "प्रभो!"

"कौन प्रभु, वत्स!" शंकराचार्य्य ने कहा- "परमात्मा ही प्रभु है। मैं? इस अनूठे भव की एक अनित्य क्षण भंगुर धारणा मात्र हूं। शिव ने भेज दिया-तो जगत् कल्याण के लिये आ गया और अब प्राणियों को अज्ञान के अँधेरे तमार्णव में डूबे देखकर मैं सिहरने लगता हूं-यह ज्ञानी, ज्ञानवान् सच्चिदानन्द यों कालरात्रि में सो रहा है? स्वयं ही अज्ञान को स्वयं पर मढ़ कर वह रूपवान् होकर रूप-रूप के पीछे अनादि काल से भटक रहा है। यह जीव कितना अनाथ हो गया है, दीन। कितना तृष्णातुर यह प्राणी है! देखा? देखा, वत्स! गर्भ के एकान्त कारावास को आत्मा अन्ततोगत्वा भोगता ही क्यों है? जन्मना जो चाहता है वह। जन्मते रहना चाहता है। काल की अविराम चिरन्तन गति का एक फूल हो जैसे-यह जीव। अन्धकार के घन तिमिर से भरा अपनी ही ज्योति किरण से माया को देखता हुआ यह कातर, भयभीत जीव! मैं इसको देख नहीं सकता- किन्तु मैं कर ही क्या सकता हूं? परमात्मा से प्रार्थना ही कर सकता हूं। स्वप्न को त्याग दो, स्मृति से छूट जाओ, वत्स!"

सरिता-तट के चट्टान से पाषाण पर दर्भासन बिछाते हुए शूलपाणि ने मानो पुकार की- "समर्थ सद्‌गुरु क्या निराश होंगे? जीव के अज्ञान तिमिर को ज्ञानाञ्जन-शलाका से आप ही तो मिटायेंगे- जीव का संसार सागर से संतरण आप सद्‌गुरु ही तो करेंगे, प्रभो!"

"जीव के अज्ञान का नाश नहीं होता, आत्मा के अज्ञान आरोपण के तिमिर का नाश होता है। किन्तु मैं, जीव एक मानव क्या यह कर सकता हूं? जब तक शरीरी हूं, जीव हूं-अल्पज्ञ और निरा अज्ञानी हूं। संसार सागर में डूबते हुए जीव को मैं हाथ थाम कर तट की ओर ले जा सकता हूं किन्तु उसको जीने और

मरने से कैसे बचाऊँगा? केवल सत्य-परम सत्य का प्रकाश ही अज्ञानान्धकार को मिटा सकता है।"

आचार्य्य श्री शंकर दर्भासन पर बैठते हुए बोले- "जीव को देख कर मुझे रोना आता है, हँसना नहीं।"

शूलपाणि हतप्रभ सा होता हुआ बोला- "शिव स्वरूप श्रीमद् और हँसना-रोना? हर्ष-शोक, प्रभो!"

आचार्य्य श्री शंकर ने इस वयस्क तेजस्वी और कसी-कसाई दृढ़ देह मानव मूर्ति को विहँसते हुए देखा; कहा- "मानव जो हूं, वत्स! मानव सुर नहीं है; देव नहीं है- पूर्णोल्सित मानव ही है-श्री राम मानव ही थे- महामानव ही तो। मानव चित्त अपने अतल से तल में करुणा से भरा हुआ है। अज्ञान का ज्ञान छिन्न करता है; क्लेद से चित्त को भर देता है। संतप्त ऐसा यह मानव चित्त ज्ञान के कारुण्य से उभर उठता है-प्राणी मात्र के प्रति जब ऐसी अपार-अगाध करुणा उद्भव होगी, तभी विद्वान् मनीषी होगा; मनीषी आचार्य्य और आचार्य्य सद्गुरु होगा और तभी जगद्कल्याण शक्य होगा।"

"तब क्या विद्या द्वारा जगद कल्याण नहीं होता?" शूलपाणि ने पुनः पूछा- "जी!"

आचार्य्य शंकर ने ध्यानस्थ होने की स्वाभाविक चेष्टा करते हुए कहा- "विद्या विनय देती है, अज्ञान से मुक्ति भी दे सकती है। किन्तु अहम् की विनय विनीत अभिव्यञ्जना क्या सात्विक बन्धन नहीं है? अज्ञान का ज्ञान मूर्खता से मुक्त करता है; किन्तु अज्ञान को जानना ज्ञान होना नहीं है। ज्ञान तो स्वयं का सच्चिदानन्द आत्म साक्षात्कार ही है। कल्याण आत्म साक्षात्कार द्वारा ही सम्भव है। कल्याण अर्थात् मोक्ष।"

शंकर ध्यानस्थ हो गये। शूलपाणि कुछ दूर खड़ा सरिता के जल् सपाट पर मानो स्थित इस शान्त दिव्य ध्यानस्थ मानव मूर्ति को देखने लगा। तब मानव देह सच्चिदानन्द ज्योति में रमा हुआ है? शूलपाणि जैसे स्वयं ही विचार करने लगा। स्वयं मौन होते हुए भी वह जैसे रोम-रोम में जागने लगा। रग-रग में किसी अनिर्वचनीय चैतन्य से सिहरने लगा। जगद्गुरु के विशाल कमल दल के उभार से कमनीय लोचन बन्द थे। घनश्याम आलोकमयी पलकों की सूक्ष्म स्थिर पंक्ति से सुशोभित उन बड़रे कमल नयनों में जैसे जगत् अन्तर्ध्यान होकर आचार्य्य श्री शंकर के अगाध चित्त में केवल एक जगमग प्रतिबिम्ब हो

गया-रेखा और रंग-हीन यह प्रतिबिम्ब किसी चिर जाग्रत नयनों की दिव्य दृष्टि से विकीर्ण प्रतिबिम्ब था-शंकर जैसे ज्योतिर्मय बिम्ब होकर अपने चित्त के दर्पण में ध्यान लीढ़ होकर देख रहे थे-सच्चिदानन्द चिद् घन का यह प्रतिबिम्ब स्वयं चिदानन्द से भरपूर नयनों से मानो उद्भव होकर माया के पारदर्शी दर्पण में समा गया था। शूलपाणि को लगा, वह जीवित शव को यों पद्मासन बद्ध स्थिर उपविष्ट देख रहा है। उसको लगा, आचार्य शंकर का स्वर्ण ताम्र कान्ति से उभरा और उमड़ा हुआ देह गगन में झीमने लगा है और व्योम में प्रसरने लगा है। जैसे आकाश को दिशाओं में थमा तथा दिकों से स्थिर यह दिव्य सा देह जीवात्मा की जीवन जीजिविषा की सदैव चिरन्तन आकाँक्षा की मूर्ति हो- शव जैसे शक्ति की संयुक्ति पाकर शिव स्वरूप हो गया हो। सहसा उसके नयन झीम उठे। पलकों पर गगन के उभार पड़ गये। अर्धोन्मीलित नयन के चित्ताकाश में वह मानो सहस्त्र दल कमल के मध्य विराजित दिव्य शंकर को देखने लगा। गहन ध्यान में लीन वह दिव्याकृति कोटि बालार्क के अरुण भास से जगमगा रही थी और घन गहरे श्याम नीर में उसका कोई भी प्रतिबिम्ब नहीं था- किन्तु जैसे वह ज्योति का बना और बुना सहस्त्र दल कमल-सहस्त्र-सार दल-मानो उन ध्यानस्थ नयनों के रूप कीच से उत्पन्न होकर अज्ञान के तिमिराछन्न अर्णव में लहर रहा था- रिमझिम कम्प से तनिक थरथराता हुआ वह सहस्त्र दल कमल जैसे दिव्य देही शंकराचार्य्य के ब्रह्म रंध्र में उभर उभर कर अन्तर्ध्यान हो रहा था। शंकर की दिव्यातिदिव्य देहाकृति स्वयं का बिम्ब और स्वयं का प्रतिविम्ब थी- आश्चर्य! निराकार ज्योति शून्य से ही यह गुणाश्रित गुणमय साकार तब रहस्यमय आविर्भाव है?

शून्य? किन्तु कहाँ? शूलपाणि का गहन वाक् मानो बोल उठा- शून्य लगता है; किन्तु क्या इस असीम सीमाहीन अगाध अथाह शून्य को कोई जैसे अपने नयनों में भरे हुए है। दिव्यातिदिव्य वह निरञ्जन नयन मानो निर्विकार होते हुए भी रूप-रूप के विकार से भरे हुए हैं। शूलपाणि को लगा, शंकराचार्य की मुह्यमान मूर्धन्य मानवाकृति सभी ज्योतियों की ज्योति हो गई और सहस्त्र दल कमल के साथ ही उस शून्य में समा गई जैसे कोई झपका; वह निरञ्जन नयन झपके और जैसे स्वयं ही की शून्य-दृष्टि में लीन होने के लिये बन्द हो गये। आचार्य्य शंकर ने जाग्रत होते हुए स्थिर बेसुध से ठाड़े हुए शूलपाणि को अपने खुलते हुए नयनों से बाहर किया; बोले- "यह सब परम् ब्रह्म, शिव की समाधि है, वत्स! जगत् में जागो।"

शूलपाणि जैसे त्रिपथगामिनी गंगा की धारा के समान अपने ही मस्तक के जटाजूट पर उतर आया। चेतना की बूंद-बूंद रगों में बहती हुई- रोम-रोम में रम गई। वह चिहुंका- "हूं, प्रभो!"

"सच्चिदानन्द ब्रह्म!" शंकराचार्य्य उठते हुए बोले, "सर्वम् खलु इदम् ब्रह्म! इस पर सोचो, विचारो, गुनो और ध्यान करो। आचार्य पद्मपाद ने जगन्नाथ नहीं, ब्रह्माग्नि ही माँगी थी-ज्ञान! किन्तु ज्ञानाग्नि में जल कर भस्मीभूत हो जाना पद्मपाद के बस की बात थी? जिसका हृदय करुणा और प्रेम से भरा है, वह क्या ज्ञानाग्नि को छू भी सकता है? सृष्टि के राग में लीढ़ तथा जगत् की माया से मुह्यमान जाग्रत आत्मा प्रभु के श्रीचरणारविन्दों में ही बैठेगा, वत्स! किन्तु तुम! तुम क्या चाहते हो? आत्मा की जैसी धारणा वैसा ही ब्रह्म आविर्भूत होता है-होगा।"

शूलपाणि ने सामग्री उठाई; कहा- "मैं तो आचार्य्य पद्मपाद श्री को प्रसन्न रखना चाहता हूं।"

आचार्य्य श्री शंकर सहसा हँसे; बोले- "धन्य! शिष्य हो तो ऐसा हो। हस्तामलक मेरा शिष्य है नहीं-मैं ही जैसे उसका शिष्य हूं। ब्रह्म ज्ञान उसकी हथेली पर आंवले की भाँति जैसे रक्खा रहता है। वह जगत् में भी ब्रह्म ही पेखता है-उसकी प्रज्ञा मेधामयी ऋतंभरा स्वरूप ब्रह्ममय अतः अमृतमयी हो चुकी है। और यह सुरेश्वर? त्यागी है; तपस्वी है। वैराग्य के लिये प्राणों का, मन का, बुद्धि और चित्त का अहर्निशि तप कोई श्रीमद् सुरेश्वराचार्य से सीखे। सुरेश्वर ने स्त्री नहीं! सरस्वती को जैसे त्यागा है। और यह तोटक? निरञ्जन है; साकार हो गया है-ब्रह्म!" शंकराचार्य्य चलते-चलते तनिक थमे "क्या तोटक का प्रारब्ध अभी शेष है? मुझको नहीं लगता; किन्तु काल गति का थाह किसने पाया है?"

"आप श्रीमद् ने, प्रभो!" शूलपाणि ने सहमते हुए कहा।

"मैंने? इस शरीरी ने?" शंकराचार्य खड़े हो गये- "काल का थाह जीव पा नहीं सकता। ईश्वर कोटि का दिव्य अनादि जीव भी काल की डोर को नाप नहीं सकता। जीव आदि अन्तमय रूप को जान सकता है। ध्वनि प्रति ध्वनिमय नाम को सुन सकता है-स्वप्न देख सकता है; स्मृति सह सकता है, किन्तु कालगति को नाप नहीं सकता-जान नहीं सकता। केवल सत्य ही असत्य को जानता है- ब्रह्म ही काल को जानता है और देश को नाप सकता

है। जिसका आदि है, अन्त है- उसको ब्रह्म ही जानता है; जीव नहीं। जीव जीने और जीते रहने की अपनी कामना को ही जानता है- अपने चित्त के अगाध में डूबा जीव स्वयं के चिदानन्द को भी नहीं जानता-आत्मा परमात्मा को भूल गया है- शिव माया के श्री चरणों से लिपट कर सो रहा है, जैसे-जैसे मैं, वत्स! मैं स्वयं के अपार दिव्य धाम को त्याग कर जगत् की माया के अज्ञानान्धकारों के गगन के गगन समुद्रों में पड़ गया हूं-मैं डूब गया हूं-तिमिरान्ध में डूब गया हूं। जगत् की जाग्रति वैश्वानर सा हो गया हूं। कभी वैश्वानर, कभी तेजस् तो कभी मूढ मूक आत्मविस्मृति अज्ञान लीढ़ कुम्भकर्ण सा हो जाता हूं-जो जाग गया है, वह भी क्या सोता है? सो सकता है? अपने चिदानन्द में जगा जीव सो नहीं सकता; जगत् के रूपों में अटक नहीं सकता- ध्वनिमय नामों से मुह्य नहीं हो सकता। जाग्रति में सोया, स्वप्न में बेसुध तथा कारण में जाग्रत जीव आत्मस्थ ब्रह्म स्वयं है। जाग्रति में स्थूल को भूल जाओ; स्वप्न में स्वप्न रहित होकर निरे तेजस् हो जाओ और अपने अनादि कारण के जाड्यान्धकार को जला कर स्वयं ज्योति चिदानन्द हो जाओ-वह सब गये?"

शूलपाणि ने तनिक पास आते हुए कहा- "कभी के गये।"

"हूं।" शंकराचार्य्य मठ के प्रवेश द्वार पर खड़े हो गये- "भव्य विशाल यह मठ बन पड़ा है, ज्योति मठ। भारत भूमि, वन्दनीय जगदम्बा के श्रीचरण पखारने वाले समुद्र के तीन ठौर पर वेदान्त के तीन मठ ऐसे ही सुशोभित हैं- आकाश में व्योम भेदी यह वेदान्त के गगन मन्दिर हैं, वत्स! इनके गुम्बजों में शारीरिक भाष्य की व्याख्यायें गूंजती रहेंगी। दिव्य विहंगों की भाँति उपनिषद् की श्रुतियाँ इनके स्वर्ण कलशों पर ठहर कर अनन्त असीम में विरमती रहेंगी। इन मठों के गगन में वाणी असद् को सदैव त्यागती रहेगी; अर्थ मिथ्या से हीन होकर सदैव आत्म बोध होते जायेंगे। विद्या यही गंगा स्वरूप सती साध्वी होकर मानवों को सच्चिदानन्द ब्रह्म के अटल अचूक इंगित करती रहेगी। यह मठ सम्प्रदायों के अखाड़े नहीं हैं- सरस्वती के मन्दिर शारदा पीठ हैं।"

"जी!" शूलपाणि ने कहा।

"मानव जाति का परित्राण वेदान्त ही करता है।" शंकराचार्य्य ने अपने आवास की ओर मुड़ते हुए कहा- "जीव को जीव भाव से ही मोक्ष प्राप्त करना है, भला! किन्तु यह मानव जीव कितना विचक्षण है? जगत् के रूप-खण्ड में गिरकर वह अपने ही आत्म-ज्ञान से विस्मृत माया के जाड्यान्धकार में डूबा

रहता है। सुखों की मदिरा पीता रहता है और दुःखों की उल्टी किया करता है। रोग, शोक तथा भय से भीत यह मानव जीव जीवन के मिस से क्या मृत्यु की पूजा नहीं करता?"

"जी, करता है।" शूलपाणि ने कहा।

"यही, यही तो!" शंकर ने सहसा कुछ दूर देखते हुए कहा- "कौन? कौन है वह?" शंकराचार्य्य खड़े हो गये।

"जय हो महाराज! जय हो!" एक यती ने जय जयकार किया।

शंकराचार्य्य ने सब को नमस्कार करते हुए कहा- "वत्स शूलपाणि इनको अतिथि-गृह में ठहराओ। क्यों, क्या?"

"क्यों तो आप श्रीमद् को सुविदित ही है।" यती ने कहा- "हम कौशल देश के पन्थी हैं, यात्रिक हैं। आपको कौशल देश का आमन्त्रण देने आये हैं। विदेह और कौशल को भूल कर क्या श्रीमद्-राजा राम और जनक को भूल नहीं रहे हैं?"

शंकराचार्य्य ने हँसते हुए कहा- "भारत भूमि का कण-कण मेरे चिदाकाश में ज्योति के फूलों सा रमा हुआ है-लहर रहा है। विदेह को भूलना क्या? याद रखना क्या? विदेह होना-रहना ही वेदान्त का प्रथम पाठ है, पढ़ा है क्या?"

यती- "हम तो धर्म प्रसार के यात्रिक भर हैं, महाराज!"

"कौन सा धर्म? सम्प्रदाय?" शंकर ने पूछा।

"राम नाम का प्रचार करते फिरते हैं; श्रीकृष्ण केशव कलि कीर्तनम् का सन्देश देते फिरते हैं। पढ़े लिखे तो हम हैं नहीं, करें तो और क्या करें?" यती ने कहा।

शंकराचार्य्य ने शूलपाणि को कहा- "इनको भली भाँति ठहरा दो। इनका पूजन-अर्चन कर इनका यथोचित सत्कार कर तीसरे पहर मुझसे मिलाओ। अच्छा!" फिर मण्डली को सम्बोधित करते हुए कहा- "वेदान्त भगवान् का नाम ही तो है। रामायण तो है ही, किंतु राम नाम ही है, जो पतितों को पावन करता है। निर्मल चित्त और शुद्ध-बुद्धि से भगवान् का नाम लेते और लिवाते रहो और भिक्षा पाओ-या तो परिश्रम पुरुषार्थ कर अन्न अर्जित करो अथवा प्रभु के नाम की धुनी लगा कर लोगों का परम सत्य की ओर ध्यान दिलाओ। यह संसार मरा-मरा है; जगत् को राम-राम सिखाना ही होगा।"

यती ने जैसे पूरा किया- "जगत् को मरा-मरा ही कहना है। उसको राम-राम कौन सिखाये? इस संसार में सब को अपनी ही पड़ी है-भगवान् की किसे पड़ी है? आप श्री जैसे समर्थ संन्यासी न हों तो जगत् के कान कौन खींचे?"

शूलपाणि ने तपाक से कहा- "यम खींचे और कौन खींचे? अब अतिथि वास चलें। जगद्‌गुरु अब पूजन पाठ करेंगे और फिर ध्यानस्थ होंगे।"

यती ने चलते हुए पूछा- "समाधि?"

"समाधि!" शूलपाणि ने कहा।

यती ने निसास रखते हुए कहा- "कितना चाहता हूं, समाधिस्थ हो जाऊं। परन्तु गुरु मिला तो ऐसा, जो सिवाय पाँव दबवाने और चिलम भरवाने, धुणी जागती रखने, रोटी बनाने-ऐसे ही सब काम करवाते थे। बचपन से ही उनके आसरे पड़ गये, भैय्या जी! नाम?"

"शूलपाणि!" शूलपाणि ने कहा।

"अहह, शूलपाणि! क्या नाम है।" यती ने सिर हिलाते हुए कहा- "त्रिशूल रखते न। परन्तु नाम तो सगे-सम्बन्धी रखते हैं। मेरा नाम रक्खा जगदीश! तो भैय्या क्या हम चतुर्भुज जगदीश हो गये। शूलपाणि नाम भले ही हो, परन्तु हाथ में शूल नहीं है। शान्ति भई! यह जगत् भी तो शूल है। भव संसार त्रिशूल है-आधि, व्याधि उपाधि। कभी-कभी आश्चर्य्य होता है, शूल त्रिशूल रोम-रोम भेदता रहता है; परन्तु आसक्ति नहीं हटती। सुख ठहरता नहीं और दुःख? वह भी ठहरता नहीं, परन्तु घाव जो करता है।" यती खड़ा रह गया, बार-बार सिर हिला-हिला कर ऊर्ध्व स्वांस भरता हुआ बोला- "दुःख का घाव न हो तो कौन प्रभु को याद करे? दुःख का घाव, सुख का संभ्रम तथा विछोह का आघात।"

शूलपाणि ने अतिथि निवास के कक्ष के किवाड़ खोलते हुए कहा- "मित्र का साथ, शत्रु का पीछा, राजा का दण्ड और माँ का रोष।"

यती ने ठहाका मार कर कहा- "स्त्री का व्यंग, पति की ताड़ना, सखा का विश्वासघात, महामात्य का छल। कहते जाइये, श्रीमान्! कहते जाइये। जी भर कर देख लिया इस कलमुंहे जगत् को-तब घर बाहर प्रतिष्ठा पद सभी कुछ छोड़ भागा हूं।"

शूलपाणि ने कहा- "विश्राम कीजिये। भोजन-भिक्षा के लिये मैं स्वयं ही बुलाने आऊँगा। अतिथि देवो भव।"

यती हँसे; बोले- "यजमान राजा भव!"

शूलपाणि खड़ा रह गया- "यह जगद्गुरु का आश्रममठ है, ज्योतिर्मठ! यहाँ यजमान का क्या काम? सभी अतिथि हैं। आश्रम में स्वामी अथवा यजमान नहीं, अतिथि ही थोड़े समय के लिये बसता है। हम मानव पृथिवी के अतिथि और आकाश के यात्रिक हैं।"

"जी! क्या कहा है?" यती ने कहा- "अरे भई! यह भी तो कहो-सभी हम मौत के मुंह में पड़े हुए मनुष्य जीव हैं।"

शूलपाणि हँसा; बोला- "शंकराचार्य्य कहेंगे, जीव है ही नहीं-आत्मा ही है। ब्रह्म ही सत्य है और यह सब मिथ्या है।"

"यही तो रोना है।" यती ने कहा- "मिथ्या सत्य और सत्य मिथ्या लगता है।"

"ऐसा क्यों होता है?" एक साथ के साधु ने पूछा।

शूलपाणि- "मैं कुछ भी बता नहीं सकता-कह नहीं सकता। यह मर्म तो जगद्गुरु ही खोल सकते हैं।"

"माया, ठगिनी माया, और क्या?" यती ने कहा।

"ठगिनी माया!" शूलपाणि जैसे मन ही मन गर्जा- "इस माया को समझना ही होगा। माया से टला जाता नहीं, बचा जाता नहीं-माया तरी जाती नहीं-इसको तो समझना होगा। हाँ, अवश्य! किन्तु माया को समझना ही क्या? माया है-अज्ञान का पारदर्शी रमणीय उभार है। विलक्षण दर्पण है। इन्द्र धनुषी मेघाम्बर है। ऐसा आप है, जो आकाशवत् छाया हुआ है। ठगिनी-माया! देखा, सत्यमार्गी यात्रिक सहज ही कहता चलता है। कौन कहता है, पोथियों में ही सत्य के वाक्य लिखे रहते हैं? मनुष्य सत्य का ही बोल बोलता है। सत्य का वाक्य? क्या अलंकारों से रमणीय तथा उपमा-उत्प्रेक्षा से लदा होगा? नहीं। श्वांस की भाँति सहज, पलक की भाँति स्वाभाविक सत्य कथन होगा? यह विद्वान्? वाक्य विन्यास के पण्डित मात्र हैं। वाक्य पटु और वाणी के विन्यासी-यह विद्वान् तब जगत् की माया को ही उलीचते रहते, हैं-माया को ही मथते रहते हैं। अवश्य, शूलपाणि! अँधेरा ही है-तम, जाड्यान्धकार! अन्धकार में दीपक जला दो, दीपावली सजा दो परन्तु क्या अँधेरा मिट जायेगा? ऐसा लगता है, दीपक अन्धकार को स्वयं की ज्योति में भर लेता है। दीपक स्वयं जलकर प्रकाश तो करता है, परन्तु अन्धेरा जैसे निगल जाता है। तारों से द्युति तो होती है; परन्तु अथाह आलोकित सा तम क्या कट जाता है? अन्धकार प्रकाश से प्रताड़ित हो मानो कहीं छिप जाता

है और अन्धकार ग्रसित पृथिवी तारों की द्युति को ओढ़ कर मानो सो जाती है-सभी सोये हुए हैं, शूलपाणि! भूतों और तत्त्वों को जगाया जाता है-यही काल की गति है क्या?" शूलपाणि आचार्य्य श्री शंकर के निवास के प्रकोष्ठ में आकर अपने स्थान पर बैठा- "आचार्य्य पद्मपाद अब तक नहीं आये? उनकी याद आती ही रहती है। पद्मपाद सा गुरु भाग्यशालियों को मिलता है। अवश्य!" शूलपाणि ने सिर हिला-हिला कर स्वयं को ही स्वीकृति जैसे प्रदान की- "समर्थ तंत्र वेत्ता, मनीषी, शास्त्रज्ञ और वरेण्य भक्त आचार्य्य पद्मपाद हैं। शुद्ध-बुद्ध गुरु कृपा से ही जन्मे मेरे आचार्य्य हैं। हाँ, शूलपाणि! तू भाग्यशाली है।"

शूलपाणि तनिक टेढ़ा हुआ- "भाग्य? लक्ष्मण भाग्य को कायरों का विश्वास कहते हैं- राम को सुना कर श्री लक्ष्मण यह कहते हैं- भाग्य नहीं, पुरुषार्थ!" पुरुषार्थ? शूलपाणि टटार बैठ गया, अर्थ-धर्म, काम-मोक्ष! पुरुषार्थ! अर्थ? एक प्रश्न जैसे सहस्र-सहस्र प्रतिध्वनियाँ होकर उसके गहन चित्त में गूंज उठा। धर्म? मानो व्यवहार के समुद्र के समुद्र उभर-उभड़ उठे। काम-काम ही तो। यह विषयानन्द काम के ही इन्द्र धनुषी मेघ हैं-इच्छा पूर्ति के सघन गहन धर्म? माना और काम? जी रहा हूं। शूलपाणि उठ खड़ा हुआ-अर्थ, धर्म और काम जैसे समझता हूं; मानता हूं-पाल-पोष रहा हूं; किन्तु मोक्ष? आचार्य्य पद्मपाद गुरुदेव, मोक्ष को जीव की मुक्तावस्था ही कहते हैं। काल और देश से मुक्त सच्चिदानन्दमय स्थिति ही मोक्षावस्था है- जाग्रति रहित, स्वप्न, स्मृति हीन तथा निद्रा से उपरत ज्ञानावस्था ही सच्चिदानन्द मोक्ष है। किन्तु मैं शरीरी इस अन्यतम अन्तिम आत्यन्तिक पारमार्थिक सत्ता का अनुभव नहीं करता। मैं जगत् का, भव योनियों तथा भोग के आस्वादों का ही प्रतिलव, काष्टा-पल-पलक अनुभव करता हूं। ब्रह्म की पारमार्थिक सत्ता जैसे आचार्य्य देव का कथन ही है। शूलपाणि! तू जगत् में ही विश्वास करता है-अनित्य और क्षण स्थायी असत्य में विश्वास, उसके अनुभव तथा आस्वाद की चेतना ही अज्ञान है-जीव भाव है। शूलपाणि जैसे बेसुध सा अपने कक्ष से बाहर आया। उसने तारों भरे, नीहारिकाओं के कुञ्जों, निकुञ्जों से सुशोभित द्युलोक को देखा तथा खड़ा का खड़ा रह गया। एक तन्मय बेसुधि से उसका देह चेतना जैसे शिथिल होती गई-वह चेतना के घने उभरे उमड़े मेघ की भाँति अपने अनन्त अगम चिदाकाश में उड़ने लगा-चैतन्य? चैतन्य ही तो? जाग्रति? कहाँ है? स्वप्न कहाँ है? स्मृतियों के सूक्ष्म पाश जैसे बिजलियों की भाँति बुझकर उस अथाह चिदाकाश में लीन हो गये-जीर्ण होकर मानो चूर्ण हो गये। वह

जैसे मुक्त हो गया-भार उभार हीन, उमड़-घुमड़ रहित, दिक् तथा दिशाहीन वह जैसे चेतना का अपार प्रवाह हो। वह जैसे अनहद नाद हो; मधुरातिमधुर निनाद हो। वह जैसे सभी अन्धकार पी जाने वाला चैतन्य मुख हो। शूलपाणि देह भान भूल कर अपने ही आत्म ध्यान में लीढ़ सतार आकाश में मानो खो गया। आहट! कुछ पदचाप मानो शूलपाणि के चिदाकाश में प्रवेश पाने की चेष्टा में असफल होकर चिदाकाश में ही प्रताड़ित होकर लौट आये। शूलपणि की रग-रग मानो तन कर शिथिल हुई- उसके सभी आकाशों में अवकाश की मुक्त निर्बाध तथा संस्कारहीन व्याप्ति छा गई। वह जैसे बन्द नयनों से ही जगत् को देखने लगा- "कौन भई?" वह सहसा जाग्रति में उतरता हुआ बोला। आहट-आहटें; पद चाप! सतार रजनी की मूर्च्छित सी दिशाओं से युवा मानव की गेरुआ वस्त्र धारी आकृतियां मानो प्रगट हुईं।

एक ध्वनि ने कहा- "यह तो ब्रह्म स्वरूप!"

शूलपाणि ज्ञानेन्द्रियों में समाकर जगत् में जागा- "तुम? अभी? अकस्मात्?"

ब्रह्मस्वरूप ने सस्मित कहा- "जगद्‌गुरु ने बुलाया है। हम सबको। श्रृंगेरी से सर्वात्म और ज्ञानधन आये हैं।"

नारायण ने व्यक्त सा होते हुए कहा- "और मैं भी आया हूं। क्या करता? आपके बिना गोवर्धन मठ सूना ही लगता है।"

शूलपाणि ने सभी को देखा-पेखा; कहा- "जगद्‌गुरु ने बुलाया है? आश्चर्य!"

ब्रह्म स्वरूप ने कहा- "श्रृंगेरी, द्वारिका तथा गोवर्धन मठों के आचार्य्यश्रियों को आज्ञा हुई कि अपने पट्ट तथा मुख्य-मुख्य शिष्यों को ज्योतिर्मठ भेजो, शीघ्र!"

"परन्तु क्यों?" शूलपाणि ने औचक ही पूछा।

"जगद्‌गुरु शंकर की इच्छा, जो अगम है...." ब्रह्मस्वरूप बोला।

"अगम है, जी!" चित्सुख ने कहा- "मैं गुरुदेव के सानिध्य में वर्षों तक रहा हूं- जगद्‌गुरु की इच्छा अगम भी है और शिष्यों के लिये आगम भी है।"

श्रृंगेरी के पट्ट शिष्य सर्वात्म मुनि ने मानो धरती से उभरते हुए कहा-"पूज्य हस्तामलक जी ने गुरुदेव की आज्ञा को सुन कर केवल इतना ही कहा, जाओ! शंकराचार्य्य श्रीमद् की इच्छा की पूर्ति करो। जगद्‌गुरु की कोई भी इच्छा अपूर्त नहीं रहनी चाहिये।"

ज्ञानधन ने कहा- "श्रद्धेय गुरुदेव हस्तामलक जी ने स्वयं ही लीन यह भी कहा- शंकराचार्य्य- ऐसा लगता है शरीर के बन्धन से ऊब चुके हैं।"

शूलपाणि आघात खाकर बोला- "ऊब चुके हैं? शरीर बन्धन से जगद्गुरु? नहीं तो।"

ब्रह्म स्वरूप ने ऊर्ध्व श्वांस भरते हुए कहा- "हम रात दिन चलते हुए, दौड़ते हुए, अभी यहाँ आ पहुंचे हैं। आपको यों स्थिर खड़ा देखकर तनिक सहम से गये हैं।"

शूलपाणि ने निसास रखते हुए कहा- "क्या हो रहा है यह सब? क्या जगद्गुरु भय से घिर गये हैं? प्रारब्ध से त्रस्त हो चुके हैं। आज-कल जगद्गुरु मानो काव्य में बोलते हैं। खोये खोये किन्तु स्वयं में लीन, उदासीन, प्रसन्नता से भरे, विहंसित दिखते हैं। कहीं आना और जाना उनको रुचिकर जैसे नहीं रहा। किन्तु लोग उनको छोड़ते नहीं हैं। विदेह तथा कौशल से शिष्ट-मण्डल आया है। उनको ले जाने के लिये। भेंट अभी सन्ध्या को होने वाली थी; परन्तु प्रातःकाल तक के लिये स्थगित कर दी गई। श्रीमद् शंकराचार्य्य कब के समाधिस्थ हैं-"

"समाधिस्थ?" ज्ञानधन ने पूछा।

"इन दिनों गुरुदेव अधिकतया समाधिस्थ ही बने रहते हैं।"

शूलपाणि ने कहा- "ऐसा लगता है वह देह में हैं भी और नहीं भी। उनकी काया और छाया-सभी जैसे किसी अतीन्द्रिय आलोक में डूबी दिखाई देती है। जैसे शंकराचार्य्य सदैव की सहज चिर प्रसन्न मूर्ति नहीं रहे-वह जैसे आलोकमय आकाश की छवि हो गये हैं-वैसी मूर्ति, जो धरती पर स्थित तो है किन्तु प्रतिपल द्युलोक में अन्तर्ध्यान हो रही हो।"

"आश्चर्य!" नारायण ने कहा।

"शंकराचार्य्य इस जगत् का रमणीय आश्चर्य्य ही तो हैं।" शूलपाणि ने सिर धुना कर कहा- "अजर चैतन्य वार्ता-अमर मानव, हां! मित्रों! जगद्गुरु शंकराचार्य वेदान्त की ऐसी ही श्रुति हैं। शंकराचार्य्य अब एक भव नहीं रहे; अनेकों प्रारब्ध भी नहीं रहे-स्वयं ही मिट जाने वाला संचित होकर जैसे अपनी ही ज्ञानाग्नि में प्रतिपल भस्म होने वाली दीप शिखा हो गये हैं। प्रसन्न हैं, तो जीवन के विषाद के बादल से आच्छन्न सूर्य्य बिम्ब से भी हो गये हैं।"

नारायण ने कहा- "गुरुदेव शंकराचार्य्य वेदान्त सूर्य्य ही हैं, सत्य नारायण!"

शूलपाणि ने सहसा उत्साह पूर्वक कहा- "अवश्यमेव, आदि शंकराचार्य्य वेदान्त के सूर्य हैं। आचार्य शिरोमणि शंकर ने गौड़ देश के हठी लोगों को वेदान्त का पाठ पढ़ाया। अंग बंग में अनात्मवादियों के छक्के छुड़वा दिये। आगम-निगम के सिद्ध हस्त शंकराचार्य्य ने कणादवादियों को निरुत्तर कर दिया। गौतम के अनुकरण से स्वयं को वेद विरुद्ध बताने वालों को अपने ही कक्ष में बन्द कर दिया। सांख्यों का भ्रम वेदान्त सूर्य्य की सिद्धि वाणी से नष्ट हो गया। यहाँ तक कि पातजंलियों ने भी हार कर हाथ जोड़ लिये। अब यह शारदा मन्दिर का दक्षिण द्वार ही शेष है- अवश्य ही शंकराचार्य उसको खोल कर रहेंगे।"

"अभिनव गुप्त और उसकी दूर्घर्ष मण्डली है-किन्तु है। हम उनसे भी निपट लेंगे।" ब्रह्म स्वरूप ने कहा- "वेदान्त जगत की मिथ्या का ज्ञान करवाता है; जीवात्म भाव को निर्भ्रान्त कर सच्चिदानन्द आनन्द चैतन्य में लीड़ करवाता है। वेदान्त शास्त्रों के नीरस मूलों को सुखा देता है। शास्त्र क्या भव संसार का संतरण करवाते हैं? नहीं। आचार्य गुरुदेव हस्तामलक श्रीमद् कहते हैं, शास्त्र तो जगत् को स्वर्ण कलश में भरवाते हैं। आत्मा को जगत और भव की माया से मुक्त तो वेदान्त ज्ञान ही करवाता है। वेदान्त अर्थात् आत्म ज्ञान, मोक्ष!"

शूलपाणि ने जैसे सहसा कहा- "चलिये, अन्दर चलिये! साथ ही रहेंगे। साथ ही गुरुदेव शंकर के श्री चरणों का सानिध्य साधेंगे। आइये, स्वागत है-गुरुदेव श्रीमद् को सूचित करूं कि आप सब आ गये हैं।"

"ज्ञात है मुझे!" शंकराचार्य ने पीछे से कहा- "इनका स्वागत करने के लिये मैं समाधि से उठ कर आया हूं। वेदान्त की तुम सब तीसरी पौध हो। तब क्या शरीर की ही सन्तति होती है और ज्ञान विज्ञान की सन्तति नहीं होती? होती है- यथार्थ सन्तति तो ऋषियों मुनियों की ही है, यह सब ज्ञान और ज्ञानमय का मायावी प्रसार है। मुझको अपना मुख दिखाओ- गुरु वह जो शिष्य का दर्शन करे। गुरु-सद्गुरु जगद्गुरु बहुत हो चुका। अब पुनः शिष्य होना चाहता हूं-शास्त्र की चिता में वांङ्मय शरीर जल जाता है। शास्त्र है, तब तक जगत् है; जीव है, भव संसार तथा माया मोह है। शास्त्र की भस्म जब शिव धारण करते हैं, तब वैराग्य की शान्तिपूर्ण अग्नि प्रगट होती है, वैराग्य, शिष्यों!"

शंकराचार्य्य ने तपाक से अपने आजानुबाहु फैला कर सब को अपने पार्श्व में भरने की चेष्टा की और पुनः बोले- "तारों की द्युति में मुझे अपना दर्शन दो, शिष्यों! द्युलोक में ही संसार के प्रकाश और जगत् के दीप मानो रम जाते हैं- ज्योति, आलोक तो आकाश का ही है।"

ब्रह्म स्वरूप सहित सब ने शाष्टांग प्रणाम करते हुए अपने मस्तक श्रीमद् शंकराचार्य के श्री चरणों में रगड़े। ब्रह्मस्वरूप ने आर्द्र स्वर में मानो पुकार की- "यह श्रीमद् की करुणा है- प्रभो! हमने तो श्री चरणों की शरणागति ली है। भव बन्धन से मुक्त हो जाना चाहते हैं। भव दुःख! सहा नहीं जाता, करुणा निधान गुरुवर्य!"

आचार्य्य श्री शंकर ने कहा- "तो क्या मुझसे यह विचित्र और विलक्षण भव-बन्धन सहा जाता है? सह रहा हूं; क्योंकि ईश्वर की आज्ञा है। मैं कुछ नहीं था-नहीं हूं और नहीं हूंगा। केवल वही सत्य नारायण परमात्मा परम् ब्रह्म ही है, आओ, मेरे साथ चलो! अपने आचार्यों की सेवा करो; मठ का कार्य तन मन से पूरा करते चलो और मन से स्थिर, इन्द्रिय संयत, तुम सब अनन्त के पार, परे मेरे साथ चलो। मैं अनन्त का अनादि जीवन यात्रिक हूं; तुम भी हो। गहन गहनातीत में लवलीन रहने के पश्चात् जैसे दृष्टि से कल्प के कल्प स्वयं ही आरम्भ होते हैं। प्रलय जल अन्तर्ध्यान हो जाते हैं। मैं तुम सब को प्रलय जलों से दूर शांत अच्युत आलोक के स्वर्गीय धाम में ले जाऊंगा-चलो!"

शूलपाणि ने सहसा शंकराचार्य का हाथ छुआ- "शरीर उष्ण है, ज्वर?"

शंकराचार्य्य हँसे- "ज्वर ही तो! यह भव रोग है; शोक है; भय है- दारिद्र्य है। देह ज्वर से पीड़ित है, मैं नहीं। रोग मुझे छूते नहीं और नहीं मैं रोग को पकड़ सकता हूं-छू सकता हूं। चलो तुम लोगों के युवा नेत्रों की स्वच्छ गहन आभा में देखकर यह शेष काल रात्रि बिता दूंगा-हाँ, मैं सच कहता हूं।"

"आप श्री-श्रीमद् रुग्ण हैं, प्रभो! विश्राम! मैं वैद्य को बुलाता हूं।" शूलपाणि ने आचार्य को थाम कर उनके निवास की ओर ले जाते हुए कहा।

"देह पीड़ित है, शूलपाणि! तभी मैं स्वयं को जाग्रति, स्वप्न तथा कारण के परे और पार समाधिस्थ रखता रहा हूं।" आचार्य्य श्री शंकर ने कहा- "देह में भी हूं; और नहीं भी हूं। देह द्वारा तथा सहित भी हूं तथा नहीं भी हूं, इसका प्रत्यक्ष हो गया एक बार पुनः। कई बार देहातीत स्थित रहा हूं, वत्स!"

"जी।" शूलपाणि ने कहा- "समाधिस्थ!"

शंकर थमे। चिहुंके-समाधिस्थ! केवल ब्रह्म ही अनन्त अच्युत समाधि में स्थित है। जीव को मोक्ष हुए बिना समाधि भंग करना ही होता है, मृत्यु की समाधि तोड़ कर देह में आना ही होता है।"

ब्रह्म स्वरूप ने तनिक पीछे से पूछ लिया- "मृत्यु की समाधि? पूज्य?"

आचार्य्य श्री शंकर अपने कक्ष में प्रविष्ठ हुए; अपने सिद्धासन पर जा बैठे। प्रणाम कर सभी उनके आस-पास समक्ष बैठे। आचार्य्य श्रीमद् शंकर ने बारी-बारी एक-एक शिष्य को मानो जी भर कर निहारा; हँसे, विहँसे; बोले- "वेदान्त मठों के भावि को जैसे देख रहा हूं। देखना ही चाहता था। हस्तामलक, पद्मपाद, सुरेश्वर-तोटक, यह तो हैं ही, किन्तु उनके देह भी एक दिन जायेंगे। उनके पञ्चभूत पंचभूतों की महाव्याप्ति में लीन होंगे- भस्मीभूत होकर यह बुझ जायेंगे। किन्तु क्या उनकी दिव्य आत्म ज्योति बुझेगी? नहीं, आत्मा ज्ञान का अनन्त अगाध अमोघ प्रकाश है- प्रकाश। सूर्य्य का तेज चन्द्रमा की पूर्णिमा, तारों की द्युति, अग्नि की वन्हि ज्वाला-यह सभी जिसके निमित्त से उद्भूत होती हैं-हुई हैं, वह सच्चिदानन्द अमृतमय, आनन्दघन प्रकाश-अज्ञान का जाड्यान्धकार-ज्ञान का प्रकाश जगत् अज्ञान की माया है। माया जाड्यान्धकार है और यह भव योनियों के जीवन-भव? मृत्यु की समाधि भर हैं। जीवन मृत्यु का ध्यान नहीं करता, मृत्यु ही जीवन के ध्यान में लीन काल प्रवाहवत् बहता रहता है। तुमको मैं उपनिषदों की श्रुतियाँ सुनाऊँगा। अवश्य!"

नारायण ने कहा- "यह हमारा परम सौभाग्य होगा-प्रभो!"

"अवश्य, जो मानव जीव श्रुति सुनता है, वही भाग्यशाली है, परम् भाग्यशाली। समस्त मानव जीवन का परम् सौभाग्य श्रुति को सुनना है। शास्त्र सांसारिक सुनते हैं; विद्वान् शास्त्र का अध्ययन अनुशीलन करते हैं- विद्यावान् जगत् को भजता है। किन्तु श्रुति को सुनने वाला जाड्यान्धकार को देखना बन्द कर आत्मा की ओर-प्रभु की ओर देखने लगता है। परमात्मा को देखना ही है-सुनना तो जगत् को ही है। गुनना भव है। मैं देखना चाहता हूं; तुम्हारी ज्ञानेन्द्रियां विकल तो नहीं हैं? कर्मेन्द्रियाँ तत्पर तो नहीं हैं-जगत् से सिमट कर तुम कहीं मठों के गगन के आसक्त पंछी तो नहीं हो गये हो? तुम देह भान कितना भूले हुए हो? विषयों का अभाव तुमको मूढ़ तो नहीं बना रहा? काञ्चन कितना त्याग पाये हो? कामिनी की गुह्य अभिलाषा तुमको स्वप्न में तो नहीं सताती?"

शूलपाणि ने सिहरते हुए कहा "श्रीमद् चरणारविन्दों का अभय हमें घेरे हुए है। हम निश्चिन्त गुरु सेवा में लगे हुए हैं, प्रभो!"

"देह में हो तब तक निश्चिन्त कैसे हो? शंकराचार्य ने सस्मित पूछा- "अभय? जगत् में अभय है कहां? भीति के मूल से यह भवों का रूप वृक्ष ऊगा हुआ है, ऊगता है। हम भय को भुलाने के लिये ही जीवन की चेष्टा किया करते हैं।"

"जीवन तब अभय की आराधना ही है, पूज्य?" चित्सुख ने पूछा।

"जगत् में भव-जीवन भय को विसरना ही है" शंकराचार्य्य बोले- "मृत्यु के भय को जीतने के सतत् निरन्तर पुरुषार्थ का नाम ही जीवन यापन है। मृत्यु का भय? अज्ञान से उद्रेक होता है-भय और भ्रम, यही, यही तो।"

श्रृंगेरी के सर्वात्म मुनि ने कहा- "अवश्य, भय और भ्रम! किन्तु आत्मा के उपासक को भय नहीं फटकता, भ्रम नहीं सताता। एक अच्युत किन्तु सर्व व्याप्त अभय-सदैव का चिन्ता रहिता से पूर्ण वह जीव जैसे अपनी भवेच्छा को ही जला देना चाहता है, त्याग देना चाहता है-विष में नहीं, अमृत में डूब जाना चाहता है, अमृतलीन!"

"ब्रह्मलीन।" शंकराचार्य ने कहा- "अब जाओ; मैंने तुम्हारे नयनों में ब्रह्म की एकाग्र प्रतीक्षा को भाँप लिया है। मैं निश्चिन्त हो गया जैसे। मेरे आचार्यों के उत्तराधिकारियों का दर्शन कर मैं जैसे विधाता से आशीर्वाद ही पा गया हूं- अत्यन्त विकल था तुम सबके दर्शनों के लिये। जगत् ब्रह्म में प्रतिबिम्बित है; परन्तु ब्रह्म रहित, ब्रह्म प्रणीत माया का उभार है। समाधि में ब्रह्म को देखता रहता हूं। किन्तु कभी-कभी भव-योनियों में ब्रह्म की व्यावहारिक सत्ता के दर्शन करना चाहता हूं-तुम लोगों के शान्त अपलक से नयनों में मुझको ब्रह्म की सतत् किन्तु अच्युत छवि ही जैसे देखने को मिली। आचार्य अपने शिष्यों के नयनों में ही ब्रह्म के दर्शन करना चाहता है। मेरी यह चाह जैसे मोक्ष में भी बनी रहेगी। हाँ यही चाह ब्रह्म की "एकोहम् बहु स्याम" जिजीविषा है।"

"एकोहम् बहुस्याम।" सर्वात्ममुनि चिहुंका- "गुरुदेव!"

"अकारण अहेतुक ब्रह्म रमुज है, वत्स!" शंकराचार्य ने कहा- "ब्रह्म अपनी कृति से अकृति को पूरा नहीं करता; अभाव को पूरने के लिये भावशील नहीं बनता। प्राप्ति के लिये भव धारण नहीं करता। पुनर्जन्म के लिये मरता नहीं और समस्त जगत् के ऐश्वर्य के भोग के लिये पुनः पुनः जन्मता भी नहीं। ब्रह्म का चिद्विलास उसकी प्रातिभासिक और व्यावहारिक सत्ता का धर्म है। ब्रह्म का लीला विलास उसकी सहज समाधि का ध्यान है। वह जैसे जगत् का, भव का-स्वयं के सामर्थ्य और शक्ति का, प्रतिभा का, स्वयं के मुक्त सत्य के चित्त का, स्वयं की अमोघ आनन्दमयता का दर्शन करना चाहता है। ब्रह्म अपने ही सच्चिदानन्द का प्रत्यक्ष करना चाहता है।"

ब्रह्म स्वरूप-"तब भव सहा जाता है? जगत् झेला जाता है।"

"यही, यही तो।" शंकराचार्य्य श्री ने ऊर्ध्व श्वाँस भरते हुए कहा- "माया को देखा तथा जाना नहीं जा सकता। माया तो जीवन का सतत् अविराम क्षणिक अनुभव भर है। भव सहनीय है-जगत् इन्द्रियों से झेला ही जाता है-सत्युत् वत्स! आत्मसात् केवल ब्रह्म ही होता है। तभी तो अहम् ब्रह्मास्मि का यावत् जीवन विश्वास है। सत्य की चरम् परम् धारणा है और अमोघ मान्यता है। ब्रह्म!" आचार्य्य श्री शंकर मानो गगन को गहगहा कर पुनः बोले- "गुरु! दयालु, ब्रह्मनिष्ठ प्रशान्त गुरु-वही ब्रह्म को बताता है- अमोघ विश्वास भी प्रदान करता है-परम् सत्य के प्रति श्रद्धा सद्गुरु से ही प्राप्त होती है। तुम्हारे- यह मेरे शंकराचार्य्य तुम्हारे गुरु हैं भी और नहीं भी, यह तुम्हारे आचार्य्य हैं। चिदानन्दरूप प्रकाश स्वरूप निरस्त प्रपंच तथा परिच्छेदहीन ब्रह्मवृत्ति में लीन अहम् जीव भाव-तुरीय स्थिति प्राप्त करता है- तुम सब को तुरीय स्थिति क्या प्राप्त नहीं करनी है?"

सभी एक साथ चिहुंके- "अवश्य करनी है, सद्गुरो! क्यों नहीं, अवश्य ही करनी है।"

"यही, यही तो।" शंकर ने कहा- सस्मित कहा- "इसीलिये तो मैंने तुम सब को अपने पास बुलाया है। ब्रह्म को देखो; जान लो-अनुभव कर लो! पीछे मठ द्वारा जगद् कल्याण का काम। मैं मठ की तीसरी पीढ़ी को अपने सामने देखना चाहता था। समक्ष करना चाहता था-सिद्ध करना चाहता था। यही चाहता था, यह देह त्यागने के पूर्व वेदान्त और वैदिक वर्णाश्रम धर्म के स्वस्थ, पुनीत प्रसार के विषय में निश्चिन्त हो जाऊं तथा परम् शान्ति पूर्वक देह त्याग सकूं- हाँ, यही, यही तो।"

सर्वात्ममुनि ने तनिक तीव्र आर्द्र और भीत स्वर में कहा- "अभी आप श्रीमद् को इस पृथिवी पर अपना ज्ञानानुग्रह करते ही रहना है। भारत वर्ष में छाया हुआ यह अधर्म का अन्धकार अभी दूर नहीं हुआ है- अभी आडम्बरी, प्रपंची, दुष्ट और दनुज हैं-वह हारे नहीं हैं, प्रभो! अपने घरों में घुस कर आक्रमण की तक देख रहे हैं-"

शंकराचार्य्य ने सत्तार आकाश को निहारा; बोले- "जैसे श्री हरि की इच्छा, आज्ञा! जागता हूं तब इस शरीर का भान होता है और कभी-कभी यह देह भान असह्य हो उठता है। न तो मैं जलना चाहता हूं और नहीं देह त्यागना चाहता हूं-मैं होना, होते रहना नहीं चाहता। परन्तु क्या यह जन्म मरण मेरे हाथ की बात है? यह विधाता! कल्प-कल्पों से प्राणियों के संचित से उनके प्रारब्ध लिख

रही है-थकती ही नहीं। मैं थक गया हूं- कल्प-कल्पों के भव बोझ सिर पर रख कर काल का यह अनन्त पथ काट रहा हूं- हाँ, वत्सों! ब्रह्म साक्षात्कार होने पर ही यह रमणीय, लुलुभित, विचित्र, विलक्षण और आश्वर्य्यवत् भव-साक्षात् तो होता ही रहेगा। कर्मेच्छा की शान्ति पर भी भवेच्छा बनी ही रहेगी। भवेच्छा होऊं-होता रहूं- इसके जाड़्यान्धकार बीज को ही उखाड़ डालना है-ब्राह्म मुहूर्त होने ही वाला है- आरम्भ करो, ब्रह्म-जिज्ञासा! ब्राह्म मुहूर्त में श्रुति सुनो; प्रभात में परमात्मा के दिव्य स्तवन सुनो; मध्याह्न में अजापा जाप अपने ही अन्तःकरण में सुनो। संध्या समय मौन होकर विश्व में प्रभु को खोजो और रात्रि में ध्यानस्थ हो जाओ! समझे आरम्भ करो; तुम आत्मा हो; अपने परमात्मा के दर्शन के लिये दिव्य यात्रा का मंगलारम्भ होने दो-तुम सब के आने की प्रतीक्षा करते हुए मैं विकल था-हाँ, न जाने क्यों था? किन्तु अब स्वस्थ हो गया हूं।"

शूलपाणि- "प्रभो! तनिक विश्राम..."

शंकराचार्य ने सहसा सिर धुनाया; कहा- "विश्राम? कहाँ है? वत्स! क्या यह पल विश्राम करता है? सूर्य ने कभी विश्राम किया है? चन्द्रमा क्या कभी सो गया है? यह तारे कभी क्या झपके हैं? वायु कभी स्थिर हुई है? जल का प्रवाह रुका है क्या? अग्नि ज्वाला कभी अदग्धकर हुई है क्या? शब्द विरमा है? अनन्त कोटि मरणों के पश्चात् भी क्या जन्म अटका है? नहीं, नहीं, नहीं। मैं जैसे घने अन्धकार को चीरने के लिये पुनः जागता जा रहा हूं। यह क्या हुआ था मुझे? मैं जैसे ज्योति के परम् धाम से फिसल गया और जैसे मृत्युलोक में पृथिवी पर आ पड़ा-हाँ, यही हुआ-"

नारायण- "आप शिव स्वरूप........"

"नहीं!" शंकर चिहूंके- "शरीरी मात्र, मानव केवल!"

शूलपाणि ने शंकराचार्य को अपलक सा देख कर कहा- "हाँ, प्रभो! आप शिव-साक्षात् सच्चिदानन्द शिव।"

आचार्य शंकर सहसा उत्ताल हास्य हँसे- "अच्छा? तब हम शिव! चिदानन्दरूपम् शिवोहम्! तुम शिष्यों को इसी से सन्तोष-तोष होता हो तो यही सही।"

ब्रह्म स्वरूप ने सस्मित कहा- "हम शरीरी की शरण में नहीं, शिव की शरण में आये हैं, प्रभो!"

"तुम भी शिव हो, वत्स!" शंकराचार्य्य ने हंसते हुए कहा- "अब चलो, ब्राह्म मुहूर्त होने में ही है। नदी तट पर शान्त खड़े होकर पृथिवी और आकाश का रात्रि से प्रभात में जागरण देखें- अरुणोदय! यह जीव भाव परमात्मा के अरुण विहान में अन्तर्ध्यान हो जाता है-और फिर तो प्रकाश का सूर्य्य ही है; आत्मा का दिवस ही दिवस है। जानते हो, काल की अँधेरी रात्रियों के परे और पार प्रकाश का परमेश्वर-परमात्मा छाया हुआ है। उसके केवल एक पाद में भूत मात्र है; जगत् है; विश्व है-सृष्टि! अँधेरा-तम! किन्तु उसके तीन पादों में अमृत भरा हुआ है। सत्य का स्वाद अमृत है, सुना! हाँ, ज्ञान का स्वभाव ज्ञान है, चित्त् चिद् चिति और सच्चिदानन्द का स्पर्श-ब्रह्म-दर्शन है-करोगे?"

"जी हाँ! प्रभो!" सभी एक साथ बोल पड़े।

12

शंकराचार्य्य ने समक्ष उपस्थित शिष्य, सेवक तथा जिज्ञासुओं की मण्डली को जैसे जी भर कर निहारा, बोले- "श्रुति! श्रुति ही काव्य है; दर्शन है- तत्व ज्ञान है। श्रुति ही ज्ञानाभास है। श्रुति ही ब्रह्म- श्रवण और निदिध्यासन है। जीवन यापन के लिये शास्त्र प्राप्त करो; किन्तु अपने परमात्मा के श्रवण तथा प्रेक्षा के लिये श्रुति सुनो; श्रुति का चिन्तन करो। श्रुति की ज्योति से जाड्यान्धकार को मिटाते चलो।"

शिष्यों की आंखें अपलक सी हो गईं, आचार्य्य शंकर की प्रशान्त शीतलकर मधुर और विनीत वाणी मानो मुरली रव बन कर उनके कर्ण-रन्ध्रों में क्वणित सी हो उठी। शूलपाणि मानो मन ही मन हुमुस उठा। ब्रह्म स्वरूप मानो घने अँधेरे में जाग कर सुदूर मुरली-रव सुनने लगा। चित्सुख झीम उठा। सर्वात्ममुनि मानो अपने ही गहन में शत-शत वाणियों में बोलने के लिये मचल उठा। नारायण जैसे अपने ही कानों में सुनने की चेष्टा करने लगा। आनन्द गिरि अपने ज्ञात किन्तु अज्ञात से प्रिय बीज मन्त्र को जैसे याद कर उठा। ज्ञानधन ने शंकराचार्य्य के दिव्य पूर्णिमा से भरे नयनों में ब्रह्म को देखने के लिये अपने ही मन की बन्द खिड़की को खोला। विष्णुगुप्त सावधान तथा जाग्रत होकर सुनने को उद्यत हो गया। दर्शनबुद्धि ने अपनी शिथिल बुद्धि को सतेज कर उसको जैसे जगत् के रूप-रूप से खींच कर अपने ही अन्तःकरण के दिव्य गह्वर में भरने का प्रयास आरम्भ किया। भानु मरीचि ने मानो माया के घन तिमिर को अपने ही अन्तरात्मा के सूर्य्य की किरणों से जला देने का संकल्प किया। अनन्त आनन्द गिरि ने सभी विचारों को थम जाने का इंगित करते हुए पूछा- "तब जीव ब्रह्म को भूल जाता है, जगत् में-भव संसार में, यही न पूज्य?"

आचार्य्य श्री शंकर ने सस्मित कहा- "यही अज्ञान है, वत्स! जीव उस परम् ब्रह्म परमात्मा, जो नित्य एवं नितान्त सत्य है, उसे भूल जाता है-जगत् के विषयानन्द का जीव लोभी हो जाता है। जीव अपने ही राग से अपने भव-बन्धन लीड़ता है, बन्धता और बन्धता ही जाता है।"

"तब जीवन यापन के कर्म, भोग, यह सब प्रभो!" शूलपाणि ने पूछा- "ब्रह्म ही सत्य है; किन्तु मिथ्या जगत् व्यवार में यथार्थ है। अतः जीवात्म भाव मानो जीवात्मा ही है; जैसे जीव ही है।"

शंकर ने मुस्कराते हुए कहा- "काल है तब तक जीव है; माया है, तब तक जगत है- जन्म है तो मृत्यु भी है। भव है तो पूर्वजन्म और पुनर्जन्म भी है। यह सब है यह इदम् है। इस दिव्यातिदिव्य गहन, गूढ़, मुह्यमान, रमणीय सृष्टि को जीव मना थोड़े ही करता है। जीव जगत् और भव को यथार्थ मान कर ही जन्म धारण करता है, भला! जीव को कर्म में तटस्थ और भोग में उपरत होना ही होगा।"

"जी!" दर्शन बुद्धि ने कहा- "तब मिथ्या भी सत्य है, क्षणिक ही सही!"

आचार्य्य श्रीमद् शंकराचार्य्य ने एक बार सभी उपस्थितों को नयनों में भरते हुए कहा- "सत्य न क्षणिक है और नहीं अनन्त है; सत्य तो है, सत्य ही है- ब्रह्म ही सत्य है। फिर क्या जीव बन्धे रहने के लिये ही कार्य करता है? नहीं, वत्स! जीव कर्म-बन्धन से मुक्त होने के लिये ही कर्म करता है; आनन्द के लिये ही, जगत् में सुख प्राप्ति के लिये पुरुषार्थ करता है। जीव जगत् को भले ही सत्य समझता हो-स्वयं को वह कभी नित्य नहीं मानता। जीव स्वयं को नित्य माने तो वह भव योनियों की जीवन यात्रायें कैसे करेगा? जीव भाव को मिटाना ही होगा।"

"कैसे हो, प्रभो!" सर्वात्म मुनि ने व्याकुल स्वर में पूछा- "शास्त्र जगत् के बीहड़ तट तक ले जाकर छोड़ देते हैं। विद्यायें जैसे जगत् के रूप विषय प्राप्त करवा कर स्वयं ही जीर्ण हो जाती हैं। यह चिन्मय नाम ध्वनियाँ भवों का भान करवा कर भी जैसे स्वयं मूढ़ हैं; मूक हैं। स्वप्न अतिशय सुन्दर हैं; स्मृति अनन्त सी दिव्य रमणीय है किन्तु यह सब रहस्यमय विजन शून्यमय अन्धकार की माया ही लगती है, प्रभो! तब अज्ञान का यह तिमिरान्ध कैसे मिटे? काल के यह बन्धन कटें कैसे? मुझमें स्वयं के मोक्ष की सामर्थ्य जैसे नहीं है। मैं जैसे अल्पज्ञ, दीन, दुःखी, जीव मात्र हूं-रहूंगा।"

"नहीं, वत्स!" शंकराचार्य ने उसाँस भरते हुए कहा- "नहीं। ऐसी स्थिति नहीं है। ब्रह्म सत्य ही मोक्ष है। सचिदानन्द आत्मानुभव है। परमात्मा की नित्य आनन्दमय रसमय अनुभूति है। अतः जीव भाव का शमन होगा ही, किन्तु यह सब ईश्वर के अनुग्रह से ही होगा। उसके कटाक्ष के बिना तत्त्वबोध कहाँ? कैसा? तत्त्वबोध वही कराता है-जीव को मोक्ष वही देता है, ऐसा कह सकते हैं; किन्तु ब्रह्म ही अपना प्रतिबिम्ब देखना बन्द कर अपने भव-भवों का प्रलय कर देता है।"

"ओह!" विष्णु गुप्त ने हल्की चीत्कार सी की।

शंकराचार्य्य ने विष्णु गुप्त के दीन विवर्ण मुख को देखा और कहा- "क्यों? यह 'ओह!' क्या है, जानूं तो?"

विष्णु गुप्त ने कर जोड़ते हुए कहा- "जगत् ही समझ में आता है। जीव ही जानता हूं- मैं, जीव! ब्रह्म नहीं, प्रभो!"

"ब्रह्म नहीं?" शंकराचार्य्य चिहुंके- "तब तू ही है, जीव क्यों? घर-बाहर त्याग कर हमारे साथ रह रहा है। भगवे वस्त्र भी पहिन लिये और ब्रह्म का तनिक भी परिचय प्राप्त नहीं कर सका तू? क्यों?"

विष्णु गुप्त को लगा, थप्पड़ पड़े हों; बोला- "जब भी ब्रह्म को सोच कर ध्यान करता हूं-जगत् के रूपों का अभिनय ही जैसे प्रतीत होता है। ब्रह्म के लिये सुने हुए वाक्य मानो आकृत होकर ब्रह्मवत् नहीं, कामिनी स्वरूप व्यक्त होते हैं। ध्यान में मुझको जाग्रति नहीं, घनी निद्रा ही मिलती है-जी, हाँ!"

शंकराचार्य्य सहसा उत्ताल हास्य हँसे, बोले- "तू सोया कहाँ है, रे! मुझको तो जगा ही दिखता है। विषयानन्द की स्मृतियों की आसक्ति जलादे, तुझे काल के परे और पार जाग्रतावस्था प्राप्त हो जायेगी। यह घनी निद्रा विषयों के स्वाद की स्मृति है और विस्मृति भी है। सुन ले, विष्णु गुप्त! तू सच्चिदानन्द आत्मा ही है-स्वप्न नहीं; स्मृति नहीं, जागृति और निद्रा भी नहीं-तू चिदानन्द सत्य स्वयं है। जो ध्यान में जगत् देख सकता है। गहन निद्रा में जाग्रति के अभाव से व्यथित हो सकता है, वह स्वयं का चिदानन्द स्वरूप भी प्रत्यक्ष कर सकता है।"

विष्णु गुप्त को लगा, उसके भूताकाश में अग्निमयी आँधी उठ रही, है; तनिक सिहरता हुआ बोला- "मुझको ऐसा लगता है..."

शंकराचार्य्य ने बीच में ही अधीर स्वर में पूछा- "क्या? यही, यही तो तुम सब अब तक अज्ञान में डूबे हुए हो-अज्ञान के इस क्षण-भंगुर आच्छादन में

लिपटे सो रहे हो? तुम सब हमारे पास सानिध्य में बने रहने पर भी अपनी सच्चिदानन्द आत्मा में जागे नहीं? स्वप्न देखते रहे हो-स्मृतियों में दग्ध होकर कर्म-बन्धन में बन्धते रहे हो? यह गुरु की पराजय है। जाओ, शूलपाणि! श्रीमान् अभिनव गुप्त से कह दो यह जगद्‌गुरु शंकराचार्य हार गया है।"

शूलपाणि भीत और खिन्न कह उठा जैसे- "शंकराचार्य्य? हार गये-किससे, प्रभो!"

"अज्ञान से, उसके आच्छादन से, अपने ही संक्रामक भ्रम से। तब मैं अनादि जीव ही हूं-भ्रम ज्ञान से पूर्ण मैं एक मरणाधीन प्राणी हूं। क्या मैं मानव हूं भी?"

भानुमरीचि ने पुकार की- "गुरुवर्य्य! आप मानव श्रेष्ठ बह्मविद् महर्षि हैं- मानव क्यों नहीं हैं?"

"मानव परम् सत्य को जान कर रहता है, प्राप्त कर कल्पों के अन्त में जीर्ण बन्धन काट देता है। मानव! प्रलयों के अगाध से परमात्मा का नाम लेता हुआ संसार में संन्यासी की भाँति जगमगाने लगता है- तुम सब को मैं ब्रह्म बता न सका, तुम्हारे आसन सिद्ध नहीं कर सका और तुम्हारे षड् चक्र भेद न सका; तो क्या मैं मानव हूं? ऋषि हूं- महर्षि हूं? नहीं तब मैं दनुज हूं, दानव, समझे।"

दर्शन बुद्धि ने शान्त स्वर में विनयपूर्वक कहा- "किन्तु यह तो हमारा मोह है-राग, प्रभो! इसमें आप श्री क्या करें?"

"मैं, तुम्हारा गुरु क्या करूं?" आचार्य श्री शंकर ने तीव्र अमर्ष पूर्वक कहा- "मैं यदि तुम्हारा गुरु हूं- गुरुओं का गुरु और आचार्यों का आचार्य्य हूं, ब्रह्मविद् ब्रह्मवेत्ता हूं- ज्ञानी और सर्वज्ञ हूं तो तुम ब्रह्म सत्यम् जगन्मिथ्या वेदान्त महावाक्य में आज तक शंकित नहीं बने रहते-जगत् में आश्वस्त तथा भव में आसक्त अज्ञान मूढ़ नहीं बने रहते।"

शुद्ध कीर्ति ने प्रथमबार साभार कहा- "नहीं, प्रभो! हम ब्रह्म को जानना चाहते हैं।"

"जानना ही चाहते हो? प्राप्त करना नहीं चाहते तब?" शंकराचार्य्य ने जलद गम्भीर स्वर में पूछा- "ब्रह्म को जानना चाहते हो? जीवात्म भाव के इस अहंकार की भी कोई सीमा है? समक्ष ब्रह्म स्वरूप-सच्चिदानन्द स्वरूप

उपस्थित थे, किन्तु क्या रावण जान सका? यमुना के कुञ्ज-निकुञ्जों में ध्वनि मुरली निनाद कंस जैसे अपने चित्ताकाश में प्रतिध्वनि पाता था, परन्तु क्या भगवान् कृष्ण को पहिचान सका? जीव ब्रह्म को प्राप्त कर सकता है, जान नहीं सकता, समझे! जीव को अपना ही परम् सच्चिदानन्द ही प्राप्त करना है। सत्य को जानना नहीं है; सत्य का साक्षात् करना है।"

ब्रह्म स्वरूप ने प्रणाम पूर्वक कहा- "जी! यही भगवन्!"

"मैं, भगवान्?" आचार्य श्री शंकर पुनः सरोष जैसे बोले- "मैं, भगवान् नहीं हूं; भगवत् पाद सत्य संघक चैतन्य हूं भगवान् केवल सच्चिदानन्द घन परमात्मा ही हैं। जीव शिक्षक, उपाध्याय, आचार्य्य, ऋषि, महर्षि सब हो सकता है, किन्तु भगवान् नहीं हो सकता। जीव परमात्मा को प्राप्त करता है, स्वयं परमात्मा हो नहीं सकता। नित्य अनित्य हो नहीं सकता; तथा अनित्य नित्य में परिवर्तित हो नहीं सकता। मिथ्या-मिथ्या ही है-रहेगा; वह सत्य हो नहीं सकता। जो है नहीं, वह है नहीं और जो है, वही है-ब्रह्म ही है, वत्स! सुनना चाहते हो ब्रह्म को?"

"जी हां!" एक साथ कई कण्ठ बोल उठे।

"जी हाँ!" शंकराचार्य्य हँसे; विहंसे- "ब्रह्म श्रवण के लिये बोलो मत, पुकारो मत। चुप हो जाओ; मौन! तन्मय हो जाओ। बुद्धि को सुला दो। और कान की खिड़कियां खोल दो। मन, बुद्धि, चित्त तथा अहम् के साथ उनका आसन बना कर परम ब्रह्म परमेश्वर-ईश्वर के पास बैठ जाओ। अत्यन्त निकट, शान्त, चित्त और एकाग्र मन से प्रभु के पास बैठ जाओ। हिलो मत, डुलो मत। प्रभु के विग्रह के पास रक्खे हुए दीपक की लौ बन जाओ-बैठो, परमात्मा के पास आकर प्रभु के पास बैठो। परमात्मा के पास बैठना अत्यन्त सहज है; किन्तु उससे भी कहीं अधिक कठिन भी है-जानते हो, परमात्मा के पास कैसे बैठा जाता है?"

"जी नहीं।" दर्शनबुद्धि ने धीरे से कहा।

शंकराचार्य बोले- "मन को जगत् के बाहर कर दो; बुद्धि को शिशुवत् मूक कर दो; चित्त को रीता कर दो और अहम् को गला दो- तब प्रभु के पास बैठो। परमात्मा के पास शान्त, एकाग्र, समाधिस्थ से बैठना ही उपनिषद् है तथा प्रभु को सुनना ही श्रुति है।"

चित्सुखाचार्य ने प्रणाम पूर्वक कहा- "जी! श्रुति! परम् ब्रह्म को देख कर ऋषि-मुनियों ने परस्पर सुनाया है-जी"

शंकराचार्य्य श्री ने शान्त अपलक दृष्टि से सबको देखते हुए कहा- "अनुभव करो, इस धरा पर क्यों अवतरित हुए हो? उसी को खोजने के लिये जन्म में जगे हो। उसी के अमोघ साक्षात्कार के लिये स्पर्श करने की चेष्टा करते हुए गगन में, व्योम में, आकाशों और निरीह अवकाश महाशून्य में डुलते रहे हो। जगत् के सभी रूपों के तेज सजल कर अपने ही नयनों में उसके परात्पर सौन्दर्य्यवान स्वरूप को देखने के लिये बुझ गये हो। जगत् की पलों को अपनी पलकों में बाँधने का शिथिल प्रयास करते हुए तुम अपने प्राणों की धार में उसी के ज्योतिर्मय तट की ओर बहते रहे हो। भव-संसार के सभी मुग्ध स्वप्न अपने प्राणों में रमा कर कालकी कूट आग में क्यों जलते रहते हो? उसी को खोजने और वही, वही।"

शंकराचार्य्य ने सिर धुनाया और ऊर्ध्व श्वास भर कर कहा- "मुझे इतना तो ज्ञान है कि मैं उसी को मन ही मन सदैव याद करता रहता हूं। मुझे इतना ज्ञान है कि अन्त में मैं उसी ब्रह्म को चाहता हूं। क्या मुझे जगत् का हृदय में भान होता है? नहीं-नहीं। हृदयाकाश में मुझे वही परात्पर परम ब्रह्म ही दिखता है-अनुभव होता है। भव के इस शून्य में, जीव के शून्य नयनों में उसी की स्मृति गुह्य रहती है। जीव जगत् में भले ही विषयों के मोह में, व्यष्टि के राग में बेसुध रहे; परन्तु उसके घट में, घट-घट में वही सच्चिदानन्द रमा हुआ है- वह पूर्ण है; उसका रचित यह जगत् भी पूर्ण है। उस पूर्ण में से ही यह पूर्ण उत्पन्न हुआ है- होता है। किन्तु जगत् के पूर्ण होने पर भी वह परब्रह्म परमात्मा पूर्ण का परिपूर्ण सच्चिदानन्द है। अवशेष शेष रीह-निरीह कुछ भी नहीं है। वही पूर्ण, पूर्णातिपूर्ण, परिपूर्ण परम सत् चित् आनन्दमय है।"

आचार्य्य श्री शंकर चुप हो गये। शिष्य-सेवक सब जैसे सघन मौन के अतल अथाह में डूबने लगे। हृदय के स्पन्दन से बिछल कर वह जैसे अव्याहत शून्य में लुढ़कने लगे। रूपों की भाँवरियों को पार करते हुए वह शून्य मौन के अथाह में डूबने लगे। उनको लगा भाव और अभाव, सत्य और असत्य, चिद् और अचिद् जैसे अकथनीय आनन्दमय परिपूर्णता में लीन हो गया है। देखने के लिये शून्य भी शेष नहीं है। स्पर्श करने के लिये रूप-स्वरूप सब जैसे स्वयं के शून्य में अन्तर्ध्यान हो गया है। स्वाद और अस्वाद, आसक्ति तथा अनासक्ति के परे और पार वह स्वयं अनन्त है और छोर-हीन आदि-अन्त रहित अनन्त चैतन्य का ओर-पार-अपरम्पार ही है। शूलपाणि को लगा, आचार्य्य शंकर की वाणी का शब्द-निनाद ही उसको शून्य की शान्त निरीहता में उड़ाये-लहराये जा

रहा है। चित्सुख जैसे निश्चिन्त होकर सुखी हो गया-अपने कगार तोड़ कर वह जैसे चैतन्य के जलधि में कूद गया। ज्ञानधन जैसे अज्ञान के अपार अथाह को झाँकने लगा और स्वयं के अन्तःकरण के प्रतिबिम्बों में उलझ गया-पुलझ गया। सर्वात्म मुनि ने जैसे सभी वाणियों को त्याग अखण्ड मौन की स्वयं लीढ़ दिशाहीन व्याप्ति में ही विश्राम करने के लिये स्वर व्यजनों को विदा दे दी। ब्रह्म स्वरूप जाग्रति, स्वप्न और सुषुप्ति के शरीरों- त्रिपुर के सभी द्वारों में भर उठा; बोला- "ब्रह्मविदाप्नोति परम्-तदेषाभ्युक्ता।"

आचार्य श्री शंकर टुहुके- "सत्यम् ज्ञानमनन्तब्रह्म। यो वेद निहितम् गुहायाम् परमे व्योमान्। सोश्नुते सर्वान् कामान् सह ब्रह्मणा विपश्चितेति। सुनो, श्रुति का यह परम रम्य, मुह्यमान गीत सुनो। सत्य ज्ञान का अनन्त वह ब्रह्म है। जो मानव परम व्योम में रहते हुए भी अपनी हृदय-गुहा में निहित उस ब्रह्म को जान लेता है, वह वेद जान जाता है। ऐसा आत्मस्थ जीव ब्रह्म के साथ बसता हुआ भी सभी कामनाओं का अनुभव करता रहता है। कौन कहता है कि जगत् नहीं है-है, ब्रह्म के सत्य ज्ञान के अनन्त में यह प्रतिबिम्बमय प्रतिबिम्ब है-रूपों का निधि है और भव कामनाओं की तरंगों से आकुल है; व्याकुल है। वेद जगत् का निषेध करता है क्या? भव संसार का उच्छेद करता है क्या? नहीं-वेद ही जानता है, जगत् है और उसकी माया है भी और नहीं भी। वेदान्त का सन्देश है- देश-काल का यह भव-संसार है; किन्तु यह अनित्य है, नित्य सुखद नहीं है। श्रुति कहती है जो अनित्य है, क्षणिक तथा क्षण-भंगुर है, वह अज्ञान है-मायावी है; रचना है- सृजन सृष्टि है और वह नित्य निरञ्जन निराकार? सत्य है- नित्य है; ज्ञान स्वरूप है और अनन्त है-देश काल से रहित है। इस सत्य ज्ञान के अनन्त में भव संसार के आकाशों को पैरता हुआ जीव-पक्षी सभी बन्धनों से मुक्त, सभी आसक्तियों से अनासक्त तथा सभी अन्धकारों से रहित कामनाओं से उपरत आ उड़ने लगता है। तब उस दिव्य जीव-पक्षी के सभी राग जलकर सत्य ज्ञान की गहनातिगहन दिव्यतम ज्योति बन जाते हैं-पक्षी नहीं रहता, केवल सत्यमय ज्ञानमय सच्चिदानन्द आत्मा ही शेष रह जाता है। परम् ब्रह्म आत्मा का सच्चिदानन्द धाम है।"

शिष्य मौन, एकाग्र, स्थिर चित्त होकर आचार्य श्री शंकर को सुनते रहे। आचार्य श्री शंकर का शान्त मधुर स्वर जलद गम्भीर होकर मानो किसी चैतन्य जलधि की तरंगों का नाद होने लगा। आचार्य्य के इस घन गम्भीर स्वर में चिन्मयी मातृकायें झबकने लगी थीं और परा, पश्यन्ती, मध्यमा

और वैखरी के सूक्ष्मातिसूक्ष्म अन्तराय एक तुमुल ध्वनि संकुल होकर शिष्यों के चिदाकाशों में लहरने लगी थी-शंकर श्रुति कह ही नहीं रहे थे; समझा ही नहीं रहे थे; पिला रहे थे। जगत् की माया के राग भरे विषों की गुणमयी कान्तियों का निर्विषीकरण कर मानो श्रुति की अमृतमयी रस चषके भर रहे थे-शिष्यों की व्याकुल बुद्धियाँ जैसे सहसा शान्त होकर क्षितिजों के परे और पार अनन्तों के अनन्त में झाँकने लगी थीं। अपना अभय वरद हस्त लाघव उठा कर श्रीमद् शंकर ने कहा- "शान्त हो जाओ, निश्चल हो जाओ और रागों के विषों को शिव की भाँति कण्ठ में भर लो। चिन्ता छोड़ दो, विकार झटक कर त्याग दो, अपने मन को वश में करो; बुद्धि को प्रशान्त कर दो, विश्वस्त कर दो और इन्द्रियों को आत्मा के रथ के अश्व बना कर मोक्ष मार्ग पर आरूढ़ कर दो। अपने नयन जगत् की ओर से फेर कर सच्चिदानन्द धाम की ओर मोड़ दो-देखो मत; उन्मीलित हो जाओ और सभी अन्धकारों का भय निचोड़ दो।"

सहसा संन्यासियों की मण्डली आती दिखाई दी। शूलपाणि ने देखा, गेरुआ वस्त्रों में लिपटी धूसर और लवण मानवाकृतियाँ धरती पर उल्लोलती हुई आ रही थीं। शंकर-निवास के प्रकोष्ठ की सीढ़ियों के पास मानो धँस आते हुए वह तरंग उल्लोल थिजी। मुखिया यती प्रवर ने कहा- "कहाँ है वह शंकर? कहाँ है?"

शूलपाणि ने नीचे उतर आकर प्रणाम पूर्वक पूछा- "क्यों? क्या काम आ पड़ा है? जगद्गुरु स्वयं सन्यासियों के पास जाते हैं; संन्यासी उनके श्री चरणों में नहीं आते।"

यती प्रवर मुखिया बोला- "चल, हट! कौन आया है तेरे गुरुदेव के श्री चरणों में? हम तो रमते राम हैं; परिव्राजक हैं। मठ की आम्नायों में हमें बाँधना चाहता है, तेरा गुरु- हमें? क्या समझता है वह शंकर? हम आये हैं, दो टूक बात करने-कहाँ है वह भ्रष्ट संन्यासी?"

आचार्य्य श्री शंकर प्रकोष्ठ में दिखे, जगमगे; बोले- "यह रहा मैं-शरीरी शंकर, स्वामिन्!"

यती प्रवर ने अपना दृढ़ पुष्ट पाँव पटकते हुए कहा- "नीचे उतर! हमें सम्मान पूर्वक ऊपर ले जा। हम जनपदों के श्रीमन्त गृहस्थों के प्रणाम पर केवल एक हाथ उठा कर ही आशीर्वाद देते हैं। जनपद के नरेशों के मुकुट जब हमारे चरण छूने लगते हैं तब हम 'कल्याण हो!' कहते हैं, समझा!"

"शंकराचार्य्य जगद्‌गुरु बना है।" एक वयोवृद्ध किन्तु प्रखर प्रतीत यती ने कहा- "अपने शिष्यों से ही स्वयं को जगद्‌गुरु कहलवाता है? क्यों रे, भारतवर्ष की अखण्ड परम्परा भूल गया? शारदा मन्दिर की सर्वज्ञ पीठ पर जिस दिन स्वयं महा शारदा तुझे बिठायगी- उस दिन हम सब यती, सन्यासी, साधु, आचार्य सब तुझे जगद्‌गुरु पुकार सकेंगे। आज तो तू एक वयस्क शास्त्रद्रोही तथा विद्रोही, संन्यास वेशधारी हठी है-हठी। भगवद् गोविन्द ने तुझे सिद्धियाँ नहीं दी होतीं, तो तू एक चरित्र भ्रष्ट साधु मात्र बनता। आज भी हम तुझे संन्यासी केवल इसलिये कहते हैं कि तू संन्यास की दीक्षा गोविन्दपाद से ले चुका है- भगवद् गोविन्द का वेदान्त विचार हमें अनुकूल नहीं था, किन्तु फिर भी वह योगी था- सन्यासी, यती, नाथ था।"

आचार्य्य श्री शंकर सहसा नीचे उत्तर आये और उस प्रखर वयोवृद्ध यती को प्रणाम कर बोले- "धन्य भाग्य आज! गुरुदेव भगवद् गोविन्द पाद की दिव्य स्मृति दिलाने वाले आप, यतिन्, स्वामिन्! पधारिये और मेरे निवास को पवित्र कीजिये-"

यती प्रवर मुखिया के लघु तथा पिंग अक्ष और सिकुड़े; बोले- "वाह! क्या अभिनाट्य है?"

आचार्य्य श्री शंकर ने यती-प्रवर को प्रणाम करते हुए कहा- "यह जगत् ब्रह्म का बनाया हुआ रंग-मंच है, माया का, स्वामिन्! और यह भव-संसार उसी का अभिनाट्य है। पधारिये तथा इस शरीरी का आतिथ्य स्वीकार कर इस समूचे मठ को पुण्यभृत् कीजिये-"

"क्या खिलायेगा, रे?" एक यती ने पूछा।

शूलपाणि ने कहा- "जो आप लोगों की इच्छा होगी। अतिथि देवो भव!"

यती मुखिया ने कहा- "अतिथि देवो भव! तो क्या हम देव हैं? देव तो हव्य भिक्षा लेते हैं। हम देव नहीं हैं और नहीं पितर हैं- हम मनुष्य हैं, संसार त्यागी साधु यती हैं- नाथ, समझा! हमारा सत्कार मिष्ठान्न भोजन द्वारा ही होता है, होता आया है। तेरे गुरु में है दम कि वह हमें मिष्ठान्न भोजन से तृप्त करे? हम भोजन भी पायेंगे और फिर तेरे गुरु को ललकारेंगे, समझा, छोकरे!"

शूलपाणि ने नम्रता पूर्वक कहा- "अवश्य, स्वामिन्! मिष्ठान्न भोजन से पूर्ण तृप्त होकर फिर मुझसे पूछिये, मुझे ललकारिये। मैं आचार्य्य श्रेष्ठ पद्मपाद का पट्टशिष्य शूलपाणि आप सब का स्वागत करता हूं।"

यती मुखिया बोला- "वाह रे पट्टे! क्या सतूना जमाया है? तो पद्मपाद की आँख बन्द होने पर आप मठाधीश बनेंगे?"

शूलपाणि- "जैसी जगद्गुरु शंकर की आज्ञा होगी-वैसा होगा।"

यती मुखिया सहसा हँसा; बोला- "तब तक तेरा जगद्गुरु रहेगा भी या नहीं? इस तन का क्या भरोसा?"

आचार्य्य श्री शंकर ने सब को सीढ़ियाँ चढ़ कर ऊपर आने के लिये इंगित करते हुए कहा- "तन का ही नहीं, इस जगत् का भी क्या भरोसा, स्वामिन्। भरोसा ज्ञान का, विश्वास सत्य का, प्रभो!"

यती मुखिया ठठा कर हँसा- "हम प्रभो!" है तू बड़ा कुशल, शंकराचार्य!"

शंकराचार्य्य ने सस्मित शान्त स्वर में कहा- "आपका शरीर ब्रह्म में प्रतिबिम्बित तथा माया में प्रगट है। सर्वम् खलु इदम् ब्रह्म। आपकी हृदय गुहा में वही परम् सत्य, परम् ब्रह्म ही तो छिपा हुआ है-"

"कैसे पता चला तुमको यह शंकर?" वृद्ध यती ने पूछा।

"आपके नयनों के अथाह आलोक में देख कर।" शूलपाणि बीच ही में बोला- "शंकराचार्य मानवों के ही नहीं, सभी प्राणियों के नयनों के अथाह अतल में ब्रह्म-ज्योति ही देखते हैं।"

"ब्रह्म ज्योति-नयनों में।" वयोवृद्ध यती उफना-और पुच्छ में क्या देखते हो?"

आचार्य श्री शंकर हँसे- "ब्रह्म।"

यती प्रवर टेढ़ा हो होकर हँसा- "ब्रह्म! सभी में, सभी जगह-सभी घट-घट में ब्रह्म देखता है तू, शंकर। इस देह की आयु कितनी है, जानता है? मैंने गिनी नहीं मेरे पिता और पितामह ने गिन कर मुझे बताई नहीं। तेरे वेद व्यासजी जब कुरुक्षेत्र से निराश होकर भाग आये अपनी पर्णकुटिया में, यमुनाजी के तट पर-तब मैं उनसे मिला था। फटकारा था-बादरायण! तुम कन्या के ऋषि-पुत्र हो। तुम्हारा कोई वर्ण नहीं है। तुम क्या जानो क्षात्र धम का मर्म? कौरव-पाण्डवों के इस भीषण युद्ध को लेकर कुछ लिख डालो-तब लिखा उस काले कट्ट बादरायण ने महाभारत। हम योगियों का ब्रह्म रंध्र ही खोल देते हैं और हठियों की कपाल क्रिया भी कर देते हैं। तब से आज दिन तक तेरे इस मायावी ब्रह्म को खोज रहा हूं। तू नयनों में खोजता है, मैं जड़-चेतन इस जगत् में खोजता हूं। परन्तु

मुझे तो पंचभूत ही मिले। चौरासी लक्ष योनियों के विचित्र प्राणी ही मिले। तुझे सर्वत्र ब्रह्म ही दिखता है-वाह रे ब्राह्मण! हमें भी तब बता दे।"

आचार्य श्री शंकर ने सबको आसन पर बिठाते हुए कहा- "वत्स शूलपाणि! पूजन की सामग्री लाओ-हम स्वयं इन यतियों का पूजन करेंगे।"

यती प्रवर- "हमारा पूजन? वाह।"

आचार्य श्री शंकर ने सस्मित कहा- "आप में भी वह सच्चिदानन्द ब्रह्म है-मैं उस परात्पर परमेश्वर का प्रतिबिम्ब आपके नयनों में देख रहा हूं। आपके शरीर के त्रिपुर में वही ब्रह्म चिति लहरा रही है-वही त्रिपुरा, त्रिपुरा सुन्दरी। जाग्रति में वही आपको जगत् तथा भव संसार की चेतना देती है और स्वप्न में वही आपके चित्त में उदित होकर त्रिकाल की स्मृतियों की माया का आपको अनुभव करवाती है और निन्द्रा सुषुप्ति में वही जीव को ब्रह्म से अभिन्न अनुभव करवा कर तीनों पुरों को संजीवनी से भरती है। जीव नहीं वही त्रिपुरा ही अपनी गुह्य चिति का विलास करती रहती है।"

"परन्तु क्या वह ब्रह्म है?" वयोवृद्ध यती ने पूछा।

"आवश्य ब्रह्म जब जगत् रचना करना चाहता है और भव संसार के नाट्य अभिनय करना चाहता है, चित स्वरूप होकर अपने संकल्प तथा अपनी लीला द्वारा यह सवम् खलु इदम् ब्रह्म की क्रीड़ा करता है।" आचार्य श्री शंकर ने कहा और सब का पूजन करना आरम्भ किया।

यती प्रवर के पाँव धोये; तिलक किया; पुष्प चढ़ाये और आरती करते हुए बोले-

"यदज्ञानतो भाति विश्वं समस्तम्,

विनिष्टं च सद्यो यदीत्मप्रबोधे।

मनोवागतीतं विशुद्धं विभक्तं,

परमब्रह्म नित्यं तदेवाहमस्मि।।"

यती प्रवर को लगा, आरती की लौ उनके नयनों में समाकर दिव्य ज्योति किरण होकर रम रही है। मूलाधार से ब्रह्म रंध्र तक शान्त सिहरन से यती प्रवर का पुष्ट देह थरथरा उठा; वह चिहुंके "चिदानन्द!" और उनके नयन स्वतः ही बन्द हो गये। बेसुध सुधि में वह बोले- "आह! मायावी!"

आचार्य्य श्री शंकर ने अपलक देखते हुए कहा- 'ब्रह्य।'

अन्य यती साधु सहसा उठ खड़े हुए और द्वार की ओर लपके। आचार्य्य श्री शंकर ने पुकारा - "ठहरिये, भवान्!"

"नहीं।" क्यों वृद्ध यती ने चिल्लाकर कहा- "नहीं! अभिनव गुप्त ठीक ही कहता था तू-तू ऐन्द्रजालिक है। मूर्च्छित-मूर्छित कर दिया तू ने नाथ को? तू न जाने क्या कर दे हमें?"

शंकराचार्य ने शान्त स्वर में कहा- "अभिनव गुप्त को कृपया कह दें, यह शरीरी ऐन्द्रजालिक नहीं है। यह शरीरी इस पृथिवी पर एक मानव है और जगत्कल्याण के लिये वेदान्त का भारत व्यापी महायज्ञ ही आरम्भ किया है उसमें विघ्न सहन नहीं होगा। दक्ष प्रजापति का यज्ञ वह स्मरण कर ले।"

यती प्रवर नाथ जाग्रत होकर हड़बड़ा उठे; बोले- "तब तू क्या भैरवनाथ है? अभिनव गुप्त कामाख्या का अनन्य उपासक तेरे एन्द्रजाल को समाप्त कर देगा। तूने, तू ने मुझे कहाँ पहुंचा दिया? शून्य, विजन, बीहड़ में मैं जैसे किसी चट्टान पर दीप शिखा सा जलने लगा था-सर्वत्र अन्धकार ही अन्धकार था और उसमें तू चमक रहा था- तू!" और फिर सब के साथ द्वार पर जाकर वह खड़ा हो गया, बोला- "अभिनव गुप्त तुझे समाप्त कर देगा। हम नहीं। हम? हम? तो रमते राम हैं।"

आचार्य्य श्री शंकर ने सस्मित कहा- "विश्वास करो आप, जीव और ब्रह्म अभिन्न सच्चिदानन्द स्वरूप हैं। अन्धकार? वह तो माया का जाड्यान्धकार है। रमता राम ही मानव में राम है, भला! यतियों! तनिक सी क्रियाओं के मद में विवेक मत खोओ। अभिनव गुप्त से कह देना, इन क्रियाओं से, रस्सियों से, चैतन्य का समुद्र बाँधा नहीं जा सकता। मैं माया के अन्धकार को कालकूट की भाँति पी गया हूं, नीलकण्ठ हूं।" फिर शूलपाणि को सम्बोधित करते हुए कहा- "इनको भोजन करवा कर विदा दो।"

"जैसी जगद्गुरु की आज्ञा।"-शूलपाणि ने कहा और यतियों को कक्ष के बाहर ले गया।

आचार्य श्री शंकर ने शिष्यों से कहा- "आसन पर मौन अचल बैठे रहो। नयन उन्मीलित कर दो -तुम्हारे मानस नयनों के समक्ष श्रुतियाँ साकार होंगी। अपने सभी आकाशों के परे हृदय दहर में उतरो! श्रुतियों के वाङ्मय स्वरूप में वह सच्चिदानन्द तुम्हारा स्तवन करेगा। हाँ, ब्रह्म ही जीव को प्रतिपल देखता तथा अपनी ओर पुकारता रहता है। संसार कट जायेगा, जगत् अन्तर्ध्यान हो

जायगा। काल छोड़ देगा। विधाता हार जायगी-यम तटस्थ हो जायेगा; किन्तु यह जाड्यान्धकार तो दिव्य श्रुति के दर्शनों से ही मिटेगा। श्रुति हृदय ग्रन्थि को जीर्ण कर भेद देती है। जीव की चैतन्य लहर अपार चैतन्य समुद्र की रमुज से ही शमेगी; शान्त होगी। यह प्रभु ही जीव की हृदय ग्रन्थि भेद देता है- उसकी कृपा से ही जीव अपने सत् चित् आनन्द जलधि में निमग्न होता है-उस परमात्मा को देखो; श्वांस-श्वांस से उसको भजो, वत्स मेरे!"

उपस्थित सभी अचल मौन बैठ गये। आचार्य श्री शंकर के कोकिल कण्ठ से ध्वनि उठी- "जय सच्चिदानन्द!"

शिष्य गण को लगा, उनके कर्ण कुहर दिव्यतम निनाद से भरने लगे हैं और उनके नयन स्वयं ही उन्मीलित होकर भूताकाश में चौंकने लगे हैं। वही दिव्य निनाद द्वारा ज्योति के बिन्दु स्वरूप वह पल भर में अपने चित्ताकाश में लहर उठे और अन्य क्षण चिदाकाश के शान्त आलोक में डूबने लगे। मौन, शान्ति, स्थिरता, समग्र एकाग्रता मानो त्रिकाल स्वयं में लीन होकर अजापा ध्यान हो गया। सब को, एक-एक को ऐसा प्रतीत होने लगा, मानो उस स्वयं लीन ध्यान की घन-सघन व्याप्ति में अँधेरे, श्वेत, श्याम, आरक्त, उदधि वीचि-वीचि उल्लोलित हो रहे हैं और जड़ चेतन अनेक रूप स्वरूप चमकीली रंग-रंगीन आकृतियों में मानो मूक ही उद्भवित तथा तिरोहित हो रहे हैं और किसी अदृश्य किन्तु दृश्य से अथाह नयनों की दृष्टि रश्मियों में जागकर सो जा रहे हैं। वह सब जैसे उस अपार अपरम्पार पारदर्शी अर्णव में अपना ही प्रतिबिम्ब देख रहे हों। वह जैसे किसी अनादि अज निरंजन निराकार प्रकाश से उछल कर उस पारदर्शी दर्पण में घुस कर अब विहँस रहे हों। सहसा उनको दिखा विलक्षण ब्रह्म मुहूर्त का समाँ बँधने लगा है- उस स्वलीन नारायण में अद्भुत अकथनीय आलोक-अरुण आलोक श्वेत की दिव्यता से भरा, श्याम के घन श्याम से पूर्ण तथा आरक्त लालिमा की अरुणाभा से परिपूर्ण प्रभात ही ऊगता जा रहा है-जगत् का जगदीश्वर, भव-संसार का ईश्वर तथा प्राणियों का करुणा निधान सत्यनारायण ही उदय होने लगा हो। शिष्यों के चित्त के गहन में, मन के अथाह शान्त में एक मधुर वेणु निनाद सा सुनाई देने लगा-गायत्री मानो प्रत्यक्ष होने लगी। उनको अपनी पश्यन्ती की झीम सीमाहीनता में जैसे गुरुदेव शंकराचार्य सघन गम्भीर स्वर में गायत्री का जाप ही कर रहे हों। ऊँकार की अनहद ध्वनि ही मानो भू में बदली और भूव में प्रविष्ठ हो गई। एक व्याकुल किन्तु धीर ध्वनि उसी गहन में से फूटी, स्वः! शिष्य के जन्म-जन्म के कर्ण

सुनने लगे; 'तत् सवितुर्वरेण्यम्-भर्गो देवस्य धीमहि धियो यो नः प्रचोदयात्! ओम परो रजसे सावदोहम्!' परोरजसे सावदोहम्! प्रत्येक एक-एक यों छत्तीस वर्णों की शब्द ध्वनियाँ मानो पुनः ओमकार में समाकर उस भर्गोदेव की ओर स्वयं ही गहगही, गूंजी-प्रतिगूंजी-सत्यनारायण! शिष्यों के रोम-रोम, रोम-रोम में ही स्थिर हो गये; उनकी रग-रग शान्त आलोक से भरकर आकाश की दिव्य व्याप्ति के सोम से भर गई। उनके प्राण महाप्राण में लीढ़ हो गये और स्वयं ही मुग्ध कुम्भक में अचल हो गये। उनके मन मगन होकर निश्चिन्त हो गये; उनकी बुद्धि स्वयं की आग्नेय दिव्य छबियों में उद्दीप्त होकर पुनः बुझ कर शान्तिमय आग्नेयता हो गयी। उनके चित्त मानो विषयाकार होना भूल गये, विसर गये और उनके अहम् उस अनादि दिव्यतम सत् चित के अमाप उत्तुंग में चिपक गये। अनादि काल के ज्योतिर्लिङ्ग में लीढ़ उनके प्रारब्ध भोगी 'मैं' आकृतिहीन, मूलहीन, त्रिकालरहित तत् से जा लगे जैसे अनेक नौकायें तरंगों से विहर कर एक विशाल उत्तुंग तरंग पर आ टिके और हिल्लोलित होकर उसी अथाह भीमकाय तरंग में डूब जाये। शिष्यों में से प्रत्येक, एक-एक को लगा वह सभी आकाशों और उनके सागरों तथा सागरों के सभी तटों को पार कर क्षीर सागर के गगन में आ खड़े हो गये हैं और घननील, श्याम, श्वेत, काल भुजंग पर स्वयं शंकराचार्य्य को ध्यानस्थ अजापा जाप में लीढ़ देख रहे हैं। दर्शन! शिव का, विष्णु का, ब्रह्मा का, सदाशिव का, शक्ति मति चैतन्य चिति का दर्शन कर रहे हैं। वाणियाँ मूक, वाङ्मय मौन, गतियाँ शान्त, विधियाँ स्थगित-केवल आनन्द के उन्मेष की वीचियों का उल्लोलित अपार अपरम्पार दिव्य पूर्णिमा से जगमगाता हुआ और वह पूर्णेन्दु! उनको लगा, वह सोम, रांकापति, हिमाँशु; कुमुद बाँधव-वह चन्द्रमा सभी सूर्य्यों के प्रखर तापों को पचा कर अमृत की आनन्दमयी दिव्यता ही विकीर्ण कर रहा है और उसकी गुह्य रमणीय सुन्दरातिसुन्दर किरणें गा रही हैं। मानो दिव्य पूर्णिमा सोलह कलाओं में स्फुटित अपने रत्न प्रभा लीढ़ नूपुरों को रणझण रही है। रिमझिम-रिमझिम गहन लवलीन मधुरातिमधुर मुरली रव दिव्य किरणों में बह रहा हो। प्रत्येक शिष्य अपने अन्तःकरण के दिव्यतम गहन में मानो समाधिस्थ अनहदनाद के दिव्य गीत सुन रहा हो। श्रुति साक्षात् होकर मानो गाने लगी थी। देश घुमड़-घुमड़ कर बज रहा था-काल मानो ताल दे रहा था-श्रुति का अद्वितीय प्रथम और अन्तिम सच्चिदानन्द संगीत होने लगा था और शंकराचार्य्य के आचार्यों के शिष्य अपने गुरुदेव के समक्ष बैठे हुए अपने ही सच्चिदानन्द के आमने-

सामने हो गये थे। जीव के अँधेरे उस दिव्य आत्म-पूर्णिमा में बिला गये थे और चेतना उन्मुक्त मुक्त होकर स्वयं ही अनाहत् और असीम अमोघ आनन्दोन्मेष बन गई थी। मौन, शान्ति-आचार्य्य शंकर स्वयं समाधिस्थ हो गये-जैसे प्रत्येक शिष्य के चिदाकाश में प्रगट होकर वह अपने साक्षात् सच्चिदानन्द धाम में कालातीत होकर समाधिस्थ हो गये थे। मठ में मानो अनन्त मौन ही छा गया। शिष्यों के हृदय स्पन्दन मानो देह द्वारा काल की अविराम एक धार गति में मिल गये और जैसे जगत् की गतिविधि से संयुक्त होकर अनहदनाद में बजने लग गये। मौन अनन्त, शान्ति, अखण्ड।

शिष्यों के हृदयाकाश में मानो ज्योति का अरुणोदय होकर ज्ञान की आभा प्रकाशमय प्रभात की भाँति उदित होने लगी-उनकी 'मैं हूं' अनुभूति स्वयं ही लुप्त हो जाने वाले तम घन की भाँति बिलाने लगी। राग जगत् की जड़ता में ही विलीन हो गये और भीति मात्र स्वयं ही अभय के गहन शान्त अन्तराल में अदृश्य हो गई- 'मैं हूं' प्रसन्न, मगन, निश्चिन्त, मौन, स्थितप्रज्ञ, अनासक्त तथा उपरत चैतन्य में लीन होकर 'मैं' के अनादि, आदि, अन्तहीन, शाश्वत आनन्दोन्मेष में डूब गया। काल रहित कालातीत के ज्योतिर्मय आलोक में शिष्यों की व्यष्टियाँ अन्तर्ध्यान हो गईं।

ब्रह्मस्वरूप ने देखा; रूप-सिन्धुओं का जगत् उभर रहा है, उमड़ रहा है, चित्सुख ने निहारा, अनेक स्वरूपों और वेशों में चिति व्यक्त हो रही है। सर्वात्म मुनि को लगा, वही चैतन्य देव अनेक प्रतिबिम्बों में जगमगा रहा है। ज्ञानधन जैसे 'मैं हूं' विसर गया तथा अनादि शाश्वत सनातन 'मैं' होकर अपने ही चिदाकाश में लहर-विहर उठा। शूलपाणि सुषुप्ति के परे पहुंचकर स्वयं के चैतन्य अनन्त में ही अन्तर्ध्यान होने लगा। नारायण को लगा, वह क्षीर सागर के शेष नाग के प्रत्येक फन पर त्रिकाल की ताल और लय में नाच रहा है। शुद्धकीर्ति ने गायत्री के साक्षात् दर्शन किये और दर्शन बुद्धि बुद्धिरहित होकर अपने ही हृदय-दहर में विरहाकुल होकर हरि नाम पुकारने लगा। भानु मरीचि अपने सभी प्रताप भूल कर निरीह आलोक में सो गया। अनन्त गिरि अपने अणुत्व से उपरत होकर चैतन्य के अनन्त को देखने लगा। आनन्दगिरि जगत् और भव-संसार के परे और पार ज्ञान मूर्ति गुरुदेव के श्री चरणों में सदैव के लिये शरणागत हो गया; चिहुंका- "हे गुरो! हे प्रभो! हे ब्रह्म स्वरूप।" आनन्द गिरि की चिहूंक मानो सभी को हृदयाकाश के मौन प्रसन्न मगन अनन्त से जगा कर चिदाकाश के घन प्रकाश में उतार लाई और शंकराचार्य्य स्वयं मानो त्रिकाल के त्रिशूल से

सभी आकाश भेदते हुए अन्तःकरण के कैलाश में उतर आये। जाग्रत होते हुए बोले- "शिवोहम्! चिदानन्द!"

सभी जागे; हहरे; काँपे, पुनः जैसे सुषुप्ति से स्वप्न में और स्वप्न से जाग्रति में सजीव हुए। तभी एक भीमकाय मूर्ति ने प्रकोष्ठ से पुकारा "हमारे आते ही तेरी समाधि टूट गई-है न? हम आवें और तुम सब समाधि के ढोंग करते रहो? यह कभी हो सकता है? असम्भव!" औघड़नाथ स्वच्छन्द गयन्द की भाँति वक्ष में घुसा; द्वार पर खड़ा रह कर बोला- "क्यों शंकराचार्य! औघड़नाथ को भूल गया? चिरञ्जीवी औघड़नाथ को भूल कर तू ने महापाप किया है-इसीलिये तू यह व्यामोही निर्मोही वेदान्त का प्रचार करने लगा है। शक्ति को त्याग कर केवल शिव को ही भजने लगा है और स्वयं को सच्चिदानन्द शिव कहता है तू, जीव, भवबद्ध तू, शिव कैसे है-हो सकता है? ऐं?"

शूलपाणि सहित सभी खड़े हो गये। शंकराचार्य्य ने शूलपाणि की ओर देखते हुए कहा- "इनको आसन दो!" फिर औघड़नाथ को घूर कर कहा- "पधारिये; बिराजिये!"

औघड़नाथ ने खड़े-खड़े ही कहा- "हमारा खड़ा रहना ही बैठना है-बैठना ही खड़ा रहना है। तू क्या हमें आसन देगा? हम ही तुझे आसन प्रदान करेंगे-भूमि का आसन, समझा!"

शंकराचार्य ने खड़े होते हुए कहा- "भूमि का आसन?"

"शव को देते हैं, वही।" औघड़नाथ ने कहा- "क्रचक्र तो विलासी था, समझा! हम विलासी नहीं हैं। लिंग को हमने मांस मात्र बना रखा है। हमने सृष्टि का रज सींच कर अपने वीर्य्य को अचल ओजस् में बदल दिया है- हम इच्छा वीर्य हैं; इच्छा मृत्यु भी हैं। समझा!"

"समझ गया।" शंकराचार्य्य ने सस्मित कहा- "आपको मेरे वन्दन! कैसे कृपा की?"

"कृपा? और तुझ पर?" औघड़नाथ ने कहा- "हमारे शिष्य अभिनव गुप्त को तूने चिन्तातुर क्यों कर रखा है? हमने अभिनव गुप्त को अपने संरक्षण में ले लिया है।"

शंकराचार्य्य ने शान्त स्वर में कहा- "श्रीमद् अभिनव गुप्त तो मेरे आदरणीय हैं। मैं भला उनको चिन्तातुर क्यों करूंगा?"

औघड़नाथ ने अपना जटाजूट धुनाया; कहा- "तू उसके काश्मीर और कामरूप में अपने निर्गुण, निराकार तथा असंग ब्रह्म को लेकर क्यों जा रहा है? काश्मीर, कामरूप एवं यह-यह समस्त प्रदेश हम योगियों का अखाड़ा है-यही हमारा कैलाश है। हमारे शिव हैं; शिव के गण हैं- पार्वती है तथा श्री गणेश और श्री कार्तिकेय हैं। हमारे यहाँ ब्रह्मा आते हैं; विष्णु आते हैं-हम कालकूट पीकर काल के परे स्थित रहते हैं, समझा!"

शंकराचार्य्य ने सस्मित जलद गम्भीर स्वर में कहा- "शिव कैलाश में हैं, किन्तु ब्रह्म तो सर्वत्र प्रतिबिम्बित हो रहा है, स्वामिन्!"

"तात्पर्य्य?" औघड़नाथ सहसा गर्जा- "तब शिव ब्रह्म नहीं हैं?"

"ब्रह्म का शिवत्व है।" शंकराचार्य्य ने कहा- "ब्रह्म ही स्वयं पर सुरों, असुरों, देवों तथा देवियों के स्वरूप का आरोपण अपने चिद् विलास की उमंग में करता है, स्वामिन्! शिव ब्रह्ममय है; विष्णु ब्रह्ममय है; महेश ब्रह्ममय है- सर्वम् खलु इदम ब्रह्म!"

औघड़नाथ ने अपने पृथु नितम्ब पर अपने ही हाथ से थाप मारते हुए कहा- "रहने दे तेरा वेदान्त- संन्यासी! हम ब्रह्म को भली भाँति जानते हैं। देवता और देवियों को भी पहिचानते हैं। हम लोक लोकान्तरों में निर्बाध भ्रमण करते हैं। समझा! हमें कहीं भी तेरा निरंजन निराकार नहीं दिखा। असत्यवादिन्! परम् शिव ही सदाशिव, सदाशिव ही शिव, शिव सदा ही शक्ति, शिव शक्ति ही प्रकृति-पुरुष, जीव ही-शिव तथा शक्ति ही जीव। हमें एक लव, काष्टा के लिये भी जगत् लुप्त होते हुए नहीं दिखता, एक क्षण के लिये भी भव-योनियाँ नष्ट होते हुए नहीं मिली। हमें सर्वत्र शिव-शिवा की जड़-चेतन सन्तान तथा उन्हीं की सृष्टि मिलती है- हम स्वयं उसकी सृष्टि के चिरञ्जीवी योगी हैं-"

"धन्य!" शूलपाणि ने कहा- "देह मरेगी या नहीं?"

औघड़नाथ ने दाँत भींसे; कहा- "देह मरेगी तो हम दूसरी बना लेंगे-शव को हम संजीवत् कर लेंगे, छोकरे!"

ब्रह्म स्वरूप ने मानो जागते हुए कहा- "जो जन्मा है, उसकी ध्रुव मृत्यु है। शरीर जन्मता है, निश्चित एक पल मरेगा।"

सर्वात्म मुनि ने कहा- "पञ्चभूत पञ्चभूतों में मिल जायेंगे।"

औघड़नाथ ने ठहाका मार कर कहा- "अच्छा, तेरे शिष्य बड़े ज्ञानी हैं। किन्तु इन बाल बुद्धियों को कौन समझाये-मृत्यु है ही नहीं; पुनर्जन्म है-क्या हम यह नहीं जानते कि यह शरीर चिरञ्जीवी नहीं है? जानते हैं; किन्तु हम पुनर्जन्म धारण नहीं करेंगे। स्त्री के गर्भाशय में नहीं प्रविष्ट होंगे। हम इस शरीर को ही संजीवित करते हैं- हम चिरञ्जीवी जीवन-चैतन्य हैं, आत्मा-परमात्मा परम् शिव स्वरूप हम अपने ही विभूतिपाद हैं-गोविन्दपाद नहीं। गोविन्दपाद! हमें देखते ही कन्दरा में घुस जाता था। साधना के समय समाधियों के ध्यान में हम अन्तरिक्ष और द्युलोक में मानो भिड़ते थे- गोविन्दपाद! तेरा गुरु, शंकर!"

"जी!" आचार्य्य श्री शंकर ने नयन उन्मिलित कर प्रणाम पूर्वक कहा- "गुरुदेव गोविन्दपाद भगवद् गोविन्दपाद! यही तो! मैं जो कुछ भी हूं-मुझसे जो भी बन पड़ा है और बन पड़ेगा, वह गुरुदेव गोविन्दपाद की कृपा का ही फल है। है; मैं हाथ उठा कर कहता हूं भगवत् गोविन्दपाद श्रीमद् ने मुझको दीक्षा दी; सिद्धियाँ प्रदान की, मेरे मन के नयन खोले। मुझको दिव्य चक्षु दिये। उन्हीं की करुणा से आप्लावित होकर मैं जगत् और उसकी माया को जान सका; समझ सका। उन्हीं की दया से पवित्र होकर मैं भव-संसार की भंगुरता और निस्सारता को हृदयंगम कर सका। भगवद् गोविन्दपाद ने ही मेरे इस भव के ही नहीं-कल्प-कल्पों के अज्ञान तिमिरान्धकार को जला दिया। मैं भेद को समझ सका; भीति से टल सका और सच्चिदानन्द अभेद-अभय को साक्षात् कर सका। हाँ, श्रीमद्!"

औघड़नाथ ने ठहाका मारा; अपनी पुष्ट पृथु जंघाओं पर थाप मारते हुए कहा- "आश्चर्य! जगद्गुरु एक गुरु की विनय कर रहा है। भगवत् गोविन्दपाद को मैं भली-भाँति जानता हूं- कुछ सिद्धियाँ प्राप्त करने से ही वह योगी; ब्रह्म ज्ञानी थोड़े ही हो गया था-जगत् को वह स्वप्न कहता था। भव-संसार को भ्रम कहता था। तेरा गुरु वह गोविन्दपाद सदाशिव के दर्शन नहीं कर सका। शिव-शिवा का समरस क्या प्राप्त कर सका? तूने किया है?"

आचार्य श्री शंकर ने तनिक तीव्र स्वर में कहा- "कृपया मेरे श्रीमद् गुरुदेव की निन्दा अब न करें-मैं सुन नहीं सकूंगा।"

"क्या कर लेगा?" औघड़नाथ ने हुंकार करते हुए कहा- "मैं तुझे कीलित कर दूंगा, समझा!"

"कर दीजिये! कीलित हो जाऊँगा; परन्तु गुरु निन्दा नहीं सुन सकूंगा-नहीं सुनूंगा।" आचार्य्य श्री शंकर ने अविचल दृढ़ स्वर में कहा- "शान्त हो जाइये, श्री औघड़नाथ! तनिक विश्राम कर स्नान-ध्यान से निवृत्त हो जाइये, प्रसाद पाइये।"

"किसका प्रसाद?" औघड़नाथ ने दृष्टि अपलक सी करते हुए पूछा- "तेरा प्रसाद?"

"जी नहीं! सत्य नारायण का प्रसाद!" आचार्य श्री शंकर ने कहा- "यहाँ ब्रह्म ही अतिथि सत्कार करते हैं। यहाँ योगियों, यतियों, संन्यासियों, ब्रह्मचारियों और स्वामियों-सभी अभ्यागत अतिथियों का सत्कार मैं नहीं करता-वह सर्वेश्वर जगदीश्वर ही करता है-जगन्नाथ!"

"जगन्नाथ!" औघड़नाथ बमके- "सगुण ब्रह्म में मानता है? जगन्नाथ के दर्शन करेगा? अभी करवा सकता हूं।"

आचार्य श्री शंकर ने हँस कर कहा- "सगुण ब्रह्म? ब्रह्म वस्तुतः न सगुण है और नहीं निर्गुण। वह अनन्त सत्य है; अनन्त ज्ञान है- वह सत् चित् आनन्द है, स्वामिन्! अब क्रोध त्यागिये और अतिथि सत्कार पाने की हम पर कृपा कीजिये। शूलपाणि, ब्रह्म स्वरूप-तुम सब योगी औघड़नाथ का पूजन करो और अतिथि निवास में इनको सुशोभित करो। शान्त होकर परम् सत्य के धीर ध्यानी बनिये। योग शक्तियों का मद अन्त में पाताल में धकेलता है।"

"पाताल? स्वर्ग, नर्क?" औघड़नाथ ने कहा- "हममें सभी नर्कों को विजन कर देने की क्षमता है; स्वर्ग को हम वीरान बना सकते हैं- देवताओं को हमने दास बना रखा है और देवियों को हमने अपनी चेलियाँ, चेरियाँ बना रखा है- देखेगा हमारा प्रताप? हम यही करने आये हैं। तुमको सावधान करने आये हैं, अभिनव गुप्त हमारे संरक्षण में है-वह जीता नहीं जा सकता; वह पराजित नहीं किया जा सकता। हम हैं, तब तक वह हार नहीं सकता। त्रिक्-त्र्यंबक्, महेश्वर-शिव, शिवा की यह मनस्वी क्रीड़ा तेरे वेदान्त द्वारा लुप्त नहीं की जा सकती। मनुष्य की बुद्धि को भ्रमित करने का यह अपना अनुष्ठान बन्द कर। मठों को बन्द कर दे अन्यथा-"

"अन्यथा?" शंकर ने पूछ लिया।

"कृत्या! समझा। पिप्लाद ने याज्ञवल्क्य पर जो कृत्या भेजी थी, उससे भी भयंकर कृत्या!" औघड़नाथ ने कहा।

"ब्रह्म सत्यम्-जगन्मिथ्या!" आचार्य्य श्री शंकर ने कहा।

"अच्छा। यही बात है तब।" औघड़नाथ ने कहा- "हमसे शक्ति परीक्षा करना चाहता है?"

"जी नहीं! मैं आपको प्रणाम पूर्वक कहता हूं, भोजन पाकर मठ से विदा हो जाइये।" शंकराचार्य्य ने कहा- "मैं सच्चिदानन्द आत्मा का मानव-सन्देश वाहक हूं और शुद्ध-बुद्ध जगद् कल्याण करना चाहता हूं। अज्ञान के आच्छादन में सोये हुए जीवों को मैं देख नहीं सकता; सह नहीं सकता। मैं ईश्वर नहीं हूं किन्तु एक मानव संन्यासी आचार्य हूं। मोक्ष का मार्ग बताना मेरा परम धर्म है-कर्त्तव्य है, श्रीमद्! फिर मैं योगियों, यतियों, साधुओं और संन्यासियों का सेवक हूं। मैं उनके चरणारविन्द पखारता हूं, उनका पूजन ही करता हूं।"

औघड़नाथ ने आचार्य्य श्री शंकर को घूरते हुए कहा- "अच्छा! तो पखार मेरे पाँव-कर मेरा पूजन। किन्तु सुन लेना कामरूप, काश्मीर, काम्बोज, कुरु, यह क्षेत्र तेरे नहीं हैं; तेरे हो नहीं सकते। शून्य ब्रह्म का यहाँ क्या काम? इस ताण्डव से खुंदे गये क्षेत्र में तो शिव ही हैं- शिवा ही हैं। महेश्वर दर्शन का दुन्दुभिनाद ही है-गूंजता है; गाजता-गूंजता रहेगा। अभिनव गुप्त एक अकेला नहीं है-प्रत्येक शैव तुमसे सामना करने के लिये सन्नद्ध हो रहा है और मैं उनका मुखिया हूं। बग्ला तेरे मठों पर कृत्याय बरसायेंगी, धूमावती तेरे संघों को उजाड़ देंगी! और तू? शारदा मन्दिर के दक्षिण द्वार पर अपना सिर पटक कर मर जायगा, शंकर!"

13

तोटकाचार्य्य ने समक्ष उपस्थित विशाल जन मेदिनी को सोत्साह पूर्वक देखा और कहा- "कुरू ने मुझको शान्तिपूर्वक सुना है। मुझको विश्वास है, काम्बोज मुझे सुनेगा। पांचाल की वेदान्त की यशोमति डिमडिम सुनकर शताब्दियों के लिये ज्ञान के प्रकाश से जगमगायेगा। कुरू ने नन्द-नन्दन भगवान् श्री कृष्ण की गीता सुनी है-श्रुतियों को मुनियों ने जाह्नवी तट पर अपना मौन भंग कर गाया है-महर्षि बादरायण कृष्ण द्वैपायन का महाभारत सचमुच में भारत वर्ष ही नहीं, समस्त जम्बू द्वीप का कथानक है-इस महान आख्यान का एक ही गर्भित उद्देश्य है; धर्म की स्थापना और वेदान्त के परमेश्वर का प्रतिपादन करना। सभी मत, सभी सम्प्रदाय, सभी विचार महाभारत में स्वयं ही उच्चरित होकर जैसे गीता के अनन्त अगाध ज्ञान अपरम्पार में लीन हो गये- श्रीमद् भगवान् श्रीकृष्णचन्द्र त्रिकाल को अपने विशाल कमल लोचनों में आंजे। कुरुक्षेत्र के धर्म क्षेत्र में सारथी होकर अक्षौहिणी सेनाओं के बीच खड़े हो गये और अपने मोहग्रस्त शिष्य तथा सखा अर्जुन को ज्ञान प्रदान किया। आत्मा-परमात्मा के सच्चिदानन्द का गीत ही सुनाया। गीता ने सनातन मानव के जीवन ध्येय को अलीक करते हुए परमात्म साक्षात् का शाश्वत मार्ग ही बताया है। कर्म, संचित उससे उद्भवित होते रहने वाले प्राणियों के प्रारब्धों की दिव्य गति इंगित की और कर्म-बन्धन से छूटने के लिये अत्यंत सरल तपस्या भी प्रदान की। जड़ की समस्त आसक्ति को त्यागने का अमोघ उपदेश भगवान् श्री कृष्ण ने हमें प्रदान किया- गीता के विशद् गान का निचोड़ यही है; मानव धर्म का पालन करता है और धर्म से पुष्ट होकर अपने आत्म साक्षात्कार के अनन्त पथ पर

जीवन की दिव्य यात्रायें करता ही रहता है और चाहता हो, तो मोक्ष भी प्राप्त कर लेता है। गीता मानव को आत्म निवेदन और आत्मोत्थान के लिये ज्ञान और कर्म तथा ज्ञान और भक्ति के अच्युत मर्म भी समझाती है- गीता जीवन के कुरुक्षेत्र में धर्म के पुनः संस्थापन के लिये प्रभु के परम पुरुषार्थ का अन्तिम काव्य है। गीता वेदान्त के व्यवहार का गीत है। आत्म-चैतन्य! वेदान्त का मत-मतान्तरों से क्लेश नहीं है। वेदान्त के ऋषि को अचूक ज्ञान है कि असद् है ही नहीं; सद् ही है। जगत् है ही नहीं; परमात्मा ब्रह्म ही है। वेदान्त का संन्यासी दृष्टा यह जानता है कि जीव का अन्त में, अन्ततोगत्वा मोक्ष ही है- आत्मा को अपना परिपूर्ण पूर्ण सच्चिदानन्द अनुभव करना ही होगा और यह जड़ की संक्रामक आसक्ति से नहीं हो सकता। आत्म साक्षात् चैतन्य से ही संभव है; शक्य है- असद् से सद् नहीं, अतः विज्ञान के चमकीले तथा चमत्कृत करने वाले संज्ञान से नहीं। इस पृथिवी तल पर जीव समस्या नहीं, समस्या जीव की मुक्ति है; मोक्ष है। भव-बन्धन से सदैव के लिये छूटना और क्षणिक सुखों का मोह त्याग सकना-यही मानव जीवन की एक तथा एकान्त समस्या रही है-है और त्रिकाल तक रहेगी। मानव की जीवन मुक्ति और काल धर्म से मोक्ष का व्यावहारिक और तात्विक दर्शन ही वेदान्त दर्शन है। जगद्गुरु आचार्य श्रीमद् शंकराचार्य्य विषय तथा अनात्मवादी तत्वमतों का युक्तियुक्त खण्डन तो करते हैं, किन्तु किसी भी साधनाशील सम्प्रदाय का विरोध वह नहीं करते। अन्धेरे पथों पर दीपकों की वीथियों के समान यह अवैदिक मत-मतान्तर कालरात्रि में जगमगाते हैं- रहने दीजिये। अन्धकार का समूचा निर्णय सूर्य्योदय द्वारा हो जाता है। सच तो यह है हम अन्धकार और प्रकाश, रात तथा दिवस को लेकर शंका नहीं करते। हम जीव-मानव जीव यह सहज ही जानते हैं कि अँधेरा है ही नहीं; प्रकाश ही है। मानव-बुद्धि अपने गहन में मानती है कि जीव है ही नहीं- सच्चिदानन्द आत्मा ही है। अतः हमने अन्धकार को चीरने की बात कही है। अन्धकार का मन्थन कर प्रकाश की भाँवरियों के भास की बात कही है-वेदान्त दर्शन ही प्रकाश का चैतन्य शाश्वत अनादि जीवन संज्ञान के सच्चिदानन्द का ही उद्गीथ है- महर्षि बादरायण ने ब्रह्म सूत्र रच कर समस्त दर्शनों की अकाट्य दार्शनिक दृष्टि को ही काल नयनों में भरा है और महाभारत तथा गीता गाकर त्रिकालदर्शी महात्मा महर्षि कृष्ण द्वैपायन ने पृथिवी पर धर्म संस्थापन के लिये युग-युग में आविर्भूत संभव होने वाले परमात्मा के एकोहम् बहुस्याम् संकल्प का ही अभिवादन किया है।"

तोटकाचार्य ने मानो स्वयं को नयनों में रोका; सर्वत्र देखा और पुनः कहा- श्रावण का सजल मेघ जैसे विद्युत से उद्वेलित होकर पुनः गर्जा- "जगत् के विज्ञान द्वारा जगत् के जीवन जिये जाते हैं। यह सारा जगत् प्राणियों के सुख तथा मंगल के लिये है। ब्रह्म का यह सर्व समर्थ सर्वशक्तिवान दिव्य आश्चर्य्यवत और आश्चर्य संभूत जगत् परम् ब्रह्म के सर्वाधार निमित्त का अकाट्य दिग्दर्शन है। किन्तु जगत् जड़ है; माया है; क्षण स्थायी और क्षण भंगुर है। जगत् का ब्रह्मा अपनी सत् चित् ऋतम्भरा में समाधिस्थ प्रतिलव ब्रह्म की दिव्यतम प्रेरणा द्वारा इस महिमामय गरिमामय अनन्य दिव्यातिदिव्य जगत् कल्पना करता है। जगत् के काव्य को अपने चिदाकाश के अनन्त में मानो लिखता ही रहता है- ब्रह्मा की यह जगद् समाधि अनादि समाधि है और ब्रह्मा की यह प्रजा-सृष्टि ब्रह्मा की प्रतिभा पयोनिधि अथाह और अमोघ प्रज्ञा भी गहन गूढ़, सुन्दर, रमणीय तथा कामविह्वल अभिव्यञ्जना है- यही ब्रह्मा का चिद्विलास है और यही पालन तथा संहार की शाश्वती समा-भूमा-द्वारा परम ब्रह्म की लीलावृत्ति है। जगत् का यह जड़ व्यापार विज्ञान होते हुए भी आत्म चैतन्य से रहित है; हीन है। यह समूचा सनातन, पूर्वापर, अनादि और अच्युत जगत् परमात्मा का प्राणियों के लिये मंगलोन्मुखी भव नाट्य का अनन्य रंग-मंच है, प्रभु के अमोघ सद् का यह भव्य-दिव्य प्रसार ही प्रभु को प्राणियों की धारणाओं के ध्यान में लीन कर देता है। हम, जीव, परमात्मा की लीला के चैतन्य पात्र हैं।"

मेदिनी पर जैसे कोई विशाल घन सघन मेघ बरसता रहा- "अतः चार्वाक वृत्ति त्याग कर विज्ञान की मूढ़ आसक्ति को मनुष्य त्याग सके, इसके लिये जगद्गुरु शंकर मनुष्य को भगवती श्रुति की आराधना करने को कहते हैं। शास्त्र तो भव-संसार के सम्यक् संतरण के लिये नौका स्वरूप हैं; किन्तु वैदिक सनातन सत्य स्वरूप वर्णाश्रम धर्म-इस पृथिवी पर एक और अन्तिम मानव-धर्म है। अन्य सभी मतों के घेरे हैं; सम्प्रदायों के भवन हैं; तपस्याओं की कठोर आम्नायें हैं-मर्यादायें हैं-धर्म नहीं। इस पृथिवी पर प्रभु ने प्राणियों का अभिजात मंगल रच रखा है-शान्ति तथा प्रकाशप्रद ज्योतियाँ जला रखी हैं और उसी शिव संकल्प द्वारा मानव जीव के लिये वैदिक वर्णाश्रम धर्म की सद्य अभिव्यञ्जना है। वैदिक वर्णाश्रम धर्म प्रभु का बनाया और बताया हुआ मानव जीवन यापन का धर्म-पन्थ है। क्या मानव विज्ञान द्वारा विद्या बल से कुछ भोग भोग कर, देह त्याग कर प्रेत की भाँति भटकते रहने के लिये ही उद्भवित हुआ है? क्या

मनुष्य सन्तानोत्पत्ति करते रहने, समाज की भाँजगड़ करने, राज्य संचालन और जगत् के ऐश्वर्यों को चाटने और चूसने के लिये ही जन्म लेता है- जन्म लेता रहता है? भोग मरने-जन्मने और मरते रहने के लिये है; पुनः पुनः जन्म लेने तथा पुनः पुनः मरते रहने के लिये ही है। यह जगत् और उसका त्रिकाल पथ काल मूक तथा क्षीण, अल्प एवं क्षण भंगुर इन्द्रिय भोग भोगने तथा भोगते रहने के लिये ही है- आत्मा के सच्चिदानन्द प्रकाश को म्लान करने, संकुचित करने तथा सर्वज्ञ को अल्पज्ञ, सर्व समर्थ को दीन तथा अनाथ कर देने के लिये ही है-अवश्य सच्चिदानन्द आत्मा स्वयं दीन, हीन, अनाथ आदि नहीं बनता- वह काल रात्रि के जाड्यान्धकार में सोया हुआ स्वयं के लिये जन्म-मरण के स्वप्न रचता रहता है, देखता रहता है। यदि यह सत्य नहीं है-ब्रह्म सत्य नहीं है और जगत् ही सत्य है, तो फिर यह क्षण का भास क्यों होता है? अनन्त की विस्मृतियाँ क्यों होती रहती हैं? यह, यह क्षण स्थायित्व और असंख्य क्षण भंगुर रूपोद्भव क्यों है? रमणीय तथा सुन्दर होते हुए भी प्रत्येक जगद्रूप अधूरा क्यों लगता है? कम, सीमित क्यों प्रतीत होता है? पुरुषार्थ तथा विद्याओं द्वारा प्राप्त तथा रञ्जन पूर्वक भोगा गया प्रत्येक नाम-रूप तृप्त क्यों नहीं करता? यह अतृप्ति की यमुना बहती ही रहती है, मानव की चित्त वसुन्धरा पर, क्यों?"

"क्यों?" मानो मेदिनी के अन्तःकरण से मूक प्रतिध्वनि गूंजी। तोटकाचार्य ने पास ही उपविष्ट हस्तामलक के दीप्त प्रशान्त मुख मण्डल को विनीत दृष्टि से देखते हुए कहा- "इसलिये कि जीव भाव-आत्मा का स्व मोह मात्र है और यह अतृप्त भाव है। जीव क्योंकि आत्मा पर स्वयं का आरोपण है, सर्वज्ञ होना चाहता है, सर्वसमर्थ और सर्वशक्तिमान होना चाहता है-समस्त जगत् के समग्र ऐश्वर्यों को आत्मसात् करना चाहता है, अतः वह तृष्णातुर तथा दीन हो जाता है-असद् कभी सत्य स्वरूप पूर्ण, पूर्ण काम नहीं है, अतः हो नहीं सकता। मानव जीव ही नहीं, सभी भव योनियों के प्राणी आत्मचैतन्य में प्रतिभासित और प्रतिबिम्बित होते हैं, होते रहते हैं, किन्तु उनका यह प्रतिबिम्ब काल के अविराम तमार्णव में काँपता रहता है। तनिक उद्भासित होकर पुनः तिरोहित होता रहता है- यह आविर्भाव तिरोभाव ही कालगति है; कालधर्म है तथा जीवात्मा का स्वभाव एवं जगत् की प्रकृति है। इसलिये यह जगत् जीव को कभी पूर्ण सुख, पूर्ण सन्तोष, परम् शान्ति तथा निश्चिन्त अपने चैतन्य का अनुभव करने नहीं देता। श्रीमद् गुरुदेव आचार्य्य शंकर के श्री चरणारविन्दों की सौगन्ध, मैं अनुभव पूर्वक कहता हूं-परम् सुख आत्मानन्द है; परम् सन्तोष जगत् की आसक्ति का

समूचा त्याग है और सभी पुरुषार्थों का परम् पुरुषार्थ परम् सत्य का दर्शन एवं अपने ही परमात्मा में परिपूर्ण परम् हो जाना है, यही मोक्ष है। वेदान्त दर्शन जीवों की सद् या असद् गतिविधियाँ, मायावलोकन सृष्टि प्रपञ्च अथवा देश काल एवं अन्य तत्वों का अवलोकन, गवेषणा अथवा समीक्षा एवं अनुशीलन भर नहीं है- यह तत्वबोध नहीं है, यह आत्मबोध है। वेदान्त का ध्येय जीवन के अनन्त अथाह आकाश को ही देखना है, उसके भरे उभरे मेघों और विद्युतों को जानने का तात्विक दर्शन नहीं है-वेदान्त और वैदिक वर्णाश्रम धर्म प्राणियों की मानवावतार में मुक्ति प्राप्त करने और अपने ही सच्चिदानन्द परम् में मोक्ष लेने का ज्ञान-लाभ करने का आत्यन्तिक दर्शन एवं धर्म है। जो मत मनुष्य को पुरुषार्थ तथा भोग के बहाने जगत् के गुह्य रूप सिन्धुओं में डुबोये रखना चाहते हैं, प्रति क्षण उदास तथा जीर्ण होती जाती इन्द्रियों को तुष्ट करने की विद्या सिखाते रहते हैं, जो देहज सुखों की कातरता के शमन के लिये मनमाने विश्वास बंधाते रहते हैं, जो विद्युतों की कहानियाँ कहते रहते हैं और मेघों के अन्त में रीत जाने की सूचना नहीं देते, तो जन्मते तथा मरते रहने-पुनः पुनः जननी जठरे शयनम् का उपदेश देते रहते हैं-वह वैदिक नहीं हैं, वेदान्ती नहीं हैं- जीवन के दार्शनिक भी नहीं हैं-वह विद्वान् हैं; विद्यावान् हैं; शास्त्रज्ञ तथा शास्त्रवेत्ता तो हैं, वह जगत् समर्थ हैं; भव शक्तियों के धनी तो हैं किन्तु आत्मदर्शी नहीं हैं-वह गीता के मानव नहीं हैं; वह श्री कृष्ण के शिष्य तथा मित्र नहीं हैं-वह मरणाधीन अन्त में उदास तथा जीर्ण होकर काल की विस्मृति हो जाने वाले अनजान एवं अनाम सम्बोधन मात्र हैं। इस पृथिवी पर हमें समदर्शियों, संयमियों, त्यागियों तथा जीवन के मोक्षमार्गी दिव्य तपस्वियों की ही आवश्यकता है-यही मानव देवता सरस्वती को भजते हैं तथा यावत् जीवन का मोह त्याग कर आत्मा के सच्चिदानन्द साम्राज्य को प्राप्त करते हैं-"

तोटकाचार्य सहसा चुप हो गये; बैठ गये। उपस्थित मानव मेदिनी जैसे मंत्रमुग्ध हो गई थी। सब के श्वाँस मानो हल्के आदि कुम्भक में शम गये थे और अब जैसे पूरक-कुम्भक की गति स्वयं ही जाग रही थी। सहसा भास्कर शैव ने हाथ उठाया और बैठे-बैठे ही पूछा- "थक गये क्या? वाह! आज शंकराचार्य का ऐन्द्रजाल देखा। क्या भाषण दिया है, मानो ब्रह्मा चारों मुखों से बोल रहे हैं।"

तोटकाचार्य ने भी हाथ उठा कर कहा- "आपका आभार! कुछ पल्ले पड़ा?"

शैव भास्कर उठ खड़ा हुआ "पल्ले क्या पड़ना था? सुनता रहा। ऐसा लगा शिव-नन्दी ही भाषण कर रहे हैं। आप ही बताइये, आपने क्या कहा?"

लोग मानो सकपका कर सावधान से जागे; हाँ, क्या कहा? तोटकाचार्य ने कहा- "मैंने कुछ भी नहीं कहा।"

"अच्छा!"-भास्कर शैव ने दाढ़ी खुरचते हुए कहा- "तब क्या प्रेत बोल रहा था? किसी का अभिनिवेश हुआ था क्या?"

"जी! गुरुदेव शंकर का ही अभिनिवेश समझिये।" तोटकाचार्य ने उठते हुए सस्मित कहा- "गुरु ही प्रभु हैं; शिष्य ही आत्मा है और गुरु ही शिष्य के अन्तःकरण द्वारा ज्ञान-वार्ता करता है। मैं? मैं हूं नहीं गुरुदेव श्रीमद् शंकराचार्य ही हैं- मेरे मन में, चित्त में, बुद्धि में-मेरे 'मैं' में शंकर ही हैं- सच्चिदानन्द शिव स्वरूप श्रीमद् जगद्गुरु शंकराचार्य की मैं एक छाया मात्र हूं।"

शैव जयरथ भी बोले- "तब फिर अपने गुरु को ही हमें कहने दीजिये, भवान्! आप, अपने गुरु की छाया मात्र, यह काया-कष्ट क्यों उठा रहे हैं-ऐं?"

शैव भास्कर ने उत्ताल हास्य हँसते हुए कहा- "ज्योतिर्मठ के आचार्य जो ठहरे। निरक्षर, असाक्षर तथा अशिक्षित यह भृत्य शिष्य तोटक विद्वानों, मनीषियों, सम्प्रदाय के आचार्य्यों तथा बुधजनों को वेदान्त का व्याख्यान कर रहा है-इससे अधिक विडम्बना क्या हो सकती है? तो सब कसौटियाँ विज्ञान तथा विद्या की हैं, ज्ञान की नहीं?"

तोटकाचार्य्य ने हाथ जोड़ कर मेदिनी को प्रणाम करते हुए कहा- "ज्ञान ही सब की कसौटी है। यह जगत् ज्ञान का ही प्रतिभास है। अज्ञान में ज्ञान का भास ब्रह्म-प्रतिबिम्ब से ही संभव हुआ है अन्यथा जड़ ज्ञानवान् नहीं है- क्रियावान नहीं है-इच्छामय क्या जड़ है? हो सकता है?"

शैव जयरथ खड़ा हो गया- "शिव ज्ञान, क्रिया, इच्छा, आनन्द तथा चित्त के महेश्वर हैं-वेदान्त का ब्रह्म नहीं। अतः कृपया काम्बोज की धरती पर वेदान्त की यह भस्म मत उड़ाओ। हम, प्राणि मात्र, जीव मात्र ऐसा ईश्वर चाहते हैं, जो जगत् का रचयिता तो हो ही किन्तु जगदीश्वर भी हो। जो प्राणियों के संकट हर सके; जो जीवों को निश्चिन्त कर सके- विघ्न टाल सके-जो सतत मंगल प्रदान कर सके। हम छाया में नहीं, ठोस काया को लेकर चलते हैं। जगत् हमारे लिये माया-क्षणिक रहस्य मात्र नहीं है, वास्तविक यथार्थ है, श्रीमन्! शिव की विमर्शिनी परात्परा शिवा सगुण ब्रह्माणी, माहेश्वरी, ऐन्द्री है।"

तोटकाचार्य ने शान्त स्वर में कहा- “लोगों को वेदान्त का सन्देश देने का संन्यासी का जन्मजात सत्व है। आप शैव हमारी वार्ता सुन कर भूल जाना हो, तो भूल जाइये।”

“हम सुने क्यों?”-शैव भास्कर बमका।

“इसलिये कि अन्ततोगत्वा सत्य को सुनना ही होता है।”- तोटकाचार्य बोले- “इस पृथिवी पर मनुष्य को विज्ञान की शक्ति और माया की रमणीयता नहीं, अज्ञान के घन-तिमिर की चमत्कृतियाँ ही नहीं, आत्मा की सच्चिदानन्द चिति चाहिये-वही चैतन्य चाहिये, जो यावत् जीवन का निमित्त है, जगत् का अधिष्ठान है तथा जो भव-बन्धनों से मुक्त कर आत्मा को परमात्मा के परम् धाम में सदैव के लिये मुक्त कर देता है-शिव, परम् शिव, परमेश्वरी शिवा क्या जीव है? नहीं, काल और देश के परे, सभी शरीरों के परे, भूतों तथा तत्वों के पार वह निरञ्जन निराकार सच्चिदानन्द है-भक्तों के लिये शिव है; शिवा है किन्तु प्राणियों के लिये वह चैतन्य का अभय भर है। यह भव भय है- देह भीति है-शरीर जगत् का सृष्टि प्रपञ्च भर है। जन्म-मरण पुनर्जन्म यह सब उस मनस्वी का अनन्त अगाध चिद् विलास भर है-लीला मात्र।”

“तो?” भास्कर।

“तो?” तोटकाचार्य ने कहा “मनुष्य को मोक्ष के मार्ग पर लाना अनिवार्य्य है। यही सद्गुरु शंकर का जगद्कल्याण कार्य है- प्राणि मात्र को वेदान्त का सन्देश ही यह है। मृत्यु का भय-मार्ग त्यागो, मोक्ष के अमर पन्थ पर जीवन की दिव्य धाम के लिये यात्रा करो। मानव जन्म में ही सुख की तृष्णा लेकर बार-बार जन्मो मत; मरो मत। मानव योनि में मानव जीव होकर परम् सत्य की खोज करो-सुख की नहीं। सच्चिदानन्द की उपासना करो। ब्रह्म-साक्षात्कार, भवान्!”

शैव जयरथ ने कहा- “हम शूद्र से ब्रह्म ज्ञान की अपेक्षा नहीं करते। आपको वेद तथा आत्मा-परमात्मा की बात करने का अधिकार नहीं है-शूद्र सेवा का अधिकारी है। तीनों वर्णों की मूक सेवा करे तथा सन्तोष धन प्राप्त करे। ब्राह्मण को प्रतिष्ठा, क्षत्रिय को यश तथा वैश्य को कीर्ति चाहिये-शूद्र को तीनों वर्णों की कृपा चाहिये, समझे!”

तोटकाचार्य्य ने ऊर्ध्व श्वाँस भरते हुए कहा- “वर्ण जड़ चेतन की अभिव्यक्ति का प्राकृत क्रम है; पद्धति है-धर्म है, स्वभाव, भवान्! वर्ण मनुष्यों का प्रस्ताव नहीं है; परस्पर का निर्मित सम्बन्ध नहीं है। वर्ण ही जगत् तथा भव की

प्राणियों की स्वाभाविक अभिव्यक्ति है। वर्ण और आश्रम केवल ईश्वर प्रदत्त मानव धर्म की गति-विधि है। जगद्गुरु शंकराचार्य मनुष्य के मोक्ष तथा अर्थ, धर्म, काम के मोक्ष का भी पुरुषार्थों के लिये, व्यावहारिक वेदान्त की आराधना के लिये वैदिक वर्णाश्रम धर्म को ही एक मात्र मानव धर्म और उसका कर्म मानते हैं-सभी ऋषियों ने चैतन्य जीव अभिव्यक्ति को वर्णमयी ही देखा है; पाया है। मूल प्रकृति की सद् पूर्ण, अथाह अमोघ अभिव्यक्ति ही वर्णमयी तथा आश्रम स्थित है। वर्ण भव हैं। आश्रम आयु है।"

भास्कर- "शास्त्र और स्मृतियाँ यह नहीं कहतीं।"

"तब क्या कहती हैं, श्रीमन्?" सहसा हस्तामलक ने बैठे-बैठे ही पूछा।

"क्या कहती हैं?" भास्कर ने पूछा- "आप ही कहिये, मुनिवर्य्य!"

हस्तामलक ने शान्त प्रशान्त दृष्टि से भास्कर को देखा- "शान्त! मौन! बोलो मत! बहुत बोलते हो न, इसलिये ब्रह्म नहीं दीखता।"

भास्कर ने खीझते हुए कहा- "हमें शिव, साक्षात् शिव दीखते हैं-शून्य में ब्रह्म का भूत नहीं।"

हस्तामलक ने कहा- "भूत, प्रेत, जीव शरीर हैं ही कहाँ? ब्रह्म ही है-ब्रह्म ही सत्य है, यही ज्ञान है; ब्रह्म ही सत्य हैं तथा जगत् मिथ्या है यही वेदान्त दर्शन है। शान्त!"

"शान्त!" शैव जयरथ गर्जा- "कुरु के शताब्दियों के आध्यात्मिक विश्वास को डिगा कर अब काम्बोज में सत्य को लेकर सम्भ्रम उत्पन्न करने चले आये हैं। यावत् जीवन की शिव तत्वता को भंग कर मनुष्य को निरा लोकायत बनाते आये हैं। आप तथा कथित योगी, यती-संन्यासी! निर्गुण-सगुण का यह संक्रामक प्रश्नोत्तर कुछ यतियों तथा संन्यासियों के लिये है; मानव को लेकर तो सदैव पृथिवी पर ईश्वर का अमोघ विश्वास शिव शम्भो का अखण्ड पूजन ही जीवन यापन का सर्वाधार रहा है-मानव को जीना है, महाशय! जगत् को मिथ्या कह देने मात्र से क्या जगत् मिथ्या हो जायगा? शिव को महाभूत कह देने से क्या शिव महाशव हो जायेंगे? प्राणिमात्र को भव संसार में जीने के लिये ज्ञान, क्रिया, शक्ति, चेतना तथा सुख सन्तोष चाहिये-"

"संभृति और सम्पदा भी चाहिये।"- भास्कर ने बीच में ही गर्जन किया- "मानव को गृहस्थी चाहिये। सुख-सुख, परम् सुख चाहिये। काल धर्म केवल सोते रह कर स्वप्न देखते रहने के लिये नही हैं, श्रीमन्! काल प्राणियों की

आयु है, जाति है-भोग है। फिर मानव जीव क्या जन्मते ही यती हो जाय? संन्यासी? क्या मानव जन्मते ही संन्यासी हो सकता है? उसको ब्रह्मचारी गृहस्थ, वानप्रस्थी होना होगा।"

"अन्त में संन्यासी!" हस्तामलक ने सस्मित शान्त स्वर में कहा।

सहसा भास्कर ने कहा- "हम शंकराचार्य को सुनना चाहते हैं; आपको नहीं और इस भृत्य तोटक को तो हम देखना तक नहीं चाहते।"

हस्तामलक- "न देखिये; अपने अन्तःकरण के अथाह में देखिये, स्वयं को देखिये, कृपया। हमे न सुनिये; अपने अन्तःकरण को ही सुनिये।"

जयरथ- "क्या दिखेगा?"

"सच्चिदानन्द ब्रह्म का भासमान प्रकाश।"- हस्तामलक ने कहा।

जयरथ ने सव्यंग कहा- "तब पूर्ण ब्रह्म का साक्षात्कार अन्त:करण में नहीं होगा? इधर तो आप कहते फिरते हैं, सर्वम् खलु इदम् ब्रह्म और उधर इस अपने ही वाक्य से मुकर जाते हो? ब्रह्म ही सत्य है, ब्रह्म ही है-यह सब कुछ, समस्त और सर्वत्र-परम् सत्य ब्रह्म है तो फिर अन्तःकरण में भी ब्रह्म है। अहम् में, चित् में, बुद्धि में, मन में, प्राणों में ब्रह्म ही है। हम ब्रह्म नहीं कह कर शिव कहते हैं- शिव हैं, सर्वत्र सर्वदा समस्त और समग्र में शिव ही उद्भवित और तिरोभवित हो रहे हैं। हमारा शिव ब्रह्म सगुण भी है; निर्गुण भी है; साकार भी है; निराकार भी। परम् शिव ही चित्त है, आनन्द, ज्ञान हैं, इच्छा है; क्रिया है-यह जगत् और भव-संसार परम् शिव की क्रीड़ा है-जीवन क्रीड़ा है-समरस के दिव्य अमृत से भर पूर्ण यह शिव-शिवा की प्राणी मात्र के स्वरूप में भव लीला है- निरर्थक लीला नहीं, सार्थक। शिव अपनी परात्पर शक्ति के द्वारा ही यह जड़-चेतन, जगत् तथा सृष्टि होता है-हमारा वेदान्त जगत् का सत्य और भव-संसार का विज्ञान है- ज्ञान है। मुक्ति हम भी चाहते हैं किन्तु जीव रूप नहीं; शिव रूप ही हम मुक्ति चाहते हैं-हम अपनी माया के द्वारा अपना ही अनेकान्त रूप देखना तथा भोगना चाहते हैं- भवपाश में बँध कर हम शिव स्वरूप काल यापन करना चाहते हैं। विचित्र और विलक्षण भव धारण कर हम शिव पुनः अपने समरस-अमृत सोम का पान कर शिवा के साथ समाधिस्थ हो जाना चाहते हैं-शिव ही कालातीत तथा कालजन्य सत्य है, शिव है, मंगल है- चैतन्य है।"

हस्तामलक ने शान्तिपूर्वक कहा- "महाशैव अभिनव गुप्त ने आपको भली-भाँति पढ़ाया है। आप धन्य हैं। किन्तु वेदान्त की हमारी दृष्टि बुझ जाने वाले

मानव देह के नयनों की दृष्टि नहीं है। हमारी वेदान्त दृष्टि ऋषियों के दिव्य चक्षुओं की दृष्टि है हम आत्म को शिव स्वरूप जानते हैं किन्तु पाश में बंध कर जीने वाला शिव नहीं।"

भास्कर- "तब आपका शिव जगत् रचता है, किन्तु जगत् में आविर्भूत नहीं होता। तब वह शिवा के साथ भव-संसार की गृहस्थियाँ नहीं रचते? तब क्या करते हैं आपके शिव ब्रह्म? समाधिस्थ होकर काल से लड़ते रहते हैं? देश को समेटने की व्यर्थ चेष्टा करते रहते है? समाधि में शिव क्या अपने निराकार का ही ध्यान करते हैं-फिर निर्गुण का ध्यान? निराकार की उपासना-हम शैव करते हैं। निराकार परम शिव योगियों का निर्विकल्प मात्र है- सत्य ही शिव है; शिव ही शिव है; सुन्दर! सुन्दर ही शिव है।"

"सत्यम् शिवम् सुन्दरम्? नहीं।" हस्तामलक ने कहा- "सच्चिदानन्द।"

"क्या?" जयरथ बमका।

"हे श्वेतकेतो! वह तू ही है; यह सब अखिल-निखिल वही ब्रह्म है। यह चैतन्य सब में रमा हुआ चैतन्य वही है। प्रज्ञान!" हस्तामलक ने शब्द-शब्द पर भार देते हुए कहा- "अयमात्मा ब्रह्म!"

भास्कर ने उत्ताल हास्य हँसते हुए पूछा- "और?"

हस्तामलक ने सस्मित कहा- "अहम् ब्रह्मास्मि!"

"आत्म-वञ्चना मात्र।" सहसा क्षेमराज ने मानो प्रगट होते हुए कहा "इसी आत्म वञ्चना का उद्घाटन करने के लिये हम महर्षि अभिनव गुप्त के शिष्य और ब्रह्मचारी आपके पीछे-पीछे आ रहे हैं। अहम् ब्रह्मास्मि? तब जन्में क्यों हैं श्रीमान्? देह क्यों धरा है? जीव हो और ब्रह्म होने का ढोंग करते हो? अवश्य, आपका गुरु शिवोहम् शिवोहम् कहता है, किन्तु उसने भी 'मैं ब्रह्म हूं' यह कदाचित् नहीं कहा। कहा क्या?"

"नहीं, जी।" हस्तामलक ने सस्मित कहा- "किन्तु यह अन्तिम शरीरी कहता है- मैं जड़ नहीं हूं; किन्तु जो जड़ है, मेरे सामीप्य से प्रवृत्तिगत होता है। निस्संदेह मैं चैतन्य यह देख रहा हूं, तथा अनुभव भी कर रहा हूं-तटस्थ होकर मैं अपने आस-पास के जड़ को प्रवृत्त होते देख रहा हूं-जान रहा हूं। ऊर्मियों और भावनाओं से रहित केवल परम आनन्दमय परम सुख का परम मद मैं हूं। हे मनीषी! आप मुमुक्षु को मेरे जैसा ही अनुभव हो, यह मैं चाहता हूं।"

"मैं-मैं-मैं चाहता हूं।" क्षेमराज बोले- "कौन? आप निस्संदेह भ्रम में हैं; उद्भ्रान्त हैं, स्वामिन्!"

"अहम् ब्रह्मास्मि" हस्तामलक ने बैठते हुए कहा- "जीवों! मैं ब्रह्मवत् कहता हूं अपने सच्चिदानन्द में रम जाओ। यह माया मोह के जन्म-मरण त्याग दो। सभी शरीरों से उपरत हो जाओ तथा कालातीत होकर मृत्यु को जीत लो। क्षणिक सुखों की आसक्तियों को त्यागो तथा परमपद के परम सुख की अमोघ इच्छा करो। जगत् की भव-कामनायें त्याग कर सच्चिानन्द की अनन्त ज्ञानेच्छा में जाग जाओ। जय सच्चिदानन्द!"

"जय सच्चिदानन्द!" मेदिनी के शत सहस्र कण्ठों से गगनभेदी ध्वनि उठी और मानो गगन में झूमती हुई, व्योम में झीमी तथा अनन्त आकाश में रम कर स्वतः ही मौन हो गयी।

तोटकाचार्य ने उठ कर कहा- "महा सरस्वती का अब पूजन होगा। महासरस्वती वेद, उपनिषद्, गीता, विविध शास्त्र, दर्शन तथा योग विद्या की ज्योतिर्मय देवता है। प्रत्येक श्रद्धास्पद तथा जिज्ञासु उपदेश के अन्त में यह सरस्वती पूजन कर कृतार्थ होगा- यह वेदान्त की आराधना ही है।"

"नहीं।" क्षेमराज ने उठ कर कहा- "हम शिवाराधना ही करते आये हैं। उन्हीं परम देवाधिदेव की पूजा आराधना हम करेंगे। पुस्तक की पूजा अनुचित है- पूजा गुरु की; आचार्य्य की; ऋषि की।"

भास्कर ने भी उठ कर कहा- "जो शैव है, शाक्त है, त्रिक् दर्शन का बटुक है, वह इस वेदान्त आराधना का बहिष्कार ही करेगा।"

जयरथ ने चिल्ला कर कहा- "उठो, चलो हमारे साथ! वेदान्त का निरर्थक वार्तालाप बहुत हो चुका। काम्बोज, पाञ्चाल, कामरूप काश्मीर इस रहस्यमय और अवास्तविक चर्चा अचर्चा से दूर ही रहेगा। उठो, चलो।"

मेदिनी में हलचल हुई; कुछ लोग उठ खड़े हुए। "चलो, उठो!" की स्फुट-अस्फुट पुकारें आरम्भ हुईं। तोटकाचार्य ने ऊर्ध्व श्वाँस भर कर इस हलचल को देखा; दृष्टि से तौला फिर कहा- "जय जगद्गुरु शंकराचार्य्य!"

"जय!" गहगहती हुई ध्वनि उठी।

"हर हर महादेव!" प्रतिध्वनि सी उठी।

तोटकाचार्य ने शीर्ण-प्लुत स्वर में कहा- "जिसको जाना हो, शान्ति से उठ कर चले जायें। हम वेदान्ती किसी के भी मत का व्याघात नहीं चाहते। अपने

सम्प्रदाय के विश्वास में जो दृढ़ रहना चाहते हैं- रहें। आत्मा की खोज की यह वार्ता वेदान्त चर्चा संघर्ष नहीं, शान्ति की ही वार्ता है। यह व्यर्थ उग्रता इस बात का प्रमाण है कि विद्वान् अपनी विद्या के मोह में जड़ीभूत हो जाता है। भगवती श्रुति कहती है; विद्यावान्, शास्त्रवेत्ता अपने चिन्तन के तम में डूबता ही रहता है। भावना कीच है; विचार जकड़न है- केवल ज्ञान से ही विकारों और ऊर्मियों से मुक्ति मिलती है। अपरा विद्याओं से जगत् का भान होता है- माया मोह के संयोजन की प्रतिभा प्राप्त होती है- प्रज्ञान नहीं। जब प्रज्ञान ही ब्रह्मज्ञान का अद्वैतानुभव है। कृपया शान्तिपूर्वक जिसको जाना हो, वह चले जायें। हमारा उनको नमस्कार है।"

हस्तामलक ने उठ कर समस्त मेदिनी को प्रणाम किया और कहा- "सब का कल्याण हो। मैं देहों को नहीं, देह में गुह्य ब्रह्म को ही प्रणाम कर रहा हूं। जगत् को प्रणाम कर मैं क्या करूँ? जगत् झेला जाता है; सहन किया जाता है। प्रणाम तो सच्चिदानन्द को ही किया जाता है।"

सहसा मेदिनी के शत-शत कण्ठों से ध्वनि उठी- "जय सच्चिदानन्द!"

क्षेमराज, भास्कर, जयरथ तथा कुछ शैव और शाक्त मण्डप के बाहर धँसे तथा द्रुतगति से चले, मानो काम्बोज की सीमाओं को भेद कर वह कामरूप तथा काश्मीर की ओर लपके। कुछ दूर तक 'जय सच्चिदानन्द!' की गूंजें सुनाई देती रहीं। क्षेमराज मन ही मन जैसे उभर कर, उफन कर शान्त होने लगे; उनकी चाल धीमी होती गई। भास्कर ने हाथ हिलाना कम कर दिया और ह्रींकार करता हुआ चलता रहा। जयरथ कभी रूकता और कभी चलता। साथ मानो भागते हुए शैव-शाक्त रुक-रुक कर क्षेमराज, भास्कर तथा जयरथ की ओर देखते तथा ठहरने का इंगित टोहने लगे। एक शैव ने कहा- "यह चेला तो गुरु से भी बढ़ गया। जय सच्चिदानन्द लोग ऐसे बोल रहे थे-मानो जय श्री कृष्ण, जय राम। आश्चर्य्य है।" दूसरा ठुनक कर तनिक रुका; बोला- "लोग हैं, जिस ओर मुड़े; मुड़ गये। लोग सोचते नहीं; सुनते हैं तथा वायु-प्रवाह के साथ प्रवाहित हो जाते हैं।" तीसरे ने तमाल पत्र की डिबिया निकालते हुए कहा- "लोग प्रायः मूर्ख ही होते हैं। समझते तो कुछ हैं नहीं। गेरुआ वेश देखा और साष्टांग दण्डवत करने लगेंगे। लोग वेश देखते हैं, नाम सुन कर अनुकरण करने लगते हैं। भेड़ धसान, और क्या?" चौथे ने कहा- "एक प्रश्न का उत्तर तो देते नहीं बना। केवल ब्रह्म, ब्रह्म वह शूद्र तोटक कहता रहा और वह हस्तामलक? मानो पाषाण की प्रतिमा हो; किसी ऐन्द्रजाल से ही बोलता हो-मैं जड़ नहीं हूं, चैतन्य हूं। उँह! सभी जड़

हैं; सभी चैतन्य हैं, भला! हमें समझाता है। जीवन भर जाप करते हो गया है। 'ओम नमः शिवाय!' श्वाँस-श्वाँस में रम गया है। जाप अजापा हो कर स्वयं ही मौन हो गया है। अनहद सुनता हूं, जी।" पाँचवें ने कहा- "यहाँ तो ओमकार को सुनते हुए अन्य ध्वनियाँ सुनाई ही नहीं देतीं।" एक शाक्त ने हँसते हुए कहा- "कामेश्वरी कामेश्वर! हम तो कामेश्वर कामेश्वरी का शास्त्र विहित ध्यान करते हैं। दिवस भर वैष्णव रहते हैं; रात्रि को शाक्त। कुण्डलिनी-ऊर्ध्व रेतन तथा षड् चक्र भेदन के बिना कोई भी योग नहीं होता। यह शंकराचार्य तो केवल सत्य ज्ञान-अनन्त का ध्यान ही बताते हैं; किन्तु ध्यान तो परमात्मा के साकार सगुण विग्रह का ही ध्यान संभव है-सविकल्प समाधि, भैय्या!" क्षेमराज एक बड़े पुर की सीमा पर रुके; वृक्षों के कुञ्ज छितरे निकुञ्ज में ठहरे, सभी साथ-साथ ठहर गये। भास्कर ने स्वेद पोंछते हुए कहा- "अब क्या?" जयरथ ने वृक्ष के छितरे किन्तु किरणों से शोभित छाया में होते हुए कहा- "अब क्या? क्यों? अब क्या और तब क्या? शंकराचार्य और उसके मठाधीशों से संघर्ष अनिवार्य लगता है- वेदान्त का धर्म-साम्राज्य ही स्थापित हुआ है- राज्य सत्ताओं को इस साम्राज्य के सम्राट् के अन्तर्गत कर दिया जा रहा है।"

क्षेमराज ने विवर्ण मुख से कहा- "धर्म-प्रसार में संघर्ष मुझको समझ में ही नहीं आता, दर्शन द्वन्द्व नहीं है। धर्म तोड़ नहीं है। दर्शन अणु का विराट् अनन्त अनुभव है; धर्म मानव के परम् विकास का साधन मार्ग है। ज्ञान-विद्या-हिंसा से क्या प्राप्त होगी? नहीं, मैं जैनियों के अहिंसा-सिद्धान्त को व्यावहारिक मानव जीवन का आधारभूत सिद्धान्त मानता हू। निस्संदेह वेदान्त दर्शन प्राणि मात्र का आध्यात्मिक अभिन्न तादात्म्य ही सिखाता है-तब शैव क्यों लड़े; शाक्त क्यों भिड़े? क्यों?"

"अपने सम्प्रदाय के अस्तित्व के लिये! और किसलिये?" भास्कर ने कहा- "अनादिकाल से शैव-दर्शन और शिवाराधना भगवती गंगा की भाँति भारतवर्ष के जन-मानस में बहती रही है। शिव साक्षात्कार अनादिकाल से प्राणियों के त्राण का अमोघ आधार रहा है। शिव प्राणियों के पिता ही नहीं, त्राता भी हैं। अहैतुक, औढरदानी आशुतोष त्र्यम्बक शिव कल्प से प्रलय तक यावत् जीवन के मंगल कल्याण तथा जीवन-सौन्दर्य के देवाधिदेव हैं-रहे हैं; रहेंगे। तब शैव-प्रजा को शिव के अमोघ 'हां' से हीन किया जाय, 'जूं' से रहित तथा 'सः' से विकृत किया जाय, क्या? ओम, हों, जूं, सः।" यह जीवन का मृत्युंजय मंत्र है-तंत्र-मंत्र है। यही मंत्र शिव को चन्द्र-चूड़ामणि कहता है तथा अमृत गंगा की धारा से

अभिषेक भी करवाता है-अमृत ब्रह्म की धारणा ही है क्या? अमृत साक्षात् ब्रह्म का अमृतशील है। अतः हम जगत् को मिथ्या कहने वाले वेदान्त को शैव मानव की चेतना में आने ही नहीं देंगे।"

जयरथ ने हुंकार किया- "परम शिव ही अनादि चित् शक्ति हैं; आनन्द सम्मोहन हैं। शिव ही जगत् की सृष्टि, स्थिति, संहार तथा यावत् जीवन की आराधना का कार्य करते हैं। शिव स्वयं ही ज्ञान स्वरूप तथा ज्ञान प्रकाश हैं- शिव ही सभी स्वरूपों को धारण करते हैं। हमारा देवाधिदेव शिव-शिवा का वल्लभ है, पति है और प्राणियों का पिता, रक्षक एवं त्राता विधाता है। मार्कण्डेय को चिरञ्जीवी बनने का वरदान तो हमारे त्रिपुरारि शिव ही दे सकते हैं। पुष्प धन्वा कामदेव को भस्म कर कालकूट का पान और किसने किया? क्या विष्णु ने किया? नहीं विष्णु मोहिनी तो हो सकते हैं; किन्तु शिव नहीं; त्र्यम्बक नहीं। हम हिमालय में गल जाना चाहेंगे किन्तु वर्णाश्रम के संन्यासियों के वेदान्त दर्शन को कदापि त्रिकाल में भी स्वीकार नहीं करेंगे।"

"अवश्यमेव नहीं करेंगे; किन्तु लड़ेंगे-झगड़ेंगे नहीं।" क्षेमराज ने मानो सहसा दृढ़तापूर्वक कहा- "इस पृथिवी पर संन्यासी ही आदर का पात्र है; पूजन के योग्य आचार्य गुरू तथा सन्यासी ही है। राजा वन्दना का पात्र है पूजन का नहीं। क्या शिव विष्णु का आदर नहीं करते? ब्रह्मा को प्रणाम नहीं करते? अरे वह तो अपनी परा प्रेयसी प्राण वल्लभा शिवा के लाक्षाद्र चरणारविन्दों का भी पूजन करते हैं। तब हम वेदान्त सन्यासियों से लड़ेंगे? नहीं; हम उनका आदर करेंगे और उनको शास्त्र से जीतेंगे हम वेदान्त को ही शैव दर्शन में बदल देंगे।"

भास्कर ने क्षेमराज को घूरते हुए कहा- "यह क्या वार्ता अथवा शास्त्रार्थ से होगा? नहीं- देवताओं को शक्ति ने विजय प्रदान की है। आसुरी तथा दुष्ट, दानवी शक्तियों का संकल्प-बद्ध नाश ही करना होगा, श्रीमद्!"

क्षेमराज ने तपाक से कहा- "वेदान्त-दर्शन क्या आसुरी दर्शन है? नहीं, वेदान्त को हम वैदिक दर्शन ही कहेंगे; औपनिषदिक तत्व-बोध। भारत में आसुरी दर्शन केवल देहवादी ब्राह्यस्पद-दृष्टि है, जो भी आसुरी नहीं कही जा सकती। शिव शिवा संसार के भोग का ही पूजन पाते हैं, यह स्वयं शंकराचार्य्य मानते हैं। वैदिक विचार ज्ञान प्रज्ञान की दृष्टि तथा शास्त्र प्रमाण से ही संयोजित तथा सिद्ध की जाती रही है। शैव दर्शन भी वैदिक दर्शन है-सच्चा वेदान्त है। ब्रह्मा और विष्णु नहीं, शिव शाश्वत हैं-महाप्रलय में शिव ही रहते हैं इसीलिये हम शिव तत्व को परम् तत्व-समग्र सर्वव्यापी सच्चिदानन्द चैतन्य मानते हैं।"

जयरथ ने कहा- "उन्हीं का शिष्य भट्ट भास्कर क्या कहता था?"

क्षेमराज ने हँसते हुए कहा- "आचार्य्य श्री शंकर प्रच्छन्न बौद्ध हैं। बौद्धों की विज्ञान दृष्टि आचार्य्य शंकर की दृष्टि में मिल गई है, जिसका ज्ञान स्वयं शंकराचार्य को नहीं है-सौ बात की एक बात। गुरुदेव अभिनव गुप्त को आचार्य्य शंकर से शास्त्रार्थ करना ही चाहिये"

भास्कर ने तमकते हुए कहा- "उस भ्रष्ट संन्यासी से शास्त्रार्थ? नहीं। भूल गये यह यती शवारूढ़-शवारोपित होकर महाराज अमरुक बना था तथा उसकी राज्ञी से राग-रंग करता था- कामानुशीलन! तो क्या शंकराचार्य्य व्यभिचार के इस महापाप से बच सकता है? नहीं।"

क्षेमराज ने शान्त स्वर में कहा- "योगियों की बाह्य चेष्टाओं को देख कर बुद्धिशाली कोई भी व्यावहारिक दृष्टि तथा लोक मर्यादा का निर्णय नहीं करते! भगवान् परशुराम को भी भगवान् दत्तात्रेय के शाक्त व्यवहार को देख कर ऐसा ही भ्रम हो गया था।"

जयरथ ने सव्यंग कहा- "आप श्री गुरु बदल क्यों नहीं लेते?"

क्षेमराज ने तीव्र स्वर में कहा-"मैं गुरु और ज्ञान नहीं बदलता। मैं शास्त्र बदलता हूं; भव बदलता हूं- मेरे गुरु महर्षि अभिनव गुप्त हैं- सो हैं। किन्तु ज्ञान-साधना में 'द्विष' से नहीं चलता। मैं मूढ़ों, मूर्खों तथा शास्त्राभिमानियों से घृणा नहीं करता। भगवान् शिव और भगवती शिवा की मैं मानव सन्तान हूं। मैं मत-भेद में निहित 'एक्य' को देखता हूं; सम्प्रदायों के सिद्धान्तों के अन्तराल का सहज समन्वय खोजता हूं-मैं धर्म का शील और जीवन का मंगलमय सौन्दर्य्य तथा धैर्य्यवान शौर्य्य ही खोजता हूं-भगवती शिवा का यही सन्देश है। यदि शैवों के पास सिद्ध शक्ति तथा साधना की अमोघ तपस्या है, तो यह वयस्क संन्यासी हार कर रहेगा।"

भास्कर ने ऊर्ध्व श्वाँस भरा; और तनिक चमकती हुई आँखों से रुष्ट होते हुए कहा- "श्रीमद् अभिनव गुप्त का निश्चय है कि वह शास्त्र तथा औपनिषदिक वार्ता से नहीं, तंत्र बल से ही शंकराचार्य को हरायेंगे-निस्तेज करेंगे। आप श्री साथ देंगे या नहीं।"

क्षेमराज ने भास्कर को घूरा; कहा- "मुझको गुरुजी ने कुछ भी नहीं कहा। मुझको उनके निश्चय का पता नहीं है।"

जयरथ- "हम जो कहते हैं।"

भास्कर ने सोत्साह साभार कहा- "श्रीमान् शिवराम को तो गुरु जी ने इसके लिये दीक्षा-तत्पर किया है तथा हम सब को जागरुक एवं सन्नद्ध किया है। औघड़नाथ कामरूप, काश्मीर तथा हिमान्चलों में शंकराचार्य का प्रवेश रोकेंगे। इस तोटक को तो उपदेश करने से ही वर्जित कर दिया जायगा।"

क्षेमराज ने अचकचाते हुए पूछा- "गुरुजी यह सब करेंगे? क्यों? एक यती संन्यासी के वेदान्त-व्याख्यान से हो क्या जाने वाला है? शैव दर्शन शिव के त्रिशूल पर चमकता तथा डमरू में ध्वनित होता है- शिवा की कटि-किंकणी में खनकता और नूपुरों में रणझणता है। शैव दर्शन के विरुद्ध बोलने वाले युग-युग में जन्मते आये हैं और अपनी ही वाचा के घोर शून्य में वह समाते भी गये हैं। प्रतिकार तथा प्रतिशोध का मार्ग शास्त्र निर्बल तथा दर्शन-दुर्बल ही लिया करते हैं मनीषी, ऋषि, मुनि, साधु, साधक तथा सन्त लिया नहीं करते।"

भास्कर ने सव्यंग मुस्कराते हुए कहा- "तब हम असाधु ही सही। शंकराचार्य्य शास्त्र का ही खण्डन करता है; वार्ता को ही व्यर्थ कर देता है- शिवा की कटि-किंकणी उसको सुनाई नहीं देती। राजा अमरुक की राज्ञी के नूपुरों को सुनकर वह मतिमूढ़ ही सा हो गया है। डमरु? और आपके यती संन्यासी शंकराचार्य सुनें? नहीं; उसे डमरू सुन नहीं पड़ता-कहता है मैं अनहद सुनता हूं।" ढोंगी कहीं का। सभी देवियों, देवताओं, नदियों तथा पर्वतों की पूजा करता है और स्वयं को निर्गुण ब्रह्मवादी उद्घोषित करता है- आपका वेदान्ती शंकराचार्य आत्मवञ्जचक है, सुन लें आप।"

"मेरा शंकराचार्य?" क्षेमराज ने तनिक अमर्ष पूर्वक पूछा- "मेरा शंकराचार्य कैसे? मैं सौजन्य, विनय और शिष्टाचार पूर्वक शंकराचार्य का समक्ष साधने के लिये कहता हूं आप सब उनके चेले हो जायें, यह नहीं कहता और मैं तो महर्षि अभिनव गुप्त को अपना गुरु मान चुका हूं।"

"तब आप उनकी आज्ञा क्यों नहीं मान सकते?"- भास्कर ने पूछा।

"आज्ञा मानूंगा, इच्छा नहीं।" क्षेमराज ने कहा- "चलना होगा।" जब-जब ठहरेंगे? यही बात कदाचित् हो। विद्वान् में मैं असंगति तो स्वीकार करता हूं; द्विष नहीं। मनीषी का मताग्रह मुझको समझ में आता है, उसका द्वेष नहीं। महाप्रज्ञ अभिनव गुप्त का शान्त प्रशान्त अहम् मैं अनुभव करना चाहता रहा हूं- उनका प्रलय सूर्य की अग्नि नहीं। महर्षि वासन्ती वायु मलयज के समान

बहता है; वीणा झंकार सा बोलता है तथा मुरली के रव सा व्यवहार करता है। आप लोग गुरु जी के विश्वस्त उदात्त शिष्य प्रतीत नहीं होते।"

"क्यों? जी?"- जयरथ ने उचकते हुए पूछा।

"शिष्य गुरू के क्रोध को पी जाता है।" क्षेमराज ने कहा- "शिष्य वह जो गुरु के चरणों की मोच मिटाता रहता है। शिष्य गुरु की व्याख्या को विस्तृत करता तथा भाष्य की दिव्य शिलाओं को आकाश में स्थापित करता है। शिष्य गुरु को अग्नि में जलने नहीं देता; प्रभंजन में उड़ जाने नहीं देता। शिष्य ही गुरु का भविष्य है, सुन्दर, शीलवान, भव्य और दिव्य भविष्य है।"

भास्कर ने सिर धुनाया; कहा- "तब हम-"

क्षेमराज ने बीच ही में कहा- "मेरे गुरु भाई हैं आप। इसमें मुझको सन्देह नहीं है- आप हो तो मैं निरुपाय हूं। किन्तु मैं प्रतिकार तथा प्रतिशोध-हिंसा के मार्ग पर जाते हुए अपने माननीय महिमामय श्री गुरु को रोकूंगा। अवश्य बरजूंगा-फिर चाहे वह मुझे अपने चरणारविन्दों से रौंद दें।"

"चरणारविन्द रौंद सकते भी हैं?" एक शाक्त ने पूछा।

"तो श्री गुरो मुझे अपने त्रिशूल से भेद दें भले ही; किन्तु मैं उनको यतियों, संन्यासियों, महात्माओं आदि की हानि करने नहीं दूंगा"- क्षेमराज ने कहा।

"अच्छा? सुन लें, हम महर्षि गुरुदेव अभिनव गुप्त तथा श्रीमद् औघड़नाथ के केतु की छाया में हैं।" भास्कर ने कहा- "गुरुदेव तंत्र और तंत्र के मंत्र बल से शंकराचार्य को निरस्त्र, हततेज और निष्प्रभ करना चाहते हैं, तो वह करें ऐसा। उनके इस गुह्य कार्यों में वह हमें जो भी आज्ञा देंगे, हम मानेंगे-शिरोधार्य्य करेंगे। आप श्री, आज्ञा-गुरु की आज्ञा तो मानेंगे?"

"मानूंगा; क्योंकि मैंने श्रीमद् गुरुदेव को सर्वात्म समर्पण कर किया है; किन्तु मैं सत्याग्रह कर सकता हूं।"

"सत्याग्रह?" जयरथ ने पूछा।

"सत्य को ऋषि ही देख सकता है; मनीषी ही भाँप सकता है।"- क्षेमराज ने कहा- "यदि मैं श्री गुरुदेव का निष्ठ, निर्मल और आज्ञाकारी शिष्य हूं तो मैं अन्ततोगत्वा उनको अपने भव्य-दिव्य अहम् के उत्तुंग शिखर से नीचे नहीं गिरने दूंगा। शिष्य गुरु को सत्य के हाथों से थामता है; विनय के मार्ग पर सच्चा शिष्य अपने गुरु को शास्त्र की वाक्य ज्वालाओं से बचाता है। गुरु होने

से शिष्य होना अत्यंत कठिन है। शिष्य वह जो गुरु को हिमालय के सर्वोच्च शिखर से सीधा स्वर्ग अथवा गुरु लोक पहुंचा सके-गुरु के ज्ञान के लिये शिष्य कौस्तुभ-पात्र है।"

"तब हम मिट्टी के घट ही सही।"- भास्कर ने कहा- "अच्छा, तो विदा।"

"क्या?" क्षेमराज।

"विदा, श्रीमन।" भास्कर ने कहा- "अभिनव गुप्त का यह संघ आपको त्याग देता है। आप जाने और श्री गुरु जी जाने। हमने तो उनकी इच्छा को शिरोधार्य कर लिया है। हम वेदान्ती संन्यासी यती शंकर से पद-पद पर भिड़ेंगे; लड़ेंगे। हम वेदान्तियों को कैलाश में घुसने नहीं देंगे। सुन लें आप!"

क्षेमराज ने अपलक सभी को त्वरा से चल देते हुए देखा तथा देखते खड़े रहे।

14

आचार्य्य श्रीमद् शंकर ने आधी रात के सतार गगन मंडल की ओर सहसा देखा। खुले द्वार से उन्होंने यह भी देखा, शिष्यगण प्रकोष्ठ में सो रहे थे और शूलपाणि झपकता हुआ द्वार के पास ही बैठा था। शंकराचार्य्य ने आर्द्र चित्त से इस दृश्य को देख कर पुनः मानो सदैव के लिये आकाश के गगन, व्योम और नीहारिकाओं को देखना, पेखना, निहारना आरम्भ किया। समाधि के निराकार, गहन और स्मृति, विस्मृति, सुषुप्ति रहित ध्यान की व्याप्ति से वह मानो सहसा छटक कर जाग्रति के लोक में जाग उठे थे। समाधि के हृदय-दहर से उबक कर वह चिदाकाश के चिद् घनीभूत में कौंध गये थे और चित्ताकाश में लहर कर जगत् के भूताकाश में विहर उठे। शंकर अनायास ही जगत् और सृष्टि में मानो उतर आये थे। वह जैसे जगत् के तारों भरे, नीहारिकाओं के कुञ्ज-निकुञ्ज तथा वीथियों से भव्य आकाश को कल्प-कल्पों के पश्चात् देख रहे थे और मानो प्रलयों के विलुप्त चिन्हों को खोजने का अपलक प्रयास कर रहे थे। जगत् के आकाश में शंकर मानो कल्पों के भग्नावशेष ढूंढ रहे थे और प्रलयों के अर्णवों के खण्ड प्रलयों की अन्तर्ध्यान हिलोलों को खोज रहे थे-शंकराचार्य काल की अनादि की भी आदि क्षण को लवों के अनन्त स्पन्दन से बटोरना चाहते थे-जगत् के अनादि के अविराम सनातन को वह भाँप लेना चाहते थे। शंकराचार्य्य जैसे अनादि के आदि को पकड़ कर देखना चाहते थे-काल की परीक्षा लेना चाहते थे। समाधि के दिव्य आनन्दोन्मेष से उभर-उमड़ कर वह जैसे ब्रह्म की माया के अनन्त क्षीरसागर में ही आ गिरे थे। क्षीर? धवल, श्वेत-श्वेतातिश्वेत क्षीर? शंकर को लगा, नीहारिकाओं की वीथियाँ तंद्रिल किन्तु पारदर्शी ज्योति लहर होकर अनन्त के अथाह दिगों में समा रही हैं।

तारे मानो ज्योतिर्कमल हों। शंकर ने तारों को व्योम में तैरते, उबकते-झबकते देखा और अनुभव किया - "ब्रह्म के सर्व समर्थ संकल्प, शिव के शिव संकल्प की यह अनन्य भव्य दिव्य कृतियाँ हैं- ज्योतिर्कमल हैं। इनको क्या हो गया है? क्या हो जाता है, जो तारों को देखने मात्र से ईश्वर के अनन्य सामर्थ्य की प्रतीति नहीं कर लेते? यह समूचा जगत् उसका प्रत्येक सुन्दरतम अद्वितीय रूप-स्वरूप ईश्वरीय विधान नहीं तो क्या है? मैं ब्रह्म की इस मधुमती ब्रह्मणा को देख रहा हूं-ब्रह्माणी की रागोत्फुल्ल, विलोल, मदीली और उन्मुक्त आँखों की रमणीय स्वलीन मुह्यमान विहंसोही दृष्टि जैसे देख रहा हूं।" शंकर ने स्वयं ही मुस्कराकर मानो स्वयं से ही मन ही मन कहा। शंकर जैसे प्रत्येक तारे को नापना चाहते थे; तौलना चाहते थे- उसके आर-पार ठोक बजाना चाहते थे। तारों की ज्योतियों को वह जैसे अपनी अपल पलकों पर झेल कर उनको अपने अगाध नयनों में लीन कर देना चाहते थे। नीहारिकाओं के कुञ्ज-कुञ्ज उन्मुक्त घूमना चाहते थे। नीहारिकाओं के ज्योतिर्मय निकुञ्जों में वह लुट-लुटाना चाहते थे। प्रत्येक तारे को व्योम से अपने हाथों में भर लेना चाहते थे। शंकर ने मानो स्वयं की दृष्टि को सूक्ष्मातिसूक्ष्म होकर तारे-तारे पर भांवरी भरते हुए अनुभव किया, मैं जगत् की सृष्टि को अपने नयनों में भर लेना चाहता हूं। जगत् की अनन्य विचित्र विलक्षण माया के मनोहारी श्री चरणों को क्षणों पर नहीं चलने देना चाहता। कालिका के श्री चरणों को शिव के श्वासों पर नहीं, वक्ष स्थल पर अचल देखना चाहता हूं-यह गगन ही घेरा है; यह व्योम ही असीम है-यह आकाश ही अनन्त है। इसी अनन्त में गन्ध अपनी पृथिवी सहित उद्भवित हो कर समा जाती है। इसी सतार आकाश के द्युलोक में भूत मात्र जाग कर सो जाता है और यह इन्द्रियाँ, प्राण, मन, बुद्धि, चित्त और अहम्-यह शरीर अपने त्रिपुरों के साथ डुलता रहता है-स्थूल में जल कर नष्ट हो जाकर भी सूक्ष्म देह में मैं इसी अनन्त में झूमता रहता हूं-झीमता रहता हूं और महा प्रलय में अपने कारण सहित लीन हो जाता हूं-काल की घोर महारात्रि मे सो जाता हूं। किन्तु यह आकाश तो भूत है-शब्द तन्मात्रा का व्यामोह है-व्याप्ति है। पंच भूत गगन में उद्भवित होकर व्योम में डूब जाते हैं और तत्व पदार्थ अग्नि तथा सोम मण्डलों में उछल उभर कर द्युलोक के ज्योतिर्मय असीम में मानो खो जाते हैं। शरीर वैश्वानर! शंकराचार्य जैसे स्वयं का ही मूक उद्बोधन कर मौन हो गये। क्षण-झबक माया का यह सीमाओं के भ्रमों से भरा तथा दिशाओं की धारणा के विभ्रमों से कातर यह आकाश देख कर अनुभव कर मानव पृथिवी पर जन्मना

और मरना क्यों चाहता है? क्यों? भवेच्छा ही तो यही, यही तो। आचार्य्य शंकर को लगा, जाड्यान्धकार के तमार्णव में प्राणी मात्र घोर निद्रा में निमग्न है और परमात्मा मुस्कराते हुए अपलक नयनों से उस मूढ़, मूक तथा मौन महा प्रलय की घनघोर स्थिति को देख रहे हैं-जोख रहे हैं। परमात्मा मानो अपने निरञ्जन नयनों से काल का व्यापक अञ्जन उड़ेल रहे हैं-आचार्य अपने चिद्घन में ही आर्द्र करुणा से भर उठे- भींज उठे। निस्संदेह प्राणियों को जगाना होगा- वह इस घोर अन्धकार से इस अचल अगाध मूढ़ से उबर सकें, ऐसा पुरुषार्थ करना ही होगा। उन्होंने देखा, अँधेरी घनी झुरमुटों में जुगनू चमक रहे हैं- दमक रहे हैं; किन्तु उनकी चमक से उन्हीं के अन्तःकरण में व्याप्त अन्धकार जैसे नहीं कटता- तनिक अँधेरा दीपक की बाती से प्रताड़ित शून्य में ही जैसे हट जाता है, स्वयं में ही सिमट जाता है-परन्तु क्या आलोकमय द्युलोक का तम तारों के ज्योतिर्दीपकों तथा नीहारिकाओं की ज्योतिर्मय भूमा से कट गया-तमार्णव की यह रक्त लहरियाँ हैं; यह तमिस्त्र तरंगें हैं-यह श्वेत वीचियाँ हैं। आचार्य्य श्री शंकर ने जैसे प्रलयावस्था को पुनः देखा- "हाँ, तम का यह अर्णव त्रिगुण-धाम का अपार अपरम्पार ही है और यह स्वयं ही विजड़ित मौन एकान्त-शून्य घनीभूतता ही जैसे महाकाल की उन्मीलित किन्तु जाग्रत सावधान दृष्टि है-काल का प्रसन्न स्वमगन स्वलीन दृष्टिपात जब रुक जाता है, सृष्टि की लास नृत्य करती हुई क्षणें भी मानो उड़ जाती हैं। काल जब हँसना-विहँसना मुस्कराना बन्द कर देता है तब क्षणोंद्भव की सभी गतिविधि थम कर स्वयं के शून्य में ही विलीन हो जाती हैं। अवश्य, वह परम परात्पर ब्रह्म ही अपने निरञ्जन नयन बन्द कर मानो अपनी अमोघ इच्छा की भूमा में सो जाता है- स्वयं के अनेकत्व की धारणा के उद्रेक से हीन वह परम सत्य ही अपने सभी रूप समेट लेता है तथा सभी वेश स्वयं की शिथिल चेतना में ही परिहार देता है- वह प्रभु-परात्परा देवता अपने ही हृदय दहर में समाधिस्थ केवल काल को ही देखती रहती है और अपने-अपने प्रारब्ध काट-काट कर थके-हारे रुग्ण जीवात्म भावों को पुनः माया में लपेट कर सुला देती है। प्रलय में मैं जीव रहता हूं-सोता रहता हूं। गहन गहनातिगूढ़ घोर में डूब जाता हूं और मानो जगत् के अनादि के आदियों की स्मृतियाँ सँजोता हूं-प्रलय में मैं जीव सभी व्यतीत कल्पों की स्मृतियाँ अन्धकार-पूर्ण जाड्यान्धकार की व्याप्ति में तैरती हुई देखता हूं-प्रलय में सोया हुआ मैं जीव कल्प में पुनः जाग कर लोक-लोकान्तरों की भवेच्छा से अभिभूत रहता हूं- क्या यह मोक्ष है? नहीं। यह भव-योनियों के काल संचित में

ही डूब जाना है। यह डूब ही जीव की आत्म विस्मृति है- अज्ञान के आच्छादन को ओढ़ लेना है-प्रलय मुक्त नहीं करता; पुनः कल्प के बहु स्याम् में कालसर्प से बाँध देता है-प्रलय की यह डूब जीव के भव-भव संतरण के लिये मानो काल के अतल में डुबकी लगाना है। कल्प ही आत्मा का जीवात्म-भावारोपण है तब! कल्प और प्रलय, भव और भव-मृत्यु तथा मृत्यु! शंकर क्या यही मेरा भाग्य है? क्या जीव का भविष्य यही है कि वह अज्ञान में डूबा रहे? आत्म विस्मृत हो जाय तथा काल के संचित भण्डार का एक मूषक बन जाय? नहीं, जी! अँधेरा अन्ततोगत्वा मिटने के लिये ही है-असदाभास सत्य की प्रभा के दर्शन के लिये ही है-अंधेरा केवल क्षण की छाया है, शंकर!"

"शंकर?" जैसे आचार्य शंकर को हृदय-दहर के आनन्द की किसी तरंग ने पुकारा; "शंकर!" शंकराचार्य ने तमार्णव के अदृश्य क्षितिजों के पार देखा तथा पुनः सुना- "शंकर! मैं शिव! सुन तो!" शिव? शंकराचार्य्य मानो काल की सभी थाहें तर कर देश की दिव्य भूमि पर खड़े हो गये। "शिव, शंकर!" अपार हर्ष से भर कर शंकराचार्य्य ने पुकारा- "शिव शंकर, शम्भो!"

हड़बड़ा कर सभी चौंक उठे, जाग उठे। शूलपाणि घबराया हुआ जागा; लपक कर कक्ष में जाते हुए बोला- "शंकर, शम्भो! प्रभो!"

आचार्य श्री शंकर के कनौड़े कमल-नयन बन्द थे; मुख-मण्डल अद्‌वितीय प्रभा-मण्डल से घिरा हुआ है-मह-मह सुगन्ध का दिव्य प्राण कल्प तरुओं के पादपों को गुदगुदा कर बहते हुए मलयानिल में बह रहा था- कक्ष की अँधेरी दिशायें अपने ही आलोक में जाग गई थीं और दिक् स्तवन, मूक मौन स्तवन कर रहे थे। शूलपाणि थड़क कर खड़ा रह गया-"प्रभो!" वह बोला आकाशों को अपने अन्तराल में समाये हुए मौन मानो तनिक एक वीचि भर हिला। शूलपाणि ने देखा जाग्रत आलोकमयी दिव्य सी दिशाओं से दि्कों के हस्त लाघवों पर टिका ज्योतिर्लिंग कैलाश से उतर कर भारतवर्ष के आकाश में लहर रहा है-भारत के व्योमों को पैरता हुआ वह ज्यतिर्मठ के गगन को पैर रहा है-शिव का अमोघ परात्पर ज्योतिर्लिंग मानो परमात्मा के सच्चिदानन्द की दिव्य भासमान अमृत किरणों का पुञ्ज था और शंकराचार्य के मस्तक पर स्वर्ण कमल में स्थित झूम रहा था-झीमता हुआ शंकराचार्य के मस्तक के ब्रहम-रंध्र में सहसा समा जाना चाहता था। शूलपाणि ने देखा; ज्योतिर्लिंग शंकराचार्य्य के मस्तक को छूकर उनके ब्रहम रंध्र में जैसे अन्तर्ध्यान होने लगा। शूलपाणि ने प्रणाम

किया। साष्टांग प्रणाम में लेट कर मस्तक रगड़ता हुआ शूलपाणि चीत्कार सी कर उठा- "शिव शम्भो! हर-हर, हरि-हरि, महादेव!"

सभी जागे हुए शिष्य प्रणाम बद्ध अचल से खड़े रह गये और शूलपाणि ने समाधिस्थ शंकर के भौतिक कानों में कहा- "हे कृष्ण गोविन्द हरे मुरारे! हे नाथ, नारायण वासुदेव!"

"हे कृष्ण गोविन्द!" शिष्यों के कण्ठ स्वयं ही पुकार उठे।

"हरे मुरारे!" शूलपाणि चिहुंका।

"हे नाथ, नारायण!" शिष्य बोले।

"वासुदेव!" ब्रह्म स्वरूप गूंजा।

सहसा शंकराचार्य्य ने अपने सरोज नयन खोले; आकाश के द्युलोक की घनीभूत ज्योति किरणें मानो अन्धकार के पटल भेद कर जगत् के गगन में छूट पड़ी। अन्तरिक्ष के देवताओं के स्वरूप की सौन्दर्य्य-राशि मानो दिव्य बिम्बों में स्वयं ही रच कर भव-संसार पर मुरक उठीं। मानो शंकराचार्य्य ने तमार्णव के प्रलयों को एक बार ही अपनी अचल पलकों पर थाम कर जगत् के जीवों को देखा; पेखा; निहारा और अपने सुमधुर कोकिल कण्ठ से फूट पड़े- "अच्युतम् केशवम्- राम-नारायणम्।" शिष्यों ने माझम रात के शून्य भरे अँधेरे को झकझोरते हुए कहा- "अच्युतम् केशवम् रामनारायणम्!"

आचार्य्य शंकर का कोकिल कण्ठ गा उठा- "कृष्ण दामोदरम् वासुदेवम् हरिम्! श्रीधरम् माधवम् गोपिकावल्लभम्! जानकी नायकम् रामचन्द्रम् भजे!"

शिष्यों के शीर्ण, प्रखर, मन्द-मन्द्र, मधुर प्रखर कण्ठों ने झेला- "श्रीधरम् माधवम् गोपिकावल्लभम्!"

आचार्य्य आसन से उठ खड़े हुए; दोनों हाथ गगन में फैलाते हुए चिहुंके- "जानकीनायकम् रामचन्द्रम् भजे!"

शिष्यों ने आचार्य के हरिगान के मधुर शब्दों की मीठी ध्वनियों को मानो पलकों पर उठाया और फिर अपने होठों में भर कर पीते हुए कहा- "अच्युतम् केशवम्!"

आचार्य श्री शंकर- "सत्यभामाधवम्-माधवम्-श्रीधरम्-राधिका-राधितम्।"

"इन्दिरा-मन्दिरम्....."

"चेतसा सुन्दरम् देवकीनन्दनम् नन्दजम् संदधे!" पुकार उठी।

"देवकी नन्दनम् नन्दजम् संदधे।" आचार्य्य का कण्ठ स्वलीन हुआ। नयन पुनः बन्द हुए; अधर स्वयं ही भींसे और कण्ठ में ही मानो सभी स्वर-व्यंजन एकीकृत एकाकार होकर स्वयं ही बज उठे- "कृष्ण गोविन्द हे राम नारायण!" आचार्य्य ठुनके; थिरके; हिले-डुले और स्वयं ही हहरे-थरथराये- "श्रीपते वासुदेवाजित श्रीनिधे!"

"श्रीनिधे!" गगन भेदी पुकार उठी और स्वयंलीन धुन में समा कर अनन्त की दिशाओं को मानो भर कर अनहद में लीन होने लगी। आचार्य्य श्री शंकर ने शूलपाणि को वक्ष से लगाया; किसी शिष्य का अर्धालिंगन किया। किसी का सिर सूंधा और सभी को अपने आजानुभुजों में भरने की चेष्टा करते हुए पुनः पुनः गाया- "अच्युतम् केशवम्"

शिष्यों ने आचार्य्य शंकर को कुण्डल बद्ध करते हुए गाया- "अच्युतानन्त हे! माधवाधोक्षज! द्वारिकानायक......."

"द्रोपदी-रक्षक!" आचार्य ने गगन में, सतार आकाश में, अपने आजानुभज उठा कर पुकारा- "द्रौपदी रक्षक! विष्णवे, जिष्णवे शंखिने चक्रिणे रुक्मिणी रागिणे जानकीजानये!"

शिष्यों ने झूमते हुए-झीमते हुए गाया- "वल्लभी वल्लभा याचिरतायात्मने।"

श्री आचार्य्य शंकर का जलद गम्भीर शीर्ण स्वर गूंजा- "कंस विध्वंसिने ते नमः!

"नमः!" पुनः पुनः "नमः!" शब्द ध्वनि गगन के गगन पैरती रही। व्योम के व्योम मथती रही और आकाशों में लीन होकर अनहद के ओमकार में समाती रही। शूलपाणि मानो धुन की गहर हो गया। विष्णुगुप्त ठुनक हो गया। शुद्ध कीर्ति कील होकर स्वयं के पाँवों पर ही झूमने लगा। दर्शनबुद्धि खाली-रीता होकर शून्य की प्रतिध्वनियों से भर कर थलथलाने लगा। अनन्तानन्द गिरि अवाक् सा अपने ही कण्ठ में उभर-उभर कर भरभराने लगा। सर्वात्ममुनि के श्वाँस ही मानो झीम उठे। ज्ञानधन शून्य के क्षितिजों पर नाचने की उन्मुक्त चेष्टायें करने लगा। नारायण ताल पर ताल लेता हुआ ठुनकने लगा; इतर-इतर कर नाचने लगा। चित्सुखाचार्य स्वयं ही बेसुध सा जाग-जाग कर हरि नाम लेने लगा। ब्रह्म स्वरूप मानो अपने निराकार से ही उद्भूत हो हो कर स्वयं के नाम को ही पुकारने लगा। आचार्य्य श्री शंकर नाचते हुए शिष्यों सेवकों के कुण्डल के बीच तन्मय, लवलीन, अपलक तथा उन्मुक्त ध्यानोन्मीलित किन्तु मानो

श्रावण भाद्रपद के विराट् मेघों के मिलते तथा बिछुड़ते हुए घन-पुञ्ज की भाँति अपने ही हृदयाकाश के सच्चिदानन्द चिद् में चिहुंकने लगे; पुकारने लगे-हरि नाम लेने लगे। 'हे कृष्ण गोविन्द! हे राम-नारायण!' आचार्य के कण्ठ से हरि नाम स्वतः ही फूट पड़ने लगे और शिष्यों के कण्ठ में लीन हो कर पुनः शत-सहस्त्र चित्ताकाश में गाते हुए पंच्छियों की भाँति गा उठे-गुनगुना उठे। आचार्य्य शंकर समाधि से जाग कर भी ध्यानस्थ से, उन्मुक्त-उन्मीलित से अपने ही निराकार निरञ्जन में मानो श्रीकृष्ण को देखने लगे; श्री राम को पेखने लगे। 'अच्युत! गोविन्द!' आचार्य्य श्री शंकर अपने चित्त के गहन में एक विलमाये हुए पक्षी की भाँति चिहुंके। प्रलय के अनन्त अगाध मौन में मानो समूचा त्रिकाल शंकराचार्य्य के कण्ठ से पुकार उठा "अच्युत-गोविन्द! हे राम, नारायण! हे हरि! हे द्रौपदी रक्षक! हे चेतसा-सुन्दर! हे कृष्णः गोविन्द! हे केशव!"

"तभी, तभी।"शंकराचार्य ने सुना; सब ने सुना, "कलौ केशव कीर्तनम्।"

शूलपाणि रुका; अटका-स्वयं को झकझोर कर बोला- "आप? कौन?"

एक अतीन्द्रिय सी दिव्याकृति द्वार में जड़ीभूत थी; बोली- "शंकर!"

आचार्य्य श्री शंकर ने अर्धोन्मीलित नयन खोले; मुस्कराये; बोले- "जी!"

वह दिव्याकृति विहँसी; बोली- "यह भक्ति-भजन?"

आचार्य्य श्री शंकर ने सस्मित कहा- "हरि नाम, पूज्य गौड़पाद!"

"गौड़पाद?" शूलपाणि ने आँखें फाड़ कर देखा "गौड़पाद।"

आचार्य श्री शंकर ने जाग कर प्रणाम पूर्वक कहां- "ब्राह्म मुहूर्त के मलय वायु के यान पर विराज कर भले पधारे, गौड़पाद!"

गौड़पाद की दिव्याकृति अवाक् ही बोली- "तुझे भजन करते हुए सुना तो, तो खिंचा चला आया।"

"जी!" आचार्य्य श्री शंकर आसन से खड़े हो गये और गौड़पाद के श्री चरणों में साष्टांग प्रणाम कर बोले- अनुग्रह, सद्गुरो!"

गौड़पाद ने अपने आजानुभुज के पद्मपाणि में झूलती हुई रुद्राक्ष की माला फिराई और सस्मित बोले- "तू शंकर! हमारा पूज्य है। हम तो ध्यानावस्था में ही निरञ्जन निराकार का साक्षात् करते हैं और शेष समय में इस जगत् के दृष्टा ही बने रहते हैं। भव-संसार के तमिस्त्र अगाध में डूबे हुए भव-योनियों के प्राणियों को देख कर मन ही मन जैसे आर्द्र होते हैं-सिहरते रहते हैं। हम

प्राणियों के कल्याण के लिये क्या पुरुषार्थ करें? प्रारब्ध-संचित! परम् शिव की इच्छा, शंकर!"

शंकराचार्य्य ने गंगा जल से गौड़पाद के पाँव प्रक्षालित करते हुए कहा- "आप समर्थ हैं; त्रिकालदर्शी तथा कालजयी हैं। आपकी करुणा प्राणियों को सान्त्वना प्रदान करती है। आपका अनुग्रह प्राणियों के कर्म बन्धन काट देता है। आपके पद्मपाणि में विलसित कमल प्राणियों के दिन तथा भयातुर नयनों में मुक्ति की आशा का पुष्प है। आप जो अहर्निशि प्रभु-स्मरण करते हैं, वह प्राणियों के सतत् कल्याण के लिये ही करते हैं-आज हम धन्य हो गये। प्रभो! अपने अमोघ दर्शन देकर आप श्री ने हमें शिव के चरणारविन्दों में रख दिया है।"

गौड़पाद ने शंकराचार्य्य का पूजन स्वीकार करते हुए पूछा- "योगी नीरस, निस्संग होता है। भव-संसार के जन्म-मरण देखता रहता और परम् शिव के ध्यान में लीड़ होता रहता है। जगत् को वह स्वप्न प्रपंच मान कर कल्प तथा प्रलय को वह साक्षीवत् निहारता रहता है। काल उसको छूता नहीं; देश उसको बाँधता नहीं। योगी संसार का उद्धार कब करता है-वह तो परम सत्य को प्राप्त करता है। परम् शिव का सारुप्य हो जाता है- वह शिव हो जाता है, वत्स!"

आचार्य श्री शंकर ने सस्मित कहा- "योगी ही ब्रह्म का साकार रूप है। योगी ही इस जगत् के सतत् शाश्वत प्रपंच को अपनी अपलक दिव्य दृष्टि से मानो थामता रहता है-योगी ही भव-संतरण की नौका को गति देता है। योगी, आप श्रीमद् ही हमारा अमोघ विश्वास हैं-प्रभु के दर्शन हैं।"

गौड़पाद ने मुस्कराते हुए कहा- "तू ने संसार का उद्धार करने वाली जो कमनीय विद्या प्राप्त की है, गोविन्दपाद से तुमने यह कल्याणी सरस्वती पाई है, याद है न? या भूल गये?"

"कैसे भूल सकता हूं?" आचार्य श्री शंकर ने कहा- "गुरु गोविन्द ही मेरे हृदय कमल में ब्रह्मा, विष्णु और महेश, दुर्गा, कालिका तथा शिवा होकर विराजमान हैं।"

गौड़पाद मुस्कराये-"धन्य! शंकर! धन्य!"

"धन्य आप हैं, प्रभो! जिनकी चरण रज से भक्त पुनीत हो जाते हैं; साधु तीर्थ हो जाते हैं तथा योगी अपने परमात्मा में विश्वस्त हो जाते हैं। आप श्री की कृपा दृष्टि से यह जड़ जगत् अपनी माया में भी मानो यथार्थ पाता है। यह जीव आपकी दया-दृष्टि मात्र से अज्ञान के तिमिराच्छन्न को चीर देता है, मुक्त

हो जाता है। श्रीमद् शुकदेव जी ने, उस जन्मजात वैरागी ने ही आप श्री को वेदान्त विद्या का उपदेश दिया है-शुकदेव वेदान्त के दिव्य शुक हैं; अपराजित महात्मा हैं तथा अपने पिता वेदव्यास के आत्मज हैं। भगवान् शुकदेव वेद और वेदान्त की मानव-मूर्ति हैं-उनकी महिमा अपरम्पार है।"

गौड़पाद ने सस्मित कहा- "तुम स्वयं शिव-स्वरूप हो। वेदान्त के उद्धार तथा जगद् कल्याण के लिये ही तुमने मनुजावतार धारण किया है। मानव में परम् सत्य गुहय रूप से भरा है- साकार हुआ है और शिव भव योनियों द्वारा शिवा के साथ यावत् जीवन का विहार करते हैं। तुम भी जगत् के दृष्टा; भव-संसार के करुणार्द्र साक्षी हो। मनुजावतार में तुम्हारी आसक्ति न हो जाय, किसी भी कर्म संस्कार से तुम कहीं बंध न जाओ।"

आचार्य श्री शंकर ने प्रणाम पूर्वक कहा- "इस शरीरी ने श्रीमद् के अनुग्रह से षड् विकारों को जन्म से ही जीत रक्खा है। शान्ति पूर्वक सभी गुण प्राप्त कर यह शरीरी उपरत हो रहा है। अनासक्त! इस भव की अन्तिम, एकाकी मानव भव की माता की कुक्षि में ही इस शरीरी ने यम, नियम, आसन, प्राणायाम, प्रत्याहार, धारणा और समाधि को जान लिया है-माँ के गर्भाशय में योग के अष्टाँगों ने ही इस शरीर के भूतों तथा तत्वों का अभिसिंचन किया है-पुष्ट किया है। जन्म से इस क्षण तक मैं अनादि जीवात्मा सा चैतन्य रूप ब्रहम चिन्तन में दत्त चित्त हूं। क्षमा, प्रभो!"

दत्तात्रेय से गौड़पाद हँसे, हीरा कणि से दाँत चमके! बिजली मानो कौंधी; बोले- "मुझे प्रसन्नता हुई कि तुमने जन्म से ही भावों और विकारों पर विजय पा ली और अपने आस-पास के निर्मम जड़ का आत्मानुशासन सीख लिया है। तुम लव से, पल पलक से ब्रहम के चिन्मय चैतन्य के ध्यान में लीढ़ रहते हो। तुम नित्य सत् चित् आनन्द रूप निर्मल तत्व को हृदयंगम कर चुके हो। ब्रहम को तुम भली-भाँति जान गये हो-है न, वत्स!"

आचार्य्य श्री शंकर ने सहसा गौड़पाद के चरण पकड़ लिये; आर्द्र स्वर में बोले- "श्रीमद् की दया से ही मैं ब्रहम को भली भाँति जान पाया हूं। महर्षि महात्मा शुकदेव के चिरञ्जीवी शिष्य ब्रहमचारी गौड़पाद! आपकी दिव्य प्रेरणा मेरे निर्मल चित्त में चन्द्रिका सी छाई हुई है और आपके श्री चरणों का प्रताप सूर्य के तेजोमय प्रकाश की भाँति मेरे मन में, बुद्धि में, अहम् में भरा हुआ है-शपथ पूर्वक निवेदन है मैं सर्वत्र ब्रहम को ही देखता हूं; परम् सत्य को ही पाता हूं। यथार्थ ज्ञान में मुझको ब्रहम ज्ञान की चेतना ही मिलती है-यह सर्वम्

खलु इदम् ब्रह्म ही है, ऐसी मेरी प्रज्ञा है। मेरी मेधा सच्चिदानन्द ब्रह्म को ही धारण कर रही है- मेरी ऋतुभरा में श्री गुरु चरणों का दिव्य सौन्दर्य्य ही भरा है। परम् ब्रह्म-परम् शिव मेरे रोम-रोम में रमा हुआ है-मैं जगत् देख कर भी जैसे देख नहीं पाता। भव में जीकर भी जैसे मैं भवाब्धि के शून्य तट पर खड़ा ओमकार का अनहद गीत ही सुन रहा हूं।"

गौड़पाद ने शंकराचार्य को उठाया और सिर सूंघते हुए कहा- "ब्रह्म का साक्षात् ही करोगे या-"

आचार्य्य श्री शंकर हँसे, बोले- "लीन हो जाना चाहता हूं। न जाने यह प्रारब्ध काल के संचित से कैसे उबक आया। मैं जैसे हूं भी और नहीं भी, प्रभो! स्वयं को देख कर जान कर मैं अवाक् हूं; चकित हूं- स्तम्भित सा हूं। यह शरीर जी रहा है, स्वामिन्!"

गौड़पाद बोले- "शरीर ही तो ब्रह्म नहीं।"

"सत्य! श्रीमद्! आपकी जय हो, भगवन्!" आचार्य्य श्री शंकर ने कहा- "विराजमान हों, प्रभो!"

गौड़पाद बिराजे, समक्ष श्री शंकर बैठे; आस-पास शिष्य गण भी अर्ध पद्मासन पर बैठ गये। गौड़पाद ने अपने अँगूठे के अग्रभाग को घुमा-घुमा कर पुकारा- "हे कृष्ण, गोविन्द, राम! ऊँ!" फिर शिष्यों को निहार कर पूछा- "यह सब तुम्हारे शिष्य, शंकर!"

शंकराचार्य्य ने प्रणाम पूर्वक कहा- "यह धरती के पुत्र हैं और आकाश के शिष्य हैं, स्वामिन्! कहने मात्र के लिये मैं इनका गुरु हूं- इनके गुरु का गुरु! किन्तु सभी प्राणियों का गुरु परमेश्वर स्वयं है। वही परमात्मा गुरु है; आत्मा है-जीवात्म भाव का मान्य मेघाडम्बर है- वही जगत् का मायावी रचयिता, जड़ मात्र का चैतन्य अधिष्ठान है- वही गुरु है; शिष्य है; सेवक है, प्रभो!"

गौड़पाद के आरक्त गुलाबी पद्मपाणि में ताम्र श्याम वर्ण के रुद्राक्ष सरक रहे थे; स्वतः ही अटक-अटक कर खिसक रहे थे और जैसे श्रीमद् गौड़पाद के कण्ठ में घुट-घुट कर रमती हुई प्रभु-नाम की ध्वनि सुन रहे थे।

गौड़पाद के उन्मीलित से आभा भरे नयन तनिक विस्फारित हुए और जैसे उनमें श्रावण के मेघों को मथ कर थमी हुई विद्युत कौंधी; बोले- "यह सब तुम्हारे शिष्य भक्ति युक्त तो हैं न? विषयों से विरक्त तो हैं न?"

सभी शिष्यों ने सहज ही प्रणाम में अपने मस्तक नंवाये, 'जी!' गौड़पाद विहँसे- "यह शंकर भक्ति को गौण मानते हैं-ज्ञान! ज्ञान ही इनके लिये सब कुछ है; प्रमुख है-ज्ञान ही सत्य है और अनन्त है; ब्रह्म है! सत्य है! किन्तु गुरु भक्ति के बिना ज्ञान ऊगता नहीं। विषयासक्ति? यह तो चित्त का मूल है।"

शंकराचार्य्य ने सभी शिष्यों को देखा; सस्मित बोले- "विषय में आसक्त क्या यों गंगा-तीर पर सत्य की टोह में भटकता फिरेगा? नहीं, स्वामिन्! यह सब पूर्व जन्मों के संस्कारी तथा संसार से भयभीत, त्रस्त हैं। किन्तु भव-संसार से पराजित तथा निराश जीव यह नहीं हैं। घर-बाहर त्याग कर यह वेदों की शरण में आये हैं तथा शास्त्रीय संगीत छोड़ कर श्रुति का संगीत गाने लगे हैं। इन्होंने सब, सर्वस्व त्याग दिया है-केवल देह तथा श्री गुरु चरण नहीं छोड़े हैं, प्रभो!"

गौड़पाद के नयन प्रसन्नता की आभामयी लहर से मानो भर उठे- "तुम भाग्यशाली हो, शंकर! आत्म चिन्तन में अनुरक्त, शान्त, दान्त, श्रद्धालु-तत्व, जिज्ञासु और विनीत- यह तुम्हारे शिष्य तुम्हारी भली-भाँति सेवा तो करते है न?"

शंकराचार्य्य ने सस्मित कहा- "इनकी सतत् अहर्निशि सेवा से पता ही नहीं चलता कि मैं शरीरी हूं अथवा नहीं हूं। यह भव इनकी निरन्तर अविराम सेवा से ही एक सुखद स्वप्न सा बन गया है। इस पृथिवी तल पर शिष्यों का ही गुरु को सहारा है, प्रभो!"

"है, शंकर है।" गौड़पाद ने नयन उन्मीलित किये- "भगवान् नन्द नन्दन श्रीकृष्ण शिष्य और मित्र अर्जुन के सहारे से ही श्रीकृष्ण चमके। गीता शिष्य अर्जुन के लिये ही गाई गई थी, शंकर! भक्ति युक्त श्रद्धालु तथा जिज्ञासु शिष्य-हाँ गुरु को धन्य कर देता है।" और फिर सब को एक-एक कर उन्होंने पेखा-निहारा। पुनः बोले- "शिष्य ही गुरु द्वारा ज्ञान की मूर्ति है। समाधि में गुरु स्वयं अपना ही शिष्य हो जाता है। त्याग? जगत् का विरक्त? भव की, शिष्यों! तुम सब भी हमारे हो। शंकर के शिष्य हो तो हमारे भी हो। सभी परम्परायें काल की अनाहत अग्नि में भस्म हो जाती हैं किन्तु गुरु-शिष्य की यह अनासक्त दिव्य पुनीत परम्परा कभी नष्ट नहीं होती। पुनीतपाद, शुक-देव मेरे नयनों में रमे हुए हैं- हृदय कमल पर वह विराजमान हैं-ब्रह्म नहीं, मुनिश्रेष्ठ! शुकदेव के चरण कमलों का ही मैं ध्यान करता रहता हूं- शाश्वत अविराम जीवन श्रीमद् गुरु के चरण कमलों के ध्यान से ही करता हूं-"

"जी!" ब्रह्मस्वरूप चिहुंका।

"चिरञ्जीवी!" गौड़पाद चिहुंके- "योगी सचिदानन्द का ध्यान है, अविराम गहन ध्यान है। योगी सभी शरीर त्याग कर ध्यान लीढ़ हो जाता है। योगात्मा के सभी अन्धकार बिला जाते हैं और वह ज्योति हो जाता है। नहीं, शंकर!"

शंकराचार्य्य ने कहा- "अवश्यमेव; स्वामिन्! वही अनन्त ज्योति सीमा हीन होकर चैतन्य हो जाती है। चैतन्य बन्धन मुक्त होकर आनन्द हो जाता है-वहीं, वहीं जीव और ब्रह्म का अभिन्न तादात्म्य आविर्भूत हो जाता है।"

"अद्वैत!" गौड़पाद बोले- "जगत् के चित्ताकाश में आविर्भूत अक्षर-शारीरिक भाष्य के वाक्यों के अक्षर, मैंने देखे। उनके अर्थों को मैंने देखा और श्रुतियों के अमोघ बोध उभर आये। श्रुतियाँ मानो साकार हो गईं-ब्रह्म मानो साक्षात् होकर इन अक्षरों में आकृत हो गया। शारीरिक भाष्य, तेरा, शंकर! ब्रह्म बोध का भास है-ब्रह्म की वाङ्मय प्रतीति है। तेजोमयता है।"

शंकराचार्य्य ने प्रणाम पूर्वक कहा- "कृतार्थ हुआ, प्रभो!"

गौड़पाद ने प्रसन्न विहँस पूर्वक कहा- "प्रारब्ध जब काट रहा था, तब भगवान् शुकदेव ने उसको अनादि काल के संचित में लीन कर दिया। भींज गया था मैं-ज्ञान की उस अमृत वर्षा में मेरे कल्प बह गये; प्रलय डूब गये। मैं, मैं मुक्त हो गया, हाँ, शंकर! मैं अनादि जीव सहसा ही अपनी परम-आत्म ज्योति में लीन होकर जैसे लीढ़ हो गया-आत्मा अपना ही चिरञ्जीवी विग्रह बन गई। गुरुदेव शुकदेव ने मुझको तुम लोगों के दर्शनों के लिये ही जैसे कालजयी अस्ति बना दिया है।"

आचार्य्य श्री शंकर ने विनीत स्वर में कहा- "यह सृष्टि चिरञ्जीवी योगियों से ही मानो थम रही है। यह क्षणभंगुर जगत् योगियों की समाधि में ही मानो अविराम रमता रहता है। योगी परमात्मा का पद्मासन है, प्रभो!"

गौड़पाद प्रसन्नता पूर्वक बोले- "यह कथन तेरी परम् ब्रह्म में आस्था का ही कथन है, वत्स! शेष तो यह सब गुरुदेव शुकदेव मुनिवर्य की ही कृपा है। गुरु कृपा ज्ञान देती है; अक्षय यावत् जीवन चैतन्य भी प्रसन्न होकर गुरु देता है। गोविन्दपाद की कृपा से तुम शंकराचार्य्य हुए हो। हिमालय की बिहड़ किन्तु रम्य कन्दरा में ध्यानस्थ मैं तुम्हें जैसे देखा करता था। तुम्हारे दिव्य गुणों को सुनकर तुमसे मिलने की मेरी इच्छा हुई। तुम शान्त चित्त शिव-स्वरूप हो।

योगी जिससे मिलने के लिये उत्कण्ठित हो उठे, वही धन्य महापुरुष है। मैं तुम्हारा आभारी हूं, शंकर!"

शंकराचार्य्य ने गौड़पाद के चरण पुनः थामे और आर्त स्वर में बोले- "आप करुणा सिन्धु हैं, प्रभो! आपकी कृपा दृष्टि जिस मनुष्य पर पड़ जाय, वह सरस्वती पुत्र हो जाता है। मूक भी वाचाल हो जाता है। पापी पुण्यात्माओं का अग्रज हो जाता है। आपकी दया महिमामयी है-उससे कामी निस्पृह होकर कीर्तिकाय हो जाता है। भगवान् शुकदेवजी ने अपने महान पिता से प्राप्त वेदान्त विद्या प्रसन्न होकर आपको ही प्रदान की है।"

गौड़पाद ने शंकराचार्य्य को प्रेम पूर्ण दृष्टि से देखा; बोले- "तुम महान् होते हुए भी विनीत हो 'अहं ब्रह्मास्मि!' का उद्घोष करते हुए भी तुम अहंकार रहित हो। धन्य, वत्स! गुरुदेव शुकदेव को जन्म से ही आत्मज्ञान सिद्ध था। पुत्र वियोग में कातर अपने महिमामय पिता की आर्त पुकार उनको वन में चले जाने से रोक नहीं सकी। शुकदेव मुनि श्री वैराग्य की मूर्ति तथा ज्ञान की चिरन्तन ज्योति हैं, वत्स!"

शंकराचार्य्य बोले- "आपके पिता श्री के आप महान पुत्र हैं और महासरस्वती के आप सुनू हैं। आपके गरिमामय पिता ने योग भाष्य की रचना की; किन्तु विशाल वृक्ष का रूप उसको आपने ही दिया-मायामय जगत् में आप श्रीमद् ने योग के वट-वृक्ष को ही रोपा तथा पुलकित किया। सभी देवताओं और देवियों के साथ मैं आपको बारम्बार प्रणाम करता हूं।"

गौड़पाद ने प्रसन्न चीत्कार सी की- "जय श्री गुरुदेव! शुकदेव! जय!"

शंकराचार्य ने सोत्साह कहा- "जय शुकदेव! आपने योग भाष्य के प्रश्नों के मानो सदैव के लिये उत्तर दे दिये हैं-बीज को वृक्ष बना कर आप ने आत्म विद्या को मानवों के लिये सुगम किया है। प्राणियों के हृदयों में आप आत्म ज्योति होकर प्रविष्ट हो गये हैं। सब के साथ, जड़ और चेतन के साथ आपने अभिन्न ब्रह्म तादात्म्य साध लिया है-आपका दर्शन निश्चय ही ब्रह्म-दर्शन है।"

गौड़पाद ने कहा- "शंकराचार्य! तुम्हारा विनय हम सब के लिये आदर्श है-आदर्श बना रहेगा। देह का दर्शन ही क्या है? यह शरीर दृष्टव्य तो है; परन्तु दर्शन योग्य नहीं है। दर्शन तो ब्रह्म का; साक्षात्कार परम् सत्य का। जो जगत् का दर्शन करता है, वह क्या ब्रह्म का दर्शन करता है? नहीं। काल को देखना भव-संसार को ही देखना है- मृत्यु को ही देखना है। वेदान्तविद् संन्यासी ही

वास्तव में शिव स्वरूप हैं-सच्चिदानन्द रूप हैं। वह जगत् के कालकूट को पी कर कण्ठ में रख लेता है, उदर में उतारता नहीं है। यही योग है और ब्रह्म की योग माया की गोद में बैठकर जो महामाया के स्वामी ब्रह्म का ही ध्यान करता है, वही योगियों का पूज्य है, वत्स!"

शंकराचार्य्य ने पुनः साष्टांग प्रणाम किया; उठते हुए बोले- "ब्राह्म मुहूर्त होने में ही है। गंगा तट पर श्रीमद् के अरुण मुख मण्डल का मैं दर्शन करना चाहता हूं। आप वेदान्त के अरुण हैं, प्रभाकर हैं, दिवाकर। कितना चाहता था, मैं वेदान्त वांगमय का मूर्त रूप दर्शन करूं। आज आप श्री ने मुझ दास पर दया की है।"

"त्रिपथगामिनी गंगा! हाँ, उसका तट तो प्रभु के धामों की भाँति ही पुनीत तट है। चल, आज मैं गंगा किनारे अपने शंकराचार्य का दर्शन करूंगा। तू ने मेरी कारिकाओं को अपने निबन्धों की रचना से कमल दल सा उत्फुल्ल कर दिया है। तेरे वेदान्त दर्शन की टीकाओं ने मेरी कारिकाओं के अर्थ को विस्तृत कर दिया है। पण्डितों के लिये सुलभ तथा साधकों के लिये सुगम कर दिया है-तू ने, शंकर! मुझको प्रतिष्ठित किया है।"

"प्रभो! दीनबन्धो!" शंकराचार्य ने कहा।

"गोविन्द कालातीत आत्मा के सच्चिदानन्द का केवल्य हो गया है।" गौड़पाद बोले- "किन्तु वह मुझसे अब भी मैत्री रखता है। हम वेदान्त दर्शन के मित्र हैं; साथी! उसके मुख से तुम्हारी वेदान्त दर्शन की रचनाओं की सराहना सुन कर मैं जैसे सूक्ष्म से स्थूल में आ गया और तुझको देखने के लिये जगत् में जाग्रत हुआ हूं। आज तुमको गंगा तट पर वेदान्त के सूर्य की भाँति निहारूंगा। आज मैं वेदान्त के दर्शन ही करूंगा।"

शंकराचार्य ने प्रसन्न मगन स्वर में कहा- "वेद, वेदान्त और वैदिक वर्णाश्रम धर्म-यही प्राणि मात्र, विशेषकर मानव जाति के परम् कल्याण के विधाता हैं, प्रभो! योगी वेदान्त दर्शन के द्वारा ब्रह्म साक्षात् करता है; वेद द्वारा मनीषी और ऋषि-आचार्य्य मानव को इस मायावी जगत् में परमात्मा के साथ और प्रभु के द्वारा जीवन-यापन के अमोघ मंत्र देता है तथा वैदिक वर्णाश्रम धर्म इस पृथिवी पर जड़ चेतन के परम् को प्राप्त करने का शाश्वत सनातन पन्थ है। धर्म प्रभो! मत नहीं; मतान्तर नहीं; सम्प्रदाय आदि नहीं। परम् पुरुष की अनादि प्रेरणा से प्रचोदित महामाया-मूल प्रकृति की पूर्ण, परिपूर्ण अभिव्यक्ति

का यह वर्णाश्रम धर्म है। इसलिये जगद् कल्याण के लिये हम वेदान्ती संन्यासी इसी का प्रसार कर रहे हैं-हम मानव को विजड़ित शून्य में नहीं धकेलते; न जीवात्मभाव को अटल मान कर हम मानव को सदैव ऊहापोह में ही रखते हैं-हम वेदान्त दर्शन द्वारा जीव की आत्म जिज्ञासा की सत्य-सन्ध्य पूर्ति करते हैं- हम मनुष्य को देव सुर-असुर आदि तथा कीट-पतंग, पक्षी-पशु इत्यादि बनने की बात नहीं करते। हम मानव को उसके जाड्यान्धकार से अलग कर आत्मा के सच्चिदानंद-प्रकाश में ही स्थित करते हैं-आत्म विद्या जगत् तथा भव संसार और उसके भोगों एवं ऐश्वर्य्यों की प्राप्ति की विद्या नहीं, वह आत्म जागरण की तथा परमात्मा के साक्षात्कार की अमोघ सरस्वती है। यह कालरात्रि कटेगी ही; जीव मुक्त होगा ही-आत्मा परमात्मा को प्राप्त करेगा ही। यही जगत् की माया का मर्म है; यही भव योनियों के भव-यापन का अन्तिम आत्यंतिक लक्ष्य है।"

गौड़पाद बोले- "यही दुःख की आत्यंतिक निवृत्ति है और सुखों की क्षणिक आसक्ति से उपरत होना है। यही, शंकर! सत्य है, सत्य ही प्राणियों का निमित्त है; तथा जीवन की परमता का एक मात्र लक्ष्य है। मोक्ष, शंकर!"

"मोक्ष!" प्रभविष्णु ध्वनि गगन के गगन पैर कर मौन व्योमों में गहरी तथा सभी के चित्ताकाश में रम गई। मोक्ष! आचार्य्य श्री शंकर ने गंगा तट की ओर चलते हुए अपने आस-पास के तन्द्रिल, हठी किन्तु आलोकित अन्धकार को देखा। ब्राह्म मुहूर्त की आरक्त पीताभा की प्रथम किरण को द्युलोक से सरक आते हुए शंकराचार्य्य ने मानो निहारा और कुछ आगे चलते हुए गौड़पाद के धूसरित श्री चरणों को देखा। यों ही प्राणी इस पृथिवी तल पर चलते आये हैं-प्राणियों के श्वास प्रश्वास यों ही गगन में गहर कर व्योमों में लीन होते आये हैं-यह क्षणिक किन्तु सनातन अनादि जीव-चेतना मानो ब्राह्म मुहूर्त की अरुणाभा के अन्तराल की एक ऊर्जस्व चिति है-वह परमात्मा ही मानो अरुणोदय के अन्तराल में प्रतिबिम्बित हो रहा है और रूप धारण करता हुआ यह जगत्, यह खिलता हुआ संसार, यह बगरती हुई सृष्टि जैसे उस सच्चिदानन्द के चिदाब्धि में लहर-विहर रही है- परम् ब्रह्म का ज्योतिर्लिंग मानो जगत् की माया में प्रतिभासित हो रहा है। अन्धकार में, प्रकाश में वही घट-घट में व्याप्त, योगियों के ध्यानस्थ नयनों में लीन एवं हृदयाकाश में रमी हुई वह आत्म ज्योति, वह राम! शंकराचार्य्य ने स्वयं को, गौड़पाद को-शिष्यों को सब को अपने आस-पास जगत् तथा अरुणाभा से रूपयसी सृष्टि को देखा। गौड़पाद तनिक रुके; बोले- "यह सब ब्रह्म हैं-हैं न, शंकर!"

शंकराचार्य्य "यह इदम् ब्रह्ममय है! वह सत्य नारायण ही सभी रूपों में छिपा है; सभी वेशों में लिप्त है। यह जगत् ब्रह्म के शिव संकल्प की दिव्य-भव्य रचना है....."

"और तू?" गौड़पाद ने पूछा।

"मैं?" शंकराचार्य्य हुमसे - श्री चरणों की रज, प्रभो!"

गौड़पाद उत्ताल प्रसन्न हास्य हँसे- "यही सीखा है क्या?"

शंकराचार्य्य भी रुके; बोले- "यह शरीर कुछ भी सीखा नहीं है; पढ़ा नहीं है। मैंने जगत् को जानकर भी जैसे नहीं जाना है। मैं भव-संसार को जान नहीं पाया और जगत् को मान नहीं सका हूं। प्रभो! मै निर्विशेष तथा निरीह अनादि जीव हूं और जगत् के रूप-रूप से परब्रह्म का पता पूछता हूं।"

"मिला क्या?" गौड़पाद गंगा किनारे ठहरते हुए बोले। पूछा।

शंकराचार्य्य भी ठहरे। ब्राह्म मुहूर्त की धुंधली अरुणाभा में गंगा की पुनीत जलराशि आकाश की भाँति पारदर्शी थी; मानो काल स्वयं सतोगुण के ध्यान में बहा जा रहा था। मानो समस्त समग्र पृथिवी गंगा के पुनीत अगाध से जल में समाधि लेना चाहती थी। गंगा द्युलोक से अन्तरिक्ष तथा अब पृथिवी तल पर उतर कर सो गई थी और अब गौड़पाद के पदचाप की आहट से जाग रही थी। मानो वह शंकर की अथाह अमोघ दृष्टि से सिहर कर जागने लगी थी। शंकराचार्य्य बोले- "यह जगत् ब्रह्म का संकेत तो करता है; परन्तु पता नहीं देता। हाँ, प्रभो! जगत् की माया का मन्थन कर मैं ब्रह्म नवनीत पा न सका। माया परम् सत्य का आभास भी नहीं कर सकती; पता क्या देगी? जगत् की विद्याओं तथा उनके शास्त्रों में अवगाहन कर मैं सत्य के गंगाजल से भींज नहीं सका।"

गौड़पाद पास के धुसरित पाषाण पर बैठे; बोले- "तब ब्रह्म का पता कहाँ लगा रे?"

शंकराचार्य्य हँसे; बोले- "मित्र के कन्धों से, माँ के हृदय से तथा गुरु के श्री चरणों से ही मैं ब्रह्म का पता पा सका हूं। अवश्य, मैं इस जगत् में डुल गया हूं; भव में फंस गया हूं। जगत् से मैं चकित हूं और भव से स्तम्भित हूं। इस जाड्यान्धकार से मैं ऊब गया हूं, प्रभो!"

"घबरा तो नहीं गया?" गौड़पाद ने हँसते हुए पूछा।

"जी, नहीं। जीव, जीवन और मरण से जब घबरा जायगा, भव योनियों के अँधेरे कीचड़ में डूब जायगा।" शंकर बोले- "काल रात्रि में जीवन की चाल चलता हुआ यह जीव-मैं केवल सच्चिदानन्द के अमोघ विश्वास से ही जी रहा हूं- यह जीवन परमात्मा के अटल अनिवार्य्य विश्वास का ही सनातन निरन्तर प्रवाह है, प्रभो!

"तब तू भव धारण करते रहना चाहता है। नहीं?" गौड़पाद बोले।

"मैं कुछ भी नहीं चाहता-जगत् की राई-रत्ती नहीं चाहता।" शंकर ने साभार कहा- "भव-संसार का तनिक भी सुख नहीं चाहता; दुःख नहीं चाहता। मैं भव और भव योनियों की जाति, आयु तथा भोग नहीं चाहता-मैं अवाक् हूं प्रभो!"

गौड़पाद ने शंकराचार्य्य को निहारा; बोले- "तू अवाक्? नहीं रे। तू तो वाग्-बीज हो गया है। मेरी कारिका के मर्म को व्यक्त करने वाले तेरे माण्डूक्य भाष्य को मैंने गोविन्द से सुना-पश्य किया। तीनों लोक जैसे हर्ष के रोमाञ्च हो गये। त्रिपुर गहगहा उठा। मैं हर्ष और शोक से परे एक उदासीन सच्चिदानन्द की आत्मा हर्षोल्लास से भर उठा। मैं जैसे पुनः अपना प्रसन्न अनुभव करने लगा। एक बार और अपना माण्डूक्य भाष्य तू स्वयं मुझे सुना। गंगा की लहरों पर ब्राह्म मुहूर्त की इन अरुण किरणों के लास को देखता हुआ मैं, तेरे मुख से मुझको स्पष्ट और अचूक स्थापित एवं सत्युक्त करने वाले तेरे माण्डूक्य भाष्य को सुना। यही मेरा वेदान्त-दर्शन है-"

"जैसी आप महिमामय की इच्छा। आज्ञा! किन्तु प्रभो!" शंकराचार्य्य ने आर्त विनीत स्वर में कहा- "मैं तो गायत्री का बालक हूं। उपनिषदों के मेरे भाष्य तो आप श्रीमद के चरणों में समर्पित पुष्प हैं। कहाँ ऋषिवर्य्य सरस्वती पुत्र महर्षि वेद व्यास, कहाँ आप श्रीमद् के सद्गुरु वेदान्त मूर्ति शुकदेव और अन्य परवर्ती आचार्य्य श्रीवर्य्य! मैं तो आकाश रूप वेदान्त के वाक् गगन का पंछी भर हूं-मैं तो केवल ब्रह्म की जिज्ञासा की शान्तिकर वेदना भर हूं-मैं ब्रह्म के दर्शन के लिये आतुर-व्याकुल एक मानव जीव हूं, प्रभो!"

"तब फिर यह सब क्यों लिखा?" गौड़पाद विहँसते हुए बोले- "बोल?"

शंकराचार्य्य ने सस्मित कहा- "आप श्रीमद् ऋषियों की सतत आराधना के लिये! महासरस्वती की वाङ्मय पूजा के लिये! गुरु गोविन्द के स्तवन के लिये प्रभो!"

"तथास्तु!" गौड़पाद मुलकते हुए बोले- "मैं भगवती गंगा को देख रहा हूं- किन्तु मेरा चित्त माण्डूक्य के तेरे भाष्य में चिपक गया है। आज के ब्राह्म मुहूर्त की आराधना तेरे भाष्य-माण्डूक्य भाष्य से ही होगी। सुना!"

"प्रभो!" शंकराचार्य्य चिहूंके- "ओमकार अपने अनहदनाद की गति आप श्रीमद् की इच्छानुसार ही मानो कर देता है। ओमकार की अनहद ध्वनि आपके श्वास-प्रश्वास के साथ ही होती है- ज्ञान चिन्मय बोध होकर आपके शाश्वत चिदाकाश में समाया हुआ है। परा, पश्यन्ती, मध्यमा तथा वैखरी के परे आप चिन्मय पूर्ण ज्ञान गम्यता हैं।"

गौड़पाद ने अरुणाभा से स्वयं की लहरियों को पूरती हुई गंगा को देखते हुए कहा- "ज्ञान-गम्यता? हाँ, शंकर! प्राणियों का जीवन ही ज्ञान गम्यता की अभिव्यञ्जना है- अभिव्यक्ति है। प्राणी मात्र जैसे अपनी सच्चिदानन्द स्मृति में बेसुधि है और गंगा के प्रवाह की भाँति काल की धरती पर बह रहा है-किन्तु यह आत्म चैतन्य का सतत् अनादि प्रवाह है। वाक् के उपरत बोध में बने रहने पर भी कभी-कभी अक्षर देखने, वाक्य पढ़ने और अर्थ को समझने की इच्छा हो ही जाती है-सभी इच्छायें शान्त हो सकती हैं-हो जाती हैं, किन्तु ज्ञानेच्छा कभी शमती नहीं। सभी शरीरों और भवों में, अस्ति और स्थिति में प्राणी ज्ञान को ही प्राप्त करना चाहता है-अनुभव करना चाहता है। जगत् की अनुभूति तथा सुख पूर्ति का सन्तोष अथवा दुःखद् स्थिति की पीड़ा-अनुभूति मात्र ज्ञानेच्छा है क्या?"

शंकराचार्य्य ने देखा, ब्राह्म मुहूर्त की अरुणाभा गौड़पाद के मुख-कमल को खिला कर उसमें भर रही है। अरुण, नारंगी, गुलाबी, आरक्त पीत, नवरंगी द्युतियों का पारदर्शी अरुणाञ्जन मानो गौड़पाद की बीहड़ पलकों पर झूमने लगा है। गहरा ऊर्ध्व श्वांस भरते हुए शंकराचार्य्य ने कहा- "आप श्रीमद् साक्षात् शुकदेव हैं, प्रभो! इस कलिकाल में आप श्री अनादि जीव, पुरुष नहीं हैं- त्रियुगी नारायण की तेजस्विता हैं। अनादि काल से जगमगाती हुई वेदान्त रश्मियों के घनपुञ्ज आप वेदान्त मूर्ति तथा वेदों का शून्य को सत्य से भरने वाला उद्घोष हैं। शास्त्रों की दुन्दुभि तथा दर्शन के सूर्य्य-चन्द्र आप श्रीमद् हैं। ज्ञानेच्छा? यही, यही तो प्रभो! ब्रह्म की ज्ञानेच्छा ही जैसे भवेच्छा कालेच्छा में व्यक्त होती है। यह मूल प्रवृत्ति ब्रह्म का पूर्ण, परिपूर्ण भवेच्छा तथा कालेच्छा का संकल्प है; धारणा है-ध्यान है। ज्ञानेच्छा है तब तक जीव है; प्राणी है। धरती और आकाश है- सांख्य है, पूज्यपाद!"

गौड़पाद- "कपिल ने आत्म-साक्षात् किया था। ज्ञ, अव्यक्त और व्यक्त के परे और पार ब्रह्म ही तो है। गोविन्द मेरे इस कथन को सुन लेता था; कहता कुछ भी नहीं था। निस्संदेह यह इदम् मूलहीन और वास्तविक यथार्थता से रहित किसी मद्यप की स्वप्नमयता नहीं है। ब्रह्म जगत् में प्रविष्ट है; ब्रह्म जगत् के स्वरूप में ढलता नहीं और यह मायावी आश्चर्य ब्रह्म में ही प्रतिबिम्बित होता है। तू ने ठीक ही स्पष्ट किया है, क्षण भर का ही सही, ब्रह्म की व्यावहारिक सत्ता है, प्रातिभासिक सत्ता है, पारमार्थिक सत्ता है।"

"किन्तु व्यावहारिक ब्रह्म सत्ता प्रातिभासिक सत्ता में समा जाती है।" शंकराचार्य्य बोले- "और स्वप्नमयी प्रातिभासिक ब्रह्म सत्ता अन्ततोगत्वा पारमार्थिक सच्चिदानन्द में अन्तर्ध्यान हो जाती है। जगत् द्वारा ब्रह्म को देखने वालों को ब्रह्म-चिति नहीं, चित्त का ही आभास होता है। यह माया भगवान् का चिद् विलास ही तो है-"

गौड़पाद- "और भव-संसार ब्रह्म की आनन्ददायी लीला है। सच है; सत्युत् है, शंकर!"

शंकराचार्य ने देखा, गौड़पाद जैसे समस्त वाक् से ही थक गये हैं। उनके ज्योतिर्मय नयन आलोक भरे विषाद से भर गये हैं और गंगा की अरुण किरणों से झबकती हुई लहरियाँ उस विषाद को जैसे पी रही हैं। गौड़पाद जैसे चिर ज्ञान विरह से भरने लगे; बोले- "शंकर! अपना उद्धार चाहता हूं। यह चिरन्तन जीवन महाशून्य में ध्वनि प्रतिध्वनि है। मैं कहता हूं जगत् का द्दष्टा होना अच्छा; किन्तु काल का तटस्थ कूटस्थ द्दष्टा होना कभी-कभी मुझको हृदयाकाश में भी विषाद से भर देता है-मैं शून्य को कल्पित कर हहर उठता हूं। मैं काल के एकान्त में एक लव भी स्वयं को धारण नहीं कर सकता। यह तटस्थ से पल कभी-कभी कटते नहीं। यह काल के अथाह में गड़े क्षण हटते नहीं। संभार, भार और उभार, रंगों भरा उमड़-घुमड़ से भरा उठाव-उद्भव और तिरोभव देखता रहता तथा सीदता रहता हूं। जीव हो जाता हूं मैं, शंकर!"

शंकराचार्य्य ने गौड़पाद के चरणों में बैठते हुए कहा- "मुक्तात्मा जब जीव भाव से आच्छादित होता है, स्वयं ही जीव का आरोपण आरम्भ हो जाता है। ब्रह्म से भी अपने अन्तराल का बीहड़ एकान्त सहा नहीं गया, प्रभो! यह अकेलापन ही द्वैत के गर्भों से भरा हुआ है। द्वैत भय भीति-यही ब्रह्म का शून्य है, प्रभो! नहीं?"

गौड़पाद हँसे; बोले- "एकोहम्! यह ब्रह्म अनुभव करते हैं- तब?"

"तब?" शंकराचार्य्य ने मानो स्वयं से ही पूछा- "तब जगत्, सृष्टि, देश-काल, और क्या?"

गौड़पाद- "यह अनादि चिद् विलास, यह सनातन भगवती लीला, शंकर तुम भी क्या चिरञ्जीवी होना चाहते हो? क्यों नहीं, शंकर?"

शंकराचार्य ने देखा, मानो अरुणारी गंगा एक धार होकर गौड़पाद के अथाह काल नयनों में समा रही है; बोले- 'चिरन्तन? नहीं, स्वामिन्! अनन्त!'

गौड़पाद ने ऊर्ध्व श्वांस भरा; बोले- "ओम अनन्ताय नमः! हाँ, यही। विष्णु-जिष्णु!"

शंकराचार्य्य ने गौड़पाद के चरण सुल्हाते हुए कहा- "यह अनन्त जीव भाव नहीं है। कहाँ है? जीव तो मोक्ष के लिये अपने अन्तःकरण में कल्प-कल्पों से, अनादि से सीदता रहता है। जीव मोक्ष प्राप्ति के लिये ही भव योनियों में धंसता रहता है। प्रत्येक सुख से वह वैराग्य का आघात प्राप्त करता है- दुःख से ऐंठ कर वह दीन अनाथ जीव अपने परम् शान्त की कामना करता रहता है। जीव अन्ततोगत्वा क्या सुख चाहता है? नहीं, प्रभो! सच्चिदानन्द आत्म प्रकाश ही चाहता है- अन्धकार मात्र जीव नहीं चाहता। स्थितियों से ऊपर उठ कर अच्युत होना चाहता है। आदि अन्तों से रहित होकर वह अनन्त होना चाहता है तथा निस्सार नीरस को त्याग कर वह गोविन्द होना चाहता है-काल-कूट पीकर ही शिव ने अमृत की अभिलाषा का चिरन्तन सेवन किया है। जीव जब जगत् की माया का भ्रम मिटाकर भव संसार का कालकूट-विष-पी लेगा, जी भर कर जब विष का पान कर लेगा तभी वह मुक्त होगा। मोक्ष बन्धन हीनता नहीं है; बन्धन रहितता भी नहीं है- वह सच्चिदानन्द अमृतावस्था है; अद्वैत है, अभय है।"

गौड़पाद ने सिर हिलाया, बोले- "सत्य-सद् चित्त, चिद, शंकर!"

शंकराचार्य्य ने हुमसते हुए कहा- "सत्य ही अस्तित्व का भास है; यही अद्वैत अस्तित्व है, सद् और चिद् भी है। यह परम सत्य सत् चिद् स्वरूप अनादि सनातन एक है; अनेक है। नहीं, प्रभो! है। सत्, चित्, स्वरूप यही एक अनेक आनन्दमय जब हो जाता है, आत्मा परमात्मा को प्राप्त करता है-आनन्द प्रभो!"

गौड़पाद- "आनन्दम् ब्रह्म! सच्चिद का स्वयं स्वयमेव अनुभव, भूमा! शंकर!"

शंकराचार्य्य- "आनन्दानुभूति से ही ब्रह्म की सभी सत्तायें स्वयं ही अन्तर्ध्यान हो जाती हैं और ज्ञान के सत्यनारायण का उदय हो जाता है। सभी स्थितियों का दिवस तथा रात है; किन्तु आत्म ज्ञान का उदय मोक्षावस्था है। आनन्द की ब्रह्मानुभूति में ही कल्प तथा प्रलय लीन हो जाते हैं-आनन्दानुभूति भवानुभूति नहीं है- अपने परमात्म्य की- अपने निरञ्जन निराकार की ही रसानुभूति है।"

गौड़पाद- "जड़-चैतन्य का ज्ञान? मैं इस उद्‌गार से कभी चौंक उठता हूं। मैं चिरन्तन अनन्त का आनन्दमय अनुभव करते हुए भी जैसे जड़ को जानता हूं; चेतन को पाता हूं। यह जड़?"

"ब्रह्म की दिव्य अभिव्यक्ति? नहीं तो। ब्रह्म का दिव्य संकल्प रागहीन अस्ति, प्रभो!"

"चेतन?" गौड़पाद जैसे शंकर की परीक्षा लेने लगे हों।

"जड़ के सम्पर्क से ही चैतन्य का भान होता है।" शंकर ने सस्मित कहा- "और जड़ का ज्ञान प्राप्त होते ही चैतन्य का ज्ञान होता है। गुरु गोविन्द के ब्रह्म चैतन्य का उपदेश भूला नहीं हूं, प्रभो!"

गौड़पाद जैसे सहसा बोले- "यह अज्ञान शुद्ध तत्व है-तत्व, शंकर! साँख्य के मुक्त पुरुष में भी यह शुद्ध सत्व अंश रूप ही सही रहता है। महर्षि कपिल क्या यह नहीं जानते थे? जानते थे, शंकर!"

शंकराचार्य्य- "सत्युत है, स्वामिन्! यह अज्ञान-शुद्ध सत्व-तत्त्व ही माया है।"

गौड़पाद- "तेरे परवर्ती आचार्य अविद्‌या तथा माया में भेद मान कर ही चले हैं। सत्व, रजस् और तमस् की साम्यावस्था प्रकृति है। इस मूल प्रकृति के दो भेद हैं- अविद्‌या तथा माया। शुद्ध सत्वमयी प्रकृति माया है- नहीं? मलिन सत्व प्रधाना प्रकृति तब अविद्‌या? सुन लेता हूं इस कथन को; परन्तु उस पर चिन्तन नहीं करता। जगत् को लेकर आत्मा को चिन्तन की आवश्यकता ही क्या है? यह सब प्रपंची जीव के लिये ही है। बुद्धि जीव के लिये है, अहम् जीव के लिये है, चित्त भी जीव के लिये है और यह मन तो है ही। आत्मा के लिये तो परमात्मा ही है-ब्रह्म!"

"सच्चिदानन्द ब्रह्म!" शंकराचार्य्य ने विहँसते हुए कहा- "जिनको भव धारण करना है, पुनर्जन्म प्राप्त करते चलना है, वह अविद्‌या तथा माया आदि शब्दों को लेकर विचार करें- करते हैं। चिन्तन केवल आत्मा का है। जगत् क्या है?

क्षण मेरे लिये जिज्ञासा का विषय है नहीं- किन्तु अनन्त है। यह च्युत भूत और सनातन प्रवाहमान तत्व उनके गुण धर्मो का बोध मेरे लिये नहीं है-मैं द्वैत का विद्वान् और एक का मनीषी नहीं हूं-मैं ब्रह्मचारी हूं।"

"तू ब्रह्मचारी ही नहीं, ब्रह्म स्वरूप है।" गौड़पाद मुस्कराते हुए बोले- "तू इस पृथिवी तल पर अवतरित नहीं होता तो वेदान्त दर्शन पूर्णतः कदाचित् लुप्त हो जाता। माया का यथार्थ कौन स्पष्ट करता? यह इदम् क्षण के लिये ही सही है। इसको नकारा नहीं जा सकता- हकारा भी नहीं जा सकता। अति तुच्छ एवं परिच्छिन्न अज्ञान के आवरण के अन्तराल में गुह्य अपरिच्छिन्न, अलौकिक, स्व प्रकाश सर्वव्यापी आत्म तत्व को कौन कहता? आत्मा अनादि काल से बद्ध है, किन्तु सच्चिदानन्द बंधता नहीं, यह कौन समझता? तू ने माया और अविद्या को एक मान कर स्पष्ट किया है कि अज्ञान की आवरण और विक्षेप शक्ति ही भ्रान्ति उत्पन्न करती रहती है। सद् वस्तु आत्मा के स्थान पर असद् वस्तुओं की भ्रान्ति ही होती है- यह तू ने स्पष्ट किया है। आवरण की शक्ति से आत्मा बद्ध सी हो जाती है; किन्तु बँधती नहीं तथा अज्ञान के विक्षेप से ही यह इदम् भासता है-आत्मा ज्ञान स्वरूप है; आनन्दमय है-किन्तु अज्ञान के कारण ही यह चिद् विलास है; क्रिया है-जगत् तथा भव-संसार है। वस्तुतः वत्स शंकर! तू ने ही बताया है कि अज्ञान का तिमिरान्ध सबीज हटाया जा सकता है। यह आवरण चीरा जा सकता है। यह विक्षेप निर्भ्रान्त किया जा सकता है। मोक्ष! मोक्ष सुलभ है; प्राप्त किया जा सकता है। इस शरीर में ही ब्रह्म चैतन्य को मीड़ने से जीवन मुक्त हुआ जा सकता है।"

शंकराचार्य ने मस्तक नंवाते हुए कहा- "इस शरीर में आत्मा आश्चर्य्य चकित करने वाला रहस्य ही बना रहता है। 'मैं हूं' जानते और मानते हुए भी क्या बद्ध आत्मा अपने अगाध अनन्त सच्चिदानन्द से विश्वस्त होती है? वेदान्त जीव को आत्मा का अमोघ विश्वास देता है और परम् ब्रह्म का साक्षात्कार करवाता है। जिसको आत्म लाभ करना हो, वह ब्रह्म जिज्ञासा आरम्भ करे।"

"ब्रह्म जिज्ञासा! हाँ, यही।" गौड़पाद बोले- "संसार का राग द्वेष तथा जगत् का माया मोह त्याग कर ही ब्रह्म जिज्ञासा की जा सकती है। मैं त्रिकाल ब्रह्म दर्शन में दत्तचित्त रहता हूं किन्तु फिर भी विशुद्ध सत्व स्वरूपा माया दीख पड़ती है- गुण नहीं, माया। सोचता हूं ब्रह्म का यह चिद् विलास अत्यंत सहज होते हुए भी अत्यन्त दुरूह है। यह आश्चर्य्य संभूत इदम् समदृष्टि से समष्टि

तथा विषम दृष्टि से 'व्यष्टि' प्रतीत होता है-प्रतीति, शंकर! परम् सत्य की समष्टिगत अथवा व्यक्तिगत प्रतीति ही तो है-यही मिथ्या है, नहीं?"

शंकराचार्य ने कहा- "अरुण प्रभाकर हो रहे हैं, प्रभो!"

गौड़पाद ने अरुणोद्य की प्रतिलव तीव्र होती हुई प्रभा को मानो निहारा; बोले- "यह जगत् कितना सुन्दर है, शंकर!"

शंकराचार्य हँसे; बोले- "रमणीय भी तो है।"

गौड़पाद ने विहँसते हुए कहा- "जी नहीं चाहता, नयन बन्द कर लूं और इस ब्रह्म प्रभात को नहीं निहारूँ। चित्ताकाश की त्रिगुण उभर तथा उमड़-घुमड़ देखते हुए जाग्रति के इस सौन्दर्य्य समारोह को देखने भर के लिये उत्कण्ठा जागती ही है। ब्रह्म को जान लेने पर भी इस जगत् को देखने तथा भव-संसार को भांपने की इच्छा जाग ही उठती है।"

"चिरन्तन भवेच्छा, प्रभो!" शंकराचार्य ने कहा- "जीव जगत् संस्कारी धारणा है- किन्तु जगत्- संस्कार के बीज में आत्मा की लीला वृत्ति ही भरी हुई है। क्या मेघाडम्बर आकाश की रमुज नहीं है? अद्वैत जब द्वैत की कल्पना करता है. अत्यन्त रमणीय हो जाता है-यह अनेकत्व ही रूप है; नाम है अतः सौन्दर्य्य भी है।"

"जगत् का सौन्दर्य और ब्रह्म का तेज! ब्रह्म के अमृतशील से पूर्ण यह भव-संसार तो अज्ञान के विरुद्ध सच्चिदानन्द आत्मा का शौर्य्य है।"

"जी!" शंकर ने हकारा भरा।

गौड़पाद चुप हो गये। अरुण-बिम्ब अब अपनी ही अरुण-तलैया में प्रभा के जल से नहा रहा था, दिवस होने लगा था। वृक्षों की घटा टोपें मानो हरी हो रही थीं। अँधेरे में उदासीन सी कलियाँ जागकर अपना उत्फुल्ल श्रृंगार कर रही थीं। आकाश की दिशायें जागकर मानो अपने त्रैलोक्य को देख रही थीं- अँधेरे में लोक गुप्त तो नहीं हो गये, यह मानो दिक् सोच रहे थे। सब हैं-जगत् के नाना अनगिनत रूप हैं; भव के यह चौरासी लक्ष स्वरूप हैं, यथापूर्व हैं। किसी के अखण्ड प्रताप से सूर्योदय हो रहा है तथा रात्रि का प्रकाश में स्वयं ही विसर्जन हो रहा है। शंकराचार्य्य ने मन ही मन कहा- "यह पृथिवी प्रकाश की प्यासी है। यह सूर्य तेज का भूखा है- यह जगत् और सृष्टि आत्मा की सच्चिदानन्द ज्योति के लिये बुभुक्षित है। सोने के बाद सभी प्राणी प्रभात में जागना ही चाहते हैं। स्वप्न के ऊहापोह से निकल कर जाग्रति की अचूक

स्पष्टता का अनुभव करना ही चाहते हैं। कौन स्वप्नावस्था के शून्य में स्वप्न देखता ही रहना चाहता है? सुषुप्ति के घोर एकान्त में कौन डूबा रहना चाहता है, भला? जीव केवल्य नहीं, सुषुप्ति नहीं, स्वप्न नहीं, वह विश्व ही चाहता है-विश्व में अचूक अनिवार्य्य जाग्रति ही चाहता है! यह जाग्रतावस्था ही तब जीवन चेतना है। माया का यह आवरण तथा विक्षेप होते हुए भी यह शरीर, यह त्रिपुर मण्डित शरीर, यह विश्वगत शरीर, यह भव-भव का स्वाद तथा स्पर्श! शंकराचार्य्य मानो अपने गहन में कूक उठे- "धन्य, परम् ब्रह्म! तेरी यह लीला धन्य है।"

सहसा गौड़पाद चिहुंके- "शंकर! सृष्टि कर्त्ता से कहीं उसकी यह सृष्टि विशेष सुन्दर तो नहीं है? जगत् माया भव्य है; सृष्टि दिव्य सुन्दर है, नहीं?"

"जी।" शंकराचार्य ने कहा- "जो मिथ्या है, वही सुन्दर है- भव्य तथा दिव्य है। ब्रह्म न भव्य है तथा न दिव्य एवं सुन्दर ही है। ब्रह्म तो निरञ्जन सत्य है, प्रभो! यही आपने भी कहा है।"

गौड़पाद ने प्रभाकर की किरणों को गंगा-लहरों पर नाचते हुए देखा; बोले- "किरणें नाच रही हैं, शंकर!"

शंकराचार्य्य हुमुसे; बोले- "सभी कुछ नाच ही तो रहा है, प्रभो! यह नाम डमरू ध्वनि पर नाच रहा है; यह रूप शिवा की किंकणी की बज पर नाच रही है। यह पंचभूतों का लास्य है; यह तत्वों का ताण्डव है, प्रभो!"

गौड़पाद ने शंकराचार्य्य के मुख-मण्डल को जैसे प्रथम बार देखा। अखण्ड शान्त प्रभा मण्डल से वह कमनीय मुख-कमल आभामय हो रहा था। आस-पास के जगत् के रूप मानो स्वयं ही भस्म होकर उस आभामयी दिव्या में समा रहे थे। शंकर गौड़पाद के चरणों में ही जैसे समाधिस्थ हो गये थे। उनके विशाल कञ्ज नयन उन्मीलित होकर बन्द हो रहे थे। उनका नासापुट मानो श्वास से रिक्त हो रहा था। शंकर कुम्भक में आरूढ़ अपने षड्चक्रों को पैर कर द्विदल में स्थित हो रहे थे। गौड़पाद ने देखा शंकर शरीर से तो दिख रहे थे; परन्तु उनकी सर्वांगीण जाग्रति स्वप्न को स्वयं में लीन कर सुषुप्ति के तिमिराच्छन्न घोर को पारकर केवल्य के असीम अनन्त आनन्दमय क्षितिज तक पहुंच गई थी। शंकर जैसे शरीर के बाहर जगत् के परे तथा सृष्टि के पार ब्रह्म की प्रतीक्षा में शून्य में खड़े थे-ज्योतिर्मय तट पर पद्मासन बंधे शंकर मानो ब्रह्म का आह्वान कर रहे थे।

गौड़पाद देखते बैठे रहे और गंगा के विलहलित जल में अरुण की प्रभामयी किरणें अब नहाने लगी थीं। गंगा की वीचियाँ सुनहरी उल्लोल हो रही थीं और जैसे दिग्वधुओं का श्रम परिहार कर रही थी। कल्लोलें जगत् का मन्द मन्द्र हास्य हो कर मौन ही गुनगुना रही थीं-गंगा की जल राशि स्वयं ही आकाश के ज्योतिर्घटों में भर जाने के लिये ऊर्ध्व तरंगित होने लगी थी और प्रभाकर दिवाकर का स्वरूप धारण कर अखिल ब्रह्माण्ड को तेजस्वी करने का सहज प्रयास करने लगा था। गौड़पाद को लगा, चिरन्तन जीवन चेतना गंगा के पुनीत पुण्यभृत पवित्र कर प्रवाह की चिन्मयता की भाँति है- गंगा, त्रिपथगामिनी गंगा ही प्राणियों की मंगलमयी जीवन सरसता है; पवित्र द्युति है; पुनीत विश्वास धारा है। गंगा की वीचियों से गुदगुदाया जाकर काल जैसे अपनी क्षणों की कड़ियाँ जोड़ता रहता है। गंगा की उल्लोलों से हुमस कर त्रिकाल अपने घन दिव्य अन्तराल के शून्य में तरंग भरता है। गंगा जल के स्पर्शों से यह देश, यह रहस्यमय भूत तथा तत्व प्रसार-स्वयं ही शुभकर होता है। गौड़पाद की अपलक दिव्य किन्तु धूसरित पलकें काल के लव में जा गड़ी। गौड़पाद हुमुसे- "गंगा, शंकर!"

आचार्य्य श्री शंकर ने विहंसौहे नयनों से हंसते हुए प्रणाम पूर्वक कहा- "गंगा, प्रभो! गंगा की त्रिपथगामिनी धारा में भींज कर अणु-परमाणु संजीवित होते रहते हैं। भूत-पंचभूत गंगा में डूबकी लगाकर मानो अपनी दिव्यता को गहरा करते हैं तथा जगत् के पदार्थ अपने गुण धर्मों का सेवन करते हैं। इस सृष्टि के अन्तराल में दिव्य ज्ञान गंगा ही बहती रहती है- पृथिवी तल पर अवतरित होकर प्रभु-गंगा स्नान द्वारा ही स्फूर्त होते हैं।"

गौड़पाद ने सहसा पूछा- "प्रभु! मूर्ति-आकृति-स्वरूप! तो सगुण ब्रह्म?"

शंकराचार्य्य ने गौड़पाद के चरण सुल्हाये; कहा- "ब्रह्म ब्रह्म ही हैं। सगुण निर्गुण तो जीव की भावना भर है। किरणों से तेज का ध्यान कीजिये-अथवा तेज से किरणों का अवगाहन कीजिये वह अनन्त सच्चिदानन्द ही है, स्वामिन्! आप यह जानते हैं......"

"तू?" गौड़पाद ने जैसे रमुज में पूछ लिया।

"जानता हूं।" आचार्य्य श्री शंकर ने कहा- "किन्तु भव-बाधा जो आ पड़ी है। अज्ञानाच्छादित अध्यास से भरा यह भव, पुनर्भव, यह-यह जो कुछ अनुभूत है, वही ज्ञान की पिपासा से भरी वेदना है, प्रभो! मुझको कल्प-कल्पों का स्मरण

नहीं है; प्रलयों के मूढ़ बीहड़ अँधेरे एकान्तों की स्मृति नहीं है। मैं काल को जानते हुए भी जैसे नहीं जानता-जान नहीं पाता। देश-यह इदम् जैसे है भी और नहीं भी। अविद्या ग्रसित होते हुए भी मैं जैसे ज्ञान की दीप शिखा हूं। अन्तःकरण के मन्दिर में अहर्निशि जलता ही रहता हूं। यह अँधेरे मुझे छूते नहीं तो यह प्रकाश भी मुझे चौंधियाते नहीं। आकाश की द्युतिमयी आभा सा मैं अपना ही एकान्त हूं और.....”

“और, वत्स!” गौड़पाद ने शंकराचार्य्य के विशाल नयनों के गहन में निहारते हुए पूछा- “और क्या?”

“होना, होते रहना चाहता हूं।” शंकराचार्य ने कहा- “मोक्षावस्था में डूब कर भी मैं जैसे भवेच्छा की अजर -अमर आकांक्षा हूं।”

गौड़पाद सहसा उठ खड़े हुए; बोले- “वही एकोहम् बहु स्याम?”

“नहीं। प्रभो!” शंकराचार्य्य ने कहा- “न एक और नहीं अनेक! किन्तु एक और अनेक के परे मैं!”

“एक और अनेक के परे और पार तू? क्या?” गौड़पाद ने हँसते हुए पूछा।

ब्रह्म-सच्चिदानन्द, प्रभो!” शंकराचार्य्य ने कहा।

“तथास्तु!” गौड़पाद ने शंकराचार्य के मस्तक पर अपना अभय वरद पद्मपाणि रखा- “तू शंकर के काल-नयनों की ज्ञान-दृष्टि है। तू ज्ञान का दिव्य-चक्षु है- तू शास्त्रों का ज्ञाता, ज्ञान तथा ज्ञेय भी है- तुझे देखकर ही मुझ जैसे परमात्मा के एकान्त विरही को विश्वास होता है कि मैं और ब्रह्म अभिन्न हैं। उत्तुंग और विशाल चिरन्तन चेतन तरंग होते हुए भी मैं ब्रह्म चैतन्य के अगाध से एकाकार हूं। मैं अपने बाहर जब देखता हूं जगत् देखता हूं। स्वयं के बाहर अनुभव करता हूं तो सृष्टि और भव-संसार का अनुभव करता हूं। अपनी भूमा से ऊब कर जब मैं विषयानन्द की धारणा करता हूं तो सुख दुःख, राग द्वेष का अनुभव करता हूं। अन्यथा मैं तो वही सच्चिदानन्द ब्रह्म हूं-अहम् ब्रह्मास्मि, वत्स!”

शंकराचार्य्य ने अपने सरोज नयन बन्द किये और पलक में ध्यान लीढ़ होकर हृदयाकाश में विहर उठे; ज्योति, ज्योतिर्मय ज्योति। द्युतियों की दीप्ति और दीप्तियों का चिद्घन प्रकाश। प्रकाशों का तेज और तेजों की निरीह आनन्दमयी तेजस्विता-सत्यनारायण! शंकर समाधिस्थ हो गये। गौड़पाद मुस्कराये; हंसे-विहंसे और गंगा के नीर में कूदे। “भगवती गंगे!” गौड़पाद ने कहा और गंगा जल में मानो डूब गये। गौड़पाद गंगा के नीर में पवित्र सरिता

होकर समा गये और दिव्य सरसता होकर आग्नेय सूर्य मण्डल में लीन हो गये। सूर्य मण्डल को पार कर गौड़पाद द्युलोक को पैर कर दिव्य सुमेरु पर मानो आ उतरे। गौड़पाद अन्तर्ध्यान हो गये। सुमेरु के दिव्य शिखर पर वह खड़े हो गये और काल को पुकार कर मानो कहने लगे- "शंकर! शंकराचार्य, वत्स! तेरा कल्याण हो।"

आघात खाकर शंकर जागे; बोले- "प्रभो! जगद् कल्याण! मैं-मैं न था; न हूं तथा नहीं हूंगा।"

शूलपाणि ने लथड़ते हुए शंकराचार्य को थाम लिया।

शंकराचार्य्य इन्द्रियों में उतरते हुए प्राणों में बहे; सजग हुए, बोले- "गौड़पाद?"

शूलपाणि ने कहा- "गंगा में, प्रभो!"

"डूब गये? क्या?" शंकराचार्य्य ने सस्मित पूछा।

शूलपाणि ने सिर धुनाया; कहा- "योगी गंगा को स्वयं में डुबा देता है! श्रीमद् ने घट में नर्मदा भर जो ली थी। योगी की गति परमात्मा ही जानते हैं- हम क्या जाने।"

शंकराचार्य्य ने शूलपाणि को घूरा- "जीव मात्र योगी है, वत्स!"

"जी।" शूलपाणि।

"तुझे विश्वास नहीं होता?" शंकराचार्य्य ने कहा- "ब्रह्म निर्गुण योगी है; सगुण योगी है- यह अखिल-निखिल उसका सच्चिदानन्द स्वरूप है। पद्मपाद ने तुझे यह नहीं बताया क्या?"

"गुरु जी की कृपा है।" शूलपाणि ने कहा- "हम तो गुरु की कृपा के कांक्षी हैं। संसार त्याग कर हमने श्री गुरु चरण को ही थाम लिया है।"

"वह गुरु किस काम का, जो ज्ञान नहीं दे-अज्ञान के तिमिर को छिन्न न कर दे। जो भव-संसार से मुक्त कर मोक्ष प्राप्त करने की विद्या न दे? जो महासरस्वती से साक्षात् न करवा कर अपने चरणों का प्रक्षालन ही करवाता रहे।" शंकराचार्य्य ने पवित्र अमर्ष पूर्वक कहा- "गुरु से ज्ञान माँगो, वत्स!"

"जी।" शूलपाणि ने कहा।

"जी क्या?" शंकराचार्य ने तीव्र स्वर में कहा- "गुरु का चरणामृत लो; किन्तु उसको गंगा जल समझ कर, समझे! इस पृथिवी पर गंगा ही ज्ञान

गंगा है-कल्याणी त्रिपथगामिनी गंगा शिव की जटा में यों ही क्या समाई है? वह ब्रह्म चैतन्य की सरस आर्द्रता है। वह भगवान् की अनुग्रह धारा है। कारुण्य कादम्बिनी है। पद्मपाद ज्ञान चाहता था। किन्तु मैं उसको ज्ञान कहाँ से दूं? वह गौड़पाद की भाँति चिरन्तन जीवन की पुनीत मंगलमय शान्ति चाहता है-वह मुक्ति चाहता है; मोक्ष नहीं तो-वह भक्ति करे। भक्त और भगवान् तथा भागवत वह अखिल-निखिल! जड़ चेतन, जीव ब्रह्म-समूचा वेदान्त!"

"वेदान्त!" शूलपाणि ने सहज ही कहा- "इस बुद्धि में जगत् शेष है, प्रभो!"

"मन, बुद्धि, चित्त, अहम् यह सब आत्मा की स्वयं सम्मोहन की शक्तियाँ हैं, जड़ विज्ञान के दिव्य से भरी हुई शक्ति मात्र है।" शंकराचार्य्य ने कहा- "यह जगत् ब्रह्म के सर्व समर्थ सर्व शक्तिमान् विज्ञान का सहज अवलम्बन है। यह सृष्टि उसी का व्याकरण है। ज्ञान अग्नियों का, अग्नि सूर्यों का, सूर्य चन्द्रमाओं का पूर्णेन्दु है। ज्ञान काया है; छाया है-माया है; ब्रह्म है। तू आज नहीं तो कल इसे समझ लेगा। जो मैं कहता हूं-तुझे ज्ञान मिलेगा।"

"कब प्रभो!" शूलपाणि ने प्रणाम पूर्वक पूछा।

"जब हम प्रसन्न होंगे तब।" शंकराचार्य्य ने कहा।

"क्या करूं जो आप श्रीमद् प्रसन्न हो जांय?" शूलपाणि ने कहा-

"जीव क्या प्रसन्न होता है?" शंकराचार्य मठ के प्रवेश द्वार पर ठहर गये- "प्रभु ही प्रसन्न होता है, वत्स!"

"तब प्रभु से प्रार्थना करूं?" शूलपाणी बोला।

"अपने अन्तरात्मा में छिपे सच्चिदानन्द का ध्यान कर, वत्स! तू स्वयं ज्ञान स्वरूप है, तू स्वयं सच्चिदानन्द रूप है। अज्ञान में डूबा काल रात्रि में सो रहा है। तू जगत् के स्वप्न देख रहा है तथा भव-संसार की स्मृतियों में जल रहा है। तू जन्म रहा है; मर रहा है-इस अगाध माया-जलधि की तरंगों की गिनती नहीं है; अन्त नहीं है। इस जगत् का प्रत्येक तट मायावी है। प्रत्येक भव योनि सुख की व्यर्थ चाहनाओं से भरी विषादमयी है, वत्स! दिवस तथा रात्रि के भव को भोग कर क्या तू ऊब नहीं गया? जब भव से ऊबा नहीं है- क्षण भंगुर सुखों से अघाया नहीं है, तब तुझे मोक्ष मिलेगा कैसे? बोल?"

"नहीं मिलेगा, प्रभो?" शूलपाणि ने कहा।

"नहीं मिलेगा?" शंकराचार्य्य तमके- "किसने कहा जीव को मोक्ष नहीं मिलेगा? मैं कहता हूं जीव को मोक्ष मिल कर रहेगा। मोक्ष ही जीव का अन्तिम आत्यंतिक परम् लक्ष्य है। आत्मा क्या सदैव के लिये अज्ञान के घोर आच्छादन में डूबा रहेगा? क्या यह रात्रि अनन्त है? नहीं; प्रभात होगा और आत्मा मोक्ष के सच्चिदानन्द में स्वयं ही जाग जायगा। जगत् की कालरात्रि का अन्त है; आत्मा के प्रभात का अन्त नहीं है, यह तुम मुझसे लो।"

"प्रभो!" शूलपाणि ने दण्डवत किया।

"तथास्तु, शिष्यों!" शंकराचार्य्य ने कहा- "अभिनव गुप्त को कह दो-शिव जन्मते नहीं, बँधते नहीं। वह परम् शिव हैं-परम् शिव, सच्चिदानन्द विग्रही तो हैं परन्तु निरञ्जन निराकार हैं।

15

अभिनव गुप्त ने सव्यंग किन्तु तनिक उत्ताल हास्य के साथ कहा- "शंकराचार्य्य का सन्देश हमें प्राप्त हुआ है-उसका एक ब्रह्मचारी तथाकथित शिष्य आया था। कहने लगा, श्रीमद् आचार्य श्री शंकराचार्य श्री ने कहलवाया है; शिव, परम् शिव, निरञ्जन निराकार हैं-पाशबद्ध शिव जीव नहीं हैं और पाश मुक्त जीव शिव नहीं हैं। माया, अविद्या को शिव की विमर्शिनी मान कर जगत् तथा सृष्टि प्रपंच को शिव-शिवा का गृहस्थ कहना उचित नहीं है-परम ब्रह्म परम शिव भी हैं। शास्त्रार्थ का निमन्त्रण प्रेषित किया है, इस वयस्क भ्रष्ट सन्यासी ने हमें-हम उससे शास्त्रार्थ करेंगे, भला? नहीं-शव के द्वारा जो कामोपभोग कर सकता है और यों शाक्तों की पञ्चमकार उपासना की जो भरपेट निंदा करता है, उस उद्भ्रान्त से अभिनव गुप्त शास्त्राथ करें, यह संभव कैसे होगा? शास्त्रार्थ समान मनीषियों में होता है। फिर हम इस यती से, आयु में बड़े हैं; अनुभव वृद्ध तथा सिद्ध कोटि के दर्शनवेत्ता हैं हम विश्रुत अभिनव गुप्त हैं-नहीं?"

औघड़नाथ ने अपनी प्रलम्ब दाढ़ी को अँगुलियों से सुलझाते हुए कहा- "आप-आप हैं, अभिनव गुप्त! उत्पलाचार्य के बाद अभिनव गुप्त ने ही महेश्वर दर्शन के केतु फहराये हैं-हम हठियों को भी आपकी वाणी ने प्रभावित किया है। यह शंकराचार्य एक निर्जल मेघ है, उमड़ उठा है-शम जायेगा। शास्त्रार्थ? आपसे शास्त्रार्थ चाहता है यह युवक यती? उसकी मति निस्संदेह मारी गई है, आप श्री वाक् के सम्राट् हैं। सिद्धियों के वल्लभ हैं तथा शिव-डमरू एवं शिवा की कटि-किंकणी हैं। औघड़नाथ यह जानता है। इस युग में आप सा तंत्रसाधक तथा शिव-शिवा का काम रूप भक्त अन्य कौन है?"

"यह तो आपकी कृपा है, औघड़नाथ!" अभिनव गुप्त ने मन ही मन प्रसन्न होते हुए कहा- "हम शक्ति को जागते और सोते हुए भी मानो देखते हैं। हम शिवा के दास हैं। वह शंकर प्राण वल्लभा हमारी एकान्त स्वामिनी है-भोग और मोक्ष वही हमें प्रदान कर रही है। परम् ब्रह्म ही परम् शिव हैं, निरञ्जन निराकार! तुम्हारा सिर, यती शंकर तुमने मण्डन मिश्र, नीलकण्ठ और भास्कराचार्य को हराया होगा- यह सब पोथी पण्डित हैं भला। शास्त्रवेत्ता तथा मीमांसा के अध्येता हैं- शिव के पूजक नहीं; शिव भक्त नहीं-नीलकण्ठ के भूत भभूत-नहीं। हम शिव के वैताल हैं। हम केवल साक्षात् शिव से ही शास्त्रार्थ कर सकते हैं।"

क्षेमराज ने सहसा कहा- "किन्तु शिव शास्त्रार्थ करते नहीं, श्रीमद्! आप आचार्य्य हैं; आचार्य्य सिद्ध तथा सफल शास्त्रार्थों की मनीषी व्यष्टि ही हैं। शंकर भी आचार्य हैं; संन्यासी हैं तो क्या हुआ?"

अभिनव गुप्त ने घूरते हुए कहा- "भ्रष्ट संन्यासी है यह तुम्हारा शंकर!"

क्षेमराज ने आघात खाते हुए कहा- "मेरा शंकराचार्य्य? मेरे तो आप श्रीमद् ही हैं- आचार्य्य, गुरु-सब कुछ। मैं तो भारतवर्ष की गुरु परम्परा की रक्षा तथा शास्त्र प्रमाण की सिद्धि की आम्नाय के लिये ही अपना मत रख रहा हूं-आचार्य्य शास्त्रार्थ से मुंह नहीं मोड़ सकता। क्षत्रिय जिस प्रकार रण- निमन्त्रण से खिसक नहीं सकता, ब्राह्मण शास्त्रार्थ से बच नहीं सकता।"

"अच्छा जी।" अभिनव गुप्त गर्जे- "तब हम शंकराचार्य्य से खिसक रहे हैं? टल रहे हैं-भाग रहे हैं? क्षेमराज! तुम यदि बोलना नहीं जानते तो चुप क्यों नहीं रह सकते?"

क्षेमराज ने कहा- "सत्य को पीड़ित होते हुए देखकर जो ब्राह्मण चुप रहे वह ब्राह्मण नहीं है; वर्णशंकर है, प्रभो!"

"तो हम सत्य को पीड़ित करते हैं?" अभिनव गुप्त बमके- "क्षेमराज! तुमको अहंकार आ गया है। तब हम वर्ण शंकर हैं और तुम, तुम ब्राह्मण हो, ब्रह्मचारी हो, ब्रह्मविद् हो।"

क्षेमराज ने प्रणाम पूर्वक कहा- "अहंकार? मुझमें अहंकार आ भी गया है तो वह अहं आपका विनीत शिष्य होने का है। गुरु शिष्य परम्परा सत्य कथन से विपरीत कब रही है? उदासीन कब रही है? गुरु ने सनातन परम्परा से शिष्य को सत्य और शुभ का मार्ग-दर्शन किया है तथा शिष्य ने श्रीमद् गुरुचरणों की

साक्षी से गुरु के मार्ग दर्शन को शिरोधार्य किया है। गुरु की आज्ञा वेद का मन्त्र है-रही है, किन्तु....."

"किन्तु क्या ढीट?" अभिनव गुप्त ने आरक्त नयनों से घूरते हुए पूछा- "क्या मैं असद् मार्ग दर्शन करता हूं?"

"असद् नहीं, अनुचित, श्रीमद्!" क्षेमराज ने शान्त स्वर में कहा- "तन्त्रबल और विद्याबल का मद नहीं, तन्त्र की सिद्ध शक्ति की धन्य सफलता तथा विद्या का विनय ही सत्य को धारण करते हैं। आपश्री के चरणों में बैठकर मैंने तो यही जाना है कि आचार्यों में परस्पर विद्या का विनीत सम्प्रेषण ही है-रहा है। द्विष नहीं। नैमिषारण्य ऋषियों तथा मुनियों के उद्गार स्नेह के दिव्य शील का धन्य कारुण्य है। आप श्री शंकराचार्य के प्रति न जाने क्यों संतप्त हैं?"

"वह युवा भ्रष्ट यती शिव दर्शन की सनातन साधना को अन्यथा करना चाहता है। वह महेश्वर दर्शन का शत्रु है। वह जगत् का जैसे वैरी है-मानव जाति को निरञ्जन निराकार के बीहड़ में धकेल कर मानो प्रलय के जल में डुबो देना चाहता है। क्या मनुष्य बीहड़ में रह सकता है? निराकार को दृष्टि से पकड़ सकता है? निरञ्जन का अनुभव कर सकता है? मनुष्य व्यष्टि तथा समष्टि है; उसको समाज चाहिये; राष्ट्र चाहिये-राज्य चाहिये। पृथिवी पर मनुष्य राग तथा वैराग्य दोनों के लिये जन्मता है-केवल संन्यास के लिये नहीं। मनुष्य को जीवन चेतना से हीन करना सबसे बड़ा पाप है, क्षेमराज!"

"मृत्यु होने से क्या जगत् निरर्थक हो जाता है?" औघड़नाथ ने कहा- "माया? माया नहीं, शिव की शक्ति-शिव स्वयं शक्ति स्वरूप विमर्शिनी का जितना अवगाहन तुमने किया है, उतना किसी और ने किया है क्या? क्या यती शंकर स्वयं शिव शक्ति को नहीं मानता? मानता है; सौन्दर्य्य लहरी ही नहीं, उसके कई स्तोत्र यही सिद्ध करते हैं कि शंकर कहने को शिव को निरञ्जन निराकार माने, वास्तव में वह महेश्वर में ही मानता है। शिव भुजंगम्, शिवानन्द लहरी, शिव पादादि केशान्त वर्णन स्तोत्र, केशवकेशादिपादान्तवर्णनमस्तोत्र, शिवापराध-क्षमापणस्तोत्र-यह ढेर सारे शिव स्तोत्र, क्या कहते हैं, कहिये न, क्षेमराजजी?"

क्षेमराज ने शान्त स्वर में कहा- "शिव-विग्रहों का वर्णन करते हैं। हम शैव जिन-जिन शिव विग्रहों का भजन पूजन करते हैं, यती शंकर भी वही करते हैं-

कहते हैं, किन्तु साथ ही यह भी तो इंगित करते हैं कि आदि अन्त रहित, पर और तत्व अर्थगम्य हैं। चिदाकार हैं; तुरीय हैं। मनोवाग-अतीत हैं-परम ब्रह्म हैं।"

"महः शैवमीड़े।" अभिनव गुप्त बमके- "क्या यह शंकराचार्य्य नहीं कहता? कहता है, तुम स्वशक्ति से शक्त्त होकर सिंहासन पर विराजमान हो। मनोहर हो; सर्वांग रत्नों से भूषित हो। तुम्हारी जटा में गंगा स्थित है। तुम जगन्नाथ, मन्नाथ, गौरीशनाथ हो। तुम प्रपञ्चों की आर्तिहरण हो। तुम महा स्तोम मूर्ति हो। सभी के बन्धु हो। ऐसे हे शिव! तुमको नमस्ते हे नमस्ते, पुनः-पुनः नमस्ते! यह हम नहीं कह रहे, शिष्यवर्य! यह आपका यती शंकर कह रहा है तब"

"तब वह शैव दर्शन का खण्डन क्यों करना चाहता है?" औघड़नाथ ने पूछा- "यह शंकर परम शाक्त है, भला! हम उसके इस रहस्य को जानते हैं। यह भ्रष्ट संन्यासी प्रच्छन्न बौद्ध तथा गुह्य शाक्त है। निर्गुण? कौन सा निर्गुण? यह शंकर, गणेश, सुब्रह्मण्य, भुजंग श्री दक्षिणामूर्ति, देवी भुजंग, त्रिपुर सुन्दरी, गौरी, शारदा, अन्नपूर्णा, मीनाक्षी, भ्रमराम्बा, अर्धनारी शिव, श्री हरि, लक्ष्मी, विष्णु-जिष्णु, श्री राम, कृष्ण, केशव, हनुमन्त सब देवों और देवियों का प्रातःकाल स्मरण करता है-अपनी दिग् विजय यात्रा में सभी देवों के तीर्थों में पूजन भजन सब करता है। क्यों? जब उसका परम् ब्रह्म अनादि अज, निर्गुण निराकार-निरञ्जन आदि है तो यह सगुण वन्दन क्यों?"

क्षेमराज ने कहा- "मैं भी कभी-कभी यह देखकर आश्चर्य्य करता हूं। किन्तु मैं वेदान्त दर्शन का बटुक नहीं हूं और नहीं आचार्य्य हूं। मैं शैव हूं। पूज्य अभिनव गुप्त की आचार्य्य परम्परा का शिष्य हूं।"

अभिनवगुप्त हँसे; बोले- "तुम तो मेरे पश्चात् आचार्य्य होना ही चाहते हो। हमने तुम्हारा इस रूप में सम्मान भी करना चाहा था- लोग तो स्वाभाविक हो तुमको हमारी शिव पीठ का उत्तराधिकारी मानकर चलते हैं।"

क्षेमराज मुलके- "यह उनकी अनुकम्पा है और आप श्रीमद् की कृपा है।"

"कृपा? हमारी-अब, तुम पर?" अभिनव गुप्त ने आरक्त नयनों से देखते हुए कहा- "तुम छद्म वेदान्ती हो, क्षेमराज!"

"प्रभो! क्षमा!" -क्षेमराज ने आर्त स्वर में कहा- "मैं परम् तत्व का एक जिज्ञासु हूं; विद्यार्थी हूं। मैं ज्ञान का पिपासु एक मानव हूं और नहीं चाहता कि अब अधिक भव-संसार में भ्रमण करूं-भवाब्धि में डूबे रहना नहीं चाहता। हाँ, प्रभो! इसलिये श्रीमद् के चरणों के विश्वास की शीतल छाया में आ बैठा हूं।"

"हमारे चरणों की थीतल छाया में तुम? नहीं, क्षेमराज!" अभिनव गुप्त पुनः तमके- "तुम तो माताजी के चरण कमलों के चंचरीक हो। मेरे यह चरण तो कमल दल नहीं हैं, धतूरा हैं-समझो! हम शिव और शिवा को जगत् में समरस विहार करते पाते हैं-भक्तों को औढर दान देते हुए देखते हैं। हम शिव को कालकूट पीकर देवताओं को अमृत की भेंट करते हुए पाते हैं। हमारा शिव स्वयं आकार है; मूल प्रकृति शिवा का प्राण वल्लभ है। महामाया का पति और योगमाया का "ओम नमः शिवाय" है। तुम्हारी माताजी शाक्त पूजन को कामोपभोग कहती है-व्यभिचार कहती है- तुम क्या कहते हो, सुनूं तो!"

क्षेमराज ने शान्ति पूर्वक कहा- "जो आप श्रीमद् कहते हैं।"

"मैं? मैं तुमसे अब कुछ भी नहीं कहता-न कहूंगा। तुम जाओ, यती शंकर के ज्योतिर्मठ में एक दास, भृत्य, सेवक बन कर रहो।" अभिनव गुप्त दहाड़े- "तुम गये क्यों नहीं? जाओ-"

"शिष्य कभी भी श्री गुरु चरण त्याग नहीं सकता, प्रभो!" क्षेमराज ने कहा- "फिर प्रभो! मैं ज्योतिर्मठ का दास क्यों होऊँ? मैं आप श्रीमद् का दासानुदास बन सकूँगा-आचार्य्य शंकर का सेवक त्रिकाल में भी नहीं बन सकता।"

"क्यों?"- अभिनव गुप्त गर्जे।

क्षेमराज ने कहा, शान्ति पूर्वक धीर गम्भीर स्वर में कहा- "क्योंकि शंकराचार्य मेरे गुरु नहीं हैं; नहीं आचार्य हैं। मैं शिव दर्शन का विद्वान् हूं और महेश्वर आचार्यों की परम्परा का एक मूक शिष्य हूं। मैंने श्रीमद् के चरणों का अवलम्ब गृहण किया है। माताजी? तो वह हैं-श्रीमद् गुरुदेव की धर्मपत्नी इस पृथिवी पर द्वितीय शिवा हैं-शिवानी हैं; भवानी हैं।"

"किन्तु वह तो शंकराचार्य्य की एक सराहक मूढ़मति है।" अभिनव गुप्त ने कहा-"वह मुझसे घृणा करती है। उसको पति से प्यार नहीं है और नहीं वह पति को परमेश्वर मानती है। स्त्री मात्र तब तुम्हारे लिये श्री माँ है।"

"भवानी, शिवानी, मृड़ानी शंकर, प्राण वल्लभा, जगदम्बा, प्रभो!" क्षेमराज ने प्रणाम पूर्वक कहा- "परम सत्य की खोज मान्यताओं का ऊहापोह नहीं है; धारणाओं का आग्रह भी नहीं है। यह आम्नायों का मोह भी नहीं है। परम् सत्य के लिये मत हो सकते हैं; किन्तु क्या मतभेद हो सकते हैं? सत्य सभी भेदों के परे परम् शिव का अमोघ चैतन्य विश्वास ही क्या नहीं है? सभी दर्शन सत्यनारायण की वन्दना में लीन हो जाते हैं। सभी सम्प्रदाय अपनी सीमाओं

को त्याग कर परम् सत्य का अनन्त असीम क्या नहीं हो जाते? महेश्वर दर्शन क्या वेदान्त का मतभेद है? वेदान्त विरुद्ध सम्प्रदाय है? क्या यह शिष्यों का घेरा भर है? जी नहीं।"

"तब क्या है महेश्वर दर्शन, ज्ञानी महाशय!" अभिनव गुप्त ने सव्यंग दाँत पीसते हुए पूछा।

"परम् सच्चिदानन्द शिव!" क्षेमराज ने कहा- "क्षमा, सद्गुरो! किन्तु शैव दर्शन और वेदान्त दोनों कालातीत चिन्तन होकर अद्वैत हो जाते हैं। परम् सत्य के भक्त भावित अनेक दिव्य विग्रह हैं-हो सकते हैं। किन्तु परमात्मा का दर्शन हो नही सकता। सत्य स्वयं सच्चिादानन्द अभय है-अद्वैत है।"

"अद्वैत?" अभिनव गुप्त चिल्लाये- "हमारी दृष्टि से दूर हो जाओ-निकलो यहाँ से। अरे शिवराम, जयरथ, भास्कर! इस क्षेमराज को आश्रम से बाहर शून्य विजन मार्ग पर धर आओ! सुना!"

क्षेमराज उठ खड़े हुए। शान्त गम्भीर धीर स्वरूप में बोले- "श्रद्धेय! यह कष्ट आप श्रीमद् क्यों करें? मैं स्वयं ही आश्रम के बाहर चला जाता हूं। यह शरीर बाहर जायगा; क्योंकि श्री गुरुदेव की यही इच्छा है। मैं नहीं।"

अभिनव गुप्त ठहाका मार कर हँसे- "तुम शरीर नहीं हो तो क्या हो? हो जाये, वेदान्त का उपदेश- "अहम् ब्रह्मास्मि!"

क्षेमराज ने अभिनव गुप्त को प्रणाम करते हुए कहा- "मैं अनादि जीव हूं इस रहस्यमयी दिव्य सृष्टि में। इस पृथिवी तल पर मैं एक मानव प्राणी हूं। जन्म-जन्मों से विकल और मृत्यु से व्याकुल मैं एक चेतना हूं। उस चैतन्य अपरम्पार की लहर भी हो सकता हूं, किन्तु मैं काल से घिरा तथा कर्म से बँधा एक दीन अनाथ चेतना हूं-जीवन की अनिवार्य्य अमोघ अभिलाषा हूं। मैं क्या हूं नहीं जानता; नहीं जान पाता हूं। जब मैं यह जान लूंगा कि मैं परम् शिव हूं-शिव हूं। ब्रह्म हूं तब मैं शिष्य नहीं रहूंगा; गुरु-शरण छूट जायगी और मैं प्रभु की शरण में जा पड़ूंगा। यही तो मेरी समस्या है कि मैं क्या हूं? और यह मेरी भव-भव की प्रतिज्ञा है कि मैं जान कर रहूंगा, मैं क्या हूं। यह मेरा कल्प-कल्पों का संकल्प है कि मैं जानूं जगत् क्या है-भवाब्धि किसे कहते हैं? यह मेरी अटल कामना है कि मैं अजर रहूं- अमर हो जाऊँ-मृत्युञ्जय हो जाऊं। तभी मैं त्र्यम्बक चन्द्र मौलीश्वर आशुतोष शिव को जानने तथा भजने के लिये आपके आश्रम में आया था- मेरा शव ही आश्रम के बाहर जा सकता है। मैं, क्षेमराज नाम्नीं नहीं।"

द्वार पर माताजी का उग्र स्वर गूंजा- "तथास्तु, पुत्र! तू आश्रम के बाहर जायगा, तो मैं भी तेरे साथ चलूंगी। यह श्रीमद मुझको भी कई बार आश्रम के बाहर चले जाने के आदेश प्रदान कर चुके हैं। तुमको तो यह आश्रम के बाहर कर सकते हैं-मुझे नहीं। मैं इनकी असमय में ही वृद्ध अर्धांगिनी हूं- धर्मपत्नी। चल, आश्रम के मेरे निवास पार्श्व में चला आ। मुझे समझा, क्षेम! मैं तेरे आचार्य्य और शंकराचार्य्य का मतभेद जानना चाहती हूं-यह तेरा गुरु शिव दर्शन को लेकर संसार भर से लड़ता क्यों रहता है? क्या शिव दर्शन ने इनको राज्य दे दिया है? भू-मण्डल का साम्राज्य?"

"हाँ! त्रिक् दर्शन ने हमें त्रैलोक्य का राज्य दे दिया है, सौभाग्यवति!" अभिनव गुप्त ने पत्नी को घूरते हुए कहा- "हमारे और उस यती शंकर का मतभेद तुम जानना चाहती हो। वाह! हमारा मतभेद नहीं है; वेदान्त एक व्यर्थ दार्शनिक वाग् विलास है और शैव दर्शन ही जगत् तथा सृष्टि का वास्तविक, उपयोगी, नैतिक, धार्मिक तथा सभ्य सुष्ठ दर्शन है। क्या तुमको निराकार ब्रह्म जगत् में दिखता है? सृष्टि में क्या अनादि जीव कर्म पाश में बंधा नहीं मिलता? भव, जन्म-मरण, पुनर्जन्म, आयु, जाति और भोग यही तो मिलता है। यह सृष्टि कामेश्वर-कामेश्वरी की समरसी रचना है। वह शिव स्वयं पिता है; वह शिवा स्वयं जगदम्बा है।"

औघड़नाथ ने कहा- "शिव योगियों के गुरु तथा संन्यासियों के आचार्य्य देव भी हैं। वेदान्त का परम् शिव महेश्वर नहीं है। यह वेदान्त का रोग आपको कैसे लगा?"

माताजी ने औघड़नाथ को अमर्षपूर्ण दृष्टि से देखा; कहा- "आप अपने हठयोग का अभ्यास क्यों नहीं करते? इन आचार्यों के शास्त्रार्थ के झगड़ों में क्यों उलझते हैं? आपने भी अपना लम्बा चौड़ा क्षेत्र बना रखा है। दत्तात्रेय तन्त्र का शिक्षण करते रहते हैं, क्यों? वेदान्त रोग नहीं है-अज्ञान के रोग का उपचार है, औघड़नाथ! आपको मैं तब से जानती हूं जब से इस घर में आई हूं। तन्त्र बल द्वारा अबोध भोग, यही आपका मन्त्र है-है न?"

औघड़नाथ हँसा; बोला- "और देवि! ब्रह्म के चिद्विलास का और क्या मर्म हो सकता है? कहिये तो। आपका वेदान्त ब्रह्म एक से अनेक होना क्यों चाहता है? प्रजा की उत्पत्ति क्यों करना चाहता है? इसीलिये कि भोग एक से नहीं, दो से ही होता है। यह अविराम शाश्वत अनादि भव-भव योनियों का जीवन जगत और उसके ऐश्वर्यों के भोग के लिये नहीं है तो फिर किसके लिये है?"

"वैराग्य के उदय के लिये है, औघड़नाथ!"-माता जी ने अमर्ष पूर्वक कहा- "आप और आपके साथी तथा कौलों, कालभोजों में अन्तर ही क्या है? शक्ति के घोर संचय द्वारा एक अनवरत भोग भोगते रहना चाहता है, दूसरा शक्ति के लालित्य द्वारा यह जगत् भोग, माया उपभोग करते रहना चाहता है। भोग और मोक्ष, आप लोगों का यह कथन आत्म-वञ्चना भर है। राग-राग है; वैराग्य-वैराग्य है। पूर्ण काम हुए बिना वैराग्य नहीं होगा और यह जगत् अपूर्ण काम है; माया का कामुक श्रृंगार है। उत्पत्ति के लिये काम भाव है। आत्मदर्शन के लिये नहीं।"

"तब आत्मदर्शन के लिये क्या है, भगवति!" अभिनव गुप्त ने सव्यंग अधीर स्वर में पूछा।

"ज्ञान है! भाग्यशाली नर!" माताजी ने कहा- "क्षेमराज! चलो मेरे साथ!"

क्षेमराज ने लपक कर माताजी के चरण थामे; कहा- "नहीं, माँ-मैं आश्रम के बाहर नदी तट के खण्डहर में रहूंगा। गुरुजी और आप में मुझ दीन-हीन ब्रह्मचारी बटुक को लेकर झगड़ा हो, यह मैं नहीं चाहता। मेरे लिये तो आप दोनों के श्री चरण सेव्य रहे हैं। अवश्य, अब मैं इस आश्रम में रह भी नहीं सकता- यह आश्रम शैव दर्शन का इस क्षेत्र में ज्योति स्तम्भ रहा है। शारदा पीठ का संचालन इसी आश्रम के आचार्य श्रीमद् द्वारा होता आया है। किन्तु भगवती शारदा की वीणा आश्रम की दीवार से टकरा कर टूट गई दिखती है। शैव दर्शन शिव के चन्द्रमा का अमृत है; शिव जटा में स्वयं में लवलीन गंगा की विशुद्ध पवित्रता हैं। शिव दर्शन सत्य का, शिव का, सुन्दर का मंगलमय जीवन चैतन्य है- यही दर्शन सच्चिदानन्द का सत्य है, माँ!"

माताजी ने अपना धूसरित मस्तक हिलाया; कहा- "जानती हूं, किन्तु कामुकों ने इस दर्शन को रतिशास्त्र बना दिया है।"

अभिनव गुप्त गर्जे- "चुप रह, स्त्री!"

"मानव की माँ कहो, श्रीमान् जी!" माताजी ने कहा- "तुम मुझे तोड़ नहीं सकोगे, समझे?"

"स्त्री से कौन लड़ेगा, भला?"-औघड़नाथ ने यों ही कहा।

"प्रत्येक नर नारी से लड़ता ही आया है, हठी!" माताजी कहा- "स्त्री ने पुरुष के अन्याय को सह कर भी सृष्टि के प्रति सदैव न्याय किया है। पुरुष ने वैराग्य के नाम पर स्त्री से सदैव घृणा ही की है; किन्तु स्त्री ने जगत् को सुन्दर रखा

है; सृष्टि को अपने ममत्व से संजीवित तथा सुरक्षित रक्खा है। पुरुष! क्या समझता है स्वयं को पुरुष?"

अभिनव गुप्त- "पुरुष-परम पुरुष! और क्या?"

माताजी ने अपने पति को आग्नेय दृष्टि से देखा- "वासना का कीट पुरुष! परम् पुरुष! लज्जा नहीं आती स्वयं को परम् पुरुष तक चीन्हते हुए? पुरुष ने नारी का स्त्री का मांस सदैव ही चूसा है। यह नर नारी भक्षी राक्षस है, सुन लो मुझसे! मेरी आँखों में अपनी छबि क्यों नहीं देखते?"

अभिनव गुप्त- "क्या देखे? पुरुष के प्रति घृणा से भरा शून्य? क्यों देखे? तुम्हारे ही नयन सब कुछ नहीं हैं, भगवती! इस सृष्टि में भैरवी के नयन भी हैं; यक्षिणी के दिव्य नयन कमल हैं। अप्सराओं के मुह्य मदीले दिव्य चक्षु हैं और उनमें सौन्दर्य्य की अग्नियाँ भरी हुई हैं- पूर्णिमाओं का विलोल रस भरा है- तुम्हारे नयन? सधुक्कड़ी नेत्र हैं, रोग और शोक से भरे-छिः!"

"जगज्जननी को छिः करते हो?"- माताजी ने साश्चर्य पूछा।

"तुम जगज्जननी नहीं हो।" अभिनव गुप्त ने घृणा से भरे तीव्र स्वर में कहा- "तुम एक मानव योनि की नारी हो; स्त्री हो। मैं जगज्जननी को जानता हूं। तुम हम शाक्तों- कोलों को कामुक, भ्रष्ट, व्यभिचारी और न जाने क्या-क्या समझती हो? परन्तु जगदम्बा जानती हैं, हम वीर हैं; हम कौल हैं- अवधूत हैं। हम कुण्डलिनी की अधोगति को ऊर्ध्वगति में बदल देने वाले तन्त्रविद् हैं- तान्त्रिक साधक हैं। शाक्त के नाते हम दुर्गा भवानी के दास तथा अम्बिका के बालक हैं। हम पिता या पति, भाई, काका, मामा, दादा आदि नहीं हैं, हम नर हैं; नारी हैं और उस परात्पर परमेश्वरी शक्ति के पूर्णकाम का दिव्य अभिव्यञ्जन हैं। तुम अबूझ क्या जानोगी? जो निराकार ब्रह्म का ध्यान करता है, वह सृष्टि के ज्योतिर्लिंग के भव्य सौन्दर्य को क्या जानेगा? जो निरञ्जन ब्रह्म को देखने के लिये अपनी देखती हुई आँखें फोड़ लेता है, वह सृष्टि सुन्दरी के अमोघ सौन्दर्य्य की दिव्य रूपता क्या जानेगा? कामाख्या का सौन्दर्य्य, उसका श्रृंगार तो हम जानते हैं, देवि!"

"तुम कुछ भी नहीं जानते।" माताजी प्रस्थानोद्यत बोली- "तुम कुण्डलिनी के जागरण और ऊर्ध्व रेतन-षड चक्र भेदन आदि की बातें स्वयं को तथा संसार को धोखे में रखने के लिये ही कहते हो। क्या किसी भव योनि के जीव ने आज दिवस तक काम को जीता है? भस्म किया है किसी भी जीव ने काम को?

क्या रति को जला सका है कोई प्राणी? नहीं। मनुष्य समुदाय माया मोह का प्रसाधन तो करता है, उसको नष्ट नहीं करता। मानव माया-मोह, राग-द्वेष, मद, मात्सर्य्य, लोभ, क्रोध नहीं है तो क्या है? जीव भाव मानव भव में ही सम्पूर्णतः व्यक्त होता है-अतः जीव को मैं केवल आत्मा का संस्कार रूढ़ भ्रान्ति ही मानती हूं! यह शरीर मैं नहीं हूं! समझे!"

"तुम तो भगवती! ब्रह्मयोनि हो।" अभिनव गुप्त ने कुहनी से दोनों हाथ जोड़े- "अब हम पर दया करो। तुम्हारी जो इच्छा हो, वह करो। मैं स्वयं औघड़नाथ के साथ चला जाऊँगा। मुझको अब इस आश्रम से करना ही क्या है? साध चुका; भोग चुका अब तो केवल इस यती शंकर को ठिकाने लगाना है। बस!"

माताजी ने जाते-जाते कहा- "विधि जैसी बात कर रहे हो। यती शंकर को शास्त्रार्थ में हरा कर उनको ठिकाने लगाने की कहते तो मैं मानती भी। सावधान, आचार्य्य अभिनव गुप्त! ज्ञान से ही शंकराचार्य मौन होंगे; विज्ञान से नहीं। शास्त्र शंकर को जीत नहीं सकते और योग शंकर को परास्त नहीं कर सकते। मैं जानती हूं, शंकराचार्य्य क्या हैं?"

"क्या है, कालमुखि! मैं भी तो सुनूं?" अभिनव गुप्त बमके।

"साक्षात् शिव! ब्रह्म स्वरूप!" माताजी ने कहा और चल दी।

अभिनव गुप्त हठात् दिग् मूढ़ से देखते रहे। उनकी आँखें घृणा में डूब कर मानो श्यामल हो गईं। वह जैसे अपनी रूष्ट क्रोधमयी दृष्टि में ही दग्ध हो उठे। तभी क्षेमराज ने प्रणाम पूर्वक कहा- "आज्ञा, प्रभो!"

"चले जाओ, निकल जाओ, आश्रम से जाओ!" अभिनव गुप्त मारे क्रोध के थर-थर काँपते हुए बोले- "शिवराम! जयरथ! कहाँ मर गये हो तुम सब?"

क्षेमराज ने पुनः नमस्कार किया और चलते हुए बोले- "क्रोध त्यागें, गुरुजी! क्रोधी आचार्य्य की विद्या उसके क्रोध में ही जल जाती है-विज्ञान दग्ध हो जाता है। अच्छा, जो आज्ञा। यह मैं चला-"

"शंकराचार्य के पास?"- औघड़नाथ ने पूछा।

"अपने अन्तरात्मा के पास।" क्षेमराज बोले तथा चल दिये।

शिवराम, जयरथ, भास्कर दौड़े आये। अभिनव गुप्त ने दहाड़ कर कहा- "क्षेमराज आश्रम का व्रात्य है, समझे!"

शिवराम ने सिर धुनाया; कहा- "जी समझ गये!"

"उससे मन् वचन कर्म का सम्बन्ध-सम्पर्क किसी का भी नहीं रहेगा।" अभिनव गुप्त त्राटके- "सुना!"

"जी, नहीं रहेगा।" जयरथ ने कहा।

"अब पट्टशिष्य?"- भास्कर ने पूछा।

"पट्ट शिष्य?" अभिनव गुप्त ने सरोष पूछा- "तुम तीनों में से एक ही हो सकता है। औघड़नाथ! बोलो!"

"अमावस्या की काली रात्रि में देखूंगा, तब बताऊँगा, अभिनव!" औघड़नाथ ने कहा- "दुःखी मत होओ, अभिनव गुप्त! औघड़नाथ तुम्हारे साथ है। शंकराचार्य का रोम-रोम कीलित न कर दूं तो मुझको औघड़नाथ मत कहना। क्षेमराज कहाँ जायगा? कहाँ तक? त्रिभंगी के घुंघरू की ध्वनि जहाँ तक जाती है, वहीं तक जाकर वह भंगेड़ी रुक जायेगा। विजया भवानी के तरंगी साधक ऐसे ही होते हैं क्षेमराज! मैं रतिप्रिया यक्षिणी के हवाले उसको कर दूंगा। वह इस मनस्वी हठी परन्तु कमनीय क्षेमराज को अवश्य सँभाल लेगी।"

शिवराम चिहुंका- "क्षेमराज जी? और यक्षिणी? तब मैं, दीन बन्धो!"

औघड़नाथ ठठा कर हंसे; बोले- "तुम्हारे लिये अभिमन्त्रित तन्वंगी।"

शिवराम ने औघड़नाथ के चरण पकड़ लिये; आर्त स्वर में कहा- "नहीं, नहीं। मैं तन्वंगी नहीं, यक्षिणी ही चाहता हूं। इस वरदान के लिये मैंने......"

अभिनव गुप्त ने बीच ही में कहा- "तपस्या की है तूने, षंढ! तपस्या करनी होगी। एक संन्यासी शरीर की बलि देनी होगी अथवा किसी सज्जन को झोंकना होगा। बग्ला के यज्ञ में बलि देनी होगी- तैय्यार है? यों क्या यक्षिणी मिल जायगी? अप्सरा चाहता है, मनुष्य होकर? तो अप्सरा तो स्वर्ग में ही प्राप्त होती है।"

औघड़नाथ ने पुनः उत्ताल हास्य हँसते हुए कहा- "यक्षिणी तो साधक ही चाहता है; किन्तु मानव मात्र स्वर्ग की अप्सरा ही चाहता है। सभी मत-मतान्तर के मनुष्य स्वर्ग चाहते हैं। सभी साधक इन्द्रासन चाहते हैं। तू शिवराम! मानवी स्त्री को ही पूर्णतः प्राप्त क्यों नहीं करना चाहता?"

"मानवी स्त्री? माँ?" शिवराम ने पूछा।

अभिनव गुप्त ने बमकते हुए कहा- "माँ! माताजी! इसको भी इस पृथिवी तल पर स्त्री रूप में 'माँ' ही दिखती है। क्लीव है और क्या? अच्छा, जा! यक्षिणी प्राप्ति के लिये हमने तुमको कह दिया है। ज्योतिर्मठ में तुमसे जाप भी आरम्भ करवाया था; परन्तु भाग जो आया तू?"

शिवराम ने अभिनव गुप्त को बार-बार सिर नवाते हुए कहा- "शंकराचार्य महाराज के शिष्यों से छिप नहीं सका। ज्योतिर्मठ के वायु मण्डल में जैसे शिव जी के गण घूमते रहते हैं, प्रभो!"

अभिनव गुप्त ने सहसा अट्टहास किया- "शिवजी के गण घूमते रहते हैं? ज्योतिर्मठ के गगन में? मूर्खाधिराज! गगन मण्डल में तो पञ्चभूत भ्रमण करते रहते हैं। व्योम से सटक सटक कर लहर-विहर कर पंचभूतों के रहस्यमय परमाणु रूप गृहण करने के लिये झूमते-झीमते रहते हैं। गगन की सीमा पृथिवी की विज्ञान घन मेखला है-उसमें शिवजी के गण कहाँ? भूत-प्रेत तथा पिशाच, यातुधान, ब्रह्म राक्षस यह सब भी अन्तरिक्ष में रहते हैं-गगन में नहीं। केवल दैवी शक्तियाँ त्रैलोक्य को भेद कर विश्व की गतिविधि का संयोजन करती रहती हैं- यह देवी शक्तियाँ शिवा भवानी की माया मूर्तियाँ हैं-स्वरूप हैं।"

"जी!" शिवराम ने कहा- "स्वरूप, जी!"

"कौन से स्वरूप हैं, याद है?" अभिनव गुप्त ने पूछा।

"प्रथम शैल पुत्री, द्वितीय ब्रह्मचारिणी, तृतीय चन्द्रघण्टा, चतुर्थ कुष्माण्डा....."

औघड़नाथ ने बीच में ही कहा- "स्कन्दमाता, कात्यायिनी, काल रात्रि, महागौरी, सिद्धिदात्री-नवदुर्गा। याद है; किन्तु शुक की भाँति रट लिया है। रटने से क्या यह स्वरूप प्रगट होते हैं? नहीं-चिदाकाश में ही नवदुर्गा के यह रूप साधक के दिव्य चक्षु के समक्ष व्यक्त होते हैं- हम कुम्भक में लीढ़ इन्हीं रूपों को देखने के लिये कल्पों से मचल रहे हैं।"

शिवराम ने अधीर स्वर में पूछा- "दिखे?"

औघड़नाथ ने अट्टहास्य पूर्वक कहा- "हम बग्ला, छिन्नमस्ता तथा घोर कालिका के उपासक हैं। शक्ति का श्रृंगारमय अभिराम रूप अभिनव गुप्त के लिये है- हम शिवा की कटि थाम कर लास नृत्य में नाचते हुए शिव को नहीं, महाशव शिव को ही ध्याते हैं-विश्व की त्रिगुणात्मक शक्तियाँ घोर कालिका की मुण्डमाला में निहित हैं, छोकरे! काल जननी के दर्शन से ही काल को जाना जा

सकता है। यह शंकराचार्य्य मीनाक्षी, ललिता, त्रिपुर सुन्दरी को भजता है-क्या मिला? कुछ नहीं! प्राप्त जगत् लुप्त हो गया; भव-संसार खो गया। सभी आग्रह बिछल गये-सभी स्वाद मूढ़ हो गये।"

"हूं।" अभिनवगुप्त ने कण्ठ में ही गर्जना की- "यह शंकर शव हो गया है, औघड़नाथ! इस शव का अग्नि संस्कार करना ही होगा- निस्संदेह, अवश्य, अवश्यमेव करना ही होगा और यह तू करेगा, शिवराम! चाहता था, क्षेमराज से शंकर शव की कपाल क्रिया करवाऊँ। भास्कर से चिता ठण्डी करवाऊँ और जयरथ से शंकर की हड्डियों को पुष्कर में बहवाऊँ। किन्तु क्षेमराज अयोग्य प्रमाणित हुआ। क्षेमराज मृत्यु की श्मशान में उपासना नहीं कर सकता-शवोपासना, समझा! शक्ति के परात्पर सौन्दर्य्य से मण्डित अभिराम स्वरूपों की उपासना तो सभी ने की है-करते हैं; परन्तु इससे मिलता क्या है? स्वर्ग भले ही मिल जाय-भूति-विभूति भले ही प्राप्त हो जाय, किन्तु तन्त्रस्वरूप त्रिपुरारि तो श्मशान जगाने से ही मिलते हैं। शिव जीव का परित्राण श्मशान में चिता के पास ठाड़े रह कर करते हैं। मणिद्वीप में नहीं-मुक्ति मृत्युञ्जय चिन्मय चिरन्तन अस्ति है, औघड़नाथ!"

औघड़नाथ ने अभिनव गुप्त को घूरा; पूछा- "हम मुक्ति नहीं चाहते। हम शक्ति चाहते हैं।"

"हाँ, शक्ति।" अभिनवगुप्त ने ऊर्ध्व श्वांस भरते हुए कहा- "अखिल ब्रह्माण्डनायिका, परात्परा, सच्चिदानन्द-विग्रहा, कामेश्वरी, शिवा! स्वयं परम शिव अपनी आनन्ददायिनी ज्ञानरूपा शिवा की अनन्य अमोघ प्रीति में लीन हैं-मग्न हैं और नित्य अनादि विहार द्वारा जगत् और सृष्टि में उद्भवित होते हैं-ज्ञानरूप, क्रियारूप! हाँ, शिव स्वयं शिवा द्वारा और शिवा सहित जगत् के चौदहों भुवनों तथा उनके लोक-लोकान्तरों में प्राणियों की सृष्टि करते हैं। जगत् में दिव्य और अनन्य ज्ञान स्वरूप व्यक्त होते हैं तथा भव-योनियों में बँध विलक्षण तथा विचित्र जन्म धारण करते हैं। शिव, ज्ञान और आनन्द स्वयं क्या अज्ञानाच्छादन में डूब सकते हैं? क्या उनको अध्यास सता सकते हैं? भ्रान्तिसत् का स्वयं पर असत् का आरोपण? मूर्ख को भी लजा दे, ऐसे कथन हैं। वेदान्त का ब्रह्म वाक्य बुद्धि की शून्यता ही व्यक्त करता है-जब जीव ब्रह्म लीन, ब्रह्म स्वरूप हो सकता है, तब ब्रह्म जीव क्यों नहीं हो सकता? शंकर, सच तो यह है, स्वयं को ही सर्वोपरि मानता है। यह यती वेदान्त के अपने पूर्ववर्ती आचार्यों को भी नहीं मानता। हम कहते हैं, शंकर के बाद वेदान्त के

आचार्य्य गण भी इस यती को स्वीकार नहीं करेंगे। शंकर का अद्वैत कहने भर को अद्वैत रह जायेगा और यही वेदान्ती आचार्य्य द्वैत तथा त्रेत को स्वीकार कर निराले अद्वैत का व्याख्यान करते रहेंगे। स्वयं वह भास्कराचार्य शंकर को नहीं मानता-वह ब्रह्म को परिणामी मानता है और हम कहते हैं, ब्रह्म-शिव ही जगत् स्वरूप परिणामी हैं तथा भव रूप काल रात्रि में समय की प्रसव पीड़ा से जन्मते हैं। नहीं?"

औघड़नाथ ने अपनी लम्बी दाढ़ी झटकते हुए कहा- "वेदान्त वादियों को हम शाक्तों ने सदैव सँभाले रक्खा है। इस शंकर को भी सँभाल लेंगे-"

"हम शंकर को स्तब्ध, भौंचक औचक कर देंगे।" अभिनव गुप्त ने तीव्र रोष भरे स्वर में कहा- "हमारा महेश्वर निराकार कैसे होगा? वह उतना ही यथार्थ है, जितना जगत् यथार्थ है। शिव शक्ति मानव माता-पिता की भाँति ही वास्तविक है, सत्य हैं। हम शिव को शव नहीं मानते, तुम भी सुन लो, औघड़!"

औघड़नाथ ने मुंह बिचकाते हुए कहा- "शिव को कुछ भी कह लो। शिव तो शिव ही हैं-शिवा के प्रियतम, स्वामी, प्राण वल्लभ हैं।"

"डमरूधर!" शिवराम बोला।

"त्रिपुरारि, त्रिशूलधर।" अभिनव गुप्त ने कहा- "शिवराम, तुम औघड़नाथ के साथ जाओ। यह हमारी आज्ञा है। शंकराचार्य को अभिभूत-पराभूत करने के लिये हमने तुमको माध्यम चुन लिया है। औघड़नाथ के मार्गदर्शन में तुम शंकराचार्य पर कृत्या बरसाओगे। तुम समझे! शास्त्रार्थ! शंकर के साथ हम शास्त्रार्थ क्या करें? और क्यों करें? हम शंकर का मण्डन नहीं करना चाहते तो उसका खण्डन भी नहीं सुनना चाहते। शिव-शिवा खण्डन-मण्डन का शास्त्रीय तत्व नहीं हैं। शिव शिवा परापरात्पर परम् तत्व हैं-सर्व शक्तिवान, सर्व समर्थ, सर्वज्ञ, ज्ञान स्वरूप कामेश्वर हैं, जगन्न माता-पिता हैं और जगत् एवं सृष्टि सहित स्वयं सच्चिदानन्द हैं। शून्य नहीं; भ्रम नहीं; भ्रान्ति नहीं, सत्य स्वयं हैं।"

"सत्य स्वयं!" औघड़नाथ स्वयं से ही बोला- "शंकराचार्य्य का वेदान्त महेश्वर दर्शन के विपरीत तथा विरुद्ध एक प्रलाप भर है।"

"इस आध्यात्मिक प्रलाप को नष्ट करना ही होगा।" अभिनव गुप्त ने दाँत पीसते हुए कहा- "वेदान्त के भावि ऐसे प्रलाप संभव ही न हो, ऐसा कुछ करना होगा।"

"हाँ, अभिनव! ऐसा ही कुछ।" औघड़नाथ ने मर्म समझ लेते हुए कहा- "चिन्ता त्याग दे, अभिनव गुप्त! निश्चिन्त हो जा! क्रचक्र चला गया तो क्या हुआ? यह औघड़नाथ है-काल उसको जीर्ण नहीं कर सका है, भला! वह दत्तात्रेय, वह गौड़पाद ही क्या चिरञ्जिवी है? हम भी चिरञ्जीवी हो सकते हैं। चिरञ्जीवी! वाह! क्या कहना है? सिद्धियों से सेवित तथा जगत् से प्रणम्य, हम सर्व शत्तिमान जीव-सदा शिव, हम! वाह! क्या कहना है?"

माताजी ने द्वार में विजड़ित सी मूर्ति होकर कहा- "तब मैं जा रही हूं- क्षेमराज और त्रिभंगी को भी अपने साथ ले जा रही हूं। पतिदेव! आपकी आज्ञा शिरोधार्य है। कितनी बार क्रोध से काँपते हुए आपने मुझको अपनी दृष्टि से ओझल होने के लिये कहा; किन्तु मैंने जान बूझ कर नहीं सुना। कैसे सुनती? अन्ततोगत्वा इस भव में आपकी विवाहिता धर्मपत्नी जो ठहरी। अवश्य आप श्री मुझको जीवन संगिनी नहीं मानते-न मानें। आपकी जीवन संगिनियाँ तो तन्त्रोपासिका, साध्वियाँ हैं, रही हैं। आपके तथाकथित आध्यात्मिक प्रेमालाप की, मैं मूक दृष्टा रही हूं; किन्तु अब जब आप चाहते ही हैं कि मैं अपने इस आश्रम घर से चली जाऊं, सौभाग्यवती होते हुए भी असौभाग्यवती की भाँति रहूं- तो ठीक है, वही सही।"

"असौभाग्यवती? क्यों? विधवा क्यों नहीं मानती?" अभिनव गुप्त ने तीव्र रोष पूर्ण स्वर में पूछा- "जो महेश्वर दर्शन तथा शाक्त जीवन में विश्वास नहीं करता, वह मेरे लिये अन्त में अग्राह्य ही है- त्याज्य! हम वैसे गृहस्थ नहीं हैं, जो वैश्य हों-क्षत्रिय हों। हम गृहस्थ होते हुए गृहस्थ नहीं हैं, हम कौल हैं। शाक्तों की सम्पूर्ण मानव जाति ही 'कुल' है। वीर हमारा भाव है; कौल हमारा नाता है। श्री चक्र हमारी सृष्टि है। हम केवल माता और बालक अथवा स्वामी एवं दास का ही सम्बन्ध मानते हैं। पाशबद्ध हम स्वयं को भूत-भभूत, गण, शिव की छाया-माया मानते हैं। तुम, स्त्री होते हुए भी स्वयं को न जाने क्या मानती हो? देवता मानती हो न?"

माताजी ने शान्त स्वर में कहा- "मैं स्वयं को कुछ भी नहीं मानती। मुझको अपना आपा प्रतीत ही नहीं होता-अपना कुछ लगता ही नहीं। जब तक मैं स्वयं को तुम्हारी धर्मपत्नी तथा आश्रम की माता मान कर चली, तुम्हारे पादाघात ही मिले! ठोकरें-तुम भैरवी पूजन नहीं, जगदम्बा भवानी के नाम पर स्त्रियों की युवा देहों को ही भोगते हो। तुम्हारा पूजन आराधना स्त्री देह के मांस और मद को भोगना ही है। तुम्हारा यह शाक्त सम्प्रदाय क्या वैदिक है? हो सकता है?"

अभिनव गुप्त हिले; काँपते हुए बोले- "चली जाओ, तुम! अन्यथा; शंकर के पूर्व मैं तुमको समाप्त करना चाहूंगा। औघड़नाथ इस कटु-भाषणी कलमुखी को ले जाओ, मेरे समक्ष से दूर ले जाओ। तुमसे विवाह कर मैं पछताया हूं।"

माताजी ने निःसास रखा; बोली- "आने वाले जन्मों में तुम्हें देखना तक नहीं चाहूंगी। तुम तांत्रिक मांत्रिक कुछ भी नहीं हो, लम्पट हो।"

अभिनव गुप्त धँसे - "जाओ, जाओ, चली जाओ।"

माताजी ने प्रस्थानोद्यत कहा- "शरीर मांस है; मज्जा है-रक्त है। यह अन्त में विष्ठा ही उत्पन्न करता तथा मिट्टी में मिल जाता है। देह से कोई चिरञ्जीवी नहीं हुआ। जीव देह सहित है, देह द्वारा है और काल के निर्मम शून्य में स्वयं का ही स्वप्न विलास है। देह भान और यौवन का राग जब त्यागोगे, शिव-शिवा के कैलाश का मार्ग तुमको मिलेगा, श्रीमद् आचार्य्य जी! उस निरीह कल्याण सुन्दर शंकराचार्य्य का विरोध अन्त में तुम्हीं को नष्ट कर देगा, मेरी सुन लो।"

"चली जाओ।" अभिनव गुप्त ने चिल्ला कर कहा।

"जाती हूं; चिल्लाते क्यों हो?" माताजी ने तनिक थामते हुए कहा- "स्त्री से शान्ति पूर्वक बात करना भी नहीं जानते? स्त्री पुरुष के लिये वीणा की भाँति होती है। कोमल स्पर्श से ही वीणा पर प्रत्येक राग बजाया जाता है। किन्तु तुम ठहरे पुरुष। दया, करुणा, कोमलता आदि से तुम्हारा कभी वास्ता नहीं रहा। स्त्री को तुम भोगते हो और ठुकराते हो। स्त्री तुम्हारे लिये सदैव हेय रही है।"

"हाँ, स्त्री मेरे लिये ऐसी ही है।" अभिनव गुप्त ने क्रोध से क्रान्त स्वर में कहा- "स्त्री मेरे लिये सदैव वन्दनीया रही है। मेरे लिये वह साधिका है; भैरवी है-यक्षिणी तथा भगवति का स्वरूप है-रही है। पुरुष स्त्री का वन्दन करे, ऐसी पात्रता भी तो स्त्री में होनी चाहिये। तुम में है? रही है-"

माताजी ने टुकुर-टुकुर अभिनव गुप्त को घूरा; बोली- "क्या कमी है मुझमें, स्त्री को लेकर? सुनूं तो? मैं तुम्हारी वासना की दासी नहीं बन सकी। तुम्हारे प्रहार नहीं सह न सकी। तुम्हारे अपमान झेल नहीं सकी। तो मैं चुपचाप स्वयं ही मन को मार कर सन्यासिनी बन गई। तुम्हारी गृहस्थी का संयोजन संचालन करती रही। तुम्हारे आश्रम और तुम्हारी प्रतिष्ठा को देखती रही। किन्तु तुम? तुमने कभी मुड़ कर भी मेरी ओर नहीं देखा। तुमको अपनी ही लगी रही। तुम भारतवर्ष के शैवाचार्य्य बनना चाहते थे। शिष्यों तथा कोमल मतियों से घिरे तुम परम् सत्य के एक मात्र ऋषि बनना चाहते हो तो, तो तुमने तन्त्र-मन्त्र प्राप्त

कर लिये-सिद्धियों से तुम्हारा साबका हुआ। किन्तु तुमने संसार के कमल दल को अपने पैरों से रौंद दिया-तुमने अपनी पत्नी और गृहणी का हृदय टूक-टूक कर दिया-तुमने, तुमने जाने भी दो। जो बीत गया, वह बीत गया है।"

"जाओ भी।" अभिनव गुप्त।

"जाती हूं; मेरी अन्तिम बात सुन लो।" माताजी सजल नयनों से निहारती हुई बोलीं- "जब तक भव-वन्धन में हो, नारी के उदर से उत्पन्न हो ओगे; नारी की गोद में बैठोगे। नारी के स्तनों से ही दूध पीना होगा। मृत्यु तक नारी ही तुम पुरुष को चलायेगी। उठायगी, बिठायगी। नारी पुरुष की जननी और गृहस्थी की मित्र, सखी, साथी, संगीनी और कान्ता है और सदैव बनी रहेगी।"

"हम नारी को कभी का त्याग चुके हैं।" अभिनव गुप्त ने कहा।

"आत्म प्रत्यक्ष के बिना न संसार त्यागा जा सकता है और नहीं नारी, आचार्य्य श्री। स्त्री ही जगत् तथा भव की सर्व व्यापिनी शक्ति है- उसको शिव भी त्याग नहीं सके हैं।"

अभिनव गुप्त उत्ताल हास्य हँसे।

माताजी ने अभिनव गुप्त को प्रणाम किया; बोली- "तुमको, पति को मैं परमेश्नर नहीं मान सकी। एक संरक्षक उदार मानव साथी मान कर ही चल पाई। किन्तु कह जाती हूं-मैंने तुम्हारी बुद्धि शुद्ध तथा चित्त निर्मल करने के लिये प्रभु से सदैव प्रार्थना की है और जहाँ भी रहूंगी, करती रहूंगी। वैराग्य श्रीमद्! तुम राग में डूबे हुए हो। परम् ब्रह्म इस शरीर में गुह्य है; किन्तु यह नारी देह-नर देह अन्त में भस्मीभूत ही होता है। अपने अन्तरात्मा में देखो, श्रीमद्! आचार्य्य शंकर को या तो शास्त्र बल से जीतो; अथवा उनकी श्रुति को स्वीकार करो। सभी प्राणियों का लक्ष्य मुक्त होना है-मोक्ष प्राप्त करना है।"

"मोक्ष?" अभिनव गुप्त ने सव्यंग कहा।

"परम ब्रह्म का प्रत्यक्ष! सच्चिदानन्द!" माताजी बोली- "ब्रह्म न सगुण है, न निर्गुण। वह परम् तत्व है, परम् सत्य है। वह काल में आता नहीं; काल से बंधता नहीं। वह अज है; जन्मता नहीं। वह होता नहीं, होना चाहता नहीं। वह जगत् का संकल्प करता है; किन्तु जगत् में आता नहीं, वह भवों की लीला करता है; परन्तु भव-बन्धन में बँधता नहीं। वह परम ब्रह्म ही परम शिव है- वह शून्य नहीं है; वह सत् है, समझे?"

अभिनव गुप्त ने सिर हिला-हिला कर कहा- "समझ गया, तुझे स्त्री!"

16

औघड़नाथ आगे-आगे; पीछे-पीछे शिवराम! आधी रात का घुप्प अन्धकार पीगांक्ष नेत्रों की भयभीत दृष्टि की भाँति छाया हुआ था और बस्ती से काफी दूर श्मशान एक गुञ्जान बीहड़ के भयावह मौन की भाँति छाया-व्याप्त था। औघड़नाथ का यह श्मशान अघोर साधकों के लिये मानो तीर्थ ही बन गया था। इस श्मशान की सीमा में ही इधर मन्दिर और उधर चिताओं का ढेर, इधर-उधर बिखरा पड़ा हुआ प्रतीत होता था। महादेव के सभी विग्रहों का यह नामांकित श्मशान सभी देवताओं के मन्त्र जापों से अहर्निशि गूंजता रहता था। श्री राम और श्री कृष्ण, जैसे क्षितिज के उस पार से इस श्मशान को देखते रहते थे। हर शव के साथ जैसे राम नाम चला आता था-राम स्वयं जैसे ठठड़ी उठा कर श्मशान में धंसे से आते थे। "राम नाम सत्य है!" की दागियों के आर्त कण्ठों से निःसृत ध्वनि एक थरथराता हुआ कुण्डल बन कर गगन मण्डल में झूमता रहता था- "राम! तुम्हीं सत्य हो!" शव जैसे मूक ही कहने लगता था। जीवन भर तक जगत् के नाम-रूपों को मोह पूर्वक पुकारने वाला जीव अपने शव द्वारा मानो संसार को प्रभु का रहस्य कहना चाहता हो और दागियों के आर्त कण्ठों से बोल रहा हो- "राम! तुम्हीं सत्य हो!" शिवराम को लगा, श्मशान की दिशाओं से "राम नाम सत्य है!" की मन्द चीत्कारें ही सुनाई पड़ रही हैं-चिता, जहाँ देखो वहाँ चिता। अधजली, पूरी जली, भस्म और हड्डियों के ढेरों सी चितायें। शिवराम रोम-रोम में सिहर उठा, काँप उठा। शिवराम को लगा, चितायें जैसे अपने आप ही पुनः जल उठेंगी। शव मानो मचल उठेंगे। आधी रात के घोर मूक शून्य श्मशान में मानो जोगिनियाँ घूमर लेने के लिये दिक्कों की अर्गलायें खोलकर लपकी आयेंगी।

भूत-पिशाच! दिखते नहीं; किन्तु चिताओं को घेर कर शव की रग-रग मानो चूस रहे हैं। शिवराम की घिग्गी बँध गई; रुका-रुका स्फुट बोला- "यह-भूत!"

"औघड़नाथ रुके; तनिक पीछे देखते हुए बोले- "हाँ, भूत! है तो..."

"नहीं।" शिवराम चिल्लाया- "खा जायेगा!"

औघड़नाथ उत्ताल हास्य हँसते हुए बोले- "श्मशान की प्रत्येक चिता भूत की चिता है- शव। शव भस्म हो जाता है और प्रेत जीव पिशाचों के साथ चला जाता है। कहाँ, जाता है? प्रेत, पितृ लोक पर धावा बोलते हैं, समझा! पुनः लोकालय में देह जो धारण करनी होगी। प्रेत नर्क भोग कर भय-ग्रस्त पितृलोक में जाता है और मृत्यु लोक के अपने पिताओं, दादाओं, नानाओं आदि को पुकारता है।"

शिवराम हकलाते हुए बोला- "तब मैं भी...."

"तू भी देह त्यागने के बाद प्रेत ही होगा।" औघड़नाथ ने दाँत पीसते हुए कहा- "प्रत्येक प्रेत को नर्क भोगना पड़ता है।"

"नर्क? आपने देखा है?" शिवराम अस्फुट ही बोला।

"कई बार गया हूं-सभी नर्को में यमदूतों से लड़ा हूं।" औघड़नाथ ने पैशाचिक दृष्टि से श्मशान की अँधेरी घोर व्याप्ति को घूरते हुए कहा- "पूनाम नर्क! स्मरण मात्र से मैं हहर उठता हूं। पूनाम नर्क को पार किये बिना कोई भी पितृ लोक में नहीं जा सकता। तू कर लेगा?"

"मैं? हैं-मैं?" शिवराम घग्घ कण्ठ से बोला- "मैं?"

"हाँ, तू भूत, प्रेत, पिशाच तू!" औघड़नाथ ने शिवराम के पुष्ट कंधे पकड़ कर झकझोरते हुए कहा- "तू प्रेत।"

"मैं, मैं तब मरना नहीं चाहता।" शिवराम बोला।

औघड़नाथ ठहका मार कर हँसा- "तू क्या, तेरा पिता भी मरा, पितामह, सब मरे। जो जन्मा है, उसका मरण भी ध्रुव है। श्री कृष्ण तो भगवान के अवतार थे-मरे कि नहीं? राजा राम भी सरयू में डूब मरे, भला!"

"मैं नर्क में जाना नहीं चाहता।" शिवराम ने कहा।

"तो संन्यासी की बलि दे" औघड़नाथ ने दाँत पीसते हुए कहा- "शंकराचार्य के त्रिपुर शरीर को घेर ले। उसके अणु-अणु को अधजली चिता पुनः प्रज्वलित कर उसमें मन से होम दे। शंकराचार्य्य को अभिमन्त्रण द्वारा बाँध कर काल

की अनवरत चिता में झोंक दे। तभी तू नर्क टाल कर सीधा पितृ लोक में जायेगा, समझा!"

शिवराम ने औघड़नाथ की अँधेरे में गुह्य सी आकृति को घूरा, कहा- "शंकराचार्य्य की बलि? अवश्य! वह, वह संन्यासी भ्रष्ट है। गुरुजी के विरुद्ध है, है; हाँ! उसकी बलि दूँगा-अमर हो जाऊँगा तब।"

"अवश्य अमर हो जाएगा, पिल्ले!" औघड़नाथ ने पैशाचिक हँसी हँसते हुए कहा- "सभी को अमर होना है-हाँ, तो इस यती को अभिमन्त्रण कर घेर ले तथा उसके प्राणों को सुखा दे। कृत्या! महादेवी बग्ला से प्रार्थना कर, उसका अखण्ड श्वांस-प्रश्वांस के साथ शव की छाती पर बैठ कर जाप कर-"

"जाप? शव की छाती पर बैठ कर?" शिवराम अवाक् सा बोला।

"नहीं तो क्या अप्सरा का स्तन पीते हुए जाप करेगा?" औघड़नाथ ने गर्ज कर कहा- "शव की छाती पर-रुण्ड के निर्जीव वक्ष स्थल पर बैठ कर जाप करना होगा। यही विधि है, हठियों की। श्मशान में तुझे क्या मैं गाना गाने के लिये लाया हूं? बोल? तुझे साधना में पीढ़ करने के लिये अभिनव ने मुझे सौंपा है-"

"जी! किन्तु रुण्ड की छाती पर?" शिवराम चमक-चमक कर बोला- "नहीं।"

औघड़नाथ ने जोर से थप्पड़ मारते हुए कहा- "नहीं? हाँ।"

शिवराम सहसा भागा-पैर को सिर पर रख कर मानो भागा।

शिवराम को लगा, चारों ओर से विकराल आकृतियाँ उसको घेर रही हैं, और वह जैसे रोम-रोम में आतंक से ठिठुर गया है- "नहीं, रुण्ड पर नहीं। नहीं- बचाओ, गुरुदेव! माताजी! बचाओ!" शिव राम सीधा भागा श्मशान के अधबीच बहते हुए विशाल नाले के कगार पर वह आ टिका; रुका-थमा- "बचाओ!"

सहसा दो पुष्ट प्रलम्ब बाहुओं ने उसको जकड़ लिया- "क्या हुआ शिवराम? तुम, श्मशान में?" शिवराम ने भयत्रस्त उस मूर्ति को देखा। हां, यह तो-यह तो चन्द्रशेखर है- चन्द्रशेखर!" बोला- "बचाओ मुझे! मैं रुण्ड की छाती पर बैठ कर जाप नहीं करूंगा- नहीं!"

चन्द्रशेखर ने शिवराम को सुल्हाते हुए कहा- "रुण्ड की छाती पर? कौन कहता है?"

औघड़नाथ ने कुछ दूरी से कहा- "हम कहते हैं, बाबा! हम!"

चन्द्रशेखर ने घूर कर देखा- कहा- "तुम, औघड़। अभी हो?"

औघड़नाथ ने छलांग पर भर पास आते हुए कहा- "तो क्या तुम समझे थे, मैं मर गया?"

चन्द्रशेखर ने ठठा कर कहा- "देह मरती है, औघड़! किन्तु तुम तो गंगा में डूब मरने के लिये चले थे। क्या हुआ?"

औघड़नाथ ने कहा- "हो क्या? भगवती गंगा ने हाथ उठा कर मुझे बरजा! और फिर एक नारी के नहीं मिलने से मैं मरता क्यों? युवावस्था का वह निराश उद्दाम था। इस सृष्टि में नारी एक ही है क्या? नारियों से त्रिभुवन और चौदह भुवन भरे हुए हैं। मैंने तो गिरि कन्दरा में रह कर तपस्या ही आरम्भ की। आप?"

"मैं?" चन्द्रशेखर ने कहा- "बाबा होकर इस श्मशान के उस खण्डहर में आ बैठा। तब से यहीं हूं। शिव की पूजा करता हूं और अमावस्या की रात्रि को श्मशान जागरण करता हूं। औढरदानी शिव ही मेरा भण्डार भरा रखता है। भिक्षुकों और साधुओं को जिमाता हूं- अन्न क्षेत्र, औघड़!"

"हम तो देह क्षेत्र को ही जगाते हैं।" औघड़नाथ ने कहा- "मैं सभी देवियों की उपासना करता हूं। यक्षिणियों से घिरा मैं कभी-कभी प्रेतनियों और पिशाचिनियों के साथ शव की छाती पर खड़ा मुरली बजाता हूं- मृत्यु? मैं जगत् से मृत्यु मिटा देना चाहता हूं।"

चन्द्रशेखर गिरि ने विहंसते हुए कहा- "पागल हो गये हो क्या?"

औघड़नाथ गर्जा- "मैं, पागल? पागल तुम! मैं अन्धकार में लोक देखता हूं। मैं चाहूं उस लोक में जा सकता हूं। चौदह भुवन मेरी पुतलियों में भरे रहते है। मैं भी शंकराचार्य की भांति शव प्रवेश कर सकता हूं- चाहूं वह कर सकता हूं।"

"ईश्वर हो गये हो क्या?" चन्द्रशेखर ने कहा- "शंकराचार्य के पद चिन्हों पर चल कर क्या करोगे? योगी अपने पांवों से ही चलता है। तुम जन्मजात स्वैर रहे हो। गृहस्थ बन कर मानव भव का श्रेय साधो!"

औघड़नाथ हंसा- "मानव-भव का श्रेय? क्या? मर जाना? नहीं, बाबा! मैं तो सिद्ध हठी हूं-हठी ही रहूंगा तथा उन यतियों और संन्यासियों को समझूंगा जो जगत् को मिथ्या कहते हैं। जीवन को भ्रम बताते हैं। ईश्वर? तो क्या मैं चाहूं तो ईश्वर नहीं हो सकता?"

चन्द्रशेखर ने कहा- "मैं क्या जानूं? परन्तु इस शिवराम को क्यों यों पकड़ रखा है?"

"यक्षिणी चाहता है- इसलिये।" औघड़नाथ ने कहा।

शिवराम अब बोला- "तो? किन्तु आप तो चाहते हैं मैं शंकराचार्य पर बग्ला भवानी को साध कर कृत्या पठाऊँ-हां!"

औघड़नाथ ने कहा- "तू ने स्वयं यह कार्य स्वीकार किया है। गुरु को दिया गया वचन पालना ही होगा, छोकरे! यक्षिणीयां ही मिल जायेंगी क्या? अप्सरा पुण्य से मिलती है; यक्षिणी यज्ञ से मिलती हैं- नारी, मानवी नारी, सुवर्ण से मिलती है।"

"मैं, मैं मन्दिर में जाप करूंगा- श्मशान में नहीं।" शिवराम साहस पूर्वक बोला- "यक्षिणी? हां। परन्तु....."

"किन्तु-परन्तु क्या?" औघड़नाथ ने शिवराम का हाथ पकड़ते हुए कहा- "हम तो अभिनव गुप्त की आज्ञा मान रहे हैं। अभिनव गुप्त मेरे ही नहीं अनेक साधकों के संरक्षक हैं- गुह्य सहायक हैं। उनकी इच्छा की पूर्ति करना हम अपना सौभाग्य मानते हैं। अब चल! वह देख- चिता! आधी जली है! उसकी कृकल ज्वालायें कभी की शान्त हो गई हैं और शव भी आधा जला उस पर लटुम रहा है- चल!"

"नहीं। बचाओ, बाबा!" शिवराम चन्द्रशेखर के पांव थाम कर बोला- "मैं, मैं यती शंकर की बलि नहीं दे सकता। नहीं!"

"यती शंकर की बलि?" चन्द्रशेखर ने पूछा- "क्यों शंकराचार्य ने तुम लोगों का फिर और कौन सा अपराध किया है? शंकराचार्य के देह की बलि बहुत देना चाहते हैं- क्यों? उग्र भैरव चाहता था- क्रचक्र चाहता था और अब तुम?"

औघड़नाथ हंसा, बोला- "यती शंकर सभी सम्प्रदायों का वैरी है। सभी दर्शन, वेदान्त को छोड़ कर उसके लिये शास्त्र के कथन मात्र हैं। वह वर्ण को मानता है, जाति को नहीं। वह केवल मानव वंश को ही मानता है। जगत् के ठोस अचूक विज्ञान को वह माया कहता है। वह आत्मा-आत्मा चिल्लाता फिरता है। उसने बौद्ध संघाराम उजाड़ दिये। उपासरों को अंधेरों से भर दिया। हम सब को कहता है, गृहस्थ बनो-वर्णाश्रम धर्म पालो। सन्यासी बन कर ही आत्मा को पा सकोगे। किन्तु आत्मा तो मैं हूं, मैं तो स्वयं के चिरन्तन विराट् को पाना चाहता हूं। सिद्धियों द्वारा जगत् की विभूतियों को भोगना चाहता हूँ। मैं, मैं तो इसी देह

में मृत्युञ्जयी होना चाहता हूं। शंकराचार्य ने जन्म से ही शास्त्र को ठुकराया है- मर्यादायें भंग की हैं- शंकराचार्य भारतवर्ष की धार्मिक तथा शास्त्रीय परम्परा का विद्रोही व्रात्य है, अतः वध्य है। भ्रष्ट संन्यासी को दण्ड सिद्ध हठी देगा। अब वह शैव दर्शन को कपोल कल्पित कहना चाहता है। हम जगत् छोड़ सकते हैं; श्मशान नहीं। हम योगी हैं, योगी। तुम्हारी भांति क्या हम भक्त हैं? साधु? नहीं।"

चन्द्रशेखर ने गम्भीर स्वर में कहा- "तुम योगी हो, हठी हो- तुमको मेरे अभिनन्दन। किन्तु शक्ति से सिद्धियां प्राप्त कर क्या तुम अन्त में भगवान् को प्राप्त कर सकोगे? शक्ति से जगत् का ऐश्वर्य ही प्राप्त होता है- बहुत हुआ तो संजीवनी ही प्राप्त होती है- सुख मिलता है- यौवन के मद का भूखा चित्त बहुत कुछ तृप्त होता है- किन्तु भगवान् नहीं मिलता। भगवान् तो भक्ति से ही मिलता है- आस्तिक होना एक बात है; भक्त होना दूसरी बात है- मानव इस मृत्यु लोक में भगवान् की भक्ति भजन के लिये ही जन्मता है और मरता भी है- पुनः-पुनः जन्मता है। मैं भी तुम्हारी तरह शक्ति की साधना में गड़ा रहा किन्तु चित्त की विकलता बढ़ती ही गई। मैं मुक्ति नहीं चाहता; मैं जीवन की परम् शांति और जीने का आल्हाद चाहता हूं। मैं ज्ञान नहीं, प्रेम चाहता हूं-प्रभु की प्रीति चाहता हूं। तुम क्या यह कहते हो, यह अनन्त कोटि जीवन प्रभु की प्रीति की अक्षय कामना से उद्भवित नहीं हुआ? नहीं होता- परमात्मा का यह चिद् विलास उसकी प्रीति लीला ही है..."

औघड़नाथ ने सव्यंग कहा- "तुम, चन्द्रशेखर, निरन्तर भोगी रहे हो। तुमने रमणियों को चूस डाला है- और अब भगवान की भक्ति की बात करते हो?"

चन्द्रशेखर ने तनिक तीव्र स्वर में कहा- "भोग तो भगवान् का, औघड़! जगत् का भोग ही क्या है? विषयानन्द अन्त में विषाद ही उत्पन्न करता है- आत्मानन्द ही प्रभु का संभोग है। जगत् के संभोग से हमें, जीव को, प्रभु के प्रेम की समाधि में ही स्थित होना है- अचल होना है। भगवान् के सानिध्य से च्युत होकर ही हम भव-संसार के मोह कीच में पड़ते हैं- विषयानन्द की अनवरत तृष्णा से ही हम जीव भव-बन्धन में फंसते हैं। विषयानन्द की कामना ही अविद्या है- वह यती शंकर भक्ति को गौण मानते हैं- हम साधुओं का संन्यासियों से दृष्टि भेद यहीं है। शिवराम को तुम मुक्त कर दो, औघड़! यह भगवान् की शरण में आया है।"

"अभिनव को क्या उत्तर दूंगा?" औघड़नाथ ने कहा- "हम सब हठी, नाथ और तांत्रिक शंकराचार्य का सम्पूर्ण सदैव के लिये पराभव चाहते हैं। इसके लिये

अनुष्ठान हम आरम्भ कर रहे हैं यह शिव-राम उस अधिष्ठान का प्रारम्भकर्त्ता बटुक है।"

"क्या शंकराचार्य पर अभिमंत्रण करना चाहते हो?" चन्द्रशेखर ने पूछा- "यदि हां, तो यह घोर पाप होगा।"

"पाप पुण्य का विवेक गृहस्थियों के लिये है; हम हठियों के लिये नहीं है। साधक के लिये धृष्ट हैं- देवता और देवता मन्त्र से ही वशीभूत होते हैं। हम मन्त्र बल से अपने इष्ट का आव्हान कर उससे शंकर को पराभूत कर देना चाहते हैं- वेदान्त दर्शन प्रलय के सूर्य की भांति बुझ जाय, यह हम चाहते हैं।"

"शंकराचार्य भक्त नहीं हैं; साधु भी नहीं हैं; किन्तु सर्व समर्थ योगी हैं- तन्त्र सम्राट् हैं, यह मत भूलो, औघड़! स्वयं शिव अपने कवच से उनकी रक्षा करते हैं-करेंगे।"

"हम उस शिव कवच को चूर्ण कर देंगे, तुम देखना।" औघड़नाथ बोला- "बग्ला भवानी जब शव रूप शिव को शक्ति देती है, तब क्या वह शिव कवच को व्यर्थ नहीं कर सकती, फिर हम शिव-दर्शन का त्रिक् साम्राज्य जो स्थापित करना चाहते हैं।"

"त्रिक् साम्राज्य?" चन्द्रशेखर ने कहा- "मरणाधीन जीव! क्यों स्वयं को आतप देता है? कालाग्नि से दग्ध करता है। भगवान के श्री चरणों में शरण लो, औघड़!"

"भगवान्!" औघड़ गुर्राया- "हम तो महाकालिका की शरण ले चुके हैं। शक्ति के विमान में बैठ कर लोक-लोकान्तरों की सैर करते तथा किन्नरियों, गांधर्वियों, यक्षिणियों और योगिनियों के साथ अमोघ परात्पर महाकालिका का तमिस्र किन्तु दिव्य सौन्दर्य देखते रहते हैं- हम देहान्तों से भयभीत नहीं और नहीं हम किसी के दास ही हैं। हम जगत् के स्वामी तथा शक्ति के वल्लभ हैं। हमारा गुरु क्रचक्र महोदय था- है! आज भी वह हमें सूक्ष्म शरीर द्वारा झलक देते हैं। क्रचक्र हमें गगन से, व्योम से, अन्तरिक्ष तथा द्युलोक से शक्ति की संजीवनी सींच देते हैं- यह जगत् अनादि जीव का वास स्थान है और भव योनियां शक्ति भोग की अनवरत यात्रायें हैं। हम चिरञ्जीवी हैं। तुम्हारी भांति भगवान् के दास नहीं हैं। शिवराम! सीधी तरह चलो, उस चिता की ओर चलो!"

"नहीं!" शिवराम ने चीत्कार पूर्वक कहा।

"नहीं?" औघड़नाथ ने खीझ कर कहा- "तो अभिनव गुप्त को मैं क्या उत्तर दूंगा, शठ?"

चन्द्रशेखर ने शिवराम को अपनी ओर खींचते हुए कहा- "मैं दूंगा उत्तर! अभिनव गुप्त को हम क्या नहीं जानते? साधना के लिये किसी को एक ही मार्ग पर धकेलना अनुचित है। प्रत्येक मानव जीव की अपनी-अपनी साधना होती है- अनादिकाल से चित्त की यह मूल वृत्ति ढंके हुए दीपक की लौ की भांति कांपती रहती है।"

औघड़नाथ ने चन्द्रशेखर को घूरा; कहा- "हठियों के बीच न आओ, साधु चन्द्रशेखर। हठी निर्द्वन्द्व होता है। तुमको शिवराम से क्या लेना देना है। यह पिल्ला चिता की भस्म में ठण्ड उड़ाने के लिये सोते रहने वाला प्राणी है- इसकी विधि ही यही है कि यह अभिनव गुप्त तथा हम हठियों के लिये घोर तप करे...."

"और शंकराचार्य पर अभिमंत्रण करे।" चन्द्रशेखर ने तनिक रुष्ट स्वर में कहा- "साधक की इच्छा के विपरीत साधना नहीं करवाई जानी चाहिये। गुरु ज्ञान देता है; आज्ञा नहीं देता। गुरु दमन नहीं करता; शिष्य का शोषण नहीं करता। गुरु भय से प्रीति भी नहीं करवाता। गुरु तो ज्ञान द्वारा जगत से मुक्त तथा भव-संसार में भगवान् देता है- गुरु सारे संसार को भागवत बना देता है। शिवराम मेरे आश्रम में रहकर योगयोगेश्वर भगवान् श्री कृष्ण का स्मरण करेंगे। शंकराचार्य्य को अभिमन्त्रण द्वारा नहीं श्री कृष्ण की मुरली द्वारा वश में कीजिये, औघड़नाथ!"

औघड़नाथ हँसा- "श्री कृष्ण की वंशी के वश में तो गोपियाँ थीं। तुम्हारे वश में कितनी हैं?"

"मैं स्वयं ही गोपी हूं; केवल देह नर का है।" चन्द्रशेखर ने कहा- "मैं नन्दनन्दन की सखी हूं; गोपी हूं-मेरे लिये श्री कृष्ण सारथी नहीं हैं; द्वारिकाधीश भी नहीं हैं; गीता के ज्ञानेश्वर भी नहीं हैं- श्रीकृष्ण मेरे लिये गोपीकृष्ण हैं, वल्लभ!"

शिवराम ने चन्द्रशेखर को थाम लिया, बोला- "मैं भी गोपी, हाँ, बनूंगा! सखी, हाँ!"

औघड़नाथ ने शिवराम को सहसा थप्पड़ मारने के लिये हाथ उठाया। चन्द्रशेखर ने घूरते हुए कहा- "आकाश में! औघड़, वायु को थपथपाओ! शिवराम

अब श्री कृष्ण की गोपी बन चुका है। हम वैष्णवों में तो चित्त का उल्लास और मन का संकल्प ही दीक्षा है।" औघड़नाथ का उठा हुआ हाथ गगन में उठा का उठा रह गया। चन्द्रशेखर ने सस्मित कहा- "मुरली रव के निनाद ने तुम्हारा पुष्ट वज्र सम हाथ थाम लिया है, औघड़! सृष्टि की भूति-विभूति की शक्तियाँ प्रभु की आल्हादिनी प्रेम शक्ति के चरणों में लौटती रहती है। हम तुम मानव हैं और मानव की भाँति ही जगत् में भव संसार काटते हैं-जीते हैं; मरते हैं। हम मानव मरते हैं; मारते नहीं। फिर सन्यासी शंकर तो अजातशत्रु हैं। मुझे ज्ञात है, शंकर वेदान्त में भक्ति गौण है और उनके आचार्य शिष्य सुरेश्वराचार्य तो भगवान्, भागवत तथा भक्त को ठुकराते हैं-उस मतिमान् के लिये तो अब ब्रह्म है- 'सत्यम् ज्ञान अनन्तम् ब्रह्म' ही है। शंकर केवल लोक व्यवहार तथा धर्म धारण के लिये भगवान् का विग्रह देखते हैं; नमते हैं तथा पूजते हैं अन्यथा यह मनस्वी यती शंकर सत्य स्वरूप ज्ञानेश्वर के निराकार निरञ्जन ध्यान में ही डूबे रहते हैं-ब्रह्म चैतन्य को ज्ञानी साकार नहीं कर सकता। भक्त ही निराकार निरन्जन को साकार साञ्जन करता है। भक्त के लिये ही परमात्मा प्रभु बनता है; जगन्नाथ, जगदीश बनता है। यह जगत् तथा भव जीवन भागवत है, औघड़! तुम भक्त हो और तुम्हारे अन्तरात्मा में तुम्हारा सगुण भगवान् है।"

औघड़नाथ ने कहा- "शिवराम को छोड़ दो तुम, चन्द्रशेखर! मुझे तुम्हारा भगवान नहीं चाहिये। मृत्युञ्जय चिरञ्जीव शक्ति, उसका सौन्दर्य, भूति-विभूति एश्वर्य चाहिये। मैं बालपन नहीं, वृद्धावस्था नहीं, अनवरत निरन्तर युवावस्था ही चाहता आ रहा हूं। मैं भोग के द्वारा मोक्ष नहीं, मोक्ष के द्वारा शाश्वत भोग चाहता हूं। शंकराचार्य्य को हम सब वध्य मान चुके हैं, समझे भक्तराज जी!"

"क्यों? शंकर वध्य क्यों है?" चन्द्रशेखर ने पूछा- "क्या तुम हमको ही अपने दर्शन को बताने का एक मात्र सत्व प्राप्त है? शंकराचार्य्य को नहीं है प्राप्त यह सत्व? सभी मानवों को अपने विचार को कहने और बनाये रखने का अधिकार जन्म से ही है। सभी को अपना मत रखने और अपना धर्म पालने का जन्मजात स्वातन्त्र्य भगवान् ने दिया है-तब तुम, हम इस अनादि सत्व में बाधक क्यों हों? शंकर वेदान्त को बुद्धिबल से खण्डित करो; शास्त्र की अग्नि से जला दो! किन्तु शंकर को प्रणाम भी करो!"

"कृत्या ही शंकर को प्रणाम करेगी।" औघड़नाथ ने कहा- "तब मैं जाता हूं। अभिनव गुप्त तुझको शठ शिवराम! अपने मन्त्र बल से अपने पास घसीट कर बुलायेगा और मैं तुझको अपनी कन्दरा के द्वार पर श्वान बना कर रखूंगा!"

शिवराम ने चीत्कार की- "प्रभो! मैं तुम्हारी शरण हूं; रक्षा करो।"

चन्द्रशेखर ने शिवराम को अपने आश्रम की ओर दौडाते हुए कहा- "शान्त, शिवराम! प्रभु ने तुम्हारी चीत्कार सुन ली है। आज की यह दिवस रात अनूठी रात है। दोपहर में क्षेमराज, माताजी और त्रिभंगी मेरे यहाँ चले आये और आधी रात को तुम आ रहे हो। भगवान् श्री कृष्ण न जाने क्या चाहते हैं? प्राणवल्लभ! अपनी गोपियों का योगक्षेम करो। बोलो, ऊँ क्लीं कृष्णाय, गोविन्दाय गोपीजन वल्लभाय स्वाहा!"

शिवराम ने डूबते हुए को तिनके का सहारा-यों मन्त्र को दाँतों से पकड़ा "ओम कृष्णाय नहीं! ओम क्लीं कृष्णाय!"

चन्द्रशेखर- "गोविन्दाय!"

शिवराम- "गोविन्दाय-गोपी जन......"

"वल्लभाय!" -चन्द्रशेखर।

"स्वाहा!" शिवराम ने आकाश में तनिक उछलते हुए पुकारा।

औघड़नाथ आधी रात के सुनसान भयावह अन्धकार में दोनों को जाते, मानो विलीन होते हुऐ देखता खड़ा रहा। वह जैसे जहाँ के तहाँ गड़ गया था-अंग-अंग स्तम्भित से हो गये थे। अब? अब? औघड़नाथ ने स्वयं से ही जैसे पुकार कर कहा; अब क्या? इस शिवराम को क्या बग्ला, छिन्नमस्ता और धूमावती का साधक बनाया भी जा सकता है? यह कामुक, शिथिल, डरपोक और स्वयं में ही आसक्त यह क्या साधक होगा? शक्ति का साधक वीर है; कौल है-अवधूत है-शिव है। यह चित्तवृत्तियों का दास तथा वासनाओं का भ्रमर, यह शिवराम उस समर्थ दिग्गज यती पर क्या अभिमन्त्रण करेगा- कर सकेगा? नहीं। अभिनव गुप्त को क्या सूझी जो इस लबाड़ को चुना? शिष्य हुआ तो क्या हुआ? ऐसे अनेक शूद्र शिष्य हुआ ही करते हैं-मैं तो शूद्र शिष्य ही रखता हूं। क्या शिष्यों में वर्ण नहीं होते हैं? होते हैं जी! जिस वर्ण का शिष्य उसमें भी वर्णान्तरण होता है। शिवजी का कैलाश। सभी प्रकार के भूत भभूत, प्रेत, वैताल शिवजी के गण हैं, शिष्य! फिर भगवती देवी बग्ला तो क्रोध और प्रतिहिंसा की देवता है-सभी पिशाचिनियों की सम्राज्ञी है वह। कृत्या, विद्युत-पात, कम्प-भूकम्प, अग्निदाह तथा खण्ड प्रलय सभी बग्ला के भ्रू भंग मात्र का परिणाम है। शंकराचार्य्य सिद्ध हैं, योग-रूढ़ तथा समर्थ यती हैं-निस्संदेह उस पर अभिमन्त्रण या तो मैं कर सकता हूं अथवा अभिनव गुप्त ही कर सकते हैं। यह पिल्ला, पामर, शिव राम

क्या करेगा; यह तो ढोलक बजा सकता है; किरताल खनका सकता है! जा, चन्द्रशेखर के साथ जा! भीख मांगते रहना और चन्द्रशेखर जब हरिनाम लेता हुआ नाचे तब ढोलक बजाना, भला! औघड़नाथ ने देखा; दो आकृतियाँ कुछ दूर के अँधेरे गुह्य में बिला गई हैं। औघड़नाथ ने देखा; अँधेरे धुम्मट से मानो कोई किसी को बुला रहा है। तब यह वह क्षेमराज होगा-बुला रहा है। अभिनव गुप्त को मैंने इस क्षेमराज को लेकर सदैव सावधान किया है। किन्तु अभिनवगुप्त की आँखें नहीं खुलीं। "समर्थ विद्वान्, शास्त्रज्ञ और शैव दर्शन का मनीषी है-मेरे गोत्र की निरन्तरता की आशा है क्षेमराज! क्षेमराज जैसा पट्टशिष्य तो इस यती शंकर के पास भी नहीं है। वह-वह हस्तामलक? अवश्य, हथेली पर वेदान्त का आँवला ही है और यह क्षेमराज? मेरी हथेली पर शैव दर्शन का हिरण्यगर्भ है। हाँ, है अहर्निशि शास्त्रों और दर्शनों के अनुशीलन में व्यस्त-सौम्य और साधु प्रकृति का यह क्षेमराज विभूति है। किन्तु अब?" औघड़नाथ ने अंधेरे किन्तु सतार आकाश की एक मूढ़ दिशा को जैसे पूछा- "किन्तु अब? उसी क्षेमराज को आश्रम से निकालना पड़ा। उसने तुम्हारी स्त्री को ही तुमसे विमुख कर दिया। तुम्हारी विद्वत्ता को पी गया और तुम्हारे अन्य शिष्यों तथा सेवकों से दूर जैसे कैलाश के सुमेरु शिखर पर बैठ गया। हम तो जानते थे-औघड़नाथ जानता था, यह क्षेमराज गुरुद्रोही है। अभिनव, हम तेरे शिष्य नहीं है; साथी है; मित्र है! फिर भी हम तुझको विद्या में अपना आचार्य्य ही मानते हैं और यह शिष्य होकर भी अपने को शास्त्र तथा शील में तुमसे बड़ा मानता है तन्त्र-मन्त्र बल है और इष्ट ही तन्त्र में साध्य है; आराध्य है। जगत् की चैतन्य शक्तियाँ और सृष्टि की भूति- विभूतियाँ ही तन्त्र की इष्ट आराध्य देवतायें हैं-भगवान्! क्या करें उस भगवान् को, जो जगत् के ऐश्वर्यों का अक्षुण्ण स्वाद नहीं दे सके। शत्रुओं को एक क्षण में परास्त नहीं कर सके। प्रत्येक जन्म में विशेष कर मानव जन्म में जो धन, धान्य, धरा प्राप्त नहीं करवा सके- जो मानव का पिता, शासक, मित्र और सखा न हो, उस भगवान् को क्या करे जीव? यह चन्द्रशेखर मानव जीव को दास मानता है-हम औघड़-मानव को परमात्मा का बान्धव मानते हैं। मानव जगत् की माया और सृष्टि की मोहमयी स्वप्नशीलता का दृष्टा तथा भोक्ता है- शंकर वेदान्त, वेदान्त! तो क्या तुम और तुम्हारे पूर्ववर्ती ही दर्शन का आविर्भाव कर सकते थे-हम नहीं? औघड़नाथ भी जगत् विज्ञान तथा सृष्टि दर्शन का उद्गम कर रहा है। चौरासी लक्ष योनियों का अध्ययन कर रहा हूं- मन्त्र बल से लोक लोकान्तरों का पता चला रहा हूं। सुरों और असुरों को, राक्षसों और दानवों

को, नागों को, किन्नर, गन्धर्व, ब्रह्म राक्षस, यातु-धान-इन भव-योनियों का भी ध्यान कर रहा हूं। अद्वैत! तुम्हारा सिर शंकराचार्य! अनन्त कोटि भव्य दिव्य यह भव-योनियाँ, यह अपार अनन्त ऐश्वर्य-राशियाँ तथा विचित्र विलक्षण भोगों की लवलीन सुखमयता यह यावत्, अनन्त अनादि जीवन-यही औघड़नाथ का दर्शन है- जीवन दर्शन, सुना!"

"सुन लिया, आश्रम चलो!" जयरथ ने कहा- "गुरुजी बुला रहे हैं।"

"क्यों?" औघड़नाथ ने कहा- "आधी रात को हमें बुला रहा है। क्या हम उसके शिष्य हैं? सेवक? जा कह दे-हम नहीं आते। हम तो उस चिता पर अधजले शव की छाती पर आरूढ़ होते हैं और सृष्टि प्रपंच के परे तथा जगत् के पार औढर औघड़ पशुपति शिव के दर्शन के लिये लिंग देह से यात्रा करेंगे, सुना! कह देना अपने गुरुजी से, यती शंकर को हम एक त्राटक में ही स्तम्भित कर देंगे, निश्चिन्त रहें। ऐसे पिल्लों से अभिमन्त्रण करवाता है- वह स्वयं, अभिनव स्वयं क्यों नहीं शंकराचार्य को स्तम्भित, जम्भित, उच्चटित क्यों नहीं करता? ले, वह पिल्ला चन्द्रशेखर के स्तन का दूध पीने के लिये भाग गया। जो शव, रुण्ड का आभास पाते ही मूत उठे, वह करेगा महाकाली बग्ला का आह्वान? जा, कह दे वह स्वयं हमसे हमारी कन्दरा में मिले। त्रिभंगी को लेता आये, सुना!"

"जी! सुना, कह दूँगा, जी!" जयरथ ने मन ही मन त्रस्त होते हुए कहा- "नमस्कार, भवान्।"

"प्रणाम कर, शठ!" औघड़नाथ बमका।

जयरथ ने मानो भागते हुए कहा- "जी? प्रणाम-नमस्कार!"

औघड़नाथ आधी रात के भयावह सन्नाटे में अट्टहास्य हंसते हुए बोला- "भागा? यह भी दूसरा पिल्ला है। यह आचार्य्य ऐसे पिल्लों को ही अपने आस-पास एकत्र करते हैं। हम हठी अच्छे। हठियों को ही अपने आस-पास, अपनी धुणी में बिठाते हैं-परस्पर चिलम भरते हैं। मांस-मदिरा की मनुहार करते हैं। गाँजे के तीव्र धुएँ में एक दूसरे को घूर्ण नेत्रों से देखते हैं; किन्तु अभ्यास के रहस्य प्रगट नहीं करते। हम से भिड़ेगा यह पिल्ला? हम शरीर की शत सहस्र नाड़ियों को खोजते हैं; पकड़ते हैं-थामते हैं तथा अन्त में षट् चक्रों को वशीभूत करते हैं। अणुओं-परमाणुओं को हथेली पर लेकर आकाश में उछालते हैं। काल को अपनी इच्छा के अधीन कर हम यम को ललकारते हैं; विधाता के छक्के छुड़ा देते हैं हम, औघड़नाथ!"

सहसा औघड़नाथ को पीछे भीषण हुंकार सुनाई दी- "बस कर धूर्त! तुझको मैं जानती हूं! तू-तू आडम्बरी! बस कर!"

औघड़नाथ ने सिर घुमाते हुए कहा "कौन? तू? यहाँ भी आ गई मेरे पीछे?"

वयोवृद्ध जीर्ण किन्तु वृद्ध एक स्त्री आकृति मानो श्मशान को भस्म धूसरित धरती फोड़ कर निकल आई; बोली- "हाँ, मैं! तुझे महा प्रलय में भी नहीं छोड़ूंगी। तू, तू जो मेरा है, था, होगा।"

औघड़नाथ ने उस शीर्ण जराग्रस्त वयोवृद्ध स्त्री मूर्ति को मानो चिता से उठ बैठ कर और पास प्रगट होते हुए देखा। वह घूर्ण सफेद लम्बे पलकों को टिमटिमाती हुई स्त्री मूर्ति औघड़नाथ के पास उल्टे पाँवों से मानो चलती हुई आई। औघड़नाथ ने कहा- "मैं, तेरा? था-हूं और हूंगा? दण्डे! क्यों मेरे पीछे पड़ी हुई है?"

स्त्री मूर्ति खिसक आई; अपना जरा जीर्ण हाथ हिलाते हुए बोली- "यौवन, यौवन दे स्वेर मेरे! तूने मुझे शोषा-तूने मेरा यौवन लील लिया-मेरे राग भरे चित्त को सोख लिया। प्रेतनी हो गई मैं तेरे पीछे और तू अब बड़ा हठ योगी बन कर यक्षिणियों को भरमाना चाहता है? किन्तु मैं तुझे यक्षिणियों के पास फटकने नहीं दूंगी-मैं हूं। ले मुझको सभी नर्कों में प्राप्त कर और भोगता रह। मैं तुझे सभी लोकों में प्राप्त कर चूसती रहूंगी-भूतनाथ से मैंने यही वरदान माँगा है, औघड़!"

औघड़नाथ ने कहा- "प्रेतयोनि से तेरी मुक्ति नहीं हुई? क्यों?"

"तेरी लालसा ने मुझको नर्क में डाल रखा है।" जरा जीर्ण वृद्धा बोली- "तू मेरे रोम-रोम में शीतल राग भरी ज्वाला सा जल रहा है-मैं सूखी हुई एक नदी की भाँति काल की रेती में लीन सी पड़ी हूं-तू मुझे यौवन के नीर से भर दे। तू भी तो महाप्रेत है। तेरी वासना ने मुझे वृद्ध कर दिया; जीर्ण कर दिया। प्रेत योनि मैं भी मैं तेरे महा-मेढ़ू को धारण करती रहती हूं।"

औघड़नाथ ने उत्ताल स्वर में कहा- "मुझको छोड़ दे; अन्यथा!"

"अन्यथा क्या?" जीर्ण जटाजूट सी आकृति बोली- "तू मानवों पर अनुशासन कर सकता है- प्रेतों पर नहीं। हम प्रेत वास्तव में मुक्त हैं; अबाधित हैं, पामर कहीं के। प्रेत के शून्य नयनों में ही सिद्धियाँ रहती हैं-सिद्ध होने के लिये मानव नहीं, प्रेत ही होना होता है-प्रेत और प्रेतनी का संयोग ही योग है, मूढ़मति कहीं का!"

औघड़नाथ ने कहा- “अच्छा? चल! मेरे साथ चल!”

“कहाँ?” जीर्ण जरा स्वरूप स्त्री मूर्ति बोली।

“स्वर्ग और नर्क के मध्य बहने वाली संजीवनी नदी विरजा के तट पर, और कहाँ?” औघड़नाथ ने कहा।

“वहाँ? वहाँ तो यक्षिणियाँ स्नान करती रहती हैं। नहीं! तू मुझे इस शीर्ण-जीर्ण लिंग में स्थित कर दे। मैं तेरा सहवास चाहती हूं। तेरे साथ रहूंगी। पूर्व काल की भाँति तेरे वश रहूंगी, भला!”

“अच्छा?” औघड़नाथ ने कुछ विचार करते हुए कहा- “चल!”

जटाजूट सी धूसरित जीर्णाकृति ने कहा-हिकारते हुए कहा- “अपनी कन्दरा में ले चलेगा क्या? नहीं- मैं तेरे स्थूल शरीर की जाग्रति के संसार में आकर क्या करूंगी? मैं आयु का सुखा काठ हूं- अवश्य, सूक्ष्म में मेरी इन्द्रियाँ ठीक हैं? पंचभूत के चोले को तो तूने सुखा दिया; जीर्ण कर दिया-विवाह करूंगा, गृहस्थी सजा दूंगा। राज स्थापित करूंगा! कर लिया? तूने मुझे लील लिया और प्रेत योनि में ढकेल दिया-तू? मेरा दुर्भाग्य ही निकला।”

“अपने कर्मों से ही स्वर्ग-नर्क मिलता है।” औघड़नाथ ने कहा-

“चन्द्रशेखर के पास जा! वह हरिनाम सुना कर तेरा प्रेत योनि से उद्‌वार कर देगा-मुझको दिखना बन्द कर, सुना?”

“तुझे मैं स्वप्न-स्वप्न में दिखूंगी-स्मृति-स्मृति में दग्ध करूगीं।” जीर्ण आकृति बोली- “तू मेरा प्रिय था, है; रहेगा किन्तु वैरी है।”

औघड़नाथ ने मन ही मन मानो दाँत पीसे; कहा- “भीख माँगती फिरती थी; छिनाल थी- तुझको अपनी भैरवी बना कर मैंने तेरा उद्धार किया किन्तु तू स्वैरिणी बनी ही रही। तू वीर निष्ठ नहीं बन सकी। श्रीचक्रपूजन और जाप की मर्यादा तूने भंग की-तो प्रेत हुई! मैं क्या करता?”

जटाजूट जीर्ण आकृति बोली- “तो प्रेत ही सही-प्रेत योनि में स्थूल देह का भार उठाना नहीं पड़ता; शारीरिक रोगों से मुक्त, मैं जैसे वायु की लहर हूं- जो कुछ हूं-हूं। इसी सृष्टि में हूं-तुझको तो मैं भखकर ही रहूंगी। इसीलिये प्रेतलोक से उतर कर आई हूं-तुझको सावधान करने।”

औघड़नाथ बोला- “यतीशंकर से निपट कर फिर तुझको भी निपट लूंगा। इस श्मशान की उस शून्य एकान्त भीख में पड़ी रहती है। माँस खाती रहती

है-मदिरा पीती रहती है और कहती रहती है- प्रेत हूं- प्रेतलोक से उतर आई। स्थूलाकृति में व्यक्त होने की शक्ति तुझमें आई कहाँ से? अनृतवादिनी, रण्डे!"

जीर्ण धूसर श्यामल आकृति ने उत्ताल हास्यपूर्वक कहा- "मैं प्रेत नहीं हूं तेरे लिये तब? अच्छा मैं उस भेखड़ को त्याग कर तेरी एकान्त कन्दरा के द्वार पर ही अड्डा जमाऊँगी। यती शंकर! उसको तुम लोग क्या मारोगे? सृष्टि की देवियाँ और देव उसके कवच बने हुए हैं। भूत, प्रेत, पिशाच, ब्रह्मराक्षस, यातुधान, ताल, वैताल शिव का प्रत्येक गण शंकराचार्य की रक्षा में सन्नद्ध है। वह शिव-स्वरूप है-साक्षात् शरीर धारी शिव है। शंकर पर कृत्या डाली, तो वह तीव्र प्रखर विद्युत मेखला सी तुम पर ही लौटेगी- भस्मीभूत कर देगी तुमको और तब मुझे तेरे मदिरा से मदीले रक्त को चूसने की आवश्यकता नहीं रहेगी।"

"नागिन!" औघड़नाथ मन ही मन काँपता हुआ बोला- "शंकराचार्य्य ऐसा क्या है, जो तुम सब उसकी रक्षा के लिये मरे पड़ते हो? तभी यह अभिनव गुप्त स्वयं शंकर पर अभिमन्त्रण करना नहीं चाहता। अच्छा, कलमुहीं! तब तेरा ही उद्धार करूंगा! चल!"

"कहाँ?" जीर्ण-शीर्ण आकृति बोली।

"मैं ले जाऊँ वहाँ तुझको श्रीकृष्ण संकीर्तन सुनवाऊँगा।" औघड़नाथ बोला- "तभी मेरी आशंका नष्ट नहीं हुई थी, तभी मेरा विश्वास जैसे डिगा-डिगा रहता था। तू पिशाचिनी! जो मेरे पीछे पड़ी है। चल!"

औघड़नाथ ने उस जीर्ण-शीर्ण आकृति को पकड़ा; झकझोरा। साश्चर्य्य बोला- "अरे यह तो तू है।" स्थूल जीर्ण-शीर्ण आकृति हंसी; बोली- "हाँ, मैं हूं तो! स्थूल? हूं तो। इस जीर्ण देह में मैं क्या मन की प्रेत नहीं हूं? हूं-मुझको प्रेत लोक दिखता है; नर्क की ज्वालायें भबकती प्रतीत होती हैं। तू ने मुझको कहीं का नहीं रखा। मैं सुहागिनी बनकर अपनी सन्तानों की किलकारियाँ सुनना चाहती थी। तेरे वीर्य्य से पुष्ट होकर मैं भव के भव सँजोना चाहती थी- परन्तु तूने मुझको लात मार कर घर से बाहर निकाल दिया। तू जन्मजात स्वैर है; व्यभिचारी है- दुष्ट है, दानव!"

"यही कहने यहाँ आधी रात को आ मरी है?" औघड़नाथ बोला।

"मुझको भैरव ने दर्शन देकर कहा है कि मैं शंकराचार्य्य की ओर आती हुई कृत्या को झेल लूं। यही मेरा प्रायश्चित होगा। समझा! तुझे बरजूं!"

"तुझे पता कैसे लगा?"- औघड़नाथ ने पूछा।

"प्रेत संसार को जान लेता है; भाँप लेता है।" आकृति बोली- "अभिनव गुप्त की स्त्री माताजी ने शंकर के परित्राण के लिये प्रार्थना की है- मैंने उसको सुन ली। चन्द्रशेखर के मन्दिर द्‌वार पर मैं रोटी के टुकड़ों के लिये गई थी- तब वह करुणामयी रोते हुए बोली थी- चन्द्रशेखर! ये सब दुष्ट शंकराचार्य की हानि करना चाहते हैं-तुम भगवान् से प्रार्थना करो, ऐसा न हो। शंकराचार्य्य की मानव जाति को अभी आवश्यकता है। तब मैं हहर उठी थी और तभी मैंने निश्चय किया था कि मैं इस श्मशान में तेरे मार्ग में आड़ी फिरूंगी।"

औघड़नाथ ने कटि से भूतनी आकृति को थाम लिया; बोला- "तू चाहे किसी भी शरीर में हो, वैसी की वैसी है। शंकराचार्य्य की रक्षा के लिये तू मेरा मार्ग अवरुद्ध करेगी? कैसे?"

"तुझे जम्भित कर दूंगी।" वह बोली- "स्थूलाकृति तो प्रेत का क्षणिक संकल्प मात्र है- लिंगदेह। जीव लिंग देह है, जो कारण में गड़ा रहता है और कारण के शून्य घोर से ही मानो तत्त्व रूप व्यक्त होता है। तू मुझे क्या करेगा? मैं प्रति लव उस अज्ञात घोर अर्णव में पड़ी रहती हूं। किन्तु तुझे देखती रहती हूं-तू पिछले सभी भवों में मुझको सताता आ रहा है।"

"तो मुझको छोड़ क्यों नहीं देती?" औघड़ ने चलते हुए पूछा।

"तू मुझे कल्प में भी प्रिय है और प्रलय में भी प्रिय है-तेरे बिना जैसे मैं हूं ही नहीं, हो सकती ही नहीं।" जीर्णाकृति बोली- "कहाँ ले चलता है, तू मुझे-मुझ प्रेत को।"

"उसी चन्द्रशेखर के पास।" औघड़ ने कहा- "वह भक्त है; कहता है भक्ति से प्रेत का उद्धार होता है- श्रीमद् भागवत महापुराण में यह लिखा है-उदाहरण है।"

"शी!" आकृति ने कहा- "जीव प्रेत है; महाप्रेत है। मुझको छोड़ दे। मैं विजन भेखड़ में उन्ध-मुन्ध पड़ी रहना चाहती हूं। नर्क की ज्वालाओं को देखती रहना चाहती हूं-कभी-कभी किसी जीवित स्थूल देह धारी में प्रवेश कर भोग भोगना चाहती हूं। तूने मुझे मार कर भी नहीं मारा है, भला।"

औघड़नाथ ने दाँत पीस कर कहा- "मैंने तुझे नहीं मारा, तूने ही आत्म-हत्या की। तू पापिन! अपने हाथों से विष खाकर मरी थी। क्यों भूल जाती है?"

"सब भूल गई हूं केवल तू याद है।" आकृति बोली।

"तुझे अब क्या चाहिये?" औघड़नाथ ने उसको घसीटते हुए पूछा।

"तेरा प्राण!" आकृति ने फूत्कार सी की।

औघड़नाथ ने उस जीर्ण-शीर्ण धूसर श्यामल आकृति को चट से उठा लिया और तनिक फेरते हुए कहा- "धूर्त, ढोंगी! क्या मैं तुझको नहीं जानता। मेरा प्राण चाहती है, क्यों? इसलिये कि मैंने तुझको भीख माँगते और व्यभिचार करते हुए मुक्त किया-अपने भवन में रक्खा। अपनी स्त्री माना। किन्तु तू नहीं बदली और अब आई है मुझसे प्रतिशोध के लिये?" और औघड़नाथ ने आकृति को गगन में घुमाया। हल्की-फुल्की वह धूसर-श्यामल तमिस्र आकृति उभार सी हिली-डुली, हिली आकृति शीर्ण चिल्लाहट में बोली- "छोड़ दे मुझे। तेरी गो हूं-छोड़।"

औघड़नाथ ने आकृति को धरती पर उतारा; स्थिर खड़ा रखते हुए कहा- "अब चुपचाप चली जा-तू जीवित मानव प्रेत है; हाँ और क्या? श्मशान की आधी रात के सन्नाटे में आकर कोई प्रेत नहीं हो जाता। स्थूलाकृति प्रेत नहीं होती-प्रेत सी होती है। तू प्रेत सी है, वृद्ध जीर्ण प्रेत सी। किसने भेजा है तुझे?"

आकृति हंसी- "और कौन भेज सकता है? माताजी। तेरा और मेरा अतीत क्या माताजी नहीं जानतीं? सब जानते हैं। शंकराचार्य को पराभूत करने के आप लोगों के षड्यन्त्र को विफल करने के लिये हम सब सन्नद्ध हैं।"

"हम सब? कौन?" औघड़ ने पूछा।

"सभी साधिकायें, भैरवियाँ, सभी-सभी देवियाँ, औघड़नाथ!" आकृति ने धूसर श्यामल तमिस्र पारदर्शी आवरण उतारा। औघड़नाथ ने तनिक विस्फारित नेत्रों से देखते हुए कहा- "तो तुम, तुम ही हो। जीवित हो-अच्छा है।"

स्त्री मूर्ति बोली- "तुमने त्याग दिया तो क्या घर बाहर भी चला गया था? हम सभी स्वस्थ जी रही हैं। तुम्हारी ढेरों उपपत्नियाँ प्रियतमायें, प्रेयसियाँ सभी जी रही हैं। तुम तो हम सब के लिये मानो सिद्धार्थ-शाक्य मुनि गौतम हो। वह भी तो घर त्याग कर चला गया था-यशोधरा क्या रोई नहीं थी? हम भी तुम्हारे पीछे कुछ दिवस रोई; किन्तु मैंने ठिकाना अन्त में संभाल लिया। यह श्मशान पूर्वाश्रम के आपके जनपद का श्मशान है। चन्द्रशेखर, भक्तराज को मैंने अपने जनपद में आमन्त्रित किया है। उनके लिये आश्रम बनवा दिया है और चाहती हूं जनपद के निवासी भक्ति की यमुना में स्नान करते रहें।"

औघड़नाथ ने निःसास रखते हुये कहा- "यह रूप, क्यों? जीर्ण-शीर्ण आकृति प्रेत भंगिमा, यह सब क्यों?"

"यह जानने के लिये, क्या तुम नर्क से भय खाते हो?" स्त्री मूर्ति बोली- "तुमने अपना जनपद त्यागा, भवन त्यागा, स्त्री, पुत्र, कलत्र सभी त्यागा और चल दिये। किन्तु क्या हम नहीं जानती थीं कि तुम्हारे जैसा पुरुष सब कुछ त्याग सकता है; किन्तु स्त्री नहीं त्याग सकता। तुम ज्योतिर्लिंग नहीं हो, मानव मेढ़ू हो, यह मैं जानती थी। मन भर गया?"

"तात्पर्य्य?" औघड़नाथ ने सहसा जैसे पूछा।

"सघन वन की एकान्त कन्दरा में निश्चिन्त स्त्री भोग! माँस, मदिरा का स्वाद तथा मानव जीवन के सभी दायित्वों से मुक्त निठ्ठलेपन की शान्ति भोग ली? वैराग्य हुआ? शान्ति मिली? कुछ शक्ति मिली होगी-कुछ त्राटक सधा होगा। इन्द्रजाल सीख लिया न?"

"रण्डे!" औघड़नाथ ने स्त्री मूर्ति को पकड़ लिया- "चल! तुझे अब अपने साथ कन्दरा में रखूंगा। छाल के वस्त्र पहनाऊँगा-राम रहे कि नहीं चौदह वर्ष वन में? तो तू अब रह वन में मेरे साथ। क्यों नहीं?"

"तुम राम नहीं हो।" स्त्री बोली- "और मैं भगवती सीता भी नहीं हूं-मैं एक मानवी स्त्री हूं; इन्द्रजाल जानती हूं; शतरूपा होने की कला मुझे ज्ञात है। तभी तो तुझे मोह सकी थी। अब तू मुझको पुनः ग्रहण करना चाहता है? मैं तेरी विवाहिता हूं क्या? मैं तेरी गान्धर्वी हूं।"

"गन्धर्व विवाह क्या विवाह नहीं है?" औघड़नाथ ने कहा- "तुझे तो मैं तब तक अपने साथ रखूंगा, जब तक मुझको शंकर यती के पराभव के लिये विशेष अनुष्ठान करना है। तब तक मुझे स्त्री चाहिये। तन्त्र के अभियान नर-नारी का संयुक्त सायुज्य अभियान है- शक्ति से ही शक्ति नर प्राप्त करता है। शिव स्वयं शिवा से ही शक्तिवान होते हैं। भगवती बग्ला, छिन्नमस्ता, धूमावती-इन महादेवियों को जगाना है तथा हिमालय की शीतल चट्टान के समान उस यती शंकर को कालयज्ञ में स्वाहा करना है।"

"क्यों, दुष्ट?" स्त्री बोली - उसने पूछा।

"मानव के भोग, ऐश्वर्य को संस्कृति में सुरक्षित करने के लिये।" औघड़ बोला- "भोग-मोक्ष! केवल मोक्ष? नहीं। केवल भोग।"

"केवल भोग?" स्त्री मूर्ति ने कहा- "शंकराचार्य से आप सब हठियों का विरोध इसलिये है कि वह मोक्ष ही को कहते हैं। मानव जीवन का परम् पुरुषार्थ वह मोक्ष ही स्थापित करते हैं। तुम सब तन्त्र-मन्त्र विद् तब स्वर्ग प्राप्ति को ही

परम् पुरुषार्थ मानते हो? यही-यही। तभी पृथिवी तल पर द्वन्द्व है; युद्ध है- अरक्षा तथा मानव द्वारा प्राणी मात्र का शोषण है।"

औघड़नाथ सहसा सन्न रह गया; बोला- "तू यह कैसे जानती है? तू? एक रमणीय शतरूपा नारी?"

स्त्री मूर्ति हंसी, बोली' "मैं स्वयं मानव योनि का रहस्य हूं और शास्त्रों को पढ़ चुकी हूं। मेरे पूर्वाश्रम का इतिवृत्त मैंने तुझसे गुप्त ही रक्खा था। तेरे पास आई और तेरे ठिकाने की रानी बनी। उससे पूर्व मैं परिव्राजक साध्वी थी- क्रचक्र तक के पास रही थी और......."

"और?" औघड़नाथ ने तीव्र उत्सुकता पूर्वक पूछा।

स्त्री मूर्ति ठठा कर हँसी! बोली- "माझम रात के अँधेरे से भरे चिताओं से अधजले, श्वान चीत्कारों से भरे इस श्मशान में मैं तुझे अपने कितने जन्मों की वार्ता सुनाऊँ, कह तो। मैं सभी घाटों पर अपने घुटने तोड़ चुकी हूं-सभी घाटों का पानी मैंने पिया है। पुरुष को भोगने की अपनी उद्दाम आराजक लालसा को जीत नहीं सकी। प्रयास किया शंकराचार्य्य के कमनीय अगाध नयनों में खो जाऊँ; किन्तु उस शिव ने मेरी ओर आँख उठा कर भी नहीं देखा। मैं उठ आई और पुनः संसार के वनों, उपवनों-उद्यानों की सैर के लिये निकल पड़ी। तू मिला-तेरे साथ हो ली किन्तु तू ने भी धोखा किया-"

"धोखा?" औघड़ ने साँस रोकते हुए पूछा।

"नर-नारी से सदैव धोखा ही करता आया है।" स्त्री मूर्ति बोली- "पृथिवी की मानव संस्कृति प्राणियों का शोषण तथा नारी के प्रति संक्रामक छल ही तो है। तन्त्र-मन्त्र का ऐन्द्रजाल भी देख चुकी, जान चुकी। किन्तु सिद्धियाँ बिछल ही जाती हैं, शक्ति क्षीण ही हो जाती है- यौवन बीत ही जाता है। वृद्धावस्था और फिर जरा-जीर्ण अवस्था। यही सृष्टि है। इस पृथिवी पर अन्त में जरा-जीर्ण सृष्टि का उद्भव और तिरोभव होता ही रहता है। तभी तो मानव परमात्मा की मूक मूढ़ धारणा करने लगता है-"

"तो अब क्या चाहती है?" औघड़नाथ ने पूछा।

"नर से मुक्ति!" स्त्री बोली- "चल! तेरे साथ कन्दरा के मूढ़ एकान्त में रहूंगी। तुझ नर को ललचाऊँगी; किन्तु तुझे सौ योजन दूर रखूंगी। जीवन का यह असन्तोष, यह रहस्यमय अतृप्ति अब सही नहीं जाती"

"नहीं।" औघड़नाथ ने दाँत पीस कर कहा- "तेरे संग मैं महा-प्रेत बनना नहीं चाहता। मैं हठी हूं-हठी ही अच्छा। हठ योग की मेरी साधना को भंग नहीं होने दूंगा।"

"सभी योग स्त्री से उपरत और देहाभिमान से छूटने के लिये हैं।" स्त्री मूर्ति बोली- "मैं तुझसे प्रेम करती हूं। यों मैं संस्कृति के प्रवाहों में रस रिझिवार करती रही हूं- किन्तु तेरे सिवाय अन्य किसी से लगनी नहीं लगी। तू मेरा नर है; प्रियतम है। मण्डन मिश्र भी भारती का ऐसा ही आदि नर था- भारती मर गई उसके वियोग में, भला।"

"तू भी मरेगी क्या मेरे वियोग में?" औघड़ ने पूछा।

"नहीं।" स्त्री मूर्ति बोली- "नारी ही नर का मोक्ष करती है। मैं तुझको शंकराचार्य्य की शरण में ले जाऊँगी अथवा अपने हाथों से तेरा वध करूंगी। मैंने स्थूल भाव त्याग दिया है और अब मानव देह में प्रेतिनी हूं। सुन्दरी नहीं हूं- मैं सुर-सुन्दरी भी नहीं हूं। अपर्णा भी नहीं हूं। मैं, क्रूरा हूं- घीरा हूं, वृद्ध माता हूं।"

औघड़नाथ माझम रात के बीहड़ श्मशान की बेसुध दिशाओं को थप्पड़ मारता हुआ हँसा- "लुच्ची कहीं की! तू न क्रूरा है, घोरा, वृद्ध माता! तू एक जीवित मानवी नारी है-ऐन्द्रजाल में कुशल, शतरूपा स्वैरिणी है, तू मुझको छोड़ भागी। मारी-मारी फिरी और अब पुनः मेरे पास आना ही चाहती है। परन्तु नहीं, मैं मानवी नारी का क्या करूंगा?" मैं गृहस्थ नहीं रहा; मैं एक लठंग यती हूं-मैं तांत्रिक-मांत्रिक हूं। घोरा का उपासक हूं। मैं, मैं औघड़नाथ हूं। अब मुझको स्त्री शक्ति की आवश्यकता नहीं है-मैं महाकौल हूं। संकल्प मात्र से मैं प्रेतनियों, पिशाचिनियों, यक्षिणियों तथा जोगनियों को अपने पास बुला सकता हूं-तू जा; चली जा-तेरा गन्तव्य गृहस्थ का आवास नहीं है; राजप्रासाद भी नहीं है- तेरा गन्तव्य श्मशान है।"

"सभी प्राणियों का गन्तव्य श्मशान है, औघड़नाथ।" स्त्री मूर्ति ने कहा- "संन्यासी के नयनों में डूब न सकी; मेढ़ू को सह न सकी; ऐश्वर्य्यों से आँखें अन्धी कर नहीं सकी। भोगों से विरम न सकी। मैं, रूपवती अतृप्त जीवन कामना हो गई हूं। शास्त्र मुझे उबार नहीं सके और विद्यायें मुझे जगत् नहीं दे सकीं। मैं परम् सत्व की खोज में न जाने कितने कल्पों को पार कर चुकी हूं; किन्तु इस सघन अनादि अँधेरे में सत्य का दीपक दिखता नहीं-नर को नारी और नारी को नर कंकाल ही दिखता है। चल! तू और मैं पुनः शंकराचार्य्य

के पास चलें! परम् सत्य का दर्शन वही कमनीय यती करा सकता है। नालंदा हार गया है; तक्षशिला टूट गया है, औघड़! मरणाधीन मानव ही सही, जीव ही सही-आ, या तो संसार को तलछट तक भोगे-भोगते रहें; जन्मते और मरते रहें अथवा काल के घोर बन्धन से मुक्त होकर ज्ञान की अतल शान्ति में लीन हो जायें। चल, शंकराचार्य्य के पास चलें!"

"नहीं।" औघड़नाथ बोला- "मैं अभिनव गुप्त के पास ही जाऊंगा। मैं राजा को सह सकता हूं; संन्यासी को नहीं। जीवन से बढ़ कर और कौन सा दर्शन है? जन्म से श्रेष्ठ वरदान फिर कौन सा है, शंखिनी! बोल। यह परम् सत्य, परम् ब्रह्म का दर्शन तो चिरन्तन मृत्यु का दर्शन है। मैं तो अनादि जीव ही भला, हठयोगी जीव। सुना? अभिनव गुप्त ने हमें ताण्डव बताया है; लास दिखाया है। नूपुर ध्वनि सुनवाई है। मृत्यु जीवन के विरह में लोना शयन है, यह बताया है। तू जा शंकराचार्य्य के पास।"

"अवश्य जाऊँगी।" स्त्री मूर्ति बोली- "परन्तु सुन लेना शंकर अजेय हैं; अजातशत्रु हैं; मंगल मूर्ति हैं।"

17

बीहड़ किन्तु विस्तृत कन्दरा के ऊबड़-खाबड़ प्रांगण में सब यती हठी तथा तन्त्र-मन्त्र के साधक, कोई यहाँ, कोई वहाँ-यों इतस्ततः बैठे हुए थे। उनके पिंग, आरक्त, घूर्ण नेत्र लम्बे-झम्बे अभिनव गुप्त की पुष्ट, सुगन्धित विशाल सी मूर्ति को देख रहे थे और जैसे अपने आस-पास के परे और पार किसी आगम भय से आशंकित थे। अभिनव गुप्त ने गहरे उत्ताल स्वर में कहा- "हम कहते हैं, शंकराचार्य को शारदा-मन्दिर के द्वार तक आने नहीं देना है। दक्षिण द्वार की छाया में वह प्रवेश कर ले, तो यह हम शिवगणों की पराजय ही होगी। कामरूप, काश्मीर के आरक्त कुंकुम प्रदेश का जन-जन इस यती, भ्रष्ट संन्यासी का डट कर विरोध करेगा। शारदा मन्दिर के बन्द दक्षिण द्वार को हमें बन्द ही रखना है। पूर्व और पश्चिम तथा उत्तर के द्वारों की स्वतः सिद्ध परम्परा को हमें थामे रखना है-दक्षिण द्वार शंकराचार्य के लिये नहीं खुलेगा। शारदा मन्दिर के यह प्रवेश द्वार मनीषियों, तत्ववेत्ताओं, शास्त्रज्ञों, विद्वानों तथा धर्मसंस्थापकों के स्वागत द्वार हैं-जो शुद्ध हैं, बुद्ध हैं, सिद्ध हैं, वही इन द्वारों का मौन स्वागत प्राप्त कर सकता है- प्राप्त कर सकता है। शंकर नहीं, नहीं, नहीं।"

"नहीं! अवश्य नहीं!" गहगहती हुई ध्वनि उठी।

अभिनव गुप्त ने विजयगर्वित दृष्टि से चारों ओर निहारा और पुनः कहा- "सच्चा सर्वज्ञ ही इन द्वारों से प्रवेश कर शारदा पीठ पर आरूढ़ होता आया है-होगा; हो सकता है। किन्तु यह शंकराचार्य्य शारदा पीठ पर आसीन हुए बिना ही स्वयं को सर्वज्ञ कहता है। यह यती झूठ बोलता है। उसने श्रीमती उभय भारती के पूछने पर कि क्या आप सर्वज्ञ हैं, आचार्य्य? इस तपभ्रष्ट संन्यासी

ने कहा- "हाँ, मैं सर्वज्ञ हूं।" किन्तु उसकी सर्वज्ञता की पोल तो तब खुली, जब वह कामशास्त्र सम्बन्धी एक भी प्रश्न का उत्तर नहीं दे सका। राजा अमरुक के शव में, कहते हैं, घुसा और उसकी कामकला निपुण रानी से तलछट तक कामोपभोग किया। यह है इस यती तथाकथित संन्यासी की सर्वज्ञता का उदाहरण। धिक्कार है।"

"धिक्कार! धिक्कार!" पुनः ध्वनि-प्रति ध्वनि उठी।

"ऐसे अविश्वसनीय यतियों का वध होना चाहिये।" अभिनव गुप्त गर्जा- "आडम्बरी संन्यासियों तथा धूर्त हठयोगियों की भारत भूमि और मानव जाति को आवश्यकता नहीं है। हमें सच्चे ठोस अच्युत संन्यासियों की आवश्यकता है; हमें धीर योगियों की आवश्यकता है; हमें जीवन के शील, शक्ति तथा सौन्दर्य को देखने वाले सुखदायी एवं मंगलकर मनीषियों की आवश्यकता है। हमें शिवगणों तथा भक्तों की आवश्यकता है। मैं गुरु गीता हाथ में उठा कर कहता हूं; भारतीय कण्ठ की शाश्वत ध्वनि गुरु ओम गुरु ओम है-ओम नमः शिवाय है!"

"गुरु ओम! ओम नमः शिवाय!" की गगन भेदी ध्वनि उठी और व्योम के व्योम भेद कर अथाह अनन्त आकाश में सिहर उठी। अभिनव गुप्त ने पुनः पुनः भावविह्वल दृष्टि से अपने शिष्यों, साधकों, सेवकों तथा इष्ट मित्र यतियों एवं तांत्रिक सहयोगियों को मानो जी भर कर देखा और सस्मित पुनः कहा- "शंकराचार्य्य का वेदान्त दर्शन शास्त्र अभिनिश्चित तथा प्रमाण विहित तत्वज्ञान नहीं है। श्रुतियों के उद्गारों पर आधारित शंकराचार्य्य का वेदान्त सिद्धान्त काव्य है-तत्वज्ञान, दर्शन नहीं! शास्त्रवेत्ताओं को समुचित, योग्य उत्तर क्या इस यती ने आज दिवस तक दिया है? नहीं उनको सम्मोहित कर चुप कर दिया है। मण्डन मिश्र के गले की माला मुर्झा गई और लो, मण्डन मिश्र हार गये। क्या यह तांत्रिक क्रिया नहीं थी? मण्डल मिश्र की माला तन्त्र बल से इस यती शंकर ने मुर्झा दी-अपनी उत्फुल्ल रक्खी। अवश्य, मण्डन मिश्र तथा शंकराचार्य्य का शास्त्रार्थ भारत विश्रुत शास्त्रार्थ है; किन्तु क्या इस ख्यात शास्त्रार्थ का एक भी शास्त्र-प्रणीत निर्णय निकला? वही उपनिषद् के रहस्यमय समाधि भाषा में अंकित ऋषि मन्त्र। मन्त्र! मन्त्र, मन्त्र-दृष्टा, समाधि भाषा आदि मान भी लें, तब भी जगत् का विज्ञान क्या मिट जायगा? भूत और तत्त्व, पदार्थ और उनके गुणधर्म नष्ट हो जायेंगे? नहीं? यह जगत् शिव संकल्प है; यह सृष्टि शिवा की समरस कामना से उत्पन्न भव-संसार है-ठोस, वास्तविक अनूठा,

विशिष्ट तथा विलक्षण विचित्र यह जगत् अपने अनादि अविराम आयामों में ही यथार्थ है-सत्य है। सदसद् है; क्षण और अनन्त, एक और अनेक आदि के तारतम्यों द्वारा जगत् को मिथ्या बताना मूर्खता की बुद्धिमत्ता मात्र है। हम जगत् को शिव का स्वयं पर आरोपण नहीं मानते और नहीं जीव को आत्मा की स्वयं भ्रमित मान्यता ही मानते हैं। हम भी भव संसार को लीला मानते हैं; किन्तु हम इस अविराम अनादि लीला को शिव शिवा का नित्य विहार ही मानते हैं- हम अविद्या को भ्रम नहीं मानते; वास्तविक अविद्या ही मानते हैं। जीव ही को हम शिव मानते हैं! और शिव? चैतन्य, आनन्द, ज्ञान, इच्छा तथा क्रिया का योग योगेश्वर परम ज्ञानी-विज्ञानी देवाधिदेव शिव ही मानते हैं। हम शैव अज्ञानाच्छादन में डूब कर जगत् में उद्भवित नहीं होते; अविद्या से ग्रसित होकर भव-योनियों में नहीं भटकते। शिव स्वयं जीव होकर आता है तथा अपनी विमर्शिनी चिति के साथ लीला करता है-परम् शिव का चिद्विलास अज्ञानाच्छादन का मूढ़ विलास नहीं है- वह शाश्वत सच्चिदानन्द का भूति-विभूतियों का महारास है; महिमामय गरिमामय चिद्विलास है। हमारा शिव गुरु है; आचार्य है; माता-पिता है। पुत्र पौत्र कलत्र है। मैं अनादि जीव शिव हूं- चिदानन्द रूपम् शिवोहम् शिवोहम्। किन्तु क्या मैं अपना अध्यास हूं? भ्रम हूं-नहीं मैं सत्य हूं।"

"सत्य।" उपस्थित व्यष्ठियों के अन्तः करणों में मानो अज्ञात से कोई पुकार उठा।

"अवश्य सत्य!" अभिनव गुप्त दहाड़े- "सत्य को लेकर क्षण और अनन्त का भेद करना, एक बौद्धिक अनुविक्षण मात्र है-कथन मात्र है। सत्य तो नित्य-सत्य है। सत्य को लेकर क्षण और अनन्त की दृष्टि से आकाश को ही देखना है। यह बाल सुलभ दृष्टि है; प्रौढ़ सिद्ध दृष्टि नहीं है। समस्या सत्य के अनुभव की है। सत्य का शिव, कल्याण जन्य अनुभव हो जीव को-यह जीव के भव-यापन की समस्या है। अतः शैवों के शिव चिद् हैं। शून्य नहीं हैं, जड़ नहीं हैं-शिव! शिव नित्य-नित्य आनन्द हैं; नित्य चैतन्य हैं। शिव स्वयं ज्ञाता हैं; ज्ञान हैं-ज्ञेय भी हैं। शिव यावत् जीवन की महाकाम इच्छा हैं-जीजिविषा है। शिव ही जगत् का दिव्यातिदिव्य अनन्त विज्ञान हैं-क्रिया! हम सद्-असद् आदि ऊहापोह को स्वीकार नहीं करते। हम जगत् को सद् मानते हैं; हम जीव को शिव मानते हैं और भव-संसार को शिव-शिवा की अनेक मुखी गृहस्थी मानते हैं। हम जन्म, भव-बन्धन तथा मृत्यु एवम् भव-बन्धन से शिव द्वारा परित्राण मानते हैं। हम

मानते हैं; हम हैं, भव है; जगत् है। यही हमारा सत्य है; शिव है; सुन्दर है; सच्चिदानद है।"

"सच्चिदानन्द!" गहगह उठी।

"इसलिये सन्नद्ध हो जाओ, मित्रों! साथियों! सेवकों!" अभिनव गुप्त ने गर्जना की- "दक्षिण द्वार को खोल कर शारदा मन्दिर की सर्वज्ञ पीठ पर आरूढ़ होने के लिये वह यती शंकर आना चाहता है- ज्योतिर्मठ में उसने गर्वी घोषणा की है; क्या यह सत्य है कि दक्षिण द्वार दक्षिण के लोग खोल नहीं सकते? क्या दक्षिण से कोई भी सच्चा सर्वज्ञ शारदा मन्दिर के दक्षिण द्वार के पास नहीं फटका? शारदा मन्दिर के दक्षिण द्वार की इस रूढ़ वार्ता की सच्चाई की परीक्षा करने के लिये यह भ्रष्ट संन्यासी काश्मीर की कुंकुम क्यारियां खूंदना चाहता है-हम उसे रोकेंगे, अवश्य रोकेंगे। आत्म वञ्चक व्यभिचारी तथा भ्रष्ट संन्यासी को हम शारदा-मन्दिर के एक भी द्वार के पास फटकने नहीं देंगे। कन्या-कुमारी से चला यह शंकराचार्य हिमालय की इस केशर-उपत्यका में, कुंकुम प्रान्तर में अवश्य ही रुकेगा। दक्षिण द्वार नहीं खुलेगा। हम अपने सभी इष्ट बलों से, मन्त्रों की अमोघ शक्ति से तथा सभी देवताओं के आशीर्वाद और महादेवियों के तथास्तुओं से शंकराचार्य्य को रोकेंगे। तब शंकर के साथ हुए सभी शास्त्रार्थों की पराजयें-नित्य विजय में बदल जायेंगी। अवश्यमेव, यह होगा।"

अभिनव गुप्त औघड़नाथ को इंगित कर बैठ गये। औघड़नाथ मत्त कुञ्जर की भाँति उठा और दोनों प्रलम्ब अपने बाहु फैलाते हुए और अपनी लम्बी विस्तृत दाढ़ी को रिमझिमाते हुए बोला- "सुनो!"

"हाँ! कहिये, कहिये।" ध्वनि उठी।

"कह रहा हूं-मैं वक्ता नहीं हूं। मैंने भाषण, प्रवचन, उद्‌बोधन आदि नहीं दिये हैं। मैं गुरु नहीं हूं; आचार्य्य नहीं हूं-मैं हठयोगी हूं। मैं आप सब को यही कहना चाहता हूं कि इस शंकराचार्य ने बौद्धों की ऐसी तैसी कर दी। जैनियों को चुप कर दिया। मीमांसकों को निरुत्तर बना दिया। इसने शास्त्रों को ठुकरा दिया। वेदान्त के अपने दर्शन को छोड़कर इस यती शंकर ने सभी दर्शनों को व्यर्थ कह दिया है। इस वयस्क संन्यासी के लिये जगत् मिथ्या, भव-संसार, अध्यास, भ्रम तथा लोकों के भोग, पृथिवी के ऐश्वर्य आदि सभी भूतियाँ-विभूतियाँ अन्त में त्याज्य हैं। यह इदम्? दिखावट भर है। न जाने क्यों लोग संघारामों और उपासरों से निकल आकर इस यती के पीछे लग गये? कहता तो शंकराचार्य्य

यह है; ब्रह्म निर्गुण है और स्वयं सगुण। देव-विग्रहों की पूजा अर्चना करता है। सगुण को निर्गुण और निर्गुण को सगुण। अपने कथन के इस विरोधाभास को यह शंकर अद्वैत कहता है। अद्बैत? क्या? अनेक भेद हैं; भव-भव भीति है और यह एक भी द्वैत है आश्चर्य्यजनक कथन और रहस्यात्मक सुधि उत्पन्न कर यह शंकराचार्य विश्व का जगद्गुरु बन बैठा है और अब शारदा महासरस्वती की सर्वज्ञ पीठ पर आरूढ़ होकर स्वयं को जगद्गुरु हम आप मान लें। इसको हम आप सब जगद्गुरु स्वीकार कर लें, यह चाहता है। क्या आप सब तैय्यार है? जगद्गुरु है यह शंकर?"

एक साधक बोला- "जगद्गुरु यह शंकर? जिसके देह की आयु अभी तीस के अन्तर्गत है, वह जगद्गुरु? मैं पच्चासी वर्ष की आयु का देहधारी हूं-अपने को साधक ही कहता हूं-गुरु भी नहीं।"

दूसरा मनीषी उठ खड़ा हुआ; बोला- "इस समय भारतवर्ष में जगद्गुरु केवल एक हैं-आचार्य्य अभिनव गुप्त।"

तीसरा उठा- "क्या इस जगत् के लिये एक गुरु ही यथेष्ठ नहीं है? आचार्य्यों और गुरुओं से यह भारत भूमि ठठ गई है।"

चौथा उठ कर ठनका- "और यह गुरु लम्बे चौड़े आश्रमों में बड़े ठाठ से रहते हैं। शत सहस्र गायों का दूध पीते हैं। चीनांकुश धारण करते हैं तथा समाधि का आडम्बर रचाते रहते हैं।"

पाँचवाँ छनका- "तन्त्र-मन्त्र एन्द्रजाल! मैं पूछता हूं क्या यह योग है? नहीं है-योग तो ब्रह्म का ध्यान है; ब्रह्म प्रत्यक्ष है।"

अभिनव गुप्त उठे; गर्जे- "ब्रह्म! शिव कह, नीच"

"जी?" पाँचवाँ साधक हतप्रभ होकर बोला- "जी, शिव!"

अभिनवगुप्त उठे; औघड़नाथ को बैठ जाने का इंगित करते बोला- "जो शैव न हो, शैव दर्शन में नहीं मानता हो, वह इस सभा से उठ कर चला जाय। हमें वेदान्त का ब्रह्म त्रिकाल में भी स्वीकार्य नहीं है; नहीं था और नहीं होगा। शंकराचार्य के ब्रह्म की वार्ता करने वाली मेरी धर्मपत्नी को मैंने घर के बाहर कर दिया है। शैव दर्शन भंगेड़ियों की रमुज भरी बातचीत नहीं है। यह सत्य का आग्रह तथा यावत् जीवन का शाश्वत अविराम, अमोघ विश्वास है। हम आत्म चैतन्य को ही शिव कहते हैं और त्रिपुर सुन्दरी जीवन चेतना को, चिति को उसी गुरु रूप परमात्मा शिव की कृपा मानते हैं-गुरु का अनुग्रह मानते हैं। अज्ञान

में डूब कर यह जीवन नहीं उद्भवित हुआ है। शिव-शिवा के समरस के अमृत से जीव चेतना आविर्भूत हुई है; होती है। हम जीव मोक्ष नहीं, शिव साक्षात्कार ही चाहते हैं। विषयों का कालकूट त्याग कर हम शिव-शिवा के अमोघ प्रेम का आनन्दमय अमृत ही चाहते हैं।"

"शिव सच्चिदानन्द रूपम्!" ध्वनि उठी; प्रति ध्वनि गूंजी।

अभिनव गुप्त ने चारों ओर चारों दिशाओं में घूरा, कहा- "शंकराचार्य को कहला दिया जाय, शारदा मन्दिर के दक्षिण द्वार की दिशा से विमुख रहे। दक्षिण द्वार खोलने की चेष्टा मात्र त्याग दे। भगवती महा-सरस्वती शारदा ने अपने पुनीत कर कमलों द्वारा दक्षिण द्वार की अर्गला थाम रखी है। उत्तर द्वार राज्य तथा ऐश्वर्य का द्वार है-पूर्व द्वार? शक्ति और सौन्दर्य एवं मीठे माधुर्य्य का द्वार है। पश्चिम भक्ति और शरणागति का शान्त द्वार है और यह दक्षिणी द्वार? ज्ञान विज्ञान, विद्या तथा शास्त्र का दिव्य द्वार है। इसीलिये अब तक यह दक्षिण द्वार दक्षिण के मनीषियों और तत्ववेत्ताओं के आगमन पर नहीं खुला है। उत्तर से भव्य सम्राटों, महाराजाओं तथा चक्रवर्तियों ने उत्तर द्वार को नमस्कार ही नहीं किया है- यशोमति कीर्तिकाय पुण्य श्लोक मंगल-मूर्ति नृपतियों ने उसको खोला भी है। अपनी श्री सुकृति से शारदा भवानी की आरती भी उतारी है! और! और पूर्व से शक्ति स्वरूपा, परात्परा, शक्तिमति गायत्री रूपा महादेवी ने अपने सिद्धों एवं भक्त साधकों द्वारा शारदा मन्दिर के पूर्व द्वार को थपथपा कर खोला है। पश्चिम से सिद्ध विद्याधरों और देवाँशी महात्माओं ने पश्चिम द्वार को स्पर्श मात्र से खोला है; किन्तु शारदा भवानी ने दक्षिण द्वार को बन्द थाम रखा है। दक्षिण से आगत आचार्यों ने जगत् को प्रायः मिथ्या ही कहा है; भव को असार भ्रान्ति ही बताया है। अपने क्षुद्र वेदान्त की डिमडिम बजा कर वेदान्त के शंकर-पर्वर्तियों ने मानव बुद्धि को रहस्यमय ऊहापोह से ही भर रक्खा है। वेद कह रहे हैं, परमात्मा सत्य, जगत् सत्य और जीव भी सत्य अनादि! किन्तु वेदान्त के यह आचार्य्य वेद के इस मन्त्र कृत सत्य को नहीं मान कर कहते हैं-द्वैत नहीं, त्रैत नहीं, अद्वैत! अद्वैत ही होता तो शारदा मन्दिर के एक द्वार के खुलने पर अन्य सभी द्वार क्यों नहीं खुल जाते? एक-अद्वैत केवल कल्पना में है, काव्य में है। अनुभव में त्रैत है; अंत है-अनेक हैं। यह जगत् रूप रूपों का गुण निधि है। भव योनियों का यह संसार जीव की सदा अतृप्त सुख कामना की अभिलाषाओं से पूर्ण हर्ष और शोक-रात और दिवस से रंगा विविध जीवन-रंग मंच है। प्राणियों का

जन्म भव-भोग के अद्‌वितीय संकल्प तथा परस्पर प्रेम की लालसा से ही होता है-शिव-शिवा आनन्द और ज्ञान की अपनी अमोघ जीजिविषा से ही जगत् के कैलाश में आविर्भूत होते हैं और यह मनोहारिणी सृष्टि का उद्भव होता है। प्रलय और कल्पों का यह चिद् विलास क्या शिव यों ही करते हैं? नहीं शिव अपनी विमर्शिनी परात्परा शिवा के साथ सृष्टि की गृहस्थी जीने के लिये ही जगत् स्वरूप आविर्भूत होते हैं; काल से बँधते तथा जीव रूप होकर बन्धन में बँधते तथा भव बन्धनों को काटने के लिये शिवा के चरणाविन्दों को सुल्हाते हैं। हाँ! हाँ, शिव-शिवा का अनिवार्य्य अमोघ प्रेम ही ज्ञान का मर्म है। शिवा का लावण्य श्री श्रृंगार स्वरूप ही ज्ञान का रूप है तथा शिव-शिवा का समरस ही ज्ञान का आनन्द है-ठोस, वास्तविक ज्ञान से शुद्ध-बुद्ध और परा-अपरा विज्ञान से पूर्ण शिव साक्षात्कार है।"

औघड़नाथ ने कहा- "तो फिर क्या किया जाय?"

एक स्वर उठा- "शंकराचार्य को रोका जाय!"

"थामा जाय!" दूसरा स्वर गूंजा।

"कीलित कर दिया जाय!" तीसरा स्वर काँपा।

"कीलित!" अभिनवगुप्त गर्जे।

"स्तम्भित, जम्भित, चकित!" कई स्वर उठे।

"तथास्तु!" अभिनवगुप्त ने कहा- "काश्मीर, कामरूप, काम्बोज के शिव मन्दिरों में आप लोग बिखर जाइये। हम शारदा मन्दिर के आस-पास की सुपरिचित सीमाओं को देखते रहेंगे। साधकों! सभी देवियों को जगाओ-अनुष्ठान प्रारम्भ करो। एक बार और हिमालय को जाग कर देखने दो कि दक्षिण का यह वेदान्त प्रलाप उद्‌भ्रान्त तत्त्व विचारक की अविराम ऊहापोह भर है। वेदान्त-दर्शन दर्शन नहीं है-नेति-नेति है। वेदान्त से क्या यह वर्णाश्रम धर्म पल सकता है? मीमांसा-कर्म विवेक से ही समष्टि चलती है। धर्म वेदान्त के शून्य में नहीं खिलता-धर्म का उत्फुल्ल धारण तो वास्तविक ज्ञान-सत्य के सत्यमय अनुभव से ही किया जा सकता है। वेदान्त से राज्य संगठित नहीं किया जा सकता-शिव के त्रिशूल से ही समाज का त्रिताप मेटा जा सकता है। हम हाथ उठा कर कहते हैं; हम शंकराचार्य को भू लुण्ठित कर देंगे। अवश्य।"

"जगदाचार्य्य अभिनव गुप्त की जय!" जय जयकार उठा-गूंजा; गाजा, गहरा तथा टूक-टूक होकर बिला गया। अभिनव गुप्त विजय गर्व से फूले हुए मेदिनी

को बिखरते, हिलते-डुलते जाते हुए देखते खड़े रहे। औघड़नाथ मन ही मन हुंकार करता हुआ, सभी को विदा होते देखता रहा। उस विशाल मण्डप में केवल एक मानव मूर्ति-स्त्री-बैठी रही। वह न हिली और नहीं डुली-न उठी तथा नहीं खड़ी हुई। झटका खाकर अभिनव गुप्त ने देखा और बमक कर पूछा- "तुम, कौन हो?"

"त्रिपटिका!" मूर्ति बोली और खड़ी हो गई- "आचार्य्य यह तो मैं हूं; आपकी मनभाविनी शिष्या।"

"त्रिपटिका? तुम?" अभिनव गुप्त ने विहॅसोहे आश्चर्य्य, सहित पूछा- "तुम, तो....."

त्रिपटिका तनिक आगे आई; बोली- "यती शंकर के कमनीय अगाध नयनों में खो गई थी, यही न? हाँ, खो गई थी; किन्तु गगन में बुझकर भी बिजली कभी समाप्त हुई है? आचार्य्य संन्यासी शंकर को दक्षिण द्वार खोलते हुए मैं देखना चाहती हूं।"

"तू, तुम त्रिपटिका?" अभिनव गुप्त ने निःश्वास रखते हुए कहा।

"मूक साध्वी मात्र!" त्रिपटिका ने कहा- "बुद्धि के चमकते हुए मेघों को पार कर चुकी हूं, आचार्य! शास्त्र की नौकाओं में बैठकर भी संसार की मंझधार में डूब चुकी हूं। मन्त्र से इष्ट देवताओं को वश में करते हुए भी मैं असफल हो चुकी हूं। विद्याओं से भरी हो जाने पर भी मैं निरी रिक्त हूं- वैसा शून्य जिसमें कुछ भी नहीं होता। शकराचार्य्य के अगाध नयनों की आभा में डूब कर, मैं मुक्त नहीं हो सकी। बुद्ध के अपार असीम निस्सीम शून्य में डुल गई हूं, आचार्य मेरे!"

अभिनव गुप्त ने औघड़नाथ को सम्बोधित करते हुए कहा- "यह हमारी विद्यापीठ-शिष्या त्रिपटिका-विलक्षण है।"

औघड़नाथ ने आँखें टिमटिमाईं; दाढ़ी को सुल्हाते हुए कहा- "दिख रहा है।"

"क्या दिख रहा है, श्रीयुत औघड़नाथ?" त्रिपटिका तनिक आगे सरक आई- "मैं सभी स्थानों, स्थलों, मठों, मन्दिरों में रह आई हूं- अन्त में शंकराचार्य के संघ के साथ आर्यावृत्त में घूम आई हूं। महाराज सुधन्वा के भवनों और प्रसादों में रह कर मैंने राज्य दण्ड को तोला है; राज्य सभाओं के मर्मो को भाँपा है। रानियों के कटाक्षों से भी भिदी हूं। मैं क्रचक्र महातांत्रिक के पास रह कर-उस मूढ़ कौल को तनिक कँपा चुकी हूं-मैं यदि हारी हूं तो केवल इस शंकराचार्य्य से। अपने आदि आचार्य्य श्रीमद् अभिनव गुप्त के मण्डप में इसीलिये आई हूं।"

अभिनव गुप्त ने ऊर्ध्व श्वाँस भर कर पूछा- "किसलिये?"

"शंकराचार्य्य को जीत लो, आचार्य! अथवा हार कर हिमालय में गल जाओ। यह अपार, अथाह दार्शनिक धुन्ध मुझसे सहा नहीं जाता, आचार्य्य मेरे! मनुष्य निरन्तर शास्त्रार्थों को सुन कर ही जी नहीं सकता। विद्याओं को वह प्राप्त नहीं करेगा, यदि विद्यायें प्राप्ति, लब्धि और मुक्ति में शक्तिमती नहीं सिद्ध हुई। मानव जीने के लिये विद्या, बल, धन, काम आदि प्राप्त करता है। तब आज भारतवर्ष की भूमि छोटे-मोटे जनपदों, राज्यों और महाराज्यों की परस्पर उदासीन सीमाओं में बंध गई है। भारतीय राज्य छोटे-मोटे ठिकानों में बँट गया है और भारतीय प्रजा का शिव-पिता जैसे नहीं रहा-अनेक राजा रानी भारतीय जन के माता-पिता हो गये हैं। भारतीय देवता भारतीय प्रजा के अन्तःकरण से निकल कर भारतीय नरेशों में घुस गया-भारतीय राजा देवी दिव्य हो गये और प्रजा? अपने भजन को भूल गई; पूजन में डुल गई।"

अभिनव गुप्त ने सस्मित कहा- "और तू मर क्यों नहीं गई?"

त्रिपटिका खनकते हुए कुछ उत्ताल हास्य हँसी- "आप श्रीमद् क्या यह चाहते हैं?"

अभिनव गुप्त ने हँसते हुए कहा- "मैं तो चाहता था; तू सदैव आश्रम में रहे-स्वस्थ, प्रसन्न...."

"और आप में मगन, यही न?" त्रिपटिका ने पूछा- "नहीं, श्रीमद्! आप श्री स्त्री की आँखों में खुभते अवश्य हैं; किन्तु एक वासन्ती मेघ की भाँति विलमा भी जाते हैं-स्त्री पुरुष में टिकना चाहती है, किन्तु क्या नर-नारी में टिकता है? नारी नर को स्वयं में रमाना चाहती है और पुरुष? नारी के देह के यौवन को ही पीता रहना चाहता है- फिर मैं नर के सुन्दर, पुष्ट देह में नहीं, उसकी प्रतिभा में लीन होना चाहती थी। मैं पुरुष में सांख्य का पुरुष चाहती थी, श्रीमद्!"

"मिल गया? सभी सम्प्रदायों की दीक्षायें लीं, सभी मन्त्रों के जाप किये; सभी तन्त्रों को टटोला और अन्त में उस शंकर के चरणों में जा पड़ी। क्या मिला?" अभिनव गुप्त ने अमर्ष पूर्वक पूछा।

"मैं स्वयं दिखी; मिली नहीं।" त्रिपटिका ने कहा- "अन्य को जानना स्वयं का मतिभ्रम मात्र है। एक अपरिहार्य कल्पना भर है, श्रीमद्!"

अभिनव गुप्त उत्ताल हास्य हँसे; बोले- "अच्छा! परन्तु तू आई क्यों है?"

“शंकराचार्य को आप पराभूत करना चाहते हैं न? आपकी सहायता करने आई हूं। त्रिपटिका ने कहा- “श्रीमद् ने सभी शास्त्रों को हथेली पर ले लिया; किन्तु शंकर को मुठी में नहीं कर सके। सोचा, आपकी सहायता करूं-अन्ततोगत्वा शिष्या तो मैं आपकी हूं-जीतना नहीं चाहती, तो हारना भी नहीं चाहती।”

अभिनव गुप्त ने ऊर्ध्व श्वाँस भर कर कहा- “हम स्वयं शंकर को कीलित कर देंगे; हमें तुम्हारी सहायता की आवश्यकता है नहीं। तुम क्या शंकर को सम्मोहित कर सकती हो? उसको सहस्त्र सार से मूलाधार में उतार कर वहीं जम्भित कर सकती हो? क्या कृत्या का घातक प्रहार कर सकती हो? अभिमन्त्रण, अभिचार?”

त्रिपटिका ने मन ही मन काँप कर पूछा- “यह सब करना चाहते हैं, आप आचार्य? क्यों?”

“शास्त्र की अवज्ञा का दण्ड यही है।” अभिनव गुप्त ने गर्ज कर कहा- “शंकर यती शारदा मन्दिर की सर्वज्ञ पीठ पर आरूढ़ नहीं हो सकता- आसीन नहीं होने दिया जायगा उसको। वह व्यभिचारी हठी है। उसके अहम् का नाप नहीं है। उसने शास्त्र धुरन्धर श्री मण्डन मिश्र का वैभव पूर्ण गृहस्थ नष्ट किया है-लोग मरे हैं शंकर पर। उभय भारती! तेरे जैसी ही वह मतिमान् महिला थी, त्रिपटिका!”

त्रिपटिका ने सिर धुनाया- “नहीं, आचार्य्य मेरे! उभय भारती भारतवर्ष की भारती थी- चिन्मय सरस्वती थी। मैं? मैं तो एक उन्मुक्त नारी हूं; मानवी।”

“तू क्या है, मुझे ज्ञात है।” अभिनव गुप्त ने कहा- “मानवी। तो क्या मैं राक्षस हूं? मैं भी तो मानव हूं। इस पृथिवी को सुर नहीं, असुर नहीं-मानव ही चाहिये। अच्छा; तो तू रह, मेरे साथ रह और यती शंकर को पराभूत करने के अनुष्ठान में हमारी प्रवर भैरवी बन, सुना!”

“शंकर को समाप्त कर सकोगे?” त्रिपटिका।

“क्यों नहीं? वेदान्त का विचार चलता आया है, चलता रहेगा।” अभिनव गुप्त ने कहा- “किन्तु अन्य दर्शन बच जायेंगे। शंकर वेदान्त आकाश की भाँति है। सभी मेघ उसमें बिला जाते हैं। मनुष्य को जीना है-धारणा, भ्रम, अध्यास आदि कह देने मात्र से क्या भव योनियाँ अदृश्य हो जाती हैं? मनुष्य का प्रारब्ध नष्ट हो जाता है? मूलभूत बात यह है पृथिवीं पर जीवन क्यों? इस क्यों का उत्तर इस आशंका का निस्तार, इस जिज्ञासा का समाधान क्या जीव भाव है? अज्ञान? क्या? भ्रम क्या? शिव ने सभी योनियों के स्वरूप में आविर्भाव

लिया है-शिवा अपने पूर्ण वात्सल्य से ही अपनी विचित्र विलक्षण सन्ततियाँ उत्पन्न करती है। यह जगत् योगेश्वर देवाधिदेव शिव का ही चमत्कार है। यह भव संसार शिव-शिवा का ही जीवन है-आविष्कार है। ज्ञान कभी अज्ञान के आच्छादन से ढंकेगा? बोल?"

"ज्ञान तो ज्ञान ही है।" त्रिपटिका ने कहा- "किन्तु शंकर से आपका संग्राम क्या ज्ञान-अज्ञान की प्रतिज्ञा को लेकर है?"

"अवश्य, अवश्यमेव-" अभिनव गुप्त।

"तो शास्त्रार्थ कीजिये।" त्रिपटिका।

"उस भ्रष्ट सन्यासी से क्या हम शास्त्रार्थ करेंगे? तेरी मति मारी गई है क्या?" अभिनव गुप्त बोले- "जा, आश्रम के निवास में जा!"

"माताजी नहीं है न?" त्रिपटिका ने पूछा।

"वह चन्द्रशेखर के मन्दिर में चली गई हैं। क्षेमराज भी। अभिनव गुप्त ने दांत पीस कर कहा- "जाने दे उसे! तू जो आ गई है।"

"माताजी और क्षेमराज नहीं हैं आश्रम में? तब मैं क्यों रहूंगी?" त्रिपटिका ने मुंह बिचकाते हुए कहा- "माताजी और क्षेमराज के बिना आश्रम सूना है, आचार्य श्री!"

अभिनव गुप्त ने तनिक आश्चर्य पूर्वक त्रिपटिका को घूरा; कहा- "त्रिभंगी को भी ले गई है।"

"त्रिभंगी भी गई? तब आप एकाकी हैं, आचार्य मेरे?" त्रिपटिका ने सस्मित कहा- "सूने हो गये आप श्री!"

अभिनव गुप्त हंसे; बोले- "सूना? एकाकी? नहीं शोभने! मैं प्रतिलव परात्पर सुन्दरी योगमाया का स्मरण करता रहता हूं, उसको जैसे सब नारियों में देखता हूं- देखना चाहता हूं। स्त्री के सभी रूप उसके ही तो हैं। वह त्रिपुर सुन्दरी, महात्रिपुरा नारियों में ही नहीं, नरों में-प्राणी मात्र में भासित है- वही उत्पन्न करती है; स्थित करती है- जिलाती है और वही संहार भी करती है। एक भी देव महादेव अपनी शक्ति से भिन्न नहीं हैं- शक्ति, ललने! शक्ति के द्वारा ही शिव जाने जाते हैं- शिव दर्शन से मुक्ति मिलती है। किन्तु शक्ति के साक्षात्कार से जीव शिव होकर अपनी विमर्शिनी का यह अत्यन्त सुखद, रमणीय, आश्चर्य संभूत, सुन्दर, कारुण्यमय सृष्टि देखता रहता और अपने अमोघ आनन्द में

लीन बना रहता है। शिव जैसे शक्ति का सच्चिदानन्द स्पर्श है- तू क्यों नहीं रहेगी मेरे पास? पुनः एक बार महानुष्ठान आरम्भ करना ही होगा।"

"शिष्य है न।" त्रिपटिका ने कहा।

"सब शिष्यों को देख लिया, मोहिनि!" अभिनवगुप्त ने हँसते हुए कहा- "शिवराम चिता पर शव देख कर ही भाग गया। श्मशान के श्वानों की चीत्कारें सुन कर जयरथ घबड़ा गया। और वह भास्कर? निर्वीर्य्य है। शिव छबि के सर्पों को देख कर उसको कँपकँपी हो आती है। मुझे इस बार वज्र की छाती तथा क्रूरता से भरा हृदय चाहिये। शंकराचार्य्य को स्तम्भित-जम्भित करना है, उसका उच्चाटन ही कर देना है।"

"मारण?" त्रिपटिका ने सहज ही पूछा।

"अनिवार्य्य हुआ तो वह भी, लुलुभे!" अभिनव गुप्त ने कहा- "क्यों नहीं? इस यती ने यज्ञों के हव्य-कव्य घटा दिये। बलि के रुधिर से यज्ञ वह्नियाँ नहाया करती थीं-अब शुष्क ही तड़तड़ाती रहती हैं। कर्मकाँडी मारे-मारे फिरते हैं। अब कोई जैसे स्वर्ग सुख की सुनना ही नहीं चाहता। मोक्ष चाहिये। सभी को मुक्ति चाहिये। यह अनादि काल आज सभी को दुखने लग गया है। ऐसा विराट् सम्मोहन मैंने कभी नहीं देखा था, शुभे! यती शंकर पृथिवी पर मनुष्य के लिये क्या अभिशाप नहीं है-"

"वरदान, आचार्य्य!" त्रिपटिका ने कहा।

"अच्छा? तब तू....." अभिनव गुप्त ने झटकते हुए पूछा।

"मैं ब्रह्म नहीं, यती शंकर से आत्मसात् करना चाहती हूं। मुझे वह रहस्य रमणीय, पूर्ण काम-काम सुन्दर, निर्विकार, रम्य, वह-वह शिव स्वरूप शंकर, हाँ, आचार्य्य वह अद्‌वितीय, कमनीय कोमल-कान्त शंकर चाहिये। जब शंकर सामने है, तो ब्रह्म को लेकर क्या करूंगी? शंकर को प्राप्त कर मैं शिवा हो जाऊंगी।"

अभिनव गुप्त ने मानो साँस रोकते हुए कहा- "शंकरी होना चाहिये तुझे? किन्तु यह यती शंकर निर्मम है- पूछ, जा, उस राजा अमरुक की रानी से पूछ आ। पास ही उसका विशाल जनपद है-जा! वह जड़ीभूत मूर्ति सी हो गई है। अहर्निशि सीदती रहती है-यती शंकर जैसे उसके रोम-रोम को काल की अग्नि से जला रहा है। मैंने प्रयास किया, उसके चित्त में शिव का धूसरित सौन्दर्य भर दूं। किन्तु शंकराचार्य ही उसके अन्तःकरण में भरा हुआ है-उस सरल, सरस, प्रसन्न महिला का जीवन जैसे वसन्त की पूर्णिमा में एक चिता सा हो गया है-"

"विरह! तब!" त्रिपटिका हुमुसी- "मैं भी, आचार्य्य मैं भी। तब, विदा, आचार्य्य मेरे! मैं भी रानी के पास ही जाती हूं। मैं शंकर को नयनों में भर नहीं सकी, अन्तःकरण में घोल नहीं सकी। मैं ही डूब गई शंकर में। अब मैं कहाँ हूं? एक ज्वाला है- मैं नहीं। मैं अनादि जीव थी। कल्पों के स्वप्न-मनोरथ देखा करती थी; प्रलयों के प्रगाढ़ शयन में स्मृतियों का काव्य कहा करती थी। मैं जैसे बुद्धि की पारदर्शी किरणजाल थी। चित्त की रसीली उलझन थी- अहम् की मर्मीली क्रिया प्रतिक्रिया थी। मैं-मैं थी, नारी, जिसमें सभी नर समा कर अदृश्य हो जाते थे और मैं चिरञ्जीवी सी होकर नरों के प्रमत्त अहम् को ठुकराया करती थी। मेरा अपना मनोराज्य था-मैं एक छत्र स्वामिनी थी और तुम नर सभी दास थे। हाँ मैं ही सम्राज्ञी थी। किन्तु अब?"

"किन्तु अब एक भीखमंगी है, यही न?" अभिनव गुप्त ने मुंह बिचका कर कहा।

"नहीं! मैं कालसर्पिणी हूं, आचार्य्य! सावधान!" त्रिपटिका ने सरोष कहा- "शंकर के अगाध नयनों से उबर कर मैं, शंकर के वक्ष-स्थल पर खड़ी नाचना चाहती हूं। शिव शिवा का ऐसा मूक मूढ़ तिरस्कार करे? क्या यह सहनीय है? शिव-शिवा का वल्लभदास है- शक्ति न हो तो शिव क्या शव नहीं है?"

अभिनव गुप्त उत्ताल हास्य हँसे; बोले- "यती शंकर यही कहता हैं- सौन्दर्य्य लहरि, प्रेम!" त्रिपटिका ने सिर धुना कर कहा- "प्रेम की ज्योति ही सौन्दर्य्य है। ज्ञान की चमक सौन्दर्य है और ज्ञान का स्पर्श प्रेम"

"विरह, तब?" अभिनव गुप्त।

"द्वैत, आचार्य्य मेरे! प्रेम अद्वैत!" त्रिपटिका ने कहा और भाग खड़ी हुई। काषाय चिनांकुश में लिपटी, सजी सी-वह जैसे पद्म-राग मणियों की कान्ति की उल्लोल-हिल्लोल थी। उसके सघन केश श्रावण के मेघों से उसके विशाल नयनों के आकाश में लहरा रहे थे। उसके पृथु किन्तु पीन नितम्ब देवताओं के कन्दुक की भाँति रगमगा रहे थे। और उसके मृणाल बाहु जम्बू द्वीप के ब्रह्म वट-वृक्ष का आलिंगन करने के लिये लालायित थे- त्रिपटिका एक लहर की भाँति, धरती कम्प के हल्के धक्कों की तरह, वह्नि ज्वाला की दिग्भ्रान्त गति की भाँति भागी जा रही थी। औघड़नाथ चित्र लिखित सा इस चञ्चल सुन्दर छबि को गगन पैर कर व्योम में अन्तर्ध्यान सी होते देखता रहा और अभिनव गुप्त ने श्वास भर कर कहा- "उंह!" औघड़नाथ ने जाग कर अभिनव गुप्त की

ओर देखा। अभिनव गुप्त ने हिलते हुए कहा- "इसको हस्तगत करना ही होगा। अवश्य और यह तुम करोगे।"

औघड़नाथ ने रोम-रोम में सजग होते हुए कहा- "मैं? क्यों?"

अभिनव गुप्त ने औघड़नाथ को घूरते हुए कहा- "क्योंकि तुम, तुम हो-औघड़ हो। इस रमणीय चौंधियाने वाली बिजली को तुम ही वशीभूत कर सकते हो। यह नारी जैसे सर्व तन्त्र स्वतन्त्र मानवी है। बड़े-बड़े उपाध्याय इससे वार्ता कर सहसा चुप होकर मुस्कराने लगे हैं। महामहोपाध्याय तो नयन नमा कर ही इस शिष्या से कहा-सुना करते थे। यह त्रिपटिका जैसे चिर युवती इन्दिरा है। तुमने नहीं देखा, मित्र मेरे! इसने सभी शास्त्रज्ञों को थका दिया है; किन्तु यती शंकर के नयन जलधि को तैर नहीं सकी। आचार्य है, यह शंकर है क्या? सुन्दर? तो लो, यह यत्ती सुन्दर तथा कमनीय है। पुरुष इसको देख कर तुनक जाता है; किन्तु स्त्री इसको देख कर देखती ही रहती है। भैरवियाँ इसके स्पर्श के लिये जैसे छटपटाती रहती हैं और योगिनियाँ अपलक इसे देखती रहती हैं। यह मेरी आदि भैरवी शक्ति, त्रिपटिका नर को स्वाधीन ही करना चाहती है और नर को अपनी ईच्छापूर्ति का यंत्र मात्र बना देना चाहती है। मैंने इसी को अपनी शक्ति प्रतिष्ठित कर युवावस्था के प्रारम्भ में ही ऊर्ध्व रेतन का चक्र भेदी साधन सिद्ध किया। किन्तु यह युवती कामाख्या के मन्दिर में स्थिर रह नहीं सकी। भागी। आज की भाँति भागी। वह बौद्ध आचार्यों तथा साधकों के पास गई; जैनियों के अँधेरे उपासरों की दिशाओं में भटकती रही। पर्वतों की यात्रायें कर तांत्रिकों को ललकारती रही। स्वयं क्रचक्र की भैरवी बन गई किन्तु अन्त में हुआ क्या?"

"यती शंकर!" औघड़नाथ- "उस भ्रष्ट ने इसको विमोहित कर लिया, और क्या?"

"यही, यही।" अभिनव गुप्त ने सिर हिला कर कहा- "जो भुवनेश्वरी के अंग-प्रत्यंग को लेकर चुह चुहाता हुआ श्रृंगार लिख सकता है, जो शव में स्थित रहकर भी रमणियों से विहार कर सकता है, वह इस सौदामिनी को क्या अपनी एक स्मित से हतप्रभ नहीं कर सकता? कर सकता है- तुम इसको वशीभूत करो और इसी से शंकर पर कृत्या..."

"चुप रहो।" औघड़ गर्जा- "दिशायें सुन रही हैं, अभिनव!"

"सुनने दो!" अभिनव गुप्त ने कहा- "स्वयं बादरायण ने इस यती को सोलह वर्ष और प्रदान किये हैं। अब शेष कितने हैं- यही चार-पाँच!"

औघड़नाथ ने दाढ़ी उछाली- "यह बालकों की क्रीड़ा नहीं है, अभिनव! चुप रहो! क्रचक्र का हाल नहीं सुना? निस्संदेह इस यती में योग शक्ति है। कहते हैं, यह अपलक देखता रहता है......"

"हूं।" अभिनव गुप्त ने कहा- "अपने ही काल को देखता रहता है क्या?"

"प्रत्येक प्राणी मन ही मन अपने काल को देखता ही रहता है- यह प्राणी का स्वभाव है- मैं भी अपनी जाति, आयु तथा भोग को देखता ही रहता हूं। अवश्य मैं चिरञ्जीवी रहना चाहता हूं। सम्बन्धों के जालों से दूर, निश्चिन्त और निर्द्वन्द्व बना और बसा रहना चाहता हूं। अपनी कन्दरा के निविड़ एकान्त में मैं मन की आँखों से त्रैलोक्य को देखने का प्रयास करता हूं-शरीर यह। पञ्चभूतों का विज्ञान घन सम्मिश्रण-प्रपञ्च ही तो किन्तु इस शरीर को मैं जैसे मन की आँखों से ही देखता हूं-मैं जानता हूं शरीर को; किन्तु क्या यह शरीर मुझे जानता है? नहीं, अभिनव गुप्त! शिव ही शिवा के इस दिव्य-भव्य प्रपञ्च को जानते हैं और वह सुर-सुन्दरी? माया के अपने शत स्वरूप आवरणों की झाँई में उस आशुतोष चन्द्रचूड़ को देखती है- जानती है। यह यती शंकर क्या शिव-शिवा को देखता है? अवश्य, उसके नेत्रों में मुझको गहन अरुणाभा दिखती है-परम् अभिराम की अमोघ स्मृति से जैसे वह उत्फुल्ल नयन आभासित हो रहे हों। इस यती को मैं उसके जन्म से जानता हूं जैसे। क्रचक्र लकुलेश जैसे मुझको बताते थे, वह मानते थे, यह यती जन्म सिद्ध कोई रहस्यमय यती है और वेदान्त दर्शन के परिष्करण के लिये अवतरित हुआ है-यह यती शंकर वर्णाश्रम धर्म के पथ में खड़े सभी सम्प्रदाय भवनों को ढहाता चला, आज काश्मीर तक आ पहुंचा है। यह ज्ञान को ही मानता है। विज्ञान को नहीं। यह ज्ञान को ही आत्यंतिक-प्रमुख मानता है; भक्ति को नहीं। शाक्त मत का तो यह हठी विरोधी है। देखा नहीं, देखते-देखते चारों दिशाओं में चार भव्य मठ बना लिये। क्या कोई महाराजा ठाठ करेगा? छत्र-सिंहासन, चमर सब ठाठ हैं और एक तुम हो अभिनव! कुछ पर्ण कुटियों, खपरेलों का घेराव लिये हुए हो।"

अभिनव गुप्त- "हमारा आश्रम है; मठ नहीं है-राज भवन नहीं है; समझे! अब जाकर उस त्रिपटिका को वश में करो। उस त्रिभंगी को उठा लाओ, मैं उसको साधूंगा। त्रिपटिका जब सब साधन असफल हो जायें तब, उस समय हमारी शक्ति होगी।"

"परन्तु क्या हम असफल हो सकते हैं?" औघड़नाथ ने पूछा- "निस्संदेह यती शंकर का नाम लेते ही मन के गहन में मानो विद्युत कौंध उठती है। आगम

भय से क्षुब्ध चित्त भर उठता है-मन कहता है इस मायावी से दूर हट जा, दूर रह। इन शिष्यों द्वारा अभिमन्त्रण-साधन करवाना उनको शंकर के नेत्रों की कालाग्नि के सामने करना है-नहीं, अभिनव? तुम, मैं-हम करेंगे, अभिमन्त्रण शंकर पर! तुम तनिक सुप्त हो गये हो। जागो अपने महाभियान में। देवता तुम्हारे वश में हैं- देवियाँ तुम्हारी इच्छा पूर्ति करती हैं..."

"और तुम्हारे वश में?" अभिनव गुप्त ने सस्मित पूछा।

"प्रेतनियाँ, पिशाचनियाँ, यक्षिणियाँ, किन्नरियाँ गन्धर्वियाँ।" औघड़नाथ ने अपनी प्रलम्ब दाढ़ी फैलाते हुए कहा- "मेरी दृष्टि में शक्ति जागती और सो जाती है। श्मशान की चिताओं पर मैंने अपना मन ढ़ोल दिया है- चित्त महाकालिका घोरा के आरक्त दिव्य चरणों में चिपका सा दिया है यह, तो क्या करूं?"

"क्यों?" अभिनव गुप्त।

औघड़नाथ ने निसास रखा; कहा- "त्रिपटिका? मेरी?"

"तेरी त्रिपटिका?" अभिनव गुप्त ने चमक कर पूछा।

"क्यों त्रिभंगी तुम्हारी नहीं रही, नहीं है?" औघड़नाथ ने कहा- "त्रिभंगी की ओर कोई देख भी ले, तो तुम उसको जैसे ठार कर दोगे, नहीं?"

अभिनव गुप्त ने तनिक हुंकार पूर्वक कहा- "त्रिपटिका मेरी आदि शिष्या तथा आदि शक्ति है। त्रिभंगी भी। मानवी ही नहीं, दैवी शक्तियों के साथ मैं मानसिक साधना करता हूं रति प्रिया, मैथुन प्रिया, मनोरमा यक्षिणियों का मैं आह्वान करता तथा रस भारती राज राजेश्वरी के रागोत्फुल्ल विलोल नयनों का ध्यान करता हूं। अतः कृपया त्रिपटिका और त्रिभंगी का मनोरथ त्यागो, औघड़"

औघड़नाथ ने हँसते हुए कहा- "त्यागा। किन्तु तब तुम ही अपनी शक्तियों को पुनः वश में करो, मोहित करो। मैं नहीं। मैं चला।"

"क्यों? कहाँ?" अभिनव गुप्त।

"अपनी एकान्त कन्दरा में, और कहाँ?" औघड़नाथ ने कहा- "यती शंकर पर कृत्या चला न सको तो मुझे स्मरण कर लेना। कन्दरा में ध्यानस्थ ही मैं भगवती बग्ला को पुकारूंगा और कृत्या- रमणीय, पारदर्शी, लुभाविनी मोहिनी कृत्या ज्योतिर्मठ के गगन को कँपाती हुई यती शंकर को ठप्प कर देगी।"

अभिनव गुप्त ने सव्यंग कहा- "अच्छा, तो अब तुम मेरे गुरु हो गये?"

औघड़नाथ- "ध्यानियों से हठी सदैव बढ़ चढ़ कर रहे हैं-हैं। मेरी मानो तो तुम भगवती बग्ला को कष्ट मत दो। तुम तो ज्योतिर्लिंगवत् हो-अपनी अगाध ब्रह्म योनि के ध्यान में डूबे रहो। यती शंकर को उसके भाग्य पर छोड़ दो। शैव दर्शन काश्मीर का राज दर्शन है क्या? करने दो प्रचार उस यती को, क्या कर लेगा? शैव दर्शन की जड़ें देवाधिदेव की जटा है। शिव जटा जूट अर्थात् शैव दर्शन!"

अभिनव गुप्त उत्ताल हास्य हँसा; बोला- "तुम भी तब खिसके?"

औघड़नाथ- "यती निरीह सन्यासी पर प्रहार करते हुए मन संकोच क्या नहीं करता? फिर उसके शिष्यों ने कहीं प्रतिक्रमण किया तो-"

"तो क्या?" औघड़नाथ के कन्धे को झकझोरते हुए अभिनव गुप्त ने कहा- "तो क्या? तुम समाप्त।"

"तब इसीलिये तुम स्वयं अभिमन्त्रण नहीं करना चाहते?" औघड़नाथ ने पूछा।

"तुम मुझको क्या मूर्ख समझते हो?" अभिनव गुप्त ने कहा- "मैं यती शंकर को पराभूत करना चाहता हूं-स्वयं का पराभव नहीं चाहता। मैं महाकौल हूं-वीर नहीं रहा। मैं हठी भी नहीं हूं, मैं उस परात्पर सुन्दरी शिवा का दासानुदास हूं-उस राज राजेश्वरी रस भारती का चाहक हूं। शैव दर्शन को मैं भारतवर्ष का दर्शन बनाना चाहता हूं। श्रद्धेय उत्पलाचार्य्य कामरूप, काम्बोज, काश्मीर तक देवाधिदेव शिव के दर्शन को फैला सके। सोमानन्द महर्षि जैसे शैव दर्शन के अध्यापन में ही मगन रहे। कल्लट शारदा मन्दिर में ही ध्यानस्थ रहते थे और वसु गुप्त वैरागी होकर हिमालय की उपत्यकाओं में सोते रहते थे। समझे, मूढ़मति! यती शंकर जब तक भारतवर्ष के महा पथों पर वेदान्त की डिमडिम बजाता घूमता रहेगा, तब तक मैं शैव दर्शन को भारतवर्ष में फैला नहीं सकूंगा। शिव डमरू अन्तरिक्ष में बजता है, वेदान्त का ढोल पृथिवी पर, समझे महाशय मूढ़मति औघड़नाथ!"

"मूढ़ मति मैं?" औघड़नाथ ने सहसा तमक कर कहा- "तुम-अभिनव! स्वयं को क्या समझते हो? मैं, औघड़नाथ, नाथों और यतियों का गुरु मूढ़मति, मैं?"

अभिनव गुप्त ने मुस्कान पूर्वक सिर हिला-हिला कर कहा- "हाँ, तुम औघड़नाथ नाथों और यतियों के गुरु तुम! शंकराचार्य्य के सन्मुख होकर अभिमन्त्रण करना नहीं चाहते। स्त्री की तुम्हारी जन्म जन्मान्तरों की गूढ़

आसक्ति शेष है। तुम बातें तो त्रिभुवन और चौदह लोकों की करते हो; किन्तु तुम अपनी कन्दरा के बाहर निकलते ही किसी अज्ञात भय से डरते हो। तुम संकल्पी साधक हो क्या? हठी हो; क्रोधी; हठी हो। अवश्य, तुम चाहो तो अभिमन्त्रण, अनुष्ठान आदि कर सकते हो। दत्तात्रेय तन्त्र के तुम वेत्ता हो। अच्छा तुम शंकर से सीधे टकराना नहीं चाहो तो उसकी बुद्धि का स्तम्भन कर दो!"

औघड़नाथ ने अपनी विशाल दाढ़ी झुलाई- "उल्लू की विष्ठा को छाया में सुखाकर ताम्बूल में रख कर उस यती को खिलाना होगा-कौन करेगा यह?"

"त्रिपटिका! और कौन?" अभिनव गुप्त ने क्षितिज के एक ही विल्माये हुए बादल की ओर देखते हुए कहा- "यती शंकर को इस पृथिवी तल से नष्ट होना ही होगा। वेदान्तियों की पुकार पर शिव ने इसको पृथिवी पर वेदान्त के लिये भेजा भी है, तो हम उसको पुनः उसके शून्य लोक में पठा देंगे-करे रक्षा उसकी। यह उसका अजन्मा; निराकार, निरञ्जन निर्विकार ब्रह्म! देवाधिदेव शिव की शरण में आये बिना किसी भी जीव के भव-बन्धन नहीं कटते। हमें स्मरण है शंकर यती सती विशिष्ठा के गर्भ में पका और उसकी कुक्षि से जन्मा है। हमें ज्ञात है, यह शंकर यती, भ्रष्ट संन्यासी, मनुष्य योनि में जन्मा है और श्रीकृष्ण ने गीता में क्या नहीं किया, जो जन्मा है, उसकी मृत्यु भी ध्रुव है! ध्रुव" औघड़नाथ हँसता खड़ा रहा।

18

आचार्य्य श्रीमद् शंकर ने अपने शिष्यों, सेवकों तथा जिज्ञासु श्रद्धालुओं को जी भर कर देखा और शान्त स्वर में कहा- "हाँ, यही, यही तो! इस भूतल पर जम्बू द्वीप सर्वोत्तम है, श्रेष्ठ! उसमें भी भारतवर्ष उत्तमोत्तम है- सर्वश्रेष्ठ! और भारतवर्ष में काश्मीर मण्डल सर्वाधिक रमणीय एवं मनोरम्य है। समस्त भारत की महानदियाँ अमृत-शक्तियाँ हैं; संजीवनी की अक्षय धाराएँ हैं; सभी भारतीय पर्वतों पर देव बिराजते हैं; किन्तु वाणी की देवता तो काश्मीर में शारदा देवी ही हैं। भारत भर के विद्वानों के कथन, मनीषियों के बोध वाक्य, शास्त्रवेत्ताओं के प्रमाण एवं आचार्य्यों की व्यवस्थायें-सब श्रुतियों के समाधिगत उद्गार, वेद और वेदांग, सब वाँगमय मात्र वाणी की अधिष्ठात्री शारदा देवी में ही समर्पित होते हैं- वही महा सरस्वती शारदा देखती हैं; सुनती हैं; कहती हैं तथा अज्ञान के मेघाम्बर छिन्न-भिन्न कर ज्ञान स्वरूप प्रगट होती है। शारदा चिन्मया ज्ञान मूर्ति है-ज्ञान गंगा है; काव्य लक्ष्मी तथा रस भारती राज राजेश्वरी है। मैं अब शारदा मन्दिर की छाया में-मैं जैसे विरम कर बैठना चाहता हूं-बहुत घूमा, समूचा भारतवर्ष घूम गया-भारत भूमि की प्रदक्षिणा ही में जैसे यह भव बीत गया है। सरिताओं, सरोवरों, पर्वतों और कान्तरों- प्रान्तरों की यह भव्य-दिव्य भारत भूमि गौलोक है; विष्णु लोक है-शिव लोक है। प्राणियों के जन्म-मरण तथा भव-संसार का धर्म धाम है।"

आचार्य्य श्री शंकर सहसा चुप हो गये। उन्होंने अपने विशाल नयनों से गगन को देखा और व्योमों में निहारा। शान्त विकलता मानो दिकों से छूट कर व्यापने लगी। सब जैसे अपने हृदयों के स्पन्दन सुनने लगे। सब को लगा, जैसे उनके अन्तःकरण के आकाश में पूर्णिमा की वासन्ती रात छाने लगी है- शरद

पूर्णिमा! सभी के नयन अर्धोन्मीलित से होने लगे। शंकराचार्य्य का मन्द मन्द्र मधुर कोकिल कण्ठ जैसे शरद पूर्णिमा की तन्द्रिल स्वप्न शील ज्योत्स्ना में वीचियाँ उत्पन्न करता हुआ सुनाई दिया- "मानव के चारों पदार्थों की सफल और धन्य प्राप्ति के पुरुषार्थ की यह धर्म-भूमि भारतभूमि ईश्वर की मनोहर धरती है; आकाश है। यह भारत यावत् जीवन का पृथिवी तल है; अन्तरिक्ष है; द्युलोक है! है। इस अद्वितीय विशाल रम्य सजल सुफल भूमि को देवता निहारते रहते हैं। भारत भूमि के सघन अरण्य ब्राह्म मुहूर्त की अरुणाभा से भर कर दिव्य यौवनोल्लास से भर जाते हैं और भारतवर्ष की नदियाँ संजीवनी के अपनी महद आकांक्षा में मानो जाग उठती हैं। गंगा ओमकार और वेद मन्त्रों को सुनती हुई जागती है, यमुना श्री कृष्ण नन्द-नन्दन का मीठा मुरली रव सुनती हुई जाग उठती है। नर्मदा साधकों के कुम्भकों में लीन होने के लिये मचल उठती है। हाँ, यह भारत भूमि प्रातःकाल के सुनहले रूपहले प्रभातों में भारत माता का स्वरूप धारण करती है तथा सतार रजनियों में कालिका का रूप धर कर जगत् के महाशून्य में प्रगट होती है। भारत भूमि! मेरी-तुम्हारी मातृभूमि, कर्म भूमि-धर्म भूमि! हाँ, यह ऋषि मुनियों की भूमि है- यह श्रुतियों की भूमा है। भारत भूमि राम-राज्य की धर्म धुरीण ऐश्वर्य्य भूमि! भारतवर्ष का राज सिंहासन सूर्य्य का आसन है; चन्द्र की पीठ है और यह आत्मवान न्याय का दिव्य दण्ड है। हाँ, यही, यही तो! भारत के अरण्यों की गहन शान्ति में सर्वप्रथम ईश्वर ने मानवों को पुकारा है। प्रभु की करुणा भारत के प्राणियों के अन्तःकरण में बहती ही रहती है। पृथिवी तल पर परमात्मा के षड् ऐश्वर्य ही व्यक्त हैं, हो रहे हैं, किन्तु भारतवर्ष की भूमि पर वह राम रूप अवतरित हुआ है; श्री कृष्ण स्वरूप जगमगाया है। अन्यत्र तुमको विज्ञान, कला तथा अपरा विद्याओं का चरमोत्कर्ष मिल जायगा। कमनीय यौवन, रमणीय विलास तथा शक्ति के कँपाने वाले मदीले उभार मिलेंगे। मानव बुद्धि का चमत्कार, आविष्कार तथा पारदर्शी वीक्षण-अनुवीक्षण, अवलोकन मिलेगा। अन्यत्र तुमको मानव की महत्वाकाँक्षा का उद्दाम पुरुषार्थ मिलेगा, अन्यत्र तुमको देव मिलेगा; दानव मिलेगा-सुर और असुर मिलेंगे। किन्तु धरती का तपस्वी और आकाश का ऋषि मानव तो तुमको भारत भूमि में ही मिलेगा। भारतीय नागरिक एक ओर सन्त है, मुनि है; ऋषि है तो दूसरी ओर चक्रवर्ती सम्राट्, सेनापति और राज्य कर्ता है। किन्तु भारतीय मानव ने ही जगत् की चकाचौंध में अज्ञान का अँधेरा देखा है। पदार्थों के परमाणु जलधियों के सर्वप्रथम देखने वाले भारतीय नयन

हैं। सर्व प्रथम भारतीय मानव ने काल की रहस्यमय चला चली देख कर ही कालातीत च्युत की धारणा की है। भारतीय ऋषि ने पृथिवी तल की भव योनियों को देखा ही नहीं, उनका प्रत्यक्ष कर भव-संसार का क्षणसार और अनन्त असार स्वरूप निश्चित किया है। सृष्टि के आविर्भाव की ब्रह्मा की दिव्योत्तम कामना का पता भारतीय ऋषि ने ही पाया है-जगत् के अमोघ दिव्य विज्ञान की दिशाओं तथा दिकों का अभिनिश्चय भारतीय बुद्धिमान ने ही किया है। जगत् और उसकी अनिवर्चनीय माया को भारतवासी महामानव ने ही देखा तथा उससे पार पाने की परा विद्या प्राप्त की है। भारत भूमि में ही प्रथम मानव ने परमात्मा से दिव्य अमोघ वेद मन्त्र पाये हैं।"

पद्मपाद हहर उठे; चिहुंके- "प्रभो!"

आचार्य श्री शंकर ने अपने सरोज नयन तनिक खोले; कहा- "भारत-वेद-वेदान्त, वत्स! मैं एक बार और भारत भूमि की प्रदक्षिणा करूंगा और फिर काश्मीर-मण्डल में जाऊँगा। शारदा मन्दिर का दक्षिण द्वार अब तक नहीं खुला! जब पूर्व द्वार खुला; पश्चिम द्वार खुला-उत्तर द्वार खुल गया; तब दक्षिण क्यों नहीं? क्या दक्षिण से कोई भी शारदा मन्दिर नहीं पहुंचा? दक्षिण के किसी समर्थ गुरु के हाथों के स्पर्श मात्र से दक्षिण द्वार की अर्गला झनझना कर टूट क्यों नहीं गई?"

सुरेश्वराचार्य्य बोले- "जगद्गुरु ही दक्षिण द्वार खोल सकता है- ऐसी प्राचीन किम्वदन्ती है। शारदा मन्दिर के पूर्व, पश्चिम तथा उत्तर द्वार अर्थ, धर्म तथा काम के विभूतिवानों के द्वार हैं तब दक्षिण द्वार मोक्ष द्वार है।"

"दक्षिण द्वार तब मोक्ष द्वार है।" आचार्य शंकर ने सस्मित कहा- "तब यह संन्यासी का द्वार है, वत्स! हम अवश्य ही इस आदरणीय द्वार को खोलेंगे। निस्संदेह-निश्चय ही। कुछ रहस्य अवश्य है इस दक्षिण द्वार में। अनादि काल से दक्षिण भारत के आचार्य्यों ने परम सत्य की खोज में अपनी विद्या, ऐश्वर्य तथा सुखों की बलि दी है। भारत-वर्ष के कन्ज नयनों ने दक्षिण में ही सत्य का प्रथम भास पाया है- उत्तर ने स्वर्ग देखा है; लोक लोकान्तर देखे हैं अन्तरिक्ष तथा द्युलोक देखा है। उत्तर ने महाराज्य सम्राज्य भी सजाये हैं तथा प्राणियों के कल्याण शोभन युग भी देखे हैं किन्तु दक्षिण के चक्षुओं से भारतवर्ष ने तत्त्व देखा है; विज्ञान प्राप्त किया है- ज्ञान की निरञ्जन ज्योति को पेखा है। निस्संदेह दक्षिण ने मानव को महामानव बना कर मोक्ष का मार्ग बताया है...."

हस्तामलक ने कहा- "किन्तु......"

"किन्तु, हाँ!" आचार्य्य श्री शंकर ने विहँसते हुए कहा- "भागीरथी गंगा उत्तर से दक्षिण की ओर बही है; किन्तु ज्ञान गंगा शताब्दियों से कन्या कुमारी से हिमालय की ओर बही है और देवाधिदेव के त्रिशूल को डुबो कर पुनः शिवा के अभिराम नयनों में समा गई है। हाँ, यही तो-तोटक नहीं आया? आता ही होगा, वत्स सुरेश्वर! तोटक जाग गया है, ज्योतिर्मठ के क्षेत्र में उसकी वाणी के घोष प्रतिघोष गूंजने लगे हैं। हस्तामलक तो सिद्ध मुनि हैं- उनका मौन ध्यान ही दक्षिण के गगनों को वेदान्त के ज्ञान से भर देता है- लोगों के मन की आंखें जैसे खुलने लग जाती हैं और तुम सुरेश्वर? द्वारिका के विद्या समुद्र हो।"

पद्मपाद ने पूछा- "यह शरीरी, प्रभो?"

"जगन्नाथ के हाथ हो और क्या?" आचार्य शंकर ने सस्मित कहा।

"मैं? जगन्नाथ का हाथ? यह क्षुद्र शरीरी, प्रभो!" पद्मपाद ने मन्द चीत्कार पूर्वक कहा- "नहीं, नहीं! मैं तो आप श्रीमद् की इच्छानुसार जगन्नाथ का शरणागत जीव मात्र हूं।"

आचार्य्य श्री शंकर बोले- "जीव-ब्रह्म अभिन्न है अतः जीवात्म भाव क्षुद्र नहीं है, वत्स! फिर भगवान् भक्त के अधीन हो जाते हैं। भक्त की इच्छानुसार ही भगवान् वरदान देते हैं। जब तक जगत् और उसके भव-संसार का भागवत है, तभी तक भक्त और भगवान् के दर्शन हैं-अन्यथा ब्रह्म का कोई विग्रह नहीं है, वत्स! जीव ही अपनी अनन्य श्रद्धा द्वारा भक्ति के लवलीन आनन्दोन्मेष से ही ब्रह्म का मन चाहा विग्रह उद्भवित कर देता है। यह इदम् उस निरञ्जन निराकार का स्वलीन स्वमगन समाधिस्थ ध्यान है; उसका चैतन्य ज्ञान रूप तो है ही; किन्तु वही ब्रह्म चैतन्य भक्त के निर्मल चित्त में स्वरूप धारण कर प्रतिबिम्बित होता है। भक्त ही भगवान् के रूप का ध्याता है, भक्त ही परम् ब्रह्म का विरही जीव है। ज्ञान भव में प्रेम रूप प्रगट भी होता है-जगन्नाथ! निस्संदेह जगत्-दर्पण में- भगवान् के विग्रह में प्रतिभासित हो रहे हैं- मैं सर्वत्र उसी ब्रह्म चैतन्य को रूप-रूप में देखता हूं- सौन्दर्य्य के अगाध सिन्धु स्वरूप लहरते-विहरते देखता हूं, सगुण? जीव की भगवान् की स्वेच्छित धारणा है; कवि जीव की कल्पना है; भक्त की भक्ति, प्रभु का विरह है, पद्मपाद!"

पद्मपाद ने कहा- "सभी धारणायें मानो अन्तःकरण में लीन होकर जगन्नाथ के भुवन मोही विग्रह के रूप में आविर्भूत हो रही हों। हाँ, ऐसा ही, प्रभो!

आचार्य शंकर मुस्कराये- "जब कर्म कट जाते हैं, काल स्वयं परम् ब्रह्म के सच्चिदानन्द में मानो भक्त स्वरूप जन्म धारण करता है। भक्त का शरीर काल है, भक्ति कालातीत परम् ज्ञान स्वरूप पूर्ण काम ब्रह्म का अनन्य विरह, है, वत्स!"

पद्मपाद ने श्री गुरु चरण थामे; चिहुंकते हुए कहा- "विरह प्रभो!"

आचार्य्य शंकर मुलके- "प्राणी मात्र के हृदय में वह परम् ब्रह्म प्रेम के विरह की शीतल अग्नि बन कर रमा हुआ है। प्राणियों के चक्षु में वह ज्ञान का स्व-प्रकाश है; किन्तु ब्रह्म का यह प्रकाश योगी ही देख सकते हैं। ध्यानावस्थित मन-गत होकर योगी समाधि की मुह्यमान शान्ति में उसी परम सत्य का भासमान प्रकाश देखते हैं। योगियों के लिये वह ओम राम है; ओम शिव है; किन्तु प्राणियों के लिये, विशेष कर, मानव-जीवों के लिये वह भगवान् है-राम है; कृष्ण है-नृसिंह है-मानव भक्त के लिये ही परमात्मा के अवतार हैं-होते हैं।"

सुरेश्वराचार्य्य ने साहस किया- "तब भक्ति ही मानवों के लिये एक मात्र साधन है-यही न? किन्तु प्रभो! यह भक्ति भावना ही द्वैतमयी द्वैतपरक नहीं है-है!"

आचार्य श्री शंकर ने सस्मित कहा- "ज्ञान होने पर यह द्वैत, अद्वैत आदि कुछ भी तो नहीं रहता। एकाकार, घनरस चिद्घन हो जाता है। इस संसार से ही जीव को प्रभु के धाम की ओर जाना होता है। ज्ञान मोक्षदायी है; भक्ति मुक्तिदायी है-भक्त का भव बन्धन कट कर सम्पूर्ण ब्रह्म सम्बन्ध हो जाता है। जीव और ब्रह्म का परस्पर घन रस अनुभव ही भक्ति भावना है। साधनों तथा मार्गों के सोच-विचार को त्याग दो, सुरेश्वर! जब तक जीजिविषा है, भव कामना है, संसार है और भव सहित प्रभु का अनुभव करना जीव चाहता है, तो भक्ति ही एकमात्र अमोघ मार्ग है। भक्त मोक्ष नहीं चाहता, मुक्ति भी नहीं चाहता। भक्त अनादि शान्त आनन्द सम्मोहित जीवात्मा है, जो प्रभु के समक्ष परमात्मा के सानिध्य तथा परम् के सायुज्य में बना रहना चाहता है; किन्तु एक अनन्य पल आती है, जब जगत् और भव-संसार का भागवत अन्तर्ध्यान हो जाता है तथा भक्त और भगवान् का सगुणत्व नष्ट होकर सच्चिदानन्द का आनन्द चैतन्य ही हो जाता है-सच्चिदानन्द!"

हस्तामलक ने शान्त स्वर में कहा- "ब्रह्म चैतन्य मीड़े!"

"ब्रह्मचैतन्य! चैतन्य!" शंकराचार्य्य ने अपूर्व उत्साह पूर्वक जैसे सहसा कहा- "मनुष्य को जगत् के सम्मोह तथा जीवन के विषयानन्द के राग से उबारना ही होगा। भव बन्धन में बँधना सरल है; किन्तु भव-बन्धन को निभाना अत्यंत ही दुरूह है। भव-सागर तो तरना ही होगा, डूबना होगा क्या? नहीं! जीव कोटि-कोटि कल्पों के भव-संसार भोग कर भी असन्तुष्ट, अतृप्त, अपूर्ण तथा त्रिताप से दग्ध रहेगा ही और जीव के सूने अन्तराल में पुनः अपना आत्मस्वरूप प्राप्त करने की दिव्य दृष्टि दीप्त होती ही रहेगी। जीव का आत्मा विरागी है; आत्मा रागी नहीं है; मुक्त है; मुमुक्षु है। तत्त्वों में चैतन्य क्या समा सकता है? पंचभूतों में भव-योनियों के देह अजर बने रह सकते हैं? नहीं! सत्य नित्य है- अद्वैत है। भवभीति अविराम वह्नि है, जो जीव के नयनों में जलती ही रहती है। आत्मा कभी भी मृत्यु को स्वीकार नहीं करती, नहीं करेगी। चैतन्य, कभी जड़ से अभिभूत नहीं होगा, चैतन्य, वत्स! वेदान्त आत्म चैतन्य की दृष्टि है; मति है धृति और कृति है। हाँ, है-यही तो।"

शूलपाणि ने तभी आकर कहा- "कोई औघड़नाथ आये हैं।"

पद्मपाद ने शंकित होते हुए पूछा- "क्या चाहते हैं?"

शूलपाणि ने कहा- "जगद्गुरु से मिलना चाहते हैं।"

शंकराचार्य्य ने सहज ही कहा- "औघड़नाथ? अच्छा! उनको आदर सहित लिवा लाओ। किसी भी स्तर का, श्रेणी और कक्ष का साधक हो, मैं अवश्य मिलूंगा।"

पद्मपाद ने तीव्र स्वर में कहा- "किन्तु प्रभो!"

शंकराचार्य्य बोले- "हमें सब ज्ञात है, वत्स! किन्तु मैंने तो शरीर धारण करते समय ही स्वयं को प्रभु की शरण में रख दिया है- मैं हूं ही कहाँ? वही है- गुरु ही है-परमात्मा जो चाहे वही होता है- होगा। जीव को अनासक्त जीवन ही मिला है; पुण्य और मंगल कर्म का दायित्व ही प्राप्त हुआ है। फिर प्रभु की मंगलमयी सृष्टि में अमंगल है ही कहाँ? प्रारब्ध है और देहावसान है-अमंगल नहीं। जीव प्रभु के योगक्षेम में स्थित है। शूलपाणि! औघड़नाथ को सादर लिवा लाओ।"

शूलपाणि ने आचार्य्य पद्मपाद की ओर तनिक देखा और प्रणाम पूर्वक कहा- "जैसी श्रीमद् की आज्ञा।"

पद्मपाद ने शूलपाणि को जाते हुए देखा; कहा- "प्रभो! मुझे यह लग रहा है, आप श्रीमद् के आस-पास भय का वातावरण उत्पन्न किया जा रहा है- कुछ लोग आप श्री के देह की हानि भी कर सकते हैं। अभिमन्त्रण और अभिचार का भय है, प्रभो!"

आचार्य्य श्री शंकर ने औघड़नाथ की प्रलम्ब दाढ़ी को दूर से झीमते हुए देखा और कहा-"भव्य मूर्ति है। भय? प्रतारणा, अभिमन्त्रण, अभिचार? क्या कहा? मुझ पर क्यों? नहीं, वत्स! हम प्राणी मात्र के सेवक हैं; हम अजातशत्रु दीन संन्यासी हैं। हमें भय क्यों हो? प्रारब्ध? तो मेरा कौन सा प्रारब्ध शेष रह गया है। हमें शिव का अभय वृहद हस्त सदैव भय से बचाये रखता है-"

"नृसिंह! प्रभो!" पद्मपाद ने तीव्र स्वर में कहा।

"नृसिंह कहो-शिव कहो, राम कहो, कृष्ण कहो।" आचार्य श्री शंकर बोले- "यह सब उसी परम् ब्रह्म, परम् सत्य सच्चिदानन्द के भास्वान स्वरूप हैं- भक्त के नयनों के काम्य विग्रह हैं।"

औघड़नाथ की भव्य मूर्ति कक्ष के द्वार में झुकी और गहगहाती हुई बोली- "जय जगद्‌गुरु की! जय!"

"जय सच्चिदानन्द।" आचार्य्य श्री शंकर ने शान्त स्वर में कहा- "आइये, औघड़नाथजी! शिष्यों को छोड़ कर आज इस निरीह संन्यासी की याद कैसे आ गई? बिराजिये! पद्मपाद? योगी को उसका आसन दो।"

पद्मपाद ने आसन चिन्हते हुए कहा- "बैठिये!"

औघड़नाथ ने अपनी धूसरित लम्बी पलकें टिमटिमाईं; कहा- "आहा! आचार्य्य पद्मपाद! वाह! अरे, जगद्‌गुरु! आपके तो सभी पट्टशिष्य उपस्थित हैं। सुरेश्वराचार्य्य, हस्तामलक, सब। केवल तोटकाचार्य्य श्री नहीं दिखते! जगद्‌गुरु! आप मेरी माने तो मुझको भी अपना शिष्य बना लीजिये- पाँचवाँ शिष्य और श्रीमद् शंकर पंचायतन की स्थापना कर दीजिये। हाँ, और क्या? सभी अरण्य छान चुका; सभी कन्दराओं के कष्ट उठा चुका; सभी मन्त्र जाप कर चुका, किन्तु जगद्‌गुरो! पल्ले कुछ भी नहीं पड़ा। एक भी यक्षिणी नहीं सधी!"

शंकराचार्य्य ने विहँसते हुए कहा- "यक्षिणी के लिये तब हठ योगी बने थे आप?"

"योगी तो ऋद्धि, सिद्धि और नवनिधि के लिये ही योग साधता है।" औघड़नाथ ने जम कर बैठते हुए कहा- "जीव तो जगत प्राप्त करता है; भव-संसार के ऐश्वर्य भोगता है। मुक्त किसे होना है, जगद्‌गुरो?"

"प्राणी मात्र को।" शंकराचार्य्य ने कहा।

"प्राणी मात्र को-मुक्त होना है?" औघड़नाथ ने भरी भुरभुरी भवें उझकाईं; कहा- "मुक्त ही होना था, तब यह भव-संसार ही क्यों उद्भवित हुआ? प्राणी जन्मे ही क्यों? जीव-जन्मे ही क्यों? हम हठी तो अष्टांग योग की शिक्षा जगत् पर वश और भव-संसार, सृष्टि पर वर्चस्व प्राप्त करने के लिये ही करते हैं। देखिये न, जगद्‌गुरो! इस कल्प के आदि से मैं हूं, हूं और अपनी कन्दरा में समाधिस्थ मैं लोक लोकान्तरों को देखता हूं- पेखता हूं, निहारता हूं। हाँ, सिद्धियाँ मेरा अभिषेक क्यों न करें? अवश्य में ऋद्धियों के चक्कर में नहीं पड़ता। मैं तो दत्तात्रेय का शिष्य हूं।"

सुरेश्वराचार्य ने सहसा कहा- "जाग्रतावस्था में कम से कम बने रहते हैं क्या, श्रीमन्! स्वप्न ही अधिक भाता है क्या?"

औघड़नाथ ने सुरेश्वराचार्य को घूरा; कहा- "हम जाग्रति में स्वप्न देखते हैं; स्वप्न में सो जाते हैं तथा सुषुप्ति में पुनः जाग उठते हैं। मण्डन मिश्र जी! आप योगियों के रहस्य भला क्या जानें?"

"सुरेश्वर कहिये, भवान्!"

"आचार्य्य सुरेश्वर कहूंगा-वत्स!" औघड़नाथ ने अपनी प्रलब्ध दाढ़ी को रिमझिमाया- "क्यों मण्डन मिश्र, पूर्वाश्रम का अपना नाम सुनना भी श्लाध्य नहीं रहा, आचार्य्य श्री!"

सुरेश्वराचार्य ने कहा- "यह शरीरी अब सन्यासी है, वेराग्य चाहता है-ज्ञान चाहता है-"

औघड़नाथ ने सहसा उत्ताल हास्य हँसते हुए कहा- "क्लीव ही इस रमणीय जगत् में वैराग्य चाहता है। बुद्धिहीन और उद्‌भ्रान्त ही तथाकथित ब्रह्मज्ञान चाहता है।"

आचार्य श्री शंकर- "आपको ज्ञान हुआ नहीं दिखता, औघड़नाथ! अज्ञान की विदग्ध वार्ता ज्ञान चर्चा नहीं है।"

"मैं ज्ञान अज्ञान की ऊहापोह नहीं चाहता। मैं हूं; ज्ञानी हूं-जी रहा हूं। मैं शक्ति चाहता हूं-मृत्यु को पराभूत कर अजर-अमर जीवन ही चाहता हूं। इसको आप अज्ञान कहें, तो कहें।"

"यह जो कुछ आप चाहते हैं- अजर-अमर जीवन क्या यह ज्ञान की चिद् घन कामना नहीं है?" आचार्य्य श्री शंकर ने कहा- "जो है ही नहीं, वह मिलेगा कैसे?"

औघड़नाथ ने अपने मोटे जाड़े हाथ जोड़ते हुए कहा "वाह! क्या संक्षेप में कहा है, जो है ही नहीं, वह मिलेगा कैसे? किन्तु अन्य आचार्य और शास्त्रवेत्ता तो यह कहते हैं, 'है ही है।"

आचार्य श्री शंकर ने विहँस कर कहा- "जो है वह तू है-आत्मा, चैतन्य!"

औघड़नाथ ने मुंह बिचकाया; हँसते हुए कहा- "आत्मा परमात्मा के झगड़े में मैं नहीं पड़ता। अवश्य, आप श्रीमद् कहते हैं, तो आत्मा को मान लेता हूं। आप श्रीमद् की नहीं मानूंगा तो क्या अभिनव गुप्त की मानूंगा? अभिनव गुप्त हमारा शीर्ष है-अवश्य है, परन्तु क्या उनकी प्रत्येक बात स्वीकार करना ही होगा। नहीं, श्रीमद्!"

पद्मपाद ने तनिक तीव्र स्वर में कहा- "वह आपके गुरु जो हैं।"

औघड़नाथ सहसा तमका; बमका- "कौन गुरु मेरा? वह अभिनव गुप्त? नहीं- हम ही अपने गुरु हैं, अभिनव गुप्त तो मेरे तन्त्र सखा हैं; साथी। हम दोनो ने कामाख्या के मन्दिर में अजापा जाप किया है। हमारी साधना से ही कामरूप की प्रत्येक स्त्री भैरवी हो गई है।"

पद्मपाद- "तब आपने गुरु दीक्षा नहीं ली?"

"गुरु दीक्षा नहीं ली। यही तो।" औघड़नाथ ने कहा- "अब इस आयु में गुरु दीक्षा की आवश्यकता दिखाई पड़ती है। साधना जब आरम्भ की तब हिमालय के दृश्यादृश्य तपोवन में जाता था। अनादि काल से समाधिस्थ महायोगियों की सेवा करता था। उनकी सेवा क्या? वह तो विजड़ित मूर्ति से थे। काल ही जैसे योगियों का वेश धारण कर समाधि में लीन हो गया हो, फिर अभिनव गुप्त का साथ हो गया-हम दोनों परस्पर के गुरु और गुरु भाई बन गये। किन्तु अब मैं ऊब गया हूं और चाहता हूं- ईश्वरकोटि का जीवात्मा होकर त्रिकाल की वंशी बजाता रहूं। किन्नरियों के नृत्य देखता रहूं; और गान्धर्वियों के गान सुनता रहूं। अप्सरियों के मनोहर रूप से अपने नयन भरता रहूं-हाँ और क्या? इन्द्रासन मिल सके तो ले लूं।"

आचार्य श्री शंकर सहसा उत्ताल हास्य हँसे; बोले- "धन्य हो, औघड़नाथ! आप ही एक मिले, जो मृत्यु लोक के मानवी होने पर भी स्वर्ग जीत कर इन्द्र बनना चाहते हो।"

"मानव, जगुद्गुरु! मानव महान है।" औघड़नाथ ने सिर हिला कर कहा।

"मरणाधीन कभी महान् हो नहीं सकता; कालाधीन नित्य हो नहीं सकता और मायामय मिथ्या कभी सत्य हो नहीं सकता। और जीव कभी अमर हो नहीं सकता।" सुरेश्वराचार्य ने कहा।

औघड़नाथ ने चमक कर सुरेश्वराचार्य्य को घूरा; कहा- "वाह! पूर्व नाम्नी मण्डन मिश्र! शास्त्रों का निचोड़ कह गये। वाह धन्य हो! आप जगद्गुरु! एक धुरन्धर रसिक शिरोमणि शास्त्र निगड़ मनीषी को जीते जी संन्यासी बना दिया। किन्तु क्या पूछ सकता हूं; ब्रह्म मिला या नहीं?"

सुरेश्वराचार्य ने शान्त स्वर में कहा- "अहम् ब्रह्मास्मि! मिलता और बिछुड़ता तो जगत् है; उसका भव-संसार है। स्मृति क्षीण होती है; शास्त्र बुझ जाता है; और अन्त में माया मिटती ही है। मैं जगत् नहीं हूं; मैं मिथ्या नहीं हूं- अज्ञान नहीं हूं; मैं नित्य सत्य हूं; सत्य का ज्ञान हूं, ज्ञानी हूं। मैं सच्चिदानन्द आत्मा हूं, यही मुझे अनुभव करना है।"

"कर लिया?"- औघड़नाथ ने पूछा।

"आप श्री के दर्शन करते ही कर लिया।"-सुरेश्वर।

''सच्चिदानन्द का साक्षात्कार मुझको देखते ही आप श्री ने कर लिया। मेरे दर्शन करते ही कर लिया? वाह।" औघड़नाथ ने ठहाका मारते हुए कहा- "वाह! जगद्गुरु क्या पट्टशिष्य एकत्र किये हैं। धुरन्धर शास्त्रवागीश परम् पारङ्गत मण्डन मिश्र सद्य सुरेश्वराचार्य्य! पद्मों पर पाद रखते हुए मन्दाकिनी पार करने वाले नृसिंह मन्त्र सिद्ध आचार्य्य श्री पद्मपाद, उग्र भैरव का हत्यारा!"

"औघड़नाथ!" सहसा शूलपाणि चिल्लाया।

औघड़नाथ ने शूलपाणि को घूरा- "आप श्री? कौन?"

पद्मपाद ने शान्त शीत स्वर में कहा- "पुरी मठ का भावि श्रीमद् आचार्य्य शूलपाणि!"

"हमारे आचार्य को उग्र भैरव का हत्यारा कहते हो?" शूलपाणि ने क्रोध से काँपते हुए कहा- "हत्यारा स्वयं उग्र भैरव था-श्रीमद् शंकराचार्य्य की हत्या की

प्रतारणा का सूत्रपाती वही उग्र भैरव था। संन्यासी, ब्राह्मण, गौ तथा सज्जन एवं सन्त को दुःख देने वाले, पीड़ित, शोषित करने वाले और उनकी हत्या के प्रयासी जन्मजात राक्षस ही होते हैं- वध्य हैं।"

"युवा! तू राजा है क्या?" औघड़नाथ ने कहा, पूछा- "दण्ड केवल राजसिंहासन ही दे सकता है। पूरी के भावि आचार्य्य! आचार्य्य! वाह जगद्गुरु! आपकी क्या माया है। चौलदेश से घर बाहर और अपनी वाग्दत्ता कन्या को त्याग कर भाग आने वाले को आपने चमत्कारों की मूर्ति बना दिया। पद्मों पर चल कर सरिता पार कर गया, उग्र भैरव को समाप्त किया-अमरूक जनपद की गुहा में अग्नि प्रज्वलित कर दी और आपके देह को राज्याग्नि से बचा लिया-वाह! कौतुकों की यह वार्ता निस्संदेह मेरे जैसे साधक को भी आप श्री के चरणों की ओर खींच लाई है।"

"आप श्री चाहते क्या हैं?"- आचार्य श्री शंकर ने शान्त स्वर में पूछा।

"आप श्री का सांनिध्य चाहता हूं।" औघड़नाथ ने कहा- "सुहृदय अभिनव गुप्त के साथ कामरूप देश में रहा और उसको एड़ी से चोटी तक जान गया। यों सूक्ष्म देह से मैं सब के साथ रहा हूं। मत्स्येन्द्रनाथ से तो चाहूं तब सूक्ष्म देह से मिल सकता हूं-"

"तब आपने इस देही पर बड़ी कृपा की, जो स्थूल शरीर द्वारा ही मिलने की दया की।" आचार्य श्री शंकर ने शान्त दृढ़ स्वर में कहा- "किन्तु अभिनव गुप्त को मेरी ओर से कह देनाः भगवान् दत्तात्रेय के सभी मन्त्र मेरे कुम्भक के अन्तर्गत हो गये हैं। पशुपतिनाथ देवाधिदेव भगवान् शिव के द्वारा उद्भवित सभी तन्त्र मैंने अपनी श्वास की गति बना लिये हैं। मेरा यह शरीर ही हठ योग पद्धति बन गया है! अतः अपने मन को म्लान न करें; चित्त मलिन नहीं करें और भगवान् शिव के सच्चे और पात्र साधक, शैव दर्शन के पारदर्शी चिन्तक और त्र्यम्बक के निगड़ पुजारी की भाँति मेरे साथ वार्ता करें-शैव दर्शन और वेदान्त दर्शन में मूलतः कोई भी मतभेद नहीं है- वेदान्त का व्यावहारिक दर्शन, आचार दर्शन शैव दर्शन है; जीवन का त्रिक् है और जीवात्मा का त्र्यम्बक है। विद्याहम् तत्त्व को विकृत, दर्शन को अन्धा और विद्या को असफल करता है।"

"मैं क्या अभिनव गुप्त का टहलवा हूं, जगद्गुरु!" औघड़नाथ बमका- "मैं तो आपश्री सम्बन्धी आश्चर्यकारक वार्ताओं से अपृहत चित्त होकर सांनिध्य

के लिये आया हूं। आपके मठों के द्वार सभी के लिये खुले हैं- अवश्य ही आप उदारचेता हैं; वसुधा के कुटुम्बी हैं।"

"अभिनव गुप्त को यह भी कह देना कि मुझे सब ज्ञात है।" शंकराचार्य ने शान्ति पूर्वक औघड़नाथ को घूरते हुए कहा।

"क्या?" -औघड़नाथ बमका।

"यही कि वेदान्त मठों के द्वार मृत्यु के दूतों के लिये सदैव खुले हुए हैं।" शंकराचार्य्य ने वज्र स्वर में कहा- "यह शरीर तो कब का बलि चढ़ चुका है। क्रचक्र यह देह चाहता था; उग्र भैरव भी यह शरीर, निरीह संन्यासी का देह चाहता था-रानी कलावती अपने भोग स्वार्थ के लिये इस देह को भस्म कर देना चाहती थी और अब? तुम लोग इस देह को चाहते हो- नहीं?" शंकराचार्य्य ने जैसे सहसा पूछा।

"नहीं मैं नहीं।" औघड़नाथ ने शंकराचार्य्य को घूरते हुए कहा- "मैं तो आपके शरीर के रोम-रोम में, रग-रग में-आपकी जाग्रति, स्वप्न और सुषुप्ति में, आपके ब्रह्म को देखना चाहता हूं-यौगिक शल्य चिकित्सा कर आपके आध्यात्मिक आरोग्य के लिये उपक्रम करना चाहता हूं।"

"अच्छा? यह यौगिक शल्य चिकित्सा क्या है?"-सुरेश्वराचार्य्य ने पूछा।

"आप नहीं समझेंगे यह, महाशय!" औघड़नाथ बोला- "यह मेरी सिद्धि है, गुह्यातिगुह्य! देवानामपि दुर्लभम्!"

आचार्य्य पद्मपाद ने निश्चयात्मक स्वर में कहा- "हमारे प्राणस्वरूप शंकराचार्य्य का आरोग्य नीरोग है; वह जाग्रति में पूर्ण जाग्रत, स्वप्न में शान्त, दृष्टा और सुषुप्ति में समाधिस्थ हैं। आपकी यह गुह्यातिगुह्य देवताओं के लिये भी दुर्लभ चिकित्सा हमें नहीं चाहिये।"

"तो क्या अश्विनीकुमार चाहिये?" औघड़नाथ ने पूछा।

"आवश्यकता हुई तो मैं स्वयं अश्विनीकुमारों को बुला लूंगा।" पद्मपाद ने सगर्व कहा- "आप श्रीमान् अभिनव गुप्त महोदय के चित्त की चिकित्सा करें। उनके अन्तःकरण की चिकित्सा अनिवार्य हो गई दिखती है- कह देना अपने साथी, मित्र और संरक्षक अभिनव गुप्त को कि शंकराचार्य्य से स्वप्न में भी दूर दूरस्थ रहें।"

"अन्यथा?" औघड़ की भरी भुरभुरी भारी घूसर भवों ने मानो पूछा।

"नृसिंह।" पद्मपाद ने गर्जना की।

औघड़नाथ ने तनिक स्थिर पलकों से पद्मपाद को घूरा-घूरता रहा। फिर सहसा नयनों में जगा हो, यों औचक-चक सा कहा- "नृसिंह। हाँ, तो! नृसिंह मन्त्र क्या केवल आपने ही सिद्ध किया है? आप ही नृसिंह मन्त्र को सिद्ध कर सकते हैं-अन्य नहीं?"

पद्मपाद ने दृढ़ स्वर में कहा- "नृसिह मन्त्र मेरी बपौती नहीं है, श्रीमन्। आप भी चाहें तो उसको सिद्ध कर सकते हैं; किन्तु नृसिंह मन्त्र चलते-फिरते रमते हठियों के बस की बात नहीं है। स्पष्ट सुन लीजिये, अभिमन्त्रण की प्रत्येक चेष्टा का प्रत्युत्तर दिया जायगा-प्रत्याक्रमण, समझे श्रीमन्! आप सब क्या श्रीमद् गुरुदेव को अकेला, एकाकी, विजन मानते हैं? नहीं, यह मेरे गुरु, मेरे माता-पिता, मेरा सर्वस्व श्रीमद्शंकराचार्य स्वयं ही चाहें तो आप जैसे कोटि अभियान्त्रिकों को त्राटक मात्र से थिजा सकते हैं। अभिनव गुप्त का प्रपञ्च हमें ज्ञात नहीं है? है-"

"अच्छा? क्या है वह?" औघड़नाथ ने सस्मित मुलकते हुए पूछा- "मेरे आचार्य्य अभिनव गुप्त आसुरी साधक नहीं हैं, वह उत्तमोत्तम साधक हैं, काव्यविद् हैं। शास्त्रज्ञ हैं तथा शारदा मन्दिर के भद्र हैं। वह भला शंकराचार्य्य को लेकर किसी भी भौतिकी अभियांत्रिक चेष्टा क्यों करेंगे? वेदान्त और शैव दर्शन का मतभेद बौद्धिक है, नहीं?"

पद्मपाद ने ऊर्ध्व श्वांस भरा; कहा- "दौत्य पूर्ण वार्ता से अथवा शास्त्रार्थ से चित्त की जन्मजात आसुरी वृत्ति दबी तो रहती है; किन्तु अन्त में व्यक्त होती ही है। अभिनव गुप्त मनीषी हैं; शास्त्रवेत्ता तथा त्रिक् दर्शन के आचार्य्य हैं, सब हैं; किन्तु श्रीमद् शंकराचार्य्य से बात तक करना नहीं चाहते। क्यों? भारतवर्ष के उत्तम विद्वान् मेरे महनीय गुरुदेव से बात कर चुके हैं; चोटी के शास्त्रज्ञ शास्त्रार्थ भी कर चुके हैं- मनीषियों ने गुरुदेव शंकर की ज्ञानदृष्टि की गहराई देखी है-तब अभिनव गुप्त अपने सेवक शिष्यों को भेज कर बग्ला और धूमावती की उपासना आरम्भ करवाते हैं-क्यों? गुरुदेव पर कृत्या भेजना चाहते हैं यह आपके अभिनव गुप्त-"

"नहीं तो, नहीं?" औघड़नाथ ने त्वरा पूर्वक कहा- "हम तो श्रीमद् शंकराचार्य के श्री चरणों में बैठना-बैठे रहना चाहते हैं। हम सब इस शैव दर्शन तो हमारा जीवन विश्वास है; शास्त्र धर्म है। क्षेत्र के सभी विद्वान् साधक, यती, योगी सब

शिव डमरू सुनते हुए जन्मते हैं; जन्मे हैं और भगवती रस भारती शिवा की नुपूर ध्वनि सुनते हुए देह त्यागते हैं-त्यागेंगे। श्रीमद् शंकराचार्य का सानिध्य हम इसलिये चाहते हैं कि वह हमें ब्रह्म प्रत्यक्ष करवा दें। ब्रह्म चैतन्य? शिव के अतिरिक्त वह ब्रह्म है क्या? सत्य, शिव, सुन्दर ही है-तब यह सत् चित् आनन्द है क्या?"

शंकराचार्य्य ने अब होले से कहा- "शिव भी सच्चिदानन्द ही हैं। परम् सत्य, तत्व, सत है, चित है-आनन्द नहीं?"

"सुन्दर?" औघड़नाथ ने पूछा।

"जगत् सुन्दर है; रूपवान है।" शंकराचार्य ने विहँसते हुए कहा- "सौन्दर्य्य स्वरूप की द्युति ही है औघड़नाथ! परात्पर दिव्यातिदिव्य, गहनातिगहन, गुह्यातिगुह्य वह सच्चिदानन्द विग्रहा सृष्टि स्वरूपा है अतः सुन्दर हैः सुन्दरतर है-सुन्दरतम है। जगत् का कोई रूप देखो, औघड़नाथ! वही तो है विचित्र, विलक्षण, भव्य दिव्य रूपों का यह द्युति-समुद्र उसी परात्पर सौन्दर्य का अपार अपरम्पार है।"

"तब शिव सुन्दर नहीं है?" औघड़नाथ ने तीव्र स्वर में पूछा।

"शिवा सुन्दर है; शिव न सुन्दर हैं और नहीं कुरूप हैं- शिव तो ज्ञान है, सत् है-चित हैं। सच्चिदानन्द का मन और इन्द्रियों से अगोचर आलोक ही सौन्दर्य बोध है। रूप सौन्दर्य्य से अपृहत चित्त होकर जीव निर्मल चित्त के ब्रह्म भास को पा लेता है, यह ब्रह्म भास सात्विक विद्या है, औघड़नाथ! किन्तु आप क्या करोगे यह सब सुनकर? आप हमारे सांनिध्य में रह कर ब्रह्म प्रत्यक्ष करना ही चाहते हैं क्या?"

"अवश्य, अवश्यमेव, गुरो!" औघड़नाथ ने शंकराचार्य के चरण सहसा थामते हुए चीत्कार सी की- "जी हाँ, सद्गुरो!"

"अच्छा, जैसा आप चाहें।" शंकराचार्य बोले- "किन्तु पहिले श्रीमान् अभिनव गुप्त को समझा बुझा कर मेरे पास ले आओ।"

"गुरु दक्षिणा पहिले ही चाहते हैं, आप श्रीमद्?"- औघड़नाथ ने हँसते हुए पूछा।

"नहीं गुरु दक्षिणा की यह बात नहीं है।" शंकराचार्य्य ने सस्मित कहा- "यह ब्रह्म साक्षात्कार के आपके संकल्प की परीक्षा है; औघड़नाथ!"

"क्यों? मैं ब्रह्म साक्षात्कार करना चाहता हूं-यह क्या यथेष्ट नहीं है?"- औघड़नाथ ने पूछा- "इसमें परीक्षा की बात ही क्या है?"

"यही ब्रह्म साक्षात्कार करने के संकल्पी को सांसारिकता छोड़नी होती है, स्थापना मात्र त्यागनी पड़ती है और जीते जी संन्यास लेना होता है।" सुरेश्वराचार्य्य ने दृढ़ और स्पष्ट स्वर में कहा- "शैव को शिव विग्रह ही मिलता है। केवल वेदान्ती को ही ब्रह्म साक्षात्कार होता है, हो सकता है। परम् सत्य की प्रत्येक सविग्रह धारणा और कल्पना ज्ञान की जल्पना मात्र है। ब्रह्म साक्षात्कार करना चाहते हैं आप और इधर भोग के द्वारा मोक्ष चाहते हैं। यह बैठता नहीं श्रीमन्!"

औघड़नाथ ने सव्यंग कहा- "आपसे नहीं बैठता; किन्तु सर्वज्ञ सर्व समर्थ आपके जगद्गुरु जो हैं। सर्वज्ञ पीठ को अभी इन्होंने देखा तक नहीं है-आरूढ़ होना तो दूर; किन्तु अपने तप बल के विश्वास को लेकर स्वयं को जगद्गुरु कह बैठे। ऐसे गुरु के होते हुए मैं निर्गुण सगुण की धारणाओं के बिब्बोक में क्यों पडूं? गुरुकृपा और ब्रह्मसाक्षात्कार!"

शंकराचार्य बोले- "आप तोटक नहीं हैं, भवान्!"

औघड़नाथ ने तमक कर कहा- "अवश्य मैं भृत्य नहीं हूं; मैं आपका भृत्य, सेवक अथवा शूद्र कोटि का शिष्य भी नहीं हो सकता। आप श्री तो यह बता दें क्या आप मुझको अपना निर्गुण, निरञ्जन, निराकार ब्रह्म बता सकते हैं?"

"आप चाहें तो यह संभव किया जा सकता है।"शंकराचार्य्य ने कहा- "ब्रह्म तो आप स्वयं हैं, आप ज्ञानी हैं; आप ही ज्ञानी हैं सच्चिदानन्द आत्मा! जो आप जानते हैं, जान सकते हैं, जानना चाहते हैं, वह सब परम् ब्रह्म की माया है; विज्ञानावलम्बन है; जड़ है। ज्ञेय का ज्ञान-विज्ञान है; ज्ञानी का अनुभव ही ज्ञान है। ज्ञाता, ज्ञेय और ज्ञान यह सब ज्ञानी सच्चिदानन्द के तात्कालिक यथार्थ जाग्रतानुभव में समझने मात्र के लिये है। अन्यथा सब सर्वकालिक ज्ञान का ही सत् चित् प्रसार है; प्रतिबिम्ब है; प्रतिभास है। क्या आप यह ज्ञान लाभ करना चाहते हैं?"

"हाँ जी!"- औघड़नाथ ने नमन पूर्वक कहा।

"तब राग-द्वेष छोड़िये; चित्त को निर्मल कीजिये। बुद्धि को शुद्ध कीजिये। बुद्धि को ठसा दीजिये-ब्रह्म सत्यम् जगन्मिथ्या! स्वयं को-मैं को स्पष्ट अचूक कह दीजिये-तत् त्वमसि! जगत् को देखिये; किन्तु दृष्टा होकर देखिये। जगत्

को प्रारब्धानुसार भोगिये-भोगना ही होगा किन्तु अनासक्त असंग होकर भोगिये। प्रारब्ध को काटिये-काटना ही होगा; किन्तु कर्मजाल में मत फंसिये। औघड़नाथ! शरीर से मुक्ति लीजिये और सच्चिदानन्द मोक्षावस्था प्राप्त कीजिये।"

औघड़नाथ ने आचार्य्य शंकर की आभापूर्ण प्रदीप्त मूर्ति को टक निहारा; कहा- "हूं! हमने तो संसार कभी का त्याग दिया। जगत् को दृष्टा की भाँति ही तो देख रहा हूं। क्या मैं राजकर्ता हूं? सैनिक हूं? सेनापति हूं? मैं न शूद्र हूं; न वैश्य-नहीं क्षत्रिय हूं, ब्राह्मण हूं! यह कह सकता हूं। किन्तु यती का कोई वर्ण रहता भी है? नहीं रहता। मैं तो शुद्ध मानव जीव हूं-मानव शरीरी। सिद्धि चाहता रहा! किन्तु आपका यश सुन कर इच्छा हो गई- आप को देखूं और आपके सांनिध्य में रहूं-ज्ञान प्राप्त करूं।"

हस्तामलक ने सहसा कहा- "ज्ञान प्राप्त नहीं होता; विद्या, कला, शास्त्रादिक ही प्राप्त होता है। विज्ञान प्राप्त होता है; किया जा सकता है; ज्ञान नहीं। ज्ञान तो जीव स्वयं है-तत् ज्ञान, ब्रह्म और त्वमसि तू जीव ज्ञानी।"

"अच्छा जी!" औघड़नाथ ने हस्तामलक की शान्त प्रशान्त श्यामल ताम्रवर्णी कञ्जकली सी आँखों में देखते हुए कहा- "अब लीजिये, किस की बात मानूं? शिष्य की अथवा आचार्य श्री की?"

शंकराचार्य्य ने हँसते हुए कहा- "हस्तामलक अब मेरे शिष्य नहीं रहे। अब यह मेरे भी आचार्य्य हैं महाशय! मैं तो अब जैसे रीत रहा हूं। शान्त गहन आत्म चैतन्य की जैसे क्षितिज मात्र रह गया हूं। ऐसा लगता है, इस एक मात्र भव के जन्मजात लक्ष्य की पूर्ति सन्निकट है। लोग कहते हैं, शारदा मन्दिर का दक्षिण द्वार युगों से बन्द है- खुला ही नहीं; खुलता ही नहीं। कई बार मैंने यह विलक्षण वार्ता सुनी है। आश्चर्य होता है यह सुन कर। निस्संदेह यह द्वार का प्रश्न नहीं है-सर्वज्ञ होने का प्रश्न है। सर्वज्ञ! ज्ञानी ही सर्वज्ञ हो सकता है। जो अज्ञान को नहीं जान जाता, वह सर्वज्ञ हो ही नहीं सकता। विज्ञान द्वारा अज्ञान में निहित शक्ति की प्राप्ति होती है और विद्याओं तथा शास्त्रों का सहज प्रमाणभूत उद्भव होता है; किन्तु क्या ज्ञान लाभ होता है? आत्म विद्या से ही आत्मज्ञान मिलता है। अवश्य ज्ञान लाभ नहीं है; उपलब्धि नहीं है-सिद्धि भी नहीं है। ज्ञानावस्था तो आत्मा-परमात्मा का अद्वैत अनुभव है। इसीलिये वेदान्त अद्वैत की बात करता है-संख्या की बात नहीं करता और न ही सांख्य को आत्मविद्या ही मानता है। वेदान्त की वार्ता आत्म चैतन्य के अवगाहन अनुशीलन की वार्ता है, औघड़नाथ!"

"यही सही तब।" औघड़नाथ ने कहा- "अद्‌वैत ही सही।"

"किन्तु अभय हुए बिना अद्‌वैत का उदय नहीं होता।" -सुरेश्वराचार्य्य बोले।

"तो अभय उद्भवित कीजिये हम में" औघड़नाथ ने मुस्कराते हुए कहा- "हम तो अब ज्ञान चाहते हैं। आपके जगद्‌गुरु जी के नाम स्मरण से अभय होता हो तो हम ओम शंकराचार्य्य नमः की माला जपने के लिये तत्पर होंगे। सर्वज्ञ, ज्ञानी होने का उद्‌घोष करते हैं आप लोग तो लीजिये, यह एक निगड़ अज्ञानी, माया में लिप्त, अविद्‌या ग्रस्त, अनादि जीव उपस्थित है। मैं मान लेता हूं, मैं अज्ञानी हूं-लीजिये। अब मुझे ज्ञान दीजिये।"

शंकराचार्य्य ने दृढ़ता पूर्वक कहा- "वाक् छल क्या वार्ताकार के अन्तरंग के छल को छिपा सकता है? आप ज्ञान के लिये नहीं शक्ति से मुझको पराभूत करने के गुह्यातिगुह्य उद्देश्य को लेकर आये हैं- नहीं?"

औघड़नाथ औचक हो गया; अचकचाते हुए बोला- "नहीं तो? नहीं!"

शंकराचार्य्य ने सस्मित कहा- "मैं आपके चित्ताकाश को देख रहा हूं। चमकता हुआ घना तमिस्र मेघ उसमें लहर रहा है-आपके चित्ताकाश में मैं अपनी धुंधली सी आकृति भी देख रहा हूं। आपके चित्ताकाश की दिशायें धुन्ध हैं; आप स्वयं अपने चित्त के अग्नि गोभा दिकों को थामे मुझको देख रहे हैं- आप ज्ञान नहीं, इस शरीर को ही प्राप्त करना चाहते हैं। तो साहस पूर्वक माँगिये यह शरीर। उग्र भैरव ने भी मांगा था; किन्तु विधाता को यह स्वीकार नहीं था। क्रचक्र भी इस शरीर को चाहते थे-जब यह शरीर बाल था, तब उन्होंने अन्तरिक्ष में जाकर इस पर अभिमन्त्रण करने की असफल चेष्टा की थी। कई कामुक साधकों ने इस शरीर को स्तम्भित और रोगिष्ट करने का सूक्ष्म प्रयास किया है; किन्तु भगवद् गोविन्दपाद का अभय और द्‌वैपायन वेदव्यास का आशीर्वाद इस शरीर की रक्षा करता आया है। औघड़नाथ, यह देह तभी नष्ट होगा-मरेगा, जब जगत् कल्याण का मेरा कार्य्य पूर्ण हो जायगा। मैं सिद्धि, ऋद्धि, योग तथा राज करने के लिये नहीं, मानव को मोक्ष का मार्ग बताने के लिये ही इस पृथिवी तल पर आया हूं। सच्चिदानन्द चैतन्य का सन्देश देने तथा प्राणी मात्र को मृत्यु के भय से छुड़ाने के लिये ही मैंने गर्भाशय में प्रभु की प्रार्थना की है। अतः मुझ पर दया कीजिये और अभिनवगुप्त को मेरे पास ले आइये। भारतभूमि का यह उदाहरणीय साधक, यह परम् शिव की ज्योतिर्मूर्ति, शक्ति का यह अनन्य उपासक मोक्ष मार्ग से भटक गया है। शास्त्रविद्, तत्त्वदर्शी और शैव दर्शन का

दृष्टा अभिनव यह समझ नहीं पाया कि परम सत्य जन्म-मरण का असद् हो नहीं सकता। माया-माया है; यथार्थ ज्ञान विज्ञान है। जगत् ज्ञानी आत्मा की कृति है; भवसंसार ज्ञानी के अज्ञान शमन का स्वप्न-दर्शन है।"

औघड़नाथ उठ खड़ा हुआ- "अभिनव नहीं मानता।"

"तो उसको कह देना, अभिमन्त्रणों से रक्षा-इस शरीर की रक्षा स्वयं महात्रिपुरसुन्दरी ही करती हैं। भगवद गोविन्दपाद ने केवल्य प्राप्त करने के पूर्व इस शरीर को रामरक्षाकवच से मण्डित कर दिया है। क्रचक्र ने तो भैरव का स्मरण किया था, किन्तु भैरव ने प्रगट होकर यही कहा था- यह देह वध्य नहीं है। बिजलियाँ हिमालय के हिमानी श्रृंगों से टकरा कर जिस प्रकार बुझ जाती हैं अभिमंत्रण की कृत्यायें इस देह की आँखों की पलक पर थम जायगी। अभिनव गुप्त मुझे हराना चाहते ही हो तो मैं हारने के लिये तैयार हूं- किन्तु उनको मलिन विद्या के प्रयोग के पाप मार्ग की ओर पाँव बढ़ाने नहीं दूंगा। जाओ कह दो यह अभिनव गुप्त से।"

19

अभिनव गुप्त ने गर्जना की- "तब वह काश्मीर मण्डल में आयगा ही! शारदा मन्दिर के दक्षिण द्वार को क्या त्राटक से खोलेगा? अभिमन्त्रण से रक्षित है-है तो! क्या मैं नहीं जानता? जानता हूं! यती शंकर को त्राटक सिद्ध है वन दुर्गा का मन्त्र भी सिद्ध है! कुछ सिद्धियाँ भी उसको प्राप्त हैं। किन्तु शिवा की कृपा उसको प्राप्त है क्या? नहीं। अच्छा, हमें वार्ता के लिये बुला रहा है शंकराचार्य्य? अच्छा?"

औघड़नाथ ने कहा- "यही! तांत्रिक चेष्टाओं से वह नहीं डरता। हाँ, अभिनव गुप्त! यही। उसके रमणीय नयन अगाध हैं- द्युति से भरे हुए वह वज्र की भाँति चमकते रहते हैं। मैं शंकराचार्य को देख सका; किन्तु उनके पारदर्शी शान्त प्रशान्त नयनों में देख नहीं सका। वहाँ देखने को जैसे कुछ है ही नहीं। शंकराचार्य के नयनों की लीढ़ दृष्टि ने मानो जगत् को थाम रखा है- हाँ यही।"

"योगी, डर गया क्या?" अभिनव गुप्त ने तमक कर पूछा।

"नहीं। तनिक स्तम्भित हो गया।" औघड़नाथ ने कहा- "शक्ति और सिद्धि का मेरा विश्वास जैसे तनिक काँप गया। मैं जैसे ज्ञान प्राप्त करने के लिये मन ही मन तत्पर हो उठा।"

"तो? ज्ञान प्राप्त करते न, यतीवर्य!" अभिनव गुप्त ने दाँत पीस कर कहा- "ज्ञान प्राप्त करने के लिये तत्पर हो गया। तो लौट कर क्यों आये मेरे पास? वहीं रह जाते न। शंकराचार्य और उसके ढेर सारे शिष्य सेवकों के साथ भिक्षा मांगते-मैं शिव स्वरूप हूं मानने का ढोंग करते। मैं ही अपना ज्ञान हूं; मैं ही ज्ञानी हूं, समझे, औघड़नाथ जी?"

"समझ गया, अभिनव! मुझसे व्यंग करने की आवश्यकता नहीं।" औघड़नाथ ने तनिक झुंझला कर कहा- "अवश्य ज्ञान लाभ करता; किन्तु शंकराचार्य्य ने मना कर दिया। सन्यास लो पहिले! सन्यास लू मैं, क्यों? मैं कठिन से कठिन अनुष्ठान कर सकता हूं-वायु भक्षण तप कर सकता हूं; किन्तु संन्यास मुझसे लिया नहीं जायगा। स्वयं को जीवित ही शव मानना-देह है ही नहीं; जगत् है ही नहीं; भव- संसार है ही नहीं, काञ्चन और कामिनी है ही नहीं; यह मान्यता मुझसे हो ही नहीं सकती। मैं सिद्धियों का प्रेमी और निधियों का स्नेही हूं। मैं जगत् की माया को वशवर्शी करना चाहता हूं-नष्ट करना नहीं चाहता। मैं अष्टांग योग द्वारा कालातीत अस्तित्व अनुभव करना चाहता हूँ। समाधि में लुप्त, अन्तर्ध्यान हो जाना नहीं चाहता। मैं समाधि में ध्यान लीढ़ होकर स्वयं चिति का प्रणय करना चाहता हूं। मैं जीवन की अगाध रति में डूबा मृत्यु के पाश से बचा रहना चाहता हूं।"

"तुम ढीट बौराये हुए हो, तुम्हारी मति भ्रामरी हो गई है।" अभिनव गुप्त ने कहा- "तब क्या अभिमन्त्रण मुझे ही करना होगा? भगवती बग्ला से मुझे ही निवेदन करना होगा कि अपनी क्रूर ज्वालामयी दृष्टि से इस भ्रष्ट यती शंकर को भस्म कर दे। मैं सम्राट् को हराने वाले को सहन कर सकता हूं, किन्तु ब्राह्मणों और विद्वानों का अपमान करने वाले, उनको पराजित कर उनकी आजीविका ही समाप्त कर देने वाले गृहस्थियों को उजाड़ देने वाले ऐन्द्रजालिक को सह नहीं सकता।"

औघड़नाथ ने ऊर्ध्व श्वास भरते हुए कहा- "शंकराचार्य्य से टक्कर मुझको उचित नहीं लगती, अभिनव!"

अभिनव गुप्त ने बमकते हुए कहा- "तुम भी, औघड़नाथ! क्षेमराज हो क्या?"

औघड़नाथ ने नयन मूंदे और जैसे स्वयं में ही देख रहा हो, यों कहा- "नहीं! मैं कुलधर्म को ही मानता हूं; वर्णाश्रम धर्म को नहीं। मानव मात्र एक है और उसके साधकों का एक वर्णहीन कुल ही है। महाशक्ति कालिका ने मानवों का एक कुल ही उद्भवित किया है- यह वर्ण और आश्रम की परम्परा मनु का आविष्कार है-इसको अनादि मानव-व्याख्या करना तथा मूल प्रकृति के त्रिगुणों का स्वभाव बताना शास्त्र के विपरीत ही है-मानव-मानव समान! क्षेमराज तो वेदान्त दर्शन के प्रति झुक रहा है- दार्शनिक है न। मैं दार्शनिक नहीं हूं-हठी हूं और मेरा हठ कुलधर्म ही है!"

"तब शंकर से टक्कर क्या अनिवार्य्य नहीं है?" अभिनव गुप्त ने पूछा।

"नहीं; तुम दोनों समबली हो। तन्त्र की मन्त्र शक्ति में सम बली हो। अतः दाक्षिण्य से चलो; दौत्य से कार्य्य करो।" औघड़नाथ ने कहा- "शंकराचार्य्य से मिल कर वार्ता करो। स्वयं यती शंकर भी यही चाहते हैं। तन्त्रयुद्ध में तुम दोनों की हानि ही हो सकती है।"

अभिनव गुप्त ठहाका मार कर हंसे; बोले- "कृत्या! कृत्या इस यती को सदैव के लिये जगत् से अदृश्य कर देगी। नर्कों की अग्नियों में भस्म कर देगी। जगद्गुरु? मैं कहता हूं उसका जगद्गुरुत्व धरा रह जायगा। क्रचक्र ने प्रारम्भ से ही भूल की थी। मार डालने के लिये नहीं, विवश पराभूत करने के लिये ही वह भीषण तांत्रिक चेष्टा करता रहा। मैं तो शंकराचार्य को नष्ट कर देना चाहता हूं। वेदान्त दर्शन मानव और उसकी समष्टि के लिये सदैव अभिशाप ही सिद्ध हुआ है। मनुष्य को जीवित ही मार दिया इस वेदान्त ने, औघड़नाथ! शैव दर्शन मनुष्य को पृथिवी पर जीना सिखाता है; विश्वस्त और साधनामय उपासना प्रदान करता है। ताण्डव मनुष्य के साहस तथा पुरुषार्थ का नृत्य है; लास मानव के सन्तोष और सुख का सुन्दर नृत्य है। मैं पूछता हूं क्या एक जीव को मोक्ष में मिलने पर मानव योनि का मोक्ष हो जाता है? जगत् अनादि है; सनातन है-तो भव योनियाँ भी अनादि तथा सनातन हैं। प्रत्येक योनि शिव-शिवा की सन्तति है। शंकराचार्य यह नहीं मानता-जगत् शिव सद् नहीं है; भव योनियाँ अध्यास भर हैं-भ्रम हैं, ज्ञान मात्र! न जाने उसका ब्रह्मज्ञान फिर क्या है?"

"यह संक्रामक ऊहापोह ही वेदान्त की संस्कृति है, यह मैं क्या नहीं जानता?" औघड़नाथ ने कहा- "किन्तु फिर भी वो समान साधक तन्त्र बल से नहीं, बुद्धि बल से ही भिड़ते आये हैं- शंकर पर अभिमन्त्रण कहीं उल्टा नहीं पड़ जाय।"

"क्या कहा? उल्टा पड़ जाय?" -अभिनव गुप्त ने तमक कर पूछा।

"हाँ! शंकराचार्य के सानिध्य में मैं जैसे थिज गया।" औघड़नाथ ने कहा- "स्तम्भित सा हो गया।"

अभिनवगुप्त ने उत्ताल हास्य हँसते हुए कहा- "तुम स्तम्भित से हो गये? तुम, औघड़नाथ! आश्चर्य है।"

"तुम भी हो जाओगे-शंकर के पास बैठकर अनुभव कर लो।" औघड़नाथ ने कहा- "शंकराचार्य्य का उत्तरायण और दक्षिणायन मार्गों पर वर्चस्व है। अन्तरिक्ष उसकी दृष्टि पर थमा है जैसे और द्युलोक में शंकराचार्य की गति है। जो आकाश मार्ग से गमन कर सकता है, परकाया प्रवेश कर सकता है, जो

घट में महानदी नर्मदा को भर सकता है-जो अपनी फूलों की माला को मुरझाने नहीं देता और जो योगाग्नि को प्रज्वलित कर सकता है। त्राटक मात्र से जो तन्त्र को ठप्प कर सकता और ह्रींकार भर से मन्त्रों को कीलित कर सकता है, उससे वार्ता ही अच्छी है।"

"तो तुम मुझे शंकर से कम मानते हो?" अभिनव गुप्त ने दहाड़ कर पूछा-"तुम-तुमको हो क्या गया है, औघड़नाथ!"

औघड़नाथ ने निसास भर कर कहा- "हो क्या गया है? कुछ भी तो नहीं हुआ? शंकराचार्य्य पर अभिमन्त्रण तुम करना चाहते हो; तुम्हारे शिष्य और सेवक नहीं।"

"और तुम?" अभिनव गुप्त ने दाँत पीसते हुए पूछा।

"मैं शंकराचार्य को पराभूत करना चाहता हूं-वध नहीं।" औघड़नाथ ने कहा-"शैव हत्यारा नहीं हो सकता।"

"अच्छा! परन्तु तुम क्या शैव हो?" अभिनव गुप्त ने हुंकार की।

"मैं हठी हूं, कौल हूं-शाक्त हूं।" औघड़नाथ ने कहा।

"तब क्या शिव-शक्ति भिन्न है?" अभिनव गुप्त ने पूछा।

"अभिन्न है; किन्तु यह जगत् और भव-संसार, यह सुन्दर जाग्रति, यह रमणीय स्वप्न और गहन सुषुप्ति शिवा की दृष्टि है; कामना है; इच्छा है। शिव-शिवा को चाहिये; मुझ जीव को तो शिवा-कालिका लक्ष्मी ही चाहिये।"

"तो-तब तुम भी मुझे त्याग रहे हो?" अभिनव गुप्त।

"मैं तुम्हारे कृत्याभियान में सहयोगी नहीं होना चाहता, अभिनव!" औघड़नाथ ने कहा- "मेरा विस्तृत सभी योनियों का शिष्य-संसार है। मैं उनका योगक्षेम त्याग नहीं सकता। मैं प्रत्याक्रमण का भुक्त भोगी होना नहीं चाहता। मैं सिद्धियों और निधियों को भोगना तो चाहता हूं; परन्तु अन्ततोगत्वा नर्क में पड़ना नहीं चाहता-मरना, नष्ट होना नहीं चाहता।"

"आडम्बरी कहीं के!" अभिनव गुप्त गुर्राये।

"आडम्बरी ही सही! किन्तु मैं तुम्हारा मित्र हूं; सखा हूं। तुमको उचित परामर्श दूंगा।" औघड़नाथ ने हँसते हुए कहा- "मेरी मान लो अभिनव! तुमको बिना कहे तुम्हारे शिष्य भी यही निवेदन कर रहे हैं। स्वयं तुम्हारी विवाहिता स्त्री

भी यही कह रही है-शंकराचार्य से मिलो और अपनी साधना को प्रत्युत्पन्नमति से मूक कर दो।"

"परन्तु तुम शंकर के शिष्य तो नहीं बनोगे?" अभिनव गुप्त ने कहा।

"यहाँ हम तो अपने ही गुरु हैं। अपने ही शिष्य हैं। हम रमते राम हैं, अभिनव गुप्त!"

"चले जाओ, यहाँ से-हमारी आँखों से दूर, ओझल हो जाओ, तुम" अभिनव गुप्त ने हुंकार ह्रींकारते हुए कहा- "तुम क्या? त्रिकाल मुझसे विमुख हो जाये, मैं शंकराचार्य को पराभूत करूंगा-निश्चय संभूत यह करूंगा। उस यती की छाया को शारदा मन्दिर के मार्ग पर भी पड़ने नहीं दूंगा। हठी हार सकता है; तांत्रिक मांत्रिक नहीं। शंकराचार्य को नष्ट करने के लिये मैं अपनी जन्मजन्मान्तरों की साधना की इष्ट शक्ति को लगा दूंगा, सुना?"

"सुन लिया।" औघड़नाथ ने प्रस्थानोद्यत कहा- "मैं तुम्हारा मित्र हूं; सखा हूं तुम्हारा दास अथवा सेवक और शिष्य भी नही हूं।"

औघड़नाथ की ओर झपटते हुए-अभिनव गुप्त ने दाँत पीसते हुए कहा- "तुम-तुम महाश्मशान, इस जगत् के मानव-देह में श्वान हो। तुम-तुम क्या हो? मैं अब जान गया। तुम सिद्ध हठयोगी हो क्या? उस दण्डीस्वामी की दृष्टि से स्तम्भित से हो गये। तुम सिद्धियों की जंघाओं पर आरूढ़ होने का सामर्थ्य बघारने वाले तुम एक सन्यासी से डर गये? तुम कौल नहीं; कामुक इन्द्रियों के आतपों के दास हो। तुम शूद्र साधक हो-"

"और तुम?" औघड़नाथ ने सहते हुए कहा- "तुम क्या हो? सुनूं तो।"

"हम अभिनवगुप्त हैं; हम कौल हैं; अवधूत हैं। शिव-डमरू जिस हाथ में थमा रहता है, वह हाथ हम हैं, हम शिव त्रिशूल हैं। तुम जा सकते हो।"

"यह क्रोध तुमको ले डूबेगा, अभिनव!" औघड़नाथ ने कहा- मैं तो जा रहा हूं। मुझको अपना मनोराज्य ही अच्छा। किन्तु तुमसे फिर एक बार, अन्तिम बार कह जाता हूं-यती शंकर से मिलो; वार्ता करो। जगत् को जानने दो कि तुम अपने गुह्य चेतन में शंकराचार्य्य से भयभीत नहीं हो।"

"मैं? अभिनव गुप्त! शंकर यती से भयभीत?" अभिनव गुप्त ने दहाड़ कर कहा- "डटकर चरस पीया है क्या?"

"नहीं!" औघड़नाथ ने कहा- "मैं स्वस्थ हूं अभिनव गुप्त! यती शंकर के पास बैठ कर मैं जैसे स्वच्छ हो गया हूं। चरस नहीं, अब मैं खेचरी मुद्रा द्वारा

अमृत समरस पीयूंगा और वज्रौलि द्वारा यक्षिणियों, भैरवियों और किन्नरियों-गान्धर्वियों को भोगूंगा। अपनी कन्दरा में मैं स्वर्गधाम ही आविष्कृत करूंगा। तुम शंकर से लड़ते रहो, मुझको क्या? शाक्त के सभी समाज हैं; सभी तन्त्र हैं; सभी मन्त्र हैं- किन्तु शाक्त मणि द्वीप का वासी है, अभिनव गुप्त! अच्छा, तो मित्र! विदा।"

"निकल जाओ-जाओ, तुम!" अभिनव गुप्त ने धंस कर औघड़नाथ को धक्का दिया- "तुम सदैव के लिये मेरे आश्रम से निष्कासित किये जाते हो। आज से तुम मेरे मित्र नहीं, साथी नहीं। आज से तुम मेरे....."

औघड़नाथ ने सस्मित कहा- "हितैषी!"

"शत्रु।" अभिनव गुप्त ने कहा।

जाते जाते रुक कर, थमकर औघड़नाथ ने कहा- "कभी शत्रु ही सच्चे मित्र सिद्ध होते हैं, अभिनव गुप्त! प्रतिकार मैं भी करता हूं; करना चाहता हूं, किन्तु द्वेष से जल-भुन कर अन्धा नहीं हो जाता। साधना तुम्हारा जीवन है और हठयोग मेरा धन्धा है परन्तु फिर भी मैंने मानवीय विवेक नहीं खोया। यह तो बताइये, महाशय! तन्त्र शिरोमणि अभिनव गुप्त! यती शंकराचार्य्य ने तुम्हारा ऐसा क्या अपराध किया है, जो तुम उसके प्राणों के शत्रू बने जा रहे हो?"

अभिनव गुप्त ने दहाड़ते हुए कहा- "शंकराचार्य नहीं, मैं अभिनव गुप्त! वेदान्त दर्शन नहीं, त्रिक दर्शन-शैव दर्शन। कान खोल कर सुन लो तुम सब, शंकराचार्य को शारदा मन्दिर की गैल पर पग-पग पर रोका जायगा। त्राटकों से स्तम्भित किया जायगा; अभिमन्त्रण के सूक्ष्म मन्त्रपाशों से बाँध कर उसको अन्तरिक्ष में लटका दिया जायगा- मैं स्वयं यह करूंगा।"

औघड़नाथ ने ठहका मारते हुए कहा- "बग्ला स्वीकार नहीं की गई, तो प्रत्याक्रमण सहज ही करती है। अन्ततोगत्वा छिन्नमस्ता ने अपनी ही ग्रीवा काटी है। अपना ही रुधिर पीया है। तुमको अपनी ही ग्रीवा कहीं काटनी न पड़े, अपना ही रुधिर पीना न पड़े।"

"तो पीऊंगा-किन्तु तुम्हारा मुख जीते जी नहीं देखूंगा।" अभिनव गुप्त ने गर्जना की- "सब मुझको त्यागते जा रहे हो, यही न। किन्तु मैं अकेला नहीं हूं, सुना? जोगिनियाँ मेरे साथ हैं। कामरूप की स्वाभाविक भैरवियाँ सदैव मेरी जंघाओं पर बैठी रहती हैं। मैं पिशाचनियों को निर्देश दे सकता हूं, प्रेतनियाँ मेरे

इंगित पर पैशाचिक अट्टहास्य किया करती हैं-यक्षिणियाँ पारिजात का स्नेह मेरे क्लान्त मस्तक में रगड़ती है, सुना!"

"सुन लिया एक बार नहीं; दसों बार सुन लिया। अच्छा! प्रसन्न रहो, अभिनव गुप्त!" औघड़नाथ ने कहा और त्वरा से आश्रम के प्रवेश द्वार की ओर गमन किया। औघड़नाथ की झूमती-झीमती विशाल पुष्ट मानव मूर्ति मानो धरती को चाँपती, दबाती, तनिक धीमती जा रही थी। अभिनव गुप्त दाँत पीसते हुए और क्रोध से काँपते हुए औघड़नाथ को आश्रम से बाहर श्मशान की ओर जाते हुए देखते रहे। अभिनवगुप्त खड़े रहे-खड़े-खड़े देखते रहे। उनकी तीव्र प्रखर आतप और अग्नि भरी दृष्टि औघड़नाथ के पाँव को छूती रही। औघड़नाथ को लगा, शीतल सिहरन से उसका रोम-रोम भरता जा रहा है और विकराल आगम भय जैसे मंडराता हुआ छाने लगा है। "तब क्या?" औघड़नाथ ने मन ही मन काँप कर सोचा, "तब क्या?" अभिनव गुप्त मुझको ही.... नहीं। यह हो नहीं सकता। नहीं।" औघड़नाथ ने अपना सिद्ध मन्त्र भयभीत होते हुए जपना आरम्भ किया। अँधेरी आग्नेय लहरें मानो चित्ताकाश में उभरकर स्वयं ही थमने लगीं, स्वयं ही अन्तर्ध्यान सी होने लगीं। औघड़नाथ मन ही मन मन्त्रजाप करते हुए चन्द्रशेखर के आश्रम की ओर लपका- "श्री हरि! रक्षा कर प्रभो!" सहसा औघड़नाथ भागा-दौड़ा-भागा।

चन्द्रशेखर की पर्णकुटियाँ के आश्रम द्वार पर आकर औघड़नाथ रुका; थमा और औचक, अचकचा कर श्वास को थामता हुआ देखने लगा। वृक्षों के सघन घटाटोप इतःस्ततः छाये हुए थे और उनके लघु गगन मण्डलों मे पर्ण कुटिया मानो अपने ही ध्यान में मग्न थी। धरती मानो घुटनों के बल प्रसर कर बैठ गई थी। औघड़नाथ ने देखा; आश्रम पर्णकुटियाँ-यह तो उस चन्द्रशेखर का आश्रम है। "नहीं; औघड़! चन्द्रशेखर की शरण में मैं नहीं जा सकता-तू नहीं जा सकता इस ढोंगी भक्तराज के श्री चरणों में। अवश्य, यह चन्द्रशेखर ढोंगी है। जनपद का राज त्याग कर यह नपुंसक यहाँ आश्रम बना कर रह रहा है, राज्य पर दृष्टि बराबर है। अपने इकलौते पुत्र को जनपद की गद्दी सौंप कर आप यहाँ श्री कृष्ण बना हुआ है। वृन्दावन बनायेंगे आप यहाँ। श्मशान की सीमा के बाहर निकल तनिक दूर मटमैले सपाट में यह चन्द्रशेखर वृन्दावन बना रहा है। वृक्षरोप कर, पर्णकुटियायें स्थापित कर, फूल-फल उगा कर, यह तथाकथित भक्त वृन्दावन बना रहा है, उंह! औघड़नाथ ने देखा, एक इकहरी किन्तु पुष्ट मानवमूर्ति वृक्ष की ओट में तनिक ध्यानस्थ सी बैठी हुई है। कुछ दूर एक स्त्री मूर्ति चर्खा

कातती हुई चटाई पर बैठी हुई है। कुछ दूर एक पर्ण कुटिया में कोई हरि नाम का गान कर रहा है। "अच्छा तब!" औघड़नाथ मन ही मन बमका- "यह ठाठ हैं। इस समय आप मुनिराज बने हुए हैं। अच्छा!" औघड़नाथ बरबस ही आश्रम में धंसा और गर्जा- "अरे तुम, चन्द्रशेखर! मुनि बन गये? अभी कुछ दिवसों पूर्व तो तुम श्मशान में हरिनाम का कीर्तन कर रहे थे। वह शिवराम कहाँ है?"

चन्द्रशेखर ने बन्द नयनों से मानो औघड़नाथ को निहारने की चेष्टा करते हुए कहा- "सुनते नहीं? हरि गान वही कर रहा है?"

"और तुम सुन रहे हो?" औघडनाथ ने पूछा- "तुम स्वयं क्यों हरि गान नहीं करते?"

चन्द्रशेखर ने आँखें खोलीं कभी हरिनाम लेता हूं; हरि गान गाता हूं; तो कभी मौन सुनता हूं। तन्मय होकर हरि नाम जपो! मुग्ध मौन में रमे हरि गान सुनो! बेड़ा पार है, औघड़नाथ! बहुत दिनों में कृपा की।"

"योगी राजा से कहीं अधिक व्यस्त रहता है।" औघड़नाथ ने कहा- "राजा को अपनी भूमि और सिंहासन की लगी रहती है-प्रजा जाय भाड़ में। तुम जब जनपद स्वामी थे, तुम्हारी प्रजा की वृद्धायें श्मशान में भिक्षा माँगती घूमती रहती थीं। शव की छाती पर आरूढ़, मैं उनको श्वानों की रोटी के टुकड़े छीनते हुए देखता रहता था-और तुम आखेट खेलते रहते थे।"

"किन्तु अब मैं वह नहीं रहा, औघड़नाथ!" चन्द्रशेखर ने कहा- "अब मैं एक दीन- हीन निरीह मानव हू-प्रभु का आर्त भक्त हू। राज तो मैंने त्याग दिया-तुमने नहीं देखा क्या?"

"राज्याधिकारी तथा सैनिक नहीं चाहते थे। उनके विद्रोह ने तुमको यहाँ भगा दिया-तुम्हारा पुत्र तुम्हारा विरोधी निकला।"

चन्द्रशेखर ने सस्मित कहा- "यह सब अतीत के धुंधले अंकन हैं, जो आकाश में अन्तर्ध्यान हो गये हैं। अब तो केवल यह देह है और हरि नाम है। राज्य वेश्याओं के नूपुरों की रणझणाहट सुनता ही रहता है; आखेट खेलता ही रहता है-छप्पन पक्वान अरोगता ही रहता है। रणभूमि में कभी हारता, तो कभी जीतता ही रहता है। कहने भर को राजा प्रजा का पिता है- राजा प्रजा का शासक, लोक का न्यायकर्ता तथा आप लोगों का अनुशासक है। उद्दाम यतियों को थामे रखना भी राजा का कर्त्तव्य है। अन्यथा गृहस्थाश्रम चौपट हो जाये, वानप्रस्थ बिखर जाय और संन्यास भ्रष्ट हो जाय।"

औघड़नाथ ने कहा- "भक्त होकर भी तुम्हारे मन का ढोंग नहीं गया।"

चन्द्रशेखर ने कहा- "यह भव-संसार क्या मन की मान्यता तथा चित्त वृत्तियों का आडम्बर नहीं है? है! बैठो, मेरे पास, बैठो! तुम जो भी हो, मेरे लिये तो सदा स्वागतेय ही रहे हो, हो!"

"क्यों?" -चन्द्रशेखर को घूरते हुए औघड़नाथ ने पूछा।

"कारण मैं नहीं जानता।" चन्द्रशेखर ने कहा- "न जाने क्यों तुमको देखते ही मैं प्रसन्न सा हो जाता हूं। तुम हठी यती हो; तो होंगे। तांत्रिक मांत्रिक हो, तो रहो। मेरा तुम्हारे प्रति न जाने क्यों कर्षण हो जाता है।"

औघड़नाथ हँसा; बोला- "मान गया! अभिनव गुप्त भी तुम सा चतुर नहीं निकला।"

चन्द्रशेखर हँसा; बोला- "चातुरी से हमें क्या काम? हम तो छोटे से जनपद के नृपति रहे और अब व्यस्त गृहस्थी हैं। हम तो श्री हरि के श्री चरणों में आ बैठे हैं महाशय! अभिनव गुप्त तो शैव-दर्शन की भव्य परम्परा के आचार्य प्रवर हैं; महाकौल हैं-सिद्ध साधक हैं। शारदा मन्दिर के प्रधान संरक्षक हैं-वह क्या नहीं हैं?" हम तो अब सामान्य मनुष्य हैं, मृत्यु की प्रतीक्षा में हैं। दीन दुखियों के साथ रहते हैं- धरती से अन्न, वृक्षों से फल और नदियों से जल की भिक्षा मांगते रहते और हरि भजन करते रहते हैं। हमें कुछ भी तो नहीं चाहिये। श्री हरि की अहेतुक कृपा चाहिये।"

औघड़नाथ ने अपनी लम्बी दाढ़ी को दोनों हाथों में भरते हुए कहा- "बिल्कुल बदल गये हो। तुमको मैंने अश्व की पीठ पर सगर्व बैठे हुए देखा है। सिंहासन पर दर्प के साथ बैठ कर मनमाना न्याय करते हुए भी सुना है। अपने तीव्रधार के खड़ग से पशुओं को ठार मारते हुए भी देखा है- केवल तुमको शयन मन्दिर में विलसते हुए नहीं देखा परन्तु तुम्हारी रस रिझवार की कहानियाँ तो किम्वन्दतियाँ हो गई हैं। अच्छा-हम भी इस हठीपन से उकता गये हैं। अभिमन्त्रण-प्रत्यावर्तन-अभिचार से ऊब सा गया हूं। मैंने देख लिया-"

"क्या देख लिया, औघड़ जी?" चन्द्रशेखर ने पूछा।

"जगत् को देख लिया" औघड़नाथ ने दाढ़ी फटकाते हुए कहा।

"कहाँ देख लिया, भाई श्री?" चन्द्रशेखर ने हँसते हुए पूछा।

"शंकराचार्य की आँखों में और कहाँ?" औघड़नाथ ने हँसते हुए कहा- "स्त्री के आलिंगन में जगत् को बाँधने की चेष्टा जैसे जन्म जन्मान्तरों से करता रहा हूं। स्त्री को ही भोगते रहना चाहता रहा हूं; परन्तु स्त्री सम्पूर्ण भोगी ही नहीं गई। सौन्दर्य की आभा सूर्य्य किरणों से भी अधिक गहन द्युति और मादक है- नयन सौन्दर्य्य से चौंधिया तो जाते हैं-रूप को अपनी दृष्टि में पूर्णतः उतार नहीं सकते। यह इन्द्रियाँ भोगती तो हैं; परन्तु भयभीत होकर ही भोगती हैं-क्षण का भोग और उसकी अनन्त सी स्मृति चित्त को व्याकुल किये रहती है-मैं इन्द्रियों की पूर्ण तृप्ति चाहता हूं; यौवन का क्षणिक उन्माद नहीं-मैं शाश्वत यौवन में लीन रहना चाहता हूं-मैं गर्भ में जाना नहीं चाहता-गर्भ से बाहर ही संजीवित होते रहना चाहता हूं-"

"मार्कण्डेय होना चाहते हो?" चन्द्रशेखर ने पूछा।

"चिरञ्जीव होकर वह तपस्वी हो गया। राजा नहीं बना; सेनापति और श्रीमन्त नहीं बना और नहीं शाक्त होकर कौल ही हुआ। तापसी बन गया-मार्कण्डेय बन कर क्या करूँगा भला?"

"भक्ति करो, औघड़नाथ!" चन्द्रशेखर ने कहा- "योगी अपनी अनवरत अविराम साधना में ही खज जाता है-और द्युति के शून्य में बिला जाता है। भक्ति करो भगवान् की-साक्षात् प्रभु तुमको अपने अपार सौन्दर्य्य से भर देंगे; अपने आनन्द स्वभाव से रिझाते रहेंगे-काल की छाया से दूर तुम प्रभु के धाम में चिरञ्जीवी होकर बस सकोगे।"

"भक्ति मेरे बस की नहीं है-मैं कह चुका, भक्तजी!" औघड़नाथ ने कहा- "प्रताप! शक्ति का अक्षय प्रताप। यती शंकर को देखा, तो लगा, अद्वितीय प्रकाश उसके रोम-रोम से जगमगा रहा हैः शान्त, प्रशान्त, रमणीय नयन दिव्य शान्ति से भरे हुए और अजय अडिग अमोघ आत्म विश्वास! मुझे लगा हटी तो इस योगी से- सहज सन्यासी से छोटा है-क्षुद्र है।"

"शंकराचार्य से दीक्षा क्यों नहीं ले लेते?" चन्द्रशेखर ने पूछ लिया।

"दीक्षा? शंकराचार्य से?" औघड़नाथ ने भटक कर अपनी दाढ़ी झुलाई; कहा- "शंकराचार्य के सानिध्य में मैं जैसे रीत गया, रिक्त हो गया; परन्तु उसका शिष्य बनने की मनसा नहीं जगी। शंकराचार्य को देखता रह गया-मेरा गर्व जैसे पिघलकर मुझको ही ओतप्रोत कर गया। किन्तु अपना ही प्रताप चाहता रहा। शंकराचार्य पृथिवी के लिये महनीय हो सकते हैं, मेरे लिये नहीं। मैं शंकराचार्य्य

बनना नहीं चाहता-मैं नाथ बनना चाहता हूं। जगत् मेरे इंगित पर चले; भव संसार में डूबूं-उबकूं किन्तु तैरता रहूं और तट पर पहुंच कर भी सृष्टि के सौन्दर्य्य की मदिरा पीता रहूं। सिंहासन नहीं, षोडशी, भक्तराज! तुम्हारे श्री कृष्ण को राधा चाहिये न?"

"वह तो भगवान् की आल्हादिनी शक्ति है।" चन्द्रशेखर ने कहा- "परन्तु तुम शक्ति के विलासी आत्मा की लवलीन आनन्द यमुना को क्या जानोगे? योग से परमात्मा दिखेगा, परन्तु परमात्मा का सौन्दर्य्य शील आनन्दमय नित्य सरस स्पर्श करना चाहते हो तो भक्त ही होना होगा-श्री हरि का नाम स्मरण ही योगों का योग है-प्रभु का ध्यान ही शाश्वत जीवन का चैतन्य है, औघड़नाथ!"

औघड़नाथ ने अब माताजी को सम्बोधित करते हुए कहा- "सुना, आपने भाभी जी?"

माताजी ने शान्त स्वर में कहा- "मैं अब किसी की पत्नी, माता या भाभी आदि नहीं हूं, वत्स! मैंने ब्रह्म-सम्बन्ध ले लिया है। चाहती तो थी संन्यासिनी हो जाती; किन्तु शास्त्र स्त्री को सन्यास-दीक्षा नहीं देते-"

औघड़नाथ ने सहसा प्रस्ताव किया- "यती शंकर कदाचित् आपको संन्यास दीक्षा दे दें।"

"शंकराचार्य?" माताजी ने सहज मानो स्मरण करते हुए पूछा- "विचार ही नहीं आया था। तुम औघड़! मुझे शंकराचार्य के पास से चलो...."

"मैं नहीं।" औघड़नाथ ने प्लुत स्वर में कहा- "भक्तराज! आप माताजी को क्यों नहीं ले जाते। इस भगवती को अपनी चेली बना कर रखना चाहते हो? कह देता हूं-पार नहीं पड़ेगा। जो अभिनव गुप्त के कान पकड़ कर खींच सकती है, जो भरी-पूरी गृहस्थी को लात मार सकती है, वह क्या तुम्हारी चेली बन कर तुम्हारी गोओं को दूहती रहेगी?"

चन्द्रशेखर ने कहा- "माताजी ने मुझे कभी अपना गुरु नहीं माना न बनाया। और न मैंने ही इनको शिष्या बनाया। यह ब्रह्म सम्बन्ध इनके मन का एकान्त संकल्प ही है। यह शंकराचार्य्य के पास जाना ही चाहती हो तो यह मैं उठा-चलिये, श्रीमती माँ! शंकराचार्य्य के पास चलें।"

माताजी ने कहा- "चलेंगे, शंकराचार्य के पास चलेंगे। किन्तु तुम औघड़! शंकर से निपट लो- उसको पराभूत कर दो।"

औघड़नाथ ने कहा- "मैं अखाड़े से बाहर हो गया हूं, माताजी!" हमारे मित्र जू अभिनव गुप्त जाने और शंकराचार्य्य जाने। दोनों ही समान तन्त्रबली हैं। उनके द्वन्द्व में पड़ना बुद्धिमत्ता नहीं है।"

माताजी हंसी; बोली- "पहली बार तुमने बुद्धिमत्ता की दुहाई दी है, औघड़! मुझको सन्तोष हुआ। उनको समझाता क्यों नहीं?"

"इतना समझाया कि मुझको धक्का मार कर आश्रम के बाहर कर दिया और मैं सुनमुन यहाँ चला आया।" औघड़नाथ ने कहा- "इतना गम्भीर, बुद्धिशाली तथा आशुतोष स्वभाव वाले हमारे मित्र जू इतने कठोर और क्रूर हो गये हैं। 'शंकराचार्य! शब्दध्वनि सुनते ही वह आग बबूला हो जाते हैं।"

"रावण जैसी मति हो गई है, और क्या?" माताजी ने निसास भरते हुए कहा- "रावण को सबने समझाया, सीता राम को वापस कर दे। किन्तु वह नहीं समझा सो नहीं समझा। काल और क्या? तुम्हारे साथी और मित्र भी कालवशात् होते जा रहे हैं। मैं जैसे देख रही हूं- इस द्वन्द्व में हानि ही हानि है। क्या करूं?"

चन्द्रशेखर ने सहसा कहा- "आप एक बार और, अन्तिम बार जाकर समझाओ।"

"परन्तु कैसे?" माताजी ने कहा, पूछा।

"अपने सुहाग की सौगन्ध देकर मना लो।"-चन्द्रशेखर ने सहसा कहा।

माताजी के हाथ से चरखा जैसे बिछल गया। उनके दीर्घ और तनिक उत्फुल्ल नेत्र स्वयं ही बन्द हो गये। वह मुलकी, मुस्कराई और फुसफुसाई- "अच्छा, तब! यही-चलो!"

तभी त्रिभंगी दोड़ी हुई आई; अपने मृग नयन नचाते हुए बोली- "पिताजी! हाँ, आ रहे हैं- गुरुदेव! यहाँ आ रहे हैं।"

औघड़नाथ ने कहा- "तब मैं यह चला।"

चन्द्रशेखर ने कहा- "नहीं, औघड़ जी! अपन सब उनको मनायेंगे। प्रभु चाहता है यह तभी तो वह स्वय यहाँ आ रहे हैं।"

तभी त्रिपटिका हौले-हौले आई, बोली- "श्रीमद् अभिनव गुप्त!"

चन्द्रशेखर उठ खड़ा हुआ; बोला- "चलो, प्रेम से लिवा लायें।"

किन्तु अभिनव गुप्त की विशाल मूर्ति समुद्र की उत्तुंग तरंग पर मानो लहरती हुई चली आई। चन्द्रशेखर ने दोनों बाहु फैलाते हुए कहा- "धन्य गुरुदेव! पधारिये! आज हम सब को पावन कर दिया?"

अभिनवगुप्त ने सब को बारी-बारी देखा; कहा- "तो तुम यहाँ मरे हो, औघड़नाथ!"

औघड़नाथ ने कहा- "मृत नहीं, जीवित ही यहाँ आया हूं, मित्र मेरे! माताजी को कहने कि वह आपको आत्मसमर्पण कर दें।"

"आत्मसमर्पण? कौन, यह करेगी?" अभिनव गुप्त ने उत्ताल हास्य हँस कर कहा- "यह तो शक्ति का स्वरूप है प्रौढ़ा वृद्ध माता। वृकोदरा!"

माताजी उठी और सहसा अभिनव गुप्त के चरणों में गिर सी पड़ी- "क्षमा, आर्य्यपुत्र! क्षमा।"

अभिनव गुप्त ने पाँव खिसकाते हुए कहा- "क्यों? यह नाटक फिर क्यों?"

"अपने सौभाग्य के लिये, प्रिय मेरे!" माताजी ने कहा- "मैं अपने घर इसी समय चलती हूं। त्रिभंगी भी चलेगी। आपकी इच्छा; वह मेरी इच्छा। आपकी प्रत्येक आज्ञा शिरोधार्य्य होगी; किन्तु एक वरदान मुझे आप देंगे।"

"क्या?" अभिनव गुप्त बमके।

"मेरी सौभाग्य बिन्दी। उसका अभय।" माताजी ने कहा।

अभिनव गुप्त हँसे; उत्ताल हास्य हँसे; बोले- "तथास्तु, देवि!"

माताजी कल्प वृक्ष की बेलि सी धरती से उठीं और पति के दोनों ही हाथ थामते हुए बोली- "विवाह समय एक हाथ ही थामा था, आज दोनों हाथ थामती हूं। तुम्हारे योगक्षेम का दायित्व अब से मेरा है।"

"भद्रा हो गई हो।" अभिनव गुप्त ने पूछा।

"दुर्गा क्यों नहीं कहते?" माताजी ने कहा- "आप मुझे लेने ही आये थे न?"

"तो क्या करता? उस सुनसान आश्रम में मैं अकेला क्या करता?" अभिनव गुप्त ने कहा- "क्षेमराज कहाँ है?"

चन्द्रशेखर ने कहा- "अदृश्य हो गया है।"

अभिनव गुप्त हँसे- "गया होगा शारदा मन्दिर। उस भव्य मन्दिर के प्रकोष्ठ के एक कोण में बैठा ध्यान करता होगा।"

माताजी ने कहा- "त्रिभंगी! चल, सारी सामग्री उठा ला। मैं सोच ही रही थी, सुहागिन का शव ही घर की देहली के बाहर होता है- जीवित सुहागिन घर के बाहर नहीं होती। मैं हो गई। नाथ, मैं हार गई हूं-मुझे क्षमा कर दो। अभय दो प्रभो!"

अभिनव गुप्त ने गर्जना सी की- "तथास्तु! अब घर चलो!"

चन्द्रशेखर ने अभय वर देते हुए कहा- "श्री हरि! तू है! अखिल ब्रह्माण्ड में तू ही है-श्री हरि। निश्चय ही प्रभु ने आप पर अपनी कृपा-कोर की है। शंकराचार्य संन्यासी हैं; किन्तु आप तो शास्त्र पुरुष हैं। शास्त्र धुरन्धरों के मणि हैं। यती शंकर स्वयं ही आपके साथ शास्त्र की वार्ता मात्र से मौन हो जायेंगे! आप क्या मण्डन हैं? प्रभाकर हैं? नीलकण्ठ? नहीं, जी। आप अभिनव गुप्त हैं।"

अभिनव गुप्त ने तनिक ठक् होते हुए पूछा- "यह तू कह रहा है, चन्द्रशेखर!"

"हाँ, मैं कह रहा हूं-एक समय का जनपद नृपति और आज का एक हरि नाम लेवा भिक्षुक कह रहा है।" चन्द्रशेखर ने कहा- "हृदय के स्नेह से भरे पात्र में ही ज्ञान की ज्योति जलती है। प्रीति से भरे नयनों में ही सत्य की बाती जगमगाती है। इस जीवन में सत्य केवल प्रेम का घना स्पर्श है। श्री कृष्ण के लिये राधा सत्य है और श्री राधा के लिये श्री कृष्ण ही सत्य हैं। भक्त के लिये भगवान् ही ब्रह्म हैं; शिव हैं-राम हैं; कृष्ण हैं। नहीं?"

औघड़नाथ ने हँसते हुए कहा- "भगवान् माने वह भक्त तथा भक्त कहे वह भगवान्। अच्छा तो मित्र जू अभिनव गुप्त जी! विदा!"

"कहाँ मरेगा?" अभिनव गुप्त ने अमर्ष पूर्वक पूछा।

"यहाँ मरना है ही कहाँ?" औघडनाथ ने प्रस्थानोद्यत होते हुए कहा- "यहाँ तो जीना ही जीना है। किसी रमणी के नयनों में बस कर उसी के आरक्त अधरों का रसास्वादन करते हुए जीना ही जीना है"

"स्त्रैण कहीं के!" चन्द्रशेखर ने कहा।

"भक्त, भावभीना भक्त। प्रेमी का दूसरा नाम भक्त नहीं है क्या?" औघड़नाथ ने कहा- "इस मृत्युलोक में नारी नर का जीवन है, प्राण है और नर-नारी का वल्लभ और नाथ है। आज ऐसे उदाहरणीय नर-नारी का पुनर्मिलन देख कर मुझे जीवन के रहस्य का पता चल गया। मेरी ओर से यती शंकर जाये भाड़ में। मुझे क्या? मुझको तो स्वर्ग की अप्सरि चाहिये। कान्ता, जीवन की कान्ता!"

और औघड़नाथ ठठा कर हँसा तथा चल दिया। अभिनव गुप्त ने कहा- "कुछ दिन मेरे साथ रहो, चन्द्रशेखर! जाप-अजापा जाप तब भक्ति नहीं है, जानना चाहता हूं।"

चन्द्रशेखर ने कहा- "माताजी के बुलावे पर आ जाऊँगा।" "मेरे बुलावे पर नहीं, क्यों?" अभिनव गुप्त ने पूछा।

"तुम हिमालय के उत्तुंग चोटी हो।" चन्द्रशेखर ने कहा- "और मैं? एक विरही कोकिल हूं। मातृत्व चिर वसन्त श्री है, आचार्य्य प्रवर वसन्त ही कोकिल को आमन्त्रित करता है, नहीं?"

"अच्छा, अच्छा।" अभिनव गुप्त ने कहा- "किरताल लेकर नाचते हो; किन्तु तुम्हारी कटि उसी तरह ऐंचती है, राजा की भाँति। अभी राज्येषणा नहीं कटी क्या?"

"श्री हरि!" -चन्द्रशेखर ने कहा- "वही जाने।"

चन्द्रशेखर सबको जाते हुए देखते बैठे रहे। बेलियों के वितान से सहज ही बने हुए कुञ्ज के बाहर ऊबड़ पाषाण की चौकी पर बैठे हुए चन्द्रशेखर कुञ्ज के घने श्यामल धुन्ध में मानो किसी को खोजने भी लगे। औघड़नाथ की लम्ब प्रलम्ब मानव मूर्ति मानो धरती से उचक कर पुनः क्षितिज के पास धरती में समा जाना चाहती थी। मानो भीमसेन की गदा-वृहद् पृथु गदा-क्षितिज की ओर कोई अदृश्य हाथ उठा कर लपक रहे हों। तब अभिनव गुप्त शिव नन्दी की भाँति मन ही मन गहराता हुआ जा रहा हो। माताजी ने चन्द्रशेखर को भर पेट आशीर्वाद दिया था प्रस्थान करते समय- "तुझे अपावनी भक्ति प्राप्त हो।" त्रिभंगी ने मुस्करा कर भवें उझकाई थीं और विदा माँगी थी; तब सुश्री त्रिपटिका ने परिहास में कहा था- "भक्ति वीर! राधा बन कर तुम्हारे स्वप्न में आऊँगी।" तब चन्द्रशेखर ने हहर कर कहा- "नहीं, सुमति ललिते नहीं। मैं तो कृष्ण की गोपी हूं-गोपी कृष्ण ही मेरे अनन्य अन्तरंग एकान्त आराध्य हैं। यह देह तो पुरुष-नर का है; किन्तु मन; बुद्धि, चित्त, अहम्-हृदय ही तो गोपी का है। गोपी ही था, जब नन्द-नन्दन मथुरा में प्रगट हुए थे, तब गोपी ही था। किन्तु न जाने क्यों भवों में डुलता आया हूं। श्री नन्द-नन्दन के मथुरा चले जाने के पश्चात् बृज में गोपी के लिये रह ही क्या गया था? मूक घुटता हुआ एकान्त और जलती हुई विरहाग्नि-परन्तु गृहस्थी में फँसी और फंदी, मैं गोपी नन्द-नन्दन को अपने अपलक नयनों से उतार नहीं सकी। वह दिव्य गन्ध जैसे आज भी मुझे

आती है-पारिजात के पुष्पों से भी कहीं अधिक मादक उन्मन और मत्त करने वाली गोपी कृष्ण के दिव्य तनु की गन्ध थी, हाँ! थी। ओह! श्रीमती सुश्री, आप जायें, मुझको मेरे इस सीदते हुए एकान्त में ही रहने दें। राज को लात मार कर आया हूं और मन से जैसे नर देह भी भुला चुका हूं। गोपी कृष्ण! 'ओम क्लीं कृष्णाय गोविन्दाय गोपीजनवल्लभाय नमः स्वाहा!' यही अजपा जाप जपता हूं, हे कृष्ण मेरे, प्राण धन!"

"प्राण धन!" मुलक कर त्रिपटिका ने हँसते हुए मानो प्रतिध्वनि की थी- "अच्छा, भक्तिवीर! हम चलीं। किन्तु हम तो श्री कृष्ण बन कर भी आपको स्वप्न में भी दर्शन देंगी।"

चन्द्रशेखर इस विचक्षण मनस्वी सौन्दर्य्य श्री को देखते ही रहे थे-यह नारी मानो राधिका, स्वामिनी जी की सखी हो। स्वामिनी जी की सखी। चन्द्रशेखर रोम-रोम में सिहरे; राधिका जी की सखियाँ इतनी सुन्दर हैं, तो वह स्वयं कितनी सुन्दर होंगी? सुन्दर, सुन्दरतर, सुन्दरतम सौन्दर्य्य की बिजलियाँ ही होंगी वह सखियाँ और राधा? पूर्णिमाओं की घनरस कौमुदी ही होंगी। चन्द्रशेखर सहसा जैसे मन ही मन पसीज उठे, 'राधे गोविन्द!' मन ही मन वह पुकार उठे; "राधिके! दर्शन दो। तुम-तुम श्री नन्द-नन्दन श्री कृष्णचन्द्र की आल्हादिनी चिति हो, शक्ति हो। तुम्हीं विष्णु की कमला -ऐश्वर्य्यबोधिनी हो, तुम्हीं शिव की आनन्द मोहिनी हो। तुम स्वयं ही श्री राम हो; कृष्ण हो। हो-हो। चाहे कोई कुछ कहे, प्रभु हैं, जीते जागते नित्य अजर अमर प्रभु हैं। मैं हूं; भक्त हूं तो भगवान् तो हैं ही। भगवान् न हो तो यह जगत् कौन रचे? यह माया कौन ध्याये? यह भव संसार कौन सजे? जीव ब्रह्म एक साथ हैं-एक हैं क्या? जीव ब्रह्म एक अभिन्न हों तो फिर भक्त कौन? भगवान् कौन? यह यती शंकराचार्य भगवान् भागवत और भक्ति को नहीं मानता। सभी कुछ ब्रह्ममय है; तू ब्रह्म है-मैं ब्रह्म हूं। तब जब मैं ही ब्रह्म हूं तो तब भगवान् फिर कौन है? तब क्या मैं ही अपना भक्त हूं-अपना भगवान् हूं।" चन्द्रशेखर किसी अज्ञात आशंका से भर उठे- "तब क्या भगवान् नहीं है? मैं ही हूं? मैं? मैं क्या? अल्पज्ञ जीव हूं तो फिर भगवान् कैसे हूं-हूंगा?" नहीं, नहीं चन्द्रशेखर! तू जीव ही है; भगवान् नहीं है। भगवान् होता तो क्या जन्मता? वृद्ध होता? खजता? सुखी दुःखी होता? कालाधीन होकर भव-बन्धन में बन्धता? निश्चय ही मैं जीव हूं; अनाथ हूं; दीन हूं; पतित हूं; पापी हूं; मैं। पापी ही तो। मैं, पतित ही तो! हे कृष्ण गोविन्द! मैं तो जन्मजात पापी हूं, पतित हूं। दीन हूं-कुटिल हूं-कामी हूं, क्रोधी हूं। हे नन्द-नन्दन!"

चन्द्रशेखर उठ खड़ा हुआ; पुकार कर बोले- "मैं, मैं पापी, पतित! मैं कामी क्रोधी-मैं जीव। दासानुदास हूं।"

चन्द्रशेखर की धर्मपत्नी दौड़ी आई- "क्या हुआ? क्यों चिल्ला रहे हो?"

"मणि? तू?" चन्द्रशेखर ने अचकचाई हुई दृष्टि से देखा- "तू आ गई? जा आई अपने सपूत के पास? रह आई? मन भर गया न?"

"रासमणि ने शान्त गम्भीर स्वर में कहा- "हाँ, जा आई। राजकुमार हुआ है-जनपद का राजवी उत्तराधिकारी। तुम, भगतराज सोने की सीढ़ी मेरे लिये तैयार कराओ-मैं दादी हो गई हूं-तुम दादा।"

चन्द्रशेखर ने घूर कर पत्नी को देखा; कहा- "मैं दादा? नहीं, नहीं, मणि! मैं तो श्री कृष्ण की सखी हूं-नन्द-नन्दन की गोपी हूं-मैं स्वामिनी राधिका का दासानुदास हूं। राजकुमार। राजा, राजकुमार- राजा! उंह! मैं किसी का भी दादा या नाना नहीं होना चाहता। छोड़ दिया, सो छोड़ दिया, भगवति!"

रासमणि ने मुह बिचकाया; तमक कर बोली- "तुम्हारे कहने से क्या होता है? संसार में हो तब तक सगाई, सगपण भी हैं और रहेंगे। भक्ति करने से क्या संसार के सम्बन्ध टूट जाते हैं?"

"गल जाते हैं, देवि!" चन्द्रशेखर ने कहा- "संसार मेरे लिये लुप्त हो गया है। जिस समय मुझको राजगद्दी से उतारा गया, तुम चुप रही, एक शब्द भी नहीं बोली, क्यों?"

रासमणि ने झल्ला कर कहा- "तुम क्या राज कर रहे थे? नहीं तुम राज भोग रहे थे। राज तो राज के कारिन्दे कर रहे थे। राजकुमार को तो तुमने चारों ओर से घेर कर रखा था।"

"तो क्या मेरे विरुद्ध विद्रोह करने देता?" चन्द्रशेखर ने तनिक रुष्ट होते हुए पूछा- "सेनापति, कोषाध्यक्ष तथा तुम्हारा वह सपूत मिल गये थे। राज्य के लिये पिता की हत्या तक करने को वह तत्पर हो गया था-"

"झूठ!" रासमणि तीव्र स्वर में बोली- "मेरा पुत्र राजेन्द्र ऐसा, इतना नीच कभी नहीं हो सकता। तुम तो वह जन्मा तब से उसके विपरीत ही रहे हो।"

"रहा हूं।" चन्द्रशेखर ने कहा- "राज के लिये इस संसार में क्या नहीं हुआ? क्या नहीं होता- क्या नहीं हो सकता? देवि! इस पृथिवी तल पर राज और राम दो ही हैं। चाहो तो राज प्राप्त कर लो और चाहो तो राम। राम मिलता नहीं; राज तो प्रतारणा, विद्रोह और षड्यन्त्र से मिलता है-मिलता रहा है।"

"तो तुम अब भी राज चाहते हो?" रासमणि ने पूछा।

"नहीं।" चन्द्रशेखर ने कहा- "राज नहीं, अब मैं राम चाहता हूं। राजमहल से ठुकरा कर निकाले जाने पर बुरा लगा। किन्तु धीरे-धीरे मन का लोभ दूर होता चला गया। यह नर भाव ही राजा का भाव है-मैंने त्याग दिया। मैं सखी भाव अपना कर अपने प्रियतम के लिये अब रो रहा हूं-रोने दो मुझे, देवि!"

"क्यों रोने दूं तुमको?" रासमणि ने तीव्र अमर्ष पूर्ण स्वर में कहा- "चक्रवर्ती भी अपने राजकुमार को राज सौंप कर वन में गये हैं। यह क्या भारत के राजवंशों की रीति नहीं रही है? राम ने तो अयोध्या का राज वन के राज से कम ही कूंता था। आपको विवेकपूर्वक मेरे पुत्र को राज सौंप कर वन में चले आना चाहिये था- राजगद्दी को लेकर जो विद्रोह हुआ, वह आपके हठाग्रह के कारण ही हुआ।"

"मेरा हठ?" चन्द्रशेखर ने पूछा- "मैं विधिवत् राजगद्दी पर अभिषिक्त था- जैसा तैसा भी राज कर ही रहा था। कौन नरेश विलासी नहीं रहा? राम के सिवाय सभी राजाओं ने अपने एकछत्र ऐश्वर्य को भोगा है। स्वयं राजा दशरथ राज भी करते थे और राज भोगते भी थे। उनका रनिवास भरा पूरा था। किन्तु तुम यह नहीं मानोगी! मेरा हठ? क्या था? यही न कि मरण पर्य्यन्त राजगद्दी पर बना रहूंगा-क्या यह मेरा हठ था? नहीं, भगवति! यह मेरा सत्व था-अधिकार था, जो मुझको वंश परम्परा से प्राप्त था।"

"मेरा बस चले तो यह वंश परम्परा का राज्य उत्तराधिकार ही समाप्त कर दूं" रासमणि ने तमक कर कहा।

"तो ऐसा करती न? अपने पुत्र को विद्रोह करने दिया, पिता के विरुद्ध प्रतारणा करने दी और अब कहती है, राज्य का उत्तराधिकार ही समाप्त हो जाय तो तुम्हारा पुत्र राजा कैसे होता?"

"सभी राजमातायें चाहती आ रही हैं कि उनका पुत्र ही राज्य का उत्तराधिकारी हो। क्या कैकेयी ने यह नहीं चाहा?"

"चाहा; परन्तु परिणाम क्या हुआ?" चन्द्रशेखर ने सिर धुना कर कहा- "पति का मरण और राम का वनवास। फिर सभी राज-माताओं के भरत सा पुत्र होता है क्या, जन्मता है क्या?"

"परन्तु क्या मैं तुम्हारे साथ वन में नहीं आई?" रासमणि ने पूछा।

"आई तो सही; किन्तु तुम्हारा एक पाँव इस कुटिया में है और दूसरा अपने पुत्र के राजमन्दिर में।" चन्द्रशेखर ने उत्तर दिया।

"तो? तुमने सखीभाव जो गृहण कर लिया।" रासमणि ने कहा- "स्त्रीवेश में सज्ज तुमको नाचते और रोते हुए मैं देख नहीं सकती। वानप्रस्थी हो तो क्या नर मिट गये हो? पुरुष होकर स्त्री भाव धारण करते हुए तुमको लज्जा नहीं आती?"

"पुरुष केवल एक मात्र नन्द-नन्दन श्री कृष्ण हैं, देवि!" चन्द्रशेखर ने कहा- "तुम राजमाता हो; तुम क्या समझोगी?"

"मुझको यह समझना भी नहीं है।" रासमणि ने कहा- "तुम स्त्री-वेश पहन कर जी भर कर नाचो, रोओ, मुझको क्या?"

"हाँ, तुमको क्या?" चन्द्रशेखर ने कहा- "कृपा करो, देवि! तुम राजमन्दिर में ही चली जाओ। राजमाता बन कर रहो मैं अपने हाल में मस्त हूं। सुना, जाओ, राजमन्दिर में चली जाओ...."

रासमणि ने तमक कर कहा- "और तुम सखियों के बीच रह कर रास रचाते रहो, यही न?"

"यही, देवि! यही।" चन्द्रशेखर ने कहा।

"निर्लज्ज कहीं के, तुम से तो मैं भर पाई।" रासमणि ने मन्द फुत्कार के साथ कहा- "अच्छा, तो तुम यही चाहते हो कि मैं यहाँ से चली जाऊँ?"

"मैं तुमसे परित्राण चाहता हूं।" चन्द्रशेखर ने कहा- "तुमको देखता हूं तो जैसे किसी दिव्य विमान से नीचे पृथिवी तल पर गिर जाता हूं। तुम मेरे हृदय के घावों को नहीं समझतीं। तुम-तुम अब मेरी जीवन संगिनी नहीं रहीं।"

"तो मैं भी क्या तुम्हारे साथ किरताल लेकर नाचा करूं?" रास-मणि ने कहा- "तुमने सखी भाव लिया तो क्या मैं सखा होकर गोपियों के साथ रास रचाती रहूं?"

"मेरे साथ रहना हो तो भक्ति करनी होगी।" चन्द्रशेखर ने कहा- "अच्छा ही हुआ, लात मार कर राजभवन से निकाल दिया गया। अन्यथा यह भक्ति भाव कहाँ मिलता? इस भव की ग्रीवा असिधारा से बच गई। यह छाती कृपाण की नोंक से बच गई। धोखे में विषपान नहीं करना पड़ा। अब ज्ञान हुआ है, देवि! मानव जीवन भजन के लिये ही है-राजभोग के लिये नहीं।"

"भक्त तो ढेर सारे हो गये हैं; परन्तु क्या गृहस्थी मिट गई?" रासमणि ने फुत्कार की- "क्या जाति नष्ट हो गई? धर्म लुप्त हो गया- राज बिखर गये? रणभूमि उजाड़ हो गई? राजा साधु हो गया? यह सब तुम्हारा भ्रम है..."

"भ्रम ही सही। यती शंकर तो भव-संसार को अध्यास कहते हैं।

माया को मिथ्या कहते हैं-अज्ञान, अविद्या देवि!"

"किन्तु तुम क्या शंकराचार्य्य हो?" रासमणि ने कहा- "तुम एक राजभोगी जीव मात्र हो। वह मनुष्य जो पाप करता है; कुछ पुण्य भी करता है-भोग के लिये जीता और भोग के लिये ही मरता है। तुम शिव स्वरूप सन्यासी हो क्या?"

"नहीं हूं, देवि! सच कहा, मैं एक पतित मानव हूं।" चन्द्रशेखर ने कहा और नदी तट की ओर- श्मशान की ओर चल दिया-हाँ पतित ही तो। इस पृथिवी तल पर जीव पतित ही है; पुण्यशाली जीव तो ईश्वर की कृपा से ही हुआ जा सकता है। चन्द्रशेखर चुपचाप श्मशान के मन्दिर की ओर चले। उस धूसरित बीहड़ में पशुपतिनाथ का मन्दिर जैसे समूची धरती की साकार गोद सा खड़ा था। पीपल की वृक्ष घटाओं में उसका गुम्बद मानो किसी विशाल मुकुट सा था, जो दिग् देवता के मस्तक पर सुशोभित था। चन्द्रशेखर ने आह भरी, निसास रक्खा-"प्रभो! अब स्त्री के व्यंग सुने नहीं जाते-सहे नहीं जाते। उठा ले, नन्द-नन्दन! राज गया, वैभव छीन लिया गया और अब यह भक्तिभाव भी भ्रष्ट कहा जा रहा है। मैं तेरी सखी हूं, श्रीकृष्ण गोरे! तूँ बोल, हूं या नहीं!"

"हो! हो! हो!" ध्वनि प्रतिध्वनि बोली। चन्द्रशेखर ठिठक कर खड़ा हो गया। हो हो प्रतिध्वनि मानो झूमती हुई आई और उनको लिपट गई। "कौन? कौन हो तुम?" चन्द्रशेखर चिहुंके! चिल्लाये! प्रतिध्वनि हंसी, बोली- "मैं और कौन? कहाँ चले यह तो श्मशान है।" त्रिपटिका खनकती हुई बोली- "भूल गई श्मशान का पड़ोसी श्मशान में ही तो आयगा। क्या हुआ? श्रीमती जी से पुनः झगड़ा हो गया?"

चन्द्रशेखर ने विचकित दृष्टि से देखते हुए पूछा- "तुम तो माताजी के साथ गई थी न?"

"जी हाँ, गई थी। किन्तु क्या मैं उस खड्ड में पुनः गिरने गई थी?" वह बोली- "नहीं। मैंने एक क्षण में सभी बन्धन काट दिये हैं और संन्यास लेने का निश्चय किया है।"

"संन्यासिनी? तुम?" चन्द्रशेखर ने कहा- "नहीं, तुम तो श्री राधिका की अन्तरंगिनी सखी हो। नहीं; तुम संन्यासिनी हो नहीं, हो सकती नहीं! तुम्हारा यह निश्चय आत्माघाती है, शुभे!"

त्रिपटिका ने शान्त दृष्टि से चन्द्रशेखर को घूरा; कहा- "यतीवर्य्य शंकराचार्य श्रीमद् का कथन है- आत्मा अजर अमर है। श्री कृष्ण ने गीता में कहा है। आत्मा हना नहीं जा सकता; मरता नहीं-मारता भी नहीं। वह अजात सच्चिदानन्द घन है। इसलिये आत्म हत्या जैसी क्रिया है ही नहीं, हो सकती नहीं।"

"परन्तु संन्यासिनी? तुम?" चन्द्रशेखर ने पुनः कहा- "नहीं सखी री! नहीं, मेरे यहाँ स्थायी निवास करो-तुम। तुम ललिता सखी और मैं तुम्हारी दासी, गोपी सखी। हम तुम दोनों दो देह और एक मन, श्री राधिका का अहर्निशि स्मरण करेंगे। श्री कृष्ण के भजन के लिये राधिका अनिवार्य्य है और श्री राधिका की भक्ति के लिये ललिता सखी अनिवार्य्य है। इस पुरुष भाव को निस्संदेह ललिता भाव में लीन करना ही है शुभे! सुमुखि!"

त्रिपटिका पुनः खनखनाई- "शंकराचार्य्य के अजय पुरुष को मैं जीतूंगी। या तो वह शव हो जायेंगे, अथवा मुझ त्रिपुरसुन्दरी के साथ युक्त होकर त्रिकाल सृष्टि के धाता, विधाता हो जायेंगे। कल्प-कल्प से मैं ऐसे पुरुष की खोज में भटक रही हूं जो कामगन्धहीन पूर्णकाम हो-सांख्य का अकथनीय पुरुष हो-शंकराचार्य्य यह हैं। उनको स्वयं में लीन करूंगी, भक्तराज! अपना यह मायावी स्वरूप त्याग कर मैं स्वयं योगमाया बनूंगी। शंकराचार्य ने मेरी ओर देखा तक नहीं; जब मैंने अपने सभी पूर्वजन्मों के नयनों से उनको देखा; उन्मीलित नयनों से मैंने शंकराचार्य्य को अपने चित्ताकाश में देखा। किन्तु वह यती वसन्त के भव्य मेघ सा उभर कर बिला गया। राधिका? श्री कृष्ण की आल्हादिनी शक्ति? नहीं, मैं ज्ञान-स्वरूप में शिव की आनन्द शक्ति ही होना चाहती हूं-पुरुष मुझे नहीं जीतेगा; मैं जीतूंगी पुरुष को-नर को, भक्तवीर!"

"बौरा गई हो क्या?" चन्द्रशेखर ने चकित हो कर पूछा।

"नहीं, जी। मैं पूर्ण स्वस्थ हूं।" त्रिपटिका ने सस्मित कहा।

20

शंकराचार्य्य ने अपने पट्टशिष्य आचार्यों से कहा- "अपने-अपने स्थानों पर जाओ। यह शरीर अब स्वस्थ है। अब कोई आशंका नहीं रही। विपदा? आये तो आने दो-विपदायें मेरे मार्ग में आती रही हैं; संकट घहरते रहे हैं-विघ्न मण्डराते रहे हैं। समय आ गया है, जब भारतवर्ष के जम्बूद्वीप के गगनों को सत्यनारायण की दिव्य किरणों से भर दिया जाय। जम्बूद्वीप के व्योमों को सच्चिदानन्द की अनहद ध्वनि से गहगहा दिये जायें-आकाश को पीड़ित करने वाले विज्ञान मदों से विश्राम दिलवाया जाय-देख नहीं रहे हो? जगत् अपने ही विज्ञान के आतपों से दग्ध होने लगा है। मनुष्य को जड़ के प्रति घनीभूत होती हुई आसक्तियाँ और अविद्या के अध्यासों के अँधेरे जैसे उमड़-उमड़ कर विश्वात्मा को मानो रुला रहे हैं। मनुष्य कितना विवश, दीन, अरक्षित तथा भयभीत हो गया है? अहर्निशि मैं प्राणियों को जैसे सीदते हुए सुन रहा हूं-भव सागर में डूबे हुए यह जीव देह की आराधना में मानो प्रतिफल अपना घात ही कर रहे हैं। विज्ञान मनुष्य को ही नहीं प्राणी मात्र के जीवन को श्री और सुकृति तो देता है, किन्तु कब? जब मनुष्य का अमोघ ध्येय भव-सागर से मुक्त होना और अन्ततोगत्वा मोक्षावस्था प्राप्त करना है। परम् ब्रह्म परमात्मा की यह लीला, उसका यह राग भरा चिद् विलास अन्ततोगत्वा जीव की मुक्ति-मोक्ष के लिये ही है। जड़ चैतन्य नहीं है; किन्तु माया को लेकर वह जीव के लिये पदार्थ पाठ भी है- जड़ जगत् में भटक कर, झूर-झूर कर, भ्रमों से चकित तथा स्तम्भित सा जीव, मानव जीव, अपने जड़ शरीर को देखने लगता तथा माया को समझने लगता है। यह ज्ञानाभास ही माया से वैराग्य उत्पन्न करता तथा नश्वर जड़ का अन्त में त्याग करवाता है। अपने क्षेत्र के गाँव-गाँव में मनुष्य को चैतन्य परक होने

की शिक्षा दो। मनुष्य को जगत् में डूबने मत दो। उसको उसके सच्चिदानन्द परम् चैतन्य की ओर ले जाओ, विज्ञान से उबार कर मनुष्य को आत्म-चैतन्य की ओर ले जाओ, आचार्य्यों! इसीलिये आचार्य को देव कहा है; माता-पिता को देव कहा है-अतिथि को भी देव कहा है। हाँ, इस पृथिवी तल पर मनुष्य एक विलमाया हुआ अतिथि ही तो है। जीव कल्प कल्पों से, अनादि से आत्मचैतन्य का शोधक एक यात्रिक है-यह जगत्, मायावी, मायामय जगत् मनुष्य के लिये एक तीर्थ है-जगत् का प्रत्येक रूप प्रभु का इंगित करता है; प्रत्येक ध्वनित-प्रतिध्वनित नाम परम चैतन्य का ही सन्देश देता है- जाओ, अपने-अपने शंकर मठों पर लौट जाओ और जब मैं बुलाऊं तब मेरे पास आओ-"

पद्मपाद ने नमन पूर्वक पूछा- "श्रीमद्?"

"यह श्रीमद् कुछ समय समाधिस्थ रहेगा।" शंकराचार्य्य ने कहा- "पृथिवी, अन्तरिक्ष और द्युलोक को आत्मसात कर सका; किन्तु यह भारत? गहन है; दिव्य है; चिदाकाश में अभी तक भर नहीं सका हूं- भारतीय आकाश में अभी भी अन्धकार प्रसरे हुए है। मुझे ज्ञात है, भारत का भूताकाश स्वच्छ होता गया है; भारत का चित्ताकाश निर्मल होने लगा है; किन्तु इस दिव्यभूमि का चिदाकाश-परमात्मा के आविर्भाव के ब्राह्म मुहूर्त से तो वह सुशोभित हो रहा है परन्तु अभी भी मानव के अमोघ तप की आवश्यकता है-जगत्कल्याण परमात्मा की प्राप्ति के लिये अखण्ड तपस्या है। अभी मेरी यह तपस्या पूर्ण नहीं हुई। सुर के वेश में असुर भारतवर्ष में हैं-अनात्मवादी सम्प्रदाय तथा लोकायतवादी दार्शनिक जब तक हैं, तब तक भारतवर्ष की अन्धकार से मुक्ति नहीं है- नहीं होगी। विद्या विनय देती है, विज्ञान जगत् देता है और ज्ञान ही मुक्ति देता है।"

सुरेश्वराचार्य ने प्रणाम पूर्वक कहा- "श्रीमद् तोटकाचार्य आ जायें, तभी हम अपने मठों की ओर प्रस्थान करें-आप श्रीमद् को हम अकेला छोड़ नहीं सकते।"

"क्यों, वत्स?" शंकराचार्य्य ने मूलकते हुए पूछा- "जीव अकेला और एकाकी ही तो है-काल का पारदर्शी एकान्त ओढ़ कर ही तो जीव जगत् स्वप्न एवं निंद्रा सहता है। परमात्मा स्वयं अपने ही अगाध मौन में समाधिस्थ हैं; किन्तु वह एक होते हुए भी अपनी माया से अनेक भासित होते हैं-जीव नहीं। जीव तो एकान्त से भरा, काल समुद्र में डूबा, अन्धकार में अन्धा एक विचित्र भाव भर है-मैं हूं न!"

"आप तो समाधि में त्रिकाल जाग्रत सच्चिदानन्द हैं।" पद्मपाद ने कहा- "आप जब अनुभव करें तब शरीरी और जब अनुभव करें तब मुक्त मोक्षावस्था में स्थित सच्चिदानन्द ब्रह्म!"

"जब तक मैं इच्छा करता हूं, उसकी पूर्ति के लिये कर्म करता हूं, जब तक मैं जगत् में जागता हूं और स्वप्न में देखता हूं तथा जब तक मैं निश्चिन्त और निर्भय निद्राधीन होता रहता हूं-भोगता हूं। सुखी और दुःखी होता एवं स्मृतियों से दग्ध होता रहता हूं-जब तक मैं कामना करता रहता हूं तब तक जीव हूं-प्रारब्ध का एक अगाध आश्चर्य!"

"इसीलिये हम तोटकाचार्य के आने तक आपको घेरे रहेंगे।" हस्तामलक ने शान्त स्वर में कहा- "मैं आगम जैसे देख गया हूं।"

शंकराचार्य्य हँसे- "तो मैं अपना आगम जैसे जान गया हूं। भले ही यह एकमात्र और केवल प्रारब्ध का मेरा शरीरीपन हो, यह भव है, कर्म फल है-सुख तथा दुःख है। कितने विद्याधरों को मैंने कण्ठित किया होगा? शास्त्रज्ञ तो मुझसे दूर-दूर कतराने लगे हैं-पण्डितों की उदर-पूर्ति के आडम्बर थम गये-यह सब कष्ट मुझसे ही हुआ-नहीं? अन्य शरीर द्वारा ही सही, मैंने चित्त से असंग रहते हुए भी काम के रमणीय कीच में कमल की भाँति अनुभव किया किन्तु क्या वह कर्म नहीं था? था- बाँधेगा। किन्तु अपने इस संक्षिप्त केवल एकभव को यों भोग लेने का मुझे सन्तोष ही है! रहेगा। मैं विस्मृति में नहीं पूर्ण जाग्रति में देह त्यागूंगा।"

"प्रभो! मेरे!" पद्मपाद ने सहसा शंकर के श्री चरण थामे; तनिक चीत्कार पूर्वक कहा- "मैं अभिनव गुप्त, औघड़नाथ तथा उन सब को समझ लूंगा। इन श्री चरणों की शपथ, इन प्रतारण-परकों को मैं निपट लूंगा। श्रीमद् की कृपा से प्राप्त शक्ति से मैं प्रतारणाओं को टूक-टूक कर दूंगा। अभिमन्त्रणों को मिटा दूँगा-"

"अभिचार?" शंकराचार्य्य ने सहसा पूछा।

"प्रत्याक्रमण श्रीमद् गुरुदेव!" पद्मपाद ने खीझते हुए कहा।

"शान्त।" शंकराचार्य्य ने अपने अगाध सरोज नयनों में ही विलीन सा होते हुए कहा- "विधाता को अपना करने दो, वत्स! जीव विधाता के वश में है तथा यम के न्याय में स्थित है। हम वेदान्त के संन्यासी प्राणी मात्र का कल्याण चाहते आ रहे हैं। हम क्या चाहते हैं? प्राणी मात्र का कल्याण हो; उनका

योगक्षेम मनुष्य साधे तथा मानव मात्र एक जुट रह कर अपना पुरुषार्थ करे-धर्म परक, धर्म पूर्वक होकर मनुष्य इस पृथिवी पर अपने चारों पदार्थ प्राप्त करे- अर्थ, धर्म, काम और मोक्ष। हम वेदान्त सन्यासी जगत् को जानते हैं, सृष्टि को समझते हैं तथा जीव के अन्तिम और आत्यन्तिक जीवन लक्ष्य का सदैव के लिये निश्चय कर चुके हैं; मोक्ष! वेदान्त बन्धन नहीं, मुक्ति ही प्रदान करता है, मोक्ष मार्ग पर चलने की कला सिखाता है। मनुष्य के परम्-चरम भव्य और दिव्य उत्कर्ष की विद्या देता है-वेदान्त अज्ञान नहीं, ज्ञान का दान करता है।"

"ज्ञान!" सुरेश्वराचार्य चिहूंके।

"आत्मा-आत्मचैतन्य, ब्रह्म!" हस्तामलक ने शान्त स्वर में कहा- "सर्वत्र सदैव वह ज्ञान स्वरूप परमात्मा ही है।"

"ओमकार!" शंकराचार्य ने जैसे सहसा कहा- "किन्तु अभिनव गुप्त निराकार को आकृत होते हुए कहते हैं- अजन्मा को जन्मजात मानते हैं, ज्ञानी को अज्ञानी होते हुए मानते हैं। जहाँ कुछ भी नहीं है वहीं, सभी कुछ मानते हैं-नश्वर को शाश्वत बताते हैं। शिव-शिवा-यह सब उस परात्पर परम् शिव के भाव स्वरूप हैं; जन्म रूप नहीं। आकृति मात्र देह है; असद् है; माया है-अज्ञान जनित अध्याऽस भर है। वह चिद् विलासी सच्चिदानन्द नाटककार है; नटराज है, रसेश है-आनन्द सम्मोहक और आनन्दविलासी है। वह अंश नहीं है, टुकड़ा नहीं है; खण्ड नहीं है- अखण्ड अभय पूर्ण द्वैत हीन और अद्वैत अभिन्न सच्चिदानन्द स्वप्रकाश है-ज्ञान प्रकाश, जो स्वयं प्रकाश्य है, प्रकाशमान है; भासित है, प्रतिभासित है। किन्तु अभिनव गुप्त यह समझे तब है न-वह तो मुझसे रुष्ट है।"

"रुष्ट? नहीं।" पद्मपाद ने तीव्र स्वर में कहा- "अभिनव गुप्त को आप श्रीमद् को लेकर द्विष है-द्वेष। ऐसा लगता है, मतिमान और मनस्वी अभिनव गुप्त शंकराचार्य का नाम सुनते ही मन ही मन जलभुन जाते हैं। समझते हैं, दर्शन उन्हीं की वंश परम्परागत आत्मविद्या है- अन्य सब ढोंगी मूर्ख और ऐन्द्रजालिक हैं। यदि उनको अपने अनादि शैव दर्शन का अच्युत अमोघ विश्वास है, सिद्ध निश्चय है, सफल निर्णय है, तो वह आप श्रीमद् से वार्ता क्यों नहीं करते? उदार और सद् बुद्धि से दीप्त मनुष्य की भांति वह आप संन्यासी के श्री चरणों में क्यों नहीं आते-"

शंकराचार्य्य ने बीच में ही कहा- "मैं एक निरीह मानव संन्यासी हूं। मैं विद्वान्, मनीषी, शास्त्र धनी पण्डित नहीं हूं-न मैं नरेश हूं और नहीं मैं राजा-

महाराजा हूं। मैं तो वेदान्त के ब्रहम का अहर्निशि चिन्तक तथा परम् सत्य का ध्यान कर्त्ता एक अनासक्त मानव हूं-जगत् देखता हूं; स्वप्न देखता हूं-सोता और जागता हूं; किन्तु मैं संसार में जीता नहीं। ऐसे निर्विशेष तथा निरीह व्यक्ति के पास धुरन्धर शास्त्रवेत्ता साधक शिरोमणि अभिनव गुप्त आयेंगे ही कैसे- मैं ही उनके श्री चरणों में जाऊँगा। उनका दर्शन करूंगा और वह प्रसन्नता पूर्वक वेदान्त-चर्चा चाहेंगे, तो अपने परम ब्रहम का स्तवन मैं अवश्य ही करूंगा; किन्तु......"

"किन्तु?" शूलपाणि ने पूछा।

"किन्तु अभिनव गुप्त का अपमान नहीं करूंगा। निर्मलचित्त के स्नेह संभार पूर्वक मैं उनको वेदान्त तथा शैव दर्शन का मिथ्या अन्तराल बताऊंगा। दीपक देख कर अभिनव गुप्त यह मानते हैं कि अन्धकार मिट गया।"

पद्मपाद ने कहा- "मुझको निश्चित सूचना है, अभिनव गुप्त आपको अभिमन्त्रण द्वारा जीर्ण कर देना चाहते हैं, वार्ता नहीं।"

शंकराचार्य ने पद्मपाद को सस्नेह घूरा; कहा- "अभिनव गुप्त जो चाहें, उनको कर लेने दो, वत्स! कसौटी मेरी है; उनकी नहीं। मैं शारदा-मन्दिर जाऊँगा और दक्षिण द्वार खोलूँगा। मैं सर्वज्ञ पीठ पर आसीन हूंगा-अवश्य!"

"पद-पद पर बाधायें खड़ी की जायेंगी, प्रभो!" पद्मपाद ने कहा।

"मेघ उमड़ते हैं, बिजलियाँ दमकती हैं, कड़कती है। आंधियाँ आती हैं प्रलय होते ही रहते हैं किन्तु अपराजित आत्मा कब रुकी है?" शंकराचार्य ने सस्मित कहा- "सच्चिदानन्द रूप आत्मा अनादि से परमात्मा के परम् आनन्द चैतन्य की ओर चलती ही रही है-जन्म के कारागार सह कर और मृत्यु का भय उठा कर भी चिदानन्द आत्मा अपने अगाध अमोघ परमात्मा की ओर जाता ही रहेगा-जाता रहेगा। जन्म कर, मर कर जीव भाव स्वयं ही रीत जायेगा, वत्स पद्मपाद! और एक पल में काल के अँधेरे गह्वर से उड़ कर परमात्मा के सच्चिदानन्द दहर में पहुंच जायगा। यह भव योनियों के भव, जन्म मरण असत्य को जानने, माया को मिटाने तथा शुद्ध-बुद्ध परम् ज्ञान प्राप्त करने के लिये ही है।"

"मोक्ष!" हस्तामलक ने कहा।

"सच्चिदानन्द आत्मा परमात्मा अभिन्न तादात्म्य!" शंकराचार्य ने मानो उत्तर दिया- "सभी भयों के पार और भीतियों के परे आनन्दमय अभय सच्चिदानन्द परमपूर्ण, परिपूर्ण ब्रहम-चैतन्य!"

“काश! अभिनव गुप्त को उसका प्रत्यक्ष होता।” सुरेश्वर बोले।

“अभिनव गुप्त शक्ति को ही जानते हैं। शक्ति से आरूढ़ शिव को जानते हैं।” हस्तामलक ने कहा- “परम् ब्रह्म सच्चिदानन्दमयता है-न शिव है और नहीं शक्ति!”

“परम् ब्रह्म!” शंकराचार्य्य ने साक्षी प्रदान की- “सगुण निर्गुण के प्रश्नोत्तर अर्थापत्ति भर हैं। मानव आकृति को देखता है और गुण रूपात्मक हैं-ब्रह्म की ऋतम्भरा के कल्पनाशील उभार हैं। माया? परम् ब्रह्म का ऐन्द्रजाल है और क्या है माया? निर्गुण सगुण सापेक्ष कथन है और सगुण निर्गुण सापेक्ष है- ब्रह्म माया में नहीं है; माया ब्रह्म में है। जगत् ब्रह्म में है; ब्रह्म जगत् जन्मा नहीं है- यही वार्ता जीव की है। जीव ब्रह्म चैतन्य का देशकाल बद्ध प्रतिबिम्ब है- यही! न शिव है और नहीं शक्ति। केवल परम् ब्रह्म शिव है। परन्तु अभिनव गुप्त को यह सिद्धान्त स्वीकार्य्य नहीं है। शक्ति का उपासक निरञ्जन-निराकार अज अनन्त सत्य ज्ञान का ध्यान कैसे कर सकेगा? नहीं कर सकता। अभिनव गुप्त को परम् शिव के शान्त अनन्त लीढ़ ध्यान की आवश्यकता है, शक्ति तो शिवारूढ़ होकर परम् शिव में लीन हो जाती है। होगा। तोटकाचार्य अब तक नहीं लौटे?”

“आपके लिये तो तोटकाचार्य्य तोटक ही है, प्रभो!” पद्मपाद ने कहा- “तोटकाचार्य तो हम लोगों के लिये हैं।”

“आप लोग हैं क्या?” शंकराचार्य्य ने सस्मित पूछा - “आप शंकर वेदान्त के सिद्ध आचार्यगण हैं। मैं हाथ उठा कर कहता हूं वेद और वेदान्त के विरुद्ध, विपरीत, विषय सभी मत ध्वस्त होकर रह गये हैं। वेदान्त विरोधियों के पास सिद्धान्त हठ तथा अपने शास्त्र की निगड़ अस्मिता है-विचार बाँधता है; शास्त्र के प्रमाणभूत कथनों ने इन बुद्धिशालियों को बाँध रखा है। केवल ज्ञान ही विचार की कारा से मुक्ति दिलवाता है क्योंकि ज्ञान ही सत्य है। क्या क्षण अनन्त की धारणा करवा सकती है? अनित्य क्या नित्य की कल्पना दे सकता है? अज्ञान का घटाटोप ज्ञान का सूर्य्योदय नहीं है। विचार मात्र को जाँचो; परखों और मुक्त होकर अपने अन्तःकरण के ज्ञान-प्रभात में जाग जाओ। जगत् का भव-भ्रमण मुक्ति नहीं देगा-नहीं दे सकता है। जगत् का बन्धन ही भव-बन्धन है और भव? जीव का काल स्वप्न है; देश संस्कार है। केवल परम् ब्रह्म ही जगत् से अछूता है; माया से असंग है; भव-संसार से उपरत है। इसलिये मानव को अन्त में विद्या त्यागना है; शास्त्र त्यागना है; कर्म त्यागना है और अनासक्त हो

कर जगत् से असंग होना और अन्त में काल से मुक्त होना है-भव बन्धन से मुमुक्ष होकर अपने परम् आनन्द चैतन्य में लीन होना है-मोक्ष ही मनुष्य का परम् लक्ष्य है; उत्कर्ष है और विकास है। भव योनियों का विकास मानव भव है और मानव भव का परमोत्कर्ष मोक्ष प्राप्त करना है। मानव तात्कालिक क्षल्लुक अनित्य सुख के लिये, विषयानन्द के लिये जन्मता ही नहीं। मानव इस धरती पर आत्मा की खोज के लिये आता है तथा परम् सत्य का दर्शन कर मुक्त हो जाता है-परम् सुखी हो जाता है।"

"परम् सुखी?" हस्तामलक ने सहज ही पूछा।

"स्वर्ग में मिलने वाला पुण्योद्भवित सुख भी कालान्तर में रीत जाता है और सुखी जीव पुनः लोकालय में मानव योनि में आता है-तब उसको सुख का स्वभाव समझ में आने लगता है। सुख अनित्य है, सुख का आभास करवाने वाला यह विषयों से भरपूर जगत् अन्ततोगत्वा नश्वर है और यह विषयों का विकारजन्य भावुक क्षणिक आनन्द भी एक संभ्रम है, यह जीव स्वयं ही- अपने आप ही देखने लगता है। लव के लिये ही सही, मानव सुखों की अनित्यता से मुमुक्षु होने लगता है। दुःख से जीव जगत् विमुख नहीं होता। रूप की, विषय की नश्वरता से मानव जीव रूप के मोह से उपरत नहीं होता- उल्टा बिछलते हुए, छूटते हुए रूप को वह अधिकाधिक वैज्ञानिक क्षमता से पकड़े, थामे रखना चाहता है- उदाहरणार्थ यौवन को ही लो। ययातिवृत्ति से प्रत्येक मानव जीव मण्डित है। मानव का अन्तःकरण सुख ही चाहता है, दुःख नहीं। दुःख तो मानव विज्ञान से दूर कर देता है, रोगी चिकित्सा से स्वस्थ हो जाता है और यह इसलिये कि आरोग्य ही है; संजीवनी ही है-रोग हैं नहीं। किन्तु पुरुषार्थ द्वारा प्राप्त और सत्व द्वारा भोगा जाता सुख जब नष्ट हो ही जाता है, देह वृद्ध होकर जीर्ण होती ही है, तब मानव को आघात लगता है और वह अपने त्रिपुरों में कराह उठता है। मैं असद् से सद् की ओर जाऊँगा। सुख जब उसके वृद्ध हाथों से खिसक जाता है, छूट पड़ता है और शोक छा जाता है तब मानव अँधेरे से प्रकाश की ओर जाना चाहता है। जीव का अन्तिम दुःख देह त्यागना है, मरना! जीव कुछ त्यागना चाहता ही नहीं; छोड़ना चाहता ही नहीं। किन्तु काल उसको सुख छुड़ा कर वैराग्य प्रदान करता है। मृत्यु को मानव समझ ले, तो जगत् को जान जाय। भव-संसार की मिथ्या को समझ जाय। मैं कहता हूं एक क्षण में मानव मुमुक्षु हो जाये। देखा नहीं, शक्ति के सामर्थ्य से भरपूर अभिनव गुप्त अन्तःकरण से जड़ तथा दिव्यचक्षु से अन्धे हो गये हैं। शक्ति

का वर प्राप्त कर अभिनव गुप्त स्वयं को सिद्धान्त का पिता, जनक मानने लगे हैं। जब शास्त्र वेत्ता शारदा का वत्स है और साधक शक्ति का सुवन है।"

सहसा बाहर हलचल हुई; कुछ कण्ठ बोले- "तोटकाचार्य्य आ गये।" तभी चित्सुख ने लपक कर अन्दर आकर कहा- "गुरुजी! तोटकाचार्य्य आ गये।"

शंकराचार्य हर्ष से उमड़ते हुए उठे- "चलो, तोटकाचार्य आ गये। चिन्ता थी, कहीं तोटकाचार्य विघ्नों से टूट न जायें।"

शंकराचार्य कक्ष के बाहर धंसे।"

गगनभेदी जयकार बोलते हुए लोगों ने देखा, शंकराचार्य्य ने तोटकाचार्य को प्रणिपात नहीं करने दिया-अधबीच में ही उठा कर अपने हृदय से लगा लिया और सिर सूंघते हुए कहा- "मेरे तोटकाचार्य! कुशल पूर्वक तो हो न?"

तोटक ने अश्रुपूर्ण नयनों से गुरुदेव के बड़े कमलदल से मुख को निहारते हुए कहा- "आप श्री के श्रीचरणों का प्रताप प्रभो!"

"साधुवाद! आचार्य्य श्री तोटक!" सुरेश्वराचार्य्य ने तोटकाचार्य का सस्मित स्वागत करते हुए कहा। श्री पद्मपाद ने मुस्कराते हुए तोटकाचार्य को अपने कन्धे से सटाते हुए कहा- "धन्य! कैसा रहा?" तोटकाचार्य्य ने बारी-बारी हस्तामलक, सुरेश्वर, पद्मपाद तथा सभी शिष्यों तथा सेवकों से प्रणामपूर्वक नमन किया और कहा- "कुरु और काम्बोज के लोग अधिकांश गृहस्थ हैं; धर्म पालन की चेष्टा करते हैं किन्तु दर्शन वह सुन भर लेते हैं। परमात्मा से जो लीक चली आई है-आती है, उसको ही पकड़ कर चलते रहते हैं। किन्तु आश्चर्य तो तब हुआ, जब उन्होंने श्रीमद् गुरुदेव के वेदान्त दर्शन के सार को सुनना चाहा। वेद और वेदान्त शब्द ही जैसे उनके लिये यथेष्ट हैं। सत्य तो यह है कुरु प्रदेश आज भी राज्य चेतना से भरपूर है। प्रतिदिन की राजनीतिक घटनाओं को सुनने के लिये वह लालायित रहते हैं। काम्बोज तो सुनता रहता है। लोग जैसे नयनों से दर्शन पीना चाहते हैं और वाणी से मूक अनन्त आकाश में परम् सत्य और परम् सुख के लिये किसी की प्रतीक्षा किया करते हैं।"

पद्मपाद- "कामरूप?"

तोटकाचार्य्य ने तनिक लजाते हुए कहा- "कामरूप के नर सब चुप रहते हैं और नारियाँ ही विवाद में भाग लेती हैं। कामरूप को वेदान्त का ब्रह्म नहीं, शिव शिवा, शक्ति-भोग के साथ-साथ मोक्ष चाहिये। ऐसा लगता है भगवती कामाख्या की यह श्रद्धाभूमि तन्त्रों का केन्द्रीय साधना स्थल है। नर-नारी, वीर

और शक्ति के युग्म होकर कामेश्वरी की उपासना करते ही रहते हैं। विलक्षण सिद्धों के चरण-चापों से यही महीयसी यह भूमि शिवा के लास नृत्य की भूमि है। मैं नहीं कह सकता कि कामरूप ने मुझे सुना-मुझे मानो देखा भर। फिर अभिनव गुप्त महोदय ने लोगों को वेदान्त दर्शन और श्रीमद् गुरुदेव का पग-पग पर विरोध करने के लिये कहा है तथा-"

"तथा?" सुरेश्वर ने पूछा-

"तथा कामरूप के सभी साधक, वीर, शक्तियाँ, भैरवियाँ-सब गुरुदेव कामरूप की सीमा में प्रवेश न कर सकें, इसके लिये सन्नद्ध हो रहे हैं।" तोटकाचार्य ने कहा- "स्थिति स्वागत की नहीं प्रतिरोध की है।"

"काश्मीर मण्डल?" सहसा शंकराचार्य्य ने पूछा-

"काश्मीर मण्डल के मनीषी आप श्री को जैसे देखना नहीं चाहते; विद्वान् आपको सुनना नहीं चाहते। साधक आपश्री के पास फटकना भी नहीं चाहते। सभी तांत्रिकों ने मौन संकल्प कर लिया है कि आप श्री संघ के साथ काश्मीर मण्डल के किसी गाँव की सीमा में ठहर भी नहीं सकें।"

शंकराचार्य्य ने सस्मित कहा- "सम्पूर्ण बहिष्कार क्या?"

तोटकाचार्य ने चिन्तित स्वर में कहा- "ऐसा ही दिखता है। मैं तो उनके लिये कुतूहल ही था-एक निरक्षर भृत्य को आचार्य्य स्वरूप वह देखना भर चाहते थे। मैं जैसे शिव का नन्दी था- दूर-दूर खड़े मुझको देखते रहते थे। अवश्य नारियाँ मन ही मन मानो मुझे आशीर्वाद देती थीं, ऐसा मुझे लगा।"

"भाग्यशाली हो, तोटक।" सुरेश्वराचार्य्य बोले- "नारी का आशीर्वाद ही मूलतः शिवा का अनुग्रह है।"

"यह तो है ही; किन्तु गुरुदेव को लेकर मुझको चिन्ता ही हुई।" तोटक ने कहा- "कामरूप और काश्मीर मण्डल गुरुदेव को अपनी सीमाओं में निश्चिन्त भ्रमण करने नहीं देंगे। सुना यह भी है कि बौद्ध तथा जैनी साधक, साधु तथा अन्य लोग भी शंकराचार्य्य को रोकने के लिये संगठित हो रहे हैं- शारदा मन्दिर तक जाना शंकराचार्य्य संघ के लिये कठिनतम होता जा रहा है।"

"शारदा मन्दिर यह शरीरी अवश्यमेव जायेगा।" शंकराचार्य्य ने सहसा उत्साहपूर्ण स्वर में कहा- "कामरूप को शक्ति चाहिये; किन्तु काश्मीर मण्डल को वेदान्त का ब्रह्म-परम् शिव ही चाहिये। कामरूप तंत्रभूमि है- मंत्रभूमि है;

किन्तु काश्मीर पण्डितों की भूमि है-शारदा का काश्मीर ज्योत्स्ना मय क्षेत्र है। मौन समाधिस्थ हिमालय काश्मीर की कुंकुम क्यारियों को मानो कटाक्ष पूर्वक देखता है। समूची पृथिवी को स्वयं में समेट कर यह नागाधिराज हिमालय, यह शिव किसका ध्यान कर रहा है, मैं पूछता हूं हिमालय शिव-शिवा को स्वयं में बसा कर जगत् को अपने में समा लेना चाहता है; भव-संसार की लहरों की अञ्जलियाँ पीकर यह हिमानी परमब्रह्म के सच्चिदानन्द चैतन्य में डूब जाना चाहता है। हिमालय पृथिवी का योगीश्वर पुत्र है; शिव-शिवा का कैलाश है-हिमालय भव्य दिव्यता का शान्त बीहड़ औघड़ और आशुतोष पुञ्ज हैं। हिमालय शिव है, वत्सों! मैं काश्मीर के शारदा मन्दिर का दक्षिण द्वार खोल कर हिमालय को एक बार और देखने तथा उसकी कन्दराओं में अनादि अनहद की प्रतिध्वनियाँ सुनने जाऊँगा। हिमालय गंगा! यमुना! नर्मदा! नर्मदे हर!"

आचार्य्य श्री शंकर सहसा समाधिस्थ होने लगे। उनके राजीव लोचन उलट कर बन्द हो जाते और समरस से भरे कुम्भक में कनकवर्णी देह मानो अभिभूत हो जाते। हस्तामलक ने शंकराचार्य्य के शरीर को समाधि में सुस्थ करते हुए कहा- "गुरुदेव तनिक क्लान्त प्रतीत होते हैं-उनके अन्तरात्मा की यह उदासीनता ही है। क्या गुरुदेव जाग्रति से विमुख होने लगे हैं।"

"नहीं।" पद्मपाद ने कहा- "जगद्गुरु शंकर कभी नहीं हारे। सदैव जीते ही हैं। काश्मीर का यह संघर्ष भी श्रीमद् शंकराचार्य्य की अपलक आँखों में विचारों की आँधी होकर समा जायगा।"

"देह से तनिक म्लान नहीं दिखते?" सुरेश्वराचार्य्य बोले।

"इच्छामृत्यु है, गुरुदेव, श्रीमन्!" पद्मपाद ने कहा- "चिन्ता न करें, गुरुदेव जब चाहेंगे तभी देह त्यागेंगे। यम की शक्ति नहीं कि वह उनका देह उनकी इच्छा के विरुद्ध छू भी सके। मुझको तो अभिनव गुप्त और उसकी मण्डली को लेकर गुह्य चिन्ता हो रही है। यह सब लोग गुरुदेव को तन्त्र से पराजित करना चाहते हैं- अभिमन्त्रण और अन्त में मारण। शूलपाणि ने यह भेद खोला है, फिर अभिनव गुप्त के संगी साथी भी यही कह रहे हैं।"

हस्तामलक- "वार्ता! वार्ता क्यों नहीं करते वह श्रीमान्?"

"शक्ति का अहम्!" तोटकाचार्य ने कहा और सबको प्रणाम करते हुए इंगित किया कि शंकराचार्य्य की समाधिस्थ देह को नीरवता में ही सुस्थ रहने दें।

हस्तामलक ने साष्टांग प्रणाम कर शंकराचार्य्य के श्री चरणों को थामा-जय सच्चिदानन्द!"

सुरेश्वराचार्य ने प्रणाम किया- "जगद्गुरु! जय हो!"

पद्मपाद ने हुंकार की- "जय नृसिंह!"

समाधिस्थ शंकराचार्य के सुस्थित शरीर के रोम-रोम को पार कर "जय नृसिंह" की शब्दध्वनि शंकराचार्य के भूताकाश को समेट कर चित्ताकाश को पैर गई। शंकराचार्य्य के शान्त चिदाकाश में "जय नृसिंह" ध्वनि सूक्ष्मतम प्रतिध्वनित होकर अनन्त अगाध चिद् के क्षितिज पर जैसे झूम उठी। शंकराचार्य को उस ज्योतिर्मठ निस्सीम में देखा-घना श्यामल नील द्युति से भरा मेघ उमड़ा आ रहा है और चिदाकाश के नवरंगों के उभार उसमें डूबते जा रहे हैं। शंकराचार्य ने देखा; चिदाकाश स्वयं में संक्षिप्त होकर सूक्ष्मतम होने लगा है; और परात्पर चिद् घनीभूत ज्योति पूर्णेन्दु का स्वरूप ले रही है। इस द्युतिवान् पूर्णेन्दु की प्रशान्त सघन मौन से परिपूर्ण ज्योत्स्ना में विलक्षण अग्नि का त्रिशूल आकार धारण कर रहा है और अरुणोदय की भाँति शिव स्वरूप का आविर्भाव होने लगा। शंकर का वाग् बीज जैसे कुनमुना उठा- "शिवशम्भो!" अपने ही वाक की ध्वनि में शंकर जैसे लीन हो गये। "शिवशम्भो!" नाद अनहदनाद! स्वयं ही मानो जागा; शिवशम्भो! समस्त सृष्टि की ध्वनित रूपवान गतिविधि, समूचा काल और कर्म, यम और विधि जैसे थम गई और अनन्त के अनगिनत क्षितिजों को भेद कर परात्पर वाक् ने पुकारा- "शंकर" शंकराचार्य काल से परे और जगत् से दूर किन्तु शिव के अत्यन्त निकटस्थ हो गये; बोले जैसे अपने ही अनन्त अतल गहन में स्वयं के वाक् के इन्द्रियातीत शब्द का जागरण हुआ- "हे नाथ!" शंकराचार्य को लगा- 'हे नाथ' की शब्दध्वनि, प्रतिध्वनित होकर स्वयं ही बोलने लगी है; हे नाथ! शिवशम्भो!"

परात्पर परम् वाक् ने कहा- "स्वयं में अब सिमट आ। तुझे अब मैं अपनी धारणा में कब तक धरता रहूंगा? जगतीतल पर बने रहने की इच्छा शान्त कर! शंकर!" शंकराचार्य अपने गहनातिगहन में काँपे। उनके वाक् से ध्वनि-प्रतिध्वनि स्वरूप स्फूटी- "मैं! भवेच्छा, प्रभो!" उस परात्पर परम शिव ने जैसे कहा- "पृथिवी की मानव योनि का भव ही ऐसा है-स्वयं के अगाध गाढ़ मोह से पूर्ण मानव जीवन भव्य और दिव्य जीवन चेतना है, शंकर! मैंने तुझे जगत्कल्याण के लिये स्वयं के अंश रूप सृष्टि में एक और केवल एक पूर्ण प्रारब्ध सहित जगत् में भेजा और तू....।" "मैं?" शंकराचार्य ने जैसे स्वयं के अनादि अन्तरात्मा से पूछा-

"मैं?" "हाँ तू।" वह परावाक् बोला- "तू कामना से उपरत होते हुए भी कामगन्ध को सूंघ गया। ऐश्वर्य्य से अछूता होने पर भी तू रामराज्य की शाश्वत ऐषणा से तनिक दग्ध हुआ। तू शरीर से कालातीत रहते हुए भी सृष्टि के जीवों के प्रति अगाध करुणा से ओतःप्रोत रहता है-तू करुणा निधान होने लगा। नहीं?" शंकराचार्य्य ने मानो काल को भेदते हुए कहा- "आपकी अमोघ इच्छा प्रभो!" परम शिव ने मानो उत्तर दिया- "यह सब मेरी इच्छा का ही पसारा है, शंकर! शान्त हो जा और मुझमें पुनः आ मिल।" शंकर के वाक् ने कहा- "किन्तु प्रभो! जगद् कल्याण का कार्य पूर्ण नहीं हुआ है, अभी।" भगवान् शंकर ने कहा- "जगत् का प्रत्येक कार्य आरम्भ होते ही पूर्ण हो जाता है। क्षण प्रारम्भ है और अन्त अनन्त है, शंकर! मैं तेरा विरह अब झेल नहीं सकता।" "मेरा विरह? प्रभो!" शंकर मन ही मन चिहुंके- "मैं? मैं हूं ही कहाँ- आप ही आप हैं-तू।" परम शिव ने कोटिशः ; सूर्यों की पुञ्जीभूत किरण रूप स्मिति पूर्वक कहा- "मैं स्वयं अब शंकर वेदान्त की वाणी और वाङ्मय स्वरूप जगत् में व्यक्त हो गया हूं। अज्ञान के तमों का तोल और मोल मानव बुद्धि को ज्ञात होने लगा है। भटका हुआ मानव चेतना शिव तत्व की ओर खिंच आई है। सृष्टि में ज्ञान का ब्रह्म मुहूर्त पुनः उगने लगा है-ज्ञाता, ज्ञेय और ज्ञान संवित सत्य के स्वरूप में अभिन्न चैतन्य में जाग रहा है। सृष्टि के यावत अखिल निखिल भव-संसार पर छाया अनात्मा का अज्ञानान्धकार तू ने दूर करना आरम्भ कर दिया है-आ मेरे, अभिन्न मुझ में पुनः आ मिल। मेरे डमरू के स्वरों में सदैव बसा रह। सृष्टि को देखते रह कर क्या करेगा? यह रूपवती सृष्टि आविर्भूत और तिरोहित होती ही रहती है और पुनः काल के उदर में समा जाती है। तू कब तक जगत् कल्याण के लिये भी इस सृष्टि के रूपसिन्धुओं को तैरता रहेगा? कब तक? मैं अब तेरे बिना जैसे अपनी यह जगत् समाधि धारण किये रह नहीं पाता। तू मेरा चिर स्मरण हो गया है, शंकर!" शंकराचार्य्य ने पुकार कर कहा- "मेरा स्मरण!" "हाँ!" परम् शिव का परात्पर बोला- "जीव ब्रह्म अभिन्न है। अभिन्न तादात्म्य रूप अभय अद्वैत है-तू ही तो यह कहता है। तो क्या जीव ही ब्रह्ममिलन के लिये छटपटाता हुआ कालार्णवों की सुख-दुःखमयी यात्रायें करता है? नहीं; साथ-साथ ब्रह्म भी अपने जीव के स्मरण में मूक बना रहता है। जीव ब्रह्म से लव के लिये भी- गणना के आदि से भी भिन्न नहीं है और ब्रह्म-मैं जीव से सदैव सभी स्थितियों में अभिन्न हूं। यही जीव और ब्रह्म का सच्चिदानन्द है, शंकर! अपने कैलाश में आजा। जब तक तू नहीं लौटता, मैं नृसिंह रूप तेरा कल्याण

देखता रहूंगा।" शंकराचार्य ने उस दिव्य भव्य ब्राह्म मुहूर्त में प्रभाकर स्वरूप शिवाकृति को अन्तर्ध्यान होते हुए देखा और कहा- "अभी, अभी मुझे ले चलो प्रभो!" शिवाकृति थमी और मुस्कराते हुए बोली- "शारदा पीठ के सर्वज्ञ आसन पर उपविष्ट होकर मुझे पुकार, शंकर! तेरी यह केवल एकाकी अमोघ इच्छा पूर्ण होगी!"

शंकराचार्य्य ने रोम-रोम में सिहर कर नयन खोल दिये; बोले- "शिव गये, चले गये, वत्स!"

"शिव?" पास से कुछ दूर बैठे हुए पद्मपाद ने पूछा।

"हाँ शिवशम्भो!" पद्मपाद ने पूछा। "हाँ शिव शम्भो! पद्मपाद वत्स तोटक!" शंकराचार्य्य ने पास में ही खड़े तोटकाचार्य्य की ओर देखते हुए कहा- "शिव मुझे कैलाश में वापस बुला रहे हैं-मैं, मैं जाऊँगा, वत्स!"

तोटकाचार्य ने शंकर के चरण थामते हुए कहा- "मैं भी साथ चलूंगा, प्रभो!"

आचार्य्य श्री शंकर मानो अपने त्रिपुर और ब्रह्माण्ड में जाग उठे; हँसे; मुलके-बोले- "देहधारी को एक दिन अदृश्य होना ही होता है। फिर मैं तो परम् शिव का नन्दी हूं-उनका वाहन भर हूं। अभिनव गुप्त से वेदान्त की अन्तिम वार्ता कर लूं और दक्षिण द्वार, शारदा मन्दिर का दक्षिण द्वार खुल जाय, बस।"

पद्मपाद ने मन ही मन महकते हुए पूछा- "सर्वज्ञ पीठ..."

"हाँ, सर्वज्ञ पीठ!" आचार्य्य श्री शंकर ने अपूर्व उत्साह पूर्वक कहा- "सर्वज्ञ पीठ पर आरूढ़ हुए बिना कोई भी जगद्गुरु नहीं कह लाया जा सकता। जो सर्वज्ञ पीठ पर महासरस्वती की वीणापाणि का सहारा लेकर उपविष्ट होगा, वही मान्य जगद्गुरु होगा। भारतभूमि के मनीषियों, विद्वानों, शास्त्रज्ञों, तत्त्वदर्शियों और दार्शनिकों की यह अन्तिम तथा आत्यन्तिक कसौटी है। यह शारदा मन्दिर की सर्वज्ञ पीठ महासरस्वती के पुत्र की पीठ है।"

"किन्तु दक्षिण द्वार अब तक खुला क्यों नहीं?" तोटक ने पूछा- "क्या दक्षिण से कोई भी अपराजित दार्शनिक नहीं गया शारदा मन्दिर? क्या किसी विद्वान् को प्रतिभा पयोनिधि दृष्टि का स्पर्श इस दक्षिण द्वार से नहीं हुआ? क्या किसी धुरन्धर मतिमान मनस्वी शास्त्रज्ञ ने इस महिमामय दक्षिण द्वार की अर्गला को नहीं छुआ?"

"क्यों नहीं? दक्षिण से सदैव विद्वान्, मनीषी, आचार्य्य-सब प्रतिभा के धनी सरस्वती के उपासक शारदा मन्दिर की तीर्थ यात्रा करते रहे हैं। सभी साधनाओं की दीक्षा शारदा मन्दिर में ही जैसे होती आई है।" पद्मपाद ने कहा- "तब क्या कमी शेष रह गई कि दक्षिण की प्रतिभा इस विश्रुत द्वार को खोल नहीं पाई?"

"आत्म साक्षात्कार की कमी-ज्ञान का अभाव।" सहसा आचार्य्य श्री शंकर ने कहा- "विद्यावान् होना ज्ञानवान होना नहीं है। विद्यावान् सर्वज्ञ नहीं, विद्याविद् ही होता है- शास्त्रज्ञ होता है, सर्वज्ञ नहीं! केवल ज्ञानी सन्यासी ही सर्वज्ञ हो सकता है। ज्ञान चैतन्य में जगत् दृश्य है; भव चेतना है-काल है; देश है; यम और विधि हैं; यह सर्वम् इदम् तथा सभी कल्पनीय, धारणीय एवं अनुभूयमान ज्ञान की ऊर्मियाँ हैं। वीचियाँ हैं। ज्ञान के परमाकाश के धारणा व्योमों की बिजलियाँ हैं- हाँ, हैं, मैं जैसे साक्षात् यह लीला देख रहा हूं। दक्षिण ने आज दिन तक तब ब्रह्मविद् भेजा है- ब्रह्म स्वरूप सच्चिदानन्दरूप संन्यासी को नहीं"

"तब, आप श्रीमद् ही......." तोटक ने सहसा पूछने का प्रयास किया।

"तब, मैं परम शिव की इच्छा और आज्ञा से इस एकाकी इकलौते प्रारब्ध से बाँधा गया हूं। मेरी कोई भवेच्छा नहीं थी और नहीं है। मैं क्षीर सागर के शेष का जैसे फण हूं और विष्णु पर छाया किये अपलक हूं। मैं जैसे भगवान् शिव की इच्छा का आश्चर्य्य हूं। जगत् कल्याण को शिव मंगल की महद् कामना का एक प्रचोदक स्वरूप मात्र हूं-मैं जगत् में जीते हुए भी शिवमय हूं। मैं यह दक्षिण द्वार दृष्टि मात्र से खोल दूंगा। आकाश के इस दक्षिण आयाम की कालसर्प से बन्धी अर्गला टूट गिरेगी, वत्स!"

"अवश्य ही यहाँ जय होगी, प्रभो!" तोटकाचार्य ने प्रसन्न होते हुए कहा।

शंकराचार्य्य ने अपने सभी शिष्यों को तनिक बारी-बारी से निहारते हुए कहा- "मैं जय नहीं चाहता। पराजय मैं जानता नहीं हूं। दक्षिण द्वार की यह वार्ता विचित्र है; विलक्षण है। यह दक्षिण ही नहीं, स्वयं शारदा मन्दिर की प्रतिष्ठा को भी हानिकारक है। क्या दक्षिण द्वार ही अकेला-केवल महत्वपूर्ण द्वार है? क्या भारत का पूर्व, पश्चिम, उत्तर, दक्षिण से कम महत्त्वपूर्ण है? नहीं; यह वार्ता चातुर्य पूर्ण है। भारत की प्रतीचि दिव्य है; भारत का पश्चिम भव्य है और उत्तर महामहिम है। भारत वर्ष की चारों दिशायें भारत के पूर्ण भिद् क्षितिज का अनन्त ही बन जाती हैं। यह भारत भूमि आकाश की खेती

करती है और यह भारतीय आकाश भारत भूमि के प्रभु का आह्वान करता है- हाँ, वत्सों! भारत भूमि का स्वरूप प्रभु हैं; मर्म भी प्रभु हैं-भारतवर्ष ईश्वर की स्नेह भूमि है। भारतीय जन अन्ततोगत्वा मुमुक्षु नागरिक तथा ईश्वर का प्रार्थी व्यष्टि है। इसीलिये मृत्यु लोक की इसको आशाभूमि भी कहा गया है। परमात्मा का विचार, प्रभु की धारणा और ध्यान जिस भूमि में जन्म लेने पर मानव के क्षुब्ध तथा शोकातुर चित्त में जगे, जिस भूमि के मातृभूमि हो जाने पर पुण्य के लिये उत्साह उत्पन्न हो, मंगल के लिये लगन लगे तथा यावत् प्राणियों के कल्याण के लिये वेदना जाग्रत हो, वह भूमि निस्संदेह परमात्मा की कृपा भूमि है। भारत भूमि परमात्मा की कृपा भूमि है।"

तोटकाचार्य्य ने निःसास भरते हुए कहा- "पूज्य! किन्तु इस शरीरी ने अपनी क्षेत्रीय भूमि प्रदक्षिणा में स्थान-स्थान पर दारिद्रय देखा, क्लान्ति पाई। धर्म धारण करते हुए भी मनुष्य जैसे अन्तःकरण में आश्वस्त नहीं है। सादा, सरल जीवन वही व्यतीत करते हैं, जो सम्पन्न नहीं हैं; श्रीमन्त भी नहीं हैं और श्रीमान् भी नहीं हैं......"

"पोरवात्य संस्कृति के सहज आकर्षण से ही तुमको ऐसा लगा, तोटक!" आचार्य्य शंकर सस्मित बोले- "जनपदीय संस्कृति शान्ति, स्नेह, उदारता तथा शुचिता की पुण्यभावी संस्कृति है-आर्य्य संस्कृति, वर्णाश्रम धर्म की चैतन्य धारा है। ग्राम्यजन चाहे साक्षर नहीं हों, वह सभ्य हैं। धर्म धारण और धर्म पालन ही मानव को सभ्य, सुसंस्कृत तथा विश्वस्त नागरिक बनाता है। कोरा शास्त्र ज्ञान एवं विषयों की विश्लेषणायें तथा विद्याओं की व्यसन वार्तायें, हाँ, कोरी तथा निपट वार्तायें नागरिक की प्रतिष्ठा की शोभा भर हैं, साधना नहीं हैं। वार्ता से साधना सम्पन्न नहीं होती। साधना क्या, विद्या भी सम्पन्न नहीं होती। विद्या कर्म से सम्पन्न और सफल होती है। शास्त्रानुसार तथा स्मृति के अनुकूल कर्म करना ही धर्म धारण करना है। तुम इस पृथिवी पर मानव को कैसा चाहते हो? कहो भी!"

तोटकाचार्य ने प्रणामपूर्वक कहा- "शान्त, प्रसन्न और उदार-चेता मानव!"

"तुम, पद्मपाद?" आचार्य्य श्री शंकर ने पूछा।

"विभूतिपाद मानव! प्रभो!" पद्मपाद ने कहा।

"आप, सुरेश्वराचार्य्य?" आचार्य्य शंकर ने बिन बोले ही इंगित पूर्वक पूछा।

"साधु, प्रभो!" सुरेश्वराचार्य्य ने कहा।

शंकराचार्य्य सहसा प्रसन्न होकर हँसने लगे और तनिक सिर धुनाते हुए बोले- "कोई प्रसन्न शान्त मानव चाहता है इस भूतल पर; तो कोई विभूति-भूति से लदा मनुष्य चाहता है और कोई साधु, भक्त, सन्त, मानव चाहता है। किन्तु क्या कोई भव-मुक्त मनुष्य भी चाहता है? आर्य सभ्यता का एक मात्र उद्देश्य इस भूतल पर मुमुक्षु मानव का आविर्भाव तथा विकास करना है। यह तो अनार्य्य संस्कृति चाहती है कि भूति विभूति मण्डित, शक्तिशाली, विज्ञान लीढ़ आतप और ऊर्जस्व से पूर्ण अहं से जगमगाता हुआ मानव पृथिवी पर विलास करे; राज करे-मानव समुदायों को हरावे और स्वयं के समुदाय को जितावे। सदैव अपराजित बने रहने के लिये पुरुषार्थ करे- अयोध्या नहीं, लंका बसाया करे। इस पृथिवी तल पर मानव सभ्यता का एकमात्र लक्ष्य भव-बन्धन से मुक्त होकर परमात्मा को प्राप्त करना है और इसीलिये मानव की वर्णाश्रम धर्म संस्कृति का लक्ष्य अन्त में संन्यास है। सभी विद्याओं से स्नात, शिक्षित, दीक्षित, सक्षम तथा ऊर्जस्वित मानव अपना घर रचे; पड़ौस को प्रसन्नता और सुख दे; समाज को संभृत करता हुआ समष्ठि को अपना समर्पण कर दे। अमरता को मान कर नहीं अवश्यम्भावि मृत्यु को समझ कर जीवन जिये। मानव के जीवन की संस्कृति पुण्य और अर्पण की ही संस्कृति है। मनुष्य कुटुम्ब के लिये ले; कुल को तनिक दे तथा समष्टि के सुख और कल्याण के लिये स्वयं को सौंप दे। मनुष्य को ब्रहमचारी, गृहस्थ और वानप्रस्थ होकर व्यष्ठि और समष्ठि का उत्कर्ष तथा कल्याण करते हुए अपने सभी भव-बन्धन काटना ही है-मर-मर कर अमर होना नहीं, संयम और विवेक पूर्वक जीकर मुक्त हो जाना तथा अपने चरम और परम परमात्मा के सच्चिदानन्द में लीन हो जाना-यही भूतल पर मानव जीवन का लक्ष्य है और इसी अनिवार्य्य और अन्तिम परम् पुरुषार्थ का सन्देश मानो भारतवर्ष की यह मूक दिशायें देती है। भारतवर्ष के आकाश के गहन में लीन हो जाओ-भारत की भूमि में मिट जाओ, वत्सों! तुमको परमात्मा मिलेगा-अवश्य मिलेगा। यही वेदान्त का यावत् जीवन संदेश है पुत्रों!"

आचार्य शंकर के अर्धोन्मीलित नयन दिव्यतम आभा से भर उठे; झबक उठे। मानो रूपहले, सुनहले, रतनारे मेघों से छन कर पूर्णिमा की चन्द्रिमा मुनक आती हो, यों गूढ़ अतीन्द्रिय ज्योति शंकराचार्य्य के धीमान नयनों से छूट-छूट कर, छटक-छटक कर शिष्यों में तनिक विस्फारित नयनों में छकने लगी। हस्तामलक ने मानो प्रथम बार कहा- "अवश्य, सद्गुरो! अवश्यमेव!"

सुरेश्वराचार्य्य अपने गहन अन्तराल में जागते हुए बोले- "यही, यही तो! वेदान्त मानव को मोक्ष ही बताता है और यही यावत् जीवन चेतना का एक मात्र लक्ष्य भेद है। होना, होते रहना-भव, भव, यह आनन्द पिपासु जीवनेच्छा की रहस्यमय सुखेषी प्रवृत्ति है। वेदान्त से अब मनुष्य पूर्णतः विश्वस्त होकर जगत और जीव, माया और ब्रह्म के विषय में कह सकेगा। भेदाभेद तथा ब्रह्म परिणामवाद का उत्साह शिथिल और जीर्ण हो गया है।"

पद्मपाद ने ऊर्ध्व श्वाँस भरते हुए कहा- "दक्षिण में व्याप्त बौद्धों का प्रभाव सूर्योदय होने पर कुहासे के विलीन हो जाने जैसा हो गया है। उनके संघाराम अब खाली दिखते हैं। घर-बाहर त्याग और मुण्डन कराकर भीख माँगते रहना और बुद्ध की शरण में आने का विज्ञापन करते रहना जमीदोज रह गया है।"

शंकराचार्य्य ने मुस्कराते हुए मानो पूछा- "हस्तामलक, वत्स! बिन बोले, यह कैसे सम्पन्न हुआ? शाक्य मुनि स्वयं निस्संदेह सच्चिदानन्द को अपने अन्तःकरण के द्वार से देख गये थे। उनको ज्ञान हुआ और वह करुणा के मेघ से आकाश में छा गये। भारतवर्ष को ब्रहमदेव ने हिंसा से बचा लिया, रूढ़ियों को श्रृंखलाओं से मुक्त कराया और जीवन की दुखमयता को इंगित कर मानव को तपःशील किया- किन्तु शाक्य-मुनि यथार्थ और परमार्थ में समन्वय साधे नहीं रह सके। तत्त्व दृष्टि से जगत् भले ही अन्ततोगत्वा नश्वर है, भोग मात्र अन्त में दुखद है तथा भव बन्धन कितना ही सुन्दर रमणीय एवं मनोरम लगे, अन्त में तो त्रिताप दायक ही है; जो भी है, परन्तु भव-योनियाँ सनातन हैं और मानव योनि की सनातन स्थिति सृष्टि की निरन्तरता निभाने के लिये भी है। समस्त सृष्टि की उत्पत्ति, स्थिति और लय सनातन अनादि भव-योनियों के अविराम उद्भव और तिरोभव के कालक्रम से ही होता है, यही संसार है। मानव संसार की विश्वस्त जीवन चेतना है, जिससे शास्त्र आविर्भूत होते है, विद्यायें विलसित होती हैं-धर्म रथ के अश्व अन्तरात्मा की धरती पर दौड़ते ही रहते हैं और धर्म का यह धारण गृहस्थाश्रम से ही संभव है। शाक्य मुनि ने गृहस्थाश्रम का त्याग बताकर मानव को निश्चिन्त कर दिया। मानव ही निश्चिन्त जीव नहीं है और सब प्राणी काल-मर्यादाओं में जकड़े निश्चिन्त हैं। देवता स्वाधीन हैं; चौरासी लक्ष योनियाँ मर्यादित हैं-जकड़ में विवश हैं; किन्तु मानव इच्छा स्वातन्त्र्य की प्रतिमूर्ति है। इसलिये कि वह ब्रहम के चिद्विलास का पात्र बने तथा बना रहे। इसीलिये गृहस्थाश्रम की स्थापना है। कामनाओं का दमन नहीं, संयम ही गृहस्थाश्रम का मानवीय पुरुषार्थ है-यथार्थ ज्ञान, वर्तमान प्रारब्ध

भोगना ही होगा; किन्तु वर्ष पूर्वक भोगने से वही प्रारब्ध मुक्त होने का प्रारब्ध हो सकता है। जीवितावस्था में भी सन्यासी को आत्म ज्ञान हो सकता है; किन्तु ज्ञानी होने पर भी प्रारब्ध-शेष भोगना ही होता है-मैं हूं न?"

"आप?" पद्मपाद ने हठात् कहा-"गुरुदेव जन्मजात मुक्त हैं।"

"तब यह शरीर क्यों है?" शंकराचार्य हँसते हुए बोले।

"जी?" पद्मपाद ने अवाक् सा होते हुए कहा।

"आप श्रीमद् क्यों हैं? जी?" सुरेश्वराचार्य चिहुंके।

हस्तामलक ने शान्त स्वर में कहा- "वेदान्त का कुहासा दूर कर वेदान्त सूर्य्य को प्रकाशित करने के लिये इस पृथिवी को गुरुदेव की न जाने कब से प्रतीक्षा थी। गुरुदेव के पूर्ववर्ती आचार्य्य वेदान्त वागीश थे, यह निर्विवाद है-किन्तु आचार्य्य गुरुदेव ने वेदान्त के परम् ब्रह्म को, चैतन्य को, मानो प्रगट कर हमें दिखाया है। ब्रह्म सूत्र का अर्थ अद्वैत के नाम में द्वैत, त्रेत आदि किया जाता था-भेदाभेद, अभेद भेद, ब्रह्म जगत् द्वैत, जगत् जीव त्रेत और न जाने क्या क्या वेदान्त कहा जाता था। आचार्य श्री का अविर्भाव हमें तारने तथा वेदान्त के ब्रह्म चैतन्य की अखिल त्रिकाल स्थापना के लिये ही हुआ है, हाँ, अवश्य!"

पद्मपाद ने वीरोत्साह पूर्वक कहा- "जगद्गुरु शंकराचार्य के स्पष्ट और अचूक वेदान्त का उपदेश सभी को देंगे। सत्यमेव जयते!"

सुरेश्वराचार्य्य ने स्वीकृति सूचक सिर हिलाते हुए कहा- "शास्त्र के कथन प्रमाणों से तुलनीय हैं और सदैव रहेंगे। किन्तु वेदान्त, उपनिषद्-श्रुति अतुलनीय हैं। जगत् जहाँ अन्तर्ध्यान होता है, वहीं श्रुति का दिव्य-मौन किन्तु हृदयगम्य आविर्भाव होता है-वेदान्त शास्त्र नहीं है; दर्शन है। समस्त और यावत् जीवन का दर्शन है। मेरा दृढ़ मत हो चला है, शास्त्रोक्त कोई भी सम्प्रदाय वेदान्त दर्शन का प्रकारान्तर से भी स्थान नहीं ले सकता। वेदान्त दर्शन सत्य का दर्शन है; अनुभूति है।"

शंकराचार्य ने उठते हुए कहा- "हम एक बार और अन्तिम बार भारत भ्रमण करना चाहते हैं। पश्चात् मैं काश्मीर मण्डल जाकर शारदा मन्दिर की दक्षिण द्वार की अर्गला को देखूंगा-भारत का दर्शन आकाश क्या विषम और सम सामयिक मतों से आच्छन्न रहेगा? नहीं! वेदान्त का सूर्योदय होकर रहेगा।

ब्राह्म मुहूर्त हो रहा है वत्सों! तोटक विश्राम करो और फिर मुझको क्षेत्र की स्थिति से अवगत करो!"

तोटकाचार्य ने प्रणामपूर्वक कहा- "आपके श्रमहर दर्शन से ही यह शरीरी वसन्त की मलयज वायु की भाँति स्फूर्त हो गया है।"

तोटकाचार्य के जलहलित मुख को तनिक अपलक से निहारते हुए आचार्य्य शंकर हंसे और कुछ देर मुलकते रहे; फिर बोले-"मुझको देख कर स्फूर्त होओ; किन्तु लोगों को देखकर आत्म चैतन्य प्राप्त किया करो। आचार्य्य को लोगों के नयनों में देखते रहना चाहिये। आचार्य्य वही है जो व्यष्टि की हृदय ग्रन्थि खोल सके और समष्टि को चैतन्य की अनवरत अनुभूति दे सके। माता-पिता देह प्रदान करते हैं; विद्वान् विद्यादान करता है; गृहस्थ कन्यादान करता तथा राजा गौदान करता है। किन्तु आचार्य अज्ञान का उपचार ही करता है। तुम्हारा क्षेत्र विविध मानव व्यष्टियों की समष्टि है। कोरे उपदेश से ही काम नहीं चलेगा। योग बल से भी कार्य लेना होगा। तन्त्र तथा योग की शताब्दियों की साधनाओं की मल्ल भूमि तुम्हारा क्षेत्र है। लोगों ने तुमको सुना केवल या ग्रहण भी किया?"

तोटकाचार्य्य ने विनीत स्वर में कहा- "सुना! मैं यह नहीं जान पाया कि लोगों ने मुझको ग्रहण किया अथवा नहीं। मैं तो आप श्रीमद् के चरणों के प्रताप से अहर्निशि लोगों को कहता रहा-ब्रह्म है, ब्रह्म ही है- सत्य ही ज्ञान है तथा ज्ञान ही सत्य है; अनन्त! अनात्मा जैसा सत्य है ही नहीं। माया को सत्य मान लेना ही अज्ञान है-आकृति रूप में मानना ही अध्यास अथवा आरोपण है।"

"सहृदय कथन को लोग सुनते हैं; किन्तु लोगों की बुद्धि सुन कर जैसे रह जाती है।" आचार्य्य श्री शंकर ने सस्मित कहा- "वक्र कथन से लोग ऐंचा जाते तथा अप्रसन्न से होते हैं; रमणीय वाक्य के कथन से लोगों की बुद्धि सम्मोहित होती है-किन्तु हृदय ग्रन्थि नहीं खुलती, ज्ञानोदय नहीं होता।"

तोटकाचार्य ने कहा- "मैं तो कुछ भी नहीं हूं, जो कुछ हैं, वह आप ही हैं।"

"अच्छा, तब।" शंकराचार्य्य ने सहसा कहा- "तब हम ज्योतिर्मठ के क्षेत्र में जायेंगे-उसके बाद अन्तिम बार भारत भ्रमण करेंगे और तब फिर शारदा मन्दिर की ओर सर्वदा के लिये प्रस्थान करेंगे। शूलपाणि तुम्हारा मठ सँभालेगा और तुम हमारे साथ रहोगे।"

"मैं?" तोटक ने पूछा।

"तुम तो हमारे साथ रहोगे किन्तु क्षेत्र में तुम हो आये हो-शारदा मन्दिर की हमारी तीर्थ यात्रा में तुम और सभी हमारे साथ रहोगे।"

"प्रभो!" पद्मपाद ने इंगित बूझते हुए कहा।

"शान्त, पद्मपाद! वत्स! मेरा समय समाप्त होता जा रहा है।" आचार्य श्री शंकर ने कहा- "महर्षि बादरायण, महर्षि जैमिनी और महर्षि गौड़पाद मेरी जैसे प्रतीक्षा कर रहे हैं। मुझको भगवान् शिव कैलाश बुला रहे हैं जैसे। इस भव में मैंने शिव-शिवा की पूजा की। भारत भूमि के सभी देवताओं तथा देवियों की आराधना की। मैंने पृथिवी की वन्दना की; आकाश का स्तवन किया है। मैंने जगत् की भी पूजा ही की है। माया को मैं देख सका; अज्ञान को भाँप सका और मानव मात्र को परम् सत्य की ओर प्रेरित कर सका, क्या यह भव्य पूर्णाहूति नहीं है। ब्रह्म सूत्र, गीता और उपनिषद् अब अर्थापत्तियों के मुक्त योगी ग्रन्थ रहेंगे। शारीरिक भाष्य ब्रह्मसूत्रों का कवच है। एक बार और सदैव के लिये अन्तिम बार मैं भारत भूमि के दर्शन कर लूं। भारत-वासियों के मुख मण्डल देख लूं। उनके दिव्य नयनों में आत्मा की चेतना पूरो लूं-जड़ और जड़ता मात्र से उपरत होकर मानव मात्र स्वयं को चैतन्य देव माने; समझे तथा इस पृथिवी पर शान्ति, मंगल, सौजन्य और उदार चेतना का वसुधैव कुटुम्ब भाव उत्पन्न कर सके-चारों पदार्थों को प्राप्त करने की वर्णाश्रम धर्म संस्कृति का विकास कर सके तथा स्वर्ग की आसक्ति भी छोड़ कर अपने परमात्मा को देखने की क्षमता प्राप्त कर सके, यही मैं चाहता हूं-चाहता हूं।"

"जी! यही, प्रभो! यही!" हस्तामलक ने कहा

"इस पृथिवी को दिव्य शान्ति चाहिये।" आचार्य शंकर ने कहा- "इस आकाश को परमात्मा के दिव्य स्तवन चाहिये। जीवन योगियों को परमात्मा का दर्शन चाहिए। चौरासी लक्ष भव योनियों को भव-संसार का संतरण चाहिये और मानव को मोक्ष चाहिये।"

21

आधी रात के सुनसान में अभिनव गुप्त सहसा उठ बैठे। उनको लगा, शयनागार में विलक्षण विकलता छाई हुई है और कोई उनको अन्धकार के अतल गुह्य से देख रहा है। अभिनव गुप्त ने आकुल व्याकुल कक्ष में देखा-पास में भूमि पर नीचे उनकी धर्मपत्नी अर्धजाग्रत लेटी हुई है। अभिनव गुप्त ने पुकारा- "सुनती हो? कौन मुझको पुकार रहा है?"

विमला देवी ने उठते हुए कहा- "कौन पुकार रहा है तुमको? कोई भी तो नहीं।"

अभिनव गुप्त ने अपने मध्यम लोचन तनिक भय में विस्फारित किये; बोले- "अवश्य कोई पुकार रहा है। मैंने सुना; गहरी निद्रा में भी मैंने सुना। ऐसा लगता है कोई मेरे पीछे पड़ गया है।"

विमला देवी (माताजी) ने कठोर स्वर में कहा-"तुम उद्‌घभ्रान्त से हो गये हो क्या? कौन पुकारेगा तुमको? तुम्हारी सब भैरवियाँ तो तुमको त्याग गयीं। यक्षिणियाँ तुम पा चुके हो-सिद्ध होकर तुमने सिद्धि को भोगा ही तो है-"

"नहीं। यह तुम्हारा सदैव का दोषारोपण है।" अभिनव गुप्त ने झुंझलाकर कहा- "सिद्धियाँ प्राप्त कर मैं उनसे असंग रहा हूं- मेरी एक मात्र निष्ठा परमेश्वरी शिवा के श्री चरणों में रही है। सर्वत्र मैं उनके दर्शन के लिये मानो भटका करता हूं। तुमको यह हो गया है कि मैं साधना नहीं व्यभिचार ही करता रहा हूं।"

"मैं स्त्री के देह से उपरत हो सकता हूं- मैं कौल हूं, समझी!"

"तुम तो अवधूत हो।" माताजी ने कहा- "किन्तु तब यह शंकराचार्य के विरुद्ध द्वैष क्यों है? शंकराचार्य के नाम को सुनना तुमको सहय नहीं है-क्यों?"

"तुम पूछने वाली कौन हो?" अभिनवगुप्त ने तनिक गर्जना की। वह यती शंकराचार्य्य शैवों का शत्रु है; तुमको क्या पता यह कितना बड़ा एन्द्रजालिक है- सम्मोहन करता है। सभी शास्त्र वाक्यों के विरुद्ध यह शंकर है। कहता है ज्ञान मोक्ष के लिये कर्म की आवश्यकता नहीं है- तब गीता में श्री कृष्ण ने अर्जुन को समूचा कर्मयोग ही कहा है।"

"मतभेद से क्या शत्रुता उत्पन्न होती है?" विमला देवी (माताजी) ने कहा- "नहीं। शास्त्र का अर्थ ही यह है मेरी समझ में, विचारों का मतभेद। अलग-अलग सम्प्रदाय के घेरे क्या रणभूमियों के घेरे हैं? नहीं। सत्य तो यह है तुम शंकराचार्य्य से जलते हो-"

"मैं जलता हूं? उस युवा संन्यासी से? मैं, अभिनव गुप्त? भगवति! मैं क्यों जलूंगा उस शुष्क संन्यासी से?"

"तब फिर वार्ता क्यों नहीं करना चाहते?" विमलादेवी (माताजी) ने पूछा- "क्यों तन्त्र-मन्त्र का सहारा लेकर उस शुष्क सन्यासी को पराभूत करना चाहते हो? मुझको तुम पर दया आती है। तुम स्वयं तो अभिमन्त्रण करना नहीं चाहते- वहां तो भय खाते हो और बेचारे निष्पाप सेवकों, शिष्यों और अपने मित्रों से कहते हो-तुम करो शंकराचार्य पर अभिमन्त्रण-क्यों, जी?"

"मैंने किसी से नहीं कहा, इंगित तक नहीं किया, भाग्यवति!"

अभिनव गुप्त ने गर्जते हुए कहा- "तुम्हारा पुनरावर्तन क्या मुझे तीरों से भेदने के लक्ष्य से हुआ है? मैं प्रलय के मेघों का प्रभञ्जन सह सकता हूं- तुम्हारा व्यंग नहीं। तुमने तो कहा था, तुम मुझे प्रसन्न, सन्तुष्ट रखोगी? यही है क्या तुम्हारा वचन?"

विमला देवी (माताजी) ने उठते हुए कहा- "मैं तुम्हारी धर्मपत्नी हूं-तुमको अधर्म के मार्ग पर जाने नहीं दूंगी। मैं तुम्हारी जीवन संगिनी हूं। तुम्हारे पाप का फल मुझको भी भोगना पड़ता है। मैं तुमको आत्महत्या करने नहीं दे सकती, हत्या करने नहीं दे सकती।"

"मैं हत्या करना चाहता हूं-" अभिनव गुप्त ने क्रोध से काँपते हुए कहा- "मैं यती शंकर को मूक, निरुत्तर, पराभूत मात्र करना चाहता हूं। शैव दर्शन के इस शत्रु का पराभव करना चाहता हूं-यह हत्या करना है क्या?"

माताजी विमला देवी ने कहा- "अभिमन्त्रण क्या है? कृत्या भेजना क्या है?"

"किसने कहा?"-अभिनव गुप्त गर्जे।

"शिवराम ने कहा।" विमला देवी ने कठोरतम स्वर में कहा- "तुमने उस निष्पाप मूर्ख को अपना साधन बनाया? तुमको लाज नहीं आई। शिवराम जंभित हो गया है। भगवती बग्ला क्या क्रूरा है? कृत्या केवल भक्त को पीड़ित करने वालों पर ही चलती है। भगवती बग्ला भक्तवत्सल है-भक्तों की रक्षा तथा योगक्षेम के लिये वह प्रलय भी कर सकती हैं। किन्तु तुम तो महात्रिपुर सुन्दरी के अनन्य उपासक तथा परम् शिव के अनन्य धाता पर कृत्या भेजना चाहते थे। शिवराम करे यह, तुम नहीं। अब लो, शिवराम जम्भित हो गया है मूढ़ की भाँति औचक हो गया है-यह किया तुमने और मुझको कहते हो मैं शंकर का पराभव मात्र करना चाहता हूं।"

"तुम-तुम....."

"हाँ, मैं।" विमला देवी ने कहा- "मैं, मैं तुम्हारी पत्नी, क्यों?"

"तुम मुझको रोकने वाली कौन हो?" अभिनव गुप्त झल्लाये- "स्त्री का वश मैंने, अभिनव गुप्त ने कभी स्वीकार नहीं किया, देवि!"

"अवश्य नहीं किया-" विमला देवी खीझती हुई बोली- "किन्तु वह स्त्रियाँ थीं; तुम्हारी विवाहिता धर्मपत्नी नहीं थीं। सभी स्त्रियाँ पत्नियाँ नहीं होतीं-भोग्या होती हैं- हो सकती हैं, किन्तु सप्तपदी की प्रदक्षिणा से पवित्र विवाहित स्त्री-पुरुष, पति-पत्नी गृहस्थाश्रम के धर्म रथ के दो पहिये हो जाते हैं। विवाह वेदी की अग्नि इस पृथिवी पर अत्यन्त पुनीत अग्नि है, जो पति-पत्नी के कलुष को जला देती है; वासनाओं को भस्म कर देती है। जो संयम, त्याग तथा मंगलमयता का प्रकाश उत्पन्न करती है। तुम अपना पति धर्म पालो या न पालो, मैं अपना पत्नी धर्म पालूंगी।"

"मैं तुमको त्याग सकता हूं।" अभिनव गुप्त गर्जे।

"त्याग दो; फिर भी मैं मरणपर्यन्त तुम्हारी धर्मपत्नी हूं-बनी रहूंगी।" माताजी विमला देवी ने कहा- "तुम सीधे नहीं आये, तो मैं सत्याग्रह करूंगी।"

"सत्याग्रह?" अभिनव गुप्त ने ठिठकते हुए पूछा।

"मैं शंकराचार्य्य को सावधान कर दूंगी।" विमला देवी (माताजी) ने कहा- "मैं स्वयं अन्न-जल त्याग कर हठ करूंगी-आग्रह। सत्य, स्वामिन्!" असत्य, अनृत, अहं इत्यादि की पूर्ति संन्यासियों को दुःख देकर क्यों करते हो? रावण ने जब मुनियों की हड्डियाँ चबाईं तब रामावतार हुआ, भूल गये?"

"तो मैं रावण हूं-यही न?" अभिनव गुप्त।

"उससे भी बदतर हो।" माताजी ने कहा- "रावण चौड़े-धाड़े सीता को हर ले गया। सीता वापस करने की सलाह उसने किसी की नहीं मानी। महर्षियों के उपदेश को भी ठुकराया। हनुमान की नहीं सुनी, अंगद की नहीं मानी। विभीषण को लात मार कर लंका के बाहर कर दिया और राम के आमने-सामने रणभूमि में आकर खड़ा हो गया। और तुम? दुरभिसन्धि, प्रतारणा, अभिमन्त्रण अन्यों से करवा कर, शंकराचार्य की हत्या करना चाहते हो। तुमसे तो क्रचक्र अच्छा था-शस्त्र लेकर शंकराचार्य के सामने हुआ।"

"चुप रहो, अन्यथा?" अभिनव गुप्त क्रोध से काँपते हुए बोले।

"अन्यथा तुम मुझको मार डालोगे? क्या करोगे?" विमला देवी ने फूत्कार करते हुए कहा- "तो मैं तैय्यार हूं; किन्तु शंकराचार्य्य पर अभिमन्त्रण आदि नहीं करने दूंगी।"

"नहीं?" अभिनव गुप्त गर्जे।

"नहीं, नहीं-नहीं।" विमला देवी माताजी ने पाँव पटक कर कहा- "नहीं। वार्ता करो, शंकर से! समझे। कौल हो-जगत् में देवी भक्त की भाँति प्रसिद्ध हो। विश्रुत, तान्त्रिक तथा मान्य मांत्रिक हो तो महामानव की भाँति बरते, घोर पापियों की भाँति नहीं।"

"मैं तब घोर पापी ही सही।" अभिनव गुप्त गर्जे- "मैं तुम्हारी आँखों में पुण्यात्मा कब रहा? मैं तुम्हारे लिये पुण्यात्मा नहीं बनना चाहता। पाप और पुण्य की मीमांसा मैं जानता हूं। पाप! पुण्य! ब्राह्मणों की रूढ़ मान्यता से पाप और पुण्य का विवेक उठा है। सामाजिक मर्यादा पालन से पाप और पुण्य उत्पन्न नहीं होते। परपीड़न और शोषणकर्म ही पाप कर्म है। पुण्य? दूसरों को सुख देना, प्रसन्नता देना; अन्यों की सेवा शुश्रूषा करना-दान देना, यह सब पुण्य है। किन्तु कौल धर्म का विवेक श्रीचक्र पूजन है। साधना, शिवा को शिव पर आरूढ़ करना, अनहद सुनना, सिद्धियों को प्राप्त कर शिव-शिवा की लीला की आराधना करना-यह सब। तुम्हारा यह शंकराचार्य्य शिव-शिवा को केवल जग दिखावे के लिये मानता है।"

"मानता होगा; परन्त तुमको इससे रोष क्यों होता है?" माताजी ने पूछा- "क्या शैव दर्शन तुम्हारी मान्यता, विश्वास नहीं है? तुम सगुण शिव शक्ति के उपासक हो और शंकराचार्य्य निर्गुण-निरञ्जन परम् शिव के ध्याता है। तुम

जगत्, भव-संसार, पूजा-अर्चा, चारों पुरुषार्थ आदि में मानते हो। शंकराचार्य इस सब को विज्ञान, माया मानते हैं। सत्य तो यह है, तुम शंकराचार्य के अद्वैत को समझते ही नहीं।"

"और तुम समझती हो?" अभिनव गुप्त बमके।

"मैं जैसे अनुभव करती हूं।" माताजी ने कहा- "यह सब जैसे ब्रह्म सच्चिदानन्द चैतन्य का भास है- ब्रह्म बिम्ब का प्रतिबिम्ब है। निस्संदेह जाग्रति माया है; स्वप्न भास है और सुषुप्ति अज्ञानाच्छादन है। मैं भी शंकराचार्य को पूरा नहीं समझती-किन्तु जितना उनका भाष्य सुना है, मुझे लगता है- ब्रह्म ही है, सत्य, ज्ञान, अनन्त ही है-और सब मिथ्या है।"

"मैं मिथ्या हूं?" अभिनव गुप्त।

"तुम-मैं सब मिथ्या।" माताजी ने कहा।

"हाँ।" माताजी विमला देवी बोली- "यह सब भ्रम है-माया का मोह है।"

"इस मिथ्यावाद ने अनादि से जगत् तथा जीव का अमंगल ही किया है।" अभिनवगुप्त गर्जे- "मिथ्या कह कर, नश्वर बता कर इस वेदान्त ने जीव को अपनी बद्धमूल चेतना से ही विमुख कर दिया है। कौन जीना चाहेगा, मिथ्या की पूर्ति के लिये-यदि मिथ्या की पूर्ति होती भी हो। कोई नहीं। क्षण और अनन्त की यह धारणा ही स्वयं में मिथ्या धारणा है-जो है, सो है; सदैव है; नित्य है। तुम्हारा शंकराचार्य जिसको सत्य, ज्ञान अनन्त ब्रह्म कहता है, वह तो इस अखिल निखिल सृष्टि के रूप में, जगत् के अविराम प्रादुर्भाव में ही व्यक्त हो रहा है-यदि ब्रह्म ही सत्य है, तो ब्रह्म की प्रत्येक अभिव्यक्ति, प्रत्येक अभिव्यञ्जना भी सत्य है।"

माताजी ने दृढ़, शान्त और अच्युत से स्वर में कहा- "मुझे ज्ञात नहीं यह सब। और यह सब मैं सोचती भी नहीं; सोच सकती भी नहीं। मैं हूं, मुझे इतना ही अचूक ज्ञात है। मेरा दृड़ विश्वास हो चला है, ब्रह्म ही सत्य है और अन्य सब मिथ्या है, माया है, नश्वर तथा अनित्य है।"

"शिव क्षण में भी नित्य हैं, शिवा अनन्त में भी नित्य हैं।" अभिनव गुप्त ने सिर धुन कर कहा- "मैं निराकार को नहीं जानता-न जान ही पाता हूं। मैं सगुण साकार शिव को ही जानता हूं। उनकी परात्पर शक्ति शिवा को ही जानता हूं। शिव की गोद में बैठा हुआ मैं शिवा को जगत् की सृष्टि करते हुए देखता हूं;

स्थिति करते तथा पालन करते हुए पाता हूं संहार कर पुनः नव विधान करते हुए पेखता हूं- निराकार केवल धारणा भर है; यथार्थ नहीं है।"

"न हो; परन्तु जो अनित्य है, नश्वर है- अन्ततोगत्वा आनन्ददायी जो नहीं है- वह असद् है, माया है; मिथ्या है-क्षणिक है, श्रीमद्!"

"आनन्द!" अभिनव गुप्त ने हुंकार की- "कहाँ है आनन्द जगत् में भाग्यवान्! यह जगत् सुखों के संग्रह तथा सन्तोष के लिये रंगस्थली है। आनन्द! कुछ विजड़ित ध्यानकर्ताओं का उद्‌घभ्रान्त भर लगता है- आनन्द है- तब यह विषाद क्यों उत्पन्न होता है? सत्य ही है, तो यह असद् का मेघाच्छन्न क्यों है? अज्ञानाच्छादन, अध्यास! तब फिर यह-ऐसी सृष्टि क्यों है? क्यों?"

विमला देवी (माताजी) बोली- "है; जो है सो है। उसे समझना है। समझो अपनी काम्य धारणा से ढंक कर सत्य क्या देखा जाता है? अर्थात् होने से ही क्या वह नित्य अपराजित अजर सत्य हो जाता है? नहीं होता-च्युतियों में अच्युत सत्य है; क्षणों में अनन्त सत्य है और अनन्त में वह सच्चिदानन्द ही सत्य है। इसलिये एक बार मेरी मान लो। शंकराचार्य्य से मिलो और सद्भाव पूर्वक उनसे वार्ता करो। अपने शैव दर्शन, पूजन तथा आराधना का अपना अज्ञात अविश्वास त्याग कर, निर्मल चित्त से शंकराचार्य्य के पास जाओ, मेरे स्वामी!"

"स्वामी! मैं! तुम्हारा स्वामी?" अभिनव गुप्त चिहुंके।

"इस मानव योनि में मैं मानवी स्त्री हूं और मानवी स्त्री का स्वामी उसका पति ही होता है। हो सकता है। सौभाग्य से मुझको तुम सा समर्थ स्वामी मिला है। अपने सिद्ध सामर्थ्य और अमोघ विश्वास के होते हुए भी तुम शंकर के साक्षात् से डरते हो? यह भय क्यों है, स्वामिन्?"

"भय?" अभिनव गुप्त चिहूंके- "भय?"

"हार जाने की आशंका।" विमला देवी ने कहा।

"शिव अपराजित है, देवि!" अभिनव गुप्त हुमुसे-चिहुंके- "नहीं शैव यम से भी नहीं डरता; क्योंकि वह शिव की शरण में है। मैं-मैं सिद्ध शैव हूं- इस आडम्बरी यती से डरूंगा? नहीं।"

"तो जाओ; शंकर से वार्ता करो।" माताजी ने कहा।

"तो क्या मैं शंकराचार्य्य से शास्त्रार्थ नहीं कर सकता?" अभिनव गुप्त ने पूछा।

"कर सकते होते तो अप्रत्यक्ष अभिमन्त्रण आदि का नहीं सोचते- "विमला देवी (माताजी) ने कहा- "भयार्त कतराता है, भयभीत शत्रुता पालता है; वैरी ही मारण का आश्रय लेता है- क्षेमराज ने मुझे समझा दिया है।"

"क्षेमराज! वह-वह अविश्वासी?" अभिनव गुप्त ने गर्जना की।

"अविश्वासी क्षेमराज?" माताजी ने कहा- "नहीं! क्षेमराज परम् सत्य का मौन शान्त धीर गम्भीर जिज्ञासु है, स्वामिन्! अपनी गरिमा के लिये बाद में, पहिले ऐसे शिष्य के सम्मान के लिये भी शंकर से मिलो।"

"शंकर से मिलो?" अभिनव गुप्त गर्जे- "तो शिव से क्यों न मिलूं?"

"तो सिद्धियों की आसक्ति, प्रताप का मोह और सामर्थ्य का मद त्याग कर शिव से ही मिलो, शिव वेदान्त ही है।" माताजी ने कहा- "मैं चलती हूं। ब्राह्म मुहूर्त होने में ही है- अपने अन्तरात्मा में देखूंगी। मैं तुमको लेकर अत्यन्त क्लान्त हूं, प्रिय!"

"प्रिय?" अभिनव गुप्त चिहुंके- "विवाह के बाद प्रथम बार तुमने मुझे प्रिय पुकारा है।"

"आर्य्यपुत्र प्रिय, प्रियवर ही होता है।" विमला देवी सस्मित बोली- "मैं जानती हूं तुम कान्ता के वश में हो-कामिनी के दास तुम नहीं हो। तुम कामिनी के स्वामी और कान्ता के आर्य्य प्रिय हो।"

"क्या कथन है तुम्हारा, देवि?" अभिनव गुप्त ने ऊर्ध्व स्वाँस भरते हुए कहा- "मैंने कामिनी त्याग दी है। तुम्हारे व्यंगों से बिंध कर मैं हृदय से छलनी हो गया हूं- भैरवियों के साथ उपासना कर मैं अनुभव कर गया हूं- देह-देह है। नर और नारी का एक ही मानव शरीर है तथा उसके भोग सब शिवा के चिद्विलास हैं। चलो, अन्त अच्छा ही हुआ- तुम मुझसे प्रेम नहीं कर सकीं, किन्तु अन्त में आदर तो दे ही सकीं। मैं स्त्री का अपमान सह नहीं सका; सह नहीं सकता; सहूंगा नहीं।"

"मैं क्षमा प्रार्थी हूं, प्रियवर!" विमला देवी बोली- "अब कृपया शान्त हो जाओ और आचार्य शंकर से शास्त्रार्थ के लिये सन्नद्ध हो जाओ। मैं सब कुछ देख सकती थी, देख सकती हूं-तुमको विलास करते तथा मदोन्मत्त विहरते हुए देख सकती हूं-किन्तु तुम्हारा अमंगल नहीं।"

"मेरा अमंगल?" अभिनव गुप्त ने भरी भुरभुरी भवें उझक कर पूछा।

"और नहीं तो क्या, मंगल?" माताजी विमला देवी बोली- "यह मन ही मन यती शंकर से कतराना, वेदान्त दर्शन के सिद्धान्त से भयभीत होकर उन पर वार्ता नहीं करना तथा विद्याहम् के मद से उत्पन्न द्विष को अन्तःकरण में कालकूट की भाँति भरना तथा अभिमन्त्रण, मारण, मोहन, उच्चाटन आदि के लिये प्रतारण करना क्या अन्ततोगत्वा मंगलजनक है? नहीं। सिद्ध योगियों से क्यों भिड़े? ऋषि ऋषि के पास बैठा-मुनि मौन ही अपने अगाध शान्त नयनों के इंगितों से कहते सुनते रहे। सभी सामर्थ्यों, मदों तथा वैभवों को त्याग कर ही योगी के पास जाना चाहिये। विद्वान् शास्त्रार्थ से, राजा असिधारा से, यती सिद्धि से तथा योगी जिज्ञासा पूर्ण वार्ता से ही वश में किया जा सकता है।"

"और कान्ता?" अभिनव गुप्त ने सहसा ठहका मार कर पूछा।

"मुझे क्या ज्ञात, पुरुष कान्ता को कैसे वश में कर सकता है?" विमला देवी ने विहँसते हुए कहा- "क्या प्रगाढ़ आलिंगन से?"

"सन्तति उत्पन्न कर पति-पत्नी को वशीभूत और अनुकूल करता है।" अभिनव गुप्त ने कहा- "शिवा ने शिव से जड़ चेतन सृष्टि का आधान करवा कर शिव का अनन्य अमोघ प्रेम प्राप्त किया है- इतना कि शक्ति की युक्ति एक लव के लिये भी हट जाय तो शिव निष्प्राण हो जाते हैं-यह यती शंकराचार्य्य भी कहता है...!!"

"कहते हैं-" विमला देवी ने शुद्ध किया।

"कहते हैं, अब बस।" अभिनव गुप्त ने कहा और अपनी पत्नी को अपने प्रलम्ब बाहुओं में खींचकर भर लिया। विमला देवी अपने पति के विशाल वक्षस्थल में प्रसर गई; फुसफुसाई- "यती शंकर से मिलो; समान भाव से उनके पास बैठो; उपनिषद् करो। शंकर वेदान्त के सिद्धान्त को समझो और अपना सिद्धान्त समझाओ।"

"अभिनव गुप्त ने श्वेत श्यामल कवरी पाश को शिथिल करते हुए कहा- "हूं।"

विमला देवी ने अपने मुख को अभिनव गुप्त के वक्षस्थल पर तनिक गड़ाते हुए पूछा- "क्या हूं? मेरी इतनी सी बात नहीं मानोगे? मैंने आपको समर्पण इसीलिये किया है कि आप शंकराचार्य्य से द्वेष से नहीं, सहृदयतापूर्वक मिलोगे- उनसे वेदान्त और शैव दर्शन पर डट कर वार्ता करोगे और भूमण्डल को दिखा

दोगे कि आप शैव दर्शन के महारथी हो- आप शंकराचार्य को निरुत्तर तो नहीं किन्तु अपनी विचक्षण दृष्टि और प्रतिभा से अवाक् ही कर दो- मैं यह चाहती हूं।"

"हूं।" अभिनव गुप्त ने अपनी पत्नी के मस्तक को वक्षस्थल से अलग करते हुए उन गम्भीर कमल -डौडे से लोचनों में देखा, कहा- "तो प्रीति का यह अभिनय केवल इसीलिये है- शंकराचार्य्य तुम्हारा क्या लगता है?"

"कुछ भी तो नहीं।" विमला देवी ने पति के पार्श्व में पुनः भर जाने की चेष्टा करते हुए कहा- "मैं मानूं या न मानूं- आप ही मेरे सुहाग के सर्वस्व हो। शंकराचार्य आप के समान ही सरस्वती के पुत्र और भारतभूमि के एकान्त सन्यासी हैं-वह अगाध आदर के ही पात्र हैं, द्वेष के नहीं।"

"तो शंकराचार्य्य से मेरा द्वैष है? मैं जलता हूं उस युवा यती से? क्यों?" अभिनव गुप्त ने स्थिर गूढ़ दृष्टि से अपनी पत्नी की वयस्क और सुघड़ काया को घूरते हुए कहा- "शंकराचार्य ने वेदान्त दर्शन के शव को पुनर्जीवित करने का दुस्साहस किया है। जातियों के घेरों में बंधा, वर्ण विद्वेष की अग्नि में झुलसा, वंश और कुल की अहमन्यताओं में बँधा जकड़ा और प्रतिवर्ष खजते हुए समाज को तथागत बुद्ध ने, उस मतिमान शाक्य मुनि ने मानव समानता और अहिंसा का पाठ पढ़ाया। जातियों के घेरे तोड़ दिये; वंशों के अभिमान ध्वस्त कर दिये और निरीह मानव सम का आविर्भाव किया। पुनः भारतीय समाज सभ्य हुआ। घरों और भुवनों की पाषाण प्राचीरों से निकल कर समाज संघारामों में विश्राम पाने लगा, तब यह यती शंकर वैदिक वर्णाश्रम धर्म का शंखनाद करने लगा है-कर्मरूढ़, हिंसक तथा स्वार्थों से बंधी कर्म श्रृंखला को पुनः ज्यों का त्यों बनाये रखना चाहता है यह यती शंकर। तब कुल धर्म का लोप होने दूं? शक्ति पूजा को समाप्त होने दूं? इस धरती को बुद्ध चाहिये, या फिर कौल चाहिये-शैव चाहिये, भगवति!"

"किन्तु प्रहार क्यों?" विमला देवी ने पूछा।

"उस युवक पर मैं क्या प्रहार करूंगा?" शंकराचार्य्य जैसे शत-सहस्त्र शिष्य हैं हमारे।" अभिनव गुप्त बोले- "जगत् को मिथ्या कहने वाला वाक्य मैं सुनना नहीं चाहता। ज्ञान है, तो जगत् में है; आनन्द है, तो जीवन में है-वैभव है तो इस पृथिवी पर है-सुख है तो वह मानव के पुरुषार्थ में है। शिव-शिवा का जीवन मानव को यही सिखाता है...."

"शिव सिखाते हैं यह?" माताजी ने पूछा- "वह तो औघड़ हैं। सर्प के आभूषणों से विभूषित-भस्मधारी-वह जटानाथ शिव क्या मनुष्य को विलास सिखाते हैं?"

"शक्ति और ज्ञान का चिद् विलास सिखाते हैं, श्रीमती!" अभिनव गुप्त ने कहा- "शैव दर्शन का प्रत्येक विरोधी मेरा वैरी है, देवि!"

"किन्तु क्यों?" विमला देवी ने झुंझला कर पूछा- "तुम विद्वानों में डाह क्या सौतिया डाह से भी अधिक प्रबल है-बद्धमूल है? फिर तुम तो ज्ञानी-मानी हो।"

"तो?" अभिनव गुप्त झल्लाये- "क्या शंकराचार्य्य वेदनिन्दा सह लेता है? वैदिक वर्णाश्रम धर्म विरुद्ध क्या वह एक मत भी सुनता है? क्या शंकराचार्य ने जैनों, मीमांसकों, बौद्धों तथा शाक्तों को सुना? सहन किया? काटा, उनको तिल तिल कर काट दिया भला। शंकराचार्य्य खण्डन कर सकता है; शंकराचार्य्य महाराजाओं की सेनायें पाल कर अपने विरोधियों को परास्त कर सकता है-क्रचक्र को टूक-टूक कर सकता है-उग्र भैरव की हत्या करवा सकता है-तुम्हारा शंकर सब कुछ कर सकता है, क्यों?"

विमला देवी ने कहा- "शंकराचार्य्य ने किसी पर अभिमन्त्रण किया क्या? अभिचार किया क्या? क्रचक्र अपनी मौत आप मरा है-शंकर तो उसको दया दृष्टि से देखते मात्र रहे थे। उग्र भैरव? भगवान् नृसिंह ने ही उनको पद्मपाद के द्वारा मारा। शंकर का इसमें दोष ही क्या था? फिर हत्या करने वाले से प्राणों की रक्षा करना प्रत्येक प्राणी का जन्मजात सत्व है, श्रीमन्!"

"श्रीमन्? मैं तुम्हारा श्रीमन् हूं क्या?" अभिनव गुप्त ने गर्जना पूर्वक पूछा- "न जाने क्यों मैं तुमको सुन रहा हूं-तुम्हारे सतत् व्यंगों को सह रहा हूं-तुम, तुम भी...."

"सम्मोहिनी हूं, यही न?" विमला देवी ने सस्मित कहा- "वह पत्नी ही क्या, जो पति को मोहित न कर सके? तुम सा हठी धुरन्धर विद्वान् शास्त्र मर्मज्ञ आदि किसी के वश नहीं होता-"

अभिनव गुप्त बोले- "केवल पत्नी के वश होता है तब?"

"स्त्री के।" माताजी विमला देवी ने कहा- "मेरी मान लो! शंकराचार्य से वार्ता कर तुम अपनी प्रतिष्ठा ही बढ़ाओगे। वागीशों ने तथा धुरन्धर आचार्य्यों ने शंकराचार्य्य से शास्त्रार्थ कर और हार कर भी अक्षय प्रतिष्ठा ही अर्जित की है- मण्डन मिश्र, नीलकण्ठ उदाहरण हैं मेरे कथन के।"

अभिनव गुप्त ने सहसा कहा- "तुम्हारी बात मान लूं तो......."

"पुरस्कारवत् क्या दूंगी, यही न?" विमला देवी ने कहा- "स्वयं को तन से, मन से, चित्त से स्वयं को दूँगी। तुम्हारी प्रत्येक इच्छा पूर्ण करने के लिये तत्पर रहूंगी।"

अभिनव गुप्त ने सिर से पैर तक वयस्का पत्नी को घूरते हुए कहा- "आज तो प्रगल्भ प्रौढ़ा प्रतीत होती हो।"

विमला देवी मुलकी- "तुम्हारे लिये तो मैं नित्य षोडशी ही हूं-रहूंगी।"

"षोडशी नहीं, शिवा! उमा!" अभिनव गुप्त ने सहसा प्रसन्न होते हुए कहा- "अच्छा तब, हम शंकर से वार्ता कर सकेंगे।"

विमला देवी ने सहसा पति को अपने बाहुओं में भर लिया- "आज मुझे अपना सुहाग मिल गया- मैं जैसे चिर सुहागिनी हो गई।"

अभिनव गुप्त ने पत्नी का प्रगाढ़ आलिंगन करते हुए पूछा- "अच्छा? तब क्षेमराज को आज ही शंकराचार्य के पास भेज दो। क्षेमराज वार्ता की तिथियाँ निश्चित कर आये और ज्योतिर्मठ का वातावरण भी भाँप आये।"

"क्षेमराज को मैंने पहिले ही भेज दिया है।" धर्मपत्नी ने कहा- "क्यों?"

"हूं। तब तुमको यह विश्वास था कि मैं मान जाऊँगा।" अभिनव गुप्त ने तनिक आघात खाते हुए कहा- "स्त्री! तुझको देवता भी जान नहीं पाये-मैं क्या जान पाता? शिव अपनी अनादि समाधि के लोह लट्ट ध्यान द्वारा शिवा को जानना चाहते हैं- ज्ञानमूर्ति शिव आनन्दमयी आनन्दोन्मादिनी शिवा का रहस्य जानते हुए भी जैसे जान नहीं पाते। शिवा में अनन्त कोटि कल्पों का आधान करते हुए भी शिव जैसे सर्गों का आदि अन्त थाम नहीं सकते। कामदेव को दिव्यचक्षु की ज्ञानाग्नि से भस्मीभूत करके भी रति की प्रार्थना पर शिव को मनोज काम आविर्भूत करना ही पड़ा-स्त्री! तू निस्संदेह काम है, कामेश्वरी है, महाकामायनी भी है-"

"स्त्री अखिल सृष्टि है।" विमला देवी ने अभिनव गुप्त के भारी भुरभुरी भवों पर अपनी अँगुली की टेर फेरते हुए कहा- "स्त्री को समझने की चेष्टा क्यों करते हो? स्त्री माया है-अतल रहस्य है; रागभरी रमणीयता है। सृजन के सम्पूर्ण-पूर्ण सम्मोह से भरपूर और काल गर्भों से भारी स्त्री वात्सल्य है; कलि-कलिकलुषहारिणी काव्यलक्ष्मी है, स्त्री रस भारती है; राजराजेश्वरी है। स्त्री को

जाना नहीं जाता; वश में नहीं किया जाता। स्त्री को तो भोगा ही जाता है। भव योनियों की सन्तति का आधान कर उनको प्रसूत करने वाली स्त्री जीवन की कान्ता ही है।"

अभिनव गुप्त ने बिब्बोक भरी दृष्टि से अपनी शान्त किन्तु गम्भीर पत्नी के सौम्य मुख को निहारा; बोले- "वाह! तुम तो उभय भारती से भी बढ़ कर हो गई हो। परात्पर परमेश्वरी को मैं सर्वत्र जैसे देखता हूं; किन्तु पृथिवी तल पर नारी का ऐसा सूत्र मैंने नहीं पाया-तब शिवा शिव की प्रेयसी, कान्ता है। अवश्य है-प्रेयसी, पराम प्रेयसी।"

"स्त्री अन्ततोगत्वा माता है; वत्सला है।" विमला देवी ने कहा- "परमेश्वरी शिवा पूर्ण वात्सल्यशील हैं। हम मातायें पूर्ण रूपेण वात्सल्यशीला नहीं हैं- सन्तति में हमारा तनिक भी सही, किन्तु स्वार्थ बना ही रहता है- वृद्धावस्था में सन्तति पालन पोषण करे यह स्वार्थ बना ही रहता है- यों स्त्री के लिये पहिले सुहाग है; बाद में सन्तति है। सुहाग का अभाव होने पर सन्तति ही माता के जीवन का समूचा अवलम्ब हो जाती है।"

"वह अवलम्ब तब तुम्हारे पास नहीं है-यही न?" अभिनव गुप्त ने गम्भीर होते हुए कहा- "सन्तान हमारे भाग्य में नहीं है। मेरे प्रारब्ध में स्त्री है; माता नहीं।"

"रमणी!" माताजी विमला देवी ने सस्मित कहा- "शाक्तों के लिये स्त्री केवल शक्ति है-पूज्या शक्ति है, समझो!"

"समझ गया।" अभिनव गुप्त ने कहा- "आज जैसे मैं शीतल हो गया-भव-भव की जलन मिट गई। स्नेहभरी तुम्हारी वाणी ने मेरा मन स्थिर और चित निर्मल कर दिया। मैं यती शंकर से खुल कर वार्ता करूंगा-मैं स्वयं शंकराचार्य को शास्त्रार्थ के लिये ललकारूंगा। हाँ; मैं यह अवश्य करूंगा।"

"तो तुम मेरी दृष्टि से कभी ओझल नहीं होंगे।" विमलादेवी ने कहा- "मैं तुमको अपने आँचल से ढंका रखूंगी।"

अभिनव गुप्त हँसे; ठहाका मार कर बोले- "तब क्या मैं तुम्हारा बालक हूं-हो गया?" विमला देवी ने कहा- "साधक, तपस्वी और सिद्ध पति स्त्री का शाश्वत बालक ही हो जाता है। सिद्धियाँ प्रेयसी नहीं हैं, माँ हैं-वत्सला हैं। जो कल्याण करती हैं, वह शक्तियाँ हैं। जगदम्बा! तुम मेरे पुरुष थे; किन्तु तुम अपनी

साधना द्वारा जगदम्बा के शिशु होते गये हो। श्री पूजन वात्सल्य की ही सतत् आराधना है। क्षेमराज ने मुझको यह पाठ पढ़ा दिया है।"

"क्षेमराज! जब देखो तब क्षेमराज।" अभिनव गुप्त बोले- "उसका नाम मत ले देवि! क्षेमराज गुरु को अपना शिष्य मानता है- जिस प्रकार तुम नर को अपना बालक मानती हो।"

विमला देवी शिव और शिवा को माता-पिता मानने के बाद सभी नर-नारी बालक हो ही जाते हैं। क्षेमराज शैव दर्शन की शीतल अग्नि है। सभी दर्शनों की वह्नियाँ क्षेमराज की शिव दृष्टि में मानो आविर्भूत होती हैं तथा परम शिव के परम परात्पर चैतन्य में लीन हो जाती हैं- क्षेमराज शिवपूत है; तुम शिव-कौल हो।"

अभिनव गुप्त टक देखते रहे; बोले- "तुम को आज से अपना गुरु मान लूं क्या? कल कहोगी, क्षेमराज से शिव दर्शन का मर्म मैं-सुनूं- जानूं।"

"नहीं।" माताजी ने कहा- "कामिनी अपने चित्त से निकाल दो, तुम शिव अवधूत हो-हो जाओगे।"

"तो क्या मैं"- अभिनव गुप्त चिल्लाये; परन्तु चुप हो गये।

"तुम अभिनव गुप्त हो; रस भारती के सपूत हो-शैव दर्शन के वागीश हो। तुम क्षेमराज के आचार्य और मेरे पुरुष हो। समझे! निश्चिन्त हो अब यती शंकर से टक्कर लेने के लिये सन्नद्ध हो जाओ। तुम ही शंकराचार्य को हरा सकते हो।"

"क्यों, भला?" अभिनव गुप्त ने प्रसन्न होते हुए पूछा।।

"क्योंकि तुम परात्पर शक्ति चित्ति को जानते हो।" माताजी बोली- "यती शंकर परम शिव को ही जानते हैं; तुम शिव और शक्ति दोनों की युक्त चेतना को जानते हो। क्षेमराज विद्वान् है, मनीषी है। आचार्य्य शंकर शिवस्वरूप हैं किन्तु तुम शिव भी हो और शक्ति भी हो।"

अभिनव गुप्त ने हर्षोल्लासित स्वर में कहा- "अब तुम मेरी मनो-वृत्त्यानुसारिणी पत्नी हो- धर्मपत्नी! प्रारम्भ से ही तुम्हारी यह अनुकूल रञ्जनकारिणी वृत्ति मेरे प्रति होती रहती तो मैं आज शिवा का साक्षात्कार कर लेता। शिव डमरू लेकर एक ओर ताण्डव करता। किन्तु....

"किन्तु क्या?" विमला देवी ने कहा- "अब सब किन्तु परन्तु न नु न च अन्तर्ध्यान हो गये हैं। मैं तुमको तुम्हारी साधना में सहायक हूंगी।"

"मेरी शक्ति बनोगी?" -अभिनव गुप्त ने पूछा।

"उस परात्पर शक्ति की प्रतीकवत् तुम्हारे साथ साधना में-जप में बैठूंगी।" विमला देवी बोली- "किन्तु मेरे साथ तुमको बाल भाव से ही जाप करना होगा।"

"मेरा दास्य भाव है, वह शिवा मेरी स्वामिनी है।" अभिनव गुप्त ने कहा- "मैं उस सर्वशक्तिमान परात्परा अखिल-निखिल ब्रह्माण्ड नायिका का दास हूं, शुभे!"

"किन्तु मैं जगदम्बा की प्रतीक ही होना चाहूंगी।"विमला देवी ने कहा- "कलिकाल में यह कामेश्वरी पूजा वर्जित है। इसीलिये शंकराचार्य ने ललित पूजन की व्यवस्था दी है-"

अभिनव गुप्त ने साश्चर्य्य पूछा- "कब?"

"त्रिभंगी कह रही थी।" माताजी विमला देवी ने कहा- "शंकराचार्य की सगुणपूजा देव-विग्रहों को निराकार चैतन्य में अन्तर्लीन करने के लिये ही है- पंचमकार को उन्होंने चित्त में घटाया है-इन स्वैर कामुकों ने पञ्चमकार को देह पर ही घटाया-स्थित किया और तब यह कामपूजा चल पड़ी। भोग और मोक्ष-भोग करते जाओ और विषयों से मुक्त होते जाओ- क्या यह संभव है"

अभिनव गुप्त- "श्रीचक्र पूजन देहाभिमान से उपरत होने और शनैः शनैः अपने शिव-शिवा समरस चैतन्य में स्थित होने का ही पूजन है। तुम मुझे अपने निगूढ़ दास्य भाव से क्या हटा सकोगी?"

विमला देवी- "स्त्री की कुक्षि माँ की कुक्षि है, भवान्।" और वह कक्ष के बाहर अनुभव वृद्ध हथिनी की भाँति चलती हुई चल दी। अभिनव गुप्त को लगा, मानो किसी ने उनको पर्वत की उत्तुंग चोटी से नीचे गिरा दिया हो। रोष, अमर्ष किन्तु आशावान् आर्द्र हृदयता से वह भर उठे- "स्वामिनि! मेरी राजराजेश्वरी मेरी प्राणेश्वरी- हे शिव पराम् प्रेयसि!"

"पराम् प्रेयसि!" अभिनव गुप्त ने अपनी वाणी की चिहूंकती हुई प्रतिध्वनि मानो सुनी।

विमला देवी हँसीः बोली- "स्त्री प्रेयसि तनिक सी ही है-स्त्री पुरुष के ओजस् के लिये ही रमणीय होती है। मूलतः वह तो जननी है। मैं तुमको अपने उदर में शिशु स्वरूप ही देखती हूं-पाती हूं। इसलिये शिवा भवानी जगदम्बा ही है। जब तक शक्ति वश्य रहेगी, भोग्या बनी रहेगी, तब तक साधक सिद्ध होते हुए भी सिद्ध नहीं होगा। इसीलिये शंकराचार्य्य स्वयं को तो शिव स्वरूप कहते हैं; किन्तु भवानी को माँ कहते हैं, पुकारते हैं।"

"हम शाक्त शक्ति को सुर-सुन्दरी भी कहते हैं।" अभिनव गुप्त ने कहा- "किन्तु इस वाचाल वार्ता का अन्त है ही नहीं। हम तुम्हारे यती शंकर से मिलेंगे-वार्ता करेंगे तथा उसको सर्वदा के लिये निरुत्तर कर देंगे। देवी शारदा स्वयं यह करेंगी। दक्षिणद्वार की अर्गला शंकराचार्य्य खोल दे, तब जानूं। कामरूप और काश्मीर मण्डल के सभी साधक तथा सिद्ध यती और शाक्त यह निश्चय कर चुके हैं। दक्षिण द्वार सर्वदा के लिये बन्द रहेगा। उसकी अर्गला सुमेरु पर्वत स्वयं बन जायेंगे। यह जगत् प्राणियों के इष्टों द्वारा शासित-अनुशासित है- यह भव-संसार कामाख्या का ही महाकाम्य चिद्विलास है-हम हैं, भगवती कामाख्या और शारदा के सेवक, भक्त, साधक हम हैं। वह शंकर नहीं, सुना।"

"सुन लिया।" विमला देवी कहा- "तुम शंकर से मिलो तो सही। मैं भी तुम्हारे साथ हूंगी।"

"नहीं।" अभिनव गुप्त चमकते हुए बमके- "तुम, तुम मुझे..."

"स्तम्भित कर देती हूं क्या?" माताजी विमला देवी ने हँसते हुए पूछा- "श्रीमन्! मैं जितना आपकी व्यष्टि में विश्वास करती हूं- उतना आप स्वयं में स्वयं नहीं करते। आश्चर्य है- क्या अब तक शक्ति के चरणों में पूर्ण-सम्पूर्ण समर्पण नहीं कर सके हो?"

अभिनव गुप्त ने निसास रखा, कहा- "कामेश्वरी को जगदम्बा अनुभव करना मानव जीव के लिये असंभव को संभव करना है, देवि! फिर जगदम्बा को सच्चिदानन्दविग्रहा मान कर उसके परात्पर दर्शन के लिये समाधिस्थ होना-संभव असंभव को असंभव संभव करना है। शंकराचार्य्य से हम ही मिलेंगे-तुम नहीं; क्षेमराज नहीं, भास्कर तथा जयरथ हमारे साथ होंगे। क्षेमराज मुझको बिछला देता है, तुम मुझे अपने वक्षस्थल पर विजड़ित कर देती हो। मैं मान लेता हूं, मेरी बुद्धि परात्पर सुन्दरी के सौन्दर्य्य की दिव्य रमणीयता के लिये तरसती है। मेरी मेधा में लास नृत्य नाचती हुई शिवा भरी है। मैं ओमकार के स्थान पर शिवा के नूपुरों की रणझणाहट सुनता हूं। शिवा की दिव्य-भव्य कटि किंकणी की किरण मैं सुनते रहना चाहता हूं-तुम भव-संसार की अतृप्त तथा गृहस्थ कामनाओं की स्त्री इस अनादि अनन्त कोटि ब्रह्माण्डों की स्वतन्त्र, स्वाधीन उन्मुक्त नायिका को क्या समझोगी? यह परात्पर शक्ति, पर ब्रह्माणि, यह महादेवि प्रकृति है; पुरुष है। यह महादेवी विज्ञान; अविज्ञान है- आनन्द और अनानन्द भी है। वह चिद् विलासी, शिव-वल्लभापञ्चभूत है

और अपञ्चभूत भी है। वह वेद है; अवेद है- अजा है; अनजा भी है। वही ब्रह्म, ब्रह्मा ब्रह्माणि कही जाती है-सुना?"

"सुन रही हूं।" विमला देवी चिहूंकी।

"वह महादेवि शून्य है; अशून्य भी वही है।" अभिनव गुप्त का मुखमण्डल दैदीप्यमान हो उठा- "वही देवता प्रकृति है; पुरुष है- जगत् है।"

विमला देवी मानो लवलीन हो गई; बोली- "अहम् अखिलम् जगत्!"

"तुम?" अभिनव गुप्त ने विस्फारित नयनों से देखा; विमला देवी स्थिर, शान्त उन्मीलित नयनों से विजड़ित सी खड़ी थीं। जैसे गगन की दिशायें साकार नारी मूर्ति होकर प्रादुर्भूत हुई थीं। उन मध्यम सुलोचनों की बन्द पलकें झपक कर मानो भ्रमरों की क्षितिज ही बन गई थी। वह उभरे किन्तु पतले अधर भींस कर मानो ओमकार का सम्पुट बन गये थे-अभिनवगुप्त को लगा कोई देवता द्युलोक से उतर कर सामने खड़ी है। चिहुंके- "तुम?"

विमला देवी के कण्ठ से ध्वनि फूटी- "विद्याहम् अविद्याहम्-अधश्रोर्ध्वम् च तिर्यक्वाहम्! अहम् ब्रह्मस्वरूपिणी!"

अभिनव गुप्त ने विमला देवी को सहसा कन्धों से झकझोरते हुए कहा- "जागो तुम! सुना-"

"अहम् ब्रह्मस्वरूपिणी!" माताजी विमला देवी चिहुंकी और अभिनव गुप्त के बाहुओं में ढल पढ़ी। अभिनव गुप्त ने शिथिल ढल पड़ती हुई गदकारी कोमल देह को सँभालते हुए कहा- "या देवी सर्वभूतेषु स्मृति रूपेण संस्थिता! नमस्तस्यै, नमस्तस्यै, नमस्तस्यै नमो नमः!"

अर्धोन्मीलित्त बन्द से नयनों में मानो प्राण की अग्नि झबकी; श्रीमती विमलादेवी के कण्ठ से अस्फुट ध्वनि निकली- "मैं-मैं क्यों?" अभिनव गुप्त ने विमला देवी के कुछ फूले हुए कपोल की चिकोटी काटते हुए कहा- "जागो! अब यह यौवनानुरञ्जन का नाट्य क्या उचित है? देवी का अभिनाट्य किया जा सकता है; परन्तु क्या उससे महादेवी बना जा सकता है? फिर तुमने ब्रह्म स्वरूपिणी महादेवी को कब जपा है? कब भजा है? जागो तुम!"

तनिक झटका खाकर विमला देवी जागी; अपने पति के प्रलम्ब बाहु बन्धन से छूटते हुए बोली- "तुम-तुम मुझे तब गणिका समझते हो? नाट्यकर्त्री?"

"शिवा शिव को प्रसन्न करने तथा आनन्द देने के लिये जगत के रंगमंच पर सृष्टि के अनन्त कोटि नाट्य किया करती है-तुम यदि स्वयं को महादेवी मानती हो, तो फिर अपने इस अभिनय को अपने इस भव का नाट्य क्यों नहीं?"

"तुम-तुम मुझमें तब विश्वास नहीं करते। मैं कहती हूं, मैं उस महादेवी को अन्तःकरण से जानती हूं। तुम बुद्धि से, प्रतिभा से, जाप की मन्त्र शक्ति से उसे जानते हो-मैं हृदय से जानती हूं। तुम वेदान्ती नहीं हो। हृदय से केवल वेदान्ती ही ब्रह्म को जान पाता है।" विमला देवी ने कहा- "बुद्धि से जगत्, सृष्टि, तत्त्व और पंचभूत आदि जाने जा सकते हैं। वश में किये जा सकते हैं; किन्तु उनकी प्रकृति बदली नहीं जा सकती। ब्रह्म जगत् जीव तथा सृष्टि के परे और पार परात्पर आनन्दमयी हृदयानुभूति है- इसलिये शंकराचार्य उसको अजन्मा, निरञ्जन निराकार भूमा कहते हैं। आनन्द किन्तु आनन्द अनन्त ज्ञान का आत्म साक्षात्कार करना ही है-अज्ञान विषय का आनन्द है; ज्ञान सत्य का आनन्द है।"

"तब तुम मेरे काम की नहीं हो।" अभिनव गुप्त ने कहा- "मैं तुमको शिवा मान कर अपनी शिवाराधना करना चाहता हूं-पुनः करना चाहता हूं। शंकराचार्य्य से साक्षात् करने के पूर्व मैं भगवती दुर्गा से ब्रह्म का समूचा रहस्य जान लेना चाहता हूं। सगुण निर्गुण का यह अनादि ऊहापोह मिटा देना चाहता हूं। मैं भगवती शारादा से सभी शंकाओं का पूर्ण अच्युत समाधान चाहता हूं।"

"नहीं हुआ क्या?"-विमला देवी ने पूछा।

"समाधान? सगुण निर्गुण का?" अभिनव गुप्त चिहुंके। बोले- "सत्य की यह जिज्ञासा जैसे समाधान ही नहीं चाहती। ईश्वर के विषय का प्रत्येक प्रश्न जैसे सदैव के लिये उठा रहना चाहता है। परमात्मा के लिए जीव प्रश्न तो करता है; परन्तु क्या उत्तर भी उसके पास है?"

"उत्तर शंकराचार्य्य के पास दिखता है।"-विमला देवी बोली।

"उत्तर शंकराचार्य के पास?" अभिनव गुप्त सहसा ही गर्जे- "फिर वही वितण्डा? शंकर के पास शास्त्र हैं ही नहीं, श्रुति भर है। शंकर ने अपने वेदान्त दर्शन के निरूपण में जैसे शास्त्र मात्र का बहिष्कार कर दिया है। शंकर के लिये शास्त्र खण्डन का ही विषय है- विद्वान् मनीषी जैसे शंकराचार्य को माने ही नहीं। शंकर केवल सन्यासी को ही चाहता है; मुनि को। परम् तत्व के विषय में शंकराचार्य्य विचार करना नहीं चाहते; प्रामाणिक सिद्ध विचार शंकर को चाहिये

ही नहीं। सगुण तो शास्त्र तथा स्मृति का अन्तिम तत्व है। चिन्तनहीन शास्त्र है नहीं। प्रामाणिक अर्थ से रहित क्या कोई शास्त्रोक्त वाक्य है भी? नहीं- है-किन्तु तुम्हारा शंकराचार्य्य? भास्कराचार्य ने सच कहा है, यह रहस्यमय ऐन्द्रजालिक शंकर-यती प्रच्छन्न बौद्ध है।"

"नहीं।" सहसा एक खनखनाती किन्तु तीव्र ध्वनि कक्ष में धँसी।

"नहीं। शंकराचार्य बौद्धों के पीछे पड़ गये हैं।"

"त्रिपटिका? तुम?" विमला देवी ने पूछा।

"हाँ, मैं। लौट आई।" त्रिपटिका ने कहा- "शंकराचार्य्य ज्योतिर्मठ से चल दिये हैं। एक बार और अन्तिम बार भारत भ्रमण के लिये चल दिये हैं।"

"अच्छा? तुमको पता कैसे चला?" अभिनव गुप्त ने पूछा- "क्या ज्योतिर्मठ पहुंच गई थी?"

"जी नहीं।" त्रिपटिका ने भवें उझकाते हुए कहा- "मार्ग में ही यात्रिकों से पता चला- शंकर उत्तर से दक्षिण की ओर चल दिये हैं। विशाल संघ के साथ शंकर प्रत्येक जनपद की यात्रा कर वैदिक वर्णाश्रम धर्म तथा वेदान्त का सन्देश देते जा रहे हैं। आर्य्य नृपतियों का प्रभावशाली समूह साथ है। आगे-आगे चलता है। शंकराचार्य ने घोषणा कर दी है कि जो वैदिक वर्णाश्रम धर्म धारण तथा पालन में नहीं मानता, उसके लिये भारत वर्ष में स्थान नहीं है। उन्होंने आर्य्य नरेशों से कह दिया है- अपने-अपने राज्य में, जनपद में, गणवृत्त में वैदिक वर्णाश्रम धर्म का धारण करवाया जाय। व्यष्टि का कर्म शुद्ध-बुद्ध पवित्र एवं परोपकारी किया जाय, करवाया जाय। वेद तथा वैदिक धर्म के विपरीत, विरुद्ध कुछ भी स्वीकार नहीं किया जाय। संन्यासियों से शंकर ने कह दिया है- अहर्निशि सतत् धर्म प्रचारार्थ यात्रायें की जायें- अपने चारों शिष्यों को शंकर ने आदेश दिया है- अपने-अपने क्षेत्र में सभी बलों का संयोजन कर वेद वेदान्त तथा वर्णाश्रम धर्म का सन्देश ही नहीं, प्रसार का कार्य संगठित किया जाय......"

"इस शंकर की मति मारी गई है क्या?" अभिनव गुप्त गर्जे- "राज्य बल का आश्रय लेकर क्या भारत वर्ष में धर्म प्रसार कभी किया गया है? नहीं। धर्म दर्शन, साहित्य तथा जन कल्याण सभी परोपकार और परमार्थ राजाज्ञा के मुखापेक्षी कब रहे? कभी नहीं रहे। इस शंकराचार्य्य की चिकित्सा करनी ही होगी। चिकित्सा-आवश्यकता हुई तो शल्य चिकित्सा भी करनी ही होगी। यह शंकराचार्य प्रजा की प्रतिष्ठा गिरा रहा है; लोक की अटूट और नित्य परम्परा

का उल्लंघन कर रहा है। मैं पूछता हूं धर्म का राज्य से क्या वास्ता है? राज्य जन कल्याण के न्याय पुरस्सर प्रबन्ध के लिये है? क्या? दार्शनिक राज्य का विचारक है-कर्मचारी है? शिक्षा, साहित्य, चिकित्सा, जन कल्याण, दर्शन तथा धर्म यह तो प्रजा के स्वाधीन चैतन्य के क्षेत्र हैं। यही प्रजा की स्वतन्त्रता है, यही लोक की स्वाधीनता है।"

"किन्तु शंकराचार्य्य वेद को अपौरुषेय मानते हैं- मानते हैं, परमात्मा मानव को ज्ञानबीज प्रदान करते हैं। शंकराचार्य अपने वेदान्त के समक्ष और किसी को भी दर्शन नहीं मानते। उनकी शून्य साक्षी दृष्टि में सभी कुछ प्रश्नोत्तर हैं; शास्त्रार्थ है; अर्थापत्ति है। राज्य? शंकर राम राज्य को ही स्वीकार करते है- इस पृथिवी पर सूर्य्यवंशी का ही राज्य होता है- हो सकता है। प्रजा तो पालनीय है-राज्य की वह प्रजा है- उसका राज्य से सम्बन्ध सुरक्षित धर्म भृत जीवन जीने का है-पुण्य करो; सुख भोगो अथवा त्यागो जगत् को, जीवन को और मोक्ष प्राप्त करो। शंकर तत्व दृष्टि से नेति नेति के आचार्य्य हैं, मैं पुनः लौट आई श्रीमन्!"

"सत्युत् है।" अभिनव गुप्त ने कहा- "शक्ति शिव के पास लौट आयेगी ही। तुम बुद्धि की शक्ति हो; तुम स्वप्न की प्रतिभा तथा स्मृति की अग्निमयी मेधा हो। शंकराचार्य्य से साक्षात् करने के पूर्व मैं एक बार और तुम्हारे साथ ताण्डव करूँगा, लास रचाऊँगा। उस सुर सुन्दरी का आह्वान करूंगा। अखिल अनन्त कोटि ब्रह्माण्ड नायिका से कहूंगा-उस शव शंकर को जीवन दे; शक्ति दे-जगत् दे; भव-संसार दे। बाँध दे इस यती को असीम काल में, डुबा दे इस रहस्यमय संन्यासी को सदैव के लिये अज्ञान के तमिस्र में, हाँ, मेरी शिवे!"

त्रिपटिका ठहाका मार कर हंसी- "मैं? आपकी शिवा? यह क्या कह रहे हैं, आचार्य अभिनव?"

अभिनवगुप्त ने सिर धुनाया; कहा- "यह जो मेरे पार्श्व में खड़ी है वह लौकिक सम्बन्ध से मेरी धर्म पत्नी है; किन्तु वह स्वयं मुझको बाल भाव से स्वीकार करती है-यह गुह्य वेदान्तिनि मेरी जैसे माता है। मैं भी अब इनको माता जी कहा करूंगा और मुझे पुनः एक बार सर्वदा के लिये पुनः शक्ति की अनिवार्य आवश्यकता हो पड़ी है। यती शंकराचार्य की ऐन्द्रजालिक सम्मोहिनी से बचने के लिये मुझे पुनः कवच सिद्ध करना ही होगा-अर्गला का आह्वान करना ही होगा। मुझको शंकराचार्य्य से मिलने के पूर्व शक्ति चाहिये तुम वह शक्ति हो।"

"मैं? शक्ति? क्रचक्र देव भी यही कहते थे-किन्तु वह घोर तांत्रिक इस पीन प्रखर किन्तु कोमल देह को चूस लेना चाहता था-हाँ। किन्तु ऐसा हुआ नहीं। कटाक्षपात मात्र से मैं रागी-तांत्रिक साधक को दूर-अछूता रख सकती हूं। मैं क्या नारी का कोमल कान्तिवान् देह मात्र हूं? नहीं, आचार्य्य अभिनव! मैं शाश्वती जीवन चेतना का अनादि रहस्य हूं-मैं नर भी हूं; नारी भी हूं- मैं तन्मात्राओं के द्‌वारा और सहित इस देह की ज्ञानेन्द्रियों से जगत् रञ्जन करती हूं-मैं देखती हूं; सूंघती-स्पर्श करती हूं। हर्ष से उभरती हूं-शोक में डूब जाती हूं- मैं अपने विचारों में दमकती हूं; भावनाओं में डूबकती हूं। मुझे जैसे ज्ञात है, यह मेरा देह है; मेरी इन्द्रियाँ हैं। मेरी बुद्धि, मेरा मन, मेरा चित्त। मैं-मैं हूं और यह जगत् भव संसार मेरा जगत् है; भव संसार है। मैं....."

अभिनव गुप्त ने बीच ही में कहा- "तुम उस परात्पर शक्ति, चित्ति का अंश हो तुम, तुम शिवा हो, शुभे!"

"मैं न जाने क्या हूं?" त्रिपटिका ने निसास रखते हुए कहा- "यही तो जानना चाहती थी, मैं क्या हूं? माँ की गोद में लेटे-लेटे मैं इस आकाश को देखती रहती थी-वायु के स्पर्श से सिहर उठती थी। मन ही मन चिहूंकती थी- 'यह, यह वायु है।' अग्नि को देखकर मैं जैसे उसकी ज्वालाओं को पी जाना चाहती थी। गन्ध? समूची पृथिवी की गन्ध बन कर मैं अपनी ही नासिका में समा जाना चाहती थी। उस कण्ठ से निसृत वाणी की ध्वनि- प्रतिध्वनियाँ सुनकर मैं स्तब्ध हो जाया करती थी, समझे आप श्री किन्तु इस आश्चर्य्यमय ऊहापोह में भी मैं जैसे सोचती रहती थी- मैं क्या हूं। मैं अपने सत्य को जान कर रहूंगी।"

"जान लिया न तब?" अभिनव गुप्त बोले- "स्वयं को जानना ही शिव शिवा को जानना है, श्रीमती!"

"स्वयं को जानना क्या संभव है, श्रीमद्।" त्रिपटिका बमकी- "आप लोग कब तक जीव को लेकर वाणी विलास करते रहोगे? कब तक अणु परमाणुओं को बुद्धि से तराशते रहेंगे? कब तक शून्य दिशाओं में अपलक झाँकते रहोगे? यह वञ्चना कब तक? मैं उत्तर चाहती हूं। मैं केवल कोरे प्रश्न ही करते रहना नहीं चाहती। ऊब गई हूं प्रश्न करते करते; थक गई हूं-खज गई हूं। इन्द्रियों की इस बलात् क्रीड़ाओं में रत मैं स्वयं एक बुझती हुई ज्वाला हो गई हूं-बुद्धि की ज्वाला! सुना! मैं बुझती हुई बुद्धि की दीप शिखा हूं, हृदय? कहाँ है हृदय इस आश्चर्य्यमय, आश्चर्य्य कारक तथा आश्चर्यजन्य जगत् में हृदय कहाँ है?

जगत् का अचूक अगाध विज्ञान है, बुद्धि से साधो उसे और इन्द्रियों से भोगो। मुझे शक्ति नहीं, मुझे-मुझे यावत् जीवन की करुणा चाहिये......"

अभिनव गुप्त ठहके- "तब बौद्ध साध्वी क्यों नहीं बन गई?"

"बनी थी। मैं बौद्ध बनी; जैन बनी-क्षपणक। मैं वैष्णव भी बनी" त्रिपटिका ने कहा- "सभी मन्दिरों में जाकर देव विग्रहों को देखती रही-स्तोत्र गाती रही। सभी मठों के कोणों में दुबकी बैठी रही-मौन जाप भी करती रही। तुम तांत्रिकों को सुल्हाती रही। सभी तन्त्रों की उपासनात्रों का अध्ययन करती रही किन्तु........"

"किन्तु, सुभगे?"-अभिनव गुप्त ने पूछा।

"यती शंकर ने मुझे रिक्त कर दिया, श्रीमद्।" त्रिपटिका ने सिर धुनते हुए कहा- "मेरी बुद्धि की बिजलियाँ बुझ गईं, अन्तर के मेघाच्छन्न तितर-बितर हो गये। देह में जीती रही; जाग्रति में जैसे मूक-मूढ़ हो गई और स्वप्न में मूर्च्छित हो गई। कारण? वह तो घोर निद्रा है, श्रीमद्!"

"शुभे मेरी! शान्त हो जाओ।" अभिनव गुप्त ने कहा।

"मृत्यु मुझे शान्त नहीं करता; जीवन मुझे शान्ति दे नहीं सकता।" त्रिपटिका ने सजल नयनों से अभिनव गुप्त के शैलाभ देह को निहारते हुए कहा- "यह घना अन्धकार श्रीमद्! दूर कर सकते हो? तो करो। यती शंकर-शंकराचार्य्य! मैंने तुम्हारा क्या बिगाड़ किया था, भला। अपनी गहन विशाल द्युतिमयी दृष्टि से तुमने मुझे उजाड़ दिया। इस देह को जैसे सामने देखती हूं।"

"प्रत्यभिज्ञा।" - अभिनव गुप्त।

"सम्भ्रम महोदय!" त्रिपटिका ने कहा- "मैं बुद्धि से अब डरती हूं। यह बुद्धि ही जगत को सत्य, जीव को अमर तथा इस भव संसार को वरेण्य बताती है। शक्ति से इस बुद्धि को कुचल दो, श्रीमद्!"

"मेरी शरण में आओ, सुभगे।" अभिनव गुप्त ने कहा- "मैं तुमको शिव-शिवा के समक्ष ले जाऊँगा। भय त्यागो और बुद्धि को और तीव्र करो। उसको प्रज्ञा के प्रतिभा प्रकाश में बदल दो। तुमको सर्वत्र वह आदि चैतन्य शिव के दर्शन होंगे। तुम स्वयं सृष्टि स्वरूपिणी, प्रतिपालिका और यावत् जीवन की कामरूपिणी पाओगी तुम शिवा हो जाओगी और तब तुमको सहज ही अपना शिव मिल जायेगा। तुम शिव चाहती हो, शुभे!"

"शिव?" त्रिपटिका चिहूंकी- "शंकराचार्य्य तब शिव स्वरूप ही हैं। वह कहते हैं- चिहुंकते हैं, चिदानन्दरूपम् शिवोहम् शिवोहम्।" मैंने यती शंकर को गाते हुए सुना है। हाँ, श्रीमद्! मैंने शंकराचार्य की गन्ध को चिर-वसन्त की मलयज पर बहते हुए अनुभव किया है-हाँ, आचार्य्य! मैं जैसे शरीरी शंकर को अनादिकाल से जानती हूं और वह जैसे मुझको जानते हैं-अज्ञात ही जैसे जानते हैं।"

अभिनव गुप्त ने दीर्घ स्वाँस भरते हुए कहा- साश्चर्य्य कहा- "तब तुम शंकर पर मुग्ध हो गई हो। यही न" और अभिनव गुप्त कटि से टेढ़े होते हुए ठहाका मार कर हँसने लगे- "वाह! विधाता, क्या चमत्कार बताया है मुझको? यह नवरंगी सबला तन्वंगी रमणी उस शववत् शंकर की प्रीति में सुध-बुध भूल गई है-बौरा गई है।"

"नहीं।" त्रिपटिका ने शान्त तीव्र स्वर में कहा- "नहीं, आचार्य्य मैंने सम्पूर्ण सुधि ही जैसे प्राप्त कर ली है। यती शंकराचार्य्य के लिये मैं हूं ही कहाँ? किन्तु वह मेरे लिये है-मेरे लिये ही है। मैं जैसे यतीवर्य शंकर का सदेह शास्त्र हूं; जगत् हूं-भव-संसार हूं-जीव तथा ब्रह्म जीव हूं और मेरे लिये शंकर क्या हैं? कहूं?"

अभिनवगुप्त ने अपनी धर्मपत्नी को कक्ष के दूसरे द्वार से चले जाते हुए देखा; पूछा- "कहो-शंकराचार्य्य क्या हैं तुम्हारे लिये?"

"शव हैं। साँस लेते हुए शव हैं।" त्रिपटिका ने अमर्ष से हमहमते हुए कहा- "शंकराचार्य ऐसा प्राणों भरा शव है, जो आपको देखता भर है-पकड़ता नहीं, झेलता नहीं झकझोरता नहीं। वह केवल निर्निमेष दृष्टि से देखता है और आँखें उन्मीलित कर अनदेखा कर देता है। इस प्राणवान कमनीय रमणीय शव के पौरे पौरे से पारिजात के फूलों की गन्ध फूटती है और जीव के नथुने अद्वितीय घ्राणों से भर देती है। जीव जैसे आवागमन ही भूल जाता है। हाँ, मैं जैसे स्वयं साँस लेती हुई शव हो गई हूं। मैं-मैं मेघों में उड़ गई; आँधियों में लुप्त हो गई। मैं बिजलियों में बरस कर स्वयं ही दग्ध हो गई-मैं हूं क्या? नहीं, हूं आचार्य्य! इस शव के साथ बैठ कर क्या जाप करोगे? मैं यावत् जीवन का महाकाम जगा नहीं सकती। नहीं-मैं सुख दे नहीं सकती; दुःख भी नहीं दे सकती-मैं केवल जला सकती हूं, श्रीमद्!"

"तुम चिर वसन्त की वह पतझर हो, जिसमें शत-सहस्त्र वसन्त के गर्भ ही झरते रहते हैं।" अभिनव गुप्त ने सस्मित कहा- "तुम, तुम आँधी नहीं हो; तुम बिजली भी नहीं हो तुम पतझर नहीं हो। तुम क्या निराशा हो? नहीं, री! तुम

घने अन्धेरे में आशा की दीप शिखा हो, अहर्निशि प्रज्ज्वलित सुनहरी दीपशिखा हो। तुम सोनजुही स्त्री देह की अमर बेलि हो, सुभगे! मेरे घुटने से अपना घुटना लगा कर बैठो और मुझको अगाध रस भारती का अनुभव कराओ-जिससे मैं शंकर के नयनों के उस शून्य में शिवा की वेणी का कल्पवृक्ष का पुष्प बन कर व्यक्त हो सकूं। अतीत की सभी शक्तियाँ जैसे इस गगन में उद्दीप्त सी हो गई हैं- किन्तु वह सब गदकारी थीं; मोहिनी थीं-काम गन्ध पूर्ण वह जीवन की अनुरागिनी शक्तियाँ थीं; किन्तु तुम?"

"हाँ, जी। मैं?" त्रिपटिका अभिनव गुप्त के कन्धे के पास सरक आई- "कहिये, मैं?"

अभिनव गुप्त ने उन दो उदास नयनों में देखा, घूरा और दोनों हाथो से झकझोरते हुए कहा- "शंकर में डूबो मत; अभिनव गुप्त में जाग जा रमणि!"

22

शंकर संघ सहस्रों पाँवों से चलता तथा सहस्त्र-सहस्त्र हाथों को हिलाता हुआ आगे जैसे धंसा; हिला-हिलाहिल डुला, चला। सहस्त्र, शत सहस्त्र चरणों की ठुकरीली चाँपों से हुमुम-हुमुस कर उड़ी हुई धूलि अब क्लान्त किन्तु मगन गगन में बादल बनकर हतप्रभ बौद्ध भिक्षुओं को ढंक देना चाहती थी। सहमे, तनिक चकित तथा स्तम्भित से बौद्ध भिक्षु मानो इस धूल के बादल से बचना चाहते थे-वह जैसे अपने पादाघातों से स्वयं धूल के बादल उठा कर अग्रसर शंकर संघ को ढंक देना चाहते थे। यह शंकर! शंकराचार्य्य! असमय की आँधी ही है और क्या? एक बार और हम संघारामों को भर देना चाहते थे। अवश्य, जनपदों में पुनः 'बुद्धम् शरणम् गच्छामि! संघम् शरणम् गच्छामि! धम्म शरणम् गच्छामि!' की ध्वनियाँ प्रतिध्वनित करना चाहते थे- "यह दक्षिण जैसे सुनता ही नहीं। जनपदों की सीमायें गगन की अर्गलायें बन कर हमें रोकती हैं, सुधे!" प्रवर संघ भिक्षु ने निसास भरते हुए कहा- "क्या हो गया है यह? जनपद वासी अब हमें देख कर सव्यंग मुस्कराते हैं। भिक्षा देते तो हैं, परन्तु भिखारी मान कर ही देते हैं। क्या हो गया है लोगों को?" दूसरे भिक्षु ने कहा- "हो क्या गया? बौद्ध का आश्चर्य विला रहा है और शंकराचार्य की वाणी का इन्द्रधनुष छा रहा है-होना क्या था? बुद्ध गये और अब बौद्ध धर्म भी जैसे जा रहा है।" प्रवर भिक्षु ने साथी भिक्षु को झकझोरा; कहा- "कालजीभिये! चुप रह! कुलपतिगण आचार्य्यपाद सुनेंगे तो तुझको-मुझको भूगर्भ में उतार देंगे, समझा!" उस भिक्षु ने साध्वी भिक्षुणी को सहम कर देखा; कहा- "त्रिभंगी! चल! यह बौद्ध वेश काम का नहीं निकला। ऐसा करेंगे यह बौद्धाचार्य्य? मनुष्य को भूगर्भ में बन्द कर देंगे?" "अवश्य करेंगे, ब्राह्मण!" प्रवर भिक्षु ने कहा- "बौद्धाचार्य्य अब यही चाहते

हैं कि बौद्ध विहार तथा विद्यापीठ बचे रहें। कुमारिल्ल भट्ट को भूगर्भ में ही समाप्त होना पड़ता। यह तो क्षत्रिय सुधन्वा ठीक समय पर आ गये। किन्तु तुम दोनों के लिये तो कोई नरेश क्या, कोई श्वान भी भौंकने नहीं आयेगा।" "क्यों?" बौद्धवेशी शिवराम ने खींसे निकालते हुए कहा- "मैं क्या कुमारिल्ल भट्ट से कम हूं-देख गया तुम्हारे सब भेद।" "क्या, शठ?" प्रवर भिक्षु चिल्लाया- "कि तुम बुद्ध नहीं हो, तथागत नहीं हो, तुम सब बुद्ध के भिखारी भीख माँगने वाले मात्र हो, हम भी ऐसे ही हैं आश्रम में भृत्य थे। मरें तो हम और जीयें, भोग विलास करें तो आचार्य्य और उनके पट्टशिष्य करें" प्रवर भिक्षु ने कहा- "तो क्या तुम दोनों विवाहित हो?" शिव राम ने कहा- "हम दोनों स्त्री पुरुष हैं, भिक्षु! शैव धर्म के मठ में एक दिन भी रह जाओ तुम! तब जानूं।" प्रवर भिक्षु हँसा- "बौद्ध मठ को विहार कहते हैं- तुम ब्राह्मण मठ कहते हो" शिवराम हँसा। भिक्षु बोला- "और पूजा के अलंकरण अन्य हैं; वेश भी भिन्न हैं, किन्तु शिवा ही पद्मावती है; वज्रायिनी है-शिव शक्ति के संग के बिना न धर्म मिलता है, न ऐश्वर्य और नहीं मोक्ष।"

बौद्ध भिक्षु वेशधारी शिवराम ने सहज ही पूछा- "तब सभी स्थलों में पूजन एक ही है? तब बौद्ध, जैन, शैव आदि में भेद क्या हुआ? नाम का भेद। मैं जैसे यह जान गया था। सम्प्रदायों के झगडे, आचार्यों और मठाधीशों के परस्पर झगड़े हैं। तत्व और दर्शन का क्या वास्ता है? हमारे आचार्य्य श्री हैं न! कौल हैं किन्तु शैव भी हैं, उनका सबसे तनाजा है, झगड़ा है।" प्रवर भिक्षु ने क्षितिज में अन्तर्ध्यान होते हुए संघ की विलीन होती हुई आकृति को देखा; कहा- "कौन है वह आपका आचार्य? तुम दोनों हो कौन? तुम दोनों हमारे रिक्त संघाराम में आ गये तो हमने भी बसा लिया तुमको। क्या गुरु से त्रस्त होकर भागे आये हो? यह स्त्री कौन है? त्रिभगी है क्या?" शिवराम ने कहा- "जो समझो! त्रिभंगी! वाह क्या शब्द है। भ्राता त्रिभंगी! दोनों ही एक उदर में पके; एक ही कुक्षि से निसृत प्रसूत! नहीं; जी। यह स्त्री मेरी संगिनी भर है। यह भी भाग आई है।" त्रिभंगी ने नयन नचाते हुए कहा- "तुम, शिवराम! मैं भाग आई अथवा तुम मुझको भगा लाये हो?"

शिवराम ने जैसे कोई घटना ही नहीं घटी हो; कहा- "मैं भगा लाया हूं, सत्य कहा तू ने स्त्री!"

प्रवर भिक्षु ने पूछा- "क्यों भाई?"

शिवराम ने कहा- "ब्रह्मचारी शिष्यत्व तथा मठाधीश की सेवकाई कर चुका-आकण्ठ आ गया था, भिक्खुजी। और यह स्त्री? त्रिभंगी है यह-ग्रीवा से टेढ़ी, स्तन मण्डल से ऐंची और कटि से ऐंठी-टेढ़ी, ऐंची ऐंठी-त्रिभंगी। आचार्य की जंघाओं पर बैठ चुकी है-"

"नहीं, पापी!" त्रिभंगी ने सरोष कहा- "अभिनव गुप्त ने सदैव मुझको अपनी पुत्री माना है। वह मेरे पिता हैं, शठ!"

शिवराम हंसा; बोला- "मैं सब जानता हूं, सर्पिनी!

त्रिभंगी ने शिवराम की ओर झपटते हुए कहा- "मैं-मैं सर्पिनी? और तू-तू तक्षक नाग? नहीं?"

प्रवर भिक्षु ने सहसा त्रिभंगी के दोनों हाथ थामे; कहा- "रूको भगिनी! यह तुम्हारा वाग्दत्त नहीं है क्या?" त्रिभंगी ने सांसों को थामने की चेष्टा करते हुए कहा- "यह-यह भुषंडी मेरा वाग्दत्त? यह, चिता से उठ खड़ा हुआ शव? यह? जी, आप नहीं जानते यह दिवस में बौद्ध है; जैन है- वैष्णव है- तथा रात्रि को रसिक है; कामी नर है।"

"बुद्धम् शरणम् गच्छामि!" प्रवर भिक्षु ने कहा- "तुम दोनों इसी समय चले जाओ! गांव वालों को यह जारज ज्ञात हो जायगा तो हमारी पिटाई हो जायगी। यों ही गांव वाले-चाहते हैं, हम चले जायं। किन्तु जायें कहां? गांव वाले इस बौद्ध स्तूप को नष्ट कर मन्दिर ही बांधना चाहते हैं। यों भीख देते हैं किन्तु बौद्ध के अनुगामी की भांति नहीं। पूर्व में यह गांव ही नहीं, पूरा जनपद बौद्ध धर्म की जगमगाहट से जगमग था। शान्त मगन प्रसन्न आलोक से भरा यह गांव था-हां था।"

प्रवर भिक्षु ने चारों ओर देखा-दीन उदास दृष्टि से दिशाओं को घूरते हुए कहा- "आज! आज यह शंकराचार्य की जय-जयकार से भरा है। इस गांव में ही नहीं समूचे जनपद में हम बौद्धों ने हिंसा को समाप्त किया। अहिंसा तथा अपरिग्रह का उत्कर्ष किया। ब्राह्मणों की स्वार्थ परक कर्म श्रृंखलाओं से लोगों को छुड़ाया-हम बौद्धों ने प्रजा का पूरा परित्राण ही किया। किन्तु वह शान्त दिव्य भव्य पुरुषार्थ जैसे उड़ गया- धूलि का यह बादल बन गया, मित्र!"

शिवराम ने त्रिभंगी को कटु दृष्टि से देखते हुए कहा- "तब, चल! चल दे! इन बौद्धों ने तो यती शंकर से हार मान ली है। यह क्षप्पणक जैन उपासरों में घुस गये। जैन धर्म अब तपस्या है, प्रेक्षा है; आत्मशुद्धि की गम्भीर अचल

पद्धति है।" फिर प्रवर भिक्षु की ओर इंगित करते हुए शिवराम ने कहा- "तुम बौद्धों ने गृहस्थाश्रम का विरोध कर यह दुर्भाग्य मोल लिया है। गृहस्थाश्रम पर ही ब्रह्मचर्य, वानप्रस्थ तथा संन्यास आश्रम पलते हैं। सभी मठ गृहस्थ की भिक्षा पर ही जीते हैं। भगवान् का प्रसाद और जनता की भिक्षा। यती शंकराचार्य ने प्रजा की नाड़ी पहिचान ली है- प्रजा जन्मना, जन्मते रहना तथा लोकवत् होकर भोग चाहती है; भव का उत्कर्ष और पुरुषार्थ का सन्तोष चाहती है। इस पृथिवी पर मानव योनि सन्यासियों की नहीं गृहस्थों की भव-जंजाल है। चलिये महादेवी जी! अपने प्रासाद की ओर चलें। गुरुओं को साष्टांग प्रणाम कर पांव अकड़ गये; आचार्यों को प्रसन्न करते-करते प्रसन्नता ही जैसे रीत गई। यह शंकराचार्य मेरे बस का नहीं है, देवि! अभिनव गुप्त को कौन समझाये? तू मेरे साथ क्यों चली आई?"

"मेरी इच्छा", त्रिभंगी ने कहा- "तू पूछने वाला कौन है जो?"

"अच्छा? मैं तेरा कुछ भी नहीं हूं?" शिवराम ने कहा- "अच्छा, तो विदा- हम ही चल दिये। चलते रहेंगे; इस पृथिवी पर प्राणियों को चलते ही रहना है। रुकना नहीं; थमना नहीं-अटकना नहीं चलते रहना जो चार पांवों से चलता है, वह पशु है और जो दो पांवों से चलता है, वह मानव है। और मानव को मरण पर्यन्त चलते ही रहना है। अच्छा भिक्षुवर्य! अतिथि सत्कार के लिये आभार। मेरी सुनो तो यह भिक्षुवेश त्यागो-गृहस्थ बन कर वार्ता में जुटो। कृषि, व्यापार, उद्योग, हां, वार्ता में लगो। किसी भी भिक्षु से सही भीख मांगना आत्म सम्मान के विपरीत है।"

प्रवर भिक्षु ने ऊर्ध्व स्वांस भरा, कहा- "हम बुद्ध की शरण में हैं; हमने धर्म के चरण थामे हैं; हमारा सम्मान क्या? असम्मान क्या? यह जगद्गुरु सबको गृहस्थ होने के लिये कह रहा है, कहलवा रहा है। आप भी यही कह रहे हैं- तब क्या शंकराचार्य के गुह्य शिष्य हैं आप?"

शिवराम हंसा; बोला- "हम तो ईश्वर के गुप्तचर मानव हैं। यतीवर्य शंकराचार्य! देख लिया उसको। विशाल मानव समुदाय पर पूर्णिमा की ज्योत्स्ना सा छाया हुआ है। आचार्य अभिनव गुप्त इसलिये शंकराचार्य से नहीं मिलना चाहते। शंकराचार्य को मेरे भूतपूर्व गुरु जी परास्त तो करना चाहते हैं, किन्तु सम्मुख नहीं होना चाहते। मुझे साधन बनाकर अभिमंत्रण... शिव, शिव। मैं भाग आया, महोदय!"

भिक्षु प्रवर ने कहा- "शंकराचार्य को समाप्त करना ही चाहिये। यह वैदिक वेदान्ती फिर मनुष्य को, हमें गृहस्थ की श्रृंखलाओं में जकड़ना चाहता है। स्त्री, सन्तान, माता-पिता, सगे-सम्बन्धी-इन भावुक संक्रामक झगड़ों में फंसाना चाहता है- गृहस्थाश्रम, जाति, कुल-वंश। ऊंच-नीच-यह सब ब्राह्मणों की सामाजिक प्रतारणा मात्र है। मनुष्य गृहस्थ बने ही क्यों? क्यों विवाह करे, कहिये? आप भी तो ब्राह्मण हैं"

"मैं सभी वर्णों का ब्राह्मण हूं, महोदय!" शिवराम ने कहा- "तो मनुष्य विवाह न करे यही न? तो क्या व्यभिचार करे?"

"भगवान् बुद्ध ने यह कब कहा?" भिक्षुवर्य बोला- "तथागत धर्म मेघ ने तो यह कहा, यह जगत् दुःखमूल है; दुःखरूप है- यह भव-संसार, यह गृहस्थाश्रम ही सभी वासनाओं, अतृप्तियों तथा त्रितापों का स्थल है। भिक्षु बन कर समाज की दया पर जीओ, बुद्ध की शरण में पड़े रहो।"

"और क्या करो?" सहसा त्रिभंगी ने पूछा- "मक्खियां मारते रहो।"

"नहीं, श्रीमती सुश्री!" भिक्षु ने कहा- "शान्त तथा स्थिर चित्त से ज्योतिर्मय अनाहत अगाध शून्य को देखते रहो। त्रिताप मात्र को त्यागते हुए अपने प्रसन्न, मगन, आनन्दमय चैतन्य का अनुभव करो-निर्वाण प्राप्त करो। यह षड् विकार मारना है। मक्खियां नहीं?"

त्रिभंगी ने झेंपते हुए कहा- "यह सब कथन मात्र; मनुष्य की चित्त वृत्तियों का निरोध-निग्रह हो सकता है; उनको बदला नहीं जा सकता। मनुष्य इन्द्रियज यथार्थ ज्ञान द्वारा कामना पूर्ति कर सुख चाहता आया है- मनुष्य को ब्रह्मवाद में, सर्वप्रथम तो जगत्, विद्या, सामर्थ्य तथा भोग्य विषय चाहिये। यह सब गृहस्थ होने पर ही संभव है। फिर वानप्रस्थ ही सच्चा भिक्षु है, महोदय!"

"युवावस्था में साधक भिक्षुक होकर मैंने देख लिया।" शिवराम ने कहा- "काम कटता ही नहीं; क्रोध खजता ही नहीं, मद ढुलकता ही नहीं, मोह रीतता ही नहीं, लोभ समाप्त होता ही नहीं- मात्सर्य स्वप्न और सुषुप्ति में भी बना ही रहता है? मैं तो इस 'मैं' को ही ब्रह्म मानने लगा हूं। मनुष्य को मानव की भांति ही मानव योनि में जीना चाहिये। जीवन का ऊर्ध्व रेतन योगियों के लिये हो सकता है। सामान्य जन, मानव के लिये नहीं। सामान्य जन के लिये क्या चाहिये, प्रिय मेरे?"

शिवराम ने हंसते हुए कहा- "तप नहीं, संयम! मनुष्य को सौजन्य, संयम तथा अनासक्त कर्म क्षमता ही चाहिये। यह गृहस्थ में ही उद्भवित हो सकती है गृहस्थाश्रम! सृष्टि का आश्रम है, महोदय!"

भिक्षुवर्य ने कहा- "होगा! मैं स्त्री सन्तान का दायित्व क्यों लूं? मैं तो रमता राम-भिक्षु ही भला। भला हो तथागत बुद्ध को निश्चिन्त कर दिया। माँ-बाप बचपन में ही चल दिये इस अनन्त रहस्य में छिप गये-मर गये जी। सगे सम्बन्धियों ने रोटी के टुकड़े गिनना आरम्भ किया। भाइयों ने वंशानुगत सम्पत्ति हथिया ली। मेरा यौवन जैसे सबको खटकने लगा। मेरा स्वास्थ्य मेरा वैरी हो गया-गाँव की चोरियों का दायित्व मुझ पर मढ़ा जाने लगा-तब क्या करता? भागा और बुद्ध की शरण में जा पड़ा।"

"पुरुषार्थ करते!" त्रिभंगी ने सव्यंग कहा।

"पुरुषार्थ? किसके लिये?" भिक्षु प्रवर ने कहा- "जब घर नहीं, स्त्री-सन्तान नहीं; सुरक्षा और सन्तोष नहीं, तब पुरुषार्थ क्या करता? अर्जन करता? वार्ता में व्यस्त रहता? और फिर दुःख का मूल यह संसार-यह नाशवान त्रिताप से भरा अशान्त भव जंजाल? नहीं-इससे तो यह भिक्षु जीवन ही उत्तम है, किसी को शोषता तो नहीं? दुःख देता तो नहीं? पीड़ा तो नहीं पहुंचाता? संघाराम के विजन में पड़ा रहता हूं। तथागत ने कहा है, काया को कष्ट देना तपस्या नहीं है।"

"जैन, क्षपणक तो यह नहीं कहते।" शिवराम ने कहा- "जैन तो देह को ही वासनाओं का घर मानते हैं, वासनाओं को निर्मूल करने के लिये इन्द्रिय निग्रह, अपरिग्रह, दिगम्बरत्व-यह सब जैन अनिवार्य्य मानते हैं सत्य तो यह है- यह तपस्या साधना व्यष्टि के लिये है- समष्टि के लिये तो लोक धर्म का धारण और पालन ही है-"

"लोक धर्म?" भिक्षु चिहूंका।

"वैदिक वर्णाश्रम धर्म!" त्रिभंगी ने बीच ही में कहा- "सुना नहीं, आचार्य्य यती श्रेष्ठ शंकराचार्य ने क्या कहा?"

भिक्षु प्रवर ने निःसास रखते हुए कहा- "यह यती शंकर हम बौद्धों को भारत वर्ष में शान्ति से रहने देना नहीं चाहता। उसने वेद और वेदान्त की दुहाई देकर ब्राह्मणों और क्षत्रियों का अभिजात्य संगठन करना आरम्भ किया है। वह बौद्धों को नहीं चाहता। वह शाक्तों को भी मर्य्यादित करना चाहता है- कुल धर्म को नष्ट कर वैदिक सनातन धर्म का केतु फहराना चाहता है। वैदिक वर्णाश्रम

धर्म? क्या? ब्राह्मणों की बौद्धिक प्रतारणा? क्षत्रियों की असिधारा, वैश्यों का ऐश्वर्य्य और शूद्रों का दासत्व। तथागत को यह कटु और दुरूह रहस्य ज्ञात था-इस वर्णाश्रम धर्म ने वर्णों को परस्पर शत्रु कर दिया-जातियों के घेरों में मनुष्य को पशुवत घेर लिया तथा वंशों के कारगार में बन्द कर दिया। एक चाण्डाल ने यती शंकर की आँखों में ऊँगली डाल कर कहा- भेद मानता है और स्वयं को ब्रह्मज्ञानी कहता है। मानव मात्र एक जाति है; एक वंश है; एक कुल है- यह कहा उस शूद्र ने और यती शंकर अवाक् रह गया। पीछे से कह दिया, वह चाण्डाल स्वयं विश्वनाथ थे।- काशी विश्वनाथ! उंह! सत्य तो यह है- इस विचक्षण ब्राह्मण से कोई भी नहीं जीता है। किसी ने भी इस भूसुर को नहीं हराया। हाँ, मैं कहता हूं, ब्राह्मण जब मिटेगा, मानव एक होगा-प्राणी मात्र का अभ्युदय होगा-मानव का निर्माण बुद्धि से ही मिलेगा-ब्राह्मण से नहीं।"

शिवराम ने सहसा झल्ला कर कहा- "ब्राह्मण से मानव को मोक्ष मिलेगा।"

"मोक्ष?" भिक्षु प्रवर ने कहा- "कहाँ है? अनादि त्रिताप दग्ध जीव के लिये मुक्ति है, दुःख से आत्यंतिक निवृत्ति-मुक्ति, निर्वाण, महाशय!"

"महाशय नहीं ब्राह्मण।" शिवराम ने कहा- "चलो, देवि! हम तुम तो वेद की छाया में ठहरें, वेदान्त के प्रकाश में साँस लें तथा वैदिक वर्णाश्रम धर्म का धारण कर सुखी गृहस्थ की रचना करें। यह तन्त्र-मन्त्र ऐन्द्रजाल भर है। यक्षिणी? चित्त की उद्भ्रान्त लालसा है। अब ज्ञात हुआ, मुझे पत्नी चाहिये; सन्तान चाहिये। रक्त के सम्बन्ध तथा संयम पूर्वक कामनाओं की तृप्ति चाहिये। भिक्षा नहीं, मुझको गृहस्थ का पुरुषार्थ चाहिये। चलो देवि! अपने गाँव जाकर हम तुम विवाह बन्धन में बंधेंगे। चलो!"

त्रिभंगी मुलुकी- "मैं यती शंकर सा पुत्र चाहूंगी। उभय भारती सी पुत्री चाहूंगी।"

शिवराम हँसा- "तू सचमुच ही ब्राह्मणी है-"

"नहीं, जी।" त्रिभंगी हूंमुसी- "मैं जो हूं-सो हूं। माताजी और आचार्य्य जी में रात दिवस झगड़े होते ही रहते हैं-मैं तो काँपती ही रहती थी। इधर आचार्य्य श्रीचक्रपूजन के लिये घेरते थे, तो उधर माताजी उसको न जाने क्या मानती थी। तब आचार्य्य मुझको शाश्वत कन्या रूप प्रतिष्ठित कर कामरूप चले गये-भगवती कामाख्या! आचार्य श्री ने कामरूप के गुह्य सिद्धराज से दीक्षा गृहण की और पञ्च शिवस्वरूप कामेश्वरी की उपासना की।"

"विकार?" शिवराम ने पूछा।

"गुरुजी अभिनवगुप्त साधना के समय देह को मूर्ति बना लेते हैं।" त्रिभंगी ने कहा- "विकार? नहीं, जी गुरु मन्त्र, इष्ट, शक्ति तथा वीर अथवा कौल का एका जैसे मूर्तिमान हो जाता था।"

"अच्छा। तभी" शिवराम ने कहा- "सुना, भिक्षुप्रवर! महोदय! हमारी वाग्दत्ता हमारे कौल गुरु जी के लिये क्या कह रही है? शरीर में हैं तब तक शरीर जाग्रत। स्वप्न में हैं तो शान्त तेजस्। कारण में है, तो गहन किन्तु स्वयं जाग्रत सी सुषुप्ति! हमारे गुरु जी अभिनव गुप्त स्वयं तन्त्र हैं, मन्त्र हैं; जाप हैं-सिद्ध होते हुए भी गृहस्थ हैं।"

"यह कैसे, भवान्?" भिक्षु ने पूछा।

"अरे हमारा गुरु बड़ा गोपनीय है- बताता थोड़े ही है।" शिवराम ने कहा- "वह औघड़नाथ वर्षों चरण सहलाता रहा। कुछ नहीं दिया। ठेंगा दिया और क्या? कहा अभिमन्त्रण करो, तब।"

भिक्षु प्रवर जैसे थप्पड़ खाकर चमका- "अभिमन्त्रण? मुझ पर? क्यों?"

शिवराम ठहाका मार कर हँसा- "आप पर नहीं! साधो उस यती शंकराचार्य्य पर!"

"शंकराचार्य यही?" भिक्षुक ने पूछा- साश्चर्य्य पतली भवें उझका कर तरेरते हुए पूछा- "यती शंकर बौद्धों का विरोधी है; किन्तु हमारे आचार्य श्रीमद् शंकराचार्य्य का आदर करते हैं। विरोध तो हम इन दक्ष प्रजापति ब्राह्मणों का करते हैं-इन ब्राह्मणों को हम चाहते हैं-"

"मर जायें ब्राह्मण?" त्रिभंगी ने तीव्र स्वर में पूछा।

"अवश्य मर जायें।" भिक्षु प्रवर ने तनिक आरक्त आँखों से त्रिभंगी को घूरा- "यह ब्राह्मण ब्रह्म और ब्रह्मा से लगा कर ब्रह्मचारी तक मानव के पीछे पड़ा हुआ है। अदृश्य को दृश्य तथा दृश्य को अदृश्य करता ही रहता है। जो है, उसको नहीं है सिद्ध करता है-सुख को दुःख तथा दुःख को सुख बनाता रहता है। इस ब्राह्मण से मुक्ति मिले तब इस जगत् का वास्तविक वैज्ञानिक बोध मनुष्य के लिये संभव है। इस ब्राह्मण की अनादि शाश्वत स्मृति है-अरण्यों के गीतों को वंशानुगत याद रख कर शास्त्रों तक स्मृतियों की अहर्निशि रचना किया ही करता है-इस ब्राह्मण ने मनुष्य को वंशों की प्राचीरों में बांधा; जातियों के

अहंमन्य घेरों में धकेला कुल और कुल के अभिमानों की अभिजात्य संस्कृति का आविष्कार कर क्षितिज के पार सत्य को बताता रहा-किन्तु मित्र जू! सत्य है ही कहाँ? शून्य है और निर्वाण है।"

शिवराम ने सदर्प कहा- "मैं ब्राह्मण हूं; करो मुझे नष्ट। पंचभूत नष्ट किये जा सकते हैं, तत्वों को गलाया जा सकता है। अंधकार मिटाया और प्रकाश बुझाया जा सकता है; किन्तु ब्राह्मण को मिटाया नहीं जा सकता, भवान्! यह तुम लोगों का ब्राह्मण द्रोह ही है, जिससे तुम लोगों की यह दयनीय स्थिति होने लगी है। इस पृथिवी पर गौ, ब्राह्मण तथा सूर्य सदैव बने रहेंगे, भिक्षु!"

भिक्षु सहसा शिवराम पर झपटा- "चुप रह, क्षुद्र! क्षल्लुक ब्राह्मण मुझसे अब तेरा यह व्याख्यान सुना नहीं जाता। मैं कहता हूं मानव-मानव एक है; मानव-मानव समान है। यह वंश, कुल, जाति, यह वर्ण, आश्रम सब ब्राह्मणों का दाक्षिण्य मात्र है, तथागत ने इन अनादि से कारागारों में सिसकते हुए भयभीत और त्रस्त मानव को देखा ही नहीं, अनुभव किया, समझा-सत्य की छाती में लात मारने वाले बाह्मण! तथागत करुणा के धर्म मेघ की भाँति उठे और त्रितापों से दग्ध मानव जाति पर बरस पड़े। तुम्हारे यज्ञों की ज्वालाओं में चिटकते हुए माँस अदृश्य हो गये। तुम्हारा कर्मकाण्ड का व्यापार ठप्प हो गया। तुम-तुम समाज के दस्यु बन गये ब्राह्मण देवता! भूसुर! लाज नहीं आती स्वयं को भूमि का देवता कहते हो?"

शिवराम ने लपक कर मिक्षु प्रवर के कन्धे पकड़े; झकझोरते हुए कहा- "तुम, भीख मंगों! लाख चिल्लाओ, चीखो-हम ब्राह्मण भूसूर थे; हैं और बने रहेंगे। ब्राह्मण का उच्छेद चाहता है। बुद्धि नहीं चाहता मनुष्य में? प्रज्ञा? ऋतंभरा? बोलो? तुम्हारा शाक्य मुनि तथागत बुद्ध बुद्धिशाली और प्रज्ञापयोनिधि नहीं होता; तो क्या निर्वाण प्राप्त कर सकता था? बुद्धि मृत्यु को जान जाती है और ब्राह्मण मृत्युंजयी प्रतिभा है। ब्राह्मण साक्षात् प्रज्ञा है।"

"ऋतुंभरा?" भिक्षु प्रवर ने भौंचक रह जाते हुए पूछा।

"योगी।" शिवराम चिल्लाया- "ब्राह्मण को मिटाने चले हो, स्वयं तुम मिट जाओगे। ब्राह्मण अज्ञान का वैद्य और ज्ञान का उपदेशक है समाज व्यवस्थापक राज्य का नीति मार्गदर्शक तथा प्राणियों का स्वस्ति वाचक है।"

"हूं।" भिक्षुक प्रवर ने कण्ठ में ही हुंकार भरी और शिवराम को त्रिभंगी का हाथ थाम कर कुछ घसीट कर ले जाते हुए, शिवराम को प्रस्थान करते हुए

देखने लगा। शिवराम जैसे रोम-रोम में सावधान हो गया था- रग-रग में खौल उठा था। धरती पर धमककर पाँव भरता हुआ, डगडग डगर चलता हुआ जैसे वह एक द्‍युति ज्वाला सा गगन के गगन पैर रहा था। इस पृथिवी पर तब ब्राह्मण का इतना विरोध? क्यों? निश्चय ही यह ब्राह्मणद्रोह चार्वाकों-लोकायतों का प्रज्ज्वलित किया हुआ धूंए से भरा अग्नि है। इस द्रोह के हुताशन में अणु-अणु जल रहा है-पंचभूत दग्ध है और यह अनादि सनातन तत्व, यह समूची जगत् माया तथा सृष्टि का मंगलमय दिव्य पीड़ित है। "है, त्रिभंगी!"

"क्या है?" त्रिभंगी ने कातर होते हुए पूछा।

"यावत् जीवन का दिव्य!" शिवराम गर्जा- "जीवन का अमृत, प्रिये!"

"प्रिये! मैं-विवाह तो अभी हुआ ही नही।" त्रिभंगी ने कहा।

"अपने गाँव में करेंगे।" शिवराम तनिक शान्त होता हुआ बोला- "संघ जिस दिशा में जा रहा है, उसी दिशा में मेरा गाँव है। गाँव में पिता-पितामह-प्रपितामह-सभी पितरों के आशीर्वाद के साथ हम विवाह करेंगे-सृष्टि मंगल तथा प्राणियों का कल्याण साधेंगे। चल-संघ के पीछे-पीछे चल-"

"शंकराचार्य?" त्रिभंगी ने कहा।

"सारा संसार शंकराचार्य के पीछे चल रहा है-तू देखती नहीं?" शिवराम ने कहा- "औघड़नाथ को सिद्धियों की खोज में रहने दे और गुरु जी अभिनव गुप्त? सिद्धियों के मद में मदीले इस तन्त्र -ऐरावत को जगत् के कमल वन में घूमने दे। हम तो मानव हैं-गृहस्थ बन कर जीयेंगे-स्वर्ग जायेंगे, सुना!"

"स्वर्ग कहाँ है रे?" त्रिभंगी ने हँसते हुए पूछा।

"तेरे और मेरे प्रेम में, मूर्खे।"-शिवराम ने हँसते हुए कहा।

दोनों ही शंकर संघ की अदृश्य धूलि को खोजते हुए चले। संघ निकल चुका था और शत सहस्त्र पाँवों की चाप से मचल कर उड़ी धूल भी अन्तर्ध्यान हो चुकी थी। किन्तु शिवराम को जैसे उन अनगिनत पांवों की चाप ध्वनि सुनाई पड़ रही थी। चल रहा था, किन्तु मानस पटल पर सहस्र-सहस्र शीर्षों के लहरीले जमघट को मानो देख-देख रहा था। जैसे वह शंकराचार्य के संघ में ही डोल रहा था-चल रहा था। समूचे अतीत को बिसर कर वह जैसे शंकराचार्य के संघ में मन से जा मिला था-युगों के बोझ जैसे क्षण में उतर गये थे और एक निश्चिन्त विश्राम का वह अनुभव करने लगा था-शंकराचार्य्य ने जैसे उसको अँधेरे गह्वरों

से बाहर निकाल कर अपने संघ में युक्त कर दिया था। वह जैसे अकेला था। गांवों, पुरों तथा नगरों में भटकते हुए भी वह जैसे एकाकी था- अकेला था। अनेक साधुओं के साथ रह कर भी वह जैसे अपने आप में दुबका बैठा था। हठयोगियों की सेवा करते हुए भी वह जैसे योग से दूर-दूर ही रहा। अवश्य, वह योगाभ्यास के लिये, बाप-दादों के गाँव से भाग निकला था। यतियों की एक मण्डली के साथ निकल भागा था। उत्तरायण की यह यती मण्डली रामेश्वरम् की तीर्थयात्रा पर दक्षिण में आयी थी- शिवराम के गाँव में रात्रि विश्राम करने रुकी। शिवराम ने अपनी आदत के अनुसार उनको भिक्षा करवाई। अन्नदान! हाँ, अन्न साधु सन्तों, यतियों योगियों को, भूखों को, अतिथियों को अन्न दान! शिवराम का कुल पिछली ग्यारह पीढ़ियों से अन्नक्षेत्र के लिये विश्रुत था। विस्तृत खेतों में उत्पन्न अन्न का यथेष्ठ भाग अन्न क्षेत्र के लिये कुल रीति के अनुसार निकलता ही था। शिवराम के पिता जनपद नरेश के पुरोहित आमात्य तथा जनपद के उपाध्याय भी थे; पितामह सन्त थे- अहर्निशि राम-नाम की माला फिरती थी-कर से और मन से। सीधे-सादे संयमी पितामह भरे-पूरे कुटुम्ब के वट वृक्ष की भाँति थे-नातियों, पोतों, भाई-बन्धुओं और सगे-सम्बन्धियों से घिरे पितामह जैसे आशुतोष शिव के गण ही थे। शिवराम उनकी अंगुली थामे ही जैसे चलना और बोलना सीखा था, किन्तु ज्यों-ज्यों युवावस्था का उत्तेजन और उल्लास आता गया-बढ़ता गया, शिवराम मन ही मन रमणीय स्वप्नलोक में रहने लगा। माँ के पुष्ट स्तनों से विरक्त होकर वह रमणियों के तुंग कुचों की ओर बरबस ही आकृष्ट होने लगा। किन्तु रमणी जैसे दीख कर भी नहीं दिखती थी। मिल कर भी नहीं मिलती थी। सुन्दरियों के रूपगर्व को देख कर शिवराम मन ही मन तिलमिला उठता था, तो क्या सौन्दर्य का ठेका स्त्री ने ही ले रक्खा है? पुरुष तब सुन्दर है ही नहीं? हो सकता ही नहीं क्या? मित्र कहते- "भैया जी! यह प्रश्न तो किसी कनकवर्णी कामिनी से ही पूछो।" शिवराम क्या पूछता? पनघट पर घट भरती हुई नवेलियाँ पलकें झपका कर ही शिवराम को चुप कर देती। गाँव की गौरियाँ क्या सम्राज्ञियों से कम थीं? अधिक थीं; अधिकाधिक थीं। शिवराम पनघटों से दूर-दूर होकर चलता- कनखियों में युवतियों की ऐंचती हुई कटियों को देखता। उनके धूसरित चरणों के नूपुरों को बजते हुए सुनता और चोलियों में कस कर बंधे कुचों की कान्ति की धारणा करता। शिवराम ने अपनी चहेती सखी की खोज मानो चौदह लोकों में करना आरम्भ किया। वह पत्नी नहीं, प्रेमिका चाहता था-जीवन संगिनी नहीं,

सखी चाहता था। वह सर्वश्रेष्ठ सुन्दरी, सर्वोत्तम रमणी और तलछट सुरसिका चाहता था-और यदि यह नहीं, तो हठयोग का अभ्यास करना चाहता था। या तो योगी अथवा रसिक भोगी। भोग-योग? शिवराम की ऊगती हुई मूंछें जैसे इन दो आंधियों में फिरकती रहती थीं। उसके पुष्टबाहु समस्त जगत् के ऐश्वर्यों को लील लेना चाहते थे और उसकी बलिष्ठ जंघाओं पर वह पर्वतों को रखकर चूर-चूर कर देना चाहता था- वह सुन्दरी का स्वामी होना चाहता था-रसिका का रसेश्वर रासेश्वर होना चाहता था-दादा राम चाहते थे; कृष्ण चाहते थे। वह तो गोपी चाहता था-राधा चाहता था। कृष्ण की राधा नहीं-अपनी मानव पुरुष की आह्लादिनी वल्लभा चाहता था। किन्तु गांवों की कन्याएँ अपने माता-पिता और सगे सम्बन्धियों के साथ लजाई लजाई मिलती और उसको जनपदपति के पुरोहित-आमात्य पुत्र की भाँति तटस्थ सा बना रहना पड़ता। यौवनोल्लास से भरे उनके सौन्दर्य्य-लोभी नयन जैसे किसी अनादि रसरम्भा सुर-सुन्दरी को ही गगन में, व्योम में, आकाश में, मन के सूने अवकाश में खोजा करते। साधु सन्तों, भिक्षार्थियों यतियों को अन्न-भोजन जब वह परोसता, तो जैसे अपने अन्तःकरण के इस स्वर्गिक स्वप्न को वह भूल जाता। वह जैसे स्वयं यती होना चाहता, साधु होकर प्राणी मात्र का कल्याण करना चाहता। सन्त होकर पृथिवी पर सत्संग ही रचाना चाहता। किन्तु इन पुनीत चरणों से चेंपी हुमुसती हुई धूल के अदृश्य होते ही जैसे दिशाओं से नूपूरों की रुनझन खनक पड़ती-शिवराम जैसे मन के सूने स्वर्ग में ही पहुंच जाता। शिवराम स्वयं का स्वर्ग हो गया- स्वयं का नर्क भी हो गया। तभी औघड़नाथ ने कहा- "बेटा, हमारे साथ चलो। कामरूप काश्मीर चलो- हम तुमको यक्षिणी दिला सकते हैं- अभिनव गुप्त तुमको अष्टसिद्धि और नव निधि दिला देगा। तुम हाड़-माँस की नारी क्यों चाहते हो? वह तो सन्तानोंत्पत्ति और पुरुष के अनुरञ्जन के लिये है- इस पृथिवी तल पर सभी योनियों की नारियाँ अन्ततोगत्वा जननियाँ हैं-मातायें। तुम सुन्दरी, चिर यौवना मोहिनी चाहते हो-वैसी मोहिनी, जिसने देवताओ को अमृत बाँटा था- हाँ, हाँ, मैं तुम्हारे गुह्य मनोरथ को जानता हूं। चलो मेरे साथ- मैं तुमको भैरवियाँ, यक्षिणियाँ, गान्धर्वियाँ और किन्नरियाँ दिखा दूंगा-दिला दूंगा। हाँ, तुमको हमारे शिष्य सेवक होना होगा।" शिवराम प्रारब्ध की प्रबलतावश औघड़नाथ की मण्डली के साथ हो लिया-पिता को तब पता चला, जब रामेश्वरम् से औघड़ मण्डली चल निकली थी। खोज करवाई; खबर करवाई किन्तु उत्तर से दक्षिण की ओर, हिमालय से कन्याकुमारी की ओर प्रतिदिन,

प्रतिरात सैकड़ों संघ, साधु मण्डलियाँ, अखाड़े साथ चलते ही रहते थे। अनादि काल से साधुओं, सन्तों, नाथों, जोगियों और संन्यासियों ने भगवान् को भारत की पगडण्डियों पर रो-रो कर, हँस-हँस कर पुकारा है। भारत का राजा रथ पर चलता है-अश्व की पीठ पर उछलता तथा हाथियों पर सुशोभित भ्रमण करता है किन्तु भारत का यह सत्संगी जन, यह गंगा मैय्या का बेटा, यह यमुना का सेवक, यह देवताओं का आराधक तथा भगवान् का नाम लेवा भारतीय जन तो पैदल ही चलता आ रहा है-शिवराम भी साधु हो गया; नाथबाबा हो गया; हठी हो गया- यती हो गया और कामरूप में, काश्मीर मण्डल में, अभिनव गुप्त के आश्रम में, यक्षिणियों की आशा में मूक आचार्य्य चरण का प्रक्षालन कर उनका चरणामृत लेने लगा। तभी यह त्रिभंगी आँखों में आ खुभी-खुंची और वह अपनी इन्द्रियों में कछुए की भाँति सिकुड़ कर माताजी तथा पिता जी की सेवा करने लगा और वह करता भी क्या? गुरुजी आचार्य्य कामरूप को कामिनियों का स्पर्श कर ध्यान में माझम रात बिता देते और वह लुलुभित नयनों से ध्यान मूढ़ शक्ति को देखता रहता-छिप कर देखता रहता औघड़नाथ को जब यह ज्ञात हुआ तो कहा था- "गुरु को पता लगा तो तुमको भूगर्भ में उतार देगा। उसके आश्रम में भूगर्भ है- कह देता हूं।"

भूगर्भ! शिवराम रोम-रोम में काँप उठा था। नहीं, किन्तु तब से वह आश्रम में आश्रम के आस-पास, औघड़नाथ की कन्दराओं में, पड़ोस में मन की मोहिनी की प्रतीक्षा में डुलता रहता था-जाप करता तो यक्षिणी के लिये करता। गुरुजी की परात्पर शिवा उसको समझ में नहीं आती थी और नहीं उसको जगदम्बा की आवश्यकता ही थी। वह तो अन्तरात्मा की रसिका चिरयौवना रमणी ही चाहता था। माँ तो थी ही वह जब जन्मा तब माँ युवा थी; वयस्का हुई और अब वृद्धा है- है पिताजी भी वयोवृद्ध ही हैं। किन्तु वह तो जैसे सदैव ही युवा था; युवा रहेगा। युवा को क्या चाहिये? जगत् में सुरा चाहिये, सुन्दरी चाहिये, सत्ता चाहिये। किन्तु उसको सुरा नहीं; सुन्दरी चाहिये। धर्मपत्नी नहीं, मन मोहिनी चाहिये थी-और यह नहीं तो फिर सिद्ध योगिनियाँ ही चाहिए- चौसठ योगिनियाँ। शिवराम जैसे तनिक नयनों से उतर कर हाथ-पांवों में जगा और साथ-साथ चलती हुई त्रिभंगी को देख कर बोला- "तुझे देखा और मैं योगिनियाँ भूल गया रे!" त्रिभंगी ने भवें तरेर कर कहा- "चुप रहो, चलो। संघ अगले पड़ाव पर रात्रि विश्राम करेगा। वहीं पहुंच जायेंगे-फिर संघ के साथ ही, हाँ कह देती हूं। देखा नहीं, कई स्त्रियाँ भी संघ में हैं।"

"गृहस्थ भी हैं; साधु भी हैं-सन्त भी हैं-सब हैं।" शिवराम ने कहा- "क्या प्रताप है यती शंकर का! गाय और सिंह एक घाट पानी पीते हैं। इस महापुरुष पर वह गुरु जी अभिमन्त्रण करना चाहते थे। तो स्वयं करते न-मुझको फंसाया। मरूं तो मैं मरूं।"

त्रिभंगी ने निसास रक्खा; कहा- "एक बार गुरु माना तो उसकी निन्दा नहीं करते। यह कौल शाक्त ऐसे ही होते हैं। क्रोधी, कामी!"

"क्रोधी, कामी, कभी परात्पर परमेश्वरी के भक्त, साधक नहीं हो सकते।" शिवराम ने कहा- "मैं भी इसी भ्रम में था, भामिनि! किन्तु यती शंकर ने मन का विषाद दूर कर दिया; उद्भ्रान्त कामी चित्त को पुनीत कामगन्ध से भर दिया। मुझको अब यक्षिणी नहीं वृत्यानुसारिणी और भव-संसार तरवाने वाली पत्नी चाहिये, जो मनोरमा हो।"

"फिर वही रमणी, मनोरमा? त्रिभंगी ने हाथ दौलाते हुए कहा। "स्त्री भले ही रमणीय न हो, किन्तु मनोरमा तो अवश्य ही हो।" शिवराम ने उर्ध्व श्वास भरते हुए कहा- "योगिनी यक्षिणी सुन्दरी हो सकती है-मनोरमा नहीं।"

त्रिभंगी ने तनिक कटाक्ष के साथ शिवराम को देखते हुए कहा- "तुम्हारे लिये सभी स्त्रियाँ मनोरमा हैं-स्त्री पुरुष के लिये मनोरमा ही रही है। स्त्री में मन रमा तब तक वह प्यारी है; प्राण है- प्राणेश्वरी है और जब मन उचटा, स्त्री की ओर पुरुष मानो देखता ही नहीं। नहीं, जी।"

शिवराम ने कटि से बल खाकर ऐंचती हुई त्रिभंगी को घूरा; कहा- "तुमसे मेरा मन कभी भी नहीं उचटा। उचटा क्या? जब तू औघडनाथ को घूरती थी, आचार्य्य की जंघा पर बैठ कर जाप करती थी, मैं तुझे निहारता रहता था; किन्तु तू? मेरी ओर दृष्टिपात तक नहीं करती थी। उल्टी माताजी से मेरी निन्दा ही करती रहती थी। नहीं, जी?"

"तुम आँखें फाड़-फाड़ कर मुझको घूरते रहते थे, तो मैं क्या करती? वह लण्ठ औघड़नाथ चिकोटी काटता रहता था। गुरु जी तो जैसे किसी पाषाण प्रतिमा को गोदी में लिये बैठे हों और तुम? मदोन्मत्त वृषभ की भाँति नथुने फुलाते रहते थे। हाँ, जी।"

शिवराम सहसा हँसा; बोला- "हाँ, जी! हम नपुंसक नर नहीं हैं, पुंसक पुरुष हैं। आचार्य्य शंकर की भाँति जगत् को मिथ्या नहीं कहते और इस जगत् में सर्वाधिक मनोरम्य स्त्री है। स्त्री के लिये पुरुष मनोरम्य है तो भी ठीक, नहीं

हो तब भी ठीक-स्त्री के लिये पुरुष पुंसक ही है, होना चाहिये। सुन्दर रमणीय नपुंसक नर को स्त्री जैसे देखते हुए भी नहीं देखती।"

"तब तुमको स्त्रियों ने ठुकराया क्यों?" त्रिभंगी ने कहा- "तुम तो बड़े पुंसक दिखते हो।"

शिवराम हँसा; बोला- "पुरुष स्त्री को ठुकराता नहीं; अपनाता है। स्त्रियाँ ही पुरुष को ठुकराया करती हैं-मुझको भी स्त्री की कुछ ठोकरें खानी पड़ीं। किन्तु मैंने किसी भी स्त्री को ठुकराया नहीं। तुझको ठुकरा रहा हूं क्या? अपना रहा हूं- अपने हृदय सिंहासन पर बिठा रहा हूं। तेरे लिये मैंने गुरुगृह त्यागा; साधना छोड़ी; सिद्धियों की महत्वाकांक्षा फेंक दी-तेरे लिये मैंने अब तक के अपने विचार त्याग दिये-शैव दर्शन का अध्ययन बन्द कर दिया और तन्त्र छोड़ कर ध्यान की ओर आ लगा।"

त्रिभंगी ने कहा- "चल, झूठे कहीं के। घोर श्मशान में चिताओं पर अधजले शव देख कर तू भयभीत होकर थिज गया। अभिमन्त्रण से डर गया-तू वास्तव में एक रसिक है; साधक नहीं। कोमल मति है, आचार्य्य श्री के शब्दों में।"

"कोमलमति? यह फिर क्या विशेषण है री?" शिवराम ने कुछ दूर संध्या की उबकती हुई पीतारक्त आभा को निहारते हुए पूछा- "सन्ध्या होने में ही है। उन कुछ दूर दिखती हुई घटाओं के पास क्या गौरज उड़ रही है?"

त्रिभंगी ने अपनी पीन अणिआरी आँखें झपकांई; देखा और कहा- "संघ! शंकराचार्य्य ठहर गये हैं। कोमलमति? आचार्य्य श्री अभिनव गुप्त कहते हैं-ज्ञान पुरुषावृति के मानवों के लिये है, काव्य कोमलमतियों के लिये यह काव्यानन्द क्या?"

शिवराम ने तनिक तीव्र गति से चलते हुए कहा- "दृश्य और श्रव्य काव्य को देखने और सुनने से जो रसानुभूति होती है, वही, उसको ही शास्त्रकार काव्यानन्द कहता है। योगियों के लिये ज्ञानानन्द, गृहस्थ मानवों के लिये काव्यानन्द। मूल आनन्द है, श्रीमती!"

"आनन्द।" त्रिभंगी स्वयं से ही बोली- "माताजी कहती हैं हृदय में वह ब्रह्म आनन्दरूप भरा है। किन्तु मेरे हृदय में तो-"

"मैं भरा हूं, यही न?" शिवराम ने कहा-पूछा।

"तू? नहीं रे!" त्रिभंगी ने कहा- "हृदय में तो राम हैं।"

"राम।" सन्ध्या का आरक्त, पीत नील आभा में डूबती हुई दिशाओं से प्रतिध्वनि उठी; राम! शिवराम मन ही मन सिहरा-राम। तब यह-यह भी मुझको पूर्ण प्रेम नहीं करती क्या? जब इसके हृदय में राम है, तो मैं-मैं कहाँ हूं? इस स्त्री की आँखों में हूं क्या? कहाँ हूं? ओह! शिवराम जैसे मन ही मन फूटा- "तब मैं इसके हृदय में नहीं हूं। स्त्री! तब तेरा प्रेम एक संक्रामक दिवा-स्वप्न भर है क्या? एक सिहरती हुई विषाद से भरी हृदय की विलमाई हुई आकांक्षा भर है। स्त्री। कामिनी। मैं जैसे तुझको ही जन्म जन्मान्तरों से चाहता हूं- तुझे तेरी प्रीति को ही चाहता रहा हूं-कल्प से प्रलय तक मैं स्त्री का प्रेम ही चाहता हूं-मैं नर, पुरुष स्त्री की प्रीति के लिये ही जन्मता हूं। यक्षिणी किन्नरी, गान्धर्वी, यातुधानी, दैवी, नागकन्या, सब-यह सब एक शाश्वत सनातन अनादि नारी के ही रूप हैं-निर्मम रूप हैं और क्या? यह स्त्री नर से प्रेम करती ही नहीं और कहती है, पुरुष ही नारी को प्रेम के विश्वास का धोखा करता है-स्त्री के यौवन को पीकर पुरुष स्त्री को मन से छोड़ देता है; किन्तु यह धरती के समान नारी? मेघों के उभार सी, उमड़-घुमड़ सी नारी-यह बिजली की कौंध के समान स्त्री? मिलती है, बिछुड़ती है; परन्तु प्रेम करती ही नहीं। उसको घर चाहिये; कुल चाहिये; वंश और वंश परम्परा ही चाहिये- सर्वोपरि सन्तान चाहिये- वैभव, विलास चाहिये। उसको नर कब चाहिये?" शिवराम ने निसास रक्खा; कहा- "स्त्री तब ठगिनी है- नर को छलती रहती है।" त्रिभंगी ने हँसते हुए कहा- "माया, महाशय पुरुष!"

माया? शिवराम अनायस ही और द्रुतगति से आगे धँसा- "माया नहीं, स्त्री कुछ भी हो-पुरुष की प्राणेश्वरी है और पुरुष उसका प्राणनाथ है। है है है!" कुछ दूर वृक्ष घटाओं से व्यक्त होती हई मेदिनी को घूरता हुआ वह जैसे दौड़ा और फिर सहसा रुक कर बोला- "तू, माया मुझको छल नहीं सकेगी। मैं तुझको साँसों में पिरो रखूंगा, समझी। माया! माया बनने चली है। तू जो है यह मेरे समक्ष। मेरे मन में, चित्त में] प्राणों में तू जो है।"

"कैसी हूं?" त्रिभंगी ने अधर भींचते हुए पूछा।

"यती शंकर की सौन्दर्य्यलहरी जैसी।" शिवराम ने सहसा हँसते हुए कहा- "तू मुझसे प्रेम करे या न करे, मैं तो तुझे प्रेम करता ही रहूंगा। आने वाले जन्मों में भी तुझे ही प्राप्त करता रहूंगा- तू ही मेरी स्त्री है और मैं तेरा नर हूं। हाँ, हूं, सुना।"

"सुना, जी" त्रिभंगी ने कहा- "आने वाले जन्मों की बात क्यों करते हो जी? प्रारब्ध का रहस्य, किसने जाना है? ललाट के लिखे लेख किसने पढ़े हैं? मैं तो

यती शंकर से प्रारब्ध का रहस्य ही जानना चाहूंगी। कहाँ तुम, कहाँ मैं, कहाँ माता जी, औघड़नाथ और कहाँ आचार्य जी! प्रत्येक जीव जैसे रहस्यमय शून्य में लीन है। नहीं? है जी। मैं तेरी नारी हूं-तू कहता है; किन्तु जानता भी है? मैं तुझे अपना मानती हूं किन्तु तू मेरा सदैव के लिये है क्या?"

"अवश्य, अवश्यमेव हूं-तेरा, सदैव के लिये।" शिवराम ने कहा- "किन्तु तू है क्या मेरी सदैव के लिये? इस लोकालय में सदैव के लिए" "फिर कौन है?" त्रिभंगी ने कहा- "भव योनियों का जीवन केवल संयोग-वियोग है। श्रीमद् क्षेमराज जी कहा करते हैं-इस पृथिवी पर सहृदयता पूर्वक परस्पर प्रसन्न होने तथा परस्पर सुख देने के लिये मिलो ओर सुख की पवित्र स्मृति लिए हुए बिछुड़ो। प्रेम तो शिव-शिवा का ही है; जीव का नहीं। मृत्यु की दाढ़ों में फंसा जीव मरणाधीन अपने सहयोगी जीव से सस्नेह मिल ही सकता है। प्रेम नहीं, स्नेह! यही माताजी भी कहती हैं।"

शिवराम खड़ा रह गया; भौंचक्का सा-ठहर कर बोला- "तो तू मुझसे स्नेह करती है, प्रेम नहीं?"

त्रिभंगी हंसी; चिकौटी काटती हुई बोली- "नादान जीव! प्रेम में तो मिट जाना होता है। स्नेह ही है जो परस्पर सुख सन्तोष तथा प्रसन्नता की प्राप्ति करवा सकता है। माताजी ने मुझे उपदेश देते हुए कहा है कि तुझसे विवाह कर मैं तुझे प्रसन्न, सन्तुष्ट और स्वयं में तुझको मगन रक्खूं और तुम मुझे सफल-धन्य बनाये रखो। माताजी ने कहा है, प्रेम तो जीव ब्रह्म से ही करता है। यती शंकर कहते हैं; जीव ब्रह्म अभिन्न हैं और यही प्रेम है।"

"यती शंकर!" -शिवराम चिल्लाया और कुछ दूर स्थित शंकर-संघ के धुंधले नवरंगी आरक्त गो धूलि से भरे दृष्य की ओर दोड़ा। त्रिभंगी चकित सी हठात् पीछे-पीछे भागी; चिल्लाई- "क्यों, पागल हो गये हो तुम?" शिवराम ऊर्ध्व श्वाँस भरता हुआ रुका- "हाँ, बौरा गया हूं-यती शंकर ने न जाने क्या कर दिया है? मैं जैसे वह हूं नहीं-रहा ही नहीं। देखती नहीं, वह यतीवर्य शंकर शत-सहस्र लोगों के बीच ध्यानस्थ से बैठे हैं-उपदेश कर रहे हैं। सुन तो, वह क्या कह रहे हैं-मुझको जैसे सुनते हुए भी सुनाई नहीं पड़ता।"

त्रिभंगी ने शिवराम का बाहु थामते हुए कहा- "संन्यासी यतीवर्य शंकराचार्य्य को उपदेश करने दो। तुमको क्या? मुझे क्या? हम तुम सिद्धियों का मोह त्याग कर कामरूप से निकल आये हैं। काश्मीर मण्डल त्याग कर उत्तर से दक्षिण चल

निकले हैं। शंकराचार्य्य के संघ के पदचिह्नों पर चलते हुए हम क्या पुनः पागल होना चाहते हैं? नहीं, प्रिय मेरे! हम परस्पर प्राप्त करना चाहते हैं। घर संसार!"

"घर संसार!" शिवराम ने निसास रखते हुए कहा- "किन्तु शंकराचार्य तो कहते हैं- वैदिक वर्णाश्रम धर्म धारण कर और उसका सम्यक् पालन कर घर-संसार प्राप्त करो।"

"और क्या मार्ग है?" त्रिभंगी ने कहा- "इस पृथिवी पर सदैव निर्लिप्त संन्यासियों ने ही मानव को मार्ग दिखाया है। चलो शंकराचार्य्य को प्रणाम कर चलें- अपने घर चलें। शंकर संघ की साक्षी में हम तुम विवाह करेंगे और फिर मैं अपने श्वसुरालय तुम्हारे साथ चल दूंगी।"

"ऐसा?" शिवराम चिहुंका- "कहीं यह स्वप्न तो नहीं है?"

"नहीं।" त्रिभंगी ने कहा- "यह यथार्थ है, मेरे नाथ!"

शिवराम त्रिभंगी द्वारा थमा द्रुतगति से गाँव की उस सीमा की ओर चला, जहाँ शंकराचार्य का विशाल संघ संध्या की गौधूलि से मण्ड़ित पतझर के असंख्य पादपों सा बिखरा, किन्तु वर्तुलों में सिमटा बैठा था- मानो लहरें, कल्लोलें, हिल्लोलें मन्त्र से स्तंम्भित होकर छितरी छाई हुई थीं-सो रही थीं, और जाग भी रही थीं। मानो गगन के गगन ताराओं में समा कर एक नीरव व्याप्ति में प्रसरे पड़े थे- आचार्य्य शंकर मानो त्रिपथगामिनी गंगा की भाँति जैसे हिमालय के मस्तक पर खलके और फिर नागाधिराज हिमवान् के हिम उभारों में स्वयं को सींच कर गंगोत्री से फूट बहे-ज्ञान-गंगा के समान शंकराचार्य बह पड़े; बहने लगे। ज्योतिर्मठ से फूट पड़ कर शंकराचार्य्य उत्तर से सीधे दक्षिण की ओर चले थे। गाँव के गाँव इस मानव मूर्ति स्वरूप गंगा के दर्शनार्थ उमड़ पड़ते थे। जनपदों की सीमायें मानो लोगों के पद भार से चरमरा कर टूट गईं थी और पगडण्डियाँ श्रीमद् शंकराचार्य के चरणचिह्नों से मानो सदैव के लिये रत्नजटित होने लगी थीं। राजा, महाराजा, नृपति नरेश सब के गरिमामय चरण सामान्य चरण चिह्न होकर शंकराचार्य्य के श्री चरणों की धूलि में समा गये थे। भारतवर्ष के मार्गों और पगडण्डियों के सभी चरण चिह्न मानो शंकर-संघ की धूलि में उड़ कर गगन में लीन होते जा रहे थे और एक विराट् चरण चिह्न का आकार धारण करने के लिये चन्द्र ज्योत्स्ना में नहा कर सूर्य्य रश्मियों में उभरना चाहते थे। शंकर-संघ के शत-सहस्र चरण चिह्नों में सभी चरण चिह्न थे। उदास तथा चकित से बौद्ध भिक्षुओं के चरण चिह्न लटपाये से थे। जैन तापसियों

के पदचाप मानो धरती पर टिकने के लिये चंपते थे। शाक्तों, कौलों-कालभोजों के पृथु और भारी चरण चिह्न मानो शंकराचार्य्य के श्री चरणों के आस-पास मेखला के मलिन रत्नों से बिखर जाते थे। सभी शंकराचार्य को देखने, सुनने तथा इस महान संन्यासी के तनिक सत्संग के लिये चल रहे थे। लोग चुप रहते-मौन छाया रहता। केवल शंकराचार्य्य का जलद-गम्भीर स्वर दिगन्त के दिगन्त हहराते रहता- "लोगों! जीवों, प्राणियों! तुम देह ही नहीं हो- तुम शरीरी आत्मा हो। अनिवर्चनीय अकथनीय मन, बुद्धि तथा इन्द्रियों से अगोचर ज्ञान हो-सत्य हो; सच्चिदानन्द हो। यह अनात्मवाद तुमको देह रूढ़ कर रहा है- और जीवन को इन्द्रियस्थ कर तुमको खजा रहा है; निराश कर रहा है- मृत्यु के भय से भयभीत कर रहा है। यह रमणीय, मोहक मोहान्ध राग से महा अनात्म सिद्धान्त अज्ञान का ही सिद्धान्त है- आच्छादन है। अज्ञान का सिद्धान्त ही क्या? सिद्धान्त तो सत्य ज्ञान का होता है। अनात्मवाद के बुद्धि विभ्रमों से निकल कर सर्वत्र रमे ज्ञान और उसके राम को निहारो; देखो; भजो। देह को नहीं, जगत् को नहीं, स्वयं के सच्चिदानन्द परमतत्त्व को भजो, लोगों!"

"निराकार ब्रह्म। नहीं ध्याया जाता, आचार्य श्री!" एक ध्वनि पुकार उठती।

शंकराचार्य्य का कोकिल कण्ठ आत्मविश्वास के चिर वसन्त में कूक उठता- "निराकार, साकार, भेद-अभेद, ज्ञान-अज्ञान-विज्ञान-यह सब बुद्धि की ऊहापोह है। यह जगत् स्नेही चित्त का सुख सन्तोष के लिये विलास है-ब्रह्म की यह सच्चिदानन्द लीला क्या इन्द्रिय-भोग के लिये ही है? भोगमात्र अन्ततोगत्वा वैराग्य की अनुभूति के लिये है, यह जगत् क्या सच्चिदानन्द आत्मा को सदैव भव-संसार में बाँध रखने के लिये है? जगत् की यह कालरात्रि तो तनिक स्वप्न देखने के लिये ही है-यह जगत् अन्त में काल-बन्धन को काटता ही है। यह भव-संसार क्या भोग की त्रिताप ज्वालाओं में झुलसाने के लिये ही हैं? नहीं, लोगों! मैं गीता हाथ में लेकर कहता हूं-यह भव-संसार तरने के लिये है; डूबने के लिये नहीं है। यह भव-संसार अनादि से अनादि के लिये भव-बन्धन में बंधने के लिये ही नहीं है। यह जन्म-मरण पुनर्जन्म का भव संसार अज्ञान को डूबाने के लिये है; त्रिताप की ज्वालाओं को बुझाने के लिये है। यह भव-बन्धन के लिये नहीं, मुक्त होने के लिये है।"

"मुक्त?" ध्वनि-प्रतिध्वनि।

"भय से, भीति से, अपूर्ण से, अभाव से, अतृप्ति से मुक्ति।" शंकराचार्य का श्रावण भादों के मेघ गर्जन सा स्वर उठा- "बन्धते रहना भी चाहोगे, तब भी एक

दिन बन्धन आत्मवत् तुमको त्याग देगा। सच्चिदानन्द आत्मा को क्या काल बाँध सकता है? समाप्त कर सकता है? नष्ट कर सकता है? जगत् नाशवान है; अतः मिथ्या है-माया है। भव-संसार अन्त में लुप्त होने के लिये ही है- इसलिये चिरन्तन तृष्णा है-कामनाओं की वह्नि तथा इन्द्रियों की क्षल्लुक सुखानुभूति है। परन्तु यह अनुभूति रमणीय रात्रि के रमणीय स्वप्न स्पर्श जैसी है। छाया के मोह में पड़े रह कर कब तक जगत् के रत्न जटित बोझों को उठाये रहोगे। तुम्हारे हाथ गगन को भर नहीं सकते। तुम्हारी इन्द्रियाँ क्षण के स्वरूप को देख सकती हैं; स्पर्श सकती हैं। क्या इस नश्वर देह से अनन्त वैभव से पूर्ण सुन्दर रमणीय मोह मादक जगत् को पूरा भोगा भी जा सकता है? नहीं, लोगो!"

"किन्तु-" एक प्रश्न बिलमाया सा।

"किन्तु परन्तु शंका मात्र त्यागो! भय मात्र छोड़ो-अपने ही परम् अभय में जाग जाओ, मनुष्यों!" शंकराचार्य्य ने अर्धोन्मीलित सरोज नयनों से विशाल मानव मेदिनी को पलकों पर झेला और नयनों में भरते हुए कहा- "यह किन्तु परन्तु, प्रश्नोत्तर, शंका आशंका जगत् के लिये है-नश्वर भव-संसार के लिये है-सच्चिदानन्द आत्मा के लिये नहीं है। आत्मा तो सत्य है; नित्य है-अजर है, अमर है। सत्य के लिये शंका क्या? प्रश्न क्या और सत्य के लिये उत्तर ही क्या है? किन्तु जो असत्य है, अनित्य है- नश्वर है-जन्म्य और मर्त्य है, जो होता है तथा होकर मिट जाता है और पुनः पुनः होता ही रहता है। वही तो शंका आशंका का कारण है। क्योंकि जगत् माया है, अतः रहस्यमय है और इस रहस्य को जानने के लिये प्रश्न है, उत्तर है। यह जगत् शास्त्रोक्त है; शास्त्र जन्य है और धर्म से धारित है। यह भव-संसार जगत् के रूप सिन्धु का तरंग संकुल है। कालरात्रि में कामनाओं की अर्ध दग्ध तृप्ति के स्वप्न देखने वाले स्वमोही आत्मा का यह मनमोहक दृश्य मात्र है। जब तक अज्ञान में डूबे हुए हो, कालरात्रि में सोते ही रहोगे। स्वप्न देखते ही रहोगे तथा स्मृतियों में जलते ही रहोगे। तपते रहोगे, शीतल होते रहोगे, जन्मते-मरते रहोगे। किन्तु कभी तृप्त होने वाली इच्छाओं की पूर्ति के पुरुषार्थों से थके तुम हम अन्त में हार कर सत्य की खोज के लिये क्षितिज के पार अवश्य ही देखेंगे। अतः मृत्यु की आराधना स्वरूप यह जीवन क्रम त्यागो। यह विज्ञान क्या देता है? तनिक सुख सुविधा देता है- तनिक भोग देता है; क्षुद्र संतोष देता है और अन्त में आत्म चैतन्य को रीता कर जीव के अन्तराल में आत्म ज्योति को बुझा सा देता है। विषयानन्द आत्मानन्द से इसीलिये अधिक मोहक है। मोहान्ध करने वाला है-

विषय भोग की चिरन्तन आशा तथा जगत् के क्षल्लुक वैभवों को भोगते रहने के अविराम मनोरथ क्या शाश्वत सत्य का अजर-अमर चैतन्य अनुभव करवा सकते हैं? अज्ञान के आच्छादन के इस तिमिरांध की यात्रा समाप्त करो। प्रकाश का आह्वान करो। देह को दुःख देकर आत्मा को शुद्ध करने की तपस्या स्वयं शाक्य मुनि बुद्धदेव ने भी की थी-किन्तु उसको त्याग कर तथागत ने अपने ही आत्म चैतन्य में स्वस्थ होकर परमात्मा का ही ध्यान किया था। प्रश्न तो मृत्यु को जीतने का है; अन्धकार को मिटाने का है-प्रकाश को पाने का है। समस्या तो आत्मा की खोज की है। यह जगत् क्या प्रश्न है-उत्तर है? यह भव-संसार क्या समस्या है? नहीं, लोगों! मानव जीवन के लिये आत्मा ही दृष्टव्य है-सच्चिदानन्द चैतन्य का अवगाहन ही अन्तिम ध्येय है।"

23

कन्याकुमारी के समुद्र तट पर रामेश्वर के विशाल मन्दिर के विस्तृत प्रांगण में एकत्र मानव मेदिनी को शंकराचार्य ने जैसे देखा; निहारा ; पेखा और अभयवर देते हुए कहा- "संन्यासी पृथिवी के परिव्राजक हैं; निस्वार्थ, निष्काम और उपरत संन्यासी ही सत्य के मर्म का अनुभव करता है- मैं सत्य का वर्णन नहीं कर सकता; किन्तु सत्य का इंगित कर सकता हूं- लोगों, मानव जीवन अणु से विराट्, क्षण से अनन्त, जड़ से चेतन और चैतन्य से सच्चिदानन्दमय होने के लिये है। भोगो, किन्तु संयम पूर्वक भोगो और कामना पूर्ति की आसक्ति त्यागो। मानव ही एक मात्र ऐसा जीव भाव है, जो जगत् को भोगता हुआ भी अपने अन्तःकरण में प्रभु के लिये सिहरता रहता है। मानव बुद्धि को यह ज्ञात है कि क्षणें-अनन्त का प्रतिभास मात्र हैं; रूप-रूप नश्वर रूपवान की छबियाँ भर हैं।-धर्म! मानव धर्म के बिना, धर्महीन तथा धर्म रहित जी सकता ही नहीं। धर्म।"

एकत्र कुछ बौद्ध भिक्षुओं में से एक ने पूछ लिया- "धर्म क्या? बुद्धम् शरणम गच्छामि? नहीं; धम्मं शरणम् गच्छामि। परन्तु यती-वर्य्य यह धम्मंम् है क्या?"

आचार्य श्रीमद् शंकर ने सस्मित कहा- "सूक्ष्म से सूक्ष्मतम, दिव्य से दिव्यतम होने की चैतन्य विद्या ही धर्म है। यह सृष्टि जीवन के मांगल्य तथा कल्याण के धर्म से भरी-पूरी है- यह जगत् विराग से पूर्ण दिव्यतम विधान है और उसका धर्म प्राणियों के लिये, सुख सुविधा को प्रदान करना है। जगत् का कालधर्म प्राणी मात्र के सर्व मंगल की सहज अभिव्यक्ति है। तब क्या यह जगत् प्राणियों को तपाने, झुलसाने और भस्म करने के लिये अभिव्यक्त होता है? क्या यह भव योनियों के विचित्र विलक्षण भव रोग, शोक तथा दारिद्र के सतत् अनुभव के लिये है? नहीं, मोह सुख का अनुभव करवाता है-वस्तु और

विषय के वियोग से जो दुःख, शोक आदि उत्पन्न होता है, वह सुख का अभाव अनुभव करने से ही होता है। इसलिये प्रत्येक पदार्थ का गुण धर्म है; प्रत्येक भव की जाति, आयु तथा भोग निश्चित है। यही विधाता है; प्रारब्ध है। इस जगत् और सृष्टि में परमात्मा की करुणा का अगाध धर्म छाया हुआ है- वही दीनबन्धु करुणानिधान प्राणियों के श्वांसों को थामे हुए है। दुःख में वह परमात्मा ही धैर्य है; अशान्ति में शान्ति है- वही परमात्मा परम ब्रह्म! भिक्षुओं! अपने-अपने घर लौट जाओ और पुरुषार्थ में जुट जाओ। कोई भी जन्म जात भिक्षु है नहीं; होता नहीं, हो सकता नहीं। इस पृथिवी पर सबसे बड़ा भिक्षुक संन्यासी है, जो तीन आश्रमों का धर्म पूर्वक जीवन जीकर ही आविर्भूत होता है।"

"तथागत भी यह कहते थे; किन्तु जन्मजात भिक्षुत्व भी कहते थे।" एक भिक्षु ने कहा- "अवश्य तथागत गृहस्थ होकर भिक्षु बने थे।"

"सच्चा भिक्षुक वानप्रस्थी और अन्त में संन्यासी है।" आचार्य्य श्री शंकर ने कहा- "लौट जाओ, गृहस्थाश्रम की ओर जाओ। मैं तुम्हारी प्रतीक्षा हिमालय के दिव्य सुनसान में करूंगा। गृहस्थ बन कर इस पृथिवी की श्री सुकीर्ति तथा सौभाग्य के लिये उत्तम सन्तति को प्राप्त करो। इस धरती को सज्जन चाहिये; साधु चाहिये; मनीषी चाहिये। महान् पुरुषार्थी चाहिये-इस पृथिवी को वीर पुत्री तथा वीर पुत्र चाहिये। सन्यासियों के उदात्त चरण चिन्ह चाहिये, जिन पर भारतभूमि के सिंहासन स्थित हों। इस पृथिवी को रामराज्य चाहिये और रामराज्य वेद वेदान्त तथा वैदिक वर्णाश्रम धर्म के बिना आविर्भूत होता नहीं-राम-राज्य जन मन रञ्जन के लिये है और जन मन रञ्जन धर्म से भरी हुई प्रजा का ही संभव है। प्रजा! परम् ब्रह्म की दिव्य लीला की ब्रह्मसेवित छबियाँ। हाँ, लोगों! अन्तःकरण के शून्य मौन से उद्भुत यह छबियाँ मन ही मन अनहद गाती हैं-पंचभूतों के दिव्य को सूंघती तथा स्पर्श करती हैं- अद्भुत विषयों का स्वाद लेती हैं। विलक्षण अज्ञान में सोकर यह छबियाँ अनन्त कोटि ब्रह्माण्डों के भवों के स्वप्नों में डूबी रहती हैं। इसीलिये अज्ञान का यह आच्छादन जड़ है; माया है! निरा विज्ञान है; शून्य है।"

शून्य! जड़! शून्याधार? निरीह? सत्य! शंकराचार्य्य का स्वर मानो कन्याकुमारी की तरंगों में प्रतिध्वनित होकर भारत गगन में प्रसरने लगा। "इस पृथिवी पर भवयोनियों की ही जातियाँ हैं और मानव योनि ही मानव जाति है और जातियाँ कल्पित हैं। लोगों, बैठो मत; अल्प बंटो मत, सीमित होओ मत। अपने आप को देह ही मत मानो स्वयं को अनन्त सत्य और अगाध ज्ञान का

अभिन्न मानो। तुम में वह है- सत्य, ज्ञान स्वरूप वह है। ज्ञान सत्यनारायण की तुम रश्मियाँ हो। तुम मृत नहीं हो; तुम अमृत हो, तुम अमृत के पुत्र और पुत्री हो। अपने परमात्म्य चैतन्य में जागो-भव सागर को तरो, मृत्यु को तरो। पुण्य करो और जगद्-कल्याण में अपना मानव जीवन बिता कर अमरत्व प्राप्त करो। आचार्य्य शंकर ने मानो भारत की चारों दिशाओं को सम्बोधित करते हुए कहा, विज्ञान अज्ञान को समझने तथा ज्ञान का अच्युत विश्वास प्राप्त करने के लिये ही बुद्धि स्वरूप है। मानव बुद्धि मृत्यु की आराधना नहीं करती। मृत्यु को जानकर संजीवनी और अमृत की खोज करती है। विज्ञान और विद्या जीवन के टूटते हुए विश्वासों को थामने और उसको अडिग करने के लिये हैं। विद्या जीवनयापन का विनय देती है, विज्ञान जीवन जीने की सक्षम प्रतिभा प्रदान करता है। विद्या अन्त में सत्य के समक्ष करती है। विज्ञान भय को मिटा कर अभय की ओर ही जीव को ले जाता है। इसलिये जो आत्मचैतन्य तथा जगत् और जीव के आधारभूत सच्चिदानन्द में नहीं मानते, वे असुर हैं-राक्षस हैं-चार्वाक हैं।"

कन्याकुमारी के समुद्र की तरंगों के गर्जन में अपना धीर, शान्त, गम्भीर स्वर मिलाते हुए आचार्य्य श्री शंकर पुनः उत्तर की ओर चले। कन्याकुमारी से प्रस्थान कर आचार्य्य श्री शंकर दक्षिण के जनपदों के गांव में रुके; पुरों में ठहरे तथा नगरों में बैठ कर कहा- "भारतवर्ष पर्वतों का ढेर नहीं; नदियों का प्रवाह ही नहीं है। वृक्ष की घटायें और आकाश का मेघाम्बर भारतवर्ष नहीं है-भारतवर्ष आत्मा का चैतन्य तथा परमात्मा का अमोघ विश्वास है। जो मानव मिथ्या को मान कर देहस्थ जीता है; जो अविद्या को सद्विद्या मानता है तथा इन्द्रियों के भोगों को ही शाश्वत मानता है, जो सिद्धियों के सामर्थ्य से जगत् के ऐश्वर्य्यों को दूहना चाहता है, जो राज्य भोगना चाहता है, समष्टि का शोषण कर जो अपने अहम् को निरन्तर सन्तुष्ट ही करना चाहता है, जो स्व केन्द्रित अहंकार का ही पोषण करते रहना चाहता हैं, वह आर्य नहीं है। आर्य असत्य को त्याग कर सत्य को देखता तथा जीवन में गृहण करता है। आर्य्य मृत्युञ्जयी अमृतपुत्र है, है। आर्य्य वेद का उद्गाथा है; आर्य्य वेदान्त का बटुक है और जीवन भर का ब्रह्मचारी है। आर्य का एक मात्र मानव धर्म इस भूतल पर वैदिक वर्णाश्रम धर्म है। कौन कहता है, देह के भस्मीभूत हो जाने के बाद कुछ शेष नहीं रहता? ऋण करो और घृत पीओ कहने वाले मृत्यु से भयभीत, अज्ञानी, दयनीय मानव जीव हैं-आत्मा नहीं। इन लोकायतों के गहन अन्तःकरण में आत्म चैतन्य की

किरण बुझ सी गई है-आत्मा के दीपक को माया मोह के अनेक घने आवरणों ने ढंक रखा है- यह भले मानुष अज्ञान के घन तिमिर में मूर्छित हैं, किन्तु जो आत्मा की श्रद्धा को लेकर चलता है, वह पर्वतों को लाँघ जाता है; वृक्ष घटाओं से झूम कर मानो पृथिवी पर उड़ने लगता है। भौतिक अस्तित्व व्यवहारिक सत्ता का दिव्यतम आश्चर्य है किन्तु यह भौतिक व्यवहारिक जीवन अपने मूल में चैतन्य के अधिष्ठान पर ही अवलम्बित है। जीवात्मा भाव आत्म चैतन्य की वन्हि का धुआँ भर है। अतः जड़वाद को छोड़ो; चैतन्य को इन्द्रियों में अघाध करो, स्वयं के अपरम्पार अनन्त परमात्मा को प्रतिपल स्पर्श करो। जगत् के स्वप्नों में उस सच्चिदानन्द को ही देखो, स्मृतियों की बुझती हुई ज्वालाओं में अपने सच्चिदानन्द परमात्मा को ही याद करो। जगत् के स्वप्न बिला जायेंगे; सृष्टि की स्मृतियाँ शेष नहीं रहेंगी। स्वप्न तो परमात्मा का स्मृति मात्र ईश्वर है। ईश्वर को अपना साथी, मित्र तथा मार्ग दर्शक मान कर यह कठिन भव सागर तरो, मनुष्यों! मानव की भाँति जीयो-पशु की भाँति नहीं। तुम पशु नहीं हो; पक्षी नहीं हो; कीट पतंग भी नहीं हो। तुम सुर-असुर, राक्षस आदि भी नहीं हो। इस पृथिवी पर तुम मानव हो; बुद्धिशाली मानव, प्रतिभा पयोनिधि मानव! देह की छाया के पीछे भटकते मत रहो, अपने नयनों को उन्मीलित करो और सत्य नारायण का ध्यान करो।"

ध्यान-आत्मा का, सच्चिदानन्द चैतन्य का ध्यान! कोलों ने बार-बार कहा- हम शक्ति का ध्यान करते हैं। कर्मकाण्डियों ने कहा- "हम पुण्यों का ध्यान करते हैं।" पण्डितों ने कहा- "हम शास्त्रों का ध्यान करते हैं, अनुशीलन, अवगाहन, करते हैं।" आचार्य्य श्री शंकर ने त्रिवांकुर मण्डल के अपने गांव कालटी की अलवई नदी के तीर पर विशाल मानव मेदिनी को सस्मित्त कहा- "आज मनुष्य अपनी कामनाओं के ध्यान में लोह-लट्ठ है; अपने अहम् के विस्तार के अद्‌वितीय पुरुषार्थ में लगा हुआ है। मनुष्य का मन मलिन, चित्त अशुद्ध तथा बुद्धि उन्मत्त होती गई है। मनुष्य अनात्मवादी होकर मानो दानव बनना चाहता है। भोग, अविराम अविश्रांत भोग और विकराल अशान्त मृत्यु-यही जैसे मानव का भाग्य होता जा रहा है। मैं सादर पूछता हूं, इस जगत् में क्या कमी है, जो मानव ईश्वर में सहज ही नहीं मानता? इस दिव्य रमणीय मनोहर सृष्टि में क्या अभाव रह गया है, जो मनुष्य सृजनहार को मानना नहीं चाहता? बुद्धि बल तथा विज्ञान के सामर्थ्य तथा शक्ति के भरोसे मानव स्वयं को ही मान कर चलना चाहता है। प्रकृति को सहज शिरोधार्य

कर मनुष्य अनन्त कोटि ब्रह्माण्डों के बोझ अपनी अस्थिर पलकों पर लादे कहाँ जा रहा है? सच तो यह लगता है, मनुष्य जगत् का आदि तथा काल का अन्त ही खोज रहा है। आयु को बढ़ाना वह चाहता है, भोग को विस्तृत कर स्वयं के लिये आरक्षित करना चाहता है। जाति को टुकड़े-टुकड़े कर वह अपनी क्षुद्र अहमन्यताओं में बंधा रहना चाहता है, किन्तु काल टुकड़ा ही करता है। अणुवृत रख कर काल अन्त में मृत्यु ही देता है। विज्ञान विषयानन्द को जीवन का अन्तिम ध्येय बताता है- माया मोह में डूबे रहना तथा भव समुद्र की तरंगों में डुलते रहना ही सिखाता है। अज्ञान ज्ञान का अभाव नहीं है, मूर्खता अथवा बुद्धिहीनता नहीं है। अज्ञान तो ज्ञान की शाश्वत ज्वालाओं का सूक्ष्मातिसूक्ष्म धुआँ है-ज्ञान का भ्रम है; बुद्धि का सहज विभ्रम है- आत्मा का कालरात्रि में शयन है। किन्तु आत्मा क्या काल के अधीन है? काल रात्रि का यह जीवभाव काल की क्षणों की धड़कन भर है- अज्ञान के तिमिरान्ध में यह आत्मा के बन्द दिव्य चक्षुओं का अंधेरा भर है। लोगों! अन्धकार है ही नहीं- प्रकाश ही हैं प्रकाश। ज्ञान का प्रकाश प्रतिभास ही है। क्षण के रूपवान सत्य को, यथार्थ को चिर मान कर रूप सौन्दर्य्य के सम्मोह में पड़े रहो; किन्तु कब तक? कालरात्रि का अन्त है, ज्ञान प्रभात का अन्त नहीं है। एक क्षण ऐसी आयेगी, जब जीवात्मभाव स्वयं ही जीर्ण हो जायेगा और असद् मायामय का यह बुद्धिगत विश्वास कपूर की गन्ध के समान उड़ जायगा। थक जाओगे, जन्म लेते-लेते उब जाओगे। क्षल्लुक भोग भोगते-भोगते रोग से तिलमिला उठोगे और शोक के शून्य में गोते लगा कर निस्पंद हो जाओगे। जीव का अन्तरंग भाव तो प्रकाश का है, प्रकाश के लिये है-जीव चाहे क्षणों में जीये; किन्तु जीव तो अनन्त का पथिक है।"

"जीव अनन्त का पथिक?" शास्त्रियों ने हुमस कर पूछा।

"जीव आत्मा के चिद् विलास की अनन्त यात्रा का पथिक ही तो है। इसलिये यह देह धारण करता है; भव योनियों में भटकता है। यावत् चिन्मय आनन्दमय अपने ही अगाध विराट् का मानो सच्चिदानन्द घन स्वयं आत्म-विस्मृत होकर पुनः पुनः अनुभव करना चाहता है। क्षणों का अनुभव कर वह चैतन्य आत्मा अपने ही चिर चैतन्य को पुनः पुनः अनुभव करना चाहता है। मानव संस्कृति पुण्य की संस्कृति है-मानव सभ्यता अमृत की पिपासा के लिये अनवरत आराधना है। मानव की आर्य्य सभ्यता शान्ति, मंगल, शील तथा, अमृत की सतत् खोज है। सत्य के सिद्धान्तों की अहर्निशि यात्रा है; ज्ञान के अवगाहन

की अविराम साधना है। मानव दानव होकर स्वयं ही मृत्यु का प्रेत बन जाता है। किन्तु मानव महापुरुष होकर राम बन जाता है। अज्ञान की पूजा अनार्य्य बनाती है। अनार्य कौन?"

"कौन?" प्रतिघोष उठे।

आचार्य श्री शंकर ने कहा- "इस भव के इस शरीर की जननी की यह धरती मुझको जैसे मौन ही इंगित कर रही है, अनार्य्य वह जो स्वयं के सुख के लिये प्राणियों को दुःख देता है। पीड़ित करता है-शोषित रखता है। जो अत्याचार कर प्राणियों को मारता है। जो प्राणियों के सौभाग्य को लीलता है; वह अनार्य्य है-दानव है। किन्तु जो ईश्वर के अगाध विश्वास को मन, बुद्धि, चित्त तथा अहम् भरे, प्राणियों का कल्याण साधता है, तथा जीवन के यावत् मंगल के लिये ही चारों पुरुषार्थ करता है, जिसका इष्ट दिव्य देवता है और जिसका मन्त्र जगद् कल्याण और ध्येय मोक्ष है, वही मनुज है। मानव है-आर्य है- अमृत पुत्र है। वही धरती का ब्राह्मण और आकाश का ऐरावत है।"

"देवता?" किसी ने पूछ लिया।

"नहीं।" आचार्य्य श्री शंकर ने कहा- "मनुष्य को महामानव ही बनाना है-देवता नहीं। मनुष्य का दिव्यत्व ही देवता का शील है। इस धरती की समस्या देवता नहीं है; दानव है-इस धरती की आकांक्षा धरती पुत्र की है। आकाश देवता माँगता है; धरती तो महामानव ही चाहती है। महामानव के बिना इस धरती का सौभाग्य बन सकता ही नहीं। महामानव के बिना प्रणियों का मंगल कौन करेगा? महामानव के बिना ईश्वर को पृथिवी पर कौन खींच कर लायगा? मानव-पूर्ण मानव, परिपूर्ण मानव। जिसकी बुद्धि में सत्य का अमृत भरा है, जिसके नयनों में शान्ति के जलधि समाये हो। जिसके अधरों पर मंगल मुस्करा रहा हो तथा जिसकी वाणी से सुख के वसन्त बोलते हो, ज़ो अन्धकार को चीर सकता हो; माया का मोह भंग कर जो सत्य के शाश्वत संयम में स्थित हो सकता हो-जो सुख की आसक्ति त्याग सकता हो, दुःख से उपरत रह सकता हो; जो अन्ततोगत्वा अपने परम् सच्चिदानन्द में स्वस्थ हो सकता हो, वैसा मानव इस जगत् को चाहिये।"

"मानव चाहिये जगत् को, देवता क्यों नहीं, जगदगुरो!" किसी ने यों ही जैसे पूछा- "मानव चाहिये। किन्तु मानव ने युद्ध ही रचे हैं। इस जगत् में आश्चर्य ही उत्पन्न किये हैं- शोक, रोग, आचार्य्य!"

शंकराचार्य्य ने कुछ दूर प्रसर कर निश्चिंत बैठे हुए उस वृद्ध से व्यक्ति को देखा; पूछा- "आप भी तो मानव हैं-क्या उत्पन्न किया है आपने?"

वृद्ध सी काया हिली, घुटने पर हथेली से बल देते हुए उठी; हाथ जोड़ कर बोली- "रोग, शोक, भगवन्! मैं स्वयं को पृथिवी पर भार स्वरूप समझता हूं। युवा होते ही कुसंगत में पड़ गया- व्यसनों का चस्का लग गया- कुकर्मों में पड़ गया। पातुरियों की जाल में फंस गया-कई बार कारागार काट चुका, तब साधु बन गया।"

आचार्य श्री शंकर ने सस्मित कहा- "आज आपका प्रायश्चित्त हो गया। प्रारब्ध योग से यह सब हुआ; किन्तु उसी प्रारब्ध में आज आपका दर्शन मुझको होना था। मानव पापी हो; पुण्यात्मा हो; गरिमामय अथवा महिमामय हो, मानव मानव ही है-रहेगा। यह पृथिवी तथा उस पर जन्मती-मरती चौरासी लक्ष भव योनियों का रखवाला मानव ही है-देवता नहीं, भवान्! मानव ही विद्‌याओं द्‌वारा प्रत्येक भवयोनि का यथार्थ ज्ञान प्राप्त करता तथा उनके पूर्ण विकास के लिये संदोह सजाता है और यह भव-योनियाँ मानव को अपने शुद्ध उत्तम का समर्पण कर स्वयं सफल धन्य हो जाती हैं- मानव ने युद्ध नहीं रचे हैं; मानवों में समर्थ और स्वार्थी अभिजात्य ने ही युद्धों का विधान किया है। रोग तृष्णा तृप्ति के असंयत कर्म द्‌वारा ही उत्पन्न होते हैं। शोक? मोह से-देह का मोह। महोदय, मानव सब त्याग सकता है-देह नहीं। जो मानव देह तथा देहस्थ जीवन को स्वयं मानता है, वह प्रेम से जन्मता नहीं। शान्ति से मर सकता नहीं। मानव जीवन विद्‌या बल से सक्षम होता है; धर्म से शान्त तथा संयत होता है और शास्त्र से आश्रमों में ठहरता हुआ मोक्षमार्गी बनता है। आज इस भूतल का भूसुर यथार्थ ज्ञान को ज्ञान समझता है; इन्द्रियज भोग को सफल सन्तोष मानता है; जीवन का लक्ष्य मानता है। मानव आज सच्चिदानन्द के लिये नहीं, विषयानन्द के लिये विज्ञान द्‌वारा और सहित जीना चाहता है। आज मानव मृत्यु से समाप्त होना चाहता है-मृत्यु को तर कर प्रकाश के आलोक में दिव्य जीवन नहीं चाहता।"

"मुक्ति।" वृद्ध काया ने निसास रखते हुए कहा- "कहां है मुक्ति यतीवर्य? यह दर्शन बुद्धि का अन्यतम विलास है- संक्रामक कभी नहीं छूटने वाला व्यसन है। यह वाणी का शौर्य्य, विद्‌या का अहम् तथा प्रतिभा का मद मात्र है।"

"सौन्दर्य!" शंकराचार्य्य ने हँसते हुए कहा- "मानव प्रतिभा का लय सच्चिदानन्द सत्य के प्रकाश में होता है।"

"प्रकाश?" वृद्ध सी काया हुमुसी।

"हाँ, प्रकाश-प्रकाश ही प्रकाश।" शंकराचार्य ने कहा- "विश्वास कर तू प्रकाश है, अन्धकार नहीं है। मान ले तू ही सत्य है; असत्य है नहीं। तू अमर है; अजर है मृत्य नहीं है; तू विष नहीं है, अमृत है।"

"आप श्री कहते हैं, सो मान लेता हूं।" वृद्ध की काया बोली- "अन्यथा संसार के किसी भी कथन को मानने का जी नहीं होता। यह संसार कहता ही रहता है। क्या मनुष्य की वाणी सदैव मिथ्या भाषण करने के लिये ही है, आचार्य्यवर्य?"

शंकराचार्य ने अर्धोन्मीलित झीमती हुई दृष्टि से वृद्ध सी काया को घूरा- कहा- "ऐसा लगता है कि वाणी मिथ्या को ही कहती है; किन्तु यह मिथ्या ब्रह्म के सत्य के अन्तर्गत है। सत्य के प्रतिभास की बात मिथ्या की वार्ता है; किन्तु सत्य के भासमान इंगितों के कथन मिथ्या वार्ता नहीं हैं- सत्य कथन शास्त्र कथन हैं, स्वामिन्!"

"स्वामिन्?" वृद्ध काया चिहूंकी- "शंकराचार्य!"

"जी।" शंकराचार्य ने प्रसन्न विहँसते हुए कहा- "निस्संदेह आप श्री सावधान श्रोता हैं। मैंने आपके अनादि अन्तःकरण के गहन में देख जान लिया कि आप जगत् से झुंझलाये हुए जीव हैं तथा अपना विचित्र प्रारब्ध काट रहे हैं- भोगों से बीत जाने पर भी वैराग्य नहीं हुआ-नहीं होता? क्यों?"

"क्यों, यतीवर्य्य?" वृद्ध काया ने जागते हुए मानो पूछा।

"भव लेने तथा देते रहने की सम्मोहित कामना शेष है, स्वामिन्!"

शंकराचार्य्य बोले- "किन्तु यह अनादि सनातन भवेच्छा शनैः शनैः जीर्ण होती जायगी। मुनि हो जाओ; अपने अन्तःकरण के मौन में डूबे रहो-"

"क्या होगा, यती?" वृद्ध सी काया के नयनों से आग मानो भभकी।

"कुछ भी नहीं होगा, स्वामिन्!" शंकराचार्य्य ने जलद गम्भीर स्वर में कहा- "अपने ही मौन में लीन हो जाओगे। जीवन चेतना लहरीली है। चेतना की तरंगों में चित्त जब तक डोलता रहता है, यह मिथ्या सत्य प्रतीत होती है। अज्ञान को ज्ञान तथा मिथ्या को सत्य मान कर अपने सच्चिदानन्द प्रकाश पर आवरण ढंकते जाना ही जीव भावना है। जगत् के कोलाहल से स्वयं को दूर करो; सृष्टि के चीत्कारों को विसर जाओ। जीवन के रहस्यों को उपरत होकर सुनो। रुदन? हाँ, स्वामिन्! अन्त में सभी हास्य मूक रुदन हैं- सभी वसन्त पतझर हैं।"

"यह निराशा है, जगद्‌गुरो!" वृद्ध काया भभकी- "नहीं, मैं आशा-चिरन्तन आशा ही चाहता हूं।"

"जीवन की यह आशा सत्य के साक्षात्कार की अटल भावना है।" श्री शंकराचार्य्य बोले- "निराशा न हो और आशा ही आशा हो, अभिलाषा न हो और चैतन्य की चिर तथा चिरन्तन आकांक्षा ही हो, यही-यही अन्धकार से प्रकाश, असद् से सद् एवं मृत्यु से अमृत्यु-अमृत की ओर गतिमान होना है। इस लोकालय में मानव जीवन अन्ततोगत्वा प्रकाश की इच्छा, अमृत की कामना तथा सत्य की चेतना ही है। ज्ञान, सत्य, आनन्द, भवान्!"

वृद्ध काया हिली और शंकराचार्य्य के समक्ष स्थिर सी होती हुई बोली- "आत्मा है।"

शंकराचार्य- "आत्मा ही है"

वृद्ध काया हंसी; बोली- "सत्य है?"

शंकराचार्य्य हुमुसे- "सत्य ही है।"

वृद्ध काया तनिक उत्ताल हास्य हँसते हुए बोली- "सच कहो; तुम जगद्‌गुरो! ईश्वर है?"

शंकराचार्य्य ने वृद्ध काया को हाथ थाम कर अपनी ओर खींचा; कहा- "शान्त हो जाओ। ब्रह्म ही है। हां, ईश्वर है- ईश्वर ही है।"

वृद्ध सी काया ने शंकराचार्य्य को एक टक निहारा; कहा "तुम हो क्या? शरीर दिखते हो; मनुज प्रतीत होते हो-संन्यासी ज्ञात होते हो; किन्तु क्या सत्य को जानते हो?"

शंकराचार्य्य ने सस्मित कहा- "सत्य को नहीं जानता, तो आपको अनादि जीव भाव कैसे कहता? सत्य का साक्षात् नहीं होता तो कैसे कह सकता था; ब्रह्म सत्यम् जगन्मिथ्या? कैसे कहता- "प्रज्ञानम् ब्रह्म? स्वयं को ज्ञानी अनुभव नहीं करता तो कैसे कहता सर्वम् खलु इदम् ब्रह्म? कैसे?"

वृद्ध की काया बोली- "स्वयं के अनादि चिरन्तन मोह में लीन जीव क्या कभी-कभी ऐसा नहीं कहता? कहता है-कहता आया है!"

"अवश्य कहता है।" शंकराचार्य्य ने कहा- "किन्तु ऐसा प्रत्येक कथन शास्त्र में ढलकर स्वयं जड़ हो गया है। सच्चिदानन्द आत्मा जगत् के अँधेरों में भी अपना प्रकाश अनुभव करता ही है। जाग्रति में वह सुख-दुःख का अनुभव कर,

स्वप्न में स्वयं के तेजस् से तथा सुषुप्ति में स्वयं को विस्मृत कर चिदानन्द आत्मा कालाधीन एवं कालातीत बना ही रहता है और स्वयं का अनन्त ज्ञान स्वरूप अनुभव करता ही रहता है। जगत् की यह अविराम निरन्तरता इसी सत्यानुभव के कारण प्रतीत होती है। स्वप्न के रूप जलधि-इसी चिर चेतना द्वारा ही आत्मा तैरती रहता है और अपनी शरीर विस्मृति के मौन गहन में सच्चिदानन्द परमात्मा स्वयं जीव भाव को विसर कर आत्मा के अपने आनन्द में लीन होता है-ज्ञान, स्वामिन्!"

"ज्ञान?" वृद्ध सी काया ने जैसे अन्तिम बार पूछा।

"अहम् ब्रह्मास्मि!" शंकराचार्य ने कहा- "विश्वस्त हो जाओ, स्वामिन्! काल के तट के समीप पहुंच चुके हो। शरीर का यह बोहित प्रारब्धों की भाँवरियों से निकल कर मानस सरोवर की ओर एक दैन्यपूर्ण हँस की भांति उड़ चुका है। 'मैं शरीर हूं।' यह भ्रान्ति अब टूक-टूक हो चुकी है। हस्तामलक! स्वामी को मठ में स्थान दो।"

वृद्ध सी काया ने शंकराचार्य्य के चरण थाम लिये।

"जगद्गुरु शंकराचार्य की जय!" गहगही गहन जय ध्वनि उठी; गूंजी।

सहसा औघड़नाथ उठा; तमक कर सामने आया; चीत्कार पूर्वक बोला- "जगद्गुरु नहीं। अभी शारदा मन्दिर का दक्षिण द्वार बन्द है।"

हस्तामलक ने कहा- "खुलेगा।"

औघड़नाथ ने उत्ताल हास्य हँसते हुए कहा- "तो? अब तक क्यों नहीं खुला, जड़मति?"

शंकराचार्य्य ने अभयवरद हाथ उठाते हुए कहा- "शान्त। इनको कहने दो। यह मानव समूह है; शत सहस्त्र प्रश्न हैं; और शत सहस्त्र उत्तर भी हैं। मनुष्य जब तक ज्ञान लाभ नहीं करेगा, शंकित ही बना रहेगा। है न? श्रीमद् अभिनव गुप्त की शंका ज्यों की त्यों बनी हुई है। शास्त्र के अनुशीलन से क्या मिथ्या की शंका कट जाती है? आत्म सापेक्ष मिथ्या ही अणु और विराट् शंका है। जब तक जगत् में सत्य खोजता रहेगा मानव, तब तक वह शंकाशील बना ही रहेगा। शारदा मन्दिर का दक्षिण द्वार इसलिये अब तक नहीं खुला, क्योंकि उसको इस शरीरी, मेरी प्रतीक्षा है।"

"भ्रष्ट संन्यासी। तेरी?" औघड़नाथ चिल्लाया।

"सन्यासी न भ्रष्ट है; न अभ्रष्ट है; न पापी है और न पुण्यात्मा ही है। सन्यासी आत्म चैतन्य में तैरता हुआ शव है- शक्ति का शान्त, उपरत मौन दृष्टा है। संन्यासी। अभिनव गुप्त को कह दो जाकर, मैं हिमालय से उतर कर शारदा मन्दिर आना नहीं चाहता था- कन्याकुमारी के सागर की लहरों को वाणी में भर कर ही शारदा मन्दिर आ रहा हूं। भारत भूमि की रंग-बिरंगी किन्तु ऊर्जस्विनी मिट्टी को हाथ में थाम कर मैं शारदा मन्दिर के दक्षिण द्वार के पास पहुंचना चाहता हूं। समस्त भारत-वर्ष के फूलों की माला मैं भगवती शारदा को पहिनाना चाहता हूं। दक्षिण द्वार की यह प्रतीक्षा का अब अन्त आ चुका है। दक्षिण से आज दिन तक शारदा मन्दिर सरस्वती के दर्शन के लिये साधु गये; सन्त गये; आचार्य तथा विद्वान् गये। किन्तु शारदा मन्दिर का दक्षिण द्वार तो वेदान्त दर्शन का द्वार है। ब्रह्म को ही सत्य तथा जगत् को मिथ्या अनुभव करने वाले निरीह और निर्विशेष संन्यासी की थपकी मात्र से यह कीलित द्वार खुल जायगा।"

"हम देख लेंगे- कैसे खुलेगा?" औघड़नाथ ने कहा- "हम तुम्हारे साथ-साथ चल रहे हैं।"

शंकराचार्य ने कहा- "संन्यासी के साथ चलो, अन्त में कल्याण ही होगा।"

"दक्षिण द्वार नहीं खुलेगा, शंकराचार्य!" औघड़नाथ ने सिर धुना तथा अपनी प्रलम्ब दाढ़ी को झकझोरते हुए कहा- "खुल गया, तो इस दाढ़ी की लाज ही गई, समझो!"

शंकराचार्य सहसा हंसे; उत्ताल हास्य हंसते हुए बोले- "किन्तु महाशय! इस दण्ड की लाज रह जायगी।

"नहीं, नहीं, जी।" औघड़नाथ ने पांव पटकते हुए कहा।

"यह भावी है, महाशय!" शंकराचार्य ने कहा- "बहुत हो चुका है। समूची भारतभूमि वेद और वेदान्त में पुनः जाग रही है। वैदिक वर्णाश्रम धर्म का स्वयं ही प्रसार हो रहा है। भग्नावशेष मिट्टी में मिल गये हैं और अन्धकार के बोध बिला गये हैं। प्रकाश, महाशय! हम तुम, समस्त मानव जाति पर पुनः अमृत की वर्षा होने लगी है- भारतीय अन्तरात्मा सच्चिदानन्द के ब्राह्म मुहूर्त में जाग रहा है- उलूक दर्शन स्वयं ही अन्धे हो गये हैं।"

एक मीमांसा तीर्थ बमके- "उलूक दर्शन? यह क्या, आचार्य देव?"

शंकराचार्य ने रमुज में कहा- "जो अन्धकार में सत्य खोजते हैं, मिथ्या को, यथार्थ को सत्य समझ कर सिद्धान्त निरूपण करते हैं, जो सत्य का प्रमाण चाहते हैं तथा ब्रह्म को शास्त्र द्वारा सिद्ध और विद्या द्वारा प्राप्त करना चाहते हैं- वह सभी मत, तत्व चिन्तन उलूक दर्शन नहीं तो क्या है, शास्त्री जी?"

"नहीं, नहीं। यह कैसे कहा जा सकता है?" शास्त्री जी खड़े हो गये, बिफर कर बोले- "जगत् में सत्य की खोज नहीं होगी तो कहां होगी? भव संसार में कर्मों की दृष्टि से तोल और मोल नहीं होगा, तो फिर कहां होगा? ब्रह्म नहीं, जीव ही सत्य का खोजी है। तब समूचे शास्त्र तथा विद्या को असद् परक मानना-"

शंकराचार्य ने बीच में ही झेला- "संन्यासी ने कभी नहीं कहा, शास्त्र असत्य है। इस शरीरी ने ब्रह्म परक शास्त्र सिद्धान्तों का मण्डन ही किया है- खण्डन मैंने अनात्मवादी विज्ञानपरक शून्य मतावलम्बी और लोकायत दृष्टि-मंडित मतों का ही किया है। जीव सत्य की खोज नहीं करता। जगत् को, मिथ्या को, माया को जाना चाहता है। उलूक दर्शन वह है जो सत्य का प्रमाण पूछे। जो है, जो वही है- उसका प्रमाण क्या? वह तो स्वयं सिद्ध सत्य है। तत्व-चिन्तक तत्व की प्रकृति ही देखता है; वृत्तियों को पेखता है। सांख्यी मूल प्रकृति अव्यक्त व्यक्त को ही टटोलता है। क्षण के सत्य को जानने के लिये चिन्तन करना दर्शन नहीं है। दर्शन तो सच्चिदानन्द आत्मा को देखना ही है।"

दर्शन केसरी भव्य मूर्ति जैसे जगी; चिहुंकी- "तब सांख्य जड़ विज्ञान है? वाह जी! जगद्गुरु! हम तो आपको महापण्डित मान कर सुनने आये थे।"

शंकराचार्य ने ऊर्ध्व श्वांस भरते हुए कहा- "यह शरीरी महा पण्डित तो क्या पण्डित भी नहीं है। मैं विद्वान् नहीं हूं; मनीषी नहीं हूं। मैं मानव चेतना हूं; बुद्धि के अनन्त ऊहापोह से भरा, शंकाओं तथा उनके समाधानों में दत्त समस्याओं को उत्पन्न कर उनका अर्धदग्ध हल खोजने में व्यस्त, कातर, भयभीत किन्तु प्रभु का मूक विरही मानव जीव हूं। जीव विद्यावान, लक्ष्मीवान्, यशवान आदि हो सकता है, ज्ञानी नहीं। ज्ञान तो जीव को अपनी हस्ती मिटाने पर ही मिलेगा।"

दर्शन केसरी उठ खड़े हुए- "मैंने ज्ञान प्राप्त किया है, शंकराचार्य! मैं शास्त्रों को जानता हूं, स्मृतियों का मैंने अवगाहन किया है- दर्शनों को मैंने जिह्वाग्र कर रखा है- कहो तो सांख्य उगल दूं? सांख्य की मूल प्रकृति-अव्यक्त व्यक्त

तथा ज्ञ का मैंने अध्ययन किया है। मैं तत्वों और पञ्चभूतों को, भव योनियों आदि को जानता हूं। मैं जगत् तथा जीव को जानता हूं-"

"हां, हां। आप जगत् और जीव को जानते हैं, ब्रह्म को नहीं।" सहसा हस्तामलक ने कहा।

दर्शन केसरी ने तिलमिलाते हुए कहा- "जो जगत् और जीव को जानता है, वह आपके ब्रह्म को भी जानता है। जगत् नहीं है, तो ब्रह्म भी नहीं है- जीव नहीं है, तो ब्रह्म भी नहीं है, समझे आप श्री।"

आचार्य श्री शंकर ने हस्तामलक को चुप रहने का इंगित करते हुए कहा- "यही सही, भवान्! जगत् ब्रह्म में है; ब्रह्म जगत् में नहीं व्यक्त होता- यह कृपया जान लें। ब्रह्म निमित्त कारण है, इस रूपवान्, ध्वनित जगत् और व्याकरण रूप सृष्टि का। शास्त्र जगत् की वार्ता, टीका, व्याख्या, आख्यान एवं प्रमाणभूत कथन करते हैं; स्मृति जीव मानव जीव को वर्णाश्रम धर्म मार्ग पर चलाये रखती है। दर्शन जीव को अनासक्त, उपरत करता है। शास्त्र जगत् के लिये; स्मृति जीव के लिये, दर्शन मोक्ष के लिये है।"

दर्शन केसरी ने सिर धुनाया; तीव्र प्लुत स्वर में कहा- "यह सब कथन मात्र हैं। जगत् ब्रह्म में है और ब्रह्म जगत् में व्यक्त नहीं है-क्या है आपश्री का तात्पर्य? निमित्त कारण? बुद्धिवादियों को समझाइये आप आचार्य, जब सभी कुछ ब्रह्म, ब्रह्म ही है तब फिर सब कुछ ब्रह्मभूत है; ब्रह्ममय है- या तो आप श्रीमान् मान लें- ब्रह्म जीव और जगत् अनादि है- अद्वैत नहीं, द्वैत, द्वैत भी नहीं, त्रैत। अथवा यह मान लें-ब्रह्म ही जगत् स्वरूप ढलता है; जीव रूप उद्भवित होता है, आपका अजन्मा, निराकार, निरूपम, नित्य केवल निर्मित्त ब्रह्म तब जगत् को नहीं रचता? तब जीव रूप उद्भवित होकर जगत् को नहीं भोगता- तब क्या करता है आपका ब्रह्म?"

आचार्य श्री शंकर ने हंसते हुए कहा- "कुछ भी तो नहीं करता। ब्रह्म को करना ही क्या है? करना धरना तो जीव को है। शास्त्री जी शान्त, निर्मलचित्त से ब्रह्म को खोजिये। जो अविनाशी है, पूर्ण परिपूर्ण सच्चिदानन्द है, वह अंश में भी नाशवान् नहीं हो सकता। पूर्ण क्या तनिक भी अपूर्ण स्वरूप होगा? हो सकता है? जो सत्, चित् है- आनन्द है, वह क्या असत् अचित् और निरानन्द हो सकता है। सुख आनन्द नहीं है, विद्या-यथार्थ ज्ञान-चित् नहीं है और क्षणिक रूपवान् अनन्त नित्य सत्य नहीं है।"

दर्शन केसरी ने हार मानने से स्वयं को मना करते हुए कहा- "तब मुझे "मैं हूं" यह नित्य अनुभव क्यों है? तब मुझको यह जगत् अविराम क्षणिक रूपवान् होने पर भी शाश्वत क्यों प्रतीत होता है? तब मुझे यह भव संसार वास्तविक सत्य क्यों लगता है?"

"आपकी ईप्सित मान्यता!" आचार्य श्री शंकर बोले- "जीव ब्रह्म का अविराम चिद् विलास है; जगत् ब्रह्म का लीला रंगमंच है- "मैं, मैं हूं" यह जीव भाव आत्मा का स्वयं पर आरोपण है- यह स्वप्नवत और यह स्मृतिगम्य और स्मृतिजन्य संसार जीव के कर्म संस्कार का रहस्यमय उद्रेक है- यह इदम् नित्य, शाश्वत, अनादि, निराकार, निर्विकार होता तो सत् चित् आत्मा सच्चिदानन्द में लीन हो जाने, मोक्ष प्राप्त करने के लिये अन्ततोगत्वा सन्नद्ध होता ही नहीं। तब पूजा नहीं होती, इष्टदेव भी नहीं होते। तब आराधनायें नहीं गमकतीं; शक्ति देवताओं में नहीं होती और प्रत्येक अणु में चैतन्य का अधिष्ठान नहीं होता। चैतन्य होता क्या यदि यह जगत् अविनाशी होता। चैतन्य नहीं होता तो-तब यह प्रतीतिमान प्रकाश और अन्धकार होता क्या? सुख-दुःख का संक्रामक द्वन्द्व होता क्या? जीव ही होता, तो क्या देह जन्मता, वृद्धिगत होता, वृद्ध होकर जीर्ण भी होता? मृत्यु ही अमृत होता तो फिर इस पृथिवी पर मानव अनादि नित्य अटल चार्वाक ही होता। देह को नवीन कर वह नित्य जगत् को भोगता रहता। तब देह मरता नहीं। अन्धकार दूर होता नहीं और प्रकाश चैतन्य में लीन होता नहीं। द्वैत-त्रैत-अद्वैत बुद्धि को समझाने के लिये कथन हैं सही; किन्तु जीव और ब्रह्म का अभिन्न अद्वैत समझाने के लिये नहीं, अनुभव करने के लिये है। शास्त्र कहता है; श्रुति नहीं।"

"श्रुति तब क्या कहती है, आचार्य देव?" दर्शन केसरी ने पूछा।

आचार्य्य शंकर के कोकिल कण्ठ ने कहा- "श्रुति उस परम देव का स्तवन करती है। श्रुति शंका समाधान का कथन नहीं है, श्रुति सच्चिदानन्द के अमोघ आत्मविश्वास का दिव्य समाधिस्थ उद्गार है। संन्यासी के लिये जिस प्रकार लोकधर्म का व्यवहार नहीं है उसी प्रकार ऋषि मुनि का कोई वर्ण नहीं है- आश्रम भी नहीं है। ऋषि सत्य को देखता है; मुनि सत्य का स्पर्श करता है। ऋषि सच्दिानन्द को आत्मसात् करता है, कवि सच्चिदानन्द को गाता है। सच्चिदानन्द वाणी विलास का विषय है ही नहीं, शास्त्र का भी वह कथ्य नहीं है-सच्चिदानन्द ब्रह्म का कालजयी अनुभव केवल मोक्षप्राप्ति, आत्म साक्षात्कार के लिये है।"

दर्शन केसरी ने सहसा पूछा- "मुझे हो सकता है?"

"क्षण में।" आचार्य्य श्री शंकर ने हँसते हुये कहा- "क्षण में?" दर्शन केसरी भी हँस कर बोले- "आचार्य्य देव! अनन्तवादी होते हुए भी आप क्षण....."

"क्षण अनन्त का बीज है; मन्त्र बीज भी है अनहद का।"

आचार्य श्री शंकर ने कहा- "हमारे साथ चलो। शारदा मन्दिर पहुंचते- पहुंचते आप इसी नश्वर किन्तु सनातन जगत् में उस परम् सत्य की झलक देख लेंगे।"

"कौन दिखायेगा?" दर्शन केसरी ने पूछा।

"आपका आकुल-व्याकुल अन्तरात्मा दिखायगा।" आचार्य्य श्री शंकर ने कहा- "अपना परमात्मा स्वयं को ही देखना होता है। क्षण में बँधो मत-अनन्त में छूट जाओ, महोदय!"

औघड़नाथ स्फुट किन्तु उत्ताल हास्य हँसा, बोला- "छूट जाओ अनन्त में! शून्य में! अच्छा, जगद्गुरु! मुझको अपना ब्रह्म दिखाओ।"

आचार्य्य शंकर ने गम्भीर स्वर में कहा- "आप प्रथमतः स्वयं को ही जान लो-स्वयं को जान लेने पर ही अपने परमात्मा की ओर आपका विकल मन जायगा। जगत् को देखना सहज है, परमात्मा को पाना कठिन तपस्या है। पहिले अपनी उद्दाम बुद्धि को शुद्ध करो; चित्त को निर्मल करो-जगत् और भव-संसार से संन्यास लो, समझे!"

"अच्छा जी। हम तब सन्यासी बनें। मूंड मुंडवायें और दण्ड धारण करें।" औघड़नाथ ने कहा।

"हस्तामलक की चरण सेवा करो।" आचार्य श्री शंकर ने कहा- "मेरा तो यह एकाकी एकान्त प्रारब्ध है - हस्तामलक का प्रारब्ध समाप्त हो चुका है। हस्तामलक शुद्ध-बुद्ध चेतना है। वही आपके जगत् के वैभवों के लालची चित्त को निर्मल कर सकते हैं।"

"हस्तामलक!" औघड़नाथ चिल्लाया- "ऐसे तो मेरे कई शिष्य सेवक हैं। विन्ध्य मेखला की कन्दरायें भरी पड़ी हैं, जगद्गुरो! चित्त निर्मल करने की, चित्त वृत्ति निरोध की योग दीक्षा मुझे स्वयं दत्तात्रेय ने दी है।"

"तब फिर हमारे इस विनीत संघ में क्यों टल्ले खा रहे हो?" पद्मपाद ने तीव्र स्वर में कहा- "आप निस्संदेह दत्तात्रेय तन्त्र के घोर साधक हैं-प्रभु नृसिंह ने मुझे बता दिया है, औघड़नाथ!"

"क्या? स्वर्ग बता दिया है तुमको नृसिंह ने?" औघड़नाथ खीझ कर बमका- "नृसिंह भगवान् तुमको ही बताते हैं-तुममें ही प्रवेश करते हैं। हममें, मुझमें क्यों अभिनिवेश नहीं होता उनका? आचार्य्य पद्मपाद ताड़पत्रों से पारिजात और कल्प वृक्ष के फूलों की गन्ध नहीं आती। आपका। यह 'नृसिंह-नाट्य' जगत् विश्रुत हो गया है। यह ढोंग......"

आचार्य्य पद्मपाद ने सहसा हूंकार की। शंकराचार्य्य ने लपक कर पद्मपाद को थामा; शान्त अपराजित स्वर में कहा- "शान्त वत्स! इस हठी घोर तांत्रिक के लिये तो तुम्हारी हुंकार ही पर्याप्त है।"

"शंकराचार्य्य! इस अपमान को कभी नहीं भूलूंगा-जाता हूं।" औघड़नाथ ने पाँव पटकते हुए कहा - "मैं अभिनव गुप्त नहीं हूं, जो केवल बातें बघारता रहता है-कायर और कातर अभिनव गुप्त को भी तुम सब मिल कर संभाल नहीं सकते तो मुझे क्या संभालोगे। हूंकार ही पर्याप्त है इस अढंग की मेरे लिये? देखूं तो तेरी हुंकार?" और औघड़नाथ पद्मपाद की ओर झपटा। आचार्य्य शंकर ने वज्र गर्जन के स्वर में कहा- "थमो।"

पद्मपाद ने सहसा पद्मासन पर स्थित होते हुए, नयन उन्मीलित करते हुए पुकारा- "नृसिंह! जय!"

आचार्य्य श्री शंकर ने पद्मपाद को कन्धे से झकझोरते हुए कहा- "भगवान् नृसिंह को कष्ट मत दो, वत्स! नृसिंह का दिव्य तन प्रखर और प्रज्वलित दैदीप्यमान स्वरूप धारण करना ही भगवान् विष्णु के लिये विक्षेप कारक है।"

"नहीं गुरुदेव!" पद्मपाद ने ह्रींकार पूर्वक कहा- "समय आ गया है इन पापियों का, समूल नाश कर दिया जाय। साधुओं का परित्राण तथा दुष्टों का विनाश कर दिया जाय....."

आचार्य्य श्री शंकर उठे; अभयवर आकाश में उठाते हुए बोले- "नहीं वत्स पद्मपाद! साधुओं का परित्राण, दुष्टों का विनाश तथा धर्म संस्थापन केवल प्रभु का ही श्री तथा सुक्कृति पूर्ण कार्य्य है। तुम्हारा नहीं, हमारा नहीं। हम तुम संन्यासी हैं-मनुष्य को अन्धकार की पगडण्डियों से उतार कर प्रकाश के पथों पर आरूढ़ करवाने के लिये हम प्रभु की प्रार्थना भर कर सकते हैं। इस हठ योगी को जाने दो।" और फिर अपलक तीव्र और सघन दृष्टि से औघड़नाथ को देखते हुए आचार्य्य शंकर ने आज्ञा दी- "संघ से चले जाओ, श्रीमान्! अन्यथा...."

"अन्यथा?" औघड़नाथ को लगा, शंकराचार्य की अपलक गूढ़ गहन प्रखर दृष्टि अग्नि की किरणें होकर उसको झुलसने लगी हैं। वह काँपा और जम्भित सा होने लगा- "नहीं। जगद्गुरो! नहीं"

आचार्य्य श्री शंकर ने कहा- "अभिनव गुप्त को कह देना, अभिमन्त्रण इस संघ के गगन में घुस नहीं सकते। भगवान् नृसिंह हम सब की अहर्निशि रक्षा करते हैं। हम सिद्धियों के मदीले गर्व पर नहीं जीते; हम साधु सन्त संन्यासी प्रभु की कृपा पर ही अवलम्बित हैं। सिद्धियाँ हमने प्रभु के चरणारविन्दों में कभी की अर्पित कर दी हैं। ऋद्धियाँ हमने समष्टि को समर्पित कर दी हैं और निधियाँ? हमने देवताओं को भेंट कर दी हैं। हमने विषयानन्द के तीव्र कालकूट को पचा लिया है और सुरों को अमृत का भोजन प्राप्त हो गया है-जाओ, संघ से इसी पल विदा हो जाओ। मुझे सब ज्ञात है, औघड़नाथ!"

"क्यों न हो? सर्वज्ञ जो कहते हो स्वयं को।" औघड़नाथ ने औचक होते हुए भी साहस पूर्वक कहा- "किन्तु आप क्या हैं, यह अब सारा संसार जान गया है। ब्रह्म को निर्गुण निरञ्जन निराकार बताते हो और सगुण का पूजन करते हो। जगत् को माया मानते हो और वैभवशाली मठों की स्थापना करते हो। वीतराग हो किन्तु शव में प्रवेश करके भी राग-रंग मना चुके हो। राजा, महाराजाओं की सत्ता केवल बौद्धों को निष्कासित करने पर तुले हुए हो। कौलों और कालभोजों को आप फुटी आँख से भी देखना नहीं चाहते। आचार्य्य शंकर! अब आप रहस्य नहीं रहे। आप शास्त्र के शत्रु, स्मृतियों के आराधक तथा लोक व्यवहार के अपवाद हो। वेद, वेदान्त और वर्णाश्रम धर्म का आपका उपदेश अन्त में व्यर्थ है। आपने ब्राह्मणों को विवश कर दिया है..."

"कैसे, औघड़नाथ!" आचार्य्य श्री शंकर ने पूछा।

"यज्ञ कर्म की रीतियों का आपने निर्मम ध्वंस किया है।" श्री औघड़नाथ सजीव होते हुए गर्जा- "यज्ञबलि को बन्द कर आपने देवताओं के हव्यकण्य की घोर हानि की है। मैं कहता हूं देवता आपसे प्रसन्न नहीं हैं। यज्ञ की सनातन प्रचलित परिपाटियों को तोड़-मरोड़ कर यज्ञ की वैदिक विधि को आपने समाप्त ही किया है। आप मानव मोक्ष के लिये बौराये हुए घूमते हैं; किन्तु पशुबलि को अन्यथा कर आपने पशु के मोक्ष को ही बाधित किया है। यज्ञबलि से सीधी मुक्ति हो जाती है, क्या यह शास्त्रोक्त कथन नहीं है? किन्तु आपने कहा- पशुबलि क्रूरतम कर्म है, घोर पाप है। आपने शताब्दियों के सनातन कर्म विवेक को मानो पलट दिया है।"

आचार्य श्री शंकर हंसे; बोले- "निस्संदेह क्रूर और व्यर्थ अकल्याणकारी कर्म को मैंने वर्जित घोषित किया है। मैंने वैदिक यज्ञ कर्म का कब विरोध किया है, औघड़जी? मैंने पंचमकार के स्त्रैण कर्म का विरोध कर समूची ललितोऽपासना ही बताई है। यज्ञ और पूजन में मांस मदिरा मीन मत्स्य और मैथुन-नहीं, नहीं। शाक्तपूजा का मैंने उद्धार किया है, समझे। परात्पर परमेश्वरी, आद्या, सौन्दर्यसारा, कल्याणी काम्यलक्ष्मी और ज्ञान गंगा भगवती राक्षसी नहीं हैं, सुना!"

"शक्ति सभी रूपों में है, सभी वेशों में व्यक्त होती है आचार्य्य!" औघड़नाथ ने खींसे निकालते हुए कहा- "पंचमकार से भरपूर यह संसार है किन्तु आपको नहीं दिखता। भगवती देवी है तो वह घोरा क्रूरा भी है। कालिका, भवान्!"

"वह परात्पर, परमेश्वरी, पूर्ण वत्सला माँ हैं।" आचार्य्य श्री शंकर ने जलद गम्भीर स्वर में कहा- "वह महामाया है; किन्तु मायामय नहीं है-वह वत्सला योगमाया है। शक्ति शिव ही है और शिव सदाशिव है-परम् शिव है, ज्ञान और आनन्द!"

"परन्तु वह सगुण है न?" औघड़नाथ खीसें बताता हुआ हंसा- "इन्द्रिय गोचर तथा चित्तानुभूत सगुण ब्रह्म है, आचार्य जी! इसीलिये हम सर्वत्र सर्वदा परम् शिव को ही व्यक्त होते, जन्मते और बन्धते मानते हैं। भव-योनियों का मूल कहाँ है श्रीमद्?"

आचार्य शंकर- "ब्रह्म में।"

"यह बात हुई।" औघड़नाथ बमका- "जीत गये हम। लोगों! यतीवर्य शंकर क्या कहते हैं? भव योनियों का मूल ब्रह्म है-तब जगत् सत्य हुआ कि नहीं? हुआ-शत कोटि सहस्त्र कोटि बार हुआ। आचार्य शंकर! आप शैव हो-शाक्त भी हो। भक्त भी हो और लोगों को सम्मोहित करने के लिये निर्गुण ब्रह्मवादी भी हो। बातों में निर्गुणवादी और कर्म में? सगुणवादी-मूर्ति पूजक।"

आचार्य्य श्री शंकर- "जगत् को मैं परमात्मा की माया मानकर उसकी वन्दना करता हूं; भव योनियों को उस परम् ब्रह्म सच्चिदानन्द परमेश्वर की लीला मानता हूं-अवश्य मैं बिम्ब का ध्यान करता तथा प्रतिबिम्ब का पूजन करता हूं। किन्तु मैं छाया में काया देखता हूं; और प्रतिबिम्ब में बिम्ब देखता हूं-मैं माया को ब्रह्माणी शक्ति का अवगुण्ठन मानता हूं और जड़ को चैतन्य का दिव्य वाहक तन्त्र और मंत्र मानता हूं। ब्रह्म न स्त्रीलिंग है; न पुल्लिंग और

नहीं नपुंसक लिंग। वह जड़ नहीं है; चेतन भी नहीं है। ब्रह्म जगत् नहीं, जीव नहीं, जीवन नहीं, मृत्यु भी नहीं है। वह केवल है सत्। जब वह सत् जागता है, चित् हो जाता है और जब वह लीलामय होता है, जगत् जीव भव संसार प्रगट होते हैं- कल्प और प्रलय, महाशय!"

औघड़नाथ ने अपनी प्रलम्ब दाढ़ी दोनों हाथों से गगन में फैलाते हुए मानो चिल्ला कर कहा- "आपके इस सत् चित् आनन्द की कलई शारदा मन्दिर के प्रांगण में खुल जायेगी। आपको यह चेताने आपके साथ इतने दिनों तक चला हूं कि आपका यह अद्वैतवाद खोखला है; निस्सार है-इस धरती पर वंध्या बुद्धि की उपज है। शास्त्रियों को निरुत्तर कर देने से शास्त्र भले ही चुप हो जाय, बुद्धि मूक नहीं होती। प्रज्ञा अन्धी नहीं हो जाती। यदि आप सत्य ही कह रहे हैं तो आपका सत्य स्वयं ही समष्टि में क्यों नहीं जाता? राज्याश्रय लेकर वर्णाऽश्रम धर्म का प्रचार क्यों कर रहे हैं, महानुभाव? कहिये-"

आचार्य्य श्री शंकर ने शान्त स्वर में कहा- "राज्य समष्टि में न्याय की स्थापना तथा धर्म का प्रचलन करता है। रामराज्य जन मन रञ्जन करते हुए वैदिक वर्णाश्रम धर्म के प्रचलन, रक्षा तथा उत्कर्ष का कार्य करता था। धर्म धारण से ही न्याय का धारण संभव है। राज्य-राज और राम-यही-यही इस पृथिवी पर मानव ही नहीं भव संसार के मूलाधार हैं, अवलम्ब और आश्रय हैं। समष्टि राज द्वारा रक्षित रहती है। समाज राज्य द्वारा धारित रहता है- राष्ट्र राज्य द्वारा ही संचालित होता है। भारतीय समाज वैदिक वर्णाश्रम धर्म धारण और पालन की प्राकृत समष्टि है। ब्रह्म की व्यावहारिक सत्ता शुद्ध-बुद्ध रहे, निर्मल रहे तथा मानव परस्पर सहयोग द्वारा अपना उत्कर्ष साधते हुए मोक्षमार्गी बने-जीवन के आत्म चैतन्य, सामर्थ्य और शील का विकास स्वयं ही होता रहे इसके लिये राज्य का आश्रय अनिवार्य्य है, महाशय!"

"सत्ता नहीं, आचार्य!" मीमांसा तीर्थ बोले- "राज्य तो परस्पर प्रेय तथा श्रेय के संयोजन भर के लिये है; किन्तु परमार्थ की साधना के लिये ही धर्म है। धर्म सत्ता के पोषण के लिये कब था, श्रीमद्?"

"धर्म यावत् जीवन के चारों पदार्थ पाकर परमार्थ की साधना के लिये है।" आचार्य पद्मपाद ने तीव्र स्वर में कहा- "आप श्री जाकर महाशय अभिनव गुप्त को कह दें। जगद्गुरु के शिष्य और सेवक सावधान हैं। प्रश्न का उत्तर तथा उत्तर का प्रत्युत्तर निस्संदेह दिया जायगा। अपनी तन्त्र-मन्त्र की शक्तियों

का आह्वान कर लें। हम स्मित मात्र से उनका विसर्जन कर देंगे। आचार्य सच्चिदानन्द रूप शिव हैं, समझे!"

"शरीरी-मरणाधीन देही।" औघड़नाथ ने चिल्ला कर कहा।

हस्ताऽमलक ने कहा- "देही ही आत्मा है, हठी! चुप हो जाओ।"

"अन्यथा?" औघड़नाथ ने चिल्ला कर पूछा।

आचार्य्य श्री शंकर ने सस्मित कहा- "क्रोध त्याग दो, औघड़नाथ! वेदान्त द्वेष से नहीं दीखता; स्नेह से ही वेदान्त की झलक मिलती है। सुनो, श्रीमान् अभिनव गुप्त को मेरा यह सन्देश देना- हाँ, कहना कि मैं अपनी यह अन्तिम भारत प्रदक्षिणा की समाप्ति शारदा मन्दिर के दक्षिण द्वार में प्रवेश कर करूंगा। भगवती शारदा के आह्वान द्वारा मैं वेदान्त की श्रुतियों की आराधना करूंगा तथा वेदान्त के महावाक्यों की सर्वज्ञ पीठ पर स्थापना सदैव के लिये करूंगा। हाँ, मैं शरीरी देही हूं; किन्तु चित्त में उपरत हूं; कर्म में अनासक्त हूं; भेदों से रहित और भीतियों से हीन मैं सच्चिदानन्द चैतन्य हूं-मैं जगत् को नहीं देखता; ब्रह्म को ही देखता हूं। जो जगत् को ही देखता है, वह ब्रह्म को नहीं देखता और जो ब्रह्म को जानता है- वह जगत् को नहीं जानता। असत्य जाना नहीं जा सकता; कूंता और कहा जा सकता है। ब्रह्म जाना तथा उसका साक्षात्कार किया जा सकता है- सत्य ही जाना और पाया जा सकता है। कन्याकुमारी के आशीर्वाद और हिमालय के वरदान से पण्डित यह मरणाधीन मानव शाश्वत संन्यासी की भांति शारदा मन्दिर के दक्षिण द्वार पर आयगा और सुनो, मरता देह है; नाशवान् जगत है, अन्तर्ध्यान सृष्टि होती है- आत्मा नहीं। आत्मा, ब्रह्म चैतन्य, यती!"

यती हठी औघड़नाथ ने उत्ताल हास्यपूर्वक सव्यंग कहा- "जी! जय हो, जगद्गुरो! जय हो! प्राणियों को अन्न और भेषज चाहिये; प्राण चाहिये, सुख चाहिये, भोग चाहिये। मनुष्य को संभृति, सुख, श्री और शक्ति चाहिये-आपका नपुंसक लिंग ब्रह्म नहीं। आप अवश्य कन्याकुमारी से अपना कमण्डल भर कर काश्मीर मण्डल तक पधारें- आपका स्वागत शाक्तों की अभेद्य पंक्ति करेगी। विद्या के वारिधि उछल कर आपको डुबो देंगे। शारदा मन्दिर दिव्यतम घोष है, स्वामिन्! स्वयं परम् शिव ही अपनी शिवा को शारदा रूप स्थित कर गये हैं। शंकर की प्राणवल्लभा हंसवाहिनी शारदा आपका स्वागत करेगी, तो हम भी मान लेंगे-"

"मुझे किसी को भी मनाना नहीं है, मुझको कुछ भी मानना नहीं है-मान्यता मात्र मिथ्या है।" आचार्य्य श्री शंकर कहा- "सत्य यती हठी! सत्य! सत्य का अमोघ साक्षात्कार! यही संन्यासी मानव का परम् पुरुषार्थ है-शारदा इसी सत्य की वन्दना करती है। परा और अपरा विद्याओं से सेवित यह हँसवाहिनी भगवती आत्म चैतन्य की आनन्दमयी रसवती सरस्वती है-भगवती मुझको स्वीकार करेंगी। क्यों नहीं करेंगी?"

औघड़नाथ ने प्रस्थानोद्यत होते हुये कहा- "यह प्रश्न अपने कर्मों से पूछिये, जी।"

आचार्य्य श्री शंकर हँसे- "कर्म से पूछूं? नहीं, यती! कर्म मुझसे ही पूछेगा। किन्तु पंचमकारी शाक्त कर्मविवेकी कब से बन गया, भला?"

औघड़नाथ ने कहा- "कर्म विवेक का परिहार कौल-कर्म में ही होता है। हम शाक्त मानवों को वर्णों और वर्णों को वंशों तथा कुलों में बाँटते नहीं; तोड़ते नहीं। बांधते नहीं और आप सब? मनुष्य जन्म जात शूद्र हैं, वैश्य हैं, क्षत्रिय हैं, ब्राह्मण हैं, कह कर मनुष्य को मनुष्य के नीचे और ऊंचे करते हैं- परस्पर विपरीत और विरुद्ध कर कहते हैं यह लोक धर्म है। हम शाक्त स्त्री को शक्ति और पुरुष को वीर वर मानते हैं- हमारे यहां अवधूत हैं; संन्यासी नहीं, जो स्वयं को धर्म सम्राट् स्थापित करना चाहता है-"

सहसा एक सौम्य, सुन्दर, सुदृढ़ व्यक्ति मेदिनी से प्रगट होता हुआ बोला- "अब जाओ, यती।"

औघड़नाथ ने चमक कर कहा- "तुम कौन हो? आदेश देने वाले?"

"महाराज राजशेखर।" राजशेखर ने सस्मित कहा-- "जगद्गुरु और उनका संघ अब त्रिवांकुर मण्डल की वाहिनियों के संरक्षण में है। आप चले जायें।"

"महाराज राजशेखर?" औघड़नाथ ने तनिक विस्फारित नयनों से देखते हुए कहा- "नाटककार, कवि राजशेखर, तुम?"

"हां, हम, महाराज राजशेखर! राजशेखर ने कहा- "हम राजा हैं, निरीह संन्यासी नहीं हैं। आज्ञा का पालन हो।"

औघड़नाथ हंसा- "हम अपने अन्तःकरण की आज्ञा भी नहीं मानते, राजन्! हम हिमाञ्चल के वासी, मौजी औघड़ हैं- मुक्त हैं; उन्मुक्त हैं।"

महाराज राजशेखर ने कुछ आगे धंसते हुए कहा- "राजाज्ञा न मुक्त देखती है और न उन्मुक्त को पहचानती है। राजाज्ञा को सन्यासी प्रतीत नहीं होता-

यती उसके लिए एक देशधारी भर है। राजाज्ञा न्याय, धर्म पालन, सुरक्षा तथा सज्जनों और साधुओं के परित्राण के लिये ब्रह्मास्त्र है, कभी लौटता नहीं। आमात्य! इस हठी को त्रिवांकुर मण्डल के बाहर ले जाओ-"

औघड़नाथ ने चिल्ला कर कहा- "शस्त्रों के बल से तुमने कोटि प्रजा को अपने पांव तले दबा रखा है। तुम प्रासाद में रहते हो; सुन्दरियां तुमको घेरे रहती हैं- चौसठ कलायें तुम्हारा अभिवादन करती हैं। सेना के बल पर तुम राज करते हो।"

"धरती का स्वामी राजा ही है, यती।" राजशेखर ने तनिक तीव्र स्वर में कहा- "संन्यासी आकाश का हंस है और नृपति, नरेश राजा समष्टि का संयोजक, समाज का त्राता राष्ट्र का शासक तथा न्याय का दण्डपति है। राजा कौल नहीं है- वह प्रजा का पिता, पालक, त्राता तथा रक्षक है। अब जाओ, जी।"

24

"जगद्गुरु शंकराचार्य की जय!" के घोषों उद्घोषों से दक्षिण के गगन के गगन गहगहा उठे। कन्याकुमारी के पुनीत श्री चरण पखार कर स्वयं को मानो पवित्र करने वाला भारत समुद्र अपनी उत्तुंग तुंग तरंगों में मानो ताण्डव ही करने लगा और श्री रामेश्वरम् के मन्दिर के गुम्बद वेदान्त के महावाक्यों से भर कर मञ्जु घोष की प्रतिध्वनियां हों, पुनः कन्याकुमारी के समुद्र तट की आराधना ही करने लगे। 'अहम् ब्रह्मास्मि!' वेदान्त महावाक्य आचार्य श्री शंकर के व्याख्यानों में बहु चर्चित एक और अन्तिम मानव व्यक्तित्व के चरम् परम् विकास का प्रतीक वाक्य हो गया। रुदन और हास्य में लोग कह उठते, यह देह नाशवान है; जगत् मिथ्या है- जीव? यह जीव मैं? आत्मा-चिदानन्द आत्मा! अहम् ब्रह्मास्मि! लोग परिहास में भी परस्पर कह उठतेः क्यों डरता है? तू थोड़ा मरेगा! मरेगा तो तेरा शरीर मरेगा। यह जगत् लुप्त होता है, क्योंकि मिथ्या है; असत्य है- क्षणिक रूपवान् यथार्थ भर है। यह सृष्टि अन्तर्ध्यान होती है- शब्द सृष्टि भर जो ठहरी।' व्याकरण? यह सृष्टि नाम रूप् का व्याकरण मात्र है। भूत और तत्वों पर मूक होकर विचार करने वाले चिन्तक साश्चर्य जगत् के रूपों को देखने लगे। जगत् के तत्वों पदार्थों पर वह जैसे मन ही मन विचार करने लगे। तब क्या यह भूत, यह तत्व अन्ततोगत्वा शब्द ही है? तब यह माया-अन्त में शब्द में ध्वनित प्रतिध्वनित होती ही रहती है? और यह मैं शरीरी देहधारी, मैं? इस अनहद गुञ्जन में लीन भूतों और पदार्थों की संष्लिष्ट अभिव्यक्ति और अभिव्यञ्जनाओं में उभरता रहता हूं- मैं? निश्चय ही मैं ब्रह्म से अभिन्न ब्रह्मवत हूं अहम् ब्रह्मास्मि अन्यथा इस परम सुन्दर, परम रमणीय, परम पुनीत आश्चर्य स्वरूप् अनन्त कोटि रूपवान जगत् को

जानने की मेरी त्रिकालजयी आकांक्षा होती ही कैसे? निस्संदेह मैं जगत् और उसकी माया को जान सकता हूं; जगत् के रूपों की अञ्जलियां मैं अनवरत भर सकता हूं- अपनी विलक्षण ज्ञानेन्द्रियों से मैं अगाध, अनिवार्य, अमोघ रहस्य का अनुभव कर सकता हूं। निस्संदेह मैं जगत् के अन्तर्गत होते हुए भी जगत् से उपरत कालातीत अस्तित्व हूं- मैं सत् हूं; चित् हूं- आनन्द। आचार्य श्री शंकर कन्याकुमारी से पुनः और अन्तिम बार उत्तर की ओर चले। उनके पुनीत पद चिन्हों में रमी धूलि को कोटि भारतीय जनों ने अपने ललाटों पर लगाया और मन ही मन उच्छ्वास पूर्वक संकल्प किया। इस झबकीले-चमकीले अनात्मवाद के विरुद्ध मानवता की पुकार का समय आ गया है? शंकराचार्य का प्रत्येक पद-चिन्ह मानवता के चिर चैतन्य, चिरन्तन ज्ञान तथा नित्यानन्द की भूमा का मानो स्मरण-चिन्ह है, होता जा रहा है। आचार्य श्री शंकर तुंग भद्रा, कृष्णा और कावेरी के महान तटों से लगे पुरों की संक्रांत सीमाओं के सदैव जाग्रत वृक्षों की घटाओं की छाया में संघ सहित ठहर जाते और चुपचाप उपस्थित मानवों की आंखों में देखने लग जाते। कभी उपदेश देते तो कभी मौन लोगों के रंग बिरंगे मुख मण्डल ही देखते रहते। शंकर मानो स्वयं ही मन्त्र मुग्ध से हो गये थे। लोगों को देखते वह जैसे मन के अथाहों में उतर जाते, चित्त के व्याकुल व्योमों में डूब जाते। उनको लगता, यह शरीर, मानवों के, पशुओं और पक्षियों के, कीट पतगों के उद्भिज के, यह छितरे घने सघन घटाटोप-आकाश के अनाहत अवकाश में प्रतिलव कुनमुनाते, प्रति काष्टा छटपटाते, प्रतिपल हुमुसते तथा प्रतिक्षण भभकते हुए रूप-देह ही तो- होते उस चिदाकाश में ज्योति की वीचियां हैं, उल्लोलें हैं, जो सच्चिदानन्द के काल नयनों में प्रतिबिम्बित होती है। काल के नयनों में सच्चिदानन्द झांकता है और जगत् तथा जीव के अनन्त कोटि रूप-स्वरूप प्रतिबिम्बत हो जाते हैं- वह परम् ब्रह्म ही लीला विलास की अपनी उमंग में स्वयं ही उमसता है और जीवन के नूपुर बजने लग जाते हैं। भव-योनियों की दिव्य भव्य उत्तुंग तरंग महाकाल के चैतन्य अपरम्पार में उठने लगती है- आचार्य श्री शंकर मानो इस महाकाल के आमने-सामने होते जा रहे थे। शंकर मानो सभी योनियों के अगाध के भी अतल को भांपते-एक स्वांतः सुखाय जिजीविषा से पूर्ण चेतना के उभारों का घटाटोप-उमड़ी-घुमड़ी हुई व्याप्ति-आभामय कल्प और प्रलयों के गर्भों से भरा अर्णव महाशून्य, स्वयं ही आर्द्र, तरल घनीभूत अनन्त विष्णु कृष्ण के रम्य उल्लसित गेरुए ताम्रवर्णी तट के पुरों के मन्दिरों में जाकर आचार्य श्री शंकर वेदान्त के महावाक्य 'सर्वम् खल्

इदम् ब्रह्म' का ही अनेक देव मूर्तियों की सहृदय अर्चना द्वारा ही प्रतिपादन करते। मनीषी पूछते- "यह विरोधाभास, जगद्गुरो!" आचार्य शंकर कहते इस शरीर की मूर्ति देखते हैं न! मूर्ति! यही तो अज्ञान की रूपवान उपस है। इस अनन्त अथाह अवकाश, चिदाकाश के अनन्त अनन्त में स्वयं उपरत, स्वयं उदासीन मौन है- इच्छा रूप वह चिर चैतन्य मानो समाधिस्थ स्वरूप है। वह है- वही है; किन्तु वह शान्त स्वयं ज्ञानमय मौन अनन्त का निस्सीम शान्ति रूप् है; वह शान्ति है जगत् की, जीव की। भव-योनियों की अमोघ शान्ति है। वह काल की शान्ति है; देश की शान्ति है। वह स्वयं प्रसन्न और स्वयं मगन मौन सच्चिदानन्दमय शान्ति है। विकल और क्रान्त पंचभूत अपनी तन्मात्रा में मिलकर पदार्थों का आकार लेकर इसी शान्ति के निरीह में लीन हो जाते हैं- जीव की व्याकुल चेतनायें मानो थके और विश्राम कातर काल की गोद में सो जाती हैं। काल स्वयं महासर्प, शेष के स्वरूप में अपने शत-सहस्र, सहस्र शतकोटि फणों पर उस क्षीर सागर में सहस्र कोटि आंखों से अपलक देखता रहता है- शेष नाग काल के अगाध मौन में डूबे हुए अनन्त कोटि जीवों को देखता तथा सर्गारंभ तक मानो उनकी सुषुप्तियों की रक्षा करता रहता है- काल के इस अर्णव के क्षीर सागर में निर्गुण निरञ्जन सगुण-सह अञ्जन होता है- लीला!"

"लीला!" कृष्णा तट के पण्डित मानो स्वयं ही कहते- "बिम्ब प्रतिबिम्ब दीखता है- किन्तु बिम्ब ही है। ब्रह्म! सुवर्ण के आभूषणों में सुवर्ण ही तो है- घटों में मिट्टी ही तो है। जीवों में ब्रह्म ही तो है- परमात्मा! जगत् में छिपे किन्तु रमें और यों माया में प्रविष्ट ब्रह्म को मैं देहधारी रूपों में ही निहारता हूं- देखना चाहता हूं। अनादि अनन्त जीवनेच्छा, सुखमयी, चिन्मयी चिद्घन सी आत्म ज्योति- यह गहन गहनातिगहन चिद्घन जीवन चेतना ही सगुण ब्रह्मत्व है- यह ब्रह्म शक्ति ब्रह्माणी की ऐश्वर्य ऐषणा का स्वयंभू उद्रेक है। यही निर्गुण का सगुण दीखता है- भासता है, प्रतिभासित-प्रतिबिम्बित होता है। कृष्णा तट के मन्दिरों के घण्ट आचार्य शंकर की प्रार्थनाओं के स्वरों से मानो प्रकम्पित होकर स्वयं ही घनघना उठे। कावेरी के तटों को मानो यात्रिकों ने आचार्य के उपदेशों की किम्वदंतियों को कह कर मुखरित कर दिया। दक्षिण की इन महानदियों की भेखड़ों में होते हुए आचार्य शंकर त्रिवांकुर मण्डल में कालटी की सीमा में बल खाती हुई अलवई की उपत्यकाओं के पास आ पहुंचे। संघ के शत सहस्र कण्ठों से स्वतः ही जय ध्वनि निकली। 'माता विशिष्ठा की जय!' माता विशिष्ठा की

जय ध्वनि गहगही; अलवई की सुप्त लहरों को जगा गई; सुदूर किन्तु निकट प्रतीत होते हुए चन्द्रमौलीश्वर के मन्दिर के प्रकोष्ठों को प्रतिध्वनियों से भर गई। वृष पर्वत की घनी किन्तु छितरी उपत्यकाओं में निश्चिन्त ध्यानस्थ देवियों को चमका कर माता विशिष्ठा की जय ध्वनि अन्तरिक्ष में उभर कर प्रसरी और द्युलोक की ओर लीन होने लगी। आचार्य शंकर खड़े रह गये- "नहीं, राजशेखर! हम गांव में नहीं जायेंगे। यहीं से भगवती विशिष्ठा की पुण्य स्मृति को प्रणाम कर हम आगे चल देंगे। अलवई को नमस्कार! हे धात्रि सरिते! तुझे नमन्! वन्दन! यह शरीर तुझमें नहा कर पवित्र बना रहा है। वृष पर्वत! तेरी गन्ध पूर्ण उपत्यकाओं के वसन्त मलयज ने इस चित्त को कामगन्धहीन रक्खा है- इसी भूमि में उद्भवित यह शरीर संन्यासी का वीतराग देह बन सका है, भगवती मां प्रणाम!"

महाराज राजशेखर ने प्रणाम कर कहा- "समाधि तक पधारें, प्रभो!"

आचार्य्य श्री शंकर ने तनिक सिर धुनाया; कहा- "भगवती माँ की स्मृति श्रुति होकर मेरे अन्तःकरण में ध्यानस्थ हैं- वह देह और यह देह? यह देह जीवित होते हुए भी जैसे अजीवित है और वह देह अग्नि में जल कर महाभूतों में विलय हो गया है। समाधि तक चलूं? किन्तु वह समाधि घिरी हुई है, राजशेखर! जाति का तिरस्कार और शास्त्र कथन का भंग भुजंग बन कर वहाँ घूम रहे हैं-वह समाधि केवल मिट्टी रह गई है-इस देह की जननी को यहाँ, चित्त में शान्ति की घनीभूत रश्मि की भाँति सँजो लिया है-माँ मुझमें लीन हो गयी है और मैं? परात्पर परमेश्वरी पूर्ण वत्सला कल्याणी के श्री चरणों में बेसुध पड़ा हुआ हूं-मैं क्या जी रहा हूं? नहीं, राजशेखर! मैं श्रीमती माँ के श्री चरणारविन्द थामे काल में आत्मविस्तृत सा पड़ा हुआ हूं-यह ममता छूटती नहीं, चाहे मन मुनि हो जाय; चित्त संन्यासी हो जाय- माँ छूटती नहीं, राजशेखर! मैं जैसे माँ की समाधि से दूर, बहुत दूर चला गया हूं। यह देह त्याग कर मैं भी उस दिव्य शाश्वत पूर्ण वात्सल्य में खो जाऊँगा- खो जाना चाहता हूं। इस पृथिवी पर बहुत रह लिया-जी लिया।"

राजशेखर मन ही मन सिहरे; बोले- "प्रभो! नहीं यह ऐसा नहीं। अभी तो आपका जगत कल्याण तप आरम्भ ही हुआ है। अवश्य वेदान्त स्पष्ट हो गया है; वेद प्रतिष्ठित हो रहे हैं और वर्णाश्रम धर्म पुनः घरों तथा भवनों एवं सदनों में प्रविष्ट होने लगा है। किन्तु अभी यह वेदान्त का ब्रह्म मुहूर्त है।"

"भारतवासियों को वर्णाश्रम धर्म अंगीकार करना ही होगा।" आचार्य्य श्री शंकर ने अलवई की कुछ दूर पीन, पतली और कुछ चौड़ी धारा को देखते हुए कहा- "अलवई की वह धारा, राजशेखर! भारत भूमि के प्राणों की धारा! उसी के तट से मैं सदा के लिये माँ से- घर से, विदा हुआ था हाँ, राजशेखर! संन्यासी को पहिले घर से, माँ बाप से, सगे-सम्बन्धियों से, घर बाहर से, जाति-कुल-वंश सभी से विदा लेनी ही होगी और अन्त में देह से नमस्ते करना ही होगा।"

"देह से नमस्ते?" राजशेखर ने पूछा।

"और देह त्यागना क्या है?" आचार्य्य श्री शंकर बोले- "शान्ति पूर्वक देह त्यागना ही आत्मानुभूति का प्रथम सोपान है। जो जीव देह को नमस्कार कर शान्तिपूर्वक त्याग सकता है, उसका यम क्या बिगाड़ सकता है? शोक सिन्धु सूख जाते हैं उस जीव की आग्नेय दृष्टि से और रोग? बह जाते हैं उसके शान्त प्रफुल्ल प्राणों में-संन्यासी ही देह को नमस्कार कर त्याग सकता है। अवश्य, योगी भी-मैं समाधिस्थ ही देह को त्याग दूंगा। अवश्य, मैं जैसे क्षितिज के पार से आती हुई पुकार सुन रहा हूं। इस पृथिवी पर मेरा कार्य्य समाप्त प्रायः है, राजशेखर!"

"नहीं, प्रभो!" राजशेखर ने आर्द्र कण्ठ से कहा- "अभी तो शंकर वेदान्त का प्रभात हुआ ही है-

"वेदान्त किसी एक ऋषि या संन्यासी का नहीं है।" आचार्य्य श्री शंकर ने कहा- "वेदान्त तो परम् शिव का ज्ञानोपदेश है। योगियों की तपस्या का अमृत है ऋषियों के ध्यानस्थ नयनों का सत्य दर्शन है, राजशेखर!"

राजशेखर ने ऊर्ध्व श्वांस भर कर कहा- "सत्य है, सत्युत् है, किन्तु श्रीमद्! अभी आप श्री की इस धरा पर अनिवार्य आवश्यकता है। वेदान्त वेद की भांति ही अनादि हैं; सनातन और अपौरुषेय हैं किन्तु वेदान्त स्वरूप को सुलभ तथा सहज करने वाले आचार्यों ने वेदान्त सूत्र और उनकी धीमती व्याख्यायें की हैं-परमात्मा स्वयं को कभी-कभी प्रगट करता है, किन्तु कल्प और प्रलय में वह गुह्य ही रहता है, प्रभो! भूतों के अन्तरात्मा में गुह्य उस परमात्मा को इंगित करने तथा व्यक्त, प्रगट करने के लिये ही दर्शन है-स्मृति जगत् का मार्ग है; श्रुति आत्मा की, ज्योतिर्मय पगडण्डी है-उपनिषद् सच्चिदानन्द् का सच्चिदानन्द समीप-पास उपस्थित होना है- यही, यही प्रभो! वेदान्त.."

"वेदान्त अद्वैत है; अभय है-आत्मा परमात्मा का अभिन्न तादात्म्य है- सत् चित् आवन्दवत् वह न एक है, और न अनेक है।" आचार्य श्री शंकर ने सस्मित कहा- "वह न निर्गुण है और न सगुण है- वह है, वही है- सत्! और यही सत् और यही सत् अनन्त ज्ञान है; यही प्रज्ञान ब्रह्म है, यही सर्वम् खलु इदम् ब्रह्म है-चाहे उसको क्षणिक व्यावहारिक सत्ता मानो, स्वप्नमय प्रतिभास मानो अथवा भासहीन घोर गहन मौन मानो-वही है। कालाधीन वह प्रतिबिम्ब है, प्रतिभास है-अस्ति है। किन्तु कालातीत वह प्रज्ञा है; मेधा है ऋतम्भरा है। वह वेद और वेदान्त है।"

"किन्तु यह पण्डित! जैसे द्वैत और त्रैत के बिना साँस नहीं ले सकते।" राजशेखर ने कहा- "अभी इन पण्डितों, शास्त्रज्ञों ने हार नहीं मानी है, प्रभो!"

"हार कोई यों सहज ही मानता है?"आचार्य्य श्री शंकर ने हँस कर कहा- "अधीर न हों, राजन्! वेद, वेदान्त और वैदिक वर्णाश्रम धर्म न कभी जीता है और न कभी हारा है। हारता जीतता तो शास्त्र है। दर्शन स्वयं ही समदर्शी है- जहाँ भेद है, वहीं गिनती है। जहाँ भीति है, वहीं शोक है; रोग है। हम जान गये हैं कि वेदान्त का अरुणोदय प्रभातकालीन दिवाकर हो चुका है और मैं अब सभी सहज कामनाओं से रीत गया हूं-यह जगद् कल्याण करने की कामना सात्विक होते हुए भी कामना है। पृथिवी पर रामराज्य पुनः आविर्भूत हो, यह महत्ती पुनीत पाप नाशिनी कामना होते हुए भी महत्त्वाकांक्षा है- चाहे कुछ कहो, आकांक्षा, मनोरथ, कामना कुछ भी हो-बाँधती है, राजशेखर! सभी नाम खींचते हैं; सभी रूप जकड़ते हैं। यह जीव भाव है क्या? बंधना, बंधते रहना। बंधन को त्याग पुनः पुनः बँधते रहना क्योंकि यह ब्रह्म स्वयं नहीं बंधता, इसलिये प्रत्येक बन्धन टलता है; जीर्ण होता है- और अन्त में आत्म ज्योति में जल कर नष्ट हो जाता है। काल ज्ञानाग्नि से जल जाता है।"

"शेष, प्रभो!" राजशेखर ने पूछा।

"शेष वही अमृतमय दिव्य!" आचार्य्य श्री शंकर ने कहा- "मैं पूर्ण, परिपूर्ण परम सच्चिदानन्द-मैं!"

राजशेखर ने देखा। आचार्य्य का स्वर्ण-ताम्ररंगी मुख मण्डल सहसा भव्य आभा से जगमगाने लगा है। आस-पास के लोगों को लगा, आचार्य शंकर के अगाध विशाल सरोज नयनों में द्युतियों भरा सवेरा ही जैसे हो रहा है। आचार्य्य के नयन मानो अनादि के आदियों की ध्वनियों तथा अनन्त के अन्तों की

प्रतिध्वनियों में डूब कर मत्स्य बन गये हैं-और प्रलयों के छाये हुए काल नीर में शाश्वत जीवन भूमा का बोहित खींच रहे हैं- हिमालय के श्रृंग की ओर उठे वह कमलनयन मानो पुनः अपने कैलाश को खोजने लगे हैं। राजशेखर मन ही मन जैसे आशंका से भर उठे। तब क्या अल्पायु की वह बात सही होगी? निस्संदेह आचार्य्य शंकर के नयन काल के परे और पार देखने लगे हैं। अवश्य, यह भारत प्रदक्षिणा वह कर रहे हैं किन्तु जैसे सदैव के लिये अन्तिम बार ही भू प्रदक्षिणा है। यह पुण्यश्लोक दिव्य भव्य मंगल मूर्ति आचार्य्य शंकर का यह वेदान्त-सन्देश ब्रह्म मुहूर्त के विहंग की भाँती अभी तो चहचहा रहा है और क्या आपने राजहंस को त्याग कर ब्रह्मा पृथिवी से अन्तर्ध्यान हो जायेंगे। क्या यह सजीव आश्चर्य्य यह ज्योतिर्धर शिव इस भूतल पर अपने इस संक्षिप्त भव की विचित्र विलक्षण वार्ता छोड़ कर चला जायगा? नहीं नहीं, राजशेखर! नहीं। राजशेखर हड़बड़ा कर मन ही मन जाग उठे; बोले- "नहीं; आचार्य अजर हैं; अमर हैं।"

आचार्य श्री शंकर- "अजर परमात्मा हैं; अमर प्रभु हैं। शान्त राजशेखर! मैं सदैव के लिये-पृथिवी पर क्या भ्रमण करने के लिये इस भव में आया हूं? नहीं राजन्! मैं धरती के अंधेरों में डूबने के लिये नहीं जन्मा। माँ के उदर में भी मुझको जैसे ज्ञात था, मैं प्रकाश की आराधना के लिये ही जन्मा हूं। प्रकाश 'राजन्! ज्ञान-मानव-सभ्यता का दूसरा नाम ज्ञान सभ्यता है और मानव संस्कृति? सत्य ज्ञान के अनन्त चैतन्य से भरपूर शान्ति, मंगल तथा पुण्य की संस्कृति-अमृत की संस्कृति मानव का जीवन अमृतशील है, राजशेखर!"

"मानव का जीवन अमृतशील?" राजशेखर चिहुंके।

"हाँ, यही-यही तो।" आचार्य्य श्री शंकर ने अलवई की धारा को मानो नयनों में समाते हुए कहा- "मानव ही इस पृथिवी का भाग्य और भविष्य है, राजन्! मानव अपनी वैभवशालिनी रूपमती बुद्धि से यावत् जीवन का चाहे तो मंगल उद्भव कर सकता है। और चाहे तो रोग और शोक-दुःख तथा दारिद्रय भी उत्पन्न कर सकता है। मानव ही पृथिवी का केन्द्रस्थ जीव है। सुर, नर, नाग, किन्नर, गन्धर्व, राक्षस, असुर आदि दिव्य भोग योनियाँ तो अपने-अपने पुण्य और विद्याबल से प्राप्त क्षमता से भोग करने और करते रहने की योनियाँ हैं-इन योनियों में भोग ही भोग है-कर्म नहीं है-पुण्य ही पुण्य, इस पृथिवी पर अर्जित पुण्य का ही कोश है उनके पास! किन्तु कर्म केवल मनुष्य के पास है। चौरासी लक्ष योनियों का अनुभव कर मानव अपनी योनि में अहम्, चित्त, बुद्धि और मन-अन्तःकरण के साथ आविर्भूत होता है, जन्मता है। समस्त सृष्टि की

गतिविधि, जगत् के मोह-सम्मोह, अविद्या की घनीभूत छटा-माया से लीढ़ वह इस पृथिवी पर भोग भोगने के लिये कर्म करता है-किन्तु मानव कर्म उसकी सुखेच्छा से ही प्रचोदित है। मानव योनि काल की दृष्टि से पूर्ण समर्थ योनि है- मानव योनि का देश पृथिवी, अन्तरिक्ष और द्युलोक तक है, राजन्!"

"जी, प्रभो!" राजशेखर ने कहा!

"गृहस्थ बन कर मानव संयत और सम्यक् भोग भोगता तथा अपनी भव-योनि की जाति को धन्य करता है; पूर्णायु भोगता है तथा इन्द्रियों के सुखद भोग भोगता है। मानव ही सुख, श्री, सुकृति और मंगलमय जीवन के स्वप्न देखता है-देखा करता है। मानव योनि इच्छा स्वातन्त्र्य की दिव्य और भव्य योनि है, जो पुण्य का आविर्भाव तथा पाप का क्षय कर सकती है।"

"पुण्य का आविर्भाव-पाप, पाप का क्षय?" राजशेखर!

"मानव जीवन पुण्य के लिये है; पाप के लिये नहीं।" आचार्य्य श्री शंकर ने सोत्साह कहा- "जीवनेच्छा मूलतः सुखेच्छा है और सुखेच्छा स्वयं ही पुण्यमयी है- पुण्यभृत् है। मनुष्य पाप, मोह, लोभ, काम तथा क्रोध एवं मात्सर्य्य के अनुपयुक्त उपयोग द्वारा करता है।"

"जी, समझना चाहता हूं।" राजशेखर ने प्रणाम पूर्वक पूछा।

"काम, क्रोध, मद, मोह, लोभ तथा मात्सर्य्य-यह षड् विकार यदि मनुष्य अपने भोग के स्वार्थ के लिये ही जाग्रत करता है, तो सहज ही पाप का उद्भव होता है-पाप अर्थात् पीड़न, पर पीड़न, राजन्!" आचार्य्य श्री शंकर ने पुनः वृष पर्वत की प्रार्थनारत झुकी-झुमी वृक्ष घटाओं को निहारते हुए कहा- "किन्तु मनुष्य इन विकारों का उपयोग सद् लक्ष्य के लिये करता है, तो वह सन्तोष प्रसन्नता ही प्राप्त करता है और पाप नहीं। अशक्त के प्रति अन्याय तथा अत्याचार करने वाले के प्रति क्रोध करना लोक व्यवहार के न्याय के लिये आवश्यक है। पुण्यों को एकत्र करने के लिये लोभ हो तो अच्छा ही है। आत्म गौरव के लिये अहम् चाहिये यों घटाते चलिये। स्पष्ट हो जायगा कि मानव व्यवहार की परस्पर शान्ति, मंगल, न्याय तथा उत्कर्ष के लिये यह विकार आवश्यक है। वैदिक वर्णाश्रम धर्म सद् लक्ष्य क्रमित लोक व्यवहार के इन समर्थ विकारों के संचालन से सप्राण होता है। मानव बुद्धि और प्रतिभा में यह कूट-कूट कर क्षमता भरी है कि वह अपना सुख मनाते हुए दूसरों को सुख दे; अपना दुःख काटते हुए दूसरों का दुख भी काटे। मानव जीवन के मंगल, शान्ति, अभ्युदय,

सुख तथा पुण्य के परस्पर श्रेय प्रेय के लिये ही इस पृथिवी पर है। इसीलिये मानव व्यष्टि है; समष्टि है- इसीलिये मानव का समाज है; राज्य है-राष्ट्र है; भूमि और आकाश है।"

राजशेखर को लगा, आचार्य आज जैसे अपना अन्तिम सा लोक धर्म का उपदेश कर रहे हैं; कहा- "किन्तु यह जगत् ही स्वयं भोग स्वरूप है। यह सृष्टि भोगवती है-भाग्यवती भी।"

"यह जगत् क्षणिक रूपयसि झबक है; झांई है और यह सृष्टि अपनी भव-योनियों के साथ एक स्वप्नशील स्मृति मात्र है।" आचार्य्य श्री शंकर ने कहा- "मनुष्य की ही व्यष्टि तथा उसी की ही समष्टि है- समाज तो समष्टि की प्रकृति है- व्यष्टि ही अपनी पूर्ण अभिव्यक्ति में समष्टि बनता जाता है- व्यष्टि, व्यक्ति नहीं।"

"जी, नहीं समझा! प्रभो!" राजशेखर ने कहा।

"कवि हो न? नाटककार भी हो जो।" आचार्य्य श्री शंकर ने कहा- "आकाश क्या अनगिनत तारों का समूह है', राजशेखर?"

"जी नहीं!" राजशेखर ने उत्तर दिया- "सभी तारे मिल कर भी आकाश नहीं कहलाये जा सकते।"

"इसी भाँति व्यक्ति-व्यक्ति मिल कर समष्टि नहीं बन सकते और नहीं समष्ठि बना सकते हैं। व्यष्ठि का पूर्णोत्कर्ष और चरम् विकास की प्रगतिशील अभिव्यक्ति ही समष्ठि है-धर्म समष्ठि का है; लोक व्यवहार व्यष्ठि का है।" आचार्य्य श्रीमद् शंकराचार्य ने स्वच्छ नीलाभ में देखते हुए कहा- "व्यष्ठि और समष्ठि का आधार ज्ञान है-सत् है और यह संख्या का आधार अज्ञान है, भ्रम है-सम्भ्रम है। परस्पर व्यवहार के लिये समाज है; परस्पर के मानवीय और सांस्कृतिक सम्बन्धों के लिये राष्ट्र है-राष्ट्र का अर्थ ही घनी गत्यात्मक विकासोन्मुख मानव समूह की आत्म चैतन्य से पूर्ण इकाई है। राष्ट्र आत्मगौरव से प्रचोदित है, समाज श्रेय साधना के लिये स्वीकृत समुदाय है।"

"राजशेखर ने पूछा- "राज्य?"

"रामराज्य है।" आचार्य श्री शंकर ने पुनः पुनः कुछ दूर बहती हुई शान्त उदासीन सी अलवई को निहारते हुए कहा- "राज्य तो प्रजा की रक्षा, न्याय तथा धर्म धारण के लिये अनुशासन भर है। प्रजा वैदिक वर्णाश्रम धर्म धारण और पालन द्वारा निरन्तर लोक चेतना का स्वयंभृत विकास करती है- लोकमत ही

समाज का मत है; राष्ट्र का आधार तथा राज्य का स्तम्भ है। लोकमत प्राणियों के हृदय में गुह्य प्रभु का स्वर है, राजन्!"

"संख्या, प्रभो!" राजशेखर ने पुनः पूछा।

"संख्या इकाई नहीं है; अंश है; टुकड़ा है-अपूर्ण की सीमित अभिव्यक्ति है। तारे मिल कर जिस प्रकार आकाश नहीं कहलाते, उसी प्रकार संख्या का यूथ न समाज है और नहीं राष्ट्र है। व्यष्ठि सृष्ठि की अन्तर्निहित पूर्णता का परम् होता हुआ अभिव्यन्जन है और यही समष्ठि चेतना है। प्रत्येक भव योनि में जीव सृष्टि की समूची पूर्णता, प्रतिभा तथा चेतना लेकर ही देह धारण करता है। यह जगत् अपनी माया में पूर्ण है; सम्पूर्ण है। अपनी कालगति में यह सृष्टि जाति, आयु और भोग की दृष्टि से पूर्ण है। वैदिक वर्णाश्रम धर्म इसी ज्ञानाधार पर स्थित है-मानव जीव को भोगते हुए अन्त में वैराग्य पाना है; मानव जीव को सब कुछ सहते हुए भी अन्त में जगत् त्यागना है-भवबन्धन से मुक्त होना तथा अपना परम चरम सच्चिदानन्द ही अनुभव करना है-जीव को ब्रह्म में परिपूर्ण होकर ही लीन होना है। वैदिक वर्णाश्रम धर्म स्वार्थों के विनिमय, प्रेय की प्राप्ति और परस्पर वैभव के बंटवारे के लिये संगठन नहीं, राजन्! मानव जीव के वर्ण सृष्टि की गुह्य दिव्य मंगलोन्मुखी गतिविधि के प्रारब्धों के मूलाधार हैं- वैदिक वर्णाश्रम धर्म लोक व्यवहार तथा सामाजिक आदान-प्रदान के लिये परस्पर मान्य अनुशासन नहीं हैं- वैदिक वर्णाश्रम धर्म भव बन्धनों से मुक्त होने और अन्ततोगत्वा समूची कालगति से छूटने के लिये जीव का धर्म है-मृत्यु चाहते हो क्या?"

"जी नहीं, प्रभो!" राजशेखर ने हठात् कहा।

"तो क्या चाहते हो, कविवर?" आचार्य्य श्री शंकर ने सस्मित पूछा।

"यही प्रभो!" राजशेखर ने उच्छवास पूर्वक कहा- "राज करने तथा राज वैभव भोगने पर भी जैसे मैं सन्तुष्ट नहीं हूं; तृप्त नहीं हूं; निश्चिन्त नहीं हूं। काव्य लिखता हूं किन्तु बिन्दु-बिन्दु रसानुभव से और विकल हो उठता हूं। अपने आस-पास नृत्य करते हुए रहस्यमय रूपों से आकर्षित हो-हो कर मैं जैसे दग्ध हो उठता हूं। रस लोभी और सौन्दर्य्य कामी यह अन्तःकरण विलक्षण व्याकुलता से भरा हुआ है, प्रभो!"

आचार्य्य श्री शंकर ने शान्त स्वर में कहा- "कविरस निधि-रसेश परमात्मा में लीन हुए बिना पूर्ण रसानुभूति करेगा ही कैसे? सच्चिदानन्द का अमृतमय

अनुभव ही रसानुभव है। अपनी यह अघट घटना पटीयसी दिव्य लीला द्वारा ब्रह्म निरन्तर और निर्बाध अपने आनन्द का अनुभव करता रहता है। यही आत्मलाभ है; यही परमात्मा का साक्षात्कार है, राजन्! सुख आनन्द में लीन नहीं करता; वियोग के विषाद में ही डुबोता है। राजा हो, सुख सहज ही मिलेगा- किन्तु कभी सोचा; एक मानव का सुख और उसका उपभोग कितना क्षणिक और क्षुद्र है? राजन्! भोग अन्य को वञ्चित रखे बिना प्राप्त किया ही नहीं जाता। परस्पर श्रेय करते हुए जो सुख मिलता है, वह अक्षय नहीं है।"

"अक्षय?" राजशेखर चिहुंका।

"अभयपूर्ण-परिपूर्ण।"आचार्य श्री शंकर ने कहा- "नाशवान् इन्द्रियों का कर्म प्रणीत सुख भी तो नाशवान् ही है। सुख के बिला जाने पर क्या शेष रहता है, राजशेखर?"

"दुःख।" राजशेखर!

"विषाद, शून्य, राजन्!" शंकराचार्य ने कहा- "सुख की कामना से आकुल अपने गहन अन्तःकरण में देखो, राजशेखर! मानव अन्तरात्मा संयोग चाहता है, वियोग नहीं। मानव ही नहीं, जीव मात्र अपने चिरन्तन अस्तित्व का विश्वसनीय सुख-सन्तोष चाहता है। जीव की जीवनेच्छा का अर्थ और तात्पर्य निश्चिन्त, निर्विघ्न, सुखपूर्वक और सुख सन्तोषमय होना है, बने रहना है। किन्तु प्रत्येक भवयोनि कालयोनि है और प्रत्येक प्राणी क्षुद्र तथा क्षल्लुक सुख तो प्राप्त कर जैसे हठात् रह जाता है-जीव को चिरन्तन सुख और अक्षय विषयानन्द चाहिये। जब जीवन में ऐसा सुख नहीं मिल पाता, चाहे कोटि लक्ष जन्म लिये जायें-कल्प-कल्पों तक जिया जाय, तब जीव अपने विकल अन्तःकरण में विषाद से पूर्ण एकान्त पाता है, शून्य। विषाद अज्ञानजन्य है, आनन्द ज्ञान जन्य है। इसीलिये शाक्त मुनि तथागत बुद्ध ने आत्यंतिक दुःख निवृत्ति के लिये कहा है और जगत् तथा जीवन को दुःख रूप, दुःख जन्य माना है। वस्तुतः दुःख सुख का अभाव है। सुख ही है; दुःख है ही नहीं किन्तु कर्म के कारण हानि, लाभ, विघ्न, रोग और शोक उत्पन्न होते ही रहते हैं-मनुष्य इसको ही दुःख मानता है।"

"तब कर्म का परिणाम अक्षयसुख हो, यह कैसे सम्पन्न किया जाय, प्रभो!"- राजशेखर ने पूछा।

"प्राणियों की इच्छा सुखमयी है, सुखार्थ है; किन्तु प्राणी के भाग्य में सुख ही सुख है, ऐसा विधि-विधान दिखता नहीं।" आचार्य श्री शंकर ने कहा-

"मानव ही नहीं, प्राणिमात्र का कर्म सुखार्थ ही है; किन्तु प्रारब्धानुसार सुख दुःख मिलता है। मानव इच्छा स्वातन्त्र्य चेतना है; कर्म स्वाधीन जीव नहीं है। कर्म तो काल गति की व्यक्ति और कालधर्म की व्यञ्जना है। कर्म को हो देखना है; कर्म को ही समझना है-कर्मों के फल का विवेक ही मानव व्यष्टि और समष्टि को प्रदान करना है। मनुष्य कर्म सत्यसंध्य, मंगलजन्य तथा पुण्यभृत करे, सुख त्तथा सन्तोष का स्वतः उद्भव होता जायगा। परपीड़न, शोषण एवं बलात् छीना झपटी, अपमान तथा दुःख दाता कर्म से सहज ही दुख उत्पन्न होगा। सुख और दुःख तो कालगति का प्राकृत धर्म है, राजन! मीमांसा ने यज्ञ द्वारा मानव जीवन का लक्ष्य परम् सुख का उद्भव करने वाला कर्म विवेक तथा काण्ड स्थापित किया, तो व्यष्टि अपनी समष्टि में योग्यता, पात्रता तथा क्षमता पूर्वक अभिव्यक्त हो सका। किन्तु जब यज्ञ कर्म स्वार्थी हो गया, तो वह पापोद्भव करने लगा। व्यष्टि कर्म के आत्म चैतन्य से बुझती गई और समष्टि हिंसा और आतप से भर गई, शीज गई। कर्म वर्णशंकर होता गया। भ्रष्ट तथा हिंस्रक होता गया। ब्राह्मण ज्ञान त्याग कर विज्ञान की जड़ता में अटकता गया-हम जगत् को सत्य तथा सृष्टि को सनातन रूप से अजर मानने लगे। द्वैत त्रैत प्रकट हुआ और आत्म चैतन्य का अभय पूर्ण सच्चिदानन्द ब्रह्म बुद्धि से जैसे लुप्त होता गया-क्षण अनन्त माना जाने लगा, आकार ही को सत्य का स्वरूप समझा जाने लगा। हम जगत् में ब्रह्म सत्य खोजने लगे तथा जीवन में आत्मानन्द के लिये वार्ता करने लगे। अज्ञान दुःखदायी है; विज्ञान विषयानन्ददायी है- केवल ज्ञान ही सच्चिदानन्द का अनुभव करवाता है। अन्धकार में तारे चमकते हैं; नीहारिकाओं की द्युतियाँ लहरती हैं; किन्तु क्या अन्धकार चला जाता है? दीपक अज्ञान के स्वरूप रूप् दिखाता है- अंधेरा मिटाता नहीं। अज्ञान को देखना, समझना तथा अज्ञान का मन्थन करना ज्ञान प्राप्त करना नहीं है। बन्धन से छूटने की विद्या द्वारा ही आत्मविद्या, सद्विद्या द्वारा ही ज्ञान लाभ होगा।"

सहसा शंकराचार्य ने चारों ओर देखा तथा ऊर्ध्व श्वास भरते हुए कहा- "आज न जाने आपसे यह वार्ता क्यों करता रहा?"

"मुझ कुपुत्र पर आप श्री की दया हुई, प्रभो!" राजशेखर ने कहा।

"दया भगवती करती हैं- कृपा परमेश्वर ही करता है।" आचार्य शंकर ने कहा- "वह, स्त्री? इधर ही मानो दौड़ी आ रही है।"

तनिक दूर से त्रिपटिका चिल्लाई- "आ गई हूं, जगद्‌गुरु!" यमुना की श्याम-श्याम उत्तुंग तथा स्वयं कर्षित लहर की भांति वह आचार्य श्री शंकर के पास आकर गिर पड़ी- "आ गई हूं अब कीजिये तिरस्कार। कीजिये।"

"आप, भगवती!" आचार्य शंकर ने पूछा।

"मैं-मैं, आचार्य श्री!" त्रिपटिका बोली- "अनादि जीव, कल्पों में जन्मा तथा प्रलयों में सोया एक जीव, अजर-अमर जीव आचार्य शंकर!"

आचार्य श्री शंकर- "क्या चाहती हो, शुभे?"

त्रिपटिका को लगा, आचार्य शंकर के उदासीन से नयनों में दिव्य दीप्ति सी प्रकट हुई। मन ही मन तनिक सिहरते हुए वह बोली- "सत्य!"

आचार्य श्री शंकर ने शान्त गम्भीर स्वर में कहा- "सत्य तो तुम स्वयं हो; फिर तुम को यह क्यों लग रहा है कि तुमको सत्य चाहिये?"

"पता नहीं।" त्रिपटिका के पद्मरागमणि की कान्ति से बने नथुने तनिक फूले; स्फुरित विस्फुरित हुए- "पता नहीं! किन्तु मन की यह शंका बनी हुई है कि सत्य मेरे पास नहीं है। बुद्धि को सन्देह बना ही हुआ है, मैं अनादि शाश्वत अच्युत सत्य को नहीं जानती। समूचे संसार के रूपों को आंखों में भर लेने पर भी जैसे मैं अन्धी हूं- जीवन चेतना की यह प्रकम्पित दीप शिखा, जगद्‌गुरो!"

"वाणी कुशल हो, अवश्य।" आचार्य श्री शंकर ने कहा- "तुम हो तो सत्य ही है, तुम्हारे पास, शुभे! यह संक्रामक सन्देह क्यों बना हुआ है कि तुम सत्य से विलग हो; दूर हो-सत्य तुम्हारे पास नहीं है। तब क्या असत्य ही है तुम्हारे पास?"

त्रिपटिका चिहुंकी- "असत्य? मेरे पास? नहीं, आचार्य श्री, नहीं।"

आचार्य श्री शंकर ने कहा- "जब तुम्हारे पास सत्य ही है, तब सत्य प्राप्ति की यह आकुलता क्यों है? बोलो, सत्य है तुम्हारे पास? तुम्हारी विकल मूढ़ सम्मोहित बुद्धि क्या सत्य में विश्वास करती भी है? क्या तुम-ब्रह्म ही सत्य है और जगत् मिथ्या है यह मानती हो? क्या सत्य का आत्मविश्वास तुम हो?"

त्रिपटिका ने आसपास के चेहरों को देखा; औचक ही बोली- "तब सत्य क्या है, आचार्य?"

"ब्रह्म-सच्चिदानन्द ब्रह्म।" आचार्य श्री शंकर ने कहा- "शुभे! महाराज राजशेखर की राज्ञी के पास जाओ!"

"मैं आपके संघ के साथ ही हिमालय की ओर जाना चाहती हूं।" त्रिपटिका ने सिर धुनाते हुए कहा- "पहिले भी आपने मुझको दूर कर दिया था- ठुकरा दिया था, श्रीमद्!"

आचार्य श्री शंकर ने विहंसते हुए कहा- "हम सन्यासी हैं, नर-नारी का भेद नहीं करते और न ही अनुभव करते हैं। हमें ज्ञात होता है तुम नारी शरीर हो- किन्तु मानव-योनि ही नहीं, प्रत्येक भव योनि में नारी देह ही सम्पूर्ण शरीर है। इसीलिये शरीर की अधिष्ठात्री त्रिपुरसुन्दरी है- जाग्रति में पंचभौतिक देह की सभी शक्तियों का समन्वित संवित् स्वरूप 'नारी' ही है। स्वप्न में वह एक मोहिनी चेतना है और कारण सुषुप्ति में वह विस्मृति है- निद्रा, भगवती! मैंने तो तुमको अलग, भिन्न जाना ही नहीं। मनसा, वाचा कर्मणा मुझको इस जगत् में अलगाव अनुभव होता ही नहीं। सृष्टि के भेद न तो मुझे ज्ञात हैं- नहीं समझ में आते हैं। इस शरीर में और शव में मैं समदर्शी होकर ही बसा हूं- बस रहा हूं। मैं असंग हूं; अनासक्त हूं- निरञ्जन हूं, भगवति!"

त्रिपटिका चिल्लाई- "तुम छलिया हो, शंकर!"

"और तुम?" शंकराचार्य ने सस्मित पूछा।

"उमा हूं, पार्वती हूं शंकराचार्य!" त्रिपटिका बोली।

"मुग्ध हो गई हो, शुभे!" शंकराचार्य बोले- "जन्म-जन्मान्तरों तक तुमने भूतों और तत्वों की सावधान समीक्षा में जीवन बिताया है। हां, मैं जैसे तुम्हारी ब्रह्म वह्नि को अनादि के आदियों से देख रहा हूं। तुमको मैं अनादि के आदि अन्तों में निराश हो जाते हुए भी पाता हूं किसमें मुग्ध होती गई हो शुभे? जगत् में मुग्ध होकर घूमोगी, तो अज्ञान, माया के रमणीय आकर्षक एवं सम्मोहन में भरे शब्द और सत्य के विश्वास से हीन अर्थ मिलेंगे। तुमको शास्त्र मिलेंगे, स्मृतियां मिलेंगी। यदि सृष्टि की भव योनियों के नामों से मुग्ध रहोगी तो अनन्त कोटि जन्म-मरण ही मिलेंगे-पुण्य मिलेंगे, पाप प्राप्त होंगे-श्रेय और प्रेय श्री तथा सुकृति भी मिलेगी-संसार मिलेगा, शुभे!"

त्रिपटिका को लगा, शंकराचार्य के अगाध विशाल सरोज नयन सूर्यमण्डल के तेज से भी विलक्षण ज्योति हो गये; हठात् बोला- "तब?"

"महिषी! अपनी पारदर्शी बुद्धि को जगत् के रूपों की ज्वालाओं में ही भस्म कर दो और एक ज्योति में शान्ति पूर्वक ठहर जाओ। प्रज्ञावती हो जाओ, भगवति! तुमको अर्थ और समीक्षा, अनुवीक्षण और अनुशीलन नहीं, सत्य का

अमोघ अच्युत विश्वास चाहिये-आत्म-विश्वास! तुम स्वयं के चिरन्तन, अपार, अतल सच्चिदानन्दमय अस्तित्व में नहीं, इस क्षणिक जगत् में, क्षणिक भोगों की सृष्टि के संवेदनों, स्पर्शों और संवेगों में ही मानती हो-जगत् में नहीं, शुभे! अपने गहन अन्तःकरण में स्वयं के अजर अमर को खोजो। भय मात्र मिटा दो, शुभे!"

"आचार्य, मेरे सन्यासी!" त्रिपटिका भू लुण्ठित होते हुये साष्टांग प्रणिपात में बोली- "मैं-मैं आपको... आप ही मेरे लिये परम् सत्य हैं; सुख हैं- आत्म विश्वास है और भव जीवन की परम् परिणति हैं।"

आचार्य श्री शंकर ने तनिक उत्ताल हास्य हंसते हुए कहा- "हम हैं नहीं- हम हैं कहां, जो तुमको सहारा देंगे?"

"आप हैं-हैं, आचार्य! आप थे; थे-रहेंगे।" त्रिपटिका मस्तक शंकराचार्य के चरणों के पास रगड़ते हुए उच्छवसित स्वर में बोली- "आप मुझको दर्शन देना नहीं चाहते थे- मैंने स्वयं ही बलात् आपके दर्शन पा लिये। आप मुझे अपनाना नहीं चाहते थे-"

"संन्यासी स्वयं की देह को भी नहीं अपनाता, कल्याणी!"

आचार्य शंकर ने कहा- "संन्यासी जगत्, जीव और भव किसी को भी नहीं त्यागना और नहीं अपनाता है। शान्त हो जाओ, शुभे! अनादि काल से भूतों तथा तत्वों को देखने में व्यस्त और त्रस्त तुम अब स्वयं के सच्चिदानन्द को ही देखो। तुम अपने गहन हृदय में हो तुम अपने ही हृदय-दहर में सत् चित् आनन्द की चिद्घन भूमा सी हो। जगत् में तुम नहीं हो; भवों में तुम न थीं और नहीं हो-तुम अपने परमात्मा के सच्चिदानन्द में लीन हो, भगवति! शान्त हो जाओ -"

त्रिपटिका उठी; आँसुओं से भरे नयनों को अर्धोन्मीलित करते हुए बोली- "यह मेरा मन मूढ़ हो गया है-बुद्धि जल रही है-भयावह शून्य है, जगद्गुरो! शान्ति? कहाँ है? कैसे पाऊं?"

"सब त्याग दो! मन, बुद्धि, चित्त, अहम् सब त्याग दो। अपने अन्तःकरण के समूचे विज्ञान को त्याग दो। निर्विकार निरञ्जन शून्य हो जाओ-तुमको अपना शून्याधार मिलेगा, अवश्य।"

"मर जाऊँ? समाप्त हो जाऊँ? नष्ट हो जाऊँ?" त्रिपटिका ने जैसे चिल्ला कर कहा।

"जीव रूप समाप्त होना ही है, शुभे! देह मरता है, अनादि जीव भाव, सच्चिदानन्द शान्त परम् में समाप्त हो जाता है। कातर क्यों हो? अपने ही अन्तःकरण में खोजो! अपने प्रिय को देखो!"

"मेरा प्रिय? आप.." त्रिपटिका हठात् चुप हो गई।

"यह शरीरी नहीं, कल्याणी!" आचार्य्य श्री शंकर ने कहा- "परमात्मा, परम् परात्पर ब्रह्म-सत्य, शुभे! जीव का प्रिय परमात्मा ही है।"

"और परमात्मा को?" एक प्रतिघोष ने मानो पूछा। त्रिपटिका के सुस्थ नयन खुले, मिचे, बन्द हुए।

"परमात्मा को कुछ भी प्रिय नहीं है और नहीं कुछ भी अप्रिय ही है।" आचार्य श्री शंकर बोले- "प्रभु सब में हैं, सबके हैं केवल प्रेम के प्यासे हैं। परमात्मा क्या जीव में आसक्त है? हो सकता है? नहीं शुभे! यह आसक्ति जीव-जीव में होती है-संभव है। यह शरीरी इन्द्रियों का प्रिय हो सकता है। मन का आकर्षण, चित्त का मोह तथा स्पर्श का सुख हो सकता है-शरीरी का यह शरीर; किन्तु शरीरी अन्त में शरीर त्याग ही देता है-अनृत में सत्य का आभास भी नहीं होता-असद् हो ही नहीं सकता। केवल सत्य है, जिसका साक्षात्कार ज्ञान है, जिसका स्पर्श प्रेम है तथा जिसका स्वाद अमृत है-आनन्द!"

त्रिपटिका ने बार-बार सिर धुनाया-कहा- "आपके प्रति मैं राग में परम्+ हूं; द्वेष में चरम हूं। मैं, मैं यह कहने भी आई थी कि महाकौल तन्त्र सम्राट् अभिनवगुप्त आपसे मिलेंगे; वार्ता करेंगे और आप चाहेंगे तो शास्त्रार्थ भी करेंगे।"

"और आप दृष्टा होंगी, अध्यक्ष?"- आचार्य श्री शंकर ने सस्मित पूछा- "किन्तु यहाँ आने का यही उद्देश्य था आपका, शुभे?"

त्रिपटिका ने चुपचाप सिर धुनाया- "नहीं! नहीं! नहीं!" मानो गगन में शब्द ध्वनि स्वयं ही बोल उठी- "मेरा यहाँ आने का उद्देश्य आपका सानिध्य, साहचर्य्य प्राप्त करना था और यदि यह न प्राप्त हो तो उद्देश्य को मिटा देना था।"

आचार्य शंकर ने जलद गंभीर स्वर में कहा- "शुभे! अज्ञान के अनादि सघनतम में कब तक अपने प्रिय के भ्रम में पड़ी रहोगी? अपने ही प्रियतम प्रभु के परात्पर चरणों में जा बैठो। धरतीवत् हो जाओ और गगन के भुजपाश में बन्ध जाओ। यह रूप जलधि जगत् एक दिन उभर-उभर कर, उमड़-उमड़ कर बैठ जायगा, शान्त हो जायगा और अनादि जीव काल की उत्तुंग लहरों की

भाँति उस अर्णव में लीन हो जायेंगे-सो जायेंगे और जीवन की यह जीजिविषा मानो थक कर विश्राम करने लगेगी। सब कुछ, सब रूप, सब नाम, सभी कल्प और प्रलय-सब कुछ अपना आग्रह-दुराग्रह त्याग कर काल के अथाह शून्य में अदृश्य हो जायगा, शुभे! यह शरीर भी-मैं, शरीरी भी।"

त्रिपटिका ने उसाँस भरते हुए कहा- "नहीं, श्रद्धेय, नहीं। आप नहीं। आपको प्रलय छू नहीं सकते। मैं यह जानती हूं। यह लोग आपको शरीरी, देही मानते हैं, मैं नहीं। मैं आपको अपना अन्तरात्मा ही मानती हूं- हाँ! श्रद्धेय, आपको पूर्णरूपेण प्राप्त करूंगी तभी मुझे सत्य दीखेगा, समझ में आयगा। यह अनादि हृदय ग्रन्थि भेद दो, कल्याण शोभन! आपके अथाह दिव्य आभा से भरे नयनों के अतल में ही मुझे जैसे जगत् का, जीव का-भव-संसार का सत्य भासित होता है-"

"यह तुम्हारा अपार अपरम्पार सच्चिदानन्द घन है, कल्याणी!" आचार्य्य श्री शंकर ने कहा- "यह काल ही माया है; यह माया ही सृष्टि है-नश्वर, क्षण स्थायी, क्षण भंगुर, शुभे! जो है, वह क्षण स्थित रह कर बिला जाता है-अदृश्य हो जाता है। जगत् अदृश्य होता है और जीव महाकाल में अन्तर्ध्यान हो जाता है। नामों के मुह्यमान सम्बोधों की आसक्ति त्यागो; रूपों का मोह छोड़ो, निरन्कार, निर्विकार हो जाओ-"

"कैसे, प्रभो?" त्रिपटिका ने सिर धुनाया। उसकी शिथिल कवरी बरस कर खुल गई- "कैसे?"

"शिव को तन का, मन का, बुद्धि और चित्त का समर्पण कर दो।" शंकराचार्य्य ने कहा- "बुद्धि के संक्रामक प्रपंच से इस जगत् का अणु भी हाथ नहीं लगेगा। बुद्धि विचारों का चिन्मय व्यामोह है, भगवति! चित्त के रमणीय दलदल में स्थित, अन्तःकरण की वृत्तियों से काँपती हुई यह बुद्धि मनुष्य तो है; परन्तु मानवता नहीं है-मानवता मनुष्य का हृदय है-प्रभु से प्रेम है। परमात्मा का एकान्त विरही मानव ही संन्यासी है।"

"मेरे श्रद्धेय।" त्रिपटिका ने साष्टांग प्रणाम किया।

शंकराचार्य्य ने सस्मित कहा- "भारती और तुम। भारती तो ज्ञान की भूमा है और तुम मूल प्रकृति की गुणमयी चेतना हो शुभे! अन्तरात्मा की ज्योति होना होगा। देह के समान रम्य, रमणीय, आकर्षक तथा राग से भरपूर अन्य इस जगत् में कुछ भी नहीं है- यह देह ही जगत् का सम्पूर्ण विज्ञान तथा उस

विज्ञान की भव्य दिव्यता है; किन्तु आत्म चैतन्य नहीं। देह जगत् का यथार्थ ज्ञान और उसका संवेद है- संज्ञान है। देही जब तक देहस्थ रहेगा, तब तक जगत् में ही रहेगा-तब तक वह जाग्रति में जगत् भोगता रहेगा; स्वप्न में स्वप्न देखता हुआ, स्मृति में दग्ध होता ही रहेगा तथा सुषुप्ति के घोर में डूबा अपने परमात्मा से विलग ही रहेगा-तुम जीव ब्रह्म से अभिन्न हो। ब्रह्म और जीव का अभय अद्वैत है, कल्याणी! देह से नहीं, प्रभु से प्रेम करो- नश्वर देह का आकर्षण ही क्या? इस क्षण भंगुर जगत् का सत्य ही क्या? जो नहीं था; नहीं है और नहीं रहेगा, उस पर चिन्तन क्या? भ्रम भव का, प्रश्न जगत् का किन्तु विश्वास? विश्वास सत्य का-ज्ञान अनन्त का शुभे!"

त्रिपटिका जैसे सहसा बोली- "तब यह सब आप श्री के विरुद्ध, विपरीत क्यों हैं? प्रभो! अभिनव गुप्त ही नहीं, यह सब शास्त्री, कर्म काण्डी, शाक्त, बौद्ध, जैन-कौल, यह सब आपको देखना तक पसन्द नहीं करते। क्यों? अभिनव गुप्त, प्रभो!"

शंकराचार्य बोले- "हाँ, अभिनव गुप्त! मैं उनसे वार्ता करूंगा, शुभे! तुम अभिनव गुप्त के लिये यहाँ आई हो- परन्तु मूल प्रकृति स्वयं जड़ है-यह गुणाश्रित गुणमयी ब्रह्म की विभूति भूति शक्ति है; किन्तु चैतन्य तो मैं हूं-ब्रह्म। 'ज्ञ' जानता है मूल प्रकृति क्या है? ब्रह्म की चेतनामयी लीला का यह मूल प्रकृति दिव्यतम रहस्यमय, विचित्र विलक्षण व्यापार है-प्रपंच है। मैं सच्चिदानन्द विकारों के परे हूं; प्रपंच के पार तथा काल के सभी व्यापारों से उपरत हूं। मैं अजर हूं- अमर हूं-सच्चिदानन्द घन शाश्वत हूं-ब्रह्म चैतन्य।"

त्रिपटिका को लगा, वह शून्य हो गई। उसकी विकलता स्वयं ही रीत गई है। उसकी व्याकुलता उभर-उभर कर शान्त हो गई है। चिहुंकी- "जगद्गुरो!"

आचार्य श्री शंकर ने कहा- "शुभे! राजशेखर की राज्ञी के साथ रहो-हम अब शीघ्र ही हिमालय के अञ्चल में पहुंचना चाहते हैं। श्री रामेश्वर के सागर को आंखों में भर तथा कावेरी, तुंगभद्रा, कृष्णा महानदियों के तट की सीकर भरी वायु का सेवन कर यह देही पवित्र हो गया है। अब नर्मदा के भेखड़ों भरे किनारों पर हम चलना चाहते हैं-मैं भारत भूमि को आत्मसात् करना चाहता हूं। 'नर्मदे हर!' पुकार कर मैं विन्ध्य पर्वत को परात्पर परमेश्वरी का स्तवन सुनाना चाहता हूं। भगवत् गोविन्दपाद की गुफा में मूक खड़ा रह कर पुनः मैं आत्मा के चैतन्य की दीक्षा ही लेना चाहता हूं-प्रयाग, संगम, हरिद्वार-केदारनाथ। मैं भारत वर्ष के मन्दिरों के गुम्बदों में ओंकार स्वरूप गूंजना चाहता हूं- हां! इसीलिये पृथिवी तल

पर आया था, इसीलिये। अज्ञान के घन तिमिर में यह, यह ब्रह्म चैतन्य डूबा हुआ है। काल के शून्य के उदासीन मौन में वाणी और वाङ्मय-शास्त्र, स्मृति सब डूबा हुआ है। प्राणियों को जन्मते और मरते-मैं जैसे देख नहीं सकता। सच्चिदानन्द की चिन्मय यह लहरें माया के आवरणों से ढंके स्वयं ही सीद रहे हैं। अक्षय सुख की अमोघ चाह से भरे, यह जीव प्राणी, मैं जानता हूं, भव नहीं चाहते, जगत् नहीं चाहते- कल्प और प्रलय नहीं चाहते। राजशेखर! प्राणि मुक्ति चाहते हैं, मोक्ष चाहते हैं।"

"प्रभो!" त्रिपटिका चिल्लाई- "जीवन-मृत्यु से मुक्ति! हाँ।"

आचार्य्य श्री शंकर ने तनिक सिर धुनाया- "यह अज्ञान तो उस ज्ञानी का स्वयं ही स्वयं पर ओढ़न है। यह न था; नहीं है और नहीं रहेगा-अज्ञान है नहीं-मान्यता है। कैसे रहेगा? मैं कहता हूं, ज्ञान ही है; सत्य ही है, जो होता है, जो होना चाहता है, वह ब्रह्म की धारणा भर है। उस लीलामय चिद् विलासी का रहस्य कौन जानता है? जान सकता है? काल के असीम पट पर वह सुख-दुःख के रंग भरता रहता है- अपनी स्वप्न रंगभूमि पर जीवन के अनन्त नाट्य करता रहता है। शुभे! वह रागों में वैरागी और वैराग्य में रागी- इस भव-संसार में अपना हृदय ही खो बैठा है-खोज रहा है। उठो! चलो-"

शंखध्वनियां होने लगीं और ढोल नगाड़े बज उठे। सहस्त्रों हाथ गगन में उठे और अखूट पुष्पवर्षा होने लगी। आचार्य्य श्री शंकर ने हाथ उठाकर पुनः कहा- "शारदे! मैं आ रहा हूं।"

25

कन्याकुमारी से आरम्भ हिमालय की ओर आचार्य श्री शंकर के चरणचिह्न जनपदों की पगडण्डियों, सरिता-तटों और महानदियों के किनारों पर पड़ने लगे, चँपने लगे, छपने लगे। जनपदों की सीमाओं पर गांव के गाँव, पुर के पुर मानो उलट आने लगे मानो लोक मानस में विलक्षण उत्साह भर गया था। आबाल वृद्ध जगद्गुरु के दर्शनार्थ समुद्र की क्रान्त लहरों की भाँति उमड़ उठे। गगन, गगन के गगन होकर ध्वनित प्रतिध्वनित हो उठा और द्युलोक से समृद्ध आकाश हुमुस उठा-अन्तरिक्ष कोलाहलों से भर उठा। आचार्य्य श्रीमद् शंकराचार्य के विशाल संघ के आगे-आगे जनपदों के नरेश अपनी वाहिनियों के साथ चलते। आचार्य्य शंकर के अगले पड़ाव का समूचा प्रबन्ध सम्बन्धित जनपद नरेश और उनके राज्याधिकारी स्वयं ही करने लगे। कन्याकुमारी से महाराष्ट्र की सीमा के छोर तक महाराजा राजशेखर दक्षिण के आर्य्य नृपतियों के साथ आगे-आगे चलते रहे। आचार्य्य शंकर के संघ से कुछ दूर-दूर मेखलावत् आर्य्य नृपतियों की वाहिनियों के प्रखर गुल्म घेराव में चलते! आचार्य्य शंकर ने कहा, कई बार कहा; मेरी और संघ की सुरक्षा ईश्वर के हाथ है। निरीह का आधार क्या? निवैर्य्य का वैर क्या? काम गन्ध हीन का काम ही क्या? ज्ञानी का अज्ञान ही क्या?" किन्तु महाराज राजशेखर ने एक नहीं सुनी। आर्य्य सैनिकों के सधे हुए पाँव आचार्य्य श्रीमद् शंकराचार्य के चरण चिह्नों से कुछ दूर मार्गों पर पड़ते रहे। लोग हुमुसित, तनिक चकित; तनिक स्तम्भित से आचार्य शंकर के दर्शन करते-नमस्कार करते, प्रणाम करते; वन्दन करते, प्रणिपात करते। गाँवों और पुरों के वाद्य मानो स्वयं ही गहगहा उठते। तुमुल ध्वनियों के प्रकम्पित संकुल गगन के गगन कँपाते- "आचार्य्य शंकर की जय!"

"जय!" आचार्य्य श्री शंकर लोगों का अभिवादन स्वीकार कर अभयवर मुद्रा में अपना हस्त लाघव गगन में उठा कर कहते- "देह की जड़ीभूत आसक्तियों से ऊपर उठो, लोगों! विश्वास करो, तुम देही हो; देह नहीं हो। तुम जगत् में जी रहे हो- किन्तु तुम जगत् नहीं हो। अज्ञान के अन्धकार में डूबे हुए भी तुम जीवात्मा हो-आत्मा के सच्चिदानन्द की शान्त, धीमान्, ज्ञानोल्लसित ज्योति हो। आत्म चैतन्य, लोगों! आत्मा के विपरीत एक भी शब्द मत सुनो। आत्म चैतन्य के विपरीत मत चलो। विज्ञान जगत् का ज्ञान है; देह का संज्ञान है किन्तु इन्द्रियज ज्ञान-ज्ञानी आत्मा का ही अनुभव है। यह नश्वर मायामय जगत् सच्चिदानन्द परम् ब्रह्म परमात्मा में ही जगमग है; जलहलित है- प्रतिबिम्बित है-यावत् जीवन आत्मचैतन्य की चिति चेतना है। वह दर्शन व्यर्थ है, जो अनात्मा की वार्ता कहता है वह शास्त्र अनुपयोगी है, जो विज्ञान के सार्थक अनुभव द्वारा ज्ञान की ओर नहीं ले जाता। बन्धन में कुशलता पूर्वक बाँधती रहने वाली स्मृति भी मानव जीवन के लिये काम की नहीं है-बँधो; किन्तु मुक्त होने के लिये बँधो। बन्धन मात्र आत्मा के लिये मोह है; राग है; द्वेष है। बन्धन ही जन्म है; मृत्यु है। जगत् में डूबो मत; जगत् को तरो। भव योनि के भोगों में खजो मत; भोगों को पचा कर वैराग्य का संग्रह करो। लोगों! आत्म चैतन्य की ओर लोटो। मैं हाथ उठा कर कहता हूं- यह जीवन अन्ततोगत्वा प्रभु के चरण पखारने के लिये है। धर्म? धर्म मनुष्य को अन्त में मोक्षमार्गी बनाता है। भिक्षुक नहीं, साधु बनो! ब्रह्मचारी बनो; गृहस्थ होकर मन के मोह को जीतो; चित्त के राग को रीता करो। वानप्रस्थ होकर प्राणिमात्र के मंगल के लिये, श्रेय के लिये, तपो और अन्त में कालातीत होने के लिये सभी बन्धन काट दो-संन्यासी। वैदिक वर्णाश्रम धर्म मनुष्य को भीखमंगा नहीं करता; आलसी और प्रमादी भी नहीं बनाता। वैदिक वर्णाश्रम धर्म मनुष्य को विद्यावान्, लक्ष्मीवान्, तपस्वी और संन्यासी बनाकर परमात्मा की ओर ही प्रेरित करता है-जीव को परमात्मा की ओर ढकेलता है। लोगों! सच्चिदानन्द परमात्मा की ओर लोटो, जगत् की भूति विभूति को वक्षस्थल से चिपकाये जन्मते-मरते रहोगे तो यह क्षणिक सुख और दुःख मिलता ही रहेगा- मैं इस पृथिवी पर काल के अविराम तम मूढ़ प्रवाह में बहता रहने के लिये नहीं, जगत् की माया की अञ्जुलि सत्य और अनन्त ज्ञान मय ब्रह्म के चरणों में रखने के लिये आया हूं। मैं, मानव, आत्म दर्शन तथा ब्रह्म साक्षात्कार के लिये ही अवतरित हुआ हूं। देह त्याग कर मैं उत्तरायण मार्ग द्वारा ब्रह्मलोक जाऊंगा और ब्रह्मलोक में सदैव के लिये प्रभु के ध्यान

में समाधिस्थ हो जाऊँगा। मैं ब्रह्म में अपने अनादि जीव भाव का विसर्जन कर दूंगा।"

महाराष्ट्र की कनोड़ी सीमा में प्रवेश करते ही आचार्य्य श्री शंकर मानो स्वयं मग्न हो गये। स्थिर और स्थितप्रज्ञ आचार्य्य शंकर लोगों का मौन ही अभिवादन स्वीकार करते और चलते ही रहते। मुम्बादेवी के मन्दिर के विशाल प्रांगण में आचार्य्य शंकर ने आगत विद्वानों और जिज्ञासुओं की विशाल मेदिनी को देखा, निहारा और प्रणामबद्ध तनिक मस्तक नवाँ कर शान्त खड़े रहे। शान्ति, चुपचापी, चारों ओर जैसे निस्सीम अनन्त अपने गहन मौन में छा गया। आचार्य्य श्री शंकर के विशाल सरोज नयन लोगों से मानो भर उठे। मुम्बादेवी के पुजारी श्री ने प्रणाम पूर्वक प्रार्थना की- "लोग आपकी अमृत वाणी सुनना चाहते हैं, श्रीमद्!" आचार्य श्री शंकर हँसे; विहंसे और सस्मित बोले- "चैतन्य! चारों ओर सर्वत्र वही चित्ति, चैतन्य! देहों की इन रूपवान आकृतियों के अन्तरतम में वही चैतन्य रम रहा है-राम, पुजारी जी! वही परात्पर परमेश्वरी ज्ञानियों को चेतित कर भव सागर में धकेल रही है-बलात् मोह के वशीभूत यह जीव उस अनन्त कोटि अखिल निखिल ब्रह्माण्डनायिका की दया प्राप्त कर रहे हैं। उसके दान दक्ष कटाक्षों से प्राणि मात्र धन्य हो रहा है। उसकी कृपा से ही प्राणि इस अपार भव सागर को तर रहा है। लोगों! यह जीवन डूब मरने के लिये नहीं है। यह मानव जीवन भव सागर तरने के लिये है। परमेश्वर ने यह जगत् प्राणियों के उद्धार के लिये ही बनाया है। अनादि और संक्रामक कालबन्धन से छूटने के लिये ही यह मानव योनि है। जब तक सच्चिदानन्द आत्मा पर काल छाया रहता है। अज्ञान का आच्छादन बना ही रहता है-माया प्रबल रहती है, माया का यह प्राबल्य उसी की कृपा से शमता है- दुर्बल होता है। माया मोह के शमन के लिये ही यह वर्णाश्रम वैदिक धर्म है। याज्ञिक कर्मकाण्ड माया में डूबने के लिये नहीं, भव-संसार में फंसे रहने के लिये नहीं है, अन्ततोगत्वा काल को तर जाने के लिये है। सुख? क्या यह जगत् अपने सम्पूर्ण वैभवों द्वारा आत्मा को सदैव के लिये तुष्ट कर सकता है? नहीं, जगत् में आत्मा को तुष्ट करने की शक्ति नहीं है-जगत् जीव को रिझा सकता है। तो भव योनियों में जन्मते रहो और रीझते रहो। सोचो, क्या चाहते हो? सुख दुःखमय यह भव-संसार चाहते हो, उसका क्षणिक सुख चाहते हो-स्वर्ग का तथाकथित परम् सुख चाहते हो अथवा अपना परम् परिपूर्ण सच्चिदानन्द परमात्मा चाहते हो? क्या?"

एक साधु ने कहा- "भगवान्।"

आचार्य्य श्री शंकर ने कहा- "आपके हृदय-दहर में है; जगत में नहीं है। भगवान् चाहते हो तो भक्त बनो, महोदय! जीव जब तक जगत् में भगवान् खोजता रहेगा, जन्मता मरता रहेगा। भगवान् के हाथों में यह जगत् है; प्रभु के करुणा भरे नयनों में प्राणी मात्र है और प्राणियों के हृदय में वह स्वयं गुह्य है। भगवान् ही चाहते हो, तो जगत् के रूपों का मोह त्यागो, भव-भव के राग छोड़ो; द्वेष छोड़ो। प्रभु चाहते हो तो जगत् स्वरूप उसकी पूजा करो-जीव रूप उसका वन्दन करो। यह नहीं भूलो कि जगत् उसी के अमोघ दिव्य शिव संकल्प का परिणाम है- प्रत्येक क्षण यह पूर्ण जगत् प्रभु की लीलावत् भासित, उद्भासित प्रतिभासित हो रहा है। प्रतिक्षण यह भव योनियाँ जीवन के कमल दल की भाँति विकचित हो रही हैं। यह विज्ञानमय जगत् तथा चिद्घन चिन्मय भव-संसार प्रभु का सतत् अविराम अनिवार्य्य चिद् विलास है-शिवा का लास नृत्य है; शिव का ताण्डव है। वेदान्त जीवात्म भाव के शमन का दर्शन है। जीव और ब्रह्म के अभिन्न तादात्म्य को समझाता है; स्पष्ट करता है तथा सच्चिदानन्द के प्रत्यक्ष के लिये आत्म-चैतन्य को घनीभूत करता है। आत्म साक्षात्कार केवल चिन्तन से नहीं, धर्म धारण से ही होता है। मनुष्य को अपनी मानव योनि में सभी योनियों का जीवन चित्त वृत्तियों द्वारा जीना पड़ता है-जगत् को पचाना पड़ता है। मानव इस धरती पर धर्म का जीवन जीकर सृष्टि के रागद्वेष से मुक्त होने के लिये ही अवतरित हुआ है। यह मृत्यु लोक मानव के पुरुषार्थ का लोक है। यहाँ मानव को भोग करते हुए मोक्ष पाना है। मैं प्रतिज्ञा पूर्वक कहता हूं; मोक्ष अनिवार्य्य है; भव अनिवार्य्य नहीं है। चिरन्तन अनन्त अभय और अद्वैतपूर्ण सच्चिदानन्द अनुभूति आनन्द निमग्नता ही मोक्षावस्था है। आकाश के यह मेघ क्या नित्य हैं? यह निरन्तर और सनातन तो हैं किन्तु नित्य नहीं हैं। यह समस्त समूचा जगत् प्रभु की दृष्टि का दिव्य वैभव है और यह जीवन उसकी ऐश्वर्य चेतना है; सौन्दर्य्यपूर्ण प्रीतिकामना है-उसीका स्वयं लीन आह्लाद है। अतः अनात्मा को समझो; आत्मा को जानो। वेदान्त सच्चिदानन्द आत्मा बताता है; परम् ब्रह्म परमेश्वर ही समझता है। वेदान्त मृत्यु का नहीं अमृत का ही स्पर्श करवाता है तथा मृत्युंजयी चिर सच्चिदानन्द चैतन्य का ही अन्त में साक्षात् करवाता है। इसलिये अनित्य को त्यागते चलो और नित्य का अनुभव करते चलो। क्षणों! क्षणों से टूटो मत; अनन्त में अपने को खोते चलो।"

एक पण्डित ने पूछा- "ज्ञान के लिये कर्म अनिवार्य्य है क्या?"

आचार्य्य श्री शंकर ने कहा- “कर्म पुरुषार्थ मानव योनि के भवों के लिये अनिवार्य्य है। मानव योनि का अर्थ ही कर्म योनि है। ब्रह्म की इस परात्पर दिव्य दिव्यतम लीला के लिये मानव ही केन्द्रीय भव योनि है। कर्म मानव के लिये है और मानव कर्म कर के ही काल से मुक्त और मृत्यु से विहीन सच्चिदानन्द धाम प्राप्त कर सकता है।”

“तब मीमांसा यज्ञ और कर्म का आपका खण्डन?” एक मीमांसा तीर्थ बोले- “कर्म मात्र सुख प्राप्ति के लिये है-भोग, आचार्य श्री!”

“जन्म मरण, पुनर्जन्म-पुनः पुनः भव, यह कालक्रम अज्ञान के उपचार के लिये हैं, अज्ञान को मिटा कर ज्ञान का प्रकाश पाने के लिये हैं। जीवन अन्धकार के लिये नहीं, प्रकाश के लिये है।” आचार्य्य श्रीमद् शंकर ने शान्त गम्भीर स्वर में कहा- “अन्धकार से भागते क्यों हो? अज्ञान से बिदकते क्यों हो? असत्य से झुंझलाते क्यों हो? सत्य को जानने की यह संक्रामक धुन क्यों है? क्यों प्रश्न करते हो जगत् को लेकर और क्यों उत्तर चाहते हो? जगत ही सत्य है तो फिर जगत् ही को लेकर यह अनादि प्रश्नोत्तर क्यों हैं? तो यह शास्त्र क्यों हैं? क्यों विद्यायें हैं? हानि-लाभ का यह जगत और उसका यथार्थ ज्ञान ही आत्मज्ञान है, तो रूपों के ज्ञान से पूर्ण शान्ति क्यों नहीं होती? सत्य का ज्ञान शान्ति है देता है, आत्मा का अभय देता है, कालातीत अद्वैत प्रगट करता है। नित्य है जीव हो, तब तक जगत् में हो। भव योनियों में हो-जीवन के जन्मते तथा मरते और पुनः जन्मते हुए दिव्य यात्रिक हो। किन्तु जब ब्रह्म से अभिन्न अनुभव करोगे, तब जीव नही हो-आत्म चैतन्य हो।”

“आचार्य आत्म चैतन्य इस जगत् में नहीं है?” किसी ने पूछा।

“चैतन्य ही इस जगत् को चला रहा है।” आचार्य्य श्रीमद् शंकर ने तनिक गर्जन पूर्वक कहा- “क्या यह जड़ स्वयं चल सकता है? स्वयं बन सकता है? स्वयं मिट सकता है। यह विज्ञान घन रहस्यमय दिव्य इदम् चैतन्य द्वारा ही सृष्ट है; स्थित है। चैतन्य ही सृष्टि, स्थिति और संहार का निमित्त है।”

“तब क्या ब्रह्म सृष्टि स्वरूप नहीं है? “सहसा भास्कराचार्य्य ने उठ कर पूछा।

“भास्कर? आप?” - शंकराचार्य्य ने पूछा।

"हाँ, मैं-जीवित हूं, आचार्य्य!" भास्कराचार्य बोले- "आपके साथ हिमालय तक चलूंगा। शारदा मन्दिर की छाया में आपकी लीला देखूंगा। आपसे मिलने को मन बरबस सा हो जाता है। क्या ऐन्द्रजाल है, शंकराचार्य?"

"माया भास्कर!" आचार्य श्री शंकर ने कहा- "सच तो यह है तुम वास्तविक वेदान्ती हो। चैतन्य जड़ बन नहीं सकता; अज जन्म नहीं सकता, नित्य अनित्य हो नहीं सकता। ब्रह्म सत्य है; 'है और नहीं' नहीं है। वह ब्रह्माण्डों में प्रतिभासित है; वह भव-योनियों में प्रतिबिम्बित है-सूर्य की भाँति, भास्कर!"

"महाकाल से प्रार्थना कर मैं आपके दर्शन के लिये बरबस ही आया हूं।"

भास्कर ने कहा- "आप से शास्त्रार्थ के पश्चात् मैं जैसे रीत गया-रिक्त! एक शून्य जैसे मन में, बुद्धि में, चित्त में, समूचे अन्तःकरण में भर गया। मैं जैसे जगत की, माया की इस नित्य नवीन मरीचिका को देखने लगा। भेद और भीतियों से भरी यह गुह्य मुह्य माया, आचार्य्य!"

"कौन देखता रहा, आचार्य भास्कर?" शंकराचार्य्य सस्मित बोले- "यह भेद है, यह भीति है यह नाना है, यह द्वैत है, यह ज्ञान किसे होता रहा? रिक्त कौन हुआ, भास्कर!"

"मैं, और कौन?" आचार्य्य भास्कर चिहुंके- "कह देंगे आप कि यह मैं ही सच्चिदानन्द आत्मा है- ज्ञानी हाँ, तो है, गुरुदेव! इन रूपवान भेदों और शोकाकुल भीतियों का अनुभव करते हुए मैं जैसे किसी दिव्य स्वयंलीन शून्य की अपार अतल ज्योति का भी अनुभव करने लगा- आज यही सघन तम के तट पर मैं ज्योति का अपरमपार देखना चाहता हूं-"

"देखा न! यही, यही तो।" आचार्य श्री शंकर बोले- "मेरे पास क्यों आये हो? अद्वैत का, अभय का अनुभव! आपकी शंकाकुल बुद्धि को ही करना रहा। बुद्धि जब भेदानुभूति त्याग देगी, प्रज्ञा का उदय होगा अभय प्रज्ञा द्वारा ही अनुभव होता है- सर्वत्र सब में वही रमा हुआ- राम!"

भास्कर ने सिर धुना कर कहा- "भेदाभेद! इस धारणा का क्या करूं? मैं विकल हूं, गुरुदेव! भेद पाता हूं और अभेद के दिये सीदता रहता हूं- मैं अब जैसे भेद नहीं चाहता। इसीलिये मैंने आपको मुम्बादेवी के इस मन्दिर में पकड़ा है।"

"क्या चाहते हो, भास्कर?" आचार्य श्री शंकर ने आर्द्र कण्ठ से पूछा।

"इस गुह्य विकलता से, इस भव से मुक्ति चाहता हूं।" श्री भास्कराचार्य ने कहा- "शान्त, निर्भय अभयपूर्ण और निःसंशय मैं पुनः महाकाल के दर्शन करना

चाहता हूं। इसीलिये आपके इस विलक्षण संघ में जुड़ा हुआ हूं। मैं अभेद में भेद तथा भेदों में अभेद का प्रत्यक्ष करना चाहता हूं।"

आचार्य श्री शंकर ने कहा- "तथास्तु, भास्कर! चलो, मेरे साथ चलो, हिमालय के पुनीत अञ्चल में स्थित शारदा मन्दिर की ओर चलो। वेदान्त के अद्‌वैत और अभयपूर्ण चिदानन्द का सर्वदा के लिये निश्चय भगवती शारदा करेंगी। हां, आचार्य भास्कर! आप भेदों में अभेद और भीतियों में अभय अनुभव करना चाहते हो- निस्संदेह जीवात्मा की भांति आप संन्यासी से बड़े हो। शास्त्र के दोनों तराजुओं में तुलते हो। आप पर्वत भी हैं; धरा भी हैं- आकाश भी हैं किन्तु मैं? जगत् की इस सुहावनी मृग मरीचिका में रूप पाता नहीं। भव योनियों के भीति भरे चित्त भंवर में शान्ति पाता नहीं। जगत् में मुझे अभेद दीखता नहीं- अभेद में भेद उत्पन्न हो ही नहीं सकता और भीतियों से अभय उभर नहीं सकता। किन्तु जीवात्मा की यह अनादि रहस्यमय जीजिविषा पूर्ण चेतना ही भेदाभेदमयी चेतना है; भास्कर! चलो, मेरे साथ चलो! भगवती शारदा से प्रार्थना करूंगा, आपको वह वैराग्य दे; ज्ञान दे- भक्ति दे।"

"भक्ति?" आचार्य भास्कर चिहुंके।

"ज्ञान लाभ के लिये वैराग्य ही भक्ति है।" आचार्य श्रीमद् शंकर ने कहा- "राग द्‌वेष कर्म प्रेरक है। वैराग्य कर्म निवृत्ति परक है। ज्ञान प्रत्यक्ष के लिये वैराग्य द्‌वारा कर्मक्षय करना ही होगा। वैराग्य का पूर्णोदय होते ही देह के प्राकृत निमित्त कर्म मात्र रह जाते हैं, जो मुमुक्षु को बांधते नहीं। अभेद बांधता नहीं, मुक्त करता है। भेद बांधता है। अभय अमर कर देता है-जन्म देता नहीं। भेदाभेद? बुद्धि का जगत् और भव संसार को लेकर अन्तिम दर्शन है। जगत् को भी देखना तथा समझना होता है। भव-संसार को भोग कर उसको तरना होता है। च्युति पूर्ण भीत्तियों को स्पर्श करते रहने से अच्युत अभय का अनुभव नहीं होगा। किन्तु अभय की गुह्य धारणा मात्र से भव-भीत्तियाँ काँपने लगेंगी, भास्कर! अभय के अनुभव से ही भय नष्ट होगा। अभेद के प्रत्यक्ष से ही भेद अन्तर्ध्यान होंगे। अपने शून्य का आधार खोजो भास्कर!"

"शून्याधार?" भास्कराचार्य्य बोले; चिहूंके।

"अभेद, भास्कर!" आचार्य्य श्री शंकर ने कहा- "इस शून्याधार का अद्‌वैत साक्षी है- अद्‌वैत, ब्रह्म जीव की अभिन्न अनुभूति ही सच्चिदानन्दमयी भूमा है; आनन्दमय चिर चैतन्य है; ब्रह्म चैतन्य! मुक्त, शुद्ध-बुद्ध, शान्त तथा कालाधीन

आत्मा के लिये यही अद्वैत है, अभय है, आचार्य्य! आप जगत् को भी सत्य मानते हैं; ब्रह्म को भी सत्य मानते हैं-आपके लिये मिथ्या कुछ भी नहीं है और तभी यह भेदाभेद की प्रतीति है। तभी यह चिरन्तन संशय हैं, तभी यह विकल जिज्ञासा है, भास्कर!"

"निस्संदेह आप ही मेरे वेदान्त गुरु हैं।" भास्कराचार्य्य ने कहा- "आप में मुझे शाक्य मुनि तथागत बुद्ध की झलक दिखाई देती है। शाक्य मुनि के विज्ञान मत से आपकी पलकें मुझको बोझिल दिखाई दीं और मैंने आपको प्रच्छन्न बौद्ध कहा। वेदान्त के सिवाय सभी मतों का आपका निरुत्तर कर देने वाला खण्डन और ब्रह्मसूत्रों का अद्वितीय मण्डन-मैं जैसे सहन नहीं कर सका, किन्तु आप स्वयं उज्जयिनी आये और मुझको शून्य के मूढ़ बीहड़ में धकेल कर चल दिये। भेदाभेद स्थिति नहीं है, तो मुझको अनुभव क्यों नहीं होता?"

"अभेद अद्वैत ब्रह्म प्रतीति नि-संशय आत्मविश्वास है- ब्रह्म सत्यम्-जगन्नमिथ्या का सहज अमोघ अच्युत विश्वास है। सत्य, ब्रह्म विश्वास ही तो है। 'ज्ञान, सत्यम् ज्ञान अनन्तम् ब्रह्म' यही विश्वास है और यह विश्वास ही ब्रह्म प्रत्यक्ष का उदय है, भास्कर! भीतियों से भरे अन्धकार को चीर कर ज्ञान का अभयपूर्ण शान्त निर्विकार प्रकाश स्वयं ही उदय होता है-आत्मा जब अपने परम सच्चिदानन्द में जागता है, तभी सत्यम् ज्ञान अनन्तम् ब्रह्म का सहज ही नित्य दर्शन होता है- शून्याधार स्वयं ही प्रकाशित हो जाता है। किन्तु...."

"किन्तु, पूज्यपाद?" भास्कर ने पूछा।

"विचार मात्र का आधार छोड़ दो-विचार रहित हो जाओ। नाम मात्र की आसक्ति त्यागो। संयोग वियोग त्यागो। सम्बोध-छोड़ो; सम्पर्क त्यागो। प्रेषण-सम्प्रेषण से परे हो जाओ। संवेदनों के पार और संवेगों से उपरत उस शून्य में स्थित हो जाओ। उस शून्य में डूबो मत। उस शून्य के दृष्टा हो जाओ, भास्कर! शाक्य मुनि इस शून्य में डूब गये और मुक्त अनादि जीवात्मा हो गये- ईश्वर कोटि के हो गये। पृथिवी के लिय धर्म मेघ हो गये; अन्तरिक्ष के लिये द्युति तथा द्युलोक के लिये शान्त आभा बन गये। तुम वेदान्त के अमृत पुत्र हो, भास्कर! तुम वेद के वरदान, वेदान्त के फल और वर्णाश्रम धर्म के दिव्य तपस्वी यात्रिक हो-मेरे कहने से मान लो, भेद है ही नहीं; अभेद ही है-न त्रेत है, न अंत। न एक है और न ही दो। केवल अद्वैत है; अभेद है-ब्रह्म ही ब्रह्म; सच्चिदानन्दमय आनन्द लीन स्वयं स्वयंमेव स्वयं प्रकाश्य ब्रह्म, परम् ब्रह्म, परम् शिव!"

भास्कर मानो खिंच आये। जगद्गुरु शंकर को प्रणाम कर बोले- "मेरा परित्राण करो, शंकर!"

आचार्य श्री शंकर ने अथाह करुणापूर्ण नयनों से भास्कराचार्य को निहारा, कहा- "महाकाल को ध्याओ, आचार्य्य! मैं तो एक निरीह संन्यासी हूं। गुण और निर्गुण में परम् ब्रह्म को देखने के लिय उन्मीलित नयनों से महाकाल को ही जैसे पुकारता रहता हूं। आप विद्वान् हैं; मनीषी हैं-वेदान्त के जागरूक आचार्य्य हैं। जगत्, जीव और भव-संसार के मुमुक्षु जीव के लिये आपकी दृष्टि ब्रह्म के प्रति उन्मेष उत्पन करती है-मैं तो जगत् का अन्धा हूं; मैं जगत् को देखता नहीं; भव-संसार को पाता नहीं। फिर जीव का अन्तिम आत्यन्तिक परित्राण भव रोग की निवृत्ति तो वही करता है, महाकाल, भास्कर!"

आचार्य श्री भास्कर ने सिर धुनाया; कहा- "गुरु! गुरु ही तो! आपको सुन कर, आपके दर्शन कर मैं भले ही ब्रह्म सिद्धान्त आधा अधूरा पाऊँ किन्तु अज्ञान को चीरने की मेरी वाञ्छा प्रबल हो उठती है-मैं मान गया हूं, पुस्तक ज्ञान नहीं दे सकती। वीणा जीवन के संताप मिटा नहीं सकती। यह इदम् अपने समस्त भेदों को विलय कर दे, तब भी अभेद जैसे प्रतीत होता नहीं। सभी क्षणें अनन्त में खो जांय, तब भी क्षण जैसे मिटती नहीं। मैं मन ही मन विकल हूं; चित्त के बीहड़ में व्याकुल हूं। यह सघनतम छाया हुआ है एक उज्ज्वल तीर से इसको भेद दो, गुरुदेव!"

"शान्त, भास्कर!" शंकराचार्य ने कहा- "सत्य ज्ञान के ब्राह्म मुहूर्त पूर्वकाल का यह सघनतम उभरता है; उमड़ता है उबलता है-शरीर मानो प्रेत होकर उस अँधेरे बीहड़ में काँपता है। डरो मत! अपने इस अनादि अन्धकार का सामना करो और......."

"और, गुरुदेव!" भास्कर मानो चिल्लाये।

"और अमृत पूर्ण आनन्दमय प्रकाश का अह्वान करो।" शंकराचार्य्य ने कहा- "अज्ञान को जान गया हूं; भव-संसार की नश्वरता को समझ गया हूं। क्षणों के व्यामोह का मुझे पता है-मैं अच्युत को खोजता हुआ इस पृथिवी पर घूम रहा हूं। मैं दिव्यतम अनन्त का यात्रिक हूं-देह की छाया और भव बन्धन मुझे छूते नहीं। मैं गोविन्द को भजता हूं; किन्तु फिर भी देह में हूं तब तक ब्रह्म और मेरे मध्य जैसे काल पड़ा हुआ है। अड़ रहा है, भास्कर! मन मान जाय; बुद्धि शुद्ध होकर ब्रह्म को सत्य स्वीकार कर ले, चित्त निर्मल होकर जगत् के भोगों

से विरक्त होने लगे और यह हिमालय सा अहम् अपने ही हिम में गल जाय- तब भी माया मिटती नहीं जैसे।"

"तब, गुरुदेव?" भास्कर चिहूंके।

"अपने सच्चिदानन्द का विश्वास।" शंकराचार्य्य ने कहा और सहसा विश्राम करते हुए संघ को सम्बोधित कर बोले- "चलो, महानदी नर्मदा के बीहड़ तट की ओर चलो। मुझे जैसे महाकाल पुकार रहा है। चलो! प्रभाकर, नीलकण्ठ और उन सब को मेरा सन्देश दो; मेरे साथ काश्मीर मण्डल चलें। भगवती शारदा भेदाभेद और सब प्रकार के भ्रमपूर्ण अद्वैत दृष्टिपातों का अन्तिम निराकरण करेंगी। मैं वेदान्त समझा सकता हूं; किन्तु भगवती शारदा ही हृदयग्रन्थि भेद सकती है। मैं संचित को रीता और प्रारब्ध को भस्म नहीं कर सकता। मैं काल को थाम नहीं सकता-मैं काम को गला नहीं सकता। मैं जगत् त्याग सकता हूं; भव-संसार तर सकता हूं-मैं अपने सच्चिदानन्द को प्राप्त कर सकता हूं। भास्कर! सन्यासी ही मोक्ष मार्ग का पथिक है। वानप्रस्थ जीव-श्रेय तथा पुण्यभृत् जीवन का सेवक है-वही तितिक्षु हो सकता है किन्तु बुद्धि का पारदर्शी, रम्य, रमणीय विलासी काल के इस अद्भुत! अन्यतम दिव्य आश्चर्य्य में चौंधियाता ही रहेगा। केवल ज्ञानी ही मोक्ष प्राप्त करता है, भास्कर!"

"ज्ञान?" भास्कर।

"परम ब्रह्म-सत्यम् ज्ञान अनन्तम् ब्रह्म।" शंकराचार्य।

संघ उठा; खडा हुआ; और चला। महाराष्ट्र की मनोरम भूमि की पगडण्डियाँ चरण चिन्हों से भर उठी और ब्राह्म मुहूर्त की मलयज वायु में आचार्य्य शंकर के चरणचिह्न मानो थिरकते रहे। गौधूलि से सिहरते हुए आचार्य्य शंकर के द्रुतगामी चरण महाराष्ट्र की भूमि के कलिमष को हटाते हुए चलते रहे। आचार्य शंकर चलते-चलते भी गगन के गगन पैर कर आकाश की निराकार निर्विकार आभा में खो गये। आचार्य देह में पृथिवी तल पर चल रहे थे; किन्तु मन से मानो अन्तरिक्ष के अमोघ उत्तरायण पर ही चल रहे थे। आचार्य चित्त में द्युलोक की शान्त द्युति से भरे हुए थे। शंकराचार्य्य अर्धोन्मीलित नयनों से अपने आस-पास और समक्ष को देखते हुये भी मानो नहीं देखते थे- आचार्य्य के दिव्य चक्षु मानो समूचे काल को देख रहे थे। उस बीहड़ शून्य में मानो प्राणियों के प्रारब्धों की गहन तरंगों को पेख रहे थे। आचार्य्य चलते हुए भी समाधिस्थ थे। भव-संसार के समस्त संकल्प- विकल्प, जगत् की माया के सभी

आश्चर्य्य तथा प्रसव की सभी पीड़ायें मानो अनुभव करते हुए भी दो क्षणों के शून्य अन्तराल में ही डूबे रहते थे। आचार्य्य के चरण पृथिवी के आधार पर चल रहे थे; किन्तु आचार्य के वरद् हाथों में पृथिवी स्वयं थमी हुई थी। आचार्य की पलकों पर गगन के गगन झूम रहे थे-व्योम के व्योम झीम रहे थे और आकाश अपने अनहद शब्द के साथ मानो आचार्य्य शंकर के अतल कञ्ज नयनों में आ समाया था। आचार्य्य की कुन्दनवर्ती काया प्रतिलव एक निराकार ज्योति होकर मानो पञ्चभूतों में घुस जाती थी; तत्वों में रम जाती थी। जनपद की सीमा के मन्दिरों में देव-दर्शन में विनीत प्रणाम की मुह्यमान मुद्रा में आचार्य्य का स्वर मानो अनहद सींचता रहता था। महानदी नर्मदा के अवधूत औघड़ तट को देखते ही आचार्य्य खड़े रह गये। 'नर्मदे हर!' का जलद-गम्भीर स्वर स्वयं ही पुकार उठा और सारा संघ 'नर्मदेहर!' की धुनि पूर्ण ध्वनियों से गाज उठा। आचार्य श्री शंकर ने महानदी नर्मदा को प्रणाम कर कहा- "कन्याकुमारी से लगाकर समूचे दक्षिण की धरती मानो तरल होकर नर्मदे! तेरी अगाध गहरी घूसर जल राशि में समा गई है। हाँ, लोगों! भारत की धरती श्री शैल, श्री वृष विन्ध्य पर्वतों का अभिवादन करती हुई महानदियों की गहन धाराओं में लीन हो जाती है। भारत धरती ही नहीं है; आकाश ही नहीं है। भारत ज्योतिर्मय उभार है। भारत पर्वतों, वृक्षों, वनराजियों और झाड़-झंखाड़ों का फैलाव ही नहीं है- भारत मन की शान्ति, चित्त की प्रसन्नता, बुद्धि का चिन्मय वैभव और अहम् का सतत् विनय है- भारत शास्त्रों, स्मृतियों और विद्याओं के व्यसन की गहगहती हुई चेतना है-समुद्र जिसके पाद प्रक्षालन करता है और नदियाँ जिसकी प्राण-वाहिनियाँ हैं, उद्भिज जिसका उल्लास तथा भव योनियों के विचित्र प्राणी जिसकी महिमा हैं- वह भारत माता अन्तःकरण की दिव्य व्याप्ति है। नर्ममदे! देवता भी जहाँ जन्म लेने को तरसते हैं, वह गौ और ब्राह्मणों की धर्मभूमि, जहाँ चक्रवर्तियों के सिंहासन जगमगाया करते हैं, वह क्षत्रियों की कर्मभूमि, जहाँ ऋद्धियाँ निश्चिन्त इठलाया करती हैं, वह पुण्य लोभी वैश्यों की कीर्तिभूमि-भारत जहाँ विनीत सेवामूर्ति शूद्र निरामय होकर व्यष्टि और समष्टि की सेवा में रत रहते हैं, वह शूद्रों की दैन्य भूमि-भारत! तू नर्मदे! भारत के योगियों के ध्यानस्थ नयनों के प्रभु के प्रेम के हर्ष का वाह है-तेरी बीहड़ भेखड़ों में सदैव योगियों, यतियों और हठियों ने विश्राम किया है-करते हैं, तेरी कन्दराओं में त्रिकालदर्शी सदैव समाधिस्थ बैठते आये हैं-भगवद् गोविन्दपाद, नर्मदे!" आचार्य्य श्री शंकर ने निसास रखा और उसाँस लेते हुए पुनः कहा- "मुझे, इस शरीरी को अपने

अगाध नीर में समा ले, भगवति! मैं पृथिवी की गन्ध में तेरे जल में लीन होकर रस हो जाकर अग्नि में स्वाहा हो जाना चाहता हूं। हां; नर्मदे! मैं वायु में मिलकर अनन्त का मूक स्पर्श हो जाना चाहता हूं-मैं आकाश में खो कर शब्द होकर अगाध मौन में डूब जाना चाहता हूं- वेदान्त की यह निरन्तर वार्ता करते हुए मैं जैसे भर उठा हूं। वाणी को जैसे कण्ठ में ही पचा कर मैं वाङ्मय की पंखों पर उड़ चुका हूं-जगत् की यह धारणायें रूपवती रमणियों की भाँति माया के अवगुण्ठन सजाये झबकती ही रहती हैं-जगत् का एक भी रूप मुझे अपनी ओर उन्मुख नहीं करता। नाम का एक भी सम्बोधन मुझे जाग्रत नहीं करता! नर्मदे! मैं जैसे कालकूट पीकर स्वयं के आभा भरे मौन शून्य में खोता जा रहा हूं। शून्य में डूब कर क्या करूंगा? पुनः जन्म का रुदन और मृत्यु की मूर्च्छा होकर क्या पा लूंगा? नर्मदे! मेरी प्रार्थना पर तू घट में भर गई; अब इस भव बंधे त्रिकाल प्रारब्ध को अपने में भर ले।"

तभी महाराज सुधन्वा का द्रुतगामी विशाल रथ कुछ दूर आकर जैसे सहसा स्वयं ही थम गया। राजेश्वर सुधन्वा कूद कर उतर आये और आचार्य्य शंकर की ध्यानस्थ मूर्ति की ओर लपके; दौड़े; धँसे। "आचार्य्य! मेरे गुरुदेव! जगद्गुरो!" महाराज सुधन्वा आर्द्र चीत्कार कर उठे। आचार्य्य श्री शंकर खड़े थे-मानो खड़े के खड़े थे। महाराज सुधन्वा ने प्रणिपात करते हुए कहा- "प्रभो! नर्मदा तट को पुनः पावन किया-महाकाल आपकी प्रतीक्षा कर रहे हैं...."

आचार्य्य श्री शंकर हिले; जागे, बोले- "हाँ, राजेश्वर! हाँ! महाकाल मेरी प्रतीक्षा कर रहे हैं। किन्तु शारदा देवी को प्रणाम कर मैं महाकाल को अपना समर्पण कर दूंगा। परमात्मा को लेकर शास्त्र-वाक्यों के प्रलाप अब थम गये हैं। मनुष्य अब पुनः अपना भव-संसार तरने के लिये वर्णाश्रम धर्म के जहाज पर चढ़ने लगा है-अज्ञान के, विज्ञान के, सभी आकर्षण बुद्धिमानों को अन्त में व्यर्थ प्रतीत होने लगे हैं-सत्य ज्ञान का अनन्त प्रकाश मनुष्य के कातर भीत नयनों में भरने लगा है-अनार्य्य मतों के कुहराम चुप हो गये हैं और वेदान्त की डिमडिम से गगन के गगन गहगहा उठे हैं-यह भारतभूमि वेद-वेदान्त और वैदिक वर्णाश्रम की मानवता की दिव्य-भव्य भूमि है- भारत में जन्म लेकर कोई भी मनुष्य जगत् की माया में भटकता नहीं, भटक सकता नहीं। भारतीय अज्ञान के अँधेरे चीरने के लिये ही और भ्रमों के जाल काट फेंकने के लिये, बंधने के लिये नहीं, मुक्त होने के लिये ही पृथिवी पर उद्भवित होता आया है- भारतीय मानव अमृत का काँक्षी तथा ज्ञान का महत्त्वाकाँक्षी मानव है- राजेश्वर!"

"जी है।" महाराज सुधन्वा ने प्रणाम करते हुए कहा।

"भारतभूमि वेद है; ऋषियों की श्रुति है-भारतवर्ष उपनिषदों की कामधेनु है, राजन्!" आचार्य्य श्री शंकर ने कहा और सहसा वह चुप हो गये-ठक् हो गये। महाराज सुधन्वा ने मानो सहसा देखा, आचार्य शंकर का स्फूर्ति गहन देह सहसा ठक् सा हो गया है और आचार्य्य के कमल लोचन वज्र निश्चय में जड़ गये हैं-बन्द हो गये हैं। उन विशाल बड़रे अणीयारे नयनों पर नीलम की पलकें अरभरा उठी हैं-आचार्य्य का अनहद्नाद से भरा श्वांस-प्रश्वांस स्थिर होकर मानो स्थगित होता जा रहा है। आचार्य्य का दीप्तिमय- अरुणोदय की आभा से भरा मुखमण्डल सहसा आषाढ़ के प्रथम मेघ की घनी श्यामलता से भर गया है-आचार्य्य स्तम्भित हो गये हैं। राजेश्वर ने हड़बड़ा कर पुकारा- 'गुरुदेव!'

आचार्य्य श्री शंकर काठमारे से खड़े ही रहे। अपने अन्तःकरण के गहन में, गहनातिगहन में आचार्य्य मानो ढले हुए तमतोम में गड़ गये थे-तप्तलोह की घनी काली विद्युत मेखला ने उनको वींट लिया था। त्रिपुर में मानो वह हठात् कर दिये गये थे- स्तम्भित जम्भित। आचार्य का शरीर की जाग्रति, स्वप्न और सुषुप्ति मानो अग्नि भरी कालिमा से भर गई थी और जगत् के पंचभूतों के शरीरी अंश स्वयं ही विषम मात्राओं में बदल रहे थे-आचार्य्य के शरीर, त्रिपुर के सभी तत्व स्वयं ही बिछल जाना चाहते थे। आचार्य्य शंकर स्तम्भित और जम्भित मानो काल के तटों के परे निस्सीम अवकाश में धकेल दिये गये थे। आचार्य्य शंकर ने मानो अपने समूचे प्रारब्ध को हिरण्य गर्भ की एक किरण सा अपने दिव्य चक्षु में समा लिया और अनहद में मन ही मन पुकारा- "महाकाल! तेरी इच्छा पूर्ण हो।" तभी समूचा काल अपनी अनन्त क्षणों में पुनः हिला; काँपा-हिला और जगत् के पदार्थ अपने द्रव्य तथा उनके गुण-धर्मों सहित समय की मन्दाकिनियों की भाँति बहने लगे। महतत्त्व मानो मूल प्रकृति की गहन ज्योति संजीवनी के उद्रेक में पुनः पुनः जगा-वैश्वानर ने आचार्य्य के भव्य कमनीय देह को पुनः विश्व की जाग्रति में स्थित कर दिया। तेजस् ने सृष्टि की समूची स्वप्नमयता की कमनीय चेतना से आचार्य के चित्त को भर दिया और सुषुप्ति का अमृतमय ब्रह्म जीव अभिन्नत्व स्वयं ही पुनः अनादि जीव चैतन्य के अपराजित संवेदन से पूर्ण हो गया। आचार्य्य कारण में समाधिस्थ हो गये और त्रिकाल स्वयं उनके ध्यान लीन दिव्य चक्षु के समक्ष प्रकट हो गया। आचार्य्य शंकर स्वप्न में उतरे तथा अपने अगाध तेजस् की रुद्रता से भर गये तथा जाग्रति के द्युलोक में मंडरा उठे। बलात्

बोले- "नहीं, अभिनव गुप्त! नहीं! महासरस्वती शारदा! अभिनव! मैं, मैं परात्पर शिवा का शिशु हूं, रे! थम जा!"

महाराज सुधन्वा ने आचार्य्य के श्री चरण छूकर कहा-"प्रभो!"

आचार्य्य श्री शंकर ने हठात् नयन खोले। करुणा से भरे हुए वह दैन्यपूर्ण लोचन जीवन की समस्त दीनता के विषाद से भरे हुए थे- "क्या, क्या, सुधन्वा? क्या?"

"क्या हुआ, प्रभो!" राजेश्वर सुधन्वा ने आर्त स्वर में पूछा।

"कुछ नहीं, वत्स!" आचार्य शंकर सहज होते हुए बोले- "कुछ है ही नहीं, तब होना ही क्या है? शिव की शक्ति केवल परम् शिव के ध्यान में अनादि से मग्न है, लीन है। यह जगत् समाधिस्थ शिवा के दिव्य ध्यानस्थ नयनों का दृष्ट मात्र है। वह चिन्मयी, शिवमयी, परात्पर सुन्दरी, वह आद्या जगत् के प्रसवों में कुक्षि धन्य ही हो रही है-सृष्टि के चिद्विलास द्वारा वह काव्य लक्ष्मी, कलिकलुष हारिणी कृपामयी वह अमोघ पूर्ण वत्सला अपने परम् पराप्रिय शिव के प्रति अपना सच्चिदानन्द संसर्ग ही कर रही है-अभिनव गुप्त क्या यह नहीं जानते? जानते हैं।"

राजशेखर तनिक पास आकर बोले- "तब, क्या?"

आचार्य्य शंकर ने सस्मित कहा- "बिजली कड़क कर स्वयं ही विलीन हो चुकी है। अहम् ब्रह्मास्मि, राजशेखर! काल की यह श्रृंखला मुझे बाँध नहीं सकती। मृत्यु की यह भीड़ें जीवन की वीणा को ओर सुसंगत करेंगी, हम चाहेंगे, तभी देह छोड़ेंगे-अभिनव गुप्त समझते हैं, हम देह हैं, मेरी कोई इच्छा है? मेरा प्रारब्धों का कोई तालमेल है, मैं सकारण हूं; मैं पार्थिव हूं नहीं, मैं सच्चिदानन्द शिव स्वरूप हूं। हाँ, चिदानन्द रूपम् शिवोहम् शिवोहम्।"

"तब अभिनव गुप्त?"- राजेश्वर सुधन्वा ने संयत संज्ञक स्वर में पूछा- "शैवदर्शन का अद्यतन आचार्य्य, कवि" तन्त्र मन्त्र सिद्ध अभिनव गुप्त! हाँ, वेदान्त का स्वयं को निगड़ विरोधी कहते हैं आप! त्रिक् दर्शन के पुरोधा तथा काश्मीर और कामरूप प्रदेशों के समाज-व्यवस्थापक आचार्य्य प्रवर अभिनव गुप्त!"

"वेदान्त का विरोध वह करें; किन्तु यह आपकी यकायक स्थिति!" राजेश्वर सुधन्वा ने गम्भीर चिन्ता युक्त स्वर में कहा- "हमने सुना है कि वह मतिमान आपश्री को मन्त्र शक्ति से प्रताड़ित करना चाहते हैं- शास्त्रार्थ नहीं करना चाहते।

अभिनव गुप्त का अभिमन्त्रण प्रयोग होने लगा है क्या, प्रभो!" आचार्य श्री शंकर ने सस्मित कहा- "वह परात्पर शक्ति-शिव शक्ति ही मन्त्रमयी है और यह जगत् उसी का भासित तन्त्र है। प्रत्येक भव योनि शिव शक्ति का तन्त्र-मन्त्र ही तो है। अभिनव गुप्त इस देही को शक्तिहीन करना चाहते हैं। और यूं वेदान्त को असमर्थ सिद्ध करना चाहते हैं। अभिनव गुप्त वाणी और वांड्मय में नहीं अब मन्त्र में ही मानते हैं। तो स्वागत है उनका, सुधन्वा! स्वागत है। मैंने काल को पलकों पर झेल रखा है। और फिर वह भगवती शारदा तथा महाकाल के भैरव इस देह की रक्षा करते ही आये हैं। मैंने तो यह देह उग्र भैरव को दान कर दिया था किन्तु विधाता चाहती थी इस देह से मैं भारत भूमि की प्रदक्षिणा करता रहूं तथा भारतवासियों को मानव जीवन का सर्वतोभद्र उद्देश्य बताऊं। ईश्वर चाहना है यह देह वेद, वेदान्त तथा वैदिक धर्म के अनादि सनातन शाश्वत सत्य सिद्धान्तों के प्रसार के लिये कार्य्य करे। इस पृथिवी पर मानव वेद का बटुक, वेदान्त का दृष्टा तथा वैदिक धर्म का दिव्य विनीत यात्रिक है। इस धरती पर मनुष्य सत्य की खोज, प्रकाश के पान तथा वसुधैव कुटुम्ब के शान्त सदस्य की भाँति ही जन्मा है-मनुष्य ही परमात्मा को पा सकता है; मनुष्य ही अपनी बुद्धि द्वारा, प्रज्ञान द्वारा सच्चिदानन्द परम् ब्रहम परम् सत्य की खोज, साधना तथा धारणा कर सकता है। मनुष्य चाहे तो जगत् और भव योनियाँ प्राप्त कर क्षणिक सुखों का भोग करता रहे तथा पुण्य संचय कर स्वर्ग में परम् सुख का अनुभव करे एवं मानव चाहे तो जगत् के विषयानन्द के स्थान पर आत्मा का सच्चिदानंद भोगे। काल से मुक्त हो जाय, देश से छूट जाय तथा भवेच्छा का शमन कर अपनी परम आनन्दमयता में लीन होकर मोक्ष प्राप्त करे। राजेश्वर! देवता सुख तथा ऐश्वर्य्य भोग के लिये हैं, तब मनुष्य जगत् से छूट कर सृष्टि के जन्म-मरण से मुक्त होने के लिये ही अवतरित होता है-"

"प्रभो!" राजेश्वर सुधन्वा ने कहा- "मनुष्य ही क्यों?"

"इसलिये कि मनुष्य ही त्याग कर सकता है; मनुष्य ही तपस्या कर सकता है। मानव ही इस धरा धाम पर वैदिक धर्म का धारण और पालन कर सकता है। मृत्यु से प्रति क्षण प्रताड़ित मनुष्य ही अमृत की अनन्त आकांक्षा कर सकता है- मनुष्य ही जीव भाव त्याग कर आत्मवत् हो, परमात्मा प्राप्त कर सकता है।"

महाराज राजेश्वर सुधन्वा ने एकटक आचार्य शंकर के शान्त आभामय किन्तु दीप्त मुखमण्डल को निहारा, कहा;- "समझा-सद्गुरो! आज दिवस तक मैं मानवयोनि में जन्मने पर मन ही मन झुंझलाता रहता था। सोचता था, मैं देव

क्यों नहीं हुआ? मैं दिव्य समर्थ और शक्तिशाली योनियों में क्यों नहीं जन्मा? मैं मानव हुआ और उसमें भी राजा हुआ। मैं मन ही मन मसोस कर रह जाता था, अल्पज्ञ, तृष्णातुर और अनाथ मैं एक मानव जीव हूं। किन्तु आज समझा, मानव योनि वैदिक धर्म धारण और पालन करने के लिये सृष्टि की मध्यस्थ भवयोनि है-मानव वेद, वेदान्त और वैदिक धर्म के लिये ही जन्मता है।"

आचार्य्य श्री शंकर ने नर्मदा के कुछ चौड़े तरंगित सपाट को देखते हुए कहा- "पशु, पक्षी, कीट-पतंग और उद्भिज भव योनियों में तो पाप कर्मों का फल ही भोगना है। किन्तु इन योनियों में भी जीव क्योंकि वह सुषुप्त सच्चिदानन्द है, अतः सुखमय ही बना रहता है- अपनी योनि की सन्तति उत्पन्न कर आहार, निद्रा और मैथुन कर्म करता है-भय से भरा मूढ़ सा वह पृथिवी पर विचरता है। क्योंकि यह सृष्टि परमेश्वरी का चिद् विलास है, अतः प्रत्येक भव योनि का चिद् विलास सुखमय है; मंगलमय है। राजन् मानवेतर दिव्य भवयोनियाँ पुण्य का फल भोगने के लिये है। माया के ऐश्वर्य भोगते रहने के लिये है-केवल मनुष्य ही ब्रह्म की लीला को थाम सकता है और चिद् विलास से निकल कर परम् सत्य के सच्चिदानन्द को चाहे तो प्राप्त कर सकता है-मनुष्य ही परम सत्य का शोधक और सेवक है। इसलिये श्रुति ने मानव को अमृतपुत्र कहा है। इस पृथिवी को अमृत की संस्कृति ही चाहिये, जो मानव ही दे सकता है। यह सारा जगत् पुण्यों से दूहा जाता है और पापों से मिटाया जा सकता है। मानव अपने कर्मों से दानव बन कर पंचभूतों का शोषण तथा तत्वों को विषम कर सकता है, विज्ञानवाद यही करता है। एक सीमा तक विज्ञान ज्ञान का इंगित करता है; किन्तु विज्ञान की प्रकृति ही जड़ है, विजडित उसकी प्रक्रिया है। विज्ञान जगत् का यथार्थ ज्ञान कराता है; जीवन के संज्ञान और संवेद प्रदान करता है और मानव जीव को प्रतिनिमिष राग से वैराग्य की ओर धकेलता है। यह सारा मायामय जगत् मानव अन्तःकरण को शुद्ध-बुद्ध कर वैराग्य उत्पन्न करने के लिये ही है। यह चिद् विलासी सृष्टि चित्त निर्मल करने के लिये ही है-राग-द्वेष, मोह-सम्मोह, षड्विकारों के चिरन्तन द्वन्द्व के अनुभव द्वारा अन्त में शुद्ध विद्या के आविर्भाव के लिये है, यह कामेश्वरी और जगदम्बा सृष्टि प्राणियों का लालन, पालन, पोषण तो करती ही है, प्रारब्धों का भोग तो करवाती ही है; किन्तु यही सार्थक, उपयोगी नित्य-नवीन सृजनधर्मी सृष्टि मानव जीव को अन्तिम पुरुषार्थ-परमार्थ की ओर भी ले जाती है। मानव जीव को समस्त समग्र संसार भोग कर उसको तरना पड़ता है तथा काल और उसके

धर्म का पालन कर भवेच्छा से ही मुक्त होना होता है। यह पृथिवी राजा के लिये नहीं, ब्रह्मचारी संन्यासी के लिये ही है। गृहस्थ तो इस पृथिवी पर यावत् जीवन का धर्म धारण तथा पालन करने के लिये ही है- अतः कर्म को ही हमें ज्ञानावलम्बित करना होगा। मानव कर्म आज विषम, अतुकान्त तथा धर्म की धुरी से बिछल कर राक्षसी रूढ़ एवं हिंस्रक होता गया है। तभी तथागत और तीर्थंकर अहिंसा का सन्देश लेकर प्रगट हुए। व्यष्टि स्वकेन्द्रित, देहस्थ, मूढ़ और अहंकारी होता गया था और समष्टि सृष्टि के धर्म से दूर-दूर होती गई थी। विज्ञान के बल से जगत् को लूटना तथा राज्यसत्ता से सृष्टि के सौन्दर्य्य को अपनाना और जीवन के शाश्वत नित्य नवीन यौवन को भोगना, मानव की भाँति अपना परम् विकास न कर दानव बनना ही सामाजिक लक्ष्य होता गया था-जगत् का शून्याधार अहिंसात्मक है, जगत् का काल सर्वतोभद्र मंगलोन्मुखी है। सृष्टि का धर्म मानवता है, राजेश्वर!"

"तब वेदान्त ज्ञानक्रान्ति का दर्शन है?" राजेश्वर ने कहा।

"इस पृथिवी पर यावत् जीवन की ज्ञान संक्रान्ति का दर्शन ही वेदान्त है। वेद ज्ञान है- अपौरुषेय तथा वेदान्त इस परात्पर परमेश्वरीय ज्ञान का दर्शन है एवं वैदिक धर्म उसका सर्वाङ्गीण शुद्ध बुद्ध सत्य शिव और सुन्दर व्यवहार है। यावत् जीवन का चरम् परम् लक्ष्य ब्रह्म, सच्चिदानन्द, मानव योनि में जन्म लेकर वेद के श्रवण, वेदान्त के मनन और वैदिक धर्म के धारण द्वारा ही संभव है, शक्य है राजेश्वर! चलो, उज्जयिनी को चलें। महाकाल मुझे पुकार रहे हैं जैसे। महाकाल मेरी प्रतीक्षा कर रहा है, मेरे इस एकान्त भव की जाति, भोग तथा आयु जैसे समाप्त प्रायः है। महाकाल के मन्दिर में मैं जैसे सदैव के लिये समाधिस्थ होना चाहता हूं। हाँ, किन्तु वही महाकाल बदरी विशाल बन कर हिमालय के शिखर पर चढ़ जाता है और मुझे इंगित से बुलाता है। जाऊँगा, अवश्य; किन्तु शारदा मन्दिर का दक्षिण द्वार खोल लूं। राजेश्वर! मैंने सभी रूपों में आनन्दमय ब्रह्म का स्पर्श किया है। मैंने सभी चेतनाओं में उस चिद्घन का ही दर्शन किया है। हाँ, सुधन्वा! मैंने सभी नश्वर क्षणों में उसी अच्युत को दृष्टि में भरा है। अच्युत, अनन्त गोविन्द!"

"नर्मदे हर!" राजेश्वर सुधन्वा ने पुकारा।

"नर्मदे हर!" कि शत-सहस्र पुकारों से सारा संघ जाग गया। महानदी नर्मदा का भेखड़ों से भरा कहीं चौड़ा, कहीं से शीर्ण-कहीं छोटा, तो कहीं बड़ा तट शंकर संघ के सधे हुए से पद-चिन्हों से मानो मण्डित होने लगा। भारत के राजमार्गों

के चरण-चिन्ह मानो प्रभात की सुगन्धित शान्त, प्रफुल्ल वायु में उड़ कर इन पद-चापों में मिलने लगे। शंकराचार्य चल रहे थे और उनके चरणों के साथ-साथ भारत भूमि के सुष्ठ नागरिकों के चरण भी चल रहे थे। ब्रह्मचारी चल रहे थे, गृहस्थ चल रहे थे; वैश्य चल रहे थे-ब्राह्मण चल रहे थे; मानो वैद्धिक वर्णाश्रम धर्म शत-शत रूप धारण कर यतीवर्य जगद्‌गुरु शंकराचार्य्य के साथ चल रहे थे। आचार्य्य श्री शंकर के साथ महाराजा-राजा चल रहे थे; नृपति, नरेश चल रहे थे; गणमान्य अधीश चल रहे थे। शास्त्रों के ज्योतिर्धर और सम्प्रदायों के अधिष्ठाता, स्मृतियों वरेण्य व्यवस्थापक चल रहे थे। जगद्‌गुरु शंकराचार्य्य का संघ मानो भारत ही नहीं, पृथिवी तल के धर्म चक्रवर्ती का परिव्राजक महासंघ था, जिसके प्रत्येक पदचाप में इतिहास विश्राम करने लगा था। अतीत निश्चिन्त होकर शंकर संघ के चरण चिह्नों में ढलने लगा था और वर्तमान इन धीर गम्भीर चरणों के साथ चल कर मानो अपने ही चरणचिन्हों में सदैव के लिये प्रतिष्ठित हो जाना चाहता था। शंकराचार्य के कोमल कृत चरण भारतवर्ष के जनपदों की पगडण्डियों पर मानो मुद्रित होकर पृथिवी और आकाश, जल और अग्नि तथा वायु की अतीन्द्रिय आराधना में एक क्षण के लिये थम जाते थे। आचार्य्य शंकर के लोचन नमे ही रहते थे; उनकी अणीयारी पलकों पर मानो अनन्त की प्रतिक्षण उभरती और आथमती आकृतियों के उदासीन बोझ पड़े हुए रहते थे तथा काँपते रहते थे। अर्धोन्मीलित शंकराचार्य्य के बड़रे विशाल कञ्ज लोचन आकाश की निराकार आभा के गहन से भरे रहते थे और उनके कर्ण कुहर क्षितिजों के परे तथा पार से आती हुई ध्वनियों-प्रतिध्वनियों से भर कर उनके तरल तरंगित अन्तराल के अनहद को सुनते रहते थे। शंकर पृथिवी पर चलते हुए भी गगन में गहगह कर व्योमों में डूब आकाश में मानो प्रतिक्षण प्रगट होते जाते थे- अनन्त शान्त अगाध में उनका रोम-रोम डूबा हुआ था और उनके कमनीय देह की रग-रग अनन्त के चैतन्य से भरी हुई थी। आचार्य शंकर मानो निराकार की प्रतिलव आविर्भूत तथा प्रतिक्षण उद्भूत सम्भ्रान्त छबि थे और संघ की छबियों में प्रतिबिम्बित होकर पुनः जैसे उस निराकार, निरूपम एवं निरञ्जन मौन में सत्य से भरे हुए और जगत् से पूर्ण भव संसार से क्रान्त उत्क्रान्त संक्रान्त शून्य में लय होते जाते थे। शंकराचार्य मानो वेदान्त का वेद स्वरूप थे ; वाणी का ब्रह्म संगीत और शास्त्रों के धीमान प्रज्ञावान वांङ्मय थे। शंकर महानदी नर्मदा के गहन गम्भीर प्रवाह की भांति भूमि पर उल्लोंलित होकर मानो बहे जा रहे थे- चले जा रहे थे। अलग-अलग

प्रदेशों और उनके जनपदों तथा राज्यों की सीमाओं पर सम्बन्धित नरेश संघ की अगवानी करते और जन समुदाय अपनी सभी भटक त्याग कर आचार्य शंकर के श्री चरणारविन्दों में नमन करता था। शास्त्रों का बोझ अपने हाथों में उठाये, तनिक क्षुब्ध किन्तु निश्चिन्त से शास्त्रज्ञ कर्मकाण्डी विद्वान् शंकराचार्य को वृक्ष घटाओं के तले शान्त मुद्रा में उपविष्ठ सुनते रहते थे। कभी मन ही मन हंसते रहते थे तो कभी झुंझलाते भी रहते थे। वह मानो ईश्वर को असिद्ध करने के अपने जन्मसिद्ध दायित्व से मुक्त होकर आचार्य शंकर को सुनते थे। याज्ञिक कर्मान्त्री अपने-अपने शास्त्र के स्तम्भों की भांति आचार्य श्री शंकर के मार्ग के दोनों ओर ठिठके से खडे रहते और तनिक विस्फारित नयनों से शंकर की दिव्य-भव्य और विनीत मूर्ति की श्री-छबि को पृथिवी से उद्भवित हो, गगन में चमक-दमक, व्योम में नहा कर अनन्त आकाश में अनुपम ज्योति की शान्त मंगलमय स्मृति की भांति पेखते रहते थे। सनातन परम्परागत और विश्रुत दर्शनों के उपाध्याय महामहोपाध्याय, निष्णात और अनुशीलक आचार्य श्री शंकर के साथ सहमे-सहमे से चलते थे- वाणी तथा वांगमय के धनी आचार्य श्री शंकर के संघ के साथ हो लेते थे और परस्पर मूक अभिवादन कर कोई गूढ़ इंगित प्रेषित करते थे। आचार्य श्री शंकर के संघ में वेदों के शत-सहस्त्र बटुक चलते थे; दर्शनों के ब्रह्मचारी गण पृथिवी की गरिमा की मूर्तियों से ठुनुकते हुए चलते थे। आचार्य श्री शंकर का संघ वेद मंत्रों से जागता था; वेदान्त चर्चा से प्रकाश पाता था और वैदिक धर्म के सन्देशों से जगमगाया करता था। आचार्य श्री शंकर के संघ के चरणों की आहटें मानो प्रतिध्वनियां होकर महाकाल के मन्दिर के गुम्बदों में ध्वनित होने लगीं और मार्ग के मन्दिरों के शांत सूने से प्रकोष्ठों में भर कर भारतीय आकाश में गहगहाने लगी। आचार्य के अहर्निशि चलते हुए श्री चरण बुद्ध के चरण-चिन्हों की दिव्य आभा से लीढ़ थे, तीर्थंकर महावीर के विशाल नयनों की ज्योति से जगमगाते थे और आचार्यों की मुस्कराहटों से हुलसा करते थे। मानो सनातन मोक्षकामी, धर्म धुरीण भारतवर्ष आचार्य शंकर में साकार होकर चल रहा था- अपने ही सनातन मार्गों पर, अपनी ही सिद्ध पगडण्डियों पर और साथ-साथ मानो भारतवर्ष का संक्रान्त अन्तरात्मा विभूतिपाद भरता हुआ चलता था-शताब्दियों के अन्धकारों को मथकर आचार्य के चरण सत्य के मार्ग पर चल रहे थे और भारतवर्ष के क्षुब्ध, कातर, रूढ़, जड़ीभूत अन्तरात्मा को अपनी आहट से मानो जगा रहे थे। अनात्मा की जिद्दी बात करने वाले प्रखर मनीषियों ने भारत की जनता के वेदान्त के कोलाहल

को सुना और चुप रहना ही बुद्धिमता माना-शास्त्र चुप होकर मानो शंकराचार्य के वेदान्त पथ से हट गये। स्मृतियां स्वयं ही अपना नव संस्करण चाहने लगीं और ऐश्वर्यकामी समूचे भारत की संस्कृति अपने अन्तरात्मा की पीड़ा से उद्वेलित हो उठी। भारतवर्ष वेद मन्त्रों की ध्वनियों से मानो सहसा जाग उठा और वेदान्त के स्वर्ण वितान से दमक उठा। हिमालय जागा; विन्ध्य जागा; श्रीशैल जागा-गंगा जागी; यमुना जागी; सरस्वती स्वयं त्रिपथगामिनी होकर मानो जीवन- कैलाश के शिव के श्यामल घूसर जटाजूट पर स्खलित होने लगी; बरसने लगी। मानो उपनिषद् की श्रुतियां जन नयनों में रहस्यमय द्युतियां होकर तैरने लगीं। सारा भारत प्रकाश की कामना से कुनमुनाने लगा। ज्ञान क्रान्ति का यह मंगलमय ब्राह्म मुहूर्त आचार्य श्री शंकर के चरणों से चल कर नागाधिराज हिमालय के भव्य-दिव्य ललाट पर वेदान्त का कुंकुम तिलक हो गया। सारा भारत मानो ज्योति के लिये प्यासा हो गया और आचार्य श्री शंकर के शान्त गहन नयनों की दिव्य दृष्टि से ज्योतिर्मय हो गया। आचार्य श्री शंकर ने भगवद् गोविन्दपाद के कन्दराश्रम के विस्तृत प्रांगण में नर्मदा की वीचियों, उल्लोलों-कल्लोलों को निहारते हुए यतियों, साधकों तथा मुनियों और योगियों से कहा- "यह मानव जाति का ज्योतिर्मय देश है, भारत! यह अपना, मानव का ज्योतिर्मय देश है- यह प्रभु की प्रियभूमि भारत नागाधिराज हिमालय के उन्नत ललाट पर अरुण तिलक है। कोटि संवत्सर से यह मानव का सनातन पथिक सत्य की खोज में चल रहा है। इस नश्वर मायामय जगत् के गहन गूढ़ रहस्यमय अन्तराल में अच्युत सत्य को निहारने के लिये भव-यात्रायें कर रहा है- यह क्षणों के सुख-दुःखों का यात्रिक अंधेरी ऊबड़-खाबड़ पगडण्डियों पर चलता हुआ प्रकाश के अनन्त पथ पर ही जैसे चल रहा है- अनादि को जानने के लिये यह भारतीय मानव मानो सनातन से पृथिवी प्रदक्षिणा करता ही आ रहा है। अंधेरी रातों में यह देश गिरा है; लड़खड़ा कर गिरा है और इतिहास की मूर्च्छना में सो गया है- परन्तु यह ज्योतिर्मय देश दीप्तिवान स्वप्न देखता हुआ स्वयं ही पावन होता रहता है।"

आचार्य श्री शंकर के अगाध नयन मानो काल की पलकों से बोझिल हो उठे- भारत वर्ष की अनन्त क्षितिज के परे-पार देखने लगे। आचार्य शंकर का जलद गम्भीर स्वर पुनः पुनः गूंजा- "यह भारत श्रेय पन्थ का पथिक कोटि-कोटि जन गण का प्यारा देश है। यह पुण्य श्लोक ऋषियों-मुनियों का देश भारतवर्ष पुण्यों की चिरन्तन यज्ञभूमि है।" आचार्य श्री शंकर ने पुनः पुनः उपस्थित मेदिनी को

निहारा और कहा- "महिमामय स्मृतियों से जगमग, अजर, अमर यह अपना भारत चिर-चिर सुन्दर देश है। जगद्वंद्य है; विश्रुत है- गरिमामय है। अपना यह दिव्य भव्य भारत अगणित गुण-गाथाओं से मनहर है...."

"पुराण!" एक अल्हड़ ध्वनि ने पुकारा।

अवश्य यह पुराण है- प्राचीनतम मानव सभ्यता की जननी भारत भूमि है; किन्तु यह नित्य नवीन भी है।" आचार्य श्री शंकर ने पुकारने वाले को लक्ष्य कर कहा- "भारतवासियों के जीवन मरण का सहारा यह भारतवर्ष अपनी घोर मूर्च्छना में स्पन्दमय है; और जब यह भारत वर्ष पतन निशा के पश्चात् जागता है, तो विक्षण पीड़ा से भर जाता है। समूचा भारत तब दिव्य द्वन्द्व बन जाता है- संघर्ष के इस जागरण काल में भारतवर्ष प्रतिभामय राष्ट्र हो जाता है और जैसे समूची मानव जाति का नव निर्माण ही आरम्भ हो जाता है।"

"किन्तु अनार्य देश, गुरो?" पुनः उसी स्वर ने पुकारा।

"अनार्य" अनार्य देश?" आचार्य श्री शंकर ने गर्जन गम्भीर स्वर में कहा- "मानव मात्र मूलभूत आधारभूत आर्य है। देश, काल और संस्कार वश मानव धारणायें करता है, विश्वास बांधता है- चार्वाक संस्कृति को धारण करने वाले अवैदिक प्रवृत्तियों के होने पर भी क्या गुह्य मानव अपने दिव्य रहस्य में मानव ही रहता है- मानव अन्तःकरण में सतत् चिद्-घन सच्चिदानन्द प्रतिबिम्ब उसको अन्ततोगत्वा सत्य और ज्ञान का आकांक्षी ही बनाये रखता है- प्राणी मात्र के हृदय में परमेश्वर बसा हुआ है, रोम-रोम में रमा हुआ है अतः मूलभूत मानव शान्ति, सहकार, मंगल एवं सुख सन्तोष का जीव है। मानव योनि का यह सुरासुर संग्राम तो परम् सत्य और परम् सुख प्राप्त करने की द्विविधा का ही चिरन्तन अनादि द्वन्द्व है। जीव जगत् में सुख की प्राप्ति के लिये ही पुरुषार्थ करता है- करेगा। यह तो जब उसको ज्ञात हो जायगा कि सुख शाश्वत नहीं है, भोग अन्त में खजाता है, यह जगत् मिथ्या है, तब जाकर यह अपनी गूढ़ गुह्य अमृत आकांक्षा को लेकर अपने विषाद भरे अन्तःकरण में देखेगा। यह भारतवर्ष जगत् का अन्तःकरण है और मानव उसी में देख कर भारत हो जाता है। विश्व की अन्य राष्ट्रीय भूमियों में विद्वान्, मेधावी, विज्ञानी, क्रान्ति और क्रीदर्शी मानव उत्पन्न होते हैं; किन्तु भारतभूमि में इन सबके साथ ऋषि मुनि भी आविर्भूत होते हैं। भारतीय मानव अपने गूढ़ गुह्य अन्तःकरण में प्रभु के श्री चरणों के शरणागत मानव हैं- वह है, दास प्रभुजन है; कवि है, मनीषी है। भारत शास्त्रों से शाश्वत सत्य की सतत् धारणा ही प्राप्त

करता है; विद्‍याओं से भोग प्राप्त करने की दृष्टि तथा मति प्राप्त करता है तथा कलाओं द्‍वारा यावत् जीवन के सौन्दर्य को सींचता है- अमृत का दोहन करता है, भारत और अनित्य को देखकर सदैव नित्य की ओर ही जाता है। सिन्धु की तरंगों सा गुञ्जनमय यह भारतवर्ष परमात्मा के ध्यान का देश है; सत्य की सतत् दृष्टि का यह कमल लोचन है। अज्ञान के सघन तिमिर को चीर कर प्रति क्षण प्रकाश की ओर जाते रहने की अहेतुक कामना का यह देश भारत है। असत्य-मिथ्या को जान कर भारतीय मानव सहज ही सत्य की ओर चलता आया है। सत्य नारायण के दर्शन के लिये भारतीय चक्रवर्ती ने चक्रवर्ती साम्राज्य त्यागे हैं; भूति भरे सम्पन्न गृहस्थों ने साधुत्व स्वीकार किया है- वानप्रस्थियों के स्वस्ति वाचन का यह देश भारत भक्तों के भजनों से सदैव गूंजता रहा है। भारत का सम्राट् यती बन जाता है; गृहस्थ साधु और ब्रह्मचारी संन्यासी बन जाता है। भारत की मानवता का परम् विकास संन्यस्त है; परम् ऐश्वर्य क्षात्र वट है; पूर्ण सम्भृति वैश्यत्व है तथा परम् परिणति शूद्रत्व है। शूद्र अर्थात् समाज की घृणा का पात्र-अछूत-अस्पृश्य मानव नहीं है। शूद्र भारतीय मानवता का सन्तोष पुत्र है; वह साधु गृहस्थ है। भारतीय मानवता का शूद्र श्री चरण है। जीवन की पृथिवी पर हम श्रीचरण के बिना क्या प्रदक्षिणा कर सकते हैं, चल सकते हैं? शुद्र से समाज चलता है; राष्ट्र सम्पन्न होता है, तथा राजा राज्य विश्वस्त होता है।"

"शूद्र! अस्पृश्य है, जगद्‍गुरु!" एक उद्दाम स्वर ने पुकारा।

"मानव मात्र स्पर्श है, भवान्!" आचार्य श्री शंकर ने तनिक गर्जनापूर्वक कहा- "इस शरीरी को शूद्र रूप लेकर ही भगवान आशुतोष शिव ने वेदान्त के अद्‍वैत का मर्म समझाया है- विश्वनाथ ने स्वयं मुझको शूद्र स्वरूप ही दर्शन दिये हैं। प्रभु का दर्शन मैंने राजा राम के स्वरूप में नहीं किया; नन्द नन्दन मुरली मनोहर श्री कृष्ण चन्द्र के मनोहर स्वरूप में नहीं किया- मैंने योगियों के ध्यान के शान्त शून्य में भी भगवान् के दर्शन नहीं किये। प्रभु के दर्शन मैंने मानव स्वरूप में ही किये-शूद्र के स्वरूप में। तब शूद्र अस्पर्श्य हो ही कैसे सकता है? यह सब भेदबुद्धि की अहमन्यता मात्र है; पद और प्रतिष्ठा का अहंकार भर है। मानव ही नहीं, प्राणी मात्र प्रभु के संबन्ध से एक हैं; सम हैं। अज्ञान की यह द्‍वैत धारणायें विषाक्त मान्यतायें मात्र हैं-सूर्य का प्रकाश सभी को प्रकाशवान करता है; संजीवनी सब को जीवन का अमोघ विश्वास देती है। सत्य सबको मिलाता है; घोट कर एक एकाकार कर देता है-अमृत अहम् की ज्वालाओं को

शान्त कर देता है-मनुष्य मात्र प्रकाश का यात्रिक, अमृत का पुत्र तथा पृथिवी का ब्रह्मचारी, वैश्य, क्षत्रिय, ब्राह्मण तथा सेवक शूद्र है-मानव के यह शाश्वत वैदिक वर्ण ही इस पृथिवी पर सन्त उत्पन्न करते हैं; भक्त को आविर्भूत करते हैं-प्रभु जनों को निमन्त्रण देते हैं। मानव का वर्ण स्वरूप मिल कर ऋषि रूप हो जाता है। मानव की वाणी मूक होकर प्रज्ञा से जब भर जाती है, मानव मुनि हो जाता है। ऋषि सत्य देखता है, मुनि सत्य के अमृत का स्वाद लेता है और जगत् में मूक हो जाता है। इस पृथिवी पर मनुष्य का ही परम् विकास होता है-हो सकता है और मानव का यह परम् विकास परमात्मा को प्राप्त कर सच्चिदानन्दमय हो जाना है।"

"तब वर्ण परस्पर टक्कर उत्पन्न नहीं करते!" किसी ने पूछा- "हम तो अपने आस-पास वर्णों का परस्पर विद्वेष ही देखते हैं।"

आचार्य श्री शंकर ने सस्मित कहा- "यह हम ब्राह्मणों के अज्ञान के कारण ही है। जब मानव कर्म दूषित हो जाता है, वर्ण की अंतरंग संगति नष्ट होने लगती है। वर्ण की गतिविधि मूलतः अहिंसात्मक है, श्रीमन्। यह अमोघ और नित्य नवीन अहिंसक चेतना बुझकर विषम हिंसक वृत्ति में बदल जाती है-अज्ञान तो तोड़ेगा ही; जोड़ेगा नहीं। अज्ञान विष ही देगा; अमृत नहीं। अज्ञान भयभीत करेगा, टुकड़ा-टुकड़ा करेगा-अल्प करेगा। दुःख, भय तथा दारिद्रय से मरेगा। अज्ञान मिथ्या में भटकायेगा; अनित्य में आसक्त करेगा और मोह में डुबो कर मारेगा। केवल ज्ञान ही मुक्ति देता है। बाँध कर भी बन्धन मुक्त करने की सहज शक्ति परात्पर चेतना ज्ञान में ही है। अतः वर्ण ज्ञान चेतना के सतत् विकास एवं वैराग्य की उपलब्धि के लिये ही परमात्मा द्वारा धारित है। मनुष्य का कर्म और पुरुषार्थ विज्ञानमय है, होना चाहिये और पुरुषार्थ मात्र ज्ञान प्राप्ति के लिये है। ज्ञान प्राप्ति ही मोक्ष प्राप्त करना है।"

आचार्य्य श्री शंकर ने ऊर्ध्व स्वाँस भर कर पुनः गर्जना की- "क्रान्ति-ज्ञान क्रान्ति-महोदयों।"

"तब क्या हम अज्ञान में ही जीते हैं?" किसी ने पूछा।

"अवश्य" आचार्य श्री शंकर ने कहा- "अज्ञान का यह सघन गहन आच्छादन ही प्रतिलव तरंगित जीव भाव का उद्भव करता है। अज्ञान का यथार्थ ज्ञान ही विज्ञान है और विज्ञान का ज्ञान चैतन्य में अन्तर्ध्यान होना ही ज्ञानोदय है।

अज्ञान बाँधता है; विकार उत्पन्न करता है; भेद और भीति उद्भवित करता है-केवल ज्ञान ही खोलता है, माया का रहस्योद्घाटन करता है तथा जीवात्म भाव का पूर्णरूपेण शमन करता है-मुक्ति देता है; मोक्ष प्रदान करता है। भारतवर्ष की व्यष्ठि को पुनः ज्ञानोन्मुखी होना ही है; समष्ठि को पृथिवी पर शान्ति मंगल तथा अमृत की आराधना के कर्म करना ही है। वेदान्त भारतीय जीवन, मानव और मानव की ज्ञान संक्रान्ति का दर्शन है।"

26

महाकाल के मन्दिर में रात्रि का प्रथम प्रहर रीत कर मानो नीहारिकाओं में विलीन हो गया था और शंकराचार्य्य उन्मीलित बन्द नयनों से हाथ बाँधे खड़े थे। महाकाल के सनातन ज्योतिर्लिंग की विलक्षण अहेतुक ज्योतियों की ज्योति से उनका गहन गहनातीत अन्तःकरण भरा हुआ था। कोई अज, शाश्वत अनादि कालातीत चिद्घन महाकाल की चिन्मय चिद् अनन्त ज्योति के अमोघ अगाध में देख रहा था- महाकाल को दिव्य चक्षु से आचार्य्य श्री शंकर अपने चिदाकाश में देख रहे थे; निहार रहे थे, पेख रहे थे और कुछ कह भी रहे थे। शंकराचार्य की वैखरी मानो पश्यन्ती के निरीह मौन में लीन होकर भगवती का वाग्बीज 'ऐं' हो रही थी और समस्त काल के असीम शून्य में अनहद की गूंज जैसे होने लगी थी। 'महाकाल!' शाश्वत अनादि शंकराचार्य का वाक् जैसे बोला- "अभिनवगुप्त की इच्छा हो, वह करने दे। अभिमन्त्रण? अभिचार? कृत्या- अभिनव गुप्त चाहे, वह भेजे; करे। यह शरीर तुझे ही अर्पित है, महाकाल! शरीर के त्रिपुर को तू अपने चन्द्रमा के शिवोरूह अमृत से भर दे। हे! ओढ़र आशुतोष! अपना त्रिशूल थाम ले। अभिनव गुप्त का यह द्विष शान्त कर दे। मन्त्र बल का उसका यह मद झाड़ दे। तंत्र सिद्धी की शक्ति की यह प्रखरता सौम्य कर दे। हे शिव शंकर! इस शरीर को तू अपनी ज्ञान वन्हि में जला दे-इस जीव भाव की समूची भवेच्छा को भस्म कर दे। इस शरीरी के अनादि संचित को उसके सभी प्रारब्धों के साथ अब, महाकाल स्वयं की पवित्र अग्नि में जला दे-कर्म काट दे; और भव-बन्धन खोल दे, भव पीड़ा ही मिटा दे, महाकाल! मैं तेरी शरण में हूं, उस अनादि अतल अपार अपरम्पार चिदाकाश में सहसा जैसे समूचा अज्ञान उभर आया; उमड़ आया; तमिस्र तिमिर ज्वाला

लपलपाती व्यक्त हुई और शंकराचार्य्य के वैश्वानर को मानो स्वाहा करने के लिये लपकी।

शंकराचार्य्य का चिद्घन चिदानन्द काल की ध्वनि में बोला- "चिदानन्द! चिदानन्दरूपम् शिवोहम् शिवोहम्!" प्रज्वलित तिमिर ज्वाला मानो स्वयं ही आघात खाकर प्रताड़ित हुई- बिखरी; बिथुरी; बुझ गई। काल मानो चिहूंक उठा- "आह!" आचार्य्य श्री शंकर की जाग्रति अग्नि बाण का मानो स्पर्श कर झुलसी और उनका स्वप्न चेतन भभक कर पुनः स्वयं लीन स्थिति में प्रसर गया! अपनी सुषुप्ति में शंकर मानो झटका खाकर ऊपर और ऊपर आरूढ़ हो गये। श्री शंकराचार्य्य ने मानो देखा; कुछ दूर वैश्वानर अभयवर मुद्रा में आलौकित हैं और वह जैसे उनके हृदयाकाश के कमल दल में छिपे हुए हैं। कोई गूढ़ अग्नि भरी आंखें त्रिकाल के त्राटक में अपलक ब्रह्माण्ड में शंकराचार्य्य को देख रही हैं- भगवती बग्ला मानो झपट कर काल सर्प से बाण को अनन्त के मध्य में ही पकड़ रही हैं, तोड़ रही हैं और छिन्न मस्ता के रुण्ड की रुधिर-धारा उस प्रज्वलित बाण को धो रही है। आचार्य्य श्री शंकर को लगा महाकाल ही मानो उनको थामे हुए हैं तथा पृथिवी के श्मशानों की एकत्र चिताओं की दिव्य भस्म का लेप कर रहे हैं। शंकर ने गगन के दर्पणों में देखा; उनका भस्म धूसर देह कोई, हाँ, महाकाल ही तो, स्वयं काल के तट पर थामे खड़े हैं। आचार्य श्री शंकर मानो प्रलयों के मूढ़ मौन को भेद कर जागे और जैसे जगत् के कल्प-संचित के शान्त दिव्य मंगल के गहन आलोक से भर गये। महाकाल ने मानो कहा- "शंकर! चिदानन्द शंकर!"

शंकराचार्य्य लोक-लोकान्तरों की दिव्य सीमाओं को टाल कर, अपने त्रिपुर को भेद कर, सभी बाणों को टूक-टूक कर अपनी सगुण जाग्रति के निरञ्जन आकाश में प्रकट हो गये। महाकाल के पुजारी श्री ने प्रणाम पूर्वक कहा- "अर्धरात्रि व्यतीत हो गई है, प्रभो!"

आचार्य श्री शंकर ने अर्धोन्मीलित नयनों से महाकाल के तनिक जगमगाते हुए लिंग के बिल्व पत्रों को निहारते हुए कहा- "काल रात्रि बीतती नहीं और अर्ध रात्रि? समय की व्यावहारिक मान्यता भर है- अभिनव गुप्त, महोदय!"

"जी, क्या?" पद्मपाद ने पीछे से कुछ आगे खिसकते हुए कहा।

"अपने ही अग्नि बाणों से जल जाता, वत्स!" आचार्य्य श्री शंकर ने कहा- "दो भक्तों का परित्राण भगवती ने दोनों हाथों से किया। मैं कहता हूं- अब अभिनव

गुप्त मुझको दर्शन देगा- वेदान्त का परम् ब्रह्म ही शिव है। शिव, पद्मपाद! उस परम् ब्रह्म चैतन्य की सच्चिदानन्द तरंगों में नाना है; किन्तु क्या वह ब्रह्म स्वयं नाना है? नाना होता है- खण्ड-खण्ड? नहीं। वह कुछ स्वयं होता ही नहीं। वह माया का यह विराट असीम दर्पण बना कर स्वयं के अनन्त कोटि प्रतिबिम्ब देखता है। हाँ, यह अनेक प्रतिबिम्ब उसकी दिव्य दृष्टि की अनेक धारणायें हैं, कल्पना! ब्रह्म के परम अगाध चिदाकाश में लोक-लोकान्तरों के द्वीप लहरते ही रहते हैं। अनन्त कोटि ब्रह्माण्ड उसके चित्ताकाश में बनते बिगड़ते रहते हैं और यों उसकी लीला चलती ही रहती है- स्वयं ही रचती रहती है; संवरती रहती है-सृष्टि, स्थिति, लय! और फिर अपने आस-पास में जाग से उठते हुए आचार्य्य बोले- "यह देह जायेगा ही, अवश्य जायेगा। इस भव की अर्धरात्रि ही नहीं, समूची रात अब बीतने में है, ज्ञान का ब्राह्म मुहूर्त होने ही वाला है- किन्तु शारदा की साक्षी से उसके मन्दिर का दक्षिण द्वार खुलने के पश्चात् ही! हाँ, यही, यही तो!"

आचार्य्य शंकर सहसा बैठ गये; पद्मासन बद्ध बैठ गये और एक बार सब को निहार कर महाकाल के लिंग को ही मानो अपने सरोज नयनों में भर लेने के लिये अपलक पलक होने लगे। महाकाल! ले चल मुझे लोक-लोकान्तरों में! ले चल! पृथिवी के मूढ़ मौन से मैं घबरा गया हूं-आकाश के अनहद शब्द के साथ-साथ मैं जाना चाहता हूं, ब्रह्म लोक, महाकाल! ब्रह्म में पुनः लीन हो जाना चाहता हूं-तू मुझे ले चल और सर्वत्र रमे हुए राम के दर्शन करा, महादेव!" आचार्य श्री शंकर का समूचा वाग् बीज ही मानो स्फुरित होकर कह उठा। परावाक् के उस मौन में आचार्य्य श्री शंकर को लगा; समस्त शून्य ही जैसे किसी आधारभूत निराकार में समाया जा रहा है और वह जैसे सभी प्राणियों की द्युतिमयी छबियाँ अपने काल नयनों में लीन कर रहे हैं। वह देख रहे हैं और कोई भरमीली, उरझीली, विरझीली के अदृश्य चरणों के नूपुर रणझणा रहे हैं- 'कालिके! दक्षिण कालिके!' शंकराचार्य बिना कहे ही कह उठे; बिना बोले ही बोल उठे। "महाकालिके!" शंकर मानो इस निस्सीम असीम अनन्त के प्रति लव व्यक्त नाद की तरंग पर स्तम्भित से चढ़े अथाह में ही समाधिस्थ हो गये। अणु-अणु, परमाणु, त्रिस्त्रेणु सब अणु मानो उनके यामित पाँच प्राणों में समा कर गहन कुम्भक में भर गये। शंकराचार्य के दिव्य चक्षुओं के अनन्त विराट् चिदाकाश में काल लवों में स्फूर्त होने लगा; काष्टाओं में कुनमुनाने लगा, पलों में सिहरने लगा और क्षणों में शोभामय होकर इतरने लगा। शंकराचार्य्य ने

अपने त्रिपुर के परे और पार अनन्त कोटि ब्रह्माण्डों के गगनों को पैर कर, गगनों के अगाध द्युतिमय व्योमों के पार समूचे आकाश में निहार कर देखा। चिद्घन चिद्रूप स्वयं प्रकाश्य तथा प्रकाशवान बिन्दु हैं, जिससे सृष्टियों की यह लसित-उल्लसित छबियाँ निसृत हो रही हैं-उसी से बूंद-बूंद झरन हो रही है और परमाणुओं के शेषनाग को सहस्र कोटि फणियों के साथ झेले हुए क्षीर सागर आविर्भूत होकर स्वयं ही प्रसर गया है।

आचार्य्य श्री शंकर ने अतीन्द्रिय नयनों से देखा। समय के अर्णव में, काल का शेष नाग कुण्डल मारे स्तम्भन में स्थित है और कोई चतुर्भुज सो रहा है। हाँ, परम् ब्रह्म विष्णु की अमोघ छबि में जगमगाते हुए सो रहे हैं। श्री शंकर जैसे अनादि के आदि के निरञ्जन सम्भ्रम को पेख रहे हों। उनका दहराकाश ही अनन्त अनन्त होता हुआ यों प्रसर रहा था- प्रसरा हुआ था। अन्धकार से हीन और प्रकाश से रहित द्युतिमय श्वेत स्वयं ही जैसे व्यक्त होकर स्वयं ही प्रकाशित हो रहा था-और काल को स्वांसों में भर कर कोई विभु, कोई प्रभु चरम् सुषुप्ति में लीढ़ सो रहा था। शंकर को लगा यही विष्णु हैं, यही वह देवाधिदेव हैं जो अपनी लीला की कामना को लेकर स्वतः ही आविर्भूत होते हैं-ब्रह्मा, विष्णु, महेश-त्रिदेव! किन्तु इन देवों को परात्पर चैतन्य प्रदान करने वाली वह महादेवी? शंकर उस क्षीर सागर के प्रति लव अनन्त अगाध में उस परात्पर शिवा को खोजने लगे। शंकर को लगा, अनन्त कोटि जीव गर्भ उस क्षीर सागर में वीचियों की भाँति विहर रहे हैं; किन्तु विष्णु की काल निद्रा में वह भी डूबे हुए हैं तथा उनके प्रारब्ध संचित के अमोघ पंक में कमल दलों की भाँति तैर रहे हैं। यावत् जीवन चेतना ही जैसे विष्णु रूप सो रही थी। "तब सृष्टि, स्थिति और संहार के परे और पार, मैं?" शंकर साश्चर्य्य किन्तु सहज ही मुस्करा उठे। "ब्रह्म में बिम्बित मैं! परम् ब्रह्म से अभिन्न मैं, मैं!" शंकर का अनहद मानो गूंजा। "मैं! ब्रह्म! मैं...!" शान्ति, मूक-मूढ़ और मौन शान्ति। काल जैसे अपने सभी रूप विसर्जित कर चुका था; सभी नाम क्षीर सागर के अतल में लीन हो चुके थे। विष्णु सो रहे थे; शेष झीम रहा था और लक्ष्मी ही मानो जाग्रत थी। लक्ष्मी, चैतन्य की स्वप्नमयी चिति! रिद्धि सिद्धि निधि और अर्थ गर्भित सन्तोष की ब्रह्म योनि, लक्ष्मी कमल! शंकरचार्य्य ने देखा- उनके हृदय दहर से अद्वितीय अनन्य ज्योति का परात्पर सौन्दर्य से बना तनु धारण कर लक्ष्मी प्रगट हो गई है और उसकी गज गामी रूप राशि क्षीर सागर को जगमगा रही है-यही, यही जीजिविषा है; जीवन की मुह्यमान, मोहगम्य इच्छा

है, भवेच्छा है। हाँ, यही जीवात्म भावना है; जीव घटना है-यही सम्मोहों से भरे जीवन की रागमयी राका है। कमला! शंकर को लगा, उस गुलाबी आरक्त द्युति आकृति में स्वयं ही परिवर्तन हो रहा है और वह घन नीलाभ ज्योति में लीन हो रही है। कमला विमला होकर मानो घनश्याम तेज पुञ्ज देवता कालिका स्वरूप पुनः आविर्भूत होने लगी है। कालिका! मानो जगत के सभी स्कन्दों को थाम कर घनश्याम मनोहर, रम्य रमणीय नील द्युति की सौन्दर्य सार मूर्ति ही प्रगट हो रही है और तभी पास से, निकट से, निकटस्थ से-दूर-सुदूर से अनहद मानो बजने लगा। क्लीं ह्रींकार में लीन हो गया तथा ऐंकार स्वयं ही गूंजने लगा। "सृष्टि रूपाय!" शंकर के वाक् ने गाया- कहा- "ऐंकारी? सृष्टि रूपाये!" तभी जैसे शेष नाग पर सोये विष्णु के कालकण्ठ से ह्रींकार उठा। ह्रींकारी! प्रतिपालिका! शंकर ह्रींकार की झीमती हुई गमकती हुई मीड़ों के साथ उठे और क्लींकार में डूब गये। "कामेश्वरी। काम रूपिणी!" शंकराचार्य का वाक् ही चीत्कार कर उठा।- "चामुण्डा! चण्डघाती! यै-यै यैकारी वरदायिनी! यावत् जीवन का ऐश्वर्यशाली वरदान देने वाली, हे ब्रह्मचिति! हे विच्चे! अभय प्रदाता। मोक्षदाता! हे महादेवी! मेरे जप को सिद्ध कर दे। हां, जप ही तो, यह भव जप ही तो है, धर्म मृत कर्मशील यह जीवन यापन जप ही तो है। तेरा जाप ही तो। तू महादेवी, शिवे, शिवानी, मृणानी, भवानी तू मेरा जप है और मैं तेरा!" शंकर का वाक् शिवानी, मृणालिनी, भवानी, हे चामुण्डे! चण्डिके! जपता हुआ अजापा जाप के मूक मौन में लीन हो गया। अनहद की पश्यन्ती, परा, मध्यमा, वैखरी-वाणी शब्दहीन होकर स्वयं ही उस द्युतिमय अर्णव में खो गई और सृष्टि का वाङ्मय व्याकरण होकर उसी क्षीर सागर में डूब गया। काल अनन्त में समा गया! सभी पदार्थ अपने द्रव्य तथा उनके गुण धर्मों सहित बिला गये। केवल विष्णु के चरण दबाती हुई कमला महालक्ष्मी ही जागती रही- समाधिस्थ वह जैसे सभी कालों में जाग्रत, सभी प्रलयों में जाग्रतिशील और सभी प्रलयों में कमल स्वरूप वह कमला जागती रही। शान्ति भरी शान्ति में शेष झीम रहा है; विष्णु सो रहे हैं और कमला जाग रही है तथा वह शाश्वत अनादि जीव ब्रह्म देख रहा है- अपने हृदय-दहर में देख रहा है। कल्प के पार, प्रलय के परे-काल और कालातीत स्वयं को देख रहा है।

शंकर समाधिस्थ ही बैठे रहे। महाकाल के गर्भ-मन्दिर में ज्योर्तिलिंग के पार्श्व में आचार्य शंकर समाधिस्थ बैठे रहे। उनका पद्मासन बद्ध देह सभी कमल फूलों का बना हुआ था। उन्मीलित बन्द नयन श्याम - ताम्र कमल पुष्प थे।

उनका द्युतिमय भव्य ललाट-मानसरोवर के कमल दल का पाट था। उनके गण्डस्थल कमल-डोडों का मुह्मान उभार था। उनके सहज स्मित में स्थित अधर कमल-पुष्प की रेखाओं के बुने हुए थे। उनकी कम्बु ग्रीवा में मणि द्वीप के कमल तन्तु तैर रहे थे और उनके कन्धे स्वर्णिम कमल की उभड़ थे। उनके आजानुबाहु सभी कमल पुष्पों से बने स्थिर थे। आचार्य अपने पद्मासन में स्थित स्वर्ग के नन्दन वन की कमल कान्ति से उभरी, उपसी, उमड़ी मूर्ति से लग रहे थे।

समाधिस्थ शंकराचार्य के दर्शन के लिये उज्जयिनी मानो उमड़ पड़ी। महाकाल के मन्दिर के सभी घण्ट बजने लगे और भावनाशील भक्तों तथा दर्शनार्थियों की भीड़ सर्वत्र भर गई। लहरों में उमड़-घुमड़ कर वह महाकाल के मन्दिर के प्रकोष्ठों में प्रताड़ित होने लगी। "महाकाल! तेरी जय हो! आचार्य्य शंकर। तुम्हारी जय हो!"

"जय, जगद्गुरु शंकर की जय!" अनगिनत कण्ठों से ध्वनि उठी।

"वेद की जय! वेदान्त की जय!" पुकार मची।

"वैदिक धर्म की जय!" लोगों ने कहा।

तभी भास्कराचार्य ने महाकाल के गर्भ मन्दिर के बाहर खड़े रह कर स्तुति आरम्भ की- "हे शिव स्वरूप आचार्य्य शंकर! जाग्रत हो! महासरस्वती शारदा आपकी प्रतीक्षा में आकुल अपने मन्दिर में अधीर हैं। हे महात्रिपुर सुन्दरी के स्तवक, उठो! यह समाधि भंग करो और शारदा मन्दिर के दक्षिण द्वार पर अपना आजानुभुज अड़ाओ। खोलो, आचार्य शंकर! यह बन्द द्वार खोलो! यह शारदा मन्दिर का दक्षिण द्वार वेद और वेदान्त का सिंह द्वार है। आचार्य शंकर! भेदाभेद के सिद्धान्त को अपनी वाणी में भरे, हे अभेद! मैं तुमको पुकार रहा हूं। समय आ गया है, जब शारदा मन्दिर की सर्वज्ञ पीठ पर वेद अपने वेदान्त दर्शन के साथ प्रगट हो उठें।"

आचार्य श्री शंकर अपने त्रिपुर-शरीर की जाग्रतावस्था में जागे; भास्कराचार्य्य का स्वर मानो शंकर के वाक् का आह्वान ही कर गया। "जागो, शंकराचार्य जागो!" शंकराचार्य्य ने दिवसों की समाधि भंग करते हुए महाकाल के ज्योतिर्लिंग को निहारा और गर्जन-गम्भीर स्वर में पुकार की- "महादेव! हर-हर महादेव!" उपस्थित मानव-समूह ने "हर हर महादेव!" की शंकराचार्य्य की पुकार को झेला- घण्टनाद के साथ, "हर हर महादेव" शब्द ब्रह्म ही मानो बोल उठा; कह उठा;

पुकार उठा-चिल्ला उठा। आचार्य श्री शंकर ने कहा- "इस जगत् का एकमेव कारण अज्ञान है। इस विवर्तमय प्रपंच में मैं सर्वदा सत्य की भाँत्ति उद्भासित हो रहा हूं। अज्ञान के भ्रमों से, संभ्रमों से ही यह भीति युक्त द्वैत प्रतिभासित होता है। यह जगत् जीव और सृष्टि सागर के बुदबुदों जैसी है; यह धारित है। कल्पित है; ब्रह्म है, माया है। यह सदानन्द रूप अनन्त ज्ञान वारिधि जिस प्रकार अपनी रमुज में तरंगित होता है, उसी भाँति वह विषयानन्द के लिये चेतना के उच्छवास भरता रहता है जिस प्रकार गुड़ में पिष्टि व्याप कर गुड के माधुर्य को ही नष्ट कर देती है, उसी प्रकार जगत में व्याप्त पूर्णानन्द की कामना, विषयानन्द की वाञ्छा नष्ट कर देती है। प्राणिमात्र की आत्यन्तिक अमोघ जीजिविषा पूर्णानन्द नित्य ही भोगते रहने की है-इन्द्रियज विषयानन्द के भोगने की वाञ्छा क्षणिक है; सुख-दुःख-संयोग वियोगमयी और आत्यन्तिक रूप में दुःखदायी है। जिस प्रकार सम्पन्न को दारिद्रय की आशंका नहीं होती, उसी भाँति ब्रह्मानन्द निम्न को विषय की आशा मात्र नहीं रहती। संभव ही नहीं होती। अपने सच्चिदानन्द में निमग्न अनादि आत्मा को अज्ञान के नाश होते ही हृदय ग्रन्थि खुल जाती है। जीवन की समस्त समूची निद्रा लुप्त हो जाती है। जब अज्ञान विलीन हो जाता है, स्वयं ज्ञान स्वरूप ज्ञान प्रगट हो जाता है-सब भय, भीतियाँ, भेद-अज्ञान के भ्रम हैं; भास प्रति भास हैं, भास्कराचार्य!"

भास्कराचार्य्य ने प्रणाम पूर्वक कहा- "प्रभो गुरुदेव! आपको मैं जैसे जान गया हूं-आपके अद्वैत को मैं जैसे स्पर्श कर रहा हूं- किन्तु जगत् को देखने, जानने और प्राप्त करने की इच्छा विसर्जित नहीं हो सकी है-दिव्य चक्षु जैसे खुल गये हैं; किन्तु हृदय ग्रन्थि, प्रभो!"

"वह खुलेगी ही।" आचार्य्य शंकर बोले- "चलो, आचार्य्य भास्कर! हमारे साथ शारदा मन्दिर की ओर चलो। दक्षिण द्वार हम आपकी साक्षी में खोलेंगे। प्रभाकर को बुला लो; महाशय नीलकण्ठ को भी हमारी ओर से पुकारो। हम सभी वेद के आस्तिकों के साथ ध्रुव अब जैसे अन्तिम बार हिमालय की ओर जाना चाहते हैं। हाँ, भास्कर! हाँ!"

भास्कराचार्य्य ने सिर धुनाया; ऊर्ध्व स्वाँस भरते हुए कहा- "हृदय ग्रन्थि? कौन खोलेगा? विधाता सभी बन्धन खोल सकती है, किन्तु क्या हृदय ग्रन्थि भी खोल सकती है? सद्गुरो! यम मृत्यु तनिक थाम सकता है, किन्तु क्या मृत्यु मिटा सकता है? ईश्वर जीव को मर्यादित कर सकता है, किन्तु क्या जीव को..."

ईश्वर जगत् को समझ देता है; जीव को सुख-दुःख का अनुभव करवाता है-ईश्वर ही ब्रह्म की इस दिव्यातिदिव्य लीला का सूत्रधार नियामक है-किन्तु ईश्वर भी ब्रह्म के चिदानन्दमय चिद्‌विलास का अनुशासक नहीं है। यह सब ज्ञान मूर्ति का अज्ञानाच्छादित विज्ञानावलम्बित चिद्‌विलास मात्र है। चलो, मेरे साथ चलो-भारतवर्ष को जान लेने दो, भेदाभेद, द्‌वैत, त्रैत-चैत्र-यह सब एक अनेक बुद्धि के निश्चय की ऊहापोह मात्र है। जगत् का यथार्थ ज्ञान निस्संदेह द्‌वैत और त्रैत के सम्भ्रम से भरा हुआ है- संज्ञान का अर्थ ही द्‌वैत है तथा भव संसार का अनुभव भय है, भीतियों की वीचियों से भरा भय- हाँ, भास्कर! यह भव भीति 'क्षणिक अस्ति' के कारण है, आत्मा, सच्चिदानन्द चिद्‌घन, जीव भाव में भी प्रतिक्षण नित्य और शाश्वत ही खोजता है; चाहता है। क्योंकि ज्ञानस्वरूप आत्मा अज है, नित्य है, शाश्वत है इसलिये क्षणों के भोग से पूर्ण तुष्ट नहीं होता; तृप्त नहीं होता और भेद तथा भीति का संक्रामक अनुभव करता ही रहता है। यह जगत् सांख्य है, आचार्य भास्कर! यह जगत् गतिविधि का न्याय-संयोजन है। यह विधाता की विधि एवं यम का नय है। किन्तु वेदान्त की दृष्टि से यह इदम् ब्रह्म का प्रतिभास है। ब्रह्म की व्यावहारिक सत्ता है, शास्त्र का सम्बन्ध जगत् से है। स्मृति का सम्बन्ध भव-संसार से है। धर्मयावत् जीवन चेतना के परिपूर्ण होने के लिये है। अज्ञान से संन्यास लेने तथा जगत् से मोहनाश की तपस्या के लिये ही धर्म है और यह सृष्टि का कालधर्म मानव योनि के लिये ही परमात्मा की मंगल भावना की अमोघ अभिव्यञ्जना है। पशु, पक्षी, कीट पतंग और उद्भिज अपना गुण धर्म निभाते हैं; किन्तु यावत् जीवन की करुणा से भरपूर मंगल तथा कल्याण का शाश्वत धर्म तो मानव के लिये ही है। परम् सुख प्राप्ति के लिये भी धर्म अनिवार्य है तथा परम् सत्य के प्रत्यक्ष के लिये भी जब तक संन्यास का उदय नहीं होता-वर्णाश्रम धर्म अनिवार्य्य है। सम्प्रदाय नहीं; सम्प्रदाय तो सत्य की खोज के दृष्टिपथ हैं; मतिमार्ग हैं। मनुष्य बुद्धि से विज्ञान शक्ति प्राप्त करता है किन्तु ज्ञान जिज्ञासा से ही वह सृष्टि के मंगलमय मंगलजन्य धर्म को देखता है; स्पर्श करता है-धर्म!"

भास्कराचार्य्य ने स्वीकृति सूचक सिर हिलाया, कहा- "जब तक मोक्ष प्राप्त नहीं होता, धर्म धारण और पालन का अनवरत जीवन यापन तथा अथातो धर्मजिज्ञासा है। किन्तु अथातो ब्रह्मजिज्ञासा द्‌वैत, भेदाभेद की रहस्यमय ऊहापोह से भरी है।"

शंकराचार्य्य ने सस्मित कहा- "ब्रह्मजिज्ञासा सत्यान्वेषण होने से नितान्त शुद्ध-बुद्ध प्रज्ञा व्यापार है, आचार्य्य! रहस्य तो माया है, भेदाभेद तो जीव और जीवन चेतना है। ब्रह्म चैतन्य रहस्य नहीं है सत्य है- असद् की मान्यता से ही भय उत्पन्न होता है, सत्य के साक्षात्कार से अभय, अभेद का भान ही होता है। चलो, हम गंगा-यमुना और सरस्वती के संगम की ओर जायेंगे! प्रयाग हमें पुकार रहा है। शारदा मुझको खोज रही है और हिमालय हमें आमन्त्रित कर रहा है। महाकाल के मन्दिर के ध्वज की साक्षी से मैं भारत के दक्षिण तथा मध्य को देख चुका हूं। अनात्मवाद का घोर अन्धकार बिला रहा है राजेश्वर सुधन्वा!"

"जी, गुरुदेव!" महाराज सुधन्वा ने कहा- "भारतवर्ष को ज्ञान की संस्कृति चाहिये। अज्ञान का तत्त्व बोध विद्वानों को ही चाहिये; किन्तु जीव को तो ज्ञान का अमृतमय दर्शन ही चाहिये। मानव भेदों से भरा भीतिमय जीवन जीता तो है कि वेदान्त के द्वारा सुख में और दुःख में आश्वस्त होता रहता है-वह है; वही मंगलमय प्रभु है, सत्य और ज्ञान का अभयपूर्ण आनन्दमय परमात्मा ब्रह्म ही है। मोक्ष! मानव जीवन की चरम आस्था है तथा भव रोग से मुक्त होने की अमोघ आशा है, प्रभो!"

"मोक्ष, राजेश्वर! मनुष्य का केवल एक ही आत्यंतिक लक्ष्य है- हो सकता है, आत्म ज्ञान प्राप्त करना-मोक्ष!" आचार्य श्री शंकर ने कहा- "जगत् का क्षणिक सुख अन्त में मानव अन्तःकरण में नित्य सुख की अपराजित आशा ही उत्पन्न करता है। सुख से संक्रामक अतृप्ति की अनुभूति इसीलिये है कि जीव अन्त में क्षण तथा क्षणिक को जान ले; समझ ले; मान ले और छोड़ दे। जीवभाव का मोक्ष मोह को त्यागने से ही आत्मा के प्रकाश में होता है। जीव भाव का मोक्ष अज्ञान तथा उसकी माया राग, द्वेष, भेद, भीति के त्यागने पर ही आत्मा के सच्चिदानन्द में होता है-जगत् चाहते रहोगे, तब तक जीव बने रहोगे; भव प्राप्त करते रहोगे, विज्ञान का जीवन जीते रहोगे-जन्मते, मरते, पुनः जन्मते रहोगे। द्युलोक, अन्तरिक्ष तथा पृथिवी पर भव बन्धन है; मुक्ति नहीं है।"

भास्कराचार्य ने गगन में अपने दोनों हाथ फैलाये और आर्त स्वर में कहा- "अज्ञान से मुझे ज्ञान की ओर ले जाओ, गुरुदेव! मेरे अन्तःकरण की यह सावधान आशंका दूर करो-विज्ञान की अस्थिर विकलता से पूर्ण मेरी बुद्धि को निःसशंय करो। भेदों में अभेद देखने का मेरा प्रयास मुझे जैसे मूढ़ कर देता है; अवाक् सद्गुरो!"

आचार्य्य शंकर ने विहँसते हुए कहा- "अपने अन्तःकरण को अभेद की शान्ति से भर दो और स्वयं को अद्वैत के अमोघ विश्वास को समर्पित कर दो। यह मिथ्या ही भेदाभेद है, भास्कराचार्य! और इसीलिये मिथ्या भेद है; भीति है; क्षणिक है- माया है और अद्वैत नहीं है। इसीलिये वेदान्त ने कह दिया है। बह्म सत्यम् जन्मिथ्या। सत्य अभेद है, अद्वैत है; अतः सत्य है, ज्ञान है-अनन्त!"

"सत्यम् ज्ञान अनन्तम्-ब्रह्म!" भास्कराचार्य्य हठात् बोले- "सद्गुरो!"

"सब प्राणियों का त्राण वही सच्चिदानन्द है-सभी जीवों का गुरु वह परमेश्वर है-परम शिव, आचार्य्य! निश्चिन्त हो जाओ। यह जगत् माया दूर होती ही है- दिव्य चक्षु से यह माया दिखती है और ज्ञानोदय से दूर हो जाती है। भेद तो प्रतीत होते हैं, हैं नहीं। ज्ञान को अज्ञान के आवरण ने ढँक रखा है और यह अज्ञान परम् ब्रह्म की चिद्विलासी लीलावृत्ति का उभार मात्र है-मेघ की भाँति, तरंग की भाँति। भीति? है ही नहीं। मृत्यु जीवन के विरह में लोना शयन मात्र है और भव-भव के भेद निरञ्जन निराकार स्वप्नमयता में लीन हो जाते हैं- माया अन्तर्ध्यान होती ही है- सत्य ज्ञान स्वरूप प्रगट होता ही है। अभय और अद्वैत सच्चिदानन्द ही है और अतः यह भेद है; अनेक है-द्वैत है! द्वैत से अद्वैत नहीं है; भय से अभय नहीं है- मृत्यु से अमृत नहीं है। अन्धकार से प्रकाश नहीं है।"

भास्कराचार्य ने सिर धुनाया; बोले- "शान्ति!"

"तथास्तु!" आचार्य श्री शंकर ने कहा।

भास्कराचार्य के साथ मयूर हो लिये; दण्डी हो लिये। बाण भी साथ-साथ धीर चरणों से चले। आचार्य्य शंकर का संघ प्रयाग की ओर चला-प्रति पग अनेक पग आ मिलने लगे। बौद्ध, आचार्य विहारों से निकल आये और शंकराचार्य्य की काया की छाया के पास-पास चलने लगे। जैन साधक-दिगम्बर और श्वेताम्बर साथ हो लिये। कर्मकाण्डी नैय्यायिक और वैशेषिक मनीषी झूमते हुए शंकराचार्य्य के साथ हो लिये। काश्मीर मण्डल से मानो एक पुकार आई। ललकार उठी। अभिनव गुप्त के सेवकों, शिष्यों तथा इष्टमित्रों ने मानो समस्त भारतवर्ष की प्रतिभा को बुलाया, शंकराचार्य दक्षिण द्वार खोलने के लिये आ रहे हैं-आइये और इस यती को रोकिये। इस शास्त्र त्यक्त विद्रोही आचार्य्य को थामिये। यह शंकराचार्य मन्त्र से वशीभूत नहीं होता, तन्त्र से नहीं बन्धता। यह जाप से क्षुब्ध नहीं होता। पूजा से प्रसन्न नहीं होता और वैर से दग्ध नहीं होता। यह बाल संन्यासी

स्वयं को जगद्‌गुरु कहता है-मानता है। किन्तु जगद्‌गुरु तो वही हो सकता है, जिसको स्वयं महासरस्वती शारदा अपने मन्दिर की सर्वज्ञ पीठ पर स्नेह और आदर पूर्वक बिठाये। यह यतो भ्रष्ट, ततोभ्रष्ट संन्यासी इसी भव में रसिक रहा है; रागी रहा है। इसने राज भी किया है। इसके शिष्यों में गृहस्थी भी है; स्त्रियाँ भी हैं; आबालवृद्ध भी हैं। यह राजाओं की सेनाओं से घिरा वेदान्त के विरोधियों का आतन्क पूर्वक दमन भी करता है। इसने अपने चारों मठों की स्थापना कर चक्रवर्ती धर्म साम्राज्य का आरम्भ किया है। इसने अपनी माँ की आज्ञा मन्त्र बल से बलात् प्राप्त की है और स्वयं ही संन्यास ओढ़ लिया है। इसने बिना साधना के अपने गुरु से सिद्धियाँ वरदान रूप प्राप्त की हैं। इस यती ने हत्यारों को अपना शिष्य बना रखा है। मूढ़ को मतिमान् प्रसिद्ध किया है तथा शास्त्रों का सदैव निरादर किया है। यह शंकराचार्य ऐन्द्रजालिक है; सम्मोहक है। यह रमणीय वक्र वाचाल स्वयं को आदित्य ब्रह्मचारी कहता है किन्तु शव में प्रविष्ट हो राग भरी यामिनियाँ सजा चुका है। यह श्रृंगारी कवि है और निराकार ब्रह्म की वार्ता करता हुआ साकार सगुण की उपासना करता है। यह आचार्य प्रमाण को नहीं मानता; यह मतिमान सम्भृति को स्वीकार नहीं करता, यह प्रच्छन्न बौद्ध है, यह गुह्य क्षप्पणक है। सावधान! इसके संघ में जा मिलो और प्रति चरण इसको रोको!"

"आचार्य्य शंकर को रोको। इस तथाकथित जगद्‌गुरु को थामो। इसको प्रयाग, तीर्थराज की किसी पर्णकुटिया में स्थापित कर दो। समस्त उत्तराखण्ड में अभिनव गुप्त की यह पुकार मानो गूंज उठी। एक-एक कर विश्रुत विद्‌वान काश्मीर मण्डल प्रस्थान करने लगे। अभिनव गुप्त ने भारतवर्ष के शास्त्रियों, याज्ञिकों, विद्‌वानों और मनीषियों को शारदा मन्दिर के विस्तृत अतिथि गृह में आमन्त्रित किया- आओ और भगवती शारदा से प्रार्थना करो कि वह अखिल ब्रह्माण्ड नायिका इस भ्रष्ट संन्यासी को अपने मन्दिर के आहते में न घुसने दे-दक्षिण द्‌वार की अर्गला को मन्त्र से कीलित कर दो-तन्त्र से जकड़ दो आओ, आओ! और शंकराचार्य्य को हराओ; पराजित करो-पराभूत कर दो!" ज्यों-ज्यों यह पुकार मुखाभासित होकर फैलने लगी; त्यों-त्यों गाँवों की सीमायें लोगों की आश्चर्य चकित भीड़ से भरने लगी। आचार्य शंकर आ रहे हैं-इधर से जायेंगे, प्रयाग जायेंगे और हरिद्‌वार होते हुए शारदा मन्दिर पधारेंगे। शारदा मन्दिर! सर्वज्ञ पीठ! लोग जैसे मन के नयनों से शारदा मन्दिर को देखने लगे-सर्वज्ञ पीठ के मणिमय स्वर्णासन का ध्यान करने लगे, दक्षिण द्‌वार! मानो समस्त

भारतवर्ष की प्रतिमा, क्षमता और दर्शन का सिद्ध द्वार होकर देखते ही देखते लोक मानस में प्रतिष्ठित हो गया। अभिनव गुप्त और शंकराचार्य्य-यह दो नाम भारतीय गगन में गूंज उठे।

"प्रयाग पहुंच गया है यह यती शंकर!" अभिनव गुप्त ने गर्ज कर कहा- "और हरिद्वार में मस्तक नवाँ कर यह शंकर इधर आयेगा- नहीं! मैं जाता हूं भगवती-भाग्यवति! मैं जाता हूं। इस शंकराचार्य्य को हरिद्वार में ही रोक दूंगा! हरा दूंगा!"

अभिनवगुप्त की धर्मपत्नी माताजी ने कहा- "ठीक है, अवश्य हरिद्वार जाकर शंकराचार्य को रोको- हराओ। शंकराचार्य्य को हराने पर ही तुम्हारे मन की आँखें खुलेंगी।"

"तो क्या मेरे मन की आँखें बन्द हैं?" अभिनव गुप्त ने झुंझलाते हुए पूछा- "मेरे दिव्य चक्षु खुले हुए हैं। शक्ति को सर्वत्र सब में जैसे देखता हूं, भगवती!"

माताजी हँसीं; बोली- "देखते तो हो; किन्तु क्या उसका अनुभव भी करते हो? अभिमन्त्रण! कर लिया न?"

"अभिमन्त्रण!" अभिनव गुप्त ने सिर धुना कर कहा- "बग्ला मानो अग्निबाण होकर लपकी; किन्तु शंकर के पास पहुंचते-पहुंचते उस अग्निबाण की स्वतः ही शान्ति हो गई-लौटी नहीं। यही अच्छा हुआ। छिन्नमस्ता की रुधिरधारा क्षीर सागर में बदल गई और उस यती शंकर को कमला ने अपने आँचल से ढंक दिया। आश्चर्य्य!"

माताजी ने गहरा निसास रखते हुए कहा- "मैं कहती नहीं थी? अब, अब तो मान गये न?"

"क्या मान गया?" अभिनव गुप्त ने चिल्ला कर कहा- "भगवद् गोविन्दपाद ने वरदान स्वरूप सिद्धियाँ शंकराचार्य को दी हैं। इन सिद्धियों ने ही बग्ला तथा छिन्नमस्ता के क्रोध को शान्त किया है-शंकराचार्य्य? शंकराचार्य्य का शरीर सिद्धियों के वश में है। अवश्य, यह पता चल गया कि शंकराचार्य्य की इच्छा के बिना उसका शरीर अभिभूत नहीं किया जा सकता। शंकर इच्छामृत्यु प्रतीत होते हैं-"

"इच्छामृत्यु ही मृत्युञ्जय हो सकता है, नहीं?" माताजी ने कहा- "शंकराचार्य्य! एक अद्भुत रहस्य है, वेदान्त का!"

अभिनव गुप्त ने क्रोध से तनिक काँप कर कहा- "अच्छा! तब तुम्हारे इस अद्भुत रहस्य को मैं चीर देता हूं-टूक-टूक कर देता हूं। अभी इसी समय जाता हूं। तुम मुझे शंकर से कम, हीन मानती हो? तो तुमको बता दूंगा।"

माताजी मुलकीं? बोली- "शंकर शिव स्वरूप हैं। तुम-तुम मांत्रिक हो; साधक हो; शक्ति के उपासक भर हो। वेद से बढ़ कर कोई विद्या हो नहीं सकती। वेदान्त से बढ़ कर क्या कोई दर्शन है भी? शास्त्र तथा सिद्धि का यती ब्रह्मलीन योगी है नहीं-हो सकता नहीं।"

"चुप रह! मेरे धैर्य्य का भी अन्त है।" अभिनव गुप्त चिल्लाये- "मैं वज्र की मार सह सकता हूं-तेरा व्यंग नहीं" और अभिनव गुप्त कक्ष से बाहर निकले। प्रांगण में जाकर चिल्लाये- "मेरा शीघ्रगामी रथ लाओ। लाओ! सुनते हो?"

सेवक जगा; सहज ही बोला- "जो आज्ञा, स्वामिन्!"

अभिनव गुप्त आधी रात के तारों की झिलमिलाती हुई आभा में चले- हरिद्वार; प्रयाग की ओर मानो धँसे। उनका शीघ्रगामी रथ मानो धरती पर घरघरा कर उड़ता जाने लगा। प्रातःकाल होते-होते तो प्रयागराज के संगम पर समाचार मानो बिजली की भाँति कड़का; अभिनव गुप्त आ रहे हैं-आचार्य शंकर से शास्त्रार्थ करने त्रिक् दर्शन स्वयं आ रहा है। नीलकण्ठ ने अपने शिष्यों से कहा- "अमिनव गुप्त आ रहे हैं-क्या यह सच है?" एक पट्टशिष्य ने कहा- "क्षितिज पर अभिनव गुप्त के रथ के पहियों की घरघराहट बधिर भी सुन रहा है पूज्य!" नीलकण्ठ ने सन्तोष पूर्वक कहा- "नदी में फेंके हुए शास्त्र गले नहीं हैं, तब!"

"शास्त्र भी कभी गल सकते हैं?"पट्टशिष्य ने कहा- "शास्त्र तो सिद्धान्तों की पगपथियाँ हैं। शास्त्र के सिद्धान्त का खण्डन-मण्डन तो हो सकता है-होता ही रहा है, किन्तु शास्त्र नष्ट नहीं किये जा सकते। यह सूत्रवाक्य तो आप श्री का ही हमें प्रदत्त वाक्य है। शास्त्र अजर सिद्धान्त हैं और वह नित्य नवीन होता रहता है-"

नीलकण्ठ ने उदास भाव से कहा- "शंकराचार्य का श्रुति कथन शास्त्र को चुप कर देता है। वेदान्त शास्त्र का मौन है। वेदान्त जैसे देखता है; कहता नहीं।"

मयूर ने अब जैसे कहा- "शास्त्र जगत् व्यवहार के लिये विद्याबल है- मानव बुद्धि की प्रतिभा है। दर्शन? योगियों और सन्यासियों की अनुभूति भर है-शास्त्र विज्ञान स्वरूप है।"

नीलकण्ठ ने तनिक सहज होते हुए कहा- "है तो; किन्तु आचार्य्य शंकर मुझसे जीत गये हैं-मैं मूक हो गया। नदी में अपनी पोथियाँ फेंक कर भी मैं मूक ही रहा हूं। सोचा था, सत्य का प्रत्यक्ष होगा। किन्तु और अँधेरा छा गया।"

दण्डी ने कहा- "शास्त्र भव-संतरण के लिये बोहित है।"

बाण- "उसके लिये जो भव सागर तरना चाहता हो, किन्तु जो जगत् के रहस्य का बुद्धि द्वारा, बुद्धि पूर्वक उद्‌घाटन करना चाहता हो, उसके लिये शास्त्र दीपक हैं।"

नीलकण्ठ ने सहसा कहा- "अभिनव गुप्त आ ही रहे हैं। शंकराचार्य्य देखें क्या करते हैं?"

"क्या करेंगे?" प्रभाकर ने कहा- "हंसेंगे; विहँसेंगे।"

नीलकण्ठ ने प्रभाकर की शान्त मुखमुद्रा को निहारते हुए कहा- "आपने तो आचार्य्य शंकर को मौन ही स्वीकार कर लिया। आप श्री शास्त्रार्थ करते तो आचार्य शंकर का हँसना-विहँसना भी देख लेते।"

प्रभाकर ने तनिक मुलकते हुए कहा- "शास्त्र को लेकर दर्शन पर वार्ता करना अन्ततोगत्वा निरर्थक है। दर्शन के लिये शास्त्र कुल मिला कर अर्थापत्ति ही ठहरता है। फिर वेदान्त दर्शन! तत्वज्ञान तक तर्क संगत वार्ता संभव है; शक्य है, किन्तु जगत् और जीव के परे, देश और काल के पार किसी भी प्रकार की बुद्धि चर्चा केवल चर्चा ही होगी। मैं व्यर्थ बोलना, निरर्थक कहना और केवल शास्त्रार्थ के लिये शास्त्रार्थ करना आवश्यक नहीं मानता। जगत् और सृष्टि के आधारभूत विषय मनन और चिन्तन के विषय हैं-वाणी विलास के नहीं। आचार्य्य शंकर तथा महाशय अभिनव गुप्त की संभावित वार्ता से मेरे कथन का आशय स्पष्ट हो जायगा, महोदय!"

नीलकण्ठ ने घूरते हुए कहा- "तब आपने व्यर्थ ही संघ में सम्मिलित होने का आमन्त्रण स्वीकार किया? दर्शन को लेकर जब आप शास्त्र चर्चा ही अनुपयोगी मानते हैं, तो अभिनव गुप्त का शास्त्रार्थ श्रवण करना भी निरर्थक ही है।"

प्रभाकर ने सस्मित कहा- "वाणी कभी व्यर्थ नहीं होती; केवल मानव बुद्धि का तर्क कभी-कभी व्यर्थ, असंगत हो जाता है। आचार्य्य शंकर से मैंने अपने दैन्य में तर्क नहीं किया-न कुतर्क करना ही चाहता था। मैं तो सरस्वती का विनीत पुजारी हूं और आचार्य्य शंकर? जगद्‌गुरु हैं-हैं ही। देखते नहीं, आचार्य्य

शंकर का यह संघ जैसे भारत संघ हो गया है-शंकराचार्य की मान्यता उनके दर्शन की स्वीकृति आदि प्रश्न रहे ही नहीं। ज्ञान क्रान्ति का तरंगित उदधि देखना चाहता था। मैं प्रभु दर्शन के लिये इस संघ के साथ हूं।"

"प्रभु दर्शन?" मयूर ने पूछा।

"सब भूतों के हृदय में वह परम् सत्य गुह्य है- उसका दर्शन करना चाहता हूं।" प्रभाकर ने शान्त विनीत स्वर में कहा- "वाणी का एक ही निचोड़ है; सत्य का भान हो जाना। वाङ्मय का अन्तिम वरदान परम् सत्य के लिये प्रबल जिज्ञासा का उत्पन्न होना। थक गया था मैं, अहर्निशि शास्त्रों का अनुशीलन कर-प्रतिदिन शास्त्र वाक्यों का मनन कर मैं जैसे हताश हो गया था। शास्त्रों का चिन्तन कर मैं जैसे मूढ़ सा हो गया था। शास्त्र आदि, मध्य और अन्त के परे-पार ले भी जाता है? मानव चेतना पंचभूतों, तत्वों-पदार्थों समूचे गुण धर्मों के परे और पार मानो किसी को टोहती रहती है-सत्य का उभार, माया नहीं, मैं सत्य का स्वरूप ही जानना जाहता हूं।"

"ज्ञान प्राप्त करना चाहते हैं आप?" दण्डी बोले।

प्रभाकर- "मैं स्वयं को जानना चाहता हूं; जगत् को पहिचानना चाहता हूं-मैं कालातीत होना तथा देश की परिधियों से मुक्त होना चाहता हूं। शास्त्र से मैं अज्ञान ही जान पाया हूं। अपरा विद्याओं द्वारा मैं जगत् की तनिक प्रकृति को ही आँक पाया हूं। बुद्धि के संक्रामक व्यसन से छूट कर मैं प्रतिभा की द्युति, प्रज्ञा की शान्ति चाहता हूं-मैं ऋत चाहता हूं।"

दण्डी ने हँस कर कहा- "यह क्यों नहीं कहते मैं शंकर का शिष्य होना चाहता हूं?"

प्रभाकर- "शंकराचार्य्य जगत्, जीव और ब्रह्म का पक्का और नित्य ज्ञान दें तो उनका शिष्य भी होना चाहूंगा। मित्रों! मैं निर्मल चित्त और शुद्ध बुद्धि से ऋत की आराधना ही करना चाहता हूं-ऋतम्भरा, महाशयों! यह जगत् व्यसनी बुद्धि, यह गहन दृष्टि की मेधा, यह विकल प्रतिभा-यह समस्त और समूची जीवनानुभूति के तट के परे मैं अनन्त के चैतन्य को-सत्य को आत्मसात् करना चाहता हूं।"

"आत्म लाभ, प्रभाकर!" पीछे स्थिर खड़े हुए आचार्य श्री शंकर ने कहा- "तुम लोगों की वार्ता मुझे जगा गई। और मैं तुम सब के दर्शनों के लिये चला आया। हां, तुम सबके दर्शन, अब मैं इस पृथिवी तल पर मानव-महामानव के दर्शन

करना चाहता हूं। मुझे ऐसा लग रहा है परम् पुरुष ही महापुरुष मानव स्वरूप इस पृथिवी पर आविर्भूत होता है और प्राणियों को दर्शन मात्र से मुक्त कर देता है। मैं, यह शरीरी महापुरुष नहीं हूं; किन्तु मानव तो हूं- इस पृथिवी पर मानव ऋतम्भरा की आराधना के लिये ही आता है, वत्स प्रभाकर!"

सब उठ खड़े हुए। प्रभाकर ने प्रणाम पूर्वक कहा- "आप श्री? हमें यों दर्शन देना आपका अनुग्रह है, आचार्य श्री!"

शंकराचार्य ने अपने पद्मपाणि हिलाते हुए कहा- "आओ, सब मिल कर बैठें। प्रतिरात्रि ध्यान में लीढ़ मैं जैसे अपनी आाकृति और आपा खो बैठता हूं। आज आप सब मनीषियों के साथ बैठने की इच्छा स्वयं ही हो आई। उसी भांति हो आई जिस भांति परम ब्रह्म में एक से अनेक प्रतिभासित होने की दिव्य अनन्य कामना जाग्रत हो उठी। आकृति और आपा से रहित ध्यान निविड़ातिनिविड़ शून्य है और वह केवल आकृतियों की संख्या से ही भरता रहता है- भरता और रिक्त होता रहता है। इस जगत् के संयोग भरना है; मिलना है तथा वियोग- बिछुड़ना है; रिक्त होना है- दूर होना है। महोदयों, इस जगत् में जीवन का ध्येय मिलना और मिलकर बिछुड़ना है- मिलने का परिणाम बिछुड़ना ही है। बिछुड़ने का अन्त मिलना नहीं है- बिछुड़ने का अन्त मिलना हो तो निस्संदेह जीवन का अन्त मरण नहीं हो सकता। जन्म-मरण, पुनर्जन्म-यही तो सृष्टि है। आओ, मिल लें!"

नीलकण्ठ ने देखा आचार्य शंकर की पलकें आकाश के उभारों से भरी हुई है; कहा- "निद्रा, जाग्रति, स्वप्न, यह क्या आपको नहीं....?"

शंकराचार्य ने सहसा ठठा कर हंसते हुए कहा- "होते हैं शरीर को, मुझे नहीं!"

"आप तब-" दण्डी ने पूछा।

"आप ही बताइये, आप कौन?" शंकराचार्य ने पलकों में जागते हुए मानो पूछा।

दण्डी चकपकाये; बोले- "मैं कौन? मैं-मैं और कौन?"

आचार्य शंकर ने सस्मित कहा- "यही, यही तो। यह मैं ही तो अनादि जीवात्म भाव है- अज्ञान से स्वयं ही आच्छादित सच्चिदानन्द आत्मचैतन्य की स्वयं की गूढ़ विस्मृति -स्मृति हीनता, स्मृति रहितता सच्चिदानन्द अपने ऐश्वर्य का स्वयं ही भान करना चाहता है, तब आकाश में मेघ की भांति, स्वर्ण

में भूषण के रूप की भांति, रज्जु में सर्प की भ्रान्ति की भांति नाना की कामना उद्भवित होती है। हां, होती है, पण्डितों!"

मयूर ने कहा- "यह रहस्य कथन मात्र है। ज्ञानस्वरूप, ज्ञान मूर्ति, चैतन्य, अज्ञान की धारणा कर स्वयं पर उसका आच्छादन होने दें और अपने नाना बिम्बों में व्यक्त हों-"

"ब्रह्म न व्यक्त है; और नहीं अव्यक्त।" आचार्य श्री शंकर ने बीच में ही मयूर को झेलते हुए कहा- "ब्रह्ममयता से उपादान उद्भवित होता है और ब्रह्म चैतन्य में तैरता रहता है; किन्तु ब्रह्म उपादान स्वरूप नहीं ढलता। कल्पों और प्रलयों में ब्रह्म सच्चिदानन्दमयता की भांति बसा रहता है- यही सत् है। सत् का स्वभाव ज्ञान है; ज्ञान का स्वाद अमृत है और अनुभव आनन्द है- सच्चिदानन्द! मानवयोनि में मानव-जीव को अपना जीव भाव इसी सच्चिदानन्दमय स्थिति में लीन करना है- काल से छूट जाना है, देश से मुक्त तथा भवेच्छा, अज्ञान और उसके अध्यास से मोक्ष प्राप्त करना है। संगम, प्रयागराज तीर्थ का प्राणियों को यही आश्वासन है; जीवों को यही वचन है। आत्म लाभ करावें वह तीर्थ। जो देवता जीव भाव को शान्ति दे, वही इष्ट तथा जो मुमुक्षु मार्ग बतावे, वही मित्र।"

बाण ने पूछा- "मोक्ष व्यष्टिगत अथवा समष्टिगत भी?"

शंकराचार्य ने सब को सस्नेह देखा; कहा- "व्यष्टि ही अपनी अभिव्यञ्जना में समष्टिवत ही होती है- यह अभिव्यञ्जना जब परम् सुख की ऐषणा के लिये होती है तब जगत् में जीव होकर उसको भ्रमण करना ही होता है; किन्तु जब परम् सत्य की अमोघ कांक्षा व्यष्टि में उत्पन्न होती है तब वह व्यष्टि अनन्त में लीन होने लगता है- अज्ञान का तिमिरान्ध हटने लगता है। काल दूर होता जाता है और कर्म शमने लगता है- शान्त ज्ञान क्रान्ति होने लगती है- जीव स्वयं के जीव भाव से मुक्त होने लगता है।"

मयूर ने हठात् पूछा- "सच्चिदानन्दमयता ही है- ज्ञान ही है तब यह सब प्रपंच? मैं तब जगत् चाहता ही क्यों हूं? क्यों स्वयं को स्मृत-विस्मृत हूं? अज्ञान ज्ञान आच्छादित हो ही कैसे सकता है? आचार्य प्रवर! अध्यास, भ्रम, भ्रान्ति हो ही कैसे सकती है? सत्य ज्ञान है, अनन्त है तब यह अज्ञान, अध्यास? माया-भ्रम-भ्रान्ति! बुद्धि के पाले यह सब आपका बुद्धि का गोरखधन्धा पल्ले नहीं पड़ता, नहीं, गुरुदेव!"

आचार्य्य शंकर ने बारी-बारी सब के मूक मुख-मण्डलों को देखा; कहा- "अपने नयनों के अगाध गहन में डूब जाओ। अपने अन्तःकरण के अतल में देखो- ज्ञान है तो अज्ञान की धारणा भी है, ज्ञान है, तो कल्पना भी है। प्रकाश है तो अन्धकार भी है। क्या ज्ञान कल्पना, बिम्ब प्रतिबिम्ब, भ्रम-संभ्रम के धुएँ आविर्भूत नहीं कर सकता? सर्व शक्तिमान, सर्व समर्थ, सच्चिदानन्द ब्रह्म माया की धारणा करता है-कर सकता है। वह परमात्मा ब्रह्माण्डों की कल्पना से भरा हुआ है- व्याकुल होते ही परम् शान्त है। ब्रह्म शून्य-अभाव नहीं है; ब्रह्म अशून्य है; निरीह सत्य है। ब्रह्म ज्ञान है इसलिये नित्य विलासी चिद् भी है। यह माया ब्रह्म की लीला है; भव-संसार उसका सनातन अनादि चिद् विलास है। आओ, मैं आप लोगों को संगम तट पर ले जाने के लिये भी आया हूं। अब मिल कर गंगा में स्नान करेंगे-काया को, स्वच्छ मन को शान्त, बुद्धि को शुद्ध तथा चित्त को निर्मल करेंगे। गंगा ज्ञानगंगा है और उसका भूतात्मक जल भी ज्ञान की आभा तरल आभा है। तभी ऋषि मुनियों ने गंगा तट पर ही पद्मासन बिछाये हैं।"

संगम! गंगा, यमुना और दिव्य सरस्वती की अनादि शाश्वत धाराओं का संगम। आचार्य्य श्री शंकर उठे- "आओ, वेदान्त के सच्चिदानन्द की अमोघ आराधना द्वारा हम दर्शनों और तत्त्वबोधों, सम्प्रदायों और मत-मतान्तरों का प्रज्ञा-संगम आविर्भूत करें। भारतवर्ष ही नहीं, भूमि मण्डल को, मानव मात्र को ज्ञान की ही आवश्यकता है-अज्ञान तो जीव का कालरात्रि में शयन है। यह जाग्रतावस्था अज्ञान में ज्ञान की स्मृति मात्र है। यह जगत् ज्ञान का ही मायामय-नाना प्रतिबिम्बमय प्रतिभास है! यह वैश्वानर के स्वप्नों का लोक-लोकान्तर है। वह अन्धकार तथा प्रकाश से हीन, रहित अपने ही समर्थ तेजस् में स्वप्न देखता है-हाँ, यही, यही तो और मानो थक कर, ऊब कर काल की गाढ़ सुषुप्ति में लीन रहता है-सभी कारणों का वह ब्रह्म निमित्त कारण है, अधिष्ठान है-चैतन्य अधिष्ठान। वह सभी कार्यों के कारणों का भी निमित्त है। यही ब्रह्म सत्य है, महाशयों! संगम तट पर अपलक गंगा को देखो; यमुना को देखो; सरस्वती की उस अन्तर्ध्यान दिव्यधारा का ध्यान करो। इस मायावी जगत् में कुछ भी विरोधी, सरोधी, रोधी नहीं है। माया क्षणिक होते हुए भी संगत है, तत्वों के पदार्थगत द्रव्यों और उनके गुण-धर्मों का संगम ही है। इस जगत् में संहार तो है; किन्तु खण्डन नहीं है और नहीं मण्डन है। सृष्टि, स्थिति और संहार- लय! कल्प, सर्ग प्रलय और महाप्रलय का अनन्त अगाध असीम

काल-कवलन है। यही अज्ञान है और इसको जान लेना प्रज्ञान है अतः प्रज्ञानम् ब्रह्म"

मन्त्र मुग्ध से सब आचार्य्य श्री शंकर के साथ हो लिये। कुछ दूर संगम का प्रयागराज सूर्य के मध्याह्न ताप में तप रहा था। आकाश के व्योमों में उभर कर तथा अन्तरिक्ष में गगनों में प्रताड़ित होकर सूर्य्य के रश्मि-पुञ्ज दिव्य पुष्प वृन्दों की भाँति उमड़ रहे थे। मध्याह्न का सूर्य तप रहा था और शंकराचार्य मानो षड् दर्शनों के समकालीन प्रतिनिधियों के साथ भारत संगम की ओर जा रहे थे। आचार्य्य शंकर ने संगम की त्रिवेणी को देखा और उच्छवसित स्वर में बोले- "भट्टपाद! कुमारिल्ल, भट्टपाद! महाशयों! कुमारिल्ल भट्ट को मैं संगम घाट पर चिता पर बैठे और शारीरिक भाष्य को देखते हुए मन की आँखों से देख रहा हूं- मुझे मूर्तिमान भारत दीख रहा है। भट्टपाद कुमारिल्ल भारत की ब्राह्मण मूर्ति ही थे-हैं" आचार्य्य थमे और घूम कर बोले- "जब तक समुद्र है, जलधि और जब तक सरितायें, नदियाँ-महानदियाँ हैं, तब तक बोहित हैं; बजरे हैं; जहाज हैं। मैंने शास्त्र के अनात्मवादी कथनों का ही खण्डन किया है-जीऊँगा, तब तक करूंगा। अनात्मवाद, अतः विज्ञानवाद तथा अतएव शून्यवाद, यह नश्वर क्षणिक, हाँ, यही अज्ञान है- अज्ञान को है सिद्ध करना ही विज्ञान का ऐन्द्रजाल है। जो नहीं है, वह नहीं है तथा जो है-सो है। ज्ञान ही है, तो अज्ञान नही है-है ही नहीं। क्षण और क्षणिक उपस हैं-उभार है, प्रतिभास तो फिर अनन्त ही है। सीमा नहीं है; असीम ही है। संकल्प-विकल्प, संकोच-विकोच-यह सब प्रतिबिम्बित प्रतिभास यह इदम्, यह प्रपंच जैसे भट्टपाद के शान्त स्थिर नयनों में जल गया है। भट्टपाद ने ज्ञान संगम में ही मानो अग्नि स्नान किया है।"

सुरेश्वराचार्य्य तनिक आगे आये; प्रणामपूर्वक बोले- "भट्टपाद! हे सदैव वरेण्य ब्राह्मण! है शास्त्रगुरो! प्रणाम, प्रणिपात!"

आचार्य्य श्री शंकर ने उर्जस्वित स्वर में कहा- "कुमारिल्ल ब्रह्म को जान गये थे किन्तु शास्त्रवाक्य की आसक्ति त्याग नहीं सके। अरे, सत्य को जानना क्या? मानना क्या? जानना तो माया का-मानना तो अज्ञान का। मैं हाथ उठा कर कहता हूं- विज्ञान के विद्याविलास से, वाणी और वाङ्मय से ब्रह्य नहीं, जगत् और जीव ही हो जाना, माना और समझा जा सकता है-शास्त्र जगत् दर्पण है; जीवों के लिये स्मृति है तथा जीवनयापन के लिये धर्म है। आओ, भारतवर्ष में शताब्दियों से व्याप्त अज्ञान के तिमिरान्ध को मिटाने के लिये गंगा, यमुना और सरस्वती के दिव्य त्रिपथगामी संगम पर हम सब प्रतिज्ञा करें; हम भारत

के ज्ञान-संगम का आह्वान करते हैं। मत-मतान्तरों, सम्प्रदायों तत्त्वबोध के भिन्न-विभिन्न दृष्टिकोणों तथा दर्शनों की निगड़ ऊहापोहों के अन्तराल में गुह्य ज्ञानप्रकाश को ही हम देखेंगे-ध्यायेंगे। हम जगत् में जीयेंगे मोक्ष के लिये और प्रभु को भजेंगे। हाँ, हम पृथिवी के मानव हैं- उदारचेता ज्ञानोल्लसित सुन्दर शीलवान मानवता के सृष्टि, स्थिति और लय के अनादि सनातन वैदिक धर्म को धारण कर स्वयं सफल होंगे तथा धरती को धन्य करेंगे- "सरस्वतीं देवयन्तो हवन्ते!"

"सरस्वतीं देवयन्तो हवन्ते!" गहगहाती हुई ध्वनि उठी।

"सरस्वतीं देवयन्तो हवन्ते!"उपस्थित पण्डितों, शास्त्रज्ञों और आचार्यों के कण्ठ कूक-कूज उठे। आचार्य्य शंकर के अर्धोन्मीलित नयन तनिक विस्फारित होते हुए खुले और इस पुनीत मंगल गर्भित ध्वनि से भर उठे, इतरा उठे। सुरेश्वराचार्य ने सरस्वती को देवता होने के लिये की गई पुकार को अपने गण्डस्थल पर सहा; कहा- "मनुष्य को देवता होकर क्या करना होगा? मानव क्या सुर, असुर, देव-दानव बनने के लिये है? विद्या-बान्धवों! सोचो। इस पृथिवीतल पर सदैव सुर- असुर को लेकर इतिहास और पुराण लिखे गये हैं। किन्तु मानव के लिये....."

आचार्य श्री शंकर ने बीच ही में कहा-"वेद, वेदान्त, वैदिक धर्म-शास्त्र, स्मृति, वत्स! ईश्वर ने वेद मानव के लिये ही ऋषियों को व्यक्त किये हैं- वेदान्त भी मानव के लिये अर्थात् जीव मोक्ष के लिये परमात्मा ने ऋषि मुनियों के अन्तःकरण में प्रगट किये हैं-ज्ञान का ब्राह्म मुहूर्त और जीवन का तीर्थ मानव योनि के लिये ही है। मनुष्य अर्थात् अपरा विद्याओं का धनी, विज्ञान का उपासक, अज्ञान का भवरोगी और परा विद्या का यती एवं सच्चिदानन्द रूप शिव! सुर-असुर के लिये स्वर्ग और पाताल हैं; किन्तु मनुष्य के लिये अनन्त कोटि ब्रह्माण्ड हैं; कल्प हैं-प्रलय हैं-पुनर्सर्ग हैं। वैभव हैं; भूति-विभूति हैं। अनन्त कोटि भवयोनियाँ हैं, राग भरे बन्धन हैं-स्वप्नों का चिद्विलास है और स्मृतियों का अनन्त शून्य भी है। क्या नहीं है मनुष्य के लिये? फल हैं; फूल हैं; दूध है, भोजन है- अन्न तथा भेषज है। मन्त्र है, तन्त्र है...."

तनिक दूर घरघराता हुआ रथ लोगों की भीड़ से मानो जा टकराया। भीड़ हिली; बिथुरी बिखरी छितरी; टूटी। अभिनव गुप्त कूद कर कौंधते हुए मेघ की भाँति धरती पर घहरे- "कहाँ हैं शंकराचार्य? वह जगद्गुरु कहाँ हैं....."

चकित किन्तु त्रस्त भीड़ की कुछ आंखें संगम तट पर बैठे हुए तथा पण्डितों, उपाध्यायों, आचार्य्यों से घिरे हुए शंकराचार्य्य की ओर गई। अभिनव गुप्त ने भी जैसे हठात् देखा; वह है-वहाँ, अच्छा! भीड़ स्थिर हो गई, मानो सागर क्षण भर के लिये स्थिर हो गया हो। अभिनव गुप्त धरती पर जैसे अचल खड़े हो गये-पुष्ट जंघाओं को कूल्हों के भार से समस्थित रख कर पाँवों को स्तम्भ की भाँति गाड़ते हुए पुकार कर बोले- "मैं- अभिनव गुप्त! आया हूं, शंकराचार्य्य!"

समस्त पण्डित मण्डली मानो भूचाल के हल्के धक्के से हड़बड़ा कर उठ खड़ी हुई। नीलकण्ठ लपके; मयूर चले; दण्डी धँसे; बाण बढ़े और प्रभाकर, आचार्य्य शंकर के पास खड़े रहे। पद्मपाद सावधान, सुरेश्वराचार्य्य सन्नद्ध, हस्तामलक शान्त! चारों दिशाओं में गमकता हुआ गगन मण्डल अभिनव गुप्त की आरक्त आँखों में मानो तनिक उफन गया; उत्ताल अधीर कम्पित स्वर में अभिनव गुप्त के पुनः पुकारा- "मैं, अभिनव गुप्त, आचार्य्य शंकर!"

सहसा सहज शंकराचार्य्य उठे और अभिनव गुप्त की ओर धीर गम्भीर मुद्रा में चले। लोगों ने देखा पूर्णेन्दु मानव रूप धर कर पृथिवी पर मध्याह्न में डोलता हुआ सूर्य के घूसर बिम्ब की ओर गतिमान हो गया है। अभिनव गुप्त शिव का त्रिशूल लिये रुद्र रूप में खड़े थे। अपने ही ताप में तपते हुए वह आरक्त नयनों से शंकराचार्य को दृष्टि से ही स्तम्भित कर सदैव के लिये जम्भित कर देना चाहते थे। शंकराचार्य्य की वेदान्त की ज्ञान क्रान्ति के यज्ञ का ध्वंस करने के लिये ही यों त्रिशूल उठाये अभिनव गुप्त आये थे। शिव के रुद्र शिष्य की भाँति अपनी ओर पूर्णेन्दु को अपनी ही ज्योत्स्ना में तैरते हुए आते देखते हुये अभिनव गुप्त ने मन ही मन कहा- "यह-यह शिव स्वरूप शंकराचार्य्य? मनुष्य है; मनुष्य-शिव कहाँ है?" आचार्य शंकर शरद-यामिनी के पूर्णेन्दु की भाँति ढुलते हुए अभिनव गुप्त के रथ से तनिक दूर से थमे; खड़े होते हुए बोले- "आओ, आचार्य्य अभिनव गुप्त! जैसे जन्म जन्मान्तरों से आपकी प्रतीक्षा कर रहा था।"

"मेरी, प्रतीक्षा, आप?" अभिनव गुप्त ने औचक पूछा।

"शिव शिवा की प्रतीक्षा कर रहे हैं तभी शक्ति का, चिति का स्वरूप धर कर शिव और शिवा होकर जगत् की यह गृहस्थी चला रहे हैं।"

"तब शिव, आप हैं और मैं...." अभिनव गुप्त।

"शिव शक्ति! आचार्य्य अभिनव!" शंकराचार्य्य ने कहा।

"बातें मत बनाओ, आचार्य शंकर!" अभिनव गुप्त गर्जे- "मेरी प्रतिज्ञा है शैव दर्शन ही जगत्, जीव तथा ब्रह्म को लेकर परम् सत्य और परम् सुख से पूर्ण दर्शन है-वेदान्त नहीं।"

शंकराचार्य्य के गहन अथाह नयन क्षितिज की ओर उठे; उनके कोकिल कण्ठ से वासन्ती अनहद मानो कूजा- "वेदान्त! आचार्य्य अभिनव गुप्त! मेरे आदरणीय, पृथिवी पर मानव को वेद, वेदान्त तथा वैदिक वर्णाश्रम धर्म की ही सदैव आवश्यकता रही है- आज तो वह सञ्जीवनीवत् अनिवार्य आवश्यकता हो गई है। मानव का भाग्य और भविष्य वेदान्त की ज्ञान क्रान्ति से ही बनता आया है-बनता रहेगा। इस पृथिवी पर यावत् जीवन के श्रेय, मंगल तथा जगद्कल्याण के लिये ज्ञान की ही अनिवार्य्य अपरिहार्य्य आवश्यकता है-मनुष्य जड़ से टूटता है और आत्म चैतन्य में रम कर वह अनन्त हो जाता है-"

"अनन्त?" अभिनव गुप्त उच्छ्वसित बोले।- "मोक्ष मार्गी!"

आचार्य शंकर ने सस्मित कहा- "मुक्ति, मोक्ष के लिए क्षणिक जीवन चेतना को अनन्त चैतन्य में बदलना ही होगा। वेदान्त मोक्ष का दर्शन है तथा मुमुक्षु मार्ग है, आचार्य श्री।"

"मोक्ष? कौन चाहता है, शंकर यती?" अभिनव गुप्त।

"आप, मैं, प्राणी मात्र।" आचार्य्य श्री शंकर।

27

"आत्मा वा अरे द्दष्टव्यः!" आचार्य्य श्री शंकर ने अभिनव गुप्त को अगाध कारुण्य से भरपूर द्दष्टि से देखते हुए कहा- "जगत् नहीं, जीव नहीं, शक्ति नहीं, शिव भी नहीं, आचार्य्य अभिनव! आत्मा! आत्मा को ही देखो!"

अभिनव गुप्त ने विजड़ित और स्तब्ध सी उपस्थित विद्वद्-मण्डली को दर्प पूर्वक देखते हुए कहा- "मैं तो इन विद्वानों को देख रहा हूं, यतीवर! शंकराचार्य्य! शिव को न देखूं- शक्ति को नहीं पेखूं- तब क्या आपको देखता हूं? नहीं। शैव तीन नयनों से देखता है-शिव शक्ति और परम् शिव-यही शैव की अनादि शाश्वत द्दष्टियाँ हैं। त्रिक् यती शंकर।"

"देखने वाला स्वयं को ही देखता है; जानने वाला स्वयं को ही जानता है, आचार्य मेरे!" शंकराचार्य ने सस्मित कहा- "दो हैं ही नहीं, एक ही है-द्दष्टा और द्दश्य नहीं; केवल द्दष्टा है। याज्ञवलक्य ने पुकार कर कहा है-विज्ञातारम् अरे केन विजानीयात्। द्दश्य को अपने स्वरूप में आत्मसात् करो, अभिनव! आपको सदाशिव, शिव, शक्ति, ईश्वर, प्रकृति पुरुष-यह नाना प्रतिबिम्बात्मक जगत् यह चित्र विचित्र विलक्षण सृष्टि-यह आश्चर्य्यजन्य, आश्चर्य्यपूर्ण दिव्य अदिव्य इदम् दिखेगा ही नहीं। शिव शक्ति परम शिव का समरस है-चिति-चेतन है; चिद्विलास भर, आचार्य!"

अभिनव गुप्त ने ठठा कर हँसने हुए कहा- "यह जगत् शिव की शक्ति की ही अभिव्यक्ति है-शिव स्वयं अपनी चिद्, आनन्द, इच्छा, ज्ञान और क्रिया शक्ति द्वारा जगत्, जीव और भव संसार रूप उद्भवित होते हैं। चिद् विलास ब्रह्म का-थूः निराकार निरञ्जन अज ब्रह्म में चिद् कहाँ से आ गया यती?"

आचार्य्य श्री शंकर ने शान्त स्वर में कहा- "मेरी कुटिया में चलिये। शान्ति पूर्वक बैठेंगे और चर्चा करेंगे। या तो मुझको समझा दें आप अथवा मुझसे समझ जायें। सत्य की वार्ता अभिमन्त्रण या अभिचार अथवा व्यभिचार नहीं है-है?"

"नहीं है। अभिमन्त्रण?" अभिनव गुप्त ने गर्भित स्वर में कहा- "मन्त्र के वश देवता तो हैं- हो जाते हैं; किन्तु आप नहीं। क्यों?"

आचार्य्य श्री शंकर ने सस्मित कहा- "इसका उत्तर आप स्वयं ही जानते हैं-जान गये हैं। हम मेघ नहीं हैं; विद्युत भी नहीं हैं, हम तरंग भी नहीं हैं- आभूषण नहीं, स्वर्ण हैं; आकाश हैं; अर्णव हैं, शून्य, महाशय! भगवती बग्ला और भगवती छिन्नमस्ता ने मेरी सुनी या नहीं सुनी- यह मैं कह नहीं सकता, किन्तु महाकाल भैरव की सुनी। नहीं?"

अभिनव गुप्त ने शंकराचार्य्य को घूर कर देखा; पूछा- "लौटाई नहीं?"

"आत्मरूप हम सब एक हैं; अभिन्न हैं-अभय भरा अद्वैत है। यह मैं और तुम, आचार्य्य! केवल अज्ञान का अध्यास भर हैं। आप तो जानते ही हैं, शिव तत्त्व ब्रह्म चैतन्य तत्त्व है। वही ब्रह्म, परम् ब्रह्य, सच्चिदानन्दमय ब्रह्म आपका परासंवित् परमेश्वर, परम शिव भी है।"

अभिनव गुप्त ने पूछा- "अति तुच्छ, परिच्छिन्न-सीमित होने पर भी आपका अज्ञान अपरिछिन्न अलौकिक, स्वप्रकाश, सर्वव्यापी आत्मा को आच्छादित कर देता है-वाह्! वेदान्त का क्या कहना?"

आचार्य श्री शंकर ने कहा- "बादल जैसे सूर्य को ढंक देता है, आचार्य! आपका मेरी कुटिया में स्वागत है-"

"मठ में नहीं?" अभिनव गुप्त ने शंकराचार्य के साथ कुटिया की ओर हो लेते हुए पूछा।

"मैं मठाधीश नहीं हूं; महन्त भी नहीं हूं- मैं पृथ्वीतल पर एक निरीह सन्यासी हूं; निर्विशेष्य व्यष्टि हूं; मानव हूं, महाशय!"

"मायावी, और क्या?" अभिनव गुप्त ने निसास भरते हुए कहा- "क्या आप श्री त्रिक् दर्शन को अन्त में स्वीकार करेंगे?"

"आत्मदर्शन को अवश्य, क्यों नहीं?" आचार्य्य श्री शंकर ने कहा- "आत्मचैतन्य न स्वीकार्य्य है और नहीं अस्वीकार्य। क्या आप स्वयं को अस्वीकार कर सकते हैं? शिव स्वयं स्वयंमेव हैं- "शिव?" अभिनव गुप्त ने पूछा।

"ब्रह्म, जी!" आचार्य्य शंकर बोले- "दक्षिण द्वार ऐसा रहस्य क्यों बन गया है, आचार्य्य अभिनव गुप्त? शताब्दियों से उसका बन्द बने रहना क्या दक्षिण की अवमान्यता नहीं है? तत्वज्ञान और दर्शन के द्युतिमान् आचार्य्यों की पंक्ति लगी हुई। दक्षिण? दक्षिण भारतमाता का मुखमण्डल है-दक्षिण ब्राह्मण है। फिर मन्दिर के द्वारों का खुलना और बन्द बने रहना आदि से आचार्य्यों की गणना सिद्ध कैसे होती है? यह आकर्षक कपोल कल्पना तो नहीं है?"

अभिनव गुप्त थमे; कटि प्रदेश से टेढ़े हो हंसते हुए बोले- "इन्द्र के हाथ शारदा मन्दिर के द्वार नहीं खोल सकते, जगद्गुरु! आप स्वयं को सर्वज्ञ पीठ पर बैठे बिना ही जगद्गुरु कहने लग गये?"

"मैं नहीं कहता; लोग कहते हैं।"-आचार्य श्री शंकर ने कहा।

"आप इस विशेषण को, सम्बोधन को सुन कर रीझते हैं, नहीं?" अभिनव गुप्त ने कहा।

"सुन लेता हूं आचार्य्य अभिनव गुप्त!" शंकराचार्य ने अपनी कुटिया के द्वार पर थमते हुए कहा- "रही सर्वज्ञ पीठ पर आरूढ़ होने की बात। सो शारदा स्वयं सम्पन्न करेंगी-आप निश्चिन्त रहें भवान्!"

"निश्चिन्त!" अभिनव गुप्त ने सरोष कहा- "आप श्री हैं, तब तक इस भारत भूमि का कौन विद्वान्, मनीषी, तत्त्वज्ञानी, यह सब शारदा के पुत्र पुत्रियाँ निश्चिन्त कैसे हो सकते हैं? सर्वज्ञ पीठ पर आरूढ़ होना सरल नहीं है, आचार्य्य शंकर!"

शंकराचार्य ने कुटिया में घुसते हुए कहा- "क्या कठिनाई है, श्रीमन्?"

अभिनव गुप्त ने कुटिया के द्वार में थमते हुए कहा- "सर्वज्ञ पीठ पर वही आरूढ़ हो सकता है जो शास्त्रों का तीर्थ हो, तन्त्र का धारक और विद्याधर हो, सिद्ध हो और जिसने वेदों को अपने चित्त में भर लिया हो। जिसने दर्शनों को हथेली पर ले लिया हो और जो अहर्निशि तत्वों के सम्मुख हो-दृष्टा हो; क्रीतदर्शी हो-सरस्वती का महानतम पुत्र हो..."

"पुत्री?" शंकराचार्य्य ने अपने आसन पर बैठते हुए पूछा।

"गार्गी, मैत्रेयी जैसी, अवश्य!" अभिनव गुप्त ने कहा।

"उभय भारती, भारती?" आचार्य ने पुनः पूछा।

"आपने तो उसको न जाने क्या-क्या कहा है? सन्ध्या, सावित्री, सरस्वती का मानवीय संस्करण, ब्रह्मा की पुत्री! न जाने क्या क्या कहा है? क्यों न कहते यह सब? उसी ने तो आपको कामानुशीलन का अलभ्य अवसर दिया था-"

"शव क्या कभी भोगता है? आचार्य्य, श्री शंकर ने सस्मित पूछा- "राजा अमरुक का मृत देह शव था और यह भी सप्राण शव है। संन्यासी जीवित शव है आचार्य्य अभिनव! उपविष्ट हों-इस आसन पर बिराजें। आप श्री मेरा भय त्याग दें। मेरा कोई प्रतिपक्षी नहीं; विरोधी या सरोधी भी नहीं। मेरा कोई शत्रु नहीं-मैं समदृष्टा अजात शत्रु हूं।"

"आपसे भय? मुझको?" अभिनव गुप्त ताडुके।

"तब आपने मुझ पर अभिमन्त्रण क्यों किया?" आचार्य्य श्री शंकर ने पूछा- "यह तो दुर्लभ संयोग था कि यह देह महाकाल के समक्ष था। प्रार्थना में लीन मैं महाकाल के श्री चरण थामे हुए था-"

अभिनव गुप्त ने अपने मध्यम नयन संकुचित करते हुए कहा- "दक्षिण द्वार खोलने का अपना दुराग्रह त्याग दो, शंकर! कामरूप काम्बोज, कुरुक्षेत्र, ज्योतिर्मठ का यह क्षेत्र त्याग दो। हम शताब्दियों से शाक्त हैं, कौल हैं-तान्त्रिक हैं। शिव के त्रिशूल पर हमारा कैलाश टिका हुआ है। हम माध्वी पीते हैं- रमणियों के गण्डस्थलों पर थाप मारते हुए डमरू की ताल पर नाचते आये हैं ज ब ग गडदश! आचार्य्य! हमें आपके निर्गुण निराकार ब्रह्म की कब आतश्यकता हुई? कब?"

"जीव को ब्रह्म की अवश्यकता है ही। जीव ब्रह्म अभिन्न है, क्या यह आपको ज्ञात नहीं?" आचार्य्य श्री शंकर ने कहा - "ब्रह्म को जीव चाहिये और जीव को ब्रह्ममय होना है। एक दिवस की एक धन्य पल भव योनियों में भटक कर थका, हारा, निराश और भयभीत जीव पुकारेगा-शुद्ध होकर-बुद्ध होकर पुकारेगा; अहम् ब्रह्मास्मि! देखते क्यों नहीं? यदि परम् शिव ही जगत् स्वरूप ढलते तो क्या जगत् का एक ही रूप नहीं होता-यह अनन्त कोटि रूप, यह नाना नाम क्या होते? ब्रह्म ही जीव होता तो क्या यह भव योनियां होती? वेद होते? वेदान्त होता और क्या यह वैदिक वर्णाश्रम धर्म होता? ब्रह्म ही पाशबद्ध होता तो क्या शिव कभी पाश मुक्त हो भी सकते थे? भ्रान्ति को सत्य मत मानो आचार्य्य अभिनव! अज्ञान ब्रह्म की क्षणिक धारणा है; अध्यास-आरोपण ब्रह्म

की स्वेच्छिक भ्रान्तिवान् कल्पना है-रज्जु सर्पवत्। आचार्य्य अभिनव? सत्य ही असत्य होता तो फिर न सत् होता और नहीं असत्।"

अभिनव गुप्त- "हम आपसे ब्रह्मज्ञान प्राप्त करने के लिये यहाँ नहीं आये, आचार्य्य शताब्दियों से वेदान्ती शिव को ब्रह्म कहते आये हैं और शैव दर्शन को वेदान्त से अलग कर उसकी काट करते रहे हैं। किन्तु आपने तो सभी परम्परागत मान्यतायें खण्डित कर समस्त जगत् को क्षणिक और मायावी तथा जीव को आरोपण मात्र कह कर परम् सत्य जो इस जगत् स्वरूप उद्भवित हुआ है, उसको ही निरर्थक कर दिया है। हम शैव त्रिकाल में भी आपके शून्य ब्रह्म को स्वीकार नहीं कर सकते। हम जीवन को संन्यास नहीं कहते। हम जीवन को अर्थ, धर्म, काम और मोक्ष के लिये पुरुषार्थ, प्रतिभा, क्षमता और विज्ञान घन ऊर्ज्वस्विता मानते हैं। हम भोग करते हुए मोक्ष चाहते हैं। मोक्ष? परम् चरम निर्विघ्न निश्चिन्त सुखावस्था।"

आचार्य श्री शंकर- "तब फिर?"

"शारदा मन्दिर आने का संकल्प त्याग दो।" अभिनव गुप्त ने कहा- "राजाओं की सेनाओं की मेखला लपेटे रहने से क्या आप सुरक्षित रह जायेंगे? आपका सामना यती करेंगे; योगी करेंगे-शास्त्री, स्मार्त और तत्व मनीषी-सब करेंगे; जैन-बौद्ध, शाक्त सभी पग-पग पर आपको रोकेंगे, सुना!"

"सुन लिया-तब हम ब्राह्म मुहूर्त होते ही शारदा मन्दिर के लिये प्रस्थान करेंगे। हम बदरी केदार का आह्वान कर काश्मीर की भूमि को वन्दन करेंगे। आपने व्यर्थ ही मुझको दर्शन देने का श्रम किया- आप तो मेरी चेतना में इन दिनों छाये हुए हैं...."

"प्रेत की भांति?" आचार्य अभिनव गुप्त खीझ कर बोले।

"एक देव की भांति! आचार्य अभिनव!" शंकराचार्य ने कहा।

"आचार्य शंकर! अति सर्वत्र वर्जयेत्!" आचार्य अभिनव गुप्त गर्जे- "भारतवर्ष के शास्त्रियों को हतप्रभ करना, पण्डितों को नीचा दिखाना तथा तत्वज्ञानियों को जड़वादी बताना सांस्कृतिक वाचालता की अति है, यती शंकर!"

"इस शरीरी ने पण्डितों का आदर ही किया है- शास्त्रियों के अवैदिक अनात्मवादी मतों का खण्डन किया है और तत्व ज्ञानियों को केवल यही कहा है कि तत्व जड़ है- माया जड़ है; मूल प्रकृति जड़ है।"

"जीव?" अभिनव गुप्त ने सहज प्रसर कर आसन पर बैठते हुए पूछा- "ब्रह्म की विज्ञानावलम्बित धारणा मात्र। अज्ञान की संस्कृति अध्यासित कालग्रन्थि भर।" आचार्य श्री शंकर ने कहा- "आचार्य अभिनव! वेदान्त में ब्रह्म को सत्ता भी कहा गया है; और ब्रह्म की यह सत्ता सत्य स्थिति, पारमार्थिक, प्रातिभासिक तथा व्यावहारि सत्ता है।"

"शब्दाडम्बर? नहीं?" अभिनव गुप्त ने अचक ही कहा; पूछा।

"त्रिकाल में जो अबाधित हो, वही ब्रह्म की पारमार्थिक सत्ता है- सत् है।" आचार्य शंकर ने कहा- "इसीलिये परम् शिव को काल बाधित नहीं माना जा सकता। इसीलिये परमशिव काल के दृष्टा हैं, भुक्त भोगी जीव नहीं। प्रतिभासिक सत्ता भ्रान्ति मात्र है- रज्जुपर्वत्। रज्जु सर्प नहीं है किन्तु अन्धकार में रज्जु को देखते ही भय-कम्पित भ्रान्त ज्ञान हो जाता है- सर्प! किन्तु जब दीपक के प्रकाश में उस वस्तु को देखा जाता है, तब भ्रांत ज्ञान विलीन हो जाता और यथार्थ ज्ञान का उदय होता है और वह यह कि यह सर्प नहीं है रज्जु है। प्रातिभासिक सत्ता में 'सर्प' बाधित हो गया और उसका ज्ञान निरी भ्रान्ति ठहरा। किन्तु जब तक सर्प ज्ञान रहा, उतनी देर तक-तब तक 'सर्प ज्ञान' मानना ही होगा। जब वह बाधित हो जाता है, तब वह मिथ्या ज्ञान कहा जाता है। मिथ्या ज्ञान क्षणिक है, आचार्य! वह व्यावहारिक ज्ञान भी नहीं होता- हां, यही, यही तो!"

"क्या यही, यही तो।" अभिनव गुप्त ने सव्यंग मुंह बिचकाते हुए कहा- "यह सब वेदान्त की प्राचीन परम्परागत उक्तियां ही हैं। कह देंगे, व्यावहारिकी सत्ता संसारावख्या में होती है।"

"यही, यही तो।" आचार्य श्री शंकर विहंस कर बोले- "इस सत्य भावना-व्यावहारिकी सत्ता का नाश होने पर ही ब्रह्म ज्ञान होने से होता है, अन्यथा नहीं। इसीलिये वेदान्त का कथन है कि ब्रह्म को छोड़ कर सभी पदार्थ असत् हैं- यह सब ब्रह्म पर आरोप मात्र है और इसीलिये वह जगत् जीव एवं इस भव संसार का चैतन्य अधिष्ठान है।"

आचार्य अभिनव ने ठठा कर कहा- "वही माया? मिथ्या?"

"अवश्यमेव वही-माया, मिथ्या! माया विक्षेप शक्ति है ब्रह्म की और इस मायावी शक्ति से जो सृष्टि होती है वह भी मायिक हैः भ्रान्ति मात्र है।"

अभिनव गुप्त ने नयन नचाते हुए कहा- "जब ब्रह्म ही अधिष्ठान है, तब यह जगत् ब्रह्म ही है-"

"जी, नहीं!" आचार्य श्री शंकर ने कहा- "आपका त्रिक् दर्शन शिव चिति से जगत् का उद्भव और संसार का आविर्भाव मानता है तथा जीव स्वयं शिव कर्म बन्ध में बंध कर बनते हैं- होते हैं। वेदान्त जगत् को ब्रह्म की विवर्त शक्ति का प्रतिभास मानता है और संसार दशा को इसी विवर्त का व्यवहार मानता है। ब्रह्म जगत् नहीं बनता, जीव ब्रह्म अभिन्न होने से आत्मा ही स्वयं पर जीव भाव का आरोपण करता है- ब्रह्म जीववत् जन्मता नहीं है। अज जन्मता नहीं; शाश्वत क्षणिक हो सकता नहीं- सत् माया होता नहीं- मिथ्या होता नहीं। तत्व में अतत्व का भास होना ही विवर्त है, आचार्य! अततावतोन्यथा प्रथा विवर्तम् इत्युदाहृतः! परिणाम यही होता है कि एक तत्व से यथार्थ रूप में दूसरा तत्व अभिव्यक्त होता है- विकार मात्र, आचार्य अभिनव! परम् शिव विक्षेप और विवर्त अथवा विकार के अधीन, वशीभूत नहीं हो सकते। अजोहम्-शाश्वतोहम्-शिवोहम्।"

अभिनव गुप्त ने सव्यंग्य कहा- "यह आप श्री का ही छन्द है न? शिवः शक्त्या युक्तो....।

आचार्य्य श्री शंकर ने हँसते हुए कहा- "अवश्य यह सौन्दर्य्य लहरी का छन्द है। वेदान्त मत में शिव शक्ति की मान्यता है; किन्तु वह आपके दर्शन की भाँति नहीं है। शिव ब्रह्म की विवर्त शक्ति है, शक्ति माया-विक्षेप शक्ति! माया शिव को स्पर्श करती है, तभी यह अखिल जगत् रूपी विवर्त आविर्भूत होता है।"

अभिनव गुप्त-"किन्तु शिव-शक्ति परम् शिव को अन्तर्भूत शक्ति होने से परम् शिव की चिति नहीं हुई? परम् शिव क्या ऐन्द्रजालिक है? मिथ्या ही रचता है? विक्षेप या विवर्त यह शक्तियाँ ब्रह्म चितियाँ होने से ब्रह्मीभूत ही हैं, आचार्य शंकर! शिव की शक्ति में जब उन्मेष होता है, तब सृष्टि होती है और जब वह अपने नयन मूंद लेती है, तब जगत् का लय होता है। उन्मेष-निमेष, आचार्य श्री, अनादि है, अनन्त है। इसी उन्मेष से ही सदाशिव का उद्भव होता है। यह सदाशिवत्व भी हम शक्ति तत्व का प्रथम और स्थूल उन्मेष ही मानते हैं-सादाख्य, आचार्य्य शंकर! उन्मेष का अर्थ भी स्पष्ट कर दूं, जिससे मैं आपके व्यर्थ प्रश्नों से बच सकूं। उन्मेष अर्थात् जो वस्तु है और थी उसी की अभिव्यक्ति! सृष्टि अनादि है; किन्तु नित्य नवीन नहीं है-सनातन है। अज्ञानाच्छादन? नहीं, अहम् का आच्छादन। अन्तर्वर्ती निमेष ही शिवेच्छा द्वारा 'अहम्' का उद्भव होता है- अस्फुटावस्था में यह 'अहम्' शिव की इच्छा शक्ति में ही रहता है। 'मैं हूं!' यह भान और उसके साथ ही जगत का भी अव्यक्त

भास ईश्वर तत्व द्वारा ही जगत् की क्रमशः अभिव्यक्ति स्पष्ट होती है। यहाँ अहम् गौण तथा जगत् प्रधानतः होता है, नहीं?"

आचार्य श्री शंकर ने कहा- "सांख्य, अभिनव गुप्त!"

"सांख्य?" अभिनवगुप्त गुर्राये- "क्या सांख्य?"

आचार्य्य शंकर किञ्चित् हँसे- "सांख्य? महर्षि कपिल द्वारा प्रत्यक्ष देखा गया जगत् प्रपंच, सृष्टि तत्व निरूपण! विज्ञानावम्बन, ब्रह्म का।"

"वही जड़?" अभिनव गुप्त!

"निस्संदेह जड़ है मूल प्रकृति, आचार्य अभिनव!" शंकराचार्य्य ने कहा- "परम् ब्रह्म सच्चिदानन्द के सिवाय सब कुछ जो जाना जाता है, अनुभूत एवं अनुभूयमान है-जड़ है; विज्ञान है। शून्य से उद्भवित और शून्य में ही तिरोहित-काल, आचार्य्य! यह जगत् अपने चैतन्य से चैतन्य नहीं है, ब्रह्म चिति से ही चैतन्य प्रतीत होता है। यह सृष्टि स्वयं चेतनाशील नहीं है, आत्म चैतन्य से ही चेतनामय प्रतीत होती है- चैतन्य तत्व ही ब्रह्म है; परम् तत्व है; परम पुरुष है-सत् है, चित है, आनन्द है।"

"तब परम् शिव के सिवाय सभी शिव अचेतन हैं-जड़?" अभिनव गुप्त ने चिहुंकते हुए गर्जना की- "आचार्य्य शंकर! मूल प्रकृति स्वयं ही अपने त्रिगुण में प्रवृत्ति उत्पन्न करती है यह शिव की इच्छा शक्ति है, चैतन्य, नहीं?"

"नही! परम् शिव की चैतन्य शक्ति चिति है और यह इच्छा, ज्ञान, आनन्द आदि शक्तियाँ उस परात्पर परमेश्वरी की धारणायें हैं-शिव शक्ति का जड़ चेतन अभिन्न तत्व नहीं है; चैतन्य अभिन्न तत्व है- तादात्म्य एकमेकमयता-समरस! फिर वेदान्त और आपके दर्शन शिवदर्शन में व्यावहारिक तथा प्रातिभासिक अन्तराय है; पारमार्थिक नहीं। वेदान्त का मानव के लिये व्यावहारिक लोक धर्म वर्णाश्रम है और आपका शाक्त कुल!"

अभिनव गुप्त सहसा उठ खड़े हुए; बोले- "तब आप शैव दर्शन को तत्वतः स्वीकार नहीं कर सकते?"

"आप श्री क्या वेदान्त को परम् तत्व की दृष्टि से स्वीकार करेंगे?" आचार्य श्री शंकर ने सस्मित पूछा।

"नहीं।" अभिनव गुप्त त्राटके।

"सत्य के लिये न हाँ है और न ही ना है।" आचार्य शंकर ने कहा- "सत्य ही सत् है; परम् तत्व है; चैतन्य है- ज्ञानमय और आनन्दमय है। शेष सब

प्रतिभास है; व्यवहार है। तरंग क्या जलधि से अलग है? वह तो उदधि का प्रतिभास मात्र है। यह आपको ज्ञात हो जायेगा।"

"कब?" अभिनव गुप्त ने प्रस्थानोद्‌यत होते हुए पूछा।

"जब दक्षिण द्‌वार खोल कर सर्वज्ञ पीठ पर यह शरीरी आरूढ़ होगा, तब।" आचार्य श्री शंकर ने कहा- "आप जाना चाहते हैं, तो आपको ससम्मान विदा। इस निरीह संन्यासी की शारदा मन्दिर के विशाल प्रांगण में दक्षिण द्‌वार के समक्ष प्रतीक्षा कीजिये, भवान्!"

अभिनव गुप्त ने सिर धुनाया; कहा- "अवश्य, शंकराचार्य्य! किन्तु भगवती शारदा स्वयं आपको वरजेंगी।"

"क्यों?" शंकराचार्य्य ने सस्मित पूछा।

"इसलिये कि आप शास्त्र विरुद्ध संन्यासी हैं; इसलिये कि आपने भ्रष्ट आचरण किया है- आप अपने......."

"बस, अभिनव गुप्त!" शंकराचार्य ने कहा- "सन्यासी के लिये कर्म अकर्म है; आसक्ति अनासक्ति है; संग असंग है। अच्छा, विदा!"

"विदा, शंकराचार्य्य।" अभिनव गुप्त ने डुलते हुए कहा- "अपना योग बल लगा लेना। हम अपना तन्त्र बल लगायेंगे।"

शंकराचार्य- "मेरे पास कोई बल नहीं है- केवल परमेश्वर से प्रार्थना है-आर्त आत्म निवेदन है।"

अभिनव गुप्त कुटिया के द्‌वार पर सहसा रुके; थमे! तनिक डटे; बोले- "आप श्रीमद् तो स्वयं जो जगद्‌गुरु कहलवाते हैं-फिर केवल प्रार्थना ही आपका बल है? आचार्य्य, यती शिरोमणि! आप तो विदेह जनक से भी बढ़ गये। जनक सदेह विदेह थे; आप तो विदेह सदेह हैं। प्रार्थना तो सकामी आर्त भक्तों का अन्तिम बल है।"

शंकराचार्य्य ने कहा- "भूलते हो, आचार्य्यवर्य्य! सभी शक्तियों से परे और पार परमात्मा से आत्मनिवेदन की प्रार्थना है। वह सच्चिदानन्द परम् चैतन्य अपने समूचे लीला विलास के परे हो कर प्राणी की प्रार्थना सुनता है और खिंच कर उसके परित्राण के लिये धँसा आता है। भगवती परात्परा शिवा को ऋषियों और आपसे आचार्यों ने 'सर्वा-आरतिहर और परित्राणपरायण कहा है, नहीं?"

"किन्तु शिव शिवा सगुण हैं-अपने लीला विलास में स्वयं पात्र होकर अवतरित तथा उद्भवित होते हैं। प्राणी मात्र उनकी, हाँ शिव शिवा की भव योनियों की सन्तति हैं। यह जगत् कोरी व्यर्थ सम्भ्रान्त लीला ही नहीं है, वह शिव का निवास है और यह सृष्टि परा-अपरा गृहस्थी है। इसीलिये हम शिव शक्ति को जीव से अलग शून्य कल्पना नहीं कहते। शिवा-शिव की कामना शक्ति है-चित्ति है। परन्तु सोये हुए को जगाया जा सकता है-जागते हुए को जगाना क्या? प्रार्थना से दक्षिण द्वार खोल देगें आप, तो आपको मान लूंगा, बस!"

आचार्य्य श्री शंकर उठ खड़े हुए, अभिनव गुप्त के पास आकर बोले- "मुझ पर इतने शंकित और इतने क्रुद्ध क्यों हो? आचार्य्य अभिनव! इस शरीरी ने ऐसा क्या पाप किया है?"

"आपने एक शव को हथियाया है, शंकराचार्य!" अभिनव गुप्त ने सरोष देखते हुए कहा- "राजा अमरूक की धर्मपत्नी का शील भंग किया है-संन्यासी का स्वांग सजा कर आपने... जाने दीजिये, शंकर! आपका यह कलंक अमिट है। चन्द्रमा का कलंक मिट सकता है- आपका यह विलक्षण जारज कलंक मिट नहीं सकता। आपको इसका परिणाम भोगना ही होगा।"

आचार्य्य श्री शंकर ने शान्त धीर स्वर में कहा- "आपकी इच्छा शिरोधार्य्य है। भोगूंगा। बस, अब शान्त हो जाओ। आपके शैव दर्शन को वेदान्त से कोई संकट आने वाला नहीं है। वेदान्त तो अपार अनन्त अगाध परम सत्य के चैतन्य का अपरम्पार है। वेदान्त काल और देश के परे और पार, सभी गतिविधियों के उपरान्त, सभी कल्पों तथा प्रलयों के परे और पार-अक्षय, अपराजित अजेय अभय तथा अद्वैत पूर्ण स्वयं के परमात्मा की मृत्युञ्जयी सच्चिादानन्द अनुभूति -ज्ञान का साक्षात्कार है। सभी विज्ञानमयी माया जिसकी इच्छा मात्र से उद्भवित होती है और सभी अपरा-परा विद्याओं की सृष्टियाँ जिसकी दृष्टि मात्र से आविर्भूत होती हैं-जो जगत् का निमित्त कारण तथा जो जीव का गुह्य चैतन्य है और जो भव योनियों का कल्पक है-जो इस इदम् का स्वप्न दृष्टा, कवि और मनीषी, ईश तथा विभु है-उस परम् शिव को मैं आपकी साक्षी से प्रणाम करता हूं। सभी तत्वबोधों को, विद्याओं तथा शास्त्रों और मत-मतान्तरों के सम्प्रदायों की मति धारायें ब्रह्म की सुन्दर मंगलमयी कल्याणकारी कान्ति में लीन हो जाती हैं। स्वयं मूल प्रकृति-महादेवी जिसको अनादि से अपलक सप्रेम निहारती रहती है तथा जिसको

प्रसन्न करने और रिझाये रखने के लिये यह ऐश्वर्य्यशाली श्रृंगार- क्रीड़ा करती रहती है...."

"नमस्कार, कवि महोदय! आपकी वार्ता सुनते हुए मैं थक गया हूं, हार नहीं गया।" अभिनव गुप्त ने ऊर्ध्व श्वास भरते हुए कहा- "शैव दर्शन को वेदान्त से जीतने और पराजित होने की आवश्यकता ही नहीं है। शैव दर्शन आपके वेदान्त की शक्ति से परे का शक्ति शास्त्र है और महादेव तन्त्र है। हम आपसे शारदा मन्दिर के प्रांगण के सिंह द्वार पर मिलेंगे और...."

"और?" शंकराचार्य्य ने घूरते हुए पूछा।

"शारदा मन्दिर तक का आपके आगमन का मार्ग आपको पद-पद पर अवरुद्ध करेगा। भारतभूमि का सपूत आचार्य्य, शास्त्री, यती, योगी, तत्त्वचिन्तक तथा दर्शनकार आपको घेरेगा और अपको निरुत्तर करने का प्रयास करेगा। इक्के-दुक्के शास्त्रियों से जीते होंगे आप किन्तु...."

"किन्तु?" शंकर ने पूछा।

"किन्तु भारतवर्ष के सनातन, अनादि शास्त्र को ध्वस्त किया नहीं जा सकता। आचार्य्यों के सिद्ध तथा अकाट्य तत्व मतों को क्या काटा जा सकता है? क्या साधना आप श्री ने ही की है और सब असाधक थे? तत्वदर्शी और योगी, यती और शास्त्री सभी इन्द्रिय जीत साधक थे, महाशय शंकर! व्यक्तिगत शास्त्री को हराया जा सकता है किन्तु भारत-वर्ष की विभिन्न संस्कृति चेतनाओं को मिथ्या नहीं बताया जा सकता। जगत् को मिथ्या, भव को भ्रान्ति तथा माया को सम्भ्रम कहते रहने की आपकी आदत की जड़ को ही काटना होगा- आप चाहे भारत चक्रवर्ती की आज्ञा न माने; किन्तु शैव अभिनव गुप्त की बात माननी ही होगी-"

"सत्य-सत्! आचार्य अभिनव! सत्यमेव जयते!" आचार्य्य शंकर ने कहा और अभिनव गुप्त को झुंझला कर द्वार के बाहर लड़खडा कर लुढ़कते हुए-जाते हुए देखना आरम्भ किया। सभी संकल्पों को त्याग शून्य धृति होकर आचार्य्य श्री शंकर अभिनव गुप्त को मार्ग पर जैसे आँधी में प्रकम्पित वायु की भाँति उड़ते हुए देखते रहे। देखते रहे और पलें व्यतीत होती रहीं। कुछ देर बाद आचार्य्य पद्मपाद ने समक्ष आकर पुकारा- "पूज्य?"

"कौन पूज्य?" शंकर केवल कण्ठ से बोले।

"क्यों? आप, श्रद्धेय श्रीमद्!" पद्मपाद ने चरणों में नमते हुए कहा।

"पूज्य केवल परमात्मा है, वत्स! आचार्य शंकर ने कहा- "मैं-मैं गुरु-जगद्‌गुरु कहाँ का? नहीं। मैं एक प्राणी हूं-जीव। इस भव के प्रारब्ध का विलक्षण आश्चर्य हूं। क्या मैं ब्रह्म हूं? शिव हूं? पाश मुक्त होते हुए भी क्या पाशबद्ध हूं-कालातीत होते हुए भी कालाधीन हूं-मृत होते हुए भी क्या मैं मृत्युञ्जय अज और शाश्वत हूं-हूं क्या?"

पद्मपाद ने कहा- "आप शिव स्वरूप हैं।"

"और वह प्रभञ्जन की भाँति धंसता हुआ आचार्य्य! श्रीमद् अभिनव गुप्त क्या शक्ति तत्व का अवतार हैं?"

"वह तान्त्रिक है; शैव है; शास्त्री और साहित्यकार है। निस्संदेह वह पुरुष है किन्तु क्या वह पुरुषोत्तम है?"

"पुरुषोत्तम तो राम स्वरूप सच्चिदानन्द ही हैं। पद्मपाद! मेरे साथ कहो-जय सच्चिदानन्द!"

"जय सच्चिदानन्द!"- पद्मपाद ने पुकार कर कहा।

"जय सच्चिदानन्द!" ध्वनि संकुल जब गगन पैर कर व्योम में लीन होकर आकाश के पार हो गया; तब शंकराचार्य्य जैसे जागे; बोले- "शारदा मन्दिर की ओर चलो-चलें।"

संगम के विस्तृत तट पर आगत और एकत्र जनमेदिनी को मानो अन्तिम बार सम्बोधित करते हुए आचार्य्य श्री शंकर ने अपने धीर गम्भीर स्वर में कहा- "धर्मज्ञान के ब्रह्म चैतन्य की अनादि शाश्वत सनातन चेतना का व्यवहार है और वह जहाँ तक मानव जाति की समस्या है, प्रश्नोत्तर तथा समस्या है। वह वैदिक वर्णाश्रम धर्म है। धर्म के बिना कोई भी नीति और सदाचार का उद्भव नहीं होता-नहीं हो सकता। यह जगत् परब्रह्म के अगाध सच्चिदानन्द शिवत्व से पूर्ण है; परिपूर्ण है और अपनी सृष्टि और स्थिति तथा लय में वह मंगलमयी परमेश्वरी परात्पर शक्ति से ही आविर्भूत है। इस जगत् की प्रकृति कल्याणमयी विज्ञानघनता है और इसकी सृष्टि के लिये मंगलजन्य है। सृष्टि इसीलिये सर्व मंगलमांगल्या है। अतः मानव धर्म की वैज्ञानिक अभिव्यक्ति के लिये वर्णधर्म का निश्चय है। यह निश्चय मनुष्यों की श्रेय-प्रेय वृत्ति की आवश्यकताओं को कूंत कर नहीं किया गया है। यह जगत् और उसकी सृष्टि का प्रकृत धर्म है- पंचभूत जीव कल्याण के लिये ही उद्भवित है और इसीलिये उनके विज्ञानपूर्ण गुण-धर्म है, जो कालबल से कार्य करते ही रहते हैं। मनुष्य की प्रकृति के सभी

तत्त्व परमात्मा के दिव्य अकथ सर्व-समर्थ चैतन्य से ही उदबुद्धित होते हैं और इसीलिये ब्रह्म को जगत जीव और भव संसार का निमित्त कारण तथा कालातीत चैतन्य अधिष्ठान वेदान्त कहता है। कार्य कारण द्वैत, त्रैत-संख्या और इकाइयों का संगत संयोजन भर है। किन्तु धर्म तो काल का स्वभाव तथा देश की चेतना है। यावत् जीवन की चेतनाओं का पूर्ण परिपाक वैदिक वर्णाश्रम धर्म के धारण एवं पालन से ही संभव है-मानव कर्म के पुण्यशील और मंगल भृत होने के लिये वर्णाश्रम धर्म की तपस्या ही एक मात्र जीवन यापन का सफल तथा धन्य पन्थ है। वैदिक वर्णाश्रम धर्म का पन्थ ही जीवन-मानव जीवन का व्यावहारिक वेदान्त दर्शन है। मिथ्याज्ञान तो नष्ट होगा ही-उसको नष्ट करना ही है- वह नष्ट होगा ही। यह भव अन्ततोगत्वा संक्रामक रोग है; अज्ञान का अभिमन्त्रण है; अध्यास का अभिचार है, लोगों! भोगा तो भगवान् जाता है, पवित्र शुद्ध-बुद्ध आनन्दमय अभय से पूर्ण होकर अनादि जीव भक्ति द्वारा भगवान् का सांनिध्य, सायुज्य, तथा सारूप्य तक प्राप्त करता है; किन्तु अपने अभिन्न परमात्मा में लीन होकर देशकाल से सदैव मुक्ति मोक्ष प्राप्त करने के लिये तो मानव योनि में प्रारब्ध बद्ध और कर्मफल योगी जीव को आना ही है- अज्ञान का यह अनादि सनातन आच्छादन काल रात्रि की भाँति, प्रलय के शून्य अर्णव की भाँति है। अज्ञान को ओढ़ कर वह चिति चैतन्य परम् शिव कल्पों के स्वप्न देखता तथा सुषुप्त रहता है। वह स्वयं न जाग रहा है और नहीं सो रहा है- वह तो है। सत्! सत् का कारण नहीं है; कार्य नहीं है-परिणाम नहीं है-फल नहीं है और वरदान भी नहीं है। सत् ज्ञान है और स्वयं प्रकाश्य होने से चित् भी है- चैतन्य! सत्यम् ज्ञान अनन्तम् ब्रह्म-स्वयं चैतन्य है। ज्ञानी ज्ञेय की स्वयं चेतना है; है; ज्ञान का स्वयं स्पर्श भी है क्योंकि सत् ज्ञान है, चित् अतः अपने स्वभाव में वह आनन्द भी है-सच्चिदानन्द!"

"जय सच्दिानन्द।" गहगहती हुई ध्वनियाँ उठीं; गूंजी और गगन के गगन पैर कर व्योमों के पार अनहद में समा गईं। शंकराचार्य ने शान्त द्युति मय नयनों की दिव्य दृष्टि से लोगों को निहारा- कहा- "इस सच्चिदानन्द की ओर लौटो; प्रभु के सामने आओ-जगत् में उसके सांनिध्य के लिये जीओ-जन्म के लिये नहीं, मुक्त होने के लिये जीओ! गीता हाथ में लेकर कहता हूं कर्म मात्र भव-बन्धन है; पुण्य अच्छा शुभबन्धन है-पाप बुरा अशुभ दुःखदायीबन्ध है- पाश है। किन्तु क्या इन्द्रिय भोग का सुख सन्तोष नित्य अक्षय है? नहीं। यह सुख तो समाप्त होगा ही-सुख का वियोग अभिनिश्चित है और यही विधाता है, लोगों!

दुख तो मानव स्वयं अपने आचरण से ही उत्पन्न करता है। शुद्ध विचार तथा बुद्ध इच्छा पूर्ति की कामना के कर्म पुरुषार्थ से पुण्य क्षीरसागर की लहरियों की भाँति उद्भवित होते और जीव को स्वर्ग सा सुख देते रहते हैं- निदाघ की वृक्ष की छाँह तले की शीतलता के समान यह सुखानुभूति है। कितनी? तनिक-क्षणिक! और यह दुःख का तीव्र आतप, यह दाह? कितना मध्याह्न के प्रखर सूर्य्य के आतप सा यह दुःखानुभव है। तथा सुख का सन्तोष, तृप्ति? कितनी? बसन्त के मलयज के समान है और मधु ऋतु की ज्योत्स्ना की भाँति है। अन्ततोगत्वा यह अज्ञान के आच्छादन की सुषुप्ति की निद्रा के घनीभूत शून्य सा है-विषाद की तम मूढ़ता से पूर्ण यह कालरात्रि का विलक्षण विचित्र शयन है, लोगों! इस असत् से छूटते हुए जीव को मानव जन्म में नित्य सत् की ओर ही जाना है। इस अज्ञानान्धकार के घन तिमिर को चीर कर प्रति भव ज्योति की ओर ही मानव को जाना है- प्रति भव जन्म कर तथा अन्त में मर कर-मृत्यु! इस मृत्यु को त्याग कर जीव को मुक्ति के अमृत को अन्ततोगत्वा प्राप्त करना ही है। यह जन्म-मरण अन्त में वैराग्य के उदय के लिये ही है, लोगों! यह जगत् इच्छापूर्ति के लिये जीव की कर्मभूमि है और उसके लिये जीव की पुरुषार्थ साधना भी है, किन्तु अपनी मूल प्रकृति में यह जगत् जीव के राग की व्यर्थता ही बताता है, अन्त में वैराग्य का वरदान ही देता है- यह जगत् प्राणियों का मंगल तो साधता है; किन्तु आसक्त नहीं है, यह जगत्- यह जगत् अवधूत है। अनासक्त है और क्योंकि यह माया है, चैतन्य नहीं है, इसलिये यह सत् का विज्ञानावलम्बन मात्र है- यह जड़ की अभिव्यक्ति है और यह अभिव्यक्ति जड़ चेतन-संज्ञानमयी है। परन्तु यह सर्वादि तथा सर्वमध्य एवं सर्वान्त में असत् है; क्षणिक है; अन्धकारमयी है। प्रकाशमय परमात्मा है, लोगों! भारतवासियों, परमात्मा के ज्ञानामृत के पान के लिये प्रभु के प्रकाश को इन्द्रियों से स्पर्श करो-अपनी बुद्धि में प्रकाश की ऋतम्भरा को भर दो। जगत् में जन्म-मरण पुनर्जन्म में आसक्त तथा रूढ़ करने वाले तत्वज्ञान को मत छुओ-त्यागो उनको! भव-बन्धन में बाँध कर सदैव मृत्यु देने वाले दर्शन को त्याग दो। पृथिवी पर मानव की भाँति पूर्ण मानव बन कर परमात्मा में परिपूर्ण होने के लिये ललको-ललकते रहो, लोगों! मैं कहता हूं, पृथिवी पर मनुष्य मुक्त होकर मोक्ष के लिये ही अवतरित होता आया है- होता है-होता रहेगा।"

आचार्य्य श्री शंकर के पुनः पुनः संगम की धाराओं को गले मिल कर विशाल भगवती गंगा के रूप में होते हुए देखा और अनन्त में हाथ उठा कर

पुनः कहा- "मनुष्य जीव मरणाधीन नहीं है, देह मरणाधीन है-जीव होता नहीं; मरता नहीं-वह अनादि चैतन्य है और परम् चैतन्य के अपरम्पार चिद् अथाह में लीन हो जाना ही चाहता है-परमात्मा से दूर-दूर जगत् के रमणीय राग भरे और मोहमय सम्भ्रम में कब तक आत्मा, चिर चैतन्य कालरात्रि में अज्ञान को ओढ़ कर सोता रह सकता है? जीव जागता है; स्वप्न भी देखता है और स्वयं को भूल कर अपने परम् के विरह में डूब जाता है- कि जीव भाव का स्वयं पर आरोपण कर भ्रान्त ज्ञान में पड़ा हुआ सच्चिदानन्द आत्मा-जीवात्मा कब तक मिथ्या ज्ञान को सद् ज्ञान मानता रह सकता है- सत्य ही है- असत्य है ही नहीं-ब्रह्म ही है-जगत् है ही नहीं, मिथ्या है! कब तक सच्चिदानन्द विषयानन्द के क्षणिक मोहों में लिपटा स्वयं को भूले रहेगा? सूर्य क्या सदैव के लिये मेघाच्छन्न रह सकता है? नहीं; अँधेरा बीतता है, प्रकाश ढंकता है; किन्तु परम् सत्य का ज्ञान प्रकाश स्वयंमेव बना ही रहता है। अतः जीवन में सत्य का आग्रह संस्कृत करो। वेदान्त नीति, अनीति, उचित, अनुचित, सद्- असद् के परे परम् सत्य को ही आत्यन्तिक आधार मान कर ब्रह्म की सत्ता को स्पष्ट करना है। लहरों से हम समुद्र नहीं जान सकते; समुद्र से ही तरंगों का भान हो सकता है। हम विज्ञान से परमात्मा, ब्रह्म को जान नहीं पायेंगे हमें परमात्मा से ही विज्ञान माया को जानना होगा। जो दर्शन परम सत्य, परम ब्रह्म को नहीं बताता, नहीं कहता और नहीं जिसके लिये जीवन व्यवहार की शिक्षा देता है, वह दर्शन नहीं है-दर्शन सच्चिदानन्द परमात्मा का, जगत् का नहीं; सृष्टि का नहीं, जीव का नहीं। जगत् की माया को तो जान लेना है। माया को आत्म विश्वासपूर्वक जान लेते ही अज्ञान का अँधेरा आप से आप दूर होने लगेगा। सृष्टि के विषयानन्द के विषों की पूर्णानुभूति होते ही यह कालकूट की कामना स्वयं ही छूट जायगी। स्वप्न को जानते ही स्वप्न छूट जायगा। स्वप्न के छूटते ही स्मृति गलने लगेगी-भव-बन्धन चरमराने लगेंगे, लोगों! देश हिलने लगेगा, काल काँपने लगेगा। तब फिर विधि हाथ बाँधे खड़ी मिलेगी और यम सच्चिदानन्द आत्मा को प्रणाम करेगा।"

संगम से संघ चला, तो जैसे आचार्य शंकर बसन्त के नारंगी विशाल मेघ की भाँति समूची बसन्त ऋतु की कटि थामे ही चले। उनके कनौड़े कञ्ज नयनों की उदासीनता रात्रि के अन्तिम प्रहर की आभा की भाँति ब्राहम मुहूर्त की अरुणाभा में लीन हो गई। देह में, शरीर में ही शंकराचार्य अतीन्द्रिय ज्योति की दिव्य सुषमा से भर उठे। शंकर मानो धरती पर तनिक उछलते हुए चले;

कुछ दौड़ कर चले; कुछ-कुछ घहराते हुए चले। मार्ग की दोनों ओर शत सहस्त्र चमकते हुए नयनों की द्युतियों द्वारा मानो गुदगुदाते हुए शंकराचार्य्य हिमालय की ओर चले। आचार्य्य शंकर कन्याकुमारी का भारत समुद्र मानो अपने सरोज नयनों में भर कर हिमालय- कैलाश की ओर चले। भारत भूमि के सभी दिकों को अपनी धीर पलकों पर टिकाये और भारत के आकाश को अपने सस्मित अधरों से हुमसाते हुए शंकराचार्य अलकनन्दा की ओर चले। आचार्य्य ने दक्षिण की ज्योतिर्मय भूमि को अपने धीर गम्भीर श्वाँसों से भारत की सभी दिशाओं में रमाया और बदरी प्रदेश के हिमाञ्चल की ओर चले। पूर्व दिशा मानो अपने बालार्कों के साथ चमकती हुई, दमकती हुई-मनोहर ब्राह्म मुहूर्तों में उदित हो-होकर जगद्गुरु शंकराचार्य्य का अभिवादन करने लगी; पश्चिम दिशा पूर्ण वत्सला सी उदार हो कर शंकराचार्य्य के प्रत्येक चरणों पर कौमुदी बिखेरने लगी और उत्तर दिशा अपने लाज भरे सौन्दर्य की अञ्जुलियाँ देकर अपने नुपूरों को रणझणाने लगी। लोग मूक प्रणाम करते और इस वयस्क सन्यासी की कोटि काम लजाने वाली रम्य छबि को मानो नयनों से पीते। उनकी वाणी ही, गिरा नयन बन गई। आचार्य शंकर चलते ही रहे। विशाल संघ छंटता गया-पतझर के पादपों में श्रद्धालु छँटते गये और जिज्ञासुओं का जमघट बना रहा। मार्ग के दोनों और ठाड़े हुए लोगों को आचार्य सस्मित मौन आशीर्वाद देते और नयनों से कहते, “आत्मा को देखो!”

लोग मानो आचार्य्य श्री का यह मौन इंगित समझ जाते। ज्योति का एक तीर उनके हृदयाकाश में चमक उठता और जगत् की माया मानो विलपती हुई बिजलियों सी कौंध उठती। लोग सहमते, सहजते और मन ही मन भगवान् की ओर मानो ताकने लग जाते। आचार्य्य शंकर के कथन अब समीर पर बहते हुए चारों दिशाओं में स्वयं ही मानो बोलने लगे थे। “अनात्मदृष्टि तममूढ़ मृत्यु ही दिखाती है।” जैसे आचार्य्य शंकर क्षितिज के पार से प्राणी मात्र की धड़कनों में धड़के- “इस पृथिवी पर मानव मृत्युञ्जय संस्कृति का धाता है और दुःख, दारिद्रय तथा भय का विनाश, अमृत का अभिलाषी, दिव्य जीवन का दिव्य देव है। मानव पृथिवी का दृष्ट, अन्तरिक्ष का मित्र तथा द्युलोक का देवता है। देह पाप से उत्पन्न नहीं होता। यह सृष्टि परम् ब्रह्म के सच्चिदानन्द के आनन्दोन्मेष से ही उद्भवित होती है-शरीर इस आनन्द ब्रह्म को आत्मसात् करने के लिये जगत् की रंगभूमि पर संज्ञानमय काया है। वासना? क्या? प्रत्येक कामना चिरन्तन अनादि भवेच्छा के महतत्व की महती, धीमती शोभनीय

शुचि कामना है। मानव योनि साधना द्‌वारा विद्‌या प्राप्ति के लिये है; विज्ञान के द्‌वारा जगत्‌ को समझने तथा जगत्‌ को बुद्धि द्‌वारा झेलने के लिये है। मानव अपनी योनि में समस्त जगत्‌ तथा समूची सृष्टि लेकर ही आता है- वह परमात्मा के ज्ञान की चिद्‌घन छवि है-मन्त्र है; तन्त्र है। मानव कभी अन्धकार की ओर नहीं जाता-जा नहीं सकता। लोगों! मानव प्रकाश का यात्रिक है; अमृत का पुत्र है तथा सत्य का सेवक है।"

देवदारूओं की छितरी सुहाविनी छाया में हिमालय से रिमझिम आती हुई मलयज वायु में तनिक दौलते हुए शंकराचार्य्य ने उनको घेरकर खड़े हुए पण्डितों, शास्त्रियों तथा सम्प्रदायों के आचार्य्यों को कहा- "इस शरीरी ने शास्त्रों को अन्यथा नहीं किया; शास्त्र का मानव जीवन में सत्यार्थ और उसका सत्य विहित आग्रह ही व्यक्त किया है। सत्य का साक्षात्‌ केवल उभरा, उमड़ा हुआ चिन्तन ही नहीं है; केवल कोरा विचार ही नहीं है। सत्य विचारों की द्‌वन्द्‌व शील उमड़-घुमड़ नहीं है-वह तो जीवन के हृदय में गुह्य अनादि परम्‌ सत्य का दर्शन है- साक्षात्कार है। जो शास्त्र इस साक्षात्कार को नहीं चिन्हता, बताता और मानव बुद्धि को विश्वास पूर्वक आत्मा के चिदानन्द की ओर नहीं कर्षता, वह शास्त्र नहीं है, अशास्त्र है। शास्त्र प्रमाणीकरण की कुशल विद्‌या नहीं है। सत्य को सिद्धान्ततः प्रतिपादन कर अन्ततोगत्वा सत्य का मण्डन करने की कुशलता है।"

एक वेदतीर्थ ने पूछा- "आपने केवल वेदान्त का ही मण्डन किया। कर्म को आप ज्ञानलाभ के लिये अनिवार्य नहीं मानते। भक्ति को गौण मानते हैं? लोक व्यवहार के परम्परागत सदाचार को लेकर आपने स्मृति को छूआ तक नहीं है-"

"मैंने सत्य को ही छूआ है; पकड़ा है-देखा है।" आचार्य श्री शंकर ने कहा- "अलकनन्दा की वीचियों को गुदगुदा कर यह मलयज वायु मुझे छू रहा है; किन्तु मैं इस वायु के अन्तर्निहित आत्म चैतन्य का ही स्पर्श जैसे कर रहा हूं-वह अज शाश्वत सच्चिदानन्द सर्वत्र है; सर्वकाल है; त्रिकाल है; कालातीत, माया में और मायातीत वही है। मैं जैसे आप सब के हृदय-दहर में उसी को खोज रहा हूं-आपके नयनों के गहन में उसी को पेख रहा हूं-हमारी पलकों पर जगत्‌ का बोझ है और हमारी आँखें आकाश के मेघों के लहरते हुए विहरते हुए रूपों की भाँवरियों से भरी रहती हैं-मेघों के परे हमें आकाश में जागना होगा।"

"आकाश में जागना होगा। और आकाश में जाग कर?" किसी ने पूछ लिया।

"अवकाश-अनाहत असीम में सो जाना होगा; और क्या?" अन्य किसी ने मानो उत्तर दिया।

आचार्य्य श्री शंकर ने सहसा ठहाका मारते हुए कहा- "जो दहराकाश में जागता है, वह अज्ञानाच्छादन को चीरकर चिर-चिद् चैतन्य की असीम में ही अपने जीव भाव को मानो विसर्जित कर देता है। हृदय के आकाश में ब्रह्म चैतन्य की ज्योत्सना ही छाई हुई है। वह सच्चिदानन्द मयी पूर्णिमा आत्मा की पूर्णिमा है।"

"और परम् ब्रह्म?" वेदतीर्थ से नहीं रहा गया।

"परम् ब्रह्म?" आचार्य्य श्री शंकर ने कहा- "वही! पूर्णेन्दु! हूं! आप, महाशय! सच्चिदानन्द ज्योत्स्ना तभी अनुभव करोगे जब उस पूर्णेन्दु को देखोगे। यह जगत् महत्व से और महतत्व उसी अवकाश की पूर्णिमा से-परम् ब्रह्म की इस लीला का कोई कारण नहीं है-यह उसकी स्वाभाविक आनन्दोल्लसित आह्लादिनी का मायावी चिद् विलास है-क्यों होते रहना चाहते हैं आप, महोदय?"

वेदतीर्थ ने आचार्य्य शंकर की अर्धोन्मीलित आँखों में देखा; कहा- "हूं; होता रहूंगा। भवेच्छा के सिवाय मुझको अन्य चेतना का पता नहीं, आचार्य्य शंकर! इसीलिये हम शैव शिव की शक्ति को विक्षेप-विवर्त आदि नहीं कहते। हम इस जगत् को शिव चिति का ही रंगमच मानते हैं और सृष्टि को शिव शक्ति का चिद् विलास स्वीकार करते हैं- मोक्ष? शक्ति का शिव में अन्तर्ध्यान हो जाना ही रहा। नहीं?"

"नहीं महाशय!" आचार्य्य श्री शंकर ने हँसते हुए कहा- "शिव ही शक्ति है, और शक्ति ही शिव है। अतः यह अन्तर्ध्यान होना असंगत है।"

वेदतीर्थ सकपकाये; बोले- "तब?"

आचार्य श्री शंकर- "अभिनव गुप्त यहीं अटके हुए हैं। वेदान्त का परम् ब्रह्म ही त्रिक् दर्शन का परम शिव है। उस परम्-चरम पूर्ण परिपूर्ण चैतन्य को होने और होते रहने की भवेच्छा होगी ही कैसे? इच्छा भवभोग की चेतना भर है। पूर्ण ज्ञानमूर्ति ब्रह्म क्षणिक और क्षल्लुक भवभोग की विषयानन्द की इच्छा कर ही नहीं सकता। जीव की ही भवेच्छा है। ब्रह्म तो सदैव मोक्ष की सच्चिदानन्दमयता है, भवान्!"

28

सहसा शंकराचार्य चुप हो गये और उन्होंने जनमेदिनी को मानो देखते हुए भी नहीं देखा तथा नहीं देखते हुए भी देखा। स्थिर तथा किञ्चित् विजड़ित से आचार्य शंकर को पुकार कर पद्मपाद ने कहा- "प्रभो!"

आचार्य श्री शंकर ने जागते हुए कहा- "हूं? विष्णु, वत्स!"

"विष्णु?" आचार्य्य पद्मपाद ने पूछा- "समझा नहीं प्रभो!"

आचार्य्य श्री शंकर ने कहा- "विष्णु ही तो इस जगत् का पालन-पोषण करते हैं- लक्ष्मी, महालक्ष्मी होकर करते हैं। समझो, वत्स! ब्रह्मा प्राणियों की बुद्धि में प्रगट होते हैं, विष्णु प्राणियों के प्राणों में व्यक्त होते हैं और शिव? प्राणियों को देह त्यागने पर ही दर्शन देते हैं-यों यह त्रिदेव जगत्, सृष्टि तथा जीव में अपनी शक्तियों द्‌वारा भरे-पूरे रहते हैं-किन्तु इन त्रिदेवों के भी देव विष्णु हैं, महाविष्णु! मनुजावतार भगवान् स्वयं उनकी मूर्ति बनाकर उनका दिव्य घोष स्थापित करते हैं। हाँ, चतुर्भुज महाविष्णु मूर्ति स्वरूप भी व्यक्त होते हैं-वह निराकार, अज, शाश्वत सच्चिदानन्द चाहे तो आकृतियों में प्रगट होता है-अपने ही दिव्यतम विज्ञान में प्रविष्ट होकर ही तो वह चराचर में व्याप्त है।"

"जी!" पद्मपाद ने कहा।

"जैसे महाविष्णु मुझको पुकार रहे हैं।" आचार्य्य श्री शंकर ने कहा- "अलकनन्दा, वत्स! कितनी दूर है, पद्मपाद?"

"तनिक दूर है, प्रभो!" पद्मपाद ने कहा।

शंकर थमे; बोले- "तनिक ही दूर है? नहीं, वह मेरे अन्तःकरण में बह रही है। मेरे हृदयाकाश के चिद् चैतन्य में गंगा बहा करती है। मेरे चिदाकाश में नर्मदा लहराया करती है-सुना! मेरे चित्ताकाश में यमुना तरंगित है और मेरी प्रज्ञाभूमि में सरस्वती ही विहरित है-कृष्णा मेरी रगों में, कावेरी मेरे रोम रंध्रों में बहती ही रहती है। हाँ यही, यही तो।"

"अलकनन्दा की धारा हिमाच्छादित और कुछ धूसर पर्वतों की खीण में बल खाती हुई बह रही है- मुझे स्मरण है, वह स्वर्ण कमलों के गर्भ से कुछ भारी धारा शाश्वत शरद की प्राण धारा है, प्रभो!" आचार्य्य पद्मपाद ने कहा!

"हाँ है, पद्मपाद!" आचार्य्य श्री शंकर ने कहा और पुकारा- "विष्णु देवाधिदेव! आ रहा हूं।"

और आचार्य भागे-दौड़े-धँसे अलकनन्दा की ओर। सभी सकपका गये; औचक चक रह गये। स्तम्भित से खड़े के खड़े रह गये और शंकराचार्य की प्लुत पुकार जैसे बिजली सी गिरी- "देवाधिदेव! आ रहा हूँ। शताब्दियाँ बीत गई हैं, भगवन्! अलकनन्दा के तल में कब तक सोये रहोगे? पद्मपाद! नारायण पुनः पृथिवी पर हिमालय के अञ्चल में, मन्दिर में सुशोभित होना चाहते हैं- हाँ, तभी उन्होंने मुझको पुकारा है।" लोग हिले और आचार्य शंकर के पीछे भागे। आचार्य्य भागते गये और पुकारते गये- "पद्मपाद्! विष्णु, जिष्णु, महाविष्णु, पद्मपाद! देवाधिदेव विष्णु! शान्ताकार, भुजंग शयित, पद्मनाम विष्णु-"

गाण्डीव से प्रसून बाण की भाँति आचार्य्य शंकर अलकनन्दा के तीर पर आकर खड़े रह गये- उनके श्री चरण धंस गये। आचार्य्य पद्मपाद ने लपक कर तनिक डुलते हुए आचार्य शंकर के शरीर को पकड़ा और औचक ही शंकराचार्य्य को खड़े-खड़े ही समाधिगत होते देखते रहे। आचार्य्य श्री शंकर तनिक सस्मित विहँसे और ऊर्ध्व साँस भर कर मानो अपने रोम-रन्ध्रों में ही भर गये-फिर जैसे स्वयं को रग-रग से उलीच कर वह अपने प्राणों के साथ चिदाकाश में मानो लपक कर पहुंचे। आचार्य्य शंकर ने चित्ताकाश की दिव्याञ्जलि अपने चिद् चिदाकाश में महाविष्णु के चतुर्भुज स्वरूप को अर्पित की। शान्ताकारम् भुजग शयनम् पद्मनाभम् विष्णु अब अखिल-निखिल सृष्टि के धारक पालक चैतन्य की परम् दिव्यता की चमत्कारी व्यष्टि स्वरूप मुस्करा रहे थे-शंकराचार्य्य के वाक् ने पूछा- "आज्ञा, प्रभो!" महाविष्णु ने ओढ़र करुणा की दृष्टि से संन्यासी शंकर को अपने विशाल गहन नयनों से निहारा, कहा- "तूने वेदान्त का उद्धार तो किया-बादरायण के ब्रह्मसूत्रों को तूने परम शिव की ज्ञान चिन्मयता दी। उपनिषदों को

तूने पुनः ऋषियों की उच्छ्वसित मन्त्र दृष्टियाँ सिद्ध किया। श्रुतियों को विद्या के बलात्कार से छुड़ाया, शंकर!” शंकराचार्य्य ने विनीत प्रणाम पूर्वक जैसे कहा- “यह सब आपकी अघटन घटना पटीयसी कृपा द्वारा तथा परम् शिव की करुणा से ही हुआ। हाँ, प्रभो! अब श्री चरणों में बुला लो इस शरीर का विलय कर दो।”

महाविष्णु का निरन्कार चिद् चैतन्य मानो बोला- “तू स्वयं शिव स्वरूप है, शंकर! नहीं? है तू शिव!” शंकराचार्य्य की चिद् चित्ति ने मानो कहा- “मैं सभी महाप्रलयों का संचित सा हूं और एक प्रारब्ध में मानो व्यक्त हूं। मेरा पूर्वापर पुनर्जन्म विहित प्रारब्ध तो नहीं है, किन्तु पूर्ण भवेच्छा का परिपूर्ण प्रारब्ध तो है- मैं ही जैसे काल की पूर्ण गति हूं; विधि हूं। मैं जैसे प्राणियों के प्रारब्धों का निचोड़ हूं, भगवन्!” भगवान् विष्णु हँसेः मानो बोले “नहीं रे! तू सच्चिदानन्द स्वरूप शिव है-मेरा उद्धार कर, सुना! शताब्दियों से यह अलकनन्दा मुझे छोड़ती ही नहीं। अलकनन्दा! सरल-तरल सी दिव्य सुरसिका महालक्ष्मी के रति श्रम की स्वेद धारा, यह अलकनन्दा, शंकर! देवताओं के हाथों से छटक कर मेरी मूर्ति अलकनन्दा में जा पड़ी। द्युलोक की घनीभूत नीहारिका ही जैसे मेरा आकार लेती हुई अलकनन्दा में जा गिरी। वह बदरी प्रीति विभावरी सी अलकनन्दा ने मुझे अपने अतल उदर में ही जैसे समा लिया। मुझको इस अतल से निकाल कर हिमवान की जंघा पर स्थित कर, शंकर!” शंकराचार्य के वाक् ने पूछा- “यह विलक्षण आपकी इच्छा” महाविष्णु का चिर चिरन्तन ज्ञान और अमृतमय चैतन्य स्वयं ही सघन-घन- सघन हुआ; बोला- “लीला शंकर! मेरी शक्ति महालक्ष्मी का चिद् विलास जलराशि के शीतल हिमकर अतल में अँधेरा देखता रहा। अलकनन्दा की प्रबल उत्तेजित जलराशि की रग-मग लहरों में विश्व के प्रभातों को मानो छूता रहा- सन्ध्याओं को पलकों पर झेलता रहा। किन्तु अब मैं जगत् के सूर्य की किरणों से घिरा सृष्टि के रूप माधुर्य्यों को पुष्ट करना चाहता हूं। तू ने जगत् में पुनः अमृत की चाह उत्पन्न जैसे की है। पृथिवी पर वेदान्त के ज्ञान द्वारा तूने पुनः प्रकाश की मानव सभ्यता को जाग्रत किया है-तब मैं धनवन्तरी के साथ पुनः हिमालय में प्रगट होना चाहता हूं-मानव अन्तःकरण से कालकूट को समाप्त कर विश्व की जलराशि में उद्वेलित चिन्मय संजीवनी को सुलभ करना चाहता हूं। तू ने वेदान्त दिया मनुष्य को-मैं देवाधिदेव प्रकाश से पूर्ण अमृत ही देना चाहता हूं-ज्ञान, शंकर! सत्य। तू ने ठीक ही कहा है-सत्य ही ज्ञान है और ज्ञान ही अमृत है- अलकनन्दा में कूद जा शंकर! मैं स्वयं ही तुझे अपनी ओर बहा लूंगा।”

शंकराचार्य्य के पद्मनयन मानो ज्योतिलीन हो गये और वह रोम-रोम में काँपे। अपने सभी आकाशों से विद्युतपात की भाँति जगत् की जाग्रति में, अलकनन्दा के तट पर वह जागे। शंकराचार्य्य ने पद्मपाद से अपना तन छुड़ाते हुए कहा- "विष्णु मुझे बुला रहे हैं, पद्मपाद!"

और आचार्य श्री शंकर अलकनन्दा की एक तटीय हिमानी भेखड़ पर चढ़ गये। दोनों हाथ गगन मण्डल में उठा कर आर्त स्वर में बोले- "क्या आपका भी प्रारब्ध है? होता है-हो सकता है? शताब्दियों से अलकनन्दा के जल में डूबे रहे हो, क्यों? नहीं-देव का प्रारब्ध होता है क्या? नहीं।" शंकराचार्य्य ने कुछ दूर चकित स्तम्भित लोगों को देखते हुए कहा- "जीव भाव ही रहस्यमय कर्मकृत प्रारब्ध है। विष्णु तो सभी संचितों के प्रतिपालक हैं, ह्रींकार हैं। शिव प्रारब्धों के अँधेरे जलों के तल से जीव को नये प्रारब्ध की ओर ले चलते हैं-त्राण, परित्राण करते हैं- जीव के तारक हैं और वह ब्रह्मा? परात्परा ब्रह्माणी के अविच्छिन्न-अपरिच्छिन्न ध्यान में लीन त्रिकाल को ज्ञान से आलोकित करते रहते हैं-सच्चिदानन्द शक्ति रूप-ऐं, ह्रीं, क्लीं!"

पद्मपाद ने साहस पूर्वक कहा- "अत्यंत शीतल जल है और आपका शरीर...."

"तनिक अस्वस्थ है-रहने लगा है।" आचार्य्य शंकर ने कहा- "तो क्या विष्णु मूर्ति को शीतल जड़ के निविड़ में पड़ा रहने दूं? भगवान् विष्णु हिमालय को दर्शन देना चाहते हैं, भला! हिमवान् हिमालय! भारतभूमि के ललाट का अरुण तिलक, हिमालय नित्य ही देवताओं के दर्शन से धन्य रहता है-योगी हिमालय की कन्दराओं को मौन अनहद ओमकार से गुञ्जित करते रहते हैं और यती साधक हिमालय के साधक पुत्र हैं, वत्स!"

पद्मपाद ने आचार्य्य शंकर का हाथ थामते हुए कहा- "अभी तनिक ज्वर सा है आपको......"

"ज्वर? रोग" आचार्य्य शंकर ने कहा- "शरीर के रोग मुझे जकड़ कर नहीं रख सकते, पद्मपाद! आ रहा हूं, देवाधिदेव!"

और शंकराचार्य ने अलकनन्दा में गोता लगाया। मानसरोवर के मोती तथा स्वर्ग के स्फटिक मणियों की उछाल घने बादल की भाँति तट पर घहरी और आचार्य्य शंकर का देह अदृश्य होता हुआ जैसे अलकनन्दा की पुष्ट दीर्घ किन्तु संक्रान्त लहरों में डूब गया। तट पर मूक भय छा गया....सभी सिहर उठे। पद्मपाद भेखड़ पर चढ़ गये; चिल्लाये- "आचार्य्य मेरे!"

तभी अपने एक पद्मपाणि में विष्णु की घनश्याम मूर्ति उठाये आचार्य श्रीमद् शंकराचार्य्य ने अलकनन्दा की संक्रान्त जल राशि को मानो स्तम्भित करते हुए उत्तर दिया- "हाँ, वत्स! शान्त! यह भव इसीलिये है कि मैं देवताओं को काल के गर्भ से खोज लाऊँ। भारतवर्ष को भूसुरों और भू देवताओं के दर्शनों की महती आवश्यकता है-भारतवासी भिखमंगों, भयावह तांत्रिकों, घूर्ण लोचन यतियों तथा माध्वीप्रिय मदान्ध राजाओं के दर्शन कर थक गये हैं-हार गये हैं। अपने ही विद्याहम् में लीढ़ विजड़ित से आचार्यों को देख कर लोग मन ही मन व्याकुल हो जाते हैं-"

पद्मपाद ने अलकनन्दा में जाकर तट की ओर सरकते हुए आचार्य्य शंकर को थाम लिया "प्रभो! धन्य!"

शंकराचार्य्य ने प्रसन्न मगन नेत्रों से सब को देखा; निहारा और तट पर चढ़ कर खड़े होते हुए कहा- "देवताओं के नित्य दर्शन किया करो। देवता परात्पर ब्रह्माणी की मूर्तियाँ हैं; रूप हैं-स्वरूप हैं। परम् ब्रह्म के ज्ञान से पूर्ण, वह प्राणियों के अन्तःकरण के अधिदेव हैं। उनको पूजो, आराधो-जपो और अपने अभ्युदय के लिये उनका सानिध्य प्राप्त करो। सुरों को वरो, लोगों!"

"आचार्य शंकर की जय!" अकस्मात जय ध्वनि उठी और हिमालय की सघन और छितरी बदरी उपत्यका में रणझणा उठी। आचार्य शंकर ने पद्मपाद को मूर्ति देते हुए कहा- "इसकी विधिवत् हम प्रतिष्ठा करेंगे-कालटी से पुजारी बुलाओ। यह शरीर शिव के अमोघ आशीर्वाद से जन्मा और अब महाविष्णु के प्रताप से अनन्त दिगन्त में बिला जायगा। इस असार संसार से विदा हम अपने इस महाविष्णु के अन्तिम दर्शन कर लेंगे।" और सहसा जैसे ऊर्ध्व श्वांस भरते हुए पुनः बोले- "शारदे! तेरे भव्य मन्दिर का दक्षिण द्वार खोल दे-मैं तुझे अपने इस मूक आकुल अन्तःकरण में बिठाना चाहता हूं-मैं तेरी गोद में सो जाना चाहता हूं- चिर निद्रा, भगवती शारदे!"

पद्मपाद का रोम-रोम काँपा- "प्रभो! गुरुदेव!"

"शान्त, वत्स! यह देह ही आता और जाता है-अब यह अस्वस्थ रहने लगा है।" आचार्य्य शंकर ने कहा- "अभिमन्त्रणों से प्रताड़ित, कभी स्तम्भित, कभी कीलित, यह देव शिव अपने त्रिशूल से रक्षित रखे हुए हैं-हाँ, पद्मपाद! अलकनन्दा की भेखड़ों तथा इस पुनीत धरती के पवित्र पाषाण खण्डों से आओ, विष्णु का मन्दिर बनायें लोगों! विष्णु- महाविष्णु का मन्दिर रचो, चुनो-

बनाओ। कालटी के महाविष्णु को जपने तथा नित्य खोजते रहने वाले पुजारी को बुलाओ। हम बदरी के इस विष्णु का प्रथम पूजन करेंगे। हाँ, हम यह करेंगे! शिवे! शक्ति दे; चैतन्य दे! ऐसा कर, भारत ब्रह्मा की ऋतम्भरा से भरा रहे; शिव के मृत्युञ्जय सामर्थ्य से प्रदीप्त रहे तथा विष्णु जिष्णु महाविष्णु के अमृत से परिपूर्ण रहे तृप्त बना रहे।"

और अलकनन्दा के तट पर वहीं आचार्य्य शंकर पद्मासनबद्ध बैठ गये। उन्होंने हिमालय की देवदारुओं की छिन्न घटाओं से झाँकती हुई नील चोटियों को निहारा और अलकनन्दा की प्रत्येक लहर को इतरते, ऐंचते, ओर ऐंठते हुए देखने लगे। आचार्य्य के बड़रे उनियारे तथा देवांगनाओं को भी वश में करने वाले नयन आकाश में रम कर अनकनन्दा में मानो डूब गये।

आचार्य अलकनन्दा के तट पर ही पद्मासन बद्ध बैठे रहे-समाधिस्थ से। भक्तों ने एक शिविका आचार्य को मानो ओढ़ा दी। हिमालय नृपति समाचार मिलते ही दौड़े आये और तत्काल विष्णु-मन्दिर बनने और प्रतिष्ठा होने तक शंकराचार्य का शिविर मानो धरती से फूट पड़ा। आचार्य्य प्रातःकाल विष्णु पुराण पर व्याख्यान देते और पुराणों का लोक शिक्षण की दृष्टि से महत्त्व सुनाते। आचार्य श्री शंकर ने आगत जिज्ञासुओं को मगन होकर देखा-कहा- "ऋषि वेदव्यास जानते थे घटनाओं का इतिवृत्त मानव जीवन का इतिहास नहीं है। वह तो तिथियों ओर घटनाओं की पत्रिका भर है। किन्तु मानव जाति का भूतकाल मानव मात्र के जीवन-शौर्य्य, दिव्यतम तप और अघटन घटन संकटों के सहन का मार्मिक वर्णन है। पुराण देवताओं से आरम्भ होते हैं और चोरासी लक्ष योनियों को समेट कर जगत् सृष्टि तथा जीव की श्लाध्य विडम्बना को भी जैसे बताते हैं- कलि में मानव पुराणों द्वारा ही, उदाहरण को देख कर ही अपने वर्णाश्रम धर्म का पालन कर सकता है- कलिकाल सत्य संधान योगाचार अथवा याज्ञिक पुरुषार्थों का काल नहीं कहा है? कलि अन्नजीवी तथा प्राणों के आरोह-अवरोह पर अवलम्बित रोग, शोक तथा आतप से भरे मानवों के जीवन-यापन का सृष्टि काल है-प्रभु स्मरण, केशव कीर्तन ही कलिकाल में मानवों का जप है; तप है, योग है, धर्म है। कलिकाल में मानव शास्त्र नहीं कहता, दर्शन नहीं बताता? विज्ञान ढूंढता और हरि बोलता है...."

शंकराचार्य ने जिज्ञासुओं को मानो स्नेह दृष्टि से अपनी स्थिर पलकों पर उठाया तथा पुनः कहा- "समस्त जगत् के रूपों को, प्रत्येक स्वरूप को श्री हरि का रूप मान कर उस प्रतिभासित चैतन्य अधिष्ठान को खोजना होगा। सभी

नामों को हरि नाम में मिलाकर जाप करना होगा। यह साकार सगुण निराकार, निर्गुण निरञ्जन के ध्यान के लिये क्षणिक आधार भर है। सभी आकार निराकार में अन्तर्ध्यान हो जाते हैं- सभी नाम अनहद ओंकार में लीन हो जाते हैं- अनहद ओम के सिवाय न कोई रूप है और नहीं कोई नाम है। यह आकृति, रूप, यह नाम-यह शब्द ही परम् चैतन्य पर कल्पों और प्रलयों के अनादि गर्भ से भरा अज्ञान है- माया का उभार है। इस माया की अनन्त व्याप्ति में संभ्रम, भ्रम, भ्रान्ति, अध्यास की वीचियां हैं और जीव भाव अपने ब्रह्म चैतन्य में मानो काल के स्पर्श से कांपता रहता है- जीव की गति कालगति है। जीव का धर्म काल धर्म है तथा जीव का स्वभाव होना-होते रहना है- यही तम है- यह माया तिमिरान्ध है, सुना!"

"माया? षट् पदार्थ, आचार्य श्री?" वैषेशिक तीर्थ महाशय ने सहसा पूछा- "जगत् के प्रारम्भ में माया अर्थात् परमाणु ही थे। हां, अवश्य थे। दो अणुओं के संयोग से द्वणुक उत्पन्न होता है- नहीं? होता है। आप सर्वज्ञ हैं, तो बताइये, श्रीमद्! द्वयणुक उत्पन्न होता है- नहीं? होता है। आप सर्वज्ञ हैं, तो बताईये, श्रीमद्! द्वयणुक के अन्तराल में रहने वाला अणुत्व कैसे आविर्भूत होता है? बता सकते हो?"

आचार्य श्री शंकर ने मानो अपने चिदाकाश में परमाणुओं के अर्णव को देखा- क्षीर सागर का आभास पाया; बोले- "परमाणुओं की संख्या है भी? परमाणु द्वैत ही अणुत्व का कारण है भला। संख्या है ही कहां? ऐसा लगता है हम, बुद्धिमान् मानव मान लेता है-एक है, दो है, तीन है-अद्वैत, द्वैत, त्रैत! किन्तु भेदहीन भीतिहीन संख्याहीन वह दिव्य शून्य ही है- जिससे सब गतियां, विधियां, सब रूप और नाम आविर्भूत होकर तिरोभूत होते हैं, वही अद्वैत! परमाणु गिने जा सकते हैं, तोड़े-मोड़े, मिलाये जा सकते हैं। एक और एक परमाणु को जोड़ कर ही हम द्वियाणु मानते हैं- परन्तु क्या एक परमाणु भी नित्य है? नहीं, भवान्! रही मेरे सर्वज्ञ होने की बात? सो जो ब्रह्म को जान लेता है, ज्ञानलीढ़ हो जाता है, वह त्रिकाल को देखता है- जानता है। कालाऽतीत ज्ञान ही सर्वज्ञता है...."

"आचार्य श्री!" वैषेशिक तीर्थ ने अधीर स्वर में कहा- "हमारे मत से, वैषेशिक दर्शन से पदार्थ, भाव और अभावगत होता है- द्वय।"

आचार्य श्री शंकर ने बीच में ही कहा- "और कहो, भाव-द्रव्य, गुण, कर्म सामान्य तथा समवाय! आपके मत से जगत् का प्रारम्भ परमाणु से होता है, यही न? किन्तु वेदान्त मत से यह परम् ब्रह्म की लीला वृत्ति से और उसके

शिव संकल्प से होता है- यह तो कहिये परमाणु की उत्पत्ति कहां से होती है? आपके परमाणु न्यास से मेरी आपत्ति नहीं है- परमाणु उत्पन्न होता है- अतः जड़ है, माया कृति मात्र है और वह स्वयं चैतन्य नहीं है, श्रीमन्!"

"चैतन्य! फिर वही चैतन्य!" वैषेशिक तीर्थ चिहुंके।

"चैतन्य, चिर चिद् चैतन्य, ब्रह्म चैतन्य, महाशय! वही-वही ब्रह्म-वही ब्रह्म सत्य और यह जगत् मिथ्या!" शंकराचार्य ने कहा- "विष्णु मन्दिर बनने तथा मूर्ति की प्रतिष्ठा होने तक हम समाधिगत होंगे, वत्स पद्मपाद!"

आचार्य शंकर समाधिस्थ हो गये। शिष्यों, सेवकों तथा जिज्ञासुओं को लगा, विष्णु स्वयं अपने चारों भुजों का बल शत-सहस्र मानव हाथों में भर रहे हैं- मन्दिर चारों दिशाओं से मानो प्रगट होकर आकार लेने लगा। प्रातः सांय लोग समाधिस्थ आचार्य शंकर का दर्शन करते और मौन ही कुछ देर बैठ रहते। उनके मन, शंकराचार्य की बन्द पलकों पर अटक जाते; उनके हुलास भरे चित्त अलकनन्दा के कमलों की भांति खिल जाते, उनकी कातर दीन बुद्धि मानो धीर गम्भीर हो जाती, वह अनुभव करते; उनको गहन अन्तःकरण के संवेद भरा तम मानो दिव्य शान्ति से भर गया है और उनके आसपास जगत् दिव्यतम एक रस छबि, छबिमयता होकर घहर रहा है। सभी ध्वनियां प्रतिध्वनियों में विरम कर मौन अनहद हो रही हैं- वह जैसे स्थिर, धीर, गम्भीर और मौन रीते होकर आचार्य्य शंकर का दर्शन करते रहते हैं। हिमालय नरेश अपने पदाधिकारियों और आमात्य सहित कुछ दूर शंकराचार्य्य की सेवा में बने रहते तथा विष्णु मन्दिर को उठते हुए देखते रहते। मानो देवताओं ने विष्णु मन्दिर को स्वर्ग से उतार कर पृथिवी पर जमा दिया- विष्णु मन्दिर! क्षीर सागर की धवलिमा से द्युतिमय विष्णु शेष नाग के कुण्डलों की पाषाण रचना थी-भव्य सांख्य, सौम्य! देवदारुओं की घनी छाया रूपवती श्यामा की भाँति विष्णु मन्दिर से मानो चिरौरियाँ करने लगी थीं। और सूर्य का ताप अपनी प्रखरता मिटा कर विष्णु मन्दिर के पार्श्वों पर बालक की भाँति रेंगने लगा था- कुशलता पूर्वक चुने गये चित्र-विचित्र पाषाण मानो नवनीत के संभार होकर गगन मण्डल में स्तम्भित से जड़ित थे। शत-सहस्र हाथों ने मन्दिर के प्रांगण में हिमभृत धूल भरी और हिमालय के सभी वृक्षों तथा लताओं के शिशु पौधे लगाये- सभी उपस्थित विद्वानों के हाथों से यह वृक्षारोपण हुआ तथा हिमालय नरेश ने देवदारुओं का एक सघन निकुञ्ज ही आरोपित किया। आचार्य शंकर समाधिस्थ किन्तु देह के बाहर स्थित श्रद्धा विनीत दृष्टि से विष्णु, मन्दिर

को यों भूतल पर आविर्भूत होते हुए देखते रहे। अलकनन्दा अपने अन्तराल की विष्णु मूर्ति को खोकर आचार्य शंकर से तनिक रूठी-उसकी लहरें शम गईं और वीचियाँ निराश उच्छवासों की भाँति दौलती रहीं। समाधिस्थ शंकर के चित्ताकाश में अलकनन्दा की शरद शुभ पुनीत आकृति का अरुणाभास हुआ और शंकराचार्य्य ने अलकनन्दा को आश्वस्त किया- "पाषाण, शालिग्राम विष्णु का स्थान भूतल है, अलकनन्दा! शिव का स्थान पर्वत की उपत्यका, श्रृंग अथवा निर्झरों के उद्‌गम पर है। शिव-चैतन्य और विष्णु चैतन्य-एक ही हैं, नन्दे! विष्णु तेरे जन्म-कण-कण में शंख ध्वनि की भाँति समा गये हैं। जा भगवती अलकनन्दे! सभी देवता तेरे तट पर तेरे स्वर्ण कमलों के लिये तरसते हुए आते रहेंगे। तेरी भेखड़ों में योगी अपने जगत् दर्शी नयनों को उन्मीलित कर बैठते रहेंगे-तेरी अहर्निशि गाती हुई लहरों के गीत सुन कर श्रद्धालु भक्त अपने अन्तःकरण में अपने इष्ट की खोज करते रहेंगे। तेरी प्रबल रग-मग तरंगों से वेद मन्त्रों की अस्फुट ध्वनियाँ निकलती रहेंगी। तुझमें विष्णु के पद्मपाणि में सुशोभित पद्म खिलते रहेंगे और देवांगनायें उनको अपनी कवरियों में खौंस कर देवताओं की ओर इतराती रहेंगी।" अलकनन्दा ने जैसे मुस्करा कर कहा- "तुम, शंकर!" शंकराचार्य्य ने बीच ही में कहा- "मैं? शंकर? शिव? हूं तो, अलकनन्दे! किन्तु प्रभु की इच्छा से इस एकाकी भव में बंध गया हूं। भव बन्धन! हाँ!" शंकराचार्य्य का अगाध चैतन्य मानो सहसा विचित्र विलक्षण मेघाम्बर से भर गया। उस पारदर्शी स्वयं दृष्टा चैतन्य में गहन विषाद की बदली ही उभर आई। उनको दिखा, वह चित-चैतन्य स्वयं ही उन्मीलित है। ध्यानस्थ है समाधिस्थ है और निर्निमेष देख रहा है; जान रहा है और वह मेघ मानो रूप धारण करता हुआ अनेक रंगों में स्वयं ही व्यक्त हो रहा है-भव? शंकराचार्य को जैसे किसी मुह्यमान अतीन्द्रिय अनहद गम्भीर स्वर ने कहा- "होने, होते रहने की मेरी शाश्वती भूमा सचिदानन्दमयता ब्रह्म चैतन्यता। मेरी यह जगत् रचने और प्रजाओं को उत्पन्न करने की कामना-इच्छा वास्तव में मेरी आनन्द के स्पर्श और अस्पर्श का उन्मेष और निमेष भर है, शंकर! तूने मेरे लिये भव-धारण किया है। इन्द्रियों के संज्ञान शील कोटरों में जगत् का ज्ञान ही भरा रहता है- माया के बिब्बोक ही भरे रहते हैं-इन्द्रियों को जाग्रति स्वप्न एवं सुषुप्ति में मायावी जगत् और सुख दुःख की अनुभूतियों से भरा भास ही होता रहता है मुझ आनन्द का नहीं। भव के सत् चित् को क्षणिक से अनन्त करते हुए आनन्द में लीन होना ही मुझको प्राप्त करना है-मोक्ष शंकर!"

शंकराचार्य्य अपने चिदाकाश में सिहरे- "मैं-मैंपन नहीं चाहता; भव नहीं चाहता। आनन्द ही! मैं आनन्द से च्युत, वियुक्त हो गया हूं- आनन्द के वियोग से पूर्ण मैं केवल काल कर्म का पालन कर रहा हूं।" उस चिद् चिन्मय वाक् ने कहा- "तू शंकर! धर्म स्थापन और प्राणी मंगल तथा जगकल्याण की मेरी अनासक्त ऐश्वर्य्य शीलता की एक अभिलाषा भर है-तू मानव-भव में है, किन्तु क्या बँधा हुआ है?"

"नहीं।" शंकराचार्य्य जाग्रतावस्था में मानो किसी के धकेले हुए जाग उठे- "नहीं, पद्मपाद!"

"जी!" पद्मपाद ने कहा।

"मैं भव के किसी बन्धन से बंधा नहीं; बंधा हुआ भी नहीं हूं। नहीं हूं- मैं देह में ही मुक्त हूं, वत्स! भगवान शिव का वरदान-यह देह तब तक चलता रहेगा, जब तक वह प्रभु अपना कार्य करवाते रहना चाहता है- मैं तो उसका निमित्त मात्र हूं। जगद्कल्याण वही कर सकता है- मानव नहीं। ऋषि सत्य बताता है, मुनि सत्य का मौन अनुभव करवाता है; गृहस्थ धर्म धारण और पालन करता; राजा प्राणिमात्र के योग क्षेम के लिये राज्य चलाता है और योगी? परमात्मा का ध्यान करता है-किन्तु मुक्त प्राणियों के परित्राण के लिये प्रभु से प्रार्थना करता रहा है। अनादि जीव मुक्त जीव है, वत्स! वह केवल ईश्वर की इच्छा और आज्ञा से ही भवयोनि में उतरता है तथा प्रभु का कार्य करता है। जब ज्ञान विकृत और विषम, छिछला और वितण्ड कर दिया जाता है, तब वह किसी संन्यासी को आचार्य्य स्वरूप भेजता है; जब समाज हिंसा से भर उठता है और मानव कर्म क्रूर हो जाता है, तब वह अपने अंशावतार तीर्थंकर अथवा तथागत बुद्ध को भेजता है और जब वर्ण वर्ण-शंकर होकर यतो भ्रष्ट-ततो भ्रष्ट हो जाते हैं तथा धर्म की पूर्ण ग्लानि हो जाती है-धर्म दृष्टि लोप हो जाती है एवं अतः जब न्याय मति भी लुप्त हो जाती है, जब निर्दय दमन और रक्त रंजित शोषण छा जाता है, जब गौ, ब्राह्मण, सन्त, सज्जन, सती, शूर और भक्त सताये जाते हैं, तब वह स्वयं राम बन कर, कृष्ण बन कर धराधाम पर अवतरित होता है- यही निर्गुण ब्रह्म का सगुण स्वरूप प्रतिभासित होना है-दर्शन होना है। सभी भव योनियों में परमात्मा के दर्शन होते हैं; क्योंकि निराकार परमात्मा भक्तों के निरीह हृदय दहर में मूल प्रकृति के साथ जागता हुआ भी जैसे सो रहा है-मन्दिर?"

पद्मपाद ने सोत्साह कहा- "वह उस झुरमुट में, प्रभो!"

शंकराचार्य्य उठे और झुरमुट की ओर मानो लपके- "विष्णु, वत्स! भक्तों के लिये वह देवाधिदेव चतुर्भुज विष्णु स्वयं प्रतिष्ठित होंगे। वह पुजारी...."

"आने में ही है और तब तक......." पद्मपाद ने कहा।

"तब तक मैं स्वयं पूजा करूंगा।" आचार्य श्री शंकर ने झुरमुट की पगडण्डी पर धँसते हुए कहा और मन्दिर के प्रवेश द्वार पर थमे- "सुन्दर है; शुचि है; सुष्ठ है। यह जगत् भी सुन्दर है, सुन्दरतर है- सुन्दरतम, वत्स! जीव सुन्दर, शुद्ध-बुद्ध तथा निर्मल है, भला! यदि ऐसा नहीं है, तो जगत् में इतना आकर्षण कहाँ से है? सुन्दर ही आकर्षित करता है। शिव ही जीव के चित्त को मंगलमय रखता है और सत्य ही सम्मोह-मोह को नष्ट करता है-सत्य ही ज्ञान है अतः अतएव, वत्स!"

मन्दिर के गर्भ गृह में आचार्य्य शंकर जाकर खड़े हो गये, बोले- "लोगों से कह दो, मैं समाधि के आनन्दमय गहन से पुनः जगत् की अनिवर्चनीय माया में जाग गया हूं और देवाधिदेव विष्णु को साकार कर रहा हूं-निर्गुण के लिये सगुण की उपासना का मोक्षदायी आरम्भ करने जा रहा हूं। सगुण की आराधना के बिना निर्गुण निरञ्जन की ओर जीव जा ही नहीं सकता। अज्ञान का आच्छादन ही गुण का आरोहण है-परिच्छिन्न व्याप्ति है। आकार के सहारे ही उस सत्य अनादि में उतरना होगा- इष्टदेव! वैदिक वर्णाश्रम धर्म इष्ट-पूजन से ही प्रारम्भ होता है।"

समारोह के हर्षोल्लास के वातावरण में डूब कर आचार्य शंकर ने विष्णु की अलकनन्दा की जलराशि से सचिक्कन मूर्ति को अपने झोले से निकाला और लोगों से कहा- "मूर्ति पूजा पाषाण मूर्ति की पूजा नहीं है-वह इष्टदेव का पूजन है। प्रत्येक मानव जीव भाव का चिन्मय ज्ञान मूर्ति इष्टदेव है और भव सागर उसी के आशीर्वाद से तरा जा सकता है। जगत् के भव सागर में डूबना नहीं है; तरना ही है, जो भव सागर में डूबता है, वह काल के अथाह में डूबता है-भव की भाँवरियाँ भरता रहता है-जन्मता और मरता रहता है तथा पुनः पुनः जन्मता रहता है-यही भव बन्धन है, भव-पीर है।"

उपस्थित मानव समुदाय तनिक चकित सा आचार्य श्री शंकर को देखने लगा। आचार्य के विशाल लोचन पारिजात के फूलों की रंगिमा से भरे हुए थे- उनकी मुस्कान में कल्पवृक्ष के फलों का रस जैसे भरा हुआ था। उनके आजानुभुज मानो त्रिकाल को थामे हुए थे। आचार्य्य पृथिवी पर खड़े थे और

अन्तरिक्ष में उर्ध्व मस्तक थे-द्युलोक में मानो विसर्जित थे। आचार्य्य विष्णु की मूर्ति को थामे हुए सृष्टि के प्रारम्भ के हिरण्यगर्भ के स्वरूप थे-एक अनादि शाश्वत मानव-संन्यासी के पूर्णावतार थे, जो इष्टदेवों का आह्वान कर उनको पृथिवी पर उतर आने के लिये सप्रेम आमन्त्रण दे सकता था। श्रीमद् शंकर मानो वेदों का मन्त्र उद्गीथ थे; उपनिषदों का दूध थे, और गीता का सजीव कर्मयोग थे। ज्ञानलीढ़ सच्चिदानन्द ध्यानलीन आचार्य्य श्री शंकर पृथिवी पुत्र थे; काल का मन्थन करने वाले शेष नाग थे।

आचार्य्य श्री शंकर ने कहा- उनका धीर-वीर, शान्त गम्भीर स्वर गूंजा- "श्री विष्णु-विष्णु जिष्णु महाविष्णु की प्रतिष्ठा कर मैं काश्मीर मण्डल जाऊँगा। विचित्र वार्ता है यह कि शताब्दियों से शारदा मन्दिर का दक्षिण द्वार बन्द है और द्वार खुले, पूर्व खुला; पश्चिम खुला, उत्तर खुला किन्तु दक्षिण द्वार नहीं खुला? क्यों? पूर्व से विद्यावान, विद्याधर गया, पश्चिम से यती और साधक गया; उत्तर से शास्त्री गया; किन्तु दार्शनिक नहीं गया। दक्षिण पृथिवी की दर्शन भूमि है- आचार्य्य योगी, यती, महोपाध्याय शिक्षक विद्वान् और मनीषी शारदा मन्दिर के इन द्वारों को खोल सके; किन्तु दक्षिण द्वार तो सर्वज्ञ वेदान्त सन्यासी ही खोल सकता है-मैं मानव योनि में वेदान्त संन्यासी हूं। मैं शारदा भगवती की प्रार्थना कण्ठ में गुनगुनाते हुए दक्षिण द्वार को देखूंगा -उसका अभिवादन करूंगा। यदि मैं सच्चा संन्यासी हूं और ब्रह्म सूत्रों का शाश्वत मर्म मुझे ज्ञात है, यदि मैंने ब्रह्म सत्य तथा जगत् मिथ्या है, यह महावाक्य हृदयंगम कर लिया है, यदि मेरी बुद्धि में प्रज्ञा का धीमान् उदय हुआ है और प्रज्ञानम् ब्रह्म मैंने जान लिया है, यदि सर्वत्र और सर्वकाल में मैं सर्वम् खलु इदम् ब्रह्म देख रहा हूं और अन्त में अपने श्वेतकेतु को अमोघ विश्वास के साथ कह सकता हूं, तत्त्वमसि तो दक्षिण द्वार मेरे छूते ही खुल जायेगा। अवश्य, अवश्यमेव खुलेगा, लोगों! मूर्ति प्रतिष्ठा का अभिषेक आरम्भ हो-यज्ञ की पवित्र वह्नि ज्वालाओं को जागने दो-सूर्य्य, चन्द्र, ग्रह-नक्षत्र तथा नीहारिकाओं को विष्णु यज्ञ की वह्नि ज्वालाओं से तपने दो-जगत् से अज्ञान के अँधेरे शीत को कटने दो।"

"चतुर्भुज विष्णु की जय!" गगनभेदी जय ध्वनि उठी।

"जय" की गगन भेदी, व्योमगामी और आकाश के अनहद शब्द में लीन हो जाने वाली ध्वनि के साथ श्री विष्णु मूर्ति प्रतिष्ठा का मंगलमय समारोह आरम्भ हुआ। सभी वाद्य बज उठे; सभी शंख गूंज उठे; काल के सभी चक्र

चलने लगे और दिशाओं की गदायें हुमुस उठीं- अलकनन्दा के सभी पद्म मानो आकाश में खिल उठे- शंख, चक्र, गदा, पद्मधारी मेघ वर्ण शान्ताकार शुभ अंगी पद्मनाभ मानो क्षीरसागर की अपनी शेष शैया त्याग कर पृथिवी पर चलते हुए पधारे तथा देव दारुओं की छायाओं से घिरे धवल विमान की भाँति अपने मन्दिर में विराज गये। "विष्णु-विष्णु जिष्णु महाविष्णु की जय" ध्वनियाँ अपनी प्रतिध्वनियों में उभरती उमड़ती हुई गगनों के पैर व्योमों को पार कर तथा आकाशों को भेद कर सृष्टि के क्षीर सागर में जा विरमी और शेषनाग को झकझोर गई और तभी पालकी में स्थित हिमालय के श्रमिकों के पुष्ट कन्धों पर झूलते हुए पुजारी जी आते दिखे। पद्मपाद ने कहा- "कालटी से पुजारी जी! आ गये, प्रभो! आचार्य्य श्री शंकर ने पुजारी जी को पालकी से उतरते हुए देखा और सस्मित कहा- "पुजारी पूजन का निष्णात सदाचारी व्यक्ति है; किन्तु भक्त? भक्त भगवान् का मुँह लगा हुआ, प्रभु प्रीति का व्यक्ति है-प्रभु जन है। मेरे पूर्वाश्रम के देश से पुजारी इसलिये बुलाया गया है कि इस विष्णु मन्दिर में श्री विष्णु की पूजा सदैव शास्त्र विधि से होती रहे। हिमालय का ब्राह्मण देवताओं का पुजारी तो है किन्तु वह जन्मजात शैव है- त्रिक् दर्शन का गृहस्थ है-कुल कौलिक है। महाविष्णु के अन्तःकरण में ब्रह्मा समाधिस्थ हैं; विष्णु प्रतिपालक ह्रींकार महाविष्णु के मानो महामात्य हैं और महेश महाविष्णु के प्रहरी हैं। सभी देवियाँ कमला स्वरूप श्री महाविष्णु के चरण दबाती हैं-सभी देवियाँ महाविष्णु जिष्णु की अमृत संजीवनी शक्तियाँ हैं। अलकनन्दा के तल में महाविष्णु ही पौढ़े हुए थे- शेष शैय्या पर लेटे हुए परम् पुरुष चतुर्भुज महाविष्णु अलकनन्दा के नीर-गहन में परम शिव के ध्यान में लीढ़ थे-द्युलोक और अन्तरिक्ष तथा अन्य लोक लोकान्तरों को स्वयं के साँसों में समाये महाविष्णु पृथिवी पर जागना ही चाहते थे जब काल का असीम विषम कर्मों के अंगार से दग्ध हो जाता है, जब त्रिदेव पृथिवी के पापों को उलीचते-उलीचते थक जाते हैं, जब धरा डगमगाने लगती और व्योम सिहरने लगते हैं, तब महाविष्णु पृथिवी पर आविर्भूत होना चाहते है-महाविष्णु अपने चतुर्भुज स्वरूप से मानवों के अँधेरे अन्तःकरण में अपने शंख से मौन हड़कम्प उत्पन्न करते हैं, चक्र से जड़ता के टीलों को काट देते हैं और गदा से तिमिरान्ध को मानो सोख लेते हैं और पद्म से विमल आनन्द गन्ध का प्रसार करते हैं। द्युलोक को पुनः विश्वस्त करते हैं, अन्तरिक्ष में देवस्थानों को सुरक्षित करते तथा प्राणियों की गतियों को मोक्ष मार्गी करते हैं-पृथिवी पर ज्वालाओं को शान्त कर प्राणियों को अमृत और

शान्ति प्रदान करते हैं। महाविष्णु शिव की समाधि की शान्ति, ब्रह्मा की अनादि प्रभु जाग्रत ऋतम्भरा के प्रजापालक हैं-महाविष्णु जगत् माया का अधिष्ठान हैं तथा सभी बीज मन्त्रों के माया बीज हैं। विष्णु के बिना हिमालय सुना, सुनसान हिमाच्छादित श्मशान सा ही था- किन्तु विष्णु के आगमन से अब हिमालय पृथिवी का त्रिविष्टप हो गया है। विष्णु के आजानुभुज के पद्म से दिव्य गन्ध हिमालय के हिम को वासन्ती ऊष्मा देती रहेगी; हिमालय की हिमानी आँधियों को थाम कर गन्ध बौरी करती रहेगी। शिव जब-जब समाधि से जागेंगे तब तब विष्णु के काल चक्र का दर्शन करते रहेंगे। शिव के पास महायोग है; कालयोग तो विष्णु के ही पास है।"

"महाविष्णु की जय!" पुजारी ने आचार्य्य श्री शंकर को प्रणाम करते हुए पुकारा।

"जय!" आचार्य्य श्री शंकर पुनः बोले- "विष्णु की जय। ब्रह्मा की विजय है; महेश की जय है- महाविष्णु की जयध्वनि जगत् की भी जय है और जीव का मुक्ति संगीत है।"

शंकराचार्य के नयन बालसूर्य की भाँति चमकते रहे; उनके प्रवाल से किन्तु तनिक आरक्त अधरों की चिर प्रसन्न मुस्कान हुमुसती रही-उनकी भुरभुरी पीन भवें इन्द्र धनुष की भाँति तनती रहीं। वह जैसे जाग्रत ही भगवान् का विराट् स्वरूप देख रहे थे और स्वप्न में उस विराट् को अपने तेजस् में समाये अज्ञानाच्छादन के तिमिर सागर तैर रहे थे- विष्णु के चक्र से दिव्य ज्योति के स्फुलिंग अनन्त कोटि ब्रह्माण्डों की छबियाँ लिये हुए तणख रहे थे विष्णु की गदा की मर्दिनी लहरें सृष्टि के असुरों को दूर-दूर रख रही थीं और शंख सृष्टि के प्रतिलव, जगत् की प्रतिकाष्टा अनहद ओमकार को ही फूंक रहा था। मूर्ति प्रतिष्ठा के यज्ञ की पूर्णाहूति तक आचार्य्य श्री शंकर अर्धोन्मीलित नयनों से देखते रहे और अपने ही गहन आकाश में श्रावण के मेघ की भाँति उमड़ते रहे।

विधिवत् पूजन, अर्चन और आराधन के पश्चात् शंकराचार्य ने विष्णु मूर्ति को पञ्चामृत से निकाल कर हिमगंगा से स्वच्छ किया और स्वर्ण सिंहासन पर वाद्यों के तुमुलनादों और शंख की ध्वनियों से सिहरते हुए प्रतिष्ठित किया और प्रणिपात कर प्रणामबद्ध खड़े होकर वह प्रार्थना के शान्त मगन स्वर में गा उठे- "चिदंषं विंभु निर्मलं, निर्विकल्पं, निरीहं निराकार मकार गम्यम, गुणातीतम् व्यक्तिम् कं तुरीयम्, परम् ब्रह्मा यं वेद तस्मै नमस्ते!"

शतसहस्त्र लोगों के मस्तक नमन में नमे।

शंकराचार्य्य का आर्त कोकिल कण्ठ कूजा- "विशुद्धम् शिवम्, शान्तमाद्यन्तशून्यम्, जगज्जीवनम्, ज्योतिरानन्दरूपम्। अदिग्देशकाल-व्ययच्छेदनीयम्, त्रयी वक्ति यं वेद तस्मै नमस्ते।"

लोगों के अन्तकरण से मौन ध्वनि उठी- "नमस्ते!"

शंकराचार्य ने पुनः प्रणाम किया; कहा- "महायोगपीठे परिभ्राज माने, धरण्यादि तत्वात्मिक शक्तियुक्ते। गुणाहस्करे वहिन बिम्बार्घ्यर्मध्ये समासीनमो कणिकेष्टाक्षारान्जे समानोदितानेक सूर्येन्दु कोटि, प्रभापूर तुल्यद्युतिम् दुनिरीक्षम् न शीतं नमोश्यम् सुवर्णवदात् प्रसन्नम् सदानन्द सवित्स्वरूपं।"

"सदानन्द सवित्स्वरूपम्।" तत्वज्ञानियों को जैसे झलक दिखी। शंकराचार्य्य ने गाया- "सुनासापुटम् सुन्दरम् भ्रू ललाटम्! किरीटोचिता कुञ्चित् स्निग्बकेशम्। स्फुरत्पुण्डरीकामिरामायताक्षम्, समुत्फुल्ल रत्न प्रसूनावतंसम्। असत्कुण्डलामृष्ट गण्डस्थलान्तम् जपारागचोराघरम् चारुहासम्। अलिव्याकुलामोदि मन्दारमालम्। महोरस्फुत्कौस्तुभोदार हारम्। सुरत्नाङ्गदैरन्वितम्, बाहुदण्डैश्चतुभिश्चलत्कंणाठा लंकृतायैः। उदारोदरालंकृतम् पीतवस्त्रम्, पदद्वन्दनिर्धूत पद्माभिरामं।"

"पद्माभिरामम्।" गूंज गहगही।

शंकराचार्य्य कूजे- "स्वभक्तेषु संदर्शिताकारमेवम्। सदा भावयन् संनिरुद्वेन्द्रियाष्वः। दुरापम् नरो याति संसारपारम्। परस्मैं परेभ्योपि तस्मै नमस्ते!"

"तस्मै नमस्ते।" हिमालय नृपति ने चिहूंक कर कहा।

आचार्य्य श्री शंकर ने पुनः पुनः प्रणाम पूर्वक स्तवन किया- "लपन्नच्युतानन्त गोविन्द विष्णो! मुरारे हरे नाथ नारायणेति। यथा नुस्मरिष्यामि भक्त्या भवन्तम्, तथा मे दयाशील देव प्रसीद।"

"देव प्रसीद!" उपस्थित मानव मेदिनी के शत सहस्त्रकण्ठों से पुकार उठी। स्वर्ण सिंहासन पर स्थित, प्रतिष्ठित विष्णुमूर्ति जलहला उठी; जगमगा उठी, दमक उठी। मूर्ति के पद्म नयनों में अलकनन्दा का द्युतिमय कांतिमय संजीवनी भरा अतल नीर मानो भर उठा और शंख, चक्र, गदा तथा पद्म सुशोभित विष्णु के चतुर्भुज हिमालय को मानो प्रगाढ़ आलिंगन में बाँधने थिरके। श्री हरि विष्णु विष्णु जिष्णु महाविष्णु के श्री चरणों की त्रिकाल रम्य कान्ति में हिमवान का

हिम रम गया और मानो द्‌युतिलोक तथा अन्तरिक्ष पार कर इन्द्रियातीत दिव्य गंगा उनमें भर उठी। पृथिवी कुनमुनायी और प्रसरी मानो त्रिपथगामिनी अजस्र दिव्य संजीवनी धारा के लिये मचल उठी। पृथिवी की कुक्षि मानो विकची, कुची-सकुची और प्रफुल्लित होकर ब्रह्मयोनि के सरस अथाह में खुल गई। आकाश का शब्द चारों भूतों को स्वयं में समा कर अनहद नाद में समा गया- जगत् के पदार्थ मानो विष्णु के धीर, अस्थिर किन्तु स्थिर चक्र में लीन होकर मूल प्रकृति के अनादि स्वरूप में लीढ़ हो गये। शेषनाग कैलाश के महादेव के अंगों से लिपट कर विष्णु की शैय्या होने के लिये पुनः उद्‌यत हुए। क्षीर सागर स्वयं में अन्तर्ध्यान होकर अनन्त कोटि ब्रह्माण्डों में उद्भासित होने लगा-मानो जगत् का एक महाप्रलय स्वयं में ही समाकर पुनः कल्पारंभ की प्रसव पीडाओं से सीद उठा- सृष्टि का मानो पुनः एक बार और मंगलमय, कल्याणमय, सुन्दर, सुखमय संर्गारंभ हो गया।

29

शारदा मन्दिर के विशाल प्रांगण में उपस्थित दर्शनार्थियों तथा श्रद्धालुओं को सम्बोधित करते हुए अभिनव गुप्त ने साभार कहा- "पुनः एक और इन्द्रजाल! सुना शंकराचार्य्य महाशय ने एक और आश्चर्य्य उत्पन्न किया है। पूर्व में कालटी की अलवई नदी में मकर उत्पन्न किया, अपनी पिण्डली पकड़वाई और माता से बलात् संन्यास दीक्षा की अनुमति प्राप्त की और अब अलकनन्दा के प्रबल गहन जल से विष्णु की मूर्ति का उद्धार किया; मन्दिर बनवाया तथा उसकी प्रतिष्ठा की। विष्णु के शालिग्राम में प्राण प्रतिष्ठा की-पुजारी दक्षिण से, अपने पूर्वाश्रम के गाँव से बुलवाया। है न इन्द्रजाल? आश्चर्य!"

एक महाशय ने सहसा उठकर कहा- "मैं अभी-अभी बड़े सवेरे वहीं से लौटा हूं- सिर पर पैर रखकर, आपको विदित करने के लिये आया हूं। मैंने तो अलकनन्दा के तीर पर बैठे हुए यती शंकर को परमाणु पाश से जकड़ लिया। कहिये भी, दो अणुओं के द्वयणुक का अणुत्व भूला, द्वयणुक की उत्पत्ति और दो अणुओं के संयोग में उद्भवित 'अणुत्व' की उत्पत्ति किस प्रकार होती है?"

"क्या उत्तर दिया, यती शंकर ने?" अभिनव गुप्त ने मन्दिर के विस्तृत चबूतरे पर तनिक प्रसरते हुए कहा- "क्या कहा?"

वैशेषिक सुबोधचन्द्रजी ने तनिक हँस कर उत्तर दिया- "कहेंगे क्या? वही संख्या हीन आकृतिहीन बोध रहित शून्य-अद्वैत! उल्टा मुझसे पूछने लगे; द्वयणुक का कारण क्या दो अणुओं का-आपका अर्थात् मामेकम् संयोग नहीं है? बड़ी कुशलता से आचार्य श्री शंकर ने अपने अद्वैत को बचा लिया; वेद, श्रीमद्! कि परमाणुओं की द्वित्व संख्या है, द्वयणक के अणुत्व का कारण है।

हो गया, गोल-गोल उत्तर। परन्तु क्या समस्या का समाधान हो गया? नहीं, गुरुवर्य! नहीं, प्रतिज्ञा तो यह है परमाणुओं का परिमाण है। दो अणु संयोग से द्वयणुक, तीन अणुओं के संयोग से त्र्यणुक-त्रसरेणु की उत्पत्ति होती है। किन्तु विचारणीय विषय तो यह है कि द्वयणुक में परिमाण उत्पन्न होता है?"

"आप ही कहिये? शून्यवादी प्रच्छन्न बौद्ध, जगत, जीव और सृष्टि को जड़ मानने वाला निरकार निरञ्जन ब्रह्म को ही स्वीकार करने वाला यह भ्रष्ट यती और क्या कहेगा? क्या वेदान्ती न्याय वैशेषिक के दिव्य गहन परमाणु तत्वबोध को जानता भी है-उस पर कभी वह सोचता भी है? अरे यह, वेदान्ती शंकराचार्य सांख्य के 'ज्ञ' और मूल प्रकृति को भी माया का प्रतिभास कहता है-वेदान्ती अर्थात् जगत् अन्ध, भव मूढ़ और बुद्धि त्यागी चिद् भ्रान्त संन्यासी मात्र।"

सुबोधचन्द्र ने कहा- "यहाँ आने पर शंकराचार्य को पुनः पकड़ूंगा आपने तो संन्यासी जान कर छोड़ दिया; किन्तु हम नहीं। शंकराचार्य्य को मना कर रहूंगा अथवा उनको निरुत्तर होना होगा। उत्तर शून्य श्रीमद्!"

अभिनव गुप्त ने गगन मण्डल में शारदा मन्दिर के महाकेतु की फर्राहट को देखा, कहा- "कब आ रहा है यतीशंकर इधर? शारदा मन्दिर आकर दृष्टि मात्र से दक्षिण द्वार खोलेगा! क्या यह घोषणा कर दी है उसने? मुझे तो गर्ज के साथ कहा था- "शारदा मन्दिर आ रहा हूं! दक्षिण द्वार खोल कर रहूंगा। दक्षिण द्वार? मैं पूछता हूं इष्ट मित्रों! क्या शंकराचार्य्य दक्षिण द्वार खोल पायेगा? कहिये?"

सुबोधचन्द्र ने साभार कहा- "विद्याधर ही द्वार खोल सकता है। शैव दर्शन के शिव तथा शक्ति को स्वीकार नहीं करने वाला शून्यवादी शारदा का कोई भी द्वार कैसे खोल सकता है? शारदा मन्दिर शास्त्र, स्मृति, न्याय, वैशेषिक, मीमांसा आदि के द्वारों से सुरक्षित है-शारदा मन्दिर तत्त्व ज्ञान के बोधों का अचूक दर्शन मन्दिर है। जीवित ही मृत मान कर ध्यान करने वाले सभी शवी संन्यासी का शारदा मन्दिर में काम ही क्या है?"

"सर्वज्ञ पीठ पर आरूढ़ होना चाहता है यह शंकराचार्य्य!" अभिनव गुप्त ने कहा- "मुझको समझ नहीं आता। सर्वज्ञ पीठ की बजाय यह हठी सन्यासी चिता पर क्यों नहीं चढ़ जाता?"

"आचार्य्य श्री" शारदा मन्दिर के पुजारीजी ने चिहूंक कर कहा- "यह क्या? कुछ भी हो? शंकराचार्य्य सन्यासी हैं; दार्शनिक चिन्तक हैं-योगी, यती हैं।"

"और आचार्य, जगद्गुरु भी हैं!" अभिनव गुप्त ने सरोष कहा- "आप तथा हमारी धर्म पत्नी श्री शंकराचार्य्य के गुणगान सुन सुन कर वशीभूत से हो गये हैं-सभी होते दिखते हैं। वह शिवराम तो ज्योतिर्मठ में ही पड़ा रहता है। किन्तु मैं कहता हूं- कामरूप, काम्बोज, काश्मीर आदि क्षेत्र में वेदान्त के ब्रह्म की स्थापना करना इस क्षेत्र के सभी पुण्यों का विसर्जन कर देना है। हम आप कैलाश के गृहस्थी-नित्य शाश्वत गृहस्थी, शिव शिवा के लौकिक हैं। फिर विज्ञान के तत्त्व ज्ञान की दृष्टि से श्रुति उद्गार यह वेदान्त ठहरता कहाँ है? शिव तो ठहरते हैं; जाने तथा पहिचाने जाते हैं। साधक की पकड़ में तथा शिवा की जकड़ में वह अचूक दर्शनीय हैं, धरणीधरजी! सभी भव योनियों में शिव-शिवा उद्भवित होकर अपनी ज्ञानानन्द लीला को साकार -वास्तविक करते हैं। यह संसार भ्रम नहीं है जीव का। यह संसार शिव-शिवा का अनादि सनातन गृहस्थ है।"

धरणीधरजी ने अपनी श्वेत तमखुई दाढ़ी को सुलझाने का व्यर्थ प्रयास करते हुए कहा- "शाक्तोपासना और शाक्त मत कुल धर्म सनातन है, अनादि है तथा वेदोक्त ही है। मैं तो कहता हूं कुल, कौल तथा कुल का श्रीचक्र पूजन सगुण ब्रह्म का ही समदर्शी पूजन है। वर्ण और आश्रम ठीक है किन्तु मोक्ष के लिये कुल धर्म को स्वीकार न करना एक हठ ही है। मुक्ति तो शिव ही देते हैं- तारक, शिव तारक ब्रह्म हैं; नहीं?"

"हैं, जी!" अभिनव गुप्त ने सहसा उठते हुए कहा- "तब वह संन्यासी आ ही रहा है।"

नैयायिक रमाशंकर ने गर्व सहित कहा- "आने दीजिये, श्रीमद्! आकर यह शंकराचार्य्य कर भी क्या लेंगे? 'मुक्ति विषयक न्याय का एक प्रश्न और जगद्गुरु चुप! निरुत्तर! श्रुति उद्गार ही कैसे यथेष्ट हो सकते हैं? मानव बुद्धि संशयमयी है। वह ईश्वर, जीव और जगत् का तर्क सम्मत विवरण चाहती है। यह शंकराचार्य तर्क को नहीं मानते; संशय को भ्रान्ति कहते हैं-भ्रम। किन्तु तत्त्व निर्णय के लिये संशय और तर्क अनिवार्य्य हैं-भ्रम, माया-मिथ्या-क्या? मैं हाथ उठाकर कहता हूं-जीवात्मा ही आत्मा है-चिद चैतन्य और बंधा हुआ है-संशय और अतः तर्क द्वारा वह अपना सत्य ज्ञान प्राप्त करता है और मुक्त हो जाता है, निःसंशय, भवान्!"

अभिनव गुप्त ने धरणीधरजी को सहसा सम्बोधित करते हुए कहा- "आ ही रहा है यती शंकर तो आने दो। आप सब विद्वान् शारदा मन्दिर के प्रवेश

द्वार से मन्दिर अन्तरंग तक इस उद्दाम यती को अपने-अपने दार्शनिक तर्क बाणों से भेद दीजिये। यह आपका हमारा अन्तिम अवसर है-शंकराचार्य को हराने का।"

धरणीधर ने प्रणाम पूर्वक कहा- "जो, आज्ञा! निश्चिंत हो जाइये, श्रीमद्! बड़े-बड़े तथाकथित धुरन्धर हारे होंगे शंकर से; हम नहीं। हम तो शास्त्र का मुख ही नहीं, हाथ पाँव भी हैं-समस्त शरीर हैं।"

"धन्य!" अभिनव गुप्त बोले- "एक होकर इस यती को पग-पग पर शारदा मन्दिर के दक्षिण द्वार तक आने से रोको, रोकना ही होगा। यदि शंकराचार्य ने दक्षिण द्वार खोल दिया तो सभी शास्त्र भारत-समुद्र में फेंक देने होंगे। पुण्य तथा स्वर्ग के परम् सुख का सिद्धान्त त्यागना होगा तथा भारतीय जीवन का समूचा कर्मकाण्ड ही यज्ञ परक नहीं रह कर ज्ञान परक हो जायगा। सभी प्रकार के पुण्य कर्म, शुचि, प्रेम तथा मंगलमय श्रेय कर्म लोकेषणा के अभिव्यक्त कर्म रह जायेंगे। केवल सन्यासी के कर्म ही तथाकथित पारमार्थिक कर्म-नैमिष्य कर्म ही रह जायगा। क्या लोग ब्रहमचर्य्य से सन्यास तक केवल पारमार्थिक कर्म के लिये ही जी सकेगा? मानव जीवन विभूति-भूति संभृत्ति प्राप्त करने के लिये है। मुक्ति समुदाय की होती है क्या? समुदाय तो शान्ति, सुख तथा सन्तोष चाहता है-"

सांख्य तीर्थ कमलापतिजी ने कहा- "वेदान्त सन्यासियों की उद्भ्रान्त बुद्ध की उपज मात्र है। वेदव्यास ने इधर तो गीता कहलवाई श्री कृष्ण से और उधर ब्रहम सूत्र बनाये। इधर इतिहास तो उधर पुराण! हमको तो सभी समझ में आते हैं-यह कृष्ण द्वैपायन व्यास समझ में नहीं आये। इतिहास, पुराण, काव्य सभी पर लेखिनी चलाई है और लाखों श्लोकों की रचना की है तो की होगी। धन्य! आभार; किन्तु क्या हम शताब्दियों की अपनी शास्त्रीय मान्यतायें त्याग सकते हैं? संशय, तर्क और प्रमाण-यह हमारी प्रतिभा के आधार स्तम्भ हैं। हमने सर्वप्रथम परा और अपरा जगत्, जीव आदि का साक्षात् किया है-महर्षि कपिल, भवान्!"

"मैं उनकी अजर स्मृति को प्रणाम करता हूं।" अभिनव गुप्त ने कहा- "मैं गौतम को नमता हूं; कणाद को मस्तक झुकाकर नमस्कार करता हूं; किन्तु मैं इस आचार्य्य शंकर को प्रणाम नहीं कर सकता और नहीं अपना कौल मस्तक झुका ही सकता हूं। बुद्धि बल से शंकराचार्य्य को आप सब मिल कर हराइये, भला! अन्यथा....."

"अन्यथा?" बौद्ध विद्वान् जयवर्धन ने पूछा।

"अन्यथा हम, शाक्त-कौल और हमारी मन्त्र शक्ति।" अभिनव गुप्त ने कहा- "हम आपके शून्य को भर सकते हैं, महाशय जी। आपके पास केवल शाक्य मुनि और उनके उपदेश हैं- हमारे पास, तांत्रिकों के पास तन्त्र हैं, मन्त्र हैं, इष्ट बल है।"

जयवर्धन ने सिर धुनाया; कहा- "हम इस यती को समाप्त ही करना चाहते हैं। इस शंकराचार्य्य और उसके शत-सहस्र चेलों ने जनपदों से बौद्धों को भगा दिया है। जो देखो वह यही कहता है, ब्रह्मचारी बनो; फिर गृहस्थ हो जाकर फिर वानप्रस्थ धारण करो। गृहस्थाश्रम में जीये बिना यह यती शंकर कहते हैं, बुद्धि को शुद्ध तथा चित्त को निर्मल करने के लिये अन्य कोई वेदोक्त मार्ग नहीं है। वेद वेदान्त होकर वर्णाश्रम धर्म पन्थ बन जाते हैं-ऐसी बात वहाँ रखी है। मनुष्य-मनुष्य को अलग-भिन्न करने वाला तथा मानव-मानव का परस्पर शोषण शास्त्र विहित बताने वाला, शूद्रों को न छूने वाला तथा महिलाओं को घर की भृत्या समझने-समझाने वाला यह भी कोई धर्म है? धर्म घरों में नहीं, संघारामों में रहता है, श्रीमद्!"

अभिनवगुप्त ने तनिक खीझ कर कहा- "सुन लिया? यह सब उस यती शंकर से कहना, समझे? त्रिक् दर्शन द्वारा स्वयं और जगत् को नहीं देखता, जो शैव दर्शन का विद्वान् नहीं है तथा जो शाक्त नही है, वह मेरी दृष्टि से बुद्धू है-मूढ़मति है।"

जयवर्धन सहज सहमते हुए भी हँसा; बोला- "यह यती शंकराचार्य तब आपकी सम्मति में"

"मूढ़मति है" अभिनव गुप्त ने कहा- "सब जागरुक हो जाओ, सन्नद्ध! विद्वानों, विद्याधरों, मनीषियों! शंकराचार्य को हराने, निरुत्तर करने तथा उसको सर्वज्ञपीठ पर आरूढ़ नहीं होने देने के लिये यह हमारा धर्म युद्ध है। तब क्या राज्य के लिये ही धर्म युद्ध लड़ा जाता है? राज के लिये धर्म संकट और धर्म युद्ध दोनों ही हैं, तो भगवती शारदा की आराधना के लिये भी चरित्र संकट है, चरित्र धर्म है। शंकराचार्य्य मूढ़मति इसलिये हैं कि उन्होंने प्रमाण द्वारा ब्रह्म निरूपण नहीं किया। शास्त्र को छेद-छेदकर ही ब्रह्मवार्ता की है। आज दिन तक क्या भारत वर्ष में शास्त्रार्थ फूलों की मालायें पहिनाकर करवाये गये क्या? माला मुर्झाने पर हार-जीत का निर्णय आकाश कुसुमवत् तथ्य भर

है। अतः मैं महाशय मण्डनमिश्र से लगा कर भास्कराचार्य्य और मुझ तक हुए शंकराचार्य के वार्तालापों को बुद्धि के अपलाप उद्घोषित करता हूं। संशय, तर्क, प्रमाण और फिर निश्चिय। हमारे लिये शास्त्रार्थ का आरम्भ महावाक्य है- होगा, जगत् सत्यम् शिव सत्यम्-सुन्दरम् शिवम्।"

"हर हर महादेव!" की ध्वनि उठी-उमड़ी; घुमड़ी।

उपस्थित बौद्ध-कण्ठों ने गर्जना सी की- "बुद्धम् शरणम् गच्छामि! धम्मम् शरणम्...."

अभिनव गुप्त तपाक से-त्वरा से उठ खड़े हुए और बिजली की भाँति कड़के- "केवल जय जगत्, जय शिव! यह कन्या कुमारी से लगा कर हिमालय तक विश्रुत दिव्य प्रतिष्ठित शारदा भवानी का निवास स्थान है और मन्दिरों में मूतियाँ पुजारियों के द्वारा तथा उनके साथ केवल बसी रहती हैं-यहाँ सर्वज्ञ पीठ से जगत् विख्यात शारदा मन्दिर में भुजंग भवानी अपनी योगिनियों तथा भैरवों के साथ स्वयं रहती हैं- रहती आई हैं। परा और अपरा विद्याओं, सर्व कलाओं और काव्यों की महादेवी यह शारदा भवानी हैं। इस मन्दिर में परमेश्वरी शिवा के जगत् की जय ही बोली जाती रही है; उसके चिद् विलास की राग भरी-रस भरी सृष्टि के पिता शिव की ही जय बोली जाती रही है। यहाँ किसी शुद्ध को, बुद्ध को, धर्म और सम्प्रदाय को पुकारा नहीं जाता। शारदा ज्ञान और अज्ञान, विद्या अथवा अविद्या, पुरुष और प्रकृति माया-अमाया-काया तथा छाया-सर्वम् खलु इदम् की मातु श्री का गन्दिर है। गृशिवी पर स्त्री-पुरुष और नर तथा नारायण गृहस्थ तथा त्यागी सभी को किस प्रकार रहना है और जीना है-यह सिखाने वाले शैव दर्शन का योग क्षेम ही यहाँ आह्वान किया जाता है- यहां शिव दर्शन का आव्वाहन और वेदान्त का विसर्जन किया जाता रहा है और अब अन्तिम बार आने वाले शंकराचार्य को शारदा मन्दिर के प्रांगण से पुनः बाहर धकेल कर सर्वदा के लिये पुकारा जायगा; हर-हर महादेव!"

"हर-हर महादेव!" शत सहस्र कण्ठ चिल्ला उठे। अभिनव गुप्त ने शारदा-मन्दिर से लगा कर प्रवेश द्वार तक मण्डप खिंचवा दिया और विभिन्न मतों ओर सम्प्रदायों के लिये बैठकें बिछवा दीं। शंकराचार्य्य को प्रत्येक बैठक को उत्तर देना होगा-सर्वज्ञ बनता है तो उत्तर दे; अन्तिम बार अन्तिम उत्तर दे। गृहस्पतियों, चार्वाकों को छोड़ कर प्रत्येक दर्शन ने भगवान् शिव को देखने की अनवरत साधना की है। आत्मा? आत्म चैतन्य, सच्चिदानन्द शिव ही तो हैं और शक्ति स्वरूप सच्चिदानन्द विग्रह शिवा ही तो है। न्याय, वैशेषिक, जैन,

बौद्ध, मीमांसा, सांख्य, योग सभी चैतन्य आत्मा की सत्ता मानते हैं-मानते आये हैं और जगत् जीव और ईश्वर को यथार्थ, वास्तविक तथा सनातन अनादि सत्य स्वीकार करते आये हैं। यह यावत् जीवन के अनादि अनन्त अगाध शाश्वत चैतन्य की धीमान खोज है-शोध! आत्मा की शोध और साधना मानव बुद्धि की अन्यतम प्रतिभा का सूक्ष्मतम विषय है। यह अजर-अमर परा विद्या है-विज्ञान के सभी तन्त्रों और मन्त्रों की चरम् परम् साधना है। तुम शंकराचार्य! जगत् को माया, जीव को अज्ञान का मोहमय अध्यास तथा भव संसार को स्वप्न की क्रीड़ा मात्र मानते हो। किन्तु शताब्दियों से नैयायिकों ने जगत् में न्याय स्वरूप सत्य की धीर गम्भीर गतिविधि में उस परम चैतन्य को देखा है। वैशेषिकों ने परमाणुओं के गूढ़ अन्तराल में उसे पाया है। जैनियों ने पुद्गल में जीवन का रहस्य उद्घाटित किया है और बौद्धों ने शान्त स्थिर शुद्ध बुद्धि में उसे लीन पाया है। मीमांसा ने पुण्य कर्म में उसी को परम् सन्तोष स्वरूप भजा है और योग ने तो उसको देखा है, शास्त्र के परे और पार योगियों ने उसको दिव्य चक्षुओं से देखा है। आत्मा तथा देह के सम्बन्ध को योगियों ने प्रत्यक्ष किया है- तब यह रमणीय, गमनीय, गत्यात्मक, सुन्दरतम इदम् क्या क्षणिक क्षण भंगुर सत्य- घटना मात्र है! 'नहीं।' अभिनव गुप्त ने स्वयं से ही कहा! पास ही माला फेरती हुई उनकी धर्मपत्नी माताजी ने सहसा पूछा- "नहीं क्या?"

"तुम्हारा सिर, भवानी!" अभिनव गुप्त ने कहा- "वह यती आ ही रहा है-नहीं माना, सती हठी है-स्वयं को न जाने क्या समझता है?"

"क्या समझता है?" माताजी ने पूछा।

"महान् आचार्य्य, जगद्गुरु, योग योगेश्वर! और क्या समझता है?" अभिनव गुप्त ने दाँत पीसते हुए कहा- "चिदानन्द शिव शिवा को शून्य में अन्तर्लीन चैतन्य कहता है-जगत में-जीव में शिव नहीं है- यह कहता है, यह "तुम्हारा गुरु!"

"मेरे गुरु तो आप हैं, मेरे पति परमेश्वर!" माताजी ने कहा- "शंकराचार्य्य तो मेरे श्रद्धेय हैं!"

अभिनव गुप्त ने भवें तरेरीं, मुंह बिचकाया; कहा-सव्यंग कहा- "मैं-मैं तो तुम्हारा कुछ भी नहीं हूं- पति परमेश्वर! शास्त्रकारों ने ठीक ही कहा है।"

माताजी ने शीघ्रता पूर्वक माला को अँटाते हुए बीच ही में कहा- "स्त्री अनृतभाषी है-न सच कहती है और नहीं झूठ-मिथ्याभाषी है।"

"शंकराचार्य स्त्री को माया कहता है, भाग्यवती! मैं नहीं।" अभिनव गुप्त गर्जे- "मैं तो स्त्री को शक्ति के स्वरूप मानता हूं। उनका अँगुष्ठ पूजन करता हूं; योग क्षेम का आशीर्वाद भी माँगता हूं। शाक्त शक्ति को माँ या स्वामिनी मान कर ही चलता है।"

"तुम्हारी शाक्त पूजा का सारा मर्म मुझको क्षेमराज ने बता दिया है।" माताजी ने कहा- "यह निस्संदेह कामदेव की पूजा अर्चा है।"

"शक्ति का चिद् विलास क्या है? काम, महाकाम! सर्व प्रथम मूलाधार में वह कामेश्वरी है; स्तन मण्डल में वह जगदम्बा है तथा भ्रू मध्य वह सच्चिदानन्द विग्रहा है तथा सहस्त्रसार में वह शिव है।" अभिनव गुप्त ने कन्धे उचकाते हुए कहा- "शिवा शिव की वल्लभा है; पत्नी है तथा जगत् की रचयिता और जीवों की माँ है, समझी!"

"समझ गई-यह सब स्त्रेणों का दर्शन मात्र है। शिवा जीव की स्वामिनी हो ही नहीं सकती; वह प्राणियों की माता ही है। शंकराचार्य भी शक्ति को माँ मानते हैं और तुम....."

"और मैं?" अभिनव गुप्त गर्जे।

"तुम शक्ति को भोग्या मानते हो।" माताजी ने कहा- "तुम कौल, शाक्त, मैथुन, पंचम को ही यज्ञ मानते हो। सभी तांत्रिक शक्तिवादी हैं; सिद्धियाँ चाहते हैं और जगत् को चिरन्तन काल के लिये भोगना-भोगते रहना चाहते हैं। केवल देह से मरना नहीं चाहते तुम ललित पूजावादी हो-क्रचक्र और यह सब भैरव घोर पूजावादी हैं-थे।"

"और तुम्हारा शंकराचार्य्य?" अभिनव गुप्त ने सक्रोध खीझते हुए पूछा- "शव में घुस कर जो रमणियों को भोगता है, वह स्त्रैण नहीं है, क्यों?"

"शंकराचार्य ने उभयभारती के प्रश्न का उत्तर-अनुभूत उत्तर देने के लिये अपनी देह द्वारा नहीं, योग बल से शव में प्रविष्ट होकर यह कर्म किया था और क्या उन्होंने अपने चित्त से भोगा भी? नहीं! भगवती जगदम्बा भुवनेश्वरी के सौन्दर्य का वर्णन ही किया है। सौन्दर्य लहरी मैंने क्षेमराज से सुनी है-कुण्डलिनी का महाजागरण है-"

"शिवारूढ़ होने के लिये।" अभिनव गुप्त ने कहा-"राजा अमरुक का देह शव था और शंकराचार्य योग बल से तब सूक्ष्म और कारण शरीर सहित उस शव में

बिराजे थे! नहीं? तब क्या उनके सूक्ष्म शरीर के सभी तत्त्व समाप्त थे? सूक्ष्म शरीर चिरञ्जीवी है, वही शिव है, सुना!"

माताजी ने हँसते हुए कहा- "केवल सन्यासी ही कामगन्धहीन हो सकता है। हाँ; गोपियाँ भी। तुम शाक्त तो हो ही नहीं सकते। सांसारिक जीव विषयानन्द के राग-द्वेष में रमा रहता है- तुम महाकाम के आकाश में विचरते रहते हो। तुम तांत्रिक महाकामी हो, भला!"

तभी क्षेमराज ने सहसा धँस आते हुए कहा- "यती शंकर के संघ की धूल क्षितिज पर दीख पड़ रही है, श्रीमद्!"

अभिनव गुप्त अपने उत्तरीय को संभालते हुए बाहर भागे; बोले- "सब सन्नद्ध! सावधान! सब को सावधान कर दो, शिव गणों को शारदा मन्दिर के प्रवेश द्वार के बाहर दूरी पर मण्डलाकार खड़े कर दो। रोको! शंकराचार्य को शारदा मन्दिर के प्रवेश द्वार के एक योजन तक उसको अन्दर प्रविष्ट मत होने दो।"

क्षेमराज ने गम्भीरता पूर्वक कहा- "हिमालय नरेश साथ हैं, श्रीमद्!"

क्षेमराज को ओर तनिक धंसते हुए अभिनवगुप्त ने कहा- "होंगे हिमालय नरेश साथ, किन्तु यह हमारी आज्ञा है। महातांत्रिक साहित्य बृहस्पति अभिनव गुप्त का आदेश है-पालन हो।"

"जी, श्रीमद्!" क्षेमराज ने कहा- "सबको सन्नद्ध, सावधान कर देता हूं। शिव गणों को आपका आदेश पहुंचा देता हूं।"

"तुम स्वयं हमारा आदेश पालोगे कृत्य-कृत्य करोगे, समझे!"

अभिनव गुप्त ने दाँत पीस कर कहा- "यह चिकनी चुपड़ी समाप्त! या तो तुम हमारे साथ हो या उस भ्रष्ट शंकराचार्य के साथ हो। तुम मेरे शिष्य हो या नहीं?"

"हूं! हूं! श्रीमद्!" क्षेमराज ने कहा- "किन्तु मैं ऐसा कोई कार्य नहीं कर सकता, जिससे गुरु का अमंगल हो। नहीं श्रीमन्! मुझे क्षमा ही कीजिये!"

"अच्छा! तो-" अभिनवगुप्त मारे क्रोध के खड़े काँपने लगे- "हम कहते हैं, शंकराचार्य्य को शारदा मन्दिर के प्रवेश द्वार से एक योजन दूर रोको। संघ नहीं रुके तो शिवगणों को कह दो-लट्ठ बरसायें!"

क्षेमराज ने शान्त धीर गम्भीर स्वर में कहा- "क्षमा, पूज्य! मैं यह कार्य नहीं कर सकता और नहीं करूँगा। आपके खड़ाऊं की नित्य पूजा कर मैं परम शिव के अजपा जाप के अनहद मौन में स्वयं को मिटा दूंगा-"

"निकल जाओ-जाओ; हमारे समक्ष से दूर हटो!" अभिनव गुप्त ने सक्रोध काँपते हुए कहा।

"जी, जो आज्ञा!" क्षेमराज ने कहा और नमन कर चल दिये। तभी माता जी उठीं और कक्ष के द्वार में आकर बोली- "मैं भी जाती हूं- मैं भी"

"क्यों? भाग्यवति?" अभिनव गुप्त।

"शिवगण का पहला लट्ठ मुझ पर टूटेगा- इसलिये!" माताजी ने कहा।

"तात्पर्य्य?" अभिनव गुप्त ने झपट कर अपनी पत्नी के कन्धे झकझोरते हुए कहा- "तुम-तुम शंकर की गुप्तचर हो क्या?"

अभिनव गुप्त की धर्मपत्नी ने कहा- "इस धरती पर मैं एक अबला हूं, पति महाशय! मुझे छोड़ दो, तुम। तुम्हारे अत्याचार की चरम् सीमा कभी की आ चुकी। मैं जाऊँगी और शंकराचार्य्य का शारदा मन्दिर के प्रवेश द्वार पर स्वागत करूंगी। यती शंकर प्रथम और अन्तिम संन्यासी हैं, जिन्होंने स्त्री को सच्चे अर्थों में शक्ति स्वरूप माना; उसको अपने चिरस्मरणीय शास्त्रार्थ का दृष्टाध्यक्ष बनाया गया-प्रतिपक्षी बनाकर शंकराचार्य्य ने धर्म का विलक्षण निर्वाह किया। शंकराचार्य के लिये स्त्री मात्र भुवनेश्वरी है; सर्व स्वरूपा! परमेश्वरी है- शिवा है; ललिता है- मीनाक्षी और भुजंग भवानी है।"

अभिनव गुप्त ने अपनी धर्मपत्नी को रोकते हुए कहा- "तुम बाहर नहीं आओगी। नहीं; हम स्वयं यती शंकर का यथायोग्य स्वागत करेंगे। यह ध्रुवांक है, शंकराचार्य शारदा मन्दिर में सहज ही प्रविष्ठ नहीं होगा। नहीं। यह शारदा मन्दिर शंकराचार्य्य की माया-अविद्या का स्थान नहीं है। चिर चैतन्य चिद्घन, चिन्मय सच्चिदानंद की पूर्ण सम्पूर्ण शक्ति का दिव्य घोष है।"

अभिनव गुप्त की धर्मपत्नी 'माताजी' ने कहा- "शिवगणों को कह दो, लट्ठ त्याग दें और पुष्पहार अपने बलिष्ठ हाथों में धारण कर शान्त खड़े हो जायें। आप यती शंकर के ललाट पर कुंकुम तिलक करेंगे और मैं आरती उतारूंगी, स्वीकार है?"

"अन्यथा?" अभिनव गुप्त ने भवें तरेरते हुए पूछा।

"अन्यथा मैं इसी समय प्राण त्याग दूंगी।" माताजी ने कहा- "वेदान्त और शैव दर्शनों का मतभेद क्या वैरी है? वैर उत्पन्न करता है और द्वेष मूर्ख अभिमानी के चित्त में उत्पन्न होता है और वैर प्रतिभाहीन मूढ़ में। क्या आप मिथ्याभिमानी और प्रतिभा मूढ़ हैं? नहीं हैं, मैं आपका रोम-रोम, आपकी रग-रग जानती हूं। आप जन्म जन्मान्तरों से परम् शिव, सदा शिव, शिव शक्ति-सद् विद्या तन्त्र मन्त्र की साधना की व्यष्टि हैं-आपकी समष्ठि ही त्रिक हैः शैव है- आप मुक्त होने तक शंकर वेदान्त को स्वीकार नहीं कर सकते। शंकर वेदान्त को समझने के लिये शास्त्र का आश्रय, विद्या का सूक्ष्मतम अहम् और सत्य की शान्त कालातीत अनन्तता का निर्विकार चिन्तन चाहिये- सामान्य या विशिष्ठ विद्वान् शंकर वेदान्त को जैसे समझता ही नहीं; समझ सकता ही नहीं"

अभिनव गुप्त सहसा ठहाका मार कर हँसे- "और तुम समझती हो?"

"नहीं तो!" माताजी ने शान्त स्वर में कहा- "मैं जैसे अनुभव करती हूं। सांख्य और योग, मीमांसा तथा न्याय वैशेषिक वेदान्त का रहस्योद्घाटन कर नहीं सकते। न जैन ही वेदान्त की अघटन घटना को जान सकते हैं-"

"और हम शैव?" अभिनव गुप्त ने सहज होते हुए पूछा।

"शंकराचार्य का ब्रह्म है-सत्! तत् और आपका इच्छा, ज्ञान, क्रिया, चैतन्य तथा आनन्द का सर्व समर्थ साकार एवं निराकार शिव है- प्राणियों के जगत् का समर्थ ईश्वर है तथा भव संसार का त्राता विधाता शिव है और उनकी पुराण प्रेयसी शिवा है- आपके लिये जगत् सत्य है; भव संसार भ्रम-भ्रान्ति नहीं है, शिव की आनन्दवृत्ति की चेतना, ज्ञान, इच्छा और क्रिया है- तब शंकराचार्य के लिये-"

"जगत् माया है, मिथ्या है- अनिवर्चनीय क्षणिक है और भव संसार आत्मा का स्वारोपण है- अध्यास, भ्रम, भ्रान्ति! यथार्थ ज्ञान भ्रान्ति है! भाग्यवती! शंकर के ब्रह्म की लीला और यह चिरन्तन चिद् विलास उसकी व्यावहारिक तथा प्रातिभासिक सत्ता की अभिव्यक्तियाँ भर हैं-तब हमारे शिव का यह जगत् अपने सामर्थ्य, ऐश्वर्य्य तथा शक्ति मात्र का पूर्णोल्लसित अभिव्यञ्जन है। यह चिद् विलास नहीं है; शिव-शिवा का आनन्द विलास है; विहार है भवानी!"

माताजी ने निसास रखा; कहा- "तुम और शंकर एक स्थान पर 'सम' दर्शी हो जाते।"

"नहीं हो सकते, भाग्यवती! नहीं हो सकते!" अभिनवगुप्त ने कहा- "शंकर आत्मा की परमात्म चिदानन्द स्थिति को ही मानता है- ज्ञान है, सत्य है ब्रह्म! उनका ब्रह्म निष्क्रिय है; अकर्ता है, अभोक्ता तथा अज है और यह जगत् तथा भव संसार किसी मद्यप का स्वप्न संसार भर है-नहीं? यह जगत् शिव-शिवा की सनातन अनादि सन्ततियों का जीवन स्थल है। यह भव संसार शिव की आनन्द समाधि का उद्भव है-शिव की, ब्रह्म की- एकोहम् बहुस्यामी जीजिविषा! क्या परम् ब्रह्म के सम्पूर्ण पूर्ण-परिपूर्ण सत्य से लेश मात्र भी विहीन हैं-हो सकती है? यह माया, अविद्या, अज्ञान, जो भी कहो, भाग्यवती! परम शिव को प्रजा उत्पन्न करने तथा एक से अनेक होने के लिये दिव्यतम आश्चर्य्य प्रणीत विज्ञान है। ज्ञान है शिव, ज्ञाता हैं शिव तथा ज्ञेय भी शिव है-शिव शक्ति।"

तभी शिवराम धंसा आया; अभिनव गुप्त को साष्टांग प्रणाम कर बोला- "नदी के उस तट पर शंकर...."

"आ गया है तब?" अभिनव गुप्त ने तपाक से कहा- "चलो, देवि! तुम्हारी बात मान ली। चलो, जब वह यती आ ही गया है, तब उसका स्वागत करें। हिमालय नृपति......"

"हम आ गये श्रीमद् अभिनव गुप्त!" हिमालय नरेश ने द्वार पर दिखते हुए कहा- "सभी आर्य वैदिक नरेशों ने शंकराचार्य्य की सुरक्षा तथा आर्य्य मानव की सभ्यता के पोषण तथा आर्य्य वैदिक धर्म के मंगलोत्थान के लिये महाकाल के मन्दिर में संकल्प किया है। आपने नहीं सुना? सुना है, जी सुना!"

"नहीं जाना, मान्यवर!" अभिनव गुप्त ने नृपति को घूर कर देखते हुए कहा- "तब हम क्या अनार्य्य हैं?"

"हम नहीं जानते जी!" हिमालय नृपति ने कहा- "वेद वेदान्त तथा वैदिक वर्णाश्रम धर्म में मानने वाला ही आर्य है, ऐसा जगद्गुरु शंकराचार्य का सतत् उपदेश है। सुनता आ रहा हूं।"

अभिनव गुप्त ने राजा को सिर से पैर तक तथा पैर से सिर तक घूरा; कठोर स्वर में कहा- "शिव और शैव दर्शन भी वैदिक है। वेद व्यवहार के दो धर्म मार्ग हैं, राजन्! वर्णाश्रम धर्म और कुल धर्म। शैव शाक्त हैं; वेदान्ती संन्यासी!"

"अच्छा? ऐसा है?" हिमालय नृपति ने कहा- "भल भला। हमें तो गर्व है शिव हिमालय राजवंश के जामातृ हैं। हमें प्रसन्नता है कि उमा हिमालय के राजवंश की भगवती पुत्री हैं। हम धन्य हैं कि हमारे पूर्वज और पितृ ऐसे समर्थ,

मानी, दानी, अभिमानी थे-राजा जनक के जामातृ राम और हमारे जामातृ शिव, आशुतोष औढ़ड़ दानी त्र्यम्बक शिव! वाह! चलिये हमारे साथ चलिये। हम चाहते हैं आप अपने शिष्यों तथा विद्वानों सहित जगद्गुरु का स्वागत करें-शारदा मन्दिर का यह स्वागत हमारी ओर से भी आप करेंगे।"

"हम?" अभिनव गुप्त ने पूछा- साश्चर्य्य।

हिमालय नृपति ने उत्ताल हास्य हँसते हुए कहा- "हम तो हिमालय के शिखरों, उपत्यकाओं, सरिताओं एवं सरोवरों के प्रबन्धक राजा हैं। हम हिमालय की दिव्य औषधियों के प्रहरी नरेश हैं तथा देव-दारूओं की छाया में पलती हुई सरल सौम्य प्रजा के पिता तुल्य हैं, किन्तु आप? काश्मीर, कामरूप, काम्बोज इस हिमालय मण्डल के शिव के प्रमुख गण है-आप शैव दर्शन के नन्दी हैं। हमारे गर्व तथा तन्त्र मन्त्र की महिमा हैं। आप तो आप हैं। शंकराचार्य्य दक्षिण द्वार खोलना चाहते हैं, तो खोलने दीजिये। द्वार खुलने के लिये ही होता है। शारदा मन्दिर का दक्षिण द्वार वेदान्त द्वार सिद्ध होगा-नहीं?"

"हमारे जीते जी नहीं।" अभिनव गुप्त गर्जे।

"अच्छा? नहीं? तब नहीं, भल-भला"- हिमालय नृपति ने कहा- "किन्तु हम तन्त्र मन्त्र का युद्ध नहीं चाहते। तन्त्र वह जो सृष्टि में सम करे; संगत करे-उस महाशक्ति से जोड़ दे और मन्त्र वह जो देवता को, इष्ट को वश में कर दे। पुत्री उमा ने यही किया था, अर्पणा होकर, भला!"

अभिनव गुप्त ने सिर धुनाया- कहा- "यह-यह....."

"राजाज्ञा है, और क्या है, भल-भला।" हिमालय नृपति ने कहा- "ज्ञान न जीतता है और न हारता है और विज्ञान न तो हार कर जीतता है तथा जीत कर हारता ही है। सत्य! शिव कह दो, ब्रह्म कह दो, बुद्ध कह दो, तीर्थंकर कह दो-कुछ भी कह दो।"

"शिव! ब्रह्म नहीं!" अभिनव गुप्त प्रस्थानोद्यत फुसफुसाये।

"तो शिव ही सही।" हिमालय नृपति तनिक थम कर हँसे-खूब हँसे और कक्ष के बाहर निकल गये। अभिनव गुप्त और 'माताजी' उनके साथ हो लिये; किन्तु दोनों ही रुके; हिमालय नृपति भी रुके; घूम कर बोले- "थक गये क्या आचार्य्य अभिनव गुप्त? पधारो, हमारे तनिक आगे होकर यतीवर्य्य शंकराचार्य तथा उनके भारत संघ का शारदा मन्दिर में स्वागत करो। यह हिमालय जनपद के गौरव तथा शारदा मन्दिर की सनातन मर्यादा का ऐतिहासिक अवसर है। कोई

तो आया दक्षिण से, जो कहता है सदैव बन्द दक्षिण द्वार निसंदेह खुलेगा! नहीं? अवश्य, यह बड़ी बात है, भला। आप भव्य हैं; शंकराचार्य्य दिव्य हैं। श्रीमती। आप, आप आगे आयें-आप हमारे लिये हिमालय की वयस्का मतिमान पुत्री के समान ही हैं-आइये, पधारिये!"

अभिनव गुप्त ने तनिक खीझते हुए कहा- "हम आ रहे हैं, नृपति महाशय! हमे मार्ग बताइये।"

हिमालय नृपति ने क्षण भर के लिये अभिनव गुप्त की सरोष मुद्रा को निहारा; फिर सस्मित बोले- "राजा क्या आचार्य को मार्ग दिखायेगा? आचार्य्य देवो भव! आप हमारे शीर्ष आचार्य्य हैं, देव! हम नरेश को मार्ग आप ही बतायें।"

"आपको हम यती शंकर के पास कैसे ले जा सकते हैं?" अभिनव गुप्त ने कहा- "हमने तो हिमालय-मण्डल को शैव-दर्शन और उसका त्रिक् मार्ग बता रखा है, नृपति महोदय! इसलिये हम शारदा मन्दिर ही नहीं, काश्मीर मण्डल में इस यती शंकर का प्रवेश मात्र नहीं चाहते थे।"

हिमालय नरेश ने ठहाका मार कर कहा- "भूमि राजा की; शास्त्र महामहोपाध्याय का; तत्त्वज्ञान दर्शन आचार्य्य का, मन्दिर पुजारी का- यह पृथिवी राजा राम की धरती है, वर्ष है, श्रीमद् अभिनव गुप्त! आप श्री हमारे माननीय आचार्य्य देव हैं; राजा नहीं। शारदा मन्दिर हिमालय मण्डल का दिव्य घोष है, आप श्री की निजी सम्पत्ति तथा वंशीय सम्पदा नहीं है! है? नहीं, जी! नहीं है। राज राजा का; मन्दिर भगवान् का। अन्तरिक्ष सूर्य और चन्द्र का, द्युलोक ग्रह नक्षत्र नीहारिकाओं का!"

अभिनव गुप्त ने सन्नाटे में आते हुए कहा- "सत्युत् है, राजन्!"

निस्संदेह सत्युत् है, आचार्य्य श्रीमद्! हिमालय नृपति ने मानो साधिकार कहा- "जगद्गुरु शंकर का हम सब की ओर से स्वागत आप कीजिये। यह आपका हिमालय जनपद के राजा तथा प्रजा पर अनुग्रह होगा, भवान्!"

"हूं।" अभिनव गुप्त ने मन्द हुंकार कण्ठ में ही की- "तब नृपति की आज्ञा मानना ही शेष रहा?"

हिमालय नृपति ने मन्द मुस्कराते हुए कहा- "एक निरीह संन्यासी शारदा भगवती के दर्शन के लिये शत् सहस्र योजन चल कर समस्त भारत के श्रद्धालुओं के साथ आया है- तो क्या हिमालय मण्डल के विख्यात आचार्य अभिनव गुप्त उसका स्वागत नहीं करेंगे? क्या राजा सन्यासियों का स्वागत करेगा? नहीं। भल-

भला। हम अपनी मर्यादा में रहना जानते हैं। ऋषियों का स्वागत ईश्वर करता है, संन्यासियों का स्वागत आचार्य्य ही करेगा। नहीं? अवश्य ही करेगा-पधारिये, आचार्य अभिनव गुप्त! हमारे आगे अपनी विनीत धर्मपत्नी के साथ चलें, दक्षिण द्वार की चिन्ता त्यागिये। शंकराचार्य उसको दृष्टिपात मात्र से खोल पायेंगे, यह तो देखने की बात है-शताब्दियों से दक्षिण भारत की प्रतिभा की प्रतीक्षा करता हुआ यह दक्षिण द्वार तब क्या शंकराचार्य्य की ही राह देख रहा था?"

"हूं। देख रहा है क्या?" अभिनव गुप्त तनिक रुके- "भारत भूमि के सरस्वती पुत्र की प्रतीक्षा शारदा मन्दिर के चारों द्वार सदैव करते आये हैं, राजन्! पूर्व, पश्चिम और उत्तर द्वारों ने सहज और सिद्ध सरस्वती पुत्रों का खुल कर स्वागत कर लिया है-दक्षिण के सरस्वती पुत्र की प्रतीक्षा ही प्रतीक्षा है-शास्त्र मर्यादा के विरुद्ध संन्यास लेना, प्रमाण और शास्त्र को नहीं मानना तथा ऐसे वेदान्त का आविष्कार करना जिससे जगत्, जीव तथा भव संसार का कोई अर्थ ही न रहे, उद्देश्य ही न रहे और जीव शून्य में भटक जाय- सरस्वती पुत्रत्व नहीं है, महाराज! यती शंकर का ब्रह्म नपुंसक, निष्क्रिय तथा निर्दय कोई तत्त्व है, जिसको कोई भी समझ नहीं सकता-न कोई उसको भज सकता है? ऐसे ब्रह्मवादी का स्वागत मैं आपकी राजाज्ञा का सम्मान करने के लिये ही कर रहा हूं। अन्यथा-"

"अन्यथा?" हिमालय नृपति थमे, बोले।

"अन्यथा शारदा भवानी का आह्वान कर यती शंकर को प्रपातों के प्रवाहों की बनी नदी के उस तट पर ही रोक देता। तन्त्र का इष्ट है, मन्त्र का देवता है-और जीव का शिव है। हम हिमालय के वासी कैलाश के शिव को मानते हैं; भगवती परमेश्वरी शक्ति स्वरूपा चिदानन्द विग्रहा शिवा को मानते हैं। भ्रष्ट सन्यासी, शास्त्रहीन विद्वान् तथा कुल रहित साधक को नहीं मानते, नृपति महोदय!"

"शुभ!" हिमालय नृपति बोले- "शुभ! राजाज्ञा को तो मानते ही हैं-शुभ! हम राजा आप मनीषियों के संघर्षों में नहीं पड़ते। हम तो प्रजा का पालन तथा धर्म की रक्षा ही करते हैं, भला।"

"कुल धर्म?" अभिनव गुप्त ने पूछ ही लिया।

"वैदिक धर्म!" हिमालय नृपति ने कहा- "राजा का सम्बध तन्त्रों, मन्त्रों, विद्याओं और शास्त्रों से नहीं होता-स्मृति से ही होता है। शाक्तों का कुल धर्म है; किन्तु मानव जीव का तो वैदिक सनातन वर्णाश्रम धर्म है, वेद है......"

"तथा वेदान्त है, यही न?" अभिनव गुप्त ने खीझ कर कहा।

"वेदान्त? हाँ, भल-भला यही तो।" हिमालय नृपति ने कहा।

"समझते भी हैं, श्रीमन्?" अभिनव गुप्त ने पूछा।

"सुनता हूं राजा आचार्य्य से शास्त्रार्थ नहीं करता। नरेश आचार्य्य के उपदेश सुनता है और अपना वंश परम्परा का धर्म पालता है-"

"वह है क्या, नृपति महोदयेषु?" अभिनव गुप्त ने खड़ा रहते हुए पूछा।

"शिव शक्ति-शैव-धर्म, भला।" हिमालय नृपति ने कहा।

"तब फिर यह वेदान्त?" अभिनव गुप्त हिचकिचाये।

"आचार्य यतीवर्य्य शंकर जिसको परम् ब्रह्म कहते हैं, उसी को हम परम् शिव मानते हैं- भेद क्षण में है; अनन्त में कहाँ है? मानव जीवन की समस्या अज्ञान हटाना है- अविद्या से मुक्त होकर सद्विद्या पाना है, जिससे वह सच्चिदानन्द शिव-शिवा प्रत्यक्ष हों। हम परम शिव और परम ब्रह्म की लीला, माया आदि तात्विक ऊहापोह में नहीं जाते। हम तो पशुपति त्र्यम्बक आशुतोष मृत्युञ्जय शिव को ही भजते हैं, भजते आये हैं।"

"तब यह शंकराचार्य्य का साथ?" अभिनव गुप्त।

"साथ? नहीं, आचार्य्य अभिनव!" राजा हिमवान ने कहा- आचार्य्य शंकर मतभेद होते हुए भी वैदिक ऋषि हैं; आचार्य्य हैं- उपनिषद् के शान्त धीर दृष्टा हैं। आचार्य शंकर ने अवैदिक अनार्य सिद्धान्तों की धज्जियाँ उड़ा दी हैं और पुनः वेद के प्रकाश को मुक्त किया है; वेदान्त के मर्म को मनीषियों के समक्ष रखा है तथा मानव को सच्चा उपयुक्त धर्म मार्ग बताया है।"

"तब हमने क्या यह नहीं किया, राजन्?" अभिनव गुप्त चिल्लाये।

"आपने साधकों को मार्ग दिशायें दी हैं-मानव को नहीं।" हिमवान नृपति ने कहा- "हम कहाँ कहते हैं, आप शंकर वेदान्त को मान लें? नहीं मानना है तो न मानें। शैव दर्शन? तो ठीक, शैव दर्शन। शास्त्र? तो शास्त्र सही। किन्तु हम राजाओं की भाँति लड़ें नहीं, विद्वान् लड़ता नहीं। मतभेद होते हुए भी, प्रतिपक्षी का मत स्वीकार नहीं करते हुए भी परस्पर आदर करता है-वन्दन करता है। संघर्ष और युद्ध तो भूमि और राज के लिये सम्पत्ति के लिये है-होता आया है, ज्ञान विज्ञान के लिये भी कोई लड़ा है? अज्ञानी मूढ़ और हीन मन ही ज्ञानी से लड़ेगा या मलिन बुद्धि, तांत्रिक!"

"राजा! चुप रहो!" अभिनव गुप्त गर्जे।

"अच्छा आचार्य! क्षमा चाहता हूं। चुप हुआ, बस।" हिमवान नृपति ने आचार्य्य अभिनव गुप्त का हाथ थामते हुए कहा- "शीघ्रता कीजिये, अभिनव गुप्त! आचार्य्य शंकर संघ के साथ हमारी प्रतीक्षा कर रहे हैं-"

"हूं।" अभिनव गुप्त कण्ठ में ही गर्जे और सदर्प हिमालय नृपति के आगे चल पड़े। 'माताजी' भी उझकती हुई आँचल ढंकी पूजा की थाल लिये साथ-साथ चली। हिमालय नृपति, आमात्य तथा अन्य जन पदाधिकारी भी चले। अभिनव गुप्त प्रवेश द्वार से कुछ दूर थमे; घूम कर बोले- "विद्वानों, मनीषियों, आप सब प्रांगण में ही बने रहो। यती शंकर को पग-पग पर तर्कबाणों से भेद दो। प्रमाण! शंकराचार्य से प्रमाण माँगो। बौद्ध विद्वानों, जैन साधकों और दार्शनिकों! जाग जाओ और सन्नद्ध हो जाओ। मण्डन मिश्र तथा उभय भारती के पश्चात् यह शारदा मन्दिर के प्रांगण का शास्त्रार्थ सदैव स्मरणीय हो-हमारी आपकी जय हो-विजय हो। तांत्रिकों! दक्षिण द्वार को सदैव के लिये कीलित कर दो-स्तम्भित! यती शंकर की दृष्टि मात्र से यदि द्वार खुल गया, तो समझ लो, वेदान्त के सिवाय सभी तत्त्वबोध बुझ गये; सभी दर्शन व्यर्थ हो गये। और तब हम अज्ञातवास लेंगे-यह हमारी भीष्म प्रतिज्ञा है। आनन्द, चित्त, ज्ञान, इच्छा और क्रिया के चिर विलासी शिव ही सत्य हैं, उनकी लीला जगत् सत्य है और हम सब पाशबद्ध जीव भी भव संसार में सत्य हैं-भोग द्वारा मोक्ष के अभिलाषी हम शिव-शक्ति के चिर, चिरन्तन मिलन का आनन्दमय अमृत चाहते हैं। यह यावत् जीवन-मैं हाथ उठा कर कहता हूं, नित्य निरन्तर आनन्द का उन्मेष है; निमेष है। यह भ्रम नहीं है; अज्ञान का अध्यास नहीं है-माया मिथ्या नहीं है-वह तो शिव शक्ति की आनन्दोल्लास के लिये रचना है। अपने ही अगाध, अबाध, गहन गहनातिगूढ़ गहन आनन्द के चिद् विलास के लिये परम् शिव ही सदाशिव शिव-शक्ति, प्रकृति पुरुष होते हैं-यह जगत् शिवा के भृकुटि विलास की सार्थक माया है। यह भव-संसार शिव शक्ति की विचित्र और विलक्षण भव-योनियों की सनातन सन्ततियों का भोग द्वारा मोक्ष के लिये जीवन यापन है। यह कुल है और मानवों के इस समदर्शी कुल का धर्म कुल धर्म है तथा तन्त्र श्रीचक्र और मन्त्र शिव के द्वारा आविष्कृत मन्त्र हैं। हाँ, हैं। हम राजाज्ञा के सम्मान स्वरूप यती शंकर को आने दे रहे हैं। किन्तु आपका शास्त्र और साधना बल शंकराचार्य को प्रांगण में ही स्तम्भित कर देगा- अवश्य करेगा।"

सहसा जैसे शत सहस्र पदों की धूसरित आहटें अभिनव गुप्त के कानों में घुसी-टकराईं। अभिनव गुप्त ने घूम कर देखा, शंकराचार्य्य गगन में दण्ड उठाये, कमण्डल लटकाये धीर चाल चलते हुए आ रहे हैं। अपने पट्ट शिष्यों से वेष्टित तथा जिज्ञासुओं से घिरे एवं श्रद्धालुओं से आवृत्त यतीवर्य्य शंकर चले आ रहे हैं। अभिनव गुप्त को लगा, दिवस में ही पूर्णिमा का कुमुद बान्धव प्रगट होकर मानव मूर्ति बन धरती पर चला आ रहा है। सूर्य ही जैसे पूर्णिमा के सरोवर में अपना प्रतिबिम्ब देखते हुए चले आ रहे हैं- हिमालय की उपत्यकाओं के मनोरम झुरमुटों की छबियों से आचार्य्य शंकर के गहन नयन मानो भरे हुए हैं और देवदारुओं की झीमती हुई छाया उनके प्रवाल अधरों में हुमुस रही है। तनिक आगे हस्तामलक मानो शिव के प्रमुख गण की भाँति चल रहे थे-पार्श्व में पद्मपाद और सुरेश्वराचार्य्य-पीछे तोटकाचार्य्य। चारों मठों के शिष्य तथा सेवक आचार्य्य शंकर के चरणों की थिरकती हुई चाँप को देखते हुए पृष्ठ में चले आ रहे थे और भारत संघ का मानव सागर उत्सुक दृष्टियों की तरंगों से उद्वेलित उमड़ा चला आ रहा था। अभिनव गुप्त थड़क कर खड़े हो गये। उनको लगा, सभी देवताओं ने आचार्य्य शंकर के देह में अपना यथास्थान प्राप्त कर लिया है और वह जैसे शंकराचार्य्य के श्वाँसों के साथ शिव- पञ्चाक्षर मन्त्र का अजापा जाप कर रहे हैं। तब यह शिव हैं, जो चले आ रहे हैं-नहीं, नहीं। अभिनव गुप्त मन ही मन चिल्लाये; नहीं। अभिनव गुप्त ने दाँत पीसे; सिर धुनाया और दोनों हाथों से बरजते हुए कहा- "स्वागत है, शंकराचार्य्य! किन्तु रुको-रुको, यती-शंकर!"

तभी शंकराचार्य खड़े हो गये। अभिनव गुप्त को निहारते हुए बोले- "ओम नमः शिवाय! आचार्य अभिनव! आपके स्वागत के लिये आभार। आपका कल्याण हो।"

30

माताजी ने आचार्य शंकर का शारदा मन्दिर के द्वार पर स्वागत पूजन किया और आरती उतार कर कहा- “पधारिये, आचार्य शंकर! भगवती शारदा आप श्रीमद् की न जाने कभी से प्रतीक्षा कर रही हैं।” शंकराचार्य ने प्रणाम पूर्वक मस्तक नमाते हुए कहा- “आशीर्वाद दो मां! भगवती शारदा का तनिक अनुरञ्जन कर सकूं।” और फिर अभिनव गुप्त को नमस्कार कर पुनः जैसे कहा- “विश्वस्त हो जाओ, अभिनव गुप्त! शिव दर्शन को वेदान्त का अभय प्राप्त है- अभय, आचार्य सभी देवताओं के हृदय में विभूतिपाद आशुतोष औढर सोमनाथ का निवास है। शिव के बिना मनुजावतार राम क्या राम थे? होंगे? शिव पञ्चाक्षरी का अजपा जाप रटने वाले सोलह कलाओं के अवतार श्रीकृष्ण क्या जगत्-रथ के सारथी बन सकते थे? नहीं- श्रीकृष्ण के हृदयाकाश में शिव शक्ति विराजमान थी- सभी शक्ति स्वरूपों के हृदयवल्लभ शिव हैं, वेदान्त शिव डमरू है; शैव दर्शन शिव त्रिशूल है।”

अभिनव गुप्त ने कण्ठ में ही हुंकारते हुए कहा- “शिव दर्शन को किसी के अभय की आवश्यकता न थी और नहीं है।”

शंकराचार्य तनिक थमे; विहंसते हुए बोले- “दर्शन यावत् जीवन के लिए अभय ही तो है- अभेद ही तो है, आचार्य श्री!”

अभिनव गुप्त ने तनिक खीझते हुए कहा- “जी, आचार्य श्री! हम शैवों पर तो कृपा कीजिये-हमसे दूर ही रहें।”

आचार्य श्री शंकर ने मुस्कारते हुए कहा- “सभी जीवों के अन्तःकरण में सच्चिदानन्द ब्रह्म प्रतिबिम्बित हैं- जीव जीव से व्यवहार में दूर रह सकता है।

दूरी जगत् में है। मानवों के हृदय में दूरी है ही नहीं। प्राणिमात्र, भूतमात्र में वह करुणा के सागर की भांति ही लहरा रहा है- वह राम सभी के हृदय में रमा हुआ है। वह सभी जीवों को कृष्ण रूप अज्ञान से ज्ञान की ओर कर्षित कर रहा है- राम जीव को ब्रह्म में रमाता है; श्री कृष्ण ज्ञान देकर अविद्या ग्रसित जीव को सच्चिदानन्द ज्योत्सना की ओर खींचता है। जगत् की इस अनिर्वचनीय माया को तरते हुए जीव को श्री कृष्ण द्वारा कर्षित होना है-माया का रहस्यमय आवरण चीर कर सच्चिदानन्द ब्रह्म की ओर."

अभिनव गुप्त ने झुंझला कर बीच में ही कहा- "परम शिव की ओर, आचार्य शंकर! व्यर्थ अपलाप से लाभ?"

आचार्य श्री शंकर ने खड़े रह कर कहा- "जगत् वार्ता, शास्त्र चर्चा, विज्ञानघन ऊहापोह आदि ही अपलाप हैं, श्रीमद्! ब्रह्मवार्ता ही वार्ता है। वाणी ब्रह्म का स्तवन है; वाङ्मय ब्रह्म का गायन है तथा दर्शन? ब्रह्म दर्शन-तत्त्व ज्ञान? ब्रह्म जिज्ञासा की उल्लासमयी कहानी है। परम् शिव ही परम् ब्रह्म हैं-वेदान्त से ही शिव दर्शन कृतार्थ होता है।"

आचार्य अभिनव गुप्त थड़क कर खड़े हो गये- "आचार्य्य शंकर!"

आचार्य्य शंकराचार्य ने शान्त किन्तु जलद गम्भीर स्वर में मानो पुकारा- "जगत् का प्रलय ब्रह्म में और जीव का मोक्ष ब्रह्मलीन होने में, शिव जब पाशमुक्त होते हैं, तब अपने परम् सच्चिदानन्द में ही तो पाश मुक्त होते हैं। यही शिव का कृतार्थ होना है। सगुण का मोक्ष निर्गुण में ही होता है। आकार शून्य में और शून्य नित्य शाश्वत अनादिकाल से अबाधित एवं देश से अपरिच्छिन्न परम सत्य में। सभी मतमेद सत्य संवित् में डूब जाते हैं; सभी सम्प्रदाय आत्मा के चैतन्य की साधना में मगन हो आते हैं- आत्मा, सच्चिदानन्द ब्रह्म। महाशय अभिनव गुप्त! मैं यही कहने कन्याकुमारी के समुद्र तट से चल कर आपकी धीमान सेवा में उपस्थित हुआ हूं। मैं यह नहीं कहता, आप वेदान्त को स्वीकार करें, शान्त चित्त और धीर मति से सुनें तो सही।"

"नहीं।" अभिनव गुप्त गर्जे- "हम आपसे अन्त में कहेंगे; पहिले आप इन वेदियों को लाँघ कर तो जाइये। आपके मार्ग में सभी दर्शनों, शास्त्रों तथा प्रमाणभूत तर्क की वेदियाँ ठठी हैं। उसको उत्तर देकर ही आप शारदा मन्दिर के मण्डप में जा सकेंगे।"

आचार्य शंकर मुलके; बोले- "भगवती शारदा के दर्शन के लिये मुझको किसी का भी समाधान करना आवश्यक नहीं है-देव दर्शन करना मानव जीव का जन्म सिद्ध अधिकार है, आचार्य्य श्रीमद् अभिनव!"

"संन्यासी शंकर! देव दर्शन का क्या आपको सत्व प्राप्त भी है?" अभिनव गुप्त चिहुंके- "संन्यासी अपने शव का ही दर्शन करता है? नहीं?"

"संन्यासी प्रतिलव, काष्टा, निमिष-क्षण अपने परम सच्चिदानन्द परमात्मा ब्रह्म का ही दर्शन करता है।" श्री शंकराचार्य्य ने जलद-गंभीर स्वर में कहा- "जगत् और उसके रूपों में मैं ब्रह्म चैतन्य को ही मीड़ता हूं-सृष्टि के नामों में मैं उसकी चिन्मय बोधमयी ध्वनि प्रतिध्वनि सुनता हूं। साकार-सगुण में भी मैं उसी को पाता हूं-अहम् ब्रह्मास्मि, आचार्य्य अभिनव! इसलिये मैं आकृति और निराकृति में, रूप और अरूप में, पदार्थ और उसके द्रव्य तथा द्रव्य के गुण धर्म में, यावत् सनातन तथा अनादि अखिल में मैं उसी को टोहता हूं; टेरता हूं भगवति शारदा भी उसी ब्रह्म चैतन्य की परमेश्वरी चिति है। परम शिव, परम् गुरु की परम् चरम अनुग्रहिका शक्ति, भवान्!"

अभिनवगुप्त ने हुंकारते हुए कहा- "जो भी हो, आपको आपके मार्ग में ठठे शास्त्रियों, दार्शनिकों तथा मनीषियों से वार्ता करनी ही होगी- भारतीय ज्ञान-विज्ञान की इस पंक्ति को लाँघ कर कौन जा सकता है, भला? आपने मण्डन मिश्र, नीलकण्ठ, भास्कर, मयूर दण्डी, बाण प्रभृति आचार्यों को सम्मोहित कर निरुत्तर किया है। नहीं? किया है। किन्तु सर्वज्ञ पीठ की साक्षी से आपसे पुनः सर्वज्ञ पीठ ही वार्ता करेगी। क्या यह सब क्षल्लुक हैं? यह शास्त्रज्ञ, दार्शनिक, तत्वदर्शी सब आपके लिये तुच्छ हैं?"

"नहीं तो।" आचार्य श्री शंकर ने शारदा मन्दिर के उत्तुंग केतु को फहराते हुए निहार कर कहा- "परम् सत्य के लिये सोचने और समझने वाला, तत्वों को देख कर सदैव सत्य की गहन ऊहापोह में रहने वाला, माया को भेदने के लिये तन्त्र द्‌वारा मंत्र साधना करने वाला, इष्ट देव के चरणों में स्वयं को विसर्जित करने वाला-आत्मा की सतत् अविराम खोज में मगन रहने वाला तुच्छ और क्षल्लुक कैसे हो सकता है? जो परमात्मा को देखना ही चाहता है, वह ऋषि है-मुनि है। उसके चरणामृत को मैं गंगाजल से भी अधिक पुनीत मानता हूं। योगियों के घूसरित चरणों को मैं सदैव नर्मदा के जल से पखारता हूं-मैं सत्य संधक का दासानुदास हूं। अपौरुषेय वेद में आस्था रखने वाले को मैं प्रणाम

करता हूं-वेदान्त को सुनने वाले को मैं वाणी तथा वाङ्मय का ब्रह्मचारी मानता हूं, आचार्य!"

"तब प्रत्येक वेदी पर रुकिये, महाशय!" अभिनव गुप्त ने तनिक गर्जन पूर्वक कहा- "अन्तिम बार शास्त्र का सामना कीजिये। तत्त्वदर्शियों की आँखों से जगत्, जीव और अपने ब्रह्म को एक बार और पेखिये, ब्रह्मचारी जी!"

"अवश्य ब्रह्मचारी! हाँ, मैं यही, यही तो।" आचार्य्य श्री शंकर ने विहँसते हुए कहा- "तथास्तु!"

"क्या यह आपका अभय वर है?" अभिनव गुप्त ने खीझ कर कहा।

"जगद् कल्याण के लिये मेरा सदैव अभय वर ही रहता है।" आचार्य्य श्री शंकर ने मुस्कराते हुए कहा- "अपने साथियों से कहिये, मुझसे वह चाहते हों, तो वार्ता करें। मैं उनसे विधिवत् शास्त्रार्थ नहीं करूँगा। यह तो मैं आपको तुष्ट करने के लिये ही कर रहा हूं। बहुत बोला, बहुत कहा और सुना भी बहुत। किन्तु शास्त्रों के कथनों के यह कोलाहल मेरे चित्त के मौन चिदाकाश में रम गये हैं- शास्त्र के सभी संशय मेरे लिये स्वयं ही मिट गये हैं। परम् सत्य के दर्शन के अमित उल्लास के चिर प्रसन्न आलोक में मैं स्वयं खो गया हूं। ब्रह्म की व्यावहारिक सत्ता में जाग्रत हूं; प्रातिभासिक स्वप्नमयता में मैं दृष्टा स्वरूप हूं और सुषुप्ति में मैं अपने परमात्मा ब्रह्म चैतन्य में लीन हूं, आचार्य अभिनव!"

अभिनव गुप्त ने खीझते हुए कहा- "रहते होंगे। शारदा-मन्दिर में प्रवेश के लिये आप इतने आतुर हैं कि दार्शनिक एवं तत्ववार्ता की मर्यादा को भी भूल रहे हैं?"

शंकराचार्य्य ने पूछा- "क्या? मर्यादा क्या? तत्व चिन्तन स्मृति नहीं है। धर्म पालन भी नहीं है- दार्शनिक वार्ता उन्मीलित नयनों की दृष्टि ही दिव्य दृष्टि है। शारदा भवानी के मन्दिर में तो मैं खड़ा हूं, आचार्य्य! शारदा भवानी का सच्चा अजर मन्दिर तो मेरे चिदाकाश में है। दिव्य कमल पर उपविष्ट शारदा का वीणा पाणि मेरे हृदय की धड़कनों को संजो रहा है-मै शारदा की मूर्ति के नहीं, साक्षात् शारदा, कलाधर धरा, वाणीम् आदि कला का दर्शन ही करूँगा।"

वैशेषिक तीर्थ आगे धँसे; बोले- "शीघ्रता क्यों कर रहे हैं आप? आपका शारदा देवी के प्रत्यक्ष दर्शन का मनोरथ शीघ्रता करने से सिद्ध नहीं होगा। मेरे प्रश्न का उत्तर दीजिये, भवान्!"

"कहिये?" शंकराचार्य्य ने सस्मित शान्त स्वर में उत्तर दिया- "क्या प्रश्न है आपका? आपके प्रश्न का उत्तर तो मैं दे चुका हूं? आपका प्रश्न यह था कि मैं सर्वज्ञ हूं तो बताओ-दो परमाणुओं के संयोग से उत्पन्न द्वयणुक का अणुत्व किस प्रकार उत्पन्न होता है? नहीं?"

"यही, यही, आचार्य्य शंकर!" वैशेषिक तीर्थ ने तनिक सहमते हुए कहा- "द्वयणुक में जो अणुत्व है, वह किस प्रकार उत्पन्न होता है- बता दीजिये। अन्यथा हम कहेंगे आप श्री सर्वज्ञ नहीं हैं-सर्वज्ञ होने का ढोल भर पीटते हैं।"

"परमाणुओं में जो द्वित्व संख्या है, वही द्वयणुक के अणुत्व का कारण है-यह मैं आप श्री से निवेदन कर चुका हूं।" आचार्य श्री शंकर ने हँसते हुए कहा- "आप भूल गये हैं क्या?"

"भूल क्यों जाऊँगा?" वैशेषिक तीर्थ ने झेंपते हुए कहा- "याद था आपका उत्तर। किन्तु......।"

"किन्तु क्या, भवान्!" शंकराचार्य्य ने कहा- "दो परमाणुओं के संयोग से द्वयणुक, तीन के संयोग से त्र्यणुक! नाचते हुए परमाणुओं की सूर्य किरण में द्युति त्रसरेणु किन्तु क्या अणु के परमाणु से द्वयणुक का उद्भव होता है? आपके वैशेषिक दर्शन का निश्चय है कि परिमाण समान जातीय उत्कृष्ट परिमाण को ही उत्पन्न करता है। महत् परमाणु से महत्तर परमाणु की ही उत्पति होती है। अणु-परिमाण से अणुत्तर परिमाण की उत्पत्ति होती है। इसलिये अणु- परिमाण द्वयक, त्र्यक, त्रसरेणु आदि की उत्पत्ति का कारण नहीं माना जा सकता-माना जा सकता है क्या?"

"जी? जी नहीं।" वैशेषिक तीर्थ बोल पड़े।

अभिनवगुप्त गर्जे- "आज भंग क्या कम पी है-जी-जी नहीं, नहीं। इस यती के सटीक से उत्तर से चुप हो गये? तुम वैशेषिकों ने अणु पर भंग की तरंग में विचार किया दिखता है-अणु को देखा नहीं है। दूर हटो, हमारे मार्ग से!"

आचार्य श्री शंकर ने किञ्चित् रोष पूर्वक कहा- "अभिनव गुप्त श्रीमद्! इन पण्डितमन्य वैशेषिक तत्व चिन्तक का अपमान क्यों करते हैं? इनमें अपने प्रिय शास्त्र को लेकर विचार का कोई भी मूढ़ पूर्वाग्रह नहीं है। फिर पण्डितों के भिन्न-भिन्न मत सदैव से प्रसिद्ध हैं।"

अभिनव गुप्त ने न्याय दर्शन के गर्वीले दर्शियों की ओर गूढ़ संज्ञक दृष्टि से देखा। न्याय महामहोपाध्याय तर्क रत्न श्री ने बैठे ही बैठे पूछा- "अरे सर्वज्ञ

महोदय! वैशेषिक और न्याय में मुक्ति को ही लें, तो बताइये न्याय की मुक्ति की धारणा में क्या विशेषता है। सर्वज्ञ कहते हैं स्वयं को तो बताइये, आचार्य्य शंकर! हाँ!"

आचार्य्य श्री शंकर ने रमुज पूर्वक कहा- "और यदि नहीं बताऊँ तो?"

न्याय महामहोपाध्याय गर्जे- "तो सर्वज्ञ होने की अपनी प्रतिज्ञा छोड़नी होगी, आपको। सर्वज्ञ स्वयं नहीं बना जाता, आचार्य शंकर! हम सर्वज्ञ बनाते हैं, स्वयं शारदा ही मानो प्रतिष्ठा करती है। हाँ!"

आचार्य्य श्री शंकर ने विहँसते हुए कहा- "सच है! सत्युत है! विद्वान्, मनीषी, दार्शनिक किसी को सर्वज्ञ जान कर सर्वज्ञ की उपाधि प्रदान करते हैं। अवश्य, वैसी सार्वजनिक उपाधि से विभूषित यह शरीरी नहीं है।"

"तब स्वयं को सर्वज्ञ क्यों कहते हैं। उभय भारती से लगा कर सभी अपने प्रतिपक्षियों को आप श्री क्या स्वयं के सर्वज्ञ होने की घोषणा नहीं करते आये हैं? आये हैं, हाँ। उत्तर दीजिये न्याय मुक्ति की वैशेषिक मुक्ति से क्या विशेषता है? कहिये, जी हाँ।"

आचार्य श्रीमद् शंकर ने शान्त धीर स्वर में सस्मित कहा- "स्पष्ट तो है। वैशेषिक दृष्टि में आत्मा से गुण का सम्बन्ध नष्ट हो जाने पर वह आकाशवत निर्लेप हो जाता है-यह हुई वैशेषिक मुक्ति। और आप श्रीमानों, नैयायिकों की दृष्टि में गुण सम्बन्ध नष्ट निर्विकार आत्मा की स्थिति आनन्द युक्त हो जाती है- यह है न्याय मुक्ति। दोनों का पदार्थ भेद स्पष्ट है, महामहोपाध्याय जी। संसार का निमित्त कारण ईश्वर-ब्रह्म है! मुक्ति! महर्षि गौतम दुःख की अत्यन्त निवृत्ति-विमोक्ष को अपवर्ग कहते हैं। अपवर्ग? गौतम उपात्त जन्म का परिहार तथा अन्य जन्म के अनुत्पादन को ही विमोक्ष मानते हैं। यही उनका अपवर्ग निर्णय है। गृहीत जन्म का नाश तो होना ही चाहिये? किन्तु भावि जन्म प्रारब्ध की नितरां अनुमति भी जन्मनाश के साथ-साथ आवश्यक है-काल और उसको पुनर्जन्म से छुटकारा और क्या? जन्मनाश तथा पुनर्जन्म के विमोक्ष की स्थिति में आत्मा अत्यन्त दुःख से निवृत्त हो जाती है। किन्तु विचारणीय प्रतिज्ञा यह है, क्या इस अपवर्ग स्थिति में आत्मा को आनन्द का अनुभव होता है? विमोक्षावस्था में आनन्द ब्रह्म का अनुभव हो भी सकता है?"

वैशेषिकतीर्थ बीच में ही बोल उठे- "नहीं हो सकता। आकाशवत् निर्लेप निर्विकार स्थिति ही होती है।"

न्याय महामहोपाध्याय ने आवेश पूर्वक कहा- "मैं कहता हूं, मुक्त स्थिति में आत्मा आनन्द को उपलब्ध करता है। जी हाँ! मैं कहता हूं।"

"आप कहते रहिये।" वैशेषिक तीर्थ ने प्रत्युत्तर दिया आपके पूर्ववर्ती नैयायिक तो हमारे वैशेषिक मत को मानते आये हैं। मुक्ति निर्लेप, निर्विकार, निरञ्जन अवस्था का नाम है।"

सहसा सुरेश्वराचार्य्य बोले- "ऐसी मुक्ति को क्या करें? इसीलिये वेदान्त आत्मा और परमात्मा के अभिन्न तादात्म्य को आनन्द युक्त ही नहीं, आनन्दमय भी कहता है। सुखेच्छा के अवसान से ऐसी मुक्ति संभव है, जैसी आप लोग कहते आये हैं- किन्तु भवेच्छा के नाश से ही सच्चिदानन्दमयता का आत्मा के हृदयाकाश में आविर्भाव होता है। वेदान्त की मुक्ति नहीं है, मोक्ष है- इच्छा मात्र का नाश। गुणमय और गुणातीत स्थितियों का भी नाश। साकार निराकार की प्रतीतियों का मी नाश-केवल शुद्ध-बुद्ध सच्चिदानन्दमयता।"

आचार्य्य श्री शंकर ने प्रसन्न होते हुए कहा- "तथास्तु, वत्स!"

अभिनव गुप्त ने न्याय महामहोपाध्याय को घूरा और तनिक दाँत कचकचाते हुए कहा- "यही ज्ञान था आपके पास? इतना, ऐसा? हूं। बोलो, उत्तर है?"

न्याय महामहोपाध्याय ने सिर धुनाते हुए कहा- "उत्तर है, हम न्याय दर्शन के सिवाय और किसी दर्शन को नहीं मानते, न मान सकते हैं और नहीं मानेंगे। मैं स्वयं मुक्ति को आनन्दयुक्त मानता हूं....."

"आनन्दम् ब्रह्म!" आचार्य्य श्री शंकर ने जलद गम्भीर स्वर में कहा- "इसीलिये मैं कहता आया हूं, श्रुति भगवती की शरण लो। भगवती शारदा श्रुतिमूर्ति हैं, महामहोपाध्याय श्री! शास्त्र मुक्त नहीं करता; विचारों के सींखचों में जकड़ लेता है। कोरी विद्वत्ता, तर्क शीलता तथा प्रमाणों की तर्क सम्मत व्याख्या से आत्मा अपने जीव भाव को नष्ट कर सकता है? नहीं, यही तो उसका स्वयं पर अज्ञानाच्छादित होना है। अज्ञान विज्ञान से समझा जाता है और ज्ञान से ही नष्ट होता है। विद्वानों! मेरी मान लो-प्रज्ञानम् ब्रह्म। सत्य ज्ञान स्वरूप अनन्त ब्रह्म के लिये आत्मा का सिद्ध विश्वास तथा अन्तःकरण की श्रद्धा ही चाहिये। तर्क से प्रमाण न्याय से आत्मज्ञान कभी प्राप्त नहीं हुआ और नहीं होगा। भूत मात्र, तत्व मात्र, जगत् जीव और सृष्टि मात्र ब्रह्म का विज्ञानावलम्बन है, अज्ञान ओढ़कर स्वप्न शयन है और यह निम्न रूपों का

ज्ञान भी अध्यास है-भ्रान्ति है। संशय के नष्ट होने तथा भ्रान्त ज्ञान के नाश होने पर ही आत्मा को अपने नित्य शुद्ध-बुद्ध ज्ञान का ज्ञान होता है।"

सांख्य वागीश सहसा उठे; झूमते हुए बोले- "यह सब सुनता आया हूं, आचार्य्य शंकर! आप भगवान् कपिल के प्रत्यक्ष मत का भी खण्डन करते हैं-करते हैं न? क्या यह आपकी धृष्टता नहीं है?"

"नहीं श्रीमन्!" आचार्य्य श्री शंकर ने कहा- "यह सत्यानुसंधान है। सत्यमेवजयते, महोदय!"

"सत्यानुसन्धान। आप श्री ही करते हैं क्या?" सांख्य वागीश ने मानो कराहते हुए कहा- "हम भी तो सत्य का अनुसन्धान ही करते हैं। हम सांख्यों ने ही जगत् के सत्य का अनुसन्धान ही नहीं किया, उसको परा, परात्पर दृष्टि से देखा भी है-आप श्री क्या भगवान् हैं? महर्षि कपिल को भगवान् कपिल भी कहते हैं-समस्त जगत् कहता है।"

आचार्य्य श्री शंकर ने तनिक सिर नमाया; कहा- "भगवान् कपिल को मेरे नमस्कार, वन्दन! अवश्य, महर्षि भगवान् कपिल ने 'ज्ञ' को खोज निकाला, मूल प्रकृति और उसके त्रिगुणों को भी देखा तथा पाया। विश्व में प्रथमतः महर्षि कपिल ने ही हमें जड़ तथा चिर-चैतन्य का आधारभूत विवेक प्रदान किया है-सांख्य का जगत् प्रपंच सिद्धान्त भूतों और तत्त्वों की दृष्टि से अचूक है तथा सभी दर्शनों को स्वीकार्य्य है-रहा है।"

सांख्य वागीश ने तनिक आश्चर्य्यपूर्वक शंकराचार्य्य को घूरा; कहा- "तब? तब मैं पूछता हूं आप श्री मूल प्रकृति को स्वतन्त्र रूप से जगत् का कारण मानते हैं अथवा नहीं?"

शंकराचार्य्य ने विहंसते हुए कहा- "आपकी मूल प्रकृति स्वतन्त्र रूप से जगत् का कारण नहीं है। नहीं हो सकती, महोदय!"

विद्वान् सांख्य वागीश उफनते हुए बोले- "तब क्या किसी चैतन्य के अधिष्ठान होने पर ही मूल प्रकृति जगत् का कारण है।"

शंकराचार्य्य ने शान्त स्वर में कहा- "अवश्य! अनिवार्य्यतः चैतन्य, महोदय! चैतन्य अधिष्ठान के कारण ही इस जगत् तथा सृष्टि की प्रातिभासिक और व्यावहारिक सत्ता है। यह जगत् परम् चरम बुद्धिमान दिव्यतम चैतन्य चिति की ही मायावी रचना है। यह सृष्टि उस परमेश्वरी वाक् देवी-शारदा का व्याकरण

मात्र है। सांख्य की मूल प्रकृति ब्रह्म चैतन्य से स्वतन्त्र नहीं है- न मानी ही जा सकती है।"

सांख्य वागीश ने नयन नचाते हुए मानो कहा- "निर्णय कीजिये, अन्यथा आपका मन्दिर प्रवेश दुर्लभ है, सुना!"

"सुना, महोदय! इतने उत्तेजित क्यों हो रहे हैं?" आचार्य्य श्री शंकर ने सस्मित कहा- "शारदा भगवती के मन्दिर मण्डल में मैं प्रार्थना पूर्वक ही प्रवेश करूँगा। आत्म निवेदन, महोदय! अज्ञानाच्छादित अध्यासों का सतत् भ्रमित अनादि जीव अपने सच्चिदानन्द के आत्म निवेदन द्वारा ही देवता के सम्मुख होता है।"

सांख्य वागीश- "मूल प्रकृति स्वतन्त्र रूप से जगत् का कारण आप मानते हैं अथवा नहीं?"

"नहीं।" शंकराचार्य्य ने शान्ति से उत्तर दिया- "जड़ कभी स्वतन्त्र नहीं है, न हो सकता है एवं न माना ही जा सकता है। चैतन्य अधिष्ठान के परतन्त्र ही जड़ अर्थात् विज्ञानमय, विज्ञानजन्य और विज्ञान प्रणीत की रहस्यमय गूढ़ अचूक तथा अनिवार्य्य एवं अपरिहार्य्य स्थिति प्रतिबिम्बित है।"

"तब अपका ब्रह्म ही जगत् का जनक है क्या?" सांख्य दर्शन के विकल् आचार्य ने पूछा।

आचार्य्य श्रीमद् शंकर ने तनिक हँसते हुए कहा- "प्रकृति ही विश्व की जननी है, ऐसा महर्षि कपिल कहते हैं। वह त्रिगुणात्मिका और स्वतन्त्र है और नाना परिणामी है-नाना रूप धारिणी भी है- यही भगवान् कपिल के सांख्य सिद्धान्त का निचोड़ है। किन्तु वेदान्त कहता है, जड़ स्वतन्त्र नहीं है; अतः मूल प्रकृति भी परतन्त्र है। परतन्त्र होने से वह चैतन्य के अधीन तथा अन्तर्गत है। मूल प्रकृति निस्संदेह त्रिगुणात्मिका है। महर्षि कपिल ने जगत्-प्रपंच को दिव्य चक्षु से देखा तथा प्रज्ञा से प्राप्त किया है-किन्तु महर्षि कपिल क्या मूल प्रकृति की विज्ञानघन कृति थे? जीव शरीर तक विज्ञानघन तथा विज्ञानमय है; किन्तु अन्तःकरण और महतत्व के परे और पार भी वह चैतन्य-चेतना है महोदय!"

सांख्य वागीश ने मुंह बिचकाया; भवें तरेर कर शंकराचार्य्य को घूर कर अभिनवगुप्त से पूछा- "अब? क्या पूछूं? कहूं? ज्ञ के विषय के प्रश्न का इनका उत्तर भी यही होगा, 'ज्ञ' अनादि जीव चेतना है।"

"और जीव भाव की यह चेतना चैतन्य ब्रह्म की धारणा है- अनेकत्व, नाना रमणीय का क्षणिक प्रतिभास!" आचार्य्य श्रीमद् शंकर ने कहा- "सोचते क्यों नहीं, ईश्वरकृत या मनुष्यकृत सभी जड़ प्रकृति है। यह नाम और यह रूप उद्भवित है, उद्भवित होते ही रहते हैं- यह जाने जाते हैं; माने जाते हैं। नाम की ध्वनि-प्रतिध्वनि विभिन्न बोधों में गूंज कर बिला जाती है और भोग्य रूपों का स्वयं में अन्तर्ध्यान कर देती है। नाना नाम है; रूप तो शब्द का प्रतिभासित बिम्ब भर है-क्षण में आविर्भूत और तिरोभूत। यह मूल प्रगति का गहनातिगहन अव्यक्त ही एक से अनेक होने की ब्रह्म चेतना के कारण अज्ञान का रहस्यमय कारण स्वरूप सा आच्छादन है-यही तिमिर है, तम! सत्व, रजस्, तमस्-यह तीन गुण परमेश्वर द्वारा कल्पित हैं- अव्यक्त से व्यक्त होने तथा होते रहने की विश्व प्रवृत्ति ही माया और उसकी दिव्य विज्ञानमय प्रक्रिया है- किन्तु यह सब चैतन्य द्वारा कल्पित, धारित एवं संकल्पवत् है-क्षणिक है; भोग्य है-सार्थक है। इसीलिये वेदान्त ने जगत् को लेकर महर्षि कपिल को अपना आचार्य्य मान लिया है। निस्संदेह महर्षि भगवान् कपिल ने जगत् को देखा, टटोला, खोजा-शोधा-तथा मनीषियों के लिये प्राप्त भी किया है किन्तु सच्चिदानन्द ब्रह्म तो वेदान्त ने ही पाया है....."

और शंकराचार्य ने सांख्य वेदी की प्रदक्षिणा करते हुए आगे अपने चरण चाँपे; कहा- "शारदा मन्दिर का मण्डप सभी का है। सभी दर्शन ज्ञानमूर्ति कलि कलुषहारिणी, काव्य लक्ष्मी और सच्चिदानन्द विग्रहा शारदा भगवती की आराधना करते हैं। सभी मत महानदों अथवा उत्तुंग पृथु प्रपातों की भाँति ज्ञान के चिर चैतन्य अपरम्पार में ही लीन हो जाते हैं-परम् ब्रह्म सत्य ज्ञान का अनन्त अपरम्पार अगाध है। कृपया हमें मार्ग दीजिये-"

तभी बौद्ध मनीषियों ने उठ खड़े होकर हल्ला किया- "नहीं, नहीं। उस ब्राह्मण कुमारिल्ल ने बौद्ध शिष्यत्व स्वीकार किया था और अन्त में पर्वत परीक्षा भी दी थी......."

आचार्य्य श्री शंकर ने बीच में ही कहा- "और आप लोगों ने अपना वचन भंग किया था।"

"वचन भंग?" बौद्धाचार्य ने कहा- "कुमारिल्ल हमारा शिष्य था। शिष्य को गुरु कथन मानना ही होता है-नहीं होता क्या?"

"किन्तु क्या यह बौद्ध गुरु शिष्य परम्परा है?" पद्मपाद ने पूछा- "यह वैदिक गुरु-शिष्य परम्परा है। वैदिक ज्ञान से लीढ़ ब्रह्मचर्य्य में आरूढ़ शुद्ध बुद्ध तथा परम सत्य को देखने वाला गुरु ही शिष्य को अपना कथन पलवा सकता है, संशयात्मा तथा क्षणिक अस्ति को भीतियुक्त ऊहापोह में पड़े रहने वाले अवैदिक 'गुरु' हो ही नहीं सकते। शिक्षक हो सकते हैं; बहुत हुआ तो आचार्य्य, कुलपति आदि हो सकते हैं।"

"गुरु तो जीवों का परम् शिव-परम् ब्रह्म ही है-हो सकता है।"

आचार्य्य शंकर ने कहा- "कृपया हमें मार्ग प्रदान कीजिये-"

"परीक्षा, आचार्य्य शंकर!" बौद्धाचार्य ने चिल्लाकर कहा- "हम आपकी परीक्षा करेंगे- परीक्षा देकर ही आप देवी के मन्दिर में जा सकेंगे, यह हमारा निश्चय तथा श्रीमद् अभिनव गुप्त की आज्ञा है।"

"तब शारदा भगवती के मण्डप तक जाने के लिये हमें दर्शन ही रोक रहें हैं? तत्वज्ञानी ही हमें बरज रहे हैं! आचार्य्य, उपाध्याय, शिक्षक सभी हमें शारदा भवानी के दर्शन से रोक रहे हैं, क्यों?"

अभिनव गुप्त ने उत्ताल हास्यपूर्वक कहा- "यह शिव वल्लभा का मन्दिर है-शून्य ब्रह्म का शयन मन्दिर नहीं है। इस मन्दिर के प्रांगण में शास्त्र रमते हैं; तन्त्र गमकते हैं, आचार्य्य! भगवती शारदा चिन्मय चिद्घन दिव्य विग्रह हैं, यह विग्रह शिव-शिवा के त्रिक् दर्शन का मूर्तिमान स्वरूप है-"

"सभी देवताओं के विग्रह दिव्य हैं।" आचार्य श्री शंकर ने कहा- "ऋषियों ने इन चिन्मय चिद्घन विग्रहों का साक्षात् किया है और अपने सतत् अजापा जाप द्वारा इन दिव्याकृतियों को पंचभूतों में उतारा है। तत्वों में रमाया है-यही तो मुनियों के निर्मल चित्त में रमते राम के ही मन्त्र स्वरूप हैं, किन्तु इन स्वरूपों के दर्शन का अधिकार सर्वज्ञ संन्यासी को ही कैसे है? क्या भक्त भगवती शारदा का दर्शन नहीं कर सकता?"

अभिनव गुप्त ने हुंकार की- "भक्त तो भगवान् का आर्त दास है- शिव-शिवा की दिव्य मति से युक्त सन्तान है। किन्तु संन्यासी जीवित शव है-यदि उसने शिव शिवा का अनुग्रह प्राप्त नहीं किया है, तो संसार के शीर्ष पवित्र स्थान में शव आ ही कैसे सकता है?"

"भूलते हो, अभिनव गुप्त!" आचार्य श्री शंकर ने कहा- "तुम्हारी बुद्धि खुल गई है; किन्तु हृदय ग्रन्थि नहीं खुली। आकाश के तारों की द्युतियाँ एकत्र कर

क्या सद् विद्या का प्रकाश पाया जा सकता है? देवता का दर्शन चित्त को निर्मल तथा बुद्धि को आत्मोन्मुख करता है- विषयानन्द से आत्मानन्द की ओर धकेलता है।"

"मुझको आत्मा-परमात्मा की ओर नहीं जाना है, शंकराचार्य्य!" अभिनव गुप्त ने कहा- "इन बौद्धों को उत्तर दीजिये। मेरी हृदय ग्रन्थि की चिन्ता न करें-वह तो शिवा का नीवीबन्ध है। फिर मेरे नयन खुले हुए हैं। शून्य में खो नहीं गये हैं। सुर-सुन्दरी शिवा के दान-दक्ष कटाक्ष से ही मेरी हृदय-ग्रन्थि खुल जायगी।"

आचार्य्य श्री शंकर ने गम्भीरतापूर्वक कहा- "जीव शिव-शिवा की चैतन्यमय सन्तति है, किन्तु वह शिव नहीं है। जीव भाव अज्ञान के तिमिरान्ध में जीवन स्वप्न देखने की सतत् संक्रामक भावना है; धारणामयी, कल्पनामयी, सृष्टिमयी, आचार्य्य! इन बौद्धों से क्या कहूं?"

"क्यों?" एक बौद्ध विद्वान् ने उचकते हुए कहा- "यहाँ सभी उपस्थित हैं- बाह्यार्थवादी, विज्ञानवादी, शून्यवादी दृष्टियों के हम बुद्ध की शरण में गये हुए, संघों के साथ जीते हुए तथा धर्म के शरणागत हम तथागत के सन्देश वाहक आपका मार्ग रोक कर खड़े हैं-बताइये, आपके वेदान्त मत से हमारे बाह्यार्थवाद का क्या भेद है, भवान्!"

पद्मपाद ने बीच ही में कहा- "पहिले आपस के यह मतभेद तो ठीक कर लें। बाह्य, विज्ञान और शून्य-क्या यह सब रूढ़ शब्द तो नहीं हो गये आपके दर्शन में? सत्य-सद् और नित्य को लेकर मतभेद अथवा मत मतान्तर होते हैं क्या?"

बौद्ध मनीषी ने कहा- "चाहे वह ऋषि हों, तीर्थंकर हों, मुनि हों, अथवा तथागत हो, धर्म मेघ हो, हम प्रमाणभूत सिद्धान्त में ही मानते हैं। हम जगत् और सृष्टि को वह जैसी है, वैसी ही देख कर और ठोक बजा कर अपने सिद्धान्त प्रकाशित करते हैं। तथागत बुद्ध ने अपनी काया-छाया को देखा, इन्द्रियों को जीता तथा अन्तःकरण के शून्य रहस्य में प्रवेश किया तभी उनको निर्वाण का प्रपन्न आलोक, ज्ञान प्राप्त हुआ।"

आचार्य श्री शंकर ने कहा- "सच्चिदानन्द आत्मा अन्ततोगत्वा सभी आरोपण ठुकरा देगी। ज्ञान चिन्मय आत्मा अन्त में अज्ञान के तिमिर को छिन्न-भिन्न कर अपने सच्चिदानन्द प्रकाश को प्राप्त करेगा ही। अन्धकार है ही नहीं, भिक्षुओं! प्रकाश ही है। आकार है ही नहीं-निराकार ही है- अंजन है नहीं,

निरञ्जन ही निरञ्जन है। यह जगत् ब्रह्म में प्रतिबिम्बित है, इसको मत भूलो। प्रतिबिम्ब बिम्ब का सत्य कैसे बता सकता है? लहरें समुद्र के अगाध अपार को कैसे बहा सकती हैं?"

"यह सब तो ठीक है।" बौद्ध वागीश ने कहा- "हमारे प्रश्न का उत्तर दीजिये, वेदान्त तथा बाह्यार्थवाद में क्या भेद है?"

आचार्य श्री शंकर ने सस्मित पूछा- "पहिले आप ही मुझे सूचित करें, वैभाषिक तथा सौत्रान्तिक में पदार्थ की सत्ता के विषय में क्या मतभेद है? बौद्ध तपस्या जितनी सहज तथा सुगम है, उतना बौद्ध तत्वज्ञान ऊहापोहात्मक, कठिन और गूढ़ है-नहीं? यही, यही तो।"

बौद्धाचार्य्य ने उत्ताल हास्य पूर्वक पूछा- "आप वैभाषिक तथा सौत्रान्तिक के पदार्थ सत्ता विषयक मतभेद को नहीं जानते? तब आप सर्वज्ञ कैसे हैं? सीधा सा मतभेद है, हाँ, कहिये।"

आचार्य्य श्री शंकर ने हँसते हुए कहा- "अधीर क्यों हो रहे हैं, महाशय! वेदान्त मत नित्य निरञ्जन निर्विकार परम सत्य के दर्शन का मत है- उसमें ऊहापोह नहीं है और नहीं संशय, अतएव प्रश्नोत्तर ही है। योगी जिस परम् सत्य का सविकल्प अनुभव करता और निर्विकल्प जिसको देखता है, उसी का प्रत्यक्षजन्य मत है भवान्! पदार्थ को लेकर आपके मतभेद बाल सुलभ किलकन भर हैं। आपका प्रश्न केवल पदार्थ ज्ञान को लेकर ही है, नहीं?"

बौद्ध मनीषी बमके- "जो है, सो है- हम वेदान्त के ब्रह्म को नहीं जानते और नहीं मानते हैं। हम जगत् को ही जानते हैं, शून्य से वह क्षण-क्षण उद्भवित होता है और जीवात्मा को दुःख ही देता है, दुःख से आत्यंतिक निवृत्ति प्राप्त करना ही हमारा जीवन लक्ष्य है, आचार्य शंकर!"

सुरेश्वराचार्य ने गम्भीर स्वर में कहा- "आत्म दर्शन के बिना मोक्ष हो नहीं सकता-यह मुक्ति अर्थात् निर्वाण भवेच्छा का नाश नहीं है-काल से छूटना तथा देश से अलग होने की जो स्थिति है, वही मुक्ति नहीं।"

"निर्वाण महोदय!" बौद्ध पण्डित बोले- "क्या आपके जगद्गुरु जी के पास हमारे प्रश्न का उत्तर नहीं है?"

आचार्य श्री शंकर ने रमुज में कहा- "उत्तर भला क्या हो सकता है? यही कि वैभाषिक बौद्ध तत्वदर्शी के लिये समस्त पदार्थ प्रत्यक्ष गम्य हैं-अर्थात् इन्द्रियज ज्ञान प्रसूत हैं, तब आपके सौत्रान्तिक साथी पदार्थ ज्ञान अनुमान के

द्वारा मानते हैं। दोनों ही पदार्थ की सत्ता मानने वाले हैं- सर्वास्तिवादी, भला। दोनों ही क्षणिकवादी हैं। केवल बाह्यार्थ की सत्ता किस प्रकार जानी जाती है, उसी को लेकर मतभेद है।"

"मतभेद तो है ही।" बौद्ध पण्डित ने उचक कर कहा-

"शास्त्र का अर्थ ही संशय, प्रश्न-उत्तर, खण्डन-मण्डन और तार्किक निर्णय है।" आचार्य शंकर ने हंसते हुए कहा- "मानव बुद्धि की प्रकृति ही ऐसी है। बुद्धि जगत् तथा सृष्टि को टटोल-टटोल कर देखती है; पेखती है; तर्क द्वारा जाँचती और प्रमाण पूर्वक स्कीकार कर नाम रूप और उसके पदार्थ, द्रव्य एवं द्रव्य के गुण धर्म का निश्चय करती है- बुद्धि की यह निश्चयात्मिका वृत्ति जीव को जगत् में अपने प्रारब्ध भोग के लिये प्रतिभा तथा क्षमता प्रदान करती है- सम्यक् पुरुषार्थ के लिये ससंकल्प प्रचोदित करती है; किन्तु क्या परम् सत्य का प्रत्यक्ष करवाती है? पदार्थ आत्मतत्व, परम् तत्व नहीं है-है क्या, महाशयों! क्या आप सब आत्मा को जानते हैं? आत्मा को जानने का प्रयास करते हैं क्या? जो पदार्थ को जानता है वह जगत् को तो जानता है, किन्तु जो सच्चिदानन्द आत्मा को जानता है, वही सब कुछ जान लेता है और उसके लिये और कुछ भी जानना शेष नहीं रहता। इसीलिये वेदान्त, भगवती श्रुति शारदा कहती हैं- आत्मा को जानो; आत्मा को देखो-अपना परमात्मा ध्याओ, देखो। अपने पूर्ण परिपूर्ण आप्तकाम सच्चिदानन्द में लीन हो जाओ-आत्मलाभ से ही दुःख, रोग, शोक तथा मृत्यु से आत्यंतिक निवृत्ति हो सकती है, भला।"

विज्ञानवादी बौद्ध तत्त्वविद् ने कहा- "बाह्य पदार्थ की सत्ता है? नहीं है, जी। केवल विज्ञान ही सत्य पदार्थ है। यह विज्ञान अनेक प्रकारों का है, अनेक क्षणों का है। मैं कहता हूं बाह्य की सत्ता नहीं है, विज्ञान! विज्ञान की ही सत्ता है।"

बाह्यार्थवादी बौद्ध ने चीख कर कहा- "चुप रहिये! विज्ञान? क्या इन्द्रियज बाह्य ज्ञान विज्ञानजन्य ज्ञान नहीं है? है। आप विज्ञानवादियों ने क्षण सत्ता मानकर अनन्त शून्य की धारणा को जन्म दिया है। सत्ता है-पदार्थ, जगत्! वह क्षणिक है और विज्ञानमय है और शून्यगत है- यह काल की गतिमात्र है? नहीं, आचार्य शंकर!"

"सत्युत् तथास्तु! भवान्!" आचार्य श्री शंकर ने कहा- "ज्ञान ही सत् है-अज्ञान ज्ञान स्वरूप ब्रह्म की कल्पना, धारणा, भ्रान्ति जो भी कहें; वह है। जगत् तथा

भवयोनियों को लेकर शास्त्रीय ऊहापोह तो मानव जीव की बुद्धि में ही दिया गया है। मानव अथवा जीव मात्र अपने आत्मवान् स्वयं के प्रति एक लव के लिये भी शंकित नहीं है और नहीं हुआ है तथा हो सकता है। आत्मा स्वयं की सत्य नित्य ज्ञान स्वरूप सत्ता से कालाधीन और कालातीत विश्वस्त है-आत्मा का सच्चिदानन्द अनुभव अमोघ है; अमिट है; अज है। अतः वेदान्त ने कहा-सर्वम् खलु इदम् ब्रह्म!"

बौद्धों ने पुकार की- "बुद्धम् शरणम् गच्छामि!"

आचार्य श्री शंकर ने गगन मण्डल में हाथ उठा कर कहा- "सभी कुछ बुद्ध ज्ञान की शरण में ही है। ज्ञान प्रकाश से ही संघ और धर्म का उदय होता है। तथागत बुद्ध को ज्ञान प्राप्त हुआ; वह कालातीत जीव चेतना का प्रत्यक्ष कर पाये, जो जन्म मरण से रहित, प्रसन्न मगन पवित्र आनन्दोल्लास है। कर्म से आत्यंतिक मुक्ति की वह अवस्था जो धर्ममेधत्व में उभरती और उमड़ती रहती है। बौद्धाचार्यों! शुद्ध बुद्धि से विचार करोगे तो बाह्य प्रतिबिम्बित भ्रान्ति है; स्वप्न का प्रतिभास और स्मृति यही क्षणिक आश्चर्य है। निद्रा सुषुप्ति क्या शून्य है? इन्द्रियों का अन्तःकरण सहित विराम है- आत्मा अपने ही जीव भावारोपण से विस्मृत होकर अज्ञान के तिमिर में ही परम् ब्रह्म से युक्त सी उसके अन्तर्गत अधीन सी हो जाती है-ब्रह्म और जीव का अज्ञान बाधित ही सही अभिन्नत्व, भिक्षुओं! आत्यन्तिक आधारभूत कथन यही है कि परम् सत्य ही है- वही परम् चरम आत्म चैतन्य ही इस विज्ञानावलम्बित आश्चर्य, इदम् का अधिष्ठान है। वह सत्य नारायण ब्रह्म स्वयं स्वयंमेव अपने प्रकाशवान प्रकाश्य बिम्ब में है तथा उसकी चैतन्य किरणें व्याप्त हैं-किरण जाल। यही हिरण्यगर्भ है, जिससे जगत् का प्रातिभासिक और सृष्टि का व्यावहारिक उद्भव होता है-काल, देश, साधकों।"

बौद्ध वागीश ने कहा- "आप तथागत बौद्ध को मानते हैं क्या?"

आचार्य श्री शंकर ने कहा- "उनके शून्यवाद को मेरी बुद्धि स्वीकार नहीं करती; किन्तु उनके महान् व्यक्तित्व के प्रति मेरा आदर है- तथागत ने हमें माया-मोह का अर्थ तथा परिणाम बताया है। क्षण और क्षण भंगुरत्व के अगाध विज्ञान को समझाया है। शाक्य मुनि तथागत गौतम बुद्ध अन्ततोगत्वा अभाव मान कर चले; वेदान्त अन्ततोगत्वा और आत्यंतिक भाव-सभाव-सत् मान कर चलता है। सत्य है ही, यह कभी नहीं है, हो नहीं सकता।"

"महावीर भगवान् की जय!" जैन विद्वानों ने सहसा जय ध्वनि की- "इनको तो समझा सकते हैं, आप यतीवर्य! किन्तु हम यों बातों ही बातों में समझने वाले नहीं हैं। रुकिये और हमारा समाधान कीजिये।"

बौद्ध वागीश ने चिल्ला कर कहा- "चुप रहिये, क्षपणक श्री! आचार्य श्री शंकर! तब असद् है ही नहीं? तब यह भाव-अभाव इत्यादिक?"

आचार्य श्री शंकर ने कहा- "जो अनेक हैं और क्षणिक हैं, वह स्थिर, नित्य, एक रूप हो ही नहीं सकता। यही अभाव है; भाव-सत्य! इसीलिये वेदान्त ने कहा है- तू वह है! तत् त्वमसि! वह परम् तत्व-तत्-भव और भाव की आधार भूत चेतना है। नाना और अनेक के अन्तराल में गुह्य चैतन्य चिति है, भूतमात्र में वह आनन्दोमेष है। जड़ में वह विज्ञान की चमत्कृति है तथा चेतन में वह प्राणाधार है, वही-वही परम् तत्त्व, चिर चिरन्तन तत् सत्यं अतः अनन्त ज्ञानम् ही सृष्टि का बोध कराता है तथा जीव रूप लीला करता है। यह भव-भोग चित्त की दीनता मात्र है-आत्म स्वरूप वह चिदानन्द तो अपनी ही कालातीत आनन्दमयता में नित्य है; स्थिर है; लीढ़ है। हां, महावीर को मेरे नमन और आपको वन्दन! मेरी परीक्षा लेना चाहते हैं क्या?"

दिगम्बर जैन साधु ने तनिक आगे आकर कहा- "परीक्षा? नहीं आचार्य शंकर! हम आपकी वाक् पटुता, वाणी-कुशलता को जान गये हैं। फिर हम आपकी परीक्षा क्यों करेंगे? जैन तत्व ज्ञान और वेदान्त योजनों दूर हैं। आप तो हमें, यदि आप सर्वज्ञ हैं तो यह बताइये, अस्तिकाय शब्द का अर्थ क्या है?"

"अस्तिकाय का शब्दार्थ?" आचार्य शंकर ने पूछते हुए कहा- "जैन धर्म पाँच अस्तिकाय को मानता है। जीव, पुद्गल, धर्म, अधर्म तथा आकाश। अस्ति और काय, यही! यही तो आप जैन तत्वदर्शी पदार्थ के दो द्रव्य विभाग करते हैं; एक देश व्यापी द्रव्य और बहु देश व्यापी द्रव्य! नहीं, कहिये?"

"जी हाँ! यही, यही तो!" दिगम्बर जैन साधु ने सव्यंग कहा।

"जी हाँ, यही तो!" आचार्य्य ने भी कहा- "सत्ता धारण करने वाले बहुदेशव्यापी द्रव्य को आप 'अस्ति' कहते हैं तथा वह शरीर रूप है, ऐसा मान कर 'काय' शब्द जोड़ते हैं। द्रव्य का अस्ति और उसकी काय-अस्तिकाय!"

"शब्दार्थ कर दिया-अन्वय सा।" जैन साधु ने निराश होते हुए कहा- "एक देश व्यापी पदार्थ द्रव्य हमारे मत में क्या है, आचार्य्य शंकर?"

"काल" आचार्य शंकर ने कहा- "सत्ता और उसके सहज विस्तार के कारण बहुदेश व्यापी पदार्थ द्रव्य को ही आप लोग अस्तिकाय कहते हैं। आपके लिये जीव अस्तिकाय है, पुद्गल अस्तिकाय है-धर्म और अधर्म अस्तिकाय तथा आकाश अस्तिकाय। अब आप ही निस्तार कीजिये, इस अस्तिकाय शब्द का अर्थ क्या हो?"

"क्या हो सकता है?" दिगम्बरी जैन महाशय ने कहा- "तभी तो आप से पूछा था?"

"मैं जैन क्षपणक नहीं हूं-मैं वर्णाश्रम धर्म का सन्यासी और वेदान्त का दर्शक हूं। मैं ब्रह्म को जानता हूं- मानता हूं तथा कहता हूं। विचित्र तथा विलक्षण शब्दों द्वारा मैं सत्य की ऊहापोह नहीं करता। मैं तपस्या को ही दर्शन नहीं मानता। मोक्ष के लिये मानव को गहन अगाध अमोघ ब्रह्म का विश्वास चाहिये। मान लीजिये आप बँधे हैं; भव है; भव भूमि जगत् है-जन्म और मरण है। मान लीजिये आप मुक्त हैं, तो आप तीर्थंकर हैं, ऋषि हैं-मुक्त हैं। शब्द की जाल उलझाती है; किन्तु शब्द-जंजाल अंधेरे में देखने के लिये दीपक जलाने के समान है। परम्-तत्व, ब्रह्म, सच्चिदानन्द तो जीवों के, भूतों के हृदय में रमा हुआ है-अस्तिकाय द्वारा नहीं, आत्म निवेदन द्वारा स्वयं के सत्य, स्वयं के ज्ञान तथा स्वयं के अमृत को प्राप्त करो।"

जैन विद्वान् दिगम्बर साधु ने सिर धुनाया, कहा- "यह तो आपके शास्त्र वेदान्त का कथन है। ऐसा लगता है आपने जैन धर्म का धारण और पालन करने के लिये विचार तक नहीं किया है। अभी आस्रव से लिप्त ही संवर प्रारम्भ ही नहीं तब निर्जरा का कहा ही क्या जाय? अस्तिकाय का शब्दार्थ अभिधार्थ कर देने से जैन तत्व ज्ञान समझ में नहीं आता, आचार्य्य शंकर!"

आचार्य्य शंकर ने गम्भीर स्वर में कहा- "अवश्य मैंने जैन धर्म अंगीकार नहीं किया है- संन्यासी को योगाचार ही चाहिये। धर्म धारण और पालन से वह योजनों दूर, एकाकी हो जाता है। और निस्संदेह सत्य है कि वेदान्त जैन तत्वबोध का अन्तिम उत्तर वेदान्त के सत्य सिद्धान्त द्वारा तथा सहित ही दे सकता है। हम वेदान्ती केवल ब्रह्म को सत्य मानते हैं; शेष सब मिथ्या है। वेदान्त आत्म ज्ञान को ही, सच्चिदानन्दमयता को ही ज्ञान मानता है; शेष सब भ्रान्त ज्ञान है, अध्यास है-आरोपण है। अज्ञान के तिमिराच्छन्न आच्छादन, कालरात्रि का स्वप्न विलास है- दर्शन आत्मा परमात्मा का। विज्ञान सृष्टि का;

माया जगत् की तथा प्रारब्ध जीव भाव का। वेदान्त का तो केवल एक मात्र अभय अभेद पूर्ण शून्य द्दष्टा, शून्याधार, ब्रह्म!"

और आचार्य श्री शंकर ने शारदा मन्दिर के दक्षिण द्वार की ओर एक पाँव, डग, आगे भरा।

"आचार्य्य शंकर! ठहरो!" मीमांसा आचार्य्य महाशय झपट कर धँस आये; शंकराचार्य के दोनो पाँव थामते हुए बोले- "रुकिये, जी!"

शंकर रुके; बोले- "क्यों, महोदय?"

"इसलिये कि आपने वेद बाह्य तार्किकों का मुंह बन्द कर दिया है। मीमांसा का नहीं। मीमांसा शास्त्र ब्राह्मण का मुख है। है, जी! बताइये, मीमांसा में 'शब्द' का क्या स्वरूप है? वह द्रव्य है या गुण? कहिये तभी आगे जा सकेंगे। समझे आप! हम शास्त्रानुशीलन के निगड़ आचार्य हैं-हम......!" और सुरेश्वराचार्य की ओर घूरते हुए कहा- "यह-यह नहीं है।"

"यह क्या, कौन?" शंकराचार्य ने पूछा- "स्पष्ट कहिये।"

"मण्डन मिश्र!" मीमांसा आचार्य्य ने खीझते हुए कहा- "नपुसंक को स्त्री नहीं चाहिये; निवीर्य को पुरुषार्थ नहीं भाता। निष्क्रिय को कर्म कड़वा लगता है और गृहस्थ को त्याग रुचिकर नहीं। आप ही कहें मीमांसा जीवन के इस वृहन्नलापन को किस प्रकार स्वीकार कर सकती है? वेदान्त जीव को मोक्ष बताता है; हम जीव को पुण्य का प्रशिक्षण देकर स्वर्ग दिखाते हैं। मीमांसा व्यष्टि के लिये- समष्टि के कल्याण के लिये यज्ञ को अनिवार्य मानती है-आपने शताब्दियों से चले आते परम्परागत यज्ञ कर्म का ध्वंस कर ब्रह्म ज्ञान पर ही अवलम्बित व्यष्टि समष्टि कर्म का उद्घोष किया है। वैदिक वर्णाश्रम धर्म को आप जगत् और जीव तथा भवयोनियों के संतरण का ईश्वरीय पन्थ, धर्म कहते हैं-मीमांसा वैदिक वर्णाश्रम धर्म को पाप, प्रेय, पुण्य, श्रेय, मंगल एव कल्याणकर्मों का स्वर्ग के परम सुख भोग के लिये विवेक पूर्ण मार्ग मानती है-स्मृति, आचार्य्य! क्या स्मृति भी अपौरुषेय है? नहीं है। क्या ब्राह्मण, क्षत्रिय, वैश्य, शूद्र जातियाँ नहीं है? हैं, जी!"

आचार्य्य शंकर- "भव-योनि ही जाति, आयु तथा भोग की ईश्वरीय प्रतिष्ठा है। जाति तो मानव के लिये केवल मानव जाति है। यह वंश, कुल तथा वर्णों के उपभेद, गौत्रादिक तो व्यवहार मात्र के लिये है किन्तु वर्ण जीव के लिये अनादि चेतना है; आश्रम जीव के लिये एक मात्र ठहराव है। यह जगत् क्या जीवों के

लिये 'आश्रम' नहीं है? क्या भव योनियों का प्रारब्ध केवल 'कर्म' से ही काटा जाता है? मानव का जन्मजात प्रारब्ध ही वर्ण है, श्रीमन्!"

मीमांसाचार्य ने सहसा तमकते हुए पूछा- "शब्द द्रव्य है, अथवा गुण? यह तो कहिये! यह सब तो हमने सुन रखा है। शंकराचार्य्य! अर्थात् ब्रह्म हो गया है हाँ"

शंकराचार्य्य सहसा हँसे; बोले- "सभी जीव आत्मस्वरूप हैं; सच्चिदानंद शिव हैं। शब्द वर्ण-समूह हैं और वर्ण नित्य सर्व व्यापक है। शब्द नित्य द्रव्य है तथा व्यापक है। यह तो तत्त्वचिन्तन का प्राथमिक प्रश्न है। मीमांसा क्या शब्द शास्त्र है? द्रव्य गुण की समीक्षा मात्र है। नहीं, भवान्!"

"तब क्या मीमांसा वेदान्त है?" मीमांसाचार्य गर्जे।

"उत्तर मीमांसा अर्थात् व्यावहारिक वेदान्त, वर्णाश्रम धर्म, वैदिक धर्म, महाशय! वेदान्त का आचार दर्शन ही वैदिक वर्णाश्रम पन्थ का वैदिक धर्म है, प्राकृतिक दिव्य मंगलमय तथा अन्ततोगत्वा जीव के लिये मोक्ष प्रदाता मानव जीवन के चरम् परम् विकास का ज्ञानावलम्बित जीवन मार्ग है। मानव और मानव जाति के सुख भोग तथा मुक्ति और मोक्ष की साधना के लिये मीमांसा है-वेद के ज्ञान काण्ड का व्यावहारिक दर्शन।"

31

सभी जैसे स्तम्भित, आकुल, व्याकुल किन्तु स्थिर! आचार्य श्री शंकर ने मीमांसकों के प्रश्नों का उत्तर देते हुए भी शारदा मन्दिर के दक्षिण द्वार की ओर देखा और कहा- "अब, बस! शास्त्रों और साधनाओं का शंका समाधान हो चुका है। यथेष्ट, तथास्तु! मतिमान विद्वानों, आचार्यों, साधकों! तथास्तु। अब तो यह दक्षिण द्वार सामने है-कन्याकुमारी से चलता हुआ, एक-एक डग भरता हुआ यह शरीरी अब आज इस रहस्यमय द्वार के समक्ष आ खड़ा हुआ है। माहिष्मति के मण्डन मिश्र के ओक का द्वार भी बन्द था, जब मैं मण्डन मिश्र के दर्शन के लिये उनके भुवन द्वार पर जा खड़ा हुआ था, तब भी उभय भारती के शुकों ने प्रश्न किये थे- आज शास्त्र ने प्रश्न किये हैं और तर्क ने उत्तर दिये हैं, किन्तु मैं हाथ उठा कर कहता हूं, आज हम सब शास्त्र, प्रमाण स्मृति, वाणी और वाङ्मय सब भगवती वेद माता गायत्री के दिव्य गहन विग्रह के समक्ष हैं। यह दक्षिण द्वार उस दिव्यतम विग्रह के आड़े है। क्यों?"

अभिनव गुप्त ने सहसा कहा- "सभी द्वार सर्वज्ञ सचरित्र साधुमना तथा सन्त मनीषी के लिये खुलते आये हैं, यती शंकर!"

"तब दक्षिण से कोई साधु सन्त आदि नहीं आया न?" आचार्य्य श्री शंकर ने सभी को निहारा तथा अभिनव गुप्त को घूर कर पूछा- "दक्षिण से साधु सन्त तथा आचार्य भला क्यों आयगा? दक्षिण से सन्यासी ही आयगा। वेद श्रुतियों में गाते हुए आयेंगे, दक्षिण से वेदान्त ही आयगा।"

"तो क्या आप वेदान्त हैं?" अभिनव गुप्त गर्जे।

"यह शरीरी वेदान्त की पारमार्थिक, प्रातिभासिक तथा व्यावहारिक सत्ता का स्वरूप है। यह सच्चिदानन्द के जीवात्म भाव धारणा की, चेतना का रूप है; नाम है और अवश्य ही संन्यासी शास्त्र नहीं होता, स्मृति नहीं होता-दण्ड विधान भी नहीं होता-संन्यासी वेदान्त मूर्ति ही होता है।"

"वेदान्त की मूर्ति? कैसे, वाचाल सन्यासी!" अभिनव गुप्त ने सिर धुनते हुए पूछा- "निराकार निरञ्जन मूर्ति? आकार? विग्रह?"

"यही वेदान्त का रहस्य है, आचार्य्य अभिनव गुप्त!" शंकराचार्य ने कहा- "वेदान्त का इस पृथिवी पर एक मात्र प्रतिनिधि सन्यासी ही है। मृत्यु के भय को जीतकर ही संन्यासी जगत् को देखता है और ब्रह्म ही सत्य है तथा यह आश्चर्य्यवत् इदम् मिथ्या है-यह ज्ञान पाता है।"

"ज्ञान....." अभिनव गुप्त बोले।

बीच ही में सुरेश्वराचार्य्य ने कहा- "अज्ञान को जान लेना, यही!"

"आप चुप रहें!" अभिनव गुप्त गर्जे- "आप सभी क्या शंकरचार्य हैं? हो गये हैं?"

सहसा तोटक ने कहा- "हम सब शंकर वेदान्त के आचार्य हैं और अवश्य हैं।"

"तुम, भृत्य! तुम!" अभिनव गुप्त झपटे।

आचार्य्य शंकर ने घूर कर अगाध दृष्टि से अभिनव गुप्त को घूरा- "थमो, अभिनव गुप्त! रुको-रुको, मैं कहता हूं।"

आचार्य्य अभिनव गुप्त को जैसे किसी ने पीछे से बाँध कर, लपेट कर खड़ा कर दिया। अभिनव गुप्त को लगा अदृश्य भुजों ने उनको बाँध कर वज्र से वक्षस्थल पर भींच सा दिया है। अभिनव गुप्त जम्भित से खड़े रह गये; फुसफुसाते हुए उच्छ्वसित स्वर में बोले- "यह-यह...."

"शक्ति-परीक्षा, अभिनव गुप्त!" आचार्य्य शंकर ने कहा- "एक सीमा तक विरोध, द्वेष और वैर विहित है। किन्तु संन्यासी अभिमंत्रण से अन्ततोगत्वा बचता ही है। क्या यह शारदा मन्दिर आपकी पैतृक सम्पत्ति है? भगवती शारदा क्या आपकी कुलदेवी हैं? नहीं, अभिनव गुप्त! भगवती शारदा का यह विशाल मन्दिर तो पृथिवी का है। इसके चारों द्वार, आचार्य अभिनव। आपके भव्य निवास के रक्षा द्वार नहीं हैं। यह वाङ्मय, वाणी, शास्त्र तथा उपनिषद् के स्वागत द्वार हैं। शान्त खड़े रहो- मैं दक्षिण द्वार के दर्शन करूंगा। आचार्य्य

पद्मपाद को आचार्य्य तोटक का आदर न कर सको तो नहीं सही; किन्तु भारत की विशिष्ट जन मेदिनी के समक्ष उनका अपमान मुझको भी सहन नहीं है, समझे!"

अभिनव गुप्त ने विजड़ित सा होते हुए कहा- "तुम भ्रष्ट, संन्यासी!"

"चुप हो जाओ, अभिनव गुप्त!" हस्तामलक ने प्रथम तथा अन्तिम बार जैसे कहा- "शंकराचार्य्य पाप को पुनीत और पुण्य को श्रेय करने वाले साक्षात् शिव स्वरूप जगद् कल्याण की अनादि आस्था हैं- सत्य का अमोघ विश्वास तथा सच्चिदानन्द ब्रह्म की अगाध श्रद्धा हैं। शंकराचार्य्य देवताओं के वरेण्य, ब्रह्मा, विष्णु और महेश के आदरणीय, प्राणियों के अहेतुक मार्ग दर्शक और भारत भूमि की वेदान्त ज्योति हैं- यह दक्षिण द्वार युगों से उन्हीं की प्रतीक्षा कर रहा था- भगवती शारदा के मन्दिर द्वार पर शुद्ध-बुद्ध तथा कालातीत सत्य वेदान्त क्या आज दिन तक आया था? नहीं-दक्षिण द्वार आचार्य्य शंकर के स्पर्श करते ही खुलेगा, समझे!"

"देखूंगा, देख लूंगा।" अभिनव गुप्त चिल्लाये।

सुरेश्वराचार्य ने कहा- "यह भवितव्य है, अभिनव गुप्त! आचार्य्य शंकर के दिव्य चक्षु के दृष्टिपात मात्र से पंचभूत अपनी मलीनता त्याग देते हैं; तत्व गहन चैतन्य से उभर उठते हैं? गंगा अमृतमयी हो उठती है- और नर्मदा योगियों के ध्यान में समा जाती है। मुझ जैसे अज्ञानी को स्मित मात्र से जिन गुरुदेव ने ज्ञान दिया, वैराग्य दिया तथा जिनकी अनन्त करुणा से मैं काल को तर सका, विधाता को त्याग सका और यम को बरज सका-"

अभिनव गुप्त ने सिर धुना कर कहा- "चुप रहो, मण्डन मिश्र!"

"सुरेश्वराचार्य्य, शंकराचार्य्य के श्री चरणों का चंचरीक।" सुरेश्वर ने कहा- "भट्टपाद कुमारिल्ल के धूसरित चरणों में बैठ कर मैंने काल की गतिविधि तथा सृष्टि के धर्म को जाना- समझा। कुमारिल्ल भट्ट ने मुझे प्रमाणों की पारदर्शिता प्रदान की। तर्क युद्ध की अजय सी कुशलता प्रदान की-हाँ, भट्टपाद ने मुझे शास्त्र दिया; मीमांसा दर्शन दिया। भारतवर्ष की समूची और समस्त दर्शन परम्परा और अगाध चैतन्य-चिन्तन दिया; किन्तु हृदय-ग्रन्थि तो शंकराचार्य ने ही खोली- अब मैं ब्रह्म को ही देखता हूं-काल और काया की छाया में भटका हुआ तो हूं किन्तु विश्वास हो गया है- तत् त्वमसि! श्वेत केतो!"

अभिनव गुप्त ने अदृश्य बन्धन तोड़ने का प्रयास करते हुए कहा- "क्या यम से बंधवाया है मुझे तू ने, यती शंकर!"

शंकराचार्य्य ने सस्मित कहा- "नहीं तो! अपने प्रारब्ध से ही जीव यम से बंधता है। सच्चिदानन्द आत्मा को कौन बाँध सकता है आचार्य अभिनव! दक्षिण द्वार के खुलने तक काल तुमको थामे रहेगा। आज शताब्दियों के बाद दक्षिण अपने वेदान्त के सभी परवर्ती और वर्तमान वेदान्त वागीशों को लेकर दक्षिण द्वार के सम्मुख खड़े हैं। भगवती शारदे! यदि मैंने महर्षि बादरायण के ब्रह्मसूत्रों को सही समझा है, सत्यम्भृत हृदयंगम किया है-यदि मैंने महर्षि गौतम, कणाद तथा भगवान कपिल के तत्वज्ञान को श्रद्धा सहित पढ़ा है-यदि इस शरीरी ने माया को सत्य ही अनिवर्चनीय माना तथा कहा है, तो दक्षिण द्वार खोल दे, शारदे भवानी!"

"नहीं।" अभिनव गुप्त ने कहा- "दक्षिण द्वार की अर्गला सभी भैरव थामे हुए हैं; सभी कौल उसको जकड़े हुए हैं। सिद्धों ने अपने त्राटक से उसको गगन में स्तम्भित कर रखा है-कीलित, शंकराचार्य! तुम दक्षिण द्वार से जाकर सर्वज्ञ पीठ पर आसीन होना चाहते हो- जगद्गुरु प्रतिष्ठित होना चाहते हो- यह मेरे जीते जी नहीं होगा, भ्रष्ट यती!"

शंकराचार्य्य ने अपने आजानुभुज गगन में फैलाये और प्रणाम में जोड़ते हुए कहा- "इसका निर्णय आप, अथवा मैं नहीं, स्वयं भगवती ही करेंगी। शारदा भवानी की गोद के तुल्य सर्वज्ञ पीठ है- वह अपनी अहेतुक कृपा द्वारा ही भ्रष्ट को शुद्ध, पापी को पवित्र, अज्ञानी को ज्ञानी तथा असमर्थ को समर्थ करती है। क्या यह आप श्री नहीं जानते, आचार्य्य अभिनव! सिद्धियाँ अहम् के प्रतापी ऊर्जस् से मदमाती हो सकती हैं; शास्त्रों के कथन रमणीय वक्र और व्यञ्जनार्थ से भरपूर होकर दमक सकते हैं-किन्तु भ्रान्त ज्ञान अन्ततोगत्वा भ्रान्ति ही है-ज्ञान तो ज्ञान है-सूर्य्य-सूर्य है- सत्य नारायण! मैं आ रहा हूं तेरे श्री चरणों में, भगवती शारदे! मत्समान पातकी नास्ति, पापघ्नी तत् समा न हि। एवम् ज्ञात्वा महादेवि! यथा योग्यम् तथा कुरु।"

आचार्य्य शंकर ने उपस्थित स्तम्भित सी मेदिनी को निहारा- घूरा और पुनः कहा- "हम दक्षिणद्वार को छूने जा रहे हैं- हमारा मार्ग अबाधित हो। अभय, सर्वत्र! अभय! सर्वे सन्तु सुखिनो भवति-सर्वे सन्तु निरामया......"

आचार्य श्री शंकर ने अपना दण्ड गगन मण्डल में उठाया- "शारदे! संन्यास का यह कमण्डलु और यह दण्ड लेकर मैं तेरे समक्ष आ रहा हूं भगवती!

भुवनेश्वरी, भवानी! जगत् के इस घोर अँधेरे अरण्य में, मैं भयभीत खड़ा हूं। भवानी, भवानी, भवानी....."

शंकराचार्य के सरोज नयन स्वयं ही उन्मीलित होकर बन्द हो गये। शंकराचार्य्य जाग्रत सुषुप्ति की उत्तुंग लहर से चले दक्षिण द्वार की ओर उछले, उलले, उभरे; उमड़े और मानो घुमड़ते हुए चले। सहसा शंख बजने लगे और नगाड़े धमकने लगे। शारदा मन्दिर के मण्डप में पुजारी और पूजा सेवकों ने घण्टनाद ही आरम्भ किया। अभिनव गुप्त ने देखा- शंकराचार्य की शान्त गम्भीर मानव मूर्ति के आसपास श्वेत किन्तु अरुणाभा का लम्बगोल वर्तुल झबकता जा रहा है और दिशायें जैसे अपने करारविन्दों पर शंकराचार्य के एक-एक कर आगे बढ़ते हुए डग को झेल रहा है। देवदारुओं की सघन हरी-घनी छाया में शारदा मन्दिर का दक्षिण द्वार मानो जागता हुआ भी सो रहा था- स्वयं दिक् जैसे उसकी रक्षा के लिये जाग रहे थे। आचार्य श्री शंकर ने दक्षिण द्वार को अपने चिदाकाश में मानो खींच कर देखा। "अभिशिप्त? कीलित? क्या? क्यों बन्द है? यह द्वार आज दिवस तक? क्यों।" शंकराचार्य्य ने मानो दक्षिण द्वार से ही पूछा- "क्यों?"

"क्यों?" मानो शंकराचार्य्य का चिदाकाश अपने ही इस सहज प्रश्न से आकुल हो उठा। दक्षिण भारत की रम्य रमणीय भूमि ने क्या तब शास्त्रों, स्मृतियों-ज्ञान विज्ञान का सरस्वती पुत्र उत्पन्न ही नहीं किया अथवा यह द्वार बन्द होने और खुलने की संक्रामक वार्ता ही बनावटी है? बनावटी? केवल कथ्य? नहीं। शारदा मन्दिर का यह दिव्य घोष सदाशिव की चिति का ही घोष है। अनन्त कोटि ब्रह्माण्डनायिका यहीं सर्वज्ञ पीठ पर अपने पुत्र-पुत्रियों को बिठा कर अपनी वीणा सुनाती है और अपने वीणापाणि को अपने सरस्वती पुत्र के मस्तक पर रख कर वात्सल्य शीला वह पूर्ण पूर्णिमा सी वाङ्मय, वाणी तथा शास्त्र और दर्शन की गिरा सी, सृष्टि व्याकरण सी जगते माया की परम् शुद्ध सात्विक ज्योति पुञ्ज सी यह भगवती शारदा!

"शारदे! भव-रोगी, भव-बंधा, दीन, अनाथ यह जीव तेरी शरण में आ रहा है-द्वार खोल दे, जगदम्बे!"

अभिनव गुप्त मानो रस्सी तुड़ा कर भागे- "अर्गला थाम लो। मैं, मैं आता हूं। शारदे! मैं अपना मन्त्र बल, इष्ट बल, अपनी समस्त साधना का तपस्या बल दक्षिण द्वार की अर्गला पर रखता हूं- कीलित कर दे, शारदे।"

आचार्य श्री शंकर ने मुस्कराते हुए मेदिनी को मानो कहा- "व्यष्टि देखे; समष्टि देखे पृथिवी, अन्तरिक्ष और द्युलोक देखे! आचार्य्य अभिनव गुप्त मुक्त हैं। दक्षिण द्वार वेदान्त के स्वागत और स्वीकृति का द्वार है। इस द्वार से दर्शन करने पर भगवती शारदा ब्रह्माणी दिखेगी- गायत्री!"

अभिनव गुप्त ने तनिक रूक कर सिर धुनाया; पुकार कर कहा- "नहीं! नहीं! गायत्री? नहीं- ओम ऐं ह्रीं क्लीं चामुण्डायै विच्चे नमः!" और फिर ऊर्ध्व श्वांस भरते हुए अभिनव गुप्त ने गर्जना की- "ऐं कारी सृष्टिरूपाए!"

कौलों ने गर्जना की- "ह्रींकारी प्रतिपालिका!"

शाक्त साधकों ने उत्ताल स्वर में कहा- "क्लींकारी कामरूपिण्ये!"

सभी साधकों ने-शिव-शिवा समरस साधकों ने कहा- "बीजरूपे नमोस्तु ते!"

अभिनव गुप्त ने समाप्त किया- "चामुण्डा चण्ड घाती च, यैकारी वरदायीनि! विच्चे चा अभयदा नित्यम् नमस्ते....."

गहगहती हुई ध्वनि उठी- "मन्त्र रूपिणी! नमस्ते मन्त्ररूपिणी!"

कौलों ने धुनि जगाई- "धां धीं धूं धूर्जटेः पत्नि!"

साधकों ने मिलाया- "वां वीं वूं वागधीश्वरी! वागधीश्वरी! शारदे भगवती, भवानी! जय दे!"

शाक्तों ने गाया-भैरव पुत्रों ने झेला- "क्रां क्रीं क्रूंकालिका देवि....."

अभिनव गुप्त का स्वर गर्जा- "शां शीं शूं में शुभम् कुरु!"

सहसा काल भैरव ने अभिनव गुप्त के साथ दक्षिण द्वार के सामने ठठते हुए हुंकार की- "हुं हुं हुंकार रूपिण्ये......"

भैरवों ने झेला- "जं जं जं जम्भनादिनी!"

आचार्य शंकर ने जलद गम्भीर स्वर में कहा- "भ्रां भ्रीं भ्रूं भैरवी भद्रे! भवान्ये ते नमो नमः! आचार्य्य शंकर के लुप्त किन्तु तीव्र गम्भीर किन्तु उल्लसित धीर शान्त स्वर की तेजोमय तरंगों से प्रताडित अन्य ध्वनियाँ जैसे विरमने लगीं। आचार्य्य श्री शंकर दक्षिण द्वार से कुछ ही दूर खड़े हो गये; नमन पूर्वक पुनः बोले- "अं कं चं टं तं पं!"

अं कं चं टं तं पं! शब्द ध्वनि का घन घट्ट प्रहार गगन मण्डल में उद्भवित होकर दक्षिण द्वार पर जा टकराया। अभिनव गुप्त ने दोनों हाथों से दक्षिण

द्वार के कड़ों को थाम लिया-झूलते हुए उन्होंने कुछ कहने की चेष्टा की; किन्तु शंकराचार्य्य का स्वर त्रिशूल की नोक सा चुभा- "अं कं चं टं तं पं यं शं वीं हुं... ऐं वीं हं क्षं!" अभिनव गुप्त को लगा दक्षिण द्वार का अणु- अणु कुनमुनाने लगा है। "नहीं नहीं।" अभिनव गुप्त ने पुकार की- "शारदे नहीं!"

आचार्य्य शंकर ने सहसा हाथ उठा कर कहा- "अभिनव गुप्त! दक्षिण द्वार के मुझे सम्पूर्ण दर्शन करने दो, हटो, जी!"

"नहीं।" अभिनव गुप्त चिल्लाये। कालभैरव ने अपना भीमकाय त्रिशूल दक्षिण द्वार को छुआते हुए पुकार की- "नहीं!"

आचार्य्य शंकर ने शान्त किन्तु गम्भीर स्वर में कहा- "यह वेदान्त द्वार है और मैं वेदान्त संन्यासी हूं। यह द्वार युगों से मानो मेरी प्रतीक्षा कर रहा है और मैं देवताओं को प्रणाम कर इस द्वार के दर्शन के लिये उपस्थित हूं-किन्तु क्या बन्द द्वार का ही दर्शन करूँ? नहीं यह श्रुति भगवती शारदा के वेदान्त स्वरूप के दर्शनों का मुक्ति द्वार है-हट जाओ, काल भैरव! आपका त्रिशूल क्या करेगा? डमरू! डमरू की ताण्डव गान को ध्वनियों के स्पर्श मात्र से यह जड़ शक्तिशाली द्वार हचमचाता हुआ खुल जायेगा।"

"नहीं, नहीं-नहीं।" अभिनव गुप्त ने चिल्ला कर कहा- "साधकों! जुट जाओ! शाक्तों! सावधान-सन्नद्ध! क्या दक्ष प्रजापति का यज्ञ ध्वंस होगा? नहीं।"

"यह यज्ञ नहीं हैं।" आचार्य्य श्री शंकर ने सस्मित कहा- "यह जड़ काष्ठ द्वार है, जिस पर रजत और सुवर्ण को मढ़ा गया है। किन्तु इसका अणु-अणु जड़ है, विज्ञान की शक्ति से विजड़ित है। यह या तो खुलेगा अथवा टूटेगा और नहीं तो-"

"नहीं तो क्या, जोगटे!" काल भैरव चिल्लाया।

"मैं इसको पैर कर भगवती के समक्ष उपस्थित हूंगा" आचार्य शंकर ने कहा- "यदि मैंने महर्षि बादरायण के श्रीचरणों में निष्ठा पूर्वक आसन ग्रहण कर उनके ब्रह्म सूत्रों का एकाग्र मन से, शुद्ध बुद्धि तथा निर्मल चित्त से अध्ययन, अनुशीलन किया है और उनके सत्य संधक अर्थ का मर्मोद्घाटन किया है, यदि मैंने महर्षि जैमिनी को वैदिक वर्णाश्रम धर्म का अपना आदि आचार्य स्वीकार किया है, यदि मैंने सभी देव विग्रहों में निराकार निरञ्जन अज अनादि सच्चिदानन्द ब्रह्म को ही अनुभव किया है, तो यह जड़ द्वार मुझे मार्ग प्रदान करेगा..."

"जड़ कैसे प्रदान करेगा?" किसी ने चिल्ला कर पूछा।

"सर्वम खलु इदम् ब्रह्म!" आचार्य शंकर ने मानो गर्जन पूर्वक कहा- "मैं सच्चिदानन्द शिव अपनी चिति भगवती सहित परम् पूर्ण परिपूर्ण ब्रह्म, सत्य, ज्ञान तथा आनन्द के उस अपरम्पार चैतन्य में ही हूं; लीढ़ हूं; लीन हूं-अभिन्न हूं। मैं अपने परम ब्रह्म से एकमेक अभेद तथा अद्‌वैत हूं। अहम् ब्रह्मास्मि!"

और शंकराचार्य ने अपलक दृष्टि से दक्षिण द्‌वार को देखा; कहा- "धिज्जाग्रं धिज्जाग्रं त्रोटय त्रोटय दीप्तम् कुरु कुरु स्वाहा!"

"स्वाहा!" दिशायें चिहुंकी दिक् काँपे।

आचार्य श्री शंकर के बड़रे विशाल सरोज नयन स्थिर और निर्निमेष हो गये। हाथ जोड़े आचार्य्य श्री शंकर ने गाया- "हे! चन्द्रचूड़ मदनान्तक शूलपाणे। स्थाणो गिरीश गिरिजेश महेश शम्भो! भूतेश! भीत भय सूदन मामनाथम्! संसारदुःखगहनाज्जगदीश, रक्ष! है पार्वती हृदयवल्लभ चन्द्रमौले! भूताधिपप्रमथनाथ गिरीश चाप! हे वामदेव, भव रुद्र पिनाकपाणे! संसार दुःख गहनञ्जगदीश रक्ष!"

"रक्ष।" शब्द-ध्वनि उठी; उमड़ी गहरी।

"आचार्य श्री शंकर ने आर्त स्वर में पुकार की- "नमः शिवाभ्याम् नवयौवनाभ्याम्। परस्पराश्लिष्टवर्युर्धराभ्याम्! नगेन्द्रकन्यावृषकेतना-भ्याम्, नमो नमः शंकरपार्वतीभ्याम्!"

"नमो नमः शंकर पार्वतीभ्याम्!" सहसा मेदिनी के शत सहस्र कण्ठ खुले। आचार्य्य श्री शंकर ने कहा- "शारदे! यह शरीरी तेरी शरण में है। गुरु गोविन्द के वरदान स्वरुप सिद्धियों का प्रयोग मैं सिद्धों, साधकों तथा तेरे अनन्य भक्तों के विरुद्ध विपरीत करना नहीं चाहता सभी सिद्ध मेरे वन्दनीय हैं; सभी साधक मेरे पूजनीय हैं। शारदे! यदि यह शरीरी दक्षिण द्‌वार से तेरे समक्ष उपस्थित होने के लिये पात्र है, सत्वाधिकारी है तो दक्षिण द्‌वार खोल दे। तेरे विस्तृत विशाल मन्दिर के चारों द्‌वारों का मैं वन्दन करता हूं। यह भारत भारती शारदे! यह द्‌वार चार वेदों के द्‌वार ही हैं। यह ऋषियों के तेरे ध्यान गूढ़ दर्शन के द्‌वार हैं-यह भारत सरस्वती के पुत्र-पुत्रियों के तेरे अह्वान के द्‌वार हैं-यह भारतीय शब्द के गुञ्जित प्रतिगुञ्जित द्‌वार हैं। यह भारतीय अर्थ और उनके गहन ज्ञान गूढ़बोध के आयाम हैं। भगवती शारदे! अपने पद्म नयनों के विलोल राग भरे कटाक्ष मात्र से वेदान्त के इस बन्द द्‌वार को मेरे लिये खोल दे। मेरे लिये

यह जड़ काष्ठ तथा धातु मण्डित द्वार ही नहीं है-पृथिवी के तेरे इस निरीह संन्यासी के लिये यह हृदय दहर का द्वार है-परमेश्वरी परात्परे हे चितिस्वरूप शिवे, शारदे! यह तेरे चिन्तामणि मण्डप का द्वार है। कृपा कर, भगवती!"

आचार्य्य शंकर का जलद गम्भीर धीर वीर किन्तु दैन्य से भरपूर स्वर गगन के गगन पार कर जगत् के व्योमों में गमक कर आकाश में उभर भर उठा। अभिनव गुप्त और कालभैरव मानो दक्षिण द्वार से चिपक गये। अभिनव गुप्त को लगा, दक्षिण द्वार पर आरूढ़ सभी शबर मन्त्र स्वयं ही अपना कीलन त्यागने लगे हैं और धूर्जटी अपनी पत्नी की ओर देख रहे हैं। शिवा मानो एकान्त गहन शून्य के द्युतिमय आलोक में स्वयं ही बीजमन्त्र बोलने लगी हैं और सभी योगिनियाँ दक्षिण द्वार की अर्गला को त्यागने के लिये अपने पाणियों को हुमुसाने लगी हैं। काल भैरव को लगा, उसका त्रिशूल अणु-अणु में अन्तर्ध्यान होने लगा है और वह स्वयं जैसे द्वार के पार सुदूर खड़ा कर दिया जा रहा है। अभिनव गुप्त को लगा, दक्षिण द्वार का अणु-परमाणु किसी चैतन्य के स्पर्श मात्र से अपनी जड़ शक्ति को छोड़ कर आर पार पारदर्शी होने लगा है। आचार्य श्री शंकर ने पुनः विजड़ित शान्ति भंग करते हुए कहा- "दक्षिण भारत भूमि के चरण पखारने वाले समुद्र की लहरों से अभिषिक्त प्रदेश है। दक्षिण जड़ को पहिचानता है; किन्तु जड़ को चैतन्य नहीं मानता। अनादिकाल से भारत का दक्षिणावर्त भारत के परमात्म दर्शन का समुद्र रहा है-श्री शक्ति भगवती शारदे! दक्षिण ने राज्य नहीं चाहा; ऐश्वर्य्य नहीं चाहा; विज्ञान की चमत्कृतियों के मोह में दक्षिण नहीं पड़ा। दक्षिण ने मनुष्य को आत्मानुशीलन का ही उपदेश किया है। दक्षिण के ऋषियों, मुनियों ने भगवान् राम का स्वागत् किया है और असुरों के नाश का भगवद् विकल्प प्राप्त किया है। दक्षिण अर्थात् वेदान्त का अद्वैत, अभय! भगवती! मैं अपनी अपलक दृष्टि मात्र से इस दक्षिण द्वार को चूर्ण कर सकता हूं किन्तु यह मेरा अहमन्य अहं होगा- मैं अभिनव गुप्त के विरुद्ध नहीं हूं। मैं भैरवपूतों के विपरीत नहीं हूं। मैं शास्त्रों का खण्डनकर्ता तथा सांस्कृतिक आराजकता का मण्डनकर्ता भी नहीं रहा। भगवती, मैं तो तेरा असमर्थ दीन बालक हूं।"

दिशायें स्तम्भित होकर शंकराचार्य्य की आर्त पुकार सुनने लगीं। आचार्य्य शंकर ने मानो अन्तिम बार कहा- "कब तक दर्शन नहीं दोगी, माँ! इस शरीर की प्रदाता जननी माँ तो अदृश्य हो गई; किन्तु तू तो है- मूर्ति रूप ही सही, तू चिन्मय मेरे हृदय मन्दिर में विराजमान है। हे शिवे! मैं तेरी शरण में हूं-क्या

आज भी अनात्मवादियों द्वारा आत्मवादी श्रुति पराजित होगी? क्या पृथिवी का निरीह मानव-संन्यासी अपने द्वार को बन्द ही पायेगा। यदि वेदान्त के महावाक्य सत्य से भरे हैं, यदि ब्रह्म ही सत्य है और जगत् मिथ्या है, यदि प्रज्ञान ही ब्रह्म है-यह सर्वम् खलु इदम् ब्रह्म है और ऋषियों की यह पुकार सही है- "तत् त्वमसि श्वेतकेतो! तो हे भगवति! वेदान्त के शताब्दियों से बन्द द्वार को खोल दे और मुझे तेरे समक्ष उपस्थित होने दे।"

अभिनव गुप्त को अदृश्य हाथ ने धकेला। काल भैरव को लगा, किसी ने धक्का देकर द्वार के सम्मुख से उसको हटा दिया है। दक्षिण द्वार की अर्गला पर योगिनियों के हाथ शिथिल हुए; प्रेतनियों ने अपने पृथु नितम्बों के भार ढहकाये और घोर मन्त्रों की शब्द ज्योतियाँ बुझने लगीं। शंकराचार्य मौन, धीर, शान्त, अविचलित दक्षिण द्वार को निहारते हुए एक-एक पाँव पास और पास पहुंचने लगे। सस्मित तनिक विहँसते हुए आचार्य्य शंकर दक्षिण द्वार के पास आकर रुके और अपलक नयनों से उस भीमकाय द्वार को देखा। शताब्दियों के वायु से स्पर्शित वह द्वार मानो आकाश का ही कीलित आकार था- गगन के गगन अपने व्योमों के अगाधों के साथ उस महिम द्वार में समाये हुए थे। दिशाओं ने मानो अपनी वेणियों से उसको बाँध रखा था और काल के दिकों ने उसको थिजा रखा था। देवदारु के काष्ट से बना यह दक्षिण द्वार मानो अनादि काल से जगत् को देख रहा था- बिन नयन देख रहा रहा था। शंकराचार्य ने और निकट से दक्षिण द्वार को घूरा और सहसा अपने कमण्डल से जल लेकर उस पर छिड़कते हुये कहा- "जय सच्चिदानन्द!"

द्वार का अणु-अणु अपने अन्तराल में ध्वनित हो उठा- "सच्चिदानन्द!"

आचार्य श्री शंकर ने कहा- "तत् त्वसि! मुझे मार्ग दे, मेरे आत्मन्!"

और निःशब्द दक्षिण द्वार की शताब्दियों से लगी अर्गला सहसा चरमरा कर, चूर-चूर होकर गिर गई। तभी दिग् दिशाओं ने शान्ति का श्वाँस भरा मानो और वायुदेव ने अपने पद्मपाणि के स्पर्श से मानो दक्षिण द्वार खोला और मानो महावाक् में कहा- "शंकर! तुम्हारा स्वागत है।" शंकराचार्य्य ने अपने दण्ड से दक्षिण द्वार को छूआ- "मैं-मैं आ गया हूं न? खुल, मेरे वेदान्त द्वार!"

दक्षिण द्वार के भारी भरकम कपाटों को अपने पद्मपाणि से हड़सलते हुए आचार्य्य शंकर ने उपस्थित चित्रलिखित सी जन मेदिनी को निहारा और द्वार के पास पड़े हुए अर्ध मूर्च्छित से अभिनव गुप्त को सम्बोधित करते हुए कहा-

"आचार्य्य अभिनव, उठो! दक्षिण द्वार ने शताब्दियों बाद वेदान्त-दर्शन का स्वागत ही किया है-"

अभिनव गुप्त सहसा जागे; हड़बड़ाते हुए उठे और चिल्लाये- "तब क्या मैं हार गया-हार गया क्या मैं?"

आचार्य्य श्री शंकर ने शान्त धीर स्वर में कहा- "नहीं तो! क्या कोई भी दर्शन हार सकता है? जीत सकता है? सत्य को देखने वाली दृष्टि कभी अन्धी नहीं है- हो नहीं सकती। शान्त हो जाओ, अभिनव गुप्त सत्य, ब्रह्म जिज्ञासा से ही शास्त्र जगमगाते हैं; धर्म पूर्णोल्लसित होकर स्वयं ही भर जाता है। क्षणिक यथार्थ से नहीं, अनन्त विश्वास और सत्य के प्रति अमोघ श्रद्धा से ही जीव अज्ञान के अन्धकार पूर्ण अर्णव को पार कर ज्योति के तट तक पहुंचता है। देश के परे और पार रूप नहीं हैं, गुण नहीं है। पदार्थ, द्रव्यादिक भी नहीं है और काल के परे और पार नाम नहीं है-शब्द-नहीं है। जन्म-मरण-पुनर्जन्म भी नहीं है। कालातीत केवल वही है- शिव शिवा, सदाशिव-परम् शिव, परम ब्रह्म, आचार्य्य! सदाशिव सच्चिदानन्द ब्रह्म के चिद्घन चैतन्य ही हैं- सगुण विग्रह मात्र है।"

"शिव सगुण निर्गुण सभी कुछ हैं, यती!" अभिनव गुप्त ने झल्ला कर कहा- "अब द्वार खुल गया न? लौट जाओ, शंकर!"

"लौट जाऊं?" शंकराचार्य्य ने मानो स्वयं से कहा- "नहीं जी! भगवती शारदा के दर्शन करूँगा और सर्वज्ञ पीठ पर आरूढ़ होकर जगद् कल्याण के लिये अपनी अन्तिम बार बात कहूंगा! आचार्य्य! जिसने निर्गुण निराकार, अज अनन्त सत्य ज्ञान रूप ब्रह्म को जान लिया है और देख लिया है, वही सर्वज्ञ है- सर्वज्ञपीठ शास्त्रपीठ नहीं है; स्मृति सिंहासन भी नहीं है- वह तो श्रुति-पीठ है।"

"सर्वज्ञ पीठ, श्रुति पीठ?" आचार्य्य अभिनव गुप्त ने शंकराचार्य्य को सक्रोध घूरते हुए कहा - "सर्वज्ञ पीठ से दूर रहो, यती! दक्षिण द्वार में तुम्हारा स्वागत किया है, उसका तात्पर्य्य यह है क्या कि तुम इस दिव्य सर्वज्ञ पीठ पर आसीन होने के लिये पात्र हो? अधिकारी हो?"

"यही, यही तो!" शंकराचार्य्य ने कहा- "सर्वज्ञ पीठ पर आसीन होकर ही मैं वेदान्त का अपना सन्देश सिद्ध कर सकूंगा और समूची मानव जाति को सच्चिदानन्द चैतन्य की वार्ता साधिकार कर सकूंगा। चिन्मय, जाग्रत, श्रुति भगवती शारदा की अदृश्य साक्षी से ही मैं माया मोह में पड़े तथा राग द्वेष से

त्रस्त मानव जीव को कह सकूंगा-तू देह नहीं है; प्राण नहीं है; मन नहीं है इन्द्रियाँ नहीं है- तू अन्तःकरण नहीं है। तू स्वयं ब्रह्म स्फुलिंग है; ब्रह्म की लीलामयी धारणा है, तू भव-भव पथों का मोक्षकामी दिव्य यात्रिक है। तू मरणाधीन कातर दीन भय त्रस्त जीव नहीं है-तू धीर-वीर, सत्य, शिव सुन्दर सच्चिदानन्द चैतन्य से ओतः प्रोत भरपूर आत्म-चैतन्य है। तू नर है, नारायण है।"

"नहीं! सर्वज्ञ पीठ पर वेदान्ती यती नहीं बैठ सकता"- आचार्य्य अभिनव गुप्त ने क्रोध से काँपते हुए गर्जना की- "सर्वज्ञ पीठ शैव साधक की पीठ रही है-रहेगी!"

पद्मपाद ने सहसा कुछ आगे आकर कहा- "किन्तु अब दक्षिण द्वार खुल गया है-आचार्य श्रीमद् ने उसको वेदान्त द्वार कहा है और तभी वह खुला हैC"

हस्तामलक ने हाथ उठा कर कहा- "श्रुति द्वार"

सुरेश्वराचार्य्य ने अभिनव गुप्त का कन्धा थामते हुए कहा- "अब और क्या परीक्षा लेना चाहते हैं आप? आचार्य श्रीमद् शंकर की विनयपूर्ण दृष्टि और आत्म निवेदन से प्रकम्पित उनके हस्त लाघवों के स्पर्श मात्र से यह दक्षिण द्वार खुल गया। वह जड़ जीर्ण अर्गला खिर पड़ी।"

"इस यती ने उसको घोर त्राटक से तोड़ा है।" काल भैरव अब चिहुंका।

पद्मपाद ने उत्ताल हास्य हँसते हुए कहा- "तब और भी अच्छा रहा। तुम्हारा सिद्धि बल क्या हुआ? जप बल-इष्ट बल?"

काल भैरव उठा; ह्रींकार करते हुए बोला- "न जाने क्या हुआ? यह भ्रष्ट यती ऐन्द्रजालिक है- ऐन्द्रजालिक। थू है-इसने तो योग बल को ही भ्रष्ट दूषित कर दिया है। सिद्धियाँ जैसे उसकी दासी हों-"

"आपकी क्या हैं, भैरव पूत श्री?" पद्मपाद ने सव्यंग पूछा।

"वल्लभा हैं, प्रियतमा हैं प्राणेश्वरी, भला! धिक्कार है तुझे शंकराचार्य्य!" काल भैरव ने त्रिशूल उठाते हुए कहा- "तेरा मुंह देखना भी पाप है-तू शव में रहा है। संन्यासी होकर शव में निवास करना तथा शव द्वारा कामिनी भोग करना, महापातक करना है, जोगटे!"

"अवश्य!" अभिनव गुप्त ने कहा- "तुमने व्यभिचार किया है, शंकर! तुमने ब्रह्मचर्य का भंग किया है। संन्यासी वेश धारण कर तुमने राजा का वेश पहिना है....."

"शव ने, आचार्य्य!" शंकराचार्य्य ने सस्मित कहा- "वह भी इस शरीरी नहीं राजा अमरुक का शव, भवान्! जिसका प्रारब्ध रीत चुका था और जो अपने पंच भौतिक देह को त्याग कर अपने अनादि सूक्ष्म तथा कारण सहित काल-संचित में पुनर्जन्म के लिये विश्राम कर रहा था- उस शव ने, आचार्य्य अभिनव गुप्त!"

"किन्तु तुम, तुम क्या अपने सूक्ष्म और कारण देह सहित उस शव को अभिभूत किये हुए नहीं थे?" आचार्य्य अभिनव गुप्त ने पूछा- "तुमने क्या राजा अमरुक की देह की दस्युता नहीं की? तुम्हीं कहते फिरते हो- जीव भोगता है-तो क्या तुम जीव नहीं हो?"

"मैं कुछ भी तो नहीं हूं-न था; और न हूंगा!" आचार्य श्री शंकर ने विहँसते हुए कहा- "यह मैं ब्रह्म की त्रिकाल सत्ता की अहंमन्यता भर है; अन्यथा न जगत् है और नहीं जीव है। केवल सच्चिदानन्द ब्रह्म है और वह न जन्मता है- नहीं भोगता है। पुण्य उसको आसक्त नहीं कर सकते; श्रेय उसको हर्षित नहीं करते और पाप? पाप उसको छू तक नहीं सकते मुझे पुण्य सुखाभिलाषा से नहीं बाँधते; मुझे श्रेय आसक्त नहीं करते। मैं केवल मानव के मोक्ष के लिये ही जाग्रत हूं; स्वप्नशील हूं और ज्योतिर्मय सुषुप्ति में लीढ़ हूं। इस जगत् का मैं केवल द्दष्टा हूं- मुझे काल लपेटता नहीं; देश गाड़ता नहीं। क्षण मुझे टिकाता नहीं और अनन्त? मैं सीमा में नहीं हूं और नहीं असीम हूं। मैं न अणु हूं और नहीं विराट् हूं। मैं-मैं हूं..."

अभिनव गुप्त ठठा कर हंसा; बोला- "तब आप हैं क्या?"

"अहम् ब्रह्मास्मि" आचार्य्य शंकर ने दिशाओं को विजड़ित करते हुए मानो कहा- "मैं सर्वज्ञ हूं, चिदानन्द रूप शिव हूं।"

"नहीं, तुम शिव नहीं हो-नहीं हो सकते।" आचार्य्य अभिनव गुप्त ताड़ुके - "तुम यतो भ्रष्ट- ततो भ्रष्ट; एक वेशधारी ऐन्द्रजालिक संन्यासी हो-तुम व्यभिचारी हो। तुमने न काञ्चन त्यागा है और नहीं कामिनी ही तुमने जीती है। राजा महाराजाओं के सामर्थ्य से ही तुमने बौद्धों को पराभूत किया है; अपने मठों के धार्मिक साम्राज्य द्वारा ही तुमने ब्रह्मचारियों को घेर रखा है; आचार्य्यों का पेट पाल रखा है। तुमने अपने चमत्कारों की वार्ताओं द्वारा विभिन्न क्षेत्रों को दाब रखा है। देवी और देवता जैसे तुम्हारे भक्त हों। तुमने नदी को नहीं छोड़ा, तीर्थ को नहीं छोड़ा और वेद को भी नहीं छोड़ा। मठ का सम्प्रदाय, संन्यासी,

क्षेत्र देवी और देव, आचार्य, तीर्थ, ब्रह्मचारी और वेद तुमने निश्चित किया-क्या तुम चतुरानन ब्रह्मा हो?"

आचार्य शंकर ने शान्त स्वर में कहा- "पृथिवी पर एक मानव।"

"मानव? नहीं, महाप्रेत! तुम शंकर!" कालभैरव गर्जा- "मैं जाता हूं। इस त्रिशूल को सद्य मुण्ड में गाड़ूंगा। तू किसी भी शास्त्र से नहीं मानेगा, न कोई स्मृति ही तुझे विवेक देगी। तू किसी भी बल से परास्त नहीं होता-मन्त्र बल को तू आचमन की भाँति पी जाता है और सभी हमारे इष्टों को तू प्रणामपूर्वक रिझा देता है- तू है क्या? तू केवल शरीर है, रे! प्रेत, महाप्रेत!" और कालभोज भैरव ने अभिनव गुप्त को घूर कर जाते हुए कहा- "अभिनव! महाकोल? यह यती शंकर यों नहीं मानेगा, मैं कह जाता हूं-इसको मृत्यु चाहिये।"

शंकराचार्य ने कहा- "शूर सन्त और सती वीर मृत्यु चाहते हैं- सामान्य मानव तो मुक्ति या मोक्ष ही चाहता है, भैरवपूत! शान्त होकर जाओ! तुम्हारा त्रिशूल श्मशान के किसी मुण्ड में तो गड़ेगा; किन्तु महाकालिका के गले की मुण्डमाला के एक भी मुंड में वह नहीं गड़ेगा- उन मुण्डों से अनहद बोलता है, अनन्त प्रतिध्वनित होता है, भला!"

"हूं हूं ह्रीं क्रीं क्रीं!" चिल्लाता हुआ कालभैरव वह गया, वह गया! अभिनव गुप्त सहसा तनिक भयभीत हो गया। बोला- "पुजारी जी! दर्शन बन्द कीजिये। समय हो गया है। आपको दिखता नहीं?"

पुजारी जी ने नम्रता पूर्वक कहा- "दक्षिण द्वार के खुल जाने पर ही भगवती श्रुति शारदा के सच्चे दर्शनों का समय आरम्भ हुआ है। आज भगवती निराकार होते हुए साकार हुई हैं......"

"चुप रहो, तुम, पुजारी!" अभिनव गुप्त मारे क्रोध के काँपे।

सहसा हिमालय नरेश ने कहा- "आप आचार्य्य हैं; शैव दर्शन के महामहोपाध्याय भी हैं; किन्तु क्या शारदा मन्दिर के व्यवस्थापक भी हैं- वह तो हम हैं, हिमालय-जनपदपति, भला"

"आप?" अभिनव गुप्त ने हक्का-बक्का होकर पूछा।

"हाँ, हम, क्यों? क्या हम राजा नहीं हैं? हैं- वंशानुगत और वंशपरम्परा से समर्थ हिमालय जनपद के नृपति हैं। हम आज्ञा देते हैं कि आचार्य्य वेदान्त मूर्ति, तीर्थ, भला ऐसे शंकराचार्य्य का मार्ग अबाधित हो।"

अभिनव गुप्त ने सिर धुना कर बँधी पंचकेशी अस्त-व्यस्त की और गर्ज कर कहा- "राजा! अपने प्रासाद में बैठ कर राज कर! मन्दिर और शास्त्र तथा दर्शनों को लेकर राज किसी ने नहीं किया और नहीं किया जा सकता है। ज्ञान, विज्ञान, धर्म-सम्प्रदाय, मठ और मन्दिर पर राजा का वर्चस्व नहीं है, सुना! इसीलिये मनीषी सर्वत्र पूज्य है और राजा अपने राज्य में ही वन्दनीय हैं, समझे, नृपति जी!"

हिमालय नृपति ने उत्ताल हास्य हँसते हुए कहा- "समझ गया, जी! परन्तु क्या आचार्य शंकर और उनके पट्ट शिष्यों, सेवकों तथा संघ के श्रद्धालुओं को भगवती के दर्शन का सत्व प्राप्त नहीं है, जी! राजा न्याय करता है; प्रजा पालन करता है-नहीं? जी, यही तो राजा करता है-और राज्य करना क्या है जी? शत्रु का नाश करते रहना, सन्धि विग्रह का दाक्षिण्य बरतना, प्रजा की रक्षा, यही सब राजा का कर्त्तव्य है- राज धर्म आचार्य्य अभिनव महोदय! शंकरचार्य्य मण्डप में जायेंगे- आप ले जाइये उनको, जी!"

शंकराचार्य्य ने अब कहा- "हम स्वयं ही प्रणामबद्ध हाथों से भगवती शारदा की दिव्य समक्ष में जा रहे हैं। हमें किसी की आज्ञा अथवा कृपा नहीं चाहिये। ईष्ट दर्शन तो अन्तःकरण का विषय है-श्रुति शारदा वेद माता! देव माता!"

और शंकराचार्य्य शारदा-मण्डप की ओर धीर-गम्भीर चाल से चले। हस्तामलक आगे, सुरेश्वर पीछे तथा तोटक और पद्मपाद पार्श्व में सभी शिष्य मण्डलाकार आस पास। रांघ के श्रद्धास्पद लोग लहरों की भाँति उमड़ते हुए मानो उलले। शारदा मन्दिर का विशाल मण्डप प्रकोष्ठों से आवृत सहज ही विस्तृत स्थान था और गर्भ-मण्डप का स्वर्ण द्वार मानो स्वर्ग द्वार की भाँति दीपकों की स्थिर शान्त ज्योतियों में जगमगा रहा था- गर्भ मन्दिर में भगवती शारदा की विशाल मूर्ति के श्री चरणों में 'सर्वज्ञ पीठ' बिछी हुई थी। भगवती शारदा के चरणों में बिछी यह पीठ सुवर्ण और रजत की रत्न मण्डित पीढ़िका थी, जिस पर कुशासन बिछा था। हिमालय नृपति गर्भ मन्दिर के ठीक बाहर पहुंचे; खड़े रहे और लोगों को सम्बोधित करते हुए बोले- "आचार्य श्रीमद् शंकराचार्य्य ने सभी शास्त्रों और दर्शनों के सचोट प्रश्नों के सम्यक् उत्तर दे दिये हैं। दक्षिण द्वार ने स्वयं ही खुल कर आचार्य्य श्री शंकर को सर्वज्ञ पीठ पर आसीन होने का पात्र तथा सत्वाधिकारी घोषित कर दिया है। आचार्य्य श्रीमद् शंकराचार्य्य! सर्वज्ञ पीठ आपकी युगों से प्रतीक्षा कर रही है- पधारिये बिराजिये!"

"नहीं। नहीं-अनर्थ हो जायेगा, राजन्!" अभिनव गुप्त चिल्लाये- "यह भ्रष्ट यती है- इस संन्यास वेशधारी आचार्य ने राजा अमरुक के शव में-परकाया प्रवेश कर व्यभिचार किया है। यह-यह कामानुशीलन करने वाला, सन्यास धर्म को डुबा देने वाला, यह तथाकथित वैदिक 'सर्वज्ञ पीठ पर मेरे जीते जी बैठ नहीं सकता। नहीं।"

"परकाया प्रवेश! वाह!" हिमालय नृपति ने सिर धुनाते हुए कहा- "परम् योगिन शंकराचार्य्य! हम आपको अभिवादन करते हैं; प्रणाम करते हैं। अभिनव गुप्त! यह मत भूलो, शिव ने यहीं पार्वती, उमा से विवाह किया था-"

"तो क्या यह भ्रष्ट यती शिव है?" अभिनव गुप्त ने चिल्ला कर पूछा- "यह स्वयं कहता है कि वह मरणाधीन मनुष्य है।"

आचार्य श्री शंकर ने सस्मित कहा- "शान्त, अभिनव गुप्त! हम जन्म-जन्मान्तरों के नैष्ठिक ब्रह्मचारी हैं। मुझे ऐसा लगता है, अनादि काल से मैं अनादि जीव ब्रह्म दर्शन के लिये अनन्य जीवन चेतना में लिप्त होता आया हूं। अवश्य इस भव में मैं काल के पाशों से बंधा हूं- जगद् कल्याण के लिये मैंने अहर्निशि पारमार्थिक कर्म ही किया है। मैं शरीरी दिखता हूं; हूँ भी, किन्तु यह तो ब्रह्म सत्ता का मायावी रूप मात्र है। मैंने अपने इस एकमात्र भव की देह से कोई भी पाप कर्म नहीं किया है। शास्त्रार्थ की मर्यादा अक्षुण्ण रखने तथा प्रतीपक्षी मण्डन मिश्र उभय भारती के प्रश्नों का उत्तर देने के लिये ही मैंने परकाया प्रवेश किया था। किन्तु राजा अमरुक के शव में तनिक प्रविष्ट होकर रानी कलावती में मणि द्वीप की भुवनेश्वरी के ही दर्शन किये थे-महाकाल के परात्पर सौन्दर्य की श्रृंगार मूर्ति भुवनेश्वरी सभी प्राणियों के मूलावार में काम रूपिणी क्लीं' बीजवत् स्थित है। ऐंकारी वह वाग्देवी है; ह्रींकारी वह मायारूपिणी प्रतिपालिका है- अमृतमयी है। श्री स्वरूप वह श्रृंगार की अभिराम लावण्य मूर्ति है- सच्चिदानन्द रूपा वह भगवती ही मुझे रानी कलावती के देह के अंग-अंग में दिखी। उसके अरुण, अभिराम दिव्यतम श्रृंगार से उद्दीप्त रूप का ही मैंने चित्त में अभिसिंचन किया है। स्वयं भगवती स्वरूपा उभय भारती ने यह सत्य स्वीकार किया है-अपनी हार मान कर अपना तन त्यागा है। उभय भारती ने ही मुझे इस शरीरी को सर्वज्ञ पीठ पर आसीन होने का अधिकार प्रदान किया है।"

"तब शारदा भवानी ने नहीं?" अभिनव गुप्त ने बिलबिला कर पूछा- "उभय भारती! उस सुकुमार तन्वंगी को तूने सम्मोहित क़र दिया। उसके पति को मूढ़ बना दिया। पापी- तू कभी क्षम्य नहीं है।"

आचार्य श्री शंकर मानो आघात खाकर रोम-रोम में जागे-तीव्र स्वर में गर्जे- "पापी? मैं? नहीं। शारदे! अपने सभी पुण्य मैं तेरे परात्पर चरणारविन्दों में अर्पित करता हूं। भगवति! मैं तेरी शरण में हूं-न्याय कर, जगदम्बे! हे शिवे! तू जानती है, मैंने तेरे ही दर्शन रानी कलावती में किये हैं; तेरा ही स्पर्श किया है। तेरे परात्पर कुण्डलिनी सौन्दर्य्य का ही वर्णन किया है। अभिनव गुप्त का यह दोषारोपण मुझसे सहा नहीं जायगा, शारदे!" और आचार्य्य श्री शंकर ने नयन बन्द किये। सहसा उनके दिप्तिमान गण्डस्थलों पर मोतियों की माला सी अश्रुधारा सरकती हुई आई और प्रणामबद्ध उनके करार्विन्दों पर बिखरे हुए मोतियों की भाँति टूट पड़ने लगी, आचार्य्य के प्रणामबद्ध पद्मपाणि अश्रु मुक्ताहल से द्युतिवान हो गये। सभी ने अचम्भित होते हुए देखा; आचार्य श्री शंकर के कमल लोचन भव समुद्र से भर गये हैं और टपक-टपक आचार्य्य के शरीर का मानो अभिषेक कर रहे हैं। शंकराचार्य्य का भूताकाश आँसुओं की वर्षा से मानो घहर उठा और समूचा काल एक प्रभञ्जन रूप होकर बहने लगा। शंकर का क्षणों की आँधियों से भरा भूताकाश चित्ताकाश के दमकते हुए धुंधल में बिला गया-शंकर मानो मारुति के सहारे चिदाकाश में प्रविष्ठ हुए-लहरे-विहरे और चिद्घन दहराकाश के हिरण्य द्वार पर आ खड़े हुए; परावाक् में बोले- "भगवति!" हृदयाकाश के अगाध ज्योतिर्मय अनन्त में सहसा स्वर्ण सहस्र दल कमल पर उपविष्ठ वीणा पाणि सरस्वती शारदा की दिव्यतम गहन गूढ़ मर्मीली कोटि बालार्कों की अरुणारी आभा से मण्डित छवि सजीव हुई! भगवती का अनन्य सुन्दर पुष्प राग मणि सा हस्तलाघव एक अँगुली निर्देश में उठा; शारदा भगवती ने शंकराचार्य्य के अन्तःकरण को भेद कर कहा मानो; "शंकर! सर्वज्ञ पीठ पर मेरी गोद स्वरूप इस वाणी तथा वाङमय साहित्य, शास्त्र तथा दर्शन की पीठ पर वही बैठ सकता है जो सर्वज्ञ तो हो ही हो; किन्तु मनसा वाचा काया शुद्ध हो। नहीं?" शंकराचार्य हृदयाकाश के उस द्युतिमय प्रकाशमय अवकाश में मानो कूदे, डूबे और पुनः उबकते हुए उस ज्योतिर्मय सहस्र दल कमल से तनिक लटकते हुए जगत् वंद्य चरणारविन्दों की ओर लपके, चीत्कार पूर्वक बोले- "तो? यह शरीरी अशुद्ध है? तू भी यह कहती है? क्या मैंने अपनी भव काया से कामानुशीलन किया था? परकाया से ही किया था- तब वह कर्म मुझे सच्चिादानन्द रूप शिव को स्पर्श कैसे कर सकता था? कैसे, भगवती? तू भी शक्ति के मद में चूर आचार्य्य अभिनव के कथन में आ गई। भगवती, तू क्या मुझको पूर्वाश्रम

की जननी सती के गर्भाशय में आया तब से क्या नहीं जानती? क्या मैंने इस भव का एक भी स्वाँस तेरी वीणा झंकार के साथ नहीं लिया है? हे रस भारती! तू जानती है, भव-पाश में 'मैं' नहीं बंधा- मुझको बाँधा गया है और अब यह भव-बन्धन असह्य हो गया है, भगवति! बोल, क्या मैं अशुद्ध हूं- सच्चिदानन्द आत्म स्वरूप को अँधेरा नहीं लपेटता; प्रकाश नहीं डुबाता; कर्म नहीं छूता और काल नहीं-नहीं बाँधता। विधाता संचित भर सकती है; प्रारब्ध रीत सकती है; भव दे सकती है। ईश्वर जगत् और जीव का अनुशासन कर सकता है कि चिदानन्द रूप शिव, मुझे छू नहीं सकता; बाँध नहीं सकता- भगवति! मैं तेरी शाश्वत वाणी तथा वाङ्मय वीणा की झंकार मात्र हूं-दर्शन की अनहद गिरा हूं-वेदान्त का प्रतिनिमिष अन्तर्ध्यान होता हुआ एक निरीह तेरा शरणागत संन्यासी हूं; माँ!"

लोगों ने देखा; गर्भ मण्डप में दीपकों की लौं अद्‌वितीय तेज से भरने लगी। शारदा की कान्तिवान कमनीय मनोरम्य मूर्ति मानो जगमगाने लगी-जलहल उठी। शारदा की आँखों में विद्‌याओं के राग भर कर भभक उठे और दर्शन की पारदर्शी ब्राह्म मुहूर्त सी सुषमा से उत्फुल्ल हो उठे। विलोल-विलाल वह दिव्य पद्मनयन अनन्त करुणा से आचार्य शंकर को अपलक देखने लगे-मानो शंकराचार्य के छिवय सच्चिदानन्द अमोघ स्वरूप को नयनों में भर लिया। शंकराचार्य ने चिहुंक कर तनिक तीव्र स्वर में पूकार की- "शारदे! भगवती! ब्रह्माणी हे वेद माते गायत्री!"

सहसा पुजारी जी ने शंकर का बाहु थामते हुए कहा- "आचार्य्य शंकर देखते नहीं, माँ शारदा, अपलक नयनों से आपको देख रही है और मन्द मुस्कान से सर्वज्ञ पीठ पर आसीन होने के लिये- अपनी गोद में आपको भर लेने के लिये तरस रही है-पधारिये, सर्वज्ञ पीठ पर विराजिये!"

मन्त्र मुग्ध से आचार्य्य श्रीमद् शंकराचार्य पुजारी जी के थामे चले और वेदान्त दर्शन की उत्तुंग लहर के समान लहरा कर सर्वज्ञ पीठ पर जा विराजमान हुए।

"जगद्‌गुरु शंकराचार्य्य की जय!" गगन भेदी जय ध्वनि उठी। शान्ति, चुपचापी- हर्षोल्लास की वासन्ती वायु जैसे बह उठी। सहसा अभिनव गुप्त ने मण्डप के एक स्तम्भ से अपना सिर पीटा और चिल्लाता हुआ मन्दिर के बाहर लपका- "देख लूंगा। समझ लूंगा-मैं, अभिनव गुप्त। मैं हार नहीं सकता, नहीं-मैं अभिनव गुप्त।"

मानो खण्ड प्रलय का एक प्रभञ्जन ही मन्दिर के बाहर धंस गया हो। आचार्य्य श्री शंकर ने कहा- "वेद, वेदान्त, वैदिक धर्म की जय!"

हिमालय नृपति ने हाथ उठा कर कहा- "जगद्गुरु शंकर की जय।"

"जगद्गुरु! शंकर! जय!" गगन भेदी ध्वनियाँ उठीं और शारदा मन्दिर के विशाल गुम्बज में टकरा कर गगन के गगनों में उठी-उमड़ी तथा व्योम के व्योम पार कर आकाश के अनन्त में मानो झूम उठी; "जगद्गुरु शंकराचार्य की जय!"

32

पुजारी जी ने सर्वज्ञ पीठ पर आसीन भव्य दिव्य मूर्ति जगद्‌गुरु की सहस्र शीर्षा आरती उतारी। हिमालय नृपति ने उसको अपने सशक्त हाथों में झेल कर समूचे गर्भ मन्दिर को ही जगमगा दिया। आचार्य्य श्रीमद् शंकर तो जैसे स्वयं में लीन, लीढ़, शान्त, धीर-गम्भीर किन्तु सस्मित अर्धोन्मीलित नयनों से देखते हुए भी तथा नहीं देखते हुए पद्मासन बद्ध थे। मन्दिर के घण्ट बज रहे थे; नक्कारे गड़गड़ा रहे थे और अन्य वाद्‌य झंकृत हो रहे थे-ध्वनियों का यह तुमुल समारोह ही आरम्भ हो गया था। मन्द्र, मन्द्र, तनिक तीव्र, तीव्र, तीव्रतर प्लुत और अति प्लुत शमुत्फुल्ल प्लुत ध्वनियाँ स्वयं ही वाद्‌यों के बन्धन से मुक्त होने के लिये अकुला कर निर्वस्त्र ही दिशाओं में झूम रहीं थीं-झीम रही थीं। एक-एक कर तत्वदर्शियों ने आचार्य्य शंकर को पुष्प हार अर्पण करना तथा आरती उतारना आरम्भ किया। स्वयं शारदा भगवती ने प्रगट होकर ही मानो आचार्य शंकर को 'सर्वज्ञ पीठ' पर आसीन किया था। आश्चर्य्य! गर्भ मन्दिर के सभी दीप सहसा उत्फुल्ल उद्दीप्त, जगमगा, जलहल हो उठे थे और शारदा भगवती का मनोरम विग्रह सजीव हो उठा था। उनका कोमल सुष्ठ पद्मरागमणि का बना पद्मपाणि अपनी अनहद वाणी की मुकरियों को स्वतः ही स्पर्श कर रहा था-सभी बीज मन्त्र झंकृत हो उठे थे और सभी स्तवन जैसे एक गगन भेदी पुकार होकर अनादि मातृकाओं में डूब गये थे। वाणी के स्वर व्यंजनों में मिलकर, धातु लीढ़ अर्थों में रमकर जगद्‌गुरु शंकराचार्य्य के अभिनन्दन के प्रतीकाक्षर हो गये थे। न्याय, वैशेषिक, मीमांसा, सांख्य और योग के प्रतिनिधि उद्‌घाटकों ने आचार्य शंकर का आरती की मुग्ध प्रज्वलित शिखाओं द्‌वारा दर्शन किया। योगी, साधक, यती भी आये और शंकराचार्य पर विभूति बिखेरते हुए

सस्मित अभिवादन पूर्वक खड़े रहे। जैनियों ने दूर से ही नमस्कार किया तथा बौद्धों ने निःसास भर कर जगद्गुरु को टुकुर-टुकुर देखा-देखते खड़े रहे।

सहसा आचार्य्य श्री शंकर ने अपना अभय वरद हस्त उठाया और गम्भीर शान्त स्वर में कहा- "जगत् का कल्याण हो। इस भव के अपने इस एकान्त ध्येय को मैं सर्वज्ञ पीठ पर रख कर भगवती शारदा के चरणारविन्दों में अर्पित करता हूं। मैं तो एक निरीह, दीन, विनीत निमित्त मात्र था। अब मैं चलूंगा-चला। तीन दशक से भी कुछ अधिक समय व्यतीत हो गया है और अब भगवती शारदा ने देह का यह घट माँज दिया है। इस अपार, महादुस्तर और संसार सागर में उसने मुझको अपनी निस्तार नौका में बिठा लिया है-वामाँगिनी शिवा शिव से लिपट कर काल रात्रि का अपना शयन कर रही है और अवधूत धूर्जटि शिव कालकूट को पीकर स्वयं ही अघा गये हैं। अमृत की शिव को चाह नहीं है, विष की चाह देवताओं को अमृत सुलभ कराने के लिये उस नीलकण्ठ ने पाल रखी है। संन्यासी नीलकण्ठ शिव स्वरूप हैं। हाँ, हैं। मैं चाहता हूं आचार्य अभिनव गुप्त का रोष दूर हो जाय, मुझ पर उनका क्रोध नष्ट हो जाय। वेदान्त किसी पर भी थोपा नहीं जाता। थोपा तो असत्य ही जाता है इसलिये वेदान्त के हिमालय मण्डल में थोपने का प्रश्न ही नहीं उठता-फिर क्या मैं यह नहीं जानता, सत्य की साधना के लिये अनेक सिद्ध सनातन साधनायें हैं- योग है। सभी साधनायें समुद्र के लहरीले मार्ग हैं। साधक अपने शरीर की नैय्या में बैठ कर साधना करता तथा अपने इष्ट को प्राप्त करता है इष्ट भक्त की कामनानुसार विग्रह धारण करता है; तथा देवता मन्त्र सिद्ध भक्त की कामना पूर्ति करता है-यह मानव जीवन, अरे प्रत्येक भव-योनि का विचित्र तथा विलक्षण जीवन क्या प्रभु का वरदान नहीं है? यह दिव्य-भव्य जगत्, यह रमणीय सृष्टि क्या परमात्मा की जीव को सप्रेम भेंट नहीं है? जीव भाव को रमूज़ में मगन परमात्मा स्वयं भी अज्ञान के आच्छादन में लीन जीवों से अनन्त कोटि जीवन नाट्य खेलता रहता है। मैं, आप, कीट-पतंग, पशु-पक्षी, उद्भिज जगत् के रंग-मंच पर उसी के पात्र हैं।"

पद्मपाद ने प्रणाम पूर्वक कहा- "जगद्गुरु! भवतारिणी शारदा की आरती होगी। आप श्री..."

"अवश्य, हम आरती उतारेंगे। भगवती शारदा का सुन्दर मुख मण्डल देखेंगे। सहस्रशीर्षा आरती सँजोओ, श्रीमद् पुजारी जी! शताब्दियों के बाद वेदान्त का भगवती ने स्वागत किया है। मुझ जैसे भव-बँधे को कृपा कर अपनी पीठ पर

आसीन किया है-मरणाधीन मुझको मान दिया है; सम्मान किया है। भगवती शारदा ने पुनः एक बार और कन्याकुमारी से हिमालय पर्यंत भारत भूमि की महिमा ही बढ़ाई है। शास्त्रों के कल्प वृक्षों से ठठी, साधनाओं के पारिजात से सुशोभित, तन्त्रों से सुरक्षित तथा मन्त्रों से त्रिभुवन में जानी पहिचानी यह भारतभूमि ही मानो भगवती शारदा है-साक्षात् रस भारती भारत माता, योगियों की भुजंग भवानी। विज्ञानियों की यन्त्राधिकारिणी तथा ज्ञानियों की शून्य दृष्टा और शून्य धारिणी-जगद् धात्री जगत् तारिणी! सीता, राधा-हाँ, शिवानी, मृणानी, भवानी दुर्गा चण्डिका! हाँ, वही, ब्रह्म! ब्रह्माणि! ब्रह्म की सच्चिदानन्द विग्रहा-निरन्कार की साकार प्रतीति, निर चैतन्य की घनीभूत घनी चिति, वही शारदा!"

"जय शारदा भगवती!" लोगों ने जय ध्वनि की।

"मयूरासिनी, जय!" पण्डितों ने जयकार की।

"हँस वाहिनी, जय!" आचार्य्य श्री शंकर ने कहा और सरक कर उठ खड़े हुए- "लाओ, शत सहस्र दीप शिखाओं की भव्य-दिव्य आरती मुझे दीजिये, श्रीमद् पुजारी श्री! इस पृथ्वी को सूर्य्य देखते हैं, अन्तरिक्ष को चन्द्रमा निहारता है और द्युलोक को नीहारिकायें अपलक देखा करती हैं-जगत् के प्रकाश भगवती त्रिपुर महासुन्दरी भुवनेश्वरी की आरती उतारते हैं-सृष्टि के रूप दिव्य स्वर्गिक पुष्प बन कर स्वयं ही सच्चिदानन्द रूपा के श्री चरणारविन्दों में मगन हो जाते हैं-आरती ही तो! हे शिवे! आज जगत् की अग्नियों की साक्षी से तू अपना मुखड़ा मुझे देखने दे! तेरे सभी रूपों को मैंने देखा है-किन्तु तू आज वाङ्मय स्वरूप तेजोमय आत्म प्रकाश होकर मुझमें जैसे प्रज्वलित हो उठी है।" आचार्य्य शंकर ने शत सहस्र शीर्षा आरती झेली; ली और जलद गम्भीर स्वर में गाया- "गणेशाणिमाद्याखिलैः शक्तिवृन्दै र्वृताम् वै स्फुरच्चक्र राजोल्लसन्तीम्! परां राज राजेश्वरि त्रैपुरि त्वां शिवाङ्कोपरिस्थाम् शिवाम् भावयामि!"

घण्ट नादों से प्रताड़ित सभी के मस्तक विनीत प्रमाण में स्वतः ही झुके।

आचार्य्य श्री शंकर ने पुनः गाया- "त्वसर्कस्त्वमग्निस्त्वमाप स्त्व-आकाश भूवायस्त्व महत्वम्! त्वदन्यो न कश्चित् प्रपञ्चोस्ति सर्वम् त्त्ववानन्दसवित्स्वरूपाम् भजेहम्!" शंकर अपने भूताकाश से चित्ताकाश में डूब चिदाकाश में उभरे-एकाग्र लीढ़ शंकराचार्य्य ने पुनः गाया- "श्रुतीनाभगम्ये, सुवेदामना, महिम्नो न जानन्ति पारम् तवाम्ब! स्तुतिम् कर्तुमिच्छामि ते रत्वम् भवानि! क्षमस्वेद मन्त्र प्रमुग्धः किलाहम्!"

"भगवती शारदे" लोगों के अन्तःकरण बज उठे।

आचार्य श्री शंकर ने प्लुत किन्तु मधुर शीर्ण स्वर में गाया- "गुरुत्वम् शिवस्त्वम् च शक्तिस्वमेव! त्वमेवासि विद्या त्वमेवासि बन्धु र्गतिर्मे मतिर्देवि सर्वम् त्वमेव!"

"त्वमेव!" हिमालय नृपति फुसफुसाये।

आचार्य शंकर ने गगन के गगन आरती से जगमगाते हुए गाया- "शरण्ये वरण्ये सुकारुण्य मूर्ते", शत सहस्र दीप शिखायें काँपी, मानो पुकार उठीं- "हिरण्योदराद्यैरगण्ये सुपुण्ये! आरती गगन पार कर मानो व्योम में झूमी; थिरकी- 'भवारण्य भीतेष्च माँ पाहि भद्रे" आर्त पुकार करते हुए जगद्गुरु शंकराचार्य ने शारदा भवानी का दिव्य मुख मण्डल टक निहारा और पुकारा 'नमस्ते, नमस्ते, नमस्ते भवानि।'

आरती शान्त, घण्टनाद चुप, गगन विजड़ित, व्योम उत्फुल्ल, आकाश धन्य। शंकराचार्य्य ने आरती पुजारी जी को थमाते हुए कहा- "अब उठा ले, जगदम्बे! बुला ले, भगवती!"

पद्मपाद ने हहरते हुए कहा- "श्रीमद्! पूज्य!"

सुरेश्वराचार्य्य चिहुंके- "परम् श्रद्धेय!"

आचार्य श्री शंकर ने अर्धोन्मीलित नयनों से भगवती शारदा के तेजाहल विग्रह को देखा- श्वेत, रक्त तथा सुवर्ण कमलों से जिसके सभी आयाग सुशोभित थे, हिमालय अञ्चलों के पुष्पों से जिसके चरणारविन्द ढंके हुए थे और जिसकी वीणा के पृथु दिव्याभा से भरे नितम्ब मानो शेषनाग के गण्डस्थल पर टिके हुए थे-वैसे सभी रत्नों की आभा से धुली पद्मराग मणि कान्ति की उभरी शारदा भवानी के विग्रह को आचार्य्य श्री शंकर ने मानो जी भर कर देखा और पुनः कहा- "अब बादरायण के वेदान्त सूत्रों को अर्थापत्तियों की आशंका नहीं रहेगी। वेदविहित अथातो ब्रह्मजिज्ञासा पुनीत ब्राह्म मुहूर्त की आरुणाभा सी, तुम्हारी कोटिबालार्कभासा अरुणांग की दीप्ति सी स्पष्ट हो गई है- सभी अन्धकार वेदान्त के अरुणोदय से दूर हो गये हैं, जगद्धात्रि! तेरा भेजा तेरा काम समाप्त ही तो है। अब इस जगत् की माया के अनन्य महोदय अन्धकार में पड़ा रहना नहीं चाहता। मैं जान गया हूं, इस अज्ञान मरीचिका को, शारदे! यह अनिवर्चनीय माया कही नहीं जा सकती, समझाई भी नहीं जा सकती-

अनिवर्चनीय यह माया है-उसके, तेरे परम् शिव के रंगमञ्च की यवनिका है। हाँ, है-यह यवनिका उठा ले जगद् तीरिणी!"

हस्तामलक ने स्वयं के अगाध में डूबे शंकराचार्य को थामा; कहा- "गुरुदेव!"

आचार्य श्री शंकर जैसे जगे; हँसे-विहँसे; बोले- "बोलो, हस्तामलक, वत्स! तुम सर्वज्ञ हो; शुद्ध हो-बुद्ध हो। संसार को अपनी शुद्धता के लिये मुझे स्पष्टीकरण करना पड़ा। भगवती शारदा जानती हैं, इस भव के प्रतिक्षण वैदिक संन्यास धर्म का धारण किया है, पालन किया है। नहीं?"

हस्तामलक ने शान्तिपूर्वक कहा-"आप साक्षात् संन्यासी हैं; अनन्य ब्रह्मचारी, ब्रह्मविद् हैं और हम सब आपको श्रद्धापूर्वक प्रणाम करते हैं। आप ब्रह्म चैतन्य की पूर्ण- परिपूर्ण चेतना हैं; यावत् जीवन के परमात्मा की संजीवनीवत् हैं- आप गंगाजल से भी अधिक पवित्र हैं- पुनीत हैं।"

"मैं?" शंकराचार्य्य ने सब को देखा, कहा- "मैं एक जीव भाव मात्र हूं-उसका दीन पात्र हूं।"

"आप दैन्य मूर्ति हैं-दक्षिणामूर्ति हैं।" हस्तामलक ने धीर गम्भीर स्वर में कहा- "आपने आचरण से सिद्ध कर दिया है कि आप जड़ नहीं हैं; चैतन्य हैं। जगत् की माया केवल आपके विशाल सरोज नयनों में लहरती मात्र है। षड् विकार आपके आस-पास भ्रमण करते हैं। वेदान्त के सभी महान् वाक्य आपकी वाणी से सजीव होते हैं-हाँ, गुरुदेव! आप ब्रह्मभूत नर हैं, नारायण हैं, प्रभो!"

आचार्य श्री शंकर ने ऊर्ध्व श्वाँस लिया। कहा- "मैं ब्रह्म हूं, हाँ। सच्चिदानन्द शिव हूं-तुम सभी देह नहीं हो; आत्मा हो। हाँ, हो! प्राणी मात्र को हृदय खोल कर बता दो, जीव मात्र सच्चिदानन्द चैतन्य है- अजर, अमर, नित्य, शुद्ध-बुद्ध है। इस पृथिवी पर मानव आत्म चैतन्य की खोज के लिये अवतरित होता है। भूति-विभूति संभृति में वह कभी तृप्त और सन्तुष्ट नहीं होता- नहीं हुआ है। आत्मा का आहवाहन ही मानव जीवन की सतत् प्रार्थना है। मानव जाने-अनजाने सच्चिदानन्द परमात्मा का ही स्मरण करता रहा है-प्रभु का ध्यान ही मानव के ज्ञान-विज्ञान का एकान्त उद्देश्य है-है; यही-यही तो। अभिनव गुप्त यह सरल सा सत्य क्यों नहीं देखते? योगी परमात्मा को देखता है; तांत्रिक शक्ति रूप ब्रह्म को ही देखता है। सगुण निर्गुण बुद्धि को समझाने भर के लिये कथन है। परम् ब्रह्म और परम् शिव में अन्तर ही क्या है? जो परम् शिव है, वही परम् ब्रह्म हैं। पूजा, अर्चा, प्रार्थना, स्तवन सब मरण से मुक्त होकर सच्चिदानन्द

के ध्यान के लिये प्रकार मात्र हैं-भेद-अभेद, अभेद-भेद, द्‌वैत-अद्‌वैत। शास्त्रार्थ के लिये एक पुकार मात्र है-तर्क मात्र, वत्स! अभिनव गुप्त से मेरी ओर से कह दो-वह शान्त हो जाये। क्या मैं परम् शिव को, सदाशिव को, शिव-शक्ति को ईश्वर, जीव और प्रकृति के अनादि सनातन काल स्वरूप को नहीं जानता-जानता हूं। वाणी हैं तब तक वाङ्मय है और वाङ्मय है, तब तक सरस्वती है, शारदा है अन्यथा, हस्तामलक! ब्रह्म की यह आश्चर्यमयी व्यावहारिक सत्ता, जाग्रतावस्था, स्वप्न में लीन हो जाती है और वह स्वप्नशील तेजस् सुषुप्ति के अज्ञान घन व्यामोह में डूब जाता है तथा यह अणु तथा विराट् की घनीभूत सुषुप्ति की अनादि-कालावस्था आत्मा के सचिदानन्द ज्ञान से अन्तर्ध्यान हो जाती है-मोक्ष सच्चिदानन्द का प्रागट्य है, मेरे आचार्यों! भारतवासी ही नहीं, मानव मात्र को वंश, कुल, पद-प्रतिष्ठा, ऊँच-नीच आदि जकड़नों से मुक्त करने के लिये उसको आत्मस्वाधीन करो; विज्ञान का दास नहीं। उसे भ्रमज्ञान से ऊपर उठाओ और आत्मा का ज्ञान दो, आचार्य्यों! आत्म-ज्ञान ही मानव जीवन का वेदान्त है। आत्मा की शक्ति के अमोघ विश्वास से मानव को मृत्युञ्जय कर दो। मनुष्य भूतिसम्पन्न प्रेत न हो; विभूति समर्थ दानव नहीं हो-वह देव हो। अभिनव गुप्त से कहो, वह शिव को प्राणी मात्र के कल्याण की आत्म ज्योति सा देखे। वह शक्ति को जगद् कल्याण की जगदम्बा को ध्याये। सिद्धि से जगत् ऐश्वर्य ही नहीं, प्राणि मात्र का मोक्ष मार्ग ही देखे। मृत्यु से आत्यन्तिक छुटकारा, हस्तामलक!"

"अवश्य जगद्‌गुरो! अवश्य!" हस्तामलक ने प्रणामपूर्वक कहा- "अब चलें।"

"हाँ, चलें।" शंकराचार्य ने कहा- "काल के अन्धकार को चीर कर प्रकाश की ओर चलें। हाँ, चलें।"

हस्तामलक ने कहा- "असद् से सद की ओर। मृत्यु से अमृत की ओर-"

"अनात्मा से आत्मा की ओर।"- सुरेश्वराचार्य्य ने कहा।

"हाँ, वेदान्त के आचार्यों! मुझे परमात्मा की ओर ले चलो। इस पृथिवी पर शिव ही परम धाम हैं। ब्रह्म में प्रतिभासित, प्रतिबिम्बित यह जगत् है, तो वही शिव स्वरूप सृष्टि में ध्वनित- प्रतिध्वनित होता है- शिव, बदरी, केदार! मुझको केदार धाम ले चलो। सर्वज्ञ पीठ पर आसीन होकर मैं जैसे देह के परे हो गया हूं, सृष्टि के पार। जगत् का मायावी तम जैसे घहर रहा है- सृष्टि के शून्य से भरे शब्द स्वयं ही अनन्त मौन में लीन हो रहे हैं-मैं मृत्यु को देख रहा हूं, शिष्यों!"

पद्मपाद ने आचार्य्य शंकर को बाहु से थामा; कहा- "चलो, चलें केदार धाम की ओर चलें।""

आचार्य श्री शंकर का मुखमण्डल सहसा दीप्त हो उठा- "विपत्तियों को दूर करने वाला, पाप और ताप को शान्त कर भक्तों का विपुल कल्याण करने वाला बदरीधाम। चलो, चलें। संघ का विसर्जन हो।"

आचार्य्य शंकर पद्मपाद का सहारा लेकर शारदा मन्दिर के विशाल प्राङ्गण में एकत्र संघ के सन्मुख आ खड़े हुए। संघ के शतसहस्र शीर्ष वन्दना में झुके। शान्त, स्थिर और स्व मगन संघ के मानव, सभी जिज्ञासु और श्रद्धास्पद भक्तजन आचार्य्य शंकर के दीप्त किन्तु तनिक विवर्ण मुख मण्डल को देखते खड़े थे। एक स्वर से संघ के शत्-सहस्र कण्ठों से ध्वनि उठी- "जगद्गुरु! धन्य!"

आचार्य्य श्री शंकर ने अपना वरद् हस्त लाघव गगन मण्डल में उठाया; अभयवर मुद्रा में शंकराचार्य्य ने कहा- "सभी सुखी हों, सभी सन्त निरामय हों-प्राणी मात्र का मंगल हो, होता रहे। आत्मन्! भारत वर्ष के घरों, निवासों, भुवनों तथा प्रासादों से अनात्मवाद के कीच को उलीच दो। मनुष्य को अपना आत्मकल्याण साधना ही है, साधना ही होगा। प्राणी परमात्मा की करुणा के लिये ही जीता है तथा मानव सुख में और दुख में अपने परमात्मा को ही खोजता है। देह में जीता हुआ, भोगता हुआ सच्चिदानन्द आत्मन् स्वप्न में अपने परमात्मा को ही टटोलता है- स्मृति में उसी की याद में दग्ध होता रहता है। अतः अपने सच्चिदानन्द आत्मचैतन्य के लिये वह भव-भवों की एकान्त सुख-दुःखमयी यात्रायें करता ही रहता है। जीव को देह तो मिलता ही रहता है। प्रारब्ध से भवयोनि प्राप्त होती ही रहती है। किन्तु क्या यह जगत् सम्पूर्णतः प्राप्त किया जा सकता है? रूप-रूप प्राप्त और नाम बोधित यह सृष्टि आत्मा के मूढ़ सुख विलास मात्र के लिये ही है, सत्य ही नित्य प्राप्त है- असद् नहीं। माया क्षण भर के लिए प्राप्त है और अन्त में शून्य व्यामोह ही जीव में उत्पन्न करती है। विषयानन्द नहीं; आत्मानन्द, लोगों!""

"आत्मा! सच्चिदानन्द!" लोगों के चित्ताकाश में मानो-सहस्र सहस्र पूर्णिमायें उदित हुईं। शंकराचार्य्य ने पुनः कहा- "सर्वज्ञ तो परमात्मा है-ज्ञानी ही सर्वज्ञ है। मैं? नहीं, लोगों! मैं था ही नहीं; हूं ही नहीं। मैं आनन्द रूप अखण्डबोध हूं। मैं परात्पर घन चित् प्रकाश हूं। जिस प्रकार मेघ व्योम को स्पर्श नहीं करते, उसी प्रकार मुझको संसार के दुःख स्पर्श नहीं करते। मैं जड़ लिंग नहीं हूं; मैं

चित्स्वरूप हूं। मैं स्व प्रकाश निरञ्जन हूं। जड़त्व के मोह से ही यह सब सुख-दुःख, विषाद-जन्म मरण आदि हैं। किन्तु निर्विकार रूप क्या मुझ आत्मा को यह होते हैं? हो सकते हैं? नहीं। माया का आभास, लोगों! अज्ञानाच्छादन में बुद्धि का जब विलय होता है, बुद्धि को निद्रा का बोध होता है; किन्तु शुद्ध-बुद्ध नित्य सच्चिदानन्द को क्या निद्रा होती है-आत्मा परमात्मा में ही नित्य जाग्रत तथा स्वप्रकाश प्रकाश्य रहता है-सच्चिदानन्द!"

"चिदानन्द!" हस्तामलक ने कहा।

"जय सच्चिदानन्द!" शंकराचार्य्य ने कहा- "अपने-अपने घरों को लौट आओ, लोगों। पृथिवी पर, अपनी सन्तति का पालन पोषण करो; विकास करो। चारों पदार्थ प्राप्त करो और अन्त में अपने परम धाम सिधारो। शंकर वेदान्त के मठ केवल वेद, वेदांग का ही शिक्षण करेंगे तथा वैदिक वर्णाश्रम धर्म के धारण तथा पालन के लिये व्यष्टि और समष्टि का मार्ग दर्शन करेंगे। भारतीय मानव को वेद, वेदान्त तथा वैदिक वर्णाश्रम धर्म परमात्मा की ओर से वरदान रूप दिये गये हैं। इस पृथिवी पर राज नहीं, वेद ही मानव को प्रभु का वरदान है; वेदान्त दर्शन ही मानव संन्यासी के लिये दृष्टि, मति तथा धृति है। इस त्रिभुवन में मानव के सामने परमात्मा-सच्चिदानन्द को प्राप्त करने के लिये एक ही नित्य शुद्ध-बुद्ध सनातन पन्थ है और वह मानव धर्म है।"

"धर्म" लोगों के अन्तःकरण पुकार उठे।

"'धर्म सम्प्रदाय नहीं है; कुल नहीं है; वंश नहीं है-मठ तथा मन्दिर भी नहीं है।" शंकराचार्य ने पुनः कहा- "वैदिक धर्म यावत् जीवन का नैसर्गिक धर्म है; सृष्टिमंगल का एक मात्र पन्थ है तथा जगद् कल्याण का एक मात्र आधार है सत्य। लोगों, अन्त में असद् नहीं, सत्यमेव जयते!"

"सत्यमेव जयते!" लोग फुसफुसाये!

शंकराचार्य ने अभय वरद मुद्रा में पुनः कहा- "संघ का विसर्जन होता है। अब संघ नहीं; मठ नहीं; मन्दिर नहीं। केवल वेद और वेदान्त-ज्ञान, वैराग्य तथा अनन्त यात्रा के लिये मनसा वाचा कर्मणा तत्परता! पृथिवी पर आने का इस शरीरी का उद्देश्य पूर्ण हो गया है! पृथिवी पर वेदान्त का ब्राह्ममुहूर्त हो गया है, लोगों!"

ब्राह्म मुहूर्त। सच्चिदानन्द चैतन्य का ब्राह्म मुहूर्त! लोगों ने देखा; शंकराचार्य्य का मुखमण्डल अरुणाभा से दमक रहा है और वह स्वयं बालारुण

की भाँति दिव्य अरुणारी ज्योति से जगमगा रहे हैं। शंकराचार्य्य ने कहा- "हमें आशीर्वाद दो, लोगों! और मुझे विदा दो!"

""विदा!" कुछ चीत्कार उठे!

"हाँ, विदा!" शंकराचार्य्य ने सस्मित कहा- ""हम बदरीधाम जा रहे हैं। हिमशीत से भरा हुआ वह बदरी केदार! जहाँ भारतभूमि के सभी पर्वत हिम बन कर समाये हुए हैं; जहाँ गंगा शिव जटा में छिप कर पार्वती के केयूर को देखा करती है; जहाँ भारतवर्ष की सभी नदियाँ शीत लहर सी व्याप्त हैं, जहाँ दिव्य औषधियों से पुष्ट हिम श्रृंग अनादि काल से परम् शिव के ध्यान में डूबे हुए हैं-वहाँ मैं, यह शरीरी जा रहा हूं! बदरी विशाल मुझे जैसे पुकार रहे हैं। भारतवर्ष की पगडण्डियों पर सच्चिदानन्द स्तवन करता हुआ यह शरीर बहुत घूमा है। महिमामय मनीषियों से वेदान्त वार्ता कर मैं पूर्ण तुष्ट हो गया हूं केवल शास्त्रार्थ से नहीं, जीवन साधना से सच्चिदानन्द की जगद् चिन्तना में प्रतिष्ठा हो चुकी है। भट्टपाद कुमारिल्ल की स्वचिता की अग्नि आत्मानन्द की लहरों में बह कर काल के तट से जा लगी है। हमें विदा दो, लोगों!"

"भारतभूमि आचार्य्य!" शूलपाणि चिहुंका।

"शाश्वत सनातन परमात्मा की साधना की ऐश्वर्यशालिनी भूमि है- रही है; रहेगी।" आचार्य श्री शंकर ने कहा- "भारत का भाग्य चैतन्य के अमिट अक्षरों से लिखा गया है। भारत का भविष्य आत्म लाभ का भविष्य है। श्रीकृष्ण ने भारत द्वारा मानव जाति को वचन दिया है; साधुओं के परित्राण तथा दुष्टों के विनाश के लिये वह परमात्मा संभव होता रहता है- संभव होता रहेगा। भगवान् नन्दनन्दन श्री कृष्ण ने मानव जाति को आश्वासन दिया है; जब जब धर्म की ग्लानि होगी वह धराधाम पर पधारेंगे। निश्चिन्त हो जाओ, लोगों! भगवान् का शंख हमें सदैव जगाता रहेगा; भगवान् की गदा हमारी रक्षा करती रहेगी-चक्र सुदर्शन हमारा मार्ग प्रशस्त करता रहेगा। प्रभु के पद्मपाणि में सुशोभित कमल हमारा मंगलाभिषेक करता रहेगा। मैं? मैं तो प्रभु का भेजा एक वेदान्त दूत हूं। भारतवर्ष के चौराहों पर वेदान्त के दीपक जलाकर, आप सब को अनात्मवाद के भय इंगित कर तथा इस पृथिवी पर मंगलमय पुण्यभृत् जीवन जीने के लिये विश्वस्त कर, मैं अब हिमालय के धीर गम्भीर किन्तु मुह्यमान मगन एकान्त में खो जाना चाहता हूं- पंचभूतों को त्याग तथा तत्वों को भेद कर मैं अपनी सभी सीमायें लांघ जाना चाहता हूं- विज्ञान से मुक्त होकर मैं ज्ञान में लीन हो जाना चाहता हूं; लहर हूं- समुद्र

में मिल जाना चाहता हूं। आशीर्वाद दीजिये, लोगों! इस पृथिवी पर प्राणी मात्र प्रभु की करुणापूर्ण धारणा है- उस लीला बिहारी की दिव्य-भव्य लीला का पुण्यश्लोक मात्र है। मैं तो सन्यासी हूं; सभी भव-योनियों के देह-बन्धनों से मुक्त मैं सत्य से पूर्ण, चित्त से संज्ञान और आनन्ददायी प्रकाश का आभास हूं- मैं मानव स्वरूप आया हूं और इस देह का हिमालय को दान कर मैं कैलाश जाना चाहता हूं- परम् शिव के दर्शन करते हुए मैं सच्चिदानन्द का रूप हो जाना चाहता हूं।"

पद्मपाद ने सिर धुना कर कहा- "गुरुदेव केदार धाम जाना ही चाहते हैं। तो हम सब साथ जा रहे हैं-"

आचार्य श्री शंकर ने बीच में ही कहा- "आचार्य अभिनव गुप्त हां, शैव दर्शन का यह कौल मुझसे अप्रसन्न है। अभिनव गुप्त को रिझाने का मैंने प्रयास किया; किन्तु वेदान्त से जैसे उनको वैर हो गया है। वह मुझसे विमुख तथा क्रुद्ध हैं- तब मैं सर्वज्ञ पीठ पर सदैव के लिये आरूढ़ कैसे बना रह सकता हूं। मयूरासनी सरस्वती अभिनव गुप्त की आराध्या हैं- हंसासिनी हम सन्यासियों की। संन्यासी अभिनव गुप्त की आराधना हैं- हंसासिनी हम सन्यासियों की। संन्यासी हंस ही तो हैं। आत्महंस और परमात्मा के घनीभूत ध्यान में लीन वह हृदयाकाश के सच्चिदानन्द चिद् में परम् हंस होकर स्वयं ही महासरस्वती के श्री चरणों में लीढ़ हो जाता है। हम अब अधिक अभिनव गुप्त को अप्रसन्न रखना नहीं चाहते। आचार्य्य अभिनव भारत-भूमि के मनीषी शैव हैं, उनका मैं सतत कल्याण चाहता हूं।"

"तो शैव दर्शन स्वीकार कर लो, शंकर!" सहसा क्षेमराज ने कहा- "आपके स्पर्श से दक्षिण द्वार खुला; सर्वज्ञ पीठ को आपने उजागर किया; किन्तु क्या शैव दर्शन आपने स्वीकार किया?"

"सभी दर्शन आत्म चैतन्य के प्रत्यक्ष के लिये आत्मलाभ के लिये दृष्टि हैं; मति हैं। क्या शास्त्र और उसके तर्कसिद्ध प्रमाण आत्मदर्शी के लिये अन्तिम मान्य हैं? शास्त्र सत्य की ओर चीन्हते भर हैं; श्रुति परमसत्य की वार्ता करती है-केवल योगियों के दिव्यचक्षु आत्मा का दर्शन करते हैं। आत्मा सच्चिदानन्द ही अन्तिम स्वीकार्य तथा वरेण्य है। दर्शन वह जो परमात्मा को दिखाये; प्रभु का अमोघ विश्वास है-मृत्यु को पार करवा कर जो अमृत धाम में पहुंचा दे। शैव दर्शन और वेदान्त दर्शन-ब्रह्म और शिव शंकर और अभिनव गुप्त!"

सुरेश्वराचार्य ने सहसा कहा- "क्लान्त क्या? प्रभो?"

आचार्य श्रीमद् शंकराचार्य्य मानो जागे- "तनिक, वत्स! अन्धकार का आग्नेय तीर जैसे चला आयेगा। हम सत्वर ही अब चल देंगे। अभिनव गुप्त के मनोराज्य में अब हमारा काम ही क्या रह गया है? स्वयं भगवती शारदा भवानी मयूरासनी ने अपना आसन बदल कर हंसासन गृहण किया है। शारदा के कमललोचन परात्पर परम् ब्रह्म के ध्यान में लीन होने लगे हैं। रागोत्फुल्ल विलोल वह पद्मनयन अब स्वयं ही काल से उन्मीलित होकर परम् शिव के निराकार निरञ्जन में डूब गये हैं।"'

33

अभिनव गुप्त ने पर्वत-कन्दरा के बाहर आधी मांझम रात को आकाश में देखा; अनादिकाल से मूढ़ तारे कीलित से थे। नीहारिकाओं की वीथियाँ अनन्त शून्य के उदासीन अवकाश से मानो भरी हुईं थीं। अनन्त कोटि ब्रह्माण्डों को अपने अनन्त असीम में रमाने वाला अनाहत आकाश स्वयं ही प्रसन्न था; मगन था; किन्तु अभिनव गुप्त को वह काल के अनिवर्चनीय धुम्मस से भरा प्रतीत होने लगा। अपने रगमग आसन से वह वेपथु खड़े हो गये और चिल्लाये- "शंकराचार्य्य!" सहसा जैसे प्रतिच्छन्द गुंजा- "शंकराचार्य्य!" अभिनव गुप्त विक्षिप्त से हँसे; ठहके; चिल्लाते हुए बोले- "बदरी धाम जा रहा है-जा मार्ग में ही तू..... तू? है भी? तू ही कहता है, मैं नहीं हूं। कहता है न? कहता है-पंचभूत तुझे स्पर्श नहीं करते-तू कहता है। तो जा तेरे पंचभूत तुझसे विपरीत हो जायेंगे-जा महाकालिके! या तो मुझे उठा ले अथवा उसे-उस शंकराचार्य को समाप्त कर दे", अभिनव गुप्त पुनः आसन पर बैठ गये और सामने स्थापित शंकराचार्य की मूर्ति में सुइयाँ घुसेड़ने लगे- "जा; जा, शंकर! तू सर्वज्ञ; तो मैं सर्वसमर्थ। हाँ, मैं अभिनव गुप्त!" यज्ञ की आरक्त ज्वालाओं में रुधिर, माँस तथा मज्जा डालते हुए अभिनव गुप्त ने समूचे अन्धकार को ललकारा- "बग्ले! छिन्नमस्ते! घोर कालिके! शंकर स्वाहा!"

"स्वाहा! शंकर-शंकर स्वाहा!" मन्द चौकन्नी वायु की मूढ़ तरंगों पर शंकर, स्वाहा!" की ध्वनि उठी और केदार धाम के मार्ग में ठहरे हुए शंकराचार्य के समाधिस्थ देह से जा टकराई-स्वाहा! स्वाहा! स्वाहा की प्रति ध्वनियाँ जैसे शंकर के भूताकाश में झकझोर गई। शंकराचार्य्य ने जाग्रत होते हुए कहा- "पद्मपाद!"

"जी! प्रभो!" पद्मपाद भी जाग्रत होते हुए चिहुंके।

"सहसा यह शरीर शिथिल हो रहा है, रे!" शंकराचार्य्य ने कहा- "तप्त ज्वर का उभार रोम-रोम में व्याप्त होने लगा है। पीड़ा, वत्स! जैसे पद्मासन पर बैठ नहीं सकता, यह शरीर। क्या हो रहा है, वत्स?"

पद्मपाद हड़बड़ा उठे- "कहीं उस अभिनव गुप्त ने अभिचार। हाँ, अभिचार।"

आचार्य्य शंकर ने सस्मित कहा- "शरीर का समय समाप्त प्रायः है, वत्स! यह प्राण महाप्राण में लीन होने के लिये मानो मचलने लगे हैं-इस निर्मल चित्त से जगत् की छवियाँ बिलाने लगी हैं। यह अन्तःकरण मानो मूढ़ हो गया है-व्यर्थ होता जा रहा है। अज्ञात अनादि संचित के अथाह से अग्नि ज्वाला उठ कर जैसे शरीर को लपेट लेगी। हाँ, काल, पद्मपाद!"

"'प्रभो मेरे!" पद्मपाद ने शंकराचार्य्य के चरण थामे- "नहीं, प्रभो! नहीं। भारतभूमि के आप धन्य सरस्वती पुत्र हैं; अनन्य योगी हैं-परमात्मा को दिखाने वाले आप वेदान्त नयन हैं-हम सब अनाथ..."'

"'अनाथ?" शंकराचार्य्य बोले- "यह इदम् क्षणिक है; अतः अनाथ है; दीन है, तृष्णा से भरा हुआ आतुर है। आकुल है, विकल है। किन्तु सच्चिादानन्द सदैव ही सनाथ है। मेरे शरीर को अब मत देखो, मुझे देखो- चिदानन्द रूपम् शिवोहम्! शिवोहम्! जीव-ब्रह्म अभिन्न हैं और यह जगत् उसी लीला विलासी की अहेतुक इच्छा से उसी में प्रतिबिम्बित है- यह नाना! है क्या? नाना है? द्वैत है? त्रैत है?"

पद्मपाद ने अधीर स्वर में कहा- "नहीं है।"

शंकराचार्य्य ने नयन बन्द किये; तनिक कराहते हुए कहा- "रोग क्या मुझे-सच्चिदानन्द को हो रहा है? नहीं। सत्युत्-वत्स! यह नाना है ही नहीं, अनुभव कर रहे हो न?"

"जी कर रहा हूं।" पद्मपाद ने स्पष्ट किया- "घनीभूत ध्यान में लीढ़ होना चाहता हूं किन्तु आकृति कटती नहीं; गुणत्व मानो बना ही रहता है। नृसिंह की दिव्य सजीव मूर्ति उद्भासित हो ही जाती है-"

"भवेच्छा को काट दो, वत्स!" आचार्य श्री शंकर ने स्वयं को थामते हुए कहा- "भवेच्छा ही इस सब मायामयी सृष्टि के अनुभव का सम्भ्रान्त कारण है। सच्चिदानन्द को भव धारण करने की आवश्यकता ही कहाँ है? पूर्ण-परिपूर्ण आप्त काम में नाना होकर प्रतिभासित होने की इच्छा, भवेच्छा, उसकी केवल अहेतुक रमुज भर है। तब क्या यह शरीर रोगाक्रान्त हो ही रहा है?"'

"रोग?" पद्मपाद ने घबरा कर पूछा।

"कर्म, वत्स!" आचार्य श्री शंकर ने उच्छवास भरते हुए कहा- "कर्म कभी नहीं छोड़ता; फिर चाहे वह ईश्वर कोटि का जीव भाव हो।"

आचार्य्य शंकर तनिक लेटे; फुसफुसाये- ""रुग्ण होना शरीर को देखना है, समझना है। मैं देह नहीं हूं। यह अनुभव करना है।"

पद्मपाद ने कहा- "ज्योतिर्मठ पास में ही है-वहाँ, चलना ही होगा, प्रभो! रोग है तो उपचार भी है।"

आचार्य शंकर ने विहँसते हुए कहा- "इस शरीर के पंचभूत अब महाभूतों में विसर्जित होना ही चाहते हैं-इस देह के परे क्या मैं अब तत्व से लिप्त एक क्षण के लिये भी बना रहना चाहता हूं-नहीं, वत्स! यह भव तम अब घहर गया है और जैसे सच्चिदानन्द ब्राह्म मुहूर्त होने ही वाला है। प्रत्येक योनि की जाति है; आयु है; भोग है। मैं जैसे सम्पूर्ण और समस्त मानव योनि भुगत चुका हूं-अब जाऊँगा। तुम सब अभी कुछ समय के लिये पृथिवी पर रहोगे-अपने-अपने मठों द्वारा वेदान्त की शिक्षा देते रहोगे। इस भारतभूमि से अनात्मवाद का अन्धेरा अभी दूर हो रहा है-किन्तु आत्मा का प्रकाश अभी पूर्णतः मानव चित्त में प्रसरा नहीं है- मनुष्य को समझा दो; मना दो; उसको अमोघ विश्वास प्रदान कर दो कि तुम सच्चिदानन्द हो; मरणाधीन अन्धकार पूर्ण जड़ देह नहीं हो। समझे?"

"समझ गया।" पद्मपाद ने कहा- "ज्योतिर्मठ चलना ही होगा।"

"जैसी तुम सब की इच्छा।" आचार्य्य शंकर बोले- "अब मेरी इच्छा का प्रश्न नहीं उठता। मैं, मेरी इच्छा, कामना आदि जैसे किसी दिव्य नित्य प्रकाश पूर्ण प्रातःकाल में विहंगों की भाँति उड़ गई है-और मैं? परम हँस हूं, पद्मपाद!"

"जी" पद्मपाद ने कहा।

आचार्य श्री शंकर के रोगाक्रान्त होने के समाचार क्षण में फैल गये। हिमालय नृपति स्वयं आचार्य्य शंकर को अपने रथ में लिटा कर ज्योतिर्मठ चले। आचार्य्य शंकर नयन बन्द किये लेटे रहे- उनकी क्लान्त काया रथ की घरघराहट से प्रकम्पित तनिक डुलती रही। शेष जो भी वाहन मिला, उपलब्ध हुआ-उससे ज्योतिर्मठ पहुंचे। तोटकाचार्य ज्योतिर्मठ के द्वार पर कूद कर नीचे उतरे; बोले- "वैद्य शीघ्र बुलाओ।"

आचार्य को लेकर रथ मठ के आचार्य निवास के द्वार पर घर-घरा कर रुका। हिमालय नृपति ने शान्त स्थिर लेटे हुए शंकराचार्य से कहा- "उतर कर चलना ठीक नहीं है। मैं ही श्रीमद् को उठा कर ले जाऊँगा।"

सहसा आचार्य्य शंकर जगे; उठे; बैठ गये। बोले- "मैंने शव का संचालन किया है; यह तो मेरे इस एकान्त भव का अभी सप्राण शरीर है। जड़ है, राजन्! यह देह और मैं सच्चिदानन्द स्वरूप शिव हूं- यह देह मेरी आज्ञा में है। यह चल कर जायगा। रोग? जलते हुए अन्धकार का एक तीर है। लगा है; लगने दो। आत्मा न रोगी है और नहीं स्वस्थ है। सच्चिदानन्द अमृत है, राजन्!"'

और शंकराचार्य रथ से उतर कर आचार्य निवास की ओर चल दिये। हिमालय नृपति साथ-साथ आचार्य्य का हाथ थाम कर चले। शंकराचार्य्य तनिक थमे, रुके, बोले- "आनन्द! आनन्द, राजन्! आनन्द के उन्मेष से ही सभी भूत उद्भासित होते हैं- आनन्द के निमेष से ही अर्न्तध्यान होते है। मृत्यु है नहीं, तिरोहित होना है। मैं क्षितिज के पार जैसे काल की सकपकाई हुई मूर्ति को देख रहा हूं। परम् ब्रह्म सच्चिदानन्द को प्रतिलव चित्त में देखने तथा चिद् में अनुभव करने वाले संन्यासी को यम का मृत्युपाश छू भी सकेगा? यह देह धरती और आकाश को दान करने के लिये ही है। देह से पुण्य कमाओ; श्रेय अर्जित करो और अन्त में स्वर्ग को परमात्मा के चरणों में रख कर उसी में विसर्जित हो जाओ। शिव ने मेरा आह्वान किया है, अब मैं शिव का आह्वान करने लगा हूं।"

हिमालय-मण्डल के शिरोमणी धनवन्तरि वैद्यराज प्रेमशंकर आयुर्वेद तीर्थ लपके आये। आचार्य्य शंकर अर्ध पद्मासन बद्ध बैठे हुए थे। उनके विवर्ण मुख मण्डल पर रात्रि के अन्तिम प्रहर की कालिमा जैसे सरक-सरक रही थी और एक तेजोमय शान्त उत्क्रान्त कान्ति प्रसरने लगी थी। हिमालय नृपति ने इंगित किया। आयुर्वेद तीर्थ ने प्रणाम पूर्वक आचार्य शंकर की नाड़ी पकड़ते हुए कहा- "आप श्रीमद् को रोग? तपस्या से तपा शुद्ध आपका यह देह आपका अमोघ मनोबल......"

आचार्य्य श्री शंकर ने सस्मित कहा- "विधाता! आप तो शान्ति पूर्वक इस शरीर के पंचभूतों, पञ्च प्राणों, कर्मेन्द्रियों, ज्ञानेन्द्रियों, तन्मात्राओं तथा अन्तःकरण की स्थिति को देखें। योगबल से यह रोग दूर मैं नहीं करूंगा। योग बल से जीवन और मोक्ष प्राप्त किया जाता है- मृत्यु को टाला नहीं जा सकता।"

वैद्यराज प्रेमशंकर जी ने नाड़ी देख कर कहा- "रोग? कौन सा रोग कहूं? शरीर का भूत और तत्व अपना कार्य कर रहा है- आप के प्राण महाप्राण में रमे हुए संजीवनी युक्त हैं। आपकी इन्द्रियां आपके संयत वश में बनी हुई हैं और तन्मात्राएं जाग्रत हैं। केवल आपका अन्तःकरण तनिक धूमिल है। जगद्गुरु! जीवट, श्रीमद्!"

"जीवट?" आचार्य्य शंकर ने कहा- "जीवट शिव का वरदान भर है-शिवा की महीयसी कामना है, वैद्य श्री! अज्ञान का उपचार करता आ रहा हूं। अकस्मात् जैसे माया में प्रविष्ट हुआ। जगत् के अँधेरे रगमंच पर उतर आया और भव योनियों की सृष्टि में साँस भरने लगा-किन्तु तभी से जैसे मृत्यु इस शरीर के पीछे लग गया है। शरीर का रोग आप दूर करें; आत्मा का भव रोग तो गुरु की कृपा ही दूर करेगी। भगवद् गोविन्द तुम्हारी जय हो।" शंकराचार्य सहसा चुप हो गये; मूक-मौन हो गये और मानो अन्तरात्मा में देखने लगे; पुनः बोले- "राजन्! अभिनव गुप्त विक्षिप्त न हो जायें, ध्यान रखना। शैव दर्शन का वह हमारा ज्योति-स्कन्द है। अरे, अभिनव! तूने शास्त्र पी डाले; तन्त्रों को मथ डाला; जापों का अनहद गुंजा दिया-तू ने शक्ति को जाना; किन्तु परम् शिव की ओर देखा तक नहीं। परम शिव में ही भवेच्छा शम जाती है, काल दूर हो जाता है-देश सिमट जाता है। यह इदम्-माया स्वयं ही अन्तर्ध्यान हो जाती है। यह नामरूप सृष्टि बिला जाती है- ज्योति! अन्धकार बिला जाते हैं, और ज्योति अनन्त होकर आनन्द हो जाती है-सभी बन्धनों से मुक्त, मोक्ष!"

पद्मपाद ने दाँत पीसते हुए कहा- "अभिनव गुप्त! मैं देख लूंगा, प्रभो!"

"नहीं।"' आचार्य शंकर ने कहा- "उसकी हृदय ग्रन्थि अभी खुली नहीं है। अभिनव मयूरासिनी नील सरस्वती का वाहन है, मयूर है, भला! अभिनव! शान्त हो जाओ अपने सच्चिदानन्द में स्थित, स्वस्थ हो जाओ। परम् शिव तुमको ज्ञान दे, यही मेरी एकान्त प्रार्थना है।"

पद्मपाद ने फिर कहा- "अभिनव गुप्त की चिन्ता त्याग दें, पूज्य हम हैं उनसे निपट लेंगे। अभिमन्त्रण, अभिचार करना नहीं भुला दिया तो हम आप श्रीमद् के योग्य शिष्य नहीं हैं।"

आचार्य शंकराचार्य्य ने गम्भीर मुद्रा में कहा-"पद्मपाद! वह आचार्य्य अभिनव साधक है; शैव दर्शन का आचार्य्य है। सभी दर्शनों के आचार्य वेदान्त संन्यासी

के लिये आदरणीय हैं। मतभेद क्या मनभेद करते हैं? सभी भेद अभेद की प्रज्ञा उत्पन्न करते हैं, सभी भीतियां अभय की दृष्टि उत्पन्न करती हैं, मूलतः जो परम् ब्रह्म, वही परम् शिव!" फिर आयुर्वेद तीर्थ धनवन्तरि वैद्य प्रेमशंकर की ओर सस्मित देखते हुए आचार्य शंकर ने पुनः कहा- "रोग जन्म जन्मान्तरों के किये गये पापों का फल है। उन पापों का उदय किसी न किसी भव में होता ही है। पाप का भोग करना ही होता है-करना ही चाहिये, क्योंकि पुण्य भगवान् के चरणों में विसर्जित किया जा सकता है, पाप नहीं। पाप पुरुष को कभी नहीं छोड़ता। शास्त्र का यही सिद्धान्त है, धनवन्तरि!"

वैद्य धनवन्तरि प्रेम शंकर ने विनीत स्वर में कहा- "किन्तु आपने कौन सा पाप किया है? जगत् की जानकारी में आप पुण्य शील हैं; पुण्य भृत हैं-आप शिव स्वरूप हैं।"

आचार्य्य श्री शंकर ने विहँसते हुए कहा- "इस भव-शरीर का यह रोग वात, पित्त, कफ की विषमता से उत्पन्न हुआ है? तो उसका उपशमन आप, वैद्य कर सकते हैं किन्तु पाप कर्म से उत्पन्न रोग उस कर्म के नाश से ही होगा-होता है। मैंने साधक को अप्रसन्न किया है। शताब्दियों से जड़ी भूत दार्शनिक मान्यताओं को झकझोरा है- धुरन्धर विद्वानों को मैंने निष्प्रभ किया है। शव में था, तब मैंने राम राज्य की कामना की है- शव ही नहीं, अन्य शरीर ही सही, किन्तु मैंने सृष्टि के सौन्दर्य का आल्हाद लिया है, स्त्री को देखा है; कामिनी को भजा है। ब्रह्मविद् संन्यासी के चित् के लिये यह कर्म जनित रोग ही है-भव रोग वैद्य महाशय!"

"जी, गुरुदेव!" वैद्यराज प्रेम शंकरजी ने कहा।

"इसलिये यह रोग मेरे कर्म के सम्पूर्ण नाश हो जाने पर आपसे आप दूर हो जायगा।" आचार्य्य शंकर ने कहा- "चिकित्सा की आवश्यकता ही क्या है?"

पद्मपाद ने सहसा आर्तस्वर में कहा- "आप श्रीमद् को निस्संदेह शरीर का लोभ नहीं है; किन्तु हमें है। जल में रहने वाले प्राणियों का जीवन जिस प्रकार जल पर टिका हुआ है, हमारा जीवन आपके जीवन पर निर्भर है। इसीलिये हमें आपके जीवन की अधिकाधिक चिन्ता है"

"जीवन, भव, परम् ब्रह्म परमेश्वर की अहेतुक इच्छा का वरदान है। किन्तु प्रारब्ध जन्म देता है; मृत्यु देता है। यह सब काल धर्म का अपरिहार्य अनिवार्य निर्वाह है, वत्स!"

"सज्जन स्वयं ही कृतकृत्य तथा धन्य हैं; किन्तु अन्यों के मंगल के लिय जीवट बनाये रखते हैं। जगद् कल्याण के लिये आप श्रीमद् को भी जीवट बनाये रखना है-होगा, प्रभो!" सुरेश्वराचार्य्य ने कहा।

आचार्य शंकर हँसे; बोले- "अच्छा; तुम शिष्यों सेवकों और श्रद्धास्पद स्नेहियों की इच्छा; शिरोधार्य करता हूं। वैद्यराज! मुझको लग रहा है, कर्मेन्द्रिय गुदा के पास यह रोग उद्भवित हो गया है-कष्ट है, सारे शरीर को। मैं जैसे उस रोग को देख रहा हूं। समस्त शरीर दृष्टव्य है; देखा जाता है और समझ कर उसका उपचार किया जाता है। रोग की मैंने सदैव उपेक्षा की है; किन्तु यह रोग उपेक्षा के योग्य नहीं रहा। मुझे जगत् की भावना की रक्षा करनी ही होगी।"

पद्मपाद ने सहसा कहा- "योगबल से..."

आचार्य्य शंकर ने बीच में ही कहा- "इस रोग को नष्ट कर दूं? कर सकता हूं; किन्तु तब इस भव में बने रहने की मेरी, जीव की, कामना की वह चेष्टा होगी। नहीं, वत्स! मेरी भवेच्छा अपने समुद्र के साथ जैसे अनन्त में बिला रही है। ज्योति सीमाहीन होकर आनन्द होने लगी है और आनन्द? बन्धन मुक्त होकर काल रहित होने लगा है-यह अज्ञान में डूबा, भ्रमों से मूढ़ तथा भय से भरा जीवन भी क्या जीवन है? सच्चिदानन्द का नित्य शुद्ध-बुद्ध निरञ्जन निराकार अज अविनाशी चैतन्य अनुभव ही जीवन है, वत्स!"

धनवन्तरि वैद्य प्रेमशंकर ने चिकित्सा आरम्भ कर दी। आचार्य्य पड़े रहते, उनका दीप्त मुख मण्डल मेघ से आच्छान्न पूर्ण चन्द्रमा की भाँति म्लान बना रहता किन्तु आचार्य शंकर जैसे नसों में नहीं थे; माँस-पेशियों में नहीं थे, सभी कर्मेन्द्रियों से खिंच कर तथा ज्ञानेन्द्रियों को पैर कर शंकराचार्य्य अनाहत शब्द की अनहद नाद तरंग पर सत्य के ज्ञानमय अनन्त में विहर रहे थे। अपने शरीर के ब्रह्म रंध्र में मानो वह छिप गये थे और काल के क्षणों को व्यतीत होते हुए पेख रहे थे। अहर्निशि शिष्य तथा सेवक रक्त से भीजे आचार्य के वस्त्र बदलते थे और असह्य पीड़ा से मूढ़ उनके कञ्ज नयनों के अथाह को देखते रहते थे। "भगन्दर! तब अभिनव गुप्त ने अन्त में वैर ठाना ही। अभिचार! अभिनव गुप्त ने अभिचार किया; हेय, कृतघ्न द्विष का अवतार- यह अभिनव गुप्त!" पद्मपाद ने हठात् कहा।

आचार्य शंकर मानो समाधि से जागे; बोले- "पद्मपाद! भव में आने की इच्छा ही मृत्यु का निमित्त है-कारण है, वत्स! अभिनव गुप्त ने अभिचार से यह रोग

इस शरीर में उत्पन्न किया है? किया होगा। किन्तु आधारभूत रूप से यह मेरा प्रारब्ध है-इस शरीर के मृत्यु का योग है। शान्त हो जाओ। अभिनव गुप्त और इस शरीरी में शरीर तथा उनके प्रारब्धों का ही भेद है, भवों की ही भीति है अन्यथा सभी प्राणियों के हृदय में अविनाशी अमर सच्चिदानन्द ही रमा हुआ है- सच्चिदानन्द भजो, पद्मपाद!"

पद्मपाद ने तीव्र आर्त स्वर में कहा- "निस्संदेह यह उस शठ द्वारा उत्पन्न अभिचार का परिणाम है आश्चर्य्य है, उसकी यह कृत्या श्रीमद् को अन्त में पकड़ सकी-जकड़ सकी।"

आचार्य्य शंकर ने विहंसते हुए किन्तु वेदनामय स्वर में कहा- "अहमन्य द्विष और घट्ट राग क्या सच्चिदानन्द को स्पर्श कर सकते हैं? नहीं- जगत् चिदानन्द आत्मा को कितने भवों के लिये मोहान्ध रख सकता है? देखती हुई द्युतिमय आखों पर पट्टी कब तक बाँध रखी जा सकती है? विपुल और असंख्य मेघ कब तक आकाश को आच्छादित रख सकते हैं? नहीं रख सकते। मैं उग्र भैरव के वध का निमित्त बन बैठा; उभय भारती के सौभाग्य का अन्त मेरे ही कारण जैसे हुआ। क्रचक्र मेरे सम्मुख ही तिल-तिल कर टूट गिरा। धूमकेतु जैसे चूर-चूर हो गया हो। मैंने मनीषियों को, विद्वानों, यतियों, अधीशों तथा सम्प्रदायों को उनके अन्धकारपूर्ण कोण बताये-मैंने समूचे यज्ञ-कर्म-काण्ड की परम्पराओं को क्रूर, मूढ़ तथा हानिजन्य घोषित की-बलि मैंने वर्जित करवाई। मैंने ब्राह्मणों की शताब्दियों की मूढ़ जड़ परम्पराओं को छिन्न-भिन्न किया-मैंने यह सब किया। नहीं?"

"जगद्कल्याण के लिये ज्ञानकान्ति ही श्रीमद् ने की। क्या घोर पाप किया?" पद्यपाद ने निःसंकोच पूछा।

आचार्य श्री शंकर ने जलद् गम्भीर स्वर में कहा- "चिदानन्द-रूपम्-शिवोहम् शिवोहम्! तब यह भव जो धारण किया है-जगद्कल्याण? क्या यह संन्यासी का शुद्ध अहम् भाव नहीं है? बन्धन तो है ही। पद्मपाद भव बन्धन ही जैसे वह समस्त कर्म हैं, जिससे रोग, शोक तथा दारिद्रय से भरा भव उत्पन्न होता है और मृत्यु की अचूक पल का भी उद्भव होता है। मैं और मेरा यह भव भले ही जगद्कल्याण के लिये हुआ; किन्तु हुआ तो। परमानन्दमय सच्चिदानन्द को भव की कालरात्रि में आदि अन्तहीन सनातन शयन क्यों करना चाहिये? क्यों चिद्घन बिम्ब होकर तम मूढ़ माया में प्रतिबिम्बित तथा प्रतिभासित होना चाहिये? यह प्रारब्धों की संचालित जाग्रति और जाग्रतावस्था का यह यथार्थ

ज्ञान, विषयानन्द की यह चूहलें, यह भ्रान्तियों की चिरौरियाँ, यह जिजीविषा पूर्ण अनेक भव योनियों में जन्म कर, मर कर सुख को भोगने की बद्धमूल लालसा-यह, यही, यही तो! इस पृथिवी पर मेरा समय समाप्त प्रायः है। यह रोग अन्तिम कटु भव भोग है, वत्स!"

"अन्तिम भव भोग! नहीं, नहीं, स्वामिन्!" हस्तामलक ने शान्त स्वर में कहा।

"तुम चिदानन्द रूप, तुम?" आचार्य्य शंकर चिहूंके।

"गुरु मेरे, मैं जानता हूं आप ब्रह्मा हैं; विष्णु हैं, महेश-साक्षात् सच्चिदानन्द शिव स्वरूप हैं। मुझे ज्ञात है, मैं और आप अभिन्न हैं- आप और मैं? अद्वैत, अभय हैं।"

आचार्य्य श्री शंकर प्रसन्न होकर बोले- "हम केदारधाम जायेंगे, वैद्यराज!"

"अवश्यमेव, श्रीमद्!" वैद्यराज प्रेमशंकर ने गम्भीरता पूर्वक कहा- "किन्तु रोग प्रतिदिन, प्रतिशत प्रबल हो रहा है-वश में आता ही नहीं।"

आचार्य्य श्री शंकर क्लान्त स्वर में बोले- "केदारधाम, वत्सों! हम मार्ग में क्या चिकित्सा प्राप्त नहीं कर सकते? कर सकते हैं; परन्तु चिकित्सा सफल भी तो नहीं हो रही।" फिर वैद्यराज की ओर उन्मुख होते हुए पुनः बोले- "दिवस हो गये, आपको! आपके परिजन, कुटुम्बी, तथा राजा-यह सब आपकी प्रतीक्षा में अवश्य ही विकल हैं-हैं, यही, यही तो। आप अब जायें- हाँ, वैद्य विष्णुरूप ही हैं। मनुष्य को शरीर तो पिता से प्राप्त होता है। इस शरीर की रक्षा का भार निस्संदेह वैद्यों पर ही रहता है। उत्पन्न शरीर आरोग्य और चिकित्सक वैद्य के बिना प्रायः निष्फल ही है-हो जाता है। इसीलिये प्राणियों के लिये वैद्य विष्णु रूप ही हुआ। नहीं? हुआ!"

वैद्यराज प्रेमशंकर ने कहा- "सत्युत् है, जगद्गुरो! आपको इस विषम रोगावस्था में छोड़ कर मैं क्या, कोई वैद्य घर को लौटना नहीं चाहेगा-आपका सानिध्य देवलोक निवास सा ही है- देवलोक छोड़ कर मृत्युलोक कौन जाना चाहेगा? नहीं; हम अपना अन्तिम प्रयास करेंगे-"

सुरेश्वराचार्य ने कहा- "'सफलता?"

"सफलता श्री हरि के हाथ है।" वैद्यराज जी ने कहा- "आयुर्वेद के अनुभूत ज्ञान द्वारा हमने आचार्य श्री के शरीर को निरखा है। आश्चर्य है, आचार्य्य

आयुर्वेद की दृष्टि से यथावत् हैं- किन्तु फिर भी भयंकर भगन्दर का उद्भव होता जा रहा है। आचार्य श्री की पीड़ा हमसे भी देखी नहीं जाती। ऐसा लगता है, हम सब वैद्य हार गये हैं- असफल हो गये हैं, क्या?"

आचार्य्य श्री शंकर ने शान्त लेटते हुए कहा- "भाग्य, वैद्य जी! ओह! यह शरीर ही भव-चेतना है, स्वायत्त, स्वाधीन सभी संज्ञानों और संवेगों से पूर्ण-विज्ञान घन और घनीभूत यथार्थ ज्ञान से भरपूर सटिक तथा सचोट चेतना-जिजीविषा, वैद्यराज जी! मैं जैसे अब सम्पूर्ण शरीर को काल पट पर सजीव सिहरते हुए देख रहा हूं- यह शरीर आत्मा के चिद् चैतन्य की ज्योति से ही सजीव होता है; बना रहता है। अन्यथा शरीर तो जड़ है, जड़। दिव्यतम विज्ञान घनता की माया है; यन्त्र है। ओह! पद्मपाद, मुझे केदारधाम पहुंचा दो। हे महादेव! आशुतोष, शक्ति दे, जिससे इस रुग्ण शरीर को मैं तेरे धाम तक ला सकूं- देवाधिदेव, रोग तो प्रबल हो गया है, असाध्य! मैं जानता हूं-कैलाश आने का मेरा समय आ गया है-किन्तु यह शिष्य उदास हो गये हैं। लोग मन ही मन दुःखी हो गये हैं, इनकी विषाद भरी आँखें मैं जैसे देख नहीं सकता, हे महाकाल!"

शंकराचार्य्य सहसा मौन हो गये। अपने गहन तम में जैसे वह डूबते चले गये। चिदाकाश में वह मानो उतर कर उसके अतल ज्योति पर खड़े हो गये। उनको लगा, उनके अगाध चिदाकाश में डमरू ध्वनि शान्त हो रही है-अनहद थम सा रहा है। काल की तरंगों का मन्थन करते हुए कोई परावाक् में कह उठा- "शंकराचार्य्य! अश्विनी कुमारों! देखो तो!" शंकर को लगा अश्विनी कुमार कह रहे हैं; "अभिचार से उत्पन्न रोग असाध्य है-सभी अन्नों को रीतने वाला, भेषजों को लीलने वाला, मंत्र बल को अभिभूत कर देने वाला अभिचार की कृत्या ही रोग की पिशाचिनी जनेता है, महादेव! हम देवताओं के वैद्य हैं और यह काल रोग है।" शंकराचार्य्य सस्मित ही जागते हुए फुसफुसाये-"मुझे केदारधाम ले चलो! वैद्यराज जी! घर लौट जाओ! काल का बुलावा आ गया है। केदारधाम जाकर उसी महाकाल के परात्पर चरणों में पड़ जाऊँगा। शिव ने भेजा था, शिव ही बुला रहे हैं। हाँ, वत्सों! शान्त हो जाओ- जो जन्मा है, उसकी मृत्यु ध्रुव है। श्रीकृष्ण ने गीता में कहा है-आत्मा न जन्मता है और नहीं मरता है-देह जन्मता है; मरता है।"

पद्मपाद ने चिल्ला कर कहा- "नृसिंह! रक्षा कर! नारायण, रक्षा कर!"

आचार्य श्री शंकर ने जलद गम्भीर स्वर में कहा- "नारायण ही नर को बुला कर आत्मसात् करना चाहते हैं, वत्स! शान्त हो जाओ!"

"प्रभो!" पद्मपाद ने सिर धुना कर कहा- "उग्र भैरव नहीं, तुम, अभिनव गुप्त! तुम्हारे जैसे मनीषी, तांत्रिक-महाकौल में यह द्विष, यह वैर! तुम वास्तव में वध्य हो-वध्य!"

आचार्य्य श्री शंकर सहसा उठ बैठे; तीव्र स्वर में बोले- "बंधो मत, पद्मपाद! प्रीति नहीं बाँधती, बैर बाँधता है। अभिनव गुप्त तो शिव का त्रिशूल है। मैं-यह शरीरी तो शिव- डमरू है। अभिनव गुप्त दया के पात्र हैं-मैं जन्मजात दीर्घायु कब था- मैं अपनी जननी के लिये अल्पायु का वरदान था। चिरञ्जीवी भगवान् बादरायण वेद व्यास का उपकार, जो यह शरीरी इस पृथिवी पर इतने वर्ष रह सका है, मैं कालातीत कर्म पारमार्थिक कर्म की उदासीन मनीषा रहा हूं, वत्स!"

पद्मपाद ने आचार्य के चरण थामे; मस्तक रगड़ते हुए कहा- "प्रभो! सहन नहीं होता।" आचार्य श्री शंकर ने पद्मपाद के मस्तक पर हाथ फेरते हुये कहा- "आत्मा की वेदना ही जीवन चेतना है। क्या यह अज्ञान तिमिर सच्चिदानन्द सहन नहीं कर रहा? भव ऐषणाओं की संक्रामक अतृप्ति, यह मृत्यु की बद्धमूल भीति, यह भ्रान्त ज्ञान यह विक्षेप, यह सनातन अनादि विवर्त, यह जगत् और जीवन सहना ही तो है-सहो; काल कट जायगा। दुःख की प्रज्वलित क्षण में आत्मा की ज्योत्स्ना का ध्यान करो। यह देह त्याग कर मैं पंचभूतों में, प्राणों में, समस्त तत्त्वों में पदार्थ और उसके गुण-द्रव्य में जगत् की माया तथा सृष्टि के मंगलजन्य धर्म की कालगति में ही समा जाऊँगा और सच्चिदानन्दवत् तुम सब के हृदयाकाश में आनन्द की हिलोरें लेता रहूंगा। देह धरती को और सूक्ष्म तथा कारण, काल, महाकाल के श्री चरणों में अर्पित कर मैं स्वयं को पूर्ण-परिपूर्ण अनन्त ज्ञानवत् सच्चिादानन्द में लीन कर दूँगा-परम् ब्रह्म से, परम् शिव से एकलव का वियोग सह्य नहीं रहा। मैं गीता हाथ में लेकर कहता हूं; प्राणियों में मैं करुणावत् रहूंगा; मानवों में आत्मचैतन्य की ज्योति बन कर बसा रहूंगा। भारतवर्ष में मैं परमात्मा का एकान्त विरही संन्यासी होकर चिरस्मरणीय रहूंगा। मैं सच्चिदानन्द स्वरूप हूं- तत् हूं- मैं ज्ञान का प्रज्ञान हूं। देहबन्धन में मैं बंध गया हूं- मुक्त होना ही चाहता हूं।"

(34)

आचार्य श्रीमद् शंकराचार्य, जगद्गुरु रुग्ण हैं- यह समाचार उत्तर-दक्षिण-पूर्व-पश्चिम भारतीय दिशाओं में चीत्कार की भाँति गूंज उठा- "शंकर, शंकराचार्य्य संघातित रूप से रुग्ण हो गये हैं।" आसपास के जनपदों में मानो सन्नाटा छा गया- "आचार्य्य शंकर? शंकराचार्य्य रुग्ण, मरणासन्न रुग्ण? नहीं यह संभव

हो ही नहीं सकता।" लोगों का ज्योतिर्मठ की ओर ताँता लग गया, भारतवर्ष के चारों कोनों से प्रतिभा पयोनिधि वैद्यगण स्वयं ही आने लगे और शंकराचार्य्य के उपचार में लग जाने लगे किन्तु उपचार ज्यो-ज्यों होने लगा, त्यों-त्यों रोग जैसे प्रबलतर से प्रबलतम होता गया। तोटकाचार्य्य पुनः तोटक हो गये। रक्त से सने, भींगे आचार्य के वस्त्रों को धोना, सुखाना तथा नये वस्त्र धारण करवाना, यही जैसे तोटकाचार्य का कार्य रह गया। पद्मपाद तो आचार्य्य की साथरी के पास ही नृसिंह को याद करते हुए अपलक बैठे रहते। आगन्तुकों का समाधान करते हुए आचार्य सुरेश्वर मानो थक जाते। राजा, महाराजा, विद्वान्, मनीषी, यती, साधक तथा श्रीमन्त गृहस्थ एवं श्रद्धास्पद जनपदीय नागरिक आचार्य्य श्रीमद् शंकर के दर्शन चाहते थे-उनके शान्त गम्भीर प्रशान्त दिव्य मुखारविन्द की एक झलक चाहते थे। लोग मानो मानते ही नहीं थे कि शंकराचार्य्य को इस भीड़-भाड़ से कष्ट होता है। समर्थ योगी हैं जगद्गुरु! शिव स्वरूप हैं! सिद्ध हैं; महान् विद्याधर तथा वेद और वेदान्त की प्रतिमूर्ति हैं। उनको किसी भी प्रकार का कष्ट हो ही नहीं सकता- कोई आपदा सता नहीं सकती- कोई विघ्न अटका नहीं सकता। शंकराचार्य! दिव्य हैं; अलोकिक हैं-सरस्वती के पुत्र हैं। हम उनके दर्शन ही तो चाहते हैं? करेंगे। ज्यों-ज्यों दिन व्यतीत होते गये, त्यों-त्यों दर्शनार्थियों की भीड़ भी बढ़ती गई, महाराज सुधन्वा और राज्ञी अर्पणा सिर पर पैर रखकर आ पहुंचे और महाराज राजशेखर के तीव्रगामी रथ की घरघराहट उत्तर की क्षुब्ध सी दिशाओं में सुनाई पड़ने लगी। नीलकण्ठ दौड़े आये-प्रभाकर आश्रम में जैसे रह ही नहीं सके-ज्योतिर्मठ की ओर चल दिये। भट्ट भास्कर भागते हुए आये; पुकार उठे- "मेरे गुरुदेव! मेरे शंकराचार्य्य! यह क्या भ्रम फैला रक्खा है-यह भीति, आचार्य्य मेरे!"

शंकराचार्य के म्लान वदन में पूर्णिमा की विद्युत् रेखा खिंच गई। मन्द स्वर में बोले- ""यही, यही तो! भास्कर! अज्ञान, अध्यास, माया-मोह, देख लो! तुम आ गये; मैं प्रसन्न हो गया।"

भट्ट भास्कर ने सिर धुनाया- "कैसे नहीं आता? मेरा हृदय तो आपने चुरा लिया है, प्रभो!"

आचार्य्य श्री शंकर के संध्या की उदास ज्योतियों से भरे मुख मण्डल पर मानो द्वितीया का चन्द्र चमका- "हृदय, यही, यही तो भेद में अभेद तथा अभेद में भेद/हृदय की अनुभूति ही तो है। अन्यथा अभेद ही है-है; अभेद ही जानो, भास्कर!"

"चिदानन्द, ब्रह्म-अद्वैत, अभेद-अभय!"

"तुम, मैं-यह सब!" आचार्य्य श्री शंकर ने कहा और सहसा बोले- "हम केदारधाम जायेंगे-मार्ग में उपचार चलता रहेगा। अब हम अधिक दिवसों तक यहाँ पड़े रह नहीं सकते। इस शरीर को हिमालय की किसी उपत्यका में पड़ना है। किन्तु शरीर त्यागने के पूर्व एक ही कामना शेष रह गई है, अनादि जन्मों और मरणों, ऐषणाओं तथा चिन्मयी इच्छाओं का सार यह कामना है, प्रभु दर्शन करूँ-प्रेम से जन्मा हूं; शान्ति से मरूँ-देह त्यागूं। केदारधाम में केदारनाथ शिव के अपलक दर्शन करते हुए ब्रह्मरंध्र खोल कर परमधाम-कैलाश चला जाना चाहता हूं। किन्तु यह प्रभु दर्शन की अमोघ एक मात्र, एकान्त कामना जो चित्त में रेंग रही है; इन्द्रियों में उभर रही है-रगों में उफन रही है। सुधन्वा, सभी वैद्यों को यथेष्ट दक्षिणा देकर विदा कर दो-हम केदार धाम जायेंगे।"

"किन्तु इस रोगाक्रान्त स्थिति में हिलना-डुलना भी संभव नहीं है, प्रभो!" पद्मपाद ने खींझते हुए कहा।

"संकल्प, वत्स! प्रभु-दर्शन का संकल्प राम नाम के अन्तिम स्मरण की महति कामना, पद्मपाद! शक्ति देगी।" आचार्य श्री शंकर ने कहा- "प्रभु दर्शन के लिये मैं रोग को जैसे थाम लूंगा। यह भयंकर रोग इस शरीर को भोगना ही है-इसके साथ ही इस शरीर के प्रारब्ध का क्षय भी होगा-समूचा काल संचित मुझ चिदानन्द के लिये रीत जायगा। कृपया हमें केदारधाम ले चलो। इस जगत् से, सृष्टि से मेरी यह अन्तिम विनती है।"

महाराज सुधन्वा और हिमालय नृपति ने वैद्यराज जी की ओर देखा और जैसे भवों से ही पूछा- "क्या कहते हैं आप?" वैद्यराज जी ने विनीत स्वर में कहा- "हम क्या कहें राजन्! हम मान लेते हैं, हम असफल हो गये हैं-यह प्रारब्ध का जैसे अन्तिम भोग है श्रीमद् जगद्गुरु के लिये। इनकी यह इच्छा पूर्ण करनी ही चाहिये, श्रीमद् स्वयं योगी हैं, चाहें तो इस रोग को मिटा सकते हैं..."

"जी नहीं!" शंकराचार्य्य ने बीच में ही कहा- "हम सच्चिदानन्द के ध्यानी हैं; सृष्टि के मुनि और जगत् के उदासीन उपरत द्दष्टा हैं। शरीर की आयु जिसको विधाता ने अभिनिश्चित किया है, वह क्या कम और अधिक की जा सकती है? प्रारब्ध में किन्तु परन्तु, न नु नच यह वह नहीं है, वैद्यराज जी! अभिचार से उत्पन्न यह रोग है, तो यह देह की मृत्यु से ही मिटेगा। अभिनव गुप्त क्या करें? मैं- यह देही क्या करें? आप सब क्या करें? यह प्रभु की

इच्छा है। और इसीलिये परमात्मा की इस इच्छा की पूर्ति करने के लिये मैं केदारनाथ, शिव का दर्शन करते हुए देह त्यागना चाहता हूं। मृत्यु की अटल अमोघ घड़ी में प्रभु का नाम और प्रभु का दर्शन ही शान्ति देता है-यही जन्म-मृत्यु का समय उत्पन होता है-जीव और ब्रहम का अभिन्न तादात्म्य हो जाता, चिदानन्द, सच्चिदानन्द बदरी केदारधाम की हमारी यात्रा कल ब्राह्ममुहूर्त में निस्संदेह आरम्भ होगी। भारत यात्राओं की यह अन्तिम यात्रा है-शंकराचार्य की यह अन्तिम भारत-प्रदक्षिणा और नागाधिराज हिमालय की अन्तिम वन्दना है। ईश्वर की आज्ञानुसार इस पृथिवीतल पर हमारा कार्य पूर्ण हो चुका है- अब यह चिदानन्द स्वरुप......."

"मेरे आराध्य! सुना नहीं जाता।" तोटकाचार्य ने सिर धुनाते हुए कहा- "नहीं, नहीं, स्वामिन्!"

"विश्वस्त हो जाओ, तोटक!" श्री शंकर ने म्लान वदन की उदासीन आँखों में दमकते हुए कहा- "शारीरिक भाष्य स्वरूप शंकराचार्य्य बना ही रहेगा। यह देह वाङ्मय स्वरूप बना ही रहेगा।" और गहरा श्वाँस भर कर आचार्य्य श्री शंकर ने सबको सुनाते हुए कहा- "इतिश्री भवानि स्वरूपम् तवेदम्-प्रपञ्चात् परम् चातिसूक्ष्मं प्रसन्नम्! स्फुरत्वम्ब डिम्बस्य में सत्सरोजे सदा वाङ्मय सर्वतेजोमयं च!"

शान्ति छा गई; उस निविड़ चुपचापी में मानो सरस्वती का परमहंस जगा और स्वयं वीणा बजाने में मग्न सरस्वती को चिदाकाश में घुमाने लगा। हस्तामलक ने कहा- "निस्संदेह, साक्षात् शिव स्वरूप्..."

आचार्य श्रीमद् शंकराचार्य ने गहन-गहनातिगहन दृष्टि से हस्तामलक को देखा, निहारा, पेखा और घूरते हुए कहा- "तथास्तु! हस्तामलक! इस शरीर के पात के पश्चात् आप और अन्य सब शंकराचार्य मठों और उनके क्षेत्रों को सदैव प्रकाशमय बनाये रखना। मठों की आम्नायों को अक्षुण्ण रहना ही है- शंकर मठ वेद और वेदान्त का विश्रुत स्थल है- हो-सदैव बना रहे। यही गुरुदक्षिणा है, जो मैं चाहता हूं। महाकाल को मैं अपने जगद्कल्याण के कार्य्य के समर्पण के साथ-साथ यह वचन भी देना चाहता हूं। वेद, वेदान्त तथा वैदिक मानव धर्म सदैव ज्ञानोन्मुख बने रहेंगे। मानव जाति का कर्म मोक्षगामी कर्म होगा-कामुक श्रृंगारिक तथा ऐश्वर्य के उद्दाम भोग की संक्रामक लालसा से उद्दीप्त कर्म नहीं होगा। मनुष्य भव में मानव धर्म पालन के लिये ही बँधता रहेगा-भोग नहीं,

मोक्ष ही प्राणियों की एकमात्र गति है। मनुष्य का एकमात्र जीवन ध्येय है। बदरी विशाल, तेरी जय हो!"

बदरी विशाल! बदरी नारायण! आचार्य श्री शंकर को लेकर हिमालय नृपति चले। शंकराचार्य्य तब सहसा जाग ही उठे थे और स्वयं खड़े हो गये थे। "चलो, बदरी विशाल चलें। बदरी नारायण! हाँ चलना ही है-चलना ही होगा। समुद्र की लहरों से उद्भवित भारत वासी का अन्तिम गन्तव्य हिमालय, बदरीधाम ही तो है।" आचार्य शिष्यों के कन्धों का सहारा लेकर डग भरते हुए आचार्य्य ने कहा था- "बदरीधाम महर्षि पतञ्जलि के साधक शिष्यों का निवास है- पातञ्जल योग, हाँ, पतञ्जलि के शिष्यों को मैं शारीरिक भाष्य पढ़ाऊँगा। मैं ठीक हूं- यह रोग जहाँ है, वहीं पड़ा रहेगा, सीदता रहेगा; किन्तु मैं-मैं? मैं इस प्रतिक्षण टूटते हुए शरीर में बैठा योगियों के उन्मीलित नयनों को निराकार निरञ्जन परम् शिव की ओर प्रेरित करूंगा। सविकल्प समाधि कालातीत करती है- मुक्ति देती है; किन्तु मोक्ष नहीं। कालातीत होना तो है ही किन्तु काल से छुटकारा भी पाना होगा। केवल क्षण भर के लिये भव सुख सुखद है, पद्मपाद! अभिनव गुप्त पर रुष्ट होने की आवश्यकता नहीं है- मैं कहता हूं- अभिनव गुप्त सगुण शिव, सुर सुन्दरी शक्ति का हठी योगी है।" पद्मपाद ने पास आते हुए कहा- "किन्तु कृत्या?" आचार्य शंकर ने रथ में बैठते हुए कहा- "शरीर और उसकी छाया तक।" मार्ग में लोग दर्शन के लिये प्रहरों खड़े मिलते। आचार्य्य शंकर रथ में अर्ध लेटे, अर्ध बैठे हुए अतल नयनों से लोगों को देखते रहते। कभी-कभी पास में बैठे महाराज सुधन्वा से कहते- "अनेक! देखा? एक, एक, एक, अनेक, द्वैत!" महाराज सुधन्वा चुपचाप सिर हिला देते। कभी-कभी शंकर उठ बैठते; कहते किसने मुझे थाम रखा है? किसने?" पद्मपाद तब उनको पुनः लेटाते हुए कहता- "किसी ने भी तो नहीं।" आचार्य शंकर पद्मपाद को घूर कर मुस्कराते हुए कहते- "काल ने ही तो।"

बदरीधाम पहुंच कर आचार्य शंकर जैसे सहज हो गये-रोग से जैसे मन ही मन मुक्त हो गये। उनके मुखमण्डल पर जैसे वसन्त ऋतु की सन्ध्या की कान्ति छा गई और वह चिर प्रसन्न मुद्रा में साथरी पर लेटे-लेटे ही आगत साधकों से शारीरिक भाष्य पर वार्ता करने लगे। "हां यही, यही तो!" आचार्य शंकर पातञ्जलि योगाभ्यासियों से कहते- "निर्विकल्प होकर शून्य को पैर दो- शून्यधार में प्रविष्ट हो जाओ। ब्रह्म सूत्र महर्षि बादरायण की दिव्य स्मृति ही मानो ब्रह्म सूत्र है। ब्रह्म विद्या के बादरायण चिरञ्जीवी ऋषि हैं, हैं

तो। बादरायण वेद व्यास, महर्षि जैमिनी गुरुओं के गुरु दत्तात्रेय और महर्षि गौड़पाद। यही, यही तो।"

बदरीधाम की कड़ाके की सर्दी में भी लोग दर्शनों के लिये आते ही रहते। आगन्तुक जिज्ञासु ब्रह्मचारियों को शारीरिक भाष्य पर उपदेश कर थके से आचार्य हिमालय के श्रृंगों को ही देखते रहते। शीत-उभार लहर शीत आँखों की दृष्टि ही जैसे शीत से ठिठुरे हिमश्रृंगों को देखकर पुनः नयनों में मानो लौट आती। किन्तु आचार्य्य शंकर जैसे इस शीत के परे हो गये थे। आचार्य्य रुग्ण देह में मानो एक दिव्य अतिथि की भाँति निवास भर कर रहे थे। पातंजञ्लि योग के छात्रों, साधकों तथा शास्त्री कर्मकाण्डियों का एक मण्डल ही आचार्य शंकर ने आते हुए देखा और कहा- "अर्पणा, वह सब आ रहे हैं, आने दो!"

राज्ञी अर्पणा उठ खड़ी हुई; प्रहरी को सम्बोधित करते हुए बोली- "उनको आने दो! गुरुदेव की आज्ञा है।"

"जी, महादेवि!" प्रहरी ने कहा।"

राज्ञी के पुनः लौट आने पर शंकराचार्य्य ने तनिक तीव्र आतुरता पूर्वक पूछा- "राजशेखर?"

राज्ञी अर्पणा ने आर्त स्वर में कहा- "पहुंचने में ही हैं, प्रभो!"

आचार्य श्री शंकर ने सिर तनिक धुनाया- "राजशेखर! तुम, सुधन्वा महाकाल! नर्मदा, गंगा-यमुना! अलकनन्दा! यह सब नहीं होते तो? तो ब्रह्म का प्रकाश माया के मेघों में ढंका ही रहता। अर्पणा! स्त्री की आँखों में जगत् बसता है; किन्तु ऋषियों के नयनों में माया बसी रहती है-परमेश्वरी नारायणी ने माया का अवगुण्ठन डाल रखा है, भला तुम किसको देखती हो; पुत्री!"

राज्ञी अर्पणा ने आचार्य के शिथिल चरणों पर लटों से उरझा हुआ मस्तक टेका; आर्त स्वर में कहा- "आपको, स्वामिन्! गुरु को"-

"मुझको? गुरु को?" आचार्य्य की अतल निरंकार निरञ्जन सी आंखों ने पूछा- "पुत्री! स्वयं को देख! आत्मा को देख! तू-तू सच्चिदानन्द की सौन्दर्य वह्नि है, सृष्टि रस की खानि है, तू नर-नारी की जननी है-तू ही तो ब्रह्माणी है, वैष्णवी है, तू ही शक्ति है-शिवा है, समझी!"

राज्ञी अर्पणा ने आँचल के छोर से आँखें पोंछते हुए कहा- "तब जा ही रहे हैं, आप, प्रभो!"

आचार्य श्री शंकर ने शान्त स्वर में कहा- "कैलाश जाऊँगा"

"नहीं, नहीं मेरे प्रभो! गुरुदेव नहीं"- राज्ञी अर्पणा सिर धुना कर बोली- "आपके बिना हम सब आपके शिष्य, सेवक हम सब आपके चरणों के चंचरीक, हम क्या करेंगे?"

आचार्य श्री शंकर हँसे- "तुम सब को यथासमय कैलाश बुला लूंगा पगली, भगवान् राम को भी कालपुरुष देहावसान की याद दिलाने आया। यह देह, जड़ विज्ञानघन देह तो खज गया है- जीर्ण होता जा रहा है और देख पुत्री! यह जन्म लिया सो लिया-अब नहीं। नहीं- भवेच्छा ही अज्ञान है, वह तिमिरान्ध है, जिससे आत्मा के ज्योति नयन अन्धे हो जाते हैं-काल के असीम पथ पर दुःखी, त्रस्त और भयभीत, क्यों सच्चिदानन्द डुलते, फिरे? क्यों? मैं अपने ही परम् सच्चिानन्द में लीन था-समुद्र में समाया हुआ था, पुत्री! किन्तु जगत् के मानवों के भयभीत नयनों ने मुझे जैसे टटोला। मुझको अन्धकार में डूबी पृथिवी ने पुकारा; स्तब्ध अन्तरिक्ष ने बुलाया। मुझको किसने नहीं आमन्त्रित किया? वेदव्यास ने मुझे बुलाया; जैमिनी ने निमन्त्रित किया-हाँ दत्तात्रेय ने मुझे काल के व्यामोह में भेजा। मुझे शिव ने ब्रह्म चैतन्य के अपार का मन्थन कर जीव रूप अपने ही चित्त से प्रसूत किया-और मैं आया। अनेकान्त जगत् रूपों की त्रिकाल झलक से भी कहीं अधिक स्वयं के परमात्मा का दर्शन है, वत्स!"

तभी तोटकाचार्य्य ने आकर कहा- "साधकगण, छात्र तथा धाम के नागरिक दर्शनार्थ उपस्थित हैं, सद्गुरो!"

"आदर के साथ लिवा ला!" आचार्य श्री शंकर ने सहसा उठ बैठते हुए कहा- "मैं स्वस्थ हूं तोटक! चिन्ता त्याग दो; निश्चिन्त हो जाओ-आत्मा न मारा जा सकता है; नहीं जलाया जा सकता है, या भेदा जा सकता है- नहीं शोषा जा सकता है। चिदानन्द वत्स!"

तोटक ने प्रणाम किया और मण्डल को पुकार कर कहा- "आइये पधारिये! अब तो शंकराचार्य्य को छोड़ो! किन्तु हम आप तो मानव हैं, देवताओं ने तो ऋषि दधीचि का पिण्ड भी नहीं छोड़ा।"

तेज शंकर वयोवृद्ध महानुभाव ने कहा- "हम तो निवेदन करने आये हैं- यह शीत भयंकर है। यह न उठने, बैठने ही देती है-नहीं कुछ करने ही देती है। यही कहने आये हैं-आचार्य्य शंकर शिव स्वरूप हैं; हमारा निस्तार करें। यह उनका प्रिय बदरीधाम जो है।"

आचार्य शंकर ने सुन लिया; अन्दर आकर बैठते हुए शिष्ट मण्डल को सम्बोधित करते हुए कहा- "बदरी विशाल सुनेगा, महाशयों! वेद, वेदान्त-शारीरिक भाष्य, उपनिषद् यह सब पढ़ोगे। पढ़ते रहोगे। हिमालय के कैलाश शिखर से सदैव वेदान्त का सूर्योदय होता रहेगा। बोलो-"

तेज शंकर जी ने कहा- "अवश्यमेव, जगद्‌गुरो! शिव-शक्ति परम् आनन्द कन्द शिव परम शिव में लीन। यही अद्‌वैत ब्रह्म!"

आचार्य्य शंकर के विशाल सरोज नयन प्रसन्न प्रकाश से भर उठे। मगन-मगन अर्धोन्मीलित नयनों की गुह्य दिव्य दृष्टि से शंकराचार्य्य ने देखा, पेखा- निहारा और ऊर्ध्व श्वांस भर कर बोले-

"नमो नमः शंकर-पार्वतीभ्याम् नमः शिवाभ्यां नवयौवनाभ्यां! परस्पराश्लिष्ट वपूर्धराभ्यां, नागेन्द्रकन्यावृषकेतनाभ्याम्! नमो नमः शंकर पार्वतीभ्याम्!" शंकराचार्य्य के अर्धोन्मीलित नयन सम्पूर्ण उम्मीलित होकर हृदयाकाश के ज्योति सरोवर में स्थित दिव्य कञ्ज नयन हो गये। शंकराचार्य्य ऐं बीज में प्रविष्ट हुए; ह्रीं बीज की समूची माया की अज्जुलि उन्होंने शंकर-पार्वती के श्री चरणों में रखी और क्लींकार की महाकामायिनी योगमाया के भुवन मोहन सौन्दर्य्य को देखने लगे। "जगन्मोहिनी! महामाये! योगमाये! सुना तू ने? तेरे कैलाश के आस-पास भयंकर शीत ही शीत है-उष्ण चाहिये। मुझको नहीं प्राणियों को जीने के लिये और ब्रह्मचारियों तथा साधकों को स्नान ध्यान के लिये। हाँ, परमेश्वरी हाँ! शिव से क्या कहूं? तू चाहे तो शिव केदारधाम को यह वरदान प्रदान कर सकते हैं-मैं? मैं नहीं, नहीं, भवतारिणी! मैं नहीं इस काल-बद्ध 'मैं' को तेरे चरणों में अर्पित करने के लिये ही कैलाश आना चाहता हूं-हाँ, ब्रह्माणि वैष्णवी, हाँ!" शंकर मानो समाधिस्थ बैठे रहे। शिष्टमण्डल के सदस्यों ने कुछ देर तक इस गुह्य स्थिति को विस्फारित नयनों से देखा किया। पद्मपाद ने अन्त में जैसे तनिक झुंझला कर कहा- "गुरुदेव तो समाधिस्थ हो गये-"

तेज शंकर ने कहा- "हमें तो सुन लिया, भवान्?"

तोटकाचार्य्य ने कहा- "क्यों नहीं? तभी तो समाधिस्थ हुए हैं।" अब कृपया विदा हों। आज दिवसों पश्चात् गुरुदेव ने समाधि ली है; अन्यथा जैसे त्रिपुर में ही बसे रह कर रोग और शोक को ही देखा तथा अनुभव किया है-केदारधाम।"

तेज शंकर ने उठते हुए कहा- "केदारधाम में ही शंकराचार्य्य चिर समाधि में....."

"चुप रहो!" पद्मपाद ताड़के- "चिर समाधि!"

तेज शंकर ने झेंपते हुए कहा- "सभी लक्षण स्पष्ट हैं, श्रीमद् आचार्य! केदारधाम सृष्टि की तीर्थ स्थली हो, यह क्या आप नहीं चाहेंगे? चाहेंगे। सब को जाना ही होता है- गुरुदेव तो वेदान्त विग्रह हैं। उनको जन्म क्या? मृत्यु क्या? यह सब झंझट तो आप-हमारे गले पड़ा है।"

सुरेश्वराचार्य्य ने शान्तिपूर्वक कहा- "संसार, महोदयो! अच्छा, नमस्कार।"

तेजशंकर ने समाधिस्थ शंकर को प्रणाम किया- "उष्ण जल के प्रपात उद्भवित करदे, संन्यासी! हे यती, योगी! तू कृपा कर हमारे यहाँ आया है, दर्शन दिये हैं; तो यह अनुग्रह भी कर जा!"

समाधिस्थ शंकराचार्य के बन्द नयनों से अद्वितीय ज्योति की आभा उभरने लगी। वह बड़रे, गहन, विशाल पद्मनयन मानो पलकों के घनाच्छादन में पूर्णेन्दु की कला से खुले। मौन ही वह विस्मयजन्य नयन दिव्य पद्मनयन होकर अनन्त आकाश को देखने लगे; अपलक। मानो पंचभूतों और तत्त्वों को गूढ़ दिव्य दृष्टि से परख रहे हों। द्युलोक, अन्तरिक्ष तथा पृथ्वी के त्रिपथों को निहार रहे हैं। शंकराचार्य का अनादि समस्त जीव भाव ही सिहर-सिहर कर औढरदानी, आशुतोष भक्तवल्लभ शिव के कमण्डल में डूब गया। सृष्टि के आकाशों में मानो शंकराचार्य ने लहर कर प्रार्थना की- "अनुग्रह शिव! यदि मैंने वेदान्त का सही अर्थ किया है, मर्म समझा है, यदि मैं बादरायण, जैमिनी और दत्तात्रेय का अहेतुक भक्त हूं, यदि मैंने शास्त्रों का खण्डन करते हुए भी प्रभु चिन्तन का श्रद्धापूर्वक सम्मान किया है-यदि मैं सम हूं, दृष्टा हूं-निर्वैर रहा हूं तो हे धूर्जटि! केदारधाम की यह प्रार्थना सुन ले। अनुग्रह कर देवाधिदेव, महाकाल!" शंकराचार्य के कण्ठ से ध्वनि गूंजी स्फुरित होकर फैली। तेजशंकर तथा अन्यों ने प्रणाम किया, कहा "जगद्गुरो!"

आचार्य श्री शंकर ने नयन खोलते हुए कहा- "तुम्हारी और मेरी भगवान् शिव ने सुन ली है। तथास्तु!" और फिर आस-पास उपस्थितों को निहार कर आतुरतापूर्वक पुनः बोले- "राजशेखर? नहीं आये?"

महाराजा सुधन्वा ने नमनपूर्वक कहा- "महाराज राजशेखर सिर पर पैर रख कर आ रहे हैं- काश्मीर मण्डल में उनका प्रवेश हो चुका है।"

आचार्य्य श्री शंकर ने उच्छवास रखते हुए कहा- "तुम, सुधन्वा, राजशेखर, हस्तामलक, सुरेश्वर, पद्मपाद, तोटक-पुत्री अर्पणा और यह शिष्य समुदाय, यही-

यही तो इस भव के मोह हो-मेरे इस भव की ऊहापोह हो। व्याकुल दृष्टि तथा आकुल मति भी हो। किन्तु तुम सब जगत् की अनिवर्चनीय माया को बुद्धि से जान गये हो। सृष्टि के नामरूपमय व्याकरण को पहिचान गये हो-तुम मानने लगे हो, तुम देह नहीं हो, देही हो-सच्चिदानन्द आत्मा परमात्मा परमब्रह्म हो। हाँ, यही, यही कर्त्तव्य और यही उत्तरदायित्व मेरे, सच्चिदानन्द के काल में प्रविष्ट होने का कारण था-वेद, वेदान्त, वैदिक धर्म ही वह जिजीविषा है, जो शिव को गुरु तथा आचार्य्य को ऋषि बना देती है-सुखी रहो और धरती पर वेदान्त, वैदिक धर्म तथा वेद का, ऋषि मुनियों का उपनिषद् गान गाते रहो। मैं कह जाता हूं-भारतभूमि की मानवता सदैव ज्ञानावलम्बित सत्योन्मुख तथा आध्यात्मवादी चिदानन्द प्रेरणापन्न ही बनी रहेगी। चार्वाकों का कथन चिताओं में जलता रहा है-न्याय की सृष्टिधर्मिता है; वैशेषिक की पदार्थ-दृष्टि है; जैनियों की आत्मचेतना और बौद्धों की ज्योतिर्मय मौनावस्था है-रहेगी। मानव-चित्त में मीमांसा का स्वर्ग और परम् सुख बना रहेगा। किन्तु अन्ततोगत्वा मनुष्य वेदान्त के सहारे वैदिक धर्म, मानव धर्म के पालन द्वारा मुक्ति लाभ करेगा-मोक्ष!"

महाराज सुधन्वा ने गम्भीर चिन्तनीयता पूर्वक कहा- "श्रम, नहीं, स्वामिन्!"

आचार्य श्री शंकर ने सिर धुनाया- "श्रम? नहीं तो-मैं प्रतीक्षा कर रहा हूं। देखते नहीं, मैं काल की आहट सुन रहा हूं। राजशेखर को देर लग रही है-उन्हीं की साक्षी से मैंने माँ का आँचल कालटी की सीमा पर त्याग दिया था-जननी को विकल कर मैं भगवद् गोविन्दपाद के दर्शन के लिये चल पड़ा था। राजशेखर शंकराचार्य्य का साक्षी है और तुम सुधन्वा, मेरा सामर्थ्य हो। यह आचार्य्य, मेरे आचार्य्य-मेरा विश्वास हैं।"

राज्ञी अर्पणा ने पूछ लिया- "और मैं?"

"तू पुत्री! मेरी शान्ति है!" आचार्य्य श्री शंकर ने सस्मित कहा।

"प्रभो! हम नारियाँ सदैव तिरस्कृत ही रही हैं।" राज्ञी अर्पणा ने कहा- "हमें शरण चाहिये।"

आचार्य्य श्री शंकर जगे। तनिक कराहते हुए बोले- "अर्धनारीश्वर पुत्री! शिव-शिवा! यह जगत् परमात्मा का पता है मेरे लिये। यह भव योनियाँ, प्राणी मात्र परमात्मा का विश्वास है मेरे लिये। जगत् की माया और उसकी निस्सार नश्वरता को देख कर ही मैंने नित्य शुद्ध-बुद्ध अविनाशी सच्चिदानन्द शिव का

ध्यान किया है किन्तु शिव शक्ति के साथ ही मेरे हृदय-दहर में प्रगट हुए हैं। नर नारी, शिव शक्ति! तुम नारी पुरुष की शक्ति हो तुम नरों को शरण देती हो-देती रहोगी। जननी! तू इतनी दीन क्यों हो जाती हो-तू भुवनेश्वरी है।"

राज्ञी अर्पणा आचार्य्य चरणों में अर्धमूर्च्छित सी ढल गई। महाराज सुधन्वा ने पुकारा- "देवि!"

आचार्य्य शंकर ने राज्ञी अर्पणा के मस्तक पर अपना वरद् पद्मपाणि रखा; कहा- "कल्याण हो, भाग्यवति! भगवति!" और फिर सब को बारी-बारी देखते हुए पूछा- "नीलकण्ठ, प्रभाकर, भास्कर, दण्डी, बाण, मयूर, सब का कल्याण हो! तथास्तु! सभी शास्त्रों और आचार्यों को मेरे प्रणाम। सभी सम्प्रदायों को मेरे नमस्कार। सभी शास्त्र प्रज्ञानम् ब्रह्म में समा जाते हैं: सभी सम्प्रदाय "सर्वम् खलु इदम् ब्रह्म" में ही अन्तर्ध्यान हो जाते हैं। सभी अहं जीव भाव-तत्त्वमअसि, श्वेतकेतो वाक्य में प्रविष्ठ हो जाते हैं। और यह सत् चित्त जीव भाव परम् ब्रह्म में! अहम् ब्रह्मास्मि! हो जाता है। जीव की परमात्मा की श्रद्धा तथा उसके स्वयं के अमोघ सच्चिदानन्द विश्वास का यह संवित् वेदान्त वाक्य है; अहम् ब्रह्मास्मि! हाँ; हूं-मैं देह नहीं, जीव नहीं-ब्रह्म! सच्चिदानन्द!"

तोटकाचार्य्य ने द्वार पर देखते हुए कहा- "राजशेखर का रथ मानो क्षितिज पर दिख रहा है- वह आने में ही हैं-"

"शुभ" शंकराचार्य्य ने कहा- "राजशेखर नहीं आयेंगे, तो क्या अभिनव गुप्त आयेंगे! नहीं राजशेखर ही वेदान्त के संन्यासी को चिर-विदा देने के लिये उपयुक्त पात्र हैं-अधिकारी! कवि, नाट्यकार, मनीषी वैदिक धर्म की धीर गम्भीर गतिविधि सा राजशेखर और महाकाल के प्रमथनाथ सा राजन् सुधन्वा और अन्य आर्य नरेश, हाँ! हिमवान! आप सब वेद और वेदान्त के पठन-पाठन तथा अध्ययन-अध्यापन के लिये प्रदत्त व्यवस्थाओं को अक्षुण्ण रखोगे। ब्रह्मचारी, ब्राह्मण, वैश्य तथा शूद्र का सम्मानपूर्वक रक्षण करते रहोगे। मनुष्य के कर्म को शुद्ध, परिष्कृत, मंगलमय बनाये रखने की साधना में आप सब अध्यापकों, महामहोपाध्याओं, आचार्य्यों, शिक्षकों की सहायता करोगे। अवश्य यह करना है। भारतभूमि भारत है; भारतीय मानव आर्य है; अमृत संस्कृति का पुत्र है; पुत्री है-ब्रह्म का ध्याता वह सत्याग्रही धर्मिष्ठ है-भारतीय प्रकाश का मानव, मंगल का पुरोधा तथा प्राणी मात्र की मैत्री का सुहृदय है। वह धरती के एक खण्ड का नहीं, वसुधा का कुटुम्बी है।"

"वसुधैव कुटुम्बकम्!" सुरेश्वराचार्य्य चिहुंके।

"मानव मात्र, एक-एक जाति और मानव धर्म, वैदिक वर्णाश्रम धर्म।"

महाराज सुधन्वा ने ऊर्ध्व श्वास भरते हुए कहा- "वर्ण जातियों में बँटा, जकड़ गया पूज्यपाद! आप श्री ने वर्ण का पुनरुद्धार कर दिया। वर्ण अब मानव योनि के मानुषों की आधारभूत प्रारब्धकृत वृत्ति है। आश्रम सम्पत्ति के स्वत्व में बदल गया था- अब धरती की सम्पत्ति मानव के जीवनयापन के लिये सहारा है तथा पृथिवी पर मानव जीवन भुवन का नहीं, आश्रम का परमार्थ साधन के लिये वैदिक धर्म पालन का जीवन है-आपने, प्रभो! मनुष्य को अन्तरात्मा बताया और उसको मोक्ष का वेदान्त मार्ग सूचित किया। मनुष्य को आपने पुनः चेतना प्रदान की जिससे वह षड्विकार से स्वयं को उपरत करता हुआ अपना आत्म लाभ श्रद्धा, निष्ठा तथा विश्वासपूर्वक करे-मोक्ष के परम् पुरुषार्थ के लिये मानव को आपने जाग्रति दी, अक्रान्ति दी- सनद्ध किया; तत्पर किया।"

आचार्य्य श्री शंकर मुस्करा दिये- "मनुष्य ही सच्चिदानन्द आत्म देव को खोज सकता है; पा सकता है-सुर नहीं। असुर नहीं और किसी भी योनि में जगत् को जानने तथा सृष्टि के सार को समझने की चेतना ही नहीं है- मानव ही धर्म धारण कर सकता है; सृष्टि के मंगलमय धर्म का पालन कर सकता है-मनुष्य को ही बन्धन में बंध कर बन्धन से निस्संदेह छूट जाना है। चिदानन्द ऊँ!"

"चिदानन्द ऊँ! ओम नमः शिवाय! ओम" की धुन सहसा आचार्य शंकर ने आरम्भ की। शंकर के आचार्य्यों ने देखा। शंकराचार्य के विशाल नयन दिवस के अन्त की आभा से भर रहे हैं- संध्या जैसे उन पद्म नयनों में होने लगी है और प्रसन्नता की गौधूलि मन्द मन्द्र बरसने लगी है। आचार्य शंकर की पलकें सघन होकर आकाश के उभारों से नमने लगी हैं और उनकी काम कोदण्ड सी भवें वृद्ध होने लगी हैं। आचार्य्य की पद्मरागमणि की आभा से मढ़ी तनिक ताम्रवर्णी नासिका के पद्मपुट अब सिहर-सिहर कर स्थिर से होने लगे हैं और उनकी ताम्र तथा सुवर्ण की द्युतियों से मण्डित ढ्यौढ़ी मानो काल के चरणों से ठोकर खाने लगी है। आचार्य्य शंकर का तेजोमय मुखमण्डल ब्राह्म मुहूर्त के पूर्व के पूर्णेन्दु की भाँति दमकने लगा है। आचार्य शंकर ने पुकारा- "चिदानन्द रूपम् शिवोहम् शिवोहम्!"

"चिदानन्द!" उपस्थित सबने आचार्य्य शंकर की धुन को झेला- "चिदानन्द रूपम् शिवोहम् शिवोहम्!"

तभी तेजशंकर अन्दर धँसे आये- "उष्ण जल के सोते, प्रभो!"

आचार्य्य श्री शंकर ने 'हकार' में सिर हिलाया और चिहुंके- "ओम नमः शिवाय! ओम शिवाय नमः!"

तेज शंकर ने प्रसन्नतापूर्वक अधीर स्वर में कहा- "जगद्‌गुरु! उष्ण जल के सोते फूट रहे हैं-"

"प्रभु की कृपा-अनुग्रह, वरदान!" आचार्य्य शंकर ने कहा- "इस नश्वर शरीर का यह अन्तिम एकान्त भव धन्य हो गया।"

"आचार्य्य शंकर! अमर हों" लोगों की भीड़ अन्दर धंस कर चिल्लाई। आचार्य श्री शंकर ने कराह कर कहा- "अमर? कौन अमर है भला? यह जगत्? नहीं, नश्वर है। यह सृष्टि? नहीं, यह भी नश्वर है-यह अनन्तकोटि ब्रह्माण्ड! नहीं, नहीं! ब्रह्माण्ड भी अमर नहीं; अजर नहीं! अजर-अमर केवल परम् तत्त्व ब्रह्म ही है। लोगों, सच्चिदानन्द आत्मा, परमात्मा, उस अनन्त अगाध अविनाशी निरञ्जन निराकार देवाधिदेव की जय कहो- पुकारो, चिदानन्द! जय!"

"जय!" ध्वनि गमकी और रथ से शीघ्रता पूर्वक उतर कर धरती पर डगमग आगे धँसने को चेष्टा करते हुए राजशेखर के कानों में जा टकराई-घुसी। "सच्चिदानन्द! जय!" राजशेखर ने मन ही मन कहा और आचार्य्य शंकर की कुटिया की ओर लपके- "गुरुदेव! मेरे स्वामिन्!" तभी तोटक ने उझक कर देखा; कहा- "राजशेखर, पूज्य! आ गये।"

आचार्य्य श्री शंकर ने सस्मित कहा- "आना ही था- मैं जैसे प्रतीक्षा कर रहा था। हाँ, इस शरीरी के अन्तःकरण का साक्षी, राजशेखर, कवि, मनीषी, नाट्ककार! वह परम् तत्त्व सच्चिदानन्द भी तो कवि है; विभु है; मनीषी है, सूत्रधार है, नाट्यकार है।"

राजशेखर अन्दर धँस आये और आचार्य्य श्री शंकर के चरणों में ढह पड़े- "मेरे स्वामिन्!" राजशेखर के कमल लोचनों से अश्रुओं की धार छूटी- "प्रभो! स्वास्थ्य कैसा है?"

आचार्य्य शंकर ने सस्मित प्रसन्न मगन भाव में कहा- "अब तुम आ गये तो शरीर जैसे स्वस्थ हो गया है। सब थे- हाँ! यह सब स्नेह, प्रेमी शिष्य सभी हैं। सभी ने मेरी शुश्रूषा की, सेवा की है। तुम शेष रह गये थे, राजशेखर! माँ, माँ कैसे हैं?"

“माँ?” राजशेखर ने अवाक् होते हुए पूछा- “सती तो कब की स्वर्ग सिधार गयी- आपने ही तो-”

“मैं उसको कैलाश भेजना चाहता था।” आचार्य्य शंकर ने उदासीन पूर्णिमा की आभा से भर जाते हुए कहा- “किन्तु वह भगवती वह जननी, जगदम्बा सी, शिवा सी विष्णुलोक ही गई-कैलाश नहीं गई। क्यों, राजशेखर? जानते हो? शिव से वह रूठ गई, इस शरीरी को छीन लिया शिव ने और धरती को सौंप दिया; आकाश को अर्पित कर दिया। संन्यासी धरती का निरीह मानव है और आकाश का दिव्य यात्रिक है-सभी भव यात्राओं का समाहार संन्यासी की अन्तिम दिव्य जीवन यात्रा में होता है। ब्राह्मण विद्याओं की प्राप्ति होने पर श्री पूर्णतया सन्तुष्ट नहीं होता। क्षत्रिय साम्राज्यों को भोग कर भी तुष्ट नहीं होता-अनगिनत पुण्यों का संचय कर वैश्य पुण्य के लिये आतुर बना ही रहता है और शूद्र? शूद्र निस्वार्थ सेवा करते हुए भी प्रसन्न नहीं होता- ऋषि परम् सत्य का साक्षात् करता है; परन्तु क्या वह शान्त होता है? नहीं, वह परमात्मा के दिव्य गहन आह्लादपूर्ण विरह से भर जाता है। राजशेखर!.......”

“हाँ, प्रभो! स्वामिन्!” राजशेखर ने सिर धुना कर रोते हुए कहा।

“जननी ने जन्म दिया-शरीर जन्मा किन्तु क्या मैं चिदानन्द जन्मा? नहीं-मैं नहीं जन्मा और नहीं मैं आवागमने आया भी। मैं सच्चिदानन्द की चिति हूं-चिद्घन आनन्द का मेघ हूं; अनन्त अथाह चिद् चैतन्य के अपरम्पार की एक तरंग हूं! तरंग! मेघ! मिट्टी हूं-घट नहीं हूं; सुवर्ण हूं- भूषणाकृति नहीं हूं-मैं भ्रमज्ञान नहीं हूं-ज्ञान हूं, सत्।”

सहसा आचार्य्य जैसे बैठ गये; पद्मासन स्वयं ही बंध गया। चारों ओर आचार्य्य श्रीमद् शंकर ने निहारा। सबको देखा, पेखा और घूरते हुए बोले- “माया, भ्रम! जय जय सच्चिदानन्द!”

और आचार्य्य शंकर के विशाल बडरे कमल-लोचन उन्मीलित होने लगे। उनकी पलकें सघन मेघाम्बर की भाँति उन्मीलित नयनों पर छा गईं-ढँक गईं। शंकराचार्य मानो अन्तिम बार बोले- “मैं देह नहीं हूं, नहीं था। मैं सच्चिदानन्द हूं-जा रहा हूं, विदा, मानवों!”

आचार्य श्री शंकर समाधिस्थ हो गये। शत सहस्र नसों से स्वयं को खींच कर शंकराचार्य्य ने सहज ही षड्चकों को भेद लिया और कुण्डिलिनी शिवा के साथ जैसे द्विदल के मणिद्वीप में पहुंच गये- “शिवे! त्रिपुरे!” वह परावाक् जपने

लगा- "हे शिवे!" कोटि-कोटि बालारुणों की दिव्य आभा से जगमग महायोगिनी शिवा ने जैसे उस ज्योतिर्मय अनादि जीव को अपनी गोद में भरा और जैसे कहा- "शिव, परम शिव! मैं? शिव-हाँ, शंकर!"

शंकराचार्य की पश्यन्ती ने मानो कहा- "शिवोहम्!"

"चिदानन्द! सच्चिदानन्द!" अनन्तकाल ने कहा; धरती हुमुस कर मानो बोली और आकाश में देवताओं ने मानो पारिजात तथा कल्प वृक्ष के फूलों को महाकाल आशुतोष चन्द्रमौलि पर बरसाते हुए कहा- "जगद्गुरु शंकर! सचिदानन्द! शंकराचार्य मणिद्वीप से भी ऊपर उठे- सर्वलोक को पैर कर वह जैसे सिद्धलोक पहुंचे। सभी सिद्धों ने शंकराचार्य का अभिवादन मानो किया- "वेद! वेदान्त! जय!" शंकराचार्य्य ने मानो पृथिवी, अन्तरिक्ष तथा द्युलोक को अपना वरद हस्त उठाते हुए कहा- "सच्चिदानन्द! ब्रह्म सत्यम्-जगन्मिथ्या! हाँ, सिद्धों!" शंकराचार्य भुवन के भुवन लोक लोकान्तर पार करते हुए और ऊर्ध्व चले-काल के सभी तट तथा देश की सभी सीमाओं को पार कर वह जैसे सहस्र दल कमल के ज्योतिर्मय मानस सरोवर पर पहुंच गये। त्रिपुर झड़ गये; अन्धकार मिट गये। पूर्णिमाओं को भी शीतल करने वाली ज्योत्स्ना के आलोक में वह मानो थमे-चिदानन्द! और ब्रह्म-रंध्र स्वयं ही स्फोट के साथ खुला। देह के पिञ्जर से हंस छूटा-काल के घोर भव समुद्रों को पार कर आत्मा का परमहंस उड़ा। पंचभूतों से मुक्त, तत्वों से रहित-आकाशों से हीन सच्चिदानन्द हृदयाकाश में रमे-सत्य और ज्ञान के अगाध, अमोघ अविनाशी आनन्द समुद्र की ओर उड़ा। परम् हंस महासरस्वती को पीठ पर लादे- अनहद वीणा को सुनता हुआ उड़ा-सूर्य्यलोक को भेद कर, विष्णुलोक के पास से उड़ा तथा ब्रह्मलोक के ध्यानस्थ ब्रह्म की स्तुति करता हुआ परमहंस सच्चिदानन्द आनन्द का, अमृत का प्यासा आत्मदेव, शंकराचार्य्य अनन्त के अपार में उड़े-अन्तर्ध्यान हो गये।

16 अप्रेल 1984

---

www.ingramcontent.com/pod-product-compliance
Lightning Source LLC
LaVergne TN
LVHW020037081026
849580LV00013B/1471
* 9 7 9 8 8 9 3 6 3 6 9 8 7 *